2013

JIANGXI NIANJIAN

江西年鉴

江西省人民政府主办

江西省地方志编纂委员会编

主　编　鹿心社

副主编　莫建成

朱　虹

谭晓林

梅　宏

蔡玉峰

江西人民出版社

图书在版编目(CIP)数据

江西年鉴.2013 / 江西省地方志编纂委员会编. --南昌：江西人民出版社，2014.1

ISBN 978-7-210-04384-3

Ⅰ.①江… Ⅱ.①江… Ⅲ.①江西省-2013-年鉴 Ⅳ.①Z525.6

中国版本图书馆CIP数据核字(2014)第021935号

书名：江西年鉴（2013）
作者：江西省地方志编纂委员会
责任编辑：蒴新民　涂如兰
封面设计：南昌怡和电脑设计公司
出版：江西人民出版社
发行：各地新华书店
地址：江西省南昌市三经路47号附1号
总编室电话：0791-86898825
发行部电话：0791-86898893
邮编：330006
网址：www.jxpph.com
E-mail：jxpph@tom COlll　web@jxpph.com
2014年1月第1版　　2014年1月第1次印刷
开本：889毫米×1194毫米 1/16
印张：40.25
字数：1400千字
ISBN 978-7-210-04384-3
定价：400元
承印厂：江西龙莹印务有限公司
赣版权登字-01-2014-17

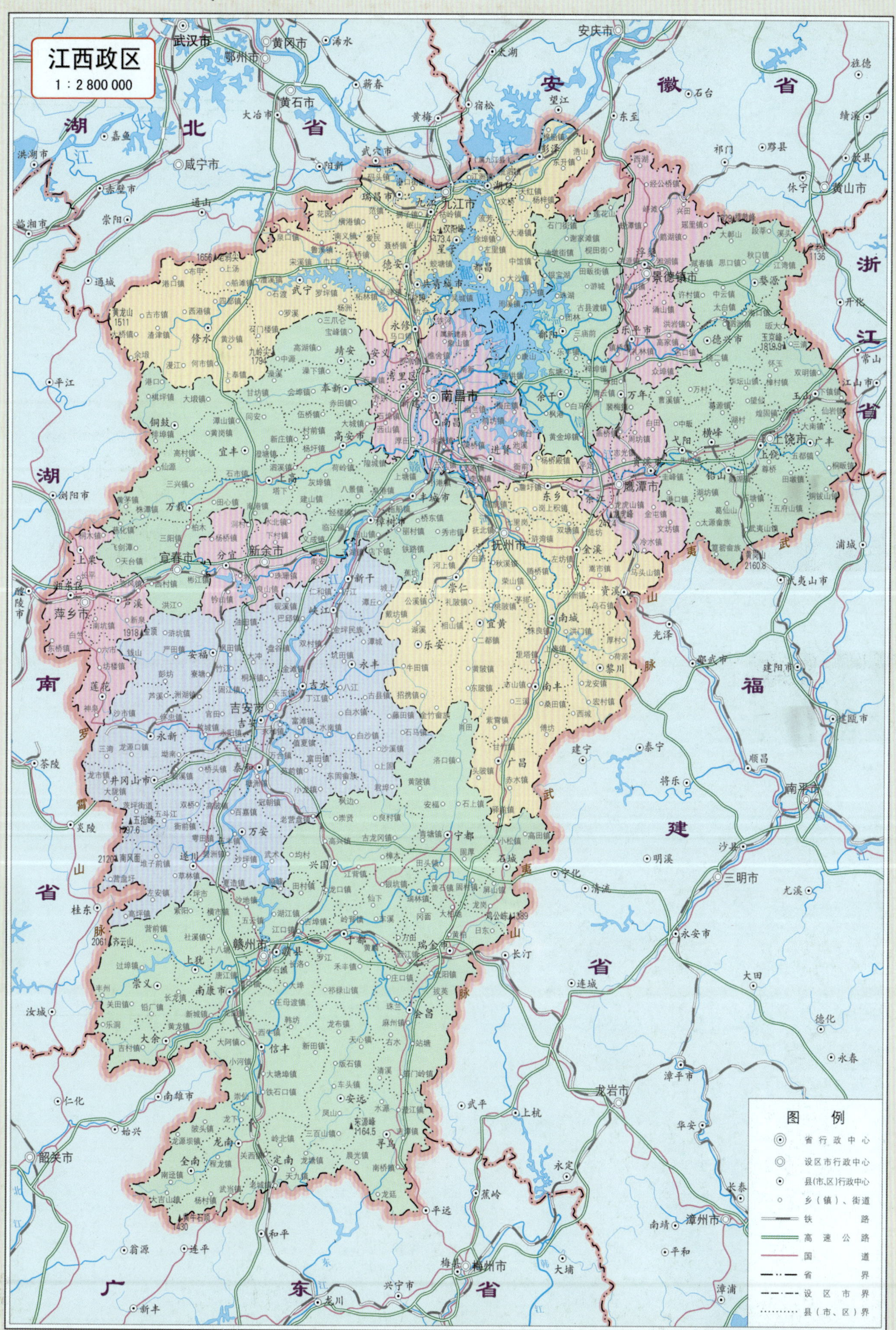

江西省测绘地理信息局编制

江西省测绘地理信息局编制

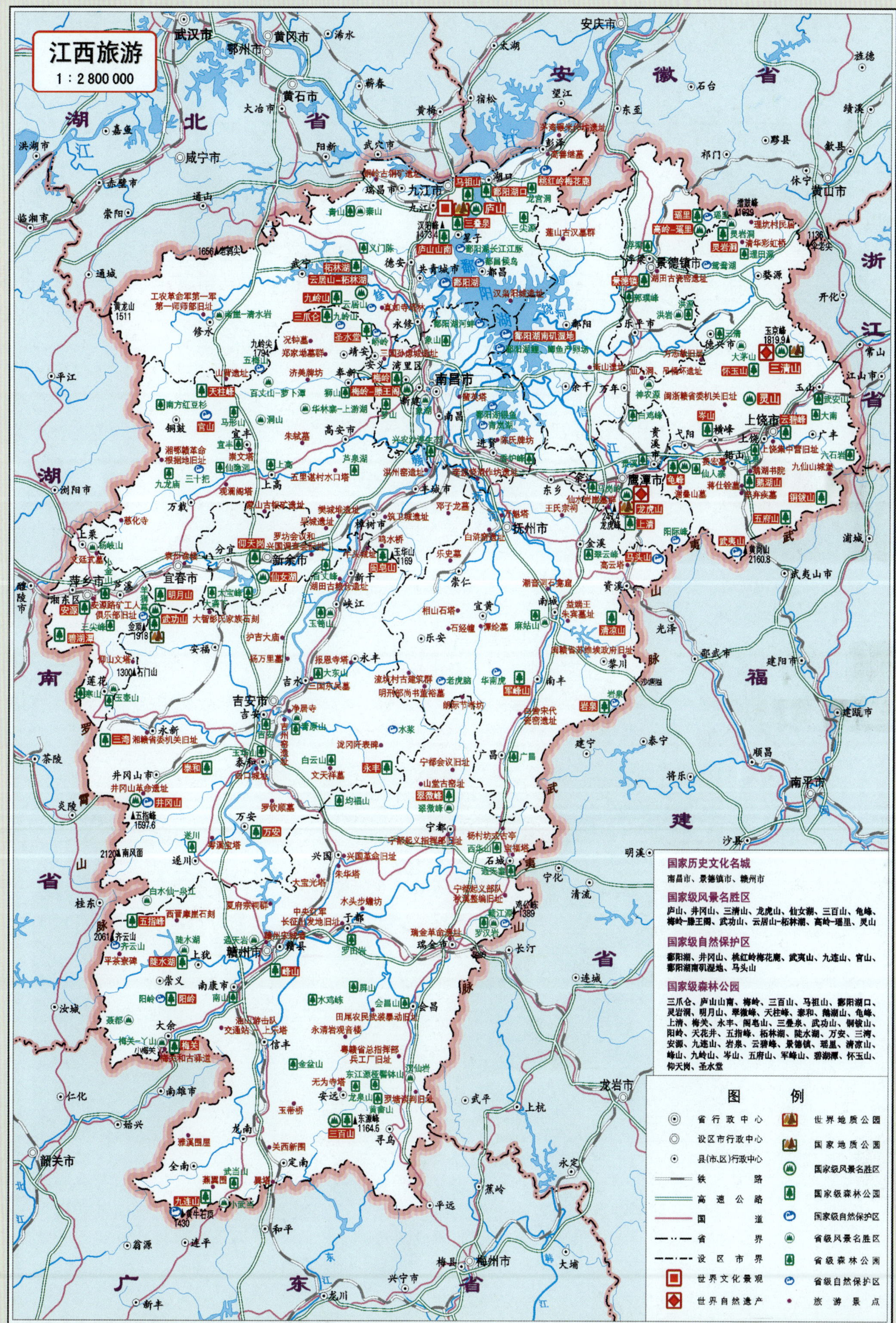

江西省测绘地理信息局编制

●李克强到九江调研

▲12月27～30日，中共中央政治局常委、国务院副总理李克强到江西九江、湖北恩施调研。在赣期间，江西省委书记苏荣、省长鹿心社陪同调研。28日，李克强在江西省九江市主持召开长江沿线部分省份及城市负责人参加的区域发展与改革座谈会。图为李克强在九江经济技术开发区职工宿舍看望农民工及其家属

黄敬文 摄

●李长春在江西调研

▲2月24～28日 中共中央政治局常委李长春在省委书记苏荣、省长鹿心社等陪同下，先后到吉安、景德镇、南昌、九江等地，深入企业、社区、农村和宣传文化单位，就贯彻落实党的十七届六中全会精神、加强社会主义核心价值体系建设、加快转变经济发展方式等进行调研。图为李长春在井冈山茅坪八角楼参观，并与当地群众亲切交谈

周 霖 摄

李源潮出席中国井冈山干部学院开学典礼

▶9月5日，中国浦东、井冈山、延安干部学院举行2012年秋季开学典礼。中共中央政治局委员、中央书记处书记、中央组织部部长李源潮在中国井冈山干部学院主会场出席开学典礼并讲话。

海 波 摄

何勇在赣出席会议并调研

▲6月4~6日，中共中央书记处书记、中央纪委副书记何勇在南昌出席全国公共资源交易市场建设工作推进会，并就江西省经济社会发展和党风廉政建设情况进行调研。省领导苏荣、鹿心社、尚勇、凌兴兴等分别出席会议或陪同调研。图为何勇参观考察南昌市公共资源交易中心

朱文标 摄

●路甬祥在江西检查指导工作

▶4月12~19日　全国人大常委会副委员长路甬祥率全国人大常委会文物保护法执法检查组在江西省检查指导工作。省领导苏荣、鹿心社、王文涛、陈达恒、胡振鹏、朱虹、魏民等陪同参加有关执法检查活动或出席汇报会。图为路甬祥在景德镇古窑博物馆考察

潘辛菱　摄

●司马义·铁力瓦尔地在江西指导工作

▲10月16~20日，全国人大常委会副委员长司马义·铁力瓦尔地率全国人大常委会农业法执法检查组在赣检查指导工作，并考察江西省人大常委会工作。图为司马义·铁力瓦尔地在井冈山考察

潘辛菱　摄

●孟建柱与江西代表团共商国是

▲3月6日，国务委员、公安部部长孟建柱到出席十一届全国人大五次会议的江西省代表团，与代表们一起审议政府工作报告，共商国是。

周霖 摄

●杜青林在江西调研

◀2月16～17日 全国政协副主席、中央统战部部长杜青林在赣进行专题调研。省领导苏荣、鹿心社、尚勇、张裔炯、赵智勇、王文涛、蔡晓明等分别陪同调研或出席有关活动。图为杜青林在座谈会上作重要讲话

杨吉星 摄

●张梅颖出席太湖文化论坛中医药文化发展（南昌）高级别会议开幕式

▶6月7日，太湖文化论坛中医药文化发展（南昌）高级别会议开幕式在江中药谷举行。全国政协副主席张梅颖、土库曼斯坦副总理托伊雷耶夫、越南前国家主席陈德良在开幕式上致辞，中央社会主义学院党组书记叶小文，卫生部副部长、国家中医药管理局局长王国强，江西省领导凌成兴、洪礼和、刘晓庄等出席开幕式。

周霖 摄

●张榕明在江西调研

◀7月9～10日，全国政协副主席、民建中央第一副主席张榕明在江西调研。省长鹿心社，省委常委、省委统战部部长蔡晓明，省人大常委会副主任胡振鹏，省政协副主席刘上洋分别参加有关活动或陪同调研。图为张榕明与民建江西省委会领导班子座谈

徐艳 摄

●郑万通出席中国景德镇国际陶瓷博览会

▶10月18日，全国政协副主席郑万通出席在景德镇市举行的2012中国景德镇国际陶瓷博览会，并启动开幕水晶球。

杨继红 摄

●林文漪在江西调研

◀5月3～9日 全国政协副主席、台盟中央主席林文漪率台盟中央调研组在南昌、吉安、井冈山、赣州等地，围绕"深化赣台经贸文化交流，促进原中央苏区振兴"主题在江西调研。省委书记苏荣、省长鹿心社会见林文漪一行，省领导赵智勇、蔡晓明、陈清华、肖光明分别出席座谈会或陪同参加有关调研活动。图为林文漪参观赣州历史文化与城市建设博物馆

陈 澍 摄

●罗富和出席民进企业家联谊会联席会议

▶9月20日，全国政协副主席、民进中央常务副主席罗富和出席在南昌召开的2012年民进企业家联谊会联席会议，江西省政协主席黄跃金出席。

肖 戈 摄

●经济社会又好又快发展

2012年，在党中央、国务院和省委、省政府的正确领导下，全省上下团结拼搏，克服了经济下行压力加大等不利影响，经济社会发展呈现稳中有进的良好态势。全省生产总值12948.5亿元，增长11%。财政总收入2046亿元，增长24.4%。500万元以上固定资产投资11388.9亿元，增长30.1%。规模以上工业增加值4885.2亿元，增长14.7%。社会消费品零售总额4006.2亿元，增长15.9%。居民消费价格总水平上涨2.7%。城镇居民人均可支配收入和农民人均纯收入分别增长13.5%和13.6%。

▲2月16日，超长公交车在南昌经济技术开发区亮相。该车为27米铰接车，采用多项专利技术，适用于城市BRT（快速公交系统），是专门针对南美市场研发的产品。超大的载客量既可缓解城市交通拥堵，也可为运营商节约成本。

朱文标 摄

◀安义县黄洲村依托丛玉现代农业科技园，通过“公司+农户”“支部+合作社”“党员+农户”等形式，成立供销蔬菜专业合作社。该社借助科技园的技术指导及提供种子、肥料等产供销一条龙服务，带动周边500户农户种蔬菜、玉米，合作社成员人均年增收1000元。图为2月18日，一筐筐蔬菜成为一道亮丽的风景

海 波 摄

▲江西喜果绿化有限公司自行培育国家一级保护珍稀树种红豆杉，目前已发展红豆杉基地200多公顷，每年培育红豆杉苗10万余株，成为当地农民致富增收新产业。图为该公司青云基地的员工正在对新培育的红豆杉进行护理

朱文标 摄

▶7月1日，2012中国红色旅游博览会开幕式在萍乡市举行。省委副书记、省纪委书记尚勇宣布开幕，国家旅游局党组成员、纪检组长刘金平，省领导陈安众、朱虹、刘晓庄等出席开幕式。图为开幕式现场

海 波 摄

◀8月29日上午，江西省投资规模最大的水利枢纽工程——峡江水利枢纽工程实现大江截流。省委书记苏荣宣布截流成功。省长鹿心社、水利部副部长李国英讲话。

周 霖 摄

▲7月10日，省委、省政府在赣州举行全省贯彻落实《国务院关于支持赣南等原中央苏区振兴发展的若干意见》动员会。

周 霖 摄

▲8月31日，全省七个系统国有企业改革工作总结表彰大会在南昌召开。省委书记苏荣，省长鹿心社，省领导凌成兴、赵智勇、洪礼和、刘晓庄、谭晓林等出席会议并为获奖代表颁奖。

周 霖 摄

●深入推进鄱阳湖生态经济区建设

2012年，全省上下围绕建设富裕和谐秀美江西的奋斗目标，大力推进鄱阳湖生态经济区建设，加快转变发展方式。鼓励支持南昌创新体制机制，壮大经济规模，打造带动全省发展的核心增长极。推进九江沿江开放开发，加快昌九工业走廊发展，昂起鄱阳湖生态经济区产业经济发展的“龙头”。鄱阳湖综合整治扎实推进，重金属污染防治取得成效。节能减排完成年度目标任务，单位GDP能耗预计下降5%。鄱阳湖生态经济区建设对全省经济和社会发展的带动作用初步显现。

◀南昌市桃花镇水产养殖基地在当地政府帮助下争取到环鄱阳湖经济圈水产项目专项资金250万元，养殖个人只需出部分资金，就启动了面积70公顷的水产养殖基地，带动近100人就业，年产值210万元。图为3月26日，该水产养殖基地，养殖户在为鱼苗注射疫苗

海 波 摄

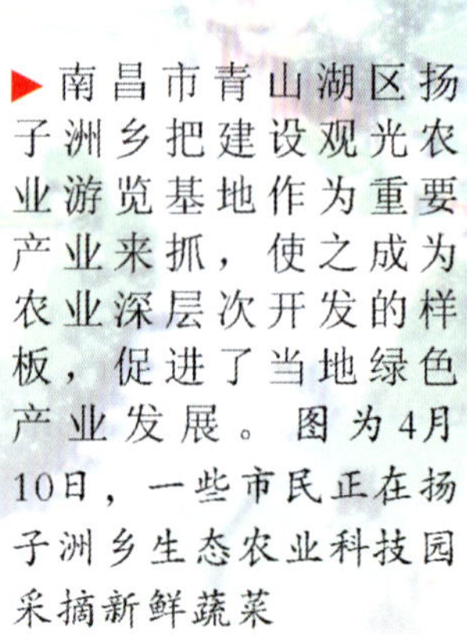

▶南昌市青山湖区扬子洲乡把建设观光农业游览基地作为重要产业来抓，使之成为农业深层次开发的样板，促进了当地绿色产业发展。图为4月10日，一些市民正在扬子洲乡生态农业科技园采摘新鲜蔬菜

▲南昌市昌东工业区有百特生物、三九药业、万华生化等医药化工企业近百家，产品填补国内多项空白并大量出口西欧、东欧、东南亚等地。图为百特生物企业车间一片繁忙

海 波 摄

▲共青城市加大果业种植力度，大力改造传统农业，运用现代化农业生产手段，提高农产品技术含量，实现农业现代化、集约化和市场化发展。图为共青城市百亩葡萄园，种植大户熊次贵（右）在为葡萄开摘做准备

燕 平 摄

◀贵溪市向国家环保部申请到4500万元，采取种植能源草、黑麦草等方法，修复治理1466.67公顷受到重金属污染的土地，获得成功。图为贵溪市九牛岗土壤重金属污染修复治理示范区一派繁忙景象

朱建安 摄

▶余干县做大做强水产业，该县生态泥鳅产业园已发展到666.67公顷，年产泥鳅2800吨。图为鄱阳湖畔康垦甘泉洲余干县生态泥鳅产业园，几名水产养殖工人正在给泥鳅喂食

朱文标 摄

◀为加快富硒蔬菜产业发展，丰城市调整农业发展方向，富硒大棚每亩可产富硒蔬菜5000多千克，价格是普通蔬菜的几倍，有效促进当地农民增收。图为菜农在丰城市生态硒谷百亩蔬菜大棚内管理辣椒

朱文标 摄

●优化产业结构

2012年，全省经济结构调整成效显著，产业结构进一步优化。农业产业化步伐加快，省级以上龙头企业实现销售收入1850亿元。工业对经济的主导作用增强，十大战略性新兴产业增加值增长15%。服务业占GDP的比重提高1个百分点。科技对经济的支撑引领作用增强，科技进步贡献率提高到51.2%。投资结构进一步优化，民间资本对投资增长的贡献率达到71%，非公有制经济增加值7200亿元，增长11.8%。

▶崇仁县采取“四膜一帘”及滴灌设施栽培技术，使用生物有机肥、生物农药等技术生产的蔬菜达到无公害、绿色蔬菜标准。图为崇仁县郭圩乡千亩蔬菜基地，农民抢抓时间移栽无公害蔬菜苗

朱文标 摄

◀东乡县发挥交通区位优势，抢抓发展机遇，主动融入海西经济区、鄱阳湖生态经济区、南昌城市圈，发展特色鲜明的现代工业新区，目前以恒安、天沁丝绸、蚕宝丝绸、美尔丝瓜络等企业为依托，形成特色鲜明的轻纺产品基地。图为江西天沁丝绸的女工正分选丝绸

朱文标 摄

▲新余市渝水区做大特色农业文章，金银花、高产油茶、新余蜜橘等一批高效农业项目成为农民增收的支柱产业。图为渝水区水北镇花农在新农祥金银花生产基地采摘金银花

杨继红　摄

▲新余市渝水区突出钢铁产业链前后延伸，目前有钢铁冶炼、钢材精深加工、五金加工、装备制造及相关配套企业112家，其中规模以上企业30家。图为渝水区弘屹实业有限公司冷轧带钢生产线工人工作情形

杨继红　摄

◀萍乡市湘东区陶瓷产业基地发挥资源优势，积极承接沿海产业转移，进一步完善工业陶瓷的上下游产业链，带动产业结构调整。5月集中开工17个项目涉及新型材料、精细化工、生物制药等多个产业，总投资30亿元。图为萍乡陶瓷产业基地正大陶瓷企业车间，一批出口东南亚的产品整装待发

海波 摄

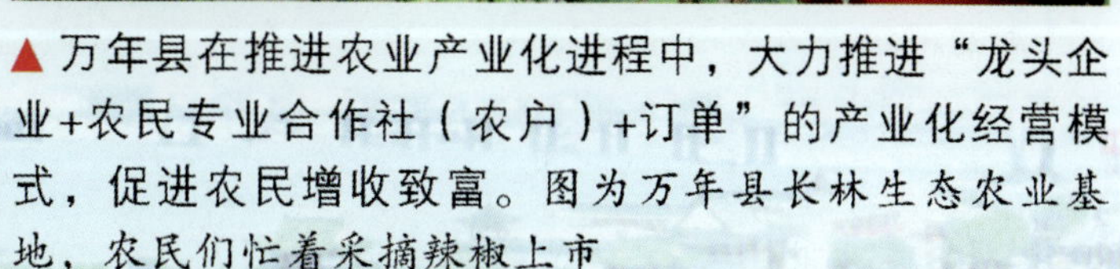

▲万年县在推进农业产业化进程中，大力推进“龙头企业+农民专业合作社（农户）+订单”的产业化经营模式，促进农民增收致富。图为万年县长林生态农业基地，农民们忙着采摘辣椒上市

朱文标 摄

◀广昌县香扇产业占据全国香扇市场91%的份额，年产值近亿元，产品除销往国内市场，还远销西班牙、德国、加拿大等地。图为广昌县圣莲扇业有限公司员工正为香扇描画

杨继红 摄

◀芦溪县引导山区乡镇种植紫珠，发展“一村一品”经济。该县已建立紫珠专业合作社，并引进紫珠加工厂，带动1000余户农民种植紫珠200余公顷，每户年增收2000元。图为芦溪县银河镇千亩紫珠草基地一片繁忙

海 波 摄

▶南丰县富溪工业园区引进集技术研发、生产制造、市场销售于一体的高新科技企业，投入环保锂离子充电电池、充电器及相关产品的生产制造。1~7月实现产值近1亿元。图为江西佰特励电子科技有限公司生产车间内女工们在检测即将出厂的电池

朱文标 摄

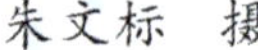

◀黎川县积极设计、开发、生产高档日用瓷，其生产的釉骨质瓷、中国红瓷、釉下五彩等高档陶瓷产品深受市场欢迎。图为黎川工业园华星陶瓷有限公司员工在给陶瓷绘彩图

朱文标 摄

●江西援建阿克陶县

自2010年起，江西启动新一轮对口支援新疆阿克陶县工作。围绕“民生为本、产业为重、就业为先、规划为纲、人才为要”的援疆思路，在开展项目援疆、人才援疆、产业援疆的同时，更加注重科技援疆。新一轮对口援疆工作开展以来，江西省已启动援疆项目26个，占5年援疆规划28个项目的92.8%，5年援疆任务可望3年基本完成。

◀3月29日，新疆阿克陶县308位高校毕业生启程来江西培训学习。这批学员将免费在江西进行为期2年的培训学习。

梁振堂 摄

▶江西省投资2000万元帮助阿克陶县援建江西现代高效农业示范区，充分利用当地丰富的光热资源，在戈壁上，建起成片的农业大棚，采取无土、少土的栽培模式，大力发展蔬菜、食用菌等种植业，使200余户农牧民受益。

梁振堂 摄

▲来自九江浔阳区工信委的援疆干部陈宁（左二），在阿克陶县江西现代高效农业示范园，向高山雪菊种植户了解生产情况。该示范园由江西省出资修建，温室大棚数量达1998座。

燕 平 摄

▲6月29日，新疆阿克陶县柯尔克孜族群众庆祝布伦口乡柯尔克孜民俗文化旅游村（江西新村）落成典礼。布伦口江西新村由江西省援建，2010年开始建设，目前投资3000余万元，安置451户。

燕 平 摄

文化建设

江西把加强文化建设与促发展、惠民生更好地结合起来，建设文化强省。深入实施文化惠民工程、基础文化设施提升工程和基层文物保护工程。大力繁荣文化市场，发展文化产业，加快推进文化传媒、出版发行、创意陶瓷、动漫、演艺等文化产业集群发展。2012年，全省文化产业主营业务收入1400亿元。全面完成国有文艺院团转企改制等五项文化体制改革任务。

◀由中共鹰潭市委宣传部等单位组织创排，曾获多项全国大奖的大型现代畲歌戏《七彩畲乡》，作为江西省唯一入选剧目参加第四届全国少数民族文艺会演，获得广泛好评。

海 波 摄

▶国家文化部组织开展纪念毛泽东《在延安文艺座谈会上的讲话》发表70周年优秀剧目展演，大型赣南采茶歌舞剧《八子参军》作为4个参演的地方剧目之一入选，于6月6日、7日在中国评剧大剧院展演。

梁振堂 摄

◀5月31日，历时一年半新建的九江市博物馆正式对外开放。新博物馆坐落于八里湖新区，集学术交流、文物展览、文化技术保护和公共服务等功能于一体，是九江市重点文化惠民工程，总建筑面积1.8万平方米，总投资1.2亿元。

燕 平 摄

◀6月9日，宋代龙窑奠基仪式暨明代葫芦窑复烧活动在景德镇市古窑民俗博览区内举行。图为明代葫芦窑复烧点火现场

杨继红 摄

▶6月15日，南昌市青山湖区塘山镇爱心妈妈与辖区学校的少数民族学生一起跳起欢快的舞蹈，喜迎端午节。爱心妈妈现场与多名少数民族学生“结对认亲”，并给孩子们带来节日礼物。当地采取多种措施关爱辖区少数民族群众，促进民族团结友爱。

海 波 摄

◀6月19日，南昌市青云谱区首次推行“五好文明家庭”直选试点，采取妇联组织推荐、社会推荐、家庭自荐的方式向家庭所在地社区申报，经过居民代表现场投票和妇联评审，产生“五好文明家庭”。

海 波 摄

●携手共创辉煌

▲4月9~10日，湖南省委书记周强，湖南省委副书记、省长徐守盛率湖南省党政代表团到江西省考察工作。9日下午，赣湘两省经济社会发展合作交流会在南昌举行。江西省委书记苏荣主持会议并讲话。湖南省党政代表团先后到井冈山、南昌等地参观考察。图为赣湘两省经济社会发展合作交流会现场

周 霖 摄

▲5月17日，以“绿色发展 共生崛起”为主题的中部论坛长沙会议在长沙举行，中部六省党政主要领导和国家有关部委负责人出席。图为中部六省省委书记、省长相聚在中部论坛长沙会议上

周 霖 摄

▲5月18日，第七届中国中部投资贸易博览会在湖南长沙开幕。省长鹿心社，省委常委、南昌市委书记王文涛等省领导出席开幕典礼和中部博览会高峰论坛。

宗 欢 摄

▲6月8日，2012江西（香港）招商引资活动周在香港会展中心开幕。省长鹿心社，副省长洪礼和，省政协副主席、九江市委书记钟利贵等省领导出席开幕式。签约仪式上，共签约重大项目90个，签约总额91.8亿美元，创历届新高。

宗 欢 摄

▲6月27日，赣新两省区援疆工作座谈会在南昌举行。省委书记苏荣、新疆维吾尔自治区主席努尔·白克力出席座谈会并讲话。

周 霖 摄

▲8月21日，2012台湾江西周开幕式暨新兴产业合作论坛在台北开幕。中国国民党荣誉主席连战、省长鹿心社出席并致辞。

宗 欢 摄

●江西健儿再创奥运佳绩

7月28日至8月13日在伦敦举办的第三十届奥运会上，江西运动员吴静钰成功卫冕女子跆拳道49公斤级金牌。8月29日至9月9日举行的第十四届伦敦残奥会上，江西运动员为中国代表队夺得2枚银牌和3枚铜牌。其中，贾君婷仙获女子F11－12级跳远亚军和女子T11级200米季军，周瞳获女子盲人柔道63公斤级亚军，肖翠娟获女子举重52公斤级季军，徐艳美获女子举重82.5公斤级季军。是江西省在历届残奥会上获得奖牌数量和参加运动员最多的一次。

▶8月17日，江西运动员吴静钰（右一）载誉归来，在南昌受到热烈欢迎。

王 伟 摄

◀9月14日，江西残奥会运动员载誉归来，抵达南昌火车站（戴花环运动员从右至左：肖翠娟、徐艳美、周瞳）

省残联文体中心提供

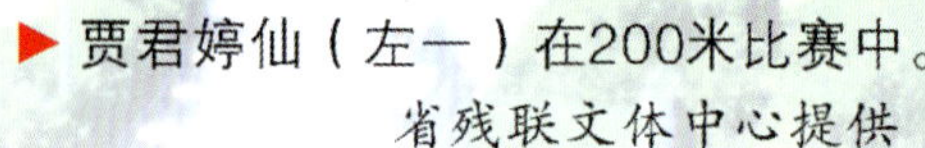

▶贾君婷仙（左一）在200米比赛中。

省残联文体中心提供

中国共产党江西省委员会

中共江西省委书记　强　卫

简历：强卫，男，汉族，1953年3月生，江苏无锡人，1969年1月参加工作，1975年3月加入中国共产党，中国科技大学管理科学系经济管理专业毕业，在职研究生学历，工学硕士。现任江西省委书记、江西省人大常委会主任。

1969.01-1975.04 海军福建基地后勤部军械修理所战士

1975.04-1979.02 北京化工厂八车间工人、副指导员(其间：1976.02-1976.11山东大学光学系进修)

1979.02-1982.08 北京市化工局职工大学试剂总厂分校有机化学试剂专业学习

1982.08-1984.11 北京化工厂试剂研究所六室副主任、副所长

1984.11-1987.06 北京化工厂党委书记

1987.06-1990.12 共青团北京市委书记(其间：1988.09-1990.07中国政法大学政治学专业在职学习)

1990.12-1992.12 北京市石景山区委书记、区人大常委会主任

1992.12-1993.03 北京市委常委，石景山区委书记、区人大常委会主任

1993.03-1994.03 北京市委常委、城建工委书记

1994.03-1996.03 北京市委常委、宣传部部长(其间：1995.09-1995.11中央党校领导干部进修班学习)

1996.03-1999.03 北京市委常委、政法委书记

(1991.09-1996.11中国科技大学研究生院管理科学系经济管理专业在职研究生学习，获工学硕士学位；1995.09-1998.07中央党校法学专业在职研究生班学习)

1999.03-2001.03 北京市委常委、政法委书记，市公安局局长

2001.03-2001.08 北京市委副书记、政法委书记，市公安局局长

2001.08-2002.05 北京市委副书记、政法委书记

2002.05-2004.04 北京市委副书记

2004.04-2005.12 北京市委副书记、政法委书记

2005.12-2006.11 北京市委副书记、政法委书记，市纪委书记

2006.11-2007.03 北京市委副书记、政法委书记

2007.03-2007.06 青海省委书记

2007.06-2013.03 青海省委书记、省人大常委会主任

2013.03-2013.04 江西省委书记

2013.04至今 江西省委书记、江西省十二届人大常委会主任

第十六届中央候补委员，第十七届、第十八届中央委员。

鹿心社，男，汉族，1956年11月生，山东巨野人，1985年7月入党，1982年8月参加工作，大学学历，工学学士，工程师。现任江西省委副书记、江西省政府省长。

历任国家土地管理局地籍管理司副司长、司长，国家土地管理局副局长，国土资源部党组成员、耕地保护司司长，1999年5月先后任国土资源部副部长，国土资源部副部长、国家测绘局局长、党组书记，国土资源部副部长、党组副书记、国家土地副总督察，2010年8月任甘肃省委副书记，2010年10月任甘肃省委副书记、省委党校校长，2011年5月任江西省委副书记，2011年6月任省委副书记、代省长，2012年2月起任江西省委副书记、省长。

第十七届中央候补委员，第十八届中央委员。

尚勇，男，汉族，1957年1月生，山东梁山人，1981年1月入党，1973年3月参加工作，研究生，工学博士，副教授。现任江西省委副书记。

历任中国矿业大学北京研究生部副主任，国家科委办公厅调研室副主任，国家科委办公厅副主任、政策法规与体制改革司司长，科技部政策法规与体制改革司司长，2001年4月起先后任科技日报社社长（副部长级），科技部党组成员、副部长，2008年8月任江西省委常委、省纪委书记。2012年2月起，任江西省委副书记。

第十七届中央纪委委员，第十八届中央候补委员。

赵智勇，男，汉族，1955年4月生，河北易县人，1973年10月入党，1970年2月参加工作，在职研究生，经济学博士，高级经济师。现任江西省委常委、省委秘书长。

历任工行湖北分行副处长、处长，工行资金计划部副主任，发展规划部副总经理，管理信息部总经理，工行江西分行行长，省长助理，2002年3月任省政府副省长，2005年6月任副省长、九江市委书记，2006年12月任省委常委、副省长，2008年6月起任江西省委常委、省委秘书长、省直机关工委第一书记。

莫建成，男，汉族，1956年3月生，浙江嵊州人，1977年5月入党，1972年2月参加工作，中央党校大学学历。现任江西省委常委、江西省政府常务副省长、党组副书记。

历任内蒙古自治区乌海市委组织部副处级组织员，共青团乌海市委书记，乌海市政府秘书长，市委秘书长，市委常委、副市长、副书记，自治区乡镇企业局副局长，通辽市副市长、市委副书记、市长、市委书记，2004年12月起先后任自治区党委常委、宣传部部长、包头市委书记。2010年4月，任江西省委常委、组织部部长、统战部部长。2011年12月任江西省委常委、省委组织部部长。2013年7月任江西省委常委、江西省政府常务副省长、党组副书记。

第十八届中央候补委员。

陶正明，男，汉族，1953年10月生，湖北大悟人，1974年4月入党，1972年12月参加工作，中央党校大学学历，少将军衔。现任江西省委常委、省军区政委。

历任一军政治部组织处副处长，第一集团军政治部纪检办主任、组织处处长，一师政治部主任、副政委、政委，第十二集团军政治部主任、副政委，浙江省军区副政委，2010年7月任江西省军区政委，2011年3月起任江西省委常委、省军区政委。

史文清，男，蒙古族，1954年10月生，辽宁法库人，1974年11月入党，1971年3月参加工作，在职研究生，经济学博士。现任江西省委常委、赣州市委书记。

历任内蒙古自治区哲里木盟团委书记，自治区监察厅人事处处长、办公室主任，自治区政府调研室副主任（副厅级），全国人大常委会办公厅副局级秘书，研究室副主任（正局级），黑龙江省哈尔滨市委副书记、常务副市长，省长助理，2008年1月起先后任江西省政府副省长，赣州市委书记，2011年4月起任江西省委常委、赣州市委书记。

姚亚平，男，汉族，1955年11月出生，1977年1月参加工作，1985年11月入党，中国人民大学法学博士，教授，江西南昌人。现任江西省委常委、省委宣传部部长。

曾在南昌县土产公司、江西大学工作，历任江西大学中文系副主任，南昌大学党委宣传部部长、校党委副书记，省文化厅厅长、党组书记，景德镇市委书记，上饶市委书记，江西省人大常委会副主任、党组成员，省总工会主席。2012年2月，兼任中共江西省委宣传部部长。2012年3月，任江西省委常委、省委宣传部部长。

周泽民，男，汉族，1954年11月出生，湖北武汉人，1970年12月参加工作，1972年11月加入中国共产党，中央党校在职研究生学历。现任江西省委常委、省纪委书记。

1976年8月北京大学哲学系毕业后在空军部队服役，1991年5月正团职转业到人事部工作，先后担任人事部培训与人事司机关人事处副处长、国管人事司机关人事处处长、国管人事司助理巡视员、企业领导人员管理局(人事司)副局长(副司长)、人事教育司副司长、司长、办公厅主任，国家公务员局副局长、党组成员。2009年3月任最高人民法院政治部主任、党组成员。2012年9月任江西省委委员、常委、省纪委书记。

第十八届中央纪委委员。

王文涛，男，汉族，1964年5月生，江苏南通人，1994年12月入党，1985年7月参加工作，大学学历，工商管理硕士，副教授。现任江西省委常委、南昌市委书记。

历任上海航天职工大学复印机销售部副总经理、总经理、校长助理、副校长，松江区五库镇镇长、党委书记，泖港镇党委书记，发展计划委主任，副区长兼工业园区管委会主任、出口加工区管委会主任，云南省昆明市委副书记、常务副市长、代市长、市长，上海市黄浦区委副书记、代区长、区长、书记，2011年4月起任江西省委常委、南昌市委书记。

第十八届中央候补委员。

周萌，男，汉族，1957年8月生，江西丰城人，1976年8月入党，1974年9月参加工作，中央党校研究生学历。现任江西省委常委、省委政法委书记。

历任省委办公厅秘书处副处级秘书，新建县委副书记，南昌市青云谱区委副书记、区长、书记，南昌市郊区区委书记，景德镇市委副书记、市纪委书记、政法委书记，省委政法委副书记，吉安市委副书记、副市长、市长、市委书记。2011年8月，任江西省委副秘书长；10月，任江西省委常委、省委副秘书长。2013年4月起，任江西省委常委、省委政法委书记。

蔡晓明，男，汉族，1956年11月生，江西分宜人，1980年4月入党，1978年8月参加工作，中央党校大学学历。现任江西省委常委、省委统战部部长。

历任新余市乡镇企业管理局副局长，分宜县委常委、副县长、副书记，渝水区委副书记、区长，新余市委常委、副市长，九江市委副书记、副市长、市长，赣州市委副书记、副市长、代市长、市长，上饶市委书记。2011年9月，任江西省政府副秘书长；10月，当选为江西省委常委；12月起，任江西省委常委、省委统战部部长。

赵爱明，女，汉族，1961年10月生，河南安阳人，1985年7月加入中国共产党，1982年8月参加工作，清华大学公共管理学院公共管理专业毕业，研究生学历，管理学博士，助理工程师。现任江西省委常委、省委组织部部长。

历任四川省科委办公室副主任，四川省科委政研室主任、财务处处长、四川省科委副主任，四川省科技厅副厅长，四川省知识产权局局长，四川省攀枝花市市长，攀枝花市委书记、市人大常委会主任，四川省国资委主任、党委书记，四川省人大常委会副主任、省国资委主任、党委书记。2013年7月任江西省委常委、省委组织部部长。

第十七届、第十八届中央候补委员。

江西省人大常委会

江西省人大常委会主任　强　卫

简历：强卫，男，汉族，1953年3月生，江苏无锡人，1969年1月参加工作，1975年3月加入中国共产党，中国科技大学管理科学系经济管理专业毕业，在职研究生学历，工学硕士。现任江西省委书记、江西省人大常委会主任。

1969.01-1975.04 海军福建基地后勤部军械修理所战士

1975.04-1979.02 北京化工厂八车间工人、副指导员(其间：1976.02-1976.11山东大学光学系进修)

1979.02-1982.08 北京市化工局职工大学试剂总厂分校有机化学试剂专业学习

1982.08-1984.11 北京化工厂试剂研究所六室副主任、副所长

1984.11-1987.06 北京化工厂党委书记

1987.06-1990.12 共青团北京市委书记(其间：1988.09-1990.07中国政法大学政治学专业在职学习)

1990.12-1992.12 北京市石景山区委书记、区人大常委会主任

1992.12-1993.03 北京市委常委，石景山区委书记、区人大常委会主任

1993.03-1994.03 北京市委常委、城建工委书记

1994.03-1996.03 北京市委常委、宣传部部长(其间：1995.09-1995.11中央党校领导干部进修班学习)

1996.03-1999.03 北京市委常委、政法委书记

(1991.09-1996.11中国科技大学研究生院管理科学系经济管理专业在职研究生学习，获工学硕士学位；1995.09-1998.07中央党校法学专业在职研究生班学习)

1999.03-2001.03 北京市委常委、政法委书记，市公安局局长

2001.03-2001.08 北京市委副书记、政法委书记，市公安局局长

2001.08-2002.05 北京市委副书记、政法委书记

2002.05-2004.04 北京市委副书记

2004.04-2005.12 北京市委副书记、政法委书记

2005.12-2006.11 北京市委副书记、政法委书记，市纪委书记

2006.11-2007.03 北京市委副书记、政法委书记

2007.03-2007.06 青海省委书记

2007.06-2013.03 青海省委书记、省人大常委会主任

2013.03-2013.04 江西省委书记

2013.04至今 江西省委书记、江西省十二届人大常委会主任

第十六届中央候补委员，第十七届、第十八届中央委员。

洪礼和，男，汉族，1953年11月生，江西余干人，1974年8月入党，1971年6月参加工作，大学学历，文学学士。现任江西省人大常委会副主任、党组副书记。

历任江西省政府办公厅经研室（调研处）副主任，调研处处长，办公厅副主任、主任、党组成员、党组副书记、党组书记，省政府副秘书长，新余市委副书记、代市长，市长、书记，省发展和改革委员会主任、党组书记，2007年1月任省政府副省长、党组成员，2013年1月任省人大常委会副主任、党组副书记。

魏小琴，女，汉族，1953年2月生，辽宁北票人，1972年4月入党，1971年2月参加工作，大学普通班学历。现任江西省人大常委会副主任、党组成员。

历任江西省抚州地区中级人民法院民庭副庭长，共青团抚州地委书记、党组书记，中共抚州地委委员、宣传部长，鹰潭市政府副市长、市委副书记、政法委书记，省妇联党组书记、副主席、主席，2003年2月起先后任省政府秘书长、党组成员、办公厅党组书记，2008年1月任省人大常委会副主任、党组成员。

朱秉发，男，汉族，1952年2月生，江西瑞金人，1969年5月入党，1967年12月参加工作，中央党校大学学历，高级经济师。现任江西省人大常委会副主任、党组成员。

1967年参军，历任中国人民解放军某部战士、班长、排长、连副政治指导员、农场指导员、团政治处干事，江西省供销储运公司副经理、经理，省供销社总公司总经理、党委书记，省商业厅供销储运处副处长、处长，省供销社副主任、主任、党组成员、党组书记，省质量技术监督局局长、党组书记，2008年1月任省人大常委会副主任、党组成员。

陈安众，男，汉族，1954年1月生，湖南宁远人，1976年12月入党，1972年3月参加工作，研究生，法学硕士。现任江西省人大常委会副主任、党组成员，省总工会主席、党组书记。

历任湖南省长沙市郊区区委常委、区委副书记、区纪委书记、政法委书记、区长，省政法管理干部学院党委副书记，衡阳市委副书记、市委党校校长、市委组织部长、副市长、代市长、市长，江西省景德镇市委副书记、代市长、市长，萍乡市委书记、市人大主任，九江市委书记，2008年1月任省政协副主席，2010年1月起先后任省人大常委会副主任、党组成员、省总工会党组书记、主席。（2014年1月，江西省人民代表大会常务委员会发布公告，鉴于陈安众涉嫌严重违纪违法，决定撤销陈安众的江西省第十二届人民代表大会常务委员会副主任职务。）

谢亦森，男，汉族，1955年2月生，江西宁都人，1977年7月入党，1982年2月参加工作，大学学历，文学学士。现任江西省人大常委会副主任、党组成员。

历任江西省赣州地委政研室副主任，安远县委副书记、县委书记，赣州地委委员、秘书长，赣州市委常委、宣传部部长，省纪委常委、秘书长，抚州市副市长、市委副书记、代市长、市长，萍乡市委书记，宜春市委书记，2013年1月任江西省人大常委会副主任、党组成员。

马志武，男，回族，1957年4月生，安徽安庆人，民革党员，1976年1月参加工作，研究生，工学硕士，教授。现任江西省人大常委会副主任，民革中央常委、江西省委员会主委。

历任南昌大学建筑与环境工程学院副院长、建筑学院副院长，江西省建设厅副厅长，省交通厅厅长，省交通运输厅厅长，2012年6月任民革江西省委员会主委，2012年12月任民革中央常委，2013年1月任省人大常委会副主任。

魏民，男，汉族，1957年6月生，河北束鹿人，1984年12月入党，1974年7月参加工作，省委党校研究生学历，教授。现任江西省人大常委会党组成员、秘书长，机关党组书记。

历任江西省委党校理论研究室副主任、经济社会发展研究所所长，省委办公厅助理巡视员，省委政策研究室副主任、主任，省委副秘书长，2011年2月任省人大常委会党组成员、秘书长，机关党组书记。

江西省人民政府

江西省人民政府省长　鹿心社

简历：鹿心社，男，汉族，1956年11月生，山东巨野人，1985年7月入党，1982年8月参加工作，大学学历，工学学士。现任十八届中央委员，江西省委副书记,江西省人民政府省长。

1978年9月，武汉水利电力学院农田水利工程系农田水利工程专业学习

1982年8月，农牧渔业部土地管理局干部(其间：1985.11－1986.08在农牧渔业部西北农业大学德语培训中心学习)

1986年8月，国家土地管理局地籍管理司综合登记处主任科员、副处长(其间：1987.04－1988.04在联邦德国黑森洲测量局、汉诺威地籍局进修，1989.02－1989.07在中央党校中央国家机关分部学习)

1990年5月，国家土地管理局地籍管理司副司长

1992年9月，国家土地管理局地籍管理司司长

1996年6月，国家土地管理局副局长、党组成员(1995.06－1996.08挂职任江苏省南通市副市长)

1998年3月，国土资源部党组成员

1998年7月，国土资源部党组成员、耕地保护司司长

1999年5月，国土资源部副部长、党组成员(其间：2000.09－2000.11在中央党校省部级干部进修班学习)

2005年11月，国土资源部副部长、党组成员，国家测绘局局长、党组书记

2008年10月，国土资源部副部长、党组成员

2009年4月，国土资源部副部长、党组副书记，国家土地副总督察

2010年8月，甘肃省委副书记

2011年5月，江西省委副书记

2011年6月，江西省政府副省长、代省长

2012年2月，江西省政府省长、党组书记

第十七届中央候补委员，第十八届中央委员

莫建成，男，汉族，1956年3月生，浙江嵊州人，1977年5月入党，1972年2月参加工作，中央党校大学学历。现任江西省委常委、江西省政府常务副省长、党组副书记。

历任内蒙古自治区乌海市委组织部副处级组织员，共青团乌海市委书记，市政府秘书长，市委秘书长，市委常委、副市长、副书记，自治区乡镇企业局副局长，通辽市委副书记、副市长、市长、市委书记，2004年12月起先后任自治区党委常委、宣传部部长、包头市委书记。2010年4月，任江西省委常委、组织部部长、统战部部长。2011年12月任江西省委常委、省委组织部部长。2013年7月任江西省委常委、江西省政府副省长、党组副书记、常务副省长。

第十八届中央候补委员。

李炳军，男，汉族，1963年2月生，山东临朐人，1984年3月入党，1984年7月参加工作，大学学历，工学学士。现任江西省政府副省长、党组成员。

历任化工部办公厅科员、副主任科员、部长办公室副主任，国务院办公厅秘书二局一组二秘、一组副组长、一组一秘兼副组长、副局级秘书、正局级秘书，2007年9月任国务院办公厅副部长级秘书，2013年7月任江西省政府副省长、党组成员。

谢茹，女，汉族，1968年7月生，浙江奉化人，无党派，1990年7月参加工作，经济学博士。现任江西省政府副省长。

历任江西省社会科学院农村经济研究所副所长、副研究员、研究员，景德镇市浮梁县副县长，景德镇市政府副市长，省社会主义学院院长。2008年1月任江西省政府副省长。

第十一届全国政协委员。

胡幼桃，男，1955年4月生，江西萍乡人。1986年6月入党，1971年2月参加工作，大学学历。现任江西省政府副省长，党组成员。

历任江西省计划委员会副处长、处长，省计划委员会（发展和改革委员会）副主任、党组成员，省发展和改革委员会副主任（正厅级）、党组成员，省农村税费改革领导小组办公室常务副主任，省财政厅党组书记、厅长，省地税局党组书记，省农村税费改革（农村综合改革）领导小组办公室主任，2008年4月起先后任省政府省长助理、党组成员，省政协副主席，2012年2月任省政府副省长，党组成员。

朱虹，男，1957年9月生，湖北洪湖人，1976年6月入党，1975年8月参加工作，法学博士。现任江西省政府副省长，党组成员。

历任中共中央办公厅调研室研究员，宣传组副组长、组长，国家广电总局办公厅主任、新闻发言人，北京奥组委副秘书长兼开闭幕式工作部副部长，2010年10月任江西省政府副省长，党组成员。

姚木根，男，1957年11月生，江西樟树人，中共党员。1976年12月参加工作，大学学历，经济学学士。现任江西省政府副省长，党组成员。

历任江西省计划委员会（发展和改革委员会）副处长、处长，省政府办公厅副主任、主任、党组成员、党组书记，省政府副秘书长，省发展和改革委员会主任、党组书记。2011年5月任省政府副省长，党组成员。

李贻煌，男，汉族，1962年10月生，福建晋江人，1987年1月入党，1982年8月参加工作，硕士研究生学历，教授级高级工程师。现任江西省政府副省长，党组成员。

历任江西铜业公司贵溪冶炼厂副厂长、厂长，江西铜业集团公司党委委员、党委副书记，副总经理、总经理、董事长，江西铜业股份有限公司总经理、董事长，鹰潭市委常委，2013年1月任江西省政府副省长，党组成员。

孙刚，男，汉族，1951年12月生，天津蓟县人。1972年7月入党，1968年8月参加工作，中央党校培训部在职研究生学历，哲学学士。现任江西省政府顾问、党组成员。

历任江西省委农工部研究室副主任，省政府农村工作办公室政策调研处处长，省委政策研究室正处级政策研究员、综合研究处处长、副厅级政研员，省计划委员会副主任、党组成员，省发展计划委员会主任、党组书记，2003年1月任省政府副省长、党组成员，2012年2月任省政府顾问、党组成员。

熊盛文，男，汉族，1951年12月生，江西樟树人。1982年12月入党，1968年7月参加工作，大学学历。现任江西省政府顾问、党组成员。

历任江西省计划委员会副处长、处长、副主任，省委副秘书长、办公厅主任、秘书长，萍乡市政府市长，省劳动保障厅党组书记、厅长，2004年1月起任省政府省长助理、党组成员，2006年3月任省政府副省长、党组成员，2012年2月任省政府顾问、党组成员。

郑为文，男，汉族，1958年3月生，安徽歙县人，1985年11月入党，1980年1月参加工作，大学学历。现任江西省政府党组成员、省长助理、省公安厅党委书记、厅长。

历任安徽省轻工业厅综合计划处副处长、处长，六安市委副书记，省轻工总会副会长、党组成员，省经贸委副主任、党组成员、省轻工行业管理办公室主任、省轻工协会会长，省委企业工委副书记、省国资办副主任，省政府副秘书长、办公厅党组成员、党组副书记、主任，巢湖市委副书记、代市长、市长，省政府咨询委员会主任，省政协提案委员会副主任，马鞍山市委书记、市人大常委会主任，2013年8月任江西省政府党组成员、省长助理、省公安厅党委书记。

谭晓林，男，汉族，1955年12月生，江西南昌人，1985年5月入党，1976年5月参加工作，在职研究生学历。现任江西省政府党组成员、秘书长，办公厅党组书记。

历任江西省赣州地区体改委副主任，南康县委副书记、县长，南康市委副书记、市长，赣县县委书记，赣县县委书记（副厅级），省政府副秘书长、办公厅党组成员，省对外经济技术合作办公室主任、党组书记，省政府办公厅党组成员、党组书记、主任，省政府副秘书长，2008年3月任省政府党组成员、秘书长。

中国人民政治协商会议江西省委员会

江西省政协主席　黄跃金

简历：黄跃金，男，汉族，1953年4月生，辽宁凤城人，中共党员，1968年10月参加工作，同济大学建筑材料系毕业，副研究员。现任十一届江西省政协主席、党组书记。

1968.10-1968.12 黑龙江省海林县密江“五七”干校插队

1968.12-1972.03 黑龙江省海林县水泥厂工人、化验室主任

1972.03-1975.08 同济大学建筑材料系学习

1975.08-1979.01 同济大学团委副书记

1979.01-1982.04 同济大学团委书记

1982.04-1983.02 同济大学团委书记、校党委青年工作部副部长

1983.02-1984.02 共青团上海市委副书记、上海市青联副主席

1984.02-1990.01 共青团上海市委书记

1990.01-1995.07 上海市虹口区委副书记、区长(其间：1993.10-1994.01中组部和建设部举办的市长研修班学习)

1995.07-1996.04 上海市政府副秘书长、市建设工作党委副书记、市建委主任

1996.04-1996.11 上海市政府副秘书长

1996.11-1998.02 上海市政府副秘书长兼市政管理委员会副主任

1998.02-2000.01 上海市政府秘书长兼办公厅主任

2000.01-2000.02 上海市政协党组副书记、市委统战部部长、市政府秘书长兼办公厅主任、市社会主义学院院长

2000.02-2000.04 上海市政协副主席，市委统战部部长

2000.04-2003.09 上海市委常委、统战部部长，市政协副主席

2003.09-2008.10 中央统战部副部长

2008.10-2010.09 中央统战部副部长，中国宋庆龄基金会党组书记、副主席，中央保密委员会委员(2009.12免)

2010.09-2012.05 中央统战部副部长

2012.05-2012.06 江西省政协党组书记

2012.06-2013.01 江西省政协主席、党组书记

2013.01至今 江西省政协主席、党组书记

李华栋，男，汉族，1960年4月生，江西遂川人，九三学社党员，1982年7月参加工作，研究生学历，工学博士，教授。现任江西省政协副主席，九三学社中央常委、江西省委会主委，省科协主席。

历任江西省科学院副院长，省科协主席，2002年6月任九三学社江西省委会副主委，2006年5月任九三学社江西省委会主委，2007年1月任省政协副主席，2007年12月任九三学社中央常委。

汤建人，男，汉族，1958年11月生，江西萍乡人，民进党员，1976年9月参加工作，研究生学历，工学博士，教授。现任江西省政协副主席，民进中央常委、江西省委会主委。

历任江西财经学院工商管理系副主任、主任，江西财经大学工商管理学院副院长、院长，省监察厅副厅长，省政府行政投诉中心主任。

2002年6月任民进江西省委会副主委，2007年6月任民进江西省委会主委，2007年12月任民进中央常委，2008年1月任江西省政协副主席。

刘晓庄，男，汉族，1955年10月生，江西吉水人，民盟党员，1982年12月参加工作，大学学历，医学学士，教授。现任江西省政协副主席，民盟中央常委、江西省委会主委，省社会主义学院院长。

历任江西中医学院中医系主任，省药品监督管理局副局长，省食品药品监督管理局副局长，省社会主义学院院长，2002年6月任民盟江西省委会副主委，2007年6月任民盟江西省委会主委，2007年12月任民盟中央常委，2008年1月任江西省政协副主席。

郑小燕，女，汉族，1953年11月生，黑龙江宾县人，农工党党员，1968年11月参加工作，大学学历，教授。现任江西省政协副主席，农工党中央常委、江西省委会主委。

历任江西医学院高等教育研究室副主任、主任，教务处处长，1997年6月任农工党江西省委会副主委，2003年12月任农工党江西省委会专职副主委，2007年6月任农工党江西省委会主委，2007年12月任农工党中央常委，2008年1月任江西省政协副主席。

钟利贵，男，汉族，1953年8月生，江西修水人，中共党员，1978年12月参加工作，大学学历。现任江西省政协副主席，九江市委书记。

历任共青团修水县委书记，县委办公室主任，县政法委书记，中共修水县委常委、县纪委书记，修水县副县长、县长，县委副书记、书记，县人大常委会主任，江西省委组织部副部长，新余市委书记，抚州市委书记，九江市委书记，2011年2月任江西省政协副主席。

肖光明，男，汉族，1952年3月生，江西吉水人，中共党员，1968年11月参加工作，大学学历，哲学学士。现任江西省政协副主席。

历任中共江西省委政研室综合处副处长、正处级秘书，省委办公厅秘书处处长、副主任、主任，省委副秘书长，2011年2月任江西省政协副主席。

刘礼祖，男，汉族，1955年6月生，江西宜丰人，中共党员，1980年12月参加工作，中央党校研究生学历。现任十一届江西省政协副主席。

历任江西省宜丰县委常委、副县长，奉新县委常委、副书记、副县长，靖安县委书记、县人大常委会主任，抚州地委委员、副书记，行署副专员、专员，抚州市委副书记、市长，省经贸委副主任、党组成员，省中小企业局局长、党组书记（正厅级），省林业厅厅长、党组副书记、党组书记，2012年2月任江西省政协副主席。

许爱民，男，汉族，1957年1月生，江西黎川人，中共党员，1974年9月参加工作，在职研究生学历，工学博士，讲师。现任江西省政协副主席。

历任景德镇陶瓷学院团委副书记（主持工作）、团委书记，学工部(处)部(处)长，学院党委委员，工程系党总支书记，共青团江西省抚州地委书记，抚州地区商业局局长，东乡县委副书记、县长，临川市委副书记、市长，抚州行署副专员，景德镇市委常委、副市长、市长，副书记、书记，省发展和改革委员会党组书记、主任，2013年1月任江西省政协副主席。

孙菊生，男，汉族，1964年8月生，河南淅川人，1988年7月参加工作，研究生学历，管理学博士，教授。现任江西省政协副主席，民建中央常委、江西省委会主委。

历任江西财经大学会计系涉外会计教研室副主任、会计学院院长，省统计局副局长，2002年6月任民建江西省委会副主委，2011年3月任民建江西省委会主委，2012年12月任民建中央常委，2013年1月任江西省政协副主席。

肖为群，男，汉族，1958年10月生，江西安福人，中共党员，1975年3月参加工作，省委党校研究生学历。现任江西省政协党组成员、秘书长，机关党组书记。

历任江西省劳动人事厅研究室副主任，省人事厅综合计划处副处长，新干县政府副县长，省人事厅办公室主任、综合计划处处长、专业职称处处长、公务员管理处处长、纪检组长、党组成员，省纪委常委、秘书长、秘书长（正厅级），2011年2月任省政协党组成员、秘书长，机关党组书记。

江西省高级人民法院

张忠厚，男，汉族，1952年12月生，重庆市巴南人，1974年6月入党，1970年5月参加工作，党校在职研究生学历。现任江西省高级人民法院院长。

历任四川省巴县人民法院审判员、刑事审判庭副庭长、副院长，县委政法委副书记，巴县西彭镇党委书记、县委常委、纪委书记、副县长、政法委书记，县法院院长、党组书记，县委副书记，重庆市巴南区区委副书记，重庆市高级人民法院副院长、党组副书记、审判委员会委员，2002年7月提任正厅级，2007年12月任江西省高级人民法院副院长、代院长、党组书记，2008年1月任江西省高级人民法院院长，2008年1月任中华人民共和国二级大法官。

第十一届、第十二届全国人大代表。

江西省人民检察院

刘铁流，男，汉族，1955年10月生，安徽含山人，1983年8月入党，1974年3月参加工作，中央党校研究生学历，经济学学士。现任江西省人民检察院党组书记、检察长。

历任安徽省人大常委会法制工委办公室副主任、主任，当涂县委副书记，省人大常委会法制工委副主任、内务司法工委副主任、研究室主任、机关党组成员、副秘书长，省人民检察院副检察长、党组成员（正厅级）、党组副书记（正厅级），2012年12月任江西省人民检察院党组书记，2013年2月任江西省人民检察院检察长。

第十二届全国人大代表。

省级领导机构成员名单及简历截至2013年8月

编辑说明

一、《江西年鉴》是江西省本级地方综合年鉴，由江西省人民政府主办、省长鹿心社主编、江西省地方志编纂委员会办公室编辑，稿件由省直各单位、各市县区、中央驻赣单位编委会和编辑室及有关单位提供。

二、《江西年鉴》是一部系统记述江西省自然、政治、经济、文化、社会等多方面的年度资料性文献。其编纂宗旨是以邓小平理论、“三个代表”重要思想、科学发展观为指导，逐年全面、真实地记录江西经济建设和社会发展的基本情况，为推进科学发展、加快绿色崛起，建设富裕和谐秀美江西服务。

三、《江西年鉴》每年出版一卷，2002 年首卷出版，至今已经编纂出版 12 卷。

四、本卷年鉴着重记载 2012 年江西省发生的重大事情。内容分为综合情况、动态信息和辅助资料三大部分。综合情况设特载、大事记、专记、江西概览 4 个栏目。动态信息设中国共产党江西省委员会、江西省人民代表大会常务委员会、江西省人民政府、中国人民政治协商会议江西省委员会、中国共产党江西省纪律检查委员会、民主党派、人民团体、军事、法治、港澳台事务、外事侨务、国家区域发展战略、农业、工业、非公有制经济、信息化建设、园区经济、旅游业、国内贸易、对外贸易 经济合作、就业与再就业、社会保障、交通运输、金融、财政税收、经济管理与监督、城乡建设、水利、自然观测、环境保护、教育、科学技术、社会科学、文化艺术、新闻出版 广播电影电视、医疗卫生、体育、居民生活、民政、市县区、人物 41 个栏目。辅助资料设专录、统计资料 2 个栏目。江西政区图、江西交通图、江西旅游图、鄱阳湖生态经济区图均为 2012 年版地图。

五、本年鉴内容层次设置是为了方便分类编辑和读者阅读，并不反映严格的科学分类体系，机关、企事业单位等排序和层次并不表示其地位和规模。部分条目因内容需要对比时，涉及 2012 年度之前的情况。所载省级领导机构成员截至 2013 年 8 月；市县区主要领导人放在所属市县区之后便于查阅。《政府工作报告》中一些经济数据为快报数据，以统计资料中的数据为准。

六、《江西年鉴》得到全省上下和社会各界的大力支持和帮助，在此谨表谢意！如有疏漏和不完善之处，敬请广大读者予以指正。

江西省地方志编纂委员会

主任委员 鹿心社

副主任委员 莫建成 朱　虹 谭晓林 梅　宏 蔡玉峰

委　　员 方晓春 张国轩 张　锋 欧阳苏勤 李安泽
吴晓军 虞国庆 洪三国 章凯旋 徐　毅 胡　强
刘三秋 刘定明 陈　平 朱　希 孙晓山 甘良淼
郜海镭 李　利 陈永华 王　平 王建农 邝小平
刘　平 汪晓勇 梁　勇 吴小瑜 周　慧 张贻奏
魏　平 郭　安 钟志生 颜赣辉 李小豹 丛文景
熊茂平 冷新生 蒋　斌 潘东军 胡世忠 张和平

主　　编 鹿心社

副 主 编 莫建成 朱　虹 谭晓林 梅　宏 蔡玉峰

《江西年鉴》编辑人员

总 编 辑 梅　宏

副总编辑 吴小瑜 周　慧 李目宏

编辑部主任 詹跃华

编辑部副主任 李荣根

编　　辑 李目宏 詹跃华 李荣根 邓玉兰 陈超萍
朱　岳

《江西年鉴》撰稿单位编辑委员会及编辑室主任、副主任名单

省、省直机关和中央部属在赣单位

省委办公厅 杨宪萍 欧阳海泉 邝先华
省人大办公厅 魏民 傅世平 刘小华
省政府办公厅 谭晓林 蔡玉峰
省政协办公厅 杨木生 骆名坤
省军区 曹文献 苏明宗 黄恩华 丁海洋 周旭东
省检察院 张国轩 罗军 燕晓华 王忠华
省委组织部 刘礼育 徐忠
省委政研室 钟金根 谢明明
省委统战部 蔡晓明 黄小华 胡志平
省委政法委 林强 黄冬生
省委农工部 刘永思 陈江林 邓敏军 董兆华
省委省政府信访局 朱荣辉 罗强 鄢华 郭黎明
省委党校 潘泽林 李良
省委党史研究室 沈谦芳 何友良
民革江西省委 马志武 陈春平 徐文华
民盟江西省委 任江南 刘新农 刘文萍
省总工会 陈安众 郭学勤 万学华 吴建国 胡靓怡
省社联 祝黄河 胡春晓 刘弋涛 刘志飞
省侨联 周锦 陈世春 罗丽都 刘晋
省台联 何大欣 曾鲁台 林挺华
省红十字会 方娅 刘安娜 欧阳平 朱振华 石冷
省公安厅 梁小康 张强 邱鼎文
省人民防空办 林显君 陈文平 吕建军
省司法厅 肖良 胡水明 胡大德
省外事侨务办 张学军 吴健民 蓝文胜
省委台湾工作办公室 欧阳泉华 黄朋青 江雷 黄忠
省科技厅 王海 罗莹 傅道言
省民族宗教局 谢秀琦 梅仕灿 王希贤 肖争鸣 李红
省农业厅 甘良森 唐安来 吴国昌 刘国昕
省农业综合开发办 张忠平 喻云 谭健 张新春
省林业厅 阎钢军 邱水文 谢利玉 黄柏祯
省工业和信息化委员会 吴晓军 万庆胜 王小永 刘运明
省煤炭行业办 朱毅 余钢 万基伟
省轻工行业办 谢光华 魏斌 罗洁
省机械行业办 刘煜 李新乐 辜红星
省工商行政管理局 邝小平 袁建军 梁卫光 帅扬生
省住房和城乡建设厅 陈平 曾绍平 姚宏平
省商务厅 伍再谦 陶莉萍 陈德群 饶芝新
省粮食局 熊根泉 刘福元 林华
省供销合作社 吴伏生 涂俊伟 吴小平
省交通运输厅 朱希 王爱和 谢元银 杨文 邓振胜
南昌铁路局 刘振芳 王秋荣 王春柳 周吉平 刘仁
人行南昌中心支行 高小琼 潘淦 颜凌 何建军
江西证监局 胡伏云 周军 匡晓凤 王显忠
江西银监局 柯愈华 彭华峰 付强
省国税局 张贻奏 邱大南 刘荣军 黎伦和
省地税局 王显和 邓峻
省鄱湖办 李安泽 叶柏青 赖南京 刘兵 彭小平

省国有资产监督管理委员会　陈永华　陈德勤
　董晓健　张思益

省安全生产监管局　张桃生　汪少舟　张贤义

江西煤矿安全监察局　贺爱民　王晓明　周　华

省质量技术监督局　王　詠　章志键　徐光辉
　钟蔚恒　朱长修

省国土资源厅　胡　宪　陈祥云　许建平
　肖彦明

省食品药品监管局　关晏民　肖一华　冷建刚
　杨书炎

省统计局　王建农　彭道宾　彭勇平

省审计厅　万继锋

南昌海关　钟海澄　李竹柏　黄奇峰

省气象局　薛根元　詹丰兴　封明亮　邓晓明

省测绘地理信息局　高振华　陈挺芳

省地矿局　彭泽洲　肖　中

省文化厅　郜海镭　舒仁庆　魏　玮　卢　川
　郑志山

省档案局　汪晓勇　刘平原　邓东燕　童　捷

省广播电影电视局　杨六华　梁　勇　万里波
　胡小玲

省人口计生委　李舰海　尹玉光　曾向华

省卫生厅　李　利　邹国荣　朱烈滨　兰　昊

省体育局　刘　鹰　杜雅军　陈　萍　王　伟

国家统计局江西调查总队　邓盛平　邓祖龙
　刘　凡

各市、县、区

南昌市　王文涛　陈俊卿　郭　安　江晓斌
　张根水　谢晓亮　熊庆滨

青云谱区　唐于禄　巫　滨　肖存激

湾里区　周　林　王建平　李　通　胡世昇

武宁县　王正发　余　立　郑元刚

修水县　吴　玮　刘小渠　李四军

永修县　雷兆凤　陈汉铭

瑞昌市　罗文江　郭少雄　费重林　李英豪

共青城市　李晓刚　卢宝云　卢洪温　袁有福

浮梁县　孙艳峰　汪春艳　李晓华　金寿进

乐平市　杨珊庚　叶　华　彭建光

萍乡市　崔传鹏　刘晓峰　吴昌荣　罗晓安

新余市　史　可　喻国杰　黄福生　李立峰

渝水区　郭文琳　钟小明　廖毅民

分宜县　刘　琼　刘春水　杨　诚　林禾耿

鹰潭市　辜　清　汪　磊　况建军　朱仕平
　陈志敏

余江县　周谷昌　陈洪毅　胡明娥

赣州市　冷新生　孙黎明　刘建明　邝先元
　陈昌保　王之玮

信丰县　邱建军　黎训全　卢冠南　罗才胜

大余县　曹爱珍　廖君侦　邓思喜　曾诗惠

崇义县　徐　兵　谢　筠　黄　萌

龙南县　刘定辉　曾庆征　叶　为　徐柏胜
　赖日金

定南县　蓝应尚　魏更新　胡东汉　龙长茂
　赖春梅

宁都县　刘　勇　谢文才　邱新民　刘红彦

寻乌县　杨永飞　陈阳山　刘元春　刘　斌
　钟玉华

石城县　鲍峰庭　朱木发　刘晓波　汪上红
　刘善泳　温永发

南康市　柯岩松　杨晓斌　黄菊兰　倪贵清

宜春市　蒋　斌　皮德艳　黄渭高　包春燕
　黄　河　鲍　焱

奉新县　钟存发　余启利　余雪勇　熊正秋
　邹文生

上高县　杨景平　晏紫春

靖安县　田　辉　邹俊明　郭金丰　蔡会如
　黄烈花

铜鼓县　时水莲　王现国

樟树市　曾文军　杨仕林　王剑平

上饶市　潘东军　饶爱京　杨建林　姚少陆
　李玉娜

上饶县　蒋定平　李希东　华荣跃

铅山县　黄弋峰　黄胜新　郑冬香

鄱阳县　潘表光　胡凌锋　邓正平　于爱泉

峡江县　胡新明　陈志安　孔文峰　彭　涛

遂川县　刘路生　黄少刚　蒋　燕　张春艳

永新县　孙劲涛　娄致文　廖慧华　贺兰萍
　彭龙太

抚州市　张和平　陈日武　余建平　黄亚玲

黎川县　聂仕雄　陈俊华　余天禄　过印光

乐安县　张文贵　王国庆

宜黄县　毛宗保　罗建顺　叶　峰　胡美凤

资溪县　周金生　帅建忠　曾慧勇

广昌县　李冬富　钟立新

目　录

CONTENTS

卷　首

特　载

大　事　记

专　记

江西概览

中国共产党江西省委员会

江西省人民代表大会常务委员会

江西省人民政府

中国人民政治协商会议江西省委员会

中国共产党江西省纪律检查委员会

民主党派

人民团体

军 事

法 治

港澳台事务

外事侨务

国家区域发展战略

农　业

工　业

非公有制经济

信息化建设

园区经济

旅　游　业

国内贸易

对外贸易　经济合作

就业与再就业

社会保障

交通运输

金　　融

财政税收

经济管理与监督

城乡建设

水利

自然观测

环境保护

教　育

科学技术

社会科学

文化艺术

新闻出版　广播电影电视

医疗卫生

体　　育

居民生活

民　　政

市　县　区

人　物

专　录

统计资料

特　　载

本栏编辑　詹跃华

在全省经济工作会议上的讲话

苏　荣

（2012年12月29日）

同志们：

刚才，心社省长代表省委、省政府总结了今年经济工作，部署了明年经济工作，讲得很全面，要求很明确，完全符合中央精神和我省实际，具有很强的指导性和针对性，请大家认真贯彻落实。

下面，我着重就做好明年经济工作需要重点把握的问题，再强调几点：

一、在困境中抢抓机遇，进一步增强做好明年经济工作的信心

当前国内外经济形势总体上还是严峻形势与有利条件并存，机遇大于挑战。关键是如何正确看待形势，增强在困境中抢抓机遇、赢得发展的能力，善于化挑战为发展的机遇和优势。

一方面，要清醒、客观地认识到，明年我省经济发展仍然面临诸多严峻挑战。一是外部环境依然严峻复杂。国际经济形势依然会错综复杂、充满变数，全球经济真正走出危机仍需时日，世界经济低速增长态势仍将延续；国内发展中不平衡、不协调、不可持续问题依然突出，经济企稳回升的基础尚不稳固；国际市场需求不振、沿海地区增长放缓，将继续增加我省发展的压力。二是一些行业产能过剩、产品价格偏低，对企业生存发展和效益提高的负面影响不小。三是一批中小企业资金紧张、贷款难、用工难、效益低的状况仍将延续。四是不少企业处于产业低端，技术水平低、创新能力薄弱，在日益激烈的市场竞争中处于劣势，难以走出困境。

另一方面，更要充分看到，做好全省明年经济工作，有许多积极和有利因素。从全国来看，我国经济社会发展基本面长期趋好，发展仍然具备难得的机遇和有利条件。同时，经济回暖的动能有所增强，企稳回升态势进一步巩固。统计数据显示，今年我国再次超过美国成为全球最大外国直接投资（FDI）目的地，说明广大国际投资者继续看好中国的发展前景。进入四季度以来，我国采购经理人指数、工业企业利润、用电量等多项指标持续稳步回升。就我省而言，发展优势和有利条件也很多。一是随着建设鄱阳湖生态经济区和赣南等原中央苏区振兴发展这两大国家战略的实施和连续多年高强度增加固定资产投资积蓄的发展动能的释放，我省经济快速发展的惯性依然较强。二是我省正处于工业化、城镇化加速推进期，发展潜力与空间巨大。特别是农业、矿产、旅游等优质资源一旦与先进技术和管理结合，进行深度开发的潜力巨大，必然会形成新的增长点。三是国家扩大内需的政策将给我省经济发展带来新的机遇，比如，太阳能发电、城镇化发展，都会对我省一些关联度大的企业创造巨大商机。四是国际经济严寒、沿海地区发展困难，势必加速资金、产业和技术的转移，而我省区位优势明显，生态环境好，承接沿海产业转移具有明显优势。只要进一步优化发展环境，主动做好工作，必然会吸引到更多知名企业和优势产业进驻我省,迅速提升我省经济发展的层次和水平。五是我省经济对外依存度不足20%,受外需低迷的影响较小,且这些年大力推进新型工业化、城镇化和农业农村现代化,加快发展战略性新兴产业,实体经济基础扎实。六是今年我省经济继续保持了平稳较快发展,为做好明年经济工作奠定了坚实基础。今年是新世纪以来我国经济发展最为困难的一年。在中央的坚强领导下,我们牢牢把握稳中求进的工作总基调,敏锐捕捉机遇,科学应对挑战,主要经济指标增速均高于全国水平,结构调整逐步加快,发展动能持续增强,尤其是城乡居民收入实现较大幅度增长,增幅连续两年超过经济增长速度,发展的质量和效益进一步提升。

总之,尽管困难多、压力大,但我省仍处于重要的战略机遇期和黄金发展期。我们必须把思想统一到中央对当前国内外经济形势的分析判断上来,清醒认识面临的困难和挑战,增强忧患意识和紧迫感,把困难估计得更充分,把应对措施考虑得更周全,把各项工作做得更扎实;又要充分看到有利条件和积极因素,坚定发展信心,继续把握好稳中求进的工作总基调,突出主题主线,扎实做好明年经济社会发展的各项工作。

二、在改革开放中增强发展动力,千方百计保持经济持续健康较快发展

改革开放是推动经济社会发展的强大动力。面临严峻困难,更要在深化改革中形成发展红利,在创新中挖潜力、激活力、增动力、强优势,确保实现发展目标。

坚定不移地把稳增长摆在首位。党的十八大和中央经济工作会议明确把推动经济持续健康发展作为做好经济工作的重要指导方针。贯彻落实中央这一重大方针,从我省实际出发,必须在持续健康较快发展上下功夫。之所以要强调"较快",这是我们坚持实事求是思想路线,坚定不移贯彻落实中央决策部署的必然选择,符合中央对全国生产布局实施有差别的政策,符合江西实际。习近平总书记指出,"从全国看,我国经济已进入个位数增长的阶段。我们不能不顾客观条件、违背规律盲目追求高速度,但也不能眼看着速度持续下滑而无所作为"。李克强副总理指出,"7.5%左右的速度是就全国而言的,考虑到各地发展不平衡,东部地区进入较高发展阶段,经济体量较大,受外需影响也大,速度难免低一些;中西部地区发展空间和潜力较大,增长速度有条件高一些"。我省经济总量小、人均水平低,要与全国同步全面建成小康社会,就必须在提高质量与效益的基础上保持较快的发展速度。据有关数据显示,2011年,我省全面小康社会总体实现程度仅为79.3%,低于全国平均水平约4个百分点,其中经济发展实现程度最低,仅为62.1%;实现2020年"两个翻一番"目标,我省GDP和城乡居民人均收入年均增长分别要达到10.8%和9.3%以上。因此,必须坚定不移地把稳增长摆在首位,千方百计保持经济持续健康较快发展。这既是应对当前严峻形势、保持经济社会稳定的迫切需要,也是建设富裕和谐秀美江西,与全国同步全面建成小康社会的战略选择,任何时候都不能有丝毫动摇。

坚持多措并举,确保实现稳增长目标。一要着力强化固定资产投资的拉动力。牢牢把握扩大内需这一战略基点,增强消费对经济增长的基础作用,发挥好投资对经济增长的关键作用。我省经济外向度低,居民收入水平总体不高,短时间内要快速提升出口和消费对经济增长的贡献率不现实,在当前和今后一个时期,投资仍将是我省经济增长最主要、最有效的拉动力。因此,要继续坚定不移地抓项目、抓投入,用足用好国家的积极财政政策,争取更多国家投资项目。进一步优化投资结构,提高投资的质量和效益,千方百计保持投资稳定有效增长,切实发挥好投资对我省经济增长的关键作用。二要着力强化科技创新的驱动力。坚持把创新驱动作为我省经济发展的核心战略,抓住经济社会发展的重点领域、主导产业和关键环节,集中力量,整合资源,加强协同创新,推动我省经济从要素驱动向创新驱动的转型升级。三要着力强化资本市场的推动力。这些年,我省资本市场发展进步很大,但总体上还是发育不足、水平不高,仍滞后于经济发展。要继续大力引进金融机构,加大企业上市力度,加快建立多层次的资本市场体系,以及在防范风险、规范融资行为、确保安全的前提下,更好地发挥好地方融资平台作用,调动民间投资的积极性,切实发挥资本市场在促进经济发展中的积极作用。四要着力强化各类市场主体的内生动力。在积极引进央企等国内外知名大企业、大集团的同时,进一步鼓励和壮大民营企业,积极吸引和支持民营企业家返乡创业。同时,要大力开拓国际市场,充分利用"两种资源、两个市场",更好地推动全省经济发展。

坚定不移地深化改革开放。近年来,各地各部门认真贯彻落实省委、省政府的决策部署,坚持把深化改革作为贯彻落实科学发展观、破除体制机制障碍、推动经济社会发展的重要任务,敢于面对矛盾,勇于担当,周密部署,攻坚克难,国有工业企业改革、国有非工业企业七个系统改革、文化体制改革等顺利完成,改革过程非常平稳、成效十分明显,有力地促进了经济发展和社会稳定。党的十八大对全面深化改革开放作出了战略部署,中央经济工作会议对明年深化改革开放提出了明确要求。我们要认真领会中央精神,以更大的政治勇气和智慧,更加自觉、更加坚定地推进改革,落实好已经出台的改革措施,及时推出改革的新举措,大胆探索、务求实效,努力在进一步深化改革上取得新的突破,为经济社会发展提供强大动力和体制保障。要继续坚定不移地实施大开放主战略,不断拓展开放的领域和空间,提升我省开放型经济发展水平。继续优化发展环境,提高招商引资成效,做好承接产业转移工作,进一步巩固和提升江西作为沿海发达地区产业"西进"前沿阵地和产品"北上"桥头堡的地位。

三、在发展中加快转方式、调结构,着力提高经济增长的质量和效益

要把发展中面临的困难和挑战化为倒逼我们扩大内需、提高创新能力、促进经济发展方式转变的新机遇,以提高经济增长质量和效益为中心,在发展中加快转变经济发

展方式和经济结构战略性调整，以调结构、转方式作为新动力促进经济又好又快发展。

以大力发展现代农业和农产品加工业为重点，进一步提升农业农村经济发展水平。要始终牢固树立“重中之重”的思想，认真落实各项强农惠农富农政策，继续加大“三农”投入，加强农业基础设施建设，加快发展现代农业，着力提高农业综合生产能力，提高农业综合效益。要大力推进农业结构调整和生产经营体制改革，培育发展龙头企业，大力发展各类农民专业合作社，加快推进农业专业化、规模化经营，提高主要农产品精深加工率，打造我省绿色生态优质农产品品牌，做强做大食品工业，拓展农业增效、农民增收的渠道。加大统筹城乡发展力度，加快建立健全农村公共服务体系，积极引导各县（市、区）充分利用有利条件和自身优势，进一步壮大县域经济实力。

以培育壮大战略性新兴产业为重点，着力构建产业发展新优势。充分发挥战略性新兴产业在优化产业结构中的龙头作用，在发展中调结构、转方式，加快培育壮大电子信息、新能源、新材料、先进装备制造、生物医药、绿色食品等战略性新兴产业，尽快做大做强，成为全省工业化的脊梁和火车头，以优质增量的快速发展带动产业结构升级和发展方式转变。充分发挥工业园区的集聚作用，在制度创新上下更大的功夫，吸引更多战略性新兴产业项目落户江西。要加快高新技术对传统产业的改造提升，鼓励企业开发新产品和新工艺，应用先进技术节能减排降耗，解决产品技术含量低、产能过剩问题，提高市场竞争力和经济效益。

以加快发展现代服务业为重点，大幅提升服务业在全省经济中的比重。我省服务业发展相对滞后，与我省经济发展所处的阶段有关。随着经济发展水平提升，新型工业化、城镇化加速推进，我省服务业发展正面临着前所未有的历史性机遇，服务业领域的投资正在呈现超常规、爆发性增长。我们要充分利用当前有利时机，充分发掘我省潜力和优势，把加快发展服务业作为调整产业结构、提升发展水平的战略重点，实现超常规发展，加速提高服务业在全省经济中的比重，把现代服务业打造成重要的新增长极和全省经济主要支柱产业之一，迎头赶上周边省份现代服务业快速发展的步伐。充分发挥我省文化底蕴深厚、旅游资源丰富等独特优势，加快以休闲度假为主的综合旅游产业超常规发展，使之成为支撑江西绿色崛起的主导产业。大力营造良好的金融生态环境，加快金融服务业发展。按照发展大贸易、搞活大流通的要求，加快推进现代商贸物流产业发展，促进市场、资本、产业、贸易的良性互动。大力促进信息、咨询等生产性服务业发展。

以推进生态与经济融合为重点，努力把我省的生态优势转化为发展优势。党的十八大站在全局和战略的高度，作出了大力推进生态文明建设的重大战略决策。我们要更加深刻地认识生态文明建设的重大意义，更好地把生态文明理念融入和贯穿于全省经济社会发展的各方面和全过程，着力推进绿色发展，加快秀美江西建设，为建设美丽中国作出我们应有的贡献。要更加注重资源节约和环境保护，继续扎实推进和谐秀美乡村、“森林城乡、绿色通道”等生态工程建设，更好地保护和建设好江西的青山绿水。加大环境整治力度，加强重金属污染治理、水污染治理、生态脆弱区的修复。严把项目准入关，无论投资额有多大、效益有多好，只要是污染环境的项目，一律不准进入我省。大力发展生态经济，切实把良好的生态优势转化为现实的发展优势。更加扎实地推进鄱阳湖生态经济区建设，用足用好用活国家赋予我省的先行先试权，努力打造一个生态与经济协调发展、融合发展的示范区。加强生态文明宣传教育，增强全社会绿色发展、绿色消费、绿色生活意识，形成支持绿色发展、倡导绿色生活的良好氛围。

四、在加速城镇化中统筹城乡发展，努力走出一条具有江西特色的城镇化新路

城镇化是现代化的必由之路，也是扩大内需、拉动增长的最大潜力。城乡统筹也是推进城镇化的重要途径。这些年来，我省城镇化水平每年以高于1.5个百分点的速度提高，预计今年可达47.4%，但比全国平均水平还差4.6个百分点。差距就是潜力。据估算，一个农村人口转入城市，其收入和消费将增加3倍多。按每年城镇化率增加1.5个百分点来计算，每年我省将有近70万农村人口转移到城市，必将带来投资的大幅增长和消费的快速增加。我们要按照城乡一体化的总体要求，大力推进城镇化，不断提高城镇化质量，使城镇化成为全省经济增长的重要引擎。一要着力提升中心城市的带动力和支撑力。大中城市是城镇化发展的龙头。要紧紧抓住建设鄱阳湖生态经济区、支持南昌打造成为带动全省发展的核心增长极、深入推进九江沿江开放开发、支持赣南等原中央苏区振兴发展等区域发展战略的重大机遇，充分利用我省房价仍然偏低的有利时机，把保障性住房建设作为推进城市建设的重要抓手，把加速城镇化与加快发展现代服务业有机结合起来，与推进生态文明建设有机结合起来，进一步完善城市功能、提升城市品位，努力打造“一个核心、多极支撑”的城市发展格局。二要着力加快小城镇发展。小城镇是统筹城乡发展的枢纽。我省县城和中心镇发展还相对滞后，这既是加速城镇化的瓶颈，也是加速城镇化的潜力所在。要切实用好用足农村土地增减挂钩政策，加快小城镇建设步伐，使之成为产业集聚、就业集聚、公共服务集聚、居住集聚的中心，使更多农村人口通过在小城镇就业、居住变为市民。三要统筹城乡发展，加速实现城乡一体化。要把加速城镇化与推进新农村建设更好地结合起来，镇村连动，加快和谐秀美乡村建设，为城镇化发展提供重要依托。

五、在发展中更好地保障和改善民生，进一步提高人民生活水平

民生一头连着民利和民心，一头连着内需和发展，既是发展的根本目的，又是发展尤其是刺激消费的有效途径。经济形势越是复杂严峻，越要切实做好民生工作。我们要认真贯彻中央的要求，扎扎实实做好保障和改善民生的各项工作，不断提高全省人民的生活水平。一要着力稳定和扩大就业。就业是民生之本。没有稳定的就业，就没有稳

定的收入，更谈不上民生的保障和改善。尤其要针对当前一些企业订单不足、开工不足，直接影响用工需求的状况，全力帮助企业克服困难、解决难题，引导企业强化社会责任，不随意裁员、减员。多渠道创造就业岗位，做好失业员工的再就业工作。同时，加强就业服务和引导，着力帮助大学毕业生及一些就业困难人员实现就业，加快农村劳动力向二、三产业有序转移。二要着力增加居民收入。党的十八大和省第十三次党代会都明确提出了实现城乡居民人均收入翻番的奋斗目标。各地各部门要在增加居民收入、缩小收入差距方面多动脑筋、多下功夫，确保城乡居民收入增长幅度高于经济增长速度，农民人均收入高于城市居民收入增长速度，兑现让全省人民的腰包伴随江西崛起的进程逐步鼓起来的庄严承诺。三要着力强化社会保障。完善和强化社会保障，既是改善民生的重要方面，又有利于改变人们的消费预期，增强人们的消费能力，进而增加消费需求，促进经济增长。坚持全覆盖、保基本、多层次、可持续的方针，进一步完善社会保障体系，重视提高城乡低保标准，在努力实现应保尽保的基础上，不断提高保障水平。四是认真抓好群众普遍关心的教育、卫生等社会事业发展，尤其是对农村中小学、幼儿园要规范管理、改善条件、提高质量、确保安全。继续做好几类重大疾病的免费治疗工作，继续加大对影响群众健康的环境污染的整治力度。切实关心和解决困难群众的实际困难。加快农村土坯房等危旧房屋和城镇、工矿区棚户区改造，为困难群众提供更好的生活居住条件。

六、在实干中切实转变作风，不断提高领导科学发展的能力和水平

做好明年的各项工作，关键在各级党组织和领导干部要发挥核心作用，实施有效领导。要善于统揽全局，牢牢把握大局。各级党委要认真履行领导经济工作的职能，加强对本地区经济工作的领导，结合各地实际，坚决贯彻执行中央和省委、省政府的决策部署，切实把领导经济工作的立足点真正转到提高发展的质量和效益上来。要坚持议大事、抓大事，加强对事关全局、事关长远的重点工作研究，以重点突破带动全面工作。当前，我国已进入了矛盾多发期，各种社会矛盾较多，社会稳定压力不小，在着力抓好经济工作的同时，要更加注重源头治理，不断提高社会管理科学化水平，促进社会和谐稳定。要勇于破解难题。明年我们面临的风险和困难较多。各级党委、政府和领导干部要围绕经济社会发展重大问题加强学习和调研，着力提高把握市场经济规律、自然规律、社会发展规律能力，提高科学决策、民主决策能力，提高解决问题、推动工作的能力。要正视矛盾，敢于担当，敢于负责，在破解难题、化解矛盾中不断开创工作新局面。要下大力气改进工作作风。始终牢记"实干兴邦，空谈误国"的道理，深刻领会、坚决贯彻落实中央和省委关于转变工作作风、密切联系群众的有关规定，切实把心思和精力用在破解难题、推动工作、造福人民上来。坚持实事求是、求真务实，真正放下架子、扑下身子，摸实情、出实招、办实事、求实效，坚决防止官僚主义、形式主义，努力让我们的工作经得起实践的检验、历史的检验、人民的检验。要旗帜鲜明地反对腐败。认真落实干部清正、政府清廉、政治清明的要求，严格遵守党的纪律特别是政治纪律，严格遵守廉洁从政有关规定，严于律己、勤政廉政，永葆共产党人清正廉洁的政治本色。坚持党要管党、从严治党，始终保持惩治腐败的高压态势，坚决遏制一些领域腐败现象易发多发势头，以反腐倡廉的实际成效取信于民，进一步营造干事创业的良好氛围，为全省经济社会发展提供有力保证。

同志们，做好明年的经济工作任务艰巨、意义重大。我们要更加紧密地团结在以习近平同志为总书记的党中央周围，高举中国特色社会主义伟大旗帜，坚定信心、凝聚力量，开拓创新、攻坚克难，扎实做好明年各项工作，奋力开创建设富裕和谐秀美江西的新局面！

政府工作报告

——在江西省第十二届人民代表大会第一次会议上

省 长 鹿心社

(2013 年 1 月 23 日)

各位代表:

现在,我代表省人民政府,向大会作政府工作报告,请予审议,并请各位省政协委员和列席会议的同志提出意见。

一、2012 年及本届政府工作回顾

2012 年是本届政府履职的最后一年。在党中央、国务院和省委的正确领导下,全省上下团结拼搏,克服了经济下行压力加大等不利影响,统筹做好稳增长、调结构、抓改革、优生态、惠民生、促和谐各项工作,经济社会发展呈现稳中有进的良好态势,省十一届人大五次会议确定的各项目标任务圆满完成。

经济平稳较快发展。全省生产总值 12948.5 亿元,增长 11%。财政总收入 2046 亿元,增长 24.4%,其中公共财政预算收入 1371.9 亿元,增长 30.2%。500 万元以上固定资产投资 11388.9 亿元,增长 30.1%。粮食总产量 417 亿斤,实现“九连丰”。工业经济持续增长,规模以上工业增加值 4885.2 亿元,增长 14.7%。社会消费品零售总额 4006.2 亿元,增长 15.9%。居民消费价格总水平上涨 2.7%。金融机构贷款余额 11080 亿元,增长 19.1%。文化产业主营业务收入 1400 亿元。旅游总收入 1403 亿元,增长 26.8%。

结构调整成效显著。产业结构进一步优化。农业产业化步伐加快,省级以上龙头企业实现销售收入 1850 亿元。工业对经济的主导作用增强,十大战略性新兴产业增加值增长 15%。服务业占 GDP 的比重提高 1 个百分点。科技对经济的支撑引领作用增强,科技进步贡献率提高到 51.2%。投资结构进一步优化,民间资本对投资增长的贡献率达到 71%,非公有制经济增加值 7200 亿元,增长 11.8%。

区域经济活力增强。打造南昌核心增长极步伐加快,南昌市生产总值、财政总收入占全省的比重提高。九江沿江开放开发扎实推进,重大项目加快向沿江集聚。促进赣南等原中央苏区振兴发展的各项工作全面推进,政策效应逐步显现。赣东赣西两翼产业加快集聚,发展水平进一步提升。县域经济快速发展,财政总收入超 10 亿元的县(市、区)达到 56 个,超 20 亿元的 17 个,丰城市超 40 亿元,南昌县超 60 亿元。

改革开放深入推进。非工口七个系统国有企业全部完成改制任务,11 户省出资监管企业完成股权多元化改革。医药卫生体制改革扎实推进,国家基本药物制度实现行政村全覆盖。全面完成国有文艺院团转企改制等五项文化体制改革任务。国有林场改革试点稳步推进。实际利用外商直接投资 68.2 亿美元,增长 12.6%。利用省外 5000 万元以上项目资金 3189.4 亿元,增长 23.7%。外贸出口总额 251.1 亿美元,增长 14.8%。

城乡统筹协调发展。城镇化进程加快,新增城市建成区面积 120 平方公里,新增城镇人口 88.6 万,城镇化率达到 47.5%,提高 1.8 个百分点。在 9282 个村点开展了以“五美四和谐”为主要内容的和谐秀美乡村建设,农村清洁工程扎实推进,农村面貌有了新的改观。

基础设施更加完善。赣州至崇义等 7 条高速公路建成通车,全省高速公路通车里程达到 4260 公里。在建铁路里程 1207 公里。一批重大电力能源项目建成投运,新增统调电力装机容量 115 万千瓦,总量达到 1533 万千瓦。峡江水利枢纽实现大江截流,山口岩水利枢纽下闸蓄水。

生态建设持续加强。造林绿化“一大四小”工程完成造林面积 298.65 万亩,鄱阳湖综合整治扎实推进,重金属污染防治取得成效。节能减排完成年度目标任务,单位

GDP能耗预计下降5%，化学需氧量、氨氮、二氧化硫、氮氧化物排放量完成国家下达的减排任务，水和空气质量得到改善。

民生工程任务完成。全省城镇新增就业53万人，城镇登记失业率控制在3.5%以内。养老、医保、低保等社会保障水平进一步提高，实现了城乡居民社会养老保险制度全覆盖。保障性安居工程新开工建设30.38万套，竣工30.9万套。完成农村危房改造17.5万户。全面实施尿毒症患者免费血透救治，启动了贫困家庭重性精神病患者免费救治工作，白内障、唇腭裂以及儿童白血病、先天性心脏病患者免费救治进入常态化。

社会事业全面发展。地方财政教育支出占财政支出比重达16.8%。中小学校标准化建设稳步推进。在17个县市启动了学生营养餐试点。省部共建高校达12所。新农合参合农民达3293.35万人，参合率98.1%。文化惠民工程深入实施。人口自然增长率控制在7.5‰以内。群众体育与竞技体育协调发展。人民群众生活水平进一步提高，城镇居民人均可支配收入和农民人均纯收入分别增长13.5%和13.6%。其他各项社会事业取得新成绩。

2012年各项任务的完成，标志着省十一届人大一次会议确定的本届政府五年奋斗目标全面实现。这五年，我们面临极为复杂的国内外经济形势，经历了国际金融危机和历史罕见的低温雨雪冰冻、特大洪涝和严重干旱等自然灾害的严峻考验。全省人民始终高举中国特色社会主义伟大旗帜，坚定不移走中国特色社会主义道路，以科学发展观统领经济社会发展全局，在接力探索中走出了一条科学发展、绿色崛起的新路，经济社会发展取得了令人瞩目的成就。五年来，全省经济总量实现大跨越，结构调整迈出新步伐。生产总值超过万亿元，五年增长1.2倍，年均增长12.8%。财政总收入超过2000亿元，五年增长2.1倍，年均增长25.2%。固定资产投资超过万亿元，五年增长2.6倍，年均增长32.1%。三次产业结构由15.6∶51.3∶33.1调整为11.7∶53.8∶34.5。争取鄱阳湖生态经济区建设和赣南等原中央苏区振兴发展上升为国家战略，构筑了南北呼应、竞相发展的格局，全省区域经济发展更具活力、更加协调。体制改革实现重大突破，对外开放展现新活力。全面完成了新一轮国有企业改革，一大批改制企业焕发新的生机活力。在全国率先完成集体林权制度改革。医药卫生体制、文化体制、财税金融体制、政府机构、行政审批制度等改革稳步推进。开放型经济快速发展，实际利用外商直接投资五年增长1.2倍，年均增长17.1%；进出口总额五年增长2.5倍，年均增长28.7%，其中出口总额五年增长3.6倍，年均增长35.8%。生态环境建设扎实推进，可持续发展能力得到新提升。造林绿化"一大四小"、"五河一湖"生态环境综合治理、城镇污水处理、农村垃圾无害化处理等重大生态工程建设成效显著，重金属污染防治扎实推进。全省森林覆盖率由60.05%提高到63.1%，城镇污水处理设施实现市县全覆盖，地表水监测断面水质达标率由76.1%提高到80.7%，11个设区城市环境空气质量全部达到国家Ⅱ级标准，生态环境质量位居全国前列。基础设施明显改善，城乡建设取得新成效。公路、铁路、机场、港口、能源、水利等基础设施建设成效显著。高速公路通车里程五年增加2054公里，增长近1倍。铁路营运里程达到2735公里。城市建成区面积五年增加527平方公里，城镇化率年均提高1.54个百分点。在6.4万个村点开展了新农村建设，农村面貌发生明显变化。社会事业全面进步，人民生活水平有了新提高。五年累计投入财政性资金1400亿元实施民生工程，着力解决了一大批事关人民群众切身利益的突出问题。在全国率先实现城乡困难群众最低生活保障、城乡义务教育免费和困难学生资助政策、城乡困难群众大病医疗救助制度、城乡居民基本医疗制度"四个全覆盖"。在全国率先启动白内障等六种重大疾病免费救治。保障性安居工程建设取得重大进展。城镇居民人均可支配收入由11222元增加到19860元，年均增长12%；农民人均纯收入由4098元增加到7828元，年均增长14%。教育、文化、医疗卫生、国防动员等各项事业协调发展。社会保持和谐稳定。

对口支援四川小金县地震灾后重建任务圆满完成；新一轮对口援疆工作扎实推进，五年任务可望三年基本完成。

政府自身建设得到加强，法治政府、效能政府、服务政府、廉洁政府建设取得新成效，发展环境不断优化。

五年来，我们栉风沐雨、砥砺前行，谱写了江西发展的崭新篇章。回顾五年的实践，我们深化了对加快江西发展的认识：一是必须始终坚持立足省情、解放思想，创造性地开展工作。牢牢把握江西省情和发展的阶段性特征，紧紧抓住发展不足这个主要矛盾，以科学发展观为统领，全面贯彻落实中央决策部署，切实做好与江西实际结合的文章，始终把加快发展放在首位，解放思想，开拓创新，调动一切积极因素，聚精会神搞建设，一心一意谋发展，不断把富民兴赣的伟大事业推向前进。二是必须始终坚持抢抓机遇、锐意进取，赢得发展的主动权。不为复杂多变的国内外发展环境所惑，科学研判，把握大势，沉着应对，努力变压力为动力，加快发展。积极抢抓产业加速转移、发展加速转型、生产要素加速集聚的历史机遇，始终把扩大固定资产投资作为加快发展的重要抓手，大力实施重大项目带动战略，加速推进新型工业化、城镇化，着力培育区域经济增长极，千方百计提升经济实力。三是必须始终坚持改革开放、攻坚克难，不断增强发展活力。把对内搞活与对外开放紧密结合起来，在破除体制机制障碍中获得改革"红利"，在对外开放中拓展发展空间，进一步激发各类市场主体发展活力，积极推进区域经济合作，不断增强发展的动力和活力。四是必须始终坚持生态立省、绿色崛起，促进生态与经济协调发展。把经济社会发展与生态环境保护紧密结合起来，在加快发展中加强生态建设和环境保护，严把项目准入关，持续加大生态工程建设力度，不断提高生态环境质量。大力发展低碳与生态经济，积极探索生态与经济融合发展模式，切实把生态优势转化为发展优势。五是必须始终坚持以人为本、民生优先，让发展成果更好地惠及全省人民。坚持发展为了人民、发展依靠人民、发展成果由人民共享，大力实施民生工程，推进基本公共服务均等化，不断提高城乡居民收入和人民群众生活水平。

五年开拓奋进，五年成就辉煌，江西发展站在了一个新的起点上。这是党中央、国务院和省委正确领导的结果，是全省人民奋力拼搏的结果。在此，我代表省人民政府，向全省广大工人、农民、知识分子、干部和历任老领导、老同志，向各民主党派、工商联、无党派和社会各界人士，向驻赣人民解放军、武警官兵和公安干警，向中央驻赣单位，致以崇高的敬意！向所有关心、支持江西发展的同志们、朋友们、港澳同胞、台湾同胞、海外侨胞和国内外友好人士，表示衷心的感谢！

我们清醒地认识到，我省经济社会发展还面临不少需要解决的问题。经济总量不大、城乡居民收入偏低，加快发展、做大总量仍然是第一要务；经济结构不优、产业层次不高、创新能力不强，加快转变经济发展方式的任务非常艰巨；制约科学发展的体制机制障碍依然不少，发展环境有待进一步优化，深化改革开放任重道远；影响社会和谐稳定的因素仍然较多，加强社会管理维护稳定的任务十分繁重；政府行政效能和政府工作人员的素质、能力、作风与人民群众期望还有差距。我们将采取有力措施，切实加以解决。

二、今后五年的总体要求和目标任务

今后五年是江西经济社会发展的关键时期。综观未来发展趋势，尽管世界经济低速增长态势仍将延续，但世界多极化、经济全球化的大势没有变。我国发展仍处于可以大有作为的重要战略机遇期，经济社会发展基本面长期向好。我省处于工业化、城镇化加速发展期，多年来高强度投入积累的能量正在加速释放，将有力支撑经济增长。面对新形势，充分认识我省发展基础和潜力，客观分析差距和不足，必须始终坚持抢抓机遇、加快发展、科学发展。我们将全面贯彻落实党的十八大和省第十三次党代会精神，适应国内外形势新变化，顺应人民群众过上更好生活新期待，抓住用好发展机遇期，以科学发展为主题，以加快转变经济发展方式为主线，围绕建设富裕和谐秀美江西的奋斗目标，进一步解放思想，深化改革，扩大开放，全面推进促进中部地区崛起、鄱阳湖生态经济区建设和赣南等原中央苏区振兴发展三大国家战略实施，着力培育新的经济增长点，着力激发经济发展新活力，着力增强创新驱动发展新动力，着力形成发展环境新优势，切实提高经济增长的质量和效益，加快提高人民群众生活水平，在全面建成小康社会征途上迈出更加坚实的步伐。

综合考虑，未来五年力争实现“三个总量翻番、三个达到或接近、一个全国领先”的总体目标，即到2017年，实现经济总量、财政收入、居民收入翻番，主要经济指标在全国位次前移，力争基本公共服务、人均生产总值、城镇化率等指标达到或接近全国平均水平，生态文明建设全国领先。

——经济综合实力不断提升。力争生产总值年均增长10%以上，到2017年生产总值超过2.5万亿元，人均生产总值力争达到9000美元。

——经济结构进一步优化。战略性新兴产业占工业增加值比重提高到50%以上，服务业占GDP比重年均提高1个百分点左右，消费对经济增长的贡献率达到50%以上，非公有制经济占GDP比重提高到60%以上，民间资本对投资增长的贡献率达到80%左右，科技进步贡献率达到55%左右。

——区域经济发展格局全面形成。完善“龙头昂起、两翼齐飞、苏区振兴、绿色崛起”的多极发展区域格局，南昌核心增长极辐射作用更加明显，九江、赣州两个省域副中心城市带动作用显著增强，两翼经济实力进一步提升，区域经济发展更加协调。

——生态文明建设迈上新台阶。单位GDP能耗和二氧化碳排放持续下降，主要污染物排放总量持续减少，森林覆盖率稳定在64%以上，地表水监测断面水质达标率稳定在82%以上，人居环境继续改善。

——人民群众生活水平显著提高。就业更加充分，社会保障水平不断提高，城乡居民收入增长快于GDP增长，实现城乡居民收入倍增目标，让更多的低收入家庭成为中等收入家庭。

实现上述目标：一是全力推动经济持续健康较快发展。紧紧咬定发展不放松，坚持稳中求进、进中求快、快中求好、又好又快，做大经济总量，优化经济结构，提升发展质量，夯实富民兴赣的基础。二是更加注重工业化和城镇化双轮驱动。以工业化的加速发展为城镇化提供强有力的产业支撑，以城镇化的加速发展为工业化提供更坚实的发展依托，大力推进信息化和农业现代化，推动工业化和城镇化良性互动、信息化和工业化深度融合、城镇化和农业现代化相互协调。三是始终坚持扩大投资、增加消费。深入实施重大项目带动战略，在基础设施领域加大公共投资力度，进一步激活民间投资活力，充分发挥投资对经济增长的关键作用。把扩大居民消费作为扩大内需的着力点，建立促进消费持续增长的长效机制，增强消费对经济增长的基础作用。四是不断深化改革开放、实施创新驱动。始终把改革创新贯穿经济社会发展的全过程，找准制约经济社会发展的关键环节，不失时机深化改革。坚持把创新驱动作为经济发展的核心战略，推动经济发展从要素驱动向创新驱动转变。深入推进对内对外开放，全面提高开放型经济水平。五是切实加强生态文明建设。牢固树立尊重自然、顺应自然、保护自然的生态文明理念，坚持节约优先、保护优先、自然修复为主的方针，突出绿色发展、循环发展、低碳发展，加大生态环境保护力度，提升生态文明水平，努力建设秀美江西。六是着力促进社会全面进步。在改善民生和创新管理中加强社会建设，大力推进民生工程，完善基本公共服务体系，加快发展社会事业，努力增进人民福祉，促进社会和谐稳定。

三、2013年的重点工作

2013年是全面深入贯彻落实党的十八大精神的开局之年，是实施“十二五”规划承前启后的关键一年，是为全面建成小康社会奠定坚实基础的重要一年。今年全省经济社会发展的总体要求是：深入学习、全面贯彻落实党的十八大和中央经济工作会议精神，以邓小平理论、“三个代表”重要思想、科学发展观为指导，紧紧围绕建设富裕和谐秀美江西的奋斗目标，深入实施三大国家战略，突出主题主线，坚持稳中求进，深化改革开放，强化创新驱动，优化生态环境，保障改善民生，同步推进新型工业化、信息化、城镇化和农业现代化，不断提高经济增长质量和效益，努力实现经济持续健康较快发展和社会和谐稳定，为全面建成小康社会奠定坚实基础。

今年全省经济社会发展的主要预期目标是:生产总值增长10%以上,财政总收入和公共财政预算收入均增长15%以上,规模以上工业增加值增长14.5%,固定资产投资增长20%以上,社会消费品零售总额增长15%以上,外贸出口总额力争增长10%左右,实际利用外商直接投资增长10%以上,城镇居民人均可支配收入和农民人均纯收入均增长12%以上,居民消费价格总水平涨幅控制在3.5%左右,人口自然增长率控制在8‰以内,城镇登记失业率控制在4.5%以内,节能减排完成国家下达的计划任务。

围绕上述目标,重点抓好九个方面的工作。

(一)着力扩大投资和消费,推动经济持续健康较快发展

促进投资稳定增长和结构优化。发挥政府投资的引导带动作用,积极争取国家资金投入。加大招商引资力度,围绕战略性新兴产业、现代服务业等重点产业开展定向招商,促进产业集聚发展。拓宽民间投资领域,降低投资准入门槛,促进民间投资较快增长。优化信贷结构,扩大信贷规模,支持实体经济发展。优化投资结构,加大对基础设施、重大产业、民生工程、生态环保等领域的投资,严格控制"两高一资"产业扩张,坚决防止盲目投资引发产能过剩。

切实抓好重大项目建设。今年安排大中型建设项目1328个,总投资1.47万亿元,当年完成投资4313亿元,其中实施省重点工程项目260个,力争年度投资1500亿元以上。抓好高速公路、铁路、机场、能源、水利等重大基础设施建设。抓好重大产业项目建设,力争年度投资1900亿元。

努力扩大消费需求。培育一批拉动力强的消费增长点,积极发展电子商务、连锁经营和社区服务业等新兴消费业态,促进文化、旅游、健身、家政、养老等服务消费。深入推进"万村千乡市场工程",实施农产品现代流通综合试点。促进房地产市场规范有序健康发展,合理引导住房消费。用好国家促进节能产品消费的政策措施。落实带薪休假制度。健全职工工资正常增长机制,多渠道增加农民收入,增强居民消费能力。加强市场监管,维护消费者权益,营造放心消费的良好环境。

(二)大力培育区域经济增长极,促进区域经济协调发展

加快促进鄱阳湖生态经济区"龙头昂起"。支持南昌打造核心增长极,做大做强汽车、新材料、食品及生物医药三大千亿产业,加快推进鄱阳湖生态经济先导区、九龙湖新城、金融商务区和"六大商圈"等建设。推进九江沿江开放开发,积极发展"飞地经济",引导石化、钢铁、船舶等重化工业在九江沿江地区集中布局,促进临港产业集群发展。加快公共码头和物流园区建设,力争沿江港口货物吞吐量突破5000万吨。以昌九工业走廊为纽带,推动南昌核心增长极和九江沿江开放开发两大经济板块融合发展,形成较大规模的产业集聚区和互动互补的城镇群。

大力推进赣南等原中央苏区振兴发展。争取国家尽快批复《赣闽粤原中央苏区振兴发展规划》、启动中央国家机关对口支援和央企帮扶工作。抓好重大交通基础设施和产业项目建设,扎实推进赣州高新技术产业园区、瑞金于都兴国经济振兴试验区、"三南"加工贸易重点承接地、赣南承接产业转移示范区、统筹城乡发展示范区、全国革命老区扶贫攻坚示范区、国家旅游扶贫试验区等重大振兴平台建设。支持规划建设赣州章康新区。推动赣县、南康、上犹与赣州中心城区同城化发展。推进吉泰走廊发展,打造重要增长带。着力解决赣南等原中央苏区突出民生问题,推进农村危旧房改造、饮水安全、电网改造和道路建设。

积极支持赣东赣西经济板块"两翼齐飞"。加强规划引导和政策支持,进一步优化沿沪昆线两翼区域生产力布局。推动上饶、景德镇、鹰潭、抚州积极参与长三角、闽三角的产业分工与合作,大力发展航空制造、新型电子、机电光学、铜精深加工、生物医药等产业。研究推进昌抚一体化。培育和发展新宜萍城镇密集带,推进新余、宜春、萍乡城镇规划、基础设施、公共服务同城化发展,加快打造新能源、新材料、生物医药、工业及建筑陶瓷产业集聚区。

(三)实施创新驱动发展战略,加快产业结构调整

切实提高创新驱动发展能力。深入实施科技创新"六个一"工程,促进科技与生产紧密结合。发挥企业创新主体作用,积极引导创新要素向企业集聚,支持企业研发、承接和采用新技术,开展新产品产业化、工程化应用。围绕主导产业、重点企业和关键技术,大力吸收引进国内外创新资源,加快构建多元开放、集成高效的协同创新体系。加强人才队伍建设,培养、引进和使用好各类人才。加强科技研发平台基地建设,力争新增国家级高新产业基地1~2个、国家级创新平台2个,新建省级高新产业基地10个。

培育壮大战略性新兴产业。按照新调整的十大战略性新兴产业,抓紧修编产业发展规划,着力推进新能源、新材料、航空制造、电子信息、生物医药等优势产业发展。积极发展锂、铜合金、高性能稀土材料等产业,重点打造鹰潭铜、赣州钨和稀土两大国家级产业基地。积极发展通用飞机、民用直升机及大飞机零部件,加快建设南昌航空城、景德镇直升机产业示范基地,力争国家将我省列入低空空域开放试点省。加快以南昌国家生物产业基地为重点的生物医药产业园建设。积极发展新一代信息技术产业和生产性信息服务业,大力发展地理信息产业。力争战略性新兴产业增加值增长16%以上。

加快推动传统产业转型升级。利用高新技术、先进适用技术和现代企业管理技术,加快对有色、钢铁、汽车、石化、建材、陶瓷、纺织等传统产业升级改造,推动产业结构由价值链低端向中高端转变,着力提高产品研发、设计、营销、管理水平,增强产业发展竞争力。推进找矿突破战略行动,提高矿产资源保障能力。扶持一批具有较强国际国内竞争力的大型企业集团。完善中小企业社会化服务体系,支持小微企业发展。

积极推进工业园区集群集约发展。以核心企业为龙头,以产业链为纽带,完善产业协作配套,推动生产要素集聚,形成一批规划科学、特色鲜明、链条完整、竞争力强的产业集群。实施重点园区扩区升级工程,提高园区土地投资强度和产出效益。大力发展特色园区,新增省级产业基地20个。力争新增主营业务收入过500亿元园区4个、过100亿元园区10个。

大力发展服务业。加快发展商贸物流业。推进区域性大物流、大型商贸综合体建设,培育一批商贸龙头企业和知名品牌。加快金融产业发展。积极引进国内外各类金融机构，促进金融产业集聚。推进地方金融机构改革发展，推动城市商业银行打造区域性特色银行，支持农村商业银行、村镇银行规范发展。发展政策性担保机构，推进金融产品创新，优化金融生态环境。努力扩大社会融资规模，力争全年新增贷款1600亿元，3～5家企业首发上市。扩大政策性保险覆盖面，推动保险资金入赣。大力发展印刷复制、演艺娱乐、创意文化、数字出版等文化产业。提升"江西风景独好"品牌影响力，做大做强旅游业，力争旅游接待超过2.5亿人次，旅游总收入超过1700亿元。积极推进服务业综合改革试点。新增省级服务业集聚区10个、省级服务业龙头企业20家。

（四）加强"三农"工作，夯实农业农村发展基础

切实抓好农业生产。认真落实各项强农惠农富农政策，继续加大"三农"投入。加强耕地保护，抓好农田水利基本建设，提高农业综合生产能力。深入开展粮食稳产增产行动，保障粮食安全。推进蔬菜、水果、茶叶标准园建设，抓好畜禽、水产标准化健康养殖，丰富"菜篮子"供应。提升赣南脐橙、南丰蜜桔产业综合竞争力。大力发展高产油茶、毛竹、苗木花卉、速生丰产林、森林旅游业，加快林下经济发展。

加快发展现代农业。深入推进农业产业化，培育农业产业化龙头企业，提升农产品精深加工水平。创新农业生产经营体制机制，积极发展农民专业合作社。加快现代种业发展。大力推进农业机械化，提高农业物质装备水平。加大科技兴农力度，提升农技推广和社会化服务能力。加强农产品质量安全监管。抓好动植物疫病和病虫害防控。大力发展优质高效农业、绿色农业和观光休闲农业等新型农业。

扎实推进和谐秀美乡村建设。选择5000个省建村点和3000个以上市县自建村点，开展新农村建设。抓好村镇规划布局，推进村镇联动和村落连片整治，改善农村生产生活条件。大力发展"一村一品"特色产业，增强农村发展活力。提高农村公共服务和管理水平，坚决纠正损害农民利益的行为，预防和化解农村社会矛盾，建设农村和谐新社区。

（五）着力推进城镇化，不断拓宽经济发展空间

提升城镇化质量和水平。坚持走集约、智能、绿色、低碳的新型城镇化道路，按照"一群两带三区"城镇体系规划要求，优化城镇空间格局，促进大中小城市和小城镇协调发展。加强城镇规划和管理，完成江西省城镇体系规划，编制鄱阳湖生态城镇群、新宜萍城镇密集带、吉泰城镇群规划。加强市政设施建设，完善城市功能，提升城市品位，改善人居环境。加强城市数字化管理平台建设，积极推广城市网格化管理模式，提高城市管理水平。

大力发展县域经济。发挥比较优势，突出地方特色，加快县域经济发展。推进扩权强县、省直管县、兴乡强镇试点改革，增强县域经济发展活力。完善提升县城功能，积极支持产业基础好、经济实力强的县级市和县城发展为中等城市，形成新的区域次中心城市。力争县县财政总收入过5亿元，70%的县（市、区）财政总收入过10亿元。

推进城乡一体化发展。加大城乡统筹力度，推动资源要素向农村配置，逐步缩小城乡发展差距，形成以工促农、以城带乡、工农互惠、城乡一体的新型城乡、工农关系。调整完善城、镇、村（社区）空间布局，统筹推进城乡规划、产业发展、环境保护、基础设施建设和社会事业发展，促进城乡公共服务一体化。以中心镇和示范镇为重点，加大小城镇建设力度。开展统筹城乡改革试点，推进农村产权制度改革创新。积极稳妥推进户籍制度改革，切实解决好进城农民的就业、教育、住房、社会保障等问题，有序推进农村人口向城镇转移。力争城镇化率提高1.7个百分点。

（六）深入推进改革开放，不断激发发展活力

深化重点领域改革。尊重市场规律，加大重点领域改革力度。深化行政审批制度改革，进一步简政放权，抓好国务院第六批取消和调整行政审批项目的衔接落实。完善重大项目审批绿色通道制度，提高审批效率。深化投资体制改革，进一步优化民间投资环境。深化国有企业改革，推进省盐业集团等省属企业股权制度改革。深化医药卫生体制改革，完善新农合制度，推进公立医院改革。深化社会保障制度改革，健全社会保障体系。深化集体林权制度配套改革，完成国有林场改革试点各项任务。深化财税制度改革，健全政府预算体系和转移支付制度，增强基层政府提供基本公共服务能力。争取开展营业税改增值税试点。完善居民阶梯电价政策，推行居民阶梯水价和阶梯气价。深化收入分配制度改革，提高城乡居民收入。

培育开放型经济发展新优势。深入实施大开放战略，进一步扩大对内对外开放。坚持引资引技引智并重，加强与国际国内交流合作，主动承接国内外产业转移，大力引进高新技术和高层次人才。深化与港澳台合作。加强与长三角、珠三角、海西经济区、武汉城市圈、长株潭城市群对接合作，推进长江中游城市集群建设。深化省部合作，推动央企入赣、高校入赣、科研院所入赣工程。推动国际营销网络建设，优化出口商品结构，扩大机电和高新技术产品出口规模，提高出口商品附加值。加快发展加工贸易和国际服务外包，培育出口品牌和出口基地。支持九江参与构建沿长江大通关模式。加快南昌航空口岸、九江水运口岸、吉安陆地口岸建设，争取设立赣州航空口岸。鼓励企业"走出去"，支持企业对外投资，拓展国际发展空间。

（七）积极推进生态文明建设，努力建设秀美江西

加强生态建设和环境保护。大力推进"森林城乡、绿色通道"工程建设，完成植树造林230万亩以上。加大对"五河一湖"保护力度，实施鄱阳湖湿地、东江源头生态修复与保护等工程，加强越冬候鸟和野生动植物保护工作。新增200个集镇、8000个村点开展农村垃圾无害化处理。抓好城镇、工业园区污水处理设施营运及监管。推进农村地区工矿污染、重金属污染和畜禽养殖业污染防治。

扎实推进节能减排。开展六大节能工程，实施节能技改、节能技术产业化示范等项目，力争形成年节能200万吨标准煤的能力。推进20个工业园区和产业集聚区实行循环化改造。推进公共机构节能。加快赣州稀有金属和铜产业循环经济基地、鹰潭铜产业循环经济基地建设，推进萍乡、景德镇、新余全国资源枯竭型城市转型试点，推进新余国家节能减排财政政策综合试点。开展机动车污染专项整治行动。

完善生态文明制度。把资源消耗、环境损害、生态效益纳入经济社会发展评价体系。实行最严格的节约用地和水资源管理制度，开展森林资源和生态状况综合监测，加大生态补偿力度。加强生态文明宣传教育，倡导绿色消费、低碳生活，增强全民节约意识、环保意识、生态意识。保护生态环境，发展生态经济，使江西生态优势转化为竞争优势、发展优势，造福子孙后代。

（八）加快发展社会事业，维护社会和谐稳定

坚持优先发展教育。完善教育投入长效机制，严格落实财政教育经费法定增长要求。办好学前教育。推进2000所标准化义务教育学校建设，促进义务教育均衡发展。积极探索普通高中多样化、特色化办学。推进200所中等职业学校达标建设，加强职业教育校企对接。推动高等教育走以质量为核心的内涵式发展道路，提升高等教育水平。

推动文化繁荣发展。深化文化体制改革，加强文化惠民工作，完善公共文化服务体系，统筹文化设施建设，抓好文化精品创作生产。推进数字图书馆、数字影院、数字档案馆建设。做好文物保护工作，加强非物质文化遗产保护和传承。推进景德镇大遗址保护和陶瓷文化创意区建设。加大对原中央苏区革命旧居旧址保护修缮力度。进一步繁荣哲学社会科学。加强社会主义核心价值体系建设，提高公民道德素质。

提高人民健康水平。加强卫生服务能力建设，落实基层实施基本药物制度多渠道补偿政策。加强重大疾病防控，深入开展妇幼卫生、健康教育和爱国卫生运动。大力发展中医药事业。加强食品药品监管，确保人民群众饮食用药安全。做好人口计生工作，扩大计划生育特别家庭扶助范围，实施计划生育特别家庭再生育辅助工程，有效治理出生人口性别比偏高问题。深入开展全民健身运动。

加强和创新社会管理。建立健全维护群众权益机制，畅通和规范群众诉求表达、利益协调、权益保障渠道。完善和落实社会稳定风险评估机制，增强全社会学法尊法守法用法意识，注重运用法治思维和法治方式化解矛盾、维护稳定。建立健全突发事件预警和应急处置机制，提高应急处置能力和水平。严格落实安全生产责任制，坚决遏制重特大事故发生。完善社区和农村基层调解组织的服务管理功能，加强对流动人口和特殊人群的管理服务。推进平安江西建设，加强立体化治安防控体系建设，严密防范和依法惩治违法犯罪活动。

切实加强国防教育，扎实做好双拥工作，巩固和发展军政军民团结，着力提高国防动员和后备力量建设质量。

（九）扎实推进民生工程，增进人民群众福祉

筹集财政性资金700亿元，集中办好利民惠民的76件实事，努力让人民群众得到更多实惠。

促进就业和创业。实施更加积极的就业政策，城镇新增就业45万人，新增转移农村劳动力50万人。免费培训省内工业园区员工28万人，创业培训8万人。继续实施高校毕业生“三支一扶”计划及选聘高校毕业生到村任职工作，培养6000名农民大学生。加大支持青年创业的力度，大力推进创业带动就业，新增发放小额担保贷款50亿元。

完善社会保障体系。整合城乡居民基本养老保险和基本医疗保险制度，加强社会保障能力建设，做好社会保障卡发放工作。城镇职工基本养老保险参保人数达到695万，城乡居民社会养老保险参保人数达到1700万。高度重视老龄工作。做好被征地农民社会保障工作。提高城市低保、农村低保、孤儿、城镇“三无”特困群众月人均保障标准和农村五保户供养标准。将儿童白血病等20种大病纳入保障范围。

推进保障性安居工程建设。实施“三房合一、租售并举”制度，新开工建设各类保障性住房32.24万套，竣工22万套。对7万户农村困难群众危房及赣南等原中央苏区26万户农村危旧土坯房进行改造。

加大扶贫攻坚力度。实施好《罗霄山片区区域发展与扶贫攻坚规划》，推进中央苏区和特困片区扶贫工作，抓好3400个贫困村实施整村推进扶贫，力争全年脱贫80万人，完成扶贫移民搬迁5万人。

各位代表！

做好全省经济社会发展各项工作，我们将进一步加强政府自身建设，努力建设人民满意的服务型政府。加快转变政府职能。深化行政体制改革，处理好政府与市场的关系，推进政企、政资、政事、政社分开，推动政府职能进一步向营造良好发展环境、提供优质公共服务、维护社会公平正义转变。创新行政管理方式，健全决策机制和程序，加强绩效管理，狠抓督查落实，提高政府执行力和公信力。严格坚持依法行政。推进法治政府建设，按照法定权限和程序行使职权、履行职责，做到依法决策、依法行政、依法管理。大力推进政务公开，实现所有公共资源交易活动网上进行。主动接受人大的法律监督、工作监督和政协的民主监督，强化监察、审计等内部监督，自觉接受舆论监督和社会监督，让人民监督权力，让权力在阳光下运行。深入推进廉政建设。坚持标本兼治、综合治理、惩防并举、注重预防方针，进一步完善惩治和预防腐败体系，认真落实党风廉政建设责任制，严格规范权力行使，坚决查处各类违纪违法案件，严厉惩治腐败分子，做到干部清正、政府清廉、政治清明。切实改进工作作风。全面落实中央关于改进工作作风、密切联系群众的八项规定，深入开展以为民务实清廉为主要内容的党的群众路线教育实践活动，把人民放在心中最高位置，深入群众，贴近群众，讲实话、干实事，敢作为、勇担当，言必信、行必果，努力创造经得起历史和人民检验的新业绩。

各位代表，新的目标鼓舞人心，新的任务催人奋进。让我们在党的十八大精神指引下，高举中国特色社会主义伟大旗帜，更加紧密地团结在以习近平同志为总书记的党中央周围，解放思想，改革创新，凝聚力量，攻坚克难，奋力推进江西科学发展、绿色崛起，为建设富裕和谐秀美江西、全面建成小康社会而努力奋斗！

大事记

本栏编辑 李目宏 朱 岳

1 月

4日 省委常委会召开会议，传达学习中央农村工作会议精神，研究部署农业农村工作，听取省人大常委会党组主要工作情况和有关事项的汇报，并研究了其他事项。省委书记苏荣主持会议。

△ 省委、省政府召开全省发展提升年活动总结暨集中整治影响发展环境的干部作风突出问题活动电视电话会议。会议的主要任务是，总结2011年全省发展提升年活动情况，表彰先进，部署全省集中整治影响发展环境的干部作风突出问题活动。省委副书记、代省长鹿心社出席会议并讲话。省委常委、省纪委书记尚勇通报全省发展提升年活动情况，省委常委、省委秘书长赵智勇宣读《全省集中整治影响发展环境的干部作风突出问题活动实施方案》。省委常委、常务副省长凌成兴主持会议。省政府党组成员、秘书长谭晓林出席会议。

5日 省军区党委九届九次全体（扩大）会议在南昌召开。会议传达学习中央军委和南京军区有关会议精神，总结分析2011年部队和预备役建设形势，部署2012年工作任务。省委书记、省军区党委第一书记苏荣作书面讲话。省委常委、省军区党委书记、政委陶正明代表省军区党委常委作工作报告，省军区党委副书记、司令员郑水成讲话，省军区纪委作书面报告。省军区党委常委陈健、戴勇、倪海峰、李宇、张玉生等出席会议。

△ 省委书记、省人大常委会主任苏荣率团赴柬埔寨、尼泊尔和缅甸三国进行访问，开拓江西与往访国在旅游、文化、教育、经贸、湖泊的开发治理与保护、地方人大和议会、世界文化遗产保护等领域的合作与交流，与柬埔寨暹粒省签订建立友好省州关系意向书，实地考察江西省企业在有关国的承包工程和援外项目情况，推动江西省与往访国经贸往来。

9日 江西最大的文化产业项目——南昌华夏艺术谷文化产业园在新建县九龙湖片区开工。副省长孙刚宣布开工，省政协副主席汤建人出席开工典礼。文化产业园规划总占地面积274.2公顷，计划总投资65亿元，2010年被列为省政府重大项目。

12日 省委常委会召开会议，传达学习十七届中央纪委第七次全会精神，听取省纪律检查委员会2011年工作汇报，分析当前党风廉政建设和反腐败工作形势，研究部署2012年党风廉政建设和反腐败工作。受省委书记苏荣委托，省委副书记、代省长鹿心社主持会议。

13日 全省农村工作会议在南昌召开。省委副书记、代省长鹿心社出席会议并讲话，省委副书记张裔炯主持会议并作总结讲话。省委常委、常务副省长凌成兴宣读省委、省政府关于表彰2011年全省农业和农村工作先进单位和个人的通报。省人大常委会副主任魏小琴，省政协副主席朱张才，省政府党组成员、秘书长谭晓林出席会议。副省长姚木根作工作报告。

14日 国土资源部扶贫开发工作暨纪念赣南扶贫25周年座谈会在瑞金召开。会议的主要任务是，贯彻落实中央扶贫开发工作会议精神，系统总结赣南扶贫工作经验，专题研究“十二五”期间赣南扶贫工作规划，深入推进部省“联创齐争”和国土资源部机关干部“三进四同”下基层学习锻炼活动。国土资源部部长徐绍史，代省长鹿心社出席会议并讲话。国土资源部副部长张少农主持会议。国务院扶贫办副主任郑文凯，省委常委、赣州市委书记史文清，省政府党组成员、省政协副主席胡幼桃，省政府党组成员、秘书长谭晓林等出席会议。

15～16日 省委副书记张裔炯，省委常委、省委秘书长赵智勇，省委常委、省委组织部部长莫建成，省人大常委会副主任胡振鹏，副省长熊盛文，省政协副主席朱张才在南昌分别走访部分优秀人才，代表省委、省人大、省政府、省政协向他们所作贡献表示衷心感谢，并致以新年的祝福。

16日 省委、省政府在南昌举行在昌老同志及已故老同志夫人联谊会，喜迎佳节，共贺新春。省委书记苏荣出席联谊会并讲话。代省长鹿心社主持联谊会。

△ 2012年全国旅游监督管理工作会议在南昌举行。国家旅游局副局长杜江、副省长朱虹出席会议并讲话。

△ 中国共产党江西省第十三届纪律检查委员会第二次全体会议在南昌举行。全会传达学习胡锦涛总书记在第十七届中央纪委第七次全会上的重要讲话和中共中央政治局常委、中纪委书记贺国强所作的工作报告，审议通过省委常委、省纪委书记尚勇代表省纪律检查委员会常务委员会所作的《突出工作重点，狠抓任务落实，继续开创全省反腐倡廉建设新局面》工作报告。省委书记苏荣出席全会并讲话。省领导鹿心社、张裔炯等出席会议。省纪律检查委员会常务委员会主

持会议。

17日　受省委书记苏荣、代省长鹿心社委托，省委副书记张裔炯代表省委、省政府在南昌会见了全省性宗教团体负责人，并向全省宗教界人士和广大信教群众致以新春祝福。省委常委、省委统战部部长蔡晓明，副省长熊盛文参加会见。

△　受省委书记苏荣、代省长鹿心社委托，省委副书记张裔炯在南昌会见省各民主党派、工商联负责人和无党派人士代表，向他们致以新年的祝愿。省委常委、省委统战部部长蔡晓明一同会见。

19日　省党政军座谈会在南昌举行。军地双方欢聚一堂，共谋兴赣富民大计，共话军民鱼水深情。省委书记苏荣到会讲话。代省长鹿心社主持座谈会。省党政军领导张裔炯、傅克诚、尚勇、舒晓琴、凌成兴、赵智勇、陶正明等出席座谈会。

△　省政府召开鄱阳湖综合整治工作会议，迅速传达贯彻温家宝总理重要批示，研究部署开展鄱阳湖综合整治工作。省委常委、常务副省长凌成兴主持会议并讲话。副省长姚木根出席会议并对相关工作进行部署。

△　省统计局数据显示，江西省2011年GDP总量达11583.8亿元，全社会固定资产投资达11020亿元，两项均属首次突破1万亿元大关。

20日　省委、省政府在南昌举行2012年春节团拜会。省领导苏荣、鹿心社、张裔炯、傅克诚等同社会各界代表欢聚一堂，互致新春问候，共庆龙年春节。

23日　农历大年初一，代省长鹿心社冒着严寒，轻车简从，深入基层，看望慰问孤儿孤老和春节期间坚守工作岗位的干部职工，向他们致以节日的问候和新春的祝福。

29日　春节后上班第一天，省领导苏荣、鹿心社、张裔炯、傅克诚等到南昌瑶湖郊野森林公园，与省市机关干部、驻赣部队官兵、英模代表、当地群众一起，参加新春万人植树活动。

31日至2月3日　省政协十届五次会议在南昌召开。大会通过政协江西省第十届委员会第五次会议决议；通过政协江西省第十届委员会第五次会议关于提案审查情况的报告；选举张裔炯为政协江西省第十届委员会主席，刘上洋、刘礼祖为政协江西省第十届委员会副主席。

2　月

1日　农业部日前公布第二批国家现代农业示范区名单，101个市、县（区）、镇入围，其中江西省万载县、赣县、分宜县、临川区榜上有名。

1～5日　省十一届人大五次会议在南昌召开。大会通过关于政府工作报告的决议、关于江西省2011年国民经济和社会发展计划执行情况与2012年国民经济和社会发展计划的决议、关于江西省2011年省级预算执行情况和2012年省级预算的决议、关于江西省人民代表大会常务委员会工作报告的决议、关于江西省高级人民法院工作报告的决议、关于江西省人民检察院工作报告的决议；补选鹿心社为省人民政府省长，胡幼桃为省人民政府副省长。

5日　省委常委会召开会议，专题研究高校党建和国土资源工作。省委书记苏荣主持会议。

6日　省住房和城乡建设厅数据显示，2011年江西省建筑业总产值突破2000亿元，占GDP比重为8.5%，成为江西省第二产业中仅次于有色金属冶炼及延压加工业的第二大产业。

7日　全省金融工作会议在南昌召开。会议的主要任务是，贯彻落实第四次全国金融工作会议、省第十三次党代会和省“两会”精神，总结过去五年金融工作，研究部署当前和今后一个时期的金融工作。省长鹿心社出席会议并讲话。副省长胡幼桃，省政府党组成员、秘书长谭晓林出席会议。省政府党组成员、顾问熊盛文主持会议。

8日　全省开放型经济工作会议在南昌召开。会议的主要任务是，贯彻落实省第十三次党代会、全省经济工作会议和省“两会”精神，总结工作，表彰先进，部署任务。省委书记苏荣就进一步抓好开放性经济工作提出要求，指出要不断扩大对外开放的深度和广度。省长鹿心社出席会议并讲话。省委常委、常务副省长凌成兴，省人大常委会副主任朱秉发，省政协副主席陈清华出席会议。副省长洪礼和主持会议并讲话。省政府党组成员、秘书长谭晓林宣读省政府关于表彰2011年度全省开放型经济先进单位的通报。

△　全国未成年人思想道德建设工作视讯会议召开。会议对第三届全国未成年人思想道德建设工作先进城市和第二届全国未成年人思想道德建设工作先进单位、先进工作者进行了表彰。江西省南昌市、萍乡市获先进城市称号；广昌县人民检察院、赣州市文清路小学、宜春市文明办、分宜县第一中心小学、鄱阳县文明办、九江市浔阳区新星小学获先进单位称号；鹰潭市月湖区人民法院院长毛晓文，南昌市青山湖区委常委、宣传部长邹晓东，上饶县文明办主任柯桂荣获先进工作者称号。

10日　长江中游城市集群三省会商会议在武汉举行，江西、湖南、湖北三省携手打造中国经济新增长极。全国政协原副主席、中国工程院主席团名誉主席徐匡迪发来贺信。湖北省委书记李鸿忠主持会议并讲话。中国工程院院长周济、江西省省长鹿心社、湖北省省长王国生、湖南省副省长韩永文出席会议并讲话。会上签署了《三省加快构建长江中游城市集群战略合作框架协议》和《长江中游城市集群旅游合作发展协议》。

11日　受省委、省政府的委托，省农业厅领导前往信丰，看望“赣南脐橙第一人”袁守根，向他转达国务院总理温家宝的问候和关心。

12～14日　受水利部委托，水利部水规总院在北京召开会议，对《鄱阳湖水利枢纽项目建议书》进行审查。与会人员听取了长江委勘测规划设计院关于鄱阳湖水利枢纽项目建议书的汇报，并对项目建议书报告分规划、水工、环保等11个小组进行了为期2天的专题讨论。经审查，会议原则同意鄱阳湖水利枢纽项目建议书。水利部总工程师汪洪、水利部长江水利委员会主任蔡其华到会讲话。中国科学院院士曹文宣、王光谦，中国工程院院士韩其为，全国工程勘察设计大师高安泽，江西省领导凌成兴、胡振鹏、姚木根和10多位厅局长及相关专家学者130余人应邀出席会议。

13日　全省“抓养护、迎国检”、农村“改渡建桥”、高速公路服务区综合整治三项工作总结表彰大会在南昌召开。会议主要任务是，总结工作，表彰先进，进一步激励全省上下深入推进“三项工作”，加快交通运输事业发展。省委书记苏荣出席会议并为先进单位颁奖。省长鹿心社讲话。省委常委、常务副省长凌成兴主持会议。省委常委、省委秘书长赵智勇，副省长洪礼和，省政府党组成员、秘书长谭晓林出席会议。

△ 省委、省政府在南昌召开全省安全生产工作会议，贯彻落实全国安全生产电视电话会议和安全生产工作会议精神，表彰“十一五”期间全省安全生产工作先进单位和先进个人，总结2011年工作，部署2012年全省安全生产工作目标任务。省长鹿心社出席会议并讲话，副省长洪礼和对全省安全生产工作进行总结和部署。

14日 在中共中央、国务院举行的国家科学技术奖励大会上，江西省获奖代表、中国科学院院士黄路生接受党和国家领导人颁奖。江西省主持及参与完成的6个项目获得2011年度国家科学技术奖，其中技术发明奖二等奖1项，科学技术进步奖特等奖1项、二等奖4项。

△ 全国公安警卫部队政治工作会议在井冈山召开。省委常委、省委政法委书记、省公安厅厅长舒晓琴出席会议并致辞。公安部党委委员、部长助理、警卫局局长刘彦平少将出席并讲话。各省、自治区、直辖市公安警卫部队政委和政治处主任出席会议。会议期间，公安部警卫局在井冈山革命博物馆举行公安警卫部队红色教育基地挂牌仪式。

△ 省政府公布第四批省级历史文化名镇名村，修水县山口镇、都昌县苏山乡鹤舍村、崇仁县相山镇浯漳村、黎川县华山场洲湖村、乐安县湖坪乡湖坪村、吉水县白沙镇桥上村、峡江县水边镇湖洲村、永新县石桥镇樟枧村、金溪县琉璃乡东源曾家村、德兴市银城镇新营村、德兴市海口镇、乐平市涌山镇涌山村、浮梁县浮梁镇旧城村、浮梁县峙滩乡英溪村、泰和县马市镇蜀江村、泰和县螺溪镇爵誉村、青原区富田镇横坑村17个镇(村)榜上有名。

16日 “十二五”国家高技术研究发展计划(863计划)新材料技术领域“高效半导体照明关键材料技术研发”重大项目近日立项完成，全国共有14个课题获得立项。江西省推荐的“大尺寸Si衬底GaN基LED外延生长、芯片制备及封装技术”课题获资助5000多万元，占该重大专项总金额的21.6%，居14项课题之首。

16～17日 全国政协副主席、中央统战部部长杜青林在赣进行专题调研。16日上午，调研组在南昌与来自江西、安徽、湖南、浙江四省的统战干部和统战理论研究领域的部分专家学者进行座谈。省领导苏荣、鹿心社、尚勇、张裔炯、赵智勇、王文涛、蔡晓明等分别陪同调研或出席有关活动。

17～18日 中组部副部长、中央创先争优活动领导小组成员兼办公室主任王秦丰，深入江西省农村、社区、企业、学校和窗口单位，调研在创先争优活动中开展基层组织建设年工作。省委副书记、省纪委书记尚勇，省委常委、省委组织部部长莫建成，省委常委、南昌市委书记王文涛分别陪同调研或出席有关座谈会。

19日 江西省博物馆在昌与台北历史博物馆举行缔结“姐妹馆”签约仪式，两馆之间文化交流的第一个展览“水墨清韵——近现代水墨书画大师作品特展”正式开展，86组(件)吴昌硕、张大千、齐白石、黄宾虹、徐悲鸿等10位艺术巨匠的真迹佳作与市民见面。

20日 全国进出口工作会议暨111届广交会筹备会在南昌召开。会议全面总结2011年全国外贸工作，深入分析外贸发展面临的国内外形势，研究部署2012年全国外贸工作和111届广交会筹备工作。商务部副部长兼国际贸易谈判副代表钟山出席会议并讲话。副省长洪礼和出席会议并致辞。

△ 武宁大湖塘钨矿探明储量达106万吨，为世界级特大型矿床规模，估算经济价值超过1500亿元。

21日 2012年全省教育工作会议在南昌召开。会议总结2011年工作，部署2012年工作任务，表彰先进集体和先进个人。省委书记苏荣、省长鹿心社发出贺信，对进一步做好全省教育工作提出要求。省人大常委会副主任胡振鹏，副省长朱虹，省政府党组成员、顾问孙刚，省政协副主席汤建人出席会议。

△ 省委常委会召开会议，学习贯彻全国文化体制改革工作会议精神，专题研究加快推进文化体制改革工作。省委书记苏荣主持会议。

21～22日 “数字萍乡”和“数字新余”地理空间框架建设项目分别在当地通过专家组的验收，加上2011年通过验收的“数字宜春”，江西省数字城市达到3个，居全国前列。国家测绘地理信息局副局长李维森出席验收会。

22日 全省信访工作电视电话会议在南昌召开。会议主要任务是，贯彻落实中央和省委、省政府关于信访工作的决策部署，总结2011年全省信访工作，表彰信访工作“三无”先进县(市、区)，研究部署2012年全省信访工作。省委书记苏荣出席会议并为先进县(市、区)颁奖，省委副书记、省长鹿心社下达《2012年度江西省设区市信访工作目标责任书》，省委常委、省委政法委书记、省公安厅厅长舒晓琴主持会议，省委常委、常务副省长凌成兴讲话，省委常委、省委秘书长赵智勇宣读表彰通报，省委常委、南昌市委书记王文涛，省政府党组成员、秘书长谭晓林出席会议。

23日 以“学雷锋做先锋”为主题的江西青少年“十百千万”学雷锋活动在全省各地集中开展。省委副书记、省纪委书记尚勇在南昌主会场出席并宣布活动启动。省人大常委会副主任、省总工会主席姚亚平，省政协副主席郑小燕出席南昌主会场活动。

24日 省委副书记、省纪委书记尚勇在南昌会见以佐佐木伸彦为团长的日本经济产业省青年干部代表团一行。

24～28日 中共中央政治局常委李长春在省委书记苏荣、省长鹿心社等陪同下，先后到吉安、景德镇、南昌、九江等地，深入企业、社区、农村和宣传文化单位，就贯彻落实党的十七届六中全会精神、加强社会主义核心价值体系建设、加快转变经济发展方式等进行调研。

27日 省委副书记、省纪委书记尚勇在南昌会见了到赣访问的塞浦路斯劳动人民进步党政治局委员、组织书记赫里斯托斯·阿莱古一行。

3 月

1日 2012促进江西发展北京恳

谈会暨北京江西企业商会年会在北京江西大酒店举行。在京乡友和赣商企业家欢聚一堂,共叙乡情、共谋发展。省委书记苏荣出席会议,并为获北京江西企业商会回乡投资模范奖代表颁奖。省长鹿心社到会讲话,并为2011年度江西驻京机构招商引资等先进单位颁奖。省委常委、省委秘书长赵智勇,副省长谢茹,省政府党组成员、秘书长谭晓林出席会议。副省长洪礼和主持会议。

2日 江西省出席十一届全国人大五次会议的全国人大代表、出席全国政协十一届五次会议的全国政协委员,分别乘飞机离开南昌前往北京。

6日 江西代表团举行全体会议,审议政府工作报告。国务委员、公安部部长孟建柱参加审议。孟建柱强调,全省上下进一步坚定信心、奋发有为,开拓进取、科学发展,为建设富裕和谐秀美江西作出新贡献。会议由省委书记、省人大常委会主任苏荣主持,省领导鹿心社、赵智勇、周萌、蔡晓明等参加审议。

△ 省政府与中国科学院在京签署合作共建江西省科学院协议。省长鹿心社、中国科学院院长白春礼出席签字仪式,并就进一步深化省院科技合作事项进行商谈。副省长谢茹、中国科学院副院长施尔畏代表双方签署省政府与中国科学院合作共建江西省科学院协议。

△ 由国务院妇儿工委和全国妇联主办的中国妇女儿童十年发展成就展在国家博物馆开幕。中共中央政治局委员、国务委员刘延东,全国人大常委会副委员长、全国妇联主席陈至立,中国关心下一代工作委员会主任顾秀莲等参观江西展区,并在省妇联发行的首日封上签名留念。

9日 第二轮《江西省志》编纂工作动员部署大会在南昌召开,副省长朱虹出席会议并讲话。《江西省志》(1991~2010)由110部分志组成,共约9000万字,规划5年完成。

10日 南昌大学化学系教授、博士生导师石秋杰先进事迹报告会在北京举行。中共中央宣传部副部长申维辰,教育部副部长刘利民,江西省人大常委会副主任、省委宣传部部长姚亚平出席会议并讲话。

12日 省政府与中国大唐集团公司在北京签署《共同推进鄱阳湖生态经济区建设合作框架协议》。省长鹿心社、大唐集团董事长刘顺达出席仪式,商谈进一步加强双方合作事宜。省委常委、常务副省长凌成兴,大唐集团总经理陈进行代表双方签署协议。大唐集团副总经理王森等出席。

13日 到北京出席全国政协十一届五次会议的江西省全国政协委员,乘飞机返回南昌。

△ 省政府与中国航天科技集团公司在北京签署战略合作协议。省长鹿心社,中国航天科技集团总经理马兴瑞出席协议签署仪式并讲话。副省长胡幼桃,中国航天科技集团副总经理张建恒代表双方签署战略合作协议。

15日 出席十一届全国人大五次会议的江西代表团代表,乘专机从北京返回南昌。

△ 省、市命名表彰朱贤度、张彬等6人见义勇为先进群体大会在南昌举行。省委常委、省委政法委书记舒晓琴出席并讲话,省委常委、南昌市委书记王文涛出席大会。

16日 省委、省政府在南昌召开全省领导干部会议,传达学习贯彻全国两会精神和中央领导的重要讲话精神,进一步推动全省各项工作,实现全省经济社会更好更快发展。省委书记苏荣主持会议,并就学习贯彻全国两会精神,进一步做好全省当前几项重点工作作了讲话。省长鹿心社通报江西省加强同中央有关部委和单位沟通联系的情况。省政协主席张裔炯、省人大常委会副主任陈达恒分别传达全国两会概况和主要精神。省委常委、常务副省长凌成兴传达中共中央政治局常委、中央政法委书记周永康和国务委员、公安部部长孟建柱参加江西代表团审议时的重要讲话精神。省领导尚勇、舒晓琴、赵智勇、莫建成等在主会场出席会议。

△ 全省首家由企业发起设立的非公募慈善基金会——江西省农村信用社(农商银行)百福慈善基金会在南昌成立。省长鹿心社出席仪式并为基金会揭牌。省人大常委会副主任朱秉发,副省长胡幼桃,省政协副主席郑小燕,省慈善总会会长彭宏松,省摄影家协会名誉主席朱英培,省政府党组成员、秘书长谭晓林出席揭牌仪式。省政府党组成员、顾问,百福慈善基金会会长熊盛文在揭牌仪式上致辞。

△ 江西科技学院举行揭牌仪式,副省长朱虹出席仪式并在该校调研。省政府党组成员、顾问孙刚等参加揭牌仪式。

19日 近日,全省投资42亿实施的改渡建桥民生工程目标任务全部完成。历时3年,共新建桥梁621座,撤销渡口800个,全省11个设区市的383个乡镇,616个村直接受益,惠及1000万群众。

21日 省委常委会召开会议,研究深化文化体制改革和加强基层组织建设等工作,审议通过了《中共江西省委关于深化文化体制改革、推动社会主义文化大发展大繁荣的实施意见》。省委书记苏荣主持会议。

21~23日 中央统战部调研组在江西省调研。23日,调研组在南昌召开座谈会,听取江西省支持与协助民主党派开展学习践行社会主义核心价值体系活动的情况汇报。省委常委、省委统战部部长蔡晓明,中央统战部副部长尤兰田出席会议并讲话。

23日 中共江西省委十三届三次全体(扩大)会议在南昌举行。全会的主要任务是,学习贯彻党的十七届六中全会、全国文化体制改革工作会议及中共中央政治局常委李长春在江西省调研时的重要讲话精神,研究部署加快全省文化体制改革工作,进一步发展繁荣文化事业,为建设富裕和谐秀美江西提供精神动力和思想保证。省委书记苏荣在全会上作了讲话。省委副书记、省长鹿心社主持会议,并就做好当前的经济工作提出要求。

△ 全国人大内司委调研组到江西省,就老年人权益保障法开展立法调研。当日,调研组召开座谈会,听取江西省有关部门情况汇报。全国人大常委会委员、全国人大内务司法委员会副主任委员张学忠,全国人大内务司法委员会副主任委员陈建国参加调研并出席座谈会。

26日 近日,国家旅游局公布了首批全国旅游标准化示范县名单,全国共有5个县获此殊荣,婺源县是江西获此殊荣的唯一县。

27日 省委、省政府在南昌召开全省防汛工作会议,贯彻落实省委书记苏荣对防汛工作的指示精神，部署2012年防汛和地质灾害防御工作，布置全省春季农业生产，动员全省上下以高度的责任感抓好各项工作落实。省长鹿心社出席会议并讲话。副省长、省防总总指挥姚木根作总结讲话，并代表省防总下达防汛目标责任书。省政府党组成员、秘书长谭晓林等出席会议。

△ 由中央组织部党员教育中心、江西省委组织部、江西电视台联合摄制的电视系列片《红色故事汇》正式开拍。开机仪式在赣州市体育中心举行。省委常委、省委组织部部长莫建成，省委常委、赣州市委书记史文清，中央组织部有关人员出席仪式并为《红色故事汇》揭幕。莫建成宣布开机。

28日 中国水产科学研究院在南昌举行渔业科技促进年暨百人专家团科技下乡活动启动仪式。副省长姚木根出席启动仪式并致辞，农业部副部长张桃林出席并宣布活动正式启动。

28~30日 中宣部副部长、国务院新闻办公室主任王晨在江西省调研文化“走出去”工作。在昌期间，省委书记苏荣会见了王晨一行。省委常委、省委宣传部部长姚亚平陪同调研。

29日 《鄱阳湖生态经济区环境保护条例》（下称《条例》）获得省人大常委会审议通过，并将于2012年5月1日起施行。该《条例》是江西省涉及鄱阳湖生态经济区建设的第一部地方性法规，它的出台对保护和改善鄱阳湖生态经济区环境，促进环境保护与经济社会协调发展具有重要意义。

△ 日本“利民工程”无偿援助江西省玉山县初等教育环境改善合作计划项目签字仪式在南昌举行。副省长谢茹会见出席仪式的日本驻上海总领事馆总领事泉裕泰。

29~30日 “中国图书对外推广计划”工作小组第八次工作会议在南昌举行。来自全国百余名出版界人士济济一堂，共商新闻出版业“走出去”大计。国务院新闻办公室主任王晨、副主任王仲伟，新闻出版总署副署长宋明昌出席会议并讲话。省委常委、省委宣传部部长姚亚平到会致辞。

30日 全省深化文化体制改革工作动员大会在南昌举行。会议的主要任务是，贯彻落实党的十七届六中全会精神和省委十三届三次全体（扩大）会议精神，总结前一阶段改革进展情况，对全省文化体制改革工作进行再动员再部署，确保按时完成各项改革任务。省委常委、省委宣传部部长姚亚平出席会议并讲话，省人大常委会副主任胡振鹏、省政协副主席李华栋出席会议，副省长朱虹主持会议。

△ 省政府在南昌召开全省侨务工作会议。会议传达全国侨务工作会议精神，总结“十一五”时期以来全省侨务工作，部署全省“十二五”时期侨务工作。省人大常委会和省政协有关领导出席。国务院侨务办公室副主任何亚非、副省长谢茹到会讲话，并签署《关于发挥侨务优势，促进鄱阳湖生态经济区建设合作框架协议》。

30~31日 全国粮食财会工作会议在南昌召开。国家粮食局党组书记、局长任正晓出席会议并讲话，副省长姚木根出席会议并致辞。

31日省长鹿心社主持召开第62次省政府常务会议。会议原则通过《关于开展农村重点污染区域专项治理工作的实施意见》；原则通过《江西省井冈山风景名胜区条例（草案）》《江西省实施〈中华人民共和国水土保持法〉办法（修订草案）》，由省政府提请省人大常委会审议。会议还研究了农村义务教育学生营养改善工作等事项。

△ 国家支持赣南等原中央苏区振兴发展若干意见制订工作启动会在北京举行。会议讨论了支持赣南等原中央苏区振兴发展的若干意见制订工作方案，并对下一步部委联合调研工作进行部署。国家发改委副主任杜鹰主持会议并讲话。省委常委、赣州市委书记史文清出席并介绍赣南苏区经济社会发展情况。受省委、省政府委托，省委常委、省委统战部部长蔡晓明出席并介绍江西原中央苏区的有关情况。中央、国家有关部门以及江西省、福建省、广东省有关部门负责人出席启动会。

4 月

1日 江西省美术馆开馆典礼暨《林旭东陈丹青韩辛——四十年的故事》大型画展在南昌举行。省政协副主席汤建人、老同志王林森观看画展。

△ 在中国首届智能化临床实验室建设高峰论坛上，由江西企业自主研发的数字化血细胞形态分析仪面世，使中国成为继瑞典之后第二个拥有该项技术并应用于临床诊断的国家。

5~6日 中国红十字会常务副会长赵白鸽带领中国红十字会调研组到江西省调研，副省长、省红十字会会长谢茹参加调研。

6日 直升机旋翼项目暨景德镇市重大项目集中开工仪式在景德镇举行。省长鹿心社出席仪式并宣布项目开工，省政府党组成员、秘书长谭晓林等出席仪式。

△ 全国首个省级电力规划研究中心——江西省电力规划研究中心在南昌揭牌。中国电力建设集团副总经理王民浩出席揭牌仪式。

△ 《台声》杂志江西记者站揭牌仪式在南昌举行。省委常委、省委统战部部长蔡晓明，省政协副主席陈清华，全国台联会长梁国扬出席。

△ 全国直招士官工作业务培训会议在南昌召开。会议部署2012年直招士官工作和定向培养直招士官试点任务，组织定向培养直招士官业务培训。总参动员部副部长张汝涛，省军区参谋长倪海峰出席会议。

7日 第十四届中国大学生篮球联赛东南赛区在江西省体育馆开赛，省人大常委会副主任胡振鹏出席开幕式。

8~9日 文化部副部长、中央文化体制改革和发展工作领导小组办公室副主任励小捷一行到江西调研督查文化体制改革工作。省委常委、省委宣传部部长姚亚平，副省长朱虹分别陪同。调研期间，励小捷先后考察了抚州、南昌等地。

8~10日 由中组部老干部局局长陶治国率领的督查组一行到赣，督查江西省老干部政策落实情况。省委副书记、省纪委书记尚勇出席有关情况汇报会和省直单位老干部座谈会，省委常委、省委组织部部长莫建成主持汇报会和座谈会，蒋如铭等老同志参加了省直单位老干部座谈会。

9日 国家软科学研究计划项目——“保护鄱阳湖‘一湖清水’战略研究”项目结题验收会在南昌召开。

省人大常委会副主任胡振鹏、中国科学院院士孙鸿烈出席验收会。

△ 中国红十字会在南昌举行“新时期红十字会工作的改革与发展”专题报告会，中国红十字会常务副会长赵白鸽主讲，副省长、省红十字会会长谢茹主持报告会。

△ 一项改写杂交水稻播种历史的新技术——无人直升机辅助授粉，在江西省水稻南繁基地问世。该技术预先用 GPS 设定无人直升机的飞行线路，操作者在电脑前便可实现 15 千米内遥控操作。飞机授粉一天可完成 133.33 公顷地授粉，每亩地成本仅 20 元。

9～10 日 由湖南省委书记周强，省委副书记、省长徐守盛率领的湖南省党政代表团在江西省考察指导工作，共商深化交流合作，促进共同发展大计。省委书记苏荣，省委副书记、省长鹿心社，省委常委、省委秘书长赵智勇，省委常委、南昌市委书记王文涛，副省长洪礼和，省政协副主席郑小燕等分别陪同考察。

10 日 国家集中整治“两非”专项行动联合督查（江西）汇报会在南昌召开，省人口计生委、省食品药品监督局、省公安厅、省卫生厅等单位负责人向督查组汇报江西省集中整治“两非”专项行动开展以来的工作成效。省政协副主席刘晓庄出席汇报会。

10～14 日 由 42 个国家部委 149 人组成的国家部委联合调研组就支持赣南等原中央苏区振兴发展问题在江西省调研。在国家部委联合调研组组长、国家发改委副主任杜鹰带领下，调研组共分 12 小组分别深入赣南、吉安、抚州等地的原中央苏区所在地，调研当地经济社会发展和民生情况。省委书记苏荣，省长鹿心社，省委常委、常务副省长凌成兴，省委常委、省委秘书长赵智勇，省委常委、赣州市委书记史文清，省委常委、省委统战部部长蔡晓明分别陪同国家部委联合调研组调研。

11 日 省政府决定，设立江西省食品安全委员会，作为省政府食品安全工作的高层次议事协调机构。

12 日 省政府与中国工商银行金融战略合作协议签字仪式在南昌举行。江西省领导苏荣、赵智勇、胡幼桃、熊盛文；中国工商银行董事长姜建清，行长杨凯生，监事长赵林，副行长王丽丽、李晓鹏，首席风险官魏国雄等出席签字仪式。副省长胡幼桃与工商银行副行长李晓鹏分别代表双方签署《金融战略合作协议》并致辞。省政府党组成员、顾问熊盛文主持签字仪式。

△ 江西省与中国中化集团公司战略合作框架协议签约仪式在南昌举行。副省长姚木根，中国中化集团公司副总裁张志银分别致辞。

△ 大江舆情研究中心在南昌成立。这是江西省首家集监测、预警、分析、研判网络舆情于一体的研究机构。

△ 湘鄂赣三省经（工）信委共同协商，在湖北省武汉市签署了加强长江中游城市集群产业一体化战略合作协议。

12～19 日 全国人大常委会副委员长路甬祥率全国人大常委会文物保护法执法检查组到江西省检查指导工作。13 日，检查组一行听取了江西省贯彻实施《文物保护法》有关情况汇报。省委书记、省人大常委会主任苏荣，省长鹿心社，省委常委、南昌市委书记王文涛陪同参加有关执法检查活动。省人大常委会副主任陈达恒、胡振鹏，副省长朱虹，省人大常委会秘书长魏民等出席汇报会和陪同参加有关执法检查活动。

13 日 国家人口计生委在南昌召开全国流动人口计划生育工作会议。国家人口计生委主任王侠出席会议并讲话，副省长姚木根致辞，国家人口计生委副主任王培安主持会议。

17 日 江西省和韩国全罗南道缔结友好省道关系协议书签字仪式在南昌举行。省长鹿心社会见全罗南道知事朴晙莹一行并出席签字仪式。省政府党组成员、秘书长谭晓林参加会见并主持仪式。

18 日 省委在南昌召开经济形势分析会，分析 2012 年一季度全省经济运行情况，讨论研究下一阶段经济工作。省委书记苏荣、省长鹿心社讲话，省领导尚勇、舒晓琴、凌成兴、赵智勇、莫建成、陶正明等出席会议。

△ 省政府与中国清洁发展机制基金《战略合作协议》签约仪式在南昌举行。副省长胡幼桃，财政部清洁发展机制基金战略发展委员会主席贺邦靖出席。

19 日 第九届中美工程技术研讨会江西分会暨水泥窑炉处理城市垃圾中美技术研讨会在南昌举行。此次研讨会由省政府和国家外国专家局共同主办。省委常委、常务副省长凌成兴致辞。

20 日 一季度全国工业生产数据联审会议在南昌召开，会议对企业“一套表”联网直报后如何提高工业数据质量进行交流探讨。国家统计局局长马建堂出席会议并讲话，省委常委、常务副省长凌成兴致辞。

△ 由省人大环资委、省委宣传部、省发改委、省环保厅等 16 家单位联合开展的 2012 年环保赣江行活动启动。省人大常委会副主任胡振鹏、副省长谢茹出席新闻发布会并讲话。

23 日 省委书记苏荣、省长鹿心社在南昌会见由新疆克孜勒苏柯尔克孜自治州党委书记曾存率领的克州党政代表团。省领导凌成兴、赵智勇、莫建成、胡幼桃，省政府党组成员、秘书长谭晓林参加会见。

24 日 鄱阳湖岸线环境保护专题会议在南昌召开。会议传达了国务院总理温家宝有关重要批示精神和省委书记苏荣、省长鹿心社关于贯彻落实温家宝重要批示的有关要求，提出要进一步加强鄱阳湖岸线环境保护工作，让鄱阳湖永远成为“一湖清水”。省委常委、省委秘书长赵智勇出席并讲话，副省长姚木根主持。

△ 人力资源和社会保障部在南昌召开 2012 年全国职业技能鉴定工作座谈会，就贯彻落实《促进就业规划（2011～2015 年）》和《高技能人才队伍建设中长期规划（2010～2020 年）》进行研讨，并对下一步工作任务安排部署。人社部副部长信长星、副省长胡幼桃出席会议。

26 日 全省庆“五一”暨创先争优推进工会基层组织建设年大会在南昌召开。省委副书记、省纪委书记尚勇，省委常委、省委组织部部长莫建成，省政府党组成员、顾问孙刚等出席会议并为全国、全省五一劳动奖状和奖章获得单位及个人代表颁奖。

27 日 省政府与武汉大学在南昌签署战略合作框架协议。省长鹿心社会见武汉大学党委书记李健、校长李晓红一行，并出席协议签字仪式。副省长谢茹参加会见，并与李晓红共同签署省校战略合作框架协议。省政府党组成员、秘书长谭晓林参加会见并出席仪式。

△ 第三次全省妇女儿童工作会议在南昌召开，传达第五次全国妇女儿童工作会议精神，总结过去十年全省妇女儿童事业发展成就，表彰全省实施2001～2010年妇女儿童发展纲要的先进集体和个人，部署2011～2020年全省妇女儿童发展纲要实施工作。省长鹿心社到会讲话，副省长谢茹作工作报告，省政府党组成员、秘书长谭晓林出席会议。

△ 江西科技师范大学揭牌仪式在该校新校区举行。省委常委、省委组织部部长莫建成，副省长朱虹，省政府党组成员、顾问孙刚，老同志蒋如铭，以及社会各界人士和师生代表出席揭牌仪式。

5 月

3～9日 全国政协副主席、台盟中央主席林文漪率台盟中央调研组到南昌、吉安、井冈山、赣州等地，围绕"深化赣台经贸文化交流，促进原中央苏区振兴"主题在江西调研。

4日 由全国人大法律委员会主任委员胡康生、全国人大常委会法工委副主任王胜明率领的全国人大调研组到赣，就《民事诉讼法修正案草案》进行专题调研。调研组一行在南昌召开征求意见座谈会，听取江西省有关部门情况介绍。省人大常委会副主任魏小琴出席座谈会。

△ 以"人才助推产业、创意改变生活"为主题的江西省首届大学创意文化节在南昌大学启动。副省长朱虹出席启动仪式。创意文化节从5月开始至10月结束。

△ 江西赛维LDK院士工作站揭牌仪式在新余举行。副省长谢茹，省政协副主席李华栋，中国工程院院士范维出席并为工作站揭牌。

5日 江西省纪念中国共产主义青年团成立90周年大会在南昌举行。省委书记苏荣出席大会并讲话。省领导鹿心社、舒晓琴、凌成兴、赵智勇、陶正明、史文清、姚亚平、王文涛、蔡晓明、朱秉发、汤建人出席大会。省委副书记、省纪委书记尚勇主持大会。

6日 华能安源电厂"上大压小"项目在萍乡市芦溪工业园区奠基。省委书记苏荣出席奠基仪式，并宣布项目奠基。省长鹿心社、中国华能集团公司总经理曹培玺讲话，省委常委、常务副省长凌成兴主持仪式。

△ 龙虎山5A旅游景区揭牌。副省长朱虹出席揭牌仪式，并为龙虎山5A旅游景区揭牌。

7日 支持共青城发展领导小组第八次会议在共青城召开。省委副书记、省纪委书记、支持共青城发展领导小组组长尚勇，支持共青城发展领导小组副组长、团中央书记处书记贺军科，副省长洪礼和，省政协副主席、九江市委书记钟利贵以及领导小组成员出席会议。

△《江西省科学院与中国科学院化学研究所科技合作协议》签约仪式暨第四届"江西科学论坛"在省科学院举行。省人大常委会副主任胡振鹏、副省长谢茹出席为"中国科学院化学研究所——江西省科学院人才培养基地"和"江西省高分子有机硅材料研究与开发中心"揭牌，并为江西省科学院战略咨询顾问颁发证书。

7～9日 湖南省委副书记梅克保、副省长徐明华率领湖南省考察团到江西，重点考察鄱阳湖生态经济区建设，共商深化交流合作，促进共同发展大计。在赣期间，湖南省考察团在新余、南昌、九江进行了实地考察。

7～11日 以中纪委驻水利部纪检组长董力为组长的国家防总检查组一行到江西九江、上饶、景德镇等地督查防汛工作，并听取了省防总关于江西省防汛工作的汇报。副省长、省防总总指挥姚木根出席汇报会并讲话。

△ 江西省首家昆虫博物馆暨杨惟义纪念馆在上饶县开馆。馆内共展出昆虫标本800余种、4000余份，收藏有近万个珍贵昆虫标本。杨惟义是上饶县人，系中国首批学部委员、著名昆虫学家农业教育学家、中国现代农业昆虫学科创始人之一。从2009年起，上饶县投资1000余万元，建设昆虫博物馆和杨惟义纪念馆。

9～12日 省长鹿心社率江西省对口援疆考察团抵达新疆克孜勒苏柯尔克孜州，实地考察江西省援疆项目实施情况，看望慰问江西援疆干部。省委常委、省委组织部部长莫建成，省政府党组成员、秘书长谭晓林随团考察调研。新疆维吾尔自治区副主席靳诺等陪同。

10日 全省文化体制改革和发展工作会议在南昌召开。会议传达贯彻中央和省委、省政府领导对江西省文化体制改革的重要批示精神，总结前一阶段工作，部署下一阶段任务。省委常委、省委宣传部部长姚亚平出席会议并讲话。副省长朱虹主持会议。

11日 全省公安经侦工作会在南昌召开。省委常委、省委政法委书记、省公安厅厅长舒晓琴出席会议并讲话。

12日 江西省首家公立眼科医院——南昌大学附属眼科医院诞生。省委常委、常务副省长凌成兴宣布南昌大学附属眼科医院建成并运营，省人大常委会副主任陈达恒、省政协副主席刘礼祖出席仪式，副省长谢茹致辞。

14日 省委常委会召开会议，研究确定江西省出席中共十八大代表候选人初步人选建议名单。省委书记苏荣主持会议。

△ 2010～2011年度全省造林绿化"一大四小"工程建设总结表彰大会在南昌召开。省委书记苏荣就推进造林绿化"一大四小"工程建设提出要求，省长鹿心社出席会议并讲话。省委副书记、省纪委书记尚勇，省人大常委会副主任朱秉发，省政协副主席刘礼祖，省政府党组成员、秘书长谭晓林出席会议。副省长姚木根对下一阶段造林绿化"一大四小"工程建设作具体部署。

△ 江西省8个村镇入选全国特色景观旅游名镇、名村。入选数量位列全国第十位。8个村镇是：婺源县江湾镇、浮梁县瑶里镇、横峰县葛源镇、铜鼓县大塅镇、高安市新街镇贾家村、吉水县金滩镇燕坊村、吉安市青原区文陂乡渼陂村、九江市庐山区海会镇。

△ 江西赣新砂轮厂工人易祖平研制生产的金刚石珩磨刀杆7个高科技系列产品，近日全部获得国家专利，成为国家中小企业科技创新项目之一。这7个高科技系列产品的成功研制和开发，为中国磨具磨料行业的发展开辟了一个新的领域，填补了国内空白。

15日　财政部、教育部、江西省人民政府在江西财经大学签署协议，共建江西财经大学。教育部部长袁贵仁、财政部副部长张少春出席签字仪式并讲话。省长鹿心社出席签字仪式并讲话。省委副书记、省纪委书记尚勇，副省长胡幼桃，省政府党组成员、秘书长谭晓林等出席仪式。副省长朱虹主持仪式。

△　省政府与国家开发银行高层联席会议暨开发性金融合作签约仪式在南昌举行。副省长谢茹，省政府顾问、党组成员熊盛文，国家开发银行副行长高坚出席签约仪式。

17日　中部论坛长沙会议在长沙市举行。省委书记苏荣出席。受省委书记苏荣委托，省长鹿心社在论坛作了题为《坚持绿色发展促进共生崛起》的发言。中部六省省委书记、省长和国家有关部委负责人出席。

△　由江西人民广播电台主办的江西旅游广播在南昌举行开播仪式。省委常委、省委宣传部部长姚亚平，省人大常委会副主任胡振鹏，副省长朱虹，省政协副主席汤建人出席仪式。姚亚平宣布江西旅游广播正式开播，朱虹讲话。

18日　以“开放崛起、绿色发展”为主题的第七届中国中部投资贸易博览会，在湖南长沙开幕。中共中央政治局委员、国务院副总理王岐山宣布开幕。全国政协副主席、全国工商联主席黄孟复等出席开幕典礼。省长鹿心社，省委常委、南昌市委书记王文涛，省政府党组成员、秘书长谭晓林等出席开幕典礼和中部博览会高峰论坛。鹿心社陪同王岐山等国家及部委领导巡视江西展馆。

19日　中国轻工业协会、中国制笔协会、中国文房四宝协会在北京展览馆举行中国文房四宝特色区域荣誉称号授牌仪式，进贤县文港镇被正式授予“中国毛笔之乡”称号。全国政协副主席白立忱，全国政协委员、全国政协提案委员会副主任、中国轻工业联合会会长步正发等出席授牌仪式。

△　国家863计划首席科学家赵春江等省内外专家在南昌启动由华东交通大学主持的国家863计划课题“农业精准管理方案数字化设计与验证”。这是江西唯一一个“十二五”国家863计划农业信息化入库项目，也是该领域第一个由江西省牵头主持的国家863计划重大课题。

19～24日　全国人大农业与农村委员会调研组到江西，就农民增收、农村社会保障体系建设和农村文化建设等进行专题调研。全国人大常委会委员、全国人大农委副主任委员张中伟，全国人大农委委员马昌、苟天林等参加调研。省人大常委会副主任胡振鹏陪同调研并出席有关座谈会。

21日　全省公安系统英雄模范立功集体表彰大会在南昌举行。省委书记苏荣会见全体代表并讲话。省长鹿心社，公安部党委委员、政治部主任蔡安季参加会见并在大会上讲话。省领导尚勇、赵智勇、陶正明、陈达恒、朱虹、郑小燕、张忠厚、曾页九、陈宏举参加会见并出席大会。省委常委、省委政委政法委书记、省公安厅厅长舒晓琴主持有关活动。

△　省委、省政府在南昌举行2011年度市县政府考核评价总结表彰大会。省委书记苏荣出席会议，省长鹿心社讲话，省委副书记、省纪委书记尚勇主持会议，省委常委、常务副省长凌成兴宣读省委、省政府《关于表彰2011年度市县政府考核评价先进市、县(市、区)的通报》。省领导赵智勇、陶正明、史文清、姚亚平、王文涛、蔡晓明、谢茹、朱虹、钟利贵、张忠厚、曾页九出席会议。

△　全省加快推进服务业发展工作会议在南昌召开。省长鹿心社出席会议并讲话，省委常委、常务副省长凌成兴主持会议。副省长谢茹、朱虹，省政协副主席、九江市委书记钟利贵，省政府党组成员、秘书长谭晓林出席会议。

22日　中共江西省委第十三届委员会第四次全体会议在南昌召开。全会圈选确定了江西省出席党的十八大代表候选人预备人选名单，审议通过了《关于召开中国共产党江西省代表会议》。会议由省委常委会主持，省委书记苏荣在全会结束时作了讲话。

△　省长鹿心社主持召开省政府第65次常务会议。会议原则通过《关于进一步推进九江沿江开放开发的若干意见》《关于推进九江沿江地区“飞地经济”发展的指导意见》《九江沿江开放开发总体规划(修编)》，以及沿江四大板块产业园区规划、四大板块土地利用规划、港口码头规划、综合交通运输体系规划、彭湖地区电网规划。会议原则通过了《江西省知识产权战略纲要》。

23～25日　江西省第十一届人大常委会第三十一次会议在南昌举行。省委书记、省人大常委会主任苏荣主持第一次全体会议。省人大常委会副主任陈达恒主持第二次全体会议。省人大常委会副主任胡振鹏、魏小琴、朱秉发，秘书长魏民等出席会议。会议表决通过了《江西省物业管理条例》《江西省渔业条例》《江西省人民代表大会常务委员会关于接受龚三堂辞去江西省人民代表大会常务委员会委员职务的请求的决定》和人事任免事项。

24日　第三届中国服务业发展(江西)论坛在南昌举行。第十届全国人大常委会副委员长蒋正华出席论坛并作主旨演讲，国务院发展研究中心副主任侯云春在论坛上发表演讲，省人大常委会副主任胡振鹏出席论坛。

△　应澳中关系协会主席、澳中友协秘书长、新中友协主席的邀请，副省长谢茹率团前往澳大利亚、新西兰两国进行访问。此次访问旨在开拓、发展和促进江西与澳大利亚、新西兰在经济、贸易、科技、卫生、友城交往等领域的交流与合作。

25日　省委、省政府在九江召开全省深入推进九江沿江开放开发工作会。省委书记苏荣，省委副书记、省长鹿心社出席会议并讲话。

△　省人大常委会学习考察团抵达沈阳，在辽宁进行为期7天的学习考察。省人大常委会党组副书记、副主任陈达恒，省人大常委会副主任魏小琴、朱秉发，秘书长魏民，以及省人大各工作机构主要负责人参加学习考察。

26日　江西省第四届全民健身运动会暨第三届工人运动会在南昌启动。副省长洪礼和、省政协副主席汤建人出席仪式。中华全国总工会发来贺信。

28日　省政府与中国电信集团公司在南昌签署战略合作协议，全面推进“智慧工程”，建设“智慧鄱阳湖”。省长鹿心社出席签字仪式。省委常委、常务副省长凌成兴，中国电信集团公司总经理杨杰分别致辞。副省长洪礼和与中国电信集团公司副总经理柯瑞文代表双方签署协议。

29日　省长鹿心社主持召开第66次省政府常务会议。会议原则通过了关于全力支持南昌发展打造核心增长极的若干意见、江西省2012年地方政府债券资金安排意见。

31日　省政协十届二十四次常务会议在南昌召开。受省委委托，省委常委、省委组织部部长莫建成到会作有关人事事项的说明。省政协副主席刘上洋主持会议。省政协副主席陈清华、李华栋、汤建人等领导出席会议。会议审议了有关人事事项和关于召开省政协十届六次会议的决定（草案）、议程（草案）以及日程（草案）。

6　月

1日　中国共产党江西省代表会议在南昌召开。会议选举产生了42名出席党的十八大代表。省委常委会主持会议，省委书记苏荣讲话。省委常委、省委组织部部长莫建成作《关于我省出席党的十八大代表选举工作的报告》。

4～6日　全国公共资源交易市场建设推进会在江西召开。中共中央书记处书记、中央纪委副书记、中央治理工程建设领域突出问题工作领导小组组长何勇出席会议并在江西就经济社会发展和党风廉政建设情况进行调研。中央纪委副书记、监察部部长、中央工程治理领导小组副组长马馼主持会议。铁道部党组书记、部长盛光祖出席会议，监察部副部长、中央工程治理领导小组成员兼办公室主任郝明金作总结讲话。国家有关部委和部分省市区领导卢春房、安立敏、李建波、矫勇等出席会议。省委书记苏荣到会致辞并陪同调研，省长鹿心社出席会议并陪同调研，省委副书记、省纪委书记尚勇到会发言并陪同调研。

5日　中国红色旅游博览会新闻发布会在南昌举行，副省长朱虹出席并宣布“红色漫游·星火燎原”动漫网络传递活动启动。

6日　省委、省政府在南昌召开全力支持南昌发展、打造核心增长极动员大会。省委书记苏荣在会上讲话并下达南昌重大项目开工令。省长鹿心社就支持南昌发展、打造核心增长极作具体部署。省委常委、常务副省长凌成兴主持会议。省领导赵智勇、莫建成、陶正明、姚亚平、王文涛、蔡晓明等出席会议。

7日　省长鹿心社率团赴香港招商引资，与香港特别行政区长官曾荫权进行了亲切友好的会见。省政府党组成员、秘书长谭晓林会见时在座。

△　江西广播电视台挂牌成立。省委常委、省委宣传部部长姚亚平在成立大会上讲话，并与副省长朱虹一道为江西广播电视台揭牌。江西广播电视台由江西人民广播电台、江西电视台合并组建而成。

7～8日　太湖文化论坛中医药文化发展（南昌）高级别会议在南昌江中药谷举行。全国政协副主席张梅颖出席开幕式并讲话，土库曼斯坦副总理托伊雷耶夫、越南前国家主席陈德良在开幕式上致辞，中央社会主义学院党组书记叶小文，卫生部副部长、国家中医药管理局局长王国强，太湖文化论坛高级顾问熊光楷、赵可铭，中国文联副主席、书记处书记杨承志，江西省领导凌成兴、洪礼和、刘晓庄出席开幕式。会上，叶小文与国内外7名专家学者一道，围绕“促进人类自然健康和谐发展”这一主题，分别进行演讲。来自世界20多个国家和地区的医药学专家、科学家、政治家和社会知名人士共200余人参加了会议。

8日　2012江西（香港）招商引资活动周开幕式暨重大项目签约仪式在香港会展中心举行。省长鹿心社出席开幕式并致辞，副省长洪礼和主持开幕式，省政协副主席、九江市委书记钟利贵，省政府党组成员、秘书长谭晓林等出席。开幕式后，举行签约仪式，共签约重大项目90个，签约总额91.8亿美元，比上年增长6.6%，创历届新高。

△　第三届鄱阳湖国际高端讲坛暨城市发展与鄱阳湖的保护研讨会在南昌大学开幕。省政协副主席李华栋出席开幕式并讲话，

11日　江西省学生联合会第八次代表大会、中国少年先锋队江西省第五次代表大会在南昌召开。省委副书记、省纪委书记尚勇出席会议并讲话。

11～12日　民革江西省第十二次代表大会在南昌召开。民革中央常务副主席万鄂湘，中共江西省委常委、省委统战部部长蔡晓明分别代表民革中央和中共江西省委向大会祝贺并讲话。省政协副主席、民革江西省第十一届委员会主委陈清华作了题为《与时俱进开拓进取为建设富裕和谐秀美江西贡献力量》的工作报告。会议审议通过了第十一届委员会工作报告，选举产生了民革江西省第十二届委员会，选举产生了出席民革第十二次全国代表大会的代表。

12日　赣粤两省在广州举行座谈会，就共同推进赣南等原中央苏区振兴发展、跨界重大基础设施建设、共建产业转移区、加强旅游合作、加强东江源头生态建设和环境保护等事项，进行商谈。江西省省长鹿心社、广东省省长朱小丹出席座谈会并讲话。江西省委常委、常务副省长凌成兴，广东省副省长刘志庚就加强双方合作提出具体意见。广东省政府党组成员、秘书长唐豪，江西省政府党组成员、秘书长谭晓林，赣粤省直有关部门负责人及相关企业负责人出席座谈会。

△　民建江西省第八次代表大会在南昌召开。省委常委、省委统战部部长蔡晓明，民建中央副主席王永庆到会祝贺并讲话。省政协副主席、民革省委会主委陈清华代表各民主党派省委会、省工商联向大会致贺词。省人大常委会副主任胡振鹏、副省长谢茹出席会议。会议通过民建江西省第七届委员会工作报告，选举产生民建江西省第八届委员会和出席民建第十次全国代表大会的代表。

13日　省政协第十届第六次会议在南昌举行。会议选举黄跃金为政协江西省第十届委员会主席。省委书记苏荣，省长鹿心社，省委副书记、省纪委书记尚勇等应邀出席。省政协副主席刘上洋主持会议。

14日　省委常委会召开会议，研究进一步加强社会管理综合治理，维护社会稳定等工作。省委书记苏荣主持会议。会议讨论通过了《江西省社会管理综合治理体系建设规划纲要（2012～2015年）》。

△　民盟江西省第十三次代表大会在南昌召开。省委常委、省委统战部部长蔡晓明，民盟中央副主席索丽

生分别代表中共江西省委和民盟中央向大会祝贺并讲话。省人大常委会副主任朱秉发、副省长朱虹等出席会议。省工商联主席黄代放代表各民主党派省委会、省工商联向大会致贺词。省政协副主席、民盟江西省第十二届委员会主委刘晓庄向大会作工作报告。会议审议通过了第十二届委员会工作报告,选举产生民盟江西省第十三届委员会和出席民盟第十一次全国代表大会的代表。

△ 南昌铁路运输法院、检察院正式移交江西省实行属地管理移交仪式在南昌举行。省委常委、省委政法委书记舒晓琴出席交接仪式并讲话,最高人民法院副院长江必新出席交接仪式并讲话,副省长朱虹主持交接仪式,省高级人民法院院长张忠厚、省人民检察院检察长曾页九和南昌铁路局负责人分别代表接交双方签订移交协议并讲话。

15~16日 民进江西省第七次代表大会在南昌召开。全国政协副主席、民进中央常务副主席罗富和,中共江西省委常委、省委统战部部长蔡晓明到会祝贺并讲话。省政协副主席、农工民主党省委会主委郑小燕代表各民主党派、省工商联向大会致贺词。副省长朱虹等出席会议。省政协副主席、民进省委会主委汤建人代表民进江西省第六届委员会作了题为《加强自身建设切实履行职能为建设富裕和谐秀美江西作出更大贡献》的工作报告。会议审议通过了民进江西省第六届委员会工作报告,选举产生了民进江西省第七届委员会,选举产生了江西省出席中国民主促进会第十一次全国代表大会的代表。

18日 中国共产党新闻网江西分网(组工网)开通仪式在南昌举行。该网站由人民网和江西省委组织部共同主办。省委书记苏荣出席仪式并讲话,人民日报社副总编辑马利,省委常委、省委组织部部长莫建成,省委常委、省委宣传部部长姚亚平出席。

△ 国务院侨办和国家信访局在南昌联合召开全国侨务信访工作会议。国务院侨办副主任马儒沛、国家信访局副局长徐业安出席会议并讲话,副省长谢茹出席会议并致辞。

18~19日 农工民主党江西省第十一次代表大会在南昌召开。中共江西省委常委、省委统战部部长蔡晓明,农工民主党中央副主席汪纪戎到会祝贺并讲话。省政协副主席、民进省委会主委汤建人代表各民主党派省委会、省工商联向大会致贺词。省人大常委会副主任魏小琴、副省长胡幼桃等出席会议。省政协副主席、农工民主党省委会主委郑小燕代表农工民主党江西省第十届委员会作工作报告。会议审议通过农工民主党江西省第十届委员会工作报告,选举产生农工民主党江西省第十一届委员会,选举产生江西省出席农工民主党第十五次全国代表大会的代表。

18~20日 九三学社江西省第七次代表大会在南昌召开。中共省委常委、省委统战部部长蔡晓明,九三学社中央副主席邵鸿到会祝贺并讲话。省人大常委会副主任朱秉发、副省长胡幼桃等出席会议。民建江西省委会主委孙菊生代表各民主党派、省工商联向大会致贺词。省政协副主席、九三学社江西省第六届委员会主委李华栋作工作报告。会议审议通过了九三学社江西省第六届委员会工作报告,选举产生九三学社江西省第七届委员会,选举产生九三学社第十次全国代表大会代表。

21日 省委、省政府在南昌召开全省科学技术(专利)奖励大会。省委书记苏荣,省委副书记、省长鹿心社出席并讲话。省委副书记、省纪委书记尚勇主持大会。省领导舒晓琴、凌成兴、赵智勇、莫建成、王文涛、周萌、蔡晓明、陈达恒、胡振鹏,省政府党组成员、秘书长谭晓林,中科院院士黄路生,中国工程院院士张文海、颜龙安出席大会。副省长谢茹宣读《江西省人民政府关于2010年度江西省科学技术奖励的决定》《江西省人民政府关于2011年度江西省科学技术奖励的决定》《江西省人民政府关于首届江西省专利奖励的决定》。鹿心社向获得江西省科学技术特别贡献奖的中科院院士黄路生颁奖,省领导向2010年度、2011年度科技奖一等奖和首届省专利奖获奖代表颁奖。

△ 省政府与中国航天科工集团在南昌签署战略合作框架协议。省长鹿心社会见中国航天科工集团总经理许达哲一行并出席协议签署仪式。副省长洪礼和、中国航天科工集团副总经理曹建国参加会见并共同签署协议。省政府党组成员、秘书长谭晓林参加会见并主持仪式。

△ 全省战略性新兴产业重大项目第四次协调推进会在南昌召开。会议对78个重大项目需要解决的问题进行协调。省委副书记、省纪委书记尚勇出席会议并讲话。

△ 江西省地方特色产品(广东)展销会在广州开幕。副省长胡幼桃、广东省副省长刘志庚出席开幕式。此次展销会为期5天,至6月25日结束。

△ 历经5年建设的全省重点建设项目山口岩水利枢纽工程正式下闸蓄水。副省长姚木根出席仪式并下达下闸蓄水令。

23日 省委常委、省委宣传部部长姚亚平应邀赴以色列、土耳其和马耳他三国进行访问。

25日 中部五省第三届暨赣浙闽粤警务合作联席会议在南昌举行。省委书记苏荣出席会议,省长鹿心社在会上致辞,公安部副部长黄明到会讲话。省委常委、省委政法委书记、省公安厅厅长舒晓琴,省委常委周萌出席会议。

26日 卫生部、国务院医改领导小组办公室和财政部,公布了全国311个县级公立医院综合改革试点县名单,江西省13个县(市)被列为县级公立医院综合改革试点县。13个县(市)分别是:南昌县、新建县、进贤县、乐平市、芦溪县、德安县、分宜县、贵溪市、兴国县、新干县、高安市、南城县、婺源县。

26~28日 由新疆维吾尔自治区主席努尔·白克力为团长的新疆党政代表团到江西考察。

27日~7月3日 由《人民日报》、新华社、《光明日报》等18家中央新闻单位的100名编辑记者深入赣州,开展革命传统教育暨“走基层、转作风、改文风”活动。

△ 江西新疆援疆工作座谈会在南昌举行。省委书记苏荣、新疆维吾尔自治区主席努尔·白克力出席座谈会并讲话。省长鹿心社主持座谈会。省领导尚勇、凌成兴、赵智勇,新疆维吾尔自治区领导宋爱荣、库热西·买合苏提、王会民、王永明、田建荣等出席座谈会。

△ 云居山国际禅修院开工典礼在庐山西海云居山举行。省人大常委会副主任朱秉发、省政协副主席陈清华、全国政协民族和宗教委员会副主任傅克诚、中纪委原副书记傅杰等出席。

28 日 江西省人民政府与中国建筑股份有限公司在南昌签署战略合作框架协议。省委书记苏荣等会见中国建筑股份有限公司董事长易军一行。省长鹿心社出席签字仪式。易军与副省长姚木根分别在仪式上致辞。姚木根与中国建筑股份有限公司副总裁马泽平共同签署了协议。省政府党组成员、秘书长谭晓林主持仪式。

△ 全省离退休干部"五好支部"和"四好党员"表彰大会在南昌举行。省委副书记、省纪委书记尚勇出席会议并讲话。

△ 由省委组织部、江西日报社、省民政厅携省福利彩票发行中心联合开展的"喜迎十八大·福彩公益行·走近老支书"大型公益活动正式启动。本次活动至 10 月上旬结束。

△ 全省政府信息公开工作电视电话会议召开。省委常委、常务副省长凌成兴在南昌主会场出席会议并讲话,省政府党组成员、秘书长谭晓林主持会议。

△ 江西省数字出版高峰论坛在南昌举行。省人大常委会副主任朱秉发致辞,省政协副主席李华栋出席。

29 日 由省委宣传部、江西广播电视台联合主办的"永远跟党走——江西省庆祝中国共产党成立 91 周年文艺晚会"在南昌举行。省委副书记、省纪委书记尚勇,副省长朱虹,省政协副主席肖光明观看演出。

△《国务院关于支持赣南等原中央苏区振兴发展的若干意见》正式出台。该意见共 11 章 45 条。

30 日 全省纪念建党 91 周年暨创先争优表彰大会在南昌举行。省委书记苏荣出席大会并讲话,省委副书记、省纪委书记尚勇主持大会。省领导舒晓琴、凌成兴、赵智勇、莫建成、陶正明、史文清、王文涛、周萌、蔡晓明出席大会。省委常委、省委组织部部长莫建成宣读表彰决定,省领导向受表彰的先进集体和先进个人颁奖。

△ "红色足迹"特种邮票首发式在井冈山举行。举办这一活动旨在庆祝中国共产党成立 91 周年、迎接党的十八大召开和纪念井冈山革命根据地创建 85 周年。

7 月

1 日 由江西省人民政府、国家旅游局联合主办,萍乡市人民政府、江西省旅游局联合承办的 2012 中国红色旅游博览会开幕式在萍乡市举行。省委副书记、省纪委书记尚勇宣布开幕,国家旅游局党组成员、纪检组长刘金平,副省长朱虹,省政协副主席刘晓庄出席开幕式,刘金平、朱虹分别致辞。

△ 2012 中国红色旅游博览会——红色旅游发展与红色文化弘扬学术论坛在萍乡举行。副省长朱虹出席并讲话。

2 日 省农业农村工作领导小组和扶贫开发领导小组会议在南昌召开。省委副书记、省纪委书记尚勇主持会议并讲话,省委常委、常务副省长凌成兴,副省长姚木根出席会议并讲话。

3 日 省委常委会召开会议,传达学习全国文化体制改革工作座谈会和全国公安厅局长座谈会精神,就进一步深化文化体制改革、加强公安基层基础工作进行具体研究部署。省委书记苏荣主持会议。

△ 省长鹿心社主持召开第 67 次省政府常务会议。会议通过了《江西省"十二五"期间深化医药卫生体制改革规划暨实施方案》,原则通过了《江西省森林防火条例(修订草案)》《江西省审计条例(草案)》。

△ 省青年企业家协会和省青年商会召开换届大会。大会选举了省青年企业家协会第五届名誉会长、会长、副会长、常务理事等。省人大常委会副主任陈达恒出席并讲话。

5 日 第二十三次全省民政会议在南昌举行。省长鹿心社出席会议并讲话。省委常委、常务副省长凌成兴,省委常委、省委组织部部长莫建成,副省长胡幼桃,省政协副主席肖光明,省军区副政委戴勇,以及省政府党组成员、秘书长谭晓林出席会议。民政部副部长姜力出席会议并讲话。副省长胡幼桃主持会议并作工作报告。

6 日 全省扶贫开发推进会在上饶举行,部署和推进赣南等原中央苏区和特困片区扶贫攻坚工作。省长鹿心社,省委副书记、省纪委书记尚勇出席会议并讲话。省委常委、常务副省长凌成兴出席会议。副省长胡幼桃主持会议。省政府党组成员、秘书长谭晓林等出席会议。

△ 第四届全国少数民族文艺会演闭幕式暨颁奖晚会在北京举行。由江西省鹰潭市组织创排的大型现代畲歌戏《七彩畲乡》获最高奖项——剧目金奖,并囊括最佳编剧、最佳导演、最佳音乐、最佳舞美、最佳演员、最佳新人等戏剧类全部单项最高奖,江西省代表团还获得优秀组织奖。

7 日 全省社会主义新农村建设工作会议在上饶召开,总结全省新农村建设和农村清洁工程实施情况,表彰先进,部署实施和谐秀美乡村建设工程。省长鹿心社出席会议并讲话。省委副书记、省纪委书记尚勇出席会议并作工作报告。省委常委、常务副省长凌成兴主持会议。省人大常委会副主任胡振鹏、副省长姚木根,以及省政府党组成员、秘书长谭晓林出席会议。

△ 以"龙脉相传,青春中华"为主题的全国台联 2012 年台胞青年千人夏令营江西分营在南昌五中举行开营仪式。省政协副主席陈清华出席开营仪式并向营员授旗。

8 日 上饶三清山机场建设动员会在上饶三清山机场场址举行。省长鹿心社出席动员大会并宣布上饶三清山机场项目奠基。省委副书记、省纪委书记尚勇出席,省委常委、常务副省长凌成兴讲话,副省长洪礼和,省政府党组成员、秘书长谭晓林等出席动员大会。

△ 全省农村重点污染区域专项治理工作推进会在贵溪召开。省委副书记、省纪委书记尚勇主持会议并讲话,省委常委、常务副省长凌成兴作工作部署,副省长谢茹出席会议。

9~10 日 全国政协副主席、民建中央第一副主席张榕明到江西调研。省长鹿心社,省委常委、省委统战部部长蔡晓明,省人大常委会副主任胡振鹏,省政协副主席刘上洋分别参加有关活动或陪同调研。

10 日 省委、省政府在赣州召开全省贯彻落实《国务院关于支持赣南等原中央苏区振兴发展的若干意见》动员会。省委书记苏荣在会上讲话。省长鹿心社就加快赣南等原中央苏区振兴发展作出了具体部署。省委副书记、省纪委书记尚勇宣读《国务院关于支持赣南等原中央苏区振兴发展的若干意见》。省领导舒晓琴、凌成兴、赵智勇、史文清、姚亚平、王文涛、周萌、蔡晓明、陈达恒、谢茹、胡幼桃、姚木根、肖光明、张忠厚、曾页九、戴勇、陈宏举、谭晓林等出席。

11日 由中宣部、国土资源部、浙江省委联合主办的浙江省第七地质大队先进事迹报告会在南昌举行。省长鹿心社会见报告团成员。

△ 鄱阳湖重点区域综合治理集中行动动员会在鄱阳县召开。省委常委、省综治委副主任周萌出席会议并讲话。省直有关部门分管领导及鄱阳湖区3个设区市12个县(市、区)负责人参加了会议。

12日 省委、省政府印发《江西省社会管理综合治理体系建设规划纲要(2012~2015年)》。

13日 省委常委会召开会议,学习贯彻全国科技创新大会、全国党政专用通信工作座谈会和全国巡视工作理论研讨会精神,研究部署相关工作。省委书记苏荣主持会议。

△ 省长鹿心社在南昌会见国家安监总局副局长王德学率领的国务院安委会督导调研组一行。

△ 由中宣部、中央文明办主办,江西省委宣传部、景德镇市委市政府、中国文明网承办的"学雷锋·在行动——全国道德模范与身边好人"现场交流活动在景德镇市举行。

△ 2012年全国蹴球邀请赛结束。这是江西首次承办全国性民族传统体育项目比赛,全国14个省、自治区、直辖市的14支代表队54名运动员进行了5个单项奖的角逐。江西代表队获得女子双蹴银奖、男女混合双蹴银奖、女子单蹴铜奖和男子单蹴铜奖。

14日 由中国马克思主义哲学史学会主办、井冈山大学承办的"马克思主义哲学中国化"理论研讨会暨中国马克思主义哲学史学会2012年年会在井冈山大学开幕。省委常委、省委宣传部部长姚亚平在开幕式上致辞。

16~17日 江西省工商联(江西省总商会)第十次会员代表大会在南昌召开。省委常委、省委统战部部长蔡晓明,全国工商联党组副书记、副主席黄小祥到会祝贺并讲话。省政协副主席、九三学社省委会主委李华栋代表各民主党派向大会致贺词,各人民团体也派代表向大会致贺词。副省长姚木根等出席会议。会议通过了江西省工商联第九届执行委员会工作报告,选举产生了江西省工商联(江西省总商会)第十届执行委员会。

16~17日 铁道部蒙西至华中地区铁路煤运通道工程岳阳至吉安段现场调研组到江西宜春、新余、吉安等地进行线路现场调研。省委常委、常务副省长凌成兴在吉安会见调研组。

17日 省委、省政府、省人大、省政协领导在南昌会见江西省各民主党派、工商联新一届领导班子成员。省委书记、省人大常委会主任苏荣讲话,省领导鹿心社、尚勇、黄跃金、舒晓琴、凌成兴、赵智勇、周萌、蔡晓明、陈达恒等参加会见。

△ 《江西省"十二五"时期文化改革发展规划纲要》(征求意见稿)座谈会在南昌召开。省委常委、省委宣传部部长姚亚平出席会议并讲话。

△ 副省长谢茹在南昌会见到访的爱沙尼亚驻上海总领事任华。

△ 省矿业联合会找矿突破推进工作会议在南昌召开。副省长姚木根出席会议并讲话。

18日 省委宣传部和新华社江西分社在南昌联合召开迎接党的十八大重点报道选题策划会。省委书记苏荣、省长鹿心社就会议召开作出批示,省委常委、省委宣传部部长姚亚平出席会议并讲话。

△ 江西省加快转变经济发展方式监督检查工作领导小组会在南昌召开。省委副书记、省纪委书记尚勇出席会议并讲话。

△ 江西省首家新闻(报业)博物馆——江西日报社史陈列馆落户江西日报社。

19日 省长鹿心社在南昌会见美国安利公司大中华区总裁颜志荣一行。省政府党组成员、秘书长谭晓林会见时在座。

20日 全省统一战线开展"同心·振兴赣南等原中央苏区广昌示范区"活动仪式在广昌举行。省政协主席黄跃金应邀出席并讲话,省委常委、省委统战部部长蔡晓明主持,副省长谢茹,省政协副主席陈清华、李华栋、汤建人、刘晓庄、郑小燕等出席会议。

21日 省军区在南昌召开党委九届第十一次全体会议暨支持赣南等原中央苏区振兴发展动员大会。省委书记、省军区党委第一书记苏荣出席大会并讲话,省委常委、省军区政委陶正明主持会议,省军区党委常委陈健、戴勇、倪海峰、张玉生等出席会议。

△ 省长鹿心社在南昌会见了肯尼亚总理拉伊拉·阿莫洛·奥廷加及夫人一行,并共同出席江西省与肯尼亚项目合作签字仪式。中国驻肯尼亚大使刘光源,副省长谢茹,省政府党组成员、秘书长谭晓林参加会见并出席签字仪式。江西国际经济技术合作公司和江西中煤建设集团有限公司,与肯尼亚合作伙伴签署了8个合作备忘录。

△ 首届中国吉州窑文化研讨会在吉安县召开,中国文化遗产研究院、中国城市规划设计研究院的有关专家学者参加会议。

22日 中央电视台"心连心"艺术团到南昌慰问演出。省委常委、省委宣传部部长姚亚平,副省长朱虹,省军区参谋长倪海峰观看了演出。

24日 省监察厅恢复组建25周年座谈会在南昌召开。省委副书记、省纪委书记尚勇出席会议并讲话。

24~26日 江西省第十一届人大常委会第三十二次会议在南昌举行。省人大常委会副主任陈达恒主持会议,省人大常委会副主任胡振鹏、魏小琴、朱秉发,秘书长魏民等出席会议。会议通过了《江西省实施〈中华人民共和国全国人民代表大会和地方各级人民代表大会代表法〉办法(修订案)》《江西省井冈山风景名胜区条例》《江西省实施〈中华人民共和国水土保持法〉办法(修订案)》《江西省人民代表大会常务委员会关于批准2012年省级公共财政预算调整方案的决议》《江西省人民代表大会常务委员会关于批准2011年省级决算的决议》、关于代表资格的审查报告和人事任免事项。

25日 省社会管理综合治理委员会第二次会议在南昌召开。省委副书记、省纪委书记、省综治委主任尚勇出席会议并讲话。省委常委、省委政法委书记、省综治委副主任舒晓琴，省委常委、常务副省长、省综治委副主任凌成兴，武警江西省总队总队长、省综治委副主任陈宏举出席会议并讲话。省委常委、省综治委常务副主任周萌主持会议。

25～26日　省政协十届二十五次常委会议在南昌召开，围绕“力促文化产业成为江西省国民经济支柱性产业”进行专题协商。省政协主席黄跃金出席会议并讲话，省委常委、省委秘书长赵智勇在会上介绍了江西省文化体制改革的基本情况，副省长朱虹应邀到会，省政协副主席刘上洋、陈清华、李华栋、汤建人、刘晓庄、郑小燕、钟利贵、肖光明、刘礼祖，省政协秘书长肖为群出席会议。

26日　省政协常委会举行经济形势通报会。省政协主席黄跃金出席会议。省委常委、常务副省长凌成兴通报上半年全省经济形势。省政协副主席刘上洋主持会议。省政协副主席陈清华、李华栋、汤建人、刘晓庄、郑小燕、钟利贵、肖光明、刘礼祖，省政协秘书长肖为群出席会议。

27日　省委、省政府发出《关于实施和谐秀美乡村建设工程的若干意见》。

△　由省政府主办的江西省第二届手机产业论坛在共青城举行。省委副书记、省纪委书记尚勇出席论坛并致辞。工信部总经济师周子学作经济形势分析报告，副省长洪礼和讲话，省政协副主席、九江市委书记钟利贵，以及国内外著名手机制造商和运营商代表出席论坛。本论坛共签约手机及配套项目11个，总额达60亿元。

28日　省长鹿心社在南昌会见中国工程院副院长旭日干、中国科学院副院长张亚平等院士专家。省政府党组成员、顾问孙刚，省政府党组成员、秘书长谭晓林，中国科学院院士黄路生、中国工程院院士李宁、中国农业大学副校长李召虎等参加会见。

△　九江绕城、万载至宜春、寻乌至全南高速公路新建项目和南昌至樟树、南昌至九江高速公路通远试验段改扩建项目开工新闻发布会在南昌举行。省长鹿心社出席并下达开工令，省委副书记、省纪委书记尚勇出席，省委常委、常务副省长凌成兴讲话。省人大常委会副主任朱秉发、省政协副主席汤建人出席。副省长洪礼和主持新闻发布会。

△　江西省首个2011协同创新中心启动仪式在南昌举行。省政府党组成员、顾问孙刚为江西省猪牛羊良种培育及高效扩繁2011协同创新中心揭牌，中国科学院副院长张亚平、中国工程院副院长旭日干等出席启动仪式。该中心由江西农业大学牵头，中国农业大学、内蒙古大学、中国科学院昆明动物研究所、新疆农垦科学院以及大型畜牧企业为主要参与单位。

30日　庆祝建军85周年军地联席座谈会在南昌举行。省委书记苏荣出席并讲话。省领导鹿心社、尚勇、凌成兴、赵智勇、陈达恒、胡幼桃、肖光明，部队领导郑水成、陶正明、陈宏举、唐晓等出席座谈会。

△　第二十二次全省法院工作会议在南昌召开。省委书记苏荣出席并讲话。鹿心社、尚勇、舒晓琴、赵智勇、莫建成、周萌、陈达恒、朱虹、刘晓庄、唐晓、李修源、谭晓林出席会议。省高级人民法院院长张忠厚主持会议并作工作报告。

△　江西省检察官文学艺术联合会成立暨第一次会员代表大会在井冈山召开。省委常委、省委政法委书记舒晓琴出席相关活动并讲话。

31日　省委发出通知，要求各市委、省委各部门、省直各单位党组(党委)和各人民团体党组学习贯彻胡锦涛在省部级主要领导干部专题研讨班开班式上的讲话精神。

△　江西省预备役师在南昌举行预备役军官授衔仪式。省委常委、常务副省长、预备役师第一政委凌成兴出席并为预备役军官授衔，省军区司令员郑水成宣读授衔命令。

8　月

1日　省委宣传部召开全省宣传部长座谈会，就学习贯彻胡锦涛在省部级主要领导干部专题研讨班开班式上的讲话进行部署。省委常委、省委宣传部部长姚亚平出席并讲话。

2日　省委常委会召开会议，深入学习胡锦涛在省部级主要领导干部专题研讨班开班式上的讲话精神，研究部署社会管理综合治理等方面的工作。省委书记苏荣主持会议。

△　省纪委在江西南昌党风廉政教育基地举行新任市厅级领导干部任前廉政教育活动。省委副书记、省纪委书记尚勇出席并讲话。

3日　省长鹿心社主持召开省政府第69次常务会议。会议听取了全国保障性安居工程座谈会精神及贯彻意见汇报，原则同意2012年享受国务院和省政府特殊津贴人选，原则同意2011年度省政府部门绩效考核评价结果。

△　江西省第二次鄱阳湖科学考察在南昌启动。

3～7日　由上海市人大常委会主任刘云耕率领的上海市人大代表团到江西考察，旨在就两地人大常委会依法履职、服务大局等情况进行交流和探讨。省委书记、省人大常委会主任苏荣，省政协主席黄跃金，省委常委、省委政法委书记舒晓琴看望代表团一行。省委常委、南昌市委书记王文涛，省人大常委会副主任陈达恒陪同考察。省人大常委会副主任魏小琴、朱秉发参加了相关活动。

4日　第一期全省村镇规划建设管理干部培训班在省委党校开班。省委副书记、省纪委书记尚勇出席开班式并讲话。

△　省委副书记、省纪委书记尚勇在南昌会见教育部副部长杜玉波一行。副省长朱虹会见时在座。

6日　省委书记苏荣在南昌会见以全国政协提案委员会副主任王国卿为组长的中央信访工作督导组一行。

△　经省委宣传部、省委对外宣传办公室批准，大江网、中国江西网、江西文明网三网整合，成立新的“大江网”，于8月6日起试运行。

7日　省委中心组在南昌举行集体学习会，讨论当前社会稳定形势和维稳工作热点难点问题，进一步做好全省社会稳定工作。省委书记苏荣主持学习会并讲话。

△　江铃汽车集团公司与日本五十铃汽车公司在南昌举行整车和发动机合资合同签约仪式。省委书记苏荣，省委常委、常务副省长凌成兴，省委常委、省委秘书长赵智勇，省委常委、南昌市委书记王文涛，日本五十铃董事、副社长月冈良三等出席签字仪

式。

△ 省纪委召开理论学习中心组学习会,学习胡锦涛在省部级主要领导干部专题研讨班开班式上的讲话,落实省委关于学习贯彻胡锦涛在省部级主要领导干部专题研讨班开班式上的讲话精神的部署要求。省委副书记、省纪委书记尚勇主持学习会并讲话。

10日 中国工商银行江西省分行私人银行中心在南昌开业。副省长胡幼桃出席开业仪式。

12日 全省农业领导干部“发展现代农业”专题培训班在山东青岛市举办。省委副书记、省纪委书记尚勇出席开班式并讲话。山东省委常委、青岛市委书记李群出席开班式。

16日 受省委书记苏荣、省长鹿心社委托,省委副书记、省纪委书记尚勇,省委常委、省委宣传部部长姚亚平一同看望了在庐山参加暑期休假的中国工程院院士张文海、颜龙安等39名自然科学和人文社科领域知名专家。

17日 《人民日报》推出“迎接党的十八大”特刊江西专刊,用8个彩色整版的篇幅以“历程”“见证”“风采”“启示”“使命”“聚焦”“放歌”等7大板块,共44篇文字、38幅图片(图表),全方位、立体化报道了科学发展观在江西的成功实践,系统展现了10年来江西从“既要金山银山,更要绿水青山”,到“生态立省,绿色崛起”,再到“建设富裕和谐秀美江西”,探索并走出一条具有江西特点的科学发展、绿色崛起之路的历程。同时刊发《人民日报》记者对省委书记苏荣的专访《科学发展,走绿色崛起之路》。

△ 全省少数民族地区建设工作领导小组第十四次会议在南昌召开。副省长胡幼桃出席会议并讲话。

20日 省长鹿心社、副省长洪礼和率江西省代表团乘机抵达台北,开启为期6天的“赣鄱文化台湾行”活动。国台办交流局副局长王冰,省政府党组成员、秘书长谭晓林等同机抵达。

△ 率团在台湾开展“赣鄱文化台湾行”活动的省长鹿心社,在台北分别会见中国国民党荣誉主席连战夫妇和中国国民党荣誉主席吴伯雄。中国国民党副主席林丰正、詹春柏、蒋孝严、洪秀柱,副省长洪礼和,国台办交流局副局长王冰,省政府党组成员、秘书长谭晓林,台湾工商业总会理事长许胜雄等一批台湾领袖级企业家参加会见。

21日 2012台湾江西周开幕式暨新型产业合作论坛在台北圆山饭店举行。中国国民党荣誉主席连战、省长鹿心社出席并致辞。副省长洪礼和主持。台湾工业总会理事长许胜雄、海基会副董事长高孔廉致辞。国台办交流局副局长王冰,省政府党组成员、秘书长谭晓林,远东集团、宝成集团、光宝集团、旺旺集团、电电公会等台湾知名企业和商会负责人等出席。

△ 由江西省旅游局主办“江西风景独好(台北)旅游风光展”在台北圆山饭店开幕。省长鹿心社出席开幕式,副省长洪礼和、台湾海峡两岸观光旅游协会副会长刘喜临出席并致辞。国台办交流局副局长王冰,省政府党组成员、秘书长谭晓林出席。

△ “赣鄱书韵香溢台湾——台湾诚品·江西出版精品图书展”在台湾诚品书店举行。省长鹿心社,诚品书店董事长吴清友出席揭幕式,并参观书展。副省长洪礼和、诚品书店总经理李介修致辞。国台办交流局副局长王冰,省政府党组成员、秘书长谭晓林等出席。

△ 省长鹿心社走访台北市伊甸社会福利基金会,看望残障青年。副省长洪礼和,国台办交流局副局长王冰,省政府党组成员、秘书长谭晓林一同走访。

△ 九江(台北)电子信息产业合作座谈会在台北市举行。副省长洪礼和出席并致辞。

22日 南昌市新兴产业合作研讨会在台中市举行。省长鹿心社出席。副省长洪礼和、台湾正崴集团董事长郭台强出席并致辞。国台办交流局副局长王冰,省政府党组成员、秘书长谭晓林及台湾知名企业家出席。

△ 省长鹿心社参访台北松山慈惠堂,并会见台湾道教人士。副省长洪礼和,国台办交流局副局长王冰,省政府党组成员、秘书长谭晓林,中国道教协会副会长、江西道教协会会长、龙虎山天师府主持张金涛参加交流活动。

23日 省长鹿心社到嘉义县,参访台湾中正大学。副省长洪礼和,国台办交流局副局长王冰,省政府党组成员、秘书长谭晓林随同参访。

△ 省长鹿心社到台湾嘉义县梅山乡农会,出席江西省—台湾梅山乡茶叶采购签约仪式。国台办交流局副局长王冰,省政府党组成员、秘书长谭晓林等出席。

△ 由中国茶叶学会、台湾茶协会主办,江西省茶叶联合会承办的第七届海峡两岸茶叶学术研讨会在南昌举行。副省长姚木根致辞,中国工程院院士、中国茶叶学会名誉理事长陈宗懋出席并作学术报告。

24日 省长鹿心社走访台南市长荣里社区服务中心。副省长洪礼和,国台办交流局副局长王冰,省政府党组成员、秘书长谭晓林随同走访。

△ 省长鹿心社参访高雄市佛光寺,并会见星云大师。国台办交流局副局长王冰,省政府党组成员、秘书长谭晓林等随同参访。

26日 首届中国(九江)鄱阳湖国际名湖友好交流大会在共青城举行。省委副书记、省纪委书记尚勇,省人大常委会副主任胡振鹏,省政协副主席刘礼祖,柬埔寨暹粒省副省长文塔烈出席开幕式。副省长洪礼和,省政协副主席、九江市委书记钟利贵,中国人民对外友好协会副会长李建平在会上分别致辞。

27日 省委常委会召开会议,研究推进惩治和预防腐败体系建设、加强党管人才等工作。省委书记苏荣主持。

△ 由中宣部和辽宁省委联合组织的周恩义先进事迹报告会在南昌举行。省委书记苏荣会见周恩义先进事迹报告团一行。省委常委、省委秘书长赵智勇,省委常委、省委宣传部部长姚亚平参加会见。

△ 鄱阳湖水利枢纽工程技术交流会在南昌召开。副省长姚木根出席会议并讲话。

27~28日 由省委组织部、省国资委、省安监局、省煤监局联合举办的重点骨干企业负责人“安全发展与责任落实”专题研修班在南昌举办。国家安监总局党组成员、总工程师黄毅作专题报告。

28日 住房和城乡建设部在南昌组织召开江西省城镇体系规划成果技术审查会。副省长朱虹出席会议并讲话。

28日～9月2日，第十九届北京国际图书博览会在京举行。江西出版集团、中文传媒所属8家出版社携近两年出版的精品力作1500种2400余册参加博览会。8月29日，中共中央政治局常委李长春到江西展台视察。中共中央政治局委员、中央书记处书记、中宣部部长刘云山一同视察。

29日　江西省投资规模最大的水利枢纽工程——峡江水利枢纽工程实现大江截流。省委书记苏荣宣布截流成功。省长鹿心社、水利部副部长李国英讲话。省委副书记、省纪委书记尚勇，省委常委、省委秘书长赵智勇，省委常委、省军区政委陶正明出席截流仪式。省委常委、常务副省长凌成兴主持截流仪式。省领导姚木根、汤建人、张忠厚出席截流仪式。

△　全省综治办主任会议在南昌召开。省委常委、省综治委副主任周萌出席会议并讲话。

△　2012年全国第一期园艺作物标准园创建培训班在新余市开班。

31日　全省七个系统国企改革总结表彰大会在南昌召开。省委书记苏荣，省长鹿心社，省委常委、常务副省长凌成兴，省委常委、省委秘书长赵智勇，副省长洪礼和，省政协副主席刘晓庄，省政府党组成员、秘书长谭晓林出席会议并为获奖代表颁奖。省委常委、省委宣传部部长姚亚平讲话，省人大常委会副主任陈达恒主持表彰会，副省长胡幼桃宣读关于表彰全省七个系统国有企业改革先进单位和个人的通报。

△　省妇联、省统计局发布第三期中国妇女社会地位调查江西省主要数据。数据表明江西省妇女社会地位明显提高。

△　投资2000多万元的省市人防信息化指挥系统升级改造工程基本完工，标志着江西省人防信息化进入全国先进行列。

9　月

2日　广丰县残疾人运动员纪小飞和队友在伦敦残奥会场地自行车团体竞速c1－5决赛中，以49秒454的成绩获得冠军，并打破世界纪录。

3日　江西省农业农村工作领导小组会议在南昌召开。会议研究了《江西省现代农业体系规划纲要》和《关于实施和谐秀美乡村建设工程若干意见的分工方案》，对加快建设现代农业体系进行了部署。省长鹿心社出席会议并讲话，省委副书记、省纪委书记尚勇主持会议，省委常委、常务副省长凌成兴出席会议并讲话。

5日　中国浦东、井冈山、延安干部学院举行2012年秋季开学典礼。中共中央政治局委员、中央书记处书记、中央组织部部长李源潮在中国井冈山干部学院主会场出席开学典礼并讲话。省领导苏荣、鹿心社、尚勇、赵智勇、莫建成出席开学典礼。中央组织部副部长李智勇、王京清，中央组织部秘书长邓声明等出席。中央组织部副部长王尔乘主持开学典礼。

7日　省长鹿心社主持召开第70次省政府常务会议，通报江西省七八月份经济运行情况，分析当前经济形势，部署近期工作。会议通过了《江西省电力设施保护办法（修订）》，由省政府颁布施行。

△　全省节约集约用地暨农村土地整治示范建设工作推进会在宜春召开，会议总结交流了工作经验，研究部署今后一段时期的工作任务。副省长姚木根出席会议并讲话。

△　由南昌市委宣传部、安义县委县政府联合拍摄的江西省首部现代农村长篇电视连续剧《古村女人》获得第26届中国电视金鹰奖优秀电视剧奖。

10日　省委、省政府在南昌召开教师节座谈会。省委书记苏荣在座谈会上强调，建设富裕和谐秀美江西，迫切需要教育优先发展、科学发展。省领导鹿心社、尚勇、黄跃金、陈达恒、孙刚出席座谈会，省委常委、省委秘书长赵智勇主持座谈会。

10～16日　是江西省未成年人保护宣传周。2012年的主题是“关注未成年人、共筑美好明天”。宣传周期间，集中广泛宣传有关未成年人保护的法律法规，动员更多社会力量参与未成年人保护工作。

11日　全省机动车排气污染防治工作落实情况汇报会在南昌举行。会议认真贯彻落实省委、省政府做好机动车排气污染防治工作的决策部署。省委书记苏荣、省长鹿心社、省委副书记尚勇分别就做好机动车排气污染防治工作提出要求。

12～15日　全省推进工业化城镇化发展流动现场会在上饶、九江、南昌、吉安、新余、宜春举行。考察交流近年来各地工业化城镇化的经验，研究部署下一阶段工作。12日上午，全省推进工业化城镇化发展流动现场会在上饶举行第一次大会。省委书记苏荣主持会议，省长鹿心社讲话，省领导尚勇、黄跃金、赵智勇、王文涛、陈达恒、钟利贵、肖光明出席会议。副省长洪礼和、朱虹分别就推进工业化城镇化作具体部署。下午，苏荣、鹿心社、尚勇、黄跃金等领导率与会代表在上饶市考察工业化城镇化发展情况。

13日　全省推进工业化城镇化发展流动现场会在九江市、南昌市举行。省委书记苏荣，省长鹿心社，省委副书记、省纪委书记尚勇，省政协主席黄跃金率与会代表先后在两市考察工业化城镇化发展情况。省领导赵智勇、王文涛、陈达恒、朱虹、钟利贵、肖光明，以及各设区市党政主要负责人、省直有关部门主要负责人参加考察。

△　省政府与铁道部在南昌举行加快推进江西铁路建设发展座谈会。省长鹿心社，铁道部副部长陆东福出席会议并讲话。省委常委、常务副省长凌成兴出席会议并汇报江西省铁路建设相关情况。

14日　全省推进工业化城镇化发展流动现场会在吉安市、新余市举行。省委书记苏荣，省长鹿心社，省委副书记、省纪委书记尚勇，省政协主席黄跃金率与会代表先后在两市考察工业化城镇化发展情况。省领导凌成兴、赵智勇、王文涛、陈达恒、朱虹、钟利贵、肖光明，以及各设区市党政主要负责人、省直有关部门主要负责人参加考察。

15日　全省推进工业化城镇化发展流动现场会在宜春市举行。省委书记苏荣，省长鹿心社，省委副书记、省纪委书记尚勇，省政协主席黄跃金率与会代表在该市考察工业化城镇化发展情况。省领导凌成兴、赵智勇、王文涛、陈达恒、洪礼和、朱虹、钟利贵、肖光明，以及各设区市党政主要负责人、省直有关部门主要负责人参加考察。

△　全省推进工业化城镇化发展

流动现场会总结大会在宜春举行。省委书记苏荣在总结大会上强调，进一步解放思想，抢抓机遇，推进新型工业化、城镇化再上新台阶。省长鹿心社主持总结大会。省领导尚勇、黄跃金、凌成兴、赵智勇、王文涛、陈达恒、洪礼和、朱虹、钟利贵、肖光明出席会议。

16日　2012中国红歌会冠军场比赛在南昌举行。阿普萨萨获得冠军，王芳获得亚军，王新鹏获得季军。省委常委、省委宣传部部长姚亚平为阿普萨萨颁奖。

△　由江西省人民政府、中国中药协会主办的樟树第43届全国药材药品交易会开幕。

17日　全省集中整治影响发展环境的干部作风突出问题活动推进会在南昌召开。会议总结交流经验，安排部署工作。省长鹿心社提出要求。省委副书记、省纪委书记尚勇出席会议并讲话。

△　全国政协社会和法制委员会到江西省专题调研《非物质文化遗产法》贯彻实施情况。全国政协常委、全国政协社会和法制委员会副主任，文化部党组副书记、副部长赵少华出席座谈会并讲话，省政协副主席郑小燕主持座谈会。调研组一行分赴南昌、景德镇、婺源等地考察调研。

18日　住重庆市全国政协委员考察团一行到江西省，就赣南等原中央苏区振兴发展工作进行考察。省委书记苏荣、省长鹿心社、省政协主席黄跃金等在南昌会见了由重庆市政协主席邢元敏率领的考察团一行。省领导赵智勇、朱虹、刘晓庄参加会见。全国政协常委、重庆市人大常委会副主任卢晓钟，重庆市政协副主席于学信，全国政协常委夏培度等参加考察。

△　19时50分，大广高速龙南境内在建隧道塌方救援成功。经过44小时日夜施救，16名被困施工人员全部获救。

19日　中共江西省委、江西省人民政府印发《江西省现代农业体系建设规划纲要(2012～2020)》。

20日　全国政协副主席、民进中央常务副主席罗富和出席在南昌召开的2012年民进企业家联谊会联席会议，看望了出席会议的民进企业家代表。省政协主席黄跃金出席会议。全国人大常委会委员、民进中央副主席兼秘书长朱永新出席会议并讲话，省委常委、省委统战部部长蔡晓明到会致辞，省政协副主席、民进江西省委会主委汤建人主持会议。

21日　全省创先争优活动总结大会在南昌召开。省委书记苏荣讲话。省领导鹿心社、舒晓琴、赵智勇、莫建成、史文清、王文涛、周萌、蔡晓明出席大会，省委副书记、省纪委书记尚勇主持大会。

22日　第七届全国农民运动会在河南南阳落幕。江西省获得15枚金牌。

23日　由国务院台湾事务办公室、江西省人民政府主办，南昌市人民政府、省台办共同承办的2012赣台(南昌)经贸合作研讨会在南昌开幕。省委书记苏荣出席开幕式。中共中央台湾工作办公室、国务院台湾事务办公室主任王毅，江西省省长鹿心社，中国国民党副主席蒋孝严致辞。省政协主席黄跃金，省委常委、省委秘书长赵智勇，省委常委、南昌市委书记王文涛，省人大常委会副主任陈达恒出席。副省长洪礼和主持开幕式。近400位台湾知名人士和企业家参加开幕式。

24日　全省禁毒委员会全体会议在南昌召开。省委常委、省委政法委书记舒晓琴出席会议并讲话，副省长朱虹主持会议。

26日　首届华侨华人赣鄱投资创业洽谈会在南昌开幕。省委书记苏荣出席开幕式，国务院侨务办公室主任李海峰、省长鹿心社出席并讲话。省政协主席黄跃金，省委常委、省委秘书长赵智勇，省委常委、省委统战部部长蔡晓明等出席。副省长谢茹主持开幕式。洽谈会共签约项目40个，合同资金78.77亿美元。

27日　全省社会管理综合治理暨信访工作会议在南昌召开。省委书记苏荣、省长鹿心社出席会议，并一同为受表彰的全省社会管理综合治理、信访系统先进集体和个人代表颁奖。省委副书记、省纪委书记尚勇讲话，省委常委、省委政法委书记舒晓琴主持会议，省委常委、常务副省长凌成兴，省委常委周萌分别对做好全省信访、社会管理综合治理工作进行了具体部署。省委常委、南昌市委书记王文涛，省政协副主席郑小燕，省政协副主席、九江市委书记钟利贵等分别在主会场或分会场出席会议。

△　江西省第十一届人民代表大会常务委员会第三十三次会议审议通过《江西省审计条例》和新修订的《江西省森林防火条例》。

28日　江西省青年联合会九届一次全委会在南昌召开。省委副书记、省纪委书记尚勇出席开幕式并讲话。省政协副主席郑小燕、省军区副政委戴勇出席会议。

29日　省委书记苏荣、省长鹿心社在南昌会见新当选的省青联主席、副主席、常委。省领导尚勇、舒晓琴、凌成兴、赵智勇、莫建成、陶正明、姚亚平、周萌、蔡晓明等一同参加会见。

△　省委书记苏荣、省长鹿心社到昌九高速昌北收费站、南昌市燃气公司、南昌轨道交通1号线丁公路北站施工现场、南昌火车站看望慰问工作在一线的干部职工。省领导尚勇、舒晓琴、凌成兴、赵智勇一同看望慰问，省委常委、南昌市委书记王文涛等陪同。

△　江西首届“中国民间文化艺术之乡”精品联展在省美术馆开展。副省长朱虹出席开展仪式并参观展览。

10　月

近日　在中国航天科技集团公司召开的航天型号配套物质供应表彰大会上，因产品运用到天宫一号、神州九号、长征二号F上，新钢集团特钢公司获“中国航天优秀供应商”荣誉称号。

8日　以“秀美江西、绿色崛起”为主题的江西省第三届花卉园艺博览交易会在宜春花博园开幕。花博会由省政府主办，省农业厅、省林业厅、省住建厅、省花卉协会协办，宜春市政府承办。省长鹿心社出席开幕式并宣布花博会开幕。省人大常委会副主任陈达恒出席开幕式，副省长姚木根出席并讲话。

9日　神华集团国华电力公司在南昌分别与吉安市政府、赣州市政府签订发电项目合作协议。这是贯彻落实《国务院关于支持赣南等原中央苏区振兴发展的若干意见》的要求，深化江西省政府与神华集团战略合作的重要举措。项目合作协议签订后，省委书记苏荣、省长鹿心社会见了神华集团董事长张喜武一行。省领导凌成兴、赵智勇、洪礼和参加会见。

△ 省委书记苏荣、省长鹿心社在南昌会见全国政协港澳台侨委员会主任、海峡两岸关系协会会长、中国河洛文化研究会会长陈云林，全国政协港澳台侨委员会副主任杨崇汇一行。省政协主席黄跃金，省委常委、省委秘书长赵智勇参加会见。

△ 大型赣南采茶歌舞剧《八子参军》，作为文化部主办的“讴歌伟大时代，艺术奉献人民—2012 年全国优秀剧目展演”活动的参演剧目之一，受邀在北京天桥剧场展演。这是《八子参军》的第 100 场演出。

10 日 以“河洛文化与客家文化”为主题的第十一届河洛文化研讨会在赣州举行，海内外 170 多名专家学者参加研讨会。全国政协港澳台侨委员会主任、海峡两岸关系协会会长、中国河洛文化研究会会长陈云林出席会议并讲话，全国政协港澳台侨委员会副主任杨崇汇主持研讨会，省政协主席、党组书记黄跃金，省委常委、赣州市委书记史文清在会上致辞。省政协副主席郑小燕主持开幕式。

近日 中共中央批准：周泽民任江西省委委员、常委、省纪委书记。

10～11 日 全国政协副主席、民革中央第一副主席、著名经济学家厉无畏在景德镇市调研创意产业工作，并作题为《十二五规划与发展创意产业、促进经济发展方式的转变》的专题讲座。省政协副主席陈清华陪同调研。

11 日 省委书记苏荣在赣州市调研赣南苏区振兴发展工作。省委常委、省委秘书长赵智勇随同调研并出席座谈会，省委常委、赣州市委书记史文清陪同调研，并在座谈会上汇报工作。

12 日 江西省第十二届精神文明建设“五个一工程”表彰暨工作会在南昌召开。省委常委、省委宣传部部长姚亚平到会讲话，副省长朱虹主持会议。《虎王归来》等 14 部作品、中共赣州市委宣传部等 5 家单位分别获得江西省精神文明建设“五个一工程”优秀作品奖、组织工作奖荣誉。

近日 省委、省政府出台《江西省 2013～2015 年文化改革发展规划纲要》，明确了未来三年江西省文化改革发展的指导思想、主要目标、重点任务和保障措施。

15 日 全省大学生村官工作会议在南昌举行。省委常委、省委组织部部长莫建成出席并讲话。

△ 省委书记苏荣在南昌看望了全省“十佳大学生村官”和“优秀大学生村官”。省委常委、省委秘书长赵智勇，省委常委、省委组织部部长莫建成参加看望。

△ 省政府与中国机械工业集团有限公司在南昌签订支持赣南等原中央苏区振兴发展战略合作协议。省委书记苏荣、省长鹿心社会见中国机械工业集团董事长任洪斌、总经理徐建一行，并出席战略合作协议签字仪式。省委常委、常务副省长凌成兴，省委常委、省委秘书长赵智勇等出席有关活动；副省长洪礼和参加会见并主持签字仪式。

16～20 日 全国人大常委会副委员长司马义·铁力瓦尔地率全国人大常委会农业法执法检查组到赣检查指导工作，并考察江西省人大常委会工作。16 日省人大常委会在南昌举行有关工作情况汇报会，司马义·铁力瓦尔地听取汇报，省委书记、省人大常委会主任苏荣主持汇报会，省人大常委会副主任陈达恒汇报有关情况。省委常委、赣州市委书记史文清在赣州市陪同检查。省人大常委会副主任陈达恒、朱秉发参加有关执法检查活动。副省长姚木根代表省政府汇报江西省贯彻实施农业法情况。

17 日 省长鹿心社主持召开第 71 次省政府常务会议。会议原则通过《关于大力推进科技协同创新的决定》。通过《江西省粮食收购资格许可管理办法（修订）》《江西省生活饮用水水源污染防治办法（修订）》《江西省突发气象灾害预警信号发布及传播管理办法（修订）》《江西省人民防空工程管理办法（修订）》，由政府颁布实施。

17～18 日 省委书记苏荣在景德镇市就加强重金属污染治理、改善和优化群众生产生活环境进行专题调研。省委常委、省委秘书长赵智勇随同调研。

18 日 由商务部、中国轻工业联合会、中国国际贸易促进委员会、江西省人民政府共同主办的 2012 中国景德镇国际陶瓷博览会在景德镇市举行。全国政协副主席郑万通、江西省委书记苏荣、商务部原副部长沈觉人、中国轻工业联合会副会长陶小年、中国贸促会副会长于平共同启动开幕水晶球。省长鹿心社，省政协主席黄跃金，省委常委、省委秘书长赵智勇，副省长洪礼和，江西省军区副政委戴勇，武警江西总队政委唐晓，意大利法恩莎市市长乔白尼，韩国利川市市长赵炳敦等出席开幕式。来自世界 13 个国家和地区，国内各大产瓷区和各省（市、自治区）的参展商、采购商以及社会各界人士 5000 余人参加开幕式。

19 日 省委中心组在南昌举行集体学习会，专题学习“推进科技创新，加快战略性新兴产业发展”等有关知识。省委书记苏荣主持学习会并讲话。清华大学公共管理学院院长、博士生导师薛澜教授应邀为省委中心组学习作辅导报告。

20 日 由石奎济、石玮及众多老瓷工、专家和学者，经过 10 多年编撰而成的《景德镇陶瓷词典》首发。

21～27 日 省人大常委会副主任陈达恒率领由各设区市人大常委会负责人组成的考察团，赴山东、上海进行为期 7 天的学习考察。省人大常委会副主任魏小琴、朱秉发等参加学习考察。

22 日 全省就业创业暨新型农村和城镇居民社会养老保险工作表彰大会在南昌召开。省长鹿心社出席会议并讲话。省委常委、常务副省长凌成兴主持会议，副省长胡幼桃宣读省政府关于全省就业创业工作、全省新型农村和城镇居民社会养老保险工作的表彰决定。

23 日 省委、省政府出台《关于大力推进科技协同创新的决定》。

近日 经中国稀土行业协会审议通过，并报工业和信息化部同意，赣州市被正式命名为“稀土王国”。

24 日 全省科技创新大会在南昌召开。省委书记苏荣、省长鹿心社出席会议并讲话，省委副书记尚勇主持大会。省领导舒晓琴、凌成兴、赵智勇、莫建成、姚亚平、王文涛、周萌、蔡晓明、洪礼和、谢茹、姚木根、钟利贵，中国工程院院士张文海、石屏，中国科学院院士黄路生出席大会。

△ 省政府在南昌举行 2012 年

度"庐山友谊奖"颁奖仪式，向为江西经济社会发展作出突出贡献的15名外国专家颁发"庐山友谊奖"。省长鹿心社为获奖外国专家颁奖并讲话。省委常委、常务副省长凌成兴宣读省政府授奖决定。

△ 由中华全国新闻工作者协会主办的第二十二届中国新闻奖和第十二届长江韬奋奖评选结果揭晓。江西省获中国新闻奖一等奖1项、二等奖3项、三等奖1项。江西电视台李建国获"韬奋奖"。

25~26日 全省现代农业建设现场交流会在南昌、宜春和吉安召开。省委副书记尚勇在吉安出席全体会议并讲话，副省长姚木根主持会议。尚勇、姚木根等领导一同为国家级、省级现代农业示范区授牌。

27日 为纪念井冈山革命根据地创建85周年，由江西省人民政府和国家旅游局主办，2012中国井冈山红色培训高端峰会在井冈山举行。省委副书记尚勇出席并宣布高端峰会开幕，副省长朱虹出席并致辞。全国红色旅游工作协调小组办公室有关负责人和相关专家学者等出席高端峰会。

28日 奉新至铜鼓高速公路通车仪式在铜鼓县举行。省委书记苏荣出席通车仪式并下达通车令，省长鹿心社讲话。省委副书记尚勇，省委常委、省委秘书长赵智勇，省领导陈达恒、肖光明、戴勇等出席通车仪式。省委常委、常务副省长凌成兴主持通车仪式。副省长洪礼和宣读省政府嘉奖令。

△ 在朱熹诞辰882周年纪念日之际，首届"白鹿洞论坛·中国传统文化与当代社会学术峰会"在江西财经大学召开。此次论坛由江西日报社、省文化厅、省宗教文化交流协会、九江市委市政府、江西财经大学共同主办，旨在讨论中国传统文化传承与当代社会发展的相关问题。

29日 省长鹿心社主持召开第72次省政府常务会议。会议原则通过关于实施"森林城乡、绿色通道"建设的意见。通过《江西省重点建设项目招标投标管理办法》，由省政府颁布实施。

△ 省公安厅组织举行"赣江一号"全省应急处理突发事件综合演习。省委常委、省委政法委书记、省公安厅厅长舒晓琴在省公安厅指挥中心指挥演习，并对演习作点评。

△ 南昌航空大学副校长罗胜联教授获何梁何利基金"科学与技术创新奖"。这是江西省第一位获该基金奖励的科学家。

△ 中央信访督导工作情况反馈会在南昌召开。全国政协提案委员会副主任、中央信访工作督导组组长王国卿代表督导组反馈了对江西省信访工作督导情况，省委常委、省委政法委书记舒晓琴出席并讲话，省委常委、常务副省长凌成兴主持反馈会。

30日 省政府与教育部在南昌签署协议，共建江西师范大学。省长鹿心社，教育部副部长杜玉波出席签字仪式并讲话。省委副书记尚勇，省委常委、省委统战部部长蔡晓明，副省长朱虹，江西省委原书记、中央统战部原副部长万绍芬等出席签字仪式。杜玉波、朱虹共同签署《共建江西师范大学协议书》。中央统战部、国台办发来贺信。

近日 鹰潭市获"全国新型农村和城镇居民社会养老保险工作先进单位"荣誉。

11 月

3日 八大山人画院揭幕展在南昌举行。副省长朱虹、省政协副主席汤建人出席揭幕展。

近日 江西省调整高速公路规划，根据新规划，到2020年，江西省高速公路通车里程将达到6050千米，形成"四纵六横八射"加14条联络线组成的网络。

6日 副省长谢茹在南昌会见到赣访问的芬兰驻沪总领事龙玛丽女士。

△ 江西省出席党的十八大代表乘飞机离开南昌前往北京，出席11月8日在京开幕的中国共产党第十八次全国代表大会。

7日 江西代表团在住地召开第一次全体会议。最高人民检察院检察长曹建明出席会议，省委书记苏荣主持会议。会议一致推选苏荣为江西代表团团长，鹿心社为副团长，赵智勇为秘书长。

9日 江西代表团在人民大会堂江西厅继续讨论党的十八大报告，并向境内外媒体开放。最高人民检察院检察长曹建明代表出席会议。苏荣代表主持会议，鹿心社、尚勇、黄跃金、舒晓琴、凌成兴、赵智勇、莫建成、史文清、王文涛、钟利贵等代表参加讨论。尚勇、凌成兴、史文清代表就建设创新型江西、大力实施民生工程、赣南等原中央苏区振兴发展等问题，回答了记者提问。

近日 中共中央政治局原常委、国家原副主席曾庆红，中共中央政治局原常委、中央纪委原书记吴官正，国务委员、公安部部长孟建柱分别看望出席中国共产党第十八次全国代表大会的江西代表团代表和列席代表。

近日 驻赣武警水电二总队承建的上海青草沙水源地原水工程获中国水利工程最高奖项"大禹奖"。

15日 省委书记苏荣在北京会见美国福特汽车公司集团副总裁韩瑞麒一行。省委常委、省委秘书长赵智勇，省委常委、南昌市委书记王文涛参加会见。

△ 全国农村居民重大疾病医疗保障工作现场推进会在赣州市召开。卫生部部长陈竺出席会议并讲话，卫生部副部长刘谦主持会议，副省长谢茹致辞。

16日 省委召开十三届六次全体(扩大)会议，传达学习和贯彻落实党的十八大精神。省委书记苏荣出席会议，并就学习宣传和贯彻落实十八大精神提出明确要求。省委副书记、省长鹿心社传达十七届七中全会主要精神、十八大会议盛况和主要精神、十八届一中全会主要精神。省委副书记尚勇主持会议。舒晓琴、凌成兴、赵智勇、莫建成、陶正明、史文清、姚亚平、周泽民、王文涛、周萌、蔡晓明等出席会议。

18日 省第四届全民健身运动会闭幕式在省体育馆举行，省委副书记尚勇宣布闭幕，省人大常委会副主任胡振鹏、副省长谢茹、省政协副主席汤建人出席。

20日 省委召开常委会就深入学习贯彻党的十八大精神进行集体学习。省委书记苏荣主持并讲话。

△ 景德镇国际陶瓷艺术创意中心"全国版权示范基地"授牌仪式在景德镇市御窑厂举行。这是经新闻出版总署、国家版权局批准后江西省正

式挂牌的首个“全国版权示范基地”。

21日 江西省向毛主席纪念堂敬赠国画作品仪式在南昌举行。省委常委、省委秘书长赵智勇出席并讲话。邹良材、孙宪、帅安3位江西当代画家创造了《红色故都瑞金》《井冈朝晖》《井冈雄风》3幅作品。毛主席纪念堂管理局副局长许宏接收主题国画作品并致辞。

22日 江西省“一村一名大学生工程”座谈会在江西农业大学举行。省委常委、省委组织部部长莫建成出席会议并讲话，副省长姚木根主持会议，省直有关部门、高校负责人和学员代表参加座谈会。

23日 省政协在南昌召开会议，传达学习贯彻中共十八大精神。省政协主席黄跃金出席会议并讲话，省政协副主席刘上洋主持会议，省政协副主席李华栋、汤建人、刘晓庄、郑小燕、钟利贵、肖光明、刘礼祖，在昌省政协常委、委员，各设区市政协主席参加了会议。

24日 首届赣鄱金融论坛在江西财经大学举行。省委常委、省委秘书长赵智勇出席论坛并作首场主题演讲。省内外高校、金融机构的专家学者围绕“金融服务、创新与区域经济发展”主题进行讨论。

24～26日 国务院食品安全委员会到赣督查食品安全工作。

26日 省委省政府在南昌召开经济工作专题调研座谈会，分析当前发展形势和突出问题，谋划明年经济工作。省委书记苏荣主持调研座谈会并讲话。省长鹿心社，省委常委、省委秘书长赵智勇，副省长胡幼桃，省政协副主席肖光明出席调研座谈会。

△ 省委常委、省委组织部部长莫建成在南昌会见柬埔寨奉辛比克党干部考察团。

△ 副省长谢茹在南昌会见到访的爱尔兰驻上海总领事高睦礼。

27～30日 省十一届人大常委会第三十四次会议举行。27日上午，省十一届人大常委会第三十四次会议第一次全体会议在南昌举行。省委书记、省人大常委会主任苏荣主持会议。省人大常委会副主任陈达恒、胡振鹏、魏小琴、朱秉发，秘书长魏民和委员共42人出席会议。下午，省十一届人大常委会第三十四次会议举行第二次全体会议。省人大常委会副主任陈达恒、胡振鹏、魏小琴、朱秉发，秘书长魏民出席会议。29日上午，省十一届人大常委会第三十四次会议第三次全体会议在南昌举行。省人大常委会副主任陈达恒、魏小琴、朱秉发，秘书长魏民出席会议。省人大常委会副主任胡振鹏主持会议。30日下午，省十一届人大常委会第三十四次会议举行第四次全体会议。省人大常委会副主任陈达恒主持会议。省人大常委会副主任胡振鹏、魏小琴，秘书长魏民出席会议。

27日 中央电视台播出了资溪县发生的非法猎杀、出售、收购野生动物的报道后，省委书记苏荣、省长鹿心社、省委副书记尚勇分别作出批示，要求有关部门坚决依法查处，严厉打击非法猎杀、出售、收购野生动物的行为，切实加强对野生动物的保护。

28日 中央宣讲团党的十八精神报告会在南昌举行。省委书记苏荣、省长鹿心社会见了到赣宣讲党的十八大精神的中央宣讲团成员，科技部党组书记、副部长王志刚。省委副书记尚勇，省委常委、省委秘书长赵智勇，省委常委、省委宣传部部长姚亚平参加会见。

△ 第四届中国赣州国际脐橙节在赣州市开幕。省委副书记尚勇出席并宣布开幕，省委常委、赣州市委书记史文清，副省长姚木根，中央纪委驻农业部纪检组组长、农业部党组成员朱保成，财政部党组成员、部长助理胡静林，中国工程院院士、华中农业大学校长邓秀新出席开幕式。来自中国柑橘产业界专家学者、果农代表、赣州干部群众等2万余人参加开幕式。

29日 第八届泛珠三角区域合作与发展论坛暨经贸洽谈会在海南国际会展中心开幕。江西省省长鹿心社率江西代表团出席开幕式并在高层论坛上发表演讲，副省长洪礼和等出席开幕式。本次泛珠大会，江西省共签约投资合作项目104个，总投资313.77亿元。

30日 《江西省遗体捐献条例》《江西省国土资源监督检查条例》由江西省第十一届人民代表大会常务委员会第三十四次会议通过。《江西省反窃电办法》《江西省实施〈中华人民共和国野生动物保护法〉办法》由江西省第十一届人民代表大会常务委员会第三十四次会议修订通过。

12 月

2日 工业和信息化部与江西省人民政府在南昌签署战略合作协议。省委书记苏荣出席签字仪式，工信部部长苗圩、省长鹿心社致辞，省委副书记尚勇出席，副省长洪礼和主持。苗圩和鹿心社分别代表工信部和江西省政府签署《关于支持推进江西省工业和信息化发展战略合作协议》。

3日 省委省政府在南昌召开省直工交部门调研座谈会。省委书记苏荣主持会议并讲话，他强调，要深入实施新型工业化、城镇化双轮驱动战略，继续保持全省经济平稳较快发展。省长鹿心社出席座谈会并讲话。省委常委、省委秘书长赵智勇，副省长洪礼和、朱虹，省政协副主席肖光明出席座谈会。

△ 全省“森林城乡、绿色通道”建设动员大会在南昌召开。省委副书记尚勇出席并讲话。副省长姚木根主持会议并作具体部署，省政协副主席刘晓庄以及国家林业局有关部门负责人出席会议。

△ 由省委宣传部、省司法厅、江西日报社、省普法办主办，新法制报社和大江网共同承办的2012年度“江西十大法治人物”评选结果揭晓，钱敏、南昌公安消防支队西湖大队八一中队群体、南昌医患纠纷调解中心群体、赖蓉蓉、郭峰、熊焰、谢言、周建华、刘卫东、詹学银当选。

4日 省委、省政府在南昌召开省直商贸流通部门调研座谈会。省委书记苏荣主持会议并讲话，他强调，要扩大对外开放，搞活商贸流通。省长鹿心社出席座谈会并讲话。省委常委、省委秘书长赵智勇，副省长洪礼和、胡幼桃，省政协副主席肖光明出席座谈会。

5日 井冈山国家级自然保护区在北京被联合国教科文组织中国人与生物圈国家委员会授予“世界生物圈保护区”称号。

6日 省政府与中国地震局在南昌签署合作协议，共同推进江西防震减灾综合能力建设。省长鹿心社，中国地震局局长陈建民出席签字仪式并共同签署合作协议。副省长谢茹,中国地震局副局长修济刚出席仪式并致辞。

7日 第四届赣州国际脐橙节赣南苏区振兴发展投资环境暨脐橙营销(南昌)推介会在南昌举行。省人大常委会副主任朱秉发、省政协副主席陈清华、肖光明出席推介会。来自江西、浙江、福建等地的100多名客商应邀出席。

8日 由中国科学院与江西、山东、广东等17家地方科学院共同组建的全国科学院联盟在北京成立。

10日 省委省政府在南昌召开省直文化旅游部门调研座谈会。省委书记苏荣主持会议并讲话。他强调,要推动文化旅游产业超常规发展,打造支撑绿色崛起的主导产业。省长鹿心社出席座谈会并讲话。省委常委、省委秘书长赵智勇,省委常委、省委宣传部部长姚亚平,副省长朱虹,省政协副主席肖光明参加调研座谈会。

△ 省委书记苏荣在南昌会见省委十八大精神宣讲团一行。省委常委、省委秘书长赵智勇,省委常委、省委宣传部部长姚亚平参加会见。

△ 全国政协社会和法制委到赣考察。省委书记苏荣、省长鹿心社、省政协主席黄跃金会见了到赣考察的全国政协社会和法制委员会主任张福森一行。

11日 省委常委会召开会议,学习贯彻中央政治局关于改进工作作风、密切联系群众的八项规定,研究江西省贯彻落实意见。省委书记苏荣主持会议。

13日 有“光伏农业”美称的20兆瓦光伏农业科技大棚项目在乐平市正式启动。该项目是江西省首次将光伏新能源应用于农业领域。

△ 中国宋庆龄基金会在南昌举行“情系江西共建和谐”捐赠仪式,向江西省瑞金市和瑞昌市捐赠款、物共计1000万元。省政协主席黄跃金,中国宋庆龄基金会党组书记、常务副主席常荣军出席捐赠仪式,中国宋庆龄基金会副主席杨绍明,省政协副主席、九江市委书记钟利贵致辞。

△ 宜春市再获“国家卫生城市”称号。

近日 第五届中国科协“全国优秀科技工作者”评选揭晓,贺浩华、万林生、江祥林、杨洁、吴晓枚、余华、陈齐炼、陈祥树、范小雄、罗时文、柯黎明、徐朝梁、黄菊花、谢明等14名江西专家获此殊荣。其中,贺浩华同时获得“十佳全国优秀工作者提名奖”。

18日 省委在南昌召开全省党员领导干部会议,传达学习中央经济工作会议精神。省委书记苏荣传达了习近平总书记的重要讲话精神,并就学习领会中央经济工作会议精神发表讲话。省长鹿心社传达了温家宝总理的重要讲话精神,省委副书记尚勇主持会议,并传达了李克强副总理的总结讲话精神。黄跃金、舒晓琴、凌成兴、莫建成、陶正明、史文清、姚亚平、周泽民、王文涛、周萌、蔡晓明等领导出席会议。

20日 省长鹿心社主持召开第73次省政府常务会议。会议原则通过2012年全省计划执行情况和2013年经济工作建议。

近日 江西铜业集团公司列入全国首批11家矿产资源综合利用骨干企业名单。

23日 《罗霄山片区区域发展与扶贫攻坚规划(2011—2020年)》获国务院批复,成为江西省第一个上升为国家层面的扶贫攻坚战略。

△ 中国书法家协会正式命名江西省东乡县为“中国书法之乡”,并在东乡举行授牌仪式。

24日 省委常委会召开会议,传达学习中央农村工作会议精神,研究部署农业农村和2013年经济社会发展等方面工作。省委书记苏荣主持会议。

△ 省民政厅、省财政厅联合下拨2.61亿元受灾群众生活救助资金,用于解决今冬明春期间受灾群众口粮、衣被、取暖等基本生活困难。

25日 江西省中国瑞林工程技术有限公司和江西青峰药业有限公司成为新增的国家创新型试点企业。

27日 省委书记苏荣在南昌会见罗阳先进事迹报告团成员。省委常委、省委秘书长赵智勇,省委常委、省委宣传部部长姚亚平参加会见。

27~30日 中共中央政治局常委、国务院副总理李克强到江西九江、湖北恩施调研。中共中央书记处书记杨晶及有关部门负责人陪同调研。在赣期间,江西省委书记苏荣、省长鹿心社陪同调研。

28日 中共中央政治局常委、国务院副总理李克强在江西省九江市主持召开长江沿线部分省份及城市负责人参加的区域发展与改革座谈会。

△ 中国南方红豆杉之乡·江西铜鼓授牌仪式暨新闻发布会举行,标志着铜鼓进入全国24个野生植物之乡行列。省政协副主席刘晓庄出席授牌仪式。

29日 全省经济工作会议在南昌召开。会议的主要任务是,贯彻落实党的十八大和中央经济工作会议精神,总结今年经济工作,分析当前经济形势,部署明年经济工作。省委书记苏荣、省长鹿心社在会上讲话,省委副书记尚勇主持会议。省领导舒晓琴、凌成兴、赵智勇、陶正明、史文清、姚亚平、周泽民、王文涛、周萌、蔡晓明等出席会议。

△ 全省农村工作会议在南昌召开。省委书记苏荣出席并讲话,省长鹿心社主持会议,省委副书记尚勇出席会议,副省长姚木根就当前和今后一个时期农业农村工作作具体部署。

31日 江西省高速公路通车里程突破4000千米,达到4260千米,位居全国第八。

△ 省长鹿心社主持召开第74次省政府常务会议。会议通过《江西省2013年立法计划》,原则通过《江西省突发事件应对条例(草案)》,通过《江西省商品条码管理办法》,由省政府颁布实施。

专　记

本栏编辑　詹跃华

赣南等原中央苏区振兴发展上升国家区域发展战略纪略

赣南等原中央苏区在中国革命史上具有特殊地位，作出特殊贡献。新中国成立特别是改革开放以来，赣南等原中央苏区发生了翻天覆地的变化，但由于战争创伤和自然、地理等原因，还存在诸多特殊困难，经济社会发展明显滞后，与全国的差距仍在扩大。为使苏区人民尽快脱贫致富，与全国、全省同步实现全面建成小康社会目标，省委、省政府开拓创新，锐意进取，全力谋划推动赣南等原中央苏区振兴发展战略。在党中央、国务院的亲切关怀下，2012 年 6 月 28 日，《国务院关于支持赣南等原中央苏区振兴发展的若干意见》(以下简称《若干意见》)出台，标志着赣南等原中央苏区振兴发展上升国家区域发展战略。

《若干意见》共 11 章 45 条，概括起来，有以下特点：一是政策含金量高。国家明确了九大扶持政策，特别是赣州执行西部大开发政策、中央国家机关对口支援赣州 18 个县(市、区)和吉安、抚州特殊困难县、鼓励和支持中央企业到赣南发展、中央财政设立苏区振兴发展财力补助专项等政策打破常规，体现了中央对赣南等原中央苏区的特殊关怀和特殊照顾。二是重大项目多。一批关系赣南等原中央苏区长远发展的重大基础设施、产业发展项目写入了《若干意见》。据统计，《若干意见》明确到具体名称的铁路、公路、机场项目达 23 个，重点能源项目 12 个，重点水利项目 10 个，特色产业项目 25 个，投资估算 2900 亿元。三是操作平台实。《若干意见》明确提出，科学规划建设章康新区，研究设立瑞兴于经济振兴试验区，支持设立赣南承接产业转移示范区，支持瑞金、龙南等符合条件的省级开发区升级，建设赣闽、赣粤产业合作区等。这些都为争取国家差别化政策、落实扶持资金、推动振兴发展搭建了良好的操作平台。

*赣南等原中央苏区振兴发展战略，凝聚了全省上下的共同努力。*新一届省委、省政府着眼大局，把握形势，深入调研，将苏区振兴摆在全省工作的突出位置，提升到了前所未有的战略高度。2011 年 10 月，省第十三次党代会把加快革命老区发展特别是苏区振兴发展作为全省上下的重大任务来抓；2012 年 2 月，《省政府工作报告》中强调，"着力构筑龙头昂起、两翼齐飞、苏区振兴、绿色崛起的区域发展格局"。为推动苏区振兴上升国家战略，2010 年 5 月，省政府向国家请求编制赣闽粤原中央苏区振兴发展规划；2011 年 1 月 20 日，省政府向国务院上报《关于恳请编制赣闽粤原中央苏区振兴规划的请示》，国务院随即批转国家发改委研究，苏区振兴由此正式进入国家决策层面；2011 年 3 月，全国"两会"期间，省委书记苏荣率队走访国家发改委，请求国家加快编制赣闽粤原中央苏区振兴规划方面取得明确支持；2011 年 11 月 17 日，省政府决定成立以常务副省长凌成兴为组长、省委常委蔡晓明为副组长的中央苏区振兴规划编制工作领导小组，并在 12 月 5 日召开第一次全体成员会议，明确了规划编制的总体思路、时间节点、工作安排和部门职责，苏区振兴前期工作大幕正式拉开。此后，常务副省长凌成兴、省委常委蔡晓明多次主持召开会议对有关工作进行安排、调度。省委常委、赣州市委书记史文清组织赣州市有关人员做了大量的汇报争取工作。省委书记苏荣、省长鹿心社多次联名致信给中央领导汇报，请求支持。省委、省政府领导的高位推动，为中央苏区振兴发展上升国家战略奠定坚实基础。

早在 2010 年初，省发改委牵头作了大量的前期研究工作，并积极向省委、省政府建议推动中央苏区振兴发展战略。在省委、省政府的正确领导下，按照省中央苏区振兴规划编制工作领导小组的部署，省发改委积极履行规划编制办公室的职责，加强与国家发改委的汇报对接，联合闽粤两省发改委面向全国开展中央苏区振兴十大课题研究招标，全程组织国家部委调研接待，参与《若干意见》的起草修改等各项工作。省直有关部门也认真履行领导小组成员单位职责，配合做好向上争取、调研接待、政策研究等相关事项。有关设区市，特别是赣州市委、市政府及早组织安排赣南苏区发展调查研究工作，形成了《赣南苏区经济社会发展情况调查报告》和一系列专题报告，为成功争取国家政策支持提供了重要依据和基础材料。

赣南等原中央苏区振兴发展战略，凝聚了中央和国家部委的大力支持。党中央历来高度重视革命老区的发展，时刻挂念老区人民的生活，毛泽东、邓小平、江泽民、胡锦涛等几代中央领导人都十分重视革命老区发展，关心老区以及原中央苏区人民。2011年底以来，中央领导习近平、李克强和吴邦国、温家宝、周永康等先后对中央苏区振兴发展作出重要批示，充分肯定了赣南苏区为中国革命作出的重大贡献和巨大牺牲，深切关注赣南苏区经济社会发展面临的特殊困难。特别是2011年12月31日，习近平在江西省呈送《赣南中央苏区经济社会发展状况调查报告》上作出重要批示，并要求国家发改委牵头，制定赣南苏区振兴发展的系统扶持政策，有力推动了《若干意见》的制定出台。按照中央领导的批示精神，国家发改委召开会议研究部署，积极协调有关国家部委，组织起草《若干意见》文稿，做了大量卓有成效的工作。2012年4月10～14日，国家发改委等42个有关部门、149人组成的国家部委联合调研组不辞劳苦深入江西省赣州、吉安、抚州开展实地调研。中央、国家部委的大力支持，使《若干意见》从中央领导指示，到国务院正式出台，只用了不到半年的时间，出台速度之快为国家战略中少有的。

赣南等原中央苏区振兴发展上升国家战略后，江西省委、省政府迅速行动，作了周密部署，全力抓好贯彻落实。7月6日，省委、省政府出台了贯彻实施意见，明确编制1＋11项规划方案、推进47项行动计划和23项试点示范事项，并将任务分解落实到有关设区市和省直部门。7月10日，召开全省贯彻落实动员大会，全面部署赣南等原中央苏区振兴发展工作。省中央苏区振兴规划编制工作领导小组多次召开会议，研究落实相关工作。省直有关部门和赣州、吉安、抚州三个设区市加强与国家部委对接，积极争取国家部委加大对赣南等原中央苏区振兴发展的支持力度。

通过全省上下锐意进取、扎实工作，赣南等原中央苏区规划方案编制全面展开，政策资金扶持有效落实，重大工程项目深入推进，经济社会发展明显提速，振兴发展取得阶段性显著成效。

（喻学锋　康健林　邱秋生）

江西省高速公路建设实现历史性跨越纪略

江西高速公路事业发轫于20世纪80年代末。纵观20多年来的江西高速公路发展史，就是一部江西高速人辛勤耕耘、不断创造的劳动史。

一、创造令人瞩目的“江西速度”

1989年7月，昌九高速公路开工建设，拉开了江西高速公路建设的帷幕。2004年，全省高速公路通车里程突破1000千米。2008年，高速公路通车里程达2206千米，进入全国前10位。为了延续江西高速公路建设加速推进的迅猛势头，省高速集团成立后，审时度势提出了“四大定位”战略，其中之一就是“项目建设的大业主”。面对当时经济形势复杂多变、金融政策趋于紧缩的大背景，面对项目任务重、建设要求高的大环境，省高速集团多措并举，广大建设人员攻坚克难，掀起了项目建设的新高潮。2010年9月16日，建成石城至吉安、彭泽至湖口两条高速公路，全省高速公路通车里程突破3000千米，提前三个多月完成“十一五”建设任务。2011年9月16日，建成德兴至南昌、永修至武宁两条高速公路，实现了鄱阳湖生态经济区城市群高速公路网络化，标志着环鄱阳湖生态经济区公路率先进入高速时代。10月20日，建成隘岭至瑞金高速公路，江西新增一条通往海西经济区的出省通道。12月28日，建成瑞金至寻乌、南昌至奉新两条高速公路，标志着济广高速江西境内路段全线贯通，江西又新增了一条通往广东的黄金大动脉。2012年12月31日，随着赣崇、吉莲、德上、抚吉、龙杨（赣粤界）5条高速公路建成通车，全省高速公路通车总里程突破4000千米，达到4260千米。“三纵四横”高速公路主骨架全面建成，全省98个县（市、区）通高速，在全国率先基本建成国家高速公路“7918”网。这三大成就，标志江西高速公路建设迈入一个新时代。

江西高速建设用两年的时间，实现了从2000千米到3000千米的巨大突破；又用两年的时间，实现了从3000千米到4000千米的惊人跨越。4年跨越3个千千米台阶，江西省高速公路建设创造了令人瞩目的“江西速度”。“十一五”期间，江西省高速公路累计完成投资712亿元，平均每年140多亿元。其中，2011～2012年，全省高速公路完成投资490亿元，平均每年达到245亿元，为历史最高水平。

在保持高速度的同时，江西高速公路建设更注重高品位、高质量。省高速集团将生态理念、环保理念、人文理念贯穿于高速公路建设全过程，设计上追求“自然式设计”“保护性设计”“恢复性设计”，力求“多保护、少破坏、不留伤痕”，施工中始终坚持“三年不小修、七年不中修、十年不大修”的质量管理目标，建立健全质量保障体系，层层落实工程质量责任制，全面推广项目建设标准化施工，采用新工艺解决质量通病，有力地保障了工程质量，通车项目的交工验收得分均达90分以上。其中，景婺黄项目被授予第十一届“詹天佑土木工程奖”，这是中国土木工程界最高的工程荣誉奖；永武项目被交通运输部列为“十二五”全国首个“科技示范工程项目”，也被评为2012～2013年度国家优质投资项目；九江大桥项目被列入第一批全国“平安工地”示范工程。

二、创造多项融资纪录

充裕的资金是江西高速公路大建设、大发展的基础和保障。省高速集团成立后，面对繁重的高速公路建设任务，面对巨大的项目建设资金需求，不等不靠，主动作为，大胆创新，充分发挥融资大平台的作用，大刀阔斧攻融资之坚，成立以来融资超700亿元，有力地保障了项目建设与日常运营资金需求。一方面，固本强基，全面构建财务保障体系——制定了统一的财务制度，执行统一的会计政策；推进分级人才库建设，大力引进优秀管理人才，打造专业化财审队伍；推行全面预算管理，成立财务结算中心，夯实管控基础。在此基础上，省高速集团获得“3A”企业主体信用评级，填补了最高信用评级在省内的空白。另一方面，主动出击，积极调整融资战略，创新融资渠道——实施“北上广战略”，跳出江西，放眼省外，直接对接京沪等国际金融中心，在2012年获得300多亿元融资中，超过75%的资金来自北京和上海，做到了“不和省内企业抢资金”；实施“总部战略”，先后走访20余家金融机构总部，以独特方式，推介、宣传和展现集团的融资潜力和合作诚信，从而构建了与各金融机构良好的合作环境；实施“蓄池战略”，打造强大的信息池、资金池、人才池，考虑短、中、长期资金的合理配置，稳步推进银行“多元化融资”。省高速集团积极推进多元化、产业化经营，着力打通上下游产业链，打造实力强、后劲足的永续发展大集团。近年来，集团效益连年攀升，实力不断壮大，影响力逐步提高，为企业开拓融资渠道、扩大融资规模、降低融资成本奠定了坚实基础。

近年来，省高速集团融资工作取得了骄人业绩，创造了多项纪录——创新融资规模省内第一，创新融资规模与融资规模之比同行业第一，发行省内最大规模短期融资券，发行国内最大无担保信托计划，是全国首家获得30%最惠利率贷款的企业，是国内首批发行定向工具的地方企业，是国内首家获得国际物流信贷的公路企业。一项项融资创新的成功，使省高速集团在短短的三年时间内，成为国内融资渠道最多、融资成本最低的交通运输企业，为实现全省高速公路建设提供了坚实的资金保障。

三、打造畅安舒美的“江西窗口”

在高速公路发展进程中，江西高速人创新理念，树立高速公路“建设是发展，养护也是发展”的新思路。自2007年以来，江西省相继完成了昌九技改、昌樟高速公路药湖大桥、九景高速公路改造维修工程；对全省高速公路路容路貌、区容区貌、站容站貌、所容所貌持续进行了整治，精心打造了景婺黄、昌金、温沙、梨温、景鹰等省界5千米精品路段；抓好日常养护和预防性养护，重点处治了昌金、泰赣、温沙等路段的路面病害。在2011年全国干线公路养护管理大检查中，江西省高速公路管理养护排名第六。

收费管理一直是高速公路运营管理的重点，是服务水平的直接反映，是行业形象的第一窗口。近年来，省高速集团建立了收费窗口规范化服务体系，全面推行快捷服务、礼仪服务和便民服务，实现了收费岗亭周边环境卫生的标准、收费动作和文明用语等“五个统一”，全面提升了窗口服务水平；大力开展收费岗位大练兵大比武活动，扎实做好收费员星级考评工作，强化了收费队伍的业务素质；全面推进收费服务品牌建设，打造了鹰西女子收费站、微笑昌樟、泰和管理中心“映山红”、宜春管理中心“雷锋班组”、抚州管理中心“向阳花”、昌泰路“金庐陵”等一批叫得响的品牌，塑造了良好的窗口形象。

服务区是交通运输行业的重要窗口，服务区形象事关江西交通运输形象，事关全省形象。2006年以来，省交通运输厅按照“一年争取全省达标、二年争取达全国先进水平、三年争取全球典范”的总体要求和“中心服务区+普通服务区+小型服务区”规划思路，对高速公路服务区进行新建和改扩建，打造了庐山、三清山、鄱阳服务区等一批标杆。近年来，省高速集团全面实施服务区整治提升工程，进一步转变经营理念，创新管理模式，强化行业管理，把服务区作为星级酒店来管理、作为特色超市来经营、作为休息景点来开发，服务区经济和社会效益全面提升。

在“十一五”全国干线公路养护与管理大检查中，交通运输部检查组评价：“江西高速公路的运营管理走在了全国高速公路行业的前列，为高速公路管理探索了新路、总结了经验。”

速度加快、结构优化、品质提升，江西高速公路建设实现了从追求数量迈向追求质量、追求品质的转变。随着高速公路的建成，江西与沿海发达地区的距离大大缩短，区位优势逐步显现，“省内4小时、省际8小时”经济圈已经形成。而随着高速公路的进一步加快建设，江西承接沿海产业转移将有更多的优势。

（陈 菁）

江西省文化体制改革纪略

2012年2月以来，按照中央部署要求，江西省各地各部门精心组织、周密部署，积极稳妥、大力推进，全省文化体制改革全面完成，实现了100天大变局的崭新局面。

截至2012年7月，全省文化体制三项改革全部完成。全省80家国有文艺院团已全面完成企业法人登记注册和注销事业法人。省广电局与省广播电视台已经分设，省广播电视台升格为正厅级；全省11个地市、81个县（市、区）局台分设和两台合并任务全部完成；“全省一张网”整合历经十年，终告完成，实现了全省有线电视网络统一管理、统一运营、统一标准、统一信号。继第一批非时政类报刊编辑部23家完成改革任务之后，第二批47家也全部完成改革任务。

时任中央政治局委员、中宣部部长刘云山两次批示，要求中央新闻媒体总结江西文化体制改革的做法和经验，并跟踪宣传报道；时任中央政治局委员、国务委员刘延东大段批示表扬，要求推广江西文化体制改革的经验和做法；文化部、广电总局、新闻出版总署主要领导都作了批示，对江西省做法予以充分肯定。省委书记苏荣高度评价："改革是主动的、认真的、细致的。我们宣传文化系统广大干部是有战斗力的，贯彻中央的决策是坚决的，文化体制改革工作做得是好的。"

江西省在推进文化体制改革工作中，积累了一些经验与做法，制定了一系列广受欢迎的好政策，消除了广大职工对改革的担心和疑虑；奖励表彰了一批基层文艺院团和民营院团，鼓励和引导更多的转企单位和剧团在今后的发展中更好地走基层、闯市场、创效益。

一、强化领导，上下联动，坚持把高位推动与广泛发动结合起来

2012年，中宣部在山西太原召开全国文化体制改革工作会议后，江西省高规格成立领导小组、高密度召开会议、高要求建立领导责任制来推动改革工作。省委书记苏荣、省长鹿心社对改革工作高度重视，亲自部署工作、亲自设计政策、亲自调集资金，先后8次对文化体制改革作出批示。苏荣还10余次约谈或电话询问相关部门厅局领导，提出工作要求。省委宣传部领导和文化、广播电视、新闻出版等主管部门都建立了领导包干负责制，切实抓好改革任务落实。各地参照省里做法，把它列入经济社会发展重要议事日程，努力做到组织到位、责任到位、政策到位、动员到位、程序到位、落实到位。省文改办也加强宣传、培训、调度、督查，有力推进了各项改革工作。

在三个多月时间里，省委召开全会专题部署全省文化体制改革和发展工作，省委常委会多次研究文化改革和发展问题，省文化体制改革和发展工作领导小组及其办公室也召开了几十次会议，省委常委、省委宣传部部长姚亚平，分管财政的副省长胡幼桃，分管文化的副省长朱虹多次召集财政、人保、编办、发改委和国土等有关部门负责人召开协调会。省直多个厅局坚持特事特办、快事快办的原则，为文化体制改革的顺利快速推进提供一切方便。

二、以人为本，善待职工，坚持把落实中央政策与提供更多优惠结合起来

按照省委提出的"要坚持以人为本，善待职工、厚待职工。确保财政拨款不撤回，职工既得利益不减少"这个总要求，在用足国办发［2008］114号文件有关政策同时，及时出台《中共江西省委关于深化文化体制改革、推动社会主义文化大发展大繁荣的实施意见》《江西省深化国有文艺院团体制改革指导意见》《江西省深化非时政类报刊出版单位体制改革指导意见》《省直文艺院团体制改革工作实施方案》《非时政类报刊出版单位转企改制操作规程》等5个关键性的政策文件。特别是在省直院团转企改制方面，研究出台了14项具体政策，既保证了贯彻中央精神不打折扣，又在一般要求上作了提升、完善、细化，在政策允许范围之内，可给可不给的，给；可高可低的，高。

在制定改革政策时，凡是国办发〔2008〕114号文件中有的政策，全部吸纳采用，同时根据省情，探索、出台了一系列有利于改革的优惠政策。为了让职工既得利益不受损，在对提前退休的职工计发退休金年限和比例上给予充分考虑，避免了这部分职工今后因不能参加调资而吃亏；对调动人员的编制、级别随着人到新单位；对转企职工不仅专门制订了"保工资、保社保"的"两保"政策，而且还给予了一次性经济补助，包括生活、住房补贴，并在其退休后，由财政加发生活补贴，使"事企差"问题得到根本解决。由于考虑周全，政策到位，提前退休的职工和正常年限退休的职工在待遇上没有什么差别；职工转企前所能享有的所有待遇，职工转企后一样也没减少。这些真金白银、真抓实干都体现了党委政府对群众的真情实意，体现了对改革的主动担当，体现了对职工利益的最大维护，因而得到群众的衷心拥护和热情支持。

三、规范程序，真改实改，坚持把加快改革进度与确保改革质量结合起来

省委书记苏荣多次强调，改革是发展的动力，是群众的利益，是中央的部署，要不折不扣地执行，真改、实改、改到位。改革一开始，就明确了改革的步骤、环节和标准，把握改革方向，做到"四严三不"：严格政策规定，严格关键环节，严格审批程序，严格操作规程；不搞假动作，不做夹生饭，不留后遗症。对涉及的事业身份、社保医保等各种问题，一次性解决。始终坚持"进度服从质量"的原则，不因时间紧而丝毫放松对改革质量的要求。针对一些地方变相成立文艺表演事业单位的"金蝉脱壳"做法，及时下发紧急通知，派出督查组，有效地纠正了错误做法，保证了改革的方向和质量。在操作过程中，千方百计想周全、议透彻、做到位。在强力推进改革的过程中，省委要求各地各有关部门领导明确责任分工，将改革任务分解到部门、分解到领导、分解到个人，真正将责任落到实处。同时，建立分片联系点制度，做到全过程参与、全过程指导、全过程协调解决具体问题。省委宣传部领导分片联系、对口负责，频频深入省直宣传文化系统各单位调研，与干部职工面对面交流，并约谈省直每个国有文艺院团负责人，听取他们的意见和建议。省文化、广播电视、新闻出版等部门和各地市宣传、文化、广播电视、新闻出版等部门都进行分工，真正把改革抓到手上，落到实处。

四、立足当前，着眼长远，坚持把抓改革与谋发展结合起来

改革是发展的动力，发展是改革的目的。在整个改革过程中，坚持改革政策一步到位，发展政策同步到位，从各个方面为转企改制企业进一步发展创造良好环境。出台了15条扶持文艺院团的措施，包括把省直院团的场次补贴由每场4000元提高到1万元。特别是省财政拿出1000万元为转企院团的演出补贴场租费；2012年安排了1000万元对商业演出按1比1给予演出奖励；省里每年安排500万元专用于省转企院团艺术创作生产；等等，极大地激发了转企改制企业的改革发展热情。江西省话剧团有限责任公司改革后，仅3个月演出收入达到173万元，远远超过改革前1年的总收入。6月中旬，省委宣传部用了4

天举办全省“十二五”时期文化改革发展规划纲要研修班，大家信心百倍、斗志昂扬。全省80家转企的国有院团和166家民营院团你追我赶，同台竞争，共同促进文化大发展大繁荣。

在改革硬性任务已完成，文化体制改革工作进入扫尾阶段后，江西省还坚持不断回头看，反复检查，做到改革不留尾巴、不留死角、不留后遗症，在历史上不留遗憾。一是加强对土地、房产、劳动合同、社保等问题的扫尾工作，确保企业和职工权益落实到位。已经转制为企业的文化单位，对照改革要求和转制标准，进一步把有关工作做深入，做到位，差哪个环节就补哪个环节，哪个方面薄弱就加强哪个方面，特别是要真正落实好省里出台的有关政策，对转企员工养老保险、医疗保险等，该补缴的进行补缴；对基本工资、退休后增发生活补贴、住房补贴等，没有到位的想方设法尽快落实到位。土地、房产等处置问题，坚持合理合法，不留后遗症。总之，就是在转企后继续关心职工的收入，帮助他们改善、提高收入，确保职工得实惠，企业激活力，政策得民心，改革见实效。二是抓紧财税优惠和补贴等配套政策的落实，为改革的深入发展提供有力保障。改革完成后，坚持用好政策、完善政策，充分发挥政策的引导、激励和保障作用，让改制后的企业动力更足，跑得更快，做到扶上马、送一程、常给力。对照国家和省里有关文件精神，真正把免征企业所得税、房产税以及对增值税、营业税、城建税等方面的优惠政策落实到位。特别是把省里对演出场次补贴、商演补贴、场租补贴、贷款贴息、人才培养等扶持文艺院团的政策尽快兑现和落实到位。同时，根据实际情况，研究制定更加具体、更有针对性的措施办法，特别是保持、加大财政的支持力度，进一步优化文化改革发展的政策环境。三是加强企业管理制度和市场运行机制建设，进一步建立和完善现代企业制度。转制为企业，这只是改革迈出的第一步，真正走向市场，建立现代企业制度还有大量工作要做。改革的阶段性任务完成后，省委宣传部着力于帮助转企后的文化单位面向市场、进入市场，充分发挥企业市场运作优势，进一步激发企业的活力和动力，激发职工的积极性。按照现代企业制度的要求，培育真正合格的市场主体，不断提高文化企业在市场竞争中的生存发展能力，使改革后的新的体制机制优势得到充分发挥。同时，进一步强化企业内部管理，强化企业成本核算，努力形成体现文化企业特点的经营理念和管理模式。

（张长山）

3月30日，全省文化体制改革工作动员大会在南昌召开。图为动员大会会场

郭　晶供稿

江西概览

本栏编辑 李目宏 朱 岳

自然环境

【区域位置】 位于长江中下游交接处的南岸，在北纬24°29′14″～30°4′41″、东经113°34′36″～118°28′58″之间。因赣江是境内主要河流，故简称"赣"。东邻浙江、福建，南连广东，西接湖南，北与湖北、安徽交界，北控长江，古称"吴头楚尾、粤户闽庭"。东西宽约490千米，南北长约620千米，总面积16.69万平方千米，占全国陆地总面积的1.74%，居华东各省市首位。

【地势地貌】 地势周围高中间低，从外向内，由南向北，渐次向鄱阳湖倾斜，构成一个向北开口的巨大红色盆地。地貌类型齐全，区域差异明显，分布大体呈不规则的环状结构形式。以鄱阳湖为核心，向外依次为鄱阳湖平原、赣中南丘陵和边缘山地。山地占全省面积36%，丘陵占42%，岗地、平原占12%，水面占10%。素有"六山一水二分田、一分道路和庄园"之说。

【山河湖泊】 主要山脉多分布于省境边陲，走向以东北和西南走向为主体。赣东北和赣东有怀玉山、武夷山和黄山支脉，赣南有大庾岭和九连山，赣西有罗霄山脉，赣西北有幕阜山和九岭山。全省有大小河流2400多条（其中全年有水的约160条），总长约1.84万千米。主要河流有赣江、抚河、信江、修河、饶河等五大河流，其中赣江自南而北流贯全省，包括贡水在内全长766千米，是江西最大河流，是仅次于岷江的长江第二大支流。江西湖泊众多，并集中于五河尾闾地区，以鄱阳湖最为著名。鄱阳湖是中国第一大淡水湖，湖泊面积5100平方千米。

【土地资源】 全省土地大致可分三大类：红、黄壤土地，红壤丘陵，平岗地。土壤主要有5种类型，分别是红壤、黄壤、紫色土、潮土、水稻土。土地资源利用以耕地、林地、牧草地为主要形式。全省农用地总面积1452.10万公顷。其中，耕地308.50万公顷，园地33.38万公顷，林地1040.76万公顷，其他农用地69.46万公顷。建设用地总面积128.92万公顷。其中，居民点及工矿用地87.11万公顷，交通运输用地21.60万公顷，水利设施用地20.21万公顷。未利用土地总面积88.34万公顷。

【矿产资源】 地下矿藏丰富，矿产资源种类齐全，资源配套程度高，伴（共）生组分丰富。截至2010年底，全省发现各种有用矿产187种（以亚矿种计），矿产地5000多处，查明有资源储量的矿产有九大类133种，列入矿产资源储量统计的矿产125种。对国民经济建设有较大影响的45种主要矿产中，江西有36种。江西探明的矿产资源保有储量居全国前十位的共有78种，其中居首位的有钽、铷、伴生硫、化工用白云岩、粉石英、麦饭石等6种，居第二位的有铜、钨、金、银、锂、铯、碲、电气石、光学萤石、滑石、陶瓷土、玻璃用脉石英、水泥用辉绿岩等13种，居第三位的有铌、铍、钪、普通萤石、冶金用白云岩、冶金用砂岩、化肥用灰岩、叶蜡石、玻璃用砂岩、玻璃用大理岩、制灰用灰岩、海泡石黏土、饰面用板岩、透闪石等14种，居第四位的有铅、铋、自然硫、化肥用蛇纹岩、饰面用角闪岩等5种，居第五位的有石煤、硅灰石、玻璃用砂、水泥配料用砂、水泥配料用脉石英、水泥用凝灰岩等6种。铜、钨、铀、钽、重稀土、金和银矿被誉为江西的"七朵金花"。其中，铜占全国比重为16%，钨18%，钽42%，金8%，银12.5%。

【能源资源】 主要有水能、光能、风能及能源矿产等。水能资源理论蕴藏量682.03万千瓦，可开发利用的610.9万千瓦，全部开发年发电量可达215.6亿千瓦小时。光能资源较为丰富，全年太阳总辐射能力为4057兆焦耳/平方米至4794兆焦耳/平方米，全年日照1473～2078小时，日照百分率33%～47%。风能，年平均风速为1.0～3.8米/秒（不含庐山），全省年大风日数0.5～25天，风能资源较为丰富的地方，主要集中在鄱阳湖滨、赣江和抚河下游及高山顶和峡谷地带。能源矿已发现煤炭、石油、天然气等7种。其中，煤炭产地在全省共有190处，分布在70个县；主要煤田有11个，主要分布在浙赣铁路沿线地区。

【生物资源】 全省动物资源丰富，有哺乳类100多种，鸟类420种，两栖类40种，爬行类77种，鱼类205种，还有水生哺乳类、软体动物、浮游动物等。有国家一级保护动物17种，分别为云豹、豹、虎、白鳍豚、黑麂、白鹳、黑鹳、中华秋沙鸭、金雕、黄腹角雉、白颈长尾雉、白头鹤、白鹤、鸨、蟒、中华鲟、白鲟。全省植物起源古老，组分较复杂，种类繁多，类型齐全，提供物质原料的资源生产潜力很大。主要有用材植物、木本粮食植物、油脂植物、药用植物、观赏植物等。

国家级风景名胜区

【庐山风景名胜区】 位于中国第一大江长江、第一大淡水湖鄱阳湖的交汇处，总面积333.42平方千米，全区共有景区12个，最高峰大汉阳峰海拔1474米。1982年，庐山被国务院批准列为首批国家级风景名胜区；1996年12月6日，联合国教科文组织批准庐山以“世界文化景观”列入《世界遗产名录》，成为中国第一处世界文化景观遗产。

【井冈山风景名胜区】 位于江西西南部湘赣边界罗霄山脉中段，是中国著名革命圣地，由茨坪、龙潭、黄洋界、主峰等11个景区组成，最高峰江西坳海拔1841米，面积333平方千米。1982年，井冈山风景名胜区被国务院批准列为首批国家级风景名胜区；2009年，井冈山风景名胜区被列入第二批国家自然与文化双遗产预备名录。

【三清山风景名胜区】 位于赣东北玉山和德兴两县（市）交界处，主峰玉京、玉虚、玉华三峰似道教鼻祖玉清、上清、太清三仙列坐其巅而得名。最高玉京峰海拔1816.9米，由七大景区组成，总面积229平方千米。1988年经国务院批准列为国家级风景名胜区。2008年被联合国教科文组织批准以“世界自然遗产”列入《世界遗产名录》，成为中国第七处、江西省第一处世界自然遗产。

【龙虎山风景名胜区】 位于江西鹰潭市，距市中心18千米，由仙水岩、龙虎山、上清宫、洪五湖、马祖岩和应天山等六大景区组成，有55个景点、261个景物景观，总面积220平方千米。1988年经国务院批准列为国家级风景名胜区。2010年被联合国教科文组织批准以“世界自然遗产”列入《世界遗产名录》。

【龟峰风景名胜区】 位于江西弋阳县城区西南部，地处龙虎山、三清山、武夷山和瓷都景德镇等“三山一都”的中心位置，包括龟峰景区、南岩景区、弋江景区，总面积39.3平方千米。龟峰因其“无山不龟、无石不龟”，且整个主景区就像一只昂首巨龟，故名龟峰。2004年经国务院批准列为国家级风景名胜区。2010年被联合国教科文组织批准以“世界自然遗产”列入《世界遗产名录》。

【仙女湖风景名胜区】 位于江西新余市西南部，是一处以群岛曲水峡谷、植物基因宝库为主要特色，以山水游赏、休闲度假、科普修学为主要功能的岛屿湖泊型风景名胜区，总面积194.7平方千米，其中水域面积46.3平方千米。2002年经国务院批准列为国家级风景名胜区。

【三百山风景名胜区】 位于江西南部安远县，京九铁路江西段最南端，是集古火山构造、奇山幽壑、清溪碧湖、飞瀑深潭、密林古树、珍禽异兽、怪石险滩、温泉诸奇景于一体的山岳型风景名胜区，总面积137.6平方千米。三百山风景名胜区是香港同胞饮用水的东江源头，2002年经国务院批准列为国家级风景名胜区。

【云居山—柘林湖风景名胜区】 地处九江市庐山西麓，水域广阔，风景秀丽，原生态山水完美结合，被誉为中国最美的湖光山色，总面积655.2平方千米。2005年12月经国务院批准列为国家级风景名胜区。

【高岭—瑶里风景名胜区】 位于江西景德镇市浮梁县东北部，以深厚古陶文化、群瀑名茶幽谷、原生山水环境、古朴明清街坊为主要特色，总面积95平方千米。2005年12月，经国务院批准列为国家级风景名胜区。

【武功山风景名胜区】 位于江西省中西部，地跨萍乡、宜春、吉安三市，处于湘赣边界的罗霄山脉北段，以高山草甸、千古祭坛、瀑布温泉、沩仰祖庭为主要风景特色，总面积365平方千米。按照属地管理的原则，武功山风景名胜区分为宜春片区、萍乡片区和吉安片区三个片区。2005年12月，经国务院批准列为国家级风景名胜区。

【梅岭—滕王阁风景名胜区】 位于江西省会南昌市的西北部，由梅岭和滕王阁两大景区以及方志敏烈士墓、溪霞湖、西山万寿宫、梦山、小平小道5个外围独立景点组成，总面积为143.7平方千米。滕王阁景区位于南昌市沿江路赣江与抚河故道交汇处，以滕王阁为主体，东至榕门路，南至瓷器街，西至赣江防洪墙，北至叠山路为风景区管辖范围，面积0.12平方千米。梅岭景区位于南昌市湾里区境内，距南昌市区中心15千米，属于典型的城郊山岳型风景名胜区，面积143.58平方千米。2004年经国务院批准列为国家级风景名胜区。

【灵山风景名胜区】 位于江西上饶县北部，距上饶县城、上饶市区均为25千米。灵山风景名胜区以环状花岗岩峰林地貌奇观为主要特色，面积101.5平方千米。2006年，灵山被江西省人民政府批准为省级风景名胜区；2009年12月，灵山被国务院批准列为国家级风景名胜区。

【神农源风景名胜区】 位于万年、弋阳、乐平三县（市）交界处，面积为43.13平方千米，包括仙人洞、严家、港道源、神农宫、九子溪大赦庵、黄天峰6个景区。风景名胜区内生态资源丰富，地质景观奇特，山林溪水优美，历史古迹众多，具有很高的自然景观与历史文化价值。其中仙人洞吊桶环景区发现了世界迄今为止最早的稻作遗迹，将水稻种植历史回溯直上一万二千年，是举世公认的稻作文化发祥地。2012年10月，神农源经国务院批准列为国家级风景名胜区。

【大茅山风景名胜区】 位于德兴市东南部，距离德兴市区19千米，由大茅山、梧风洞、双溪湖、四角坪景区四部分组成，规划总面积143平方千米。景区主要景观特色可概括为“黛山幽谷、碧湖秀水、奇岩线天、史迹胜地”四大特点。2012年10月，大茅山经国务院批准列为国家级风景名胜区。

（李小龙　夏　萍）

历史沿革

【概　况】 江西省简称赣，因公元733年唐玄宗设江南西道而为省名，且所处地理位置被称为“吴头、楚尾、粤户、闽庭”，又与江东被称为“江左”相对，江西古时又称江右。自古以来江西人文荟萃，物产富饶，有“文章节义之邦，白鹤鱼米之国”的美誉。赣鄱大地独特的地理环境和人文历史孕育了内涵丰富具有浓郁地方特色的江西地域文化。

江西开发的历史，可以上溯到约四五万年前的旧石器时代。至距今五千年左右的新石器时代晚期，生产开发地区逐渐增多，形成许多居民聚落点，并相对集中于赣北平原。

商周时期，江西地区的水稻种植业和陶瓷业已初显优势，而铜矿开采、冶炼、青铜器铸造，在中国青铜文化的总体中也占有很重要的地位。据考古发掘的新干县大洋洲商墓等文物显示，江西地区的土著文化内涵既受中原文化的强大影响，又有鲜明的地方特色。

汉高祖初年设豫章郡，郡治南昌，下辖18县，分布地域为赣江、盱江、信江、修水、袁水沿岸，今天的南昌、赣州、吉安等主要城市都是在那时县城的基址上发展而来。两汉时期江西人口迅速增加，农业、陶瓷业、采矿业、造船业等较为发达。鄱阳湖平原成为重要的产粮区，至少从东汉开始，江西就是调出粮食的产粮区。

三国吴、两晋、南朝时期，中原战乱，北方地区人口第一次大规模南迁，其中一部分迁入鄱阳湖周边地区，使江西郡县数大增，农业生产水平得到很大提高。南朝时京城以外的大粮仓2/3在豫章郡，成为当时粮食主要供应地之一。

隋唐时期，全国经济重心逐步南移，江西开始进入勃兴期。733年，唐玄宗设江南西道监察区，下辖37县。安史之乱后，中原人口第二次大规模南下，不仅使鄱阳湖平原得到进一步发展，而且边缘丘陵区带也广泛开发，土地垦种面积扩大，粮食产量增加，茶叶和瓷器生产兴旺，行销各地。唐玄宗时，宰相张九龄开辟了穿越大庾岭、南达广州的驿道，赣江成为联系岭南和长江流域最重要的南北交通线路，沿线的江州（九江）、洪州（南昌）、吉州（吉安）、虔州（赣州），成为商旅汇聚的繁荣都邑。

五代时期，江西地区先辖于吴，后辖于南唐。此时期出现了相当于下等州的新的行政区——军，划6州、4军、55县。由于南方的战争规模较小，时间较短，江西的社会经济仍得到一定发展，在全国的经济比重显著增加。

宋朝江西经济文化空前繁盛，进入大发展时期。宋代将道改为路，江西地区大部分隶属于江南西路，置9州、4军、68县。北宋末年的靖康之乱，是中原人口南迁的第三次高潮，江西的人口比唐代增加约3倍，居全国首位。南宋时，江西稻米、茶叶、纸张、陶瓷、铜铅、柑橘、木竹等物产极为丰盛，不仅满足国内需求且大量出口外销。漕运至京师的稻米1/3产自江西，茶叶产量为全国的1/4，均列第一位。景德镇和吉州窑进入全国名窑行列。两宋江西文化教育事业发展迅速，白鹿洞书院、鹅湖书院、白鹭洲书院、象山书院等天下知名的书院于此时创立，各州县也纷纷建立学校，培养大批杰出人才，出任宰相级的显宦有25人。同时，众多思想家、文学家、史学家在“宋学”的各个领域都作出重大贡献。

元朝开始确立行省制度，下设路、直隶州、县级州和县。江西行省辖区包括今江西绝大部分地区和今天广东省的大部分，下辖13路、2直隶州、48个县和16个县级州。秉承宋朝的发展，元代江西的社会经济也有新发展，经济作物的种植、矿物的开采、制瓷业的规模均有所扩大，制茶、造船、印刷也十分兴盛。

明朝基本上保留了元朝的省区建制，但改行省为布政使司（习惯上仍称省），改路为府和改州为县，设13府，下辖78县，地域基本等同今天的江西省。江西在元末农民战争中没有受到大的破坏，政治、经济和文化诸方面仍在全国居十分重要的地位，是全国屈指可数的人口和经济大省。江西士人对明代的中枢政治有很大影响，入阁拜相者络绎不绝，出现“朝士半江西”的局面。南安府（大余）的梅关和赣江仍是联系广东和长江流域最繁忙的南北交通线路，赣江沿线城市的工商业更为繁荣。樟树镇、吴城镇成为新兴的航运与商业中心，景德镇和河口镇（铅山）则是著名的手工业中心，并称为“江西四大镇”。

清代江西省行政区域基本承袭明制。清代前中期，由于闽、粤等地移民的大量迁入，人口数量空前增加，山区得到更大规模开发，手工业发达，商品经济活跃，市镇繁荣。鸦片战争后，列强对中国的商品倾销和资源掠夺主要经长江直接进出，经由赣江、大庾岭这一传统南北交通动脉的货物日趋减少，导致沿岸码头萧条，吴城、樟树等市镇商业也趋衰退。此外，江西又曾是湘军和太平天国反复争夺的地区，损失巨大。人口从1853年的2450万人锐减至1873年的1770万人，全境城乡自然经济跌入停滞衰退之中。

民国时期，将府、州、厅一律改为县，江西省共辖81县。第一次国内革命战争期间，中国共产党先后在江西建立了湘赣、闽浙赣、湘鄂赣等苏区。其中最重要的中央苏区包括赣南和闽西地区21县，中华苏维埃共和国临时中央政府设在瑞金，称为“红色首都”或“红都”。1930～1934年，国民政府对江西苏区进行5次军事“围剿”。江西是中国革命的摇篮，为中国革命牺牲的有名有姓的烈士达25万人之多。

新中国成立后，江西省的行政区划曾经有过多次调整和变动。目前，全省共设南昌、九江、景德镇、萍乡、新余、鹰潭、赣州、宜春、上饶、吉安、抚州等11个设区市，11个县级市，70个县，19个市辖区。南昌市为江西省会。江西农业在全国占有重要地位，是新中国成立以来从未间断向国家贡献粮食的两个省份之一。当前全省生态农业前景可喜，绿色农产品正成为重要增长点，绿色食品数量达916个，居全国前列；有机食品数量415个，居全国第一位。农业产业化水平不断提升，省级以上农业产业化龙头企业273家，其中国家级14家。进入新世纪以来，江西大力实施以新型工业化为核心的发展战略，汽车航空及精密制造、特色冶金和金属制品、中成药和生物制药、电子信息和现代家电产业、食品工业、精细化工及新型建材等六大支柱产业有了较好基础。近来,光电、高精铜材、优特钢材、特种车船、精密机械、生物医药、特色化工、绿色食品、度假旅游、新型服务等产业呈现良好发展势头。

(陈刚俊)

2012年人口发展状况

【概 况】 2012年,江西稳定人口低生育水平,人口总量平稳增长,劳动年龄人口持续增长,人口受教育水平持续提升,人口城镇化水平加速推进,有力促进了江西经济社会的可持续发展。

【人口总量平稳增长】 全省人口自然增长率逐年下降。2012年,全省人口出生率为13.46‰,死亡率为6.14‰,自然增长率为7.32‰,与2011年相比,人口出生率下降0.02‰,死亡率上升0.16‰,自然增长率下降0.18‰。全年自增人口32.91万人,净增人口15.50万人,分别比2011年增量减少0.66万人和10.69万人。2012年末,江西省常住人口总量达4503.93万人,增长0.35%。其中男性2318.60万人,女性2185.33万人,男女性别比为106.10(女性为100),属于103~107的正常范围值。

【人口城镇化水平加速推进】 人口城镇化发展速度进一步加快。2012年末,全省城镇人口达2139.82万人,新增88.6万人,人口城镇化率达47.51%,提高1.81个百分点。

2012年,江西省人口城镇化率保持较快增长速度,得益于全省工业化进程快速推进,把做大做强中心城市放在更加突出的位置,培育次中心城市及县域人口城镇化建设,加大城镇建设投入力度。全省92个市县建成区面积达1996平方千米,增加120平方千米,实施5000万元以上城建重点项目1160个,总投资3592.7亿元,一大批基础型、功能型、生态型城镇设施相继建成。

【出生人口性别比治理取得显著成效】 省政府把解决出生婴儿性别比失调问题纳入有关部门齐抓共管、综合治理的重要内容,下发规范性文件,定期召开部门联席会,组织有关部门对出生人口性别比失调问题进行检查、监管、综合整治。在全省开展"两非"专项整治活动,还通过建立流动人口管理服务机制,加强对流动人口和流动育龄妇女管理,与邻省进行合作来打击"两非",使全省出生人口性别比逐年下降。江西省出生人口性别比在2000年第五次人口普查时达138.01(女性为100,下同),经过多年综合治理,逐渐下降至2012年的116.73,出生人口性别比偏高势头得到有效遏制。

【人口受教育水平持续提升】 全省上下贯彻落实"人才兴赣"战略,办人民满意的教育,加大教育投入力度,特别是加大对农村基础教育投入力度,基础教育、职业教育及高等教育全面发展,教育事业呈现出又好又快发展态势。2012年,全省粗文盲率为2.97%,下降0.05个百分点,6岁及以上人口平均受教育年限达8.80年,提高0.07年;15岁及以上人口平均受教育年限达9.07年,提高0.05年。每10万人中接受小学教育的人口有2.88万人,接受初中教育的有3.84万人,接受高中教育的有1.32万人,接受大专以上教育的有7490人。与2011年相比,每10万人中接受小学教育的人数减少658人,接受初中、高中和大专以上文化教育的人数分别增加360人、399人、285人。表明江西省人口接受更高水平教育的比重逐步增加,人口的文化构成正向中、高程度转变。

【家庭户平均规模持续缩小】 随着全省经济社会的不断发展,家庭的类型、规模和结构都在不断发生变化,加上住房条件不断改善,人口迁移流动速度加快,人口向城镇地区集聚,传统的大家庭居住方式向小家庭转变,江西省育龄妇女生育模式的根本性改变,也有力推动家庭户规模向小型化、核心化发展。2012年末,全省家庭户规模(即平均每个家庭的人口)为3.57人,比2011年少0.05人。家庭户结构中,3人以下户占所有家庭户的57.03%,提高1.77个百分点,4人户占21.75%,下降0.7个百分点,5人及以上家庭户的比重也呈下降趋势,家庭户规模呈不断缩小态势。

【人口红利仍然可期】 2012年,江西15~64岁劳动年龄人口达3180.67万人,占全省总人口的70.62%,增加13.18万人,上升0.05个百分点,增长幅度有所减缓。2012年,全省人口总抚养比为41.60%,下降0.1个百分点,少儿抚养比持续下降是促进总抚养比持续下降的主要原因。据测算,未来10年,江西省15~64岁劳动适龄人口占总人口的比重将维持在70%左右,总抚养比维持在40%以上,劳动适龄人口绝对数量将保持小幅增长态势,人口红利仍然可期。

【人口老龄化速度加快】 江西自2005年全面进入老龄化社会以来,老年人口的增长速度快于总人口的增长速度。2012年,全省65岁及以上老年人口有376.08万人,增加20.6万人,占总人口的8.35%,比2011年提高0.43个百分点。与2005年相比,65岁及以上老年人口增加59.54万人,比重上升1.01个百分点。随着0~14岁年龄人口比重的不断下降,65岁及以上老年人口的快速增加,再加上人民生活水平提高,人均预期寿命延长,江西省人口老龄化将呈逐年加快趋势。

(易鑫村)

2012年环境质量

【概 况】 2012年,全省地表水水质总体良好,Ⅰ~Ⅲ类水质断面(点位)比例为80.7%,其中河流水质断面达标率81.2%,湖库水质点位达标率76.0%;各设区市城区集中式饮用水源地水质全部稳定达标。全省城市环境空气质量良好,11个设区市均达到国家二级标准;酸雨污染较重;全省城市区域声环境质量较好,城市道路交通声环境质量好,功能区噪声点位达标率94.6%;全省生态环境状况总体优。

【水环境】 全省地表水水质总体良好。九条河流中，长江九江段和东江水质优，赣江、抚河、信江、修河、萍水河和袁水水质良好，饶河水质轻度污染。三个主要湖库中，柘林湖水质优，仙女湖水质良好，鄱阳湖水质轻度污染。与2011年相比，地表水水质达标率增加0.1个百分点，其中河流降低0.6个百分点，湖库增加4.0个百分点。

赣江 有60个监测断面，Ⅰ～Ⅲ类水质断面比例为80.0%，水质良好。赣江主要流经赣州、吉安、宜春、南昌、九江和萍乡6市，其中九江段和萍乡段水质为优，赣州段、吉安段、宜春段和南昌段部分断面出现不同程度污染，主要污染物为总磷和氨氮。

袁水 有16个监测断面，Ⅰ～Ⅲ类水质断面比例为81.3%，水质良好。袁水主要流经萍乡、宜春和新余3市，其中萍乡段和宜春段水质良好，新余段部分断面水质中度污染。

饶河 有17个监测断面，Ⅰ～Ⅲ类水质断面比例为70.6%，水质为轻度污染，主要污染物为总磷和氨氮。饶河流经上饶和景德镇2市，上饶段部分断面水质重度污染，景德镇段部分断面水质轻度污染。

信江 有24个监测断面，Ⅰ～Ⅲ类水质断面比例为83.3%，水质良好。信江流经上饶和鹰潭2市，上饶段和鹰潭段部分断面水质中度污染。

萍水河 有9个监测断面，Ⅰ～Ⅲ类水质断面比例为77.8%，水质良好。萍水河仅流经萍乡市，部分断面水质中度污染。

修河 有10个监测断面，Ⅰ～Ⅲ类水质断面比例为80.0%，水质良好。修河流经九江和宜春2市，九江段部分断面水质轻度污染，宜春段水质优。

抚河 有15个监测断面，Ⅰ～Ⅲ类水质断面比例为80.0%，水质良好。抚河流经抚州和南昌2市，南昌段水质优，抚州段部分断面水质轻度污染。

长江九江段 有7个监测断面，Ⅰ～Ⅲ类水质断面比例为100%，水质优。

东江 有7个监测断面，仅流经赣州市，Ⅰ～Ⅲ类水质断面比例为100%，水质优。

鄱阳湖 有17个监测点位，Ⅰ～Ⅲ类水质点位比例为70.6%，水质轻度污染，富营养化程度为中营养。其中，上饶和九江水域水质较好，南昌水域水质较差，主要污染物为总磷。

柘林湖、仙女湖 均有4个监测点位，柘林湖Ⅰ～Ⅲ类水质点位比例为100%，水质优；仙女湖Ⅰ～Ⅲ类水质点位比例为75.0%，水质良好，部分点位水质轻度污染；富营养化程度均为中营养。

饮用水源地 28个设区市城区集中式饮用水源地水质均达标。监测点次和监测水量达标率为100%。

【大气环境】 全省11个设区城市的环境空气质量均达到国家二级标准。与2011年相比，全省环境空气质量状况稳定良好，空气质量级别保持不变。

二氧化硫 11个设区城市年均值均达到二级标准，城市环境空气中二氧化硫年均值范围在0.018～0.046毫克/立方米之间。全省年均值为0.032毫克/立方米，同比下降0.004毫克/立方米。

二氧化氮 11个设区城市年均值均达到一级标准，城市环境空气中二氧化氮年均值范围在0.014～0.039毫克/立方米之间。全省年均值为0.026毫克/立方米，同比无变化。

可吸入颗粒物 11个设区城市年均值达到二级标准，城市环境空气中可吸入颗粒物年均值范围在0.057～0.087毫克/立方米之间。全省年均值为0.064毫克/立方米，同比下降0.007毫克/立方米。

降尘 11个设区城市降尘年均值范围在2.06～7.47吨/平方千米·月之间，全省年均值为4.20吨/平方千米·月，同比下降0.22吨/平方千米·月，除南昌市降尘年均值超标外，其余10城市均在评价标准范围内。

城市降水 全省城市降水pH年均值为4.84，11个设区市除九江市降水pH年均值为5.68外，其余10城市降水pH年均值均低于5.6，酸雨污染仍较严重。全省城市酸雨频率为80.7%，酸雨频率大于80%的城市有南昌、景德镇、萍乡、鹰潭、抚州和上饶，全省降水pH年均值同比下降0.05，酸雨频率上升10.3个百分点，酸雨污染有所加重。

【声环境】 11个设区城市区域环境噪声等效声级在49.8～55.3分贝之间，全省均值53.4分贝，区域声环境质量较好；11个设区城市道路交通噪声等效声级在64.8～68.3分贝之间，全省均值67.2分贝，道路交通声环境质量均为好；11个设区城市功能区噪声点位达标率范围78.8%～100%，全省点位达标率94.6%，昼间声环境质量好于夜间。全省城市区域和道路交通声环境质量变化不大，功能区声环境质量有所改善，噪声点位达标率同比增加4.4个百分点。

（付　明）

2012年气候状况

【概　况】 2012年江西省总的气候特点是：全省年降水量2174.9毫米，较常年平均偏多30%，降水之多突破历史；平均气温17.9℃，接近常年；日照时数1468.4小时，较常年偏少10%。全年暴雨过程频繁，各个季节均出现不同程度暴雨过程，但由于大部分暴雨持续时间短，且空间分布较为分散，没有造成大范围洪涝灾害。1月到3月上旬，全省出现历史罕见持续低温阴雨寡照天气；3月上旬出现早汛；主汛期暴雨、强对流过程频发，6月下旬全省遭遇汛期最强连续暴雨过程；7月中旬赣北赣中出现历史同期少见强对流性降水过程；8月上旬台风“苏拉”“海葵”先后影响江西省；秋冬季全省大雾天气发生频繁；秋末冬初降水异常偏多，降水突破历史。

降水 全省年降水量异常偏多。2012年全省平均降水量为2174.9毫米，较常年平均偏多30%，突破历史记录。各地年降水量在1513.1（上犹）～3076毫米（资溪）之间，其中赣北北部、赣中西部和赣南为1500～2000毫米，赣东北和赣中东北部大于2500毫米，其余地区在2000～2500毫米之间。各地降水量较常年偏多，局部偏多50%以上，以南城县偏多65%为全省之最。全省有超过半数县（市）降水量之多位居历史前五位，其中南城、南丰、资溪、黎川、宜黄、新余、宜春、上高、万载、乐平、新干、峡江、余江13个县(市)突破历史。

气温 全省年平均气温接近常年。2012年全省平均气温17.9℃,接近常年。各地年平均气温在16.5(铜鼓)~19.9℃(于都)之间(庐山、井冈山除外,下同),赣北和赣中北部为16~18℃,赣南大于18℃,除赣北东部和赣南西南部气温较常年偏高外,全省其余地区较常年偏低0~0.5℃,局部偏低0.5~1℃。

日照 全省年日照时数较常年偏少。2012年全省平均日照时数为1468.4小时,较常年平均偏少10%。各地年日照时数为1063.9(莲花)~1950.2小时(湖口),其中赣北、赣中东部和赣南1400~1800小时,局部大于1800小时,其余地区小于1400小时;较常年同期相比,全省大部分地区日照时数偏少0~20%,以莲花县偏少32%为全省之最。

【主要气象灾害及影响】 年内的主要气象灾害有暴雨洪涝、热带气旋、局地强对流、低温阴雨寡照、低温雨雪冰冻、雾霾、高温、寒露风等。

据省民政厅初步统计,全年因暴雨洪涝、热带气旋、低温阴雨寡照、局地强对流、大雾等气象灾害或由气象灾害引发的次生灾害,导致全省778万人受灾,因灾死亡41人,农作物受灾面积63万公顷,绝收面积7.3万公顷,直接经济损失达113.1亿元,其中农业直接经济损失51.3亿元。

暴雨洪涝 2012年全年暴雨过程频繁,各个季节均出现不同程度的暴雨过程,全年先后出现15次区域性暴雨过程,其中汛期出现9次,秋季出现3次。据省民政厅统计,全年洪涝灾害(含山体崩塌、滑坡)共造成全省551.1万人受灾,死亡16人,紧急转移安置27.4万人;农作物受灾面积44.1万公顷,绝收面积3.54万公顷;倒塌房屋2.5万间,损房4万间;因灾直接经济损失68.8亿元,其中农业直接经济损失36.7亿元。

局地强对流 4月份强对流过程频发,全省先后遭遇4月10~11日、4月23~25日、4月28日~5月1日3次短历时大暴雨、雷雨大风、冰雹等强对流天气过程。据省民政厅统计,全年风雹灾害造成全省87.3万人受灾,死亡25人,紧急转移安置1.8万人;农作物受灾面积6.4万公顷,绝收面积0.6万公顷;倒塌房屋0.6万间,损房3.12万间;因灾直接经济损失9.48亿元。

低温阴雨 1月1日~3月10日江西出现历史罕见持续低温连阴雨寡照天气,全省低温阴雨日数较常年同期明显偏多,全省平均降水日数达43.6天,突破历史同期记录;平均降雨量为406.9毫米,较常年同期偏多71%,降水之多,仅次于1998年同期;日照时数少,无日照总日数多,突破历史极值。受持续阴雨寡照影响,在田蔬菜、油菜田间渍水严重,生长缓慢,叶类菜复种指数下降,部分蔬菜大棚内出现绵腐病,局部油菜田块发生菌核病。

热带气旋 年内对江西影响较大的台风主要有“苏拉”和“海葵”,热带风暴“苏拉”和强台风“海葵”在8月上旬先后影响江西,间隔时间仅为2天,强度大,导致局部地区受灾严重。年内共造成全省182.7万人受灾,紧急转移安置27.4万人;农作物受灾面积14.09万公顷,绝收面积10.41万公顷;倒塌居民房屋0.29万间,损房0.43万间;因灾直接经济损失34.8亿元。

高温酷暑 2012年全省平均高温日数36.1天,较常年平均偏多6.6天,排历史同期第十七位。各地高温日数为9~55天,大部分地区高温日数为30~50天,局部50天以上,以泰和、永新两县55天为全省最多,寻乌最少,仅为9天。庐山和井冈山没有出现35℃以上的高温日。年内极端最高气温39.7℃,8月15日出现在崇义县。高温出现初日为5月1日,终日为9月12日。高温过程主要在夏季,全省先后出现4次大范围高温过程,其中6月28日~7月14日,江西出现年内持续时间长、范围广的晴热高温少雨天气过程,全省59个县(市)连续11天以上日最高气温高于35℃,18县(市)连续5天以上日最高气温高于37℃。而8月15日高温范围和强度为全年最强,该日全省有88个县(市)出现35℃以上高温,其中有39个县(市)出现37℃以上的高温,1个县出现39℃以上高温。

低温雨雪冰冻 2012年1月气温起伏较大,上旬和下旬气温偏低,尤其是下旬中南部气温异常偏低,全省出现2次明显的雨雪天气过程。1月3~5日出现首场大范围雨雪天气过程。4日14时至~6日08时,全省有58个县(市)出现降雪天气,其中吉安、抚州两市局部出现中到大雪,有19个县(市)出现积雪,以井冈山市积雪深度达15厘米为最大,另外资溪、黎川等14个县(市)积雪深度超过2厘米。1月22~24日全省先后有86个县(市)出现降雪或雨夹雪天气,41个县(市)出现积雪,庐山、莲花等9个县(市)出现大雪(积雪深度超过2厘米),积雪深度以庐山6厘米为最大。庐山和井冈山出现电线积冰。

雾霾 全年先后出现19次大雾天气过程,主要出现在秋冬季节。其中11月19日08时27分NOAA16卫星遥感数据显示,除部分海拔较高的山区外,全省60%的地区笼罩在浓雾之中,局部出现能见度低于50米的强浓雾,19日全省有81个县(市)出现大雾或浓雾,大雾范围之广突破有气象记录以来最大值。此外,伴随大雾天气,各地多日出现灰霾天气。

【水稻作物气候影响评价】 2012年全省气温正常,降水异常偏多,日照时数偏少。全省主要农业气候特点有:春播期热量充足,光照、降水适宜,基本未出现春季低温连阴雨灾害和大范围强对流天气,春播期气象条件属偏好年景;6月出现3次较明显暴雨过程,但大部地区早稻已经齐穗,影响不大;灌浆成熟期先后出现高温、暴雨,影响部分地区的早稻成熟与收晒;晚稻生育期间基本未出现重度寒露风灾害;总体来说,2012年度江西省双季早稻、双季晚稻生产为偏丰年。

双季早稻生育期间(3月中旬至7月下旬),气象条件总体利于早稻生长发育和产量形成,属偏好年景。主要农业气象特点为:播种育秧期光温较为适宜,早稻秧苗素质好;移栽期用水充足,光温适宜,秧苗返青快、分蘖早;孕穗抽穗期光温良好,利于早稻产量形成,虽6月出现3次较明显暴雨过程,但大部地区早稻已经齐穗,影响不大;灌浆成熟期先后出现高温、暴雨,影响部分地区的早稻成熟与收晒。

双季晚稻生育期间(6月下旬至

11月上旬)热量充足,旱涝灾害偏轻,日照接近常年,基本未出现重度寒露风灾害,晚稻农业气象年景为丰产年;据气象产量预测分析,单、总产均创历史新高。

【棉花作物气候影响评价】 棉花生育期间(4~11月上旬),气象条件有利有弊,总体属偏好年景。主要农业气象特点是:播种育苗期光温充足,基本实现"一播全苗";5月晴雨相间天气为主,对棉苗生长与移栽较有利;蕾期温高光足,苗情长势好于2011年;开花裂铃期干旱不明显、高温持续时间较短,但8月上中旬受强降水、大风等天气影响,部分棉田出现植株倒伏、蕾铃异常脱落严重等现象;裂铃吐絮期"前差后好",总体较有利于产量形成。

【油菜作物气候影响评价】 油菜生育期间(2011年9月下旬至2012年5月中旬)全省平均气温偏高0.2℃,降水偏多2.3成,日照偏少113.1小时。农业气象条件主要特点有:播种育苗期降水较充足,面积有保障;2011年11月气温明显偏高,造成部分田块出现早花现象;越冬期平均气温低于常年,但未发生明显冻害;抽薹—开花前期长阴雨寡照天气影响明显;开花后期—结荚期温高光足,有利于产量形成;绿熟—成熟收获期大部时段天气晴好,但4次强降水过程不利于成熟、收晒。总体来说,油菜生育期间气象条件利弊参半,据农气观测站考种资料及相关调查统计,2012年度江西省油菜为平年年景。

(邓晓明)

2012年体制改革

【国有林场改革】 开展调查研究,详细测算改革成本,力求做到真凭实据、心中有数;高位推动,解决改革遇到的实际问题。成立国有林场改革工作领导小组,召开全省国有林场改革动员大会和推进大会,对改革进行再动员、再部署;加强和改进政策面支持。下发《关于推进国有林场改革的指导意见》,明确改革的主要目标、内容及时间要求,该意见已成为指导全省国有林场改革的纲领性文件;做到"五个结合",正确把握改革方向。与七个非工口系统国企改革相结合,与集体林权制度改革相结合,与事业单位分类改革相结合,与国有林场危旧房改造相结合,与国家试点要求相结合。已完成林场职工身份转换8453人,约占计划任务的31.5%,剥离林场办学103所、场办医院(医务所)76家,有6个县完成林场整合重组,12个县引进战略投资者,开展股份合作经营。

【国有企业改革】 全面完成七个系统1782户国有企业改革任务,安置在职职工36.35万人。推进江铜集团公司、盐业集团公司、江中集团公司改制工作提上议事日程,形成盐业公司引入战略投资者,实现集团公司层面股权多元化的基本工作思路。为调整优化全省产业结构,省委、省政府积极布局国有企业产业重组。正在修改,补充、完善当中的"江西钢铁企业联合重组方案",江钨控股集团重组的进一步科学论证,以及江西直升机产业投资管理有限公司的设立,拉开夯实战略性新兴产业和振兴发展支柱企业的改革序幕。

【土地管理制度改革】 农民土地承包经营权得到较好落实,全省共签订土地承包经营权合同793.85万份,发放土地承包经营权证书741万余份,家庭承包经营农户数757万余户,入户率达97.9%;农村土地流转工作实现新突破。全省流转土地总面积32.33万公顷,新增流转面积2.13万公顷。农村土地流转形式多样,其中,转包14.53万公顷,占44.9%;出租12.13万公顷,占37.5%;转让1.73万公顷,占5.3%;互换1.43万公顷,占4.3%;股份合作6666.67公顷,占2%。全省有600余个乡镇成立农村土地承包经营权流转服务中心,县级农村土地承包经营权流转有形市场建设力度加大。

争取低丘缓坡荒滩土地综合开发利用试点政策,按照国土部批准的江西省试点工作方案,2012~2016年,全省年均建设开发规模控制在2000公顷以内;争取工矿废弃地复垦利用试点政策,赣州市为全省首批试点地区,根据试点意见,2012年复垦利用规模控制在666.67公顷以内。

【城乡一体化发展改革】 列入改革试点的南昌、新余、共青城市等地,按照"坚持以人为本,公共服务均衡,幸福指数提升,公民待遇平等"的要求,探索有效途径,逐步破解城乡二元经济社会结构性矛盾,试点初见成效。以规划先行,搭建城乡一体化发展的空间架构。结合土地利用规划和城市发展总体规划,把工业与农业、城市与农村、当前与长远作为一个有机整体,高起点、高标准、高质量进行统一规划;以改革为动力,构建城乡一体化发展的体制机制。在一些重点领域和关键环节进行先行先试,推进户籍制度改革,规范促进农村土地流转和规模经营,探索建立现代农业发展投融资平台;以三次产业互动为主线,夯实城乡一体化发展基础。形成城乡一二三产业有机融合、多个支柱产业联动发展的现代产业新格局;以小城镇和中心村(社区)建设为主抓手,改善城乡环境面貌,瞄准农村人口向城镇转移的核心集聚地带,打造统筹城乡经济社会一体化发展的重点区域。

【财政金融改革】 国库集中支付制度改革实现"纵向到底"。省级1159个预算单位国库集中支付31万笔,支付金额350.9亿元;11个设区市2792个预算单位国库集中支付40.4万笔,支付金额183.4亿元;123个县(市、区)1.68万个预算单位国库集中支付110.6万笔,支付金额448.3亿元。改革确立国库集中支付制度在财政财务管理的基础地位,促进财政资金在"阳光"下安全运行,使得支付效率有新提高,财政资金的拨付由"中转"变成"直达",加快资金流转速度。根据省政府《关于试行国有资本经营预算的意见》,省直有关单位认真组织所监管企业2010年度国有资本收益申报工作,纳入2010年度省级国有资本经营收益征缴范围的企业计506户,其中,符合政策规定应上缴国有资本经营收益的有21个预算单位66户企业,需上缴国有资本收益5.04亿元。省国资委监管的12户企业集团需上缴收益4.04亿元,占80.1%。

省金融主管部门引导信贷资金投

向实体经济，推荐符合条件的企业通过短期融资券、中期票据和集合票据在银行间市场拆借，拓宽直接融资渠道。全省新增涉农贷款占比46.79%，新增中小微企业贷款占比44.25%，超额完成新增中小企业贷款、新增涉农贷款稳定在新增贷款1/3以上的目标，辖区内企业在银行间实现债务融资103.6亿元，同比多增25.6亿元，增幅32.8%；金融业组织进一步完善，新型金融机构快速成长。据统计，江西现有银行业地方法人金融机构126家，全国性银行一级分行14家，外资银行2家，资产管理公司4家，财务公司2家，信托公司2家，总部在赣的证券公司2家、期货经纪公司1家，保险公司分支机构30家。有23家村镇银行和89家小额贷款公司挂牌营业或获准筹建，各类融资性担保机构288家，初步建成覆盖全省的融资性担保体系。

【人力资源和社会保障制度改革】 城乡居民社会养老保险全覆盖工作全面启动，参保人数达1414万，同比增长233%。5项保险参保总人数达2923万人次，同比增长6.4%。基金征缴收入232亿元，同比增长64.5%，其中养老、医疗保险基金收入增幅分别高于全国32.4和19.6个百分点；事业单位分类改革取得新进展。按照“分类指导、分业推进、分级组织、分步实施”的精神，做到该核减的编制核减到位、该整合的机构整合到位，对规模偏小、任务单一、职责相近、职能交叉的事业单位通过合并等方式整合资源、理顺关系；对一些长期不运作、无正式人员或履行职能依据已消失的“空壳机构”予以撤并。经过清理整顿，共减少事业单位1229个，核减编制1.22万名，实际减少事业单位2.95%，核减编制1.25%。

【医药卫生体制改革】 加快健全全民医保体系。农村居民参加新型农村合作医疗3293.35万人，同比增加54.59万人，参合率为98.10%。新农合筹资标准由2011年的每人每年240元提高到290元，新农合政策范围内住院费用报销比例达71.08%，参合农民一次性报账率94.33%，基本实现“在哪住院、在哪报销，当天住院、当天报销”；推进国家基本药物制度。将1.14万个行政村卫生室纳入基本药物制度范围，覆盖率为62.73%。进一步完善药物集中招标采购制度，在确保质量前提下最大限度降低采购成本；巩固和深化公立医院改革。萍乡市及13家列入改革试点的县级医院，围绕政事分开、管办分开、医药分开、营利性和非营利性分开，统筹推进管理体制、补偿机制、人事分配、药品供应、价格形成机制等综合改革，破除“以药补医”，力争在重大体制机制的探索上闯出一条新路子。

【国有文艺院团改革】 江西文化体制改革，始终把维护好实现好群众利益摆在首位，坚持做到善待职工、厚待职工，决不能“算计”职工，制定的改革政策措施，既集中体现中央文件的精神与要求，又在自选动作上作进一步提升、完善和细化。这种认真听取演职员工利益诉求、意见和建议，解决实际问题的做法，解除了演职人员的后顾之忧，改变了他们原先对改革抱有的怀疑、观望态度，极大激发了职工支持改革、参与改革的热情。江西省的文艺院团改革，严格按照“进度服从质量”的原则推进，不因时间紧而放松对改革质量的要求。在改革路径的选择上，一开始就明确“注销事业法人、进行工商登记、建立企业经营机制、签订劳动合同”的总体方针，坚定不移走转企改制的路子。通过改革，促使国有文艺院团真正成为自主经营、自我创造、自我发展的新型文化市场主体，改革顺利实现既定目标。80家承担改革任务的文艺院团，已撤销5家，划转4家，其余71家全部转为企业。

【房地产调控改革】 加强房地产市场宏观调控，促进住房价格合理回归。全省现时商品房综合销售价格4689元/平方米，环比下降9.7%；商品住宅综合销售价格4473元/平方米，环比下降0.86%，住房价格上涨过快势头得到遏制。全省房地产开发完成投资446亿元，同比增长20%；商品房竣工面积810万平方米，商品房销售面积700万平方米。加强保障性住房建设与管理，注重经济适用住房、廉租住房、公共租赁住房“三房合一，租售并举”。在国家下达江西省2012年度保障性安居工程开工23.1万套，竣工18.22万套的基础上，自行增加7.05万套建设任务，全省实际年度计划为开工建设30.18万套，竣工30.86万套。

【行政管理体制改革】 全面清理非行政许可审批项目。省政府出台的《江西省人民政府关于精简省级非行政许可审批项目的决定》，保留省级非行政许可审批项目156项，精简95项（其中：取消64项、暂停实施9项、下放14项、委托8项）。对保留的非行政许可审批项目，相关部门均重新进行流程再造，其设定依据、办理条件、办结时限、审批结果等，凡不涉及国家机密和商业秘密的，一律面向社会公开。推动网上审批系统规范运行。2011年3月，江西省率先在全国建成全省统一网上审批系统，该系统运行一年来，已累计在网上办理各类审批事项近300万件。为进一步加强对行政审批权的监督制约，全省开通统一电子政务监察平台，对所有在线运行的行政审批事项的过程、效率、评价进行监控和分析，同步实施数据监察、视频监察和音频监察，了解掌握公共服务部门工作人员的工作状态、服务态度等即时情况，防止审批过程中“吃拿卡要”“中梗阻”等不良现象。

（范于群）

2012年国民经济和社会发展状况

【概　况】 2012年，全省深入贯彻落实科学发展观，牢牢把握“稳中求进”总基调，统筹做好稳增长、调结构、抓改革、优生态、惠民生、促和谐各项工作，有效克服经济下行压力加大等不利影响，经济社会发展呈现稳中有进的良好态势，基本完成预期目标。初步核算，全年实现地区生产总值1.29万亿元，增长11%。其中，第一产业增加值1520.2亿元，增长4.6%；第二产业增加值6967.5亿元，增长13.1%；第三产业增加值4460.8亿元，增长9.5%。三次产业对经济增长的贡献率分别为5%、66.6%和28.4%。三次产业结构调整为11.7:53.8:34.5。人均生产总值2.88万元,增长10.5%。非公有制经济快速发展,实现增加值7246.1亿元,增长12%,占GDP的56%。

【农　业】　全年粮食总产量2084.8万吨,再创历史新高,实现“九连丰”。其中,早稻800.2万吨,增长1.9%。全年肉类总产量333.9万吨,增长5.4%。全年627家省级以上龙头企业实现销售收入1850.4亿元,增长15%;实现利润90.9亿元,增长2.1%。全省规模以上农产品加工企业达3002家,增长7.2%;实现销售收入2320亿元,增长16%。农民专业合作组织1.91万个,增长24.7%;合作组织成员20.8万户,增长27.6%。年末农业机械总动力4600万千瓦,同比增长9.5%;联合收割机6.3万台,增长24.5%。实际机耕面积达295万公顷;机械收获面积237.4万公顷,占农作物总播种面积的比重达43%,同比提高1.1个百分点。农用化肥施用量(折纯)141.3万吨,增长0.4%。

【工业和建筑业】　全年工业完成增加值5854.6亿元,增长13.4%,占生产总值的45.2%。其中,规模以上工业增加值4885.2亿元,增长14.7%。全年规模以上工业产品销售率99.3%。实现利税2129.8亿元,增长17.4%,其中利润1285.1亿元,增长16.4%。在37个行业中,有35个行业盈利,其中增长20%以上的行业有25个。工业经济效益综合指数298.3%。全年规模以上工业实现主营业务收入2.23万亿元,增长18.5%。主营业务收入过千亿元的行业达6个,较2011年增加1个。主营业务收入超百亿元工业企业总数达14户,增加2户,其中江铜集团主营业务收入达1690.7亿元,居全省之冠。全省工业园区投产企业达8229家;安置从业人数188.9万人,增长8.7%。全年园区完成工业增加值3465.6亿元,增长14.2%;主营业务收入、利润、利税分别完成1.62万亿元、1010.3亿元和1632.8亿元,分别增长16.5%、21.1%和22.3%。年主营业务收入超百亿元园区新增13家,总数达59家,其中南昌高新技术产业开发区达902.1亿元。全年具有资质等级的总承包和专业承包建筑业企业实现总产值2729.9亿元,增长30.3%;按建筑业总产值计算,全员劳动生产率人均27.4万元,增长8.7%。

【固定资产投资】　全年固定资产投资(不含农户)1.14万亿元,增长30.1%。赣州至崇义等7条高速公路建成通车,全年新增高速公路618千米,高速公路通车里程达4260千米,位居全国第八。一批重大电力能源项目建成投运,新增统调电力装机容量115万千瓦,总量达1533万千瓦。峡江水利枢纽实现大江截流,山口岩水利枢纽下闸蓄水。全年房地产开发投资969.6亿元,增长11.8%。商品房竣工面积1747.5万平方米,下降8.3%;商品房销售面积2397.1万平方米,下降0.8%;商品房销售额1137.3亿元,增长13.5%。

【国内贸易】　全年社会消费品零售总额4006.2亿元,增长15.9%。限额以上批发零售业零售额1307.8亿元,增长23.3%。其中,汽车类零售额308.9亿元,增长20.9%;家具类零售额27.6亿元,增长1.2倍;金银珠宝类零售额19.0亿元,增长25.4%;化妆品类零售额8.8亿元,增长21.5%;建筑及装潢材料类零售额17亿元,增长16.5%。

【对外经济】　全年进出口总额334.09亿美元,同比增长6.2%。其中,出口251.11亿美元,增长14.8%;进口82.99亿美元,下降13.5%。全年机电产品出口93.60亿美元,增长14.9%;高新技术产业出口32.8亿美元,下降14.6%。全年实际使用外商直接投资68.24亿美元,增长12.6%。截至2012年底,全省具有世界500强投资背景的企业达51家。实际引进省外单项投资5000万元以上项目资金3189.4亿元,增长23.7%。全年对外承包工程合同项目127个,合同金额16.83亿美元,增长16.7%;完成营业额18.41亿美元,增长16.1%。

【交通、邮电和旅游】　全年铁路、公路、水运完成旅客运输量8.42亿人,同比增长6.7%;完成货物运输量12.70亿吨,增长13.8%。机场旅客吞吐量752万人,增长13.7%。其中,昌北机场旅客吞吐量601.8万人,增长12.5%。全年完成邮电业务总量309.7亿元。年末固定电话用户644.2万户。全年新增移动电话用户316.7万户,年末达2638.8万户。年末互联网用户数达372万户,增长18.8%。全年接待国内旅游人数2.03亿人次,增长28.3%;国内旅游收入1372亿元,增长27.1%。接待入境旅游人数156.2万人次,增长15%;旅游外汇收入4.85亿美元,增长16.8%。

【财政、金融和保险业】　全年财政总收入2046.0亿元,同比增长24.4%。其中,公共财政预算收入1371.9亿元,增长30.2%。财政总收入占生产总值的15.8%,同比提高1.7个百分点;税收总收入1652.1亿元,增长20.7%,占财政总收入的80.7%。县域财力快速增强,财政总收入超10亿元的县(市、区)达56个,超20亿元的17个,超30亿元的8个,丰城市超40亿元,南昌县超60亿元。年末金融机构本外币各项存款余额1.68万亿元,同比增长17.6%。各项贷款余额1.11万亿元,增长19.1%。年末证券公司33家、期货公司14家、保险公司34家。年末全省境内证券市场有上市公司33家,直接募集资金75.5亿元。年末证券公司营业网点126家,全年证券交易额1.4万亿元。年末期货公司营业部24家,全年成交金额2.4万亿元。全年保险公司保费收入271.7亿元,增长7.7%。

【教育和科学技术】　全年研究生教育在校研究生2.5万人。普通高校在校生85.1万人。普通高中、初中、小学在校生分别达83.7万人、194.5万人和434.1万人。特殊教育在校生2.2万人。幼儿园1.06万所,在园幼儿152.1万人。高等教育毛入学率29.5%,同比提高2个百分点;高中阶段毛入学率79.5%,提高2个百分点;初中适龄人口入学率99.2%;小学适龄儿童入学率99.9%。中小学校标准化建设稳步推进。在17个县市启动学生营养餐试点。省部共建高校12所。全年研究与试验发展(R&D)经费支出107.5亿元。年末有国家重点实验室1家,省重点实验室75家;国家工程技术研究中心6家,省工程技术研究中心110家。全年受理专利申请1.25万件,增长28.8%;授权专利7974件,增长43.8%。全年技术市场合同成交金额39.8亿元,增长15.9%。高新技术产业增加值1163亿元,增长17%,占GDP的9%。

【文化、卫生和体育】 2012年末全省有艺术表演团体88个、文化馆103个、公共图书馆114个、博物馆108个。年末有各类医疗卫生机构3.95万个(含村卫生室)。全省体育健儿在国际和国内重大比赛中获33枚金牌、32枚银牌和37枚铜牌。

【人民生活和社会保障】 全年农民人均纯收入7828元,增长13.6%;城镇居民人均可支配收入1.99万元,增长13.5%。农村居民恩格尔系数43.5%,城镇居民恩格尔系数39.7%。年末农村居民人均住房使用面积47平方米,同比增加0.9平方米。城镇居民人均住房建筑面积40.1平方米,同比增加0.7平方米。全年失业人员实现再就业24.1万人,就业困难人员实现就业6.7万人。共发放小额担保贷款92亿元,扶持个人创业47.5万人次,带动就业151.5万人次。年末参加城镇基本养老保险人数707.4万人,增长8.3%。其中,参保职工518.3万人,参保离退休人员189.1万人,实现城乡居民社会养老保险制度全覆盖。参加城镇职工医疗保险人数546.8万人,其中,职工366.4万人,退休人员180.4万人。开展新型农村合作医疗试点工作的县(市、区)达96个,实现农村人口全覆盖,基金支出额90.4亿元。向城市居民提供基本公共卫生服务1亿元。参加失业保险人数267.4万人。向城市低保户发放低保金月人均补差220元;向农村低保户发放低保金月人均补差105元。为全省城乡628.7万名义务教育阶段公办学校学生免除学杂费和免费提供教课书。全年新开工建设保障性安居工程30.4万套,竣工30.9万套,发放廉租住房租赁补贴16.8万户,完成农村危房改造17.5万户。实施尿毒症患者免费血透救治,启动贫困家庭重性精神病患者免费救治工作,白内障、唇腭裂以及儿童白血病、先天性心脏病患者免费救治进入常态化。年末有各类收养性社会福利单位1925个,提供床位15.3万张,收养人数14.5万人,临时救济困难户4.4万人次。全年销售社会福利彩票35.1亿元,筹集社会福利资金10.0亿元,直接接受社会捐赠1.4亿元。

【资源、环境与安全生产】 全年造林绿化"一大四小"工程完成造林面积19.91万公顷,森林覆盖率达63.1%。全年自产地表水资源量2160.6亿立方米,同比增加112%。全年主要河流监测断面水质达标率81.2%。对环境空气质量进行监测的11个设区市城区环境空气质量全部达到二级(达标)以上。年末已建有自然保护区220个,其中国家级自然保护区11个;自然保护区总面积119.43万公顷,占全省土地面积的7.2%。初步核算,全年能源消费总量7232.8万吨标准煤,增长4.4%。万元生产总值综合能耗0.6133吨标准煤,下降5.9%。全年化学需氧量下降2.54%,二氧化硫排放量下降2.8%。全年生产安全事故7117起。亿元生产总值生产安全事故死亡人数0.13人,下降16.1%。

(张万才)

2012年精神文明建设

【概 况】 2012年,全省精神文明战线认真贯彻中央和省委、省政府决策部署,深入学习宣传贯彻党的十八大、十七届六中全会及省第十三次党代会精神,加强社会主义核心价值体系建设,推进思想道德建设,拓展精神文明创建,社会文明程度进一步提高,公民文明素质进一步提升,群众性精神文明创建工作取得明显成效。

【公民思想道德建设成果显著】 深入开展道德模范学习宣传活动。按照中央文明办要求,9月10~18日,省委宣传部、省文明办组织全省道德模范故事高校巡讲团,深入全省各地12所高校开展巡讲。省委常委、省委宣传部部长姚亚平接见巡讲团成员和部分道德模范代表,高度评价道德模范的先进事迹和崇高精神,勉励巡讲团成员把道德模范的事迹和精神向广大师生宣传好、学习好。此次巡讲从全省抽调一批有经验、有水平、有素质的巡讲员组成巡讲团,并进行专业培训,所到之处,广大干部群众反响热烈,仅高校就有听众近6万人。

组织实施对道德模范和"身边好人"的奖励帮扶。根据省文明委部署,省委宣传部、省文明办启动全省奖励帮扶道德模范和"身边好人"工作,出台《江西省道德模范和"身边好人"奖励帮扶资金使用管理办法(试行)》,从省级文化事业建设费中拨出200万元建立"江西省道德模范和身边好人奖励帮扶资金",通过现金资助、医疗费用补助、提供养老保险等方式对江西省全国道德模范、全国道德模范提名奖获得者、全省道德模范及生活困难的"身边好人"进行奖励帮扶。《人民日报》《江西日报》《江南都市报》、中国文明网、学习手机报等媒体作报道。12月底,经各设区市市委宣传部和文明办推荐申报,省委宣传部、省文明办审核决定,对谭良才等128名生活困难的道德模范和"身边好人"进行帮扶资助,资助标准为:全国道德模范每人3万元,全国道德模范提名奖获得者每人2万元,全省道德模范每人1万元,"身边好人"5000元。

"我推荐、我评议身边好人"活动深入人心。2012年全省有64人登上"中国好人榜"。5月份起,省内主要新闻媒体专题推出"平凡的感动"系列宣传活动。7月13日,在景德镇举办中央文明办"学雷锋、在行动——全国道德模范与身边好人现场交流活动"。《人民日报》、新华社、中央人民广播电台、《中国青年报》《江西日报》、江西人民广播电台、江西电视台、江西文明网等媒体多角度、多层次进行报道。12月31日至2013年1月21日,在全省11个设区市举办"道德模范与身边好人"先进事迹大型图片巡回展。

第六届文明健康艺术活动周丰富多彩。9月19～25日，省文明办、江西广播电视台在南昌市八一公园举办全省第六届文明健康艺术活动周，来自省、市50多家文明单位的文艺工作者和文艺爱好者演出各类文艺节目近100个，3万多市民观看演出。

广泛开展志愿服务工作。组织全省开展“关爱自然、义务植树”志愿服务大行动和以弘扬雷锋精神为主题的爱幼助残志愿服务活动。省民政、教育、工会、团委、妇联、红十字会等部门分别围绕学雷锋纪念日、公民道德宣传日等公众主题活动日等时间节点开展社区志愿服务、党员志愿服务、职工志愿服务、青年志愿服务、巾帼志愿者、红十字志愿服务等服务活动。在全省各地各行业成立一批志愿者服务队和志愿服务工作站。向中央文明办推荐400多名五星志愿者和100多个有影响力的志愿服务组织，3人当选全国优秀志愿者。

实施“文明交通行动计划”。5月14日，省文明办、省公安厅、省交通运输厅联合召开“全省推进实施‘文明交通行动计划’电视电话会议”，在全社会营造“关爱生命、文明出行”良好环境。开展各类文明交通主题实践活动和文明交通指数测评，对各地工作情况督查考评，做好宣传教育工作，开展文明交通志愿服务。5月，省文明办、省交通运输厅启动为期3年的“百姓满意高速服务区”创建评选活动。

【深入开展群众性精神文明创建活动】 推进“鄱阳湖生态文明示范村”创建和文明帮建工作。根据省文明委开展鄱阳湖生态文明示范村创建暨“文明帮建”活动总体部署，下发《关于做好鄱阳湖生态文明示范村创建暨“文明帮建”活动验收前有关工作的通知》，对文明帮建活动进展情况进行督查。省文明委直接协调帮建的20个示范村，已落实资金近1200万元，实施民生工程30余项。其中省委宣传部、省文明办向帮建对象(星子县温泉镇黄家垅自然村)投入65万元帮扶资金，并帮助当地发展特色种植业和农家乐，目前全村共种植2.67余公顷生态无公害大棚蔬菜和水果，每公顷每年可创利22.5～27万元，切实确保农民增收。省文明办起草的《探索文明帮建新模式，推动文明乡风新发展》经验材料，系统总结全省近十年城乡共建的实践和做法，得到中央文明办高度肯定，在全国城乡共建精神文明座谈会作典型发言，并入选中央文明办《城乡共建共谱文明华章》一书。

做好省第四届文明城市、文明村镇和第十三届文明单位推荐评选工作。根据省文明委2012年工作部署，省文明办印发《关于做好江西省第四届文明城市、文明村镇、第十三届文明单位推荐工作的通知》，对各地推荐的全省文明城市，按照《江西省第四届文明城市推荐评选办法》和《江西省文明城市测评体系》，联合国家统计局江西调查总队进行严格考察和综合测评；对各地推荐的全省文明村镇，按照《江西省第四届文明村镇推荐评选办法》和《江西省文明村镇评选标准》进行审核和抽查；对各地、各部门推荐的全省文明单位，按照《江西省文明单位测评标准(试行)》审核，并征求省有关部门意见，在此基础上，形成江西省第四届文明城市、创建文明城市工作先进城市、文明村镇和第十三届文明单位拟表彰名单。

城乡精神文明创建工作多措并举。为贯彻落实中央文明委关于开展道德领域突出问题专项教育和治理活动的有关安排部署，在全省窗口和公共服务行业开展“加强诚信建设、提升窗口形象”主题实践活动。活动紧扣“诚信服务、高效便捷”主题，倡导行业文明新风，有力推动文明单位和文明窗口创建工作常态化、制度化、规范化。12月21日，省委宣传部、省文明办在新余市召开全省“加强诚信建设、提升窗口形象”主题实践活动总结表彰暨经验交流会，对全省“加强诚信建设、提升窗口形象”主题实践活动优质服务窗口、先进单位、先进个人通报表彰。根据中央文明办部署要求，下发《关于在全省广泛开展“道德讲堂”建设的通知》，并将“道德讲堂”建设情况作为各地年度文明程度指数测评的主要内容和各类精神文明建设表彰评选的参考。开展全省十大和谐社区、和谐村庄评选。协助中央文明办做好向部分县区赠送绿色电脑的工作，共向全省41个县(市、区)的学校、乡镇、文化站等基层单位赠送电脑3500台。推进县级城市数字影院建设和“农家书屋”“职工书屋”等文化惠民工程，建设一批农村村镇、社区宣传文化活动室。推进广播电视村村通、户户通、农村电影放映工程和科技文化卫生“三下乡”活动及“送欢乐下基层”等活动，服务农村文化建设。

【推进未成年人思想道德建设】 组织开展主题教育读书活动。开展“建设幸福中国”主题教育读书活动，并举办演讲、讲故事、征文比赛和知识竞赛。全省近53万学生参加主题读书活动，收到征文8万余篇，知识竞赛答卷45万余篇。

组织开展净化社会文化环境专项行动。2012年春节和暑期，省文明办会同省市文化、公安、教育、工商、广电、新闻出版、通信管理等单位，采取交叉检查、以暗访为主的方式对全省各设区市和各县(市、区)文化场所环境进行2次大规模社会文化环境整治，检查900余家文化市场经营场所，市、县二级共出动人员1.8万多人次，发现并查处各类违法违规问题780多个，责令停业整顿90多家，取缔无证照经营场所240多处，并将各地问题及时反馈，督促整改到位。在江西文明网开设“江西省净化社会文化环境举报平台”，接受群众举报。

组织形式多样的青少年教育主题活动。在春节、元宵、清明等节日开展“我们的节日”主题活动，其中，全省31万中小学生参与“网上祭英烈”清明节签名寄语；根据中央文明办要求，在全省选定15个“做一个有道德的人”主题活动联系点，并开展“向国旗敬礼、做一个有道德的人”网上签名寄语活动，63万学生在网上签名寄语。组织中华经典诵读活动、“学习雷锋、做美德少年”网上签名寄语活动、青少年科学调查体验活动和“美德少年”评选等一系列活动。

推进中央专项彩票公益金支持乡村学校少年宫项目建设。出台《江西省乡村学校少年宫考核评比办法》《江西省乡村学校少年宫考核评比细则和评分标准》，对全省第一批57个乡村学校少年宫建设项目进行考核，并组织开展第二批项目申报考核工作,64个学校获批2012年度乡村学校少年宫建设项目,为11.6万名农村未成年人建设提高思想道德素质、科技文化素质和身体素质的平台。举办2012年度乡村学校少年宫项目建设骨干人员培训班,各市、县、区文明办主任和2012年度64个乡村学校少年宫建设项目所在学校校长200余人参加培训,邀请中央文明办相关负责人出席并讲课。对2011年度乡村学校少年宫建设项目进行抽查,并下达2012年度项目经费和2011年度奖励和运转经费。

举办"金色童年"系列文艺活动。组织全省开展"金色童年"系列文艺活动,并从各地上报的120多个节目中精选出20个参演以"建设富裕和谐秀美江西、促进未成年人健康成长"为主题的全省"金色童年"庆"六一"少儿文艺晚会。系列活动共评出特等奖3个、一等奖5个、二等奖6个,三等奖6个,组织奖5个。江西电视台对今年"金色童年"系列活动进行专题报道。根据中央文明办要求,开展"童心向党"歌咏活动,组织未成年人广泛参与"心向党、跟党走"歌咏、读书系列活动。组织开展"童声里的中国""中华是我家优秀童谣传唱"和全国第三届优秀童谣征集活动,江西省作品《剪窗花》获优秀童谣三等奖。

深化未成年人思想道德建设,营造未成年人成长的良好环境。南昌市、萍乡市获全国未成年人思想道德建设工作先进城市,广昌县人民检察院等6个单位获全国未成年人思想道德建设工作先进单位,3人获先进工作者。省文明办联合宋庆龄基金会和华东交通大学成立江西省青少年心理健康教育辅导中心,并在全省推广建设青少年心理健康教育辅导中心建设项目。

"西部开发助学工程"高中"宏志班"稳步实施。进一步完善"宏志班"受助学生的遴选、审核、推荐、确认工作制度,本着"公开、公正、公平"原则,做好每年100名"宏志班"受助学生的遴选推荐录取工作,抓好对学生的教育和管理。9月13、14日,在吉安一中、赣州三中分别举行2012年度"西部开发助学工程"高中"宏志班"开班式和座谈会。

【强化阵地队伍建设】 全省文化事业建设费征收工作在各级党委宣传部、文明办、地税局共同努力下,按照"确保政策落实执行到位,按规按期足额征收到位"的总要求,落实国家有关征收文化事业建设费的政策规定,推进"税费一体化"管理,成效显著。2012年全省文化事业建设费收入完成7075万元。

12月27~28日,全省精神文明建设"看特色、看亮点"现场交流会在萍乡召开,与会代表参观考察萍乡市未成年人心理健康辅导站、"道德讲堂"总堂、文明单位开展志愿服务与"道德讲堂"活动等,实地考察全国文明村芦溪县芦溪镇东阳村、湘东区麻山镇麻山幸福村生态文明建设及村史文化教育工作,并召开座谈会。会议交流精神文明建设的创新经验和做法,总结、推广各类先进典型,促进各地各部门更加重视、支持精神文明建设。

（章亮华）

6月7日,江西广播电视台成立大会现场。

省广播电视局供稿

中国共产党江西省委员会

本栏编辑　陈超萍

综　述

2012年，在党中央的正确领导下，省委团结带领全省干部群众，坚持以邓小平理论、“三个代表”重要思想、科学发展观为指导，以迎接党的十八大胜利召开、学习宣传贯彻十八大精神为主线，牢牢把握稳中求进的工作总基调，协调推进经济建设、政治建设、文化建设、社会建设、生态文明建设以及党的建设，迈出了建设富裕和谐秀美江西的坚实步伐。

*经济实现平稳较快发展。*坚决贯彻国家宏观调控政策，把抓项目扩投资摆到全局发展首要位置，把稳增长与调结构、转方式、促改革更好结合起来，把实施科技创新“六个一”工程作为提质扩量的重要支撑，十大战略性新兴产业发展提速，传统产业改造升级稳步推进，商贸流通、金融保险、文化创意和旅游休闲等服务业加快发展，经济运行在总量突破的基础上质量得到提高。实现地区生产总值12948.5亿元，增长11%；财政总收入2046亿元，增长24.4%；500万元以上固定资产投资11388.9亿元，增长30.1%；规模以上工业增加值4885.2亿元，增长14.7%；社会消费品零售总额4006.2亿元，增长15.9%；三次产业结构之比由12.0:56.9:31.3调整为11.7:53.8:34.5。

*城乡区域发展协调性增强。*坚持把“三农”工作作为重中之重，全面落实各项强农惠农富农政策，粮食总产208.5亿千克，再创历史新高，实现“九连丰”。坚持把推进城镇化作为扩大内需的最大拉动力，充分发挥城镇化对工业化和农业现代化的双向带动作用，城镇化率达到47.5%，提高1.8个百分点。县域经济实力增强，100个县(市、区)中，财政总收入超10亿元的56个，超20亿元的17个，超60亿元的1个。启动实施支持赣南等原中央苏区振兴发展国家战略，全力支持南昌打造全省发展核心增长极，加快推进九江沿江开放开发，初步形成了多极支撑、多元发展格局。

*改革开放深入推进。*农垦、农业、水利、林业、粮食、商贸流通、交通运输7个系统国有企业全部完成改制。国有文艺院团等五项文化体制改革任务全面完成。医药卫生体制改革继续深入，国家基本药物制度实现行政村全覆盖，省直机关事业单位公费医疗与城镇职工医疗保险平稳衔接。国有林场改革试点稳步推进。成功举办香港招商引资活动周、赣鄱文化台湾行、首届华侨华人赣鄱投资创业洽谈会等活动，对外开放水平进一步提高。

*生态文明建设持续加强。*坚持“生态立省，绿色发展”理念，深入开展低碳经济发展、资源枯竭型城市转型、节能减排综合示范等试点，南昌、赣州、景德镇被列为全国低碳试点城市。造林绿化“一大四小”工程、农村清洁工程以及鄱阳湖综合整治扎实有效，和谐秀美乡村建设全面启动，重金属污染防治取得实效。节能减排完成年度目标任务，单位GDP能耗下降5%。全省森林覆盖率63.1%，主要河流监测断面水质达标率80.7%，11个设区市城区空气质量全部达到国家Ⅱ级标准，生态环境质量居全国前列。

*保障和改善民生工作成效明显。*城镇居民人均可支配收入19860元，农民人均纯收入7828元，分别增长13.5%和13.6%。筹集500亿元财政性资金，全面完成了70件民生实事。城镇新增就业53万人，城镇登记失业率控制在3.5%以内。养老、医保、低保等社会保障水平进一步提高，实现了城乡居民社会养老保险制度全覆盖。财政教育支出占财政总支出16%，财政性教育经费占地区生产总值4.35%，顺利实现了“16%”和“4%”两个教育投入目标。全面实施尿毒症免费血透救治，启动贫困家庭重性精神病免费救治工作，白内障、唇腭裂以及儿童白血病、先天性心脏病患者免费救治进入常态化。在全国率先推行廉租房、经适房、公租房“三房合一，租售并举”。按照“四个一”组合模式，开展了38个贫困县(市、区)扶贫攻坚，3400个贫困村、438万贫困人口脱贫初见成效。

*民主法治建设取得新进展。*支持人大及其常委会依法行使职权，地方立法民主化、科学化程度不断提高，专题询问常态化机制初步建立，专项监督活动有力有效，首次开展了省人大常委会领导领衔督办人大代表重点建议，首次进行了一届五年代表建议办理工作考核评比。坚持和完善中国共产党领导的多党合作和政治协商制度，人民政协高举爱国主义和社会主义旗帜，把握团结和民主两大主题，认真履行政治协商、民主监督、参政议政职能，扎实做好经常性工作，充分发挥了协调关系、汇聚力量、建言献策、服务大局作用。完成了各民主党派省委会和省工商联换届，加强了党外代表人士建设工作，开展了“同心·振兴赣南等原中央苏区广昌示范区”创建和“双百·同心”活动。依法治省和

“六五”普法深入推进，社会管理综合治理机制得到完善，公众安全感指数和群众满意度保持全国领先。

宣传思想工作和文化建设迈出新步伐。社会主义核心价值体系建设扎实推进，开展了学雷锋主题教育系列活动，加大了正面典型宣传力度，建立了奖励帮扶道德模范和“身边好人”机制，64 人荣登中国“好人榜”，排名全国第九。制定并实施文化改革发展规划纲要，文化产业主营业务收入 1455 亿元，增幅 42.5%，增加值 394 亿元，增幅 34%，均创历史新高。公共文化服务体系进一步完善，群众性精神文明创建活动遍布城乡，全民健身运动覆盖面不断扩大。加强突发事件和热点问题舆论引导，把握了网络宣传主动权。在中宣部第十二届“五个一工程奖”评选中，第五次获得“满堂红”。

党的建设科学化水平进一步提高。出台《关于进一步加强党政领导班子建设的意见》，面向全省公开选拔了 15 名副厅级领导干部，安排公开选拔的 10 名 35 岁左右副厅级优秀年轻干部拟任人选到适当岗位进行为期 1 年挂职锻炼。中长期人才发展规划深入实施，以“赣鄱英才 555 工程”为龙头的人才工程推进力度加大。在创先争优活动中推进基层组织建设年，实施基层党组织建设“十项工程”，基层党建经费保障上了一个新台阶。制定了关于改进工作作风、密切联系群众的若干规定，集中整治“庸懒散、假浮蛮、私奢贪”等干部作风突出问题，基本实现了行政审批和公共资源网上交易电子监察，开展了省政府组成部门主要负责人向省纪委全会述职，建成了江西反腐倡廉教育馆，查处了一批违纪违法案件，营造了风清气正的发展环境。

学习宣传贯彻党的十八大精神不断深入。顺利完成江西省出席党的十八大代表选举工作。党的十八大闭幕后，省委立即召开全委扩大会议和常委会会议，对学习宣传贯彻十八大精神作出全面部署。在配合做好中央宣讲团在江西省宣讲十八大精神的同时，组建省委宣讲团赴全省各地开展宣讲，直接听众 3 万余人次。各级各类新闻媒体推出了一批有分量的理论文章和专栏专刊，努力使十八大精神家喻户晓、深入人心。全省干部群众紧密团结在以习近平同志为总书记的党中央周围，以学习宣传贯彻十八大精神为强大动力，开启了建设富裕和谐秀美江西、与全国同步全面建成小康社会的新航程。

（省委办公厅编辑室）

重要会议

【省委十三届三次全体（扩大）会议】 3 月 23 日，中共江西省委十三届三次全体（扩大）会议在南昌举行。主要任务是，深入学习贯彻党的十七届六中全会、全国文化体制改革工作会议以及中共中央政治局常委李长春在江西省调研时的重要讲话精神，研究部署加快江西省文化体制改革工作，进一步发展繁荣文化事业，为建设富裕和谐秀美江西提供强大的精神动力和思想保证。

全会号召，深化文化体制改革，加快文化发展繁荣，责任重大、使命光荣。要紧密团结在以胡锦涛为总书记的党中央周围，高举中国特色社会主义伟大旗帜，以昂扬向上的精神状态、开拓创新的进取意识、求真务实的工作作风，努力推动文化体制改革取得新进展，文化事业和文化产业发展迈上新台阶，为建设富裕和谐秀美江西作出新的更大贡献，以优异成绩迎接党的十八大胜利召开。

会议由省委常委会主持。省委委员、候补委员，不是省委委员、候补委员的省级党员领导，省委各部门、省直各单位党员主要负责人，省直宣传文化单位副厅以上党员负责人，各设区市市长及党委政府分管宣传文化工作的党员负责人出席会议。

【省委十三届四次全体会议】 5 月 22 日，中共江西省委十三届四次全体会议在南昌举行。会议圈选确定了江西省出席党的十八大代表候选人预备人选名单，审议通过了《关于召开中国共产党江西省代表会议的决议》。会议由省委常委会主持。省委委员、候补委员出席会议，不是省委委员、候补委员的在职省级党员领导列席会议。

【中国共产党江西省代表会议】 6 月 1 日，中国共产党江西省代表会议在南昌举行。会议以无记名投票方式，选举产生 42 名江西省出席中国共产党第十八次全国代表大会代表。在报经中央审批同意后，他们将代表江西省 203 万名党员出席党的十八大。会议号召，全省各级党组织和广大党员要更加紧密地团结在以胡锦涛同志为总书记的党中央周围，坚持以邓小平理论和“三个代表”重要思想为指导，深入贯彻落实科学发展观，紧紧围绕建设富裕和谐秀美江西的奋斗目标，奋力迈出科学发展、绿色崛起的更大步伐，以更加优异的成绩迎接党的十八大胜利召开。会议由省委常委会主持。省第十三次党代会代表出席会议。

【省委十三届五次全体（扩大）会议】 9 月 3 日，中共省委十三届五次全体（扩大）会议在南昌召开。主要任务是，对省人大常委会、省政府、省政协领导班子换届拟提拔人选进行二次会议推荐，同时对上述人选进行德的专项测评和遵守换届纪律情况专项测评。会议由省委常委会主持。在赣工作的十七届中央委员、候补委员和中央纪委委员，省委委员、候补委员，其他现职副省级以上领导干部出席会议。

【省委十三届六次全体（扩大）会议】 12 月 16 日，中共江西省委十三届六次全体（扩大）会议在南昌举行。主要任务是，传达学习和贯彻落实党的十八大精神。全会号召，全省广大共产党员和干部群众要更加紧密地团结在以习近平为总书记的党中央周围，高举中国特色社会主义伟大旗帜，以贯彻落实党的十八大精神为强大动力，万众一心，开拓奋进，为建设富裕和谐秀美江西、与全国同步全面建成小康社会而不懈奋斗。会议由省委常委会主持。省委委员、候补委员，不是省委委员、候补委员的省人大常委会、省政府、省政协党员领导干部，各设区市市长，省纪委常委，省委各部门、省直各单位、中央驻赣单位、省属大中型企业、大专院校党员主要负责人，江西省十八大代表出席会议。

重要决策

【制定《关于贯彻中央1号文件精神做好2012年全省农业和农村工作的意见》】 1月10日，省委、省政府下发该意见，明确了2012年全省农业和农村工作的总体要求、主要目标，要求各地加大落实强农惠农富农政策力度、切实转变农业发展方式、依靠科技创新驱动、提升农技推广能力和社会化服务水平、加强以水利为重点的农业基础设施建设、加大农村民生改善力度、完善农产品流通体系。

【制定《关于加强新时期科协工作的意见》】 1月18日，省委、省政府下发该意见，要求科协组织致力于促进科学技术的繁荣与发展、更好地为经济社会发展服务，致力于促进科学技术的普及和推广、更好地为提高全民科学素质服务，致力于促进科技人才的成长和提高、更好地为科技工作者服务；要求各地进一步加强对科协工作的领导，加大对科协事业的支持力度。

【制定《关于构建和谐劳动关系的意见》】 3月2日，省委、省政府下发该意见，对构建和谐劳动关系的制度体系、运行机制、基层基础建设等做出整体设计，首次提出将构建和谐劳动关系纳入领导班子绩效考核范围。

【制定《关于深化文化体制改革推动社会主义文化大发展大繁荣的实施意见》】 3月28日，省委下发该“实施意见”，提出了到2020年全省文化产业改革发展的七大目标任务，明确了推进社会主义核心价值体系建设、构建较为完备的公共文化服务网络、推进文化体制机制创新等政策措施。

【下发《〈关于进一步加强全省党政领导班子建设的意见〉的通知》】 3月30日，省委下发该通知，强调要加强理论武装，提高领导干部的思想政治素质；坚持和健全民主集中制，增强领导班子的团结统一；进一步深化干部人事制度改革；加强作风建设，树立领导干部良好形象；加强组织领导，确保领导班子建设取得实效。

【制定《贯彻落实〈国务院关于支持赣南等原中央苏区振兴发展的若干意见〉的实施意见》】 支持赣南等原中央苏区振兴发展是江西继建设鄱阳湖生态经济区后又一个上升为国家层面的区域性发展战略。7月6日，省委、省政府下发该“实施意见”，涵盖优先解决突出民生问题、提升现代农业与城乡统筹发展、做大做强特色优势产业等10个方面内容，提出到2015年赣南等原中央苏区在解决突出的民生问题和制约发展的薄弱环节方面取得突破性进展、到2020年赣南等原中央苏区整体实现跨越式发展。

【制定《江西省社会管理综合治理体系建设规划纲要(2012—2015年)》】 7月12日，省委、省政府下发该纲要，要求全面构建民生保障、科学决策等十大框架体系和领导负责、部门联动、社会协同等十大机制，到2015年基本建成覆盖全省并有序、有力、有效运行的社会管理综合治理框架体系，实现保持“三个靠前”、确保“四个较少”、落实“五个防止”、达到“三个提升”的目标。

【制定《关于实施和谐秀美乡村建设工程的若干意见》】 7月27日，省委、省政府下发该《意见》，明确了“五美四和谐”总体要求，强调着力实施城镇和农村统筹、环境生态、公共服务和社会保障等八大工程，到2015年力争80%左右的县和70%左右的乡镇达到建设和谐秀美乡村的工作要求、50%左右的乡镇和村庄达到和谐秀美乡村的标准、建设一批全国一流的和谐秀美乡镇与精品示范村(社区)。

【制定《江西省现代农业体系建设规划纲要(2012—2020年)》】 9月19日，省委、省政府下发该《纲要》，明确了现代农业体系建设的指导思想、基本原则、战略路径和评价指标，强调建设现代农业市场体系、绿色食品品牌体系等十大体系，到2015年努力建成科学合理、富有活力、更具效率、全国先进的现代农业体系，到2020年现代农业体系进一步完善，为初步实现农业现代化奠定坚实基础。

【制定《关于大力推进科技协同创新的决定》】 10月23日，省委、省政府下发该《决定》，提出以协同创新为战略举措，深入实施科技创新“六个一”工程；加强重点领域协同创新，推动发展方式加快向创新驱动转变；实施协同创新计划，加快提升自主创新能力；强化组织保障和政策支持，营造协同创新的良好环境，推动全省科学发展、绿色崛起，促进富裕和谐秀美江西建设。

【制定《关于实施“森林城乡、绿色通道”建设的意见》】 11月13日，省委、省政府下发该意见，提出从2012年冬季起，利用5年时间实施森林城市创建、森林乡村创建、通道绿化提升、绿道建设、生态富民产业和森林资源保护工程等六大工程，力争2015年全省森林覆盖率达到64%、2017年实现森林覆盖率稳定在64%以上。

【下发《关于认真学习宣传贯彻党的十八大精神的通知》】 11月20日，省委下发该通知，要求全省各级党组织把学习宣传贯彻党的十八大精神作为当前和今后一个时期的首要政治任务，推动十八大精神进企业、进农村、进机关、进校园、进社区，确保做到各级党组织全覆盖、广大党员干部全覆盖、基层群众全覆盖。

【制定《关于进一步推进全省民政事业改革发展的意见》】 11月28日，省委省政府下发该意见，强调全面提高基本民生保障水平、增强基层民主与自治功能、加强和创新社会管理、进一步做好拥军优抚安置工作、着力优化专项社会事务管理、提升民政事业科学发展保障能力，到“十二五”末民政公共服务主要指标达到全国平均水平、部分指标达到全国先进水平。

【下发《关于认真学习贯彻中央政治局改进工作作风、密切联系群众八项规定的通知》】 12月11日，省委下发该通知，提出要充分认识改进工作作风、密切联系群众的重大意义，扎实推进改进工作作风、密切联系群众取得重要进展，加强对改进工作作风、密切联系群众的组织领导和监督检查。

督查工作

【省委领导抓督查落实】 2012年，省委领导主要抓了以下几个方面的督查落实工作：一是围绕集中整治影响发展环境的干部作风突出问题活动多次进行督查指导。二是对领导班子建设和基层组织建设年进行专题部署，并深入基层调研指导。三是省委主要领导亲自带队多次深入环鄱阳湖县乡村，专题调研部署环境污染治理工作，督促解决农村重金属污染问题。四是就加快赣南等原中央苏区振兴发展和特困片区扶贫攻坚、全力支持南昌打造核心增长极、推进九江沿江开放开发等工作，多次下基层进行督促调研。五是召开全省推进工业化城镇化发展流动现场会，促进“两化”互动发展，再上新台阶。六是党的十八大闭幕后，省委迅速召开全委扩大会议传达十八大精神，对学习宣传贯彻十八大精神进行部署，省委领导赴设区市、省直有关单位带头宣讲，推动十八大精神贯彻落实。七是省委省政府主要领导赴省直综合口、金融口、农口、工交口、商贸口、文化旅游口开展调查研究，进一步推动十八大精神的学习宣传贯彻，谋划2013年的经济社会发展。八是中央政治局改进工作作风、密切联系群众的八项规定出台后，省委多次召开常委会议进行专题学习，研究部署江西省贯彻落实的具体措施，迅速下发江西省实施细则，省委常委率先垂范、带头执行。九是全国党委秘书长会议召开和《中央办公厅关于加强和改进党委督查工作的意见》等7个文件下发后，省委领导多次召开会议进行专题研究部署，省委成立贯彻落实中央有关文件精神工作小组，全力抓好落实。

【开展督查工作】 2012年，围绕贯彻中央和省委的重要文件和会议精神、重大决策、重要工作部署，省委办公厅转变督查理念，创新督查方式，强化督查实效，最大限度地推动落实。全年共督办省委常委会议决事项37项，办结率100%。共牵头组织了5次大型督查活动：一是工商联、侨联工作督查。牵头组织省委统战部、省工商联、省侨联，对全省贯彻落实《中共中央国务院关于加强和改进新形势下工商联工作的意见》《省委省政府关于加强和改进新形势下工商联工作的实施意见》《省委办公厅关于加强和改进新形势下侨联工作的意见》等文件精神情况开展了专项督查。二是武警部队现代化建设情况督查。会同省委政法委、省发改委、省财政厅、省人社厅、省武警总队等9家单位，对各设区市贯彻落实2010年省委常委会议警会精神和《关于加强和支持省武警部队现代化建设的意见》情况进行了督查。三是政协重点提案督查。会同省政协提案委，就2011年、2012年的重点提案开展了一次联动督查。四是维护和保障群众利益决策机制督查。与省纪委联动，对全省各地和省直单位贯彻落实《关于进一步建立健全维护和保障群众利益决策机制的意见（试行）》情况进行了专项督查。此外，还就九江沿江开放开发、南昌核心增长极打造、赣南等原中央苏区振兴发展、保障房建设等省委省政府重大战略进展情况开展了形式多样的专题督查。

【开展两项督查调研工作】 一是针对党的十八大召开前江西省各领域可能存在的影响社会和谐稳定大局的问题，6月，省委办公厅组织人员赴省直有关单位、部分市县开展了社会稳定形势督查研判，从宏观层面和微观层面提出了应当重视解决的有关问题，提交的调研报告得到省委高度肯定。二是为继续推进全省市县城镇及工业园区污水处理厂建设，12月，省委办公厅组织人员赴省环保厅和省住建厅开展督查调研，摸清了全省城镇及工业园区污水处理厂建设、运行、监管的基本情况，分析研判存在的主要问题，提出了对策建议，形成了内容比较详实的调研报告并报省委。

【开展专项查办工作】 2012年，省委办公厅全年共承办9件中央和省委领导批示件的核查督办，其中中央领导批示件1件、省委领导批示件8件。主要是：东乡县违规征地引发稳定隐患问题的核查，“网曝余干县因鄱阳湖围湖造田引发大规模集体械斗”问题的核查，环鄱阳湖环境保护专项检查工作，退伍战士李超勇斗歹徒英雄事迹有关新闻宣传工作督办，鄱阳县核查处理盗挖倒卖红豆杉事件严重失实问题的督办，央视曝光资溪县非法盗猎野生保护动物问题的暗访督查，“网曝江西德昌高速疑因领导视察封路”问题的核查，有关领导干部车辆违章情况核查，以及乐平市落实省委书记苏荣关于解决重金属污染治理问题有关要求的督办。在核查督办过程中，始终坚持批必查、查必清、清必办、办必果，坚持实事求是、真督实查、高效办理、实地查办和处理到位，敢于面对面督促，敢于触及矛盾，严格按照领导的要求和指示进行处理，确保专项查办件的圆满办结，做到事事有落实、件件有回音，按时按质办结率100%。

（省委办公厅编辑室）

政策研究

【概　况】 2012年，在中共江西省委的正确领导下，省委政研室围绕省委决策部署和工作大局，一手抓重要文稿、重要调研、重要经济动态分析、大主意等“三重一大”为重点的政研业务工作，一手抓政研业务能力，都取得了新的重要成绩。全年共完成重要文件6个，重要文稿22篇，调研报告34个，选编《半月要览》22期，编发《重要经济动态分析》6期；获得4位中央领导和12位省领导批示共74人次。

【服务经济发展】 2012年，省委政研室主持起草修改省委、省政府重要文件和省委领导重要文稿，开展重大专题调研。文件起草方面，主持起草《关于实施和谐秀美乡村建设工程的若干意见》《江西省现代农业体系建设规划纲要》《关于大力推进科技协同创新的决定》《关于加快农业农村转型发展，推进城乡一体化的若干意见》等省委省政府重要文件。文稿起草方面，完成省委书记苏荣在全省新型工业化城镇化流动现场会上的讲话、在中央苏区振兴规划纲要发布时的记者访谈、在全省科技工作会上的讲话等。重大调研方面，完成《江西省经济总量在全国排位正处于进与退的重要关口》《我室干部利用国庆假期走亲访友调研当前经济运行困难情况》《当前江西省经济下行压力仍然较大》《江西省全面小康的实现程度及有关建议》和《关于报请审示〈把南昌打造为带动全省发展的核心增长极调研报告〉有关问题的请示》等调研报告，得到苏荣、鹿心社、尚勇等省领导的高度评价。

【服务社会建设】 2012年，由省委政研室牵头，会同省综治办起草修改了《江西省社会管理综合治理体系建设规划纲要（2012－2015年）》，省委省政府以赣发［2012］9号文件印发，中央综治办转发，王乐泉、孟建柱等中央领导作了重要批示。调研方面，形成《当前江西省社会组织情况及几个值得重视的问题》调查报告，省领导批示后，省社会组织党工委力量得到加强，职能得到完善。与省教育厅联合开展农村边远地区小学教学网点布局情况的专题调研，形成《江西省农村边远地区小学教学网点布局情况及完善建议》。

【服务生态文明建设】 2012年，省委政研室贯彻省委领导意图，就生态建设和环境保护深入有关地区调查研究、及时总结经验，如实反映情况，认真提出对策。派出两个调查小组，连夜赶赴都昌、星子、鄱阳三县，进行实地核查，形成《关于新华社〈国内动态清样〉反映鄱阳湖万亩水域被侵占有关事由的核查情况》，省委书记苏荣作出了批示，调查报告和省政府的调查部署一并呈报给总理办公室。对乐平市、德兴市、渝水区、湘东区的4个自然村环境污染问题进行了典型摸底调查，形成了《关于江西省四个自然村环境污染情况及全省治理工作的调研报告》。就新余市重金属污染治理工作的做法和经验进行专题调研，形成《新余市农村重点污染区域情况及启示》调研报告。

（谢明明）

组织工作

【概　况】 2012年，江西省各级组织部门在省委的正确领导和中组部的有力指导下，以迎接党的十八大胜利召开和学习贯彻党的十八大精神为主线，以加强领导班子思想政治建设，深化干部人事制度改革，深化创先争优、加强基层组织，落实人才发展规划为重点，改革创新，求真务实，狠抓落实，不断提高组织工作科学化水平，为建设富裕和谐秀美江西提供了坚强组织保证。

认真做好全省出席党的十八大代表选举工作，迅速掀起学习宣传贯彻十八大精神的热潮。把做好十八大代表选举工作作为开好十八大的重要基础工作来抓，突出代表的政治先进性和党员代表性，基层一线党员比例由32%上升到38%，在全国率先制定十八大代表选举工作“六个不准”的纪律规定。开展“建设富裕和谐秀美江西，创先争优向党的十八大献礼”主题实践活动，广泛宣传江西省工作和生产第一线的十八大代表以及各行各业涌现出来的先进典型，宣传和反映江西省党的建设和组织工作的新成就、新经验，为党的十八大召开营造了浓厚的舆论氛围。党的十八大召开后，把学习宣传贯彻十八大精神作为首要政治任务来抓，制定下发《关于全省组织系统认真学习贯彻党的十八大精神的通知》，安排部署全省党员干部学习贯彻十八大精神轮训工作。省委组织部部务会成员带队，在全省组织系统开展“学习新思想、落实新部署、推进新发展”调研。各级党组织及时传达十八大精神，对学习宣传贯彻十八大精神进行部署，推动十八大精神深入人心、武装思想、指导工作。

以提高新一届领导班子推动科学发展、促进社会和谐能力为核心，进一步加强领导班子思想政治建设。市县领导班子换届后，及时把工作重心转移到加强换届后领导班子思想政治建设上来，代省委制定下发《中共江西省委关于进一步加强党政领导班子建设的意见》。精心制作了30集党员教育电视系列片《红色故事汇》，并被列为中组部党员教育中心的重点工作之一。以“保持党的纯洁性”为主题，省委组织部部务会成员与省直各单位及设区市领导班子成员普遍开展一次谈心谈话。紧扣发展大局抓培训，对换届后全省所有设区市市委书记、市长、分管城建工作的副市长、县（市、区）党政正职组织开展“推进新型城镇化”专题培训。围绕中国特色社会主义理论体系、十二五规划和鄱阳湖生态经济区建设等主题，会同有关部门和单位先后举办了8期市厅级干部进修班和经济管理知识培训班、6期县处级干部进修班、6期乡镇（街道）党委书记进修班。扎实做好省人大政府政协换届有关工作，坚持把发扬民主、严肃纪律贯穿始终，从人选的推荐、考察、酝酿、提名到依法选举等各个环节，正确把握政策规定和步骤程序，保持了换届风清气正。

以深化干部人事制度改革为目标，不断提高选人用人公信度。积极推进竞争性选拔干部工作常态化，面向全省公开选拔省委办公厅副主任等15名副厅级领导干部，合理设置公选程序，注重人岗相适，进一步树立凭能力素质、凭工作实绩、凭群众公认选干部的用人导向。探索竞争性选拔干部跟踪考察和培养锻炼新途径，对在全省公开选拔的10名35岁左右的副厅级优秀年轻干部拟任人选，有针对性地安排适当岗位进行为期1年的挂职锻炼。强化对干部德的考核，9个市58个县制定了对干部德的考核办法，并落实到干部考核的各个环节。对47家单位2010年以来贯彻执行《干部任用条例》和江西省出台的八项监督制度情况进行了集中检查，突出抓好干部选拔任用和整治用人上不正之风工作满意度两项民意调查，狠抓分析整改，强化结果运用，江西省选人用人公信度和组织工作满意度比2011年分别提高4.18%、3.32%，前移5位和4位。省市县三级同步启动了建立整治买官卖官问题“特别监督档案”试点工作，梳理出涉及涉嫌买官卖官人员情况，并按照“一人一档”原则建立了专项档案。

以贯彻落实人才发展规划为重点，深入推进人才工作。出台江西省《进一步加强党管人才工作的实施意见》，着力提高人才强省建设的宏观统筹力。扎实开展第三届“江西省突出贡献人才”评选表彰、科学人才观专题学习培训、人才工作者专题培训、“科学人才观大家谈”主题征文、人才创新创业先进典型事迹宣传等活动，不断加强人才理论研究和宣传。大力推进“赣鄱英才555工程”,第二批入选240名专家,其中刚性和柔性引进创新创业高层次人才88名,本地领军人才152名。“赣鄱英才555工程”在原有三个计划项目基础上,新增青年拔尖人才、文化领军人才、高技能人才培养计划和战略性新兴产业人才团队支持计划四个子项目,示范带动全省实施市以上重点人才工程18项,引进各领域高层次人才1777人。出台院士工作站管理办法,对省级院士工作站聘用的院士,一次性给予每人30万元~50万元的项目资助,本省院士津贴由每月3000元提高到每月1万元。完善和更新全省高级人才信息库,对入库专家实行动态管理。

以扎实开展基层组织建设年为载体,全面提升基层党建科学化水平。全面落实基层组织建设年“1+1+7”文件,大力实施“十项工程”,着力为基层办实事、解决突出问题,推进基层党建工作项目化发展。省级财政新增安排党建经费2.1亿元,市县两级新增党建经费3.2亿元,是有史以来基层党建经费增加最多的一年。全省社区网格、村民小组、外出务工人员集中地党的组织基本实现全覆盖,符合组建条件的非公企业100%建立了党组织。按每名党员100元标准新增村级党组织活动经费全部落实到位。“五个领域”发展党员比上年全年均有提高。全省新增9099个基层党组织升级为先进基层党组织,1.08万个“较差”基层党组织已初步转化1.03万个,转化率为95.35%,调整后进基层组织书记1856人,选派“第一书记”3481人,党建工作指导员1.05万人,新增选聘大学生村官2893人。举办全省基层党组织整改提高、晋位升级培训班,培训村、社区、非公党组织书记300人。培训换届后新任村党组织书记1.54万人次,加强和创新社会管理集中轮训1.86万人次。出台9个领域的基层党建工作规程,从七个领域各遴选100例先进基层党组织编印《江西省先进基层党组织百例选编》。

以开展“走基层、进支部、强素质”活动为抓手,大力推进组织部门自身建设。紧密结合基层组织建设年,立足江西省工作实际,在全省组织系统部署开展了“走基层、进支部、强素质”活动,以蹲点调研、交流谈心、宣讲政策、结对帮扶为重点,解决了一批基层党建工作中的实际问题,办好了一批基层欢迎的实事好事,取得了“基层组织增活力、组工干部受锻炼、组织工作上水平”的明显成效。在全省组织系统评选表彰40个先进集体、100名先进个人(含“十佳组工干部”),挑选6人组建先进事迹报告团,举办5场先进事迹巡回报告会。部署开展全省组织系统“赣鄱杯”组工业务知识竞赛,组织力量编印《组工业务知识读本》,在全省组织系统初步形成比学赶超抓学习的浓厚氛围。

【选举产生42名出席党的十八大代表】 2012年,省委组织部严把程序关、条件关、结构关,突出代表的政治先进性和党员代表性,扎实做好全省出席党的十八大代表选举工作。全省共有9.9万个党组织、201.4万名党员参加了推荐提名,分别占全省党组织和党员总数的100%和99.2%。在全国率先制定党的十八大代表选举工作“六个不准”的纪律规定,出席省代表会议的代表对推荐选举风气总体评价“很好”和“好”的比例达到100%。选举产生的42名十八大代表中,基层一线党员比例比十七大上升了6个百分点。江西省十八大代表选举工作“全程差额,择优比选”做法得到了中组部的充分肯定。

【推进基层组织建设年活动】 制定《关于全省在创先争优活动中开展基层组织建设年的实施意见》等“1+7”文件,大力实施基层党组织建设“十项工程”。继续坚持以项目化发展的思路抓党建,深入推进265个创新探索型项目、36个典型示范型项目,大力推广“民情家访”“先锋创绩”等两项制度化成果,有效解决了队伍建设、活动经费、场所建设、落实待遇等一批大事难事。研究出台9个领域的基层党建工作规程,从7个领域各遴选100例先进基层党组织编印《江西省先进基层党组织百例选编》。全省新增14021个基层党组织升级为先进基层党组织,使“好”“较好”的基层党组织占比从分类定级时的71.6%提升到85.21%。在中组部召开的基层组织建设年推进视频会上,江西省就相关做法作了典型发言。

【拓展延伸“赣鄱英才555工程”】 2012年,省委组织部确定第二批240名“赣鄱英才555工程”入选人员,其中刚性和柔性引进创新创业高层次人才88名,列入领军人才培养计划152名。深化拓展“赣鄱英才555工程”,在原有三个计划基础上新增设青年拔尖人才培养、文化领军人才培养、高技能人才培养和战略性新兴产业人才团队支持计划4个项目。

【开展以理想信念教育为核心的干部教育培训】 2012年,换届后以“坚定理想信念,提高执政能力”为主题,省委组织部组织市县领导班子成员、乡镇党政正职上井冈山接受理想信念教育,《井冈山精神代代传》党性教育报告会走进中央国家机关,受到中组部领导的高度评价。举办全省领导干部“推进新型城镇化”专题培训班,对换届后全省所有设区市市委书记、市长、分管城建工作的副市长、县(市、区)党政正职集中培训。采取行动学习法,组织开展鄱阳湖生态经济区建设有关问题研究,探索出干部教育培训与破解发展难题有机结合的新路子。

【开展“走基层、进支部、强素质”活动】 全省3500余名组工干部组建1108个调研组,深入2800个调研点,以促党建强支部、听民意解民忧、提素质转作风为主要任务,解决一批基层党建工作中的实际问题,办好一批基层欢迎的实事好事,取得了“基层组织增活力、组工干部受锻炼”的阶段性成效。新华社、《人民日报》等一批中央主流媒体进行集中宣传报道。2012年省直机关工委开展“万名群众评机关”活动,群众对机关干部作风感到最满意的10个部门中,省委组织部名列前茅,与两年前相比前移4位。

【评选表彰“讲党性、重品行、作表率”活动先进集体和先进个人】 2012年,根据全国、全省组织系统深入开展“讲党性、重品行、做表率”活动部署,省委组织部采取自下而上、六轮比选、好中选优的方式,注重向基层一线倾斜,向普通组工干部倾斜,向艰苦岗位倾斜，评选表彰全省组织系统40个先进集体、90名先进个人和“十佳组工干部”。首次开展全省“十佳组工干部”网上投票推荐和接受人民网访谈活动，组建先进事迹报告团在全省巡回报告5场次，精心制作“讲重作”活动宣传片《井冈红土竞风流》和全省组织系统先进事迹报告团巡回宣讲纪实《组工精神耀赣鄱》。李文华、揭智能、汪飞、黄细兰、胡军、卢亮昊、汪勇鸣、程露、薛开良、王次农等被评为全省“十佳组工干部”。

（省委组织部编辑室）

宣传工作

【概　况】 2012年，全省宣传思想文化战线在省委的正确领导下，以邓小平理论和“三个代表”重要思想为指导，深入贯彻落实科学发展观，深入学习宣传贯彻党的十八大、十七届六中全会、省第十三次党代会精神，坚持高举旗帜、围绕大局、服务人民、改革创新，突出主线条，高扬主旋律，打好主动仗，宣传思想文化工作整体推进，社会主义文化建设呈现繁荣发展的良好态势，为建设富裕和谐秀美江西提供了强大的思想保证、精神动力、舆论支持和文化条件。

深入学习宣传贯彻党的十八大精神，进一步用中国特色社会主义理论体系武装头脑。加强党委（党组）中心组学习，做好省委中心组学习十八大精神等5个专题集中学习的服务工作，推动了全省各级党委中心组学习。组织党的十八大精神省委宣讲团赴基层宣讲，共作大型报告27场，召开座谈会40余场，直接听众3万余人次，受到了基层干部群众广泛好评。组织“十八大代表宣讲”“社科大讲堂”“五老宣讲”“民嘴宣讲”等多种形式的宣讲活动3600多次，推动了十八大精神在基层的广泛传播。开展学习培训，省委常委、宣传部长姚亚平到江西财大为全校师生作题为《认清形势，攻坚克难，为实现中华民族的伟大复兴而努力奋斗》的形势报告。举办4期全省哲学社会科学教学科研骨干研修班和全省外宣干部学习贯彻党的十八大精神暨外宣业务培训班。组织开展全省经济社会发展重大课题招标活动。国家社科基金立项109个，列全国第九位。以“江西省中国特色社会主义理论体系研究中心”名义，先后在中央三报一刊发表重点理论文章9篇，位居全国前列。

始终坚持正确舆论导向，努力营造了实现江西崛起新跨越的浓厚氛围。组织省内各级各类媒体开设“十八大报告解读”“贯彻十八大开创新局面”等专题专栏，省委书记苏荣、省长鹿心社对江西省十八大的新闻宣传工作给予充分肯定。做好全国、全省“两会”的宣传报道，中宣部先后两次表扬江西省《坚定不移走自己的路》等系列评论文章和学雷锋活动的系列报道。组织“科学发展成就辉煌”主题宣传、赣南原中央苏区振兴上升为国家发展战略、鄱阳湖生态经济区成立3周年、全省工业化城镇化流动现场会等宣传报道，在全省上下形成了科学发展、加快崛起的浓厚氛围。同时，围绕“江西（香港）招商引资活动周”“红博会”“泛珠大会”“中博会”等活动做好对外宣传，扩大了江西的对外影响。开展新闻战线“走基层、转作风、改文风”活动，开展“贯彻十八大，记者走基层”“中国网络媒体江西行”和“美丽中国、秀美江西——贯彻十八大大型采访报道活动”，推动“走转改”活动不断向纵深延伸，推出了许多时代感强、贴近群众的新闻报道。加强突发事件和热点问题的舆论引导。2012年，江西省出现资溪非法食用野生保护动物事件、贵溪面包车安全事故、萍乡高坑煤矿“9·2”瓦斯爆炸事故等28起有较大影响的事件。通过积极、主动、稳妥的处置，有效引导了网上舆论，受到省委、省政府主要领导的称赞和肯定。认真做好新闻发布工作，省直单位组织新闻发布会共26场，各市县组织新闻发布会共380余场，推动了政务公开工作向制度化、规范化发展。精心组织重要新闻稿件上中央报台工作。《人民日报》采用江西稿件504篇，新华社1.4万多条，中央电视台《新闻联播》214条，中央电台《新闻与报纸摘要》395条，《光明日报》328篇，《经济日报》520篇。这些稿件中，有大量反映江西特色做法和亮点工作的稿件，产生了广泛社会影响。加大网站建设和新闻宣传管理力度。将大江网、中国江西网、江西文明网整合为新大江网，年收入由2011年的933万元，增加到2012年的2139万元，经济效益明显提升，覆盖受众明显增多，社会影响明显增强。加强网站监管力度，对各类网站进行全面排查清理，杜绝了重大违规事件的发生。深入开展“扫黄打非”活动。查缴各类非法出版物52万件，净化了社会环境，得到新闻出版总署的表扬。在全国率先建立集指挥调度、案件侦办、网上巡查等为一体的省级“扫黄打非”监控指挥中心，实现了人工管理向信息化管理的转变。

着力构建社会主义核心价值体系，认真抓好思想道德建设和精神文明创建。开展学雷锋主题教育活动。向中宣部推荐“雷锋哥”吕凯所在的省高速交警第三大队，中央主要媒体多次集中宣传。组织推荐36个多年来坚持弘扬雷锋精神、无偿奉献社会的先进集体典型，评选出5个学雷锋先进集体进行集中报道，形成了“学雷锋，做好事”的热潮。加大正面典型宣传力度，推出了以石秋杰、章金媛爱心奉献团等为代表的重大先进典型。建立奖励帮扶道德模范长效机制，共帮扶生活困难的全省道德模范和“身边好人”128人，帮扶资金达91万元，在全社会进一步树立了“英雄流血不流泪，好人有好报”的导向，得到中央文明办专职副主任王世明的批示肯定，《人民日报》两次作了报道。开展社会主义核心价值体系实践教育活动，开展“建设幸福中国”“弘扬雷锋精神”主题读书活动、“我们的节日”主题活动、“网上祭英烈·清明”“向国旗敬礼，做一个有道德的人”网上签名寄语等活动。做好公益广告的宣传，《江西日报》发布公益广告20期，江西广播电视台播出公益广告片7223条，大江网建立省级公益广告共享平台，发布了一批原创公益广告。深入开展群众性精神文明创建活动。做好全省第四届文明城市（城区、县城）、文明村镇和第十三届文明单位评选以及全省“十大和谐社区”“十大和谐村庄”评选活动。开展“加强诚信建设，提升窗口形象”主题实践活动。推进“鄱阳湖生态文明示范村”创建和文明帮建工作，省文明办直接协调的20个示范村已落实资金近

1200 万元，实施民生工程 30 余项。

大力推进公共文化服务体系建设，注重公共文化资源向老少边穷地区倾斜。广播电视方面：一是提高全省有线电视入户率，达到 39.5%，用户数由 2011 年的 500 万户发展到 2012 年的 600 多万户，一年增加 100 多万户。二是抓好企业网、校园网、农网等网外网的整合，实现全省一张网。三是加快模拟转数字、单向变双向、看电视变用电视的步伐，全省有线电视整转率提高到 63%。四是提高无线传送和卫星直播电视的覆盖率，覆盖率达到 85% 以上。数字影院方面：2011 年，全省影院票房 1.64 亿元，在全国排名第二十一位；2012 年，电影票房突破 2.7 亿元，增长 64%，票房总量在全国排名第十六位，前移了 5 位。农村电影方面：大力实施农村电影放映工程，放映电影 2.7 万场，服务农民群众 6000 多万人次。农家书屋方面：全面完成了 1.7 万余家农家书屋建设任务，会同省新闻出版局列支 43 万元订阅 1500 份《人民日报》赠送给边远贫困地区农家书屋；省财政筹集 3000 多万元，增加残疾人管理员 3000 名，占农家书屋管理员总数一半，这一经验被新闻出版总署和全国残联联合发文在全国推广。文化设施建管用方面：编制省级公共文化设施“三馆两中心”建设计划。大力实施文化信息资源共享工程和数字图书馆推广工程，推动全省电影院线、剧场院线、图书馆、博物馆等联盟形式，提高了老少边穷地区公共文化服务水平。推进 121 个乡村学校少年宫建设，为农村未成年人提供活动场所。爱国主义教育基地建设方面：组织专家对 5 个陈展大纲进行审定和修改，17 个基地列入全国红色旅游经典景区第二批名录基地，争取到中央和省财政基地建设经费 4 亿元，并为瑞金争取基地建设经费 1.4 亿元。2012 年江西省爱国主义教育基地免费接待参观人数达 1500 多万人次，创历史新高。同时，认真落实国家有关征收文化事业建设费的政策规定，2012 年全省文化事业建设费收入连续跨跃 4000 万 - 7000 万元四个“千万元”台阶，完成 7075 万元，比上年净增 3684 万元。

着力发展文化产业，进一步助推全省经济发展。在认真研究、广泛征求意见的基础上，制定《江西省 2012—2015 年文化改革发展规划纲要》。文化体制改革后，文化产业加快发展，势头强劲。全省文化产业主营业务收入：2010 年 844 亿元；2011 年 1020 亿元，增幅 20.9%；2012 年 1455 亿元，增幅 42.5%。文化产业增加值：2010 年 229 亿元；2011 年 295 亿元，增幅 28.5%；2012 年 394 亿元，增幅 34%。文化产业增加值占全省 GDP 比重：2010 年为 2.43%；2011 年为 2.52%；2012 年达到 3.04%。2012 年的主营业务收入增幅和增加值增幅都是历年最高的。同时，省委宣传部与南昌市政府举行重点文化项目战略合作对接，包括省图书馆新馆、省博物馆新馆等，总投资额 159 亿元。这些重大项目的建成，将大大提升江西省公共文化服务的质量和水平。加强对国有文化企业的管理，制定对省出版集团公司的薪酬管理和经营业绩考核制度并进行考核，推动和促进了全省国有文化企业现代企业制度建设。

着力打造文艺精品，大力丰富社会文化生活。纪念毛泽东同志《在延安文艺座谈会上的讲话》发表 70 周年。召开江西省纪念大会，举办纪念音乐会，进一步激发了全省文艺工作者的创作热情。认真做好全国全省“五个一工程”奖申报及评选。在中宣部第十二届“五个一工程”奖评选中，江西省报送的电影《可爱的中国》、电视剧《红色摇篮》、赣南采茶戏《八子参军》、歌曲《莲花红莲花白》、广播剧《大法官梅汝璈》、图书《魔法小仙子》等 6 个门类 6 部作品荣获“优秀作品奖”，省委宣传部获“组织工作奖”，第五次获得“满堂红”。开展省“五个一工程”奖的评选，共评出 14 部优秀作品、5 个组织工作先进单位。成功举办 2012“中国红歌会”。选手人数、播出时长等均创历届红歌会之最，收视率居全国同时段文艺节目第一，被评为全国选秀类节目收视冠军，红歌会冠军阿普萨萨登上春晚舞台。品牌节目《传奇故事》《金牌调解》《经典传奇》《杂志天下》全年收视均居省级卫视同时段前 6 名；江西卫视新推出的《深度观察》《家庭幽默录像》成长为新的品牌节目。表彰奖励一批“走基层、闯市场、有效益、受欢迎”的国有、民营文艺院团，进一步繁荣江西省文艺市场。

着力加强队伍建设和人才培养工作，进一步提升宣传文化干部的整体素质。扎实推进学习型党组织建设。推动各级党组织积极构建网络、创新方式、完善制度，全省学习型党组织建设充满活力。组织机关干部深入学习宣传贯彻十八大精神，观看《信仰》《永恒的信念》等电视片，建立了部机关学习制度、谈心制度和民主决策制度，开展“每月读一本好书”活动，举办部机关学习心得交流会。部领导围绕“学习型党组织建设”“做高素质宣传思想文化干部”“大力推进文化改革发展”等内容，先后 3 次在部机关上党课。部机关崇尚学习、主动学习蔚然成风，形成了务实进取、团结和谐、风清气正的干事创业氛围。加强宣传思想文化干部队伍建设。做好省广电局和省广播电视台局台分设，电视台、电台两台合并的班子组建工作。做好省直宣传思想文化领域厅级干部的推荐考察工作。与省编办协调沟通，设立互联网信息管理办公室，同时，对部机关有关处室机构职能进行了调整和更名。出台宣传文化人才培养系列举措。实施全省宣传文化系统“四个一批”人才和江西省中青年文化名家工程。组织 20 名全省宣传思想文化系统专家和基层一线人才到庐山休假疗养。开展中宣部“四个一批”人才信息采集和数据库的建库工作。江西省 1 人获第十二届韬奋奖，1 人获中国播音主持“金话筒奖”电视播音员主持人奖。

【深入学习宣传贯彻党的十八大精神】 2012 年，省委宣传部下发《关于认真学习宣传贯彻党的十八大精神的通知》，着力加强党委（党组）中心组学习宣传，省委召开常委中心组学习会，用一整天时间对十八大精神进行集体专题学习。组织了大规模的全省学习十八大精神理论骨干培训班。举办了中央宣讲团党的十八大精神报告会。同时，省领导、设区市县（市、区）、以及省直机关领导带头宣讲十八大精神，省委书记苏荣、省长鹿心社深入多个部门和各设区市就如何进一步深入贯彻落实十八大精神，全力做好当前各项工作进行专题调研。组织党的十八大精神省委宣讲团赴基层进行宣讲，共作大型报告27场，召开座谈会40余场，直接听众达3万余人次，省委书记苏荣批示肯定。各地各部门纷纷组织"社科大讲堂""五老宣讲""民嘴宣讲"社区讲坛等多种形式的宣讲活动。出席党的十八大的江西省党代表也纷纷到基层一线开展宣讲。组织省内各级各类媒体及时开设"十八大报告解读""贯彻十八大，开创新局面"等专题专栏，开展"美丽中国、秀美江西——贯彻十八大大型主题采访报道活动"。认真做好中央"迎接十八大，重走建党路"为主题的大型采访活动的协调服务工作。省委宣传部参与组织省委巡视组对各地各部门学习宣传贯彻党的十八大精神进行专项巡视活动。

【加强突发事件和热点问题的舆论引导】 2012年，省委宣传部组织省直各大媒体积极主动、准确传递信息，引导社会舆论，疏导社会情绪，形成舆论强势，有效处理了龙南隧道塌方、萍乡矿务局高坑煤矿"9·2"瓦斯爆炸事故、贵溪市面包车翻车坠水事故的新闻宣传和舆论引导，受到省领导的称赞和肯定。同时，编发《互联网舆情动态》及《互联网舆情专报》260余期。做好向中宣部舆情局、中央外宣办报送舆情信息工作。认真做好新闻发布工作。省直单位组织的新闻发布会共有26场，各市县组织的新闻发布会有380余场。进一步推进"民生江西"微博建设，共有119.5万粉丝网民关注，被新浪微博评为"江西十大有影响力的政务微博"。举办"全省外宣干部学习贯彻党的十八大精神暨外宣业务培训班"，提高了网络宣传管理队伍的政治思想素质、专业技术能力、应对突发舆情能力。

【精心组织重要新闻稿件上中央报台工作】 截至12月31日，《人民日报》采用江西稿件504篇，其中头版头条(含报眼)13篇。新华社采用江西稿件1.4万多条，其中内参3950条，获得中央领导批示的60多条，重点栏目稿件204条。中央电视台《新闻联播》214条，其中头条9条，提要105条，单条71条。中央电台《新闻与报纸摘要》395条，其中头条19条，单条45条。《光明日报》328篇，其中头版头条7篇。《经济日报》520篇，其中头版头条12篇。这些稿件中，有大量反映江西特色做法和亮点工作的稿件，产生了广泛社会影响。

【开展学雷锋主题教育活动】 2012年，省委宣传部代省委起草了《关于深入开展学雷锋活动的实施意见》，召开全省"弘扬雷锋精神，加快江西发展"座谈会，向中宣部重点推荐"雷锋哥"吕凯所在的省高速交警第三大队，得到《人民日报》、中央电视台等中央六大重点媒体集中宣传。拟定26条学雷锋活动宣传标语，策划推出2000套向雷锋同志学习系列宣传画。在全省青少年学生中举办了"弘扬雷锋精神，建设心灵家园"主题教育读书活动。以弘扬雷锋精神为主题，广泛开展学雷锋志愿服务活动，成立一批志愿者服务队和志愿服务工作站。江西省有3名志愿者当选为全国优秀志愿者。大力推进中央专项彩票公益金支持乡村学校少年宫项目建设。推进2011年度57个乡村学校少年宫建设，实施2012年度64个乡村学校少年宫项目建设，为11万6千多名农村未成年人建设了提高思想道德素质、科技文化素质和身体素质的平台。

【推出重大先进典型】 2012年，先后推出了以石秋杰、章金媛爱心奉献团等为代表的重大先进典型。石秋杰的先进事迹还作为全国教书育人楷模先进事迹之一，在人民大会堂作首场报告，并在全国巡讲。省政府下发了《关于开展向石秋杰同志学习的决定》和《关于开展向章金媛爱心奉献团学习的决定》。2012年推出的重大先进典型得到了中央媒体的广泛关注。其中石秋杰、章金媛爱心奉献团等先进典型在《人民日报》、新华社、《光明日报》、中央电视台、中央人民广播电台等中央主要媒体上进行广泛宣传报道。组织多场声势浩大的先进典型巡回报告活动，省委领导先后6次接见报告团成员。组织"最美军嫂"张秀桃的典型事迹报道，做好皮祖强舍己救人事迹，李超、朱贤度见义勇为事迹，武警技师李进明爱岗敬业事迹的集中宣传。围绕全省就业创业，开展了系列宣传活动，推出一批在全省、全国具有较大影响力的创业典型。积极开展"我推荐、我评议身边好人"活动，江西省有64人荣登"中国好人榜"(全国排位第九)。

【推进爱国主义教育基地建设管理与红色旅游工作】 2012年，省委宣传部起草下发江西省《关于加强和改进爱国主义教育工作有关事项的通知》。积极向中宣部推荐申报了36个全国红色旅游经典景区第二批名录基地，经中宣部核准同意，有17个基地列入名录，共争取到中央和省财政基地建设经费4亿元，并为瑞金争取了基地建设经费1.4亿元。按照中共中央政治局常委李长春在江西考察时关于对小平小道拿出保护性意见的指示精神，由部领导带队对小平小道和共青城进行调研，并协调有关部门抓好贯彻落实。启动了第五批省级爱国主义教育基地评选活动。2012年江西各爱国主义教育基地免费接待参观人数达到1500多万人次，突破历史新高。

【完成三项文化体制改革】 2012年，江西坚决贯彻中央指示和要求，全面部署，强力推进文化体制改革。成立以省委书记苏荣为组长，省长鹿心社、省委宣传部部长、分管副省长任副组长的领导小组，从省直有关部门抽调精干力量成立领导小组办公室，高密度召开会议推动工作，高要求建立领导责任制。先后及时出台《中共江西省委关于深化文化体制改革、推动社会主义文化大发展大繁荣的实施意见》等5个关键性的政策文件。经过努力，全省80家国有文艺院团已完成企业法人登记注册和注销事业法人。广电改革方面，省、市、县(市、区)局台分设和两台合并任务全部完成；"全省一张网"整合历经10年，也终告完成，取得历史性突破，全部签订协议，并挂牌营运，实现全省有线电视网络统一管理、统一运营、统一标准、统一信号。非时政类报刊改革方面，继第一批23家完成改革任务之后，第二批47家于5月完成改革任务，在全国率先完成阶段性非时政类报刊改革任务。改革极大地激发了转企改制企业的发展热情。2012年，省直5个改制院团共进行商业演出445场，演出收入超过1051.3万元，实现收入翻番。

【着力发展文化产业】 2012年,省委、省政府制定出台《江西省2012—2015年文化改革发展规划纲要》,通过推出系列政策措施,力争使江西的文化产业总产值从2011年的1000亿元快速增长到2015年的2000亿元,实现江西文化产业的跨越发展。江西文化产业发展步入了快车道。重点项目建设快速推进,骨干龙头企业加速崛起,如:省出版集团公司2012预计实现销售收入93.3亿元,同比增长33.3%;江西金太阳教育有限责任公司2012年实现销售收入5.3亿,同比增长20%。演艺娱乐及工艺美术产业发展迅猛,其中:演艺票房收入4.48亿元,工艺美术品收入140亿元;印刷复制业发展势头强劲,总收入超过281亿元,数字出版发展迅速,超过60亿元,同比增长51%;广播影视文化产业加快发展,总收入突破100亿元。其中:有线广播电视经营总收入15.1亿元,同比增长32%;数字影院建设取得突破进展,全省影院达87家,票房突破2.7亿元,增幅64%,全国排名第16位。新兴业态发展势头良好,风尚购物频道收入3.65亿元,增长82.5%,全省前十名动漫企业总收入1.66亿元,同比增长60%;文博展览活动成效明显。2012年,全省文化产业法人单位创造主营业收入预计超过1400亿元,同比增长超40%以上,文化产业增加值预计超过400亿元,占全省GDP的比重达3%以上,实现了文化产业总量的大增长、大跨越。

(彭海宝)

统战工作

【概　况】 2012年,在省委的正确领导和中央统战部的精心指导下,江西省统一战线紧紧围绕全省工作大局,坚持抓重点、出亮点、攻难点,各领域统战工作都取得新的成绩,为建设富裕和谐秀美江西做出积极贡献。在2012年12月召开的全国统战部长会议上,江西省创建"同心·振兴赣南等原中央苏区广昌示范区"工作荣获全国统战工作实践创新成果奖,《民主党派民主监督及其效能提升研究》等3篇理论调研文章荣获全国统战理论政策研究创新成果奖,同时有多项工作在全国作经验介绍,进一步扩大江西统一战线在全国范围的影响力。

以学习贯彻党的十八大精神为主线,巩固共同思想政治基础。一是深入学习贯彻十八大精神。组织省直统一战线成员单位负责人和部机关全体干部职工集中收听收看十八大开幕盛况;受省委委托,向各民主党派省委会、省工商联负责人和无党派代表人士传达十八大和省委十三届六次全会精神;下发通知,要求全省统一战线深入学习贯彻十八大精神,引导统一战线广大成员深刻领会十八大的重大意义和精神实质,深刻领会科学发展观的理论贡献和指导意义,深刻领会全面建成小康社会的战略部署,进一步增强对中国特色社会主义的道路自信、理论自信、制度自信;召开专题民主生活会和干部职工大会,深入学习贯彻十八大精神和中央关于改进工作作风、密切联系群众的八项规定及省委有关要求。二是深入推进践行社会主义核心价值体系活动。指导各民主党派省委会开展以"树立和践行社会主义核心价值体系"为载体的"同心"思想教育活动,组织各民主党派负责人参加学习践行社会主义核心价值体系座谈会,总结工作,交流经验。编写《同心同行展风采》一书,作为党外代表人士树立和践行社会主义核心价值体系的学习资料。三是深入开展"弘扬多党合作优良传统,同心共促兴赣富民"主题教育活动。以各民主党派省级组织换届、"同心·振兴赣南等原中央苏区广昌示范区"活动、省社院党外干部教育培训等工作为契机,引导统一战线成员进一步增强接受中国共产党领导的坚定性和自觉性,积极推进政治交接,提高履职水平,为兴赣富民多做贡献。

以服务全省经济社会科学发展为重点,发挥优势作用。引导各民主党派、工商联和无党派人士,紧紧围绕鄱阳湖生态经济区建设、赣南等原中央苏区振兴发展、打造南昌核心增长极和九江沿江开放开发等重大课题,积极建言献策,为省委、省政府科学决策提供重要依据。邀请100多名重点客商,参加2012年江西(香港)招商周活动,大力推介江西良好的投资机遇和投资环境,取得良好实效。进一步加强与海外华侨华人社团的联系,接待中华海外联谊会海外理事赴赣考察访问团等来访15批200余人次,组织出访团组4个,到访10多个国家和地区。组织召开"非公有制经济代表人士'创新创业'座谈会",开展"百家非公有制转型升级示范典型企业"评选活动,有力推动非公有制经济转型升级。向中央统战部推荐5家非公有制企业参加2012年民营企业转变发展方式典型案例评选活动。

加强党外代表人士和党外知识分子工作,夯实人才基础。以换届工作为契机,统筹推进党外代表人士安排工作,形成省直政府部门、高校、科研院所、人民团体同时有党外代表人士担任正职的良好局面。顺利完成省政协十届五次、六次会议有关人事增补工作。按照《江西省贯彻落实〈2010-2020年党外代表人士教育培训改革和发展纲要〉的实施意见》(以下简称《意见》),全年共举办培训班12期,培训600余人。会同南昌市委召开全省党外干部挂职锻炼总结动员会议,启动第二批挂职锻炼工作。推动设区市、高校知联会建设和党外知识分子工作,组织开展全省新社会阶层人士工作调研,做好省党外高级知识分子联谊会和省欧美同学会·省留学人员联谊会换届筹备工作。

以创新"四区"民族宗教工作为抓手,维护社会稳定。针对民族宗教领域出现的新情况、新问题,将加强城区、校区、园区、景区民族宗教工作作为深化民族团结进步创建活动、创新宗教事务管理的重要举措,出台《关于加强城区、校区、园区、景区宗教工作的意见》和《关于民族工作进城区、校区、园区、景区的意见》,形成"党政领导高度重视,统战宗教部门牵头,有关单位各司其职,社会广泛参与"新格局。各设区市和高校认真贯彻全省民族宗教工作会议有关"四区"工作要求和《意见》精神,注重建立工作制度,着力破解重点难点热点问题,及时化解各种纠纷和矛盾,突出典型的示范引导作用,并充分发挥宗教团体和民族宗教界代表人士的积极作用,维护了民族宗教领域和谐稳定,为党的十八大胜利召开营造良好的社会环境。

以参与新一轮扶贫开发攻坚战为

平台,促进民生改善。根据中央和省委扶贫开发工作会议精神,制定下发《关于进一步组织动员统一战线参与扶贫开发的实施意见》,全省统一战线实施"同心工程"项目135个,涉及资金4.08亿元。设立"海联同心惠民基金",开展"同心"海联新社区(新农村)建设,继续争取港澳台海外人士援助江西省贫困地区教育、卫生等事业。与深圳市神州通投资集团有限公司达成初步合作意向,在省光彩会设立1000万元教育助学基金。各级统战部门开展形式多样的"同心"助学活动。通过"宗教慈善周"活动,全省宗教界扶危济困、赈灾救灾等的捐款捐物折合人民币2亿多元。

以推动统战部门科学发展为目标,加强队伍建设。召开省直统战系统纪念建党91周年暨创先争优活动表彰大会。组织全体机关干部职工赴广昌县接受革命传统教育。继续推进全省非公有制经济组织创先争优活动。在中央社院举办全省市、县两级新任统战部长培训班,共113人参加培训,取得较好效果。创新开办"支部讲坛"。组织部机关全体党员干部学习中央和省委一系列关于加强反腐倡廉建设的决策部署,并到省纪委反腐倡廉教育基地接受警示教育。对部机关涉及人财物管理方面的10项制度,重新进行检查修订。对部机关各个工作岗位进行风险排查,制定出集体岗位防范措施42条。制定《改进机关作风建设活动的实施方案》。坚持严肃干部选拔任用和换届工作纪律。

以构建大统战工作格局为抓手,形成整体合力。一是进一步健全工作机制。将形成大统战工作格局的意见写入赣发〔2012〕13号文件,建立健全统战系统单位主要负责人联席会议,统战部门与民主党派、工商联和无党派人士联席会议,宗教工作联席会议,新的社会阶层人士工作联席会议,党外干部培养选拔工作联席会议等制度,促进统战工作制度化、规范化、科学化。二是进一步形成工作合力。召开统战系统单位负责人会议,传达学习中央和省委重大决定、决议、重要会议精神以及有关统战工作的指示,研究讨论贯彻意见和落实措施,通报重要情况;听取各单位工作汇报,沟通情况,研究解决有关问题。三是进一步推动市、县两级统战部长由同级党委常委担任,未任市、县党委常委的统战部长都已列席同级有关党委常委会议。

【创建"同心·振兴赣南等原中央苏区广昌示范区"】 2012年,为积极策应赣南等原中央苏区振兴发展这一国家区域发展战略,省委统战部举全省统一战线之力,在中央苏区广昌县集中创建"同心·振兴赣南等原中央苏区广昌示范区",先后举行创建活动和"双百·同心"活动启动仪式,在深入调研的基础上,制定创建活动"五年规划",着力帮扶"广昌示范区"发展特色产业,发展民生事业,改善基础设施,提升发展内生动力,加强生态文明建设,努力使"广昌示范区"建设成为党外干部挂职锻炼、统一战线培养优秀人才的实践基地,革命老区科学发展的示范区,多党合作事业可持续发展的模范区。10月,邀请海内外100多名侨领侨商和非公有制经济人士深入广昌县开展"双百·同心"活动,共为广昌县认捐社会公益事业建设资金和物资总计人民币2343.8万元。

【加强党外代表人士队伍建设】 2012年,认真贯彻落实中发〔2012〕4号文件精神,代拟并以省委名义制发《中共江西省委关于加强新形势下党外代表人士队伍建设的实施意见》(以下简称《实施意见》)。《实施意见》在吸收以往成功做法的基础上,注重体现江西特色,着力在管理方式和管理机制上创新,突出可操作性,明确江西省党外代表人士队伍建设的目标任务,对党外代表人士的发现储备、教育培养、选拔任用和动态管理等都提出具体要求,并强调要完善党委统一领导、统战部门牵头负责、各有关部门和社会团体密切配合的工作机制,从而在制度层面为江西省加强党外代表人士队伍建设提供有力保障。《实施意见》还在相关政策上实现突破,明确规定各级人大代表中党外代表人士安排比例不少于35%;明确规定人大常委会党组每年要向党委通报代表中党外代表人士在人大履职情况;明确规定省、市配备党外干部的政府工作部门比例应达到三分之一以上,县级政府参照执行,等等。这些做法在中发〔2012〕4号文件中都没有作出具体规定,得到中央统战部的高度评价。

【围绕统一战线持续发展做好换届工作】 2012年,省委统战部协助并指导各民主党派省委会、省工商联(总商会)、省爱国宗教团体圆满换届,顺利实现领导班子的新老交替和政治交接。一是协助支持各民主党派省委会换届。贯彻落实省委苏荣书记的重要指示,协助支持各民主党派省委会召开全省代表大会进行换届,得到中央统战部、省委和各民主党派中央的高度评价,在全国民主党派省级组织换届工作总结会暨加强民主党派代表人士队伍建设工作研讨会上,作题为《坚持备用结合,实现和谐换届》的大会发言。六个民主党派江西省委会新一届领导班子的构成,均符合中央和省委有关换届政策的要求,呈现"三提高、一突破"的特点。"三提高",即:学历层次有所提高。大学以上学历的35人、占97.2%,具有硕士、博士学位的20人、占55.6%,比上届分别提高3.2%和2.6%。职称层次有所提高。具有高级职称的27人、占75%,比上届提高了4.4%;6位主委人选均具有教授职称。女干部比例有所提高。女干部有9人、占25%,比上届提高10%。"一突破":在高端人才选拔上有新突破,打破常规选配国家杰出青年科学基金获得者、长江学者各1人。全年共协助省委召开党外人士民主协商会、党外人士座谈会、情况通报会11次。坚持协助各民主党派加强思想建设、组织建设和制度建设。二是协助支持省工商联(总商会)换届。选好配强主席和党组书记,领导班子政治素质高、综合实力强、代表性突出;新一届执、常委会规模进一步扩大,结构进一步优化,凝聚力进一步增强。三是加强对省爱国宗教团体换届工作的指导。省天主教"两会"顺利进行换届,实现领导班子的新老交替,增强宗教团体的向心力和凝聚力。并认真做好省基督教"两会"换届筹备工作。

(李文强 杨吉星)

政法和社会管理综合治理工作

【概　况】 2012年,全省政法系统认真贯彻落实中央和省委、省政府的决策部署,以为党的十八大胜利召开营造和谐稳定的社会环境为第一位任务,全力服务于建设富裕和谐秀美江西大局,积极预防和化解社会矛盾,加强和创新社会管理,推进执法能力建设,迈出了江西政法工作和队伍建设科学发展的新步伐。

维护稳定成效进一步提升。始终把维护国家安全和社会政治稳定作为首位任务,加强重要节庆、重大活动和敏感时段的维稳安保工作,确保了国家安全和社会政治稳定。全力以赴完成党的十八大安保任务,以江西的稳定支持了全国的稳定。注重统筹国际国内两个大局,确保了全省未发生有影响的政治案件。全面落实维稳机制,全面推行社会稳定风险评估,对与人民群众切实利益密切相关的重大决策和重大事项开展了社会稳定风险评估,从源头上预防化解了一大批社会矛盾。进一步建立健全重大突发事件应急处置机制,组织了县(市、区)开展应急演练,提高了应急处置能力。

服务大局成效进一步提升。围绕中心,服务大局,积极跟进、主动融入中央和省委、省政府的重大决策部署,有效提高了服务保障的实效。积极服务稳中求进工作总基调,充分发挥职能作用,紧紧围绕鄱阳湖生态经济区建设、赣南等原中央苏区振兴发展等重大战略决策,找准切入点和着力点,及时出台了一批综合性指导意见,积极落实服务保障的各项措施。总结推广政法领导干部定点联系服务重大项目和重点企业制度,进一步提供了服务保障的质量和水平。有效净化市场经济发展环境,组织开展声势浩大的严厉打击经济犯罪"破案会战",全力打击整治了非法集资、商业贿赂等犯罪活动,取得了显著战果。积极服务社会主义文化大发展、大繁荣,加强对江西优秀文化资源和文化产业的司法保护,维护了良好的文化市场管理秩序。主动服务保障和改善民生,严肃查处危害民生民利和涉农惠民领域的违法犯罪案件,推动解决关系群众切身利益的突出问题。进一步完善群众工作机制,加强民生服务热线、查询服务窗口、网上警务室等建设,运用网络在线接访、微博、QQ等新平台,倾听群众呼声,解决群众诉求,为人民群众办一大批好事实事,得到广大人民群众的普遍好评。全年共办理各类法律援助案件2.3万余件,受援人2.4万余人,同比分别上升3.5%和4.1%。

化解矛盾成效进一步提升。积极顺应人民群众对幸福生活和社会和谐的新期待,加大政法综治工作力度,有效巩固了安定和谐的良好局面。结合政法干警下基层大走访活动,着力排查化解矛盾纠纷。同时,按照"矛盾分类解"的思路,依托"三调联动"平台,对全省突出的行业矛盾纠纷逐类建立化解机制,分类实施化解,提高了化解成功率。在省、市、县三级建立了医患纠纷调解中心,在县(市、区)以上医院设立警务室,在公安机关建立三级响应机制,全省调处医患纠纷成功率达92.5%。组建交通事故纠纷速调速裁中心,由法院派驻法官,交管及司法行政部门派驻调解员,速调速裁了大批交通事故纠纷。全省综合运用多种手段化解矛盾纠纷,化解成功率达95.8%。

社会管理成效进一步提升。认真贯彻中央、省委关于加强和创新社会管理的一系列重大部署,不断创新管理理念、拓宽服务领域、改进管理方式,有效激发了社会管理活力。注重顶层设计系统推进,经省委常委会研究通过,省社会治安综合治理委员会更名为省社会管理综合治理委员会,出台了《江西省社会管理综合治理体系建设规划纲要(2012—2015年)》,提出了社会管理综合治理的十大体系和十大机制,以系统的思维、统筹的方法、创新的精神,推进社会管理综合治理。加强实有人口和虚拟社会管理,深入贯彻落实《关于深化户籍管理制度改革加快城镇化进程的意见》和《江西省流动人口服务和管理办法》,全面推行居住证管理制度,使更多的人民群众享受到改革发展的成果。加强特殊人群服务管理,对刑释解教人员,着力破解"人员交接、过渡安置、就业扶助、社会保障、接茬帮教"五大难题,对社区矫正人员,在县一级设立监管中心,同时落实安置帮教措施,全省刑释解教人员和接受矫正人员重新违法犯罪率仅为0.24%和0.02%。对肇事肇祸精神病人,构建了排查收治、分类管控、经费保障、部门联动四项工作机制,排查出的肇事肇祸精神病人全部送精神病院收治管控,未发生精神病人肇事肇祸危害社会的案(事)件。针对六类重点青少年教育帮扶工作,在丰城市先行试点,分类出台教育帮扶的政策措施,预防和减少了违法犯罪,丰城市的经验在全国推广。

公众安全感进一步提升。积极适应社会治安形势的动态变化,始终保持对违法犯罪活动的严打高压态势,组织开展"打击多发性侵财犯罪""打四黑除四害""缉枪治爆""夏季无声风暴""鄱阳湖区突出治安问题专项整治"等一系列严打专项行动,集中整治了一大批治安乱点和"黄赌毒"等治安突出问题,成功破获一大批大要案件,有力打击了违法犯罪分子的嚣张气焰。进一步完善社会治安防控体系建设,深入推进视频监控"天网"建设应用,全面加强社会面治安管控,有效挤压了违法犯罪空间。成功举办中部五省第三届暨赣浙闽粤警务合作联席会议,积极参与泛珠三角警务合作,有力促进了区域警务常态、共享、联动、共赢。切实加强和改进公共安全管理,组织开展"道路客运安全年"活动和党的十八大消防安全保卫战,有效遏制了重特大道路交通安全事故和火灾事故高发势头。坚持严打、严防、严管、严控有机结合,集中整治社会治安重点地区和突出治安问题,保持了城乡社会治安平稳有序。全省公众安全感达到96.14%,继续位居全国前列。

队伍建设成效进一步提升。坚持政治建警,扎实开展"忠诚、为民、公正、奉献"政法干警核心价值观教育实践活动,全面建立政法领导干部联系点,创新活动载体,引导政法干警自觉把"忠诚、为民、公正、奉献"的核心价值观内化于心、外践于行。坚持文化育警,依托江西省得天独厚的红色资源优势,采取各种行之有效的方式,组织政法干警开展革命传统教育和丰富多彩的政法文化活动,确保政法队伍永葆忠于党、忠于祖国、忠于人民、忠于法律的政治本色。坚持素质强警,大力加强学习型政法机关建设,分批组织省、市、县三级政法委书记赴中央政法委参加专题培训班,进一步提升了政法委书记新形势下履职尽责、驾驭复杂局面的能力水平。狠抓业务培训,深入推进执法司法规范化建设和执法能力建设,不断完善执法监督,着力提升办案质量,促进了公正廉洁执法,法院系统深入推进反规避执行工作,工作经验在全国推广;检察系统自侦案件起诉率和有罪判决率逐年提升;公安系统办理的一批案件被评为精品案件。坚持夯基兴警,提高了基层经费保障力度,继续推动为基层政法机关选拔录用优秀法律人才,社区警务室和农村警务室覆盖率分别达到86.65%和71%。坚持从严治警,严格执行中央政法委有关禁令及江西政法领导干部"五不准"规定,对政法干警严格监督管理,确保政法队伍纯洁性。建立派出督察工作机制,有效解决队伍中存在的突出问题。加大对警车配备、管理、使用中存在问题的专项整治力度,对全省警车交通违章情况及时通报、督促整改,不断巩固拓展工作成果,受到社会广泛好评。全省各级政法机关涌现出了一大批具有广泛社会影响的先进典型,人民群众对政法单位的满意度达到92.8%。

【社会管理信息化建设实现新突破】 2012年,一是社会治安评估预警系统基本成型。省综治办组织科研单位协同科技创新,研究开发了江西省社会治安评估预警系统,运用现代管理学、统计学及先进信息技术,对全省、11个市和100个县(市、区)每季度、半年度和年度社会治安状况进行评估预警,针对社会治安管理中的薄弱环节,研究应对措施,为党政领导科学决策提供依据。到年底,该系统已通过省领导、有关部门和相关专家评审,2012年第一季度正式运行。二是社会管理综合治理信息平台建设全面推开。将社会管理综合治理信息平台列为重大建设项目全力推进,省综治办协调三家运营商及三家软件开发商进行总体设计,规范全省社会管理综合治理信息平台建设模式,并在鹰潭、宜春市和部分县试行成功,并继续完善和推开,2012年内实现全省联网互通。三是社区网格化管理信息系统建设步伐加快。省综治办在南昌市及黎川县、月湖区、吉水县等地试点,已经运行的社区,每个网格配备一名网格员,适时搜集更新相关信息,社区配备专门人员管理,实现社区管理网上跟踪,社区治安网上监控,社区服务网上办理,社区基础信息工作明显加强,服务管理效能明显提升,2012年在全省城乡各地全面推开此项工作。

【加强政法舆论宣传】 2012年,坚持和健全政法宣传联席会议例会制度,强化对政法宣传重要活动的组织协调,增强了宣传工作合力,提升了舆论引导水平。引导政法宣传工作走基层、接地气、转作风,深入开展"和谐平安赣鄱行"一线采风活动,精心组织"全省政法综治好新闻"评选活动,推出了一大批好典型、好经验、好新闻。加强江西政法网群建设,在各级政法单位建立通讯员队伍,开通了一批政法微博,推出了一批网上警务室,打造一批政法宣传工作品牌和栏目,相关工作多次受到中央政法委表扬推介。

【法学研究取得新进展】 2012年,省法学会利用第六届"中部崛起法治论坛"、第七届"中国·泛珠三角合作与发展法治论坛"、第四届"内地与港澳台地区法律研讨会"、第七届中国法学青年论坛、"中国与东南非洲国家经贸投资法律研讨会"等学术研讨平台,组织引领省内外法学法律工作者积极参与创新社会管理、绿色崛起法律机构构建、诚信体系建设法治保障等热点问题的研讨交流,共征集相关论文近百篇,其中20余篇获奖。省法学会组织的课题《中央苏区法学研究工作及其机构的历史沿革》,列入了中国法学会2012年度专项法学研究课题,丰富和还原中国法学会历史,填补此方面的研究空白。

(文敬峰)

农村工作

【概　况】 2012年,在党中央、国务院和省委、省政府的坚强领导下,江西各地各部门紧紧围绕"强科技保发展、强生产保供给、强民生保稳定"的总体要求,迎难而上,奋力拼搏,努力克服持续低温阴雨、早汛历史少见、市场波动异常、外部环境复杂多变等不利因素影响,农业生产再获丰收,农民收入持续较大幅度增长,农村体制创新取得新的突破,农村生产生活条件加快改变,农村民生状况明显改善,农村基层组织进一步巩固,农村社会和谐稳定,农业和农村保持了持续健康较快发展的良好局面。

农业生产平稳较快增长。江西始终坚持把抓好粮食等主要农产品生产作为农业农村工作的首要任务,认真贯彻落实各项强农惠农富农政策,大力开展十大粮食稳产增产行动,农业生产呈现出多年少有的良好发展态势。全年粮食种植面积3675.9千公顷,比上年增长0.7%;油料种植面积744.2千公顷,增长1.2%;棉花种植面积85.0千公顷,增长3.7%;蔬菜种植面积548.4千公顷,增长2.4%。全年粮食总产量2084.8万吨,比上年增长1.6%,总产量再创历史新高,实现"九连丰"。油料总产量117.1万吨,增长1.8%。棉花总产量15.2万吨,增长6.5%。茶叶总产量3.9万吨,增长10.3%。蔬菜总产量1213.1万吨,增长4.1%。园林水果总产量370.3万吨,下降4.5%。肉类总产量333.9万吨,增长5.4%。年末生猪存栏1911.6万头,增长4.6%;生猪出栏3130.6万头,增长5.7%。水产品总产量237.0万吨,增长6.4%。牛奶产量12.8万吨,增长0.7%。禽蛋产量56.4万吨,增长5.6%。

农业产业化经营较快发展。江西继续大力实施农业产业化"强龙、增值、富民"工程,不断完善"龙头企业+专业合作社+农户"利益联结机制,农业产业化经营水平进一步提升。全年新增省级龙头企业155家,省级以上龙头企业总数达到627家,实现销售收入1850.4亿元,比上年增长15.0%;实现利润90.9亿元,增长2.1%;直接带动农户368万户,增长5%,户均增收2260元,增长11%。全省规模以上农产品加工企业达3002家,增长7.2%;实现销售收入2320亿元,增长16.0%。全省农民专业合作组织达1.91万个，增长24.7%；合作组织成员达20.8万户，增长27.6%。

农民收入较快增长。江西在大力发展农业生产、努力增加农民家庭经营收入的同时，加大农村富余劳动力转移就业工作力度，促进农民就业增收，农民收入得到了较快增长。全年农民外出务工人员756.3万人，比上年增长3.0%；其中省外务工522.7万人，省内务工233.6万人。全年农民人均纯收入7828元，比上年增加936元，增长13.6%。

农业科技推广应用水平进一步提高。江西年初出台省委1号文件，对加快农业科技创新进行具体部署，并全面启动以"科技进村入户，助力增产增收"为主题的"农业科技促进年"活动，一批农业新品种、新技术、新产品得到推广应用。全省基层农技推广体系改革任务基本完成，农业科技贡献率达52%。年末农业机械总动力4600万千瓦，比上年末增长9.5%；联合收割机6.3万台，增长24.5%。实际机耕面积达2950千公顷；机械收获面积2374千公顷，占农作物总播种面积的比重达43.0%，同比提高1.1个百分点。

农业基础设施建设力度进一步加大。江西继续大力加强以水利为重点的农业基础设施建设，全省水利建设投资突破200亿元。全省病险水库除险加固工作进展顺利，列入规划的26座大中型病险水库前期工作全部完成，列入规划的666座小(一)型病险水库有655座全面完工，中小河流治理进展良好，小型农田水利重点县建设扎实推进。耕地质量建设明显加快，10.67万公顷高标准农田建设全部完工。

农村生态环境进一步优化。江西在全面完成造林绿化"一大四小"工程任务的基础上，大力实施"森林城乡，绿色通道"建设，全年投入造林绿化资金近110亿元，完成造林面积19.91万公顷，巩固提升国省以上通道绿化里程5696千米，其中高速公路1718千米、国道1401千米、省道(含旅游公路)2577千米，全省森林覆盖率稳定在63.1%。继续坚持"减量化、资源化、无害化"的原则，新选择了2.02万个自然村点、200个集镇开展以农村垃圾无害化处理为主要内容的农村清洁工程，一大批村镇面貌焕然一新。继续开展生态示范创建活动，已创建15个省级生态县(市、区)，40个国家级生态乡(镇)，9个国家级生态村，462个省级生态乡(镇)，427个省级生态村。积极做好农村环境保护，争取了2500万元中央农村环保专项资金用于44个村镇的环境综合整治，重点解决农村饮用水安全、农村面源污染、农村土壤污染、农村生活污染、畜禽养殖污染、工矿企业污染等问题；大力推进农业重点污染源减排，重点抓好318个规模化畜禽养殖场(小区)污染治理设施的建设；扎实做好农村重点污染区域专项治理，安排7000万元专项资金，用于第一批涉及的18个受重金属污染的重点县(市、区)开展土壤修复和污染源治理。

农村民生进一步改善。江西整合省市县三级财政资金25.94亿元，新选择了9282个自然村点开展新农村建设，并在主要干道沿线实施了和谐秀美新农村改造提升工程，"六改四普及"和"三绿一处理"得到大力推进，一大批农民走上平坦路、住上整洁房、喝上干净水、用上卫生厕，初步形成了"沿线格局新、村村皆是景"的格局。全年改造建设农村公路5000千米，解决304万农村居民及49.5万农村学校师生的饮水安全问题，完成农村危房改造任务17.5万户。新一轮扶贫移民工作力度加大，对原中央苏区和国定罗霄山脉特困片区、省定特困片区38个县采取了"四个一"组合式扶贫方式；3400个贫困村整村推进工作取得实效，完成移民搬迁5万余人，落实地质灾害避灾移民搬迁计划6万余人，完成"雨露计划"培训36513人，其他专项扶贫、行业扶贫、社会扶贫全面推进，大中型水库移民安置和后期扶持、三峡移民安稳致富水平得到进一步提高，全省贫困人口由438万人降至385万人，减少53万人。农村人口计划生育年度各项工作任务全面完成，农村计划生育纯女户家庭绿色养老实现全覆盖。新型农村合作医疗参合农民3293.35万人，参合率98.10%，筹资标准提高到人均290元，其中各级财政补助人均240元。农村低保平均保障标准由130元提高到170元，月人均补差水平由90元提高到100元。农村五保集中供养标准由每月200元提高到220元，分散供养标准由每月130元提高到180元。新型农村养老保险制度基本实现全省全覆盖。农村教育卫生文化事业发展取得新进展，气象为农服务成效显著，基层组织和民主法制建设进一步加强，农村社会保持和谐稳定。

农村改革进一步深化。江西农村综合改革村级公益事业一事一议财政奖补范围由60个县扩大到80个县，村级一事一议不再要求县级配套。林权制度配套改革巩固林权登记发证管理，推进林权管理服务中心标准化和正规化建设，全省纳入全国林权管理服务中心建设试点县(市)数达到7个，萍乡市在全省率先成立市级林权管理局；开展全省林权交易场所清理整顿，对县级林权交易市场进行了整合；南方林业产权交易所加强与金融机构的合作，扩大了林权抵押贷款业务，探索开展了林产品商城在线融资业务。国有林场改革试点工作稳步推进，召开了全省国有林场改革工作调度会，出台了《国有林场改革后执行提前退休政策具体操作办法》及《关于未参保国有林场及其职工参加基本养老保险有关问题的通知》等改革配套政策，全省国有林场职工参加基本养老保险人数达8.50万人，参保覆盖率为87.4%；参加基本医疗保险人数9.12万人，参保覆盖率为93.8%；累计转换职工身份人数3.79万人。南昌县农村改革试验区工作扎实推进。

【全省农村工作会议召开】 1月13日，全省农村工作会议在南昌召开。会议传达贯彻中央农村工作会议精神，总结2011年全省农业农村工作，表彰2011年全省农业农村工作先进单位和个人，研究部署2012年农业农村工作。省政府代省长鹿心社出席会议并讲话，省委副书记张裔炯主持会议并作总结讲话，省委常委、常务副省长凌成兴宣读省委、省政府关于表彰2011年全省农业和农村工作先进单位和个人的通报。省人大常委会副主任魏小琴，省政协副主席朱张才，省政府党组成员、秘书长谭晓林出席会议。副省长姚木根作工作报告。会议强调，全省各级各部门要始终坚持把解决好"三农"问题作为全部工作的重中之重,在思想上强化认识,在实践上体现要求;要在加快推进工业化、城镇化进程中,大力推进农业农村现代化,把加快农村人口向城镇转移作为重要任务,协调推进城镇化和新农村建设,大力推进现代农业发展,努力实现“三化”互促共进;要在加快经济结构调整中,大力推进农业产业化经营,大力发展生态高效农业,大力搞活农产品流通,进一步做强农业农村经济,切实把农业资源优势转化为经济优势,把农业大省打造成农业强省;要在实施科教兴省战略中,明确科技创新方向和重点,完善科技创新机制,提升农技推广能力和社会化服务水平,以科技创新推动农业持续发展。会议指出,2012 年是实施“十二五”规划承上启下的重要一年,是贯彻落实省第十三次党代会精神的关键一年,要采取有效措施,抓好粮食等主要农产品生产,加强农业基础设施建设,加大对农业投入和补贴力度,进一步深化农村改革,着力保障和改善农村民生,切实加强和创新农村社会管理,确保农村社会和谐稳定、农民群众安居乐业。会议要求,各级党委、政府要切实担负起领导农村工作的责任,各部门、各行业要积极关心“三农”,相互支持、相互配合,形成共同推进农业农村发展的强大合力。

【全省统筹城乡发展一体化试点工作稳步推进】 2012 年,全省继续抓好南昌、新余、共青城等市城乡发展一体化试点工作,并新增井冈山市为城乡发展一体化试点县市。南昌市按照改造城中村、建设新农村、打造小城镇的思路,积极抓好小城镇和中心村建设,深入推进新农村村点整治、农村垃圾处理、“森林城乡,花园南昌”工程和通道“五化”综合整治工程建设,城乡环境面貌得到进一步改善。新余市一元化户籍改革工作顺利铺开,已换发“居民户口簿”1.35 万户,换发区域内居民城镇医保和农村医保实行由居民自行选择确定,低保金、优抚金、五保供养金等已发放到位;进城农民土地、宅基地等退出和补偿机制逐步建立;扩权强镇工作有所突破,分宜县将 11 个部门 28 项权限、渝水区将 14 个部门 30 项权限分别下放到双林镇和罗坊镇;农村产权制度改革试点稳步推进,在罗坊、双林两镇进行了以农村集体土地和宅基地确权、颁证为抓手的农村产权制度改革试点。共青城市按照“城乡一体、统筹发展、绿色崛起”的思路,全力以赴推进“经济文明与生态文明、社会文明有机统一的先导示范区”建设,并对甘露镇、江益镇、金湖乡总体规划和项目建设用地红线内村落实行了“城乡一体化新区”工程。井冈山市被确定为省城乡一体化试点县市以来,各项工作稳步推进。

【全省农村信息化建设试点工作成效明显】 2012 年,全省继续扎实推进农村信息化建设,各项工作进展顺利。2 月 24 日,全省农村信息化建设联席会议成员单位第一次全体会议在省政府办公厅会议室召开,副省长姚木根主持会议并作重要讲话,会议明确了“政府主导,市场运作;统筹规划,逐步实施;整合资源,综合利用;主抓服务,注重实效”的工作原则,讨论并原则通过了《江西省农村信息化建设工作规划(2011 - 2015)》《江西省 2012 年农村信息化建设工作实施方案》《江西省农村信息化建设联席会议办公室主要职能》《江西省农村信息化建设联席会议成员单位职责任务分工》等文件。9 月 4 日,全省农村信息化建设工作现场会议在瑞昌市召开,副省长姚木根出席会议并作重要讲话,会议总结了 2010 年以来的全省农村信息化建设试点工作,分析了农村信息化发展面临的形势,研究部署“十二五”期间全省农村信息化建设工作。至 2012 年底,全省 11 个设区市已建农村信息服务中心站 144 个,村级信息服务站 1165 个。

【全省一村一名大学生工程实现提升】 2012 年,全省继续实施“一村一名大学生工程”,完成了大专教育年度目标任务,出台了启动“一村一名大学生工程”专升本函授培养的政策性意见。3 月,经个人申报,乡(镇)、县(市、区)、市和省逐级审核和考试考核,全省 6007 名农村专业大户、村“两委”干部和农村优秀青年成为“一村一名大学生工程”首批大学生,其中参加江西电大远程教育学习 5674 名,参加江西农大成人高等教育函授学习 333 名,圆满完成了 2012 年度 6000 名培养目标。6 月,2013 年度“一村一名大学生”招生工作开始启动。11 月 18 日,省政府办公厅印发了《关于进一步推进“一村一名大学生工程”的通知》,提出在继续开展好“一村一名大学生工程”大专教育的同时,开展“一村一名大学生工程”专升本函授培养,计划从 2013 年启动,2014 年开始实施,每年培养 1000 名农民大专生升本。11 月 22 日,全省“一村一名大学生工程”座谈会在江西农业大学召开,省委常委、组织部长莫建成出席会议并讲话,副省长姚木根主持会议。

【出台现代农业体系建设规划纲要】 2012 年,为在全省新型工业化、新型城镇化深入发展中,同步推进农业现代化,更好富裕农民和农村,加快实现由农业大省向农业强省跨越,筑牢江西省建设和谐秀美乡村经济基础,确保与全国同步建成全面小康社会,省委、省政府于 9 月 19 日印发《江西省现代农业体系建设规划纲要(2012 - 2020 年)》。该“纲要”明确了江西现代农业体系建设主要任务是加快构建现代农业市场体系、突出创建绿色生产体系、调整优化产业布局体系、做大做强农产品加工体系、全面强化农产品安全监管体系、着力打造物质装备体系、显著提升科技支撑体系、巩固完善经营制度体系、创新发展金融服务体系、重视建设风险防范体系。

【出台实施和谐秀美乡村建设工程若干意见】 2012 年,为切实贯彻落实省第十三次党代会作出的“建设富裕和谐秀美江西”的决策部署,在加快现代农业发展,增加农民收入的同时,进一步提升社会主义新农村建设水平,开创农村建设新局面,促进全省科学发展、绿色崛起,省委、省政府于 7 月 27 日印发《关于实施和谐秀美乡村建设工程的若干意见》(以下简称《意见》)。《意见》明确了和谐秀美乡村建设工程的主要任务是着力推进城镇和农村统筹工程、环境生态工程、公共服务和社会保障工程、和谐文明村工程、文化惠民工程、贫困群众帮扶工程、深化改革工程、党的建设工程。

(董兆华)

社会主义新农村建设工作

【概　况】 2012年,江西紧紧围绕中央"5句话20字"目标要求,牢牢把握省委省政府"五美四和谐"总体要求,计划早安排、工作早发动、措施早落实,科学谋划、组织发动、强力推进,全省社会主义新农村建设呈现出连线成片联动发展的良好态势,农民生产生活条件得到有效改善,农村面貌发生翻天覆地变化。

坚持统筹布点和分类建设相统一,推动新农村协调发展。各地既选择一批交通便利、自然条件和经济基础较好的自然村开展和谐秀美新农村建设,又选择部分贫困村点推进扶贫攻坚式新农村建设,还选择一些乡镇政府所在地的集镇和大村庄集中开展镇村联动、村落连片新农村建设。2012年,全省共选择新农村建设村点9282个,确定了新农村建设镇村联动集镇219个。通过统筹村点布局、分类规划建设,推动了新农村建设多层面的协调发展。

坚持整治建设与社区化管理相统一,实现新农村秀美和谐。各地按照"三清六改四普及"和"三绿一处理"要求,对新农村建设村点实施整治建设,并对联动集镇进行硬化、绿化、美化、亮化等。2012年,全省新农村建设村点共硬化道路1.35万千米,改水39.8万户,改厕38.8万户,安装太阳能热水器9.1万户,新增沼气用户4.2万户,植树504余万株,打造了一大批和谐秀美村镇;有7055个村点规划和发展了一村一品产业,24.7万农户加入农民专业合作社,新创办企业4473个、安排就业6.1万人,极大地促进了农民增收。此外,积极完善村点卫生室、农资点和便民服务中心等服务设施,健全"党组织+村民理事会+合作社"的管理体系,制定筹资投劳、村规民约等制度。据统计,全年全省新农村建设村点共建社区公共设施2万多个,村点农民群众逐步实现了公共服务优质化、事务管理社区化、卫生保洁常态化。

坚持年度建设与后续提升相统一,扩大新农村建设成果。全省继续坚持新农村建设年度试点制,新选择一批村镇开展整治建设,使广大村镇年度内基本实现"走平坦路、喝干净水、上卫生厕、住整洁房、用洁净能"的目标。同时,顺应农业农村发展新形势、新要求,实施了主要干道沿线和谐秀美新农村改造提升工程。截至12月底,全省干道沿线村镇累计完成屋顶改造1965万平方米,房屋墙面改造6167万平方米,拆危旧破房13.1万间,拆除各类违章建筑61.5万平方米,安装路灯4.5万盏,新建4579个垃圾终端处理设施,新种植各类树木1348万株,初步形成了"沿线生态美、村镇皆是景"的格局。

坚持三级共建与多元融资相统一,增加新农村建设投入。按照省出大头、市县配套的原则,三级财政共同筹集新农村建设资金。此外,继续采取多种措施,鼓励受益群众出一点、涉农资金捆一点、帮扶单位助一点、社会各界捐一点、政策优惠减一点、金融市场贷一点、市场运作筹一点,多渠道集成资金。特别是在省领导亲自调度下,各地将主要干道沿线和谐秀美乡村改造提升工程列为重大政治任务,全力筹集专项资金。2012年,全省新农村建设村点累计投入65.38亿元,其中财政和涉农项目资金28.15亿元、农民自筹资金30.23亿元、社会捐助等资金7亿元;干道沿线改造提升工程投入资金110.43亿元,其中各级财政资金40.73亿元、集成项目资金13.8亿元、农民自筹资金49.92亿元、社会捐助等资金5.98亿元。

坚持高位推动与强化督导相统一,确保新农村建设见实效。各市、县(市、区)党委政府坚持把新农村建设作为推进"四化同步"、推动城乡发展一体化的重要内容和主要抓手,主要领导亲自部署调度、分管领导具体负责安排、相关部门狠抓工作落实,从政策、投入、人力、物力等方面实行倾斜。进一步强化领导挂点、部门驻点、干部蹲点以及社会力量帮扶制度,建立和完善适时调度、定期督查、通报情况、公布排名、奖优罚劣等督导制度,使督查指导更加科学、有效、得力。许多市、县(市、区)的主要领导还带领四套班子和有关部门负责人、乡镇主官,定期开展"巡回看变化"等活动,实地督导,现场办公,确保新农村建设氛围浓厚、势头强劲、力度持久、效果明显。

【承办全国古村落保护现场会暨村落文化论坛】 4月26~28日,由中国民间文艺家协会、中国文学艺术基金会、省文联主办的全国古村落保护现场会暨村落文化论坛在江西吉安举行。来自全国各地的200多名古村落研究专家、学者齐聚一堂,围绕当前新农村建设古村落的抢救、保护、发展和村落文化传承等问题展开热烈讨论和交流。副省长朱虹到会并讲话。

【重点支持原中央苏区和特困片区县社会主义新农村建设】 7月3日,省委农工部、省新村办、省财政厅联合印发《关于加大投入重点支持原中央苏区、特困片区县等社会主义新农村建设工作的实施方案》。3年内省、市、县三级每年统筹集成50亿元资金,紧扣和谐秀美乡村建设主题,按照"突出重点、集成投入、连片布点、整体推进"的工作思路,每年共建新农村建设村点5000个,集中力量重点支持原中央苏区和特困片区县以及高速公路沿线村点新农村建设,每个村点建设资金平均达到100万元,力争3年内和谐秀美乡村建设有大的起色。

【全省新农村建设会议在上饶召开】 7月7日,全省新农村建设工作会议在上饶召开,总结江西新农村建设和农村清洁工程实施情况,表彰先进,交流经验,部署实施和谐秀美乡村建设工程。省长鹿心社出席会议并讲话,省委副书记、省纪委书记尚勇出席会议并作工作报告,省委常委、常务副省长凌成兴主持会议。省人大常委会副主任胡振鹏、副省长姚木根,以及省政府党组成员、秘书长谭晓林出席会议。会议指出,建设和谐秀美乡村是惠及江西省农民、造福子孙后代的民心工程、德政工程,是今后一个时期江西省新农村建设的主要任务。各地要深刻领会实施和谐秀美乡村建设工程的重大意义,准确把握"五美四和谐"的总体要求,以实施和谐秀美乡村建设工程为抓手,深入推进新农村建设,努力开创江西省农业农村发展的新局面。

【举办全省村镇规划建设管理干部培训班】 8月4日,全省村镇规划建设管理干部培训班在省委党校开班。省委副书记、省纪委书记尚勇出席开班式并讲话。培训班由省委农工部、省住建厅、省新村办承办,通过大规模集中轮训,全面提高村镇规划建设管理水平,扎实推进和谐秀美乡村建设。参培对象包括各设区市、县(市、区)新村办和村镇规划建设管理部门分管领导,乡镇(场)主要负责人共2000人,分10期举办,每期200人左右,主要采取专家授课、经验交流和分组研讨等形式举行。

【实施主要干道沿线和谐秀美新农村改造提升工程】 为贯彻落实省委、省政府《关于实施和谐秀美乡村建设工程的若干意见》精神,2012年下半年以来,江西各地积极开展主要干道沿线和谐秀美新农村改造提升工程工作。工程共涉及114个县(市、区)和风景区、经济开发区的8617千米干道的488个集镇、8834个村庄、358万乡村人口。截至12月底,累计投入资金110.43亿元,完成屋顶改造1965万平方米,房屋墙面改造6167万平方米,拆危旧破房13.1万间,拆除各类违章建筑61.5万平方米,安装路灯4.5万盏,新建4579个垃圾终端处理设施,新种植各类树木1348万株,全省主要干道沿线初步形成"沿线生态美、村村皆是景"格局。

(徐清华　吴义勇)

机关党的建设

【概　况】 2012年,全省机关党组织围绕迎接党的十八大和学习宣传贯彻十八大精神这条主线,突出思想政治建设、机关作风建设和基层组织建设三个重点,全面推进机关党的建设,继续保持了"全国有影响、全局有位置",促进了机关各项工作任务的完成,为建设富裕和谐秀美江西作出了贡献。

加强思想政治建设,党员干部能力素质有新提高。开展"喜迎十八大,永远跟党走"系列活动,做好省直机关出席十八大代表候选人推荐提名、十八大精神学习宣传贯彻等工作。深化理论武装,加强对中心组学习的指导、管理和服务,分层次多渠道培训党员干部,针对重大敏感问题做好教育工作,抓好"六五"普法教育,推进学习型党组织建设,不断提高党员干部的素质和能力。

狠抓干部作风集中整治,服务经济社会发展有新作为。认真抓好省直机关干部作风集中整治活动督导、考核等工作,深入开展"访民情、办实事、转作风、作表率"主题实践活动,评选表彰百篇优秀民情日记、百件惠民实事,引导党员干部走基层、"接地气",解民忧、惠民生。省四套班子领导连续四年春节后上班第一天与党员干部一道参加新春万人植树。加强反腐倡廉建设,开展廉政教育,加大查办损害群众利益突出信访问题和违纪案件力度。省直机关全年共受理群众举报717件(次),立案27件,结案24件,处分违纪党员35人。把促进鄱阳湖生态经济区建设和赣南等原中央苏区发展振兴作为锤炼机关党员干部作风、服务发展大局的着力点,深入开展"四级联动、携手共建"活动,并被确定为全省党建工作典型示范项目。支持南昌市打造核心增长极,继续开展"共建文明社区、共创文明城市"活动,协调省直有关单位做好南昌轨道交通建设搬迁动员等工作,在大局中彰显作为。

扎实推进基层组织建设年,机关基层组织建设有新进展。抓好创先争优活动总结、表彰及长效机制建设,推动机关创先争优常态化、长效化。抓好分类定级、整改提高等工作,基层党组织普遍实现晋位升级。与省委组织部联合印发《关于落实基层组织建设年解决机关和事业单位党建工作突出问题的工作方案》,深入推进基层党建项目化发展,确定122个基层党建工作项目和6个重点项目,着力解决机关基层党建工作中存在的重点难点问题。制定《机关事业单位党支部工作规程(试行)》,推行党支部规范化建设,加强党员教育、管理、服务和发展工作。

突出抓好机关文化建设,文明机关创建有新成效。制定了《关于加强省直机关文化建设的指导意见》,开展核心价值观研讨、征集和展示活动。评选表彰第六届"十佳文明机关"和第九届省直机关文明单位,推荐95个省直单位为第十三届省级文明单位,比上届增长35.7%。深入持久开展学雷锋和志愿服务活动。成立了省直机关心理健康服务中心,建立了网上心理服务平台,系统开展了《公务员心理疏导机制建设研究》。筹资400多万元继续办好走访慰问、金秋助学、医疗互助等实事。机关工青妇组织按照各自章程认真开展工作,充分发挥了党联系群众的桥梁纽带作用。举办了"四办"机关健身运动会、百场篮球赛、趣味运动会等丰富多彩的文化体育活动,展示了党员干部健康向上的风貌。

深入贯彻《中国共产党党和国家机关基层组织工作条例》(以下简称《条例》)和省委实施办法,机关党组织自身建设有新提升。开展贯彻《条例》和省委实施办法专题调研,推动机关党建工作管理体制、责任机制、工作保障、队伍建设等方面取得新成效。组织机关党委专职副书记和机关纪委书记赴北京大学培训,指导20个省直机关党组织按期换届,推动党务干部交流和提拔使用,增强队伍活力。编辑出版了十七大以来工作资料汇编,启动了《机关党建志》编纂工作,办好《风范》和机关党建网。评选表彰设区市机关基层党建"十佳"和优秀项目,为原中央苏区和扶贫开发重点县直机关工委配送电教设备,推动设区市机关党建工作开创新局面。

【深入学习宣传贯彻党的十八大精神】 党的十八大召开后,按照省委的统一部署和要求,省直机关工委把学习宣传贯彻十八大精神作为首要政治任务,迅速召开省直机关传达贯彻党的十八大精神大会,发出《关于学习宣传贯彻党的十八大精神的通知》,要求各级机关党组织和党员干部走在前、作表率。举办省直机关党委专职副书记和机关纪委书记及中心组学习秘书培训班和党支部书记示范培训班,举行专题报告会,掀起学习宣传贯彻热潮。按照区分层次、突出重点、逐步深入的原则,充分发挥党组(党委)理论学习中心组作用,着力抓好处级以上党员领导干部的学习,把学习宣传贯彻工作不断引向深入,切实做到机关各级党组织全覆盖、机关党员干部职工全覆盖。

【组织开展“万名群众评机关”活动】 2012年,省直机关工委发放调查问卷近万份,召开各类评议座谈会94个,1万多名各界群众围绕服务大局、工作作风、服务态度、干部素质、机关形象等5个方面重点内容,对机关作风进行深入评议,对省直单位作风建设情况进行了满意度测评,征求对机关作风建设的意见建议2809条。5月15日,召开评议情况通报会和新闻发布会,向社会公布评议结果,并将评议情况及收集的意见、建议,原汁原味反馈给被评议单位。采取明察暗访等形式,督促被评议单位抓好整改落实,促进干部作风的转变。苏荣、鹿心社、尚勇等省领导分别作出批示给予充分肯定。

【获全国机关党建科学化“十佳案例”称号】 2003年以来,坚持每年为机关基层党组织和党员办好“十件实事”,采取项目化推进的方式,寓党员教育管理于服务之中。累计投入资金4000余万元,涵盖教育培训、走访慰问、扶贫济困、帮残助学、就业援助、医疗互助、心理疏导等多个方面,覆盖省直机关6000多个基层党支部,直接受益的党员近5万人(次),增强机关党组织的凝聚力和向心力,激发党员的荣誉感、归属感和责任感,激励广大党员更好地关心和服务群众。这一做法在9月12日召开的全国机关党建研讨会上,被评为全国机关党建科学化“十佳案例”。

【举办首次全省县级机关工委书记培训班】 为不断提高县级机关党建工作科学化水平,6月19~21日,省直机关工委举办首次全省县级机关工委书记培训班。省委常委、省委秘书长、省直机关工委第一书记赵智勇出席开班式并作专题报告。全省设区市直机关工委办公室主任、县直机关工委书记共100余人参加培训,收到了提高素质、开阔视野,交流经验、拓宽思路,共同推动县级机关党建工作创新发展的良好效果。

(付利明)

高校党建工作

【概　况】 2012年,江西省委教育工委以迎接党的十八大胜利召开和深入学习宣传贯彻十八大精神为主线,以党建项目推进年活动和基层组织建设年活动为载体,抓重点、破难点,积极探索建立高校党建工作长效机制,切实提高了江西省高校党建工作科学化水平。

抓培训、提素质,不断加强高校党员、干部队伍建设。省委教育工委和各高校认真贯彻落实中央和省委关于党员、干部教育培训工作精神,大力推进学习型党组织建设。一是开展了各级各类党员、干部教育培训。教育工委积极举办高校处级干部培训班、基层党组织书记示范培训班和党建组织员示范培训班,全年共培训6期500余人次,还完成对全省高校所有基层党组织书记关于创新社会管理的轮训。各高校把党员、干部教育培训作为党建述职述评重要内容,分层、分期、分批开展了党员、干部集中轮训,特别是突出抓好了十八大精神的学习培训。二是拓宽了干部培训培养方式。继续实施党员干部进修和挂职锻炼计划,先后选派70名高校领导干部参加北京大学举办的全省教育系统领导干部高级管理研修班,选派23名高校干部到新西兰和加拿大著名高校研修,安排了16名高校和市县教育行政部门优秀年轻干部到委厅挂职锻炼,使干部拓宽了视野、增长了才干。三是完善了省领导联系高校制度。全省26所本科高校均实现省领导联系,通过举办高校领导干部论坛加强了研讨交流,不断强化理论学习长效机制建设,高校领导班子和干部队伍的整体素质有了新的提升。

抓服务、求实效,不断推动高校创先争优活动常态化、长效化。根据中央和省委部署,结合高校实际,在深化“为民服务创先争优”活动中认真抓好基层组织建设年活动。按照“抓落实、全覆盖、求实效、受欢迎”的总体要求,认真制定解决高校在基层组织建设年中突出问题的工作方案,全面完成了高校基层党组织分类定级、整改提高和晋位升级工作。健全完善了党员干部联系师生、服务基层制度,大力开展党员志愿服务、结对帮扶、社会公益等活动,帮助师生员工解决一大批在日常工作、学习和生活中遇到的实际困难,打造了一批为民务实的基层党建工作特色品牌,形成了一批创先争优活动实践成果、理论成果和制度成果,评选表彰220个创先争优活动先进集体和先进个人,在高校营造了党组织创先进、党员争优秀、以党组织建设带动其他基层组织建设的良好氛围。同时,按照中央关于建立创先争优长效机制3个操作性文件和省委有关文件精神,督促指导每个高校党支部至少建立一项长效性的创先争优制度,有力推动创先争优活动常态化、长效化。

抓基层、打基础,不断加强和改进高校基层党建工作。教育工委和各高校高度重视基层党组织建设,以项目化建设为抓手,以提高质量为重点,认真落实基层党建工作各项任务。一是抓好大学生党员质量。制定高校发展党员工作实施细则、大学生党员质量保障体系实施意见和发展党员责任追究制度,对党员发展情况实行定期通报和检查,形成大学生党员“适度发展、保证质量”的良好态势。加强大学生党员教育管理,突出抓好新生入学培训和新党员培训,实施党员“先锋创绩”制度,广泛开展学生党员服务站、党员示范岗、无职党员设岗定责等活动,党员先锋模范作用得到充分发挥。二是抓好发展“双高”教师入党。建立完善发展“双高”教师入党的引导培养机制、关怀激励机制和责任追究机制,变“等待成熟”为“主动引导”,定期举办“双高”教师理论学习班和“博士读书班”,选派“双高”教师参加社会考察、挂职锻炼和社会服务等实践教育活动,加强理想信念教育,真正从思想上引导“双高”教师入党。全省高校“双高”教师中党员比例达60%以上,进一步改善了高校党员队伍结构。三是抓好基层党建工作条件保障。省委教育工委列支近200万元专项经费用于加强高校基层党组织建设。各高校在安排党建工作专项经费的基础上,明确按每名师生党员不少于100元的标准落实党组织活动经费,列入学校年度预算。积极推进高校党建阵地建设，加强党员活动室建设，教育工委列支30万元资助建设30个省级示范性党员活动室。组建近400人的高校党建组织员队伍，形成一支由党支部书记、组织员组成的初具规模的基层党建工作者队伍，为高校基层党组织建设提供坚强保障。

【推进高层次人才队伍建设】 2012年，省委教育工委新制定《“井冈学者奖励计划”实施办法》，启动第二批15个“井冈学者”特聘教授岗位设置工作。结合江西省十大战略性新兴产业对人才的需求和江西省30个高校高水平学科建设需要，在第一批15个“井冈学者”特聘教授岗位的基础上，增设15个“井冈学者”特聘教授岗位，使全省的“井冈学者”特聘教授岗位达到30个，基本覆盖江西省十大战略性新兴产业和30个高校高水平学科。加大了“井冈学者”的宣传力度，在《江西日报》、江西教育网、江西教育电视台、江西教育期刊等媒体上先后开展系列首批“井冈学者”的突出事迹和优秀成果宣传活动，营造爱才尊才的良好氛围。开展对第二批“赣鄱英才555工程”人文社科类人选的考察和首届15名“井冈学者”特聘教授聘期届满的考核评估，为高校搭建一个引进、培养和使用高层次人才的平台。

【推进大学生党员质量保障体系建设】 2012年，省委教育工委围绕构建大学生党员质量保障体系制定一系列规章制度，形成如“强化标准和程序，严把发展入口关”“强化教育和锻炼，塑造党员先进性”“强化建设和创新，确保党建工作规范有序”等好的经验做法，实现大学生党员“适度发展，保证质量”的工作目标。这一经验做法得到省委和教育部的充分肯定。在中组部、教育部召开的贯彻落实《中国共产党普通高等学校基层组织工作条例》工作会和教育部召开的全国高校学生党建工作现场经验交流会上，省委教育工委都作了典型发言。6月，省委副书记尚勇、省政府副省长朱虹先后在《全国高校学生党建工作现场经验交流会情况专报》上分别作重要批示，给予充分肯定。

【推进高校基层党建工作项目化发展】 2012年，省委教育工委认真贯彻落实全省基层党建工作项目化发展现场会和省委关于推进基层党建工作项目化发展的通知精神，制定下发在全省高校推进基层党建工作项目化发展的措施办法，采取项目化管理、过程化指导、精品化运作的模式，打造和确定一批具有高校特色的基层党建工作品牌，抓实抓牢高校基层党建工作。组织开展了全省高校基层党建工作项目评选活动，共有55个优秀项目获准立项，省委教育工委将这些优秀项目进行汇编，免费发放到高校学习借鉴，还对立项项目进行评估验收，并列支20万元给予资助。

【加强高校内涵建设】 2012年，省委教育工委以启动实施高校协同创新“440工程”为重点，评定首批10个“2011协同创新中心”，启动“十二五”江西省高校哲学社会科学繁荣计划，首次评定省级一、二类重点研究基地12个。4所高校入选“中西部高校基础能力建设工程”，2所高校实现省部共建，4所高校（包括专升本、更名大学、教育学院改制为普通高校）的设置高票通过教育部高校设置评议委员会评审。全省新增博士培养单位2个、硕士培养单位4个。在年度省科学技术三大奖中，江西省高校共获得16项自然科学奖、3项技术发明奖、30项科技进步奖，分别占全省总数的94%、43%和38%，且一等奖全部由高校获得。

（朱　易）

领导干部培训

【概　况】 2012年，全省各级党校（行政学院）以迎接党的十八大胜利召开和学习宣传贯彻十八大精神为主线，以提升办学质量、服务建设富裕和谐秀美江西为主题，围绕中心、服务大局，改革创新、科学发展，有力地推进干部教育培训事业不断取得新进步。

突出十八大精神的学习宣传，深入贯彻落实中央和省委的决策部署。全省各级党校（行政学院）组织全体教职工和主体班学员集中收看大会开幕式盛况，组织召开十八大精神专题辅导报告会、理论研讨会和校委理论中心组学习会，掀起学习宣传贯彻十八大精神的高潮。省委党校（江西行政学院）积极推进十八大精神进专题、进课堂、进头脑，选派专家参加全省十八大精神的宣讲活动，安排和鼓励相关教员走出校门、深入基层、广泛宣讲，集中培训了市县党校130余名教研骨干。面对十八大前后出现的多种社会思潮，各级党校把坚持党校姓党作为做好各项工作的灵魂，深入开展“党校姓党，忠诚于党”实践教育活动，在具体工作中切实体现自身优势和特色。

突出干部教育培训主业，主渠道主阵地作用得到新发挥。全省各级党校（行政学院）在提升培训质量的同时扩大培训规模。2012年，全省各级党校（行政学院）培训主体班学员21万人，其中设区市委党校（行政学院）培训学员4.3万人，省直工委党校培训学员920人，省委国资委党校培训学员593人，县（市、区）委党校（行政学校）培训学员16.34万人。省委党校（江西行政学院）果断停办高职，整合全校（院）资源，适当缩短常规主体班学制，增加办班期数，加快轮训节奏，年内共举办常规主体班26期，培训学员1229人；与省内有关部门合作举办各类班次13期，培训学员781人；全年培训各班次学员共计2010人。进一步完善了教学框架，把党的十七届六中全会、省第十三次党代会、胡锦涛总书记“7·23”重要讲话和党的十八大精神作为干部教育培训的重要内容，安排“马克思主义与中国特色社会主义理论”教学板块，推进了经典理论研读和教学；进一步加大了与江西发展密切相关、与干部成长紧密相连的教学内容比重，开设了建设富裕和谐秀美江西系列教学专题，增强了教学内容的针对性、时代性和实践性。把校内和校外“两个课堂”统一起来，把教师和学员“两个论坛”结合起来，综合运用案例教学、研讨教学、互动教学、现场教学、情景模拟教学等多种形式，分班次、分类别开展项目制专题研究式教学，着力增强教学方法的针对性和实效性；创建手机学习平台、完善校园网络视频点播功能，营造全天候学习氛围；制定了《校

(院)教师参加校外活动管理办法》等教学管理制度,出台了主体班精品课评选实施办法和实施细则,开展了首届主体班精品课评选,组织参加第二届全国党校系统精品课评选活动,以精品课建设为抓手,促进了教学质量的提高和教师队伍建设;创新教学专题形成和考核机制,坚持校领导带头讲课听课评课制度,对所有主体班次专题实行"一课一评",形成了以质量为导向的教学管理新机制,主体班教学水平总体不断提高。

突出重大理论和现实问题的研究,科研和咨询工作取得新进展。各级党校(行政学院)围绕发挥"思想库"和"智囊团"作用,坚持以重大理论和现实问题为主攻方向,不断推进科研和咨询工作。省委党校(江西行政学院)全年共发表论文300多篇,出版各类学术著作、教材等10部;有16项省部级以上课题获准立项,其中1项国家软科学项目、2项全国党校系统重点调研课题;有2项国家社科基金项目结项,28篇论文(或著作)在研讨会或学术评比中获奖;有3篇理论文章在《人民日报》《光明日报》发表;3篇论文入选第四届中国特色社会主义论坛,1篇论文入选全国党校系统学习贯彻党的十八大精神理论研讨会。加强了理论研讨和交流,与中央党校马克思主义理论教研部共同主办第四届中国特色社会主义论坛"科学发展观与当代中国发展"研讨会,评选了全省党校系统科研工作组织奖、优秀科研管理工作者和优秀科研成果奖,设立了62项全省党校系统社会科学研究课题。以《领导论坛》改版和设立重大省情省策研究课题为抓手,围绕建设富裕和谐秀美江西这个主题,聚焦全省改革发展稳定的重点难点问题和干部群众关注的热点问题,深入开展社会调研和课题研究,全年有8项对策研究成果获省领导重要批示,为历年来之最;组织编写的《江西省情资料手册(2012年版)》得到省领导好评,《建设鄱阳湖生态经济区学习读本》被评为第二届江西省优秀社会科学普及读物。加快学科建设步伐,制定实施了校(院)《学科建设规划(2012-2015)》,明确了哲学、经济学、科学社会主义、中共党史和党的建设、公共管理、法学六大重点建设学科及其重点研究方向,并以项目为纽带加强了理论研究和课题攻关。校刊校报有效发挥了科研阵地作用,《求实》入编《中文核心期刊要目总览》政治学(含马列)类核心期刊,并遴选为CSSCI(2012-2013年)来源期刊;《江西行政学院学报》和《江西党校》报办刊质量进一步提升,图书馆继续加强了纸质文献、数字文献、网络资源和特色资源建设,文献资源保障能力明显增强。

突出办学渠道的拓宽,开放办学实现新突破。各级党校(行政学院)充分利用国内国际两种培训资源,大力构筑常规办学以外的"第二平台"。省委党校(江西行政学院)连续第9年与美国乔治亚大学合作举办中美研修班,培训学员25名;会同省委组织部举办第二期"中德合作环境和气候课题领导能力培训班",培训学员28名;全年共组织25名骨干教研人员和行政管理人员出国学习考察,接待国外来访官员、学者和友好人士58人次。研究生教育吸引力不断增强,年内招录学员495名,毕业学员413名,进一步完善报名、上课、毕业论文撰写等重点环节的制度机制,教学质量和办学声誉不断上升,2012年报考人数与上年相比增加30%,创历史新高。对外培训社会影响力不断增强,利用江西丰富的红色教育资源,主动参与培训市场竞争,与全国多所党校、行政院校、组织部门等合作举办各类培训班100多期,培训学员4700多人次,培训质量得到全国各地学员的好评。

突出中青年骨干教师的培养,人才和干部队伍建设呈现新活力。各级党校(行政学院)坚持人才强校战略,着力加强以中青年骨干教师为重点的人才队伍建设。省委党校(江西行政学院)年内新引进3名博士和1名硕士;制定并实施了《2012-2016年中青年教研队伍建设实施方案》,选拔确定了7名中青年骨干教师培养对象,建立"传帮带"导师制度,按照"一人一策"个性化培养的方式,逐人制订培养措施;安排12名博士或青年骨干教师到主体班担任学习辅导员;完善了职称评审机制,切实按教研工作业绩"算"出教授、选出先进,有12名教研人员通过评审,分别获得教授、副教授(副研究员)任职资格;2名骨干教研人员分获国务院特殊津贴和省政府特殊津贴。年内提拔任用处级干部36人次,处级干部轮岗交流10人次,进一步增强了队伍的生机和活力。在教师节之际,对2009-2011年度的先进典型进行表彰,10人获"优秀教师"称号、10人获"先进工作者"称号、4部门获"先进集体"称号。

突出风清气正学府的建设,从严治校和民主治校取得新成效。各级党校(行政学院)以"党校姓党,忠诚于党"主题实践活动和整治干部作风突出问题为抓手,坚持从严治校和民主治校,营造了风清气正的校园氛围。省委党校(江西行政学院)继续推进创先争优活动,大力推进学习型党组织建设,有1个党支部获"省直机关创先争优先进基层党组织",1人获"省直机关创先争优优秀共产党员"称号,5篇文章获全省创先争优理论研讨优秀论文,连续9届获得"省直机关文明单位"称号。在全校范围内查找、梳理岗位廉能风险,进一步明晰岗位职责,规范工作流程;认真落实廉洁从政的各项规定,加大对工程建设、物资采购和干部任职的监察、审计力度;首次实行干部离任审计制度,对离任的3名部门主要负责人进行审计。进一步完善了校务委员会领导体制和工作机制,对重大决策、重要干部任免、重大项目安排和大额度资金使用等,严格实行集体决策和责任追究。认真落实校(院)《重大情况通报实施办法》,及时向教职工包括离退休老同志通报校院发展的重要工作情况。把教书育人与文化育人结合起来,开展"每日一读""每月一课"以及"喜迎党的十八大书法摄影作品展""红歌满校园"等活动,建设文明和谐、团结奋进的校园文化。

【举办全省党校行政学院系统业务指导专题研讨班】 3月15~18日,全省党校行政学院系统业务指导专题研讨班在赣州市举办,研讨班的主题是"加强和改进业务指导,推进全省党校行政学院系统整体建设"。研讨班明确当前和今后一个时期业务指导工作的总体要求、工作思路和目标任务。研讨班期间,与会人员赴广东省韶关市委党校考察学习当地创新市县党校办学体制、深化教学改革方面的经验和做法。各设区市委党校(行政学院)、省委教育工委党校分管业务指导工作的校(院)领导及党校(行政学院)工作处(科)负责人,省委党校(江西行政学院)有关职能部门负责人共30余人参加研讨班。

【瑞金革命传统教育基地揭牌】 3月31日,省委党校(江西行政学院)在瑞金"一苏大旧址"举行"中共江西省委党校革命传统教育基地"揭牌仪式。该教学基地的建立,对于组织开展理想信念、苏区革命历史和苏区干部作风等主题教育活动,丰富革命传统教育的内容和形式,加强学员党性锻炼,将发挥重要作用。揭牌仪式结束后,省委党校第四十期中青班开展了系列现场教学活动。

【举办全省县级党校行政学校校长培训班】 5月15日,首期全省县级党校(行政学校)校长培训班在南昌县委党校开班。培训班的主要任务是深入学习贯彻"两条例一纲要"和全国县级党校工作座谈会精神,帮助县级党校、行政学校常务副校长,进一步掌握做好基层干部教育培训工作的新知识、新理念、新方法,提高治校办学的能力和水平,推进全省县级党校、行政学校的改革发展。中央党校地方办、省委组织部干教处、省委党校(江西行政学院)职能部门和南昌市委党校、南昌县委有关负责人出席首期开班式,共有48名县级党校(行政学校)常务副校长参加培训。第二期培训班于6月12日开班,有45名县级党校(行政学校)常务副校长参加培训。

【举办中国特色社会主义论坛】 7月21日,由中共中央党校马克思主义理论教研部和省委党校共同主办的第四届中国特色社会主义论坛在南昌举行。论坛以"科学发展观与当代中国发展"为主题,来自中央党校、中国社科院、北京大学、复旦大学、厦门大学等知名高校与院所的专家学者,分别就"科学发展观的历史地位""科学发展观的基本理论""科学发展观的新发展"以及"实践科学发展遇到的新情况新问题"等主题作大会发言,并进行深入研讨。来自全国各级党校、高校、社科院及其他有关单位的专家学者近百余人参加。

【举办全省党校系统学习贯彻十八大精神师资培训班】 12月17~20日,全省党校系统学习贯彻十八大精神师资培训班在省委党校举办。培训班开设《进一步坚定中国特色社会主义信念——对十八大报告主线的解读》《全面建成小康社会的总体部署》《全面提高党的建设科学化水平——十八大报告关于党建新部署》《增强党性,坚定理想信念,保持党的先进性与纯洁性》《推进生态文明建设,实现绿色发展、循环发展、低碳发展》《十八大党章学习辅导》等专题。来自全省党校系统的骨干教师和科研人员共130余人参加培训。

(蔡泉水)

信访工作

【概　况】 2012年是江西省信访工作着眼发展、务实创新、富有成效的一年,主要体现在三个方面:一是信访渠道更为畅通和规范。完善"信、访、网、电"四位一体诉求平台,信访网上服务中心运行有效。省信访局受理群众来信1.13万件(次),接待群众上访6090批2.87万人(次),办理"网上信访"5721件,"省长手机"接听电话4.91万个,"政府信箱"受理电子来信8831件,全国信访信息系统录入应用率100%,重要信访事项办结率100%。信访秩序持续好转。进京重复非正常上访同比下降38.9%(在全国综合排第20位以后);来省上访2.87万人次,下降24.5%;来省重复访3993人次,下降51.4%。二是多项工作在全国有影响。上饶市创新机制化解信访问题的经验,得到中央领导充分肯定。加强基层信访工作和信访干部大走访、为民服务促和谐的做法,在第七次全国信访工作会议和全国信访系统"创先争优·能力建设活动"总结会议上,作大会书面交流和发言。用群众工作统揽信访工作试点、领导干部接访包案、解决特殊疑难信访问题专项资金使用、积案化解、驻京劝返、信访事项三级终结等方面工作,得到中央处理信访突出问题及群体性事件联席会议(以下简称中央信访联席会议)和国家信访局的好评。三是信访部门建设明显加强。江西省3个先进集体和4名先进工作者受到国家人社部、国家信访局联合表彰,有9人被授予全国信访系统荣誉称号。同时,省信访局被评为"人民网"网民留言办理工作先进单位、全省社会管理综合治理先进单位和省直精神文明建设先进单位,局机关党委被评为省直机关先进基层党组织,省长手机信箱工作处被评为全省"三八红旗集体"等。

【推进领导干部接访、开展积案化解攻坚年活动】 2月9日,《省委办公厅、省政府办公厅印发〈关于深入推进领导干部接访,开展信访积案化解攻坚年活动的意见〉的通知》下发后,省信访局认真跟踪问效抓落实。对领导干部接访,实行"日调度、月告知"制度,运用视频系统重点抽查9092次。对重要信访事项,坚持做到"五个面对面",即:与信访人面对面、与信访部门面对面、与责任单位面对面、与包案领导面对面、与主管领导面对面。检验领导包案看"四个是否",即:是否签批包案意见、是否约谈信访人、是否协调解决合理诉求、是否审核并签发办结报告,推动问题得到有效解决。同时,采取召开现场推进会等形式,把领导干部接访和积案化解工作不断引向深入。2012年,全省省直部门和市县党政领导采取值班接访、分类接访、联合接访、视频接访、包(带)案下访等多种形式,接待信访群众15.8万余人次,解决信访问题2.87万个。规范使用中央专项资金和省、市、县三级配套资金,共计1.25亿元,解决疑难信访问题2061个。认真抓好信访事项办理、复查、复核"三级终结"工作,依法终结信访事项195件。中央信访联席会议办公室交办的1792件信访积案化解任务如期完成,366件"两清"案件(对超时未办结信访事项进行清理、对在来访接待场所滞留来访人员进行清劝)全部化解结案。

【召开全省信访工作电视电话会议】 2月22日,省委、省政府召开全省信访工作电视电话会议。会上,省委书记苏荣等6位省委常委为全省2011年度无进京重复非正常上访、无进京集体上访、无来省非正常集体上访的30个县(市、区)党委主要领导颁奖;省长鹿心社向11个设区市联席会议总召集人下发《2012年度江西省设区市信访目标管理责任书》。全省2011年度信访综合考评排名靠后的2个设区市、10个县(市、区)党委主要领导,以及80余个省直有关部门和单位的分管领导在主会场参加会议。各市、县(市、区)参照主会场的规模在当地设分会场,各乡镇、街道的党委主要领导收听收看会议。

【召开全省社会管理综合治理暨信访工作会议】 9月27日上午,省委、省政府召开全省社会管理综合治理暨信访工作会议。会上,省委书记苏荣、省长鹿心社等8位省领导亲自为全省信访系统先进集体和先进个人代表颁奖。省委常委、政法委书记舒晓琴主持会议,省委副书记、省纪委书记尚勇代表省委、省政府就加强信访工作作重要讲话,省委常委、常务副省长凌成兴在会上对党的十八大期间社会稳定工作进行全面部署。全省各设区市综治委主任、信访联席会议召集人以及综治办主任、信访局长,各县(市、区)党委或政府1名主要负责人、信访局长和230余个省直有关部门和单位的分管领导在主会场参加会议。各市、县(市、区)党政班子成员,人大、政协主要负责人,市县(市、区)综治委委员、信访联席会议成员和各乡镇、街道的党委主要领导在当地分会场收听收看会议。为及时落实会议精神,省信访局在当日下午召开贯彻落实全省社会管理综合治理暨信访工作和全省信访系统创先争优总结会议,各设区市、县(市、区)信访局长和省直有关单位信访处(室)负责人参加会议。

【加强信访基层基础工作】 2012年,省信访局进一步加强信访基层基础工作。一是夯实基层工作基础。协同省委组织部起草《关于进一步加强信访干部队伍建设的实施意见》,省委办公厅、省政府办公厅以赣办发〔2012〕13号文件进行了转发,就充实信访工作力量、选好配强领导班子、优化队伍结构、完善信访督查专员制度等方面,作了进一步的明确和规范。二是面向基层加强督导。7~10月,积极配合中央信访工作督导组第十四组,先后到了11个设区市、94个县(市、区),认真检查十八大期间信访工作情况,和有关部门组织开展安全保卫信访维稳督导,促进基层加强改进相关工作。三是完善基层工作机制。转变基层信访工作考核机制,对全年实现"无进京重复非正常上访、无进京集体上访、无来省非正常集体上访"的县(市、区)有关人员,经考核给予一个月工资的奖金,并已为2011年度"三无"县(市、区)的23位党政主要领导记三等功,增强基层抓好信访工作的积极性和主动性。2012年,全省"三无"县(市、区)达60多个,占全省县(市、区)总量比上年提高近40个百分点。

【开展信访理论研究与培训工作】 2012年,省信访局加强信访理论研究与培训工作,组织开展以"走基层、听意见、促工作"为主题的调研活动,紧密结合工作实际,调研重要问题,撰写理论文章。局领导发表调研文章5篇,《求是》杂志刊发省委副秘书长、省信访局局长朱荣辉的《充分发挥新形势下信访工作的重要作用》一文,体现了理论指导实践的成果。积极推进学习型机关建设,引领全局干部加强理论学习,先后派出7名干部出国学习考察,抽调干部到省委党校、省直工委党校培训。在中组部全国组织干部学院,举办全省信访干部培训班,参训学员61名,学习培训层次高、形式活、内容实。

(*省委省政府信访局*)

老干部工作

【概　况】 2012年,全省老干部工作在省委、省政府的正确领导下,紧紧围绕中心、服务大局,改革创新、狠抓落实,各项工作取得新的发展、新的成效。

以迎接党的十八大为主线,深入推进离退休干部思想政治建设。省委三次召开形势报告会、情况通报会,省委副书记尚勇等省委领导向离退休干部通报全省经济社会发展情况,传达党的十八大主要精神。先后召开全省离退休干部思想政治工作座谈会、"五好支部"和"四好党员"表彰大会。各地各部门也按照有组织机构、有活动场地、有活动经费、有学习资料、有规章制度的"五有"建设要求,进一步加强了基层离退休干部党组织建设。同时,通过举办各种培训班、读书班,提升了全省离退休干部党建工作队伍的整体素质。

围绕纪念干部退休制度建立30周年,开展丰富多彩的活动。先后开展了"建言献策促发展,创先争优我先行"活动、"迎盛会、看发展"活动,举办了全省老干部调研信息宣传工作会议暨纪念离退休制度建立30周年理论研讨会,各级关工委还组织"五老报告团"深入基层青少年群体中开展"学党史、颂党恩、跟党走"主题教育活动,取得一批较好的实践成果和理论成果。

督查落实老干部政策,提升了服务管理水平。按照中组部要求,对党的十七大以来出台的各项老干部工作政策贯彻落实情况进行了督查,确保老干部各项政策的落实不留死角。联合有关部门出台三个惠老政策,进一步巩固和完善离休干部"三个机制",及时研究解决机制运行中出现的新情况新问题。积极指导、督促有关市县做好省属国有改制和破产企业离休干部管理服务工作,积极推进利用社区资源服务老干部工作,取得初步成效。

扎实开展双创活动,稳步推进学习活动阵地建设。继续推进创建老年大学示范校和老干部活动中心争先创优活动,相当一部分市县新建、扩建了老干部活动中心和老年大学,为老干部活动、学习提供更加优良的环境。江西省老干部庐山休养中心全面竣工并通过验收。广泛开展以"喜迎党的十八大"为主题的征文比赛等庆祝活动,生动展现广大离退休干部的爱党情怀和良好风貌。

切实改进工作作风,老干部工作部门自身建设得到加强。结合实际开展了作风集中整治活动,广泛开展"走进基层、贴近老同志"活动,进一步提高为老干部服务的水平。在井冈山江西干部学院举办两期全省老干部局(处)长培训班,圆满完成全省老干部工作人员三年轮训规划目标任务。

继续推进落实地方党委老干部局局长兼任同级党委组织部副部长工作，10个设区市实现兼任，县市区一级也达到了82%以上。不少地方还将老干部工作纳入党委目标管理考核之中，有效调动了积极性和创造性。

【举行全省离退休干部形势报告会】 1月11日，省委举办全省离退休干部形势报告会，省委副书记张裔炯向全省离退休干部通报了2011年全省经济社会发展情况和省委、省政府2012年工作的主要考虑。副省长孙刚主持报告会。会议采取网络视频的形式举行。张裔炯指出，全省各级老干部工作部门要认真总结和运用老干部工作制度建立30年来的成功经验，以进一步加强离退休干部思想政治建设、深化离退休干部党组织和党员创先争优活动、改进离退休干部服务管理工作为重点，加强制度建设，有效整合资源，强化工作落实，不断为老干部、老同志实现老有所养、老有所医、老有所教、老有所学、老有所为、老有所乐创造更好条件。他衷心希望广大老干部、老同志一如既往地关心、支持和帮助省委、省政府做好工作，为推进科学发展、加快绿色崛起，建设富裕和谐秀美江西作出新贡献。

【召开全省老干部工作“双先”表彰大会暨老干部工作会】 2月10日，全省老干部工作先进集体、先进工作者表彰大会暨老干部工作会议在南昌召开。省委常委、组织部长莫建成到会讲话，省委组织部常务副部长张宝瑜主持表彰大会，省委组织部副部长、省人力资源和社会保障厅厅长揭赣元宣读表彰决定；省委老干部局副局长陈卫华作工作报告，副局长肖志文主持工作会议。各设区市和省（中）直单位分管老干部工作主要领导、老干部工作部门负责人以及全国、全省老干部工作先进集体和先进个人代表480余人参加会议。会议表彰了27个先进集体、45名先进工作者，8个先进典型作书面交流。莫建成代表省委向所有受到表彰的先进集体和先进个人表示祝贺，强调要大力弘扬先进集体和先进个人的事迹和精神，认真总结先进典型的好做法好经验，用制度巩固经验、用制度规范工作，提高全省老干部工作科学化水平；要适应形势、把握要求，以迎接十八大为主线扎实做好今年的老干部工作，推动老干部工作在改革中推进、在继承中发展。

【中组部督查组到赣检查指导老干部工作】 4月8～10日，中组部老干部局局长陶治国率领督查组到赣督查江西省老干部政策落实情况。督查组先后深入瑞金和赣州、吉安、省直单位进行实地督查，并采取召开老干部座谈会、听取工作汇报、调查问卷等形式详细了解党的十七大以来江西省老干部政策落实情况，听取大家意见建议。省委副书记、省纪委书记尚勇出席了4月10日在南昌召开的省委老干部局有关情况汇报会和省直单位老干部座谈会，省委常委、省委组织部部长莫建成主持会议，蒋如铭等7位老同志参加了省直单位老干部座谈会。陶治国充分肯定了党的十七大以来江西省老干部工作取得的成绩，他指出，江西在贯彻落实中央有关老干部政策方面做大量卓有成效的工作，很多工作走在全国前列，广大老干部政治、生活待遇得到有效落实，他们继续发挥了积极作用，为江西经济社会事业的全面发展作了贡献。他强调，2012年是离退休干部制度建立30周年，要进一步提高老干部工作的科学化水平，努力做到让党放心、让老同志满意。

【召开全省离退休干部“五好支部”和“四好党员”表彰大会】 6月28日，省委组织部、省委老干部局召开全省离退休干部“五好支部”和“四好党员”表彰大会，省委副书记、省纪委书记尚勇出席大会并讲话，省委常委、组织部长莫建成主持会议。大会表彰110个离退休干部“五好支部”和111名“四好党员”，两位老干部代表作典型发言。来自全省各地各部门的离退休干部“五好支部”和“四好党员”代表，各设区市委老干部局局长、科长，省（中）直单位老干部工作部门负责人共200余人参加大会。

（胡　珲）

党史工作

【概　况】 2012年的党史工作围绕喜迎十八大、学习贯彻十八大和省十三次党代会精神这条主线而展开，认真贯彻落实中央和省委的新要求，围绕着全省工作大局特别是围绕经济社会发展对党史工作的新需求，科学制定工作规划，扎实推进各项工作，较好地完成了各方面的任务。

以迎接十八大、学习贯彻十八大精神为主线，提升党史工作服务大局水平。参与专题电视片《永恒的信念》制作工作，进一步唱响“永远忠于党，永远跟党走”的主旋律；为人民日报社江西分社记者策划十八大报道有关栏目——100个中国人与十八大；在省委机关刊物《当代江西》连续发表10篇文章，从全新视角对中共历次党代会及江西省委85年历程进行了梳理；与省职工思想政治研究会、省中共党史学会、省教育厅、省国资委联合发文，转发中央八部委文件，开展“回顾辉煌历史，喜迎党的十八大”读书竞赛活动；参与省委宣讲团，宣讲十八大精神。室主任沈谦芳作为省委宣讲团成员，分别到上饶市、江西农大、省科学院、江西中烟公司、省投资集团公司进行十八大精神宣讲。

以党史编研工作为基础，提升党史工作的内涵与品质。《中国共产党江西历史》（第二卷）编写工作取得新进展，搜集整理500余万字的史料，为二卷编写打下坚实的史料基础；完成国家社科规划课题并出版《苏区制度、社会和民众研究》，该书入选国家哲学社会科学成果文库；编辑出版《方志敏全集》，《人民日报》（8月21日理论版及10月4日第四版）、《光明日报》（8月20日理论版）发表专题文章予以评介；《中央革命根据地历史资料文库·政权系统》《江西省革命遗址通览》编纂完成，《凯丰评传》和《中国国民党江西省干部训练研究：1932－1949》作为江西省社会科学“十二五”规划课题正式启动；成立《江西省志·党史研究志》编委会和编纂室，开展编纂工作。

以党史宣传教育工作为抓手，提

升党史工作的影响和辐射。参与策划摄制红色青春励志电影故事片——《少共国际师》;应邀到中国井冈山干部学院、江西师大、南昌航空大学等多家单位讲授《中国共产党群众工作的历史经验及启示》《从井冈山斗争中汲取信念的力量》等党史专题辅导报告;与省委组织部、宣传部、教育厅、团省委联合下发《关于认真组织观看中国共产党党史教育电影〈守望明天〉〈郭明义〉〈杨善洲〉的通知》,要求全省各地组织党员、干部、群众和青少年观看学习;组织撰写《矢志不渝革命路,风雨铸就生死情——纪念曾山和陈正人逝世40周年》,并配图在《江西日报》刊发;《党史文苑》组织刊发《我们永远爱红军》《推母爱以爱我们的祖国和人民》等文章,纪念老红军邓六金诞辰100周年;与省社科院、江西省中共党史学会、赣州市委党史办和宁都县联合召开座谈会,纪念刘浩天诞辰100周年。

以党史资政和党史服务为着力点,提升党史工作的作用和效能。制定《江西省党史资政工作规划(2012-2015)》,明确今后四年党史资政的指导思想、主要任务和保障措施;继续做好江西省所辖中央苏区县申报核定工作,提交相关论证报告和材料为国家发改委编制赣南等原中央苏区振兴发展规划提供直接依据;参加2012中国红色旅游博览会,并形成资政报告;正式启动中国红色旅游系列丛书中《中国红色旅游指南——江西省》的组织编纂工作,与省旅游局共同成立编纂委员会和工作机构,开展编纂工作;出台《关于审读党史类作品的实施细则》等文件,先后审读中纪委编《中国共产党反腐倡廉建设史》、省委组织部等单位摄制的大型电视系列片《红色故事汇》文字稿等10余部党史著作并提出修改意见;审定江西省博物馆"红色摇篮"及瑞金、会昌、遂川、广昌等纪念展馆陈展大纲。

【电视专题片《永恒的信念》摄制完成】 作为党的十八大献礼片,大型电视专题片《永恒的信念》由省委宣传部、省委党史研究室和省电视台联合摄制完成。该片以井冈山革命斗争史为背景,通过全景展现毛泽东、朱德等老一辈无产阶级革命家及红军先烈们的事迹,深刻阐述"信念"这一主题,引导人们以史为鉴,珍惜革命先烈留下的宝贵财富,大力弘扬伟大的井冈山精神,牢固树立正确的世界观、人生观,坚守共产主义远大理想,坚定中国特色社会主义信念。该专题片从脚本创作到拍摄制作,得到了中央和省委的充分肯定和高度重视。该片既有思想性又有艺术性,既有鲜明的主题又有生动的细节和感人的故事,既有理论高度又有生活气息,是一部富有长久生命力、震撼表现力、强大传播力的精品力作。

【《苏区制度、社会和民众研究》入选国家哲学社会科学成果文库出版】 由江西省委党史研究室副主任、研究员何友良撰著的《苏区制度、社会和民众研究》一书入选2011年度《国家哲学社会科学成果文库》,是江西省社科界第一部入选《国家哲学社会科学成果文库》的学术著作。《苏区制度、社会和民众研究》一书是何友良研究员主持完成的国家社会科学基金项目《苏区制度、社会和民众研究》(项目批准号04BDJ001)的最终研究成果,成果被国家社科规划办鉴定为优秀等级。该书全面考察中国苏维埃制度及其规制下苏区社会状况,重点研究苏维埃制度、苏区社会、革命与社会中的民众3个基本问题及其相互关系,深入解读了苏区基层政权、社会组织、各阶级阶层民众、制度与政策绩效等问题,从苏维埃制度的兴替得失和价值影响探究了中国革命这一阶段的主体实践、实际内容和历史定位。该书以新的研究视角和大量第一手史料为基础,在近代社会进步的背景下考察中国苏维埃制度与社会史,对苏区社会和民众状态进行系统深入的阐释,揭示了苏维埃制度兴替的历史价值和经验教训。该书不仅拓展了苏区史的研究领域,推进了苏区史的学术建设,而且进一步揭示了中国革命进程和社会进步的深刻内涵,呈现了中国共产党领导中国革命和致力社会改造的思考与贡献,探讨了农村社会改造的路径和方法,具有重要的学术价值和现实意义。

(刘 津)

江西省人民代表大会常务委员会

本栏编辑　陈超萍

综　述

2012年,江西省各级人民代表大会1508个,其中:省级人民代表大会1个,设区市级人民代表大会11个,县级人民代表大会100个,乡(镇)人民代表大会1396个。各级人大代表10万多人,其中全国人大代表74人,省人大代表611人。省十一届人民代表大会常务委员会组成人员53名,其中主任1名,副主任5名,秘书长1名,委员46名。省十一届人民代表大会设有内务司法委员会、财政经济委员会、教育科学文化卫生委员会、农业和农村委员会、环境与资源保护委员会、法制委员会等6个专门委员会;省十一届人民代表大会常务委员会设5个厅级工作机构,分别是办公厅、法制工作委员会、选举任免联络工作委员会、外事华侨民族宗教工作委员会、预算工作委员会。

2012年是省十一届人大常委会任期的最后一年。一年来,省人大常委会高举中国特色社会主义伟大旗帜,以邓小平理论、"三个代表"重要思想、科学发展观为指导,全面贯彻落实党的十七大、十八大和省第十三次党代会精神,坚持党的领导、人民当家作主、依法治国有机统一,围绕全省改革发展稳定大局依法行使职权,牢牢把握地方立法在完善中国特色社会主义法律体系中的职责、任务和要求,主动适应江西省经济社会发展的立法需求,更加注重经济领域立法和社会领域立法及其他领域立法的均衡发展,更加注重法规的修改完善,深入推进科学立法、民主立法,切实提高立法质量,确保本届立法任务如期完成;自觉服从服务于全省工作大局,坚持把事关推动科学发展、促进社会和谐的重大事项作为着力点,加强监督工作,增强监督实效,推动中央和省委重大决策部署的贯彻落实,推动法律法规的正确有效实施,保障和促进全省科学发展、绿色崛起;坚持把代表工作作为常委会一项基础工作来抓,加强和改进代表建议办理工作,精心组织代表闭会期间活动,不断提高代表服务保障水平,充分发挥代表主体作用;认真贯彻选举法,坚持党的领导,充分发扬民主,严格依法办事,切实做好新一届全国人大代表和省人大代表推选的相关工作;大力推进常委会自身建设,全面加强思想建设、作风建设和机关建设,更加重视人大理论研究和宣传工作,进一步密切与市县人大常委会联系,切实提升依法履职水平,圆满完成本届省人大的各项目标任务,为坚持和完善人民代表大会制度,为推动科学发展、加快绿色崛起,建设富裕和谐秀美江西作出了积极贡献。

重要会议

【省十一届人大五次会议】 2月1～5日在南昌举行。大会听取和审议省人民政府代省长鹿心社作的政府工作报告、省人大常委会副主任陈达恒作的省人大常委会工作报告、省高级人民法院院长张忠厚作的省高级人民法院工作报告、省人民检察院检察长曾页九作的省人民检察院工作报告;审查和批准了关于江西省2011年国民经济和社会发展计划执行情况与2012年国民经济和社会发展计划草案的报告、关于江西省2011年省级总预算执行情况和2012年省级总预算草案的报告,批准了江西省2012年国民经济和社会发展计划、江西省2012年省级预算。大会经过认真审议,通过关于上述6项报告的决议。省人大内务司法委员会、财政经济委员会、教育科学文化卫生委员会、农业和农村委员会、环境与资源保护委员会、法制委员会分别向会议提交2011年工作总结和2012年工作要点(书面)。大会补选鹿心社为省人民政府省长,胡幼桃为省人民政府副省长,李玉英(女)、汪毓华(女)、宋才火、林兴富(布依族)、周健儿、周容兴、涂勤华、梁彩云(女)、屠永发、傅世平为省十一届人大常委会委员;接受孙刚、熊盛文辞去省人民政府副省长职务;表决通过程水凤(女)为省人大教育科学文化卫生委员会主任委员,汪毓华(女)为省人大环境与资源保护委员会主任委员。

大会收到代表联名提出的议案10件。经大会秘书处研究,主席团会议通过,将南昌市代表团任德清等40名代表和上饶市代表团肖天连等13名代表提出的《关于制定江西省企业及企业经营者权益保护条例》的议案交由省人大财政经济委员会办理。其余9件议案改作代表建议,连同大会期间收到的代表提出的建议,共计472件,由省人大常委会交有关国家机关、组织办理,并答复代表。

省委书记、省人大常委会主任苏荣在闭幕会上作重要讲话。会议号召全省人民更加紧密地团结在以胡锦涛同志为总书记的党中央周围,高举中国特色社会主义伟大旗帜，深入贯彻落实科学发展观，同心同德、开拓创新、扎实工作，为建设富裕和谐秀美江西而不懈奋斗！

【省十一届人大常委会会议】 2012年举行常委会会议6次，即省十一届人大常委会第二十九次至第三十四次会议。

省十一届人大常委会第二十九次会议于2012年1月16～17日在南昌举行。会议审议省人大常委会工作报告（讨论稿），决定提请省十一届人大五次会议审议；审议江西省第十一届人民代表大会第五次会议议程（草案）、江西省第十一届人民代表大会第五次会议主席团和秘书长名单（草案），决定提请省十一届人大五次会议预备会议审议；审议通过了江西省第十一届人民代表大会第五次会议列席人员范围（草案）；听取和审议了省十一届人大常委会代表资格审查委员会关于代表资格的审查报告和省人大常委会选举任免联络工作委员会关于省十一届人大四次会议代表提出的建议、批评和意见办理情况的报告；审议省人民政府关于省十一届人大四次会议代表建议办理情况、关于2010年度省级预算执行和其他财政收支审计查出问题整改情况、关于落实省人大常委会对全省战略性新兴产业发展情况报告审议意见情况等3项书面报告；审议了省高级人民法院关于省十一届人大四次会议代表建议办理情况的报告（书面）和省人民检察院关于省十一届人大四次会议代表建议办理情况的报告（书面）；审议通过了《江西省人民代表大会常务委员会关于接受严平等辞去江西省人民代表大会常务委员会委员职务的请求的决定》，并报省十一届人大五次会议备案；通过有关人事任免事项。

省十一届人大常委会第三十次会议于3月27～29日在南昌举行。会议审议通过《鄱阳湖生态经济区环境保护条例》《江西省湿地保护条例》；审议《江西省物业管理条例（修订草案）》；审议南昌市人大常委会报请批准的《南昌市人民代表大会常务委员会关于修改9件地方性法规的决定》，通过《江西省人民代表大会常务委员会关于批准〈南昌市人民代表大会常务委员会关于修改9件地方性法规的决定〉的决定》；审议通过了《江西省人民代表大会常务委员会关于江西省第十二届人民代表大会代表名额分配和选举问题的决定》；听取和审议了省十一届人大常委会代表资格审查委员会关于代表资格的审查报告；听取和审议了省人民政府关于全省外事工作情况的报告；审议省人民政府关于落实省人大常委会对深入推进鄱阳湖生态经济区建设情况报告审议意见情况、关于落实省人大常委会对全省以高新技术产业为重点的固定资产投资情况报告审议意见情况、关于落实省人大常委会对全省高速公路建设情况报告审议意见情况、关于落实省人大常委会对江西省基本农田保护和农村土地开发整理情况报告审议意见情况、关于落实省人大常委会执法检查组关于检查《江西省实施〈中华人民共和国残疾人保障法〉办法》实施情况的报告及省人大常委会审议意见情况、关于落实省人大常委会执法检查组关于检查《中华人民共和国大气污染防治法》实施情况的报告及省人大常委会审议意见情况等6项书面报告；审议通过了《江西省人民代表大会常务委员会关于接受姚亚平辞去江西省人民代表大会常务委员会副主任职务的请求的决定》，并报下一次省人民代表大会会议备案；通过了有关人事任免事项。

省十一届人大常委会第三十一次会议于5月23～25日上午在南昌举行。会议审议通过《江西省物业管理条例》《江西省渔业条例》；审议《江西省实施〈中华人民共和国全国人民代表大会和地方各级人民代表大会代表法〉办法（修订草案）》《江西省井冈山风景名胜区条例（草案）》《江西省实施〈中华人民共和国水土保持法〉办法（修订草案）》；听取和审议了省人民政府关于江西省水利改革发展情况的报告；听取和审议了省人大常委会执法检查组关于检查《中华人民共和国文物保护法》实施情况的报告；审议了省人民政府关于落实2011年食品药品安全赣鄱行活动情况报告及省人大常委会审议意见情况、关于落实2011年赣鄱农产品质量安全行活动情况报告及省人大常委会审议意见情况、关于落实2011年环保赣江行活动情况报告及省人大常委会审议意见情况等三项书面报告；审议通过了《江西省人民代表大会常务委员会关于接受龚三堂辞去江西省人民代表大会常务委员会委员职务的请求的决定》，并报下一次省人民代表大会会议备案；通过了有关人事任免事项。

省十一届人大常委会第三十二次会议于7月24～26日在南昌举行。会议审议通过《江西省实施〈中华人民共和国全国人民代表大会和地方各级人民代表大会代表法〉办法》、《江西省井冈山风景名胜区条例》《江西省实施〈中华人民共和国水土保持法〉办法》；审议了《江西省森林防火条例（修订草案）》《江西省审计条例（草案）》；听取和审议了省人民政府关于2012年上半年国民经济和社会发展计划执行情况的报告、关于2011年度省级预算执行和其他财政收支的审计工作报告；审议了《2012年省级公共财政预算调整方案（草案）》，通过了《江西省人民代表大会常务委员会关于批准2012年省级公共财政预算调整方案的决议》；听取和审议了省人民政府关于2011年省级决算和2012年上半年预算执行情况的报告，审议通过《江西省人民代表大会常务委员会关于批准2011年省级决算的决议》；听取和审议了省高级人民法院关于全省法院生态环境司法保护工作情况的报告，并召开联组会议就全省法院生态环境司法保护工作情况进行了专题询问；审议了省人民政府关于落实省人大常委会对全省外事工作情况报告审议意见情况的报告（书面）、省人大财政经济委员会关于江西省第十一届人民代表大会第五次会议代表议案办理情况的报告（书面）；听取和审议了省十一届人大常委会代表资格审查委员会关于代表资格的审查报告；通过了有关人事任免事项。

省十一届人大常委会第三十三次会议于9月25～27日在南昌举行。会议审议通过了《江西省森林防火条例》《江西省审计条例》；审议了南昌市人大常委会报请批准的《南昌市人民代表大会常务委员会关于修改〈南昌市粉煤灰综合利用管理条例〉的决定》，通过了《江西省人民代表大会常务委员会关于批准〈南昌市人民代表大会常务委员会关于修改《南昌市粉煤灰综合利用管理条例》的决定〉的决定》;审议《江西省遗体和器官捐献条例(草案)》《江西省反窃电办法修正案(草案)》、《江西省国土资源监察条例(修订草案)》《江西省实施〈中华人民共和国野生动物保护法〉办法修正案(草案)》《江西省血吸虫病防治条例(修订草案)》;听取和审议了省人民政府关于全省加速城镇化发展情况的报告;听取和审议了省人大常委会执法检查组关于检查《中华人民共和国农业法》实施情况的报告;审议了省人民政府关于落实省人大常委会对江西省水利改革发展情况报告审议意见情况的报告(书面);通过有关人事任免事项。

省十一届人大常委会第三十四次会议于11月27～30日在南昌举行。会议审议通过《江西省遗体捐献条例》《江西省反窃电办法》《江西省国土资源监督检查条例》《江西省实施〈中华人民共和国野生动物保护法〉办法》《江西省血吸虫病防治条例》;审议了南昌市人大常委会报请批准的《南昌市城市管理条例》,通过了《江西省人民代表大会常务委员会关于批准〈南昌市城市管理条例〉的决定》;审议了《江西省房屋登记条例(草案)》《江西省动物防疫条例(修订草案)》;审议通过了《江西省人民代表大会常务委员会关于召开江西省第十二届人民代表大会第一次会议的决定》;听取和审议了省人大教育科学文化卫生委员会关于开展2012年食品药品安全赣鄱行活动情况的报告、省人大农业和农村委员会关于开展2012年赣鄱农产品质量安全行活动情况的报告、省人大环境与资源保护委员会关于开展2012年环保赣江行活动情况的报告、省人大常委会外事华侨民族宗教工作委员会关于开展2012年秀美江西行活动情况的报告、省人大常委会选举任免联络工作委员会关于省十一届人大五次会议代表提出的建议、批评和意见办理情况的报告;听取和审议了省人民政府关于全省固定资产投资情况的报告、关于江西省教育经费投入和使用管理情况的报告;听取和审议了省人民检察院关于反渎职侵权工作情况的报告;审议了省人民政府关于省十一届人大五次会议代表建议办理情况、关于落实省人大常委会对全省加速城镇化发展工作情况报告审议意见情况、关于落实省人大常委会对2011年省级决算和2012年上半年预算执行情况报告审议意见情况、关于落实《中华人民共和国文物保护法》执法检查报告及省人大常委会审议意见情况等4个书面报告;审议了省高级人民法院关于省十一届人大五次会议代表建议办理情况和关于落实省人大常委会对全省法院生态环境司法保护工作情况报告审议意见情况2项书面报告;审议了省人民检察院关于省十一届人大五次会议代表建议办理情况的报告(书面);通过了有关人事任免事项。

地方立法工作

【概　况】 2012年,省人大常委会制定地方性法规8件、修改6件;批准南昌市人大常委会制定法规1件、修改1件、一揽子修改9件。

制定的地方性法规是:《鄱阳湖生态经济区环境保护条例》《江西省湿地保护条例》《江西省物业管理条例》《江西省渔业条例》《江西省井冈山风景名胜区条例》《江西省审计条例》《江西省遗体捐献条例》《江西省国土资源监督检查条例》;修改的地方性法规是:《江西省实施〈中华人民共和国全国人民代表大会和地方各级人民代表大会代表法〉办法》《江西省实施〈中华人民共和国水土保持法〉办法》《江西省森林防火条例》《江西省反窃电办法》《江西省实施〈中华人民共和国野生动物保护法〉办法》《江西省血吸虫病防治条例》。批准南昌市人大常委会制定的法规是:《南昌市城市管理条例》;批准修改的法规是:《南昌市粉煤灰综合利用管理条例》;通过了《江西省人民代表大会常务委员会关于批准〈南昌市人民代表大会常务委员会关于修改9件地方性法规的决定〉的决定》。

省人大常委会根据国家对地方立法工作的总体要求,进一步深化对中国特色社会主义法律体系的认识,深入推进科学立法、民主立法,着力提高立法质量,全面提升立法决策的科学性和民主性。一是进一步提高法规的针对性,使立法选项与江西省改革发展需求相适应,力求创制性解决应由地方解决的问题。二是进一步提高法规的可操作性,少用、慎用授权性条款,力求法规规定的制度和规范更加准确、详尽和具体,为守法、执法提供明确清晰的法律依据。三是进一步扩大开门立法,通过网上公布法规草案,召开座谈会、论证会、听证会,广泛征求公众和专家意见,扩大公民对立法工作的有序参与。在江西人大新闻网立法征求意见平台公布5件法规草案,向社会公开征求立法意见;对《鄱阳湖生态经济区环境保护条例》等专业性较强的法规案,多次召开专家论证会听取意见;就《江西省物业管理条例》中涉及群众切身利益的重要条款,专门进行立法听证。四是重视立法协调,对法规审议过程中争议较大的条款,召开常委会领导和省政府领导的高层协调会,统一思想、取得共识,确保法规顺利出台。

监督工作

【概　况】 2012年,省人大常委会先后听取和审议省人民政府关于全省外事工作情况、关于江西省水利改革发展情况、关于全省加速城镇化发展情况、关于全省固定资产投资情况、关于江西省教育经费投入和使用管理情况等报告,省高级人民法院关于全省法院生态环境司法保护工作情况的报告和省人民检察院关于反渎职侵权工作情况的报告。

加强计划预算监督。省人大常委会先后听取和审议省人民政府关于2012年上半年国民经济和社会发展计划执行情况的报告、关于2011年度省级预算执行和其他财政收支的审计工作报告、关于2011年省级决算和2012年上半年预算执行情况的报告,审议了《2012年省级公共财政预算调整方案(草案)》,通过了《江西省人民代表大会常务委员会关于批准2012年省级公共财政预算调整方案的决议》和《江西省人民代表大会常务委员会关于批准2011年省级决算的决议》。对省住房和城乡建设厅2011年部门决算草案进行重点审查。

检查法律法规实施情况。省人大常委会先后开展对《中华人民共和国文物保护法》《中华人民共和国农业法》执行情况的检查。配合全国人大常委会开展对《中华人民共和国残疾人保障法》执行情况的检查。

开展规范性文件备案审查。根据监督法、立法法和江西省有关规范性文件备案审查工作的规定,对省人民政府、南昌市人民政府和各设区市人大常委会报备的162件规范性文件进行备案审查。同时,进一步加强对市、县(区)人大常委会规范性文件备案审查工作的指导,推动全省规范性文件备案审查工作的全面开展。

【开展专题监督】 2012年,省人大常委会以"落实环保责任,保护蓝天碧水"为主题,以回顾总结本届五年活动为基点,继续开展环保赣江行活动,通过坚持不懈的检查采访和跟踪回访,有效推动水污染防治、城市和工业园区污水处理厂建设、机动车排气污染防治、重点污染企业整治等突出环境问题的妥善解决。以"关注群众健康,保障药品安全"为主题,以贯彻实施药品管理法、加强基本药物监管为重点,继续开展食品药品安全赣鄱行活动,积极推进全省医药卫生事业改革发展,督促政府巩固完善基本药物制度和加强药品安全,推动社会关注和支持药品监督工作。以"为了百姓菜篮子更安全"为主题,继续开展赣鄱农产品质量安全行活动,围绕关系人民群众切身利益的农产品质量安全问题,就全面建立农产品质量安全监管体系、推进农业标准化、加强粮食流通基础设施建设、加快农产品质量安全法规制度建设等提出意见、建议。以"推进旅游产业大省建设"为主题,以培育完善旅游六要素之一的"行"为重点,首次开展秀美江西行活动,在营造重视旅游发展良好氛围、形成助推旅游产业发展合力、推动全省旅游交通建设等方面取得较好成效。

【增强监督实效的途径和方法】 2012年,省人大常委会以增强监督实效为中心环节,积极探索适应人大工作要求、体现人大特点、发挥人大优势的新举措,使人大监督工作更富实效、更具活力。一是切实督促审议意见的整改落实。常委会坚持寓支持于监督之中,在充分肯定"一府两院"取得工作成绩的基础上,有针对性地提出改进工作的意见和建议,有关专门委员会和工作机构及时整理常委会组成人员的审议意见,转请"一府两院"研究处理,将初次监督与跟踪监督相结合,督促其整改落实,促进"一府两院"依法行政、公正司法。二是把专题询问与听取和审议专项工作报告相结合。在2011年就深入推进鄱阳湖生态经济区建设首次依法开展专题询问的基础上,结合听取审议省法院关于全省法院生态环境司法保护工作情况报告,再次开展专题询问,并积极探索建立专题询问常态化机制。三是坚持人大监督与行政监督、舆论监督、群众监督相联动。通过组织开展环保赣江行、赣鄱农产品质量安全行、食品药品安全赣鄱行、秀美江西行等专项监督活动,针对社会普遍关注的热点问题,综合运用听取专项工作报告、执法检查、视察、调研、集中采访报道等方式,上下联动、部门配合,形成监督合力,督促解决一批影响经济社会发展、关系群众切身利益的突出问题。

决定重大事项

【关于江西省第十二届人民代表大会代表名额分配和选举问题的决定】 根据《全国人民代表大会常务委员会关于省、自治区、直辖市人民代表大会代表名额的决定》,江西省第十二届人民代表大会代表名额为613名。省十一届人大常委会第三十次会议依照《中华人民共和国全国人民代表大会和地方各级人民代表大会选举法》的有关规定,就江西省第十二届人民代表大会代表名额分配和选举问题作出决定。江西省第十二届人民代表大会代表名额,由省人大常委会根据本省所辖各设区的市的人口数,按照每一代表所代表的城乡人口数相同的原则,以及保证各地区、各民族、各方面都有适当数量代表的要求进行分配。江西省第十二届人民代表大会代表的名额,由根据人口数计算确定的名额数、相同的地区基本名额数和其他应选名额数三部分构成。各设区的市应选江西省第十二届人民代表大会的代表名额按每12.38万人选举1名代表,再加上地区基本名额数均为7名。其他应选名额包括:驻赣的中国人民解放军应选代表名额24名,由省人民代表大会常务委员会另行分配的少数民族代表名额10名,由省人民代表大会常务委员会另行分配的省直代表名额100名,以及用于保证各方面代表人士比较集中地区需要的机动名额23名。江西省第十二届人民代表大会代表中,应当有适当数量的基层代表,特别是一线的工人、农民和专业技术人员代表的比例要比十一届有所上升,要有一定的农民工代表;妇女代表的比例要比十一届有所上升;党政领导干部、企业负责人担任代表的比例要比十一届有所降低;少数民族和归侨、侨眷应有适当名额的代表;连任的代表应占一定比例。江西省第十二届人民代表大会代表,应在2013年1月选出。

【关于批准2011年省级决算的决议】 省十一届人大常委会第三十二次会议听取省人民政府关于2011年省级决算和2012年上半年预算执行情况的报告、关于2011年度省级预算执行和其他财政收支的审计工作报告。会议结合审议审计工作报告,对江西省2011年省级决算(草案)和省级决算的报告进行了审查,同意省人大财政经济委员会提出的关于2011年省级决算的审查报告,决定批准江西省2011年省级决算。

【关于召开江西省第十二届人民代表大会第一次会议的决定】 省十一届人大常委会第三十四次会议决定,江西省第十二届人民代表大会第一次会议于2013年1月22日在南昌召开,并对会议的主要议程提出建议。

选举和任免

【概　况】 2012年,省人大及其常委会坚持党管干部和人大依法选举、任免的有机统一,认真做好选举、任免工作。省十一届人大五次会议补选了省长、1位副省长和10位省人大常委会委员，决定接受2位副省长辞去职务，表决通过2位省人大专门委员会主任委员人选（具体见“省十一届人大五次会议”部分）。一年来，省人大常委会共任免国家机关工作人员124人（次），从组织上保证了国家机关的正常运转。省十一届人大常委会第二十九次会议，决定接受严平辞去省人大常委会委员、省人大教育科学文化卫生委员会主任委员职务，肖远湛辞去省人大常委会委员、省人大环境与资源保护委员会主任委员职务，肖春云、张友南、林多贤、姚燕平、辜清辞去省人大常委会委员职务，并报省十一届人大五次会议备案；决定免去林多贤的省人大教育科学文化卫生委员会副主任委员职务、肖春云的省人大环境与资源保护委员会副主任委员职务、张友南的省人大法制委员会副主任委员职务；任命王建新为省高级人民法院审判委员会委员、审判员；免去凌云的省高级人民法院审判委员会委员、审判员职务；免去陈家平的省高级人民法院审判员职务；任命魏运亭为省人民检察院检察委员会委员、检察员；免去余平民、王华的省人民检察院检察员职务。

省十一届人大常委会第三十次会议，决定接受姚亚平辞去省人大常委会副主任职务，并报下一次省人民代表大会会议备案；任命涂勤华、林兴富为省人大财政经济委员会副主任委员，李玉英、周健儿为省人大教育科学文化卫生委员会副主任委员，梁彩云为省人大农业和农村委员会副主任委员，周容兴为省人大环境与资源保护委员会副主任委员，宋才火为省人大法制委员会副主任委员；决定任命杨新民为省人大常委会副秘书长（正厅级），刘小华为省人大常委会副秘书长，李金秋为省人大常委会办公厅副主任，周雍为省人大常委会法制工作委员会副主任，公艳萍为省人大常委会选举任免联络工作委员会副主任，孙学军为省人大常委会外事华侨民族宗教工作委员会副主任，决定免去刘小华的省人大常委会办公厅副主任职务；决定任命阎钢军为省林业厅厅长，免去刘礼祖的省林业厅厅长职务；任命刘晓玲为省高级人民法院审判委员会委员、立案一庭庭长，喻德红为省高级人民法院审判委员会委员、立案二庭庭长，杨国安为省高级人民法院审判委员会委员、民事审判第三庭庭长，江怀玉为省高级人民法院审判委员会委员，陈建平为省高级人民法院民事审判第四庭庭长，黎章辉为省高级人民法院审判监督庭庭长，徐坚为省高级人民法院立案一庭副庭长，程绍新为省高级人民法院立案一庭副庭长、审判员，熊伟、蔡世军为省高级人民法院立案二庭副庭长，黄卫民为省高级人民法院刑事审判第一庭副庭长、审判员，曾华、胡嘉金、黄河为省高级人民法院刑事审判第二庭副庭长，詹兆园、邱爱珍为省高级人民法院刑事审判第三庭副庭长，王芬为省高级人民法院行政审判庭副庭长、审判员，田甘霖为省高级人民法院审判监督庭副庭长；免去陈仁生的省高级人民法院审判委员会委员、审判员职务，吕清泉的省高级人民法院审判委员会委员、立案一庭庭长、审判员职务，赵九重的省高级人民法院审判委员会委员、审判监督庭庭长、审判员职务，刘晓玲的省高级人民法院立案二庭庭长职务，喻德红的省高级人民法院民事审判第三庭庭长职务，黎章辉的省高级人民法院民事审判第四庭庭长职务，吴勃、熊伟的省高级人民法院立案一庭副庭长职务，傅伟刚的省高级人民法院立案二庭副庭长职务，邱爱珍的省高级人民法院刑事审判第一庭副庭长职务，程新生、董令军的省高级人民法院刑事审判第二庭副庭长职务，段亦枫、鄢俊的省高级人民法院刑事审判第三庭副庭长职务，徐宏的省高级人民法院民事审判第二庭副庭长职务，姜勇的省高级人民法院行政审判庭副庭长职务，邹中华、杨键光的省高级人民法院审判员职务；任命胡兴平、黄杰、吴智勇、周有智、黎莉、熊国钦为省人民检察院检察委员会委员；任命张传志为上饶珠湖地区人民检察院副检察长、检察委员会委员，免去游月河的上饶珠湖地区人民检察院副检察长职务、程锡华的上饶珠湖地区人民检察院检察员职务。

省十一届人大常委会第三十一次会议，决定接受龚三堂辞去省第十一届人大常委会委员职务，并报下一次省人民代表大会会议备案；任命程水凤、汪毓华、张伟为省人大常委会代表资格审查委员会委员；免去龚三堂的省人大环境与资源保护委员会副主任委员、法制委员会委员职务；任命王长河为省高级人民法院刑事审判第一庭副庭长、审判员。

省十一届人大常委会第三十二次会议，决定任命陈平为省住房和城乡建设厅厅长、部海镭为省文化厅厅长、张学军为省外事侨务办公室主任；决定免去周容兴的省国家安全厅厅长、张勇的省住房和城乡建设厅厅长、李玉英的省文化厅厅长、林兴富的省外事侨务办公室主任职务；任命陶远鸣、何大新为省高级人民法院审判委员会委员、审判员，罗伟、王慧军、欧阳军、张璇、魏少华、高敏、邓结文、王安新、郭卫斌、曾琤、邓名兴为省高级人民法院审判员；免去梅生计的省高级人民法院审判员职务；任命王正平、刘建平、葛春瑜、欧阳晶、朱剑群、李浩、唐颖玉、胡燕、张玉华为省人民检察院检察员；任命廖益生为宜春新华地区人民检察院检察委员会委员。

省十一届人人常委会第三十三次会议，决定任命刘卫平为省监察厅厅长，决定免去汪毓华的省监察厅厅长职务；任命彭海鹏为省高级人民法院民事审判第一庭副庭长。

省十一届人大常委会第三十四次会议，任命燕晓华、刘鸿斌为省人民检察院检察员；免去张红玲的省人民检察院检察员职务；免去韩成善的上饶珠湖地区人民检察院检察委员会委员职务。

【组织省人大代表换届选举】 根据法律规定和全国人大常委会的通知要求，江西省省本级人民代表大会在2013年1月份进行换届选举，这是2010年选举法修改后，首次实行城乡按相同人口比例选举省人大代表。为做好此次换届选举工作，常委会根据《全国人民代表大会常务委员会关于省、自治区、直辖市人民代表大会代表名额的决定》，依照选举法的有关规定，及时就江西省第十二届人民代表大会代表名额分配和选举问题作出决定，明确各选举单位代表名额、代表结构要求以及选举时间等重大问题；注重加强与省委有关部门和各选举单位的沟通、协调，及时准确地收集各选举单位的选举情况，扎实做好代表资格审查等相关工作；按照省委统一部署，依法加强对选举工作的督促指导，保证省人大代表换届选举顺利进行。

代表工作

【概　况】 2012年，省十一届人大五次会议期间，代表联名提出《关于制定江西省企业及企业经营者权益保护条例》的议案。会后，省人大财经委按照《江西省人民代表大会议案处理办法》的有关要求进行认真办理，并向省十一届人大常委会第三十二次会议提交代表议案办理情况的书面报告，建议将《江西省企业及企业经营者权益保护条例》列入省人大常委会立法规划项目库。

大会期间收到的代表建议472件（含9件议案改作代表建议），其中涉及政法综合方面的123件，占建议总数的26.1%；涉及工业交通方面的141件，占建议总数的29.9%；涉及财经农林方面的100件，占建议总数的21.2%；涉及教科文卫方面的108件，占建议总数的22.8%。会后，省人大常委会及时将建议交由有关国家机关、组织办理，其中，交由党群系统办理的25件；交由省政府系统办理的441件；交由省高级人民法院和省人民检察院办理的6件。从办理答复情况看，所提问题已经解决或者基本解决的（A类）220件，占46.6%；列入年度计划将逐步解决的（B类）226件，占47.9%；因条件限制或者其他原因无法解决的（C类）26件，占5.5%。从收到代表反馈的征询意见表来看，代表满意率100%。

为加强代表建议督办工作，经省人大常委会主任会议研究，将《关于加快发展江西省老年人养老服务体系的建议》等13件代表建议，交由省人大及其常委会有关专工委重点督办，并首次由省人大常委会分管领导领衔督办，推动代表反映比较集中、涉及面比较广的问题解决。此外，还首次对本届以来的代表建议办理工作进行了全面考核评比。

【组织代表开展专题调研和视察】 2012年，省人大常委会围绕省委重大决策部署和改革发展中的热点难点问题，组织部分江西省选举的全国人大代表和省人大代表赴抚州市对江西省文化体制改革和文化产业发展情况开展了专题调研，赴吉安和赣州市及部分县就法院反规避执行与执行联动机制运行情况以及刑事司法救助等情况进行专题视察，让代表深入了解有关情况、提出更有针对性的建议。

【强化代表服务保障工作】 2012年，省人大常委会加强代表履职培训，先后组织3批共15名全国人大代表参加全国人大常委会办公厅举办的专题学习班和履职交流班；向代表通报重要工作情况，印送《代表履职手册》《代表专题调研汇编》等有关资料，为代表熟悉掌握相关法律法规、知情知政了解相关信息、提出高质量的议案和建议提供参考；扩大代表对常委会、专委会活动的参与，完善邀请代表参与立法调研、执法检查、列席会议机制。

（省人大常委会办公厅研究室）

2月1～5日，省十一届人大五次会议在南昌举行。

省人大供稿

·资 料·

2012年江西省地方性法规

法规名称	通过日期
1. 鄱阳湖生态经济区环境保护条例	2012年3月29日省十一届人大常委会第三十次会议通过
2. 江西省湿地保护条例	2012年3月29日省十一届人大常委会第三十次会议通过
3. 江西省人民代表大会常务委员会关于批准《南昌市人民代表大会常务委员会关于修改9件地方性法规的决定》的决定	2012年3月29日省十一届人大常委会第三十次会议通过
4. 江西省物业管理条例	2012年5月25日省十一届人大常委会第三十一次会议通过
5. 江西省渔业条例	2012年5月25日省十一届人大常委会第三十一次会议通过
6. 江西省实施《中华人民共和国全国人民代表大会和地方各级人民代表大会代表法》办法	2012年7月26日省十一届人大常委会第三十二次会议修订
7. 江西省井冈山风景名胜区条例	2012年7月26日省十一届人大常委会第三十二次会议通过
8. 江西省实施《中华人民共和国水土保持法》办法	2012年7月26日省十一届人大常委会第三十二次会议修订
9. 江西省森林防火条例	2012年9月27日省十一届人大常委会第三十三次会议修订
10. 江西省审计条例	2012年9月27日省十一届人大常委会第三十三次会议通过
11. 江西省人民代表大会常务委员会关于批准《南昌市人民代表大会常务委员会关于修改〈南昌市粉煤灰综合利用管理条例〉的决定》的决定	2012年9月27日省十一届人大常委会第三十三次会议通过
12. 江西省遗体捐献条例	2012年11月30日省十一届人大常委会第三十四次会议通过
13. 江西省反窃电办法	2012年11月30日省十一届人大常委会第三十四次会议修订
14. 江西省国土资源监督检查条例	2012年11月30日省十一届人大常委会第三十四次会议通过
15. 江西省实施《中华人民共和国野生动物保护法》办法	2012年11月30日省十一届人大常委会第三十四次会议修订
16. 江西省血吸虫病防治条例	2012年11月30日省十一届人大常委会第三十四次会议修订
17. 江西省人民代表大会常务委员会关于批准《南昌市城市管理条例》的决定	2012年11月30日省十一届人大常委会第三十四次会议通过

江西省人民政府

本栏编辑　陈超萍

综　　述

2012年，在党中央、国务院和省委的正确领导下，全省上下团结拼搏，克服经济下行压力加大等不利影响，统筹做好稳增长、调结构、抓改革、优生态、惠民生、促和谐各项工作，经济社会发展呈现稳中有进的良好态势，省十一届人大五次会议确定的各项目标任务圆满完成。

经济平稳较快发展。全省生产总值12948.5亿元，增长11%。财政总收入2046亿元，增长24.4%，其中公共财政预算收入1371.9亿元，增长30.2%。500万元以上固定资产投资11388.9亿元，增长30.1%。粮食总产量208.5亿千克，实现“九连丰”。工业经济持续增长，规模以上工业增加值4885.2亿元，增长14.7%。社会消费品零售总额4006.2亿元，增长15.9%。居民消费价格总水平上涨2.7%。金融机构贷款余额11080亿元，增长19.1%。文化产业主营业务收入1400亿元。旅游总收入1403亿元，增长26.8%。

结构调整成效显著。产业结构进一步优化。农业产业化步伐加快，省级以上龙头企业实现销售收入1850亿元。工业对经济的主导作用增强，十大战略性新兴产业增加值增长15%。服务业占GDP的比重提高1个百分点。科技对经济的支撑引领作用增强，科技进步贡献率提高到51.2%。投资结构进一步优化，民间资本对投资增长的贡献率达到71%，非公有制经济增加值7200亿元，增长11.8%。

区域经济活力增强。打造南昌核心增长极步伐加快，南昌市生产总值、财政总收入占全省的比重提高。九江沿江开放开发扎实推进，重大项目加快向沿江集聚。促进赣南等原中央苏区振兴发展的各项工作全面推进，政策效应逐步显现。赣东赣西两翼产业加快集聚，发展水平进一步提升。县域经济快速发展，财政总收入超10亿元的县(市、区)达到56个，超20亿元的17个，丰城市超40亿元，南昌县超60亿元。

改革开放深入推进。非工口七个系统国有企业全部完成改制任务，11户省出资监管企业完成股权多元化改革。医药卫生体制改革扎实推进，国家基本药物制度实现行政村全覆盖。全面完成国有文艺院团转企改制等五项文化体制改革任务。国有林场改革试点稳步推进。实际利用外商直接投资68.2亿美元，增长12.6%。利用省外5000万元以上项目资金3189.4亿元，增长23.7%。外贸出口总额251.1亿美元，增长14.8%。

城乡统筹协调发展。城镇化进程加快，新增城市建成区面积120平方千米，新增城镇人口88.6万，城镇化率达到47.5%，提高1.8个百分点。在9282个村点开展了以“五美四和谐”为主要内容的和谐秀美乡村建设，农村清洁工程扎实推进，农村面貌有了新的改观。

基础设施更加完善。赣州至崇义等7条高速公路建成通车，全省高速公路通车里程达到4260千米。在建铁路里程1207千米。一批重大电力能源项目建成投运，新增统调电力装机容量115万千瓦，总量达到1533万千瓦。峡江水利枢纽实现大江截流，山口岩水利枢纽下闸蓄水。

生态建设持续加强。造林绿化“一大四小”工程完成造林面积19.91万公顷，鄱阳湖综合整治扎实推进，重金属污染防治取得成效。节能减排完成年度目标任务，单位GDP能耗预计下降5%，化学需氧量、氨氮、二氧化硫、氮氧化物排放量完成国家下达的减排任务，水和空气质量得到改善。

民生工程任务完成。全省城镇新增就业53万人，城镇登记失业率控制在3.5%以内。养老、医保、低保等社会保障水平进一步提高，实现了城乡居民社会养老保险制度全覆盖。保障性安居工程新开工建设30.38万套，竣工30.9万套。完成农村危房改造17.5万户。全面实施尿毒症患者免费血透救治，启动了贫困家庭重性精神病患者免费救治工作，白内障、唇腭裂以及儿童白血病、先天性心脏病患者免费救治进入常态化。

社会事业全面发展。地方财政教育支出占财政支出比重达16.8%。中小学校标准化建设稳步推进。在17个县市启动了学生营养餐试点。省部共建高校达12所。新农合参合农民达3293.35万人，参合率98.1%。文化惠民工程深入实施。人口自然增长率控制在7.5‰以内。群众体育与竞技体育协调发展。人民群众生活水平进一步提高，城镇居民人均可支配收入和农民人均纯收入分别增长13.5%和13.6%。其他各项社会事业取得新成绩。

（省政府办公厅调研处）

重要会议

【省政府全体会议】 1月11日，省政府召开全体会议，讨论提请江西省十一届人民代表大会第五次会议审议的《政府工作报告（讨论稿）》，总结上年政府工作，部署下一步工作。代省长鹿心社出席会议并讲话。常务副省长凌成兴主持会议。副省长孙刚、熊盛文、洪礼和、谢茹、朱虹、姚木根，省政协副主席、省政府党组成员胡幼桃，省政府秘书长谭晓林，省政府党组成员汪毓华出席会议。鹿心社指出，在党中央、国务院和省委的坚强领导下，全省上下坚持以科学发展为主题，以加快转变经济发展方式为主线，以鄱阳湖生态经济区建设为龙头，注重加强政策引导和扶持，有力破解电力、资金、土地供应等难题，深入实施重大项目带动战略，大力推进新型工业化、城镇化和农业农村现代化，集中力量办好一批事关人民切身利益的民生实事，全省经济平稳较快发展，年初确定的“三个突破、八个提高”总体目标圆满完成，各项社会事业协调发展，社会保持和谐稳定，实现“十二五”的良好开局。

鹿心社指出，2012年是实施“十二五”规划承上启下的重要一年，是贯彻落实省第十三次党代会精神的关键一年。各地、各部门要牢牢把握中央关于稳中求进的工作总基调，认真贯彻落实省委的决策部署，坚持把稳增长、调结构、抓改革、优生态、惠民生、促和谐更好结合起来，增强发展动力，调整经济结构，深化改革开放，优化生态环境，保障改善民生，保持经济平稳较快发展和社会和谐稳定。

鹿心社指出，做好一季度工作，对全年经济社会发展至关重要。各地、各部门要重点抓好以下工作，努力为全年工作开好局、起好步。一是抓好经济运行调节，加强煤电油运调度，加强对重点企业、重点产品和重点园区的监测分析和跟踪服务，积极支持企业开拓市场、抢抓订单。二是抓好春季农业生产，加强农田水利建设，扩大油菜、绿肥和蔬菜生产规模，抓好春耕备耕，积极组织开展植树造林，切实抓好森林防火工作。三是抓好重大项目建设。积极争取更多项目列入国家计划盘子，抓好招商引资工作，加大在建项目推进力度。四是抓好安全生产和社会稳定工作。加强对重点行业和重点领域的安全隐患排查，有效防范和坚决遏制重特大安全事故发生。深入细致化解社会矛盾，加强社会治安综合治理，维护社会稳定。五是抓好春节期间群众的物质文化生活。搞活市场流通，强化食品卫生安全管理和执法监督，切实解决困难群众的生活难题，积极组织开展丰富多彩、形式多样、健康向上的群众性文化娱乐活动，引导群众过一个欢乐祥和的春节。六是抓好全省“两会”筹办的相关工作。各地、各部门要主动为省人大代表、政协委员调研视察、准备议案建议提供有利条件，加大宣传力度，努力营造良好社会氛围。

【省政府常务会议】 2012年，省政府共召开常务会议15次。

2月6日，省长鹿心社主持召开第60次省政府常务会议，副省长凌成兴、洪礼和、谢茹、胡幼桃、朱虹，省政府顾问孙刚、熊盛文，省政府秘书长谭晓林出席。省政府党组成员汪毓华列席。会议传达学习全国金融工作会议精神，听取2011年江西省金融运行情况汇报；讨论并原则通过《关于保障性安居工程建设和管理的实施意见》；研究省政府领导分工调整意见。

2月29日，省长鹿心社主持召开第61次省政府常务会议，副省长凌成兴、洪礼和、谢茹、胡幼桃、朱虹，省政府顾问孙刚、熊盛文，省政府秘书长谭晓林出席。省政府党组成员汪毓华列席。会议审议并原则通过《丰城市城市总体规划（2010—2030）》《乐平市城市总体规划（2009—2030）》；同意成立江西省食品安全委员会、江西省军民结合寓军于民武器装备科研生产体系协调领导小组、江西省清理整顿各类交易场所工作领导小组；同意省监察厅关于给予廖为明、胡琳开除公职处分的请示；研究部署了当前工作。

3月31日，省长鹿心社主持召开第62次省政府常务会议。副省长凌成兴、洪礼和、谢茹、胡幼桃、朱虹、姚木根，省政府顾问熊盛文，省政府秘书长谭晓林出席。省政府党组成员汪毓华列席。会议通报了省政府关于开展向石秋杰同志学习的决定；原则通过了《关于开展农村重点污染区域专项治理工作的实施意见》；传达学习了第十三次全国民政会议精神，同意省民政厅提出的江西省贯彻落实意见；原则通过了《江西省井冈山风景名胜区条例（草案）》《江西省实施〈中华人民共和国水土保持法〉办法（修订草案）》；同意成立江西省农村义务教育学生营养改善计划领导小组、江西省《中国工艺美术全集·江西卷》编撰工作领导小组；分析一季度经济形势。

4月14日，省长鹿心社主持召开第63次省政府常务会议。副省长洪礼和、谢茹、朱虹、姚木根，省政府顾问熊盛文，省政府秘书长谭晓林出席。会议专题分析了江西省一季度经济形势，研究部署了下一阶段经济工作。

5月8日下午，省长鹿心社主持召开第64次省政府常务会议。副省长凌成兴、洪礼和、谢茹、胡幼桃、朱虹、姚木根，省政府顾问熊盛文，省政府秘书长谭晓林出席。会议讨论并原则通过了《关于进一步加速城镇化发展的实施意见》《关于加快推进全省服务业发展的若干意见》；批准了2011年度江西省科学技术授奖项目；原则同意2011年度市县政府考评结果；原则通过了《高安市城市总体规划（2010－2030）》；同意成立鄱阳湖综合整治工作领导小组、江西省完善省级以下邮政监管体制实施工作协调小组、江西省学前教育工作领导小组。

5月22日，省长鹿心社主持召开第65次省政府常务会议。副省长凌成兴、洪礼和、谢茹、胡幼桃、朱虹，省政府秘书长谭晓林出席。省政府党组成员汪毓华列席。会议研究了加快推进九江沿江开放开发工作，讨论并原则通过了《关于进一步推进九江沿江开放开发的若干意见》《关于推进九江沿江地区“飞地经济”发展的指导意见》《九江沿江开放开发总体规划（修编）》以及沿江四大板块产业园区规划、四大板块土地利用规划、港口码头规划、综合交通运输体系规划、彭湖地区电网规划；讨论并原则通过了《江西省知识产权战略纲要（2011－2020）》。

5月29日，省长鹿心社主持召开第66次省政府常务会议。副省长凌成兴、洪礼和、胡幼桃、朱虹、姚木根，省政府顾问孙刚、熊盛文，省政府秘书长谭晓林出席。会议讨论并原则通过了《关于全力支持南昌发展打造核心增长极的若干意见》；通过了江西省2012年地方政府债券资金安排意见；同意成立江西省加快推进农村集体土地确权登记发证工作领导小组；传达学习了5月23日国务院常务会议精神。

7月3日，省长鹿心社主持召开第67次省政府常务会议。副省长凌成兴、洪礼和、谢茹、朱虹、姚木根，省政府顾问熊盛文，省政府秘书长谭晓林出席。会议讨论并原则通过了《江西省"十二五"期间深化医药卫生体制改革规划暨实施方案》《江西省森林防火条例（修订草案）》《江西省审计条例（草案）》；同意成立江西省战略性新兴产业投资引导资金管理委员会；确定7月中旬召开省政府常务（扩大）会议，专题研究经济工作。

7月16日，省长鹿心社主持召开第68次省政府常务（扩大）会议。副省长凌成兴、洪礼和、谢茹、胡幼桃、朱虹、姚木根出席会议并发言。省政府秘书长谭晓林出席会议。会议总结了上半年经济工作，分析当前经济形势，研究部署下半年经济工作。鹿心社指出，各地各部门要按照年初确定的总体目标和部署，结合经济运行中出现的新情况，认真贯彻落实好中央"稳增长"的各项政策，以"稳"为基础，以"进"为目标，坚持"稳中求进、稳中求好、稳中求快、又好又快"，坚定信心、沉稳应对，突出重点、狠抓落实，扎扎实实推进各项工作，确保圆满完成2012年经济社会发展各项任务。

8月3日，省长鹿心社主持召开第69次省政府常务会议。副省长凌成兴、谢茹、朱虹，省政府顾问孙刚、熊盛文，省政府秘书长谭晓林出席。会议听取了全国保障性安居工程座谈会精神及贯彻意见汇报；原则同意2012年享受国务院和省政府特殊津贴推荐人选；同意2011年度省政府部门绩效考核评价结果；听取了公文处理工作中有关问题汇报；传达学习胡锦涛总书记在省部级主要领导干部专题研讨班开班式上重要讲话精神。

9月7日，省长鹿心社主持召开第70次省政府常务会议。副省长凌成兴、胡幼桃、姚木根，省政府秘书长谭晓林出席。省政府党组成员刘卫平列席。会议通报江西省七、八月份经济运行情况，分析当前经济形势，部署近期工作；讨论并原则通过了《江西省国土资源监察条例（修订草案）》、《江西省反窃电办法（修正案草案）》《江西省血吸虫病防治条例（修订草案）》《江西省实施〈中华人民共和国野生动物保护法〉办法（修正案草案）》《江西省电力设施保护办法（修订）》；同意成立江西省国有企业改革领导小组、江西省国家农村信息化示范省建设领导小组、江西省构建长江中游城市集群协调领导小组、江西省高等学校创新能力提升计划工作领导小组。

10月17日，省长鹿心社主持召开第71次省政府常务会议。副省长凌成兴、洪礼和、胡幼桃、朱虹、姚木根，省政府顾问熊盛文，省政府秘书长谭晓林出席。会议原则通过了《关于大力推进科技协同创新的决定》；通过了2012年度江西省主要学科学术和技术带头人培养对象人员名单及项目；通过了《江西省粮食收购资格许可管理办法（修订）》《江西省生活饮用水水源污染防治办法（修订）》《江西省突发气象灾害预警信号发布及传播管理办法（修订）》《江西省人民防空工程管理办法（修订）》；通报了前三季度经济形势。

10月29日，省长鹿心社主持召开第72次省政府常务会议。副省长凌成兴、洪礼和、胡幼桃、朱虹、姚木根，省政府顾问孙刚、熊盛文，省政府秘书长谭晓林出席。会议原则通过了关于实施"森林城乡，绿色通道"建设的意见；原则通过了《江西省实施〈中华人民共和国节约能源法〉办法（修订草案）》《江西省重点建设项目招标投标管理办法》《江西省动物防疫条例（修订草案）》《江西省房屋登记条例（修订草案）》；研究当前重点工作。

12月20日，省长鹿心社主持召开第73次省政府常务会议。副省长凌成兴、洪礼和、谢茹、胡幼桃、朱虹、姚木根，省政府顾问孙刚、熊盛文，省政府秘书长谭晓林出席，省政府党组成员刘卫平列席。会议原则通过了2012年全省计划执行情况和2013年经济工作建议、2013年民生工程安排意见、《鹿心社省长在全省经济工作会议上的讲话》、2013年预算和公共财政政策安排意见。

12月31日，省长鹿心社主持召开第74次省政府常务会议。副省长凌成兴、洪礼和、谢茹、胡幼桃、朱虹、姚木根，省政府顾问孙刚、熊盛文，省政府秘书长谭晓林出席。省政府党组成员刘卫平列席。会议通过了《江西省人民政府2013年立法工作计划》；原则通过了《江西省突发事件应对条例（草案）》；通过了《江西省商品条码管理办法》；通过了新聘省政府文史研究馆馆员人选名单、第六届江西省工艺美术大师名单；同意成立江西省找矿突破战略行动领导小组、江西省人民政府教育督导委员会、江西省第一次全国可移动文物普查领导小组。

（省政府办公厅会议处）

办理人大代表建议和政协委员提案

【概　况】 2012年，在省十一届人大五次会议和省政协十届五次会议上，交省政府系统办理人大代表建议441件；交省政府办理提案518件。这些建议提案凝聚着代表委员们的辛勤劳动和汗水，对推动江西省经济社会又好又快发展和促进政府工作具有重要作用。省政府高度重视建议提案办理，在省人大常委会和省政协的关心支持下，各承办单位认真办理每件建议和提案，推动和解决了一批事关全省发展和人民群众切身利益的重大问题。根据收到的代表委员对办理情况的书面反馈意见，办理结果满意率为100%。

精心组织，切实抓好办理工作的落实。省政府认真研究部署建议提案办理工作，高位推动，明确责任，加强督查，认真抓好建议提案办理工作的落实。一是高位推动。省长鹿心社对建议提案办理工作多次作出指示，要求政府系统各承办单位以高度的政治责任感和对代表委员高度负责的精神，认真办理好每件建议提案，对代表委员提出的重要建议提案亲自转交办理并过问办理情况。常务副省长凌成兴出席建议提案交办会，对建议提案办理工作进行具体部署，对重点建议提案办理亲自督办。根据省政府领导的指示，省政府办公厅专门下发《关于认真做好全省政府系统2012年省人大代表建议和政协提案办理工作的通知》，对建议提案办理工作进行具体部署。二是落实责任。各承办单位严格落实办理工作责任制，及时召开党组会或办公会进行研究部署，将办理工作落实到具体单位和责任人，坚持主要领导负总责，分管领导具体负责，办公室协调督办，承办处室抓好办理落实。多数承办单位把建议提案办理工作纳入年度工作目标管理考核体系，与业务工作同部署、同考核、同奖惩。三是加强督查。在建议提案办理过程中，各承办单位定期调度、定期督查、定期通报，及时协调解决办理中遇到的困难和问题，确保办理工作顺利完成。省政府办公厅对建议提案办理实行台账式管理，动态掌握办理进度，督促各承办单位在规定时限内完成办理工作并确保办理实效。

强化措施，努力提高办理工作质量。在建议提案办理工作中，各承办单位以代表委员满意度为建议提案办理的重要标准，注重与代表委员加强联系沟通，主协办单位通力协作，确保办理质量。一是加强与代表委员的联系沟通。各承办单位在办理建议提案时，通过邀请代表委员参加专题调研、召开专题协商会议、主动上门征求代表委员意见等方式，与代表委员进行面对面交流沟通，实打实解决问题。对代表委员关心的扶持竹产业发展问题，省林业厅派出专人前往奉新县与代表委员进行沟通交流，共同考察竹产品加工企业，商讨扶持竹产业发展的政策措施。二是积极搞好协调配合。各承办单位牢固树立大局观念，正确处理主办与协办关系，主办单位主动承担任务，协办单位积极配合参与，齐心协力在规定时间内完成办理工作。省政府办公厅对有些承办单位提出的调整主协办分工或在办理过程中提出增加协办单位等要求，及时协调，合理调整，确保了建议提案内容所涉问题都落实到相应的承办单位。三是切实提高代表委员满意率。对于代表委员表示不满意的答复件，承办单位主动与代表委员联系沟通、征求意见，并采取措施及时改进办理工作。对往年建议提案所提问题因条件限制还没有完全解决到位的，尽管代表委员当年已经表示满意，但承办单位仍然认真进行跟踪。对代表委员关心的加快落实云居山禅修院用地问题，省国土资源厅几年来一直积极创造条件，多次向省政府和国土资源部专门汇报，最终争取到国土资源部追加用地计划指标，解决了云居山禅修院用地指标，代表委员在意见反馈中表示非常满意。

注重实效，认真吸收采纳合理建议。2012年，各承办单位把办理建议提案与推动工作紧密结合起来，积极吸收采纳合理建议，努力使之转化为推动工作的具体措施。一是抓好重点建议提案办理，促进重大决策部署的落实。省政府对一批事关江西省改革发展稳定大局、人民群众普遍关心、代表委员反映比较集中的建议提案，要求各承办单位重点办理，这些建议提案的办理对省政府重大决策部署的落实起到了有力的促进作用。对代表委员关心的大力支持和促进赣南苏区加快发展振兴问题，省发改委等部门统筹研究赣南等原中央苏区振兴发展的政策措施，为国务院出台《关于支持赣南等原中央苏区振兴发展的若干意见》提供了重要决策依据。对代表委员关心的推进区域资本市场建设、合理引导民间资本的聚集、解决中小企业融资困难，促进江西经济发展问题，省政府金融办在深入调查研究和广泛征求意见的基础上，制定《关于促进江西金融业发展的若干意见》，有力促进省政府推动资本市场发展决策部署的落实。二是抓好难点热点问题建议提案办理，进一步保障和改善民生。各承办单位高度重视民生类建议提案的办理，结合办理工作进一步加大民生工程实施力度，让人民群众得到更多实惠。对代表委员关心的出台农民工申请保障性住房政策问题，省住房城乡建设厅在省政府出台的《关于保障性安居工程建设和管理的实施意见》中，提出了全面推行保障性住房"三房合一、租售并举"新制度，将城镇稳定就业的外来务工人员纳入公共租赁住房保障范围的建议，并得到采纳。对代表委员关心的进一步完善医疗救助制度问题，省民政厅将重点优抚对象和城乡低保边缘户纳入医疗救助范围，全额资助其参加新农合或城镇居民基本医疗保险，在93个县实施医疗救助"一站式"网络同步结算服务。三是抓好建议提案办理作风改进，推动干部作风集中整治取得成效。各承办单位在总结以往建议提案办理工作经验的基础上，把改进办理作风纳入开展影响发展环境干部作风突出问题集中整治活动的内容，使办理过程成为改进工作作风和优化发展环境的过程。对代表委员关心的未改制小型国有企业职工养老保险有关问题，省人保厅结合整治活动的要求，立足于落实困难企业和职工社保政策，提出了加大养老保险补助力度等具体措施，较好地维护职工的合法权益。

【提高办理工作规范化水平】 2012年，为确保建议提案办理工作规范有序进行，各承办单位更加注重加强制度建设，以制度来保障办理工作的质量，不断提升建议提案办理工作规范化水平。一是完善办理制度。各承办单位不断完善建议提案办理工作的规章制度，进一步明确交办、催办、审核、签发、反馈、跟踪、落实等环节的责任分工和程序要求，使办理工作更加规范。比如，省教育厅重新修订《省教育厅人大代表建议政协提案办理工作暂行规定》，细化办理职责、办理要求和考核奖惩等规定。其他单位也采取不同方式进一步完善办理制度。二是明确答复规定。各承办单位认真落实建议提案办理答复规定，对内容简单、语言模糊、措施不力、格式不规范的答复，责成承办处室重新办理。各设区市政府办公厅(室)严格按程序要求办理答复，起草初稿后，经秘书科、分管副主任、办公室主任、秘书长逐级审核，最后报市政府常务副市长或市长签批，以市政府正式文件印发。答复后认真听取代表委员对办理结果的意见，代表委员不满意的答复，重新进行研究办理。三是转化办理成果。代表委员们所提建议提案水平很高，许多建议提案具有很强的针对性和可操作性，省政府要求各承办单位认真采纳，把办理建议提案的过程转化为改进工作、推动发展的过程。经过各方面的共同努力，许多建议提案已成为政府决策的重要依据，有的已转化为政府工作的具体措施，有的以文件等形式固定下来，成为政府工作的重要组成部分。

（省政府办公厅督查处）

法制建设

【概　况】 2012年，在省委、省政府的正确领导下，省政府法制办深入贯彻落实科学发展观，紧紧围绕中心、服务大局，勇于创新、锐意进取，较好地完成了政府法制工作各项任务，为建设富裕和谐秀美江西作出了积极贡献。

编制《江西省人民政府规章项目库》。通过广泛征求意见，深入调研论证，以转变经济发展方式、创新社会管理、加强生态文明建设和政府自身建设为重点，筛选出49个立法项目，纳入规章项目库管理，并根据经济社会发展需要，逐年安排实施。

提请省人大常委会审议地方性法规草案。省政府全年共提请省人大常委会审议11件地方性法规草案，分别是:《江西省实施〈中华人民共和国水土保持法〉办法（修订草案）》《江西省井冈山风景名胜区条例（草案）》《江西省森林防火条例（草案）》《江西省审计条例（草案）》《江西省国土资源执法监察条例（修订草案）》《江西省血吸虫病防治条例（修订草案）》《江西省反窃电办法（修订草案）》《江西省城市房屋权属登记条例（修订草案）》《江西省实施〈中华人民共和国节约能源法〉办法（修订草案）》《江西省实施〈中华人民共和国野生动物保护法〉办法（修订草案）》《江西省动物防疫条例（修订草案）》。

立法更加注重服务经济社会发展大局。关注发展中的热点、难点问题。为转变全省经济发展方式，实现可持续发展，审查修改重点建设项目招标投标管理办法、节约能源法实施办法、审计条例等立法项目。注重保护和改善生态环境。为打造江西省绿色品牌，实现“生态立省、绿色崛起”的战略目标，全面修订水土保持法实施办法、野生动物保护法实施办法、森林防火条例等立法项目。注重创新社会管理。为维护社会稳定，保障人民群众生命财产安全，审查修改突发事件应对条例、反窃电办法等立法项目。

组织实施改进和规范行政执法工作的意见。为进一步规范行政执法行为，优化经济社会发展环境，省政府法制办代省政府起草了《关于进一步改进和规范行政执法工作的意见》（以下简称《意见》），2012年10月17日，省政府予以印发。《意见》对执法主体、执法程序、执法监督、执法保障等重点环节，逐一提出明确、清晰的规范标准，使行政执法人员对规范化执法有更全面形象的感知与认识，为扎实推进行政执法规范化建设奠定坚实基础。《意见》印发后，省政府法制办及时通过以会代训的形式，对全省规范行政执法工作进行安排布置。这项工作，得到国务院法制办的充分肯定。

完善依法行政工作制度。2012年初，省政府制定出台《江西省2012年推进依法行政工作要点》。在省直部门，每季度通过召开依法行政部门联系会议，确定一个主题，确定几个重点发言单位，对实际工作中的重点、难点问题进行深入探讨，集中谋划，合力解决。对市县，通过每月编发依法行政工作简报，推广各类经验做法、传递各地工作信息，促进相互学习借鉴。其中，登载南昌市化解医疗纠纷经验的依法行政工作简报，引起多位省政府领导的关注，作出批示，予以肯定。

探索建立行政复议工作新的体制机制。以相对集中行政复议审理权限和吸收外部力量参与案件审理为核心，组织在南昌市、新余市、新建县、东乡县开展行政复议委员会试点。这项工作受到主流媒体的高度关注，新华社、《江西日报》等称之为“融合行政资源，吸纳平民裁判”的有益尝试，必将更好发挥行政复议在矛盾纠纷化解中的主渠道作用。联合省高院共同建立行政机关负责人出庭应诉制度，推动行政复议与行政诉讼良性互动。

行政审批事项清理缩减。9月底，国务院决定取消和调整314项行政审批项目，根据省政府领导批示，省政府法制办会同省监察厅对各有关单位申报调整的行政审批项目与国务院决定进行衔接。经与部门协商一致，拟取消行政审批项目171个、调整和下放行政审批项目143个，相关结果已上报省政府审定。

推进行政强制法的贯彻实施。为保证这一重要法律制度的全面贯彻实施，连续组织6期培训班，对千余名行政执法人员进行培训，加深他们对行政强制法律制度的熟知与理解。根据行政强制法的相关要求，绘制行政强制措施和执行流程图，设计《行政强制法律文书参考样式》，供全省各级行政执法机关使用。同时，编制《江西省行政强制案卷评查标准》，对行政强制行为实施更严格、更规范、更有效的监管，力促行政执法机关依法行使行政强制权。

【举办市厅级领导干部加强法治政府建设研讨班】 2月27日，省政府法制办在省委党校组织各设区市政府、省直部门分管领导和法制机构负责人参加的研讨班，共150余人。省委常委、常务副省长凌成兴到会讲话，副省长朱虹作专题报告，国务院法制办和省委党校有关专家学者授课。该班授课老师层次高、培训对象规格高，对增强相关领导干部依法行政意识，推进2012年度全省依法行政工作发挥了积极作用。

【成功化解一大批社会矛盾纠纷】 2012年，全省共办理行政复议案件3800余件，办理行政争议信访件1200余件；省政府法制办直接办理行政复议案件69件，办结56件，办理省信访局转办的行政争议信访件85件。在办理行政复议案件中，省政府法制办不局限于行政复议在一事一案中的作用，而是通过“办理一案”，力求达到“规范一片”的目的。

【开展行政调解工作】 根据国务院文件要求，省政府法制办代省政府起草《关于推进行政调解工作的实施意见》（以下简称《意见》）。《意见》明确行政调解的范围、程序和行政机关的工作职责。10月，省政府法制办组织召开设区市法制办主任和省直法规处长会议，认真学习、贯彻落实省政府的《意见》。2012年，行政调解工作首次列入全省社会管理综合治理考评体系。全省共受理行政调解案件18.67万件，调解16.25万件，案件数量较上年增加21.79%，调解率增长17.81%。此外，根据省政府领导批示，省政府法制办组织调处食盐批发许可证核发主体争议、柘林灌区用水争议等纠纷。

（李 珂 欧阳雯霞）

·资 料·

2012年度颁布的江西省政府规章一览表

序号	省政府规章名称及公布日期
1.	《江西省人民政府关于修改〈江西省河道采砂管理办法〉的决定》（2012年1月10日省政府第195号令）
2.	《江西省规范行政处罚裁量权规定》（2012年1月11日省政府第196号令）
3.	《江西省雷电灾害防御办法》（2012年1月11日省政府第197号令）
4.	《江西省建筑消防设施管理规定》（2012年1月11日省政府第198号令）
5.	《江西省人民政府关于修改〈江西省城市绿化管理办法〉等8件省政府规章的决定》（2012年1月11日省政府第199号令）
6.	《江西省人民政府关于修改〈江西省电力设施保护办法〉的决定》（2012年9月17日省政府第200号令）
7.	《江西省重点建设项目招标投标管理办法》（2012年11月20日省政府第201号令）
8.	《江西省粮食收购资格许可管理办法》（2012年11月20日省政府第202号令）

财政预决算

【概 况】 2012年，在省委、省政府的坚强领导下，全省各级财政部门牢牢把握“稳中求进”的总基调，积极应对和克服国际经济低迷、国内需求不足等不利影响，扎实推进“发展型、公共型、调控型、精细型、效能型”五型财政建设，财政运行总体平稳，有力支持经济社会协调发展，稳步实施财政改革，圆满完成全年财政收支任务，为顺利完成“十二五”规划目标打下坚实基础。

收入任务圆满完成。全省财政总收入完成2046亿元，增长24.4%。其中：公共财政预算收入1371.9亿元，完成年初汇总各级人代会批准预算的113.8%，增长30.2%；上划中央“两税”收入448.2亿元（其中：增值税328亿元，消费税120.2亿元），增长13.1%；上划中央所得税225.9亿元（其中：企业所得税186.1亿元，个人所得税39.8亿元），增长15.7%。公共财政预算收入分项目完成情况是：增值税25%部分107.4亿元，增长1.4%，在前11个月负增长的背景下，12月当月增长30%以上，推动全年增值税增幅转正。主要是工业生产扩大，带动工业增值税增收。2012年全省规模以上工业增加值实现4885.2亿元，增长14.7%，高于全国平均水平4.7个百分点，居全国第十三位；全省工业增值税入库321亿元，增长19.6%。主要工业品行业税收入库较多，有色金属、钢坯钢材、电信设备、电气器材、纺织、建材产品业增值税分别增长90.2%、60%、54.6%、30.9%、29.4%和12%。同时，受政策调整、市场变化等因素影响，全省再生资源回收加工业增值税入库52.3亿元，同比减收65.3亿元，下降55.5%，是影响2012年江西省增值税持续走低的重要因素。营业税363.5亿元，增长33.2%，继续保持平稳较快增长势头。一是坚定不移推进重大工程项目建设，全省500万元以上固定资产投资完成11388.9亿元，增长30.1%，高于全国平均水平9.5个百分点，带动建筑业营业税完成122.9亿元，增长29.5%。二是各地大力发展物流总部经济，带动交通运输业营业税完成61.2亿元，增长63.6%。三是房地产市场交易总体良好。房地产开发投资增幅前7个月呈逐月下滑之势，8月份开始企稳回升，全年房地产开发投资完成969.6亿元，增长11.8%；商品房销售额1137.4亿元，增长13.5%。在此推动下，房地产业营业税完成69亿元，增长13.5%。四是金融保险业发展迅速，12月末金融机构人民币各项存款余额16715.9亿元，比年初增加2476亿元；各项贷款余额10924.5亿元，比年初增加1749.9亿元。受此推动，金融保险业营业税完成44.9亿元，增长37.6%。此外，三产经济进一步繁荣壮大，也带动居民服务和其他服务业、租赁和商务服务业营业税分别增长33.7%和65%。企业所得税40%部分124.1亿元，增长26.8%，主要是经济企稳向好，工业经济效益稳定回升，企业利润有所增加。前11个月，工业经济效益综合指数为291.1%，较1～10月提高2.5个百分点，为6月份以来连续第六个月回升；规模以上工业企业实现主营业务收入接近两万亿，达19553.2亿元，增长16.8%；实现利润突破千亿，达1077.7亿元，增长13.4%。个人所得税40%部分26.5亿元，下降17.9%，主要是从2011年9月1日起，工资、薪金个人所得税费用减除标准由2000元提高至3500元，相应翘尾减收较多，影响全省工资薪金所得税收同比下降20.1%。同时，由于上年限售股转让所得收入入库较多，影响2012年全省财产转让所得税收同比下降51.7%。资源税29.7亿元，增长59.3%，主要是从2011年4月1日起，调高了焦煤和稀土矿的资源税税额标准，2012年翘尾增收较多。城市维护建设税48亿元，增长14.8%，主要是流转税收入大幅增收，带动城市维护建设税增长。房产税15.9亿元，增长39.8%，主要是江西省商业营业用房保有量、房屋租赁价格平稳上升，及按照国家有关规定，2011年下半年各地开始将地价计入房产税计税原值，翘尾增收较多。印花税9.9亿元，增长18.4%，主要是受房地产市场交易回升等因素推动，税收相应增加，其中宜春、萍乡、九江等地区增长较快。城镇土地使用税25.2亿元，增长37.7%，主要是2012年全省商业营业用房销售面积持续增长，应税土地面积扩大。同时，各地进一步加大了税收征管和清理力度，相应增收较多。土地增值税52.3亿元，增长40%，主要是进一步强化税收征管，加大对工业园区等重点地区的土地增值税清理力度，增收较多。车船税6.9亿元，增长23%，主要是车辆消费需求不断增长，有效拓宽了车船税税源。同时，税务部门加强车船税代扣代缴管理，实施源头控管，也有力促进了车船税税收增长。耕地占用税71.8亿元，增长52%，主要是进一步强化税收征管，加大对工业园区、乡镇和重点工程耕地占用税清理力度，增收较多。契税95.1亿元，增长21.8%，主要是受房地产市场回暖推动，税收入库较多。烟叶税1.9亿元，增长19.9%。固定资产投资方向调节税8万元，为清欠历年未缴税款入库。专项收入52亿元，增长6.1%，主要是加大排污费征缴力度，该项收入入库7.3亿元，增长20%；严格广告收入纳入预算管理。入库10.3亿元，增长27.4%；教育费附加收入入库23.9亿元，增长10.1%。行政性收费收入150.8亿元，增长29.3%，主要是规范了相关收费征管。如，加大了计划生育工作力度，强化社会抚养费征缴，该项收入入库33.9亿元，增长33.5%。罚没收入54.7亿元，增长39.1%，主要是各地进一步加大了行政执法力度，增收较多。国有资本经营收入35.7亿元，增长75.4%，主要是省电子集团等省属国有企业产权转让收入一次性入库较多。国有资源（资产）有偿使用收入65.9亿元，增长114.2%，主要是各地进一步规范和加强老办公楼等国有资产（资源）拍卖处置收入征管，加大清缴力度，增收较多。其他收入34.7亿元，增长72.3%。

财政支出保障有力。全省公共财政预算支出完成3019.2亿元，增长19.1%，主要是进一步加大对教育、水利、保障性安居工程、社会保障、医疗卫生等社会公共事业投入，各项重点支出得到有效保障，民生工程和公共财政政策确定的各项实事均顺利完成。公共财政预算支出分项目情况是：一般公共服务308.2亿元，增长19.4%，主要是2012年全省各级调高机关事业单位人员津补贴标准，相应增加财政支出。国防5.4亿元，增长7.5%，主要是加强预备役和民兵建设，加大人民防空经费保障力度。公共安全141.7亿元，增长14.4%，主要是切实加大公检法司投入，有力保障政法部门经费需求，维护社会稳定安宁。教育622.1亿元，增长31.1%，主要是积极落实中央和省委、省政府的战略部署，各级进一步加大教育投入，按财政部统计口径，全省地方财政教育支出占公共财政预算支出比重达到16.8%，完成了中央下达的16%目标，增幅超过全省财政经常性收入增幅17.6个百分点。科学技术27.5亿元，增长29%，主要是加大了技术研究与开发、科学技术普及、技术创新服务体系建设等方面的扶持力度。文化体育与传媒44.8亿元，增长12.9%，主要是加大了文化、文物、广播影视、新闻出版等领域投入。同时，2011年江西省举办“七城会”，用于体育场馆、竞赛方面的支出较多，影响2012年全省体育支出3.1亿元，下降48.7%。社会保障与就业323.1亿元，增长18.4%，主要是进一步加大财政对基本养老、医疗、工伤、新型农村社会养老等保险基金补助力度，加大了抚恤、自然灾害生活救助、社会福利等涉及群众切身利益领域的投入。医疗卫生219.1亿元，增长11.6%，主要是深入推进医疗体制改革，加大了财政对公立医院运行经费补助力度；健全完善基层医疗卫生服务网点建设，加强乡镇卫生院、城市社区卫生服务中心等基层医疗卫生机构经费保障；着力农民“看病贵”难题，加大了新型农村合作医疗投入力度。节能环保66.9亿元，增长52.9%，主要是2012年中央财政下达江西省的城镇污水垃圾处理、节能技术改造等专款增加较多。城乡社区事务176.7亿元，增长41%，主要是随着江西省城镇化步伐加快，城乡社区规划管理、公共设施建设等支出相应增加较多。农林水事务384.8亿元，增长33.6%，主要是加大了水利工程、农田水利设施、扶贫、对村级一事一议补助等农村重点领域经费投入。同时，按照财政部统一规定，2012年中央下达江西省的粮食风险基金中36亿元相关资金改列“农林水事务”科目。交通运输支出192.8亿元，下降11.6%，主要是2012年中央追加的车辆购置税专款减少。资源勘探电力信息等事务196亿元，增长24.6%，主要是进一步加大了财政对中小企业发展扶持力度，该项支出总额达到87.3亿元。商业服务业等事务38.2亿元，增长0.2%，增幅较低，主要是2011年财政用于家电以旧换新补贴等方面的资金较多。金融监管等事务支出6.9亿元，增长235.4%，主要是根据省政府决定，省财政一次性安排4.4亿元组建省融资担保股份有限公司。国土资源气象等事务30.3亿元，增长6.5%，增幅较低，主要是2012年江西省矿产资源专项收入同比有所减少，相应安排的支出也有所减少。住房保障支出134.4亿元，增长24.2%，主要是进一步加大廉租住房建设、棚户区改造、公共租赁住房建设及农村危房改造力度。粮油物资储备事务支出18.9亿元，下降59.8%，主要是按照财政部统一规定，2012年中央下达江西省的粮食风险基金中36亿元相关资金改列“农林水事务”科目。国债还本付息支出11.9亿元，下降5.3%，主要是部分市县安排的补充还贷准备金同比有所减少。其他支出69.5亿元，下降6.2%，主要是2011年省级列支的援疆经费较多。

平衡情况。2012年，全省公共财政预算收支平衡情况是：公共财政预算收入1372亿元，加上上级补助收入1651.2亿元、地方政府债券收入91

亿元、国债转贷资金上年结余0.37亿元、上年结余562.2亿元和调入资金62.3亿元,收入总计3739.1亿元。一般预算支出3019.2亿元,上解上级支出7.9亿元,地方政府债券还本62亿元,增设预算周转金0.15亿元,拨付国债转贷资金数625万元,国债转贷资金结余0.3亿元,调出资金0.18亿元,支出总计3089.8亿元。收支相抵,全省年终结余649.3亿元,减去结转下年支出644.8亿元,全省净结余4.5亿元。

(伍晓峰)

发展研究与决策咨询

【概　况】 2012年,省政府发展研究中心坚持以邓小平理论、"三个代表"重要思想为指导,深入贯彻落实科学发展观,紧密结合党的十七大和十八大精神,中央经济工作会议以及省十三次党代会、全省经济工作会议、省十一届人大五次会议精神,紧紧围绕"科学发展、绿色崛起"主题和富裕和谐秀美江西战略目标。经全体同志团结努力、深入调研、开拓创新,各项工作取得较好成绩,共完成省委、省政府领导交办任务8项,完成课题22项,获得省委、省政府领导批示8次,出版专著3部。编辑出版《调查研究报告》19期、《专送件》2期。发送各种报告8530份。

全力完成省委、省政府领导交办事项。把省委、省政府领导交办的各项调研及文稿起草任务作为中心头等重要工作任务,积极组织力量,全力调查研究,确保圆满完成任务。一是完成靖安县域经济调研,调研报告《走出一条生态与经济"共赢"的发展之路——靖安县发展特色县域经济的调查报告》在省政府办公厅《参阅文件》和发展研究中心《调查研究报告》刊出。二是完成《加快构筑江西区域发展新格局》课题研究。三是完成江西旅游文化丛书《鄱湖风韵》分卷书稿的编撰。四是初步完成江西省区域发展质量考核体系研究。五是完成了江西省高职、中职教育调研报告(九江、景德镇篇;吉安、赣州篇)。六是完成抚州基础教育调研。七是做好"材料组"的工作,先后参与一季度经济形势分析、赣南苏区等文稿起草工作。八是完成《让江西的山更绿、水更碧、天更蓝——"秀美江西"建设问题研究》。

积极完成年度课题计划,研究成果较为丰富。完成的课题22项:(1)《坚持"三个并重",建设"三个江西"——2012年经济工作建议》;(2)《当前江西省经济运行的特点、问题及建议——2012年上半年经济形势分析报告》;(3)《关于当前加快江西省城镇化进程的一些看法与建议》;(4)《当前江西省农业农村发展问题的进展、矛盾和若干建议》;(5)《江西中长期发展若干问题的分析思考》;(6)《国家顶级智库专家关注的中国经济社会问题》;(7)《江西农村人口老龄化问题及对策研究》;(8)《江西农业劳动力现状及老龄化问题研究》;(9)《当前江西省经济运行主要特征及今后一个时期宏观经济走势》;(10)《江西新一轮生产力布局及促进措施》;(11)《构建"中三角"城市群的可行性研究》;(12)《江西省上市公司的经营现状及其应对策略》;(13)《贫困陷阱理论研究的最新进展》;(14)《人力资本边际收益递减、后发优势与经济增长——基于国家间面板数据的实证分析》;(15)《构建多元融资服务体系缓解江西省小微企业融资难》;(16)进一步完善江西省中小企业服务体系的对策研究;(17)赣江流域退耕还林工程后续产业发展机制研究;(18)提升江西工业园区发展水平对策研究;(19)江西省安全家产品有效供给对策研究;(20)南昌地铁施工期间公交线路优化及站点调整研究;(21)江西稀土产业发展对策研究;(22)加快江西省海外投资产业发展研究。成果质量进一步提升。《江西中长期发展若干问题的分析思考》得到省委书记苏荣、省长鹿心社的批示;《坚持"三个并重",建设"三个江西"》《构建"中三角"城市群的可行性研究》《走出一条生态与经济"共赢"的发展之路——靖安县发展特色县域经济的调查报告》《当前经济形势分析》《国家顶级智库专家关注的中国经济社会问题》《让江西的山更绿、水更碧、天更蓝——"秀美江西"建设问题研究》等成果分别得到副省长朱虹批示批转;《当前江西省农业农村发展问题的进展矛盾和若干建议》得到副省长姚木根批示。出版专著3部:(1)江西风景独好旅游文化丛书系列三之《鄱湖风韵》在二十一世纪出版社出版;(2)《追求起跑线的公平——江西学前教育改革发展调研报告》在江西高校出版社出版;(3)《"中三角"城市群成长的可行性分析及发展战略研究》在江西人民出版社出版。

【召开全省政策咨询工作会议】 5月30日,省政府发展研究中心以省政府名义在九江星子县召开全省政策咨询工作会议,副省长朱虹参加会议并作重要讲话。朱虹充分肯定2011年全省政策咨询工作取得的成绩,分析当前经济社会发展形势,强调政策咨询研究工作要注重服务发展大局,围绕如何促进经济发展方式转变、保持经济平稳较快增长、构筑区域发展新格局、推进农业农村现代化和城市化进程、加快新兴服务业发展、进一步改善和保障民生等事关全省发展的重点、难点、热点问题,不断创新方式方法,健全完善课题选择、人才培养、研究协作、成果转化等机制,进一步提升政策咨询研究工作的质量、实效和水平。各设区市对当地区域发展问题进行了总结交流。国务院发展研究中心宏观经济研究部部长余斌到会作《当前经济形势分析》报告,深入分析了国内经济发展现状和前景,并分析和展望中国宏观经济政策取向,对正确看待当前经济形势具有指导意义。此报告得到与会代表的较大反响,报告经省政府发展研究中心根据录音整理后在《专送件》上刊发,得到副省长朱虹批示批转。

【参加政府及部门的咨询、论证活动】 2012年,省政府发展研究中心充分发挥专家优势,积极参加各级党委政府及相关部门、机构组织的评审、论证、咨询活动和各类学术交流活动,社会影响进一步扩大。主要活动有:(1)参与赣州市服务业(2010~2020)发展规划评审;(2)参与省建设厅关于加快江西城市化进程若干意见专家咨询会;(3)参与省发改委关于鄱阳湖生态经济区新型城镇化规划(2010~2020)评审会;(4)在省红十字会参加中国红十字会赵白鸽一行调研座谈会；(5)参加省政府金融办专家座谈会；(6)先后接受《信息日报》关于“南昌城市扩容，新设卧龙区”“赣湘鄂酝酿构建长江中游城市集群，打造中国经济增长‘第四极’”以及“南昌政府微博开通的意义”等主题采访，并发表独家观点；(7)接受江西人民广播电台关于协同创新专访。

（过士木）

【出版“江西风景独好旅游文化丛书”《民俗风情》卷】 9月，在副省长朱虹的倡导和领导下，《民俗风情》一书如期出版，该书分《阅故园风韵》《览传统特色》《探神奇秘境》《逛圩集庙会》《看元宵灯彩》《观古傩乡舞》《赏戏曲古韵》《沐赣民歌风》《听吹打鼓乐》《品传奇故事》10章，20万字。这是一部系统挖掘、反映江西省丰富多彩民俗文化的专著，是一次基于旅游发展的江西地域文化价值的大规划、大盘点、大发现，对更好地传承江西民俗文化，发掘旅游资源，开发旅游产品，促进江西省旅游业的发展，具有非常重要的意义。

【策划编撰大型纪实图书《赣商新力量》】 江西商业文化自古发达，江右商帮为明清时期中国十大商帮之一。赣人经商具有悠久历史、传统血脉和深厚文化底蕴。江西近现代的落后，其实是赣商及赣商文化的落后。改革开放以来，江西新一代赣商在改革开放的大背景下，在市场经济的大浪潮中，搏击商海，成就丕业，造就了一批成长性好、引领性强、带动性大的赣商企业。

为把改革开放后新一代赣商风云际会的创业故事、锤炼商道智慧及赣商精神的精彩人生，用纪实的手法加以总结、表现和研究，根据朱虹副省长的批示，省政府决策咨询委整合有关部门的优势和力量，从2012年下半年开始，着手编撰大型纪实图书《赣商新力量》一书，这对于研究赣商文化、提炼赣商精神，展示赣商成就，宣传赣商形象，铸造赣商品牌，促进赣商发展，具有非常重要的意义。

【完成重点调研项目7项】 2012年，省政府决策咨询委完成重点调研项目7项。一是就“金融服务实体经济问题”开展专题调研。省政府决策咨询委把“金融服务实体经济”问题作为2012年的重点课题，进行了从省内到省外的一系列专项调研。从年初开始，先后赴广东省深圳市、佛山市，安徽省合肥市，湖北省武汉市，四川省成都市，省人行南昌中心支行、省银监局、省证监局等部门，南昌市红谷滩新区、高新技术开发区等地进行了大半年的调查研究，召开座谈会20多场。突出调研金融后台服务中心建设对江西省金融和经济发展的意义和价值，结合江西实际，对江西省建设金融后台服务中心的必要性、可行性、可操作性进行较为深入的研讨和论证。撰写了《抓住世界金融后台服务发展的战略机遇，做大江西金融产业总量》的调研报告。该报告分别获得省长鹿心社等领导的批示。该报告已刊发省政府《参阅文件》，对加快江西省金融后台服务中心建设起到较好的咨询建议作用。省政府决策咨询委还完成了《金融服务实体经济发展》的初稿，待近期完稿后提交省政府领导参阅。二是就促进江西省科技型中小企业发展问题进行专题调研。省政府决策咨询委会同省科技厅、省中小企业局组成联合调研组，在全省各重点高校、科技园、科研所、高新开发区、工业园区展开深入调研，走访数十家企业，了解江西省科技创业现状、科技型型中小企业生存状况、产学研结合及科技成果转化情况，在学习和借鉴天津、南京等地做法的基础上，提出了激发全省科技创新、创业活力，根据科技型中小企业在萌芽、成长、壮大、成熟的不同发展阶段的特殊需求，采取不同的扶持政策，创造适宜中小企业蓬勃发展的产业生态环境的对策建议。撰写《以科技型中小企业的蓬勃发展支撑江西省战略性新兴产业的加速崛起》的调研报告，得到了省政府领导的高度重视，省长鹿心社等领导都作了批示，转发省科技厅、省工信委、省中小企业局研阅并印发《参阅文件》供各地参考。三是与省中小企业局合作，对凝聚了江西省大量中小企业管理者的江西创业大学进行较为系统的调查研究。省政府决策咨询委分赴南昌市创业大学、新余市创业大学、九江市创业大学进行座谈和实地考察，深入到多家当地企业，听取企业家对创办创业大学的评价、意见和建议，并调取赣州市创业大学的相关资料进行分析研读，完成了《关于创业大学的调研报告》初稿，之后，又分送南昌、新余、九江、赣州市创业大学提出修改建议，最终在中小企业局领导的指导下形成定稿，得到了中小企业局领导的一致肯定。四是完成省科技厅立项的《创新文化基本内涵与创新文化建设》课题报告。该报告得到省科技厅厅长的高度评价：“理论结合实际，对创新文化的地位、内涵、作用阐述的比较清楚，对建设创新文化的方法、途径及举措也及富见地，并有可操作性。同时还对鄱阳湖生态经济区科技创新和创新文化建设提出了一系列有针对性、指导性的意见。”五是开展“以港兴区”加快打造江西核心增长极专题调研。全力支持南昌打造核心增长极，推进新一轮九江沿江开放开发，构建全省“龙头昂起、两翼齐飞、苏区振兴、绿色崛起”区域发展格局，是省委、省政府着眼于全省更好更快发展作出的重大战略部署。省政府决策咨询委在完成全省工业园区现代物流业发展环境调研的基础上，就江西省水资源优势，进一步突出南昌和九江两大枢纽港的重要战略地位，加速临港产业集聚、强化腹地物流支撑，统一南昌港、九江港、鄱阳湖水系的规划布局等相关问题进行了深入调研，并应《江西日报》邀请，在“打造新的增长极”论坛作专题发言。六是就利用期货市场促进江西省实体经济发展战略问题进行研究。省政府决策咨询委与江西财经大学金融与证券研究中心合作，先后赴广东中山、深圳、河南郑州期货中心考察，并在省内广泛调研。针对江西省实体企业参与期货市场的比重较低，上市品种在全省国民经济中的比重不相匹配，期货市场培育不够、期货手段利用不足等方面的问题，提出了相关的对策建议。七是就促进江西省文化与旅游融合发展问题进行了大规模调研。省政府决策咨询委组织人员赴广西和全省11个设区市进行大规模调研，取得大量第一手资料。课题调研报告受到省政府领导高度重视，省长鹿心社、常务副省长凌成兴均作重要批示。

（李鹏飞）

人事管理

【概　况】 2012年,全省各级人力资源和社会保障部门围绕改革发展稳定大局,认真履行职能,不断改进工作,提高服务水平,人事管理工作取得显著成效。

人才队伍建设取得显著成果。一是高层次人才选拔培养力度加大。启动实施新一轮政府特殊津贴选拔工作,组织开展2012年度享受政府特殊津贴人员推荐选拔工作,选拔了132名享受政府特殊津贴人选,其中享受国务院特殊津贴人选52人、享受省政府特殊津贴人选80人。配合省委组织部开展第三批"赣鄱英才555工程"和"第三届江西省突出贡献人才"人选选拔工作,共选拔推荐专业技术人才类高层次人才150多名。开展江西专家在行动系列活动,组织专家服务基层600多人次。高层次人才引进成效明显。实施"急需紧缺高层次人才引进计划",继续开展优秀高层次专业技术人才引进工作,全省共引进博士以上高层次人才500余人,比上年增长11%。博士后工作实现新突破。积极争取人社部、全国博管会批准同意江西省博士后工作实行分级管理,从2013年1月1日起,统一开展江西省区域内博士后管理工作。经省政府同意设立江西省博士后工作专项资金,会同财政厅制定了《江西省博士后工作专项资金使用管理办法》并组织开展了江西省首次博士后科研项目和日常经费择优资助工作。组织江西省有关高校博士后流动站申报工作,6个单位获准设立博士后流动站。组织博士后设站单位申报"中国博士后科学基金"资助,全省共有27人获得国家资助,资助金额达188万元。职称改革不断深化。研究制定《江西省深化中小学教师职称制度改革试点工作实施方案》及配套文件,妥善处理历史遗留问题,指导试点市开展中小学教师正高级职称评审,工作进度在全国走在前列。精心组织年度职称评审工作,全省1.54万人申报参加高级专业技术资格评审,通过人数约8000人,通过率52%,评审质量进一步提高。2012年,全省专业技术人才总量达210万人,比2008年增长31.3%。加大对口支援力度,完成了14名援疆专业技术人员轮换考核工作,会同组织教育部门完成了378名克孜勒苏柯尔克孜自治州未就业大学生培训工作,超计划完成52人。二是高技能人才队伍建设力度加大。出台高技能人才队伍建设中长期规划,实施"高技能人才振兴工程",全年培养5000名青年高技能人才和6000名紧缺技师,新增技能人才77万人,总量达342万人,比2008年增长29%,其中新增高技能人才29.3万人,增长64.1%。积极创新技能鉴定模式,完成鉴定35万人次,其中国家职业资格全国统一鉴定1.8万人次,高技能人才鉴定3.7万人次,3万人取得专业技术人员职业资格证书,100万人取得技能人员职业资格证书。深入推进技工院校改革,完成技校招生5.6万人,全省技校毕业生就业率达到95.8%。加快建设江西技师学院,办学规模达6000人,进入国家级高技能人才培养基地和国家中等职业教育改革发展示范学校行列。三是引进国外智力工作力度加大。围绕鄱阳湖生态经济区建设、十大战略性新兴产业等重点领域、重点主题,积极争取省委、省政府支持,出台"外专千人计划"的配套支持政策,省财政自2013年起给予江西省入选"外专千人计划"每位外国专家1000万元的创新创业事业发展资金支持。深入工业园区和各类企业挖掘引智需求,积极培育"外专千人计划"和国家高端外国专家项目人选。2012年新争取国家高端外国专家项目2项,资助经费57万元。其中赣锋锂业公司在日本专家指导下,快速建成年产20吨超薄锂带和30吨锂合金生产线,生产线改扩建后,仅运行2个多月就新增销售收入1362万元,实现利税235万元,产品远销美国、日本、韩国、台湾、欧盟及东南亚国家和地区。全年共引进海外高层次人才360多人次,解决科研、生产和技术难题400多项,开展专题讲座和座谈30多次,培训技术人员和农业种养大户1500多人次。通过项目实施,全年新获专利授权41项、专利受理16项;实现关键技术突破7项,填补国内空白5项;争取国家、省级项目和课题14项、国际合作和准入技术项目7项,签署国际合作协议3项,承担行业标准起草工作4项。会同有关部门联合下发了《关于做好在赣工作外国专家和来赣交流外国友人医疗保障工作的通知》,在省人民医院、南大一附院、南大二附院、省儿童医院四家大型三甲医院开设外专就医绿色通道,外国专家及其配偶子女凭"外国专家证"就能够参照干部保健的待遇享受医疗服务,破解了外国专家就医难题,进一步优化江西省的引才用才环境。江西省外国专家局被评为2012年全国引智宣传工作先进单位。根据"突出重点,典型示范,完善体系,提高水平"的工作思路,稳步推进"一村一品"。出台《关于做好小额担保贷款扶持"一村一品"产业发展的通知》,加强"一村一品"智力金融支撑体系建设;下发《省级"一村一品"农民专业示范合作社评选方案》,评选出了53家省级"一村一品"农民专业示范合作社。到年底,全省形成"一村一品"专业村3850个,240多万农户从事"一村一品"生产,从事"一村一品"生产的农民人均年收入比当地农民人均年收入高出15%以上。全年培养带头人5500人次,培训农民20万人次,销售收入109亿元,引导社会资金投入近10亿元。大力实施人才个性化培养,加强出国培训成果的跟踪调查,加强出国(境)培训的规范运行,出国(境)培训项目的针对性不断增强。全年共执行出国(境)培训项目30个,培训人员686人次,项目执行率达88%,争取国家资助130万元。重点培养了一批"鄱阳湖生态经济区"建设急需的生态经济和生态文明建设人才,资助一批重大产业发展渴求创新型科技人才,选派了一批人力资源社会保障工作紧缺的信息化和职业教育专门人才。出国(境)培训的实效性更加凸显。积极发掘和推广出国(境)培训优秀成果,编印完成了《江西省"十一五"期间出国(境)培训成果选编》和《江西省"一村一品"出国(境)培训成果选编(二)》两本成果汇编。

稳步推进人事制度改革。坚持依法考录、公平考录、科学考录,顺利完成公务员"四级联考"、政法干警培养体制改革试点考录、人民警察考录等公务员招录工作，全年共招录公务员6391人。会同省纪委出台了《江西省公务员录用监督实施细则》，明确了录用监督的职责分工、监督内容、监督形式和监督纪律，构建了覆盖公务员考录全过程的监督机制。1月，国家公务员局和国家工商行政管理总局确定南昌市工商行政管理局为全国工商行政管理系统的考核工作联系点。深化事业单位人事制度改革，稳步推进事业单位岗位设置管理工作，省直、设区市和80%的县基本完成岗位设置工作。顺利完成事业单位专业技术二级岗位人选审定工作，共有84人通过审定，通过率为66.7%。全省直事业单位共计招聘人员约2万人，其中：省直事业单位共计招聘5132人（博士372人，硕士1990人）；全省中小学教师招聘6681人；市、县、区招聘约8000余人。做好军转干部安置和企业军转干部解困稳定工作，计划分配的683名军队转业干部，安置到公务员或参照公务员岗位的比例再创新高，做到了部队、接收单位和军转干部三方基本满意。较大幅度调增了企业军转干部生活困难补助，继续对企业军转干部养老金特殊倾斜。2012年，全省未发生企业军转干部进京上访，未发生因政策不落实而引发上访，企业军转干部总体稳定。

稳妥推进工资制度改革。做好公务员工资水平试调查工作，完善了公务员规范津贴补贴政策，提高了全省公务员规范津贴补贴标准。下发了《关于做好省直其他事业单位2012年绩效工资总量申报核定等有关工作的通知》，并对省直88个主管部门所属事业单位申报的绩效工资总量进行了核定。对省直公共卫生事业单位实施绩效工资情况及部分设区市事业单位实施绩效工资工作情况开展了督查和调研。经省政府同意，江西省人力资源和社会保障厅、江西省财政厅下发了《关于调整省直其他事业单位绩效工资基本标准线有关问题的通知》。同时，调整退休人员生活补贴标准。配合有关部门，做好国有企业职教幼教退休教师待遇的审核工作。规范企业工资分配行为，新的最低工资标准增幅为21.5%，于2012年1月1日起施行。发布《江西省2012年企业工资指导线》，指导企业合理搞好企业内部分配。大幅提高高温津贴标准，将从事室外作业和高温作业的劳动者每人每月由原来的120元调整到240元；室内非高温作业的劳动者每人每月由原来的80元调整到160元，发放时间从原来的7、8、9三个月扩大到6、7、8、9四个月，并调整了高温津贴的列支渠道，将高温津贴纳入劳动者工资组成部分，但不包括在最低工资标准范围内。落实农民工工资保障金制度等系列制度，建立健全农民工工资支付综合治理机制，明确人社、住建、交通运输、水利、教育、公安等部门在解决拖欠农民工工资问题方面的职责，全省各级劳动保障部门监察机构共为4.52万名农民工追讨工资1.47亿元。

【助推赣南等原中央苏区振兴发展战略的实施】 2012年，省人社厅争取人社部出台支持赣南等原中央苏区人力资源社会保障事业改革发展的30条具体措施，并争取赣州、吉安、抚州原中央苏区振兴发展的就业和社保资金比上年增加7.7亿元，增幅18.7%。争取国家公务员局支持在瑞金建立全国公务员特色教育培训基地，于6月14日揭牌正式运转，并在此举办全省原中央苏区和革命老区振兴发展公务员培训班，成为国家部委支持赣南等原中央苏区振兴发展落地的第一个项目。省委副书记尚勇对此进行肯定："人社厅争得这样大的支持尽心尽力，作出了贡献。"此外，在选拔享受政府特殊津贴专家时向赣州等地倾斜，赣州共有6人入选推荐享受国务院特殊津贴、6人入选享受省政府特殊津贴，为历年最多。大力引进和培养与赣州优势产业、特色产业紧密结合的稀土、脐橙专业技术人才，在赣州举办稀土、脐橙两期国家级专业技术人员高级研修班。

【召开全省发展"一村一品"现场交流会】 9月下旬，全省发展"一村一品"现场交流会在抚州召开。省委常委、常务副省长凌成兴出席并讲话，副省长胡幼桃主持会议。凌成兴在讲话中充分肯定江西省的"一村一品"工作，指出从2002年开始，尤其是2008年全省现场交流会以来，江西省在推进农业结构战略性调整中，把发展"一村一品"作为实现农业增效、农民增收目标的重要手段，"一村一品"发展取得了显著成绩，主要表现主导产业聚集有特色，农民增收效果好；带头人培育有力度，带动农户效果好；引智引资有水平，农业增效效果好。

【第九届中美工程技术研讨会江西分会在南昌召开】 4月15～20日，省人社厅积极促成国家外专局与省政府共同主办第九届中美工程技术研讨会江西分会，会同省工信委联合承办，省外专局负责具体实施。研讨会期间请进11位来自美国、加拿大的权威专家，遴选出30多位省内外企业、科研机构的中方专家，共同研讨"水泥窑炉处理城市垃圾"和"铜冶炼炉渣热能回收"两个世界性难题。期间，举办"水泥窑炉处理城市垃圾中美技术研讨会"，来自企业、高校院所和有关行业主管部门专家340多人参加研讨会，反响热烈。

【开展国家"友谊奖"推荐工作和"庐山友谊奖"评选表彰工作】 2012年，江西省推荐的德国科学院院士、前国际动物遗传学会主席布雷尼格先生获2012年中国政府"友谊奖"；15名外国专家获2012年江西省"庐山友谊奖"。10月24日，省长鹿心社、常务副省长凌成兴等领导出席江西省"庐山友谊奖"颁奖仪式，鹿心社为获奖专家颁奖并讲话。

【江西博士后工作实现新突破】 2012年，省人社厅实现博士后工作省级管理，会同财政厅制定《江西省博士后工作专项资金使用管理办法》，建立省博士后工作专项资金并开展择优资助活动，资助科研项目60项、资金360万元。新增6家博士后流动站，超额完成年初确定的"保三争五"的目标任务。博士后科研项目资助取得丰硕成果，全省共有27人获得国家资助，其中5人获得特别资助，22人获得面上资助，资助金额达188万元。与上年相比，资助人数增加11人，增幅69%；获资助资金增加112万元，增幅150%。此外，南昌大学两位博士成功入选"香江学者计划"，是江西省首次申请并获得该项目资助。

【开展省直单位遴选公务员的试点工作】 8月,省人社厅正式启动遴选试点工作,全省3815名公务员参与竞争23个省直单位的68个职位。集中开展遴选公务员工作在江西省尚属首次,标志着江西省公务员转任新制度的建立,是江西省人事制度改革的一大亮点,对优化公务员队伍结构和提高公务员队伍整体素质都有着重要的意义。

【规范各类评比达标表彰活动】 2012年,省人社厅对省级及省级以下开展的评比达标表彰活动,严格按国家批准的项目范围进行控制。对有关部门擅自新增和不按周期开展表彰活动的项目,均不予批准,共取消26项未列入评比达标表彰范围的活动。完成江西省2012年新增评比达标表彰项目申报工作,其中党群系统申报新增项目2个,政府系统申报新增项目10个、调整2个、变更3个。经中央批准,同意江西省开展一次性表彰项目1项、调整或变更3项。

【加大从基层一线考录公务员力度】 2012年,省人社厅做好省级机关面向基层招录工作,除特殊职位外,全部录用具有两年以上基层工作经历人员。坚持定向招考大学生村官、三支一扶、西部志愿者、农村特岗教师等基层项目人员,全年定向计划达650多名,占录用计划的11%。启动从优秀大学生村官中选拔选调生工作,专门拿出100名选调生计划,面向服务期满的大学生村官招考。启动新一轮从优秀村(社区)干部中考录乡镇公务员工作,面向全省符合条件的村(社区)党支部书记、村委会(社区居委会)主任招录300名乡镇公务员。

(李晓仔)

民族宗教工作

【概　况】 2012年,江西民族宗教工作紧紧围绕迎接和贯彻十八大这条主线,坚持稳中求进、有所作为,抓发展、促繁荣、强服务、争先进;全面深入推进加强和创新民族宗教事务管理,夯基础、强管理、破难题、促稳定,全省呈现出民族团结进步、宗教和谐稳定的良好局面。

民族工作方面,民族地区的经济社会发展得到省委、省政府领导的高度重视。省长鹿心社,省委常委、组织部长莫建成,省人大副主任陈达恒,副省长洪礼和先后到民族乡视察调研,分别就促进民族乡发展作出重要指示。副省长胡幼桃主持召开省少数民族地区建设工作领导小组第十四次会议,制定一系列促进民族地区经济社会发展的扎实有效措施和办法。省政府办公厅印发了《江西省民族地区经济社会发展"十二五"规划》,加强对民族地区的扶持力度,省直各部门和各地都采取有效措施帮扶民族地区发展。截至2012年底,全省8个民族乡实现农民人均纯收入和公共服务水平达到全省平均水平,半数民族乡超过全省平均水平。同时江西少数民族地区文化体育事业也取得重大突破。江西原创畲歌戏《七彩畲乡》获第四届全国少数民族文艺会演剧目金奖,少数民族传统体育项目蹴球首次纳入全省第四届全民健身运动会比赛项目,首次承办全国蹴球邀请赛。

宗教工作方面,宗教事务依法管理取得新成效。省民宗局组织开展全省宗教工作基础信息采集、"平安年"创建、宗教教职人员认定备案、宗教活动场所财务管理、妥善解决宗教教职人员社保、引导宗教界人士和信教群众积极服务社会公益事业等专项工作,有效维护全省民族宗教领域的和谐稳定;以宗教文化为主的对外合作交流取得重大进展。全省五大宗教均开展对国(境)外的文化交流活动,并积极服务江西省中心工作。2012年共组织全省宗教界开展对外交流26批次,活动涉及美国、以色列、新加坡、马来西亚、泰国等15个国家和地区。特别是"赣鄱文化台湾行"活动中,由省人大常委会副主任朱秉发带队的宗教文化交流宣传江西,增进了两岸交流与友谊。

此外,2012年江西省还创造性地推进"四区"民族宗教工作,先后下发了《关于民族工作进城区、校区、园区、景区的意见》《关于进一步加强城区、校区、园区、景区宗教工作的意见》,形成了"党政领导负责,统战宗教牵头,部门各司其职,社会广泛参与"的新格局。"四区"民族宗教工作不仅得到了中央统战部、国家民委、国家宗教局的充分肯定和高度赞扬,并在全国宗教工作会议作为典型经验作重点介绍。

【出台《江西省关于妥善解决宗教教职人员社会保障问题的实施办法》】 1月6日,省民族宗教事务局、省人力资源和社会保障厅、省财政厅、省民政厅、省卫生厅等五部门联合发布《江西省关于妥善解决宗教教职人员社会保障问题的实施办法》,文件将宗教教职人员纳入社会保障体系,明确了有关原则和保障办法,落实了政府相关部门的职责,为江西各地解决宗教教职人员社会保障问题提供政策指导。

【民族传统体育项目首次纳入全省全民健身运动会比赛】 2012年,经省政府同意,江西少数民族传统体育项目蹴球正式成为全民健身运动会比赛项目。2012年少数民族传统体育项目赛事设女子单蹴、男子单蹴、女子双蹴、男子双蹴、混合双蹴5个项目,全省民族中小学组队参加比赛。全民健身运动会期间,7月11～13日,江西省还承办全国蹴球邀请赛,来自全国各省、自治区、直辖市的17支队伍共96名选手在男子单蹴、男子双蹴、女子单蹴、女子双蹴和男女混合双蹴5个项目中展开激烈的角逐,最终产生金奖5名,银奖15名,铜奖20名。江西运动员在主场获混合双蹴亚军的突破性成绩,刷新历史记录。

【召开全省民族宗教工作会议】 2月23日,全省民族宗教工作会议在南昌召开。会议系统总结2011年度全省民族宗教工作,部署新一年工作任务。省委常委、统战部长蔡晓明出席会议并作重要讲话。副省长胡幼桃主持会议。省委统战部副部长、省民宗局局长谢秀琦作工作报告。全省各设区市、市辖区、民族宗教工作重点县分管领导,省相关本科高校、国有大型企业分管领导,省少数民族地区建设工作领导小组、省宗教工作领导小组成员单位分管领导,设区市、县(市、区)民宗局长,8个民族乡主要领导共计310多人参加会议。会议对2011年全省民族宗教工作作了系统回顾，指出2012年民族宗教工作的总体要求是：稳中求进，有所作为，向省委、省政府交好账，为党的十八大献好礼。民族工作方面，要坚持工作的连续性和政策的连贯性，抓发展、促繁荣、强服务、争先进，保证“两个达到”的目标顺利实现，努力实现全省民族地区经济社会又好又快发展，推动全省民族团结进步事业不断开创新局面。宗教工作方面，要着眼于服务党和国家工作大局，按照中央“稳中求进”的总基调，加强和创新宗教事务管理，深入推进基层基础工作，着力解决热点难点问题，发挥积极作用，切实维护宗教领域和谐稳定，营造良好的社会环境。

【国家宗教局在南昌召开“两个专项”工作难点问题研讨会】 7月18日，国家宗教局“两个专项”工作（宗教教职人员认定备案、宗教活动场所财务监督管理）难点问题研讨会在南昌召开。山东、安徽、湖北、湖南、福建、贵州、海南、江西8省和九江、上饶、萍乡3市“两个专项”工作负责人参加研讨会，介绍本地“两个”专项工作经验做法，研讨工作中的难点问题。

【《七彩畲乡》获第四届全国少数民族文艺会演金奖】 7月6日，全国第四届少数民族文艺会演闭幕式暨颁奖晚会在北京举行。江西省参演剧目《七彩畲乡》喜获会演剧目金奖，这是江西首次获得少数民族文艺会演的最高奖项。同时，《七彩畲乡》还获得6个单项奖，江西省代表团获优秀组织奖。8月17日，江西省专门召开会议对第四届全国少数民族文艺会演江西代表团进行表彰。省委书记苏荣，省长鹿心社，省委常委、常务副省长凌成兴分别作重要批示，省委常委、统战部长蔡晓明致贺信。江西代表团团长、副省长胡幼桃出席表彰大会并讲话。大会授予省民族宗教事务局等5个单位、姜朝皋等20人为第四届全国少数民族文艺会演江西代表团参演工作先进单位和先进个人。

【江西省百部《心经》书法艺术作品在昌展出】 11月14～15日，由省民宗局主办，省宗教文化交流协会、省佛教协会和宜春市宗教文化交流协会协办的江西省百部《心经》书法艺术作品在南昌展出。开展仪式于14日上午举行，省人大常委会副主任朱秉发，省政协副主席陈清华、郑小燕，老同志王林森出席。这次参展作品为国内长老法师及海内外书法名家敬录而成，共收到作品100余幅，其中包括中国佛教协会会长传印长老、名誉会长一诚长老，以及南怀瑾先生、楼烈宇先生等名家题词作品。参展作品以汉字毛笔书法为主，另有梵文、英文、藏文等作品。参展作品的作者涵盖北京、上海、天津、广东等18个省市。展出期间，各地的书法爱好者、佛教界人士和信教群众慕名前来参观，社会反响强烈。

（宋春华　宋　璐）

政府采购

【概　况】 2012年，江西省政府采购工作在省委、省政府以及省财政厅党组的领导下，进一步扩大政府采购规模和推进规范化管理，继续深化创新，不断推进政府采购制度改革工作。2012年全年累计完成政府采购规模达420.23亿元，采购总规模比上年的140亿元增加280.23亿元，增长200%。全省工程采购规模214.97亿元，比上年增加183.18亿元，增长576%。货物类采购规模191.50亿元，比上年同期100.98亿元增长了91.5亿元，增长90%。服务类13.76亿元，增长5.88亿元，增长74%，全省共计节约财政资金64.30亿元。

扩大规模，提高效率。2012年，首次将工程建设项目纳入了政府采购统计范围。集中采购的范围也不断扩大，从政府采购制度改革初期的通用类货物扩展到部门的专用货物、服务和工程及民生工程、服务等各类项目；政府集中采购的品目不断增多，加强了对高等院校、医疗机构的政府采购管理；提高了财政部门对财政资金的管理水平，保证了财政资金的专款专用，财政预算管理水平得到了进一步提高，资金使用效益得到了充分发挥。政府采购公开招标的比率达到87.86%。

规范专项资金管理。进一步加强财政专项资金政府采购管理，对长期滞留在专户内的政府采购专项资金进行清理，要求限期完成采购或支付程序，有效地提高财政资金的使用效益。

建立电子化政府采购体系。2012年江西省积极推进政府采购电子化采购工作，构建了涵盖预算管理、采购方式计划管理和程序管理环节、网上公告、网上发售标书、网上投标、网上评标等环节的电子化管理体系，实现政府采购交易活动全过程的公开化、透明化、电子化。增强政府采购预算的约束力，提升财政资金精细化管理水平。

发挥政策功能，扶持中小企业发展。针对具体政策目标，制订具有可操作性的实施细则。将政府采购的政策功能落到实处，对节能环保、中小企业等优先采购产品实施了简便、行之有效的扶持措施，有效促进了中小企业发展和节能环保目标实现。

（熊　颖）

中国人民政治协商会议江西省委员会

本栏编辑　陈超萍

综　述

在中共江西省委的正确领导和省政府的大力支持下，省政协高举中国特色社会主义伟大旗帜，坚持以邓小平理论、“三个代表”重要思想、科学发展观为指导，按照省第十三次党代会的精神要求，紧紧围绕省委重大决策部署，认真履行职能，扎实开展工作，全面完成年初确定的各项目标任务。

强化思想政治建设，坚定不移走中国特色社会主义发展道路。把加强思想政治建设作为政协工作的首要任务。中共十八大闭幕后，及时召开学习传达报告会，对全省政协系统学习贯彻十八大精神进行动员部署，迅速掀起学习贯彻的热潮。深入学习领会省第十三次党代会精神，准确把握党代会提出的主要目标任务。及时学习贯彻全国政协十一届五次会议精神，牢牢把握中共中央和全国政协对人民政协工作提出的新任务、新要求。组织学习宣传省政协十届五次、六次会议精神，确保江西省政协工作的稳定性、连续性和可持续发展。加强人民政协理论建设，组织举办华东地区“学习贯彻十八大精神，开创人民政协理论建设新局面学习报告会和理论研讨会”，推进人民政协理论建设的做法在全国政协召开的人民政协理论研究工作座谈会上作了介绍。

坚持服务科学发展第一要务，为促进富裕和谐秀美江西建设献计出力。围绕“助推南昌成为全省发展的核心增长极”开展专题调研和常委会议专题协商，党委政府和政协常委们作为协商的主体共同参与协商全过程，丰富“协商形式和层次”，形成的建议案提出夯实产业支撑、增强城市集聚辐射能力、优化投资发展环境等四方面15条建议。组织省政协委员视察团开展“推进九江沿江开放开发”视察活动，向省委、省政府提交的视察报告，提出优化基础设施、壮大实体经济、借力资本市场等五方面17条建议。为贯彻落实中共十七届六中全会精神和省委、省政府关于文化改革发展决策部署，组织开展“力促文化产业成为江西省国民经济支柱性产业”的常委会专题调研协商活动，形成调研成果18份，经省政协常委会审议通过，向省委、省政府提交《关于抢抓发展机遇，创新发展思路，尽快使文化产业成为江西省国民经济支柱性产业的建议案》。适应全省经济社会发展需要，全面完成台资企业发展、农村水利建设与管理、加强水资源管理、生猪产业发展、全省自然保护区建设和管理、做大做强江西建筑产业等课题的调研任务，为促进省委、省政府科学决策、民主决策发挥作用。

践行履职为民宗旨，协助党委政府做好新形势下的群众工作。围绕《中共江西省委、江西省人民政府关于加强和创新社会管理做好新形势下群众工作的意见》贯彻落实情况，开展专题民主监督活动，召开职能部门、乡村干部、基层群众等座谈会30多次，形成的专题民主监督反馈报告共提出健全社会管理体制、发挥政府主导作用、激发社会管理活力、健全政策法规体系等8条具体建议。聚焦群众关注的热点难点问题，组织开展城市医疗保险基金使用状况、推进国家基本药物制度情况、工伤保险制度执行情况、大学生“三支一扶”情况等专题调研、视察活动，为相关问题的解决提供咨政参考。向省委、省政府编报反映社情民意信息22期，促进群众关注的热点难点问题得到有效解决。

统筹兼顾推进政协各项经常性工作。制定《关于进一步加强人民政协提案办理工作的实施意见》，召开全省第五次提案工作座谈会，修订《江西省政协提案工作条例》，全面完成十届五次会议大会提案办理工作。完成《欧阳修大传》《一湖清水——鄱阳湖》《江西楹联集锦》《黄介民诗文选集》等文史资料的征集、编辑、审校、印制、发行工作，启动省政协文史资料馆和文史资料多媒体信息化动态管理系统建设工作。组织召开第十一届河洛文化研讨会，协助省政府开展“中国香港经贸活动周”，广泛联络港澳省政协委员为江西发展献计出力。召开全省政协工作经验交流会，总结十届省政协以来政协工作情况，谋划部署提高政协工作科学化水平的新思路、新举措。召开各界人士中秋茶话会，促进社会各界大团结大联合。协助省委做好省政协换届工作。推进政协“五位一体”建设，为省政协履行职能、发挥作用提供保障。

重要会议

【十届五次会议】 1月31日至2月3日在南昌举行。十届委员会共有委员682名，出席会议的委员652名。省政协副主席朱张才主持开幕大会，会议审议通过省政协主席傅克诚所作的常务委员会工作报告和省政协副主席郑小燕所作的提案工作情况的报告。与会委员列席江西省十一届人大五次会议，听取和讨论代省长鹿心社所作的《政府工作报告》和其他重要报告。中共江西省委书记苏荣、代省长鹿心社分别参加小组讨论，听取委员的意见；中共江西省委、省政府领导和有关部门负责人参加专题协商座谈会及听取大会发言。会议举行选举大会，通过关于同意傅克诚辞去政协江西省第十届委员会主席职务的决定，通过关于同意朱张才、胡幼桃辞去政协江西省第十届委员会副主席职务的决定；会议选举张裔炯为政协江西省第十届委员会主席，选举刘上洋、刘礼祖为政协江西省第十届委员会副主席，选举石庆华等9人为政协江西省第十届委员会常务委员。新当选的省政协主席张裔炯主持闭幕大会并讲话。会议通过《政协江西省第十届委员会第五次会议决议》和《政协江西省第十届委员会第五次会议提案审查情况的报告》。

【十届六次会议】 6月13日在南昌举行。主要议程为人事事项。中共江西省委书记苏荣、省长鹿心社、省委副书记、省纪委书记尚勇等省领导出席会议。省政协副主席刘上洋主持会议。会议举行选举大会，通过关于同意张裔炯辞去政协江西省第十届委员会主席职务的决定；会议选举黄跃金为政协江西省第十届委员会主席。黄跃金作闭幕讲话。

【十届第22次常委会议】 1月30日在南昌召开。省政协主席傅克诚主持会议。会议审议有关人事事项。通过《关于同意王样生等同志辞去政协江西省第十届委员会委员职务的决定》；通过《政协江西省第十届委员会增补委员人选名单》。

【十届第23次常委会议】 2月2日在南昌召开。省政协十届常委会现有组成人员128人，出席会议的有121人。省政协主席傅克诚主持会议，省委常委、省委统战部部长蔡晓明在会上作有关人事事项说明。会议协商审议有关人事事项。会议同意免去黎细保等专门委员会主任、副主任职务。会议通过省政协人事任职名单。

【十届第24次常委会议】 5月31日在南昌召开。省政协十届常委会现有组成人员134人，出席会议的有106人。省委常委、省委组织部部长莫建成到会作有关人事事项的说明，省政协副主席刘上洋主持会议。会议通过《政协江西省第十届委员会增补委员人选名单》、关于召开政协江西省第十届委员会第六次会议的决定、政协江西省第十届委员会第六次会议议程（草案）和日程、省政协人事任职名单。

【十届第25次常委会议】 7月25～26日在南昌召开。省政协十届常委会现有组成人员134人，出席会议的有112人。省政协主席黄跃金，省委常委、省委秘书长赵智勇出席会议并讲话，省政府副省长朱虹到会听取发言。会议通过《关于抢抓发展机遇，创新发展思路，尽快使文化产业成为江西省国民经济支柱性产业的建议案》；通过徐良平任省政协副秘书长等有关人事任免事项。会议学习《中共中央办公厅、国务院办公厅关于进一步加强人民政协提案办理工作的意见》。会议总结省政协上半年工作，部署下半年工作。

【十届第26次常委会议】 9月24～25日在南昌召开。省政协十届常委会现有组成人员132人，出席会议的有112人。省政协主席黄跃金主持会议并讲话。省委常委、省政府常务副省长凌成兴，省委常委、南昌市委书记王文涛出席会议并讲话。会议围绕“鼓励支持南昌打造核心增长极”进行专题协商。会议审议通过《关于贯彻落实省委、省政府重大决策，鼓励支持南昌打造核心增长极的建议案》。

（骆名坤）

重要活动

【关于江西省地质矿产勘查开发工作视察活动】 1月4日，省政协主席傅克诚一行深入省地质矿产勘查开发局调研视察。傅克诚一行观看江西地质矿产工作成果展，听取省地质矿产勘查开发局的工作汇报，对江西地质矿产勘查开发工作取得的成绩给予肯定，并从实现地质找矿重大突破、推动矿业开发跨越式发展、大力实施“走出去”战略等方面提出意见建议。

【关于支持南昌成为江西省发展核心增长极的视察活动】 2月20日，省政协主席张裔炯一行深入南昌市，就南昌打造成为江西省发展核心增长极进行调研视察。张裔炯一行先后考察江西联创电子有限公司、泰豪集团有限公司、高新区公共自行车站点、英雄大桥隔音墙、南昌城市规划展示馆，了解企业生产运行情况和企业员工生活情况、政协委员提案办理落实情况以及城市规划建设情况等，对南昌市经济社会发展和政协工作取得的成绩给予肯定，并从推进南昌大投入、大建设、大发展和发挥人民政协制度优势、组织优势、人才优势两大方面提出意见建议。

【关于九江沿江开放开发情况的视察活动】 7月11～12日，江西省政协主席黄跃金率领省政协视察团，对九江沿江区域“三区一市三县”进行视察。视察团实地考察沿江城西、城东、彭湖、赤码“四大板块”发展情况，了解赤湖综合整治、彭湖沿江大道、上港集装箱码头等基础设施项目，以及产业项目建设情况。视察团成员认为，省委、省政府推进沿江开放开发为九江带来千载难逢的发展机遇。视察团指出，要加强沿江开放开发的统一管理，做到“规划一张图、审批一支笔、建设一盘棋、管理一个口”；沿江大开发必须坚持工业主导、产业带动，以培育壮大实体经济为核心任务，着力打造沿江产业集群；沿江产业必须走集约发展、清洁发展的路子，坚持在保护中开发、在开发中保护，加强沿江地区环境保护和生态建设；视察团还就完善基础设施建设、借力资本市场、增强科技创新能力、加强人才队伍建设、强化体制机制创新等提出意见和建议。

【住渝全国政协委员考察团到赣考察赣南等原中央苏区振兴发展工作】 9月18日，重庆市政协主席邢元敏率领住渝全国政协委员考察团一行，到赣考察赣南等原中央苏区振兴发展工作。18日下午，省委书记苏荣、省长鹿心社、省政协主席黄跃金等在南昌会见考察团一行；省政协主席黄跃金主持召开情况汇报会，副省长朱虹介绍江西基本省情以及赣南等原中央苏区振兴发展战略的出台背景和主要内容等有关情况。9月19~21日，考察团一行赴兴国、瑞金等赣南原中央苏区进行实地考察。

【组织召开第十一届河洛文化研讨会】 10月10~11日，以“河洛文化与客家文化”为主题的第十一届河洛文化研讨会在江西赣州举行，来自海内外的170多名专家学者共聚一堂，研究探讨源远流长的河洛文化与客家文化。全国政协港澳台侨委员会主任、海峡两岸关系协会会长、中国河洛文化研究会会长陈云林出席会议并讲话，全国政协港澳台侨委员会副主任杨崇汇主持研讨会，省政协主席黄跃金，省委常委、赣州市委书记史文清在会上致辞。会议围绕“河洛文化与客家文化”主题以及“中原汉人南迁与客家之形成”“客家文化之内涵与特点”“河洛文化与赣鄱文化”“河洛文化与周边地域文化”等相关议题进行大会发言和分组研讨。中国香港卫视及省内各主要媒体对此次会议进行全程报道。

调查研究

【关于助推南昌成为江西省发展核心增长极的调研】 省第十三次党代会提出：“鼓励支持省会南昌创新发展体制机制，大力提升综合实力和竞争力，成为带动全省发展的核心增长极。”为推动这一重大战略贯彻落实，2~7月，省政协组织相关界别委员、专家学者与南昌市政协联合开展历时半年的调研，先后召开10多个座谈会，并赴安徽、湖南进行学习考察。省政协主席黄跃金刚到江西工作不久就围绕这个课题前往南昌市深入调研。调研组在掌握大量第一手资料的情况下，经过反复探讨、科学论证，形成了建议案提交常委会议进行专题协商。经修改完善后形成的建议案共提出夯实产业支撑、增强城市集聚辐射能力、优化投资发展环境等四大方面15条建议，对南昌发展起到较大推动作用。

【关于力促文化产业成为江西省国民经济支柱性产业调研】 为进一步贯彻落实中共十七届六中全会精神和省委、省政府关于文化改革发展决策部署，江西省政协组织开展“力促文化产业成为江西省国民经济支柱性产业”的常委会专题调研活动。4~5月，调研组开展为期两个月的调查研究，先后深入到省直有关单位和九江、景德镇、新余、赣州、宜春、上饶等设区市以及云南、贵州两省调研和考察。为博采众长、形成合力，省政协邀请各民主党派省委会与部分设区市政协及部分省政协常委、委员围绕议题开展协作调研，共形成调研成果18份。调研组先后两次召开审稿会听取成员的意见建议。省政协主席黄跃金专门主持召开主席会议，对调研报告进行修改完善。在此基础上，省政协召开常委会议进行专题协商，形成《关于抢抓发展机遇，创新发展思路，尽快使文化产业成为江西省国民经济支柱性产业的建议案》。省委书记苏荣、省长鹿心社分别作出批示，明确指示要在未来三年全省文化大发展大繁荣的规划纲要和相关部门的工作中予以采纳。

【关于台资企业发展调研】 为推动江西省政府《关于支持台资企业发展的若干意见》贯彻落实，促进在赣台资企业更好更快发展，4月，省政协港澳台侨和外事委员会专题调研组到南昌、宜春、吉安、抚州等地开展“江西省台资企业发展情况”专题调研。调研结束后向省委、省政府报送《关于贯彻落实省政府支持台资企业发展的若干意见情况》的调研报告，针对在赣台资企业发展现状，提出急需解决的招工难、融资难等30个具体问题，提出鼓励台资企业转型升级、建立支持台资企业发展专项资金、加大对台商园区支持力度等38条建议。根据调研报告所提出的急需解决的30个具体问题，调研组与省直部门进一步沟通协商，跟踪督办。省政府高度重视，对报告中提出的30个急需解决的具体问题，分解到相关部门。各部门认真研究，抓好落实，并进行反馈，把意见和建议转化为加快江西台资企业发展的政策措施和实际成效。

【关于生猪养殖业发展调研】 4月26~28日，省政协经科委组织调研组赴东乡、新干、高安等生猪养殖大县，就生猪养殖业发展情况进行调研。调研组发现，江西省生猪生产面临着生产力水平较低、产业化加工水平较低、资金投入不足，以及动物卫生安全、畜产品质量安全、生态环境安全等挑战。针对生猪生产面临的困难和问题，调研组提出加大政策支持力度、解决规模养殖户资金问题、大力发展规模化标准化养殖、提高科技支撑水平等4个方面的意见建议。

【关于江西省建筑产业发展调研】 6月下旬，省政协人口资源环境委员会与省建设厅联合开展做大做强江西省建筑产业的专题调研。调研组一行首先在省建工集团听取省财政厅、省住房和城乡建设厅等省直部门的情况通报，然后前往南昌、安义和吉安等县（市）进行实地调研和座谈。调研中发现，江西省建筑产业存在总量偏小，整体实力较弱，体制机制落后，技术水平不高，资金运作模式、融资渠道、盈利能力有待完善和增强，“走出去”的主动意识不强等问题。针对问题，调研组提出深化改革提升建筑产业持续发展能力、加大建筑企业转型接轨力度、抓好建筑企业人才队伍建设、发展现代工程咨询的服务体系、推进建筑企业的技术创新和管理进步、促进专业化体系的发展、整顿规范建筑市场秩序等七个方面的建议。

（骆名坤）

中国共产党江西省纪律检查委员会

本栏编辑　陈超萍

综　述

2012年，江西省各级纪检监察机关在中央纪委、监察部和省委、省政府的正确领导下，按照十七届中央纪委第七次全会和省纪委十三届二次全会的部署，坚持标本兼治、综合治理、惩防并举、注重预防的方针，认真履行职责，扎实抓好党风廉政建设和反腐败斗争长期性、基础性工作，着力解决反腐倡廉建设中人民群众反映强烈的突出问题，党风廉政建设和反腐败斗争方向更加明确、思路更加清晰、措施更加得力、特色更加鲜明、成效更加明显，为全省改革发展稳定提供了有力保证。

坚持围绕中心、服务大局，服务科学发展有新作为。积极融入和服务改革发展大局，加强对中央和省重大决策部署贯彻执行情况的监督检查，确保政令畅通。围绕贯彻实施"十二五"规划和中央、省经济工作会议以及省第十三次党代会精神，加大转变经济发展方式监督检查力度，重点开展对鄱阳湖生态经济区建设、加强和改善宏观调控、加快经济结构调整、管理通胀预期、节能减排和环境保护、耕地保护和节约用地、"三农"工作、保障和改善民生等政策措施落实情况的监督检查。

坚持以人为本、执政为民，维护群众利益取得新成果。着力从群众最关心、最直接、最现实的利益问题抓起，积极回应人民群众的关切，维护群众利益。对各地各部门落实《关于进一步建立健全维护和保障群众利益决策机制的意见（试行）》情况进行了集中督查。重点治理了教育、商业、物流、金融、电信、涉农等六个领域服务乱收费问题。深化庆典研讨会论坛活动清理规范工作。强化招聘考录工作监管。深化治理医药购销和医疗服务中的不正之风。深化民主评议政风行风工作。

坚持加强教育、强化监督，领导干部廉洁自律意识得到新提高。始终把廉政教育作为反腐倡廉建设的基础工程来抓，紧紧抓住社会主义核心价值体系这个兴国之魂，深入学习贯彻党章，认真开展理想信念教育、党性党风党纪教育和从政道德教育。大力加强政治品质和道德品行教育。继续开展"弘扬红色传统，抵制黑色腐败"经常性教育活动，深入开展示范教育、警示教育和岗位廉政教育。认真执行党内监督条例，加强对党政主要领导干部的监督。深化党政主要领导干部经济责任审计。推进党政领导干部问责工作。加强巡视工作，注重巡视成果运用。加强纪检监察派驻机构对驻在部门及系统的监督。

坚持从严治党、从严执纪，惩治腐败工作取得新突破。重点查办发生在领导机关和领导干部中贪污贿赂、失职渎职的案件，严重损害群众利益的案件；严肃查办发生在工程建设、房地产开发、土地管理和矿产资源开发等领域的案件，国有企业和金融机构中内幕交易、关联交易、利益输送的案件；严肃查办违反政治纪律和组织人事纪律的案件，司法领域贪赃枉法、徇私舞弊的案件，为黑恶势力充当"保护伞"的案件；严肃查办商业贿赂案件，加大对行贿行为的惩处力度；严肃查办发生在群众身边的腐败问题。

坚持惩防并举、注重预防，制度加科技预防腐败取得新进展。紧紧抓住惩防体系建设的关键环节，创新思路，破解难题，初步建成了以"八大子体系、三十项机制"为核心指标要素的具有江西特点的惩治和预防腐败体系基本框架。充分发挥制度加科技的作用，把制度执行转化为网上运行流程，进一步完善、提升了惩防体系功能和效力。

重要会议

【召开省纪委十三届二次全体会议】1月16日，中国共产党江西省第十三届纪律检查委员会第二次全体会议在南昌举行。出席会议的省纪委委员43人，列席365人。省纪律检查委员会常务委员会主持了会议。省委书记苏荣出席全会并作重要讲话。鹿心社、张裔炯、舒晓琴、赵智勇、莫建成、陶正明、王文涛、周萌等省领导出席会议。省委各部门、省直各单位主要负责人参加会议。

全会传达学习胡锦涛总书记在第十七届中央纪委第七次全会上的重要讲话和中共中央政治局常委、中央纪委书记贺国强所作的工作报告。审议通过省委常委、省纪委书记尚勇代表省纪律检查委员会常务委员会所作的题为《突出工作重点，狠抓任务落实，继续开创全省反腐倡廉建设新局面》的工作报告。

全会提出，2012年，要全面贯彻党的十七大和十七届三中、四中、五中、六中全会精神以及中央纪委七次全会精神，高举中国特色社会主义伟大旗帜，以邓小平理论和“三个代表”重要思想为指导，深入贯彻落实科学发展观，坚持标本兼治、综合治理、惩防并举、注重预防的方针，严明党的纪律，加强党的作风建设，推进惩治和预防腐败体系建设，着力解决反腐倡廉建设中人民群众反映强烈的突出问题，突出工作重点，狠抓任务落实，以党风廉政建设和反腐败斗争的新成效迎接党的十八大胜利召开。

【召开全省纪检监察系统领导干部大会】 10月11日，全省纪检监察系统领导干部大会在南昌召开，会上宣布中央关于省纪委主要领导职务调整的决定。省委副书记尚勇，省委常委、省委组织部部长莫建成，新任省委常委、省纪委书记周泽民出席会议并讲话。

会议强调，要深入贯彻中央和省委的决策部署，把握江西省经济社会发展的新要求，切实把全省纪检监察系统的思想和行动统一起来，全面贯彻落实党的十七届六中全会、中央纪委七次全会和省第十三次党代会精神，进一步加强和改进纪检监察工作，充分发挥职能作用，为建设富裕和谐秀美江西提供坚强有力的纪律保证，努力建设一支高素质的纪检监察干部队伍，不断提高领导班子凝聚力和战斗力，树立纪检监察干部良好形象，切实把江西省纪检监察工作提高到一个新的更高水平，营造心齐气顺、风正劲足的干事局面。

【召开全省高校反腐倡廉警示教育会议】 12月28日，全省高校反腐倡廉警示教育会议在南昌召开。会议通报了近年来江西省查处的几起高校违纪违法典型案件，深刻剖析发案原因，汲取教训，对全省高校反腐倡廉工作进行部署。省委常委、省纪委书记周泽民，副省长朱虹出席会议并讲话。

会议指出，高校是教书育人的神圣殿堂，高校反腐倡廉建设是全省党风廉政建设和反腐败工作的重要组成部分，在当前形势下做好高校反腐倡廉工作刻不容缓。高校反腐倡廉建设要突出重点，筑牢党员干部拒腐防变的思想道德防线，加强对权力运行的监督，加强重点岗位和关键环节的制度建设，严肃查办违纪违法案件，以反腐倡廉建设新成效为高校改革发展提供有力保证。高校要认真落实党风廉政建设责任制，加强组织领导，切实改进作风，领导干部要做廉洁自律的表率，不断提高反腐倡廉工作水平。

廉政建设

【概　况】 加强反腐倡廉教育。建成江西省反腐倡廉教育馆，共接待参观团组814批14564人次，其中省部级领导58人次，市厅级领导1291人次，县处级领导7825人次。积极利用党内教育参考片《苏联亡党亡国二十年祭》开展理想信念教育。拍摄了《歧路——汤成奇腐败案件警示录》等警示教育片。组织全省8000余名纪检监察干部收看了陈超英先进事迹视频报告会实况。加强反腐倡廉网络宣传和舆情信息工作，建立了省反腐倡廉网络舆情信息工作联席会议制度。扎实推进廉政文化建设，组织开展了“倡廉洁、树清风”优秀廉政公益广告展播活动，成立了江西省廉政文化研究中心，扎实推进廉政文化“六进”活动。

加强领导干部廉洁自律工作。从严规范公务员津贴补贴发放，督促对违规问题进行整改。重申了公务接待“四定五不准”，规范接待程序和接待范围，严格接待标准，并总结推广抚州市推行“三公”消费一体化监管的做法。重申加强领导干部出国（境）管理的有关制度规定。加大对领导干部涉及建私房、收受礼品等违反廉洁自律有关规定信访问题的查处力度。深化公务用车专项治理，全省处置违规公务用车2246辆。巩固“小金库”专项治理成果，推动治理工作制度化、规范化和常态化。

加大党内监督工作力度。认真落实党内监督条例，严格执行党员领导干部个人有关事项报告、述职述廉、诫勉谈话、函询等制度。加强和改进巡视工作，完成了对24个县（市、区）的巡视监督。严格落实党风廉政建设责任制，全省共有810名领导干部受到责任追究。加强县委权力运行的监督制约，多数县（市、区）已将权力公开透明运行向乡镇和县直单位延伸，利用派驻纪工委加强了权力透明运行情况的协调和监督。加大风险岗位廉能管理工作力度，实现全省乡（镇）以上党的机关、政府机关、司法机关、国有企业单位的全覆盖，共查找风险点73.13万个。

加大查办案件工作力度。一年来，全省各级纪检监察机关受理信访举报2.73万件（次），初核6035件，立案5593件，结案5585件，党纪政纪处分6020人，其中，厅级干部9人，县处级干部94人，涉嫌犯罪移送司法机关处理288人。通过查办案件，挽回经济损失4.4亿元，为473名党员干部澄清事实。重点查办新余市人大原党组书记、主任周建华，南昌航空大学原副校长刘志和，南昌航空大学原党委书记王国炎，原省人事厅厅长、党组书记雷湘池，原省人事厅副厅长、党组成员鲁玉荣、熊泽银，宜春市委原常委、袁州区委原书记龚细水，横峰县原县委书记吴宣策等一批违纪违法大要案。受理涉及工程建设领域的案件和案件线索1004件，其中立案637件，党纪政纪处分354人，涉嫌犯罪移送司法机关135人，组织处理15人。集中查办基层损害群众利益的突出信访问题和违纪案件，立案5272件，处分4844人。充分发挥“抓系统、系统抓”的查案治本功能，积极利用典型案件开展案例剖析和警示教育，针对查找出的漏洞，加强制度建设，发挥查办案件的治本功能，促进案发部门和地区的经济发展。坚持依纪依法、安全文明办案，信访举报、案件审理、案件监督管理工作得到加强。

推进基层党风廉政建设。在农村广泛开展清产核资，全面推进农村集体“三资”委托代理服务。全省建立公共资源交易站1347个，实现了乡镇全覆盖。加强了对社区党风廉政建设的工作指导，探索社区党风廉政建设工作经验。提升乡镇便民服务中心建设水平，大力倡导“有事请找我，我为您服务”理念，不断完善和拓展便民服务中心功能。

制度建设

【印发《关于进一步加强纪检监察宣传、调研和信息工作的意见》】 为进一步提升江西省纪检监察系统的宣传、调研和信息工作水平,促进全省党风廉政建设和反腐败斗争深入开展,2月22日,省纪委印发《关于进一步加强纪检监察宣传、调研和信息工作的意见》,要求全省纪检监察机关充分认识新形势下进一步加强纪检监察宣传、调研和信息工作的重要意义;把握工作重点,切实增强反腐倡廉宣传、调研和信息工作实效;加强沟通协调,形成反腐倡廉宣传、调研和信息工作合力;创新方法载体,形成有利于加强反腐倡廉宣传、调研和信息工作的机制制度。

【制定《江西省纪检监察机关办案场所管理办法(试行)》】 为规范全省纪检监察机关办案场所管理,促进依纪依法安全文明办案,4月18日,省纪委办公厅印发《江西省纪检监察机关办案场所管理办法(试行)》。《办法》要求办案场所管理要做到布局合理、硬件达标、管理规范、监督到位、依纪依法、安全文明,并对安全标准、管理要求、责任追究等事项作出明确规定。

【下发《关于进一步加强和改进新形势下纪检机关案件审理工作的实施意见》】 为深入贯彻落实中央纪委办公厅下发的《关于进一步加强和改进新形势下纪检机关案件审理工作的意见》,进一步加强和改进江西省纪检监察机关案件审理工作,4月19日,省纪委办公厅印发了《关于进一步加强和改进新形势下纪检机关案件审理工作的实施意见》。《实施意见》就加强对案件审理工作领导、建立健全查审沟通引导机制、疑难复杂案件讨论会商制度、涉刑案件跟踪协调机制、重大案件指导督办机制、案件备案监督审核机制、执纪落实保障监督机制、推进审理方式改革试点和规范基层案件审理工作等事项作出规定。

【下发《关于进一步加强全省纪检监察机关查办案件涉案财物价格认定工作的通知》】 为贯彻落实好中央纪委、国家发改委和监察部下发的《纪检监察机关查办案件涉案财物价格认定工作暂行办法》,进一步加强江西省纪检监察机关查办案件涉案财物价格认定工作,5月28日,省纪委、省发改委联合下发《关于进一步加强全省纪检监察机关查办案件涉案财物价格认定工作的通知》,就纪检监察机关查办案件涉案财物价格认定工作流程、配套制度、工作保障作出规定。

【印发《省纪委省监察厅机关工作人员省内公务活动有关规定》】 为贯彻落实中央和省委关于改进工作作风、密切联系群众八项规定精神,切实改进工作作风,厉行节约,规范公务接待行为,12月31日,省纪委办公厅印发《省纪委省监察厅机关工作人员省内公务活动有关规定》,就大力简化公务接待仪式、严格执行公务接待标准、自觉遵守廉洁自律规定、规范宣传报道、统筹协调公务活动、严肃接待工作纪律进一步予以明确。

行政监察

【概　况】 2012年,全省各级行政监察机关坚决纠正损害群众利益的不正之风。深入治理教育领域乱收费行为,全省清查违规教育收费等问题589个,涉及金额3566.43万元。深化治理医药购销和医疗服务中的不正之风,全省382家县及县以上非营利性医疗机构及1790家政府办基层医疗卫生机构全部参加网上采购药品,集中采购金额120.6亿元,降价幅度36.81%。取消涉农收费项目74个,降低收费标准51个,减轻农民负担6436.02万元,清退违规收取农民款项2169.81万元,查处涉农案件130件,责任追究130人。查处大型零售企业向供应商违规收费项目24个,涉及金额993.12万元。认真治理物流领域乱收费和公路“三乱”问题,出台规范性文件4个,降低各类物流收费5000多万元。全省取消庆典研讨会论坛博览会活动89个,节约经费550余万元。各级《政风行风热线》节目受理问题28438个,解决问题26997个,问题解决率达95%。

深入推进源头治理腐败工作。深化行政审批制度改革,对省级非行政许可审批项目进行了清理,保留省级非行政许可审批项目156项,精简95项,精简率37.8%;保留项目比原办理时限平均压缩12个工作日,压缩率为47.8%。全省累计完成网上审批事项325万件。建成了房建及市政工程、交通工程和水利工程招投标以及政府采购、产权交易、国土资源交易、林权交易、医药采购等8个行业交易平台,并全部上线运行。省市县乡四级财政资金全部纳入国库集中支付,全省共撤销银行账户11964个,撤户率25%。全面推进全省电子政务和电子监察系统建设,全省视频监察系统连接了1800多个监控摄像头,实现了对各级各部门的行政服务中心、办事大厅、公共资源交易中心和保障房建设现场的全程音频和视频监察。

加强监督检查力度。开展加快转变经济发展方式的监督检查,围绕环境保护、水利改革发展、保障性安居工程建设政策措施的贯彻落实,检查项目(企业)361个(家),发现并督促整改问题174个。开展工程建设领域和土地领域突出问题专项治理,限制或取消市场准入企业103个,取消中标合同项目35个,停业整顿项目28个。完成了为期两年的土地领域突出问题专项治理工作,全省闲置土地清理处置率达99.7%。对5起重大生产安全事故、33起较大安全生产事故进行了责任追究,追究刑事责任38人,党纪政纪处分139人。针对机关和干部作风上存在的“庸懒散”“假浮蛮”“私奢贪”等5个方面的19种突出问题进行集中整治,全省共查摆干部作风问题6.27万个,督促整改6.15万个,整改率达98.16%;问责1.07万人,其中党纪政纪处分1643人。开展优化发展环境监测,纠正和解决影响机关效能、损害发展环境突出问题3007个,责任追究221人次。组织社会各界开展测评13.9万次,测评平均满意率为83.6%。

(省纪委办公厅编辑室)

民 主 党 派

本栏编辑　陈超萍

中国国民党革命委员会江西省委员会

【概　况】 2012年，民革江西省委会共有地方组织12个，其中省级组织1个，设区市组织11个；基层组织213个，其中：基层委员会1个，总支28个，支部184个。全年发展新党员249名，平均年龄38岁，其中本科以上占77.9%，具有中高级职称的占59.5%。截至年底，全省共有党员4073人，其中得到实职安排的有：省领导1人，市(厅)级领导16人，县处级干部211人，科级干部616人；得到政治安排的有：各级人大代表和政协委员809人，其中全国人大代表1人，全国政协常委、委员各1人，省人大常委2人，省人大代表11人，省政协副主席1人，省政协常委8人，省政协委员35人。此外还有9人担任省、市政府参事和文史馆员，124人担任省、市特邀(约)“四员”。

参政议政工作硕果累累。在省政协十届五次会议上，民革省委会共向大会提交发言材料6篇，集体提案16件。其中集体提案《主动对接国家战略综合开发江西省盐腔资源》入选省政协重点督办提案，并得到省长鹿心社高度重视，为鹿心社带队走访中国石油集团公司沟通交流提供了重要参考。在联组讨论会上，陈文华、童道雄、彭中天、章跃进等民革党员踊跃发言，就制定《中央苏区振兴规划》，强化城市社区管理，加强社会综合治理，发展特色农业，加快文化产业发展，保障食品安全等问题积极建言献策。

调研活动扎实开展。4月，民革省委会围绕省政协常委会“把文化产业打造成为江西省支柱产业”的专题，形成《打响义门陈文化品牌，助推鄱阳湖生态经济区文化事业发展》的调研报告，在省政协2012年二季度常委会上得到好评。10月，时任全国政协副主席、民革中央第一副主席厉无畏到景德镇市调研，民革省委会积极参与，形成《大力发展创意经济，引领江西绿色崛起》的调研报告，作为大会发言材料提交省政协十一届一次会议。

社会服务工作卓有成效。民革省委会争取资金100多万元用于扶贫点靖安县官庄村建设村组环村公路，已顺利完工。江西中山书画院先后参加民革中央画院第二届理事会、庆祝恒大高新成立二十周年金秋笔会等书画交流活动，江西中山舞蹈学校与江西艺术中心联合创立了“江西艺术中心中山舞蹈团”。全省民革各级组织共开展科技、文化、医疗、捐资助学、法律等服务200余次，向贫困地区捐赠药品、图书等物品价值达40余万元，捐资助学金额达70余万元，开展义诊、诊治患者4000余人次。

祖国统一联络工作稳步推进。民革省委会多次邀请台商、港商、外商参加省政府举办的各类招商会，成功促成“台湾农业科技创新园”落户吉安市，到2012年底，已有11个项目进资入赣，到位资金7.56亿元。全年接待到赣考察、观光、探亲的台湾同胞和海外侨胞200多人次。在两岸首次开展“两岸艺术家携手共绘锦绣中华山河图”活动，社会反响强烈。民革全省各级组织100余位党员前往台湾考察交流，加强了与台湾民众的交往。

思想建设取得新成果。按照省委统战部统一部署，在民革全省各级组织和广大党员中开展了“弘扬多党合作优良传统、同心共促兴赣富民”主题教育活动。中共十八大召开后，民革省委会召开了常委(扩大)会议进行学习贯彻，民革全省各级组织采取举行报告会、座谈会、专题讲座等形式进行学习贯彻，通过学习贯彻，进一步深化了广大党员走中国特色社会主义道路的信心与决心。民革全省各级组织认真学习贯彻民革十二大精神，深入学习民革历史，增强对孙中山爱国、革命和不断进步精神的认识，继承和发扬民革优良传统，弘扬以爱国主义为核心的民族精神，自觉坚持和维护中国共产党领导的多党合作和政治协商制度。充分发挥《团结报》江西记者站、《江西民革》刊物和“江西民革网站”的宣传阵地作用，围绕民革的参政议政、祖统工作、社会服务等内容，加大宣传力度。被《团结报》《团结》杂志等媒体采用稿件30余篇

【召开民革江西省第十二次代表大会】 6月11～12日，民革江西省第十二次代表大会在南昌召开。时任民革中央副主席万鄂湘，中共江西省委常委、省委统战部部长蔡晓明分别代表民革中央和中共江西省委向大会祝贺并讲话，省政协副主席、民盟省委会主委刘晓庄代表各民主党派省委会、省工商联向大会致贺词。省人大常委会副主任魏小琴，副省长姚木根出席会议，时任省政协副主席、民革江西省第十一届委员会主委陈清华作题为《与时俱进，开拓进取，为建设富裕和谐秀美江西贡献力量》的工作报告。

会议期间召开的民革江西省第十二届委员会第一次全委会议，选举马志武为主任委员，胡汉平、陈春平（女）、徐景坤、李家祥为副主任委员，任命舒铭东（女）为秘书长。

【参加“同心·振兴赣南等原中央苏区广昌示范区”活动】 7月20日，江西省统一战线“同心·振兴原中央苏区广昌示范区”启动仪式在广昌举行，省政协副主席陈清华，民革省委会主委马志武参加启动仪式。2012年，民革省委会协助省交通厅制定广昌县村组道路三年计划，已落实项目资金4417万元。

【成立民革省委会监督委员会】 9月，江西民革颁发《中国国民党革命委员会江西省委员会内部监督暂行条例》，正式成立民革江西省第一届监督委员会，陈春平担任民革江西省第一届监督委员会主任，徐景坤担任民革江西省第一届监督委员会副主任，舒铭东、王华等15人担任民革江西省第一届监督委员会委员。民革江西省监督委员会每届任期与民革江西省委员会相同，下设办公室，省委会组织部部长兼任办公室主任，与省委会组织部合署办公，承担民革江西省监督委员会的日常事务。民革省委会监督委员会是江西省民主党派中第一个省级监督委员会。

【召开民革内部监督工作交流会】 10月9～10日，民革内部监督工作交流会在南昌市召开。来自民革中央监督委员会委员、各省级组织监督委员会主任、未成立监督委员会的省级组织领导班子中分管内部监督工作的人员共60余人参加此次会议。全国政协副主席、民革中央第一副主席、民革中央监督委员会主任厉无畏出席会议并作重要讲话。全国政协常委、民革中央副主席、民革中央监督委员会副主任何丕洁对民革中央监督委员会成立近四年来的工作情况进行总结。

【江西民革组织和党员受到表彰】 2012年，民革省委会祖统工作委员会、民革景德镇市委会、民革宜春市上高县总支被民革中央授予“全国祖统工作先进集体”称号，沈勇、余林峰等6人被授予“全国祖统工作先进个人”称号。江西中山书画院、江西中山舞蹈学校、民革景德镇市委会被民革中央授予“全国社会服务工作先进集体”称号，朱星河、沈泽民等5人被授予“全国社会服务工作先进个人”称号。陈根荣等3人被民革中央授予“全国优秀宣传干部”称号。

（徐文华 肖 伟）

中国民主同盟江西省委员会

【概 况】 2012年，民盟江西省委员会共有地方组织12个，其中省级组织1个，设区市组织11个；基层组织267个，其中：基层委员会16个，总支委员会28个，支部委员会220个。全省共有民盟盟员6714人，平均年龄53岁。全年共发展新盟员352人，其中：具有高级职称的70人，占19.9%；重点界别227人，占64.5%；新社会阶层人士51人，占14.5%；公有制经济人士12人，占3.4%；其他人士2人，占0.6%。截至2012年，全省有204位盟员担任县（处）级以上领导职务，其中：省级1人，地厅级18人，处级185人，有1位盟员任设区市副市长，有2位盟员任大学副校长，有669位盟员担任全国、省、市、县人大代表、政协委员和特邀工作。其中全国人大代表1人，全国政协委员2人，省级人大常委2人，省级人大代表12人；省政协副主席1人，省政协常委9人，省政协委员59人。

注重发挥参政议政整体作用，提高专题调研质量。民盟江西省委员会2012年调研课题共设48项，当年完成43项。与民盟河北省委员会共同承担并完成民盟中央课题《提高农业科技水平，增强种业竞争力》，调研成果被民盟中央采用为全国政协提案；和省政协人资环委联合形成的关于加强水资源管理与保护的专题调研报告得到了省长鹿心社、省委副书记尚勇的重要批示；围绕省政协二季度专题协商会主题调研，形成的《关于推进江西省文化产业公共服务平台建设的思考和建议》获副省长朱虹的批转办理。以调研为基础，积极撰写论文，参与民盟中央专题研讨活动。在民盟2012年基础教育研讨会上，江西省提交研讨会论文5篇，其中《关于义务教育延伸路径与策略的探讨》被评为优秀论文，并在大会上发言。

组织全体盟员政协委员参加1月31日至2月3日举行的省政协十届五次全会，委员范淑英代表民盟江西省委员会作《建设好商品蔬菜基地确保群众的菜篮子既安全又丰富》的大会发言。2月2日上午，省委副书记、代省长鹿心社，省委常委、省委组织部部长莫建成，省委宣传部部长刘上洋，副省长洪礼和参加联组讨论，与民盟、工会、工商联、特邀（香港）、特邀（上饶、抚州、鹰潭）界别的委员及部分列席会议人员，讨论政府工作报告。省政协副主席、民盟江西省委员会主委刘晓庄主持联组讨论。会上，徐书生、黄河浪、欧阳世麟、刘益民等政协委员作《推进江西省教师教育一体化改革的思考》《增加安全教育必修课，提升中小学生应对突发事件能力》《关于支持赣州市加强承接产业转移的建议》《关于做大做强大明月山旅游业的建议》等主题发言。2月3日上午，举行民盟界别活动，刘晓庄出席并讲话，罗慧芬、任江南等省政协委员及副巡视员兼秘书长凌维平出席。会上，民盟江西省委员会共提交大会发言材料8篇，集体提案14件。

尝试开展调研课题招标工作，调动全省各级盟组织及广大盟员参政议政的主动性和创造性，盟组织的整体作用得到更好的发挥。通过调研合作、提案办复、学术交流和民主监督等形式，加强与省政府有关部门、省政协专委会及社会各界的联系，在联系过程中获取有益资讯，提高工作成效，提升履职能力。集体提案《关于加快发展江西乡村旅游的若干建议》被省政协定为重点督办提案后，及时和省政协提案委联合召开协商办理座谈会，与提案承办单位省农业厅、省旅游局等部门进行交流研讨，使提案办理更加务实见效。2012年，共向民盟中央报送信息91篇，被采用22篇。为总结和汇聚盟省委的参政议政成果，收集编印《盟省委参政议政成果汇编（2001－2012年）》，对于提升江西省民盟各级组织的参政议政能力，将发挥积极的推动作用。

专委会活动有声有色。3月，妇女委员会在庐山西海温泉举行庆祝“三八”妇女节活动；6月，科技与法制两个专委会开展联谊活动，参观了江西中医学院新校区；9月，教育委员会在南昌大学医学院继续教育学院举办庆祝教师节暨“教育工作者与健康”座谈会，邀请医学专家为盟员教师进行了健康讲座及现场咨询；10月，医卫委员会与南昌大学图书馆、江西省解剖学会在鄱阳县古南镇钟岸村小学联合举办“你的成长系我心”活动，向钟岸小学捐赠篮球架、儿童励志图书等物资，为学生进行免费体检，为村民义诊。这些活动起到了内增活力、外树形象的作用。

以换届为契机，组织建设焕发新的活力。认真学习贯彻中共江西省委《关于加强新形势下党外代表人士队伍建设的实施意见》，在盟员的政治安排和实职安排方面，积极做好相关推荐工作。换届以后，省直一批盟员在盟省委的积极推荐下，得到提拔任用或被列为后备干部人选。其中，被提拔为省直厅局正处实职1人、副处实职1人，被提拔为省重点中学校长1人，被提拔为省直事业单位副处实职1人。做好民盟吉安、抚州、上饶、九江、宜春5个市委会和南昌大学等10个省直基层组织完成换届工作，指导萍乡市委会做好了届中调整工作，为进一步增强盟组织活力提供了坚强的组织保障。

强化思想建设工作。主要领导带头深入地方民盟组织，到抚州、鹰潭等市委会联系实际宣讲中共十八大主要精神，受到广大盟员的欢迎。完成民盟中央2篇理论文章的撰稿任务，4人被聘为民盟中央特约理论研究员。组织落实省政协“开创政协工作新局面理论与实践研讨会”论文征集工作，5篇文章被江西省政协理论研究会编印出版的《开创政协工作新局面理论研讨会论文选》收录，数量列全省民主党派组织第一位。刘晓庄的《从道德范畴看民主监督》和刘文萍、陈焱的论文《民主党派在贯彻落实科学发展观中的责任感研究》被评为2011年度全省政协系统好文章。《从道德范畴看民主监督》还入选了《中国人民政协理论研究会2011年度论文集》。黄菊花、罗永明等5位盟员的优秀业绩被省委统战部编印的《同心同行展风采》一书收录。由于思想宣传工作成绩突出，在9月25日召开的民盟思想宣传工作会议上，江西省被民盟中央评为民盟思想宣传工作先进集体（团队建设奖）。

充分发挥民盟组织的智力优势，社会服务工作开拓新的领域。7月3日，民盟南昌大学委员会组成“同心·博士服务团”考察调研鹰潭主导产业，为鹰潭经济社会发展助力。副主委任江南、黄菊花和副巡视员兼秘书长凌维平，南昌大学党委书记胡永新，副校长朱友林、辛洪波等参加考察调研活动。开展社区服务活动，坚持三级联动社区服务机制，在南昌市洪西社区、恒茂社区开展慰问贫困户、书赠春联等活动，为建设和谐社区做实事、做好事。2012年11月，与盟南昌市委联合在南昌市胜利路步行街开展“同心建和谐，寒冬送温暖”大型义诊活动，组织众多医疗专家为市民义诊1000余人次，受到社会各界一致好评。

【参加民盟第十一次全国代表大会】 12月8～13日，龙新等20位江西盟员代表在北京参加民盟第十一次全国代表大会。大会选举产生民盟中央第十一届委员会，江西省刘晓庄、罗慧芬、任江南、王东林、朱友林、辜清6人当选为民盟中央第十一届委员会委员。在13日举行的民盟中央第十一届委员会第一次全会上，刘晓庄当选为常委。

【召开民盟江西省第十三次代表大会】 6月14～15日，民盟江西省第十三次代表大会在江西饭店召开。民盟中央副主席索丽生，中共江西省委常委、省委统战部部长蔡晓明分别致贺词。省人大常委会副主任朱秉发、省政府副省长朱虹、民盟中央组织部部长陈幼平、省委统战部和省各民主党派、工商联及省政府有关对口联系部门负责人到会祝贺。省政协副主席、民盟江西省委员会主委刘晓庄代表民盟江西省第十二届委员会作工作报告。大会选举王东林等62人为民盟江西省第十三届委员会委员，龙新等20人为出席民盟第十一次全国代表大会代表。会中举行了民盟江西省第十三届委员会第一次全体会议，选举刘晓庄为主委，罗慧芬、任江南、王东林、何建洋、黄菊花为副主委，王东林、王映龙、邓丽明、朱友林、任江南、刘晓庄、李勤、何建洋、闵宇谦、周洪、罗永明、罗慧芬、郑月慧、夏家莉、徐书生、黄菊花、辜清、童谷生、童第云19人为常委，任命凌维平为秘书长。6月15日下午，大会闭幕。省政协副主席、民盟江西省委员会主委刘晓庄和原省政协副主席、原民盟江西省委员会主委戴执中、倪国熙等出席。会议宣布民盟江西省第十三届委员会第一次全体会议选举结果，表决通过大会决议。

【开展“同心·振兴赣南等原中央苏区广昌示范区”帮扶活动】 为认真贯彻和落实中共江西省委统战部“同心·振兴赣南等原中央苏区广昌示范区”活动的工作部署，民盟江西省委真情开展帮扶活动。7月28～30日，组织盟内外专家在广昌县举行《绿色施肥和生态调控技术》《特色优质烟开发中的若干问题》两场专题讲座，受到广昌县业内人员的欢迎。8月16日，召开主委（扩大）会议，讨论帮扶规划草案。8月20日，召开帮扶广昌工作会议，确定以莲荷产品深加工为帮扶意向项目。成立了以刘晓庄为组长的民盟江西省委员会“同心·振兴赣南等原中央苏区广昌示范区”活动领导小组，加强帮扶广昌活动的统筹协调和组织领导工作。制定印发了《民盟省委会关于振兴原中央苏区广昌县的帮扶规划》，认真部署今后五年的主要帮扶工作。8月28日，省政协副主席、民盟江西省委员会主委刘晓庄率考察组深入广昌调研，确定以江西远健集团公司作为帮扶项目的主体承接企业，以江西中医学院药学院医药专家和科研人员为帮扶项目的研发团队主力，全力做好莲荷产品深加工项目的前期工作。9月11日，省政协副主席、民盟江西省委员会主委刘晓庄一行到江西远健集团公司进行视察，督导帮扶项目的后续进展工作。

【成立民盟江西省第十三届委员会专门委员会】 12月27日，民盟江西省第十三届委员会专门委员会成立大会召开。省政协副主席、民盟江西省委员会主委刘晓庄出席会议并作重要讲话，副主委罗慧芬、任江南、王东林、何建洋、黄菊花和副巡视员兼秘书长凌维平出席会议。根据江西省民盟特点和工作需要，新一届专委会在设置上作了较大调整，新设立老龄委员会，至此本届专委会共设置10个，分别是教育委员会、文化委员会、科技委员会、经济委员会、法制委员会、医卫委员会、妇女委员会、老龄委员会、青年委员会和民企委员会。

【召开全省民盟思想宣传工作经验交流暨表彰大会】 11月29日，全省民盟思想宣传工作经验交流会暨表彰大会在宜丰县召开。省政协副主席、民盟江西省委员会主委刘晓庄出席会议，并作《认真学习贯彻中共十八大精神、着力推动江西省民盟思想宣传工作再上新台阶》的主题报告。会议认真学习中共十八大和民盟十一大会议精神，表彰民盟南昌、抚州、景德镇、宜春市委会和南昌大学委员会等14个全省民盟思想建设和宣传工作先进集体。会议同时传达民盟中央思想宣传工作会议精神，南昌、萍乡、宜春、宜丰、进贤和南昌大学、江西师范大学等7个先进集体代表作了思想宣传工作经验介绍。

【开展烛光行动】 8月底，萍乡市湘东区白竺乡龙台学校"同心民盟烛光教学楼"按质完工，民盟中央副主席、上海市人大副主任、民盟上海市委主委郑惠强和民盟江西省委员会主要领导一同出席落成典礼。该教学楼的落成，是统一战线"同心"品牌的积极体现，树立江西民盟社会服务的品牌。同时民盟上汽集团支部捐资，为该校28位教师发放了"教育爱心奖学助学款"。10月，邀请上海盟员徐方瞿教授为江西省新余、萍乡两地近千名农村中学数学教师开展义务培训，并捐送价值17.64万元的《几何王》软件300套。支持并促成民盟南昌市委与民盟上海杨浦区委在南昌市抚生路学校建立"烛光行动教师培训基地"，第一批26名教师在上海市杨浦区教育学院接受了为期一周的学习培训。

【"民盟江西林"在张澜故里初步建成】 4月2日，"中国民主同盟林"启动仪式在张澜故里四川省西充县举行，全国人大副委员长、民盟中央主席蒋树声宣布开林。"中国民主同盟林"涵盖民盟中央林、各省（市、自治区）民盟林。江西民盟林以桂花为主，种有桂花、香樟等乔木，搭配红花檵木等灌木，层次分明，彰显了江西人重礼、尚文、谦虚、勤奋的优良品格。5月9日，副主委任江南、副巡视员兼秘书长凌维平参加在西充张澜故居举行的"中国民主同盟历史陈列馆"开馆仪式，并向陈列馆赠送著名盟员书法家、江西省书法家协会主席毛国典书法作品一幅，作品书写了张澜先生的"四勉一戒"名言。

（刘文萍）

中国民主建国会江西省委员会

【概　况】 截至2012年底，全省共有会员3591名，其中，大专以上学历占79.6%，中、高级职称的51.5%，中上层占67.6%，经济界占74.7%，经济界特色鲜明，会员结构进一步改善，整体素质进一步提高。

全省新增正厅级干部1人、副厅级干部1人，正处级干部4人，副处干部12人。截至年底，共有省级干部1人，厅级干部13人，县处级干部109人，担任政府及司法领导职务82人。在江西省会员中有全国人大代表3人，省人大代表11人，其中省人大常委2人，各级人大代表104人（次）；全国政协委员2人，省政协委员37人，其中省政协副主席1人、省政协副秘书长1名、常委8人，各级政协委员581人（次）。

在省政协十一届一次会议期间，省委会共向会议提交口头发言1篇，书面发言22篇，联组发言4篇。向大会提交集体提案23件，内容涉及区域经济发展、金融和资源环境保护等多个方面，提案数量多、质量较高，彰显界别特色。省委会《全面提升区域发展质量加快助推江西省经济腾飞》的大会发言和委员们在联组会议上的发言，得到省委主要领导的高度肯定。省委会提交的《关于积极应用"银行间债券市场"融资功能大力支持江西省实体经济发展的建议》被选为会中办案提案，省委会的多个集体提案得到了媒体的高度关注。省委会获民建中央全国省级组织参政议政工作先进单位"二等奖"。

【孙菊生、胡淑珠、杨文龙、赵波当选民建中央委员】 12月19日，在中国民主建国会第十次全国代表大会上，江西省民建会员孙菊生、胡淑珠、杨文龙、赵波等4人当选为民建中央第十届中央委员会委员。

【召开民建江西省八届二次全委会】 3月25～26日，民建江西省第八届委员会第二次全体会议在南昌召开。省委统战部常务副部长黄小华莅会并讲话。省政协副主席、民建省委主委孙菊生作工作报告。省人大常委会原副主任、民建省委会原主委胡振鹏出席会议。黄小华受省委常委、统战部长蔡晓明委托代表中共江西省委统战部向大会召开表示祝贺。她充分肯定了民建江西省委自换届以来在参政议政、社会服务、自身建设取得的新成绩以及为振兴广昌等原中央苏区和加快江西科学发展作出的积极贡献，并对民建江西省委做好2013年的各项工作提出了建议。

孙菊生向大会作《民建江西省第八届常委会工作报告》，他在报告中全面总结了自2012年6月民建江西省委换届以来在思想建设、参政议政、组织建设和社会服务等方面的工作，对省委会2013年的工作进行了部署，要求全省民建组织和会员高举中国特色社会主义伟大旗帜，以科学发展观为指导，努力加强自身建设，围绕凸显参政党能力认真履行职能，更加扎实有效地开展各项工作。

大会传达学习全国"两会"精神；通过民建江西省第八届委员会第二次会议决议；对2012年在重点理论研究、新闻宣传和社情民意信息工作等方面取得突出成绩的单位和个人进行了表彰；举办深入学习贯彻中共十八大精神专题报告会。

省委会对口联系单位省旅游局副局长余晓明应邀出席开幕大会。民建省委副主委胡淑珠、唐玉英、杨文龙、赵波,秘书长沈翔出席会议。省委统战部一处有关人员应邀出席。

【获民建中央2011~2012年度宣传工作先进单位一等奖】 2012年,民建江西省委会获民建中央2011~2012年度新闻宣传工作先进单位一等奖,实现宣传工作新的突破。

民建江西省委会紧扣会内各项工作,全方位、多角度宣传全省各级组织认真学习贯彻中共十八大和民建十大精神,加强自身建设、积极履行职能所取得的成绩和会员在各自岗位上建功立业的事迹。中央电视台《新闻联播》《焦点访谈》对副主委杨文龙五年来持续关注农民工问题作深度报道;《江西日报》对民建省委会立足大局履职尽责情况进行专题报道。民建省委会网站获民建中央网站信息组织工作三等奖。

【参与全省统一战线"同心·振兴赣南等原中央苏区广昌示范区"活动】 为贯彻落实《国务院关于支持赣南等原中央苏区振兴发展的若干意见》精神,民建省委会发挥自身优势,组织会员企业家、专家学者,积极参与全省统一战线"同心·振兴赣南等原中央苏区广昌示范区"活动,赴广昌开展"同心·聚力广昌行"考察调研,就开展教育扶贫、项目开发、智力支持和劳动力转移就业等方面与广昌做好项目对接,积极献计出力。在省委会帮助下,广昌县工业园区纳入省级生态工业园区试点,已为其争取到150万元的扶持资金。省委会与中华思源工程扶贫基金会合作在广昌实施"思源·教育移民计划",拟3年资助150名贫困学生上学,助学资金共计90万元,其中第一批50名学生已经开班入学。为帮助扶持广昌发展产业经济,民建省委会牵头与广昌县人民政府在浙江省绍兴市联合召开招商推介会,吸引浙江省、绍兴市民建会员企业家到江西、到广昌旅游观光,投资创业,共谋发展。推介会上,就有关项目的合作达成初步的意向,招商推介会取得较好效果。

【拓展"思源工程"新领域】 2012年,民建省委会及各市委会捐建"思源小学"4所,资助贫困学生1400多人,资助金额480多万元。民建省委会还组织新干县沂江乡恒大思源小学等5个"思源小学"的10名教师参加民建中央主办的第五期"园丁培训计划"。会员企业家积极参与民建中央企业委员会实施的"思源·爱的分贝"聋儿救助计划,拓展"思源工程"新领域。

(廖 雷)

中国民主促进会江西省委员会

【概 况】 2012年,民进江西省委会有市级委员会9个,市级工作委员会2个,省直工作委员会1个;基层组织213个,其中基层委员会12个,总支委员会13个,支部183个,小组5个。2012年发展新会员203人,平均年龄37岁,其中具有高中级职称的有128人,博士8人,硕士33人。至2012年底,全省民进会员为3258人,平均年龄49.7岁,高中级职称和中上层人士会员分别占总数的81%和92.8%,教育文化出版界会员占总数的73.1%。担任政府和司法机关县(处)级以上职务的有37人,担任全国人大代表、全国政协委员的有5人,担任省人大代表、省政协委员的有52人,担市人大代表、市政协委员的有240人,担任县(市、区)人大代表、县(市、区)政协委员有243人。

深入学习贯彻中共十八大精神。民进省委会转发了民进中央关于学习宣传贯彻中共十八大精神的决定,制定了学习宣传贯彻中共十八大精神方案。省、市民进机关组织收看中共十八大开幕式盛况。省委会先后召开主委会议、中心组学习会、常委扩大会议、省直基层组织负责人会议学习贯彻中共十八大精神。省委会领导在《光华时报》发表了《高举旗帜,同心同行,为全面建成小康社会不懈奋斗》等学习体会文章。前往广昌县和宁都县举行"十八大精神暖人心——送医、送教、送文艺三下乡"活动。

深入开展社会主义核心价值体系学习教育活动。组织机关干部赴井冈山开展了"喜迎中共十八大、重温历史、同心同行"学习考察活动,开展了"同心·聚力广昌行"考察调研和庆祝第28个教师节活动,自觉做到与中国共产党在思想上同心同德、目标上同心同向、行动上同心同行。在活动中涌现出不少先进典型和感人事迹。为褒奖公司员工皮祖强为营救落水居民蔡霞一家三口而光荣牺牲的见义勇为行为,会员杨德勤决定承担皮祖强儿子的生活费用直至成人,并带领公司员工向其家属捐赠2.68余万元,发动华商书院校友捐款26万元。会员曹有红用母爱帮助40多名听障儿童及多位自闭症智障儿童走出无声世界,获"感动江西优秀母亲""江西青年五四奖章""中国好人"等荣誉称号。在民进中央学习践行社会主义核心价值体系总结表彰暨工作推动会上,江西民进有1个市级组织、5个支部、4位会员受到表彰。2012年,江西民进组织有136篇(次)稿件在省级以上媒体发表,其中21篇(次)在中央电视台、《人民日报》《人民政协报》《团结报》等中央级媒体刊登(播放);115篇在《江西日报》、江西卫视等省级媒体刊登(播放)。5期《江西民进》共发稿件275篇,照片80幅。

在省"两会"上履职尽责。在省政协十届五次会议上,民进省委会以"大力推进社区建设,提高社会管理水平"为题作大会发言,同时递交书面发言材料8篇,集体提案16件。民进会员中的省政协委员围绕教师队伍建设、文化繁荣、科技信息、工业交通、社会管理等方面提出提案19件。民进会员中的13名省人大代表出席省十一届人大五次会议,围绕青少年活动场所建设、医患关系、农产品质量安全、文化生活、养老机构建设等方面提出建议10余件。一批提案产生实效。《关于加强高速公路交通安全管理科技化建设的提案》被列为主席重点督办的提案。《关于抢救性修复梅汝璈故居和新建梅汝璈纪念馆》的提案得到落实,南昌投180万元修复梅汝璈故居。《关于进一步做大做强江西省红色旅游产业的提案》《关于尽快启动"鄱阳湖文化生态保护区"申报工作的建议》《关于大力推进社区建设提高社会管理水平的提案》《关于筹建全国一流的太阳能综合利用示范村的提案》等都得到政府部门的积极采纳。12月,《关于南昌市加快修建城市快速路的提案》《关于尽快启动"鄱阳湖文化生态保护区"申报工作的提案》等集体提案被评为省政协十一届四次会议以来的优秀提案。

专题调研取得实效。民进省委会围绕富裕和谐秀美江西建设,通过重点课题调研和立项课题调研相结合,深入基层,扎实调研,形成了18篇较高质量的调研报告。其中,《关于培育新型职业农民推进农业现代化的调研报告》《关于解决转型期农村学生进城就读问题的调研报告》《关于把省会南昌打造成区域性金融中心的调研报告》等6篇调研报告报送省委、省政府。省委书记苏荣对《关于把省会南昌打造成区域性金融中心的调研报告》作出批示:"将南昌市打造成全省的核心增长极,建设区域性金融中心是必然的历史选择。规划要作这样的安排,各方面都要给予全力支持。"省长鹿心社,省委常委、南昌市委书记王文涛,副省长胡幼桃、朱虹、姚木根也分别对民进省委会报送的调研报告作出批示,报告所提的意见建议为党委政府科学决策提供了重要的参考。

积极推进"同心·振兴赣南等原中央苏区广昌示范区"、原中央苏区摇篮宁都县、定点扶贫点吉州区樟山镇东水村、精神文明建设工作共建点星子县泽泉乡观音桥村的扶贫开发工作。2012年民进江西省委会被民进中央表彰为"民进省级组织社会服务工作"先进单位。

【召开民进江西省六届十八次常委(扩大)会议】 5月20日,民进江西省六届十八次常委(扩大)会议在南昌市召开。会议高度评价了民进十二届中央委员会的工作,讨论了民进十一大报告起草工作;就《中国民主促进会章程》提出了修改意见;重点对《民进省"七大"工作报告(征求意见稿)》进行讨论和修改。

【召开民进江西省第七次代表大会】 6月15~16日,中国民主促进会江西省第七次代表大会在南昌召开。全国政协副主席、民进中央常务副主席罗富和出席大会并代表民进中央宣读贺信,中共江西省委常委、统战部长蔡晓明代表中共江西省委致贺辞,省政协副主席、农工党省委会主委郑小燕代表各民主党派省委会和省工商联致贺辞。省人大常委会副主任陈安众,省政府副省长朱虹,省政协原副主席、民进省委会原主委刘运来。省教育厅、省文化厅、省新闻出版局、省文联、省出版集团公司以及各民主党派省委会、省工商联负责人应邀出席开幕式。190名代表肩负全省3000余名会员的重托参加会议。省政协副主席、民进江西省第六届委员会主委汤建人作题为《加强自身建设,切实履行职能,为建设富裕和谐秀美江西作出更大贡献》的工作报告。会议审议并通过了民进江西省第六届委员会工作报告,选举万明华等42人为民进江西省第七届委员会委员,选举方志远等13人为江西省出席民进第十一次全国代表大会的代表。

【召开民进江西省七届一次全委会议】 6月16日,民进江西省第七届委员会第一次全体会议召开,受民进江西省第七次代表大会主席团的委托,汤建人主持会议。会议选举邓辉等18人为民进江西省第七届委员会常务委员;选举汤建人为民进江西省第七届委员会主任委员;选举梅国平、姚燕平、卢天锡、欧阳剑雄、张国轩为民进江西省第七届委员会副主任委员。随后召开的民进江西省七届一次常委会任命陈洪萍为秘书长。

【承办民进全国企业家联谊会联席会议】 9月20~21日,2012年民进企业家联谊会联席会议在南昌召开。全国政协副主席、民进中央常务副主席罗富和,江西省政协主席黄跃金出席会议,全国人大常委、民进中央副主席兼秘书长朱永新出席会议并讲话,全国人大常委、民进中央副主席王佐书作闭幕讲话。中共江西省委常委、省委统战部部长蔡晓明到会致辞,江西省政协副主席、民进省委会主委汤建人主持会议。此次联席会议以"赣鄱汇群英文化促发展"为主题,来自全国29个省、市、自治区的民进企业家代表以及特邀嘉宾共300余人参加会议。

【推进"1%工程"社会服务工作】 2012年,民进江西省委会对全省24所高校的255名贫困大学生进行资助,发放助学金24万元;"圆梦助学行动"资助全省11个设区市贫困大学生102人,发放助学金10.2万元;向抚州、吉安、鹰潭、南昌、萍乡等地92名贫困中小学生发放助学金5.25万元;走进未管所中秋爱心帮教活动,给启明学校送去价值5万元的教学器材,并举行爱心帮教文艺演出。启动对全省100个县(区)贫困中小学捐赠爱心乒乓球桌活动,已向广昌、宁都等12个县区贫困中学捐赠爱心乒乓球桌322张,价值约30万元。截至2012年底,"1%工程"累计已募集爱心捐赠资金287.47万元,发放资助款245.07万元,资助学生人数达2235人,募集并发放慈善捐助物品、服务项目价值约297.71万元,惠及数十万困难群体。12月,由江西百分之壹实业有限公司、江西服装学院、中国联通江西分公司、江西乐语通讯设备有限公司、深圳市腾讯计算机系统有限公司联合打造的首家"1%工程"爱心店正式落户江西服装学院,爱心店将捐出销售额的百分之一,通过"1%工程"用于助学帮困。

(余桂林)

中国农工民主党江西省委员会

【概　况】 2012年,农工党全省组织有省级委员会1个,设区市委会11个。新成立农工党萍乡市中医院支部,农工党铜鼓县支部升格为总支。2012年,全省发展新党员152人,其中:具有高中级职称115人,博士研究生4人,硕士研究生8人,研究生8人。截至2012年底,全省党员总数4609人,其中,医药卫生界占51.4%,文化教育和经济科技界占33.2%,政府机关占7.8%。在全省党员中,共有各级人大代表121人,各级政协委员671人,省政府有关部门特约人员16人;在职副省级领导干部1人,厅级领导干部19人,县处级领导干部143人。

农工党江西省委会紧紧围绕中共江西省委、省政府中心工作，深入调查研究，积极参政议政、建言献策，取得显著成绩。在十一届全国政协五年一次优秀提案评选中，省委会《关于规模化畜禽养殖面源污染防治的建议》的提案被评为优秀提案；《关于推动中央苏区发展振兴的建议》入选全国政协重要提案摘报，《健全临床试药体制，保护试药人群合法权益》等被农工党中央采用，作为集体提案报送全国政协；在省政协十届四次和五次会议优秀提案评选中，省委会《加强和改善社区居委会工作应从稳定队伍入手》《关于加快江西省社区卫生技术指导中心建设的建议》等2件集体提案和3件个人提案被评为省政协优秀提案。省委会多件提案和社情民意得到省政府领导及有关部门的高度重视和采纳，《增强师资投入，切实提升学前教育水平》的社情民意，副省长朱虹作重要批示；《完善法治环境，遏制医患纠纷暴力化倾向》的提案，省卫生厅会同省综治办、省公安厅联合印发《关于进一步加强医疗机构安全保卫工作的通知》；《加强监管，促进民营医疗机构健康发展》的提案，省卫生厅高度重视，表示将在出台的《关于促进民营医疗机构规范发展的意见》中充分采纳省委会的意见和建议；《保护母亲河，出台〈赣江管理条例〉》提案提出后，省水利厅将《江西省赣江管理条例》纳入省政府立法项目库，向省政府法制办提出立法申请。

【就“赣南等原中央苏区振兴发展”上升为国家战略建言献策】 2012年，农工党江西省委会积极就“加快赣南等原中央苏区振兴发展”开展专题调研，形成的《加快赣南原中央苏区建设》提案，被农工党中央选为全国政协十一届五次会议联组会议发言稿，主委郑小燕代表农工党中央在联组会议上发言，得到中共中央政治局常委的高度评价，李克强、周永康等中央领导先后在以农工党中央名义报送的《关于支持赣南苏区发展振兴的建议》上作出重要批示。农工党江西省委会的建议为国务院出台《关于支持赣南等原中央苏区振兴发展的若干意见》作出积极贡献。

【召开农工党江西省第十一次代表大会】 6月18～19日，中国农工民主党江西省第十一次代表大会在南昌滨江宾馆召开。中共江西省委常委、省委统战部部长蔡晓明，农工党中央副主席汪纪戎分别代表中共江西省委和农工党中央到会祝贺并作重要讲话，省人大常委会副主任魏小琴，省人民政府副省长胡幼桃等出席开幕式，省政协副主席、民进江西省委会主委汤建人代表各民主党派省委会、省工商联向大会致贺词。省政协副主席、省委会主委郑小燕代表农工党江西省第十届委员会向大会作《坚持科学发展，积极履行职能，为建设富裕和谐秀美江西作出新贡献》的工作报告。

大会学习贯彻中共十七届六中全会精神和中共江西省第十三次党代会精神，听取和审议了农工党江西省第十届委员会工作报告，选举产生了农工党江西省第十一届委员会和新一届省委会领导班子。在农工党江西省十一届一次全委会议上，郑小燕当选为中国农工民主党江西省第十一届委员会主任委员，王斌、万筱明、涂建、史可、罗胜联、余少良当选为副主任委员；在农工党江西省十一届一次常委会议上，任命林凯为秘书长。

【出席农工党第十五次全国代表大会】 12月6～10日，农工党江西省委会组成以全国政协常委、省政协副主席、农工党江西省委会主委郑小燕为团长的江西代表团，出席在北京召开的中国农工民主党第十五次全国代表大会。会上，郑小燕、王斌、罗胜联、龙国英、卢志鹏、刘月辉、徐仁根、钟国跃、管飞9位党员当选为农工党第十五届中央委员会委员，当选人数为历届省委会之最。主委郑小燕再次当选为农工党第十五届中央委员会常务委员会委员。

【开展“弘扬苏区传统、同心振兴广昌”活动】 2012年，农工党江西省委会认真落实中共江西省委统战部的工作部署，积极开展“同心·振兴赣南等原中央苏区广昌示范区”活动，充分发挥农工党界别特色和人才智力优势，通过深入调研、建言献策和社会服务工作，支持赣南等原中央苏区广昌示范区振兴发展。

农工党省委会成立由主委郑小燕任组长，副主委任副组长的开展“同心·振兴赣南等原中央苏区广昌示范区”活动领导小组，制定《实施方案》。7月，省委会积极参加在广昌县举行的全省统一战线“同心·振兴赣南等原中央苏区广昌示范区”活动启动仪式。8月，省委会在广昌县召开农工党江西省十一届二次常委会议，开展“弘扬苏区传统、同心振兴广昌”主题活动，参观革命旧址，进行革命传统教育，考察广昌示范区经济社会发展情况，就支持广昌县发展与中共广昌县委、县政府进行座谈和项目对接。11月，省委会通过从省财政争取到100万元支持广昌县驿前镇建设，款项已落实到位。省委会还与其他党派省委会联合向广昌县中小学捐赠各一台乒乓球桌，丰富当地中小学生的课外体育活动。

【开展定点扶贫工作】 2012年，农工党江西省委会开展定点扶贫金溪县陈坊积乡城湖村工作，了解当地经济社会发展现状，制定扶贫发展规划，共争取到有关部门对该村村级公路、水利设施等项目扶持和资金支持计146万元。

1月17日，农工党省委会开展走访慰问定点扶贫村活动，为城湖村困难群众送去大米、食用油、棉被等慰问品和慰问金。11月13日，省政协副主席、省委会主委郑小燕深入城湖村，实地察看利用省委会帮扶资金建设的村级公路、村委会办公场所、村民活动中心等项目建设及进展情况，并与干部群众就当地经济发展进行座谈交流。

【开展“中国环境与健康宣传周”活动】 6月2日，以“绿色经济与健康”为主题的江西省第五届“中国环境与健康宣传周”活动在南昌八一广场正式启动。中共江西省委常委、省政府常务副省长凌成兴出席仪式并宣布活动正式启动，省政协副主席、省委会主委、江西省“中国环境与健康宣传周”活动领导小组组长郑小燕出席启动仪式并讲话。活动期间，农工党省委会组织省直医院专家免费为市民进行医疗义诊和咨询服务，现场发放第五届“中国环境与健康宣传周”主题宣传画、宣传册、环保袋,并联合邀请有关企业现场展示传统制纸工艺、举行青年绿色讲坛等系列公益活动。

【举行"国际科学与和平周"医疗义诊活动】 11月13日,农工党江西省委会在定点扶贫的抚州市金溪县陈坊积乡卫生院开展第二十四届"国际科学与和平周"医疗义诊活动。省政协副主席、省委会主委郑小燕出席活动,并亲切看望和慰问参加活动的医疗专家和前来求诊的群众。义诊活动免费为200余名基层群众提供了医疗诊治、健康体检等服务,并赠送价值1.1万余元的药品。

【开展和谐共建、学雷锋献爱心活动】 4月14日,农工党江西省委会、江西省侨联在宜春市联合开展"学雷锋送医疗献爱心"活动暨李江山侨心卫生所落成典礼,向李江山侨心卫生所捐赠价值1万元人民币的药品。5月10日下午,农工党省委会、南昌市委会在南昌市青云谱区岱山街办迎宾社区、八大山人社区联合开展和谐社会联系点共建活动,组织市、区政协委员深入社区,走访群众,了解社情民意,并为社区居民宣讲常见慢性病的防治知识和"八一"起义史,发放健康宣传资料。12月27日,省政协副主席、省委会主委郑小燕深入到定点帮扶的金溪县对桥镇卫生院,看望基层医务人员,了解医院设置配备、新农合药品价格和职工周转房建设等相关情况,并代表省委会赠送价值5000余元的药品。

【获2012年度何梁何利基金"科学与技术创新奖"】 10月29日,何梁何利基金2012年度颁奖大会在北京钓鱼台国宾馆举行,农工党江西省委会副主委、南昌航空大学副校长罗胜联以其在重金属废水与难降解有机废水处理理论与工程研究方面的突出成就,获2012年度何梁何利基金"科学与技术创新奖",成为江西省获得何梁何利基金奖励的第一人。

(江建中)

九三学社江西省委员会

【概 况】 2012年,九三学社在江西共有:省级委员会1个,市委员会9个,市工作委员会2个,省直基层委员会4个,基层委员会筹备组1个,省直支社18个。九三学社发展新社员143人,其中主体界别占75%。社员总数为2710人。社员中有1名担任全国人大代表,2名担任全国政协委员,13名担任省人大代表,34名担任省政协委员。

九三学社省委开展"弘扬多党合作优良传统,同心共促兴赣富民"主题教育活动,举行"弘扬优良传统,推进政治交接"主题常委扩大会,深入学习贯彻中共十八大和九三学社第十次全国代表大会精神,积极践行"同心"思想。社省委还组织学习中共中央政治局八项新规和中共江西省委的贯彻意见,印发《九三学社江西省委会关于学习贯彻中共中央八项新规和省委省政府若干规定的意见》。社省委将"弘扬多党合作优良传统"作为基层骨干社员培训班的重要学习内容;开展"同心共促兴赣富民"大型调研活动,组织3个调研组分赴南昌、赣州、宜春、新余等地就统筹城乡发展问计求策;积极参与全省统战系统"同心·振兴赣南等原中央苏区广昌示范区"活动,把示范区作为"同心"思想的践行基地;开展"践行'同心'思想,学习杨佳精神"征文活动,28篇征文入选社中央出版的《心灵之光》文集,入选文章质量与数量居全国首位;参与社中央主办的"同心"思想征文活动,有两篇论文分获一、二等奖。社省委对持续三年的"树立和践行社会主义核心价值体系"活动进行总结和表彰推荐,社南昌、九江市委会被九三学社中央评为先进集体,两位社员被评为优秀社员。

2012年,九三学社省委向有关媒体等报送新闻200余条,刊登120余条。截至2012年底,网站已有新闻条目1700多条,图片800多幅,点击达到230万余人次。社省委在网站上开设"向杨佳学习"和"向刘瑞玉学习"专栏,出版《向杨佳学习》征文专辑。

九三学社省委不断创新参政议政工作方法,工作成效稳步提升。社省委积极开展省内课题征集工作,共收到调研报告40份。社省委组织力量参与社中央"城乡统筹与新型农村社区建设"主题调研任务,围绕"以小城镇建设带动新型农村社区发展"子课题开展调研,向社中央报送《推进新型农村社区建设所面临的困难与思考》的调研报告。在社中央课题招标工作中,江西省中标一篇。社中央采用江西信息11件。两篇论文入选社中央第七届"九三论坛"文集。10月,社省委被社中央授予参政议政工作三等奖和信息工作三等奖荣誉称号,有6位社员被评为参政议政全国先进个人。

在全国政协十二届一次大会上,《关于构建中小融资机构健康发展平台的建议》被社中央作为集体提案提交,提案《对发展现代物流业的几点建议》《关于实现医疗保险三网合一的建议》入选大会书面发言,《加强和创新农村社会管理的建议》《规范城乡建设用地增减挂钩试点工作》入选会中办案。向省政协十一届一次会议提交集体提案15件,其中《创新社会管理,建设和谐乡村》被选为大会口头发言,9件提案被选为大会书面发言,引起多家媒体关注。在联组讨论会上,省长鹿心社尤为关注九三学社界别委员的发言,对《构建中小融资机构健康发展平台,推动微小企业持续发展》《促进城乡建设用地增减挂钩试点工作规范化运行的建议》《关于进一步完善廉租房制度的建议》中提出的问题和建议,不时进行提问和解答,并就开展更深层次调研提出要求。《关于小额贷款公司生存状况及发展的建议》《构建中小融资机构健康发展平台推动微小企业持续发展》入选会中办案。

九三学社省委进一步落实"人才强社"战略。选派3名省、市委会领导班子成员参加中央社院学习培训。在省社院举办基层骨干培训班,培训社员46人。继续选派机关科级干部到基层挂职锻炼。完成九三学社吉安、九江、宜春、新余市委会和省直大院、医药、科技、电力支社、南昌大学基层委员会换届工作，正式成立社萍乡、上饶工作委员会。

九三学社省委积极参与省委统战部牵头组织的“同心·振兴赣南等原中央苏区广昌示范区”活动。组织专家深入广昌实地调研，进行科研攻关，帮助广昌申报农业部和省科技厅特色产业科研项目，支持现有企业进行技术改造，并积极引荐外商到广昌投资建设白莲深加工企业。努力做好南城县株良镇江头塅村的定点帮扶工作。机关负责人多次深入该村实地调研，与镇村负责人一同制定五年帮扶规划为支持村集体维修水利基础设施争取专项资金。

在第24届国际科学与和平周活动中，省社各级组织共举行义诊10场，受益人数达4300人，免费发放药品价值6.5万元；举办咨询服务现场会27场，咨询人数达5280人，发放资料9000（册）；扶贫济困价值6.9万元。社省委与社南昌市委会联合组织社内医学、农业、法律专家赴新建县西门村为村民提供现场咨询服务，为五保户和困难家庭送上慰问金。社省委和10个市委会获优秀组织奖。

九三学社省委与省科协联合开展以“三送三促进”（送技术，促进新技术推广应用；送知识，促进公众科技素质提升；送点子，促进基层决策水平提高）为主要内容的百会千名专家下基层活动，动员和组织广大科技工作者深入基层、提升基层科技水平，促进县域经济发展。

九三学社省委逐步建立困难社员信息库，积极向社中央王选基金推荐受资助人选，2012年为身患重病的社员薛士良、汪延芬争取到王选关怀基金资助金6万元。2012年，九三学社省委机关被评为省直文明单位、社会管理综合治理先进单位。

【召开九三学社江西省第七次代表大会】 6月18～20日，九三学社江西省第七次代表大会在南昌召开。全国政协常委、九三学社中央副主席邵鸿，中共江西省委常委、省委统战部部长蔡晓明出席会议并讲话。民建江西省委会主委孙菊生代表江西兄弟民主党派省委会、省工商联向大会致贺词。全国政协委员、江西省政协副主席、九三学社江西省第六届委员会主委李华栋向大会作题为《坚定信念，坚实履职，为促进科学发展献计出力》的工作报告。会议选举产生九三学社江西省第七届委员会和出席九三学社第十次全国代表大会的代表。会议期间还召开了九三学社江西省第七届委员会第一次全委会，选举李华栋为主任委员，洪三国、栾波、李广振、张玉清、辛洪波当选为副主任委员，七届一次常委会任命肖礼庆为秘书长。

李广振代表大会向离任委员宣读致敬信。中共江西省委统战部常务副部长黄小华在闭幕式上讲话。省人大常委会副主任朱秉发，副省长胡幼桃临会指导，九三学社江西省委会名誉主委黄懋衡出席会议。省兄弟民主党派省委会、省工商联等负责人到会祝贺。全国25个省（市、自治区）九三学社组织发来贺电贺信，省科技厅、农业厅、省委统战部负责人应邀出席开幕式。198名九三学社江西省第七次代表大会代表参加会议。

【社员提案助推成立医患纠纷调处中心】 九三学社有很多社员在南昌市内各大医院工作，对医患纠纷问题格外关注。以邬国和为代表的多位九三学社政协委员经过深入调研了解到，2010年南昌市发生医疗纠纷315例，采取医疗事故鉴定程序和司法诉讼的44例，其中定为医疗事故12例，占27.28%；采取“医闹”“群访”“暴力索赔”的278例，占医疗纠纷总件数的88.25%，由此赔付金额565.6万元，占全市赔付总额的78.95%。为此，2010年1月18日在南昌市政协第十二届五次会议上邬国和等提交《关于加强管理更好处置医患纠纷问题》提案，经重点督办，引起市政府相关部门高度重视，并最终于2011年12月26日出台《南昌市医疗纠纷预防与处理办法》，成立南昌地区医患纠纷调处中心。由此探索出一条医患调处新途径，截至3月26日，医患纠纷调处中心共受理纠纷77起，已顺利调解纠纷33起，调解金额达两千万元，为南昌市医疗环境的稳定和好转发挥积极的作用。

【社员喻迟博获国务院表彰】 10月22日，全省就业创业暨新型农村和城镇居民社会养老保险工作表彰大会在南昌召开。会上，省长鹿心社、副省长凌成兴等领导为江西省吉安县蓝天生态养殖场法人代表、社员喻迟博等8人颁发由国务院授予的“全国就业创业工作优秀个人”奖牌，吉安仅1人获此殊荣。

【慰问社员薛士良、汪延芬】 2012年初冬，省政协副主席、九三学社省委主委李华栋，专职副主委栾波，秘书长肖庆礼一行，到因病卧床的老同志薛士良家中慰问，并送上九三王选关怀基金资助款3万元。

薛士良是九三学社江西省委会的创始人之一，长期担任社省委的重要领导职务。2010年，薛士良因病住院，手术后，一直卧床，并接受长期治疗。

社省委专职副主委栾波、秘书长肖礼庆在社九江市委纪岗昌等陪同下，到汪延芬家中探望，送上善款3万元，并表达社组织对汪延芬的问候与鼓励。汪延芬是江西第一个地级组织的发起人之一，长期担任社九江市委重要领导职务，晚年罹患癌症。

王选关怀基金是已故原全国政协副主席、社中央副主席王选用国家最高科技奖奖金设立的，为九三学社离退休老同志中有杰出贡献且经济困难的重病患者提供一定的医疗补助。在社省委的争取下，九三王选关怀基金会分别给予薛士良和汪延芬3万元的资助，及时解决了他们部分治疗与生活的困难。

【开展第二十四届“国际科学与和平周”活动】 11月19日，九三学社江西省委会、南昌市委会、新建支社联合市司法局在新建县厚田乡西门村开展第二十四届中国“国际科学与和平周”活动。社省委副主委栾波、市政协副主席、社省委会副主委、市委会主委李广振、社市委副主委谢保成、刘强华、市司法局局长涂慧玲、新建县支社主委朱红英新等出席活动。社市委机关、市司法局、新建支社等20余人参加此次活动。

（梁　磊）

人民团体

本栏编辑 朱 岳

江西省总工会

【概 况】 2012年,省总工会以开展“坚定信念跟党走,建成小康当先锋”主题学习宣传活动为抓手,在全省广大职工中开展“建成小康同富裕,建功立业做模范”主题竞赛活动,围绕促进社会和谐,在全省工会组织中开展“服务职工在基层,温暖职工促和谐”主题实践活动,围绕提高履职能力,在全省工会党员干部中继续深入开展“创先争优”主题教育活动。省总工会将11月和12月定为集中学习月,领导带头学、带头宣讲,党组中心组集中进行了六次专题学习。

落实全省劳动竞赛五年规划。全省589.69万职工参加各种形式的劳动竞赛,6.24万个企事业单位开展群众性经济技术创新活动;提出职工合理化建议约46万条,实施技术革新2.9万项,发明创造1.22万项,总结推广先进操作法1.13万项,获得专利0.24万项,通过竞赛活动,约50万职工提升了技术等级。省总工会先后与省人保厅、省卫生厅、省妇联等单位联合举办了第二届振兴杯职业技能大赛、女职工岗位创新技能大赛、首届卫生监督技能竞赛等省级重点竞赛,活动涉及车工、无线电调试工、数控铣工、医疗护理、话务服务、家政服务等30余个工种,吸引了近4万名职工参赛。

弘扬劳模精神。召开全省庆“五一”暨创先争优推进工会基层组织建设年大会,评选表彰了7个全国五一劳动奖状,30名全国五一劳动奖章,26个全国工人先锋号,17个省五一劳动奖状,98名省五一劳动奖章,77个省工人先锋号。发放劳模慰问金、困难补助、特殊困难帮扶金2000多万元,组织了120名全国劳模、300名省劳模疗休养。建立了全国劳模个人银行账号。

推进职工素质建设工程。落实《全国职工素质建设工程五年规划》,深化职业技能培训和班组建设,50万职工提升技术等级。不断推动“职工书屋”建设,全省各级工会“职工书屋”共接待借阅人数500万人,借阅书籍报刊1093万余册,开展读书活动1000余次,江西工会网新增10万元电子职工书屋读物。做好基层职工教育培训示范点推荐审核工作,九江市职工学校和安义县职工学校被确定为“全国职工教育培训优秀示范点”,宜春经济开发区职工技能培训中心等10所职工培训类学校被确定为“全国职工教育培训示范点”。

推进企业文化和职工文化建设。下发《关于创建优秀企业文化和职工文化示范单位的实施意见》,开展创建优秀企业文化和职工文化示范单位活动,评选表彰30个企业文化先进示范单位。举办江西省第三届工人运动会,全省近300万职工参与。邀请全总文工团文化送温暖赴赣进行慰问演出。

构建和谐劳动关系。推动省委省政府出台《关于构建和谐劳动关系的意见》,提出力争通过5年左右的努力,集体协商和集体合同制度基本实现全覆盖。召开省协调劳动关系三方四家会议,组织开展职工队伍稳定情况和非公企业劳动关系问题的调研。开展和谐企业创建活动,并将以工资集体协商为主要内容的构建和谐劳动关系纳入对领导班子绩效考核范围。加强工业园区和非公企业和谐工业园企业创建和“职工之家”建设。

做好工会维权工作。参与《江西省实施〈工伤保险条例〉办法》等11部与职工权益密切相关的法律法规的修改。开展《女职工劳动保护特别规定》宣传月活动,逐级举办230场女职工干部学习《女职工劳动保护特别规定》培训班和讲座,起草《江西省女职工劳动保护办法》,并推动出台。开展农民工劳动合同签订春暖行动,协助有关部门为6.69万农民工追讨工资及赔偿金9180.6万元。下发《江西省总工会2012~2014年推进职工法律援助工作规划》,全省有工会法律援助志愿者1500余名,劳动争议调解员19.1万人,工会法律监督员15.31万人,劳动争议兼职仲裁员120余人。召开全省工会法律援助工作交流会,评选15名第三届全省维护职工合法权益杰出律师,13个全省工会法律援助维权服务工作先进集体和25名先进个人。做好“六五”普法工作,开展“全省百万职工学法、用法知识答题竞赛”。

维护职工队伍稳定。全省各级工会组建起一支3000余人的网络宣传员队伍,及时对350余起舆情信息进行核查处置。召开全省工会维稳工作座谈会,开展全省职工队伍稳定情况调研。省市两级工会共受理职工信访4224件(批)次,涉及职工5137人次,接待职工来访2205批次,涉及职工3118人次,接听职工来电1310人次。结案率达93.8%。协助党政妥善处置46起有影响的职工群体性事件。

完善民主管理建设。开展职代会

规范化建设活动，下发《江西省职工代表大会控制程序》和《江西省总工会关于开展职工代表大会规范化建设的意见》。2012年全省公有制企业厂务公开建制率达94.6%，非公有制企业厂务公开建制率达97.6%，全省公有制企业职工代表大会建制率达97.3%，非公有制企业职工代表大会建制率达97.7%。开展了第七次全国和全省民主管理调研检查工作，评选表彰了100家全省厂务公开民主管理先进单位。

提升工会困难帮扶水平。健全省、市、县（市、区）、街道（乡镇）和社区五级帮扶工作网络，全省工会建立市县帮扶中心112个，县级以下基层帮扶工作站1256个。对全省30万户困难职工档案进行升级整理，基本实现档案电子化、网络化和动态化管理。筹集送温暖款物2.1亿元，走访慰问困难企业1.6万家，慰问困难职工26万户。资助3.2万名困难职工子女上学，对已建档的1.1万名患有癌症的大病职工给予一次性生活补助，成功介绍就业11万人。

深化推进工资集体协商。召开全省工会法律援助和工资集体协商工作交流会，制定下发《关于2012年度全省企业工会工资集体协商目标管理的通知》，开展工资集体协商的企业达8.7万家。继续开展工资集体协商要约行动，推进工资集体协商示范点建设，对全省落实工资集体协商三年规划情况进行中期考核检查。下发《江西省总工会关于加强集体协商指导员队伍专业化建设的意见》，工资集体协商指导员人数达1.9万人。

深化工会组建工作。召开全省工会基层组织建设工作会议，出台《江西省总工会组建工会和发展会员工作年度考核试行办法》。全省累计建立基层工会7.37万家，同比增加8900家；工会会员总数达715万人，同比增加68万人；建立行业工会联合会1159个。劳务派遣工入会人数达9.8万人，入会率达80%。实施“双亮”（工会组织亮牌子、工会主席亮身份）的企业工会共有3.84万家，覆盖率达78%，建立“双亮”示范点5606个。

提升工会服务职工能力。截至2012年底，全省“三大场所”建筑面积107万平方米。全省各级政府支持“三大场所”建设直接投入资金3.92亿元。省总工会机关和直属事业单位10项改扩建工程全面启动，江西工人报社改制完成，《江西工人报》实现改扩版。全省服务职工文化体育活动场所建筑面积107万平方米，建设25个全国“职工书屋”示范点和300个省级、400个市级标准“职工书屋”。全省220万职工参加互助保障，职工保障互助赔付率达56%，受益职工6736人次。全省女职工幸福险投保人数48万余人，赔付率达76.7%。做实做强全省工会法律服务律师团，制定《江西省工会法律服务律师团工作办法》，各设区市总工会设立工会法律服务律师分团，各县（区）总工会设立工会法律服务律师服务站。做好建设职工之家工作。制定下发《江西省总工会关于开展会员评议职工之家活动的意见》和《关于进一步加强建设职工之家工作，充分发挥基层工会作用的意见》，把建家工作向各类基层工会拓展。全省国有、国有控股企业和规模以上非公有制企业工会会员评家机制的建制覆盖率均达90%以上。

【开展“面对面、心贴心、实打实服务职工在基层”活动】 2012年，结合省委开展的“访民情、办实事、转作风、作表率”主题实践活动，在全省工会系统开展“面对面、心贴心、实打实服务职工在基层”活动。全省各级工会走访1.3万家企业，召开9849次座谈会，慰问困难职工8.8万人、困难劳模5195人，帮助企业和职工解决问题1.1万件，发放慰问金2877.9万元。省总工会机关组织26个工作组，走访企业81家，召开座谈会130余次，慰问困难职工184人、困难劳模49人。全省各级工会建立完善了工会机关联系基层工会、工会领导干部联系职工群众、工会干部定点联系企业和困难职工制度的长效机制，使深入基层开展职工群众工作常态化、制度化。

【开展女职工“关爱行动”】 在全省实施“关爱行动”。2012年，省总工会拨出专项资金50多万元用于患病女职工的治疗。全省各级工会也为“关爱行动”提供了2885万元配套资金。免费为10多万困难女职工做了“两癌”筛查，为2000余名一线女职工免费健康体检，组织5800余名一线女职工和先进女职工疗养。在全省开展女职工就业技能培训，举办月嫂、早教师、烹饪、制伞、珍珠养殖等各类技能培训班365期，共培训人员3.5万人。与北京农家女学校开展培训活动，选派人员到北京免费参加SYB、月嫂、老年人护理知识培训。评选命名3个“江西省女职工再就业基地”。

【开展金秋助学、阳光就业活动】 7月，省总工会召开主席办公会，研究部署金秋助学活动及阳光就业活动，明确将金秋助学资金发放仪式作为纪念安源路矿工人运动90周年系列活动之一。8月22日，省总工会举行2012年“金秋助学”金发放仪式，仪式现场发放助学金70万元，并签订272万元助学协议，全省其他11个设区市工会同步举办“金秋助学”资金发放仪式。截至2012年，省总工会已连续6年与全省11个设区市工会于同一天同时举办工会金秋助学启动仪式，上下联动帮扶。2012年“金秋助学”和“阳光就业”活动中，各级工会组织筹集资金5225.6万元，资助3.25万名困难职工子女上学，资助困难农民工子女1.04万人。在助学活动中全省各级工会举办就业招聘会等就业服务系列活动230场，提供适合高校毕业生的就业岗位2.64万个，帮助7041名困难职工高校毕业生就业。

【召开全省庆“五一”暨“当好主力军、建功‘十二五’”创先争优劳动竞赛启动大会】 4月26日，会议在南昌召开。省委副书记、省纪委书记尚勇出席并讲话。省委常委、省委组织部部长莫建成，省政府党组成员、顾问孙刚等出席会议并为全国、全省五一劳动奖状和奖章获得单位及个人代表颁奖。尚勇在讲话中强调，要围绕“强组织、增活力，创先争优迎十八大”主题，把握“抓落实、全覆盖、求实效、受欢迎”的总体要求，坚持党建带工建、工建服务党建，使各级工会真正成为深受信赖的“职工之家”。

【举行江西省第四届全民健身运动会暨省第三届工人运动会】 5月26日，江西省第四届全民健身运动会暨省第三届工人运动会启动仪式在南昌举行。运动会由省总工会、省体育局主办，省职工体育协会、省体育局竞管中心承办。省政府副省长洪礼和宣布运动会开幕，省政协副主席汤建人出席启动仪式，省总工会常务副主席郭学勤宣读中国职工体育协会贺电，省体育局局长刘鹰主持启动仪式。运动会于11月6日闭幕，共举办乒乓球、游泳、羽毛球、排舞、第九套广播体操、象棋、围棋、登山、拔河、跳绳、扑克牌、太极拳、大众创编项目等13个大项、55个小项的赛事，包括省领导在内全省300多万名职工参加比赛。

【开展纪念安源路矿工人运动90周年系列活动】 3月19日，省总工会召开纪念安源路矿工人运动90周年座谈会。7月1日，2012中国红色旅游博览会开幕式暨文艺晚会在萍乡举行。省委副书记、省纪委书记尚勇宣布2012中国红色旅游博览会开幕。省政府副省长朱虹，国家旅游局党组成员、纪检组长刘金平，萍乡市委书记刘和平致辞。7月2日，毛泽东之女李讷等为"毛主席去安源"巨型瓷像恢复工程揭幕。8月22日，纪念安源路矿工人运动90周年暨2012年金秋助学资金发放仪式在萍乡举行。9月，省总工会委托中国集邮总公司发行500册纪念安源路矿工人运动90周年邮册。

【启动江西省总工会干部学校重建工程】 2012年，重建工程正式启动。省总工会根据省政府和省总工会联席会议及省发改委《关于江西省总工会干部学校恢复重建工程立项的批复》精神，在南昌市新建县望城镇重建省总干校，占地3.69公顷，总建筑面积3.28万平方米，投资1.2亿元。江西省总工会干部学校是省总工会下属事业单位，具有教育培训、调研科研、政策咨询三大职能，是全省工会干部教育培训基地和工运理论研究的重要阵地。建成后的省总工会干部学校将成为集培训、教育、会议、住宿多功能为一体的现代化培训基地。

（胡靓怡）

共青团江西省委

【概　况】 2012年，全省各级团组织深入推进团的基层组织建设和基层工作。对220名新任县、乡两级团委班子成员进行培训。开展全省乡镇街道团建和工作竞赛，为全省1398个乡镇团委配发工作手册，在141个街道团委开展定岗定责工作。推进中职、中学共青团工作，"无职团员设岗定责"工作覆盖全省100个县（市、区）。推进四部委文件贯彻落实，推动少先队工作纳入中小学教师职称评定成果计算，在南昌大学自主设立"少年儿童组织与思想意识教育"二级学科。省、市两级辅导员配备率达100%，县级总辅导员配备率达90%。全省新建非公团组织2602个、新社会团组织144个，农村专业合作社团组织864个、网络团组织44个。推进乡镇实体化"大团委"建设，新建乡镇直属团组织3.22万个。新建省级驻外团工委2个，新建驻外基层团组织57个。非层级化组织体系覆盖青年600余万人。联合省委组织部下发《关于做好团县（市、区）委机关干部选拔配备工作的通知》，对县级团委干部配备作出制度性安排。争取到省财政下拨乡镇（街道）共青团工作经费769.5万元，要求市县逐级配套。争取江西专项彩票公益金2000万元支持全省团属青少年活动场所建设。建立全省团的系统副处级以上干部对口帮扶一个乡镇街道团组织的工作机制。选派25名团的机关干部、83名高校团干部、131名西部计划志愿者赴县级团委工作。完成省青联、省学联、省少工委、省青企协、省青商会的换届工作。

加强青少年思想引导。通过举行纪念大会、座谈会、集中宣誓、开通网上团史馆等方式，纪念建团90周年，推进党史团史教育。"青年马克思主义者培养工程"培养各级"井冈之星"大学生骨干3.7万余人。少先队"红领巾心向党"主题活动覆盖21万个基层少先队组织，1000万人次少先队员参与其中。全省2776个基层单位完成《青年思想引导大纲》的转化工作。开展"与信仰对话"系列报告会906场，覆盖青年学生18万人。举办优秀中职毕业生报告会119场，实现每名中职学生每学期聆听报告一次以上。开展"劳动·创造·奋斗"青少年励志教育，评选出116位青少年励志典型人物，在各地网站开设专栏宣传展示。各级团组织和团干部开设微博5797个、博客3318个、建立即时通信群3552个，团省委官方微博先后被评为2012年度"新浪微博华东地区十大影响力政府机构微博""腾讯微博江西省十大政务微博"，加强了网络舆情监测。开展首届青年原创歌曲及拍客作品大赛，吸引100余万青少年关注、参与。微电影《生命的回音》获得全团一等奖。联合推广《中华经典诵读》和青少年自护教育读本《我的安全我知道》等书籍，联合摄制播出雷锋哥（姐）人物专题片、青年创新创业人物专题片，开发推广红色动漫《脐橙寻宝记》、励志动漫《星梦园》、自护教育动漫《七彩寻亲路》等文艺产品。

服务青少年成长成才。规范保留青年就业创业见习基地541个，到岗见习人员4132人，见习后录用1761人。发放农村青年创业信用卡1.53万余张，带动、帮扶2.4万余名城乡青年实现就业创业，培训青年3.1万人，转移农村青年富余劳动力2.7万人。"挑战杯"江西省大学生创业计划竞赛覆盖54所高校。大学生就业创业典型巡回报告吸引2万名大学生参与。希望工程全年筹集款物2560万元，组织爱心车队为100所希望小学、1.3万名贫困学生送去字典，捐建希望厨房100所。关爱农民工子女志愿服务行动结对学校1800余所，结对农民工子女77万余人，募集资金370万余元，建成"关爱行动"阵地1023个。"青果援"关爱服刑在教人员子女行动结对帮扶2930对，帮扶款物近500万元。举办"爱的约定"江西百县千场青年交友活动。

维护青少年合法权益。深入推进"面对面"活动在省、市、县三级实现全覆盖，围绕"丰富新生代农民工的精神文化需求"主题，1340名人大代表、政协委员参与，提交相关建议、提案356份。协调指导全国试点城市吉安以市委名义出台政策文件，建立留守儿童信息数据库，建设关爱农村留守儿童阳光家园230个。开展12355

阳光行动，举办“阳光行动公益讲堂”215场，接听减压咨询电话1431人次，为6万余名考生及家长提供减压辅导。

服务区域经济发展。履行好支持共青城发展领导小组办公室职责，协助抓好第八次领导小组会议确定的各支持事项落实。启动共青团展览馆规划设计，抓好“江西希望工程阳光成长中心”建设管理，做好中央团校共青城培训基地特色课程开发。利用江西青年创业就业基金，为青年提供贴息小额贷款、举办创业大赛等。出台《共青团支持赣南等原中央苏区振兴发展的决定》。深化“保护母亲河行动”“绿鄱环保志愿服务行动”等品牌活动，组织动员团员青年投身鄱阳湖生态经济区建设。

【召开共青团江西省委十四届五次全体会议】 2月20日，共青团江西省委十四届五次全体会议在昌召开，省委副书记、省纪委书记尚勇出席会议并讲话，曾萍主持会议。尚勇要求全省各级团组织要围绕中央和省委决策部署，找准共青团服务大局、服务青年的结合点、切入点和着力点，加强青少年理想信念教育和道德品质养成，坚持服务大局，注重自身建设，团结动员广大青年在建设富裕和谐秀美江西中发挥生力军作用，以优异成绩迎接党的十八大胜利召开。

【开展江西青少年“十百千万”学雷锋活动】 2月23日，以“学雷锋做先锋”为主题的江西青少年“十百千万”学雷锋活动在江西各地集中开展。省委副书记、省纪委书记尚勇在南昌主会场出席并宣布活动启动。省人大常委会副主任、省总工会主席姚亚平，省政协副主席郑小燕出席南昌主会场活动。启动仪式上，尚勇等领导为10名“雷锋哥(姐)”颁发纪念杯，向10支青年雷锋服务队代表授队旗，并参观介绍“雷锋哥(姐)”事迹的展板。江西青少年“十百千万”学雷锋活动，旨在推动学雷锋活动在江西省广大青少年中常态化开展，提升江西省公民道德素质和社会文明程度。活动分两部分：一是抓好鄱阳湖生态经济区绿色环保志愿服务行动、交通文明志愿服务活动、真情相伴志愿服务活动、大学生学雷锋主题教育实践活动等11个学雷锋常态化项目；二是开展每年推选10名雷锋哥(姐)、每年创建100个雷锋班、每年在基层组建1000支青年雷锋队伍、每年在窗口服务行业创建1万个青年雷锋岗活动。

【江西网上团史展览馆开馆】 5月4日，由共青团江西省委创办的江西网上团史展览馆正式开馆。江西网上团史展览馆是全省首个全面、系统记录江西青少年组织沿革和青年运动发展的网上虚拟展馆。该展览馆设有团的组织机构、团的自身建设、团的建功活动、对外交流、人物访谈、先进个人(集体)、团属事业发展、文献资料、影像资料等板块，系统展现江西共青团90年来的奋斗历程，记录90年来江西青年运动史中的重大事件、重要人物。

【举行江西纪念中国共产主义青年团成立90周年大会】 5月5日，江西纪念中国共产主义青年团成立90周年大会举行，省委书记苏荣出席大会并讲话。苏荣希望全省广大团员青年坚定理想信念，坚持勤奋学习，勇于创新创业，加强道德修养。把树立远大理想与爱岗敬业、艰苦奋斗统一起来，把施展抱负与服务人民统一起来，把个人的事业融入到加快江西科学发展、绿色崛起的伟大事业中去。省领导鹿心社、舒晓琴、凌成兴、赵智勇、陶正明、史文清、姚亚平、王文涛、蔡晓明、朱秉发、汤建人，团省委曾萍、孙鑫、廖良生出席大会。省委副书记、省纪委书记尚勇主持大会。

【全国青少年井冈山革命传统教育基地投入使用】 6月26日，江西新任职团县委班子成员暨“创先争优活力基层”乡镇街道团干部培训班在全国青少年井冈山革命传统教育基地开班，标志着全国青少年井冈山革命传统教育基地启用。为配合全国青少年井冈山革命传统教育基地建设，团省委2012年抽调机关及高校团干部11人组成工作组，协助基地管理中心做好基地筹备及试运营相关工作。选派20名西部计划志愿者赴基地工作1年，并先后组织5个培训班共800余名基层团干部及大学生赴基地参加培训。

【开展“三进四同一带头”活动】 6～8月，全省各级团的领导机关集中开展“三进四同一带头”(即进农村、进企业、进社区，同吃、同住、同工作、同学习，带头学雷锋、做志愿者)活动。活动中，每名团干部联系一个乡镇团组织，联系一个企业团组织，联系一个社区团组织，参加一次学习交流活动，参加一次学雷锋志愿服务活动，结交不同领域、不同背景的10名普通青年，撰写“青情日志”。活动旨在推动团干部了解基层情况，倾听青年心声，解决实际问题，锤炼良好作风。

【成立江西共青团和青年工作理论研究会】 7月27日，江西共青团和青年工作理论研究会成立。江西共青团和青年工作理论研究会有会员140多名，都是从江西理论研究领域层层推荐，好中选优产生的。其中有一定热情、对理论研究感兴趣的老团干；有一定成果、对共青团和青年工作热心的相关专业专家学者；有一定实践经验、对推进共青团工作和青年工作有较深理论研究的优秀青年集体负责人和先进青年典型；有一定文字基础、在理论研究上有培养前途的现任团干部。新成立的江西共青团和青年工作理论研究会，将立足团青特色，注重理论创新，研究江西青年运动史，研究江西共青团工作新经验、新成效、新思路，研究江西青年基本现状和有关青少年的重大理论课题，为有关部门制订青年政策提供决策依据。

【召开江西省青年联合会九届一次全委会】 9月27～29日，江西省青年联合会九届一次全委会召开。28日上午，省委副书记、省纪委书记尚勇出席开幕式并讲话。当日晚，尚勇为与会青联委员和青年代表作《青年领导者的当代素养》专题报告。29日上午，省委书记苏荣，省委副书记、省长鹿心社及在昌省委常委，一同接见新当选的省青联主席、副主席、常委并合影。苏荣书记即兴发表讲话，对新一届青联寄予殷切期望。当日上午，省青联九届一次常委会召开，新当选的省青联主席曾萍发表讲话，孙鑫、廖良生出席会议。

【完成乡镇实体化“大团委”建设工作】 10月9日，江西启动乡镇实体化“大团委”建设工作。截至12月底，全省新建乡镇直属团组织3.22万个，覆盖青年383万人。乡镇实体化“大团委”以组织格局创新后乡镇团的委员会为主要推动力量，由镇区内依托区域性、功能性聚集载体建立的大量直属团组织构成的实体化乡镇团委。乡镇实体化“大团委”既指导、推动村团组织工作，又直接组织、联系、团结镇区内农村青年。既有专兼职相结合、编制内外相结合、体制内外相结合的领导机构，又有镇区内以区域划分、功能性划分建立的各类直属团组织，如机关、商业、工业、农业、居住社区、文体、社会组织、农村专业合作组织团委（总支、支部）等。

【红领巾心向党活动实现全覆盖】 2012年，江西共青团加大对少先队工作指导，在全省少先队组织开展“红领巾心向党、争当四好少年”活动，引导少先队员学唱爱党歌曲，了解党史故事，观看红色影视剧，参观革命纪念地，了解党的新成就，寻访优秀党员，在实践中增强党、团、队衔接的组织意识，灌输培养少年儿童对党和社会主义祖国的感情。党的知识竞答、绘制“我心中的党史地图”、制作“红领巾心向党”心愿卡、举行“六一”文艺汇演成为常态化项目，350余万少先队员直接参与其中。

（章学彭）

江西省妇女联合会

【概　况】 2012年，全省各级妇联在全省妇女中开展以“岗位创一流、贡献十八大”为主题的巾帼建功活动，在809个巾帼文明岗中深化以“服务创一流、巾帼展风采”为主题的创先争优活动。紧扣“科学发展、成就辉煌”主题，江西省妇女儿童十年成就展亮相国家博物馆，全面展示十年来全省妇女儿童在参与发展、参政议政、教育创新、妇儿健康、维护权益等方面的成就。

统筹推进城乡妇女发展举措有力。省妇联首次组团赴港参加省政府举办的2012江西（香港）招商引资活动周活动。全省为妇女创业提供贴息贷款30.86亿元，同比增长59.48%，带动17万妇女就业。开展各类妇女培训728期，培训妇女11.35万人次，开展女性专场招聘活动1300余场，提供就业岗位120余万个，促进30余万人次女性劳动力就业，输送女性农村劳动力转移就业250余万人次。打造“红杜鹃”家庭服务业品牌，省、市两级红杜鹃家庭服务中心注册成立，省红杜鹃公共信息网络平台已立项备案。抓住各地换届契机，提高妇女政治参与水平，县级党政两套班子均配有女干部的县（市区）比上届提高3.12个百分点。从2012年开始，省政府常务会议专门安排1名优秀妇女代表参加旁听，先后有9名优秀女性旁听省政府常务会议。推动出台省直处级女干部可以选择六十岁退休的政策。推动女性进村“两委”，全省完成换届的1.69万个行政村中，女性进入两委人数比上届增加4000余人，进村委的女性占村委干部的26.27%，比上届高出5.51个百分点。

妇女儿童民生重点工作稳步推进。利用省级妇女儿童事业发展专项资金2200万元，实施妇女创业就业技能培训、乡镇和村（社区）“妇女儿童之家”建设、贫困妇女“两癌”（乳腺癌、宫颈癌）救助、关爱留守流动妇女儿童项目、妇女信访维权站建设、贫困“三八红旗手”慰问、妇联组织信息化建设等一批新的妇女儿童民生项目。争取到专项资金4600多万元，完成对74万妇女免费宫颈癌检查、4.2万乳腺癌检查任务，全年救助747名“两癌”贫困妇女。开展“学习贯彻党的十八大精神、支持赣南等原中央苏区振兴发展妇联行动”，为赣南等原中央苏区提供价值1285万元的项目支持。争取中国妇女发展基金会为江西发送20辆“母亲健康快车”，至此，江西拥有“母亲健康快车”65辆，受益妇女儿童达28万余人。实施“春蕾计划”“恒爱行动”“弱视儿童免费治疗项目”等公益项目扶助弱势儿童群体，争取福利彩票公益金2450万元，用于实施一批妇联系统的未成年人校外活动场所建设项目。江西省儿童伤害干预项目在省直机关“访民情办实事转作风作表率”活动中入选“百件惠民实事”。

促进社会和谐稳定工作亮点纷呈。构建诉求表达机制，有效利用12338维权热线、信访投诉、援助中心等工作平台，接处信访8871件，受理“中国妇女法律援助行动项目”援助案件60件，结案50件，帮助139位贫困妇女儿童挽回经济损失200余万元。在全省开展妇女信访代理制试点工作，新建妇女信访代理机构33个，最大限度避免妇女群众越级重访、极端行为和恶性事件发生。推广实施留守妇女互助制，指导各地按照自愿原则，成立7890个留守妇女互助小组，发展壮大“妈妈帮教团”“婆婆网管队”“女子治安队”“老大妈护院队”等各具特色的志愿服务组织，广泛开展“践行雷锋精神，百万巾帼志愿者在行动”活动，新增注册巾帼志愿者1.29万人，参加巾帼志愿服务超过23万人次。

妇女儿童思想道德建设工作不断深化。以弘扬女性“四自”精神为主题，开展“优秀成功女性进高校”活动，组织322名优秀女性走进高校，举办218场报告演讲会，覆盖39所大专院校4万余名女大学生。召开纪念“三八”国际妇女节102周年暨在创先争优活动中开展妇联基层组织建设年动员会，会上有政法、金融、卫生、税务、交通等六个窗口单位（系统）和服务行业巾帼文明岗分队分别对深化窗口单位和服务行业为民服务创先争优作出公开承诺。深入推进学习型家庭、低碳家庭、绿色家庭、廉洁家庭、平安家庭等系列家庭创建活动，引导妇女参与全民健身等群众性文化娱乐活动。下发《江西省关于指导推进家庭教育工作的五年规划（2011—2015年）》，构建家庭、学校、社会三位一体的教育网络，全面提高家长素质。开展“双合格”家庭教育宣传实践活动，配合做好未成年人思想道德建设有关工作，落实“净化未成年人社会文化环境家庭护卫行动”任务。江西省网上家长学校正式上线，拓宽家庭教育平台。联合教育厅开展留守儿童专题调研，形成江西省农村留守儿童工作调研报告，省领导鹿心社、尚勇、凌成兴分别在调研报告上作出重要批示。

妇联基层组织建设工作富有成效。深化“基层组织建设年”活动，召开村、社区妇联基层组织建设年工作推进会。在县以上妇联中开展“下基层、访妇情、办实事、帮民富”活动,全年县以上妇联干部累计下基层1120次,走访妇女群众8.91万人次,帮助解决实际问题898件。指导省驻京办在全国率先成立驻京妇女工作委员会,并纳入北京市妇联属地管理,实行双重管理。推进全省农村妇女现代远程教育工作,与省委组织部联合召开全省农村妇女现代远程教育工作推进视频会议,联合下发《关于进一步推进农村妇女现代远程教育工作的通知》,举办全省农村妇女现代远程教育工作培训会,制作农村妇女现代远程教育专题片——《乡村里的大嫂车间》,在中国教育电视台和中组部远程教育平台上播放。全省在“两新”组织中建立妇女组织546个,组建妇女理事会7685个,以妇女为主体的各类专业协会3116个,在上海、天津、南京、浙江、广东、杭州等地成立“流动妇联”55个。全省有9个设区市按妇女人均1元钱标准给妇联增拨专项工作经费,一些地方实现市县两级同时增拨,为妇联组织更好服务基层妇女群众创造有利条件。成立省女领导干部艺术团,全面提升女领导干部的文化艺术素养,增进彼此沟通。

(林 涵 石爱忠 盛 敏)

【启动全省妇联基层组织建设年活动】 3月1日,省妇联与省委创先争优活动领导小组联合在南昌召开全省纪念“三八”国际妇女节102周年暨在创先争优活动中开展妇联基层组织建设年动员会,启动全省妇联基层组织建设年活动。省委副书记、省纪委书记尚勇出席会议并讲话。尚勇指出,全省各级妇联要围绕“强组织、增活力,创先争优迎十八大”主题,把握“抓落实、全覆盖、求实效、受欢迎”的工作要求,通过“组织共建、队伍共建、阵地共建”,破解妇联基层组织建设中的突出问题,扩大妇联的组织、工作和服务的覆盖,改进妇联干部作风,增强服务妇女的意识和能力,使妇联干部真正成为广大妇女的知心人、贴心人,使各级妇联组织真正成为“坚强阵地”和“温暖之家”。省人大常委会副主任魏小琴、副省长谢茹、省政协副主席肖光明,老同志卢秀珍、黄懋衡、梅亦龙等出席会议。省委组织部常务副部长张宝瑜主持会议。会上,省领导尚勇等为先进集体和个人颁奖,并参观妇联工作成果展。窗口单位(系统)和服务行业代表作出“创先争优、巾帼建功”承诺倡议。

【成立江西省女领导干部艺术团】 5月13日,省女领导干部艺术团成立仪式在省妇女儿童活动中心举行。省委常委、省委政法委书记、省公安厅厅长舒晓琴,省人大常委会副主任魏小琴,副省长谢茹,省政协副主席郑小燕与70余名省直和南昌市厅级女领导出席仪式。艺术团由省妇联发起成立,下设舞蹈健身班、声乐合唱班、诗歌朗诵班、书法绘画班,聘请专业老师进行艺术学习和艺术修养指导,加强女领导干部交流与沟通,凝聚其聪明才智,提升艺术修养。

(朱 颖)

【实施江西省妇女儿童民生项目】 自2012年起,省委省政府以妇女人均1元钱标准设立省级妇女儿童事业发展专项资金2200万元,并纳入财政预算,用于实施一批新的妇女儿童民生项目。省妇联突出围绕妇女儿童与健康、妇女儿童权益保护、妇女创业就业、妇联基层组织建设等重要关切领域,开发实施省级示范妇女儿童之家建设项目、妇女创业致富支持项目、特困妇女儿童救助项目、巾帼志愿服务项目、省网上家长学校等五大妇女儿童民生项目。项目实施一年来,明显增强各级妇联组织服务能力,改善目标人群生产生活状况。

(龙小琴)

【招商引资推介妇女创业发展】 6月5~10日,省妇联主席潘玉兰率江西省女企业家赴香港参加2012江西(香港)招商引资活动周系列活动。省妇联编印《江西妇女创业发展推介项目》手册,组织24个妇女创业发展项目赴港参会。活动期间,举办妇女创业发展项目专场推介会,达成6000万元合作意向。开展与港区妇女组织的联谊活动,考察香港家庭服务行业发展状况。副省长洪礼和、谢茹分别对此次活动给予肯定。《江西日报》、江西电视台等主流媒体和社会各界广泛关注,为促进赣港两地女企业家交流合作和江西妇女创业发展迈出新的一步。10月,组织上饶品牌经纪人参加义乌国际小商品博览会,印制1000余份宣传册,挑选围巾、帽子、饰品、娃娃、服装等20多种来料加工精品赴展,为江西省来料加工产品推向国内外市场创造条件。

【举办全省首届“红杜鹃”家政服务技能大赛】 5月21日,省妇联、省人力资源和社会保障厅、省商务厅联合在南昌举办全省“红杜鹃”家政服务技能大赛,这是江西首次举办家政服务技能类大赛。来自全省11个参赛队的50名家政服务员经过统一闭卷知识考核,围绕家居保洁、家庭餐制作、病患护理、婴儿护理4类技能考核展开角逐。根据总成绩选出20名一、二、三等奖选手,分别颁发高、中、初级工职业资格证书,另外设立团体优胜奖和优秀组织奖。省商务厅副厅长刘翠兰出席颁奖仪式并宣读表彰决定。大赛自1月下旬启动以来,历时近4个月,吸引全省各地近1000名选手报名参加。

【江西省红杜鹃家庭服务中心注册成立】 9月25日,江西省红杜鹃家庭服务中心在省民政厅注册成立,为民办非企业机构。省妇联致力于把红杜鹃家庭服务中心建成集红杜鹃职业培训学校、家庭服务网络信息中心、家政服务职业技能鉴定中心为一体的规范化家庭服务体系。至2012年底,江西省红杜鹃职业学校、红杜鹃公共信息网络平台已获省发改委备案立项,正在建设中。11个设区市的红杜鹃家庭服务中心也先后注册成立。全省各级妇联开展红杜鹃家庭服务培训80多期,培训红杜鹃家政服务人员5000余人。

(温肖霞)

【启动“金牌大姐”快车活动】 3月7日,省妇联、江西卫视《金牌调解》栏目和江西省幸福文化研究传播中心联合推出“金牌大姐”快车活动,启动仪式在南昌市湾里区梅岭镇举行。副省长姚木根,省妇联主席潘玉兰,副主席林玉华、黄海燕,省广播电视台副台长李建国,南昌市委副书记郭安等领导出席启动仪式,梅岭镇的妇女干部、村民共200余人参加启动仪式。法院、妇联、律师事务所等女法律工作者为过往群众解答有关婚姻、家庭、劳动保障、家庭暴力等问题,发放宣传折页、宣传册等。"金牌大姐"快车活动为期1年,每月1期,本着"培养调解骨干,播洒和谐文化,守望家庭幸福"的主旨,重点推出3项服务:组织专家团队上门培训一批调解员;在各地"妇女儿童之家"和协办单位指导建立"金牌大姐工作室";适时评选10位"江西最美金牌大姐"。首期"金牌大姐"快车活动于3月9~10日在赣州市举办,赣州市维权志愿者、信访代理员、市妇联机关干部和各界群众等200余人参加活动,对当地普法教育开展、"平安家庭"创建起到推动作用。

(冯 娟)

江西省工商业联合会

【概 况】 2012年,省工商联以换届为契机,做好非公经济代表人士政治推荐安排工作,一大批非公经济代表人士进入各级人大、政协及工商联组织,工作合力显著增强。制定《省工商联工作联席会制度》及相关商会工作手册,加强对市、县工商联工作和商会工作的指导。密切与行业商会、异地商会、外埠商会的联系,吸纳8家异地商会、外埠商会以团体会员的形式加入省工商联。举办全省工商联领导干部培训班,对市、县110名工商联领导干部和省直商会负责人进行培训。修订完善机关制度17项,新建制度5项,出台指导性意见6个,增强工商联干部的执行力。

工作取得实效。形成《鼓励和引导民间资本进入江西文化创意产业》等5个调研报告;向全国工商联、省政协提交《关于大力扶持龙头企业同步推进农业产业化的建议》等8份提案,其中《建议抓住政策机遇,乘势做强江西文化产业》被确定为省政协领导重点督办提案,《建议弘扬"三色"文化做强旅游产业》等2份提案被评为省政协优秀提案。邀请88位知名企业家参加江西省香港招商周活动,邀请客商参加首届华侨华人赣鄱投资创业洽谈会,得到省政府肯定;组织会员企业参加"中博会""兰洽会""齐鲁行"等国内大型经贸活动,拓宽民营企业家视野和企业投资区域;举办"立足香港迈向国际"研讨会,鼓励有条件的民营企业在香港设点,依靠香港开展研发合作和开拓国际市场。积极推动各设区市工商联组织开展多种形式的银企商合作活动,深化与中国银行、交通银行、建设银行、民生银行、省农信社的合作。引导民营企业履行社会责任,参与光彩事业。2012年全省有231家民营企业参与光彩事业项目246个,到位资金32.32亿元。

非公党建工作成效显著。完善体制机制,协助起草《省委党建工作领导小组关于做好当前非公有制企业党的建设几项重点工作的意见》等文件并顺利出台。推进非公党建工作组织网络建设,截至2012年底,全省11个设区市均成立了市级非公党工委,其中10个设在工商联;全省99个县(市、区)都成立了县级非公党工委。探索创新非公党建工作新思路,撰写《增强非公有制企业党建工作有效性研究》等调研报告,开展《在非公有制经济组织发展党员工作探索》项目。加强典型宣传,在《江西日报》开辟专栏宣传非公党建先进企业典型,编写《江西省非公有制企业先进基层党组织百例选编》,创办《非公党建通讯》,集中宣传全省非公企业党组织先进事迹。

【开展非公经济组织党组织建设年活动】 2012年,省工商联开展非公经济组织党组织建设年活动。依托组织优势,提高全省非公经济组织党组织的有效覆盖,截至12月,全省有非公企业党组织3.61万个,符合条件的上规模非公企业党组织组建率达100%,全省非公企业单独建立党组织9684家。抓好非公经济组织发展党员工作,注重吸收企业一线员工、生产技术人员、管理人员和企业出资人,进一步优化党员队伍结构,提升党员队伍综合素质。截至2012年底,全省新发展非公经济组织党员2569名,占同期发展党员数的6.65%,比2011年提高3.02个百分点。非公经济组织党员总数达5.04万名,占全省党员总数的2.71%。

【组织会员企业参加"双百·同心"广昌行活动】 10月,"双百·同心"广昌行活动在广昌举行。省工商联组织会员企业负责人奉献爱心,捐款捐物。工商联会员企业认捐广昌社会公益事业建设资金和物资860万元。制定出台《"同心·振兴赣南等原中央苏区广昌示范区"五年帮扶规划》,并于下半年正式启动开展"百名非公有制经济人士同心·中央苏区感恩行"系列活动,通过协助当地政府开展招商引资、承接产业转移、推动示范区经济社会发展,帮助解决当地教育、卫生、新农村建设和交通设施等影响民生的突出问题。

【开展"全省企业文化建设年活动"】 2012年,省工商联与省委宣传部、省国资委联合组织开展"全省企业文化建设年系列活动"。通过推动党建工作与企业文化建设互通共融,以党建文化引领企业文化建设方向,引领企业建设符合社会主义核心价值体系的先进文化,积极履行企业社会责任。泰豪集团、正邦集团、方大特钢、仁和集团4家非公企业被评为"江西省企业文化建设示范单位",企业的先进经验做法被汇编成《文化铸就辉煌——全省企业文化建设优秀成果集》。

(刘春春)

江西省文学艺术界联合会

【概 况】 2012年,省文学艺术界联合会以迎接庆祝党的十八大、学习宣传十八大精神为主线,举办吉林、海南、江西三省书法联展,江西十大名家书画精品联展,江西省第六届书法临帖展,组织美术家赴地铁建设现场采风创作,推出优秀原创歌曲电台节目,组织群众性大型灯谜有奖竞猜游园等活动。举办"纪念毛泽东同志《在延安文艺座谈会上的讲话》发表70周年系列活动"。举办全省道德模范故事高校巡讲活动。

策划实施“八一起艺”文艺创作工程。推进全省文艺创作与繁荣工程。举办中央苏区题材创作座谈会、江西版画创作研讨会暨研修班、首届书法高级研修班、全省舞蹈创作研讨会、全省文联组联工作暨信息工作会议。承办全国第四届中青年编剧研修班,协办第二期全国中青年德艺双馨文艺工作者高级研修班。

宣传江西历史文化名人,挖掘整理历史文化资源,推动文化与旅游深度融合,组织江西文艺“走出去、请进来”。举办第二届汤显祖戏剧节、江西第二届摄影艺术节、全国古村落保护现场会暨村落文化论坛、2012三名楼笔会(江西滕王阁、湖北黄鹤楼、湖南岳阳楼)、全国民歌展演暨2012婺源·中国乡村文化旅游节、中国月亮文化研讨会、谷雨诗歌节和清明祭扫历史文化名人墓园活动、海峡两岸江西赣州客家民间文化交流活动、中国作家协会“重返红色岁月”采风活动、中部六省书法联展、新疆书法江西交流展等活动。

倡导践行文艺界核心价值观,启动文艺志愿服务活动。制定下发《江西省文联关于开展学习践行“文艺界核心价值观”和〈中国文艺工作者职业道德公约〉活动的实施意见》和《江西省文联关于深入开展文艺志愿服务活动的意见》,激励全省文艺工作者自觉践行“爱国、为民、崇德、尚艺”的文艺界核心价值观,弘扬“奉献、友爱、互助、进步”的志愿精神,开展“送欢乐、下基层”等文艺惠民、为民、乐民活动,推动文化共建共享。抓好省民协、省评协、省摄协换届工作。推荐文艺人才申报各类评选表彰和荣誉称号。机关专业干部获得多项荣誉,赵小元获国务院特殊津贴,毛国典被评为2012年江西省中青年文化名家,李小军、陈蔚文、钟林被评为2012年全省宣传文化系统“四个一批”人才,龙红当选十二届全国人大代表,赵小元、熊纬、毛国典当选十一届省政协委员。

完成创先争优活动,开展“走基层、转作风、改文风”活动,加强干部作风建设。坚持省文联例会制度,召开领导班子民主生活会,解决一批干部群众反映的现实问题。完成省文联非时政类报刊改革。营造“八面来风”,在店面管理、脸面净化、楼面改造、台面更新、场面做大、层面提升、体面迎客、情面予人等八个方面对文联进行提升,改造大院自来水和管道煤气,美化绿化机关大院,组织书画创作装饰文联大楼,树立文联新形象。2012年省文联先后被评为全省社会治安综合治理先进单位、中国文联舆情信息工作先进单位(连续四年)、省级文明单位(连续六届)、省直机关文明单位(连续八届)。

2012年,全省文艺工作者在全国各类文艺评奖比赛取得显著成绩。熊纬作曲的歌曲《莲花红、莲花白》获中宣部全国第十二届精神文明建设“五个一工程”奖,刘忠诚的《论郑怀兴剧作的深层生成》获中国文联文艺评论奖文章类二等奖,毛国典入选中国书协首届全国“三名工程”(名家、名作、名篇),张芸编剧的《古村女人》获第四届新农村电视艺术节唯一最佳编剧奖,张艺嘉的《大空间》、俞小飞的《戏剧人生》获“时代风采——2012中国百家金陵画展(油画)”金奖,姜朝皋的《风雨铜雀台》获曹禺戏剧文学奖提名奖,毛翼、杜学东分获第十一届上海国际摄影展金、银奖,鄱阳大鼓《草根英雄》获中部六省曲艺大赛一等奖,江西师大的短剧《那一片红》获“第三届中国校园戏剧节专业组优秀剧目”,南昌大学的现代舞《生如夏花》获华东六省一市专业舞蹈比赛创作三等奖。

【举办“纪念毛泽东同志《在延安文艺座谈会上的讲话》发表70周年系列活动”】 5～6月,省文联与省委宣传部联合举办“纪念毛泽东同志《在延安文艺座谈会上的讲话》发表70周年系列活动”。5月23日,江西省纪念讲话发表70周年座谈会在南昌举行。省委常委、省委宣传部部长姚亚平,省政协副主席陈清华出席会议。全省文艺界老中青代表100多人聚集一堂,共商文艺发展大计。举办“江西文艺·名家讲坛”活动。先后邀请胡抗美、于平、赖大仁等领导和专家举行专题讲座,解读《讲话》的时代精神和当代意义。先后组织文学、民间文艺、美术、音乐、摄影、书法等艺术门类的文艺家深入革命老区、鄱阳湖区、农村、厂矿等地,搜集素材,采风创作。举办全省青年书法作品展、“和谐江西·幸福万家”全家福摄影展等展览,集中展示采风创作成果和近年来江西文艺发展成就。

【开展全省道德模范故事高校巡讲活动】 省文联与省委宣传部、省文明办、省教育工委等联合主办全省道德模范故事高校巡讲活动。围绕弘扬核心价值观,讲述身边好人、感知道德力量。9月10～17日,省文联组织巡讲团在全省12所高校进行道德模范故事巡讲。省委常委、省委宣传部部长姚亚平会见巡讲团成员。共计2万余名师生聆听巡讲。

【举办第二届汤显祖戏剧节】 9月22～28日,省文联与中国剧协、抚州市政府、省文化厅等联合主办第二届中国(抚州)汤显祖艺术节。副省长朱虹等出席艺术节开幕式。为期7天的艺术节围绕“东方艺术、精彩人生”主题,举办艺术大展演、汤显祖学术论坛、“汤翁故里寻梦之旅”等7项大型活动。上海、浙江、山西等省市知名院团携多部优秀经典剧目展演交流,展示各地戏曲艺术发展成果。学术论坛和考察采风活动,深入探讨江西戏剧文化,增进全国戏剧界交流。

【举办江西第二届摄影艺术节】 为推动江西摄影创作、展示近年全省摄影事业发展成果,11月25～27日,省文联与萍乡市委市政府共同主办江西省第二届摄影艺术节。省政府顾问孙刚、省政协副主席汤建人及中国摄协领导和省内外著名摄影家、摄影爱好者数千人出席开幕式。艺术节期间,共举办80多个摄影专题展,1500多名摄影家的4000多幅摄影作品参展。此外,高峰论坛、百名摄影家百幅精品进百户农家、全国知名摄影家采风等活动体现艺术节“本土性、专业性、群众性、参与性”的特点。此次摄影艺术节是江西历史上规模最大、规格最高、活动最多、影响最广的一次摄影盛会。

【举办全国古村落保护现场会暨村落文化论坛】 4月25～28日,省文联与中国民协、中国文学艺术基金会、吉安市委市政府共同主办全国古村落保护现场会暨村落文化论坛。副省长朱虹等领导以及来自全国各地知名专家学者、民间文艺工作者等共220余人出席活动。与会领导和专家学者，深入探讨社会转型期古村落保护发展的途径和方法，为新农村文化建设和民间文化遗产抢救工作等提出许多建设性意见和建议。中央电视台、《人民日报》、新华社、《光明日报》、凤凰卫视、《文汇报》等十几家媒体，对此次活动进行了专题或重点报道。

【**举办全国民歌展演暨2012婺源·中国乡村文化旅游节**】 12月16～18日，省文联与中国民协、上饶市委市政府联合主办"全国民歌展演暨2012婺源·中国乡村文化旅游节"。通过初赛、复赛，选拔出新疆、内蒙、福建、江西、吉林、四川、江苏、广西等15支队伍(选手)参加首届全国山歌大赛总决赛，展示全国丰富的山歌形态。文化旅游节对提升地方知名度美誉度，产生积极作用。中央电视台《新闻联播》对活动进行了报道。

【**举办中国月亮文化研讨会**】 9月24～26日，省文联与中国民协、宜春市政府联合主办"共论明月——中国月亮文化研讨会"。中国民协有关委员会、全国著名民间文学、民俗专家学者和江西民间文艺工作者共200余人参加会议。研讨会就如何弘扬月亮文化研究，打造城市名片；如何处理好民间文学与非物质文化遗产的关系等议题展开深入探讨，取得一系列共识。

【**策划"八一起艺"工程**】 2012年，省文联策划总名为"八一起艺"工程的重点文艺创作项目，即创作一批在全国有影响、有力度、有深度的文学作品，一幅反映锦绣赣鄱的摄影长卷，一幅反映江西人文风光的国画长卷，一幅反映中华名山大川通景式瓷板画，一幅歌咏江西的书法长卷，一批传唱江西的优秀歌曲，一部长篇电视连续剧，一部舞台剧。推进全省文艺创作与繁荣工程，确定了《走向田野》《民俗江西》《苏区记忆》等挖掘整理江西文化资源、宣传推介江西的系列文学丛书和文艺创作项目。同时首次将基层文联项目纳入其中，涵盖了8个设区市和县文联，安排资金100万元。

(章伟新)

江西省社会科学界联合会

【**概　况**】 2012年，省社联团结带领全省社科界学习宣传贯彻党的十八大精神。充分发挥社联系统报刊的优势特色，设置专栏，及时做好学习宣传工作，营造良好思想舆论氛围；制定下发《全省社科界深入学习贯彻落实十八大精神的通知》，组织召开全省社科界学习贯彻座谈会、党组中心组理论学习会，参加省委十八大精神宣讲团，开展十八大精神研究课题立项等多种形式的学习、宣传活动。理论武装取得新发展。

全省社科规划工作取得新突破。全省国家社科基金年度立项三年三大步，实现大跨越，2012年，获资助109项，获批立项数比2011年增加17项，是2009年的2.5倍多，立项数在全国各省(市、区)排第九位，获项目经费1665万元，是2009年的4倍多。立项总数、立项经费、立项率、立项学科、青年项目再创历史新高。获国家重大招标课题3项，后期资助立项3项；入选国家社科基金期刊资助1家。完成2012年全省经济社会发展重大课题招标活动；开展2012年度省社科规划项目评审工作，立项454项，加上专项课题，总经费达500万元。

应用对策研究再创新佳绩。省社联组织开展应用对策研究并取得丰硕成果，《江西进入GDP"万亿元俱乐部"的思考与对策》《2012年我省国家社科基金立项再创历史新高的分析与启示》《优化江西发展环境的调查与思考》《关于鼓励和引导民间资本进入江西文化创意产业的研究思考》《组建省级商业银行打造我省金融裂变核》等受到省委书记苏荣、省长鹿心社等省领导高度评价，全年获省领导书面肯定性批示37篇(次)。

四项创新工作实现良好开局。省社联整合全省社科界学科研究资源，推出四项创新工作：在省内重点高等院校，建设11个省级社会科学重点研究基地；设立江西省社会科学学术著作出版资助专项资金，每年计划斥资100万元重点资助30本社会科学学术著作出版；组织评选"江西省优秀中青年社会科学专家"，计划每两年评选一次，每次评选10名；全省联动，举办2012年江西省社会科学学术活动周，邀请军事专家尹卓、政治学专家徐勇等54位省内外知名学者，在全省各设区市、各高校范围内举办54场高水平学术报告会。其他三项创新工作正在推进。

社科普及工作呈现新局面。"社科大讲堂"影响力扩大，中国科学院欧阳自远院士等国内知名学者走进"社科大讲堂"，现场听众达1万多人；采取省市县三级联动，举办全省第三届社科普及宣传周活动，全省社联系统开展社科普及活动200多场次，推动社会科学走向大众、走近百姓、走入生活。组织开展推选江西省优秀社科普及专家等4项评优工作；方志远等5人获"全国优秀社会科学普及名家"称号；《红色经典传奇100例》等5部著作获"全国优秀社科普及读物"称号；葛华等6人获"全国优秀社科普及工作者"称号；南昌新四军军部旧址陈列馆等5个纪念馆获"全国优秀人文社科普及基地"称号；《社科大讲堂》获全国党员教育培训教材创新教材奖。

社联组织建设迈上新台阶。召开2012年全省社联工作会议。组织召开全省设区市社联工作协作会，引导全省各级社联学习交流先进经验。全省8个设区市社联换届，全省县(市、区)社联增加到76个，确保有机构、有人做事、有场地办公和有基本工作经费。开展对设区市社联的年终考评工作，制定出台《2012年度全省设区市社联先进单位考评计分表》，由省社联领导、相关处室负责人和设区市社联负责人组成的若干考评小组，分别赴设区市社联进行实地考评。

学会管理工作取得新进展。加大对省属各类学会的管理与服务力度，制定《江西省社联品牌学会评估指标体系》并组织开展首次品牌学会评选活动，评选出省老年体育科学学会、省老年书画学会等7个学会为品牌学会，为省属学会建设和发展树立典型。深入省供销合作经济学会等50多个学会进行工作调研，与省民间组织管理局联合开展学会评估工作，召开

2012年110余个省属学会秘书长会议，组织“双先”工作人员进行学习考察，开发学会信息管理平台并运行。

学习型党组织建设深入推进并取得新成效。省社联坚持每月召开一次党组中心组理论学习会，党组班子成员作学习表率，带头讲党课、作报告、写文章，深入基层开展调研，班子成员全年在《人民日报》《光明日报》等国家权威报刊发表高水平学术文章10余篇，获省社科规划重点课题立项1项。开展“爱读书、读好书、善读书”活动，定期组织召开青年干部职工读书交流会、建言献策座谈会。

机关自身工作卓有成效。省社联在全省开展“万名群众评机关”活动，与2010年相比，省社联列满意度排名前移幅度较大的10个单位之首。《老区建设》被评为“江西省优秀期刊”。在连续3年获得省直文明单位、省综治先进单位的基础上，获“江西省第十三届文明单位”。

【举办全省社联工作会议】 3月8日，全省社联工作会议在南昌召开。省委常委、省委宣传部部长姚亚平出席并讲话。副省长胡幼桃向会议发来贺信。省社联党组书记、主席祝黄河在报告中总结2011年全省哲学社会科学工作取得的成绩，并就如何做好2012年的工作进行部署。会议表彰2011年设区市社联目标管理考评优秀单位、江西省社会科学界联合会品牌学会、2011年度江西社会科学工作先进单位和社会科学先进工作者以及江西省第十四次社会科学优秀成果获奖项目，并给首批江西省社会科学普及宣传基地授牌。

【召开全省社联系统协作会】 6月10~13日，全省社联系统协作会在上饶召开。这次会议的主要任务是：以科学发展观为指导，开展基层社联组织建设，创新工作思路，以优异成绩迎接党的十八大召开。上饶市委书记董仚生看望全体与会代表。省社联党组书记、主席祝黄河，省社联党组成员、副主席黄万林、吴永明、胡春晓，上饶市委常委、秘书长、宣传部部长汪霞，上饶市副市长朱寅健出席会议。

【评选首批15个“江西省社会科学普及宣传基地”】 全省各级社联、各学会及相关单位组织开展专题报告会、展板宣传、知识讲座、知识竞赛、科普论坛、地域文化知识（文博知识）普及等社科普及宣传活动，抓好社科普及基地创建工作。共有64家单位申报。经各地推荐省社联组织实地考察、专家评审，最终确定江西省图书馆、南昌市新四军军部旧址陈列馆、南昌大学博物馆、三湾改编纪念馆、罗坊会议纪念馆、南昌市小平小道爱国主义教育基地、瑞金中央革命根据地纪念馆、奉新县图书馆、赣湘诗源私人藏书楼、鹅湖书院风景名胜区、赣南师范学院中央苏区历史博物馆、南昌理工学院“校园大讲堂”、井冈山国家级自然保护区、丰城市博物馆、江西省语言学会国际文化传播专业委员会等15家单位为首批“江西省社会科学普及宣传基地”。

【评选7个省级品牌学会】 1月4日，省社联下发《关于开展江西省社联品牌学会评选工作的通知》，组织动员2011年江西省社会科学工作先进单位申报品牌学会，共有20个省属学会申报。通过实地考察，2月9日，省社联组织专家学者召开评估小组会议，结合各申报学会平时工作、申报材料以及实地考察情况，评选出省老年体育科学学会、省老年书画学会、省财政学会、省图书馆学会、省方志敏研究会、省外语学会、省金融学会等7个学会为“江西省社联品牌学会”。

（刘志飞）

江西省科学技术协会

【概　况】 2012年，江西省科学技术协会围绕江西实施重大发展战略、发展十大战略性新兴产业和特色产业等问题开展决策咨询工作，一批决策咨询成果进入决策层。省委书记苏荣、省长鹿心社、省委副书记尚勇等省委省政府领导先后12人次在9篇《决策咨询专报》上作出重要批示。省科协进入中国科协建设国家科技思想库试点单位，年度考核获评优秀。2012年建有省级院士工作站12家，新增3家，柔性引进两院院士33名，新增9名。建站单位与院士正在实施的科技创新合作项目53项，部分项目已获科技创新成果。九江市率先建立5家市级院士工作站，引进两院院士6名。围绕发展现代农业、推进农业产业化、促进农民增收致富，开展农村实用技术培训，全省各级农函大培训学员28.8万人次，比2011年增加4.3万人次。

依托省级学会智力优势，促进学术繁荣，服务经济发展。举办以“科技创新与富裕和谐秀美江西建设”为主题的第二届江西省科协学术年会。动员和组织广大科技工作者赴基层开展科技咨询与科技服务，组织开展“百会千名专家下基层”活动。专家们深入工业园区、田间地头、社区校园开展300余个活动项目。在万年县举办2012年“沧海论坛——稻米产业绿色安全可持续发展国际学术研讨会”，袁隆平、谢华安、颜龙安、陈温福等院士莅临会议，省政协主席黄跃金出席会议开幕式。全年举办10期“江西科协学术沙龙”，研讨主题包括德安葡萄产业、赣县甜叶菊产业、余江油菜产业、吉水芦笋产业、临川西瓜产业等。

实施国家“科普惠农兴村计划”，获中国科协奖补资金785万元。与省委组织部合作，推进全省农村党员科普致富“十百千”示范工程建设。实施国家“社区科普益民计划”，获中国科协奖补资金360万元。4~5月，全省科协系统省市县三级联动，集中开展为期一个月的“科学，让生活更美好”——全省科协科普进社区活动。组织举办“魅力金秋”科学营、科普大篷车进校园宣传巡展等青少年活动。争取省财政“省青少年科技活动中心科普场所改造经费和设备购置资金”700万元。顺利完成江西科普期刊社转企改制工作。发挥省科普资源中心科普阵地作用，加大应急科普、社会热点科普和数字化科普资源开发力度。组织开展“江西数字科技馆”建设。与省图书馆共同建立江西省科技学术文献中心，初步实现省级学会学术资料资源社会共享。

2012年省委组织部给予100万元资金支持，省科协配套资金40万元共同开展“远航工程”，组织专家评审选拔20名优秀中青年科技人才赴国外培训进修。由省科协推荐，万林生等14人被评为“全国优秀科技工作者”，贺浩华获“十佳全国优秀科技工作者”提名。在南昌大学举办省科学道德与学风建设宣讲教育活动首场报告会。根据全省高校分布情况，分红角洲、瑶湖、昌北、赣州和景德镇等五个片区，共举办集中宣讲报告活动179场(次)，实现全省15所高校研究生培养单位全覆盖。

推进园区科协建设，开辟科协组织建设新领域，出台《江西省科协关于加强园区科协组织建设工作的意见》，组织召开“全省园区科协组织建设工作座谈会”，部署园区科协组织建设工作。加强作风建设，推动科协工作创先争优，集中组织开展以“抓住机遇，推动科协事业科学发展”为主题的系列专题调研。通过对科技专家的经常性走访慰问活动和中国科协会员日活动等形式，密切与科技工作者的联系。

【学习贯彻省委2号文件精神】 1月18日，省委以2号文件印发《中共江西省委江西省人民政府关于加强新时期科协工作的意见》。文件出台后，省科协迅速组织学习贯彻落实。2月6日，省科协召开党组会议，研究如何搞好学习宣传和贯彻落实省委2号文件精神。2月8日，省科协在南昌召开学习宣传贯彻省委2号文件精神座谈会。省政协副主席、省科协主席李华栋，省科协党组书记龚绍林出席会议并讲话，党组成员、副主席李雪南、彭玲华、梁纯平出席会议。各设区市科协主席或党组书记、部分省级学会秘书长、部分县(市、区)科协主席以及省科协机关部室和直属单位主要负责人参加座谈会。座谈会由梁纯平主持。全省各级科协组织快速跟进，成效显著。党委政府领导更加重视科协工作，有6个设区市和部分县(市、区)跟进出台关于加强新时期科协工作的相应文件；落实经费保障，省科协增加专项经费320万元，7个设区市科协增加科普专项经费，50%的县(市、区)科协科普专项经费有了新的增加。

【举办第二届江西省科协学术年会】 10月21日，由省科协、省水利厅共同主办，省水土保持学会承办的以“科技创新与富裕和谐秀美江西建设”为主题的第二届江西省科协学术年会开幕式暨鄱阳湖生态经济区建设与现代水土保持青年学术论坛在南昌举行。省政协副主席、省科协主席李华栋出席开幕式并讲话。中国工程院院士张文海、世界水土保持协会主席李锐等出席大会。省水利厅党委书记、厅长孙晓山出席开幕式并讲话。省科协党组书记龚绍林主持开幕式。省科协副主席彭玲华、梁纯平，副巡视员黄群言出席开幕式。出席开幕式的还有各省级学会、院校科协秘书长，科技工作者代表和水土保持领域的青年专家学者260余人。

年会采取1+X的组成形式，即主会场+51个分会场，年会主题+分会场主题。年会倡导大联合、大协作，鼓励省级学会、高校科协、设区市科协以及有关单位部门之间形成合力，浓厚全省学术氛围，扩大科协及学会的社会影响。年会分会场围绕区域经济发展和江西重点产业发展的热点、难点问题，开展研讨与交流。年会围绕江西省食品产业、钢铁产业、林业产业、船舶产业、清洁能源、石化产业发展开展学术交流，为江西重点产业发展提供科技支撑。年会推行“间断式连续”模式开展各项活动，各分会场活动主要集中在十八大召开前后一个半月召开。

活动历时3个月，先后邀请中国工程院院士徐銖、孙宝国、于金明、詹启敏，加拿大不列颠哥伦比亚大学地球与环境科学系流域生态研究首席科学家、教授戴晓华，加拿大多伦多大学教授常洪，国际肝胆胰协会中国分会主席、教授陈孝平等30余位院士或国内外著名专家学者作专题报告，吸引7000余名科技工作者参与交流，征集论文4000余篇。

【召开“沧海论坛——稻米产业绿色安全可持续发展学术研讨会”】 11月25～28日，“沧海论坛——稻米产业绿色安全可持续发展学术研讨会”在万年县召开。研讨会由省科协、省农科院、上饶市委、上饶市人民政府联合主办，由中国科协国际联络部支持，由中共万年县委、万年县人民政府、省农科院水稻所、上饶市科协、省国际科技交流促进会承办。省政协主席黄跃金，全国政协常委、湖南省政协副主席、中国工程院院士袁隆平，福建省农科院名誉院长、中国科学院院士谢华安等领导出席开幕式。开幕式由省科协党组书记龚绍林主持，省政协副主席、省科协主席李华栋，中共上饶市委书记董合生出席开幕式并致辞。论坛为期3天，共有14场主题报告和专题报告。美国、菲律宾等国家和地区以及全国各地专家、学者共200余人参加论坛。

【开展“百会千名专家下基层”活动】 自4月起，省科协在全省范围内组织开展以“三送三促进”(即送技术，促进新技术推广应用；送知识，促进公众科技素质提升；送点子，促进基层决策水平提高)为主要内容的“百会千名专家下基层”活动。4月27日，省科协与九三学社江西省委联合举办江西省“百会千名专家下基层”活动启动仪式，省科协党组书记龚绍林出席启动仪式并讲话。仪式后，省科协副主席梁纯平率领专家服务团赴万载县开展科技服务活动。活动期间组织召开专家与企业对接会，部分专家与企业达成合作意向。省护理学会组织专家前往湖口县敬老院，为孤寡老人进行义诊和健康咨询。省心理卫生协会组织专家深入瑞金市中小学及幼儿园开展为期3天的心理健康教育和辅导活动。省气象学会、省机械工程学会、省消防协会、省电机工程学会、省抗癌协会等学会组织专家深入基层一线开展各类科技服务活动。全年有60余个省级学会、11个设区市科协等单位组织开展300余个活动项目。

【实施远航工程】 为进一步实施好“远航工程”，使其成为江西省培养优秀中青年科技人才的品牌项目。2012年，省委组织部给予此项目100万元资金支持，省科协配套资金40万元。全年有20位优秀中青年科技人才获资助赴国外培训进修，资助总金额达114万元。12月13日，远航工程启航仪式在南昌召开。省委常委、省委组织部部长莫建成，省政协副主席、省科协主席李华栋，省科协副主席彭玲华出席仪式并讲话，省科协党组书记龚绍林主持启航仪式，省委组织部副部长刘三秋等领导出席仪式。仪式总结了“远航工程”工作成效，正式启动下一年度“远航工程”，对继续做好“远航工程”进行再部署、再推动。

【开展科学道德和学风建设宣讲教育活动】 2012年省科协开展科学道德和学风建设宣讲教育工作，充实省宣讲教育工作领导小组，对宣讲教育领导小组主要职责进行调整。下发《关于开展2012年科学道德和学风建设宣讲教育活动的通知》，确定分红角洲、瑶湖、昌北、赣州和景德镇5个片区举办集中宣讲报告会，确保新入学的2012年研究生全部接受宣讲教育，进一步扩大宣讲教育对象范围，向高年级本科生、青年教师、青年科技工作者拓展。组建有20名成员的省科学道德和学风建设宣讲教育专家队伍。成员由各高等院校推荐，省科学道德和学风建设宣讲教育活动领导小组遴选确定，省科协、省教育厅、省科学院、省社科院共同聘任。

9月16日，由省科协、省教育厅、省科学院、省社科院联合主办、南昌大学承办的“江西省2012年高校科学道德和学风建设宣讲教育首场报告会”在南昌大学举行。江西中医学院党委书记、教授刘红宁，南昌大学副校长、教授谢明勇分别以《遵守科学道德实现赢在终点》和《抵制学术不端共建良好学风培养创新人才》为题对红角洲片区的南昌大学、南昌航空大学、江西中医学院3所高校500余名新入学研究生进行集中宣讲。全年举办宣讲教育活动179场（次），覆盖15所高校研究生培养单位，聆听宣讲报告高校研究生2.1万名，其中博士研究生617名、硕士研究生2.04万名。

【组织全国优秀科技工作者推荐评选】 按照中国科协和江西省2012年第五届“全国优秀科技工作者”评审办法，成立由专家学者、科技人才管理部门负责人、省市科协和省级学会负责人等31人组成的江西省第五届“全国优秀科技工作者”推荐评审委员会，分3个专业评审组共评选出14名推荐人选，从中产生1名“十佳全国优秀科技工作者”提名人选。

6月15日，召开省科协党政联席会，审定通过评选出的14名第五届“全国优秀科技工作者”推荐人选和1名“十佳全国优秀科技工作者”提名人选。经中国科协评审，江西理工大学教授万林生，省交通科学研究院副院长、研究员江祥林，省水土保持科学研究所总工程师、教授级高级工程师杨洁（女）等14位提名人选被评为第五届“全国优秀科技工作者”。其中，江西农业大学副校长、教授贺浩华被评为“十佳全国优秀科技工作者”提名。

（杜春发）

江西省归国华侨联合会

【概　况】 2012年，省侨联融入开放型经济主战场。邀请全国政协常委、香港香江集团主席杨孙西，全国政协常委、香港四洲集团董事长戴德丰等90余位侨领侨商出席2012江西（香港）招商引资周活动开幕式及签约仪式，并协助邀请侨商参与招商项目洽谈。邀海内外客商50余人出席首届华侨华人赣鄱投资创业洽谈会，会议期间与美国南加州华人社团联合会、香港华侨华人总会、秘鲁中国统一促进会、博茨瓦纳江西同乡会等海外侨社团开展联谊活动。召开省侨联银企交流座谈会，为侨企与银行开展合作交流搭建平台。深入江西赣东园林、丰源集团、江西创力投资、江西景观园林、江西恒立泰制衣等侨资企业考察调研，了解企业需求，解决企业发展中遇到的困难和问题。支持华侨农场青年创办现代农业项目，引领广大侨民转变发展方式，走共同致富道路。省侨联连续第四年获全省服务开放型经济工作先进单位称号。

以侨为本，为侨服务。元旦春节期间，全省各级侨联开展“送温暖、献爱心”活动，走访慰问困难群众748户，发放慰问金31.81万元，送去慰问物资价值10万余元。省侨联扶贫工作组深入靖安县中源乡船湾村，慰问五保户、低保户和老党员，多次召开扶贫工作协调会议，商讨帮助村民脱贫致富工作思路，多渠道筹集资金72.6万元，在船湾村建设侨心综合楼和侨心小学，建造节能路灯，建立村民文化活动室，引进推广种植金蕊皇菊等现代农业项目。推进原下属国有企业改制工作，解决多年悬而未决的职工待遇难题。

开展“侨爱心工程”。通过“中国华侨公益基金会”“郑添文、许婉华基金”“李江山基金”“胡彪斌基金”“万文辉基金”“香港雁心会乐幼基金”“香港吴星可慈善基金”等侨界慈善团体和侨商爱心人士，筹集爱心资金240多万元，在省内部分贫困地区建设侨爱心学校和卫生院8所，新增“珍珠班”资助项目5个，为400余名贫困生发放奖（助）学金。“李江山侨心老年活动中心”在南昌挂牌成立，“朱奕龙侨心卫生院”“李江山侨心卫生院”先后在遂川县左安镇南江乡、宜春市袁州区新坊镇合浦村开建或建成。余江县邓埠镇仪凤村信恒善爱雁心希望小学、南昌县蒋巷镇叶楼标兵侨心小学、修水县山口镇慈爱民林东侨心小学、大余县池江镇和内良乡吴星可慈善基金教学楼等一批侨心学校落成。

履行参政议政职能。组织召开省侨联参政议政工作会议，为侨界人大代表、政协委员履行职能提供服务。向省政协十届五次会议提交书面发言1篇，联组发言5人次，个人提案22件，集体提案2件。其中，集体提案《关于规范公益慈善行为、重塑公益机构公信力的建议》被评为省政协优秀提案；集体提案《关于邀请海外侨领或知名人士列席省政协会议的建议》被省有关部门采纳；侨联界别委员姚向红《关于省政府整体搬迁、缓解南昌交通压力的建议》，促成省政府行政中心外迁工程有序推进。

开展海外联谊。共接待来自美国、俄罗斯、法国、英国、秘鲁、阿联酋及港澳等20多个国家和地区的客商81批500多人次。与美国华裔青少年学习交流团、俄罗斯华商企业家联合会、中国侨联部分香港委员赴赣考察团、澳门博彩公司爱国教育江西南昌红色之旅、青海省侨商会、黑龙江省华商会等开展交流互动。与博茨瓦纳、赞比亚江西同乡会缔结友好协议。先后组团赴欧洲、大洋洲和南美洲考察侨情，慰问侨胞，增聘侨联顾问、侨商会会员和特聘专家，多次召开项目推介会、省情座谈会和政策宣传会，宣传推介江西，邀请侨商到赣观光考察、投资兴业。在墨西哥访问期间，省侨联访问团与墨西哥中国和平统一促进会、墨西哥华人华侨社团联合总会等侨团共同举办“钓鱼岛主权属于中国”研讨会，并发表钓鱼岛是中国固有领土的严正声明。

【开展落实省委《关于加强和改进新形势下侨联工作的意见》专项督查】 4月19～28日，由省委督查室牵头，会同省委统战部、省侨联组成联合督查组，对九江、景德镇、抚州、鹰潭、宜春和萍乡六个设区市贯彻落实中共江西省委办公厅《关于加强和改进新形势下侨联工作的意见》文件精神的情况进行专项督查，抽查了九江市浔阳区、湖口县、乐平市、南城县、金溪县、贵溪市、芦溪县、上高县、奉新县和丰城市等10个县（市、区）的贯彻落实情况。在此次专项督查工作的影响下，各地各有关部门进一步重视和支持侨联工作，侨联组织建设进一步得到加强，省侨联增设了文化工作部，另有4个设区市侨联成立了党组，3个设区市侨联顺利换届，3个设区市侨联机构或人员编制得到增设或增加，6个县（市、区）及科研院所新成立了侨联组织。

【成立江西省侨联特聘专家委员会】 4月，江西省侨联特聘专家委员会成立大会在南昌召开。中国侨联副主席王永乐出席成立大会并表示祝贺。省委副书记尚勇会见王永乐及中国科学院院士、江西农业大学校长黄路生等参会专家代表。省侨联特聘专家委员会首批聘任54名专家，分别来自美国科学院、中国科学院及国家重点高校，其中院士3人。95.9%具有教授职称或具有博士以上学位，分布在经济学、法学、城市规划、生物医学、材料科学、电信、遥感、自动控制、航空宇航、环境科学、基因组学等十几个专业领域。美国科学院何大一院士、中国科学院陈新滋院士当选为江西省侨联特聘专家委员会名誉主任，黄路生当选为江西省侨联特聘专家委员会主任。

【举办明月山（澳门）旅游与经贸推介会】 4月20～23日，省侨联与宜春市人民政府组团在澳门举办明月山（澳门）旅游与经贸推介会。澳门特区政府社会文化司司长张裕，澳门中联办协调部副部长叶俊斌，外交部澳门特派公署特派员胡政跃，中国侨联副主席、广东省侨联主席王荣宝，以及澳门侨界代表、港澳旅游界同仁、港澳新闻媒体记者等200余人参加推介会。推介会上，宜春市明月山风景区与澳门万国旅游有限公司签署旅游合作协议，明月山风景区相关旅游企业展示高效富硒的金蕊皇菊和温汤富硒矿泉水等明月山特色旅游产品。

【组织“亲情中华”艺术团赴海外演出】 9月20日至10月1日，省侨联首次与中国侨联联合组织“亲情中华”赣鄱文化之旅艺术团，分赴马来西亚、印度尼西亚、阿联酋慰问演出，向海外华侨华人社团及侨胞们献上富有赣鄱文化特色的艺术盛宴。在12天的旅程中，艺术团先后在马来西亚吉隆坡、马六甲，印度尼西亚雅加达，阿联酋迪拜等地为海外侨胞及国际友人3000余人演出5场次，凤凰卫视、央视国际频道等媒体对演出进行报道。

【开展送文化进基层活动】 5月，在中国侨联、省司法厅、省新闻出版局和民进省委会的支持下，省侨联深入金溪县秀谷华侨农场、丰城市石滩镇、南昌市西湖区团结路社区及赣州市章贡区张家围社区，开展“送文化进侨场、进侨乡、进社区、进学校、进农村”等活动，通过法顾委、青委会和侨商会，联系动员海内外侨团组织、侨界青年及侨商人士，捐赠图书和影视网络播放设备，总价值近50万元。其中，英国华夏文化协会会长、省侨联青委会副会长贝学贤为全省80余所“侨心小学”捐赠附有中英文对照的爱心图书2.5万余册，受到侨心学校师生的欢迎；省新闻出版局捐赠2000余册以花卉种植、养生保健为主要内容的综合类图书，深受老年归侨侨眷的喜爱；中国侨联和省司法厅捐赠的法律常识读本，受到丰城侨乡村民的热捧；民进省委会捐赠的农业科普图书，赢得华侨农场侨民职工的青睐。

【开展侨法学习宣传月活动】 8月，为推进“六五”普法工作，省侨联与省普法办联合在全省开展侨法学习宣传月活动。全省10多万人参与网上侨法知识竞赛答题，2万多人参与侨法学习宣传活动，发放法律书籍和宣传资料3万多册（份），以宣传专栏或LED电子宣传屏编辑侨法知识问答100多期，各级侨联及其法律服务机构接受归侨侨眷法律咨询或诉讼代理100多人次，召开学习贯彻侨法座谈会近百场。

【江西省侨联首期港情研讨班在香港举行】 5月7～13日，由香港华侨华人总会、香港乐亚集团有限公司主办，香港侨界社团联会承办的江西省侨联首期港情研讨班在香港举行。研讨班由省侨联副主席王强带队，来自全省各设区市侨联、部分县侨联及相关省直单位侨联专职干部33人参加培训。学员们学习《香港侨情报告》《香港侨商概况》《一国两制和香港基本法》《香港的政党政治》《香港经济概况及两地经济合作前景展望》《香港政府架构和香港政治制度议会制度》等课程；参观香港历史博物馆、香港浸会大学；拜访港区江西省政协委员联谊会、江西旅港同乡会、香港侨界社团联会、香港龙山基金会、香港侨骏会、香港侨友社、香港潮州商会青年委员会等侨团，促成了一批侨心助学项目和商贸合作意向。

【举办“绿色家园生态摄影展”】 10月18～23日，由澳门民政总署、江西省侨联、江西省生态摄影研究会主办的“绿色家园生态摄影展”在澳门新口岸综艺馆民政总署展览厅举办。澳门民政总署主席谭伟文，澳门中联办协调部部长徐爽，外交部驻澳门特派员公署办公室副主任沈卫忠，澳门立法会议员梁安琪，《澳门日报》社社长李鹏翥，省政协原副主席、江西省生态摄影研究会会长叶学龄，省侨联副主席王强、颜奕萍及澳门文化界人士200余人出席开幕式。本次摄影展展出的100多幅作品，由叶学龄摄于江西鄱阳湖、南昌城郊、婺源鸳鸯湖、弋阳信江和莲乡广昌等地，展现人与自然的和谐统一，启迪人们自觉保护生态环境，同时向澳门各界人士推介赣鄱大地的美丽风光和丰厚人文底蕴。

（刘　晋）

江西省台湾同胞联谊会

【概　况】 2012年，省台联认真学习党的十八大精神，促进赣台民间经贸文化等领域交流往来，推动两岸关系和平发展。深化赣台人员往来和各项交流合作，参加江西省代表团“赣鄱文化台湾行”系列活动，会见台湾知名人士，并与台湾民众进行广泛接触，完成省长核心团的后勤保障和协调联络工作。积极参与全省统一战线“同心·振兴赣南等原中央苏区广昌示范区”建设，深入实地调研，为制定支援“广昌示范区”建设五年规划和建设好“示范区”奠定基础。协办以海峡两岸中华大好河山为主题的两岸艺术家携手共绘锦绣中华山河图启动仪式。促成台胞王晓波、董淑贞、蔡孟勋、沈小慧在江西捐资助学、扶贫济困。做好省内台胞工作，走访慰问老年和困难台胞，发放台胞生活困难补助款。接待台胞台商来访，考察、了解台商投资和台企情况，并为其排忧解难，做好台联宣传、信息、调研工作。

【《台声》杂志江西记者站揭牌】 4月6日，省台联和《台声》杂志社在南昌举行《台声》杂志江西记者站揭牌仪式。全国人大常委、全国台联会长、《台声》杂志社社长梁国扬，省委常委、省委统战部部长蔡晓明，省政协副主席陈清华等出席仪式，并为记者站揭牌。全国台联副会长、省台联会长、《台声》杂志顾问何大欣主持仪式。省委宣传部、统战部，省新闻出版局、省台办、省台联，江西省台资企业协会等相关部门领导，以及在赣台商、台生、台胞代表和部分媒体记者等50多人参加仪式。

【举办2012年全国台联台胞青年千人夏令营江西分营活动】 7月，省台联举办全国台联台胞青年千人夏令营江西分营活动，这是省台联连续第八年举办的赣台青年交流活动。夏令营以“龙脉相传、青春中华”为主题，以“感受绿色家园、体验客家生活、弘扬中华文化”为主要活动内容，32名台湾营员包括来自台湾大学、辅仁大学、新竹教育大学等院校的学生和桃园客语薪传师协会的老师。在赣期间，营员们与南昌职业学院部分青年学生联欢交流，参观滕王阁、井冈山等风景名胜区，聆听客家文化讲座和深入赣州了解两岸客家人血脉相连的历史渊源。

【参与省政府举办的“赣台会”活动】 9月，赣台经贸合作研讨会在南昌举行，这是江西省连续第十年举办的赣台交流重大活动。省台联作为成员单位，全力参与做好会议的筹备工作，配合组委会做好对口客商的联系、邀请、跟踪、落实、接待等工作，完成组委会交给的客商邀请和接待任务。

【加强台盟组织建设】 台盟江西支部自2011年11月成立以来，把组织发展与搞好参政议政、加强自身建设，尤其是后备干部队伍建设相结合。2012年发展盟员3名，平均年龄37岁。同时，台盟江西支部着力培养盟员参政议政能力并举办培训班，鼓励盟员以高度责任感，参加人大政协的活动，就省委省政府的中心工作、有关国计民生的热点、难点等问题建言献策。年度提案内容涉及两岸交流、生态保护、经济建设、城市交通、社会发展、社会保障等方面，并获台盟中央颁发的“参政议政先进集体二等奖”称号。

（林挺华　俞红光）

江西省残疾人联合会

【概　况】 2012年，省残联改善残疾人生活状况。实施民生工程残疾人康复项目，13.8万名残疾人直接受益。全省累计为城乡残疾人开展职业技能培训7000人次，购买公益性岗位安置残疾人就业3500人。选聘农家书屋残疾人管理员8500名，继续推行村残协专职委员和农家书屋管理员“一岗双责、一室两用”模式，中国残联和国家新闻出版总署为此发文推广江西经验。全省有10.7万名城镇残疾人纳入最低生活保障范围，25.7万名农村残疾人纳入最低生活保障范围。全省参加新型农村社会养老保险残疾居民41.23万人，参加新型城镇社会养老保险残疾居民11.07万人。政府为7.4万名农村贫困重度残疾人、2.9万名城镇贫困重度残疾人代缴基本养老保险费。1.2万余名农村残疾人接受实用技术培训，对1.02万名智力、精神和重度残疾人居家托养和9家集中托养机构进行补助。会同省委组织部组织实施“农村基层党组织助残扶贫工程”，帮扶1000余户农村贫困残疾人家庭脱贫。发放康复扶贫贷款4903万元，扶持残疾人生产1974人次。完成2800户农村贫困残疾人危房改造。

增强为残疾人服务的能力。协调卫生部门，将运动疗法等9项医疗康复项目纳入城镇职工医保、城镇居民医保和新农合报销范围，将农村重度残疾人个人参合费用纳入农村医疗救助范围，将重性精神疾病患者经常服药费用纳入门诊统筹或门诊特殊病种费用支付范围。在全国率先开展贫困家庭重性精神病患者免费救治。实施残疾儿童康复救助“七彩梦行动计划”等抢救性康复项目，共为3000余名残疾儿童提供辅助器具适配等康复救助服务。全省依法征收残疾人保障金1.86亿元，全省地税代征突破1亿元，同比增长30%，按比例安排残疾人就业6万余人。在全省组织开展系列“就业援助月”活动，帮助7000多名就业困难的残疾人实现就业。7～8月，全省残联开展实名制贫困重度残疾人调查摸底，调查上报贫困重度残疾人31.54万人，为政府决策提供数据支持。各地举办一系列残疾人文化活动，举办第一届残疾人田径运动会、第二届“残疾人健身周”活动、第六次全国特奥会等系列活动；派员参加第十四届伦敦残奥会，江西省夺得2枚银牌和3枚铜牌。《江西省残疾人保障条例》列入省政府2013年立法项目。全省完成1600余户贫困残疾人家庭无障碍改造，完成50%的无障碍县（市、区）创建任务，60%以上设区市和30%以上县（市）电视台开播手语栏目。全省各级残联接访残疾人1.2万余人次，处理来信1300余件，接听和处理领导手机热线6800余次。为1.64万名残疾人发放机动轮椅车燃油补贴427.6万元，1500多名残疾人参加驾车培训。

加强残联基础建设。全省1592个乡镇成立残联，聘任专职委员1725

名,聘用行政村(社区)残协残疾人专职委员1.67万名。全省100个县(市、区)均成立残疾人法律援助、法律救助、法律服务机构。有7个设区市和2/5县(市、区)已建立或基本建立残疾人康复中心。省残疾人康复托养中心建设接近尾声,总投资7000万元,占地1.53公顷,建筑面积2.4万平方米。省残疾人文化体育中心6000平方米新大楼竣工。以省残疾人综合服务中心为先导,各地建成26家残疾人托养服务中心,600余名精神、智力和重度残疾人在这些托养机构接受托养。

【举办首届大学生手语联赛】 5月12日,由省残联、省聋人协会主办,南昌市聋人协会和南昌大学科技学院承办的“江西省首届大学生手语联赛”决赛在南昌大学图书馆举行。省残联理事长徐效钢、省聋人协会主席唐英及各设区市的聋人协会主席和关注聋人世界、关注残疾人事业发展的社会人士,出席联赛担任嘉宾并为决赛获奖选手颁奖。本次联赛评委由省内手语特教行业精英担任。

南昌师范高等专科学校、江西中医学院科技学院、南昌大学、江西师范大学、南昌大学科学技术学院、江西信息技术应用职业学院及江西财经大学等高校组队参赛,分别在各高校校区进行校内选拔初赛,拟选出各校优秀选手参加复赛。历经3月底、4月初的初赛和4月20日的复赛,21名选手参加决赛,决选出特等奖1名,一等奖1名,二等奖2名,三等奖3名和优秀奖及团体奖18个。赛况通过微博同步到网上,并在江西电视台(五套)及省、市报刊、媒体登载报道。

【举行全省首届残疾人田径运动会】 6月16~17日,由省残联、省体育局、省残疾人体育协会主办,省残疾人体育管理中心承办的江西省第四届全民健身运动会暨首届残疾人田径运动会在南昌市省奥体中心举行。中国残联体育部副主任赵素京、省残联理事长徐效钢、省体育局局长刘鹰、省残联副理事长宋寅安、省体育局副巡视员杜雅军等出席开幕式并为获奖运动员颁奖。这次运动会首次纳入全省全民健身运动会中,设立200米、800米田径竞赛项目和各代表队第九套广播体操群体展示项目。全省11个设区市的218名运动员经过2个大项25个小项预决赛,产生金牌25枚,银牌25枚,铜牌22枚。

【江西省运动员在伦敦残奥会上获2银3铜奖牌】 8月29日至9月9日在英国伦敦举行的第十四届残奥会上,江西省残疾人运动员贾君婷仙、周曈、肖翠娟、徐艳美、黄晓丽、陈建凤等代表中国体育代表团参加田径、柔道、举重、游泳等比赛,为中国体育代表团夺得2枚银牌和3枚铜牌。其中,贾君婷仙获女子F11-12级跳远亚军和女子T11级200米季军,周曈获女子盲人柔道63公斤级亚军,肖翠娟获女子举重52公斤级季军,徐艳美获女子举重82.5公斤级季军。这是江西省在历届残奥会上获得奖牌数量和参加运动员人数最多的一次。

【启动贫困家庭重性精神病患者免费救治工作】 10月,由省财政、卫生、民政、人保、残联等9个部门共同制定的《江西省贫困家庭工作方案》出台。24日,省政府组织召开全省启动部署电视电话会议,副省长谢茹在会上作动员部署,全面启动贫困家庭重性精神病患者免费救治工作。这是江西省在全国率先开展的一项对精神病(贫困重性)患者的救助工程。

(孙鹏飞)

江西省红十字会

【概　况】 2012年,省红十字会围绕党的十八大会议精神,贯彻红十字会法,发挥党委、政府人道领域的助手作用,全年募集捐赠款物4432万元。参加全国红十字会应急救护大赛获团体三等奖。

“三救三献”工作成果显著。省红十字备灾救灾中心已列入省政府《江西省综合减灾“十二五”规划》的重点建设项目。省本级开展灾后重建项目38个,建立健全了项目质量评估报告、项目进度、财务定期报告和分批拨款制度,加强了各级红十字会在建项目的管理。吉安、上饶等地遭遇暴雨和台风袭击后,省红十字会筹措价值234.4万元救灾款物支援。同时,对云南地震灾区提供人道救助。救护能力进一步加强,全省培训应急救护师资338名、救护员3.01万名,普及救护、防病知识23万余人,选送18名老年介护师资赴日培训,并培训88名持证介护员,完成与日本冈山旭川庄合作的老年介护项目三年培训任务,得到日方高度评价。救助工作稳步推进,省红十字会争取“小天使”基金203万元,资助61名白血病患者,争取“天使阳光”基金133万元,救助39名贫困先天性心脏病患儿。向感染艾滋病患者发放救助金16万余元。为4名英雄的未成年子女办理购买商业保险,为10名烈士遗孤发放年度生活金21.5万元。泰康人寿保险公司总裁刘经纶捐赠105万元,通过省红十字会设立“海清睿智教育奖励基金”,奖励泰和县家庭困难的优秀师生。2012年,新增登记捐献志愿者227人,31人成功捐献遗体,1人成功捐献器官。省造血干细胞分库加大服务力度,改进宣传方法,着力推动造血干细胞捐献工作,全省入库造血干细胞捐献志愿者资料6500人份,实现成功捐献2例,挽救了2名白血病患者的生命。

【成立红十字专门委员会】 省红十字会根据全国人大常委会副委员长华建敏的指示,着手组建专门委员会。3月,省红十字会聘请省人大、政府、政协、军区退居二线的领导干部和社会爱心人士,组建监督、项目、志愿者、筹资4个委员会。在此基础上,建立委员会职责、制度和工作机制,举办2期专题培训班,并组织安排委员会成员参加相关业务培训或学习考察。各委员会认真履行职能,在相关领域推动了红十字会工作。

【红十字志愿者工作卓有成效】 2012年,全省红十字志愿者达4万余人,注册志愿者近4000人,成立各类专业志愿服务队49支。省志愿护理服务中心被中国红十字会总会授予全国优秀红十字志愿服务队称号,章金媛获红十字志愿服务特别贡献奖,邹德凤获杰出红十字志愿者称号,戴粉娥、刘凤香获全国优秀红十字志愿者称号。

(石　泠)

军　事

本栏编辑　李荣根

江西省军区

【概　况】 2012年,省军区坚持以科学发展观为指导,贯彻落实军委、军区党委扩大会议精神,加强思想政治建设,加紧推进军事斗争准备,统筹加强非战争军事行动能力建设,完成年度各项工作,部队和民兵预备役建设得到有力推动。

思想政治建设有新成效。11月19日,省军区专题召开党委常委会传达学习十八大报告,研究部署部队学习贯彻十八大精神的措施。制定《省军区部队学习贯彻党的十八大精神的部署措施》,采取"七个一遍"和"十学"措施指导部队抓好十八大精神的学习教育,依托省军区政工网开辟"学习十八大精神"专栏,在全区部队兴起学习十八大精神热潮。开展"赞颂科学发展成就、忠实履行历史使命"主题教育,总结宣传和充分运用"最美军嫂"张秀桃、"何祥美式爱军精武标兵"叶光明、"生命在奉献中闪光"的王坚等身边典型,增强思想政治教育的感染力说服力。结合省军区战役演习,对支援保障行动政治工作作全过程研究演练,集中组织对新闻舆论管制、民兵预备役心理防护、"四反"斗争、参战支前群众工作等7个课题进行重点研究。

军事斗争准备有新推进。贯彻全军战略战役集训和军区战役集训精神,研究制定《2012年度军事斗争准备实施计划》,完成支援保障行动34个重难点课题攻关和运用。建立"作情信一体、联通政后装"的联合值班体系,制定《省军区战备工作实施细则》,加强作战值班部位信息化改造,各级共投入1400余万元进行作战值班室、战备库室和机动指挥平台建设,战备工作"三化"水平明显提升。完善军地情报信息交流通报机制,完成抗洪抢险、森林灭火、应急救援和"神九"应急返回舱搜索回收准备等非战争军事行动任务。坚持以考促学、以考促训,开展训练考核和比武竞赛。整合军地现有资源,逐步完善网络环境、硬件设施和数据中心等基础设施,实现国防信息专网与军地有关部门的联通。扩容改造团以上单位光缆支线,拓展应急通信手段建设,完成军、师、团三级3G移动通信系统联通。完善"211K"作战数据库、综合数据库等基础数据建设,完成重要防卫目标整编,开展非战争军事行动目标整编试点,实现各类数据实时、共享。依托省军区网上训练考核系统,全面推开网上教学、网上训练、网上考核训练模式。全面推开网络办公,不断深化信息系统在战备、训练、管理和日常办公等领域的实践运用。

安全管理工作有新加强。坚持从严执纪,以"零容忍"的态度严厉处理违规违纪问题。汲取"7·5"车辆亡人事故教训,组织隐患排查。围绕"八个方面重点",落实安全形势分析和风险评估等制度。集中开展"条令学习月"、新调入干部(新选改士官)集训,组织"八项清查治理"、车勤队伍和车辆管理专项整治、武器装备隐患排查专项治理、保密工作专项整治等活动,部队秩序进一步正规。

国防动员工作有新进步。按照"三时一体"要求,着眼快速、高效、可持续动员,推进国防动员模式转变和后备力量建设转型。组织省市县三级国动委"八办"及地方统计部门展开动员潜力调查,完成7大类1.7万余项数据核对统计。围绕转变国防动员能力生成模式、后备力量转型和"三个机制"衔接,展开理论研究攻关,形成43篇理论研究成果。组织后勤动员潜力调查、分析,细化动员支前任务,协调地方落实12类27种动员物资储备、6个经济动员中心和交通基础设施贯彻国防需求项目。深化民兵调整改革,组织5个师单位进行专项和综合性试点,研究制定《江西省民兵工作调整改革实施意见》。完成交通战备应急指挥中心和省级交通战备训练基地建设方案制定,组织10条战备公路建设。完善物资储备结构布局,上报24家军队物资采购供应商。完成人防指挥信息系统升级改造和无人机图像信息采集系统建设,承办全国人防信息化集训。

后装保障水平有新提高。结合支援保障行动想定作业,开展后勤重难点问题研究攻关,完善后勤指挥编组,修订后勤保障方案计划。统筹财力资源和建设项目,制定《省军区机关营区建设三年规划》。启动庐山、三清山保障点建设和井冈山国防教育基地二期工程改造项目。开展"八项清查"活动,对全区124个团以上单位逐一进行检查验收。巩固深化"部财区管"改革,实现对人武部经费支出和资金支付实时监控。深化装备保障管理,升级改造车辆北斗定位系统,完成343台车辆安装。加强修理和科技支前队伍编组训练,装备综合维修保障能力得到有效提高。

党管武装工作有新举措。将党管武装工作纳入省管党政班子和领导干部综合考评体系,组织编印《江西省党管武装工作指导手册》下发军地领导干部,坚持落实第一书记任前谈话、任职大会、颁发任职通知书等制度。按照“以深厚感情为纽带、以政策制度为支撑、以融合推进为手段、以三方满意为宗旨”的思路,完成年度军转安置任务。全年,全省计划分配军转干部691名,95%安排在党政机关,7个设区市达100%;师职干部100%、团职干部88%以上安排领导职务,9个设区市达100%,新华社内参、《人民前线》头版头条作连续报道。召开支持赣南等原中央苏区振兴发展动员大会,全区官兵职工踊跃捐款193万余元。重点抓好龙南、石城县2个联系点的定点扶贫工作,多次协调地方厅局和企业召开扶贫工作推进会,协调落实帮扶资金近5000万元。

(周旭东 黄冬冬)

【南京军区防汛勘察组到九江勘察】 6月27~28日,南京军区司令员赵克石、副司令员王教成率南京军区防汛勘察组一行18人,在省军区司令员郑水成、政委陶正明、副司令员陈健的陪同下,采取听取汇报、现地察看、实地抽查等方式,前往九江军分区检查防汛救灾准备工作。经勘察,赵克石、王教成对江西各级政府和省军区、九江军分区的防汛工作给予充分肯定,对下步防汛救灾工作提出具体意见。

(徐新舟)

【南京军区调研组到江西省军区调研】 12月18日,南京军区司令员蔡英挺、政委郑卫平率工作组在省军区调研,重点了解近年来省军区部队全面建设情况和军事斗争准备情况,学习贯彻党的十八大精神和2013年工作初步打算。其间,观看了《江西及江西省军区基本情况》《省军区部队建设主要情况汇报》录像片,听取省军区工作汇报。调研结束后,蔡英挺、郑卫平与省委书记苏荣、省长鹿心社会见并座谈,省军区司令员郑水成、政治委员陶正明参加会见。

(廖 伟 罗向仲)

【召开省军区党委九届九次全体(扩大)会议】 1月5日,省军区党委九届九次全体(扩大)会议召开,省军区党委委员参加会议,省军区后勤部副部长,各师旅单位参谋长、政治部主任、后勤(装备)部长,省军区直属单位党委正、副书记和机关各处室领导列席会议。会议传达军委、军区党委扩大会议精神,总结2011年工作形势,部署2012年工作任务。省军区党委书记陶正明代表省军区党委常委作工作报告,省军区党委副书记郑水成作讲话。会议讨论审议省军区党委工作报告和纪委工作报告,各师旅单位主官围绕贯彻落实会议精神发言。

(彭卫平 肖 辉)

【召开省军区党委九届十次全体会议】 1月30日,省军区党委九届十次全会召开,研究确定省军区部队出席党的十八大代表候选人初步人选考察对象。大会应到委员35人,实到34人,符合法定人数,会议采取举手表决的方式,一致推选省军区副政委戴勇为出席党的十八大代表候选人初步人选考察对象。

(汤 飞 吴卫华)

【驻华武官团到江西参观访问】 7月2~4日,驻华武官团一行76人(外方44个国家49人,中方陪同27人),在国防部外事办公室主任钱利华陪同下到江西参观访问。在赣期间,驻华武官参观了南昌陆军学院、南昌八一起义纪念馆、三湾改编旧址纪念馆、井冈山革命博物馆、龙江书院、黄洋界等地,听取中国人民解放军85年发展历史情况介绍,并向井冈山革命烈士陵园敬献花圈,省军区司令员郑水成在南昌举行欢迎招待会,参谋长倪海峰在机场迎送并全程陪同参观。

(廖 伟 罗向仲)

【召开省军区党委常委民主生活会】 2月11日至3月3日,省军区分阶段利用7天时间召开党委常委民主生活会,省军区党委书记、政委陶正明,党委副书记、司令员郑水成,党委常委陈健、戴勇、倪海峰、李宇、张玉生参加会议。会议着眼迎接党的十八大召开、学习贯彻党的十八大精神,紧紧围绕“讲政治、顾大局、守纪律”的要求,深入查找解决党委班子自身建设和领导工作中存在的突出问题,开展批评与自我批评,分析原因、研究对策。南京军区司令员赵克石率机关工作组莅临会议指导。

(彭卫平 肖 辉)

【动员组织全区支持赣南等原中央苏区振兴发展】 7月21日,省军区召开支持赣南等原中央苏区振兴发展动员大会,驻昌部队官兵、职工、预任军官代表共720人参加,省委书记、省军区党委第一书记苏荣出席会议并讲话。省军区司令员郑水成、政委陶正明挂点龙南、石城县实施定点扶贫,多次深入当地调研,并组织挂点厅局和企业召开定点扶贫工作推进会。省军区从家底经费中安排300万元援建两所省军区希望小学,部门以上领导和机关与省内20名特困大学生结对帮扶,全区官兵、职工和老干部向苏区困难群众捐款193万余元。11月,南京军区司令员蔡英挺、政治部主任吴长海和省长鹿心社、省委副书记尚勇等领导分别在省军区扶贫工作报告上作出批示,军区机关专门派人来总结经验,《人民前线》头版头条刊发了有关做法。

(侯毅军 邹晓磊)

【建立兴国红军高兴圩战斗纪念碑】 2012年,由军区装备部投资150万元,兴国县政府划拨建设用地0.36公顷,共同建设红军高兴圩战斗纪念碑。10月21日,纪念碑揭碑仪式在兴国县高兴镇竹嵩山举行,装备部副部长黄企生、军区副司令员王洪光,省军区司令员郑水成,赣州市委副书记、市长冷新生,市委常委、副市长陈晓春,赣州军分区司令员刘瑄、政委陈庆阳等出席仪式,红军烈士后代代表、兴国县党政领导、群众学生代表共300余人参加仪式。兴国县高兴镇竹篙山是中央红军第三、第五次反“围剿”的重要战略要点,数万红军将士在这里与数十万国民党军展开殊死搏斗。高兴圩战斗为迟滞国民党军行动,掩护中央红军主力大转移,赢得了宝贵时间。

(曾明荣)

【团主官同台比武竞赛】 8月27~31日,省军区依托南昌陆军学院训练条件,采取“分批组织、在线考核、临场面试、实时评分”的方法,分基本理论、基本技能、基本素养和基本体能4

个方面，组织全区107个团单位共207名军政主官分批进行同台比武竞赛。

（史玉杰）

【开展隐患排查整治活动】 6～8月，省军区为做好十八大期间安全稳定工作，根据总部、军区统一部署，采取“统一领导、分级组织”的方法，细化明确8个方面70个具体问题的整治内容，在全区部队集中开展安全隐患排查整治活动。7月中旬至年底，省军区安全检查组采取不打招呼、日查与夜查、明察与暗访相结合的方法，对全区13个师旅单位、47个团单位和省军区机关直属队进行了安全检查。经查，官兵条令法规意识明显增强，依法从严治军和正规化建设水平明显提升，问题隐患和事故苗头明显减少。

（程宝根　饶　侃）

【召开驻赣部队警备工作电视电话会议】 7月11日，省军区协调全省驻军单位依托视频系统召开驻赣部队警备工作电视电话会议，驻赣部队师以上单位分管领导和团以上单位军务科（股）长、车管业务部门负责人，各军分区（警备区）参谋长、军动办主任和设有警备司令部的警备工作人员，省军区机关有关处（室）领导共158人参加会议。会议通报近两年到驻赣部队外出军人军车违规违纪情况，分析警备工作面临的形势，组织学习有关政策规定，就加强军警协作维护江西交通秩序和树立军人军车良好形象提出要求，倡导军地双方在共创社会主义精神文明和振兴江西经济社会发展中发挥积极作用，推动警备工作深入发展，促进驻赣部队安全稳定。

（郭　立）

【全国直招士官工作业务培训会议在南昌召开】 4月6日，全国直招士官工作业务培训会议在南昌召开。会议围绕高标准完成直招士官任务和首次组织的定向培养直招士官试点，提出精心筹划、调查摸底、宣传发动、区分任务、审查把关、廉洁招收和改革创新7条具体措施。总参谋部、国家教育部及各省教育考试院业务部门领导，各军区、省军区兵员、动员（军务动员）处长、参谋共200余人参加。总参动员部副部长张汝涛、省军区参谋长倪海峰、总参军务部兵员局副局长倪军平出席会议并讲话。

（丁红保）

【出台落实征兵优惠政策意见】 11月2日，经省政府、省军区同意，以省政府办公厅、省军区司令部名义联合下发《关于进一步抓好征兵优惠政策落实的意见》，对抓好优待金、退役士兵自主就业补助、退役士兵职业教育和技能培训、大学生退役士兵就业招聘、学费补偿助学贷款代偿5项优惠政策落实作出规定，以点带面，促进征兵优惠政策全面落实。

（程宝根　丁红保）

【全省防空专业骨干集中组训】 3月18～22日，省军区在南昌警备区教导队组织一期防空装备维修骨干集训，省军区防空群和省军区民兵装备修理所防空装备维修骨干共22人参加。集训采取理论授课和技能操作相结合的方法，按照动员部署、理论学习、技能训练、考核评比的步骤，重点对14.5毫米高机、双25高炮、901雷达和光电伪装弹药发射系统4种装备构造原理、分解结合、保养保管及一般故障排除等内容进行集中强化训练。通过集训，进一步增强防空装备维护保养规范化意识，省军区防空装备综合维修保障能力得到有效提高。

（王　涛）

【民兵预备役骨干集中组训】 4月始，省军区为有效解决民兵预备役教学组训人才缺乏、组训模式“自成体系、内部循环”、训练保障资源分散等现实问题，采取“省级集中组训、师旅单位区域集中组训”两种方式，按照“统一筹划部署、分期分片集中、专长教学组训、分类按级考评”的方法步骤，展开各层次各专业骨干集中组训，各类考评成绩总体较好，优良率83.41%。省级集中组训于6月8日至7月16日依托赣州、九江、上饶、抚州军分区专业训练中心和县级民兵训练基地，以及预备役高炮团、工兵团现有训练条件，组织完成防空兵、工兵、防化、重要目标警戒、情报侦察、综合防护、道路交通保障、应急维稳、抗洪抢险、森林灭火等10个专业类别干部骨干跨地区集中组训；4～7月，依托条件较好的训练基地开展师旅单位区域集中组训，各师旅单位先后落实16期1046人跨县集中组训。通过训练，初步检验了“一所学院、两个基地、六大中心”训保体系，为民兵预备役军事训练实践提供了有益指导。

（史玉杰）

【组建全省首支装备动员应急保障分队】 7月中旬，省装备动员办公室为贯彻落实国务院、中央军委《关于新形势下加强装备动员工作的意见》，按照“军民兼容，平战结合”和“长期备用，随时应急”要求，组建1支50人的装备动员应急保障分队，主要为部队提供装备应急抢救抢修、机动支援保障和远程技术服务。装备动员应急保障分队共编50人，设置1个专家组和5个抢修组，保障范围涵盖军械、火炮、车辆、舟艇、工程机械、电子信息等10余种专业，依托省“科技人才库”择优聘用12名专家，并从省内10余家科技龙头企业筛选吸收30余名技术骨干，协调省科技厅投资100余万元，购置应急指挥车1台、通用维修机工具50余套、携行装备物资200余件（套），省军区调拨补充5台专用抢修车和500余件（套）备件器材。截至12月，分队满编率达到100%，高技术人才比例达到62%，装具配套率达到90%，基本具备遂行多样化任务能力。

（王　涛）

【召开全省军事志、年鉴编纂工作会议】 9月20～21日，省军区在南昌召开全省军事志、年鉴编纂工作会议暨第二轮军事志工作总结表彰大会，省军区副司令员陈健、军区司令部编研室副主任陈赋斌，省军区副参谋长苏明宗、后勤部副部长丁海洋出席会议，省军区机关三大部各职能处、所属各军分区（警备区）、预备役师（旅）单位领导及编纂人员共62人参加会议。会议传达学习军委、总部和军区有关编研工作会议指示精神，分析总结第二轮军事志编纂工作情况，表彰先进，展示成果，研究部署“十二五”时期全省军事志工作任务，并组织编纂业务骨干培训和年鉴条目会审。

（毛育东　黄冬冬）

【开展“讲政治、顾大局、守纪律”学习教育活动】 2012年，省军区根据军委总部和南京军区党委部署要求，围绕迎接党的十八大召开、学习贯彻党的十八大精神，在团以上党委机关开展“讲政治、顾大局、守纪律”学习教育活动，着力解决坚定政治信念、正确对待名利得失、严守党纪党规3个方面问题，巩固深化思想作风教育整顿活动成果。其间，组织官兵职工同步听取军区组织的辅导授课，学习了新华社内参反映赣州部分地区发展滞后群众生活困难的文章，邀请省纪委领导围绕加强思想作风建设作辅导报告。整个学习教育活动贯穿全年。

（汤　飞　肖　辉）

【师级班子成员和副师职后备干部预选对象定期考评】 11月，省军区按照指挥军官考评体系要求，组织对全区64名师班子成员和各单位推荐的副师职后备干部预选对象进行定期考评。考评采取省军区党委常委轮流担任考评组组长、考评组其他人员固定不变的方法组织，执行考评标准始终一致。其间，考评组与所有师旅级班子成员、团主官、机关科长（办主任）以及部分战士职工代表共385人进行个别谈话，并听取各师单位党委第一书记或联系武装工作的地方领导意见，较为全面地掌握师团班子总体发展形势和师团干部队伍建设情况。

（陈李忠　廖善才）

【出台《省管领导班子和领导干部年度考核办法》】 12月3日，省委出台《省管领导班子和领导干部年度考核办法》，将党管武装列入考核内容，并从组织领导、军事斗争准备、解决实际问题、经费保障4个方面制定量化考评标准，明确年度考核按照工作总结、实绩公示、大会述职、民主测评程序进行，重点年度考核增加个别谈话、民意调查、实绩分析、综合评价环节。党管武装实行军地联合考评制度，省军区派员参加，考评结果作为领导班子调整和干部任用、奖惩、培训重要依据。

（汤　飞　肖　辉）

【出台《江西省军人子女教育优待实施办法》】 12月，省军区政治部会同省教育厅联合下发《江西省军人子女教育优待实施办法》。《江西省军人子女教育优待实施办法》涵盖军人子女幼儿园入托、小学择校、初升高加分、参加高考在投档比例范围内优先录取等各个方面，将优待范围由教育部、总政治部明确的特殊地区、岗位军人的子女扩大到所有军人子女，为驻赣部队军人子女接受良好教育提供了政策保障。12月28日，省军区在滨江宾馆召开《江西省军人子女教育优待实施办法》出台新闻发布会，省军区政委陶正明、政治部副主任黄恩华出席会议，省教育考试院院长肖辉介绍起草《江西省军人子女教育优待实施办法》有关情况，驻昌部队有关领导参加会议。

（陈李忠　张　序）

【开展优秀预备役军官和专武干部评选表彰活动】 12月，省军区政治部会同省委组织部、省人力资源和社会保障厅联合表彰130名优秀预备役军官和优秀专武干部。结合召开全省党管武装工作会议，省委书记苏荣、省长鹿心社、省军区司令员郑水成、省军区政委陶正明为13名受表彰的优秀预备役军官和优秀专武干部代表颁发荣誉证书，省军区党委常委，各设区市市委书记、市长，各师旅单位主官参加会议。

（陈李忠　张　序）

【开展“赞颂科学发展成就、忠实履行历史使命”教育活动】 3月始，省军区围绕迎接和学习贯彻党的十八大，分“进一步坚定中国特色社会主义信念”“赞颂科学发展成就，坚定对党的领导的信赖”“坚持党对军队绝对领导是我军永远不变的军魂”“忠实履行我军历史使命”4个专题，在全区部队开展“赞颂科学发展成就、忠实履行历史使命”教育活动。教育采取统分结合的办法，由省军区制定下发教育活动实施意见，指导各师旅单位制定具体方案计划，全区6月底前利用5天时间完成集中教育，而后转入经常性教育。党的十八大召开后，结合学习贯彻十八大精神，进一步抓好4个专题的巩固深化。通过教育活动，进一步深化“爱驻地，有作为”教育实践成果，引导官兵打牢高举旗帜、听党指挥、履行使命的思想政治基础。

（杨　勇　刘以华）

【组织《廉政规定》学习教育活动和专项检查】 2012年，省军区政治部将《廉政规定》“11个方面、70个不准”摘编成册，编发100道党风廉政建设知识题库下发部队学习，组织全区1600多名党员干部参加廉政知识考试，组织全区党员干部参与总政政工网“廉政规定大家谈”活动。元旦前后，以新年礼物形式给全区600多名团以上干部赠送《廉政净言》《落马官员双规手记》等书籍，组织观看《廉柱擎天》《忠诚与背叛》等影视片，人人撰写心得体会，开展学习交流活动。7月下旬，省军区政委陶正明、副政委戴勇分别带队，对全区13个师旅单位和部分团单位贯彻《廉政规定》情况组织检查抽查，围绕省军区部队党员干部廉洁自律17个方面易发多发问题，组织本级机关和师旅机关的206名师团干部进行廉洁自律情况民主测评，有效促进党员干部勤政廉政。

（龚晓明　罗慈明）

【召开全省军转安置工作会议】 6月7日，全省军转安置工作电视电话会议召开。省委常委、常务副省长凌成兴，省军区政治部主任李宇，省人力资源和社会保障厅厅长揭赣元在主会场参加会议并讲话，中直、省直单位分管人事的领导和人事处长、各设区市常务副市长、组织部领导、军分区（警备区）政治部主任、人社局局长和军转安置部门工作人员共480余人参加会议。会议传达学习全国军转安置工作电视电话会议精神，总结2011年全省军转安置工作，对2012年军转工作任务作研究部署。

（王宗军　朱光玉）

【举办“英雄杯”江西省首届国防教育书画大赛】 3月29日，省军区政治部联合省委宣传部、省文联在全省组织开展“英雄杯”江西省首届国防教育书画大赛。大赛征集书画作品500余幅，评选出书法、美术一等奖各3名，二等奖各5名，三等奖各9名，优秀奖共100名，展出作品100幅。省委常委、常务副省长凌成兴，省军区政委陶正明等领导出席大赛作品展开幕式。

（刘晓忠　夏树刚）

【举办江西省首届青少年学生国防教育硬笔书法大赛】 5月下旬，省国防教育办公室和省教育厅联合举办江西省首届青少年国防教育硬笔书法大赛，全省300余所学校报送5000多幅作品，评出大学组、中学组、小学组一等奖各8名，二等奖各12名，三等奖各20名，优秀奖共300名，进一步激发青少年学生关心、参与国防教育的热情。

（刘晓忠　夏树刚）

【考评表彰“情系国防”先进企业和先进企业家】 9月13～21日，省国教办、省委组织部、省委宣传部组成联合考评组，主要围绕组织领导、规章制度、力量队伍、教宣传活动、拥军优属、财物支持等6项内容，对各地推荐的“情系国防”先进企业和企业家表彰对象进行考评。12月，依据考评结果对全省30个“情系国防”先进企业、22名先进企业家进行表彰，进一步在企业中浓厚了产业强国、拥军报国的良好氛围。

（刘晓忠　吴鹤平）

【筹建省军区机关新营区】 2012年，省军区机关营区拟随省委、省政府等“四套班子”搬迁至红角洲卧龙岗地域，成立省军区机关新营区筹建领导小组和筹建办公室，集中办公。同时，为及时了解掌握地方搬迁工作进展，省军区后勤部部长担任“省级党政机关搬迁置换领导小组成员”，机关委派专人参加“省级党政机关搬迁置换筹建指挥部”，参与前期征地和规划论证等具体工作。协调地方政府划拨15.47公顷土地作为机关新营区办公建设用地，并办妥界址图和《建设项目选址意见书》。及时上报省军区机关部署调整和营房保障预案，并迎接总部和军区工作组实地勘察。组织工作人员赴福建省军区等7个军单位参观学习营区建设情况，收集并借鉴各单位好的经验做法。11月，邀请清华大学建筑设计研究院有限公司、中国美术学院风景建筑设计研究院、江西省建筑设计研究总院等3家设计单位参与省军区机关新营区规划与建筑设计项目投标，并于12月9日召开开标、评标会。

（王卫东）

【新建省军区机关东大院综合楼】 为解决省军区机关营院搬迁后三经五纬老营区老干部、官兵、家属、职工的保障问题，省军区于8月召开首长办公会，研究决定在原司令部通信站车库位置，新建1栋集车库、食堂、老干部文体活动中心和留守公勤人员宿舍于一体的5层综合楼。工程总建筑面积3541平方米，概算经费992万元。该工程于12月13日开工建设，计划2013年9月底前竣工并投入使用。

（王　琴）

【指导全区干休所加快推进老干部住房改造工程】 6月，省军区下发《进一步推进全区干休所住房改造（整治）工作的实施意见》，决定利用2年时间指导8个干休所完成住房改造、4个干休所完成住房综合整治。截至12月底，南昌第三干休所“土地竞价转让协议”已获总部批复，该所“住房改造设计任务书”“住房改造实施方案”已经省军区党委常委会研究通过并上报；吉安军分区干休所新建1栋“三个中心”综合楼，预算经费273万元；九江军分区第1干休所住房改造方案已上报军区待批；上饶军分区干休所与地方协调，筹划出让已批准的剩余5宗1.24公顷土地事宜；南昌第1干休所完成综合楼广场改建、“二个中心”建设、4部老干部住房电梯的加装；其他任务干休所正在拟制完善具体实施方案。

（吴赤刚）

武警江西省总队

【概　况】 2012年，武警江西省总队坚持以科学发展观为指导，把握稳中求进总基调和“三保一谋”总要求，围绕迎接保卫和学习贯彻党的十八大这个重大任务，坚定不移保稳定，开拓创新谋发展，聚精会神抓落实，各项工作成效明显，部队建设稳中有进、稳步提高、稳妥发展。

强化首位首抓意识，思想政治建设有新加强。坚持带部队首先带思想，持续深化党的创新理论武装，掀起学习宣传贯彻十八大精神热潮，精心组织核心价值观培育践行，打造群众性文化特色品牌，严密组织干部队伍专题教育和基层风气教育整顿，开展以“四心”活动为主要内容的经常性思想工作，打好意识形态主动仗，深入开展心理、法律、文化服务下基层活动，确保部队永远听党指挥、绝对忠诚可靠。

突出抓能力保中心，各项任务完成有新保证。围绕迎接保卫十八大，全力以赴抓中心保中心。抓好任务部署、战法研究、形势战备教育，组织分队警官全员额考核、特战分队比武竞赛、水上救援综合演练和“卫士－12”演习，部队执勤处突能力明显提升，参加武警部队反恐突击专业集训竞赛取得团体总分第一和个人全能第一。坚持重点指导、重点投入、重点加强力量建设，形成具有江西特色的“六种力量”体系。狠抓执勤隐患排查治理，精心组织经常性执勤，成功处置目标安全险情11起，完成“两节”“两会”和十八大安保等临时性勤务497起，实现连续13年无执勤事故。

注重抓经常打基础，基层全面建设有新成效。创新实践工作套路和抓手，制定下发年度基层建设规划，专题召开基层建设工作会议，严格落实“一二一”工作机制，组织机关干部蹲点帮带，强化大抓基层鲜明导向。抓好三级主官“纲要”培训，注重稳定基层干部队伍，开展练用“双六功”活动，各级按纲抓建能力进一步提高。宣扬李超、李进明等先进典型，破格提拔焦守伟、胡昊罡等精武爱岗标兵，部队上下争先创优氛围浓厚，南昌支队五中队被总政治部表彰为“全军基层文化建设先进单位”。

坚持依法从严治警，部队管理水平有新提高。突出抓昌内促昌外、抓机关促基层、抓督查促经常，全力打好防范重大安全问题“五大战役”，全程纠治作风纪律方面倾向性问题，全面实施“三轮过遍”，召开总结表彰大会，形成一批具有总队特色、值得巩固和传承的理论成果、建设成果和制度成果，正规化建设三年“三步走”收官，总队上下形成抓部队注重基础、抓工作注重长效、抓典型注重导向、抓整体注重帮弱的氛围。

加快现代后勤建设，综合保障效能有新提升。狠抓后勤战备建设和岗位练兵活动，应急保障力量体系建设进一步加强。推进后勤各项改革,强化后勤科学化管理,经费预算、房屋租赁、物资采购等更加规范。加大基础设施建设力度,特别是训练基地、总队机关及景德镇支队机关等迁建工程有序推进,"四项设施"建设除6个待搬迁中队外均达到完全配套。推进饮食文化建设,把暖兵工程覆盖全员。争取地方支持成效明显,为部队建设发展提供支撑。

着眼强班子带队伍,核心领导作用有新进步。带头加强理论武装,落实党委中心组带机关学习制度,狠抓团以上干部理论轮训和党委机关专项学习教育活动,始终保持政治思想清醒坚定。贯彻"三个规范性文件",不断健全党委议事决策机制,党委工作的预见性、计划性、针对性和有效性进一步增强。突出抓好对下级党委班子考察帮建,运用"三治四建"抓建基层支部,落实领导干部廉政规定,第一支队、第二支队,景德镇、赣州、上饶、吉安支队被总队评为先进支队。

【开展"四心"活动】 2012年,武警江西省总队开展以"知心、交心、暖心、聚心"为主题的经常性思想工作"四心"活动。1月,总队党委全会作出专题部署,确定把"四心"活动作为总队建设的一项重大任务来抓。9月,召开驻昌部队"四心"活动推进会,形成党委统揽、主官主抓、部门合力的强劲态势,为推动部队建设科学发展和各项任务完成提供了坚强思想保证。

【赴吉安县抢险救援】 4月30日,吉安市吉安县大冲乡、北源乡、桐坪镇遭遇龙卷风及冰雹袭击,风力达12级以上,冰雹直径超过10毫米。5月2～4日,武警江西省总队奉命出动兵力500余人次,车辆30余台次,奔赴灾区担负现场警戒、抢运物资、清理现场及排除次生灾害威胁等抢险救援任务。清理倒塌房屋70余栋200余间,疏通水渠300余米,清挖淤泥沙石10余吨,抢救农用物资15吨、摩托车20余辆、各种电器30余台、各类衣物5000余件,挽回直接经济损失达100余万元。

【督查省委议警会落实情况】 7月17～27日,武警江西省总队协调江西省委组织6个督查组,由省委有关部门和省直单位厅以上领导带队,对市县两级党委政府贯彻落实2010年江西省委议警会精神,关心支持武警部队现代化建设情况进行专题督查。采取听取汇报、座谈了解、实地查看、情况反馈等形式,对各地研究出台相关配套政策、将重要目标纳入和谐平安建设、加强部队基础设施建设、保障遂行任务经费和落实拥军优属政策等5个方面重点督查,对当地武警部队推进现代化建设面临的现实难题深入调研。通过督查,进一步促进地方党委政府对武警部队关心支持,增强部队现代化建设推进力度。

【开展团以上领导干部理论轮训】 8月23日至9月5日,武警江西省总队分两批举行团以上领导干部理论轮训。围绕学习贯彻胡锦涛主席"7·23"讲话,迎接保卫贯彻党的十八大思想政治基础这一主题,采取专家授课、录像辅导、实践教学、研讨交流、党委书记座谈会等形式,进一步提高领导干部理论素养,为推动部队现代化建设协调发展、有效履行职责使命、高标准实现"两个确保"打下理论基础。

【开展反恐突击特勤排对抗竞赛】 9月3～6日,武警江西省总队在九江支队组织全省14个整建制反恐突击特勤排406人进行对抗竞赛。按照实战要求设置5000米武装越野、通过400米障碍、楼房抓绳攀登、自动步枪搜索应用射击、特战小组交替掩护射击等8个课目。通过对抗竞赛,为部队树立鲜明训练导向,激发官兵训练热情,锻造过硬特战人才,提升部队训练整体水平,推动"六种力量"建设,促进部队战斗力生成提高。

【联合组织"赣江一号"综合演练】 10月29日,武警江西省总队抽组兵力1100人、营区备勤1200人、动用车辆83台,与省公安厅联合组织"赣江一号"综合演练。演练不预先通知、不预立案体、不预设路线,着眼十八大安保期间可能担负的任务,立足现有编制装备,重点演练启动应急响应机制、组织兵力投送、组织直前准备等内容。通过演练,进一步熟悉指挥所演习和实兵抽组集结、兵力快速投送基本程序和方法,提高首长机关谋划决策和组织指挥能力,增强与公安部门联合作战能力。

(杨 俊)

消防部队

【概 况】 2012年,全省消防工作和队伍建设以贯彻落实《国务院关于加强和改进消防工作的意见》为主线,纵深推进总队党委既定的"一年建设求突破、两年提升上台阶、三年赶超站前列、四年五年展辉煌"发展战略,消防工作和消防部队建设取得显著成绩。全年全省发生火灾3785起,死亡18人,直接财产损失7240万元,比上年火灾起数、死亡人数、财产损失分别下降18.6%、37.9%、13.7%。年内,全省未发生有重大政治影响的火灾、重特大火灾尤其是群死群伤火灾,火灾形势保持总体平稳。

部队政治保证更加坚强。开展学习践行"三句话"总要求、"喜迎十八大,全力保安全"主题教育,召开基层思想政治教育规范化建设现场会,狠抓支队级党委工作规范化建设试点,举办俱乐部大奖赛,出台文化建设实施意见和政工之家、队史馆(荣誉室)建设标准等规范性文件。全面落实支队级以下单位由政治主官任党委(支部)书记、优秀年轻干部进班子、防火处长岗位由相应专业技术干部担任等规定。持续实行营团职干部"一推双考"、机关干部公开选调,提拔调整营团职干部330人并做到任免同步。开展集中警示教育,制定监督执法"八个严禁、八个必须"等刚性规定,召开"廉政消防"建设推进会暨廉政文化建设和"阳光执法"现场会,强化审计结果运用,总队军政主官经济责任审计被公安部评价为优秀。定期组织开展岗位业务培训和练兵比武活动,入警大学生培训工作被公安部消防局评为先进并向全国作经验介绍。

消防安全环境更加优化。加强消防责任体系建设,提请省政府下发年度消防工作目标任务书,成立消防安全委员会,出台《消防事业发展"十二五"规划》《关于加强和改进消防工作的实施意见》《消防安全责任制实施办法》等文件。围绕"清剿火患"战役和党的十八大消防安全保卫战，深化"网格化""户籍化"管理和社会单位"四个能力"建设，召开全省消防安全网格化管理暨公安派出所消防工作现场会，划分街道乡镇网格1739个、社区行政村网格24957个，实现"户籍化"管理的重点单位2876家。开展人员密集场所、建设工程施工现场、九小场所、棚户区等场所和自动消防设施、消防产品等专项行动，检查社会单位17.5万多家，督促整改火灾隐患35.5万余处，推动政府挂牌整改重大火灾隐患405处，总队被公安部评为全国火灾隐患排查整治成绩突出单位。与新华社、中央电视台签订战略合作协议，成立宣传教育中心，指导报业集团创办了《火线·江西消防》外刊杂志，"江西消防在线"官方微博被新浪网评为"江西省十大政务微博"。

队伍攻坚能力更加凸显。加快转变部队核心战斗力生成模式，开展部队正规化建设达标和安全"五无"创建活动，107个单位达到正规化建设标准。开展铁军中队达标创建活动，58个中队达到星级铁军中队标准。组织基层指挥员、专职消防队长集中培训和专职消防队员跟班轮训，召开建筑消防设施调查测试现场会，先后举行全省跨区域地震应急救援、赣东战区危化品处置和赣西战区跨区域无预案实战拉动演练，举办第三届铁军比武以及政工、后勤岗位练兵竞赛。2012年全省消防部队接警出动10491起，抢救疏散被困人员40933人，抢救保护财产价值37.8亿元，与2011年同比抢救疏散被困人数上升75.1%、抢救保护财产价值上升473%，完成了"2·5"南昌九四医院康馨楼火灾扑救、"4·14"济广高速鹰潭南收费站移址重建工程坍塌事故救援和"9·16"赣州大广高速在建隧道塌方救援等急难险重任务。

基础建设成果更加丰硕。全省消防部队业务经费总量达到8.97亿元，增幅稳固在15%以上。总队本级争取业务经费2276.5万元，其中正常预算经费1276.5万元，增长45.63%。首次开展并完成全省城市消防装备评估论证，投入1.13亿元购置消防车92台、装备器材5万余件(套)，新购8辆"静中通"卫星通信指挥车，建成卫星通信网。九江支队、萍乡支队、新余支队探索用政府担保融资租赁和外资贷款等方式筹措装备建设经费9000万余元。投入5.06亿元，用于47个消防站建设。总队本级三项基本建设高位推进，省应急救援指挥中心和附属保障楼工程建设进展顺利，培训基地两栋学员楼和室内综合训练馆已发挥培训作用，省应急救援物资储备库获政府批准立项。

部队社会形象更加良好。全面推行消防监督"网上执法""网上服务"和"网上考评"。开展创先争优和立功创模活动，开展扶贫帮困、拥政爱民活动，组织官兵捐款资助山区建设。总队被省政府荣记集体一等功，10个支队被当地政府荣记集体二等功，9个大队被团省委命名为"省级青年文明号"，永新大队党委被中组部表彰为"全国创先争优先进基层党组织"，赣州瑞金大队、抚州崇仁大队被公安部表彰为"全国优秀公安基层单位"，南昌八一中队、宜春经济开发区大队分别被设区市党委、政府授予荣誉称号，南昌八一中队被省委宣传部评为2012年度"江西十大法治人物"。先进个人有"全国优秀共青团员"骆峰、"全国公安系统爱民模范"肖斌、"全省特级优秀人民警察"崔义飞等。

【扑救"2·2"南昌香江家居城火灾】 2月2日9时55分，南昌市青山湖区香江家居城发生火灾。接到报警后，南昌支队先后调集4个中队、9部消防车、6部指挥车、86名官兵到场处置，10时52分将大火扑灭。这次火灾扑救共疏散被困群众316人，保护财产价值约2.2亿元。

【扑救"2·5"南昌九四医院住院部康馨楼火灾】 2月5日18时26分，南昌市井冈山大道九四医院住院部康馨楼二层干蒸房发生火灾。接到报警后，南昌支队先后调集7个中队、24辆消防车、188名消防官兵赶赴现场扑救，20时6分将大火扑灭。这次火灾扑救共疏散危重病人104人、工作人员和陪护人员124人，有效地保住了康馨楼周边3栋建筑及楼内大量贵重医疗物品，保护财产价值800余万元，未造成人员伤亡。

【"4·14"济广高速鹰潭南收费站移址重建工程坍塌事故救援】 4月14日17时8分，济广高速鹰潭南收费站移址重建工程发生整体坍塌，坍塌面积约850平方米，多人被埋压。接到报警后，鹰潭支队先后调集4个中队、7辆消防车、67名官兵到场实施救援。经过全体救援人员近7个小时冒雨救援，8名被埋压人员被成功救出。

【景德镇市洪涝灾害抢险救援】 8月8～11日，受超强台风"海葵"影响，景德镇市遭遇暴雨袭击，当地群众生产生活和生命财产安全受到严重威胁。接到命令后，景德镇支队迅速参与到以营救人员、疏散物资、排涝消淤为主的应急救援任务中。整个救援中，景德镇支队共出动官兵3476人次、车辆136辆次、舟艇715艘次，营救被困群众1842人，转移、疏散群众8578人，救援被困车辆235台，抢救财产价值587万元，保护财产价值2350余万元。灾后重建中，景德镇支队为群众送水120吨，冲洗路面5670米，清除淤泥1000余立方米。

【"9·16"大广高速赣州市龙南县境内1号隧道塌方事故救援】 9月16日23时53分，大广高速B3标段赣州市龙南县境内1号隧道左线发生塌方，16名施工人员被困隧道内。接到报警后，赣州支队先后调集5个中队、9辆消防车、64名官兵赶赴现场救援。18日19时55分，经过全体救援人员近45个小时的全力营救，最后一名被困人员平安救出。

（省公安消防总队）

人民防空

【概　况】 2012年，全省人防系统以承办全国人防信息化集训活动为契机带动整体建设上水平，着力从突出人防工程建设、强化国家人防办试点任务完成、提升战备训练水平、加强工程质量监管、创新人防特色文化、规范县级人防建设等方面加大工作力度，完成年度各项目标任务，为完成"十二五"规划目标任务奠定了基础。

举办全国人防信息化集训。解放

军总参谋部和国家人防办于9月3～6日在南昌举办全国人防信息化集训，这是自新中国人民防空创立以来规格最高、规模最大和影响深远的大型人防专业活动。省人防办不负重托，举全省人防之力，集全省人防之智，充分准备，周密组织，精确实施，努力应对工作要求高、筹备时间紧、气候条件差、实际经验少和保障难度大等困难，省人防办和南昌市、九江市、上饶市、赣州市和宜春市人防办高标准完成了指挥平台信息化改造、实兵综合演练、成果展示和会务保障任务，受到解放军总参谋部首长、国家人防办领导及与会代表的高度评价。

全省人防基于信息系统的防空袭核心能力大幅提升，步入全国人防先进行列。创新优化人民防空指挥部的指挥编成，建立完善信息化建设集中统管工作机制，指挥信息要素持续向基层延伸，75%的街办建成了指挥信息系统，60%的重要经济目标建成了监视系统。完成了国家人防办赋予的“北斗”卫星导航定位应用系统试点任务，开展省和五个参演市人防指挥所信息系统融合集成改造，安装指挥软件和综合管理软件，组织全省人防综合数据库建设，建成了全省国家人防光缆通信骨干网，实现了高清图像传输，在全国人防系统第一个与国家人防指挥中心联通。9月15日，《解放军报》以《信息化人民防空的“江西样本”》为题，对江西省人防信息化建设作了大篇幅报道，并被多家网站转载。

全省新建人防工程面积再创历史新高。尽管房地产市场持续低迷对人防工程建设带来了直接影响，但通过调整易地建设费标准和加大“四轮驱动”力度，2012年，全省新建人防工程面积再创历史新高。全省12个大型引建和自建平战结合人防工程项目正在筹建或者建设过程中。南昌市人防办对地铁建设兼顾人防需求进行全程跟踪指导和监管，并结合地铁建设规划开发6个大型地下空间项目。

基层人防工作难题取得突破，结建和收费均为零的3个县的人防机构和政策得到落实，“双零”现象得以消除。全年县级人防易地建设费收取总量首次超过设区市。51个县级人防应急救援指挥中心已经建成或立项。县级大型人防工程建设取得重大突破，首个大型引建工程——广丰县1.5万平方米的人防地下商业街已投入使用，首个大型自建工程——修水县1万多平方米的市民广场地下人防工程主体通过验收。

【全国人防信息化集训在南昌举行】 经解放军总参谋部批准，9月3～6日，全国人防信息化集训在南昌举行。解放军总参谋部副总参谋长章沁生，南京军区副司令员王教成，解放军总参谋部作战部副部长、国家人防办副主任王克斌出席开幕式。副省长姚木根致欢迎辞。省军区司令员郑水成出席开幕式。集训围绕学习贯彻胡锦涛主席关于国防和军队建设主题主线重大战略思想，着眼加速推进人防信息化建设、全面构建信息化条件下人防综合防护体系，总结交流人防信息化建设成果经验，明确今后一个时期人防信息化建设发展路线，提高基于信息系统的防空袭斗争能力。集训安排了国家人防办、工业和信息化部领导及有关专家讲授人防信息化建设发展问题；采取静态展示与动态演示、现场解说与多媒体汇报相结合的方式，全面展示人防信息化建设水平和经验成果；江西、福建省率部分城市人防指挥部、人防专业队和群众，依托人防指挥信息系统，实施综合演练。解放军总参谋部、中组部、中编办、全国人大法工委、国务院办公厅、国家发改委、财政部、工信部、教育部、住建部等部门有关领导，各军区分管副参谋长、司令部作战部分管领导、人防处长，各省军区分管副司令员、作训处长，各省（市、区）人防办主任、指挥通信处长，各省会城市、计划单列市人防办主任，有关科研院所和企事业单位领导近300人参加集训。

【江西省人防指挥信息系统通过国家人防办验收】 12月19日，国家人民防空办公室组织项目验收委员会对“江西省人防指挥信息系统”进行竣工验收。验收委员会听取了解放军总参谋部61所的总体技术方案设计报告、江西省人民防空办公室的建设情况和验收测试组的验收测试情况报告，观看了系统功能演示，审核了有关文档资料。验收委员会认为：江西省人防指挥信息系统建设项目的全部内容，各项指挥均符合设计要求，文档资料齐全，管理规范。这套系统实现了多网系融合通信、高标清视频一体化传输处理与显示控制、警报多级联网统控、多级综合网管、北斗导航信息融入等功能，达到了各级各类系统一体化融合，此项目规划起点高、设计标准与建设质量高，构建了适应了“一网四系统”建设要求的人防指挥信息系统总体结构，整合集成度高，总体设计和技术达到国内领先水平，对各级各地开展人防指挥信息系统建设具有指导和借鉴作用，一致同意通过验收。

【召开全省人防办主任会议】 2月8日，省人防办在九江市星子县召开全省人防办主任会议。会议主要议程是现场参观九江市人防指挥系统建设和融合式发展成果，总结2011年全省人防工作，部署2012年全省人防建设任务，表彰设区市年度目标任务完成先进单位和县级人防工作先进单位。省人防办主任梁闽春在会上作工作报告。九江市、上饶市、萍乡市、南昌市、吉安市人防办主任在会上作了工作经验交流。各设区市人防办主任和秘书（综合）科长，各县（市、区）人防办主任和省人防办直属单位主要负责人约130人出席会议。

【召开全省人防工程防护防化设备管理电视会议】 5月31日，省人防办召开全省人防工程防护防化设备管理电视会议。会议由省人防办副主任林显君主持，全省人防系统近300人分别在省人防应急救援指挥中心主会场和各设区市人防办指挥中心分会场出席会议。南昌市人防办、江西省国泰人防防护设备有限公司、江西智恒人防设备有限公司、江西赣防工程质量检测中心有限公司分别发言。最后，省人防办主任梁闽春讲话，就进一步加强全省人防工程防护防化设备市场管理提出七点要求：坚决取缔垄断经营、严格执行价格规定、推进市场公开透明、规范质量检测办法、建立完善处罚机制、做大做强定点企业、严格人防自身管理。

（吕建军　陈　婧）

法　治

本栏编辑　詹跃华

公　安

【概　况】 2012年，全省公安机关面对严峻复杂的维稳形势和繁重艰巨的安保任务，把握建设富裕和谐秀美江西的总要求，围绕为党的十八大召开创造安全稳定社会环境的总目标，沉着应对挑战，忠诚履行职责，锐意开拓创新，采取有效措施确保全省社会持续稳定，为全省经济社会发展稳中求进创造良好环境，推动公安工作和队伍建设取得新的发展进步。

全力维护国家安全和社会政治稳定。准确把握稳定形势的新变化新特点，统筹考虑国际国内两个大局，有效对接网上网下两个战场，严密防范、严厉打击境内外敌对势力的渗透破坏活动。做好社会矛盾化解，对接“三调联动”机制，配合党委、政府及有关部门，采取教育、疏导、协商和调解等办法，化解各种矛盾纠纷8.05万起，化解率达95%。坚持把工作着力点放在驾驭各种复杂局势上，以组织保障、应急力量、现场处置和舆论引导等为重点，做好应对处置重大突发事件的准备工作，成功处置大规模涉日聚集抗议活动等重大事件。

切实加强社会面治安管控。始终保持严打高压态势，因地制宜组织开展缉枪治爆，“打四黑除四害”“破案会战”，打击电信诈骗、网络犯罪、毒品犯罪等一系列专项行动，大力开展鄱阳湖区综合整治和扫黄扫赌“无声风暴”等治安整治行动，进一步深化泛珠三角、中部五省等区域警务合作机制，积极推行多警种合成作战模式，切实提高打击实效，全省刑事案件破案数、治安案件查处数同比分别上升13.4%和31.9%，命案侦破率达97.24%、创历史新高；打击经济犯罪“破案会战”综合排名全国第七位，被公安部记集体一等功，侦破的“精彩生活”特大网络传销案被评为全国公安“十大给力行动”。继续深入推进治安防控体系建设，进一步完善街面网格化巡逻防控机制，在重点时段组织公安和武警联合武装巡逻，切实提高见警率和管事率；以推进视频监控“天网”工程建设应用为突破口，加强“天网”“地网”的相互衔接和有机策应，有效挤压违法犯罪空间，全省公众安全感达96.23%。狠抓治安、道路交通、消防等公共安全监管，严格落实危爆物品管理，组织开展道路客车安全年、十八大消防安全保卫战等隐患排查整治活动，集中整治“三超一疲劳”和酒驾、客运车辆、校车等严重交通违法行为，着力消除各种火灾隐患。全省道路交通事故起数、死亡和受伤人数、直接经济损失同比分别下降7.2%、8.3%、13.2%、7.7%，火灾事故起数、死亡人数、直接经济损失同比分别下降18.5%、37.9%、13.6%。

着力打造过硬公安队伍。按照政治建警、素质强警、从优待警和从严治警的要求，全面提升育警带警能力和队伍管理科学化水平。坚持政治建警，深入学习贯彻党的十八大精神，结合开展人民警察核心价值观教育实践活动，引导广大民警自觉将“忠诚、为民、公正、奉献”的江西公安核心价值观内化于心、外践于行，永葆忠诚政治本色。加强队伍教育训练，坚持“轮值轮训、战训合一”，着力完善“大教育、大培训”工作体系，组织开展民警体能达标、警务技能大练兵大比武和市县公安局长赴港培训等，推动队伍整体素质和战斗力不断提升。继续深化全省公安人事制度改革，加大竞争性选拔和上下交流力度，增强队伍生机活力。召开全省公安系统英雄模范和立功集体表彰大会，弘扬队伍正气。成立江西公安文联，组织开展“警察文化年”活动，加强警营文化建设，落实从优待警各项措施，增强队伍凝聚力和向心力。坚持从严治警方针不动摇，全面开展对市县公安机关领导班子的巡视工作，深入开展影响发展环境的干部作风突出问题、涉案财物管理、违反“五条禁令”、涉案车辆规费管理等专项检查治理，进一步纯洁队伍，树立良好警风。

【完成党的十八大安保任务】 全省公安机关把党的十八大安全保卫作为贯穿全年工作的一条主线，坚持全警动员、全力以赴，以第一位任务的责任感和使命感顽强拼搏，以非同寻常的决心、措施和干劲连续奋战，成立安保工作领导小组，建立情报会商研判制度，启动等级响应勤务机制，狠抓督导检查落实，切实做到严管社会治安、严控重点对象、严守重要部位和严查危险物品，以出色表现完成各项安全保卫任务，确保了全省没有发生影响国家安全和社会稳定的政治事件，没有发生造成重大影响的群体性事件，没有发生严重暴力恐怖事件，没有发生重大恶性刑事案件和重大治安灾害事故，没有发生影响公安形象和舆论炒作的突出问题，受到公安部通令嘉奖。

【提升信息化建设应用水平】 坚持以信息化为牵引，深入实施科技强警战略，以打造核心战斗力来提升公安工作水平。按照实战化要求，以打造“智慧公安”为目标，抓紧实施“金盾二期”工程建设，为公安信息化深度发展提供有力技术支撑。切实加强信息资源整合共享，建立健全与司法、民航、工商、交通、民政、通信、保监、电力、人保等部门信息资源共享协商机制，整合公安内部业务系统信息和社会资源信息20亿条。大力推进信息化实战应用，组织开展“铸剑”“砺剑”两大战役，将公安信息化与日常打击、防范、管理、服务有机融合，全力带动警务机制改革和战斗力生成模式转变，进一步促进警务决策科学化、指挥调度扁平化和打击防范精确化。

【深入推进执法规范化建设】 2012年，做好新《刑事诉讼法》实施前的各项对接准备工作，全面清理现行刑事执法制度规范，分级培训考核执法民警，提前试行部分新规定新要求，为确保新《刑事诉讼法》顺利实施提供有力保障。加紧对网上执法办案系统进行升级改造，全面推行执法信息网上录入、执法流程网上管理、执法活动网上审核和执法质量网上考核的执法办案机制，切实强化对执法过程的系统管理和刚性约束，除少数涉密案件外，全省公安机关刑事案件、行政案件网上流转率分别达99.85%和99.87%。加强对执法办案活动的全方位管理监督，进一步改进执法质量考评工作，加大案件审核力度，继续推进优劣质案件评选活动，加快完成执法办案场所功能分区建设任务，讯问和监管场所全面实施讯问全程录音录像，有效防止和减少执法安全问题发生。

【全面加强和谐警民关系建设】 全省公安机关以访问民情、访察民意、访排民忧和评议工作、评查问题、评选先进为主要内容，组织广大民警深入基层、深入群众和深入实际，开展“三访三评”深化大走访活动，倾听群众意见建议、接受群众评议监督和帮助群众解决实际困难，共走访群众517.7万余人次，收集群众意见建议9.49万条，落实整改措施1.82万项，为群众办好事10.5万余件。积极适应网络时代群众工作新特点，借助手机等新型媒介，加强公安微博、警务QQ群建设管理，努力实现警民“键对键”零距离接触。继续深化“厅领导定期与网民在线交流”活动，通过腾讯“微访谈”进行现场直播，全年厅领导与网友在线交流35次，回复网民的咨询和意见建议、解决网民的合理诉求5191个。全面推行民意主导警务机制，积极搭建网上公安局、网上警务室和网上办事大厅等网络警务微平台，推出交通违法异地处理和缴纳罚款、电子护照等服务群众新举措，使群众足不出户就能了解办事流程，打开电脑就能表达意愿诉求，鼠标一点就能办理相关业务，群众对公安机关的满意度达90.58%，首次突破90%。

【强化人口服务管理】 深化户籍管理制度改革，加强常住人口日常服务管理，基本完成全省居民二代身份证换发工作，制定出台《江西省常住户口登记管理规定》，实行户口登记情况每月抽查制度，实有人口纳管率达96.9%。积极适应流动人口的现实需要，在全面实行流动人口居住证制度的基础上，不断完善相关规定，降低居住证办理门槛，切实寓管理于服务之中，全年办理居住证10.2万余张。完善省、市、县、乡四级组织管理体制，依托流动人口综合服务管理中心实行“一站式”服务管理，配备专兼职协管员6200余人，分级落实经费保障，进一步提高流动人口服务管理实效。依托社区民警和基层组织，落实属地帮教管控措施，加强对刑释解教人员、吸毒人员等特殊人群的帮教管理，帮助他们更好地回归社会，减少了重新违法犯罪。

【深化基层基础建设】 全省公安机关坚持立足当前和着眼长远，把基层基础建设置于战略性和先导性的位置来抓，更加注重资源整合、科技应用和机制创新，不断增强基层实力、激发基层活力和提高基层战斗力，有效支撑了公安现实斗争。进一步明确派出所工作职责任务，理顺所队关系，规范派出所建设模式，组织实施派出所等级评定工作，不断提升基础防范和动态管控水平，派出所警力达县级公安机关总警力的40.8%。深入实施城乡社区警务战略，配齐配强社区警力，大力推行社区民警专职化，社区警务覆盖面进一步扩大。组织开展“创意警务精品奖评选”活动，围绕警务改革、战术战法、科技应用和队伍管理等四类创意，评选获奖项目112个，推出民调评警等一大批在全国有影响的工作“品牌”，进一步激发基层创意创新潜能，推动社会管理创新和公安工作发展。

（张跃文）

检 察

【概 况】 2012年，全省检察机关围绕经济社会发展大局，强化法律监督，强化自身监督，强化队伍建设，各项检察工作取得新进步。

主动服务发展大局。积极参与整顿和规范市场经济秩序工作，批准逮捕破坏市场经济秩序犯罪嫌疑人1376人，提起公诉1985人。深化治理商业贿赂和工程建设领域突出问题专项整治工作，立案侦查商业贿赂案件302人和工程建设领域贪污贿赂犯罪案件205人。依法打击危害企业生产经营以及损害商业信誉的犯罪活动，立案侦查贪污、挪用和私分国有资产或受贿的国有企业人员177人。加强对生态环境的司法保护，依法批准逮捕滥伐林木和非法猎杀贩卖濒危野生动物等犯罪嫌疑人505人，立案侦查因失职渎职而危害能源资源和破坏生态环境的国家机关工作人员75人。参与平安创建活动，配合有关部门开展“黄赌毒”、网络淫秽色情和低俗信息专项整治行动，加强对“城中村”等治安隐患突出地区以及校园、企业周边等治安薄弱地区的综合治理。设立专门机构办理未成年人案件，探索建立适合未成年人身心特点的讯问、亲属会见和分案起诉等专门办案机制，依法保护未成年犯罪嫌疑人合法权益。加强对民生案件的法律监督，查办危害民生民利渎职侵权犯罪和涉农惠民领域贪污贿赂犯罪两个专项行动，分别立案侦查两类犯罪292人和592人。积极参与食品药品安全专项整治，对生产、销售“地沟油”“瘦肉精”“毒胶囊”和病死猪肉制品等有毒有害食品犯罪案件实行快捕快诉，依法立案侦查事件背后涉嫌职务犯罪的国家工作人员30人。拓宽群众诉求渠道,发挥检察民生服务热线和12309举报热线作用,加强查询服务窗口、综合性受理接待中心等建设,探索运用网上举报、视频接访、微博和实名QQ等新平台,全年妥善处理群众诉求8127件。

抓好执法办案工作。依法批准逮捕各类刑事犯罪嫌疑人2.29万人,提起公诉3.05万人。坚持宽严相济,对可捕可不捕的决定不批准逮捕2921人,可诉可不诉的决定不起诉1817人。建立健全执法办案风险评估、检调对接、刑事和解和法律监督说理等工作机制,把化解社会矛盾贯穿执法办案全过程。大力查办职务犯罪,全年立案侦查各类职务犯罪案件1013件1485人,立案人数同比上升17.2%。其中,立案侦查贪污贿赂犯罪1179人,同比上升14.4%;立案侦查渎职侵权犯罪306人,同比上升29.7%。突出查办大案要案,共立案侦查大案710件,同比上升18.7%;县处级以上领导干部要案70人(厅级5人),同比上升84.2%。2012年职务犯罪案件起诉率98.1%,同比增加11.2个百分点;有罪判决率100%,同比增加0.1个百分点;撤案率0.4%,同比减少1.6个百分点;不起诉率1.1%,同比减少1.5个百分点,全年查办职务犯罪案件立案数、起诉数和有罪判决数增长幅度居全国前列。重视职务犯罪预防工作,与省人大内司委、省直政法机关召开座谈会,共同研究司法人员渎职侵权违法犯罪惩防一体化机制建设。组织开展全省检察机关首届廉政宣传短片作品赛,增强预防工作的社会影响。省检察院建成反腐倡廉警示教育馆,较好地发挥了警示作用。落实职务犯罪预防报告制度,为领导决策提供参考和依据。贯彻落实省人大常委会《关于加强检察机关对诉讼活动的法律监督工作的决议》,加大了监督工作的力度。依法监督侦查机关立案1146件,撤案1840件;纠正漏捕2596人,纠正漏诉3194人;提出刑事抗诉169件,提出民事行政抗诉177件;监督纠正减刑、假释和暂予监外执行不当1389人(次);对执法司法活动中的违法情况提出书面纠正意见2060件(次)。省检察院与省公安厅联合开展"另案处理"案件专项检查活动;部署开展督促行政执法机关移送涉嫌犯罪案件专项活动、职务犯罪罪犯减刑假释及保外就医专项检查和老病残罪犯刑罚执行专项检查等活动,促进执法司法行为的进一步规范。

加强检察队伍建设。深入开展政法干警核心价值观教育实践活动,举办"向榜样致敬——全省检察机关践行政法干警核心价值观先进事迹报告会",结合实际开展重走红军路、青年检察官基层行等活动,强化了检察人员的理想信念和群众观念。探索创新检察人员教育培训模式,省检察院与华东政法大学、江西财经大学签订合作协议,依托高校教学资源,加强对检察人员的教育培训,提升检察队伍的整体素质。开展修改后的刑诉法、民诉法学习活动,通过组织开展大规模培训、举办专题研讨论坛、开展工作试点、探索建立制度等,把各项衔接和准备工作落到实处。健全完善内部监督制约机制,深入推进案件集中管理工作,全省12个市分院和46个基层院成立了专门的案件管理机构,其中经编办批准的有38个。进一步健全完善执法档案制度,规范同步录音录像、涉案款物处理等工作。同时加大检务公开力度,开展检察开放日和举报宣传周等活动,完善外部监督机制,提升了执法公信力。深入开展干部作风突出问题集中整治活动,解决了一批执法思想和执法作风方面存在的突出问题。

加强基层基础建设。继续实行上级检察院领导联系基层工作制度,启动培育"优秀基层检察院、优秀检察官、优秀检察工作品牌"工程,指导基层院结合自身实际打造亮点品牌工作,营造创先争优的良好氛围。加强和规范延伸法律监督触角工作,全省检察机关在农村乡镇、开发区设立派出检察室61个、检察工作站500多个,基层法律监督工作格局进一步完善。加强检察信息化建设,高标准建设省检察院办案区侦查指挥中心,提高职务犯罪侦查信息化水平,稳步推进看守所监控联网和办公办案软件应用试点等工作。

【召开江西省第十六次检察工作会议】 2月8~10日,省检察院在南昌召开江西省第十六次检察工作会议。省领导苏荣、鹿心社、张裔炯、舒晓琴、赵智勇、周萌、陈达恒、朱虹、郑小燕、张忠厚等亲临会议看望与会代表,并为受表彰的"全省十佳基层检察院"和"全省检察机关执法为民标兵"颁奖。省委书记苏荣作重要讲话;省委副书记、纪委书记尚勇出席全省检察机关纪检监察工作会议并讲话;省委常委、政法委书记舒晓琴作题为《深刻认识和把握社会稳定形势,切实增强忧患意识责任意识风险意识》的政

2月8~10日,江西省第十六次检察工作会议在南昌召开。图为会议现场

省检察院供稿

法工作形势报告;省检察院党组书记、检察长曾页九作工作报告。省市县三级检察机关共500余人参加会议,省委政法委、省国家安全厅、省司法厅、省公安厅负责人应邀参加会议。

【南昌铁路检察院移交地方实行属地管理】 6月14日,南昌铁路法院、检察院移交仪式在南昌举行,南昌铁路局分别与省法院、省检察院签署移交协议。省委常委、省委政法委书记舒晓琴,最高人民法院副院长江必新出席交接仪式并讲话;副省长朱虹主持交接仪式。省法院院长张忠厚、省检察院检察长曾页九与南昌铁路局负责人分别代表交接双方签订移交协议并讲话。移交仪式的举行,标志着南昌铁路运输法院、检察院正式移交江西实行属地管理。移交后,南昌铁路运输检察分院和南昌铁路运输检察院均作为江西省检察院的派出院;福州铁路运输检察院为福建省检察院的派出院,业务上受南昌铁路运输检察分院领导。

【成立省检察院案件管理办公室】 12月3日,经省机构编制委员会批准,省检察院正式设立案件管理办公室,为正处级内设机构,核定编制7名,领导职数1正1副。案件管理办公室是专门负责案件管理的综合性业务部门,统一负责案件受理及流转,案件流程管理等工作,履行统一受案、全程管理、动态监督、案后评查和综合考评的职责。

【查办"毒胶囊"事件背后渎职犯罪】 4月15日,中央电视台等主流媒体曝光浙江、江西等省发生的"毒胶囊"事件,省检察院启动督办机制,派员指导弋阳和崇仁两地检察机关依法查办"毒胶囊"事件涉及的渎职犯罪案件3件8人,案件涉及弋阳县质量技术监督局和崇仁县食品药品监督管理局工作人员。

【立案查办首例非法买卖人体器官涉及的渎职犯罪案】 9月17日,景德镇市珠山区人民检察院以涉嫌玩忽职守罪对景德镇市卫生监督所医疗与传染病监督科科长盛锦清、副科长田钱兴立案侦查。犯罪嫌疑人盛锦清、田钱兴于2007年底对景德镇市黎明社区卫生服务站进行检查时,发现服务站超范围设立手术室、违规开展手术活动,未按规定吊销其执业许可证,致使服务站在2012年3~7月,违法做了15例肾脏摘除、移除手术,社会影响恶劣。这是检察机关查办的全省首例非法买卖人体器官涉及的渎职犯罪案件。

【举办"坚持'六个并重'全面贯彻修改后刑诉法"论坛】 10月10~11日,省检察院在南昌举办论坛,就检察机关在适用修改后刑事诉讼法中如何自觉坚持"惩治犯罪与保障人权并重、程序公正与实体公正并重、全面客观收集审查证据与坚决依法排除非法证据并重、司法公正与司法效率并重、强化法律监督与强化自身监督并重、严格公正廉洁执法与理性平和文明规范执法并重"进行交流和研讨。省检察院党组书记、检察长曾页九出席论坛并讲话,党组副书记、副检察长薛江武作总结讲话。检察日报社社长李雪慧、最高人民检察院检察理论研究所副所长谢鹏程作专题辅导发言。省检察院领导、检委会专职委员、副厅级检察员、副巡视员、各内设机构负责人,各市分院检察长、研究室主任及优秀部分论文作者代表共80余人参加论坛。此次论坛共收到论文119篇,21篇论文在论坛会上交流。

【举办求刑与量刑制度培训班】 9月7~28日,全省检察机关18名检察官赴美国参加主题为"求刑与量刑制度"的专题培训,这是省检察院第二次依托国外高校组织举办培训。培训班成员在华盛顿乔治城大学进行集中学习,参访了美国联邦最高法院及第九巡回法院、司法部、全美检察官培训中心、旧金山市地方检察官办公室、美国量刑研究中心、维拉司法研究中心和纽约市青少年司法中心等机构,与美国同行进行交流探讨。

【举办全省检察机关法律文书竞赛】 10月25日,全省检察机关法律文书竞赛在南昌举办,12个市分院代表队共选派48名检察官参加了竞赛。竞赛设《侦查终结报告》《公诉案件审查报告》《刑事抗诉书》《民事行政检察提请抗诉报告书》制作四个单项,分两个环节进行。上饶、新余、南昌、吉安、景德镇、九江等代表队分获团体一、二、三等奖,12名个人获四个单项奖。

(曾　超)

审　判

【概　况】 2012年,全省法院按照第22次全省法院工作会议提出的奋斗目标和工作部署,全面履行审判职能,切实加强法院自身建设,为全省经济社会发展提供有力的司法保障。

强化能动司法,着力优化司法服务。围绕经济发展新变化,着力服务"稳中求进"工作总基调。积极应对中小微企业资金链断裂、房地产纠纷多发等新情况、新问题,妥善化解了一批涉及面广、影响大的案件;依法认定民间借贷合同效力,打击非法集资、金融诈骗等违法犯罪活动,引导民间借贷健康发展,全省法院审结民间借贷纠纷案件1.66万件21.22亿元。围绕改革发展新任务,着力推进富裕和谐秀美江西建设。制定服务富裕和谐秀美江西建设的综合性指导意见;出台为支持赣南等原中央苏区振兴发展提供司法保障的文件;推出14项服务举措,切实发挥司法活动对文化建设的规范、引导、促进和保障作用。围绕社会发展新要求,着力推进社会管理创新。积极参与特殊人群的管理,大力推行少年法庭圆桌审判和社会调查报告和轻罪犯罪记录封存等举措,切实教育、感化和挽救未成年罪犯;依法审理减刑和假释案件1.97万件,落实对老病残犯依法放宽减刑假释条件的规定,开展社区矫正和回访帮教等工作;制定网络侵权纠纷案件指导意见,开展"网事审判庭"试点工作。

强化审判职能,切实维护社会稳定。全省法院受理各类案件23.31万件,同比(下同)上升12.75%;审结23.12万件,上升11.94%。依法打击刑事犯罪,全力维护国家安全和社会稳定。全省法院审结一、二审刑事案件2.38万件,上升21.86%;判决发生法律效力2.72万人,上升20.08%。审结故意杀人、抢劫、强奸、绑架和爆炸等犯罪案件2344件3668人。审结黑社会性质组织犯罪案件 27 件 214 人,毒品犯罪案件 1123 件 1469 人。开展反腐败斗争,依法审理贪污、贿赂和渎职等职务犯罪案件 1059 件 1584 人,判处县处级以上干部 33 人。依法打击非法吸收公众存款、虚开增值税专用发票、金融诈骗和商业贿赂等犯罪,共审结此类案件 421 件 462 人,省法院被评为全国反假货币工作先进集体。审结制售假冒伪劣产品和危害食品药品安全的犯罪案件 455 件 531 人。依法打击破坏野生动物资源犯罪,审结此类案件 11 件 17 人。准确适用刑法修正案(八),依法对 38 人适用禁止令,对 15 人适用限制减刑,审结醉驾案件 98 件。妥善审理民商纠纷,着力服务经济发展。全省法院审结一、二审民商事案件 1.40 万件,上升 10.77%,标的额 147.59 亿元。审结各类合同纠纷 7.36 万件,审结婚姻继承和赡养抚养等案件 3.57 万件。审结拖欠农民工工资、职工工伤赔偿、劳动争议和劳务合同纠纷案件 4377 件,道路交通和医疗等人身损害赔偿案件 1.63 万件。开展知识产权民事、刑事和行政审判"三审合一"试点工作,审结涉商标权、专利权、著作权、网络域名和商业秘密等案件 335 件。平等保护中外当事人的合法权益,审结涉外、涉港澳台民商事案件 38 件。积极化解行政争议,大力推进依法行政。全省法院审结一、二审行政案件 2257 件,下降 5.41%。依法撤销、变更和确认行政行为违法 140 件,维护行政相对人合法权益;依法维持行政行为 383 件,裁定准予执行非诉行政案件 5620 件,支持行政机关依法行政。积极促进法治政府建设,全面推进行政机关负责人出庭应诉工作。全面贯彻新修订的《国家赔偿法》,审结国家赔偿案件 19 件。认真审理申诉、申请再审和再审案件,依法纠正裁判差错。全省法院审结申诉和申请再审案件 1030 件、再审案件 445 件。坚持维护生效裁判权威与依法纠错相结合,依法裁定再审案件 207 件,再审改判案件 148 件。建立原审法院判后答疑制度,编制民事申请再审案件质量分析报告,对全省法院 1600 余件民事申请再审案件进行分析。建立民事再审审查和再审案件通报制度,对经省法院审查进入再审和再审改判、发回重审的案件进行分析通报。切实破解执行难题,努力兑现胜诉权益。全省法院执结各类案件 4.35 万件,标的额 74.77 亿元。开展清理党政机关不执行人民法院裁判的专项活动,已清理未执积案 1764 件,涉案标的额 7.2 亿元。

强化司法为民,努力提升司法公信。满足民需,着力创新便民利民举措。继续深化立案信访窗口基本功能建设,加大依法适用简易程序力度,开展小额速裁试点和行政简易程序改革试点工作,方便群众诉讼,减轻当事人诉累。全年受理小额速裁案件 775 件,审结 689 件,调解撤诉 686 件,判决 3 件,调撤率 99.5%,平均结案时间为 7 天。适用行政审判简易程序审理案件 84 件,审结 83 件,平均结案时间不到 19 天。全省法院适用简易程序审理案件 9.81 万件,占一审结案总数 63.76%。发挥法庭面向基层、贴近群众的优势,开展巡回审判 1.49 万次。加大司法救助力度,依法批准缓减免交诉讼费用 1624 万余元,发放司法救助资金 1824.7 万元。化解民纷,着力完善多元纠纷解决机制。出台《意见》,就化解医患纠纷等群众关心、社会关注的疑难问题提出指导性原则和具体方法。坚持"调解优先、调判结合"原则,一审民商事案件调解撤诉率 64.01%,行政案件协调撤诉率 55.01%,执行案件和解率 17.86%。继续完善"三调联动"、诉调对接和司法协理工作机制,强化立案调解和诉前调解,全省法院在诉前和立案阶段调解案件 1.01 万件。解决民忧,着力做好涉诉信访工作。重视涉诉信访工作,省法院先后三次召开会议,专题研究部署信访维稳工作。贯彻落实"四个必须、五项制度",创新涉诉信访工作机制,省法院全面推行办案信访责任制,在省法院各部门和各中级法院确定信访联络员,试行分区分片、同步录音录像接访,推行"分级约谈制"。强化领导包案,深入开展领导干部大接访,落实好重点约访、专题接访、带案下访和巡回接访等有效措施。集中化解涉诉信访积案,突出解决进京访、重复访和非正常访问题。全省各级法院院长接访 1.46 万人次。中央政法委交办的两批共 777 件进京重复访案件全部化解。全年处理群众来信 1.98 万件(人)次,减少 6.01%。倾听民意,着力加强接受监督工作。大力推进司法公开,落实群众对司法的知情权、参与权和监督权,72 个法院实行裁判文书上网,62 个法院开展"法院开放日"、新闻发布会等活动。规范全省法院主动接受党委、人大、政协、检察机关、司法监督员、新闻媒体及社会各界监督工作。认真办理代表、委员意见建议、提案和关注案件,全省法院办理 759 件,其中省法院办理 19 件,办理工作连续三次获省人大和省政府联合表彰。进一步加强代表联络工作,邀请人大代表、政协委员到赣州、吉安、抚州和鹰潭等地法院视察反规避执行等工作,全省法院邀请人大代表、政协委员视察、座谈和旁听庭审 6590 人次。

强化审判管理,着力提升案件质效。以开展专项活动为抓手,增强管理效果。部署开展"案件质量提升年"活动,组织各级法院深入研究分析案件质量问题和整改措施。开展裁判文书评查和庭审评查活动,全省法院评查裁判文书 6.74 万件,庭审 3936 次。继续开展"百万案件大评查"活动,组织全省法院对 4700 件案件开展评查。以完善日常管理为重心,提升管理水平。加强审判专门机构建设,省法院和 8 个中级法院成立了审判管理工作办公室。加大对长期未结诉讼案件的清理力度,已清结 96.7%,10 年以上未结案件全部清理完毕。依法开展审级监督,加强上下级法院沟通交流,规范案件请示答复程序,实行重大案件报告制度。加强业务指导,制定各类审判业务规范 48 个,发布指导性案例 135 个,统一法律适用标准。全省法院案件发回重审和改判率下降 1.32 个百分点。以加强监督考核为保障,落实管理责任。不断完善目标管理考核和绩效考核办法,完善考核程序,增强考核透明度,将考核结果作为评先评优和选拔晋升的重要依据。

【召开第二十二次全省法院工作会议】 7 月 30 日至 8 月 1 日,第二十二次全省法院工作会议在南昌召开。省委书记、省人大常委会主任苏荣出席会议并讲话。省委副书记、省长鹿心社,省委副书记、省纪委书记尚勇,省委常委、省委政法委书记舒晓琴,省委常委、秘书长赵智勇,省委常委、省委组织部部长莫建成,省委常委周萌,省人大常委会党组副书记、副主任陈达恒,省政府党组成员、副省长朱虹,省政协副主席刘晓庄,省武警总队政委唐晓,省法院原院长李修源和省政府党组成员、秘书长谭晓林等领导出席会议。省法院院长张忠厚作工作报告。省法院党组副书记、副院长方晓春作总结讲话。省法院其他院领导、副厅级领导、各部门负责人、副处以上干部和全省各中级法院院长、各基层法院院长以及受表彰的单位和个人代表、南昌法院和铁路法院部分干警共500余人参加了会议。

【全国法院政治部主任培训班在井冈山开班】 5月7日,全国法院政治部主任培训班在井冈山开班。最高人民法院党组副书记、副院长张军出席并授课,最高人民法院政治部主任周泽民主持开班式并授课,江西省副省长朱虹、省法院院长张忠厚出席开班式并分别致辞。全国各高级法院和直辖市中级法院、计划单列市及省会城市中级法院的政治部主任参加培训。培训班为期5天,以更新理念和提高履职能力为重点,着眼于解决法院政治部主任在思想观念、工作方法和工作作风等方面存在的突出问题,力求进一步提高法院政治部主任的政治意识、责任意识和大局意识,提高服务大局、知人善任和做党建工作、思想政治工作的能力。

【举行新审判综合大楼奠基开工仪式】 9月27日,省法院新审判综合大楼奠基开工仪式在南昌举行。最高人民法院党组副书记、常务副院长沈德咏出席并宣布开工奠基。最高人民法院行装局局长王少南,省委常委、省委政法委书记舒晓琴,省委常委、常务副省长凌成兴,省委常委、南昌市委书记王文涛,省检察院检察长曾页九等领导出席奠基开工仪式。省法院党组书记、院长张忠厚致辞,党组副书记、副院长方晓春主持奠基开工仪式。

【举行南昌铁路运输法院移交协议签字仪式】 6月14日,南昌铁路运输法院移交协议签字仪式在南昌举行。最高人民法院党组成员、副院长江必新出席移交仪式并致辞。省委常委、省委政法委书记舒晓琴出席签字仪式并讲话,副省长朱虹主持签字仪式。省法院院长张忠厚、省检察院检察长曾页九与南昌铁路局局长郭竹学分别在《铁路法院移交协议》《铁路检察院移交协议》上签字。

【成立省法院审判管理办公室】 2月27日,省法院审判管理办公室正式成立。审判管理办公室主要职责:负责省法院审判委员会的日常事务管理;负责省法院受理案件的流程管理;负责省法院案件审判质量管理和日常评查工作;负责全省法院审判运行态势分析工作和研判(不包括司法统计分析),总结审判经验;负责各中级法院的目标管理考核工作和省法院绩效考核工作;督办重要案件,加强对外沟通联系;领导交办的其他工作。

【出台《为建设富裕和谐秀美江西提供司法保障的指导意见》】 9月4日,省法院出台《为建设富裕和谐秀美江西提供司法保障的指导意见》(简称《意见》)。《意见》共32条,主要包括五个方面内容:一是切实提高思想认识,强化为建设富裕和谐秀美江西服务的意识;二是充分发挥审判职能,为促进江西经济发展提供有力司法保障;三是参与社会管理创新,为维护江西社会稳定提供有力司法保障;四是加强生态环境司法,为保护江西生态环境提供有力司法保障;五是加强司法能力建设,落实为建设富裕和谐秀美江西提供司法保障的各项措施。

【江西深国投公司与北京太平洋公司借款合同纠纷案】 4月20日,省法院调解了争议标的额达1.78亿元的原告江西深国投商用置业发展有限公司(简称深国投公司)诉被告北京太平洋城房地产开发有限公司(简称太平洋公司)、北京北大高科技产业投资有限公司(简称北大高科公司)、领锐资产管理股份有限公司(简称领锐公司)借款合同纠纷案。

2010年2月9日,深国投公司与太平洋公司、北大高科公司、领锐公司签订协议书,约定深国投公司按照太平洋公司的指定,支付1.5亿元到太平洋公司账户内,北大高科公司、领锐公司为此提供担保。协议签订后,深国投公司根据太平洋公司的要求,向其指定账户汇入1.5亿元。此后,深国投公司与太平洋公司对1.5亿元的用途及利息发生争议,遂向省法院提起诉讼,请求判令太平洋公司返还借款本息1.78亿元,并由北大高科公司、领锐公司承担连带清偿责任。由于案件涉及面广、影响大,省法院合议庭在认真分析案情的基础上,为了各方利益和社会稳定,按照力争通过调解方式一揽子解决各方当事人之间债权债务纠纷的总体办案思路,首先根据债权人申请和其提供的线索,以最快的时间在北京等地采取诉讼保全措施,为调解结案奠定了基础。此后又组织进行多轮调解,引导当事人本着互谅的原则进行商讨,缓解各方的情绪对立,最终达成调解协议并全部执行完毕。

【刘志和受贿案】 12月13日,新余市中级法院对南昌航空大学原副校长刘志和(副厅级)受贿一案作出一审判决:以受贿罪判处被告人刘志和有期徒刑15年,剥夺政治权利2年,并处没收个人财产40万元。被告人刘志和2002~2010年,利用担任南昌航空工业学院副院长、新校区建设总指挥和南昌航空大学副校长的职务便利,在工程承建、工程款支付和安排工作等方面,为章海生、付勇和万荣生等12人谋取利益,非法收受财物共计人民币262.6万元。一审宣判后,被告人刘志和未上诉。

【吴志明受贿案】 12月19日,九江市中级法院对江西省人民政府原副秘书长吴志明受贿一案作出一审判决:以受贿罪判处被告人吴志明死刑,缓期2年执行,剥夺政治权利终身,并处没收个人全部财产。被告人吴志明2002~2011年,利用担任南昌市西湖区区长,青山湖区区委书记,南昌市人民政府市长助理,南昌市委常委、市委政法委书记和江西省人民政府副秘书长等职务便利,为青山湖区房产管理局和刘建兵、熊美平等43人谋取利益,索取或非法收受财物折合人民币4732.58万元。一审宣判后,被告人吴志明未上诉。

(黄亨爱)

司法行政

【概　况】 2012年,全省司法行政机关为党的十八大营造和谐稳定的社会环境,围绕全省经济社会发展大局,充分发挥职能作用,突出抓好四个方面的重点工作。

围绕首要政治任务,全力维护社会和谐稳定。监所秩序保持持续安全稳定。在全省监狱劳教系统开展以争创"十面红旗"为主要内容的基层基础建设年活动,有力维护了监所安全稳定。全省监狱劳教系统实现无罪犯劳教(戒毒)人员脱逃、无重大狱所内案件、无重大疫情和无重特大安全生产事故,刷新监所安全稳定记录。人民调解第一道防线更加稳固。开展"大排查、大调解"专项活动,集中化解社会矛盾纠纷。全年调解各类矛盾纠纷15.29万件,其中防止群体性上访1734件,预防群体性械斗594件,防止民转刑案1197件,46人被评为"全国人民调解能手"。推进人民调解组织进村居、进企业和进行业,加快交通、医患和劳动等专业调解组织建设,人民调解专业化程度日益提高。全省设立专业性调委会1810个,调解劳动纠纷4802件,道路交通事故纠纷7176件,征地拆迁6235件,医患纠纷1123件。拓展《金牌调解》平台,推出《金牌调解》丛书,提升人民调解社会影响力。《金牌调解》节目拍摄618期,播出587期,调解矛盾纠纷618件,调解成功率达92.6%。综治信访工作成效更加明显。严格落实综治信访工作责任,努力推动平安建设。全年厅直系统办理群众来访113批283人次;办理群众来信42件,省长手机、政府信箱、厅长信箱和网上信访130余件;办理省联席办转来信访件4件,省委"民声通道工作室"信访件2件,省委政法委转信访件6件,办结率100%,省厅连续四年获全省综治考评先进单位。

围绕降低重新犯罪率,不断加强和创新特殊人群管理。创新罪犯、劳教(戒毒)人员教育矫治手段。开展红色文化主题教育活动,对重点罪犯和难危人员实行挂牌攻坚转化;劳教(戒毒)收容收治人员违纪率同比下降。创新心理矫治方法,劳教系统开展个体心理咨询898人次,转化难危人员54人。深化职业技能培训,培训罪犯和劳教(戒毒)人员8652人次,获证7724人。完善落实宽严相济刑事政策常态化机制,依法为符合条件的人员办理减刑、保外就医,做到零差错、零投诉。创新社区矫正工作。在赣州市试点建设县级社区矫正监管中心,建立接收、建档、分派、巡查、奖惩和宣告"六统一"的工作运行机制,由财政按社区矫正人员每人每年2800元标准保障工作经费。建立社区矫正数据库,设立13个子系统、38种客户端权限和117种应用功能。与省移动公司联合开发全省社区矫正信息化监管平台,运用GPS定位手段对社区矫正人员进行管控。制定《江西省社区矫正工作实施细则(试行)》,联合省财政厅下发《江西省社区矫正专项资金管理暂行办法》。全省累计接收社区矫正人员2.14万人,解除矫正6625人,依法收监执行3人,矫正期间重新犯罪率0.02%。创新刑释解教人员安置帮教工作。拓展安置帮教数据库功能,与公安户籍专网全面对接,实现数据信息定期交换和自动筛查对比,信息核查准确率明显提升。强化刑释解教人员电子交接单实时开具、实时查询和在线监督功能,电子交接单使用率达99%。加强督查督办,制定《安置帮教无缝对接工作责任查究制度》,完善安置帮教量化考核体系,提高必接必送率。全省新增刑释解教人员1.19万人,必接必送率达99.8%。推进教育帮扶向前、向后和双向"三个延伸",实现监所与地方无缝对接。全省建成安置帮教基地239个,安置刑释解教人员1491人,五年内刑释解教人员重新违法犯罪率为1.51%。

围绕法治江西建设,大力推进法治实践活动。深入实施"六五"普法规划。在全省公民中重点宣传普及"六法一条例",成立江西省"六五"普法高级讲师团,举办全省普法教育骨干培训班,开展全省"百万网民学法律"网络法律知识竞赛和2012年度"江西十大法治人物"评选活动。深化"法律六进"活动,推进法治主题公园(广场)建设,全省14个村被司法部和民政部授予"全国民主法治示范村"称号;64个村被评为第三批"省级民主法治示范村",60个社区被评为第二批"省级民主法治示范社区"。深入实施法律援助民生工程。把法律援助工作纳入《江西省社会管理综合治理体系建设规划纲要(2012~2015)》,推进"法律援助为民服务创先争优年"活动,启动法律援助示范服务窗口创建,拓展"12348"专线平台功能,接听群众来电18万余个,日均处理300余个。深化刑事法律援助,联合省公安厅在全省看守所建立法律援助工作站。全年全省办理各类法律援助案件2.3万余件,受援人2.4万余人,接待群众来信来访来电、解答法律咨询16万余人次,同比分别增长3.5%、4.1%和3.3%。深入推进法制建设。推动司法行政地方立法进程,《江西省法律援助条例》和《江西省人民调解条例》分别列入2013年地方性法规确保、调研论证项目。开展行政执法案卷评查活动,3份案卷在2012年全省评比中分获优秀行政许可案卷三等奖、优秀行政处罚案卷三等奖和优秀重大行政决策案卷奖。国家司法考试工作连续七年实现无试卷泄密、无答题卡丢失、无举报和无投诉;第二轮《江西省志·司法行政志》编纂工作进展顺利。

围绕全省经济发展,充分发挥法律服务职能。充分发挥律师职能作用。争取省委、省政府两办转发《司法厅关于进一步加强和改进律师工作的实施意见》,以"法律顾问""企业大走访""法企联姻""法律体检"等专项活动为抓手,引导律师有序介入重大项目建设、政府招商引资和企业生产经营,服务政府依法管理市场和企业。全年全省律师担任法律顾问8269家,办理刑事诉讼辩护及代理1.9万件,民事经济案件诉讼代理1.79万件,行政案件诉讼代理939件,非诉讼法律事务6109件。加强专项培训和重大、敏感个案指导,培训律师3200余人次,举办服务鄱阳湖生态经济区建设暨全省服务赣南等原中央苏区振兴发展律师论坛。规范律师行业管理,全年审批设立律师事务所22家,审核通过律师执业许可363人,3家律师事务所和21名执业律师被暂缓考核,2名律师受到停止执业的行政处罚。充分发挥公证职能作用。全年全省公证机构办理各类公证事项 18.4 万件,同比增长 64%,其中围绕加强和改善宏观调控、扩大内需、优化投资结构,以及国家重大工程、重点项目建设,办理合同、招投标、委托代理和现场监督等公证事项 1.51 万件;围绕维护市场经济秩序、减少经济纠纷,办理招标投标、拍卖、租赁、产权转让、证据保全、现场监督和强制执行等公证事项 2592 件。推进公证体制改革,全省事业体制公证机构 23 个,比 2011 年增加 4 个;改制后的赣江公证处办理各类公证事项 8487 件,同比增长 4.17%,未出现一例错证、假证。加强公证机构规范化建设和公证员队伍建设,出台《江西省公证质量评价办法》,开展公证质量评查活动,吊销 1 名公证员执业证书。充分发挥司法鉴定职能作用。推进鉴定机构认证认可,强化司法鉴定人教育培训,组织开展司法鉴定能力验证,32 家机构参与,通过率达 80%。出台《江西省司法鉴定行业惩戒暂行办法》《江西省司法鉴定机构执业考评办法(试行)》,统一鉴定标准,规范执业程序、行业行为。全省新增鉴定机构 5 家,依法注销 2 家,恢复执业 1 家;新增司法鉴定人 169 人,注销或暂缓编入名册的司法鉴定人 89 人。全年全省司法鉴定机构办理各类鉴定案件 4.2 万余件,同比增长 5%,鉴定结论采信率 90% 以上。

【举行 2011 年度"江西十大法治人物"颁奖仪式】 1 月 15 日,2011 年度"江西十大法治人物"颁奖仪式在江西日报传媒大厦举行。省委常委、省委政法委书记舒晓琴,副省长朱虹,省政协副主席郑小燕,省法院院长张忠厚,省检察院检察长曾页九等出席。江西卫视《金牌调解》栏目组、吕凯、杨丽芳、杨斌圣、杨慧芝、周俊军、南昌市公安消防支队特勤大队一中队、赵金生、黄红梅、魏云秀等当选 2011 年度"江西十大法治人物"。

6 月 29 日,台湾"中华救助总会"两岸婚姻家庭参访团到赣考察涉台婚姻公证文书办理流程。图为参访团与赣江公证处工作人员

司法厅供稿

【举行《金牌调解》观众见面会】 为纪念江西卫视《金牌调解》节目开播一周年,3 月 24 日,《金牌调解》栏目组在南昌市东湖区滨江小区方志敏烈士广场举行观众见面会。省司法厅副巡视员简明龙出席并讲话。南昌市东湖区司法局 30 多名人民调解员和周边社区 100 多名社区居民参加见面会。

【杨斌圣获"全国模范司法所长"称号】 4 月 17 日,萍乡市芦溪县司法局宣风司法所副所长、首席人民调解员杨斌圣,赴北京参加全国司法所建设工作总结表彰会议,被授予"全国模范司法所长"称号,并受到中央领导周永康、孟建柱等会见,出席在人民大会堂召开的座谈会。

【成立"六五"普法高级讲师团】 6 月 14 日,省委宣传部、省司法厅、省法学会和省普法办在南昌举行聘任仪式,组建成立江西省"六五"普法高级讲师团,并向讲师团成员颁发聘书。省"六五"普法高级讲师团由 38 名省内有关法学专家、学者,以及司法、行政执法和法律服务等部门的领导、专家组成。

【台湾"中华救助总会"参访团到赣考察】 6 月 29 日,台湾"中华救助总会"理事长张正中率关怀两岸婚姻家庭参访团,在民政部、公安部和国台办等有关领导陪同下,到江西赣江公证处考察涉台婚姻公证文书办理工作。考察期间,张正中一行实地观看了涉台婚姻公证办理的全过程,查阅了有关公证案卷资料,并就涉台婚姻公证的核对、登记和办证等流程,与现场办证的当事人和公证人员进行沟通交流。

【开展"12·4"全国法制宣传日宣传活动】 12 月 4 日,省委宣传部、省司法厅、省人力资源和社会保障厅、省普法办,南昌市委宣传部、市司法局、市人力资源和社会保障局、市普法办,东湖区委、区政府,江西五套联合在南昌市东湖区百花普法生态园举行"12·4"全国法制宣传日宣传咨询暨"关爱农民工、法律援助在行动"活动启动仪式,副省长朱虹宣布活动启动,省政协副主席郑小燕出席。当日,全省各地开展了形式多样的宣传日活动,散发资料 100 余万份,参与人员达 150 万人次。

(胡大德)

港澳台事务

本栏编辑　詹跃华

港澳事务

【概　况】 2012年,省港澳部门发挥港澳政协委员优势,联系港澳地区各界人士,为改革开放服务,为全省经济社会发展服务,不断加强联谊交流,有序推进赣港澳三地合作。

促进三地经贸合作交流。继续为促进赣港、赣澳地区经济交流与合作搭建平台。依托"2012江西(香港)招商引资活动周"和"澳门国际环保论坛"两个活动的平台优势,宣传和推介江西的投资环境、引资引智政策,成功签约重大项目90个,签约总额91.8亿美元。全年港澳投资45亿美元,占全省引进外资的75%。

创新三地社会文化交流。在环保、文化等领域,创新合作形式,继续加大交流。4月,以"绿色经济——增长新动力"为主题的2012澳门国际环保合作发展论坛及展览会在澳门召开,江西省人民政府应澳门特别行政区政府之邀,担任了大会的协办单位,由省外侨办(港澳办)牵头,会同省政府办公厅、省环保厅等部门组织20多家环保企业参展,澳门特首崔世安接见了代表团一行。7月15~16日,由香港中联办和江西省外侨办共同组织的香港中学生"同行万里"国民教育江西交流考察团一行350余人到庐山考察,加深了香港同胞对江西的了解,为促进江西与香港的交流合作搭建了平台。

港澳同胞继续积极捐赠。港澳同胞继续对江西省贫困地区教育及社会事业捐赠。2012年,省外侨办(港澳办)为贫困地区争取港澳用于农村教育和社会福利事业捐款519.68万元。其中,港胞邵逸夫慈善基金会捐赠100万元,用于建设鄱阳县二中邵逸夫综合楼;香港应善良福利基金会捐赠97.46万元,用于兴建教学楼与卫生院;香港乐善行基金会捐赠99万元,用于建设小学与卫生院。

【2012江西(香港)招商引资活动周在香港会展中心开幕】 6月8日,2012江西(香港)招商引资活动周在香港开幕,这是江西省连续第11年在香港举行大型招商引资活动。省长鹿心社出席开幕式并致辞。副省长洪礼和主持开幕式。省政协副主席、九江市委书记钟利贵,省政府党组成员、秘书长谭晓林等出席。香港特区政府和香港中联办领导参加了开幕式。招商引资活动周共签约招商引资重大项目90个,项目资金91.8亿美元。

【港资企业与江西签订大单】 9月26日,由国侨办和江西省人民政府共同主办的首届华侨华人赣鄱投资创业洽谈会在南昌开幕,40多个国家和地区的500余名海外华侨华人代表出席会议。洽谈会期间,省外侨办与香港铜锣湾集团签署了"关于在我省建立50所购物中心"的战略合作协议,总投资金额500亿元。

(金　颖)

台湾事务

【概　况】 2012年,全省对台工作系统贯彻中央对台方针政策,落实省委、省政府重大工作部署,围绕服务"和平统一"大局和建设富裕和谐秀美江西的奋斗目标,深化赣台合作与交流,取得较好成效。

赣台经贸合作进一步深化。对台引资持续增长。全年新引进注册台资企业88家,实际进资13.2亿美元,同比增长10.44%。引进台资大项目多,实际进资超1000万美元的企业30家,增长25%。新引进企业平均投资规模达1046万美元,增长26%。台资在区域中心城市聚集效应增强,南昌、九江、赣州三个中心城市全年实际引进台资均超过2.5亿美元,吉安市1.4亿美元,上饶市、宜春市7000~8000万美元。台湾百大企业中已有16家45个项目落户江西,投资上亿美元的企业有亚东水泥、宝成鞋业、升阳光电和旺旺食品等10余家,其中远东集团在九江的江西亚东水泥有限公司累计投资超过6亿美元。制定落实优惠政策促进引资和涉台园区发展。1月,出台《江西省人民政府关于支持台资企业发展的若干意见》,在金融财税、科技创新、简化审批和提升服务等方面进一步给予优惠。为促进政策落实,省政协组织开展"我省台资企业发展情况"的专题调研,省政府召开"支持台资企业发展协调会议",协调解决反映集中的问题,对进一步巩固和扩大对台引资成果起到重要作用。江西涉台园区(5个"台资企业产业转移承接基地"、11个"台商创业园"和13个"赣台农业合作试验区产业园")加速发展,南昌、九江、景德镇等地涉台园区分别形成台商投资以资本和技术为主要特征的现代制造、电子、化工、陶瓷业集群,赣州、宜春等地涉台园区则形成以劳动密集、产品外销为特色的现代加工型企业集群，产业集群效应初步显现。

对台联络交流扎实推进。入岛交流持续热络。全年审批经贸文化等赴台交流团组378批2776人次(其中省领导7人)，同比分别增长40.5%、50.1%；赴台旅游人员2.60万人次，同比增长54.9%。举办对台交流活动频繁。发挥陶瓷文化、道教文化、客家文化及在台人脉资源等优势，举办第四届两岸青年学生中华传统文化(吉安)研习营、第二届赣台(吉安)基层农会交流活动、首届赣台(抚州)精致农业研讨会、宜春在台新娘江西行、赣台(新余)乡镇长交流活动、两岸客家文化研讨会、第四届海峡两岸陶瓷艺术家交流笔会、第六届海峡两岸道教文化论坛和赣台(九江)青年创业交流活动等9项对台重点交流活动，共邀请了500多名台湾各界人士来赣参访交流。同时，参与协调指导“第七届海峡两岸茶业学术研讨会”“第十一届河洛文化研讨会”等省直有关部门和协会举办的对台交流活动。对台联络工作扎实开展。全年接待台湾考察团组499批4650人次。接待了中国国民党副主席蒋孝严、海基会副董事长高孔廉等重要团组，邀请江西旅台同乡总会会长黄玠等组织在台乡亲回乡参访。

对台宣传调研继续加强。赣台新闻双向交流和入岛宣传工作继续推进。全年组织8批81名省内媒体负责人、记者及新闻出版业人员赴台参访，首次组织对外宣传团组赴台考察交流。先后邀请台湾中天电视台、中国时报、联合报和旺报等岛内媒体到赣进行专题采访，举办了“台湾南部媒体秀美江西行”活动，展示江西科学发展、绿色崛起的新形象，探讨新闻合作交流事宜。开辟入岛宣传新渠道，先后在《中华道教新闻报》和《统一日报》制作了5个专版，宣传介绍江西人文历史和经济社会发展成就；邀请台湾《联合报》系到赣采访，制作“大陆开发区巡礼——新余市经济技术开发区”系列报道，进一步扩大江西在岛内的影响；5月组织江西出版集团赴台湾诚品集团参观考察并签署合作协议，8月21日“赣鄱书韵，香溢台湾”赣版精品图书展在台北诚品书店信义旗舰店揭幕，展出399种精品图书，实现江西省首次在台湾举办赣版图书展览。对台宣传成效进一步增强。完善博客队伍建设，聘请了10名“赣台心桥网”博客频道特约通讯员，通过资深对台宣传骨干的带动，增强网页的可读性和吸引力。加强与各市涉台宣传通讯员的联系，将重要涉台活动信息在第一时间发布到网页，增强时效性和发稿量，华夏经纬网“赣台心桥”和中国台湾网“江西视窗”两个网页的发稿量和点击率均在全国名列前茅。先后制作完成《鄱阳湖生态经济区——赣台合作新热土》宣传画册、《江西昆山——上高》电视专题片、《两岸义门一家亲》画册等重要宣传品；先后在接待来访台湾嘉宾、举办赣台会时赠予客人，并作为省长赴台参访时的重要宣传资料。涉台调研工作继续加强。完成与江西财经大学共同开展的《加快我省十三个赣台农业合作试验区建设与发展》课题。整合对台研究资源，壮大研究力量，筹备成立了“江西省台湾研究会”。拟定《江西省对台工作四年规划》，编辑出版《江西对台工作》12期、《江西对台工作简报》6期，向中央台办报送调研成果16篇，被采用5篇。

涉台服务环境进一步优化。积极为台商台胞台属排忧解难。春节前后，安排走访重点台胞台属或困难定居台胞46名并发放慰问金。先后帮助协调解决好又多公司转制、亚东水泥扩建工程用电征地等问题，协助南昌市等居民查找两位在台亲属、帮助涉台婚姻纠纷女方维护合法权益6例、协助南昌市等定居台胞向台湾老兵辅导会申请生活经费2宗。同时，继续与省教育厅共同做好台塑集团向江西捐赠的240个明德小学项目(捐资总额1.03亿元)的后续服务工作，促进农村教育条件的改善。涉台投诉协调和突发事件应急处理工作扎实有效。全省台办系统受理涉台投诉案67件，办结63件，结案率94.03%；共接待处理涉台来信来访425批650人次，同比略有增长。切实保障台商、台胞合法权益，重点推进台胞张遵义房产纠纷案、台商卢朝辉投诉案、台胞李少俊投诉案等历史积案的化解。参与协调并妥善处理牵涉台湾法轮功的钟鼎邦案；帮助联系5起涉及台胞生命救治、安排住院及探望等事宜；回复海协会与海基会往来函件18件。

【开展“赣鄱文化台湾行”参访活动】 8月20～25日，省长鹿心社率团赴台开展“赣鄱文化台湾行”参访活动。在岛内举办“2012台湾江西周开幕式暨新兴产业合作论坛”等30场活动。邀请国民党荣誉主席连战、台湾工业总会理事长许胜雄、海基会副董事长高孔廉等150多名台湾知名人士、百大企业集团和上市上柜公司负责人出席开幕式，洽谈签约投资额13亿美元；捐赠价值330万元新台币的蚕丝被和助残用品，采购4300万元新台币的农副产品；扩大文化、宗教、教育等方面交流。参访活动推动形成了赣台全方位、多层次和宽领域交流交往新格局。中央台办向全国转发了江西省此次参访活动的经验做法；9月25日，中共中央政治局常委、全国政协主席贾庆林专门对参访活动作出重要批示，给予高度赞扬。

【举办2012赣台(南昌)经贸合作研讨会】 9月22～26日，由国台办和省政府共同主办的2012赣台(南昌)经贸合作研讨会在南昌召开。省委书记苏荣、中央台办主任王毅、省长鹿心社等出席大会开幕式，台湾嘉宾蒋孝严、郭山辉、黄茂雄、蔡明义、赖正镒等412名政要、知名人士和企业家参会。大会期间，举办了开幕式、专题推介和签约仪式等31场经贸文化交流活动，共签约项目76个，总金额27.68亿美元。

【开展“大走访、优服务”主题月活动】 8月，开展“大走访、优服务”主题月活动，共走访台资企业2145家，台胞台属1055人，发放慰问信、台资企业调查表2200余份，收到台企、台胞求助事项378件，为台商台胞台属解决实际问题137个，得到广大台商台胞台属的好评，中央台办向全国转发了江西“大走访、优服务”的经验做法。

(黄　忠)

外 事 侨 务

本栏编辑 詹跃华

外事工作

【概 况】 2012年，全省外事系统围绕建设富裕和谐秀美江西的奋斗目标，以推进鄱阳湖生态经济区建设、赣南等原中央苏区振兴发展为契机，积极探索外事工作，从一般性牵线搭桥向深度参与地方经济社会建设转变，并取得明显成效。

外事管理与服务并重。贯彻落实中央、省委省政府关于加强外事管理的相关部署和要求，下发《关于进一步加强因公出国(境)管理工作的通知》，召开全省外事审批部门会议和全省企业"走进非洲"座谈会。8月10日正式启用因公电子护照，在全国率先面向全省200多家办证单位开放电子护照外网申报系统，实现全省因公出国(境)网上申报，标志着江西外事管理跃上新台阶。继续加强对因公出国(境)的审核把关，全年劝退因公出国(境)团组45批145人次，核减团组境外时间184天，核减团组人数58人次。积极推介APEC商务旅行卡，在鹰潭、宜春、抚州分别召开APEC商务旅行卡推介会，全省累计成功申领392张，列全国前5位。

出访批次与结构进一步优化。全省因公出国(境)团组1476批5459人次，总批次与人数分别比上年下降5%、10%。其中，因公出国1157批3502人次，批次、人数比上年分别减少0.1%、13.5%；赴港澳319批1957人次，与上年基本持平。按出访任务区分，经贸出访3192人，占出访总人数58.4%；科技出访572人，占出访总人数10.4%；培训出访589人，占出访总人数10.7%。因公出国(境)总量严格按照"控制总量、突出重点、保压结合、服务发展"的原则，在出访人员结构、出访任务类型等方面更为合理，经济活动占据主导地位，有效助推全省对外开放和开放型经济发展。

请进来打开交往窗口。全年邀请和接待外宾、华侨、华人及港澳同胞974批4232人次(其中中联部安排党宾9批174人次，涉及13个国家)，重要团组有肯尼亚总理奥廷加、参加省政府"太湖文化论坛中医药文化发展(南昌)高级别会议"的土库曼斯坦副总理萨帕尔杜尔德·托伊利耶夫、越南前国家主席陈德良等，促成农业、医学、教育、文化、科技、经贸等多领域的对外交流与合作。全省外事侨务系统全年牵线促成大型投资合作项目57个，签约投资金额87.26亿美元；争取海外侨胞、港澳同胞捐赠项目41个，款物折合人民币1001.9万元。

友城合作与交流进一步加强。2012年，新增上饶市与俄罗斯苏兹达里市、江西省与匈牙利包尔绍德——奥包乌伊——曾普伦州、鹰潭市与墨西哥科阿韦拉州蒙克罗瓦市、江西省与韩国全罗南道、赣州市与意大利卡乃利市、九江市与博茨瓦纳塞罗韦市等6对友城。全省友城总数达74对，其中省级友城17对，设区市及县级市友城57对。友城遍及五大洲30个国家，进一步拓展了全省对外交往平台，省友协被全国友协授予"人民友谊贡献奖""国际友好城市交流合作奖"。友城间的实质性交流成为友城交往的主题，汤加公主皮洛莱乌·图伊塔一行、爱尔兰中国文化协会代表团、布基纳法索布中友协会长一行的访问，为搭建友谊桥梁，推动与江西经济、文化、教育等领域的合作发挥了作用。

深化领事管理与服务。组织召开"加强非政府组织在赣活动管理工作联席会议小范围协调机制"成员单位会议，确保非政府组织在江西活动管理工作平稳有序。举办"2012总领事江西行——走进上饶"活动，向墨西哥、乌兹别克斯坦、哈萨克斯坦和斯里兰卡四个国家的驻华总领事推介江西省在农业、新能源和高新技术产业上取得的新成就，为各方合作创造有利条件。妥善处理涉外事(案)件32起。其中，发生在省内22起，涉及13个国家和地区人员；处理江西省公民境外领事保护事件10起。

【江西省与柬埔寨暹粒省签署建立友好省关系意向书】 1月，省委书记、省人大常委会主任苏荣率团访问柬埔寨暹粒省，在暹粒市与柬埔寨暹粒省副省长文塔列和有关部门负责人进行友好会谈，并举行了江西省与暹粒省建立友好省关系意向书签字仪式。文塔列对苏荣率团访问表示欢迎并向代表团简要介绍了暹粒省的情况。双方一致认为，江西省与柬埔寨暹粒省在农业、旅游、文化、教育方面有着坚实的合作基础和巨大的发展潜力。

【肯尼亚与江西签署八项合作备忘录】 7月21～22日，肯尼亚总理拉伊拉·阿莫洛·奥廷加代表团一行35人在驻肯尼亚大使刘光源的陪同下访问江西。省长鹿心社代表省委、省政府会见了代表团一行。在举行的江西省与肯尼亚项目合作签约仪式上，江西国际经济技术合作公司和江西中煤建设集团有限公司，与肯尼亚合作伙伴签署了8项合作备忘录，双方将在公路、太阳能、柴油互补和电站等领域加强交流与合作。

【举办“总领事江西行——走进上饶”活动】 为进一步宣传江西，加强江西省与外国驻华总领馆的交流与联谊，推介江西良好的生态环境及秀美风光。5月23～26日，省外侨办与上饶市外侨办联合举办“总领事江西行——走进上饶”活动，邀请墨西哥、乌兹别克斯坦、哈萨克斯坦和斯里兰卡四个国家的驻华总领事一行10人到赣参观考察。此次活动向总领事推介了江西省在农业、新能源和高新技术产业上取得的新成就，全面展示江西良好的投资环境和生态环境，为各方合作创造有利条件。

（金　颖）

华侨事务

【概　况】 2012年，发挥侨界优势，围绕中心、服务侨胞，为江西经济建设和社会事业发展服务。

汇聚侨智，发挥侨力。围绕转变经济发展方式和优化发展结构，进一步将侨务工作重心放在以侨引资和以侨引智上，以华侨华人赣鄱投资创业洽谈会（简称“华赣会”）为平台，通过广泛联系海外华侨华人，深化务实合作，推动和引导海外华侨华人专业人士和工商界人士在江西创业发展，促进江西的生态优势、资源优势和政策优势与华侨华人的资金资源、科技人才资源和商务网络资源的有效对接，实现内在优势与外在优势相互促进和共赢发展。在“华赣会”中，国内外500强企业、侨资企业与江西签约重大投资项目40个，签约金额78.77亿美元；签约意向项目2个，金额56亿美元。

凝聚侨心，涵养资源。深化华侨农场改革发展工作，落实国务院督查组的督查意见，推动解决秀谷华侨农场领导体制改革。贯彻国务院九部委文件精神，做好“关爱工程”的相关工作，向设区市和华侨农场发放春节走访慰问归侨侨眷慰问金90多万元，全年发放老年归侨生活补贴106.76万元，并组织开展由28名学生参加为期7天的“关爱工程—归侨侨眷子女夏令营”活动。落实“侨爱工程—振乾坤优良种畜推广站”项目，在吉安建成10个推广站。在安义县、新余市渝水区、萍乡市湘东区开展“侨爱工程——送温暖医疗队”活动，在宜春市开展归侨侨眷职业技能培训和“侨法宣传角”挂牌活动。争取“侨爱工程——黄土助学计划”资金10多万元，资助在读大学生与中学生50多人。

宣传侨法，保护权益。全年新增侨法宣传角6个，全省侨法宣传角总数达20个；新增全国社区侨务工作明星社区1个、示范社区3个。全年受理侨务信访222件次，结案213件次，结案率96%。服务侨企发展，积极协调省有关部门妥善解决万安县侨资企业环保问题和瑞昌市侨资企业投资纠纷问题。积极组织在赣侨商参加第十届东盟华商会、亚太华商论坛和第六届世界华侨华人社团联谊大会，帮助侨商更好更快发展。

发挥优势，落实捐赠。元旦和春节期间，省“四侨”联席单位组成慰问组赴华侨农场走访慰问部分归难侨，送上慰问金和慰问品；美国欣欣教育基金会捐赠资金1万美元，用于欣欣小学增添教学设备、建操场及暑假教师培训；香港应善良福利基金会捐赠90万元，用于兴建小学3所；美国晨光基金会会长徐惠诚继续捐赠40万元，其中20万元用于资助南昌大学和江西师大贫困大学生各50人，20万元为吉安兴建小学教学楼；澳大利亚悉尼华侨魏基成向江西捐赠羽绒服5000件及助听器1600只。全省争取海外华侨华人捐赠项目41个，获赠款1001.9万元。

华文教育，培育力量。继续向柬埔寨、泰国和菲律宾等国家输送优秀华文教师；争取中国华文教育基金会资金50万元，捐建南源小学；7月底举行华文教育基金会2012年赣州客家文化夏令营，推介赣州客家文化；与国侨办合作举办“中国寻根之旅”青少年红色摇篮绿色家园之旅九江夏令营，让海外新生华侨华人力量了解故乡文化；继续推进江西理工大学和九江学院等省内高校与国外高校在华文教育等领域的合作。

【召开全省侨务工作会议】 3月30日，省政府在南昌召开全省侨务工作会议。会议传达全国侨务工作会议精神，总结“十一五”时期以来全省侨务工作，部署全省“十二五”时期侨务工作。省政协副主席刘礼祖出席。国务院侨务办公室副主任何亚非、副省长谢茹到会讲话，并签署《关于发挥侨务优势，促进鄱阳湖生态经济区建设合作框架协议》。

【首届华侨华人赣鄱投资创业洽谈会在南昌举行】 9月25～27日，由国侨办和省政府联合主办，省外侨办会同省市六个单位共同承办的首届华侨华人赣鄱投资创业洽谈会在南昌举行。省委书记苏荣出席开幕式，国务院侨务办公室主任李海峰、省长鹿心社出席并讲话。省政协主席黄跃金，省委常委、省委秘书长赵智勇，省委常委、省委统战部部长蔡晓明等出席。副省长谢茹主持开幕式。40多个国家和地区的400名侨领侨商、企业代表出席盛会。大会秉承“为海外侨胞事业发展服务、为地方经济社会发展服务”的宗旨，共举办了世界江西同乡联谊会成立大会、首届“华赣会”开幕式暨大型项目签约仪式、鄱阳湖生态经济区建设发展论坛、海外江西同乡投资创业发展论坛、华侨华人赣鄱投资创业园开园仪式和2012年海外华侨华人（港澳同胞）国庆嘉宾团江西慈善行等六项主体活动。参会的国内外500强企业和侨资企业共签约项目40个，签约金额78.77亿美元。

【世界江西同乡联谊会成立大会在南昌举行】 9月25日，世界江西同乡联谊会成立大会在南昌举行，海外36个国家和地区的40个江西同乡社团代表出席大会。世界江西同乡联谊会的成立，整合了全世界的江西籍华侨华人力量，为推动江西经济社会更好更快发展搭建了一个交流协作的平台。成立大会上，世界江西同乡联谊会就“钓鱼岛事件”发表“世界江西同乡联谊会关于捍卫中国钓鱼岛领土主权的严正声明”，表达了全球23万江西海外同乡捍卫中国钓鱼岛领土主权的坚定立场。

（金　颖）

国家区域发展战略

本栏编辑　邓玉兰

鄱阳湖生态经济区建设

【概　况】 2012年,全省上下围绕建设富裕和谐秀美江西,认真贯彻落实鄱阳湖生态经济区建设推进大会精神,大力推进鄱阳湖生态经济区建设。区内生产总值达到7626.65亿元,占全省的58.9%,增长11.6%,高出全省平均水平0.6个百分点。江西以鄱阳湖生态经济区建设为龙头,在实现经济又好又快发展的同时,环境质量和生态优势进一步提升,初步探索出一条科学发展、绿色崛起的路子。

【国家战略效应充分显现】 省部合作取得新成效,全年新争取到财政部、工信部、中科院、中国电信、大唐集团和武汉大学等十余家国家部委(央企)、高校和科研院所与江西省签署战略合作协议,签约总数达到61家。在国家部委(央企)支持下,一大批重大项目加快实施。招商引资再上新台阶,利用江西(香港)招商引资活动周、中部地区博览会、赣台经贸合作研讨会、首届华侨华人赣鄱投资创业洽谈会和首届中国(九江)鄱阳湖国际名湖友好交流大会等平台,大力开展专题招商推介活动。2012年香港招商周期间,鄱阳湖生态经济区共签约合同项目52个,签约资金57.6亿美元,分别占全省签约项目的57.8%和62.8%。全年区内实际利用外资40.2亿美元,增长13.8%,占全省比重58.9%。加大宣传推介力度,把学习贯彻党的十八大精神与《鄱阳湖生态经济区规划》实施三周年宣传有机结合起来,举办生态文明与鄱阳湖生态经济区建设研讨会,在中央及省内各主流媒体开展"美丽中国·秀美江西——《鄱阳湖生态经济区规划》实施三周年"集中宣传,进一步提升了鄱阳湖生态经济区的品牌度和影响力。

【生态环境质量改善】 重大生态工程深入实施。在造林绿化"一大四小"工程基础上启动"森林城乡、绿色通道"建设,新增造林面积19.91万公顷。实施和谐秀美乡村建设工程,在9282个村点开展和谐秀美乡村建设,2.02万个自然村点、200个集镇实施垃圾无害化处理工程。集中开展鄱阳湖综合整治、重金属污染防治等重大行动,取得显著成效。扎实推进节能减排。全面实施节能评估审查制度,严格执行固定资产投资项目节能评估审查规定,加快实施重点节能工程和节能产品惠民工程。开展农村重点污染区域专项治理,推进机动车排气污染防治工作,提高环境准入门槛。全年淘汰炼铁、炼钢和焦炭等16个行业91家企业落后产能,全面完成国家下达的年度目标任务。生态环保体制机制不断完善。颁布施行《鄱阳湖生态经济区环境保护条例》《江西省湿地保护条例》等法规,庐山西海风景名胜区总体规划获国务院审批通过,出台《关于开展鄱阳湖综合整治坚决保护"一湖清水"的意见》《关于严格规范鄱阳湖岸线开发建设的通知》,生态补偿试点和资源环境价格改革推向深入。全省生态环境质量持续改善。森林覆盖率达到63.1%,居全国第二。累计建成自然保护区220个,其中国家级自然保护区11个,自然保护区总面积1194.3千公顷,占全省土地面积的7.2%。主要河流监测断面水质达标率81.2%,提高0.6个百分点,鄱阳湖注入长江水质保持在Ⅲ类以上。集中式饮用水源地水质达标率100%,城镇污水处理设施实现市县全覆盖,11个设区市环境空气质量全部达到国家Ⅱ级(达标)以上。万元生产总值综合能耗0.6133吨标准煤,下降5.9%,规模以上工业增加值能耗下降10.6%,化学需氧量、氨氮、二氧化硫和氮氧化物排放总量分别比上年下降2.54%、2.52%、2.8%和5.75%。

【区域发展活力不断增强】 南昌打造核心增长极开局良好,全年生产总值突破3000亿元,主要经济指标增速进入中部地区或全省前列。国家低碳城市和"鄱湖明珠·中国水都"建设取得初步成效,九龙湖新城、全省金融商务区、国家小微工业示范园等鄱阳湖生态经济先导区先行工程有序启动。九江沿江开放开发深入推进,经济发展呈现"速度加快、比重提升、排位靠前"的良好态势。"1+5"规划修编圆满完成,沿江"十大产业工程"和"十大基础设施工程"加快推进,上港集团2个5000吨级集装箱码头、九江电厂四期"上大压小"工程第一台机组等重大项目顺利建成。鄱阳湖生态经济区内十大战略性新兴产业实现增加值1315.4亿元,增长15%,占全省比重68%。区内高新技术产业完成总产值和实现增加值分别占全省的55.5%和54.9%。

【基础设施体系更加完善】 《鄱阳湖生态经济区规划实施方案》确定的405个重大项目累计完成投资7380

亿元，占计划总投资的41%。其中已完成建设任务的项目49个，占项目总数的12.1%；在建项目326个，占项目总数的80.5%。峡江水利枢纽实现大江截流，山口岩水利枢纽下闸蓄水，浯溪口水利枢纽开工建设。鄱阳湖生态经济区规划馆主体工程全面竣工，布展工作有序推进。

【开展各类试点示范工作】 国家层面，新增15个市县分别列入国家园林城市、低碳城市和生态文明等试点示范，景德镇市、赣州市列入国家低碳试点城市，九江市、上饶市为国家级园林城市，修水县为国家级园林县城，万载县、赣县、分宜县、抚州市临川区等4县(区)成为国家级现代农业示范区，景德镇市、瑞金市和上犹县3市县列入全国生态文明示范工程试点，鹰潭市、共青城市和吉安市吉州区列入全国中小城市发展改革试点，进贤县李渡镇、南昌县蒋巷镇等49个乡镇评为国家级生态乡镇。省级层面，出台鄱阳湖生态经济区先导示范区建设指导意见，南昌鄱阳湖生态经济先导区的规划和建设加快推进，共青城等鄱阳湖生态经济示范区建设全面启动。市县层面，统筹城乡发展、两型社会建设、县域经济发展、民营经济发展、公共服务均等化等综合配套改革试点全面推进。共青城市“三个文明”(经济文明、生态文明和社会文明)有机统一的样板试点区建设成效显著，万元GDP能耗仅为0.12标准煤，走在全省乃至全国前列。

(张向东)

赣南等原中央苏区振兴发展

【概　况】 6月28日，《国务院关于支持赣南等原中央苏区振兴发展的若干意见》出台，7月6日，省委、省政府迅速出台《贯彻落实国务院关于支持赣南等原中央苏区振兴发展的若干意见的实施意见》，明确编制12项规划方案、推进47项行动计划和23项试点示范事项，并将任务分解落实到有关设区市和省直部门。7月10日，省委、省政府召开全省贯彻落实国务院支持赣南等原中央苏区振兴发展动员大会，全面部署赣南等原中央苏区振兴发展工作。省中央苏区振兴规划编制工作领导小组多次召开会议，研究落实相关工作。赣州、吉安、抚州3市和有关县(区)成立振兴发展工作机构，并结合自身实际，制定实施方案。

省委、省政府建立原中央苏区和特殊困难县“四合一”扶贫机制，即：一个省领导、一个省直部门和一个有实力的省属企业对口帮扶一个原中央苏区困难县，在省财政还不宽裕的情况下，安排原中央苏区和特困片区专项补助4.1亿元(每县补助一千万元)，连续支持10年。省财政专项配套补助吉安市、抚州市各6000万元。省政府出台政策，支持吉泰走廊打造重要增长带。16个省直部门出台政策文件或扶持措施。省里每年统筹资金50亿元，支持原中央苏区和特困片区县5000个新农村点建设。

【国家及部委多方面扶持】 政策方面：自2012年1月1日至2020年12月31日享受有关进口和所得税优惠。中央安排的公益性建设项目，取消县及县以下和集中连片特困地区市级资金配套。中组部同意江西省选派干部到中央国家部委、央企挂职锻炼。国土资源部同意赣州、吉安、抚州开展低丘缓坡荒滩等未利用地开发利用、工矿废弃地复垦利用、城乡建设用地增减挂钩三项试点，其中赣州市已落实上述三项用地指标2066.67公顷。商务部批准龙南经济技术开发区升级为国家级经济技术开发区，正在积极推动瑞金经济技术开发区升格国家级。卫生部在安排赣州市医疗卫生机构建设项目时取消县及县以下和集中连片特困地区市级资金配套。教育部对能够单列的工程项目和专项经费给予赣州市单列，中央和地方按比例分担的项目，对赣州市按中央财政不低于80%的比例分担。环保部对落户赣南等原中央苏区的中央企业，支持在集团内部调剂解决污染物减排指标。国家电网公司同意取消赣州220千伏、110千伏输变电工程建设贷款地方财政贴息。银监会组织上海期货交易所就赣南设立稀土金属期货交易中心开展前期调研，支持金融和期现货市场发展。国家开发银行编制《赣南等原中央苏区项目融资规划开发支持方案》，加大信贷支持。资金方面：争取中央预算内投资安排原中央苏区77.83亿元，占全省四成，增长53.7%。批准发行企业债券54亿元，占全省三分之一。落实中央财政专项财力补助6亿元，全部安排给赣州市。民生方面下达中央补助资金18.3亿元，其中农村危房改造9.4亿元、饮水安全8.71亿元。产业扶持资金36.26亿元。基础设施建设资金40.98亿元，其中新增“十二五”规划后三年原中央苏区公路补助33亿元。生态环保中央补助资金2.64亿元。

【编制规划方案】 省里明确编制的10项规划和2个方案，2项已正式出台，2项已经上报，8项完成文稿。配合国家编制的《赣南等原中央苏区土坯房改造规划》经省政府审定后由省住建厅、省发改委、省财政厅联合印发实施。赣闽粤原中央苏区振兴规划建议稿(江西部分)、江西省赣南承接产业转移示范区规划(送审稿)分别以省政府、省发改委名义上报至国家发改委。革命遗址保护、赣南综合交通枢纽建设、吉泰走廊振兴发展、“一核两翼”开放合作、“三南”加工贸易重点承接地规划和央企帮扶方案正在修改完善。矿山地质环境治理规划工作处于环境质量状况调查阶段。

【全面实施民生工程】 2012年，赣州、吉安、抚州3市原中央苏区实施农村危旧土坯房改造12.5万户，占全省的70%。解决227.6万农村居民、62.7万农村师生的饮水安全问题。安排中央预算内资金4亿元，支持赣南苏区农网建设。继续加大农村公路建设，安排赣州市中央预算内投资1865万元用于建制村通沥青(水泥路)建设。“两类困难群体”纳入抚恤补助范围并落实抚助资金。实施社会养老服务设施、城乡社区服务中心(服务站)和县级救助站等民政福利设施项目近300个。建设农村急救体系、市县医院和乡镇卫生院等医疗卫生项目52个。实施农村中小学校舍危房改造、农村幼儿园和赣州职教园区等12项教育重点工程。

【推进重大基础设施建设】 铁路方面,向莆铁路、赣龙铁路扩能等项目建设进展顺利。昌吉赣客专已上报项目建议书,鹰梅铁路、赣井铁路前期工作正抓紧推进,会同广东省政府向国家发改委、铁道部报送启动赣深铁路前期工作函件。公路方面,寻乌—全南高速公路开工建设,抚州至吉安高速公路、赣崇高速公路和大广高速公路龙杨段全面建成。机场方面,赣州黄金机场扩建工程成立项目办,井冈山机场扩建完成可研报告编制,瑞金通勤机场新建工程已启动前期工作。能源方面,井冈山水电站项目可行性研究基本完成,红都500千伏变电站和抚州—赣州东500千伏线路工程已获国家能源局批准准备前期工作,蒙西至华中电煤运输通道项目已开展可行性研究,西气东输三线工程赣州段、樟树—吉安—赣州成品油管道、省天然气二期管网工程陆续开工建设,赣州南500千伏等8个输变电工程建成投运。水利方面,12个五河治理防洪工程、章江大型灌区续建配套、赣州和吉安城市防洪等工程建设进展顺利。

【启动特色产业基地建设】 启动2个国家级现代农业示范区、25个省级现代农业示范区建设,在赣州和吉安开展国家级农产品现代流通综合试点。争取国家批复了中国(赣州)稀土产学研合作创新示范基地、龙南国家发光材料及稀土应用高新技术产业化基地、赣州经开区有色金属(稀土新材料)国家新型工业化产业示范基地。推动中国机械工业集团与省政府签订支持赣南等原中央苏区振兴发展合作框架协议,促成在章贡区设立汽车配件生产基地。“三南”承接产业转移基地加快推进,深商(龙南)产业园有6家深圳企业签订入园协议。实施98个科技专利计划项目,南方离子型稀土资源高效开发利用和脐橙国家级工程技术中心完成现场评审。

【加大生态环境治理力度】 加大重金属污染综合防治力度,编制完成赣州市5个国家级重点防控区项目可研报告,重点推进大余县矿山污染治理示范区建设和瑞金市农村环境综合整治。启动历史遗留的稀土、铅锌和铀矿等废弃矿山尾砂分布及危害情况现状调查,实行矿山环境恢复治理保证金制度。瑞金市、上犹县启动国家生态文明示范工程建设。实施赣江、东江和抚河源头保护治理以奖代补政策,开展生态市县、生态工业园区、森林公园和园林城市等创建工作。

（喻学锋　康健林　邱秋生）

罗霄山片区区域发展与扶贫攻坚

【概　况】 12月23日,《罗霄山片区区域发展与扶贫攻坚规划(2011～2020年)》获国务院批复,成为江西省第一个上升为国家层面的扶贫攻坚战略。罗霄山集中连片特殊困难地区跨江西、湖南两省,是著名的革命老区,大部分县属于原井冈山革命根据地和中央苏区范围,是国家新一轮扶贫开发攻坚战主战场之一。规划区域范围包括江西、湖南2省24个县(市、区),其中有23个集中连片特殊困难地区县市,有16个国家扶贫开发工作重点县,有23个革命老区县(市)。江西省18个县(市、区)纳入规划范围,分别是:赣县、上犹县、安远县、宁都县、于都县、兴国县、会昌县、寻乌县、石城县、瑞金市、南康市、章贡区,遂川县、万安县、永新县、井冈山市、莲花县、乐安县。

【国务院批复《罗霄山片区区域发展与扶贫攻坚规划(2011～2020年)》】 “规划”按照区域发展带动扶贫开发、扶贫开发促进区域发展的基本思路,明确提出在基础设施建设、产业发展、改善农村基本生产生活条件、就业与农村人力资源开发、社会事业发展与公共服务、生态建设和环境保护等方面扶持罗霄山片区区域发展,并赋予了财政、税收、金融、投资、产业、土地、生态与资源补偿、帮扶、人才等支持政策,将把罗霄山片区建成为全国革命老区扶贫攻坚示范区、中国南方地区重要交通通道、承接产业转移示范区、特色农业和全国稀有金属产业及先进制造业基地、红色旅游胜地与生态文化旅游重要目的地、南方地区重要生态屏障。

【大幅度增加专业扶贫资金】 中央财政扶贫资金新增部分主要向连片特困地区倾斜,2011年、2012年江西省罗霄山片区财政扶贫资金达到10.38亿元,年均增长25.78%,比实施前高17.6个百分点。同时,加大对连片特困地区均衡性转移支付力度,安排罗霄山片区均衡性转移支付补助资金11亿元,国家还免除罗霄山片区中央安排公益性项目的县级配套。

【加大行业扶贫力度】 教育部、交通部、水利部、国土资源部等行业部门陆续出台支持集中连片特困地区发展的专项规划或扶持政策。从2012年春季学期起,国家在江西省罗霄山片区启动农村义务教育阶段学生营养改善计划试点工作,已安排财政补助资金6.60亿元,帮助97.55万名农村学生改善营养。交通部印发《罗霄山集中连片特困地区交通建设扶贫规划(2012～2020)》,明确提出到2020年片区的国家高速公路基本建成,具备条件的县城通二级及以上公路,“十二五”期间将新增安排补助资金33亿元。水利部门出台支持贫困地区水利事业发展的政策措施,明确到2015年基本解决贫困地区农村人口饮水安全问题,农村自来水普及率达到70%,到2020年实现农村自来水基本全覆盖。国土资源部门明确保障片区发展用地需求,安排年度新增建设用地计划达1480公顷,占省安排总量的10.72%。民政部门进一步提高连片特困地区群众最低生活保障标准,将罗霄山片区10.6万城市低保对象的平均保障标准提高到350元,将32.6万农村低保对象的平均保障标准提高到170元。

【建立“四个一”扶贫机制】 江西省对罗霄山片区县实施“四个一”组合式扶贫,即:一位省领导定点帮扶、一个省直部门对口帮扶、一家省属企业联系帮扶和1000万财政资金帮扶,全省积极构建专业扶贫、行业扶贫和社会扶贫“三位一体”,各行业各层面共同参与的大扶贫格局。

（喻学锋　郭　缜）

农 业

本栏编辑 李荣根

综 述

2012年，全省各地及各级农业部门把握“稳中求进”的工作总基调，围绕“粮食增产、农业增效、农民增收、乡村秀美”的目标，贯彻落实省委、省政府《关于实施和谐秀美乡村建设工程的若干意见》和《江西省现代农业体系建设规划纲要(2012～2020年)》两个纲领性文件，做好保供给、调结构、转方式和促增收等各项工作，推动全省农业农村经济在高基数、高起点上实现了稳中有进、好上加好，呈现“三个超历史、三个居前列、四个新突破”的良好发展态势。

粮食生产超历史，实现“九连丰”。开展政策支持、粮田建设、科技促进、高产创建、良种推广、配方施肥、统防统治、农机应用、防灾减灾和农资治理等粮食稳定增产十大行动，全省粮食种植面积367.59万公顷，同比增加2.59万公顷；总产达到2084.8万吨，增加32万吨，居全国第十二位；亩产378.1千克，提高3.2千克，总产、单产再创历史新高，连续九年丰产丰收。

农业增加值超历史，实现“九连增”。粮食等主要农产品产量全面增长，种养效益持续向好，全省农业增加值1520亿元，同比增长9.3%，连续九年保持增长。

农民人均纯收入超历史，实现“九连快”。全省农民人均纯收入达到7828元，增长13.58%，居全国第十四位、中部地区第二位，连续九年呈现快速增长态势，连续三年高于城镇居民人均可支配收入增幅，城乡居民收入之比2.54:1，优于全国3.13:1。

多项发展指标居全国前列。江西以占全国3.3%人口、2.3%的耕地面积，生产了占全国3.6%的粮食，其中稻谷产量居全国第三位、中部地区第二位，人均稻谷产量居全国第二位；蔬菜产量1213.1万吨，增长4.07%，其中供港叶类蔬菜居全国第二位；水果产量370.3万吨，其中柑橘产量居全国第三位、中部地区第二位(赣南脐橙种植面积居世界第一位、产量居世界第三位)；肉类总产333.91万吨，增长5.42%，居全国第十二位，其中供沪生猪居全国第一位、供港生猪居全国第二位；水产品产量237万吨，增长6.37%，其中水产品自营出口额居全国内陆省第一位；油料产量117.1万吨，增长3.08%，居全国第十一位。

多项改革创新居全国前列。率先在全国以省委、省政府名义出台《关于实施和谐秀美乡村建设工程的若干意见》《江西省现代农业体系建设规划纲要(2012～2020年)》，并首次提出建设现代农业强省的目标；在全国首创基层农技推广体系改革“综合建站”模式，被农业部列为六大模式之一向全国推广，全省基本完成改革任务；率先在全国农业系统开展“十百千万”活动(即厅领导联系11个设区市、百名处长挂百县、千名领导干部帮千企、万名农技人员下基层)，组织干部职工深入基层挂点帮扶，农业部专文向全国推介了江西的做法；率先在全国创建现代农业院士工作站，柔性引进11名农业院士和3名国家级首席科学家，为现代农业发展提供了智力支撑。

多项重点工作居全国前列。在全省范围内开展农产品质量安全整治行动，全省未发生一起重大农产品质量安全事故，没有发生一起区域性重大动物疫情。创新农业经营体制机制，全省农民合作社总数达到1.9万家，增加3800家，居全国第十位，覆盖全省约20%的农户。同时，现代农业示范区建设、整合资金建设高标准农田、畜禽清洁生产、渔业健康养殖和动物疫病净化等重点工作，均走在全国前列。

农业产业化经营实现新突破。实施“强龙增值固基富民”工程，农业产业化经营呈现出群龙共舞、集群扩张、链条延伸、基地兴旺、产销一体和社强农富的局面。2012年全省省级龙头企业总数达到627家，增加155家，省级龙头企业实现销售收入1850亿元，增长15%，直接带动农户376万户，增长2%，户均增收2420元，增长11%。规模以上加工型龙头企业达3002家，增加202家，规模以上加工型龙头企业实现销售收入2200亿元。

科技兴农实现新突破。以“科技进村入户、助力增产增收”为主题，通过省市县大联合、农科教大协作，开展农业科技促进年活动，全省农业科技贡献率达52.5%，其中水稻良种覆盖率达96%以上，农业机械总动力达4600万千瓦，增加400万千瓦。水稻机耕率84.5%，增加1.5%；机插率17.5%，增加4.5%；机收率68%，增加2%；水稻综合机械化率59.5%，增加2.6%。创建了57个省级以上现代农业示范区、62个省级以上休闲农业示范点。

开放型农业实现新突破。全省争取省级以上农业投入105.6亿元。农业招商引资132.2亿元，增长22.8%，

其中引进亿元以上重大项目71个，增加7个，实际进资71.2亿元，增长63.7%。省蚕茶所成功引进广东客商投资15亿元，建设江西凤凰沟文化生态旅游园，打造江西省农旅结合的示范性工程。全省农产品出口7.6亿美元，增长46.1%。

*农业系统自身建设实现新突破。*在全省农业系统首次开展目标管理绩效考核，在全厅创新开展“讲党性、树正气、谋发展、促和谐”主题教育活动，为全省农民办了26件实事。省农业厅在全省开展的“万名群众评机关”活动中，被评为省直机关10个群众最满意单位之一；在省政府组织开展的绩效考核中，名列第四位；获“省直机关党的工作优秀奖”和“第九届文明单位”称号。与此同时，切实解决了厅属农业场所社保、住房和增收等民生问题，155家农垦企业全部完成改制任务，走出了一条以改革保增长、惠民生、促和谐的成功之路。

（刘　翔）

种植业

【概　况】 2012年，全省各地围绕全年目标任务，推进“粮食稳产增产十大行动”，深入开展科技服务，粮食生产全面丰收，超额完成全年目标任务。全省粮食播种面积367.59万公顷，增加2.59万公顷。粮食亩产378.1千克，提高3.2千克；粮食总产2084.8万吨，增加32万吨。粮食总产和单产均创历史新高，超额完成年初制定的2050万吨的目标任务。油料播种面积74.7万公顷，增加1.5万公顷，亩产108.4千克，提高5千克；总产117.1万吨，增长3.08%，再创历史新高。其中，油菜种植面积55.79万公顷，增加1.53万公顷，亩产87.4千克，提高5.5千克，总产73.1万吨，增加6.5万吨，单产、总产均创历史新高；花生种植面积15.74万公顷，减少0.05万公顷，亩产191.1千克，提高7.1千克，总产45.1万吨，增加1.4万吨；芝麻种植面积3.13万公顷，减少0.05万公顷，亩产69.3千克，提高2.8千克，总产3.3万吨，增加0.1万吨。

全省经济作物生产呈现出“规模扩大、供应充裕、价高利好、效益提升”的良好局面。全年经济作物播种面积达184.99万公顷，增加1.33万公顷，产值突破400亿元，增长5.26%。蔬菜播种面积达54.84万公顷，产量1213.1万吨，增长4.1%，供港叶类蔬菜居全国第二位。果园面积39.28万公顷，总产370.28万吨，柑橘种植面积居全国第二位，橙类产量居全国第一位，赣南脐橙种植面积居世界首位、产量居世界第三位。棉花种植面积8.5万公顷，产量15.2万吨，增长6.3%。茶园面积6.55万公顷，产量3.87万吨，增长10.3%。蚕种发种量19.2万张，增加1.2万张。中药材种面积2万公顷，桑园面积1.46万公顷，甘蔗种植面积1.37万公顷。

【开展“粮食稳定增产十大行动”】 4月5日，省政府办公厅印发《关于深入推进粮食稳定增产十大行动确保2012年完成410亿斤目标的实施意见》，在全省深入推进政策支持、粮田建设、科技促进、高产创建、良种推广、配方施肥、统防统治、农机应用、防灾减灾和农资整治等粮食稳产增产十大行动，确保全年粮食总产205亿千克以上。全省发放粮食补贴资金50.1万元，增长19%。建立水稻集中育秧示范点8511个，育秧面积5200公顷，占全省秧田面积的6.8%。

【开展粮油高产创建活动】 2012年，粮食高产创建万亩示范片从2008年17个扩大到431个，基本实现了高产创建县县覆盖。建设部级油菜高产创建万亩示范片35个、花生高产创建万亩示范片4个、芝麻高产创建万亩示范片1个。在“稻稻油”三熟制地区的油菜种植，推广“一促四防”防灾减灾稳产增产关键技术，即通过叶面喷施磷酸二氢钾、植物生长调节剂、杀虫剂和杀菌剂等混配液，促进油菜生长发育，防花而不实、早衰、菌核病、高温逼熟，增加角果数和粒重，推广应用面积26.67万公顷。推广油菜免耕直播等轻简高效栽培技术，油菜免耕直播面积从2002～2003年的6666.67公顷增长到2011～2012年的27.33万公顷。开展花生良种补贴试点工作，加快花生优良品种更新与推广速度。

【开展超级稻示范与推广】 2012年，全省超级稻示范推广工作以推广超级稻品种为核心，以“双增一百”为目标，以配套技术为保障，以示范促推广，全省超级稻“示范推广超计划，应用面积首破千万亩”，达到68.0万公顷，约占全省水稻种植面积的20%。“双季万亩超吨粮，增产增效超‘双百’”，万亩示范片双季亩产1118.8千克，亩均增产0.1千克，新增纯收益134.5元。

【抓好园艺作物标准化建设】 2012年，全省创建园艺作物标准园44个，其中蔬菜标准园35个、柑橘标准园6个、茶叶标准园3个，共建成制度齐全、档案完善、包装标示统一的标准化生产基地2726.7公顷。在16个县创建蔬菜标准化基地2666.7公顷，在22个县提升柑橘标准化生态示范园9333.3公顷，在15个县新开发茶园3333.3公顷。柑橘采后商品化处理生产线20条，贮藏能力24万吨。2012年，全省项目区内蔬菜、水果、茶叶产品的合格率均高于全省园艺作物平均水平，单产水平增长25%以上，种植效益提高30%以上，成本降低20%以上，产品市场竞争力、防灾减灾能力大幅提升。

【开展棉花高产创建活动】 2012年，建设棉花高产创建万亩示范片10个，总面积达1.2万公顷。项目实现皮棉平均亩产120千克，总产增加2045.5吨，产值增加8191万元的目标。同时，推广棉花轻简化栽培示范面积1366.67公顷，取得了“四省、三高、两增”的成效（省工、省种、省地、省力，种子成苗率高、移栽成活率高、棉苗抗逆能力高，产量增加、效益增加）。

（李　明　邹　剑）

茶产业

【概　况】 2012年，全省茶产业克服春季持续低温久雨、市场价格波动等不利因素影响，围绕扩规模、提品质、创品牌、拓市场和增效益的产业发展思路，突出抓好标准茶园、质量安全、市场开拓、品牌宣传和茶叶加工等各项工作，全力促进茶产业转化升级，呈现出"产业规模扩大，产品质量提高，区域优势凸显，经济效益增加"的良好发展势头。全省茶园面积6.55万公顷，增长8.44%，其中采摘茶园面积4.99万公顷，增长10.15%，干毛茶总产量达3.87万吨，增长10.34%，茶叶生产值约45亿元，增加5亿元。

产业区域优势愈加凸显。以赣东北的婺源、浮梁、上饶，赣西北的修水、铜鼓、武宁、庐山、靖安，赣中的井冈山、遂川、金溪、资溪、进贤及赣南的上犹、宁都、崇义、于都等四大茶叶优势产区茶园面积占到全省茶园面积87.15%，产量占全省茶叶总产量70.47%，茶产业优势集群效应进一步显现。

质量安全水平不断提高。全省有省级无公害茶叶基地77个，通过绿色食品认证的茶叶企业和产品分别达到43家和169个，茶产业已成为江西省农产品通过绿色食品认证企业和产品数最多的产业。婺源、修水、浮梁三县被农业部列为国家级无公害茶叶示范基地县和出口基地县。2012年11月，在浙江树人大学举办的第九届国际名茶评比活动中，崇义的馨阳岭毛尖荣获了国际名茶评比金奖。

品牌化建设持续推进。省农业厅经济作物局与省气象台签订合作协议，组织10家具有一定影响力的茶叶企业，在江西气象台天气预报栏目滚动播放茶叶企业江西绿茶广告。"浮梁茶""婺源绿茶""庐山云雾茶""遂川狗牯脑茶"等区域品牌建设也取得新进展，2012年浮梁茶获"华东十大名牌"称号，"浮梁茶"区域公用品牌市场评估价值达到2.03亿元。

市场化营销进一步拓展。2012年，全省茶叶专业交易市场、茶青交易市场总数达14个，其中南昌茶叶交易市场入驻茶叶企业达到110余家，已成为江西茶叶在省内的市场营销旗舰和精品名茶展销平台。6月，省农业厅组织29家茶叶企业68个茶样和茶艺表演队赴中国香港进行江西茶叶品牌推介，取得成功。组织茶叶企业参加了上海国际茶业博览会、上海农产品博览会、北京农产品展销会、中国茶都·信阳国际茶文化节等境内外茶事活动，拓展了江西茶叶市场销售渠道。

产业化经营步伐明显加快。全省工商注册茶叶企业达到479家，省级龙头企业达34家，茶叶年销售收入突破30亿元，茶叶出口创汇达3900万美元。茶叶合作经济组织308个，茶农突破23万户。全省茶饮料、茶多酚、茶色素等茶产品深加工不断延伸，茶产品效益不断提高。

【省政府支持茶产业发展】 7月17日，省政府办公厅出台《关于进一步推进茶产业发展的意见》，作出推进标准茶园建设、集中培育重点茶叶企业、加快江西绿茶品牌整合、加强市场营销体系建设、促进茶叶产业链延伸等决策部署。省级财政专门拿出2000万元资金，用于支持全省新扩建0.33万公顷标准茶园建设，这在江西茶产业发展史上属首次。12月，省政府在婺源县召开茶产业发展座谈会，提出了"四好三合"加快推进茶产业发展的意见：即选好种是前提、种好茶是基础、做好茶是保障、打好牌是关键和加强政策组合、资金整合、功能综合，为提升茶产业发展水平进一步指明了方向。

（罗省根）

林 业

【概 况】 林业产业发展提效明显。2012年，全省实现林业总产值1628亿元，增长23.52%。其中，第一产业689.1亿元，第二产业560亿元，第三产业379亿元，分别增长26.79%、16.11%和29.84%。产业结构进一步改善，一、二、三产业产值比重由2011年的41:37:22，调整到2012年的42:34:23。全年林业计划投资60.70亿元，实际完成76.04亿元，增长33.21%。其中，国家预算内资金49.91亿元，增长33.66%；国内贷款3.29亿元，增长125.34%；利用外资1.21亿元，增长61.87%；自筹资金14.10亿元，增长110.76%；其他资金7.81亿元，减少27.82%。生态建设与保护完成投资33.51亿元，增长14.92%；林业支撑与保障完成投资6.79亿元，减少6.99%；林业产业发展完成投资13.10亿元，增长133.51%；林业民生工程完成投资5.08亿元。全年林业固定资产计划投资9923万元，实际完成2.99亿元。落实林业贴息贷款累计余额21.28亿元，增长4.5%，其中新增林业贴息贷款15.2亿元，增长10.1%；中央财政安排贴息资金6242万元，增长3.5%。林业利用外资项目33个，协议利用外资1097万美元，实际利用外资1925万美元。争取国家和省级林业项目资金43亿元，其中国家资金29亿元，增长31%。争取国家营造林项目总面积25.40万公顷，项目资金5.57亿元，分别增长44.25%和30.37%。全省完成营造林面积19.91万公顷。生产木材286.66万立方米、竹材7813.43万根。生产各种人造板318.83万立方米、木竹地板1620.11万平方米。生产各类经济林产品总量449.55万吨。林业旅游与休闲人数达4340.27万人次，林业旅游收入247.18亿元，直接带动其他产业产值1080.06亿元。8月13日，省林业厅出台《关于大力支持赣南等原中央苏区加快林业发展的实施方案》，提出了32条优惠和服务政策。12月17日，争取国家林业局出台《关于支持赣南等原中央苏区加快林业发展的意见》。

2012年，江西省森林工业局更名为"江西省林业产业发展管理局"。永修县、九江县、修水县、寻乌县及萍乡市林业局武功山分局设立林业产业管理机构，使全省县级林业产业行业管理机构达60个。江西飞宇竹业集团有限公司等5家企业的5种林产品获"第二届中国(上海)竹制品博览会金奖"，省竹产业协会获"第二届中国(上海)竹制品博览会优秀组织奖"。在第九届中国林产品交易会上，省林业厅获"特别贡献单位"称号及"优秀组织奖""优秀设计奖"，江西春源绿色食品有限公司等18家企业的18种产品获金奖。全省36家林业企业的36个林产品商标被认定为"江西省著名商标"。全省木材加工企业新增38家，总数达4733家。全省省级林业龙头企业254家，其中产值超亿元的企业55家。江西松涛竹业有限公司等10家竹产企业被中国竹产业协会、国家林业局国际竹藤中心认定为"中国竹业龙头企业"。利用中央林业贴息贷款扶持省级林业龙头企业贷款项目

66个，建立原料林基地3780公顷，拉动社会投资近10亿元，惠及林农8177户。崇义、井冈山、靖安、婺源、铜鼓、资溪、武宁和浮梁等8个县(市)被列为全国森林可持续经营管理试点单位。崇义县被列入“全国森林经营样板基地”。永丰县官山林场被授予2011年度“全国十佳林场”称号。资溪县被命名为“中国特色竹子之乡”。省林业厅连续第三年被评为“全国林业信息化十佳单位”，被授予“退耕还林工程2012年度阶段验收工作先进集体”称号。吉安市林业局、新余市林业局、萍乡市林科所和崇义县林业局被授予“全国林业系统先进集体”称号。

3月6日，省政府出台《关于大力推进林下经济发展的意见》。省财政设立林下经济发展专项资金1000万元，着重对林下经济发展成效突出的县，每年奖励100万元，连续奖补3年以上。2012年，全省林下经济产值56.91亿元，增长68.09%。省政府办公厅出台《关于加快苗木花卉产业发展的意见》。省林业厅、省发改委印发《江西省苗木花卉产业发展规划(2011～2020年)》。编制《赣西千里苗木花卉走廊建设方案》。江西金乔园林有限公司等34家苗木企业被授予“江西省省级林业龙头企业”称号。新增安福县陈山林场国家杉木良种基地等4处国家重点林木良种基地。全省新建苗木花卉基地2万公顷，总面积达6.67万公顷，增长43%。全省专业育苗户1627家，增长33%。完成信丰县林木良种场等6处国家重点林木良种基地、中国林科院亚林中心等6个育苗单位林木良种补贴试点的检查验收工作。开展林业生物质能源状况调查，全省有能源林35.03万公顷，其中木质能源林5.94万公顷、油料能源林26万公顷、淀粉能源林3.09万公顷。有林业生物质能源企业17家，主要为生物质发电企业、颗粒燃料生产企业、燃料木炭生产企业和食用油生产企业。永丰县建成全国唯一楠木良种基地。江西省喜果绿化有限公司获“全国十佳苗圃”称号，江西翰林实业有限公司获“全国十大苗木经纪人”称号。全省油茶林总面积85.53万公顷，其中新造面积3.14万公顷，超过国家任务0.67万公顷，低改面积1.92万公顷。全省油茶苗木繁殖圃107个，面积799公顷，油茶苗年产量2.3亿株，油茶籽年产量44.81万吨，油茶企业195家，油茶产业产值达130.18亿元，增长27.72%。全省新增野生动植物繁育经营企业177家，总数达1090家，其中野生动物企业580家，野生植物企业510家。陆生野生动物繁育与利用产业产值15.30亿元，其中新增产值3.33亿元，增长27.82%。森林旅游产业规模日渐壮大。全省森林旅游与休闲接待人数4340.27万人次，增长1.6%，其中接待海外游客46.2万人次。年旅游与休闲产业收入247.18亿元，增长32.09%，直接带动其他产业产值1080.06亿元，增长231.41%。省财政首次将森林旅游纳入省扶贫资金范围，单列100万元扶持柘林湖国家森林公园等3处森林公园的旅游设施建设。全年投入森林旅游基础设施建设和森林旅游开发资金11.1亿元。新增13个国家森林公园获国家级森林公园专用标志使用许可。举办“2012江西森林旅游摄影大赛”，并发行“江西风景独好·森林旅游”年票，宣传推介江西森林旅游资源。

林权制度配套改革继续深入。省林业厅先后印发《2012年全省林权制度配套改革工作要点》《江西省县级林权管理服务中心标准化建设管理规范(试行)》《江西省林权管理服务中心视觉形象识别系统》，推进林权管理服务中心标准化和正规化建设。浮梁、分宜、贵溪、资溪4县以及安远、信丰、婺源、万安4县，分别纳入全国和省级林权管理服务中心建设试点，使国家级试点县(市)增加到11个。萍乡市率先成立市级林权管理局。南方林业产权交易所由国务院部际联席会议备案保留。南北联合林权交易公司引进15家新股东，落实注册资本5000万元。开展全省林权交易场所清理整顿，建立健全全省“五统一”林业产权交易体系。南方林业产权交易市场开展林权交易675项，成交面积3.53万公顷，成交金额12.1亿元，交易范围辐射周边十多个省市，成为全国最有影响力和竞争力的林权交易市场之一。国家下达江西林业贷款贴息控制总规模15亿元，增长7.14%。林农人均贴息资金由2010年的1634元增长到2012年的3033元。全省森林保险面积873.3万公顷，有林地参保率95.1%，基本实现全省覆盖。340万公顷生态公益林火灾保险实行省财政统保。森林保险为全省林业提供647亿元的风险保障，参保面积、参保率、综合险面积均居全国前列。赣林担保公司实现以5000万元国有股权参股江西省融资担保股份有限公司，享受总公司10亿元的注册资源，全省84家林业企业和林农新增担保贷款金额2.90亿元，累计为全省246户林业企业和林农提供担保贷款10.56亿元，在保责任余额5.13亿元。全省各类林业专业组织14832个，参与农户241.75万户，涉及山林面积488.73万公顷，其中林业“三防”协会11004个，林业专业合作社1808个。崇义、武宁、资溪、兴国、修水、遂川、横峰、鄱阳、于都、铜鼓和靖安11个县被列为首批全国农民林业专业合作社示范县，遂川县列为典型示范县。省林改领导小组建立山林权属争议调处联席会议制、会审制、办结后回访制和法律甄别服务制。全省新增山林权属争议730起，涉及面积0.99万公顷，其中调处678起，面积0.81万公顷。

国有林场改革稳步推进。1月9日，召开全省国有林场改革工作调度会。出台《国有林场改革后执行提前退休政策具体操作办法》及《关于未参保国有林场及其职工参加基本养老保险有关问题的通知》等配套政策。国家拨付用于国有林场职工参加社会保险和分离办社会职能补助资金3.5亿元。全省国有林场职工参加基本养老保险人数85002人，参保覆盖率87.4%；参加基本医疗保险人数91187人，参保覆盖率93.8%。18528人享受未参保且生活困难的退休职工生活补助资金，人均月生活补助385元。47970名国有林场职工纳入困难企业参加城镇职工医疗保险补助政策范围。

国有森工企业改革全面完成。8月，省林业厅被省委、省政府授予“全省七个系统国有企业改革先进单位”称号。2010年，江西启动七个系统国有企业改革，林业系统80家国有森工企业、13049名职工纳入国企改革范围。省林业厅成立江西省国有森工企业和国有林场改革领导小组，设立办事机构。各设区市和县级林业主管部门也成立相应的改革组织机构。11家省属森工企业和69家市、县属森工企业按七个系统国企改革“六个到位”的标准，全部改革到位。纳入改革范围的省属国有森工企业职工3531人，其中离退休职工1362人；除37名企业留守人员外，2132名应改制人员全部签订解除劳动关系协议。省林业厅采取先改制、后下放的办法，将3家省属森工企业下放到县管，实现平稳过渡。

林业科技领跑林业建设。2012年，全省建有县级以上林业科技推广机构98个，建站率77.8%，其中全额拨款的事业单位88个，差额拨款及自收自支单位10个；编制总数917人，其中全额拨款编制691个，占75.4%。争取中央财政林业科技推广项目18个，到位中央财政资金1900万元，项目数量和资金数额均超往年，居全国前列。全省正在实施的推广项目39个，涉及油茶、毛竹、松、杉、樟、桂花等20多个树种的良种繁育、丰产培育和精深加工，以及南板蓝根、广东紫珠等森林药材的栽培示范，斑嘴鸭等野生动物繁育。推广林木良种52个，推广先进实用技术80项，新建和改建示范林0.86万公顷，建设育苗圃地15.33公顷，质量合格率超过95%。“珍稀濒危新物种——华木莲繁育与保护”获2011年度省科技进步三等奖。“一种用芳樟叶油制备高纯度天然芳樟醇的方法”和“天然芳樟醇制备左旋乙酸芳樟酯生产工艺”新技术已申请国家发明专利。完成“红楠采种育技术规程”等9个省级地方标准的制定和发布。《栀子规范化种植技术规程》和《毛竹竹腔施肥技术规程》两个省级地方标准通过省质监局组织的专家审定。完成“木荷防火林带营建技术规程”“油茶有害生物综合防治技术规程”及“枳壳培育技术规程”3项行业标准草案编写并上报国家林业局。启动油茶国家级标准化示范区及芳樟香料等7个标准化示范区建设项目。基本完成全国首个“国家油茶种质资源基因库”建设，收集来自日本、越南等境内外1000多份油茶种质基因材料。官山国家级自然保护区、省林业科技培训中心、省庐山自然保护区3个单位被授予第三批“全国林业科普基地”称号。江西环境工程职业学院生态科教馆被命名为“全国科普教育基地”。

林业投入增幅明显。全年争取国家和省级林业资金投入43亿元，其中国家资金29亿元，增长31%。中央财政安排江西造林补贴资金1.19亿元，增长7倍，增幅居全国首位；中央财政安排江西国家级林业自然保护区补助资金1420万元，增长2.5倍，增幅居全国前列；中央财政安排江西国有林场危旧房改造项目相关配套基础设施建设资金1.29亿元；中央财政安排江西森林抚育补贴资金1.6亿元，增长33.33%，总量居全国前列；安排林业科技推广资金1900万元，增长46.15%，连续4年保持全国第一；林木良种补贴资金增长44%，继续在全国保持前列。国家林业局和省发改委批复立项18个，批复总投资2.3亿元，其中中央投资1.6亿元；全省储备各类林业建设项目36个，批复总投资4.1亿，其中中央投资2.8亿元。全年林业招商引资引进项目106个，到位资金191.45亿元，占实际项目投资总额的80%。建立林业招商项目库，收集、筛选、编制全省林业重点招商引资项目133个，资金总额239.91亿元。

【出台《关于大力推进林下经济发展的意见》】 3月6日，省政府印发《关于大力推进林下经济发展的意见》，提出力争到2015年，全省林下经济发展面积达200万公顷，综合产值达600亿元以上，农民从林下经济中人均增收600元。文件强调，根据江西的自然条件，重点发展林下种植、林下养殖、林下产品采集加工和森林景观利用等四大类林下经济，着力抓好油茶、花卉苗木、森林药材、森林蔬菜、野生动物驯养繁育、森林旅游六大林下经济产业。省财政设立林下经济发展专项资金，对林下经济发展重点县进行奖补。省政府成立由分管副省长任组长、省直有关部门为成员单位的林下经济发展领导小组，办公室设在省林业厅；成立由各级林业主管部门牵头，发改、财政、科技、农业、水利、交通运输、电力、扶贫、金融、保险、宣传等部门扶持发展的协作机制。2012年，全省林下经济产值56.91亿元，增长68.09%。

【提出苗木花卉产业千亿发展目标】 4月12日，省政府办公厅印发《关于加快苗木花卉产业发展的意见》。6月4日，省林业厅、省发改委联合印发《江西省苗木花卉产业发展规划(2011~2020年)》，提出实施“十百千工程”，打造千亿元花木产业的发展目标，即：力争到2015年，全省苗木花卉基地种植面积达到10万公顷，实现苗木花卉直接销售产值300亿元，综合产值500亿元；到2020年，全省苗木花卉种植面积达到13.33万公顷，实现苗木花卉直接销售产值500亿元，综合产值1000亿元；培植30家以上龙头企业，创立10个以上拥有自主知识产权的苗木花卉品牌，培育3~4家上市公司，培养600~800个专职苗木花卉经纪人。省政府成立由分管领导任组长的省苗木花卉产业发展领导小组，领导小组办公室设在省林业厅。

【提出森林旅游600亿发展目标】 5月29日，省政府办公厅印发《关于加快森林旅游发展的意见》，提出到2015年，全省将构建以森林公园为主体，湿地公园、自然保护区实验区、森林植物园(树木园)和各类森林生态园区相结合的森林旅游发展体系，建成各类森林旅游目的地500处；加大各森林旅游景区建设力度，提升建设档次和服务质量，开发一批特色鲜明的森林旅游精品线路，打造一批森林旅游示范景区，培育一批“森林庄园”“森林人家”等森林旅游品牌。力争年接待人数达5000万人次、年综合总收入达600亿元。

【江西被列入全国木材战略储备基地示范省】 2012年，国家林业局把江西列入7个全国木材战略储备基地示范省之一。国家在中央基本建设资金和中央财政补贴资金中列支2500万元用于江西省木材战略储备示范基地建设。规划在赣南片区的崇义县、全南县和宁都县，赣中片区的安福县、永丰县，赣西片区的分宜县、奉新县等7个县组织实施，实施主体以国有林场为主、林业合作组织为辅。

【省林业厅获"2012年度退耕还林工程阶段验收工作先进集体"称号】 1～4月,按照国家林业局的部署和要求,江西组织开展2012年度退耕还林工程阶段验收省级检查验收工作。由省林业厅负责统一组织、技术培训、督促指导和质量检查,11个设区市的62个工程县(市、区)负责具体实施。验收范围包括2004年计划的退耕地还生态林面积和2010～2011年阶段验收不合格需申请补查的面积,共计6953.64公顷。经国家林业局组织的重点核查,江西退耕还林面积保存率为99.6%。省林业厅被国家林业局授予"2012年度退耕还林工程阶段验收工作先进集体"称号。

【南方林业产权交易所获"省级林权交易示范中心"称号】 2月28日,欧盟、国家林业局和联合国粮农组织授予南方林业产权交易所"省级林权交易示范中心"称号。南方林业产权交易所2009年成立以来,围绕统一市场、网上市场和资本市场3个市场的建设,整合全省68家县级林权交易机构,建立"五统一"的全省林权交易市场体系;强化运行和升级改版南方林权交易市场网、交易系统和林产品网上商城;引进战略资本组建股份有限公司,搭建资本运作平台;加强金融合作,获3个银行林权抵押贷款授信额度120亿元,金融服务辐射周边20多个省、市。

(省林业厅编辑室)

畜牧业

【概　况】 2012年,全省各地以鄱阳湖生态经济区建设为主线,坚持"规模化、标准化、生态化、品牌化"发展方向,加快畜牧业发展方式转变,推进产业化经营,提升动物疫病防控和畜产品质量安全水平,全省畜牧业呈现持续健康发展态势。畜牧业生产全面增长,肉、蛋、奶和蜂蜜产量分别为333.91万吨、56.43万吨、12.76万吨和1.29万吨,分别增长5.42%、5.6%、0.71%和9.44%。生猪出栏3130.64万头,增长5.71%,居全国第十位,生猪存栏1911.62万头,增长4.6%,其中能繁母猪存栏199.19万头,增长4.45%。家禽、肉牛、肉羊和肉兔出栏分别为4.33亿只、143.84万头、88.72万只、345.15万只,分别增长2.82%、3.3%、1.11%和5.18%。养蜂箱数41.66万箱,增长7.74%。全省畜牧业产值755.3亿元,增长5%。畜产品外销活跃,尤其是生猪外销保持强劲势头,外调生猪1200万头,增长4%。其中,供沪180万头,增长28%,居全国第一位;供港30万头,增长7%,居全国第二位。

实施标准化规模养殖。以畜禽清洁生产和标准化示范创建为主抓手,整合标准化规模养殖场建设、大中型沼气工程、生猪调出大县奖励以及菜篮子产品扶持等项目和资金,推进标准化规模养殖较快发展。规模养殖水平稳步提升,年出栏500头以上生猪规模养殖比重达到62%,年出笼2000只以上肉禽规模比重80%,存笼500只以上蛋禽规模比重72%,均位于全国前列。3600家年出栏1000头以上规模养猪场完成粪污治理改造,省部共建畜禽标准化示范场102个,总数达到307个,规模场粪污无害化处理率75%,资源化利用率67%,分别提高3个百分点和2个百分点。

开展动物疫病防控。全面落实强制免疫、消毒灭源、监测流调、疫病净化、检疫监督和应急处置等防控措施,建立动物防疫免疫责任场户承诺制,畜禽养殖场、屠宰场官方兽医监督巡查制度,举办全省首届兽医实验室技能比武,动物疫病防控能力进一步增强。全省高致病性禽流感连续7年保持零疫情,口蹄疫连续3年保持零疫情,高致病性猪蓝耳病、猪瘟疫情,为近5年来疫情最平稳的一年,实现了"两个力争、两个确保"的防控工作目标。其他动物疫情总体平稳。

加强畜产品质量安全监管。制定《江西省依法治牧年活动实施方案》,开展"依法治牧年"活动。组织开展兽药经营清理和规范行动,1523家兽药经营企业通过兽药GSP检查验收,注销兽药经营许可证623个,取缔无证兽药经营企业111家。开展"瘦肉精"等专项整治行动,检查生产、经营企业2万个,立案查处16起。全省养殖、屠宰环节"瘦肉精"检出率连续6年控制在0.5%以内,兽药饲料产品合格率连续6年保持稳步上升态势,生鲜乳检测合格率连续4年保持100%。全省未发生一起重大畜产品质量安全事件。

扩大产业化经营。一批畜产品加工线陆续建成投产,加工能力达到生猪1200万头、家禽1.1亿只、禽蛋20万吨、肉牛40万头、鲜奶30万吨。其中南昌市生猪屠宰加工能力800万头,居全国各城市之首。新增省级畜牧业龙头企业27家,总数达到132家,其中国家级龙头企业12家。省级以上龙头企业新增固定资产投资9.4亿元,总额达到92亿元,销售总额1020亿元,增长23%。销售额10亿元以上的28家,其中2家超过200亿元。江西煌上煌集团股份有限公司在深圳证券交易所上市。畜牧业合作社达5680个,入社养殖场户7.5万户。饲料兽药产业稳步发展,全省饲料产量609万吨,增长10.7%,饲料工业产值212亿元;兽药GMP企业新增13家,达到73家,兽药工业产值14亿元。畜产品品牌建设取得新进展,全省无公害畜产品达到237个,绿色、有机食品41个,地理标志产品12个,拥有中国驰名商标6个。

【开展"依法治牧年"活动】 3月21日,省畜牧兽医局制定《江西省依法治牧年活动实施方案》,确定2012年为"依法治牧年",提出了四项主要任务:健全畜牧业执法体系,推进基层畜牧兽医综合执法;强化执法监管,优化畜牧业发展环境;狠抓畜牧兽医执法队伍建设,规范提升执法水平;健全完善畜牧业相关法规,为依法治牧提供法制保障。活动期间,全省出动动物卫生监督执法人员1万人次,监督检查养殖场户、屠宰场所和经营场所等3万个次,依法下达整改通知书369份。

(徐轩郴)

水产业

【概　况】 2012年,全省各地及各级农业部门围绕鄱阳湖生态经济区建设,推进现代渔业发展,不断提升渔业生态安全、水产品质量安全和渔业生产安全，切实转变渔业发展方式，全省渔业呈现出“四个历史之最、六个突出亮点”的良好发展态势。“四个历史之最”：渔民人均年纯收入达9513元，年增长突破1000元；水产品自营出口额突破3亿美元，达到3.4亿美元，增长34%，创历史最高水平，提前3年完成“十二五”规划目标；争取中央和省级财政惠渔强渔资金突破5亿元；水产苗种繁殖量突破300亿尾，苗种投放量达42万吨。“六个突出亮点”：全省渔业经济总产值达717.3亿元，增长19.4%，水产品总量237万吨，增长6.4%，水产品加工率达24.3%，提高2.3个百分点；率先开展草鱼出血病无规定疫区创建工作，创建部级健康养殖示范基地达356家，总面积突破10万公顷，示范基地草鱼免疫率达90%以上；现代渔业建设累计投入2.3亿元，改造标准化池塘3640公顷，改造规模化水产苗种繁殖基地12个；碳汇渔业攻坚克难获进展，新余仙女湖和武宁庐山西海等实施“牧渔养水”战略，试点碳汇渔业，引进唐启升、曹文宣两个院士进入现代农业示范园院士工作站；“鄱阳湖”品牌建设硕果累累，先后通过“三品一标”产品340个，开设品牌直营店20家，品牌销售额达3亿元；《江西省渔业条例》正式实施，首次明确稳定基本养殖水域面积理念，提出按照水产养殖规划控制投饵养殖容量等新举措。

产业化经营长足发展。2012年，全省规模以上水产企业410家，增加30家，其中省级以上龙头企业达50家，新增15家。渔业专业合作社快速发展，总数达到420家，新增40家，合作社社员户数达4.2万余户，增加4000多户，带动农户达13.6万余户，增加2.1万户，销售额达70亿元，增加10亿元。休闲渔业发展稳健，全省建有水面3.33公顷以上的垂钓休闲渔业基地420个，从事休闲渔业的人数达15万人，休闲渔业产值达到90亿元。

科技兴渔步伐明显加快。开展“渔业科技促进年”活动，建立健全现代水产产业技术体系，新聘7个首席专家及1个院士，组建7个专家组共100余人的团队，联系7个省龙头企业的30个养殖加工基地，面积近1333.33公顷。承办院士专家江西行活动，举办发展现代渔业专题研讨会，促进草鱼出血病无规定疫区建设，提升产业竞争力。3月28日，由中国水产科学研究院和省农业厅共同主办的中国渔业科技促进年暨百人专家团科技下乡活动启动仪式在南昌举行，农业部副部长张桃林和副省长姚木根出席了此次活动。

【江西省长江珠江增殖放流仪式启动】 3月，省政府分别在南昌市和赣州市举行“江西省2012年鄱阳湖及长江江西段禁渔暨增殖放流、渔政执法检查启动仪式”和“江西省2012年珠江流域禁渔暨增殖放流启动仪式”。2012年，全省落实增殖放流经费达3000万元以上，放流经济鱼类苗种突破15亿尾，大鲵、胭脂鱼、棘胸蛙等珍稀物种164万尾，并专门制定《江西省增殖放流项目绩效考评办法》，对2012年的增殖放流项目实行绩效考评。

（陈诗伟）

农 垦

【概 况】 2012年，全省农垦拥有独立核算单位162个。其中，垦殖场145个，企业集团9个，独立核算的工业企业2个，独立核算的农垦农工商公司6个。垦殖场（企业集团）办工业企业928个、商业企业2293个、建筑企业68个、运输企业241个。拥有土地总面积59.09万公顷。其中，耕地面积5.26万公顷，林地面积41.51万公顷，水面面积2.82万公顷，果茶桑园面积1.50万公顷，宜林荒山面积6023.51公顷，分别占土地总面积的8.85%、69.96%、4.65%、2.66%、1.14%。年末总人口90.22万人，从业人员28.52万人，年人均纯收入8337元，增加1273元，增长18.02%。

2012年，全系统实现生产总值145.62亿元，增长26.51%，连续10年实现两位数增长。其中，第一产业增加值19.59亿元，增长17.14%；第二产业增加值92.56亿元，增长25.54%；第三产业增加值33.47亿元，增长35.75%；一、二、三次产业结构比例由上年的15:64:21调整为13:64:23。完成工农业总产值413.13亿元，增长29.23%。固定资产总投入169.43亿元，增长38.06%。实现利润5.85亿元，增长18.27%，连续10年盈利。上缴税费16.16亿元，增长60.64%。162个独立核算企业中，盈利企业113个，盈利面69.75%，盈利总额6.17亿元；亏损企业49个，亏损面30.25%，亏损总额3205万元。

全年实现农业产值44.17亿元，增长9.07%，占工农业总产值的10.69%。其中，种植业产值22.48亿元，占农业总产值的50.89%；林业产值3.70亿元，占农业总产值的8.38%；牧业产值11.98亿元，占农业总产值的27.13%；渔业产值3.97亿元，占农业总产值的8.99%；服务业产值2.04亿元，占农业产值的4.61%。农作物方面，农作物总播种面积10.85万公顷，增长0.38%。其中，粮豆播种面积7.86万公顷，增长0.34%；油料播种面积1.26万公顷，增长0.87%；棉花播种面积3270公顷，增加0.80%；茶叶种植面积5922公顷，增长0.07%；水果种植面积8843公顷，减少7.84%。粮豆、油料、棉花、茶叶产量分别为53.89万吨、2.65万吨、9832吨、4322吨，分别增长5.38%、1.77%、0.94%、0.51%。水果产量6.40万吨，减少1.13%。畜牧业方面，大牲畜年末存栏3.05万头，减少4.39%；生猪出栏94.4万头，增长3.42%；牛奶产量1.34万吨，减少33.24%；肉类总产量8.77万吨，增长3.61%。水产业方面，水产品产量3.93万吨，增长7.48%，其中养殖产量2.79吨，占水产品总产量的70.91%。

全年实现工业产值368.96亿元，增长32.15%。轻工业仍是农垦工业的主体，轻工业产值284.58亿元，占工业总产值的77.13%。规模较大的上5亿元的行业有17个，累计完成工业产值349.22亿元，占工业总产值的94.65%，增加41.79%。

全年非国有经济经营单位9955户。其中，集体经济单位25个，个体经济单位7790个，私有经济单位2113个，港澳台经济单位27个。拥有从业人员9.72万人，从业人员总收入17.65亿元，年平均收入1.82万元，增加3610元，比全系统的年平均收入高3909元。实现生产总值75.61亿元，利润3.52亿元，税金2.87亿元。

刷新江西农垦史上两项纪录。2012年，全省农垦155户农垦企业全部完成改制任务，31万职工的“一补两险”全部落实到位，203家中小学校和114家医疗机构全部移交属地管理，化解企业不良债务30.51亿元，落实“一补两险”费用24.81亿元，偿还拖欠职工费用5.29亿元，资产负债率由改革前的119%下降至改革后的83%，走出了一条以改革保增长、惠民生、促和谐的成功之路，刷新了农垦改革史上的纪录。全省农垦8.9万套危房改造任务全面开工，6.4万套新房竣工，20万职工群众乔迁新居，落实国家财政资金15.48亿元，撬动民间资金150亿元，实施了一场以刺激和鼓励民间投资消费为主体的扩大内需战略，刷新了农垦民生史上的纪录。

产生三个亮点。2012年，全省农垦新农村建设、工业经济和招商引资工作成为突出亮点。农垦新农村建设秉持与危房改造、园区开发、城镇化建设相结合的理念，累计建设新农村点1177个，发展农业专业合作社518个，始终走在全省前列。农垦工业总产值突破350亿元，工业销售收入突破300亿元，实现了产销两旺。农垦招商引资不仅成功为全省引入了世界500强企业——中国中化集团公司，而且亿元以上重大项目竞相落户农垦，全年实际到位资金达93亿元，为全省开放型经济建设提供了有力支撑。

积累六条经验。2012年，江西省农垦的企业改革、危房改造、农产品质量追溯体系建设、超级稻推广、旅游产业发展和扶贫开发等六方面的工作经验相继在全国农垦会议作典型发言，为全国农垦事业的发展探索了新路、积累了经验、形成了示范。

【江西省农垦农产品质量追溯体系建设在全国领先】 截至2012年底，经农业部批准，江西省农垦正式建成运行的农产品质量追溯体系项目累计达到13个，其中2012年新增7个，新批质量追溯创建单位20个，排名全国第二位。4月18日，在全国农垦农产品质量追溯工作会议上，江西省农垦事业管理办公室作为全国唯一省级农垦主管部门发言，推介江西省农垦农产品质量追溯体系建设的主要做法和典型经验。9月28日，在第十届国际北京农产品交易会上，江西农垦农产品质量追溯体系建设工作受到了中央领导和农业部领导的赞扬。

（赵　强）

绿色食品

【概　况】 2012年，全省绿色食品产业稳步发展，品牌公信力和市场竞争力明显提升，保持了健康平稳发展态势。全省绿色食品产品总数为436个、有机食品产品总数达142个，拥有全国绿色食品原料标准化生产基地48个，生产基地面积60.53万公顷。

出台政策鼓励引导绿色食品发展。省委、省政府连续出台《关于实施和谐秀美乡村建设工程的若干意见》《江西省现代农业发展规划纲要》等纲领性文件，明确提出要加快发展生态农业、绿色农业和低碳农业，突出创建绿色食品名牌体系，实施以“生态鄱阳湖、绿色农产品”为主题的品牌发展战略，把开展无公害、绿色、有机和地理标志农产品认证作为品牌培育的基础性工作，推动了绿色食品产业的发展。

加强人才队伍建设。省绿色食品发展中心组织召开全省有机产品认证企业负责人座谈会，举办江西省有机食品企业内检员培训班，全省绿色食品检查员、监管员暨绿色食品企业内部检查员培训班，培训企业人员322人次。在培训合格的基础上，积累相关专业检查经历，然后向中国绿色食品发展中心申请注册。全年新注册绿色食品检查员22人（其中5人来自省绿色食品发展中心，17人来自设区市绿色食品工作机构），进一步扩大了检查员工作队伍。

强化质量安全抽检提升品牌形象。在全省范围启动“三品一标”（无公害农产品、绿色食品、有机农产品和农产品地理标志）品牌提升行动，省农业厅印发《2012年江西省“三品一标”品牌提升行动实施方案》，并在南昌举行公开承诺仪式，全省所有“三品一标”获证单位均与省级“三品一标”工作机构签订向社会保证质量和规范使用标志的承诺书；全省“三品一标”检（核）查员、监管员统一签订责任书，实现检（核）查员100%签订责任书，在履行职责时100%持证上岗。开展绿色食品专项整治，加大“三品一标”产品的监督抽检力度，抽检产品抽检合格率达到100%。

【江西绿色食品亮相中国绿色食品2012上海博览会】 12月14～17日，中国绿色食品2012上海博览会在上海国际展览中心举办。江西省组织江西煌上煌集团股份有限公司、江西省进贤县军山湖鱼蟹开发公司、浮瑶仙芝有限公司等21家企业参展，参展产品涉及酱鸭、大闸蟹、蜂蜜、茶叶、茶油、大米、米粉、临川虎奶菇、南丰蜜橘等34个赣产名特优农产品。在绿博会上，浮梁县浮瑶仙芝茶业有限公司等5家参展企业与上海迪贝曼国际贸易有限公司等5家国内外采购商进行了集中签约，总金额达1.2亿元（全国签约金额为12.8亿元）。江西参展企业现场零售及贸易交易额达8926万元，意向交易额达1.38亿元，拟合作项目32个，金额达2.2亿元。在本届绿博会上，江西展团获优秀组织奖，江西帝缘食品有限公司等5家企业获优秀商务奖，瑞昌市溢香农产品有限公司等19家企业的产品获畅销产品奖。

（康升云）

花卉业

【概　况】 2012年，随着经济社会的快速发展、人民生活水平不断提高，江西省花卉产业迅速崛起，呈现出“生产规模稳步扩大，经营模式加快转变，优势产业不断壮大，产业影响力逐步提升”的显著特点，成为江西省农业农村经济发展新的增长点。

生产规模稳步扩大。2012年，江西花卉业生产规模总体延续了“平稳发展、略有增加”的态势，全省花卉苗木总种植面积达3.1万公顷，增加200公顷，其中花卉种植面积9050公顷，花卉销售额24亿元、增加0.2亿元，出口创汇87万美元、增加2万美元。

经营模式加快转变。全省有小型花卉市场53个、花卉企业890个、花卉种植专业户4.5万户，从业人员10.8万人。经营模式正逐步由传统的分散粗放经营向专业化、规模化和集约化经营模式转变，“公司+基地+农户”“公司+专业合作社”的经营模式成为花卉业发展主流。

优势产业不断壮大。以大余为主的金边瑞香、虎舌红和富贵籽盆花基地，以井冈山为主的杜鹃和兰花基地，以南昌为主的山水盆景和园林绿化苗木、草坪、盆花、盆景、切花基地等特色产业稳步增长。全省莲产业发展迅速，广昌、石城和宁都等传统产莲县种植面积不断扩大，莲花县等后起之秀发展势头强劲。莲花县专门成立莲产业发展局和江西省花协荷花分会，推动全县莲产业发展。

花卉产业对外合作交流进一步深化，日本岐阜县花卉园艺特产振兴会会长、岐阜园董事长加藤孝义一行到赣考察花卉产业发展，共同促进了两国间花卉产业的交流与合作。

【举办江西省第三届花卉园艺博览交易会】 10月8日，江西省第三届花卉园艺博览交易会在宜春市举办。本届花博会由省政府主办，省农业厅、省林业厅、省住建厅、省花卉协会协办，宜春市政府承办。省长鹿心社出席开幕式并宣布花博会开幕，省人大常委会副主任陈达恒、副省长姚木根出席，省政府党组成员、省政府秘书长谭晓林主持开幕式。此次花博会规模空前，花博园占地面积81公顷，园内建有4个馆、12个展园、12个专类花园、5条主花道、一个人工湖和若干景观平台。围绕“秀美江西，绿色崛起”主题，策划安排了12项花事活动，累计接待入园参观游客超过20万人次。在开幕式当日举行的花博会绿色产业招商推介会上，现场签约项目17个，签约总金额达55.4亿元。

（王　晨）

农业机械化

【概　况】 2012年，江西农业机械化呈现出“农机装备结构逐步调优，农机化作业水平大幅提升，农机服务效益持续增加，农机安全生产形势稳步好转”的特点，促进了全省农业农村经济持续健康较快发展。2012年，江西省农机原值达355.29亿元，增长7.56%，农机总动力为4600万千瓦，增长9.52%，其中柴油发动机占比最大，达77.2%。全年落实农机购置补贴专项资金7.6亿元，增长19%，补贴各类机具38.4万台套，拉动农民投入28.2亿元，直接受益农户达29.3万户。

农机装备结构逐步调优。2012年，全省拥有拖拉机55.38万台，增加3.7万台，其中大中型拖拉机为2.05万台、增加0.3万台，占比为3.7%，小型拖拉机为53.33万台，增加6.95万台，占比为96.3%。主要粮食作物机具增长较快，尤其是产前机具明显上升，水稻工厂化育秧设备300套，增长200%，水稻插秧机1.6万台，增长32.5%，稻麦联合收获机械6.2万台，增长23.3%，谷物烘干机900台，增长12.5%。高性能作业机具稳定增长，乘坐式插秧机、自走式稻麦联合收获机分别为0.08万台、6.0万台，分别增长17.57%、18.92%。其他经济作物关键环节机具快速增长，油菜籽收获机、花生收获机、茶叶采摘机、秸秆粉碎还田机分别达0.11万台、0.17万台、0.2万台、0.17万台，分别增长22.22%、30.77%、25.0%、88.89%。农产品初加工机械、畜牧养殖机械、农田基本建设机械增长均超过5%，渔业机械、林果业机械、运输机械增长均超过10%。

农机化作业水平大幅提升。全省水稻机械化耕种收综合机械化水平达59.5%，其中水稻机耕、机插、机收面积分别达295.04万公顷、61.07万公顷、237.42万公顷，机械化水平分别达到84.5%、17.5%和68%，分别增长1.5个百分点、4.5个百分点和2个百分点。跨区作业面积达24.54万公顷，其中跨区机收水稻17.54公顷，占71.48%。果业、花生和油菜等生产机械化得到巩固提高，茶叶、畜牧业和渔业等生产机械化取得较大突破。

农机服务效益持续增加。全省农机化作业服务组织1.1万个，其中拥有农机原值20~50万元（含20万元）的农机化作业服务组织增长14.03%，拥有农机原值50万元（含50万元）以上的农机化作业服务组织增长7.23%。农机合作社达529家，增加52家，社员9995人，增加650人。全年农机化作业总收入达157.61亿元，增长7.84%，其中农机化田间作业收入、跨区作业收入分别达53.38亿元、2.39亿元，分别增长6.04%、9.63%，实现利润72.77亿元，增长9.07%，农机化作业收入成为农民持续增收的重要渠道。

【农机安全生产形势稳步好转】 2012年，全省核发拖拉机号牌23214副，其中手扶拖拉机21959副、大中型拖拉机1255副，农机挂牌率有所提高。共检验大中型拖拉机1493台、手扶拖拉机12479台、联合收割机7206台，手扶拖拉机年检率有所突破。创建了上高县等3个全国“平安农机”示范县，初步形成了“政府负责、农机主管、部门协作、社会参与”的长效管理机制。农机安全生产取得明显成效，全年未发生一起重特大农机安全事故。

（李　星）

农业综合开发

【概　况】 2012年，江西省农业综合开发抓住鄱阳湖生态经济区建设、支持赣南等原中央苏区振兴发展等重大机遇，围绕提高农业综合生产能力和促进农民增收这两个根本，以保障国家粮食安全为首要任务，以发展现代农业为主攻方向，依据《国家新增千亿斤粮食工程规划》，推进高标准农田建设，不断改善农业生产条件，努力打造国家粮食生产核心区。立足江西农业实际，大力扶持农业产业化、标准化和合作化发展，项目区农民增收明显。不断加强精细化、科学化管理，创新机制，使农业综合开发项目成为财政支农资金管理最规范、最受群众欢迎的项目之一。2011~2012年，农业综合开发项目涉及全省11个设区市的86个开发县（市、区）（新增上犹县、瑞昌市）及2个省直属单位（农业厅、省监管局）所属的5个国营农场，完成年度财政总投资14亿元，其中中央财政 9.5 亿元。

推进农业产业发展。全省完成产业化经营项目 300 个，投入财政资金 1.42 亿元，带动农民、企业和社会投入农业开发资金 16 亿元。扶持一批特色明显、影响力、竞争力与辐射带动作用强的农业龙头企业和农民合作组织，帮助其做大做强，做到扶持一个企业，发展一片基地，致富一方百姓，带动一方经济，全省 132 个龙头企业和 168 个农民合作社。按照龙头带基地、基地连农户的形式和产加销、贸工农一体的经营模式，发展农民合作社，农业产业化水平和生产组织化程度明显提高。建设优质水稻、赣南脐橙、南丰蜜橘、中药材、有机蔬菜、有机油茶等优势农产品基地 5.33 万公顷。优化农业产业结构，项目区农民年人均收入增收 3000 余元，带动 100 多万农民脱贫致富。

加强农业综合开发项目和资金管理。省农业综合开发办公室加强对 2011 年度农业综合开发土地治理和产业化经营两类项目的前期审定工作，实行集中评审和实地考察相结合，确保项目真实性和计划编报的科学性。5 月，接受财政部山西专员办对全省农业综合开发专项资金的检查，从检查情况来看，资金管理严格，没有发现严重违规违法现象。8 月中旬至 9 月上旬，省农业综合开发办公室会同省财政厅对全省 2011 年度农业综合开发竣工项目进行了验收考评。从考评情况来看，开发任务完成，效益明显，项目和资金管理不断规范。8～11 月，国家农业综合开发办公室及省财政厅对全省农业综合开发资金使用情况进行绩效考评。考评结果表明，资金使用合理，效益明显。11～12 月，国家农业综合开发办公室对全省 2011 年度农业综合开发竣工项目进行了综合检查。检查结果表明，项目规划计划科学，资金管理严格，工程质量较好，开发效益明显。

抓好民生工程，维护农村稳定。参与新农村建设。安排农业综合开发财政资金 1.3 亿元，扶持了全省 600 个新农村点的建设，把土地治理项目的山水田林路治理与新农村建设的村容村貌建设结合起来，把田间机耕路修建与乡村道路结合起来，把田间灌溉等水利设施建设与人畜饮水工程结合起来，把农田防护林建设与"绿色家园"结合起来，以改善农业生产条件促进农民生活条件改善。支持赣南等原中央苏区和特困片区振兴发展。2011 年，农业综合开发投入财政资金 2.6 亿元，改善原中央苏区和特困片区的农业生产条件，扶持农业产业发展，2012 年 9 月，省农发办在瑞金召开农业综合开发对接支持原中央苏区和特困片区振兴发展座谈会。10 月，省农发办编制了《江西省农业综合开发对 38 个县（市、区）2012～2015 年帮扶规划及 2013 年帮扶计划》《农业综合开发扶持南丰县 2012～2015 年发展规划》。

【建设高标准农田】 2011～2012 年，全省农业综合开发在赣抚平原、赣西平原、吉泰平原和环鄱阳湖地区，沿铁路、高速公路、国道等交通干线，实施土地治理项目 190 个，改造中低产田 2 万公顷，建设高标准农田 3.07 万公顷，生态综合治理 5000 公顷。修建小型水库 20 座、拦河坝 105 座，开挖渠道 1226 千米，修建排灌站 43 座、田间配套渠系建筑物 15015 座，改良土壤 3320 公顷。营造防护林面积 1333.33 公顷。开展技术培训 3 万人次，示范推广 3333.33 公顷。新增粮食生产能力 9500 万千克、棉花 88 万千克、油料 1347.24 万千克。项目区直接受益农业人口 148 万人，农民纯收入总额增加 3.5 亿元。

（罗　华）

科教兴农

【概　况】 2012 年，全省农业科教工作围绕全省"一六三二"农业工作总体要求，以"农业科技促进年"活动为引领，不断深化基层农技推广体系改革与建设，开展全程农业科技服务活动，全面推进农民教育培训转型，为实现粮食增产、农业增效和农民增收作出了贡献，全省农业科技贡献率达到 52.5%。

一批优良农业新品种、适用技术和新机具得到推广和应用。全省发布主导品种 30 个，主推技术 50 项，覆盖种植、畜牧、水产、农机等各个行业，全省农业机械总动力达 4600 万千瓦，水稻综合机械化率达到 59.5%。

一批示范园区和示范基地得到重点建设。全省认定 57 个省级以上现代农业示范区，实施粮棉油高产创建万亩示范片 485 个，兴建园艺作物标准园 44 个、水产健康养殖示范场 50 个、畜禽标准化养殖示范场 100 个。全省培育示范户 10 万户，建设农业科技试验示范基地 300 个。

一批节能减排技术得到推广和应用。建立绿色植保农药减量示范区 210 个，全省 50% 以上的行政村建立了测土配方施肥技术村级示范方。2012 年，江西获"全国农业科技促进年"活动先进单位。

创新科技服务方式。2 月 17 日，江西率先在全国启动以"科技进村入户，助力增产增收"为主题的"农业科技促进年"活动，开展整建制高产创建推进行动、"推进机插秧、创建高产县"行动、畜禽养殖标准化示范创建行动、渔业产业关键技术科技大提升行动等 14 项行业科技行动。省农业厅创新开展"十百千万"科技兴农活动，组织全厅干部组成 100 个工作组，由厅领导带队多次深入各县（市、区）开展农情调查、政策宣讲、农民培训和技术服务。

深化基层农技推广体系改革与建设。4 月，省政府在宜丰县召开全省基层农技推广体系改革与建设工作会，巩固改革成果，完善基层农技推广体系建设。基层农技推广体系改革与建设补助项目和基层农技推广服务体系建设项目覆盖全省 95 个农业县及所属乡镇，全省大部分农业县基本完成改革，乡镇办公条件和服务平台建设得到较好改善。全省选拔 9750 名农技指导员，遴选 9.8 万户农业科技示范户，辐射带动超过 100 万户，建设农业科技示范基地 290 个。在全省评选出 100 名优秀基层农技员和 100 个先进乡镇农技推广综合站。

更加注重科技管理与成果。2012 年，省农业厅加强对各级科研项目的申报与跟踪管理，列入省科技厅科技支撑计划 11 项，经费 94 万元；星火计划 4 项，经费 18 万元；科技三援计划 1 项，经费 15 万元；科研院所基础设施配套建设专项 1 项，经费 8 万元；赣鄱英才 555 工程 6 人，经费 210 万元。

列入科技部农业科技成果转化资金项目2项，经费660万元。列入农业部948项目1项，经费60万元。全省有5项科技成果通过了省农业厅组织的成果鉴定，获2012年江西省科学技术进步奖三等奖1项，获江西省农业科教人员突出贡献奖20项。

【开展农民教育培训工作】 2012年，江西阳光工程实现“三个转变”，即由偏重服务城市发展向注重支撑农村经济社会发展转变，由经营性培训机构培训向国家公益性机构培训转变，由补贴式的转移培训向全免费的农业从业人员培训转变。2012年，全省认定阳光工程培训基地263个，培训人数18.98万人。其中，农业职业技能培训87000人，农业专项技术培训102000人，农业创业培训800人。同时，在南康市、黎川县、高安市启动新型职业农民培育试点工作。

（刘 凯）

扶贫开发和水库移民

【概 况】 2012年，38个原中央苏区县和特困片区县农民人均收入由2011年4473元提高到5160元，增长15.36%，3400个贫困村农民人均收入由4201元提高至4865元，增长15.8%，以上其增幅均比全省农民人均收入增长13.5%高出2%左右。全省贫困人口由438万人降至385万人，减少53万人，减少12.1%。

“四个一”组合式扶贫举措。省委、省政府决定，从2012年起，实行“四个一”组合式扶贫特殊举措，集中支持特困片区和中央苏区38个县扶贫攻坚。即：省委常委、省政府领导及其他省级领导、驻赣部队军级领导到特困片区和中央苏区每人定点扶贫一个县，指导帮助特困片区县制定和实施好扶贫攻坚规划、中央苏区县制定和实施好发展振兴规划；每县安排一个综合实力较强的省直部门协助省级领导搞好定点扶贫；每县安排一个国有控股企业、实力较强企业配合省级领导开展定点扶贫；省财政预算连续十年每年每县安排1000万元专项扶贫资金扶持产业发展。

全省21个国家扶贫开发工作重点县实现中直单位定点扶贫全覆盖。2012年，国务院扶贫开发领导小组安排部署包商银行定点扶贫鄱阳、余干两县。至此，江西省先后共争取国土资源部、科技部、民政部、中国三峡集团、中石油、华润集团、中纺集团、中国人保等10个中直单位定点扶贫兴国、遂川等21个国家扶贫开发工作重点县，实现了国家扶贫开发工作重点县中直单位定点扶贫全覆盖。

水库移民动态管理。2012年核定全省移民后扶人口157.44万人。其中，核定直补到人移民91.91万人，核定扶持到村组移民65.53万人，及时足额下达移民后扶直补和应急补助资金共34456万元。以移民超万人的51个县为重点，新增建设移民示范村295个，全省累计建设移民示范村达到1028个。

【召开全省扶贫开发推进会】 7月6日，全省扶贫开发推进会在上饶市举行。会议部署推进赣南等原中央苏区和特困片区扶贫攻坚工作。省委副书记、省长鹿心社在会上要求：抓住机遇，乘势而上，开拓进取，真抓实干，加快推进赣南等原中央苏区和特困片区扶贫攻坚，尽快让原中央苏区和特困片区人民群众过上富裕幸福的生活。省委副书记、省纪委书记尚勇出席会议并讲话，省委常委、常务副省长凌成兴出席会议，副省长胡幼桃主持会议。省政府党组成员、秘书长谭晓林出席会议。各有关设区市和38个原中央苏区县和特困片区县（市、区）党政负责人参加了会议。

【召开赣南等原中央苏区和特困片区扶贫攻坚督促会】 9月26日，赣南等原中央苏区和特困片区扶贫攻坚督促会在南昌召开。省委副书记、省纪委书记尚勇出席会议并强调：要按照“科学规划、创新机制，集成资源、加大力度，转变作风、务求实效”的总体要求，以开阔的视野、系统的思维和统筹的办法实现扶贫攻坚工作新的更大突破。副省长胡幼桃主持会议。会上，省交通运输厅、省扶贫和移民办、省新村办分别作了发言。

协同省领导开展定点扶贫开发工作的38个省直部门、38个中央驻赣及省属大型企业负责人，38个赣南等原中央苏区和特困片区县（市、区）的主要负责人，九江、萍乡、赣州、吉安、上饶、抚州六市扶贫和移民办（局）负责人参加会议。

【发展中国家千年发展目标与可持续减贫官员研修班学员到赣考察】 4月21～26日，发展中国家千年发展目标与可持续减贫官员研修班学员和农发基金官员围绕农村专项扶贫开发、农村教育、卫生、生态环境保护、劳动力就业、社会保障等专题，实地考察了江西省农村扶贫开发和社会发展工作。研修班由商务部主办，中国国际扶贫中心承办，29名参察团成员来自缅甸、巴勒斯坦、黎巴嫩、苏丹、坦桑尼亚等19个国家的减贫与发展相关政府部门。国际扶贫中心项目官员及定点扶贫中直单位包商银行负责人随团参观考察。

【召开省直（属）单位定点包扶定点扶贫工作推进会】 9月3～7日，省委组织部、省扶贫和移民办分吉安片区、上饶片区召开省直（属）单位定点包扶、定点扶贫工作推进会。参加两个片区会议的有开展新一轮定点包扶、定点扶贫工作的省直单位、省直属二级单位、国有大中型企业、省属重点企事业单位、高校、中央驻赣单位和驻赣部队等部门单位的相关领导和工作组长，以及相关市县扶贫部门负责人。会议通过实地考察、典型发言、材料交流、授课辅导等多种形式，使各帮扶单位相互介绍情况，交流经验，探索总结扶贫工作的新经验和新方法，掌握相关政策，运用更多的措施和手段，有针对性地做好帮扶工作，激励各帮扶单位打好新一轮扶贫攻坚战的决心和信心，实现帮扶点跨越发展，更有效地推动全省定点包扶、定点扶贫工作不断深化和发展。

（龚亮保）

工　业

本栏编辑　李荣根

综　述

2012年，面对工业产品价格下降、市场不振、融资困难等不利形势，全省工信系统加快转变经济发展方式，重点实施省政府区域发展战略，发挥政策引领作用，推进优势产业加快发展，加强工业发展后劲，推进“两化”（信息化、工业化）融合，千方百计促生产、保增长，全省工业总体保持了平稳较快增长，部分指标逆势进位。

工业总量增速明显。全省规模以上工业完成增加值4885.2亿元，列全国第十九位，较上年前进2位；增长14.7%，增幅高于全国平均水平4.7个百分点。

工业效益增幅明显。全省规模以上工业企业实现利税2129.8亿元，列全国第十九位，较上年前进1位；增长17.4%，列全国第四位、中部第一位；其中利润增幅列全国第三位、中部第一位。

工业企业主营业务收入突破2万亿元。2012年，全省规模以上工业企业实现主营业务收入突破2万亿元，达到22267.6亿元，增长18.5%，增幅列全国第四位、中部第一位。

战略性新兴产业发展迅猛。推进战略性新兴产业发展，年初，省政府印发《关于2012年战略性新兴产业推进工作的指导意见》，安排了8项合作对接活动，调动了各地加快战略性新兴产业发展的热情和积极性。促成工业和信息化部与省政府签署《关于支持推进江西省工业和信息化发展战略合作协议》，双方围绕6个方面的合作重点，共同推进江西战略性新兴产业加快发展。2012年，全省战略性新兴产业实现主营业务收入突破万亿元，达到10345.3亿元，增长15.5%。其中，半导体照明产业主营业务收入增长49.4%，绿色食品增长33.3%，航空制造增长28.4%，生物及新医药增长23.1%。

工业投资增幅和产销衔接全国平均水平。全省工业投资完成6631亿元，增长28.8%，高于全国平均增幅8.8个百分点，绝对额及增幅均列全国第八位；工业投资占全省固定资产投资比重达到58.2%，列全国第一位。全省工业产品销售率99.3%，高于全国平均1.3个百分点，提高0.3个百分点。

工业园区支撑作用明显。全省工业园区实现主营业务收入1.62万亿元，增长16.5%。新增主营业务收入过百亿园区13个、总数达到59个。新增萍乡经开区、上饶经开区过500亿元，过500亿元园区达到5个，南昌高新区达到902.1亿元，南昌经开区603亿元。

优势产业支撑作用明显。有色产业主营业务收入突破5000亿元，达到5085.2亿元，列全国第一，增长19.8%；石化产业突破2000亿元，达到2060亿元，增长20.2%；纺织、食品产业分别增长31.2%和30.7%；建材产业突破千亿元大关，全省过千亿产业增加到6个。

重点企业支撑作用明显。江铜集团主营业务收入增长24.8%，达1690.7亿元，跃居世界铜行业第二大企业，有望跨入世界500强行列；煤炭集团、江锂科技、赛龙通信增长30%以上，九江石化、江钨控股、正邦科技、凤凰光学增长20%以上。景焦化、江锂科技突破百亿元，百亿企业总数达到15个。

重大项目支撑作用明显。强化重大项目协调推进力度。省政府召开三次全省战略性新兴产业重大项目协调推进会，专题推进151个战略性新兴产业项目，解决了省级建设用地指标1686.67公顷，协调了环评、供电、融资等各项问题，加强重大项目的跟踪落实。分类编制了项目目录，定期对项目的推进情况进行调度汇总，对进展缓慢的项目要求说明具体原因和完成期限，强化了各地加快推进工作的倒逼压力。会同有关部门对全省战略性新兴产业的重点项目进行督查，推动重大项目早开工、早建成、早投产，尽快发挥效用；推进重大项目改造提升。共争取国家专项扶持资金4.69亿元，支持了115个项目，进一步提升了重大项目的生产能力和工艺水平。2012年，全省实施亿元以上重大工业项目1380个，总投资6630亿元，其中投资10亿元以上项目175个。

资源能源综合利用效果显著。加强对全省工业企业资源节约、环境利用的依法行政。争取工信部首次为单个省份出台《关于加快推行鄱阳湖生态经济区工业领域清洁生产的指导意见》，编制了《鄱阳湖生态经济区工业清洁生产推行规划》。加强工业企业技术改造和清洁生产步伐。利用4500万元省级节能专项资金支持了63个重点节能技改项目。争取省财政设立了1000万元清洁生产专项资金；严格落实工业企业节能降耗的目标任务。加快淘汰落后产能步伐，共为91户工业企业争取中央财政奖励资金1.47亿元，申报中央财政关闭小企业补助资金3.02亿元。全年规模以上单位工业增加值能耗下降9%，全面完成工业三年强攻目标任务。

“两化”融合步伐加快。加快信息技术推广应用，做好重点行业“两化”融合发展水平评估的前期准备，完成了80家重点企业相关数据的采集处理，为后续工作奠定了良好基础；加强电子政务管理，开展依托电子政务平台加强县级政府政务公开和政务服务试点，15个试点县相关工作进展顺利，其中4个国家试点县已完成县级电子政务统一平台及县级信息资源中心建设。调度推进全省政府网站在线访谈活动，全省各级部门共开展在线访谈200余次。加强信息安全管理协调，开展重点领域网络与信息安全检查行动，对地质灾害预警预报、医保、供水供气等重点信息系统和11个设区市、63个省直单位政府网站进行了检查，发现并解决了一批安全漏洞，降低了信息安全风险。做好无线电管理服务，开展全省范围内的无线电台站核查工作，共撤销台站4074台部，封存4828台部，收回频率72个。保障民航、铁路、防汛等重要部门的无线电通信安全，清理了608部非法占用铁路频率的基站，及时排除了10余次民航地空通信干扰，得到有关方面的充分肯定。

（省工信委编辑室）

煤炭工业

【概 况】 2012年，江西省煤矿原煤产量2690万吨，发生事故11起，死亡30人，原煤百万吨死亡率1.11。其中市县属和乡镇煤矿安全再创历史最好水平，共发生事故7起，死亡11人，继续杜绝了重特大事故，原煤百万吨死亡率降至0.60，事故起数、死亡人数和原煤百万吨死亡率同比分别下降63%、65%和62.2%，原煤百万吨死亡率首次降至1以下。2012年，实现煤矿生产零死亡的设区市由2011年的1个增加至萍乡、吉安、新余、九江4个，占50%，县（市、区）由2011年的27个增加至36个，占85.7%。江西省煤矿安全费用共提取4.59亿元，吨煤平均提取17.08元，分别比上年提高0.81亿元和3.61元。2012年淘汰52处矿井，淘汰落后产能114万吨，超额完成了国家给江西省下达的2012年煤炭行业淘汰50处矿井，淘汰落后产能109万吨的计划目标。

夯实煤炭行业发展基础，煤矿改扩建工程取得进展。江西省3处已通过行政审批手续的4改9矿井改扩建项目进展顺利，已有1处通过现场验收。229处通过预核准的矿井改扩建项目行政审批工作已基本完成，205处取得矿井改扩建项目核准批复，194处完成项目初步设计审查，148处经批准开工建设，集中进入到项目施工建设阶段。为简化煤矿改扩建项目竣工验收程序，加快整体工作进度，明确了预核准矿井改扩建项目的竣工验收由设区市煤炭行业管理部门或省煤炭集团公司组织进行，对验收程序、验收内容、验收标准、验收文本格式等提出了统一要求。各地加强对项目建设期间的安全监管，严格开工审批，严厉打击非法违法生产建设行为，督促建设单位按要求编制项目施工组织设计，落实安全措施，确保项目按批准的初步设计实施建设，确保项目建设期间的安全。

推进煤矿企业兼并重组。在开展多次调研活动，反复征求产煤市、县和相关部门意见的基础上，完成了《江西省推进煤矿企业兼并重组工作方案》的起草工作，由省政府办公厅于3月30日印发执行。4月，召开各产煤设区市煤炭行业管理（监管）单位负责人会议，传达文件精神，研究和部署煤矿企业兼并重组工作。在9月和10月召开的两次全省煤炭行业管理（监管）工作座谈会上，通报了工作进展情况，明确了相关工作要求。各产煤设区市政府制定了工作方案，明确了目标任务、工作措施和工作职责。宜春、上饶、吉安、萍乡、九江等市已编制《矿区兼并重组规划》，进入到煤矿兼并重组具体事项的协商推进阶段，部分企业的兼并重组工作已基本完成。

推进煤矿质量标准化工作。江西省煤炭行业按照八项结合和三项推进（即与隐患排查治理、瓦斯治理、煤矿整顿关闭、煤矿技术改造、矿容矿貌整治、煤炭生产许可证年检、矿井采掘方案审查和实施、班组安全建设相结合；结合质量标准化工作推进矿井技术改造、采煤方法和支护方式改革、机电设备升级改造）的工作要求，全面推进煤矿安全质量标准化建设。各级煤炭行业管理部门执行《江西省煤矿安全质量标准化考核评级办法》，严格现场考核。江西省达标矿井由上年的295处增至312处。其中，省一级达标矿井由上年的0处增至5处；省二级达标矿井由上年的47处增至106处。

狠抓煤炭行业培训教育。2012年，举办矿长资格初训、复训班9期，对574名现任煤矿矿长进行了再培训，培训拟任矿长人员150人，认定119人矿长资格。举办煤矿技术负责人上岗培训班6期，培训技术负责人425人。举办煤矿机电矿长上岗培训班6期，培训机电矿长397人。开展市县属煤矿和乡镇煤矿专职安管员培（复）训，江西省参训人员达2200人。开展煤矿生产矿长上岗培训班4期，培训生产矿长363人。省内涉煤院校共招收煤炭主体专业大中专生755人，其中省内煤矿企业定向培养煤炭主体专业中专生450人。江西工业工程职业技术学院新校区建设取得突破性进展，争取到政府化解高校银行债务资金8140万元，新校园建设资金得到落实，各项工程建设正有序推进。

加大行业重点监管力度，抓好煤炭生产许可监管。完成煤炭生产许可网上审批系统、电子监察系统和煤炭生产监管信息系统三项建设，进一步规范行政执法工作。抓好煤炭生产许可证年检、煤炭生产许可证变更和煤炭生产许可证延续三项审查，强化煤炭生产许可监管。对各地上报的275处矿井年检资料进行了全面细致审查，已有170余处矿井通过了2012年煤炭生产许可证年检，11处矿井办理了煤炭生产许可证变更，45处矿井办理了煤炭生产许可证延续。

进一步规范煤炭经营监管。为营造江西省诚信、和谐的煤炭市场环境，推进江西省煤炭行业信用体系建设，鼓励和引导江西省煤炭生产经营企业诚信经营煤炭，取得较好成效。2012年，全省煤炭经营企业经营煤炭4000多万吨，其中，进口煤炭200多万吨，为江西省煤炭稳定供应作出了贡献。进一步加强和规范了煤炭经营企业布局规划、资格准入审查、企业全面检查等事项。严把准入关,依法办理煤炭经营资格证新办、变更、延续等事项。开展煤炭经营企业全面检查工作,对经营企业2012年度经营情况及资格条件变化情况进行了全面检查。召开《煤炭经营资格证登记内容变更管理办法》审定会,山西、山东、湖南、黑龙江、甘肃、福建等6省煤炭经营监管部门的专家出席了会议,形成了《煤炭经营资格证登记内容变更管理办法》的报批稿,上报国家发展改革委经济运行调节局,完成了课题研究工作,受到国家发展改革委经济运行调节局高度肯定。

切实抓好煤矿安全生产管理,建立健全煤矿安全生产长效机制。围绕落实煤矿企业主体责任和部门监管责任,进一步健全完善煤矿安全生产管理机制,继续严格执行"三个严禁",着力源头治理。全力推进煤矿井下紧急避险系统建设,提高煤矿应对突发事故的能力,全省有41处煤矿建成井下紧急避险系统。严格落实煤矿领导下井带班制度,严格控制矿井单班最大下井人数,强化井下现场管理。

开展煤矿防治水专项治理活动。围绕"防治水制度制定及机构人员配备、防治水基础资料编制、探放水制度落实、井下防治水措施落实、地面防治水措施落实、水害应急救援措施落实以及日常检查中所发现的防治水方面隐患整改情况"等内容,开展水害隐患排查,始终把查清矿井老空积水情况、导水断层分布情况和严格执行探放水制度作为工作重点,加强矿井采掘工作面的探放水。2012年,江西省没有煤矿发生水害事故。

开展重要敏感时期的安全检查。针对元旦、春节、"两会""五一"、中秋、国庆和党的十八等重要敏感时期煤矿安全生产工作的特殊性,均提前发出通知,部署煤矿安全生产工作。其间,煤矿企业组织安全生产自查自纠,排查治理隐患;各级煤炭行业管理(监管)部门组织了形式多样的安全生产大检查或督查,确保了煤矿安全形势平稳。各级煤炭行业管理(监管)部门强化复产验收工作责任,严格复产验收程序和标准,组织停产检修的所有矿井,制定复产工作方案,落实安全保障措施,全面排查治理隐患,确保有序复产、安全复产。2012年,煤矿复产验收期间,市县属和乡镇煤矿没有发生事故。全省各级煤炭行业管理(监管)部门参加煤矿隐患排查治理检查达2.4万人次,检查煤矿7375矿次,查出各类隐患3.12万条,下达执法文书5439份,责令506矿次和384个采掘工作面停产整改。

【开展煤矿生产隐患排查治理】 4~10月,组织对市县属和乡镇煤矿存在的非法违法生产建设、违章作业、违规作业和违反劳动纪律等行为进行全面排查和严厉打击的集中行动。11月,开展"回头看"活动。通过专项行动,进一步落实了煤矿安全生产主体责任,强化了政府部门的安全监管职责,夯实了矿井安全基础,大幅减少了事故发生,维护了矿区社会稳定。

(吴 妍)

电力工业

【概 况】 2012年,江西电力行业继续保持良好发展态势,电力行业投资保持稳定增长,电源点项目建设进展顺利,电源结构不断改善;电网智能化水平进一步提升,500千伏环网进一步加强;全省发电量保持平稳,用电负荷再创新高;电力供需形势总体平稳有序,全网没有错峰限电;节能减排工作有序开展,资源综合利用水平进一步提高;电力行业企业经营状况明显改善。

电力投资。2012年,江西电力行业固定资产投资(规模以上部分)为144.21亿元,其中:电源建设投资约54.68亿元;电网建设投资约89.53亿元。

电力供应能力。电源方面:截至2012年底,江西省全口径发电总装机容量1936.73万千瓦,增长7.24%。其中,火电1494.59万千瓦,增长8.18%;水电420.49万千瓦,增长2.37%;风电20.1万千瓦,增长50.56%;太阳能1.56万千瓦,增长113.70%。全省共有统调发电厂29座,其中火电厂12座,水电厂14座,风电场3座。统调装机容量1533万千瓦,增加115千瓦。其中,火电装机1384万千瓦,增加100万千瓦;水电装机137万千瓦,增加8万千瓦;风电装机12万千瓦,增加7万千瓦。2012年,建成投运的机组主要有九江"上大压小"第一台66万千瓦机组、贵溪"上大压小"第二台64万千瓦机组和石虎塘水电4台2万千瓦机组,关停九江电厂20万千瓦机组1台和分宜电厂10万千瓦机组1台。电网方面:截至2012年底,江西省有公用110千伏及以上线路23736千米,变电容量6407.69万千伏安,增长7.8%和9.3%。其中:500千伏线路40条,长度3407千米,增长15.1%;220千伏线路323条,长度8735千米,增长7.8%;110千伏线路736条,长度11594千米,增长5.8%。500千伏变电站14座,500千伏开关站1座,500千伏主变32台,主变容量1750万千伏安,增长9.38%;220千伏主变178台,主变容量2619万千伏安,增长10.09%。110千伏主变607台,主变容量2038.69万千伏安,增长9%。2012年,建成投运的项目主要有赣州南、贵溪电厂接入线路2项500千伏输变电工程,线路长度249.2千米,变电容量150万千伏安。投产全南五光、黎川新城、九江彭泽、南广等18项220千伏输变电工程,线路长度762.4千米,变电容量237万千伏安。投产吉安城中、上饶回垄、赣州站北、南昌象湖等37项110千伏输变电工程,线路长度565.95千米,变电容量172.15万千伏安。

电力生产。2012年,江西省全口径发电量759.59亿千瓦小时,增长2.33%。其中水电发电量146.36亿千瓦小时,增长99.38%;火电发电量609.96亿千瓦小时,下降8.51%;风电发电量3.19亿千瓦小时,增长47.00%;太阳能发电756万千瓦小时,增长107.12%。2012年,统调发电量614.52亿千瓦小时,下降5.37%。其中统调水电发电量41.68亿千瓦小时,增长102.43%;统调火电发电量571.35亿千瓦小时,下降9.11%;统调风电发电1.49亿千瓦小时,增长598.08%。全省统调水电机组平均发电3167小时,增加1571小时;统调火电机组平均发电4603小时,减少423小时。

电力消费。2012年,江西省电网

供电量807.9亿千瓦小时,增长6.54%;售电量728.2亿千瓦小时,增长3.39%。全省全年省外购电量合计110.2亿千瓦小时,增长17.5%,其中:购三峡69.92亿千瓦小时,增长33%;购葛洲坝6.71亿千瓦小时,同比持平;购特高压19.54亿千瓦小时,增长76%;购西北电网11.68亿千瓦小时,下降10%。全年累计外送电量2.45亿千瓦小时,增长276%。

电力行业经济效益。在电价上调以及煤价大幅下降的双重因素推动下,2012年江西省火电企业经营状况得到明显改善,井冈山电厂等5家火电企业扭亏为盈。

在赣电力企业。江西电力公司系国家电网公司全资子公司,担负江西电网的建设、管理和运营职责,下属地市级供电公司12家,控股、全资县级供电公司96家,服务客户1406万户。截至2012年底,已经在赣成立分公司的发电集团有两家,分别是华能集团和大唐集团。成立子公司的发电集团有两家,分别是中电投集团和国电集团。华电新能源发展有限公司和华润电力控股有限公司在赣分别设立了筹备处和代表处。中电投集团和中核集团分别成立了中电投江西核电有限公司(彭泽核电)和中核江西核电公司筹备处(万安核电)。神华国华在赣成立了神华国华九江发电有限责任公司。国电集团控股电厂容量477.3万千瓦,中电投集团控股电厂容量548.11万千瓦,华能集团控股电厂容量262万千瓦,大唐集团控股电厂容量44万千瓦,省投资集团公司控股电厂容量150万千瓦,其他51.2万千瓦。

【节能减排成效显著】 2012年,全省电力生产及输送环节能源利用效率继续提高,供电煤耗、线损指标都有不同程度的下降。2012年统调电厂供电煤耗为320克/千瓦小时,降低4.97克/千瓦小时;电网全网综合线损率7.06%,降低了0.45个百分点。截至2012底,全省火电厂烟气脱硫机组容量达到1320万千瓦(除九江20万机组一台和新余22万机组两台外,其余机组均为脱硫机组),占统调火电机组总容量的95.38%;脱硝机组共9台(新昌2台、贵溪2台、景德镇2台、井冈山2台、九江1台),总装机容量达到598万千瓦,占统调火电机组总容量的43.21%。

(钟 彦)

钢铁工业

【概 况】 2012年,欧债危机继续蔓延,世界经济复苏乏力,国内经济增速放缓,供需矛盾持续升级,尤其国内钢材价格一度跌至1994年水平,国内钢铁行业面临着前所未有的困难与挑战,进入了历史罕见的"严冬期"。江西钢铁行业采取有力措施应对危机,攻坚克难,奋力拼搏,通过实施差异化发展战略,调整产品结构,加强精细化管理,开展对标挖潜,狠抓节能降耗和资金管理,保持了钢铁行业相对平稳的运行态势,促进了全省钢铁行业的健康发展。

2012年,江西省钢铁工业约占全省工业总量的7%,全行业形成了"336"的发展格局,即新钢、萍钢和方大特钢三大重点企业、九江新型钢铁、新余良山特钢、萍乡安源金属新材料三个精品基地以及家电、造船、压力容器、机械装备、金属制品、输变电电机等六大产业链,并拥有一批市场占有率位居全国前列的优势产品。全行业有211家企业(铁矿采选企业96家、钢铁冶炼企业18家、压延加工企业84家、铁合金企业6家、焦化企业7家),其中新钢、萍钢、方大特钢在全省工业企业中分列第三位、第四位、第十位。

全年全行业实现主营业务收入1574.03亿元,增长6.13%;实现工业增加值154.93亿元,下降10.61%;实现利税总额61.48亿元,下降14.51%;其中利润总额16.77亿元,下降59.20%。

全年累计产生铁、粗钢、成品钢材分别为2027万吨、2140.9万吨和2368.9万吨,分别增长5.1%、2.7%和2.2%。

主要经济指标实现翻两番。2012年,全行业实现主营业务收入1574.0亿元,利税61.5亿元,利润16.8亿元,工业增加值154.9亿元,分别是2005年的4.22倍、2.42倍、1.99倍和1.87倍。

主要产品产量继续"进位赶超"。2012年,全省粗钢产量2140.9万吨,增长2.7%,产量在全国排位进入了全国前三分之一方阵,位居全国第九位,比2008年前移三位,在中部地区排第五位,比2008年前移一位。

盈利水平高于全国平均水平。由于钢价下跌严重,2012年全行业盈利水平大幅下降,12个月当中有4个月为亏损状态,但江西省钢铁行业总体盈利水平高于全国平均水平。2012年,全国大中型钢铁企业累计实现销售收入35441.1亿元,下降4.31%;实现利润15.81亿元,下降98.22%,销售利润率为0.04%。江西省钢铁行业实现主营业务收入1574.03亿元,增长6.13%,实现利润总额16.77亿元,下降59.20%,销售利润率为1.07%。

钢材价格低位波动。2012年,江西省钢材价格整体呈现下行趋势,仅在2月末至4月初、9月末至10月末呈现两次短暂反弹后又继续回落。截至12月31日,江西省直径6.5毫米高线价格为3680元/吨,比1月初下降720元/吨;直径16~25毫米二级螺纹钢HRB335价格为3780元/吨,比1月初下降520元/吨。

主要产品出口出现分化。2012年,江西省钢材出口情况较好,出口数量达到92.19万吨,增长14.93%,出口值达6.52亿美元,增长2.77%;铁合金出口下降幅度较大,出口数量为4064吨,下降44.77%,出口值为3.01亿美元,下降50.13%。

优势产品市场占有率高。2012年,江西省优势产品继续保持市场占有率位居全国前列。方大特钢的弹簧扁钢国内的市场占有率51.3%,位居全国第一;新钢公司锅炉容器板国内市场占有率19.3%,位居全国第二;船用钢板国内市场占有率11.3%,位居全国第三;钢绞线制品、核电板、舰艇板、高层建筑用板、耐磨板、桥梁板等在全国的市场份额也都在前列。

节能减排成效明显。全省钢铁行业始终高度重视节能减排工作,充分利用余压、富余煤气、蒸汽等能源发电,企业自发电量从无到有,自发电比例不断提高,重点钢铁企业均实现了"负能炼钢",全行业循环经济发展位居全国前列。2012年,全省重点钢企自发电量达到26.62亿千瓦小时,同比增长24.68%,是2005年11.2倍,已占到重点钢企总用电量1/3的比例,为企业创效约达13.31亿元,约可节约标准煤达325万吨、减少温室气体CO2排放量350万吨。

【继续推进钢铁企业兼并重组】 江西省为了做强龙头企业,落实国家有关产业政策,促进企业的联合兼并重组,规模前三家重点钢企均进行了重组:萍乡钢铁有限责任公司兼并重组了九江钢厂;洪都钢厂和乌石山铁矿并入新钢成立新钢集团有限公司;辽宁方大集团继2009年10月成功重组南钢成立方大特钢后,2012年11月又正式入主江西省规模最大的钢铁企业萍钢。2012年,新钢、萍钢、方大特钢这三家重点钢铁企业钢产量占全省的比重已达到98%,产业集中度处在全国前列。

(省工信委编辑室)

有色金属工业

【概　况】 2012年,全省有633家规模以上企业,从主营业务收入占比来看,铜、钨、稀土三大产业约占全省有色金属产业的八成以上。有色金属工业产品产量持续增长,绝大部分产品产量增长,少数产品产量下降:铜精矿产加工量31.7万吨,增长9.9%;钨精矿折合量4.6万吨,增长5.4%;铅精矿7.7万吨,增长1.8%;锌精矿7.4万吨,增长17.1%;锡精矿4436吨,下降6.1%;钼精矿折合量6965吨,增长2.0%。10种有色金属产品产量145.3万吨,增长17.1%。其中,电铜116.4万吨,增长13.7%;铅15.3万吨,增长14.9%;锌7.6万吨,增长82.4%;镍3.7万吨,增长48.9%;锡1.44万吨,增长43.8%;锑品9865吨,增长12.5%。生产铜加工材208.9万吨,增长24.5%。生产铝加工材24.4万吨,增长33.3%。全省白银产量758吨,下降27.2%。

2012年,实现主营业务收入5085.2亿元,增长19.8%;工业增加值841.9亿元,增长16.7%;均创历史新高。主营业务收入列全国第一,占全省工业总量的25%。全年实现利税总额390.9亿元,下降0.9%;其中利润总额235.9亿元,下降6.7%;税金155亿元,增长9.3%。

一批重点骨干项目有序推进。江西稀有稀土金属钨业集团有限公司与德国世泰科公司合资的3万吨/年钨综合冶炼加工项目,8月14日开工奠基,为中国钨工业后端应用产品发展奠定坚实基础。拥有自主知识产权的稀土深加工1000吨纳米合金永磁晶片工程,产品经中国计量科学研究院权威测试各项指标超过国家"十二五"攻关指标,填补了国内空白。与中冶金吉矿业开发公司签订《氢氧化镍钴购销协议》,落实了巴布亚新几内亚的红土镍矿原料,安义镍钴项目基本具备开工条件。靖安度假村温泉项目于9月16日破土动工。

高新技术及后端应用产品所占比重提高。着力调整产品结构,产业链高端、后端应用产品占比逐年上升,迈出传统企业向高新技术型企业转型的重要步伐。江西理工大学、赣州稀土研究所等科研院所为江西稀土产业发展提供了有力支撑。稀土产业链不断延伸,稀土永磁电机、稀土节能灯及稀土陶瓷等应用产品生产渐成规模,稀土发光材料、稀土磁性材料产能达到全国20%左右,稀土锆陶瓷均占全国50%左右。离子型稀土原地浸矿技术、冶炼分离、金属冶炼技术水平先进。稀土氧化物、金属、中重稀土合金、稀土铸铁等产品质量居全国前列。江西稀有金属钨业控股集团公司数控涂层刀片项目一期500万片生产线投产后,生产合格产品340万片,增长267.82%,继续推进二期1000万片项目。江西稀有金属钨业控股集团株洲博大公司技改扩能,新产品单晶碳化钨产量、效益都有提高,生产硬面材料587吨,增长15%,主攻外销,实现销售收入1.56亿元,增长9.79%,在行业普遍减利的情况下,实现利润550万元。

联手国内国际资源、资金、技术和贸易市场。江西稀有金属钨业控股集团与钨冶炼世界领先企业世泰科公司的合资合作,把钨深加工技术引向世界一流水平。江西稀有金属钨业控股集团并购广西龙华矿业公司55%民营股权,掌控了7个探矿权范围内的稀有金属资源。与上海民营企业合作,进军稀土高端产品领域,填补国内空白。探明储量266万吨、远景储量600万吨的喀麦隆钴镍锰项目合作取得重大进展,即将签约。江西稀有金属钨业控股集团与中冶金吉矿业开发公司战略合作,为共同开发巴布亚新几内亚镍钴资源,发展海外镍钴产业开辟了新途径。江西稀有金属钨业控股集团推进同柬埔寨高棉资源集团的战略合作,合资开发东南亚稀有金属资源的工作已经实质性开展。有色企业与金融机构沟通,提高授信额度,打通融资渠道,与建行江西省分行签署战略合作协议,建立了长期合作关系。

科研和技改在高端发展、绿色发展中发挥重要作用。2012年,江西省赣州研究所全年新增科研项目46项。在省部级以上刊物发表科技论文12篇,全年获得专利授权4项,其中发明专利1项,实用新型专利3项。通过鉴定验收科研项目6项,获得科技奖项8项。江西稀有金属钨业控股集团公司申报国家认定企业技术中心获得通过,成为全省稀土稀有金属领域首家拥有国家认定企业技术中心的单位。江西稀有金属钨业控股集团2012年下达科技创新计划45项,下拨资金22.5万元。集团承担国家科技项目5项,省级科技项目4项,完成省级项目鉴定、验收7项,列入省新产品计划项目5项;获国家科技奖励1项,省部级科技奖励1项;由集团公司牵头组建的江西省稀有金属材料技术创新团队完成江西稀土产业技术路线图编制任务。"超细晶硬质合金及数控涂层刀片关键技术研发及产业化"列入国家2012年稀土稀有金属新材料重大专项,"无氨氮排放-水系闭路循环稀土洁净萃取分离技术集成"列入国家十二五"863"项目。赣州江钨新型合金材料有限公司制订的《电工用火法精炼再生铜线坯行业标准》于11月1日正式发布实施,并参与国家标准修订。江西浩运公司重点推进新型储氢合金粉、钐钴合金粉、钕铁硼等新产品的研发,所制订的《镍氢电池负极材料用贮氢合金粉地方标准》发布实施。江西省多家单位参与制定的稀土产品国家标准全部通过确认。江西稀有金属钨业控股集团2012年内共申请专利132项,其中发明专利73项;获专利授权65项,其中发明专利16项。江西江锂科技有限公司实施红土矿镍镁硅铁综合循环利用项目,形成镍、锂、硫酸等产业横向扩展和纵向延伸相结合的创新型循环经济产业链,实现工业废渣综合利用、工业废水"零排放"、废气达标排放,走出了一条具有"江锂特色"的绿色发展之路。

【稀土深加工1000吨纳米合金永磁晶片工程成功试产】 江西江钨稀有金属新材料有限公司自主研发的稀土1000吨纳米合金永磁晶片工程,3月23日开工建设,9月26日开始设备安装与调试,10月21日成功试产,项目一期已经完成,预计年产1000吨,可实现年销售收入10亿元。项目二期计划在2013年建成,年产可达2000吨。产品经中国计量科学研究院权威测试各项指标超过国家"十二五"攻关指标,填补了国内空白,大幅提升了江西省在稀土产业精深加工领域的地位,改变了中国稀土新材料产业发展格局。

(省工信委编辑室)

机械工业

【概 况】 2012年,受国内外经济下行的影响,江西省机械工业工业增加值、总产值、主营收入、利税、出口交货值、固定资产投资等6大主要经济指标增速与上年相比有所下降,呈下滑态势,凸显了行业结构调整升级的紧迫性。进入下半年后,随着国家稳增长政策措施逐步到位,江西省机械工业经济运行呈现稳中向好趋势,重点产品和重点行业运行平稳,产业基地快速发展,机械行业整体平稳较快发展,全年经济指标均保持两位数以上增长。

2012年,江西省机械工业规模以上企业有981家,从业人员30.20万人,机械产品8000余种。规模以上机械工业企业完成工业总产值2932.35亿元,增长15.65%,工业销售产值2926.46亿元,增长16.16%,产销率99.80%,高于2011年产销率和2012年全国机械工业产销率,完成出口交货值210.37亿元,增长18.17%,出口增速下降26个百分点,但仍比全国平均增速高出近10个百分点。

工业增加值、主营收入和利税总额三大指标继续稳定增长,其中实现工业增加值821.05亿元,增长15.65%;实现主营收入3008.28亿元,首次突破3000亿元,增长17.25%;实现利税298.41亿元,增长20.88%;实现利润203.00亿元,增长22.1%。工业增加值、主营收入和利税总额占江西省规模以上工业企业工业增加值、主营收入和利税总额的比重为16.81%、13.51%和14.01%,占比略有下降。全年机械工业企业用电51.50亿千瓦小时,增加15.57%。

各分行业增速保持同比增长。2012年,机械行业各分行业增速有快有慢,总体发展稳定,均保持了同比增长。与民生、消费关系更为密切、产品相对"轻""小"的子行业文化办公设备制造行业和农机行业继续保持较快增长速度,增速分别达到92.85%和69.33%;而与基建、能源关系比较密切、产品相对"重""大"的分行业汽车、石化通用机械、工程机械、仪器仪表等,则保持了平稳增长态势,产值增速超过10%。

重点行业运行平稳。2012年,两大重点分行业汽车行业和电工电器行业的工业增加值、主营收入、利税总额之和占行业总量的一半以上,成为全行业的重要支柱。电工电器行业首次实现主营收入突破1000亿元,工业增加值、主营收入和利税总额分别为286.42亿元、1040.32亿元、84.50亿元,增长15.82%、19.91%和40.23%;汽车行业工业增加值、主营收入和利税总额分别为188.76亿元、716.94亿元、84.42亿元,增长10.41%、10.65%和5.51%,增速下滑较明显。

固定资产投资保持较快增长。2012年,全行业固定资产投资完成额2356.00亿元,占江西省工业的比重为35.53%,占江西省制造业的比重为39.13%。固定资产投资完成额增长28.2%,增速下降6个百分点,但仍高于全国机械工业固定资产投资增速,继续保持了较快的增长势头。

行业科技创新能力不断提升。2012年,江西省机械行业有55家高新技术企业,其中2012年有12家企业通过高新技术企业认定验收,6家企业技术中心通过省级企业技术中心验收。截至2012年底,江西省机械行业有31家省级企业技术中心,其中泰豪科技股份有限公司、江铃汽车股份有限公司2家企业技术中心为国家级企业技术中心。全年行业公告专利846项,其中发明专利227项,实用新型专利585项,外观设计专利34项。发表科技论文2796篇。14类25项产品被认定为江西省名牌产品,24件商标被新认定为江西省著名商标。

【两大汽车生产企业产销量一升一降】 2012年,江西省汽车行业生产汽车34.36万辆,下降0.88%。两大整车企业产销量一升一降。江铃汽车集团公司生产汽车21.77万辆,增长7.04%;销售汽车21.47万辆,增长2.30%;实现主营收入330.20亿元,上升6.14%;利润28.82亿元,下降2.59%。昌河汽车有限责任公司生产汽车12.59万辆,下降12.13%;销售汽车13.02万辆,下降10.18%;实现主营收入43.93亿元,下降18.26%,亏损9739万元。

【六个特色产业基地发展良好】 2012年,在已有的南昌小蓝汽车零部件产业基地、宜春经济开发区机电产业基地、芦溪县电瓷产业基地、崇仁县变电设备产业基地等4个省级产业基地基础上,新增抚州金巢汽车零部件和安福机电(液压件)两个产业基地,初步形成了一定的产业规模、关联度较高的企业集群,机械(汽车)零部件、电瓷、变压器、液压元件等产业发展呈良好态势。

小蓝经济开发区汽车零部件产业基地:已投产企业60家,主导产品为汽车整车、汽车空调系统和其他汽车零部件。2012年生产汽车1.35万辆,汽车空调系统50万套;实现主营业务收入82.3亿元,增长14.69%;实现利润2.97亿元,增长14.7%;上缴税金3.1亿元,增长2%。产业基地龙头企业有江铃控股有限公司、江西新电汽车空调系统有限公司等。

宜春经济开发区省级机电产业基地:已投产企业94家,主要产品为特种电机和石油钻采钻头。2012年生产特种电机185万千瓦和石油钻采钻头13000个，完成主营业务收入60亿元，实现利税4.2亿元。基地龙头企业有江西特种电机股份有限公司、江西飞龙钻头制造有限公司等。

崇仁江西省变电设备产业基地：已投产企业46家，主要产品为变压器和互感器。2012年生产变压器4850万千伏安和互感器1.86万台。基地变电设备产业完成主营业务收入50.6亿元，增长19.2%；利税总额1.63亿元，增长14.8%。产业基地龙头企业有江西变电设备有限公司、江西亚珀变电设备有限公司、江西赣电电气有限责任公司、江西明正变电设备有限公司等。

芦溪电瓷产业基地：已投产企业140家，主导产品为线路绝缘子、电站电器用绝缘子、轨道交通用绝缘子。2012年生产20.5万吨线路绝缘子、15万吨电站电器用绝缘子、7.9万吨轨道交通用绝缘子。产业基地龙头企业有江西强联电瓷有限公司、萍乡市华为电瓷电器科技有限公司、萍乡高强电瓷集团、江西怡源绝缘子材料有限公司、萍乡华东出口电瓷厂、萍乡华通制造有限公司、萍乡市电瓷制造有限公司等。

抚州金巢汽车零部件产业基地：已投产企业48家，规模以上企业31家。2012年生产汽车驱动桥38万套、减震器400万套、离合器280万套。产业基地龙头企业有江西江铃底盘有限公司、江西巨晟实业有限公司、江西捷奥实业有限公司和江西肯特实业有限公司等。

安福机电（液压件）产业基地：已投产企业8家，主导产品为液压件和铸造件。产业基地龙头企业有江西省唯钢液压弹簧有限公司、中国勃展阀门制造有限公司等

（董雪辰　曾　萌）

国防工业

【概　况】 2012年，江西国防科技工业全行业面对各种困难和风险的挑战，围绕建设先进国防科技工业这个目标和转变发展方式这条主线，走军民融合发展道路，全省国防科技工业成绩显著提升，军工经济实现进一步增长，武器装备科研生产任务完成，军民融合发展态势进一步形成，自主创新能力进一步提高，改革开放进一步深化，人才队伍结构进一步优化，和谐安全局面进一步巩固。面对外需疲软和内需收缩的双重压力，全行业经济指标保持了良好发展态势，全年全行业完成工业增加值110亿元，增长21%；实现营业收入500.2亿元，增长24.8%；实现利润21亿元，增长17%。

省国防科工办被国防科工局评为绩效考核优秀单位。2012年，省国防科工办围绕国防科技工业总体工作部署，履行国防科工局赋予的各项职能，完成国防科工局委托的各项工作任务，科研生产稳步推进，军工经济实现了稳步增长，武器装备研制生产任务如期完成，军工核心能力大幅提升，安全生产和安全保密稳定工作态势良好。在国防科工局首次组织的对地方国防科技工业主管部门年度绩效考评中，被评为优秀单位，受到通报表彰。这已是省国防科工办连续第九年受到国防科工局（原国防科工委）通报表彰。

【成立江西直升机投资管理公司】 9月25日，江西直升机产业投资管理有限公司在景德镇正式挂牌成立。省委、省政府高度重视航空产业发展，把航空产业列入全省十大战略性新兴产业，此次组建江西直升机产业投资管理有限公司正是适应国家宏观经济形势需要，把握低空领域放开政策机遇所作出的重要战略部署。景德镇是中国直升机重要科研生产基地，已形成完整的研发生产体系，在产业聚集度、产业规模、产业结构、研发能力等方面均有着强大优势。江西直升机产业投资管理有限公司由江西铜业集团公司、景德镇市国有资产经营管理有限公司、江西省投资集团公司、中国信达资产管理股份有限公司等4家公司共同出资组建，注册资本为5000万元，计划总投资10亿元，其主要职能是扩大直升机产能，促进直升机产业结构优化升级，统筹直升机的研发、总装、零部件配套及国际合作等项目建设。

【"江西制造"再次给力载人航天事业】 6月16日18时37分21秒，神舟九号飞船在酒泉卫星发射中心发射升空。"江西制造"再一次给力航天事业：江西星火有机硅厂生产的火箭高能推进剂将神舟九号送入太空，六三五四所研制的空间精密导电滑环是神舟九号的"中枢神经"，保证飞船神经通畅，江西联创微电子有限公司研制的场效应晶体管构成飞船的"神经细胞"，江西联创宏声电子有限公司生产的送话器、受话器传递神舟九号的"天外之音"，以及位于景德镇的中航工业直升机所研制的飞船上安全舒适的航天员座椅及航天员超重训练设备。

【昌飞公司直升机产品首次打进南美市场】 7月9日，首架CZ－11直升机从景德镇出发，经上海港发运阿根廷，昌飞公司直升机产品首次进入南美市场。CZ－11直升机是昌飞公司与中航技公司首次合作出口阿根廷的项目。双方于2月13日签订1架机的采购合同，并在很短时间内实现了产品的交付试飞。CZ－11直升机是昌飞公司交付国外的首架具有自主知识产权的直升机，实现了昌飞公司外贸机从无到有的零的突破。

【武直－10在珠海航展首次亮相】 11月11日，由中航工业直升机所和昌飞公司共同研制的武直－10在珠海第九届中国国际航空航天展览会上亮相，并作飞行表演。武直－10是中国"十一五"期间重点发展的新型军用武装直升机，它不仅填补了中国军队一直没有专用武装直升机的历史空白，也是继中国成功首飞歼－20战斗机之后，中国航空器发展的又一座里程碑。

【省政府与中国航天科技集团公司签署战略合作协议】 3月13日，省政府与中国航天科技集团公司在北京签署战略合作协议。省长鹿心社、中国航天科技集团总经理马兴瑞出席协议签署仪式，副省长胡幼桃、中国航天科技集团副总经理张建恒代表双方在合作协议上签字。双方本着"优势互补、资源共享、互利合作、共同发展"的原则，以战略性新兴产业为核心，重

点推进五个方面的合作:推动有关企业在太阳能光伏、动力锂离子电池等新能源领域开展多元化合作;充分发挥江西资源优势和中国航天科技集团的技术优势,进一步加强新材料领域的合作研发;共同发展"卫星数字发行"业务,协作建设行业综合信息服务系统,合力推动"智慧江西建设";支持中国航天科技集团通过兼并、收购、参股等多种形式,参与江西产业结构的战略性重组;以航天技术应用产业为核心,在南昌国家高新区共同打造航天技术应用产业园。

【省政府与中航科工签署战略合作框架协议】 6月21日,省政府与中国航天科工集团战略合作框架协议签约仪式在南昌举行。双方决定建立长期稳定的战略合作伙伴关系,以推动双方产业转型升级和经济结构调整,实现共同发展。根据协议,双方将在以下四个方面进行合作:一是共同推动江西省"智慧城市"建设。中国航天科工将根据需求,协助江西省政府开展"智慧城市"建设。二是共同支持产业项目发展。以国家战略性新兴产业为牵引,共同推动基于北斗卫星的车联网系统在江西省各地、市的应用。建立起服务省、市、县三级政府部门的车辆监控监管平台,并向其他领域推广应用,服务于政府、企业与社会的发展。促进高技术科研成果融入江西地方经济与社会建设,支持江西有关单位承接中国航天科工军品配套研制生产任务。三是共同探索资本层面战略合作。不断探求产品和产业的契合点,通过并购重组、资本运作、市场融资等适当的模式拓展资本领域合作空间。四是探索建立人才交流机制。根据实际需求,江西省政府与中国航天科工为人才互换沟通积极创造条件,促进人才培养与交流。

【成立全国首家地方军工文化产业公司】 9月29日,江西东方神剑文化产业有限公司揭牌仪式在南昌举行,标志着全国首家地方国防科技工业系统军工文化产业公司正式成立。公司注册资金200万元,主要从事军工特色文化旅游、咨询、培训、服务,影视制作,大型演艺、展览、形象宣传策划,经营文化产品等业务。通过创办军工文化产业公司,有效聚合军工优势资源,发展军工文化产业,经营军工文化产品,创造一定经济效益,反哺军工文化建设,形成军工文化建设的良性循环。

(杨章跃)

轻工业

【概 况】 轻工行业经济总量和效益较快增长。2012年,江西省轻工行业规模以上工业企业完成工业增加值1052亿元,增长26.4%;实现主营业务收入4500亿元,增长29.3%,高于全省工业增速10.8个百分点,高于全国平均增速11.6个百分点;完成利税总额469亿元,增长34.5%,高于全国轻工平均增速23.4个百分点;完成总产值4356亿元,增长26.9%,在全国排第十三位,比2011年前移2位;完成出口交货值517亿元,增长30.8%,在全国排第八位。

轻工重点行业生产和效益较快增长。食品工业完成工业增加值373.1亿元,增长31%;实现主营业务收入1720亿元,增长33%;完成利税总额151亿元,增长31%。陶瓷制品制造业完成工业增加值122亿元,增长30.6%;实现主营业务收入509亿元,增长29.1%;实现利税总额86亿元,增长33.6%。皮革、毛皮、羽毛及制品业完成工业增加值107亿元,增长23%;实现主营业务收入334亿元,增长28.8%;实现利税总额40亿元,增长48.4%。塑料制品业完成工业增加值73亿元,增长27.6%;实现主营业务收入314亿元,增长29.7%;实现利税总额32亿元,增长46%。造纸及纸制品业完成工业增加值63亿元,增长17.2%;实现主营业务收入259亿元,增长20.6%;完成利税总额26亿元,增长17.2%。工艺美术品制造业完成工业增加值39亿元,增长13.6%;实现主营业务收入167亿元,增长18.9%,实现利税总额22亿元,增长33.9%。木、竹、藤、棕、草制品业完成工业增加值29亿元,增长21.3%;实现主营业务收入119亿元,增24.6%;实现利税总额12亿元,增长29.6%。家具制造业完成工业增加值22亿元,增长22.6%;实现主营业务收入115亿元,增长36.8%;实现利税总额10亿元,增长50.3%。家用电力器具制造业完成工业增加值22亿元,增长39.3%;实现主营业务收入103亿元,增长46.1%;实现利税总额8亿元,增长54.1%。

轻工主要产品产量稳步增长。白酒(折65度,商品量)完成产量15.7万千升,增长8.4%;啤酒完成产量115万千升,增长4.1%;软饮料237万吨,增长11%;精制茶完成产量5.5万吨,增长17%;塑料制品完成产量122万吨,增长62.3%;日用玻璃制品完成产量6832吨,增长7.8%;家具完成产量1370万件,增长47%,在全国排第八位;眼镜成镜(眼镜)5591万副,增长3%,在全国排第四位;房间空气调节器完成产量307万台,增长74%,在全国排第十位。

新增3家省级轻工产业基地建设。按照"龙头企业拉动、配套企业跟进、产业集群发展"的思路,着力培育发展一批专业化程度高、集聚效应强的产业,推动产业集群的形成和发展。2012年,成功争取"井冈山市旅游产品产业基地""余江县雕刻产业基地""南城县株良镇校具加工产业基地"3个省级轻工产业基地挂牌。

轻工生产技术水平进一步提高。进一步推进产业升级换代,推进企业技术改造、技术创新,提升优势产业竞争力,推进战略性新兴产业发展,推进企业、科研院所自主创新能力建设。2012年,全省轻工行业有1个科研项目获得"科技进步奖",4个新产品获得"全省新产品奖",38个产品获得"江西省著名商标",4个家具品牌获得"中国驰名商标"。

手联社系统进一步和谐稳定。围绕省委、省政府"保障改善民生、维护稳定"这一主题,做好全省手联社大集体企业未参保退休人员养老生活补助年审和提标工作。2012年全省手联社大集体企业未参保退休人员养老生活补助年审合格人数为35841人(不含已改办城镇企业职工养老保险8450人),补助标准由每人每月265元提高到285元。同时,全面开展遗漏人员清查工作,共增补了遗漏人员3358人。全省手联社系统共有4.81万人(含城镇企业职工养老保险8450人)纳入了社会保障体系。

【全国第一个“中国金属家具产业基地”落户江西省】 4月14日,中国金属家具产业基地新闻发布会暨颁牌仪式在北京人民大会堂举行。中国轻工业联合会会长步正发、中国家具协会理事长朱长岭共同向樟树市颁发了“中国金属家具产业基地”牌。2012年,樟树市金属家具产业实现销售收入18亿元,实现利税1.5亿元,产品份额已占到国内1/4以上,销售网络覆盖全国31个省(市、自治区),部分产品已销往中国香港、中国澳门地区和越南等东南亚国家。

【第十三届中国工艺美术大师作品暨国际艺术精品博览会在南昌召开】 10月25日,第十三届中国工艺美术大师作品暨国际艺术精品博览会在南昌国际展览中心开幕。副省长洪礼和、国家税务总局原副局长程法光、中国工艺美术协会理事长周郑生等出席。中国工艺美术大师作品暨国际艺术精品博览会代表中国工艺美术界的最高水平,这是首次在杭州市以外的地方举办。本届博览会规模进一步扩大,展出面积达到3万平方米,展位数达1068个国际标准展位,吸引了来自国内外600多家展商参展。

【2012中国国际造纸和装备博览会暨全国纸张订货交易会在南昌召开】 11月6~8日,2012中国国际造纸和装备博览会暨全国纸张订货交易会在南昌召开。中国轻工业联合会副会长、中国造纸协会理事长钱桂敬出席开幕式。此次大会共吸引国内外100多家造纸及造纸相关产业的企业参展,与会人员近3万。博览会展示了制浆造纸、涂布加工纸和造纸行业科研成果。

(付志伟)

陶瓷工业

【概　况】 2012年,江西省陶瓷工业规模以上企业完成工业增加值122亿元,增长30.6%;实现主营业务收入509亿元,增长29.1%;实现利税总额86亿元,增长33.6%;实现利润总额62亿元,增长38%。其中,日用陶瓷制品制造业完成工业增加值29亿元,增长24%;实现主营业务收入120亿元,增长23.7%;实现利税总额12亿元,增长31.3%;实现利润总额7亿元,增长33.3%。特种陶瓷制品制造业完成工业增加值92.5亿元,增长33.5%;实现主营业务收入386亿元,增长31.4%;实现利税总额73.6亿元,增长34.3%;实现利润总额55亿元,增长38.8%。

【成立江西省陶瓷行业协会】 6月28日,省陶瓷行业协会成立暨第一次会员大会在景德镇召开。中国轻工业联合会副会长陶小年、中国陶瓷工业协会理事长何天雄、省轻工行业办主任谢光华、景德镇市市长刘昌林共同为“江西省陶瓷行业协会”揭牌。会议表决通过了省陶瓷行业协会的章程、选举办法、理事单位和个人理事名单、组织机构、第一届协会负责人名单以及经费收支管理办法。省陶瓷行业协会是由省轻工行业办牵头,通过发起人的共同努力,并经省民政厅批准成立,筹备工作历时两年完成。

【举办2012中国景德镇国际陶瓷博览会】 10月18日,2012中国景德镇国际陶瓷博览会开幕式在景德镇市中国陶瓷博物馆广场举行。此次活动由商务部、中国轻工业联合会、中国国际贸易促进委员会、江西省政府共同主办。全国政协副主席郑万通出席开幕式。全国政协副主席郑万通、省委书记苏荣、商务部原副部长沈觉人、中国轻工业联合会副会长陶小年、中国贸促会副会长于平共同启动开幕水晶球。省长鹿心社在开幕式上致辞,省领导黄跃金、赵智勇、洪礼和等出席开幕式。此次瓷博会共吸引参展企业700余家,海内外各层面采购商、贸易商4200余人。参展企业涵盖了中国各主要产瓷区和世界各主要产瓷国的知名陶瓷企业,展出品种涵盖了日用和艺术瓷、高技术陶瓷、工业陶瓷、电子陶瓷、建筑卫浴瓷以及陶瓷机械、原料、包装等辅助材料。

【宋代龙窑试烧一次成功】 由省陶瓷研究所海泰窑炉负责设计的宋代龙窑在景德镇国际陶瓷博览会期间试烧一次成功,得到中外媒体的广泛报导和关注。景德镇已有1700多年的制瓷历史,景德镇官窑集中了从元代至清代优秀的工匠和最好的原料,烧造出当时世界最高水平的瓷器。宋代龙窑烧制出的“青白瓷”是制瓷史上的一次创新,致使景德镇(时称昌南镇)在北宋景德年间(1004~1007年)成为世界制瓷中心,宋真宗因此赐名昌南镇为“景德镇”。2009年,景德镇修复清代镇窑并成功复烧,2010年和2011年又成功重建复烧明代葫芦窑和元代馒头窑,其中明代葫芦窑、元代馒头窑均由省陶瓷研究所成功试烧,此次省陶瓷研究所又成功试烧宋代龙窑,为景德镇再现陶瓷千年历史文化、推动景德镇古窑博览区争创全国5A旅游景区作出了贡献。

【江西陶瓷工艺美术职业技术学院“美院艺术陶瓷馆”开馆】 10月19日,江西陶瓷工艺美术职业技术学院“美院艺术陶瓷馆”开馆仪式暨“美院八学士”陶瓷艺术作品展开幕。中国轻工业联合会副会长陶小年、中国陶瓷工业协会理事长何天雄、省轻工行业办主任谢光华、景德镇市市长刘昌林、副市长黄康明等领导出席。中国工艺美术大师王锡良、张松茂、秦锡麟、王隆夫、刘远长、戴荣华、熊钢如、何叔水、徐庆庚、王怀俊、李菊生、冯杰、赖德全、宁勤征、饶晓晴等27名学院客座教授参加。江西陶瓷工艺美术职业技术学院充分依托景德镇陶瓷文化资源,推进特色办学。2011年11月,江西陶瓷工艺美院投入了200多万改造“美院艺术陶瓷馆”,馆内收录了学院国家级、省级及中级以上职称教师的陶瓷作品,是景德镇“学院派”艺术陶瓷的重要窗口。2011年12月,由江西陶瓷工艺美术职业技术学院副院长、中国工艺美术大师李文跃发起,中国陶瓷艺术大师兰国华,中国陶瓷设计艺术大师祝正茂、朱辉球、程久发,省工艺美术大师胡景文,省高级工艺美术师陈彧、李青组成了“美院八学士”。他们在学院长期担任陶瓷艺术专业课程的专任教师,是学院陶瓷类专业教学名师、省级中青年学科带头人,在各自的专业研究领域卓有建树。

【省陶瓷研究所研发成效显著】 2012年，景德镇市“陶瓷文化创意基地”在省陶瓷研究所挂牌，向国内外客户提供具有江西特色的陶瓷文化创意产品。成立景德镇市少平艺术设计中心，增强了产品设计能力，为发展创意陶瓷奠定了基础。完成了创意陶瓷研发设计中心大楼10层主体工程，改善了创意陶瓷的研发设计、艺术创作、展示、培训条件。11月13日，通站路大师汇陶瓷旗舰店正式开业，为艺术瓷、创意陶瓷、高档日用品提供了展示平台。举办“瓷画留韵——书画与陶瓷创作”研讨会，组织参加深圳和天津“文博会”，进一步扩大了行业内影响力和竞争力。

（付志伟）

石化工业

【概 况】 2012年，全省石化行业抵御欧州债务危机等不利因素的冲击，保持了良好的发展势头，经济增长的质量进一步提高，原油加工业经济效益明显好转，化学工业生产、销售及效益继续保持较快增长的良好态势。全省石化行业主营业务收入突破两千亿，成为江西第二大千亿产业。全行业全年实现工业增加值536亿元，增长20.9%；实现主营业务收入2060亿元，增长20.2%；实现利税总额203亿元，增长15.8%。

化学工业成为行业发展的主力军。2012年，化学工业成为行业产销增长以及盈利的主力军。1～12月，全省化学工业实现工业增加值435亿元，占全行业的81%，增长18.2%；完成主营业务收入1702亿元，占全行业的82.6%，增长16%；实现利税159亿元，占全行业的78.3%，增长12.2%，其中利润116.2亿元，为全行业的1.1倍，增利13.2亿元。

重点产品产量有升有降。列入统计范围的19种重点产品中，产量较上年同期增长的有13种，占68.4%；增幅在20%以上的有8种，占42.1%。其中，钛白粉5.13万吨，增长40.1%；硫酸289.8万吨，增长20.8%；原油加工量507.6万吨，增长17.6%。

企业“四率”不断改善。2012年，石化行业着力引导企业一手抓经济效益，一手抓节能减排和节能降本，两手并重并举。全省石化重点企业“四率”水平不断改善。人均创利率、资金利润率及人均劳动生产率同比提高较多的企业有江西天人生态股份有限公司、江西世龙实业股份有限公司、江西三美化工有限公司等企业。万元产值综合能耗同比下降的企业较多，江西世龙实业股份有限公司由1.36吨标煤/万元下降至1.32吨标煤/万元，江西天人生态股份有限公司由0.45吨标煤/万元下降至0.43吨标煤/万元。

重点产品优势进一步突出。2012年，全省石化产品品种不断增多，产能逐渐提高，高新技术产品比重加大，落后产品得到淘汰，产品结构进一步优化。江西星火有机硅厂有机硅单体产能达到50万吨/年，国内市场占有率达到30%；江西世龙实业股份有限公司氯化亚砜产能5万吨/年，国内市场占有率20%；黑猫股份炭黑产能70万吨/年，国内市场占有率14%；昌九农科丙烯酰胺产能6.5万吨/年，国内市场占有率30%；江西天人生态有限公司真菌杀虫剂产能1800吨/年，产能居全球第一，国内市场占有率在80%以上。

产业集群效应进一步显现。2012年，石化行业优化产业布局，引导产业集聚、壮大产业集群。九江石化产业、永修有机硅产业、乐平精细化工产业、樟树——新干盐化工产业、赣州氟化工产业、贵溪硫磷化工产业等六大产业板块特色鲜明，规模日趋壮大。2012年以上六大产业板经济总量约占全行业的60%，对行业经济增长拉动作用明显。

产品出口大幅下滑。受欧债危机等因素影响，2012年，全省石化行业产品出口出现大幅下滑。1～12月，全省石化行业累计实现出口交货值162亿元，下降23.1%。其中，化学农药制造业实现出口交货值1.06亿元，下降23.2%；林产化学品实现出口交货值2.01亿元，下降19%；环境污染处理专用药剂材料制造业实现出口交货值10.3亿元，下降70%。

重点企业平稳运行。2012年，中石化股份九江分公司受益于成品油价格上调及加强内部管理，经济效益大幅回升，主营业务收入首次突破300亿元，达到318.15亿元，增长24.7%；实现利税40.3亿元，增长71%，其中利润亏损10.2亿元，减亏8.17亿元。重点企业江西天人生态化工有限公司各项经营管理工作进一步细化，产品适销对路，2012年实现主营业务收入8.91亿元，增长4.5%；完成利税2.53亿元，增长7.2%，其中利润2.22亿元，增长19.4%。重点农药企业海利贵溪化工有限公司深挖内部潜力，抓住机遇，开拓市场，2012年经济效益明显提升，累计完成主营业务收入4.17亿元，增长28.3%；实现利税3892万元，增长16.7%，其中利润3364万元，增长10.9%。

【建设一批重大项目】 2012年，江西石化行业引进和建设了一批重大项目，项目科技含量高，带动作用强，对行业的快速发展起到了支撑作用。九江石化1000万吨/年的炼油能力技术改造项目正在实施之中，将为企业的后续发展奠定坚实基础。江西星火有机硅厂投资80亿元的有机硅一体化项目一期工程竣工，有机硅单体产能达到50万吨/年，巩固了亚洲领先地位。卡博特蓝星（江西）有限公司投资建设的全球最大的气相白炭黑生产装置一年产1.5万吨气相白炭黑项目竣工投产。

（省工信委编辑室）

纺织工业

【概 况】 2012年，在国内外棉价倒挂、外销市场低迷、生产成本上升等不利因素交叉影响下，江西省纺织行业经历了2008年金融危机以来最困难的时期。面对严峻形势，全行业有效承接产业转移，推动转型升级，各项主要经济指标保持平稳较快增长，超额完成了年初预定目标，为全省“工业三年强攻”收官作出了贡献。全年全行业774户规模以上企业完成工业增加值（现价）349亿元，增长18.8%；实现主营业务收入1471亿元，增长31.2%；实现利税总额140.3亿元，增长35.6%。其中，实现利润94.9亿元，增长37.7%；实现出口36.89亿美元,增长18.6%。以上五大指标分别占全省工业的7.14%、6.6%、6.59%、7.38%和14.7%,增幅分别高于全省工业平均水平4.1、12.7、18.2、21.3和3.8个百分点。

推动产业转型升级。为促进纺织产业与战略性新兴产业渗透融合发展,进一步提高全省纺织行业发展水平和核心竞争力,省工信委制定出台了《关于促进全省纺织行业转型升级的指导意见》。按照《江西省纺织行业转型升级示范企业认定管理办法(试行)》,省工信委认定了鸭鸭股份公司等6户企业为全省纺织行业首批转型升级示范企业。省工信委组织起草并和省质监局联合发布《针织物印染布单位产品能源消耗限额》《机织物印染布单位产品能源消耗限额》两个标准,于5月1日起已正式实施。

行业总量首次跻身全国前9位。2012年,全省纺织行业在全国同行业排位中呈现逆势赶超的良好态势,产销两大指标均首次跻身全国同行业前9位。其中,工业总产值超过辽宁、四川和安徽,从2011年全国同行业第十二位前移至2012年的第九位;主营业务收入超过四川、辽宁,从2011年全国同行业第十一位前移至2012年的第九位;利税总额稳居全国同行业第九位。以上三大指标均居中部六省同行业第三位。

产业承接成效显著。2012年,全省纺织产业实际完成固定资产投资600.9亿元,创历史新高,居全国同行业第五位和中部同行业第二位。新开工项目850个,增长27.3%;竣工项目891个,增长21.4%。截至年底,全行业主营业务收入前10位企业中,有7个为招商引资企业,反映出承接产业转移已成为江西省纺织行业发展的主要推动力。

7个设区市主营业务收入超过百亿。2012年,全省11个设区市中,九江、南昌、宜春、上饶、吉安、抚州、赣州7个设区市纺织行业主营业务收入超过100亿元,其中,上饶、吉安、抚州、赣州4个设区市为首次突破百亿,总量居前3位的九江市、南昌市、宜春市纺织行业分别实现主营业务收入547.3亿元、243.1亿元和154.7亿元。

服装成为行业发展排头兵。三大指标占全行业比重均超过50%。2012年,全省服装行业工业增加值、主营业务收入、利税总额分别为185.9亿元、748.4亿元和72.2亿元,占全行业比重分别达到53.3%、50.9%和51.4%。产品特色鲜明。全省服装行业已初步形成以羽绒服、针织衫、西服西裤为主导产品的鲜明发展特色。产生一批自主品牌。全省服装行业已有“鸭鸭”“回圆”“深傲”“康意”“亿愿”“洋男世家”等一批国字号品牌及省产名牌,品牌企业主营业务收入约占全行业总量的20%。

棉纺企业积极应对国内外棉价差。年初以来,国家为了保护农民利益进一步提振国内棉价,而受国际市场需求不足及丰产预期影响,国际市场棉花价格持续呈下跌走势,与国内棉花的价差进一步拉大。截至12月31日,国内328级棉花价格达到19201元/吨,高于国际棉花1%关税到岸价5215元/吨,较2011年四季度2410元/吨的平均棉价差提高了一倍多。国内外棉花的巨大价差,严重削弱了棉纺企业的国际竞争力。面对严峻形势,省内棉纺企业积极应对,江西锦兴纺织品有限公司通过改变工序、调整落粗纱定长等方式大大提高了生产水平,纱线销量和价格逆势上升,江西金源纺织有限公司积极研发新产品,大量使用化纤,减少棉花用量,有效地降低了生产成本。省内棉纺企业还积极参加国储棉竞卖交易资格申请,共有36个棉纺织企业获得国储棉竞卖交易资格,审核购买量2.1万吨,一定程度上缓解了用棉紧张状况。

【开展粘胶印染企业准入公告申请预审工作】 根据工信部的要求,省工信委负责省内粘胶及印染企业准入公告申请预审工作。上半年,省工信委纺织工业处赴南昌、九江、宜春等地,对多户企业准入公告申请进行现场核实,并形成预审意见上报工信部。年底,工信部对符合《粘胶纤维行业准入条件》和《印染行业准入条件(2010年修订版)》的首批企业进行了公示。在首批公布的企业名单中,江西京东实业有限公司、上高县弘大织造有限公司、赛得利(江西)化纤有限公司和龙达(江西)差别化化学纤维有限公司等4户企业名列其中。

【共青城市被认定为国家新型工业化产业示范基地】 12月20日,国家工信部公布第四批“国家新型工业化产业示范基地”名单,省工信委推荐的共青城市是江西省2012年唯一一个被列入该名单的产业基地,也是全国7家以纺织服装命名的国家新型工业化产业示范基地之一。共青城市已初步打造成以羽绒制品系列为主,纺织、制线、拉链、电子商务、物流等配套的产业基地,专业从事羽绒服装生产销售的企业达300多家。

(省工信委编辑室)

建材工业

【概　况】 2012年,全省建材行业积极应对宏观政策调整、产品价格下降、市场不振等不利形势,通过优化产业结构、节能减排、联合重组,整个行业经济运行状态呈现企稳向上的发展势头,主要经济指标稳定增长。全年主营业务收入1110亿元,成为全省第六个过千亿的产业。

2012年,全省建材工业完成工业增加值355.2亿元,增长11%;实现主营业务收入1110亿元,增长17.1%;实现利税148.6亿元,增长8.15%;实现利润102.2亿元,增长5.3%。其中,水泥工业完成工业增加值97.2亿元,下降2.8%,实现主营业务收入324.1亿元,下降2.08%,实现利税52.2亿元,下降22.2%,实现利润35.7亿元,下降28%;建筑陶瓷工业完成工业增加值72.8亿元,增长21.3%,完成主营业务收入242.6亿元,增长21.1%,实现利税31.1亿元,增长32%,实现利润21.1亿元,增长35.9%;玻璃纤维工业完成工业增加值21.2亿元,增长150%,完成主营业务收入60.6亿元,增长36.5%,实现利税6.2亿元,增长38.8%,实现利润4.1亿元,增长34.9%。

主要产品产量。2012年,全省水泥产量7639万吨,增长10.2%;建筑陶瓷产量6.39亿平方米,增长6.85%;玻璃纤维产量27万吨,增长17%;浮法玻璃产量855万重量箱,增长44%;商砼产量2217万平方米,增长39%。

主要产品价格。全省水泥价格走势为1～5月剧烈下滑，6～9月持稳，10月后拉升三个过程，全省水泥年平均价格(不含税)306元/吨，总体比上年下降24元/吨。建筑陶瓷中的抛光砖平均价格为35元/平方米，比上年略高；玻璃纤维纱平均价格为6210元/吨，低于上年同期6个百分点。

2012年，建材工业经济运行体现为"稳定、优化、强劲"三个特点。2012年，全行业虽然面临诸多不利因素，尤其是上半年建材工业运行态势出现下滑，重点体现在全行业效益大幅下滑60%，但通过促生产、保增长，下半年行业运行态势开始出现好转，主要经济指标快速回升增长，总体呈现企稳向上的良好态势。建材工业整体发展平衡，产业结构在调整中合理性不断增强。全省建材产业基地已成为建材产业发展主要布局模式，水泥工业重组联合成效明显，产业集中度列全国前列，大建材行业中传统建材、无机非金属新材料、非金属矿及制品三个子行业比重更加优化。传统建材中水泥工业主营业务收入占建材工业主营业务收入的比重，从2005年的62.1%下降到2012年的29.2%；无机非金属新材料中玻璃纤维纱工业主营业务收入占建材工业主营业务收入的比重，从2008年的3.0%提高到2012的5.5%；非金属矿及制品中其他非金属矿物制品制造业的主营业务收入从2007年的2亿元发展到2012年的54.1亿元，增长26倍。建材工业推动战略性新兴产业势头强劲。项目建设推进与淘汰落后产能"两手抓"，行业发展的技术装备水平明显提升。

水泥产业发展后劲不足，生产增量空间严重不足。2012年，全省水泥总产量为7639万吨，已接近新型干法水泥总生产能力7789万吨，水泥和熟料产量首次在江西出现背离现象，水泥产量增长10.2%，而熟料产量增幅下降4.4%。这说明外省熟料产品大量进入江西，熟料产量与水泥发展不同步，出现不支撑水泥发展的苗头。2009年9月以来江西省没有新核准的水泥建设项目，投资完成额同比减少11亿元，首次出现负增长。

建筑陶瓷工业发展速度放缓。2012年，江西省建筑陶瓷产量增幅6.85%，发展速度明显放缓。全年投资完成额同比减少15.5亿元，下降15.7%，首次出现负增长。

【召开全省水泥企业对比验证检验工作总结座谈会】 3月26日，全省水泥企业对比验证检验工作总结座谈会在鹰潭市召开。会议对2011年对比验证检验工作进行了总结，对2012年对比验证检验工作进行部署，表彰按制对比综合评定合格率85%以上的先进单位，发放江西省水泥企业检验员资格证书(1971人)、化验室主任资格证书(211人)和部分水泥企业化验室合格证(第三批获证企业)。130多人参加会议。

（省工信委编辑室）

医药工业

【概 况】 2012年，医药行业进入了转型升级和结构调整的新时期。医药企业在产品质量、创新研发、社会责任、环保与职业安全健康等方面的经营水平得到提升。生物和新医药行业保持平稳较快增长，主要经济指标均超过全国平均水平。2012年，全省生物和新医药工业完成工业总产值782.61亿元，增长20.76%，增幅高于全省工业6.06个百分点；完成主营业务收入801.45亿元，在全国列第七位，占全国的比重为4.46%，增长22.59%，创历史最好水平；实现利税98.03亿元、利润59.11亿元，分别增长34.26%、38.49%，增幅分别超过全国平均水平12.43和18.07个百分点。

中成药列全国第二位。2012年，全省中成药工业实现主营业务收入332.39亿元，增长26.18%，占全省医药工业的比重为41.47%，占全国比重达到8.15%，在全国排名第二位，仅次于吉林。

龙头企业起到示范作用。2012年，全省主营业务收入过10亿元企业已增加到7家：济民可信集团、仁和集团、汇仁集团、江中药业、青峰药业、天新药业和洪达医疗。其中，济民可信集团实现利税9.61亿元，列全省规上工业企业利税总额前10位，为行业利税首户。

过亿元大品种实现新突破。2012年，江西省过亿元大品种在全年19个的基础上增加到29个，市场占有率逐步提升。其中，青峰药业的喜炎平注射液销售额22.24亿元，成为全省首个过20亿的品种。济民可信的金水宝胶囊和江中药业的健胃消食片年销售额均超过10亿元。

国家出台政策促进产业升级。国家药监局、国家发改委、工信部等四部委正式印发《关于加快实施新修订药品生产质量管理规范促进医药产业升级有关问题的通知》，提出七个方面措施，鼓励和引导药品生产企业尽快达到新修订药品GMP，淘汰落后产能。七方面措施分别是鼓励药品生产向优势企业集中，鼓励优势企业尽快通过认证，限制未按期通过认证企业的药品注册，严格药品委托生产资质审查和审批，充分发挥价格杠杆作用，实行药品集中采购优惠政策，支持企业药品GMP改造项目。这个政策的实施将促进江西省医药产业加快结构调整，提高集中度。

【江西博雅生物制药股份有限公司上市】 3月8日，江西博雅生物制药股份有限公司正式在深交所创业板挂牌交易，股票代码：300294，首发募集资金4.75亿元，是江西省继江中药业、仁和药业之后的第三家上市医药工业企业。

（省工信委编辑室）

食品工业

【概 况】 2012年，全省有规模以上食品工业企业数552户，比2011年同期增加42户。全行业从业人员15万人。资产总计806.27亿元，增长32.1%。实现总产值1829.9亿元，增长30.7%，增速居全国第四、中部六省第一，总量在全国位次也由上年的第二十位上升至第十九位。主营业务收入1856.35亿元，占全省工业的8.3%，增长32.7%；利税总额249.50亿元，增长31.2%；利润总额127.02亿元，增长44.7%。

主要产品产量情况。精制食用油111.79万吨，增长219.5%；罐头

12.73万吨,增长23.4%;精制茶5.52万吨,增长16.9%;大米526.65万吨,增长11.0%;软饮料236.65万吨,增长10.9%;白酒15.71万千升,增长8.4%;包装饮用水94.87万吨,增长7.0%;啤酒114.93万千升,4.1%;卷烟599.00亿支,增长2.6%;乳制品28.51万吨,下降1.4%;液体乳24.96万吨,下降4.9%;冷冻饮品2.99万吨,下降68.0%。

固定资产投资增长迅速。2012年,全省规模以上食品工业完成固定资产投资498.82亿元,占全省工业投资的7.5%,增长25.6%。总投资20亿元的青岛啤酒60万千升啤酒项目下半年竣工投产,该项目位于九江市庐山区。南昌双汇二期工程已竣工,该工程集生猪屠宰、分割、肉制品加工、冷藏仓储、物流配送为一体,拥有生鲜产品、高温肉鲜品、低温肉制品等多个品种,总投资12亿元。

外贸出口快速增长。2012年,全省食品工业继续克服全球金融危机的负面影响,外贸出口仍保持快速增长态势。全年规模以上食品工业完成出口交货值91.4亿元,列全国食品工业出口第九位,比上年前进了1位,增长33.5%,增速列全国食品工业出口第六位。水产品加工完成出口交货值27.55亿元,占全省食品工业出口交货值的30.1%,增长26.8%。

各设区市食品工业加快发展。2012年,全省各设区市规模以上食品工业主营业务收入继续保持快速增长态势,其中9个设区市的增速达到20%以上。总量前3位的排名是南昌市724.12元,增长34.5%;宜春市265.54亿元,增长25.0%;吉安市192.06亿元,增长30.3%。以上3个设区市的主营业务收入占全省食品工业的63.7%。增速前5位排名:鹰潭市、九江市、上饶市、南昌市和吉安市,分别增长80.2%、53.6%、42.0%、34.5%和33.3%,均高于全省32.7%的平均增速。

名牌产品不断扩大。2012年,江中药业股份有限公司"初元"及图等8件食品商标被国家工商总局认定为中国驰名商标。至此,江西省食品行业经国家工商总局认定的中国驰名商标已达20件,占全省中国驰名商标的30.30%。庐山云雾茶、资溪白茶、靖安白茶等3个食品产品被国家质检总局批准为国家地理标志保护产品。289件食品商标被认定为江西省著名商标,占本年度认定的江西省著名商标的43.46%。12个食品产品入选江西名牌产品,占全省名牌产品的13.19%。

推进诚信体系建设。2012年,省食品工业办公室、省食品工业协会推进全省食品工业企业诚信体系建设工作,制定《2012年江西省食品工业企业诚信体系建设工作方案》,召开全省食品工业诚信体系建设工作会议,编印《江西省食品工业企业诚信体系建设宣传手册》2000余本,购置《食品工业企业诚信体系建设宣贯培训教材》,发放至全省100个县(区)及全行业规模以上企业。组织重点企业的代表和有关行业专家参加全国食品工业企业诚信体系建设工作交流培训会,初步建立了江西省诚信管理体系师资队伍。邀请工信部专家为江西省11个设区市、100个县(区)及规模以上食品企业共500人次宣讲诚信体系建设的背景、意义和标准,确定了22家重点食品企业作为首批诚信体系建设试点企业。11月,江西美庐乳业有限公司、江西雄鹰乳业有限公司、江西金薄金生态科技有限公司、江西英雄乳业股份有限公司4家婴幼儿乳粉生产企业通过国家食品工业企业诚信管理体系评价,这是江西省首次通过国家食品工业企业诚信管理体系评价的企业。

做好行业服务工作。8月,在南昌举办江西省第十届白酒评委培训考核活动,全省白酒行业约50家企业的100余位技术人员参加了培训。配合省有关部门出台有关扶持食品行业发展政策,研究制定省食品办支持打造南昌核心增长极工作措施,及《进一步推进茶产业发展的意见》《关于进一步推进赣南脐橙产业发展的意见》《贯彻实施江西省质量发展纲要2012年行动计划》《关于支持吉泰走廊打造重要增长带的若干意见》《关于进一步加强农产品质量安全监管工作的意见》《江西省现代农业体系建设规划纲要(2012~2020年)征求意见稿》等。配合相关监管部门开展食品安全整治工作。参与严厉打击食品非法添加和滥用食品添加剂专项整治、"瘦肉精"专项整治、生猪定点屠宰专项整治等。

【八件食品商标被国家工商总局认定为中国驰名商标】 2012年,江西8件食品商标被国家工商总局认定为中国驰名商标。它们分别是江中药业股份有限公司"初元"及图(第30类:蜂蜜、食品用糖蜜、非医用营养粉)、江西高安市大观楼腐竹集团有限责任公司"大觀樓"及图(第29类:腐竹)、江西维尔宝食品生物有限公司"维宝WEIBAO"及图(第29类:制食用脂肪用脂肪物)、江西仙客来生物科技有限公司"仙客来"及图(第29类:蘑菇罐头)、江西鹰南贡米有限公司"香贡世家"(第29类:大米)、江西润田饮料股份有限公司"润田"(第29类:蒸馏水、矿泉水、水、不含酒精的饮料)、安福县火腿协会"安福"及图(第29类:火腿、加工过的肉)、德兴市源森红花茶油有限公司"源森"及图(第29类:食用油、食用菜子油、食用油脂)。

【江西省煌上煌集团食品股份有限公司上市】 9月5日,江西煌上煌集团食品股份有限公司在深圳证券交易所中小板挂牌上市,股票代码:002695,首次募集资金9.29亿元。这是江西省首家上市的食品工业企业。

(陈叔然)

烟草业

【概　况】 2012年,江西烟草行业落实国家烟草专卖局"卷烟上水平"战略任务,稳定烟叶规模,培育知名品牌,强化科技支撑,严格监督管理,增强人才优势,保障员工利益,增强发展动力和活力,推动了江西烟草行业持续平稳较快发展。

全省落实烟叶种植面积2.22万公顷,增长21%。收购烟叶83万担,同比减少4万担,导致收购量减少的主要原因是自然灾害。全省投入救灾资金2065万元,减少了烟农受灾损失,维护了烟农利益。烟农销售烟叶总收入8.58亿元,户均收入4.49万元。烟叶复烤加工49.62万担,增长30.83%。生产卷烟119.8万箱,增长

2.57%。销售卷烟141.25万箱,增长5.22%。全省卷烟零售户综合毛利率均超过10%。全省烟草实现税利161.77亿元,增长16.08%,其中上缴税金124.62亿元,增长19.43%。烟草商业税利72.37亿元,增长11.23%,其中上缴税金44.74亿元,增长20.39%。烟草工业税利89.4亿元,增长20.57%,其中上缴税金79.88亿元,增长18%。

持续提升现代烟草农业建设水平,加大基础设施建设投入。加大紫色土浓香型优质烟叶规模开发力度,在稳定生产规模的基础上突出了江西烟叶质量特色,烟叶质量特色明显进步。加大投入,完善设施,烟叶三级技术研发服务体系进一步完善,市公司技术中心、重点烟叶实验站建设稳步推进,省烟科所完成新址搬迁,烟叶技术研发能力显著提升。着力培育全国重点品牌,大力培育"金圣"品牌,实现了省内九江市场"吉品金圣"过万箱,省外江苏、山东等省级市场"金圣"销量过万箱,南通启东县和威海环翠区等省外区县级市场"金圣"销量过千箱等三个标志性成果。全年"金圣"品牌调拨销售37.67万箱,增长27.28%,其中省内29万箱,增长22.79%,省外8.67万箱,增长45%。以加快"金圣"品牌发展为核心,不断加快产品研发,深入推进本草研究,重点加强工艺、材料、原料研究。本草减害核心技术研究取得新突破,"金圣香"减害技术代谢组学和生物标记物研究取得积极进展。开发"金圣(井冈山圣地)",储备了智圣出山、福运万年等新品。继续加强产品降焦研究,"金圣"卷烟焦油加权平均值从2011年的12.12毫克/支下降到11.47毫克/支。专卖内管委派制试点顺利完成,实行垂直管理、双重领导、相对独立的管理体制,内部规范经营监督体系更加完善、更有实效,被国家烟草专卖局在全国烟草行业推广实施。探索市场日常精准管理,组织实施"金网6号"打击制售假烟网络专项行动,专卖管理全面加强。

开展两项工作。按照国家烟草专卖局统一部署,2010年,江西烟草行业开始开展办事公开民主管理和"工程投资、物资采购、宣传促销"项目管理(简称"两项工作")。2012年,突出抓好采购项目公开采购方式审批、公开招标结果等工作,较好地落实了国家烟草专卖局应招尽招、真招实招和办事公开、民主管理的要求。对非公开招标项目采取了更加严格的管控措施,实行重大非公开招标项目备案批准制。公开招标成为项目实施的主要形式。全省烟草商业系统实施工程投资、物资采购、宣传促销"三项工作"项目公开招标的占比为83.42%,公开招标项目金额占比为95.58%。全省烟草工业系统"三项工作"公开招标项目金额占比为82.6%。省烟草专卖局明确了公开招标、邀请招标、竞争性谈判、询价、单一来源采购五种采购方式的程序,加强对重要环节、关键节点的过程管理,实现了五种采购方式全过程清晰可控;进一步完善《工程投资物资采购和宣传促销项目管理程序规定》和《物资采购管理办法》,对立项、验收付款等11个环节逐个作出了程序性规定。

推进质量管理体系建设。全省烟草行业质量管理体系建设工作于2009年全面启动,2011年发布并运行体系文件。2012年,为进一步深入推进体系建设工作,省烟草专卖局召开体系建设工作会,强化体系建设工作考核,建立省级质量管理体系审核员人才库,发布省局机关体系文件,探索体系信息化支撑,推动全省系统质量管理体系建设开展。省烟草专卖局机关质量管理体系建设覆盖机关所有部门,发布质量手册1个,程序文件41个,部门工作手册24个,梳理并绘制管理流程图215个。江西中烟工业有限责任公司加强体系日常检查、内部审核和管理评审,不断完善体系文件,公司与各直属单位共编写了2462项标准,其中管理标准630项、工作标准1238项、技术标准594项,构建了以公司本级为主体、各直属单位为基础的两级协调运转的综合性标准化管理体系。

启动烟农合作社建设。2012年,省烟草专卖局开始启动烟农合作社建设。成立烟农合作社建设领导小组,由省烟草专卖局(公司)主要负责人任组长,分管领导任副组长,产区市局(公司)主要负责人和省烟草专卖局(公司)烟叶处处长为成员。研究制定了全省烟农合作社建设指导意见,各产区制定烟农合作社"十二五"规划。各产区根据烟叶基地单元建设规划,结合地形地貌、规模化种植水平、基础设施配套等情况,制定烟农合作社建设总体规划,注重设施资源的有效整合和综合利用,做到综合服务型烟农专业合作社与烟叶基地单元同步建设,基本实现烟叶基地单元内的烟农全部入社。加强合作社建设考核,制定合作社百分制评分细则,开展"综合服务型烟农专业合作社优秀示范社"建设活动。全省全年落实烟农合作社55个,入社农户5144户,占总户数的26.9%,覆盖面积6300公顷,占全省总面积的28.3%。

【开展"235"主题教育实践活动】 2012年,江西烟草行业开展"践行两个至上,做到三个始终,树立五种意识"教育实践活动。"235"教育实践活动按照"以人为本、执政为民"执政理念的本质要求,围绕树立"国家利益至上、消费者利益至上"行业共同价值观,努力做到始终把维护烟农利益放在心上,始终把为零售客户提供优质服务作为流通企业根本任务,始终把调动全体员工积极性、主动性、创造性作为一切工作出发点,牢固树立责任意识、忧患意识、公仆意识、民主意识和创新意识的主题,在全省行业开展学习教育、对照查摆,加强整改,以提升干部员工的责任意识、工作水平和执行能力,使行业发展有更加明确的奋斗目标、更加坚实的群众基础、更加良好的发展氛围。省烟草专卖局以践行"三个放在心上"(把烟农、客户和员工放在心上)为载体,在局域网开设专栏,总结和宣传"235"教育实践活动的典型做法和典型人物,制作了活动简报,组织了全省烟草商业系统"三个放在心上"演讲比赛和"三个放在心上"论坛。江西中烟工业有限责任公司以领导干部下基层调研、"三查三看三提高"大讨论、主题报告会等活动为载体,有效强化了广大干部职工的责任意识、奉献意识、服务意识。

(王 萱)

非公有制经济

本栏编辑　朱　岳

综　述

2012年，全省非公经济实现增加值7246亿元，同比增长12.0%，占全省GDP的56%；上缴税金1164亿元，增长9.2%，除南昌、九江、鹰潭外，其他设区市非公经济上缴税收占当地财政总收入比重均超过2/3；出口创汇236亿美元，增长16.8%，占全省出口总额的94.2%；完成固定资产投资8635亿元，增长31.5%，占全省固定资产投资总额的75.8%。从业人员1303.5万人，同比增加42.3万人，占全省社会就业总数的51%，提高1.2个百分点。全省个私企业总数达149.2万户，同比增长10.7%。其中私营企业22.6万户，新增3.2万户；个体工商户126.6万户，新增11.2万户。

完善政策措施。江西省先后出台《关于鼓励支持和引导个体私营等非公有制经济发展的实施意见》《关于进一步促进中小企业发展的实施意见》《关于鼓励和引导民间投资健康发展的实施意见》《关于贯彻落实国务院支持小型微型企业发展若干政策的实施意见》等政策文件，基本形成促进非公有制经济发展的政策体系框架。省财政厅将省级中小企业专项资金追加至3000万元；省国土资源厅与省中小企业局制定《省级小微企业创业园建设用地计划管理暂行办法》，为解决小微企业创业园用地开辟绿色通道；省地税局出台《服务非公有制经济发展税收优惠政策和服务措施50条》《支持小型微型企业发展税收优惠政策和服务措施30条》，人行南昌中心支行出台《关于支持江西实体经济发展的信贷指导意见》，省人力资源和社会保障厅出台《关于完善小额担保贷款政策进一步推动创业促进就业的通知》。

开展培训辅导。成立1所省级、8所市级公益性创业大学，2012年免费培训企业管理人员1.7万人次。依托九江旭阳雷迪、新余创业大学仙女湖2个实训基地，分别对600名企业中高层管理人员、94个工业园区企业市场总监和财务总监开展轮训。开展非国有企业专业技术人员职称申报、评审工作，全年授予高级职称资格849人。

加强平台建设。启动小微企业创业园建设。将小企业创业基地与中小企业公共服务平台建设结合，鼓励支持有资金积累、有技术专长、有创业愿望的返乡人员、下岗工人、失地农民、退伍军人、出国留学人员和大学毕业生入园创业。出台《创建省级小微企业创业园实施办法（试行）》以及《省级小微企业创业园建设用地计划管理暂行办法》等政策文件，审核认定5个省级小微企业创业园、22个省级小微企业创业园创建单位。其中，8个创业园共获省级建设用地指标66.67公顷，7个创业园争取450万元国家专项资金扶持，11个创业园获500万元省级专项资金支持。在全省优选39家非公有制企业参加第九届中国国际中小企业博览会。组织万载千年食品有限公司等11家农产品加工企业参加第十五届全国农产品加工业投资贸易洽谈会。其中，江西阿颖金山药有限公司的阿颖牌淮山米粉在会上被评为“金奖”，江西美尔丝瓜络有限公司的丝瓜络系列产品获“优秀奖”。江西代表团获“最佳组织奖”。

完善服务功能。完成省级平台、2个设区市综合窗口平台和11个产业集群窗口平台基础建设。出台《省级中小企业公共服务示范平台认定管理办法》，认定首批29个省级中小企业公共服务示范平台，其中8个获国家中小企业公共服务示范平台称号。建立全省性服务联盟，实现省内服务机构互连互通。开通在线金融超市、电子商务等企业急需服务项目，设立“968969”服务热线，为全省中小微、非公企业提供全天候服务。根据协会建在产业上的要求，改组省中小企业协会，组建绿色照明等3个专业委员会，鼓励公共服务平台面向专业委员会开展产业链服务。

推进多元融资。构建以担保机构为载体的投融资服务体系。初步建成省市县三级中小企业信用担保体系。截至2012年底，全省中小企业信用担保机构达178家，其中注册资金在1亿元以上的担保机构75家，担保资金总额达115亿元，累计为9065家中小企业提供贷款担保322亿元。省中小企业局、省政府金融办、省银监局、人民银行南昌中心支行等4家单位联合举办第二届“百园千企”政银企对接活动，累计为83个工业园区、3468户企业提供授信610.7亿元。出台《关于在全省工业园区创建中小企业信用示范区的实施意见》，建立企业诚信档案，鼓励金融机构向示范区内中小微等非公企业提供无担保信用贷款。选定首批3家工业园区开展试点。一批中小非公企业纳入全省重点拟上市企业后备资源库，开设工业园区拟上市公司培训班，部分企业已成功上市。中小企业直接融资渠道进一步拓宽，江西省首只中小企业集合票据——

“江西丰城中小企业集合票据”发行，第一期募集资金1.7亿元。

（徐星龙）

外商、港澳台商投资企业

【概 况】 2012年，全省新登记注册外商投资企业667户，其中法人企业537户，分支机构130户。法人企业中，合资企业60户，合作企业3户，独资企业474户。新登记外商投资企业减少3.3%，主要为独资企业数减少，同比减少3.2%，合资企业数同比增长20%。新登记外商投资企业投资总额56.24亿美元，注册资本40.62亿美元，外资认缴37.04亿美元，同比分别减少3%、4%、6%。投资总额1000万美元以上企业113户，减少0.9%。投资总额5000万美元以上企业23户，增加21%。

新登记外商投资企业集中于南昌、赣州、九江，同比回落。新余、吉安、萍乡、景德镇则出现增长。全年新登记的667户外商投资企业集中于制造业、批发零售业和农林牧渔业，分别是317户、114户和72户。公司类型以台港澳自然人独资、台港澳法人独资企业为主，分别为259户、150户。

截至2012年底，全省实有外商投资企业7334户，其中法人企业5776户，分支机构1556户，外商投资合伙企业2户。法人企业中，合资企业1170户，合作企业90户，独资企业4516户，股份有限公司17户（其中上市股份有限公司4户），常驻代表机构37户。全省外商投资企业投资总额538.57亿美元，注册资本349.04亿美元，其中外方认缴出资额301.2亿美元，占注册资本86.2%。投资总额1000～5000万美元的有944户，5000万美元以上的有148户。全省外商投资企业投资总额、注册资本、实收资本总数分别增长9%、11%、11%。

2012年，全省外商投资企业（不含分支）三大产业总户数比2011年有所增加，第一、第二产业增长，第三产业下降。其中，第二产业3778户，占65.4%；第三产业1476户，占25.5%；第一产业522户，占9.1%。与2011年底相比，外资企业分布第二产业户数所占比例增加0.2个百分点，第一产业增加0.3个百分点，第三产业减少0.4百分点。

截至2012年底，全省实有外商投资十大战略新兴产业企业324户。投资总额66.37亿美元，注册资本39.74亿美元，外资认缴35.42亿美元，分别增长19%、14%、15%。

全省外商投资企业投资者国别（地区）仍集中在香港、台湾、美国和英属维尔京群岛等地。截至2012年底，香港3633户，台湾730户，美国187户，英属维尔京群岛187户。其中香港增加较多，同比增长11.9%。

2012年，共办理注吊销登记327户，其中注销227户、吊销100户。同比分别减少64%、24%、84%。截至2012年底，累计注、吊销外商投资企业6566户，其中注销外商投资企业2153户，吊销外商投资企业4413户。总数同比分别增加3%、4%、2%。注吊销企业集中分布在制造业（159户）、计算机服务与软件（64户）、批发和零售业（27户）、住宿和餐饮业（16户），占注吊销总数的81.3%。注吊销企业（不含分支）集中在亚洲，其中香港135户、台湾28户，其次为美国12户、英属维尔京群岛7户。

【外商投资发展态势趋向多元化】 2012年新设立外商投资法人企业537户，其中亚洲488户、北美洲5户、拉丁美洲4户、欧洲6户、其他国家27户、非洲6户、大洋洲1户。亚洲占新设立企业户数的90.8%。从国别地区看，2012年新发展外商投资企业涉及31个国家和地区，其中香港394户、台湾46户、澳门14户、巴基斯坦8户、伊朗5户、美国3户、英属维尔京群岛3户、加拿大2户。

（孙 浩）

个体私营经济

【概 况】 2012年，全省个体工商户实有126.58万户、从业人员330.16万人、登记资金数额729.87亿元，同比分别增长9.72%、4.43%、32.27%。个体工商户呈稳步发展态势。全省私营企业（含分支机构，下同）实有22.58万户、从业人员329.71万人、注册资本总额6029.8亿元，同比分别增长16.42%、4.54%、33.30%。私营企业成为江西省第一大投资主体。

2012年，全省工商系统引导1500余户个体户转型为企业。全省新开业个体工商户20.43万户，减少2.16%；从业人员53.33万人，减少10.13%；登记资金总额223.23亿元，增长58.17%。新开业个体工商户户均投入资金突破10万元，资金规模增长迅猛。新开业私营企业3.88万户、从业人员35.89万人、注册资本总额1036.82亿元，同比分别增长11.54%、13.18%、3.98%，保持平稳发展。依托新发展个体户和私营企业，新增近90万个就业岗位，帮扶8159名下岗失业人员、8623名高校毕业生、418名退伍军人、433名残疾人员自主创业。

全省有农民专业合作社1.91万户（含分支机构，下同）、出资总额315.56亿元、成员总数20.84万个，同比分别增长24.65%、38.48%、27.60%。农民专业合作社持续快速发展，平均每个行政村拥有一户农民专业合作社。

【牵手银企搭建融资平台】 省工商局与省农信社联社合作，共同搭建小微企业发展融资平台。8月8日，省工商局与省农信社在南昌联合举办支持小微企业贷款集中授信签约仪式，洪都农商银行与洪城商会等7家商会签订战略合作协议，共授信50亿元，35家商户现场签约贷款1.03亿元。

【为区域经济振兴营造高效政务环境】 2012年，支持赣州市在赣县试点推进个体工商户一人审核制、在部分县（市、区）局试行委托有条件的基层分局登记个人独资企业、合伙企业、农民专业合作社，探索对食品经营个体工商户实行证照合并审批。九江市在基层工商分局推行《个体工商户营业执照》《食品流通许可证》等行政许可事项“一站式服务”，为扶持赣南等原中央苏区振兴发展、服务九江沿江开放开发营造更加高效、快捷的政务环境。

（傅晓芳）

信息化建设

本栏编辑　李荣根

综　述

2012年，江西围绕全省经济社会发展总体目标，加快推进全省信息化建设，信息通信基础设施集约化建设逐步完善，社会各领域信息化应用进一步拓展，公共信息服务领域进一步深化，信息化助推经济发展的能力进一步提高。

信息基础设施进一步完善，综合服务能力明显提高。2012年，网络基础设施建设跃上新台阶，光缆总长度达45.7万千米，覆盖91.3万个家庭，其中9.8万个家庭已实现光纤上网，固定互联网宽带用户新增59.0万户，达到372.0万户，其中接入速率大于2M的用户达到290万户，占所有用户的78%。互联网宽带接入端口627.5万个，局用交换机容量1022.6万门，移动电话交换机容量3922.9万户，固定电话普及率14.4部/百人，移动电话普及率57.4部/百人。江西电信业务总量累计完成278.8亿元人民币，用户规模进一步扩大，全省新增电话用户287万户，总数达到3283.0万户。全省广播综合人口覆盖率为97.23%，电视综合人口覆盖率为98.4%。有线广播电视传输干线总长9.19万千米。全省有线电视用户数539.84万，入户率44.62%，其中城市有线广播电视用户数144.51万户，农村有线广播电视用户数395.33万户。

电子信息制造业发展迅速。全省围绕半导体照明、手机、数字视听三个产业龙头，以基地（园区）为载体，重点扶持战略性新兴产业和优势特色产业发展。半导体照明（LED）产业特色产业链向上游核心生产设备和下游产品应用双向延伸，手机等通信产品产业规模迈上新台阶，数字视听产业走向价值链中高端，骨干企业支撑作用越来越突出，特色园区、基地和重点项目建设取得新成绩，承接沿海发达地区的产业转移获得丰硕成果。全年完成工业增加值157.19亿元，增长32.98%；完成主营业务收入690.68亿元，增长27.9%；完成出口交货值186.56亿元，增长30.41%；实现利税总额55.41亿元。

软件服务业持续健康发展。2012年，全省软件服务业实现主营业务收入83.7亿元，增长11.2%；实现利润8.3亿元，增长37.8%。其中，软件业务收入达到54.2亿元；软件业务出口4249万美元，增长71.4%；软件外包服务收入1.86亿元，是2011年的3.79倍。全省新认定软件企业22家，累计认定软件企业224家，全省从事软件开发、销售和服务的软件服务企业达400余家。全省新登记软件产品233件，累计登记软件产品797件，部分软件产品在国内处于领先水平。

电子政务取得成效。全省电子政务和电子监察系统建设取得阶段性成效，陆续完成网上审批系统、公共资源网上交易系统、电子监察平台的省级平台建设，行政权力公开透明运行系统、政务信息资源数据中心及共享交换平台初步建成。省级政务部门主要业务的信息化覆盖率已达100%，市县两级政务部门主要业务信息化覆盖正在加快实现，其中九江市的覆盖率达100%，萍乡市覆盖率达85%，南昌市覆盖率达80%。推进基层政务公开和政务服务试点，完成试点县（市、区）相关职能部门的行政权力的清理规范。

无线电管理服务水平进一步提高。全省开展无线电台站核查活动，加强行政执法工作，开展宣传，做好预备役电磁频谱管理部队的管理，全省台站数据质量不断提高，全社会遵守无线电管理法律法规意识普遍增强，有力打击非法设置无线电台站和乱占频率的不法行为。

信息安全保障能力增强。全省继续完善信息安全保障体系，提高信息安全保障能力，加快理顺信息安全管理协调机制，加强信息安全基础设施和人才队伍建设，夯实信息安全工作基础，开展重点领域网络与信息安全检查行动、政府网站安全测评及重要工业控制系统基本情况调查等专项工作。继续推进以身份认证及密码技术、电子认证为基础的网络信任体系建设，推广数字证书在电子政务、电子商务等的应用，全省有效数字证书持有量176509张。

（省工信委编辑室）

信息基础设施

【概　况】　2012年，全省从组织机制、资金投入、政策保障等方面多措并举，合力推进全省信息通信基础设施建设，取得了良好的成效。电信、移动、联通三大电信运营商及省广电网络公司对全省信息通信基础设施的各项投资稳步增长，通信基础网络取得明显进展，宽带接入水平有效提升，网络覆盖能力持续增强，惠民普及规模不断扩大，信息通信基础设施集约化建设有序推进。

信息接入水平有效提升。2012年,全省通信行业实施宽带普及提速工程和"鄱阳湖生态经济区智慧工程",通信基础设施建设深入推进。江西电信业务总量累计完成278.8亿元人民币,增长10.9%;电信业务收入227.7亿元,增长12.4%。用户规模进一步扩大,全省新增电话用户287万户,总数达到3283.0万户。其中,固定电话用户减少29.8万户,下降至644.2万户;移动电话用户新增251.4万户,达到2573.4万户。移动电话用户中,3G用户新增257.6万户,达到507.0万户。固定互联网宽带用户新增59.0万户,达到372.0万户,其中接入速率大于2M的用户达到290万户,占所有用户的78%。

网络覆盖能力持续增强。网络基础设施建设跃上新台阶,固定资产投资67.6亿元,全省光缆总长度达45.7万千米,覆盖91.3万个家庭,其中9.8万个家庭已实现光纤上网。互联网宽带接入端口627.5万个,局用交换机容量1022.6万门,移动电话交换机容量3922.9万户,固定电话普及率14.4部/百人,移动电话普及率57.4部/百人。

宽带惠民普及规模不断扩大。全省所有行政村实现通宽带,20户以上自然村通宽带达6.7万个,1285所农村中小学通宽带。鄱阳湖生态经济区农村家庭用户已具备2M以上宽带接入能力,在网用户使用4M产品的比例超过40%。

电信基础设施共建共享继续推进。2012年,全省重点场所电信基础设施共建共享继续推进,共建基站398个、杆路494线路千米、管道138千米、铁塔277座,共享杆路1318线路千米,节省了建设投资约2.69亿元。

广播电视网络覆盖能力进一步提高。2012年,全省广播综合人口覆盖率为97.23%,电视综合人口覆盖率为98.4%。全省电视发射台和转播台904座,发射功率为1081.7千瓦,有线广播电视传输干线总长9.19万千米。全省有线电视用户数539.84万,入户率44.62%,其中城市有线广播电视用户数144.51万户,农村有线广播电视用户数395.33万户。

广播电视村村通工程顺利进展。2012年,村村通工程采用直播卫星接收方式,在全省完成14176个村(场)的村村通工程建设,项目总投资4235.3万元,共计采购84676套直播卫星接收设备,基本完成工程竣工检查验收工作。

有线电视加快数字化整体转换。2012年,全省11个设区市基本完成有线电视数字化整体转换,全省99%的县城网基本实现有线电视数字化整体转播。数字电视用户数322.97万户,增加103.93万户,增幅47.45%,全省有线电视数字化整转率62.98%。全省有线电视数字化升级改造工作仍以用户数字化整转为主,并着手双向业务规划,启动配置双向化改造模式。2012年双向覆盖用户达到44万户,其中CMTS覆盖用户为37万户,LAN覆盖用户为77万户。

数字影院建设全面铺开。江西省、市、县数字影院建设步伐明显加快,全省城市影院总数达到87家,银幕总数340块(3D厅167个),比上年新增影院27家、银幕135块、3D厅89个,全省11个设区市城区实现多厅影院全覆盖。

【启动三网融合试点工作】 2012年,南昌作为三网融合试点城市,积极推进基础信息服务设施建设。南昌广电对南昌光缆骨干网、IP城域网进行了割接改造和升级,对南昌市红谷滩新区、红角洲片区进行了双向全面网改,覆盖用户3万,在赣江以北实现了视频、点播、宽带并行的全业务模式。南昌电信加大南昌光网城市FTTH建设力度和3G网络优化覆盖,已经实现了50%的城区用户具备光纤到户的接入能力,同时3G覆盖也达到了100%覆盖,城域网出口达到了320G。南昌移动已完成部分路段手机电视网络基站的建设及优化工作。

(省工信委编辑室)

信息技术应用

【概　况】 2012年,信息技术在政府、企业和社会各个领域应用进一步深化,在政府管理模式创新、改善民生、农村信息化、数字城市等方面发挥了极大的作用,推动了区域经济和社会发展。电子政务向乡镇延伸,电子监察、项目信息公开、公共资源交易平台等陆续开通。社会领域信息化应用全面拓展,城市管理、交通、旅游、文化、气象、社保、医疗、人防、卫生等领域信息服务能力进一步提升。

建成全省网上审批和电子监察系统。该系统于2009年10月开始建设,涵盖省、市、县三级所有行政审批事项,已安装部署到47个省直部门、11个设区市和103个县(市、区、开发区),涵盖了省、市、县三级所有行政审批事项。系统试运行以来,通过不断改进完善,基本达到了"一站式服务、一窗式登记、一次性告知、一条龙审批、一单式收费"的目标。纪检监察机关利用电子监察系统,可及时了解本辖区内的审批情况,及时发现审批超时、违规审批或乱收费等现象,并予以催办和督办。该系统是运用科技手段预防和治理腐败的重要探索与实践。

整体推进公共资源网上交易系统。江西按照"标准统一、功能完备、技术先进、安全高效、全省统一、全国一流"的目标,集约化建设了全省公共资源统一交易平台和建设工程招标、交通项目招标、水利项目招标、政府采购、土地资源交易、产权交易、林业产权交易、阳光医药8个子系统。该系统是实现阳光交易的有效途径,也是减少人为因素对公共资源交易的干预和操纵,并从源头上遏制交易腐败问题发生的有效措施。

工程建设领域项目信息公开和诚信体系建设有序推进。在推进全省工程建设领域项目信息公开和诚信体系建设中,创新建设思路,建立项目"电子标签"唯一识别码,确保了项目信息公开的唯一性和完整性,全省统一开发软件,实现省级数据大集中,均取得良好成效。

加强县级政府政务公开和政务服务试点。为配合全国100个县级政府政务公开和政务服务试点工作,推进行政权力公开透明运行,实现政务服务均等化,加强对行政权力的制约。江西在已有的南昌县、丰城市、南康市、都昌县4个全国试点单位的基础上,扩大试点范围,在15个县(市、区)试点,建立和完善统一电子政务平台,以全面、准确发布政府信息公开事项,实时、规范办理主要行政职权和便民服务事项。

实现全流程电子化采购。江西将政府采购交易系统推广到省内县一级财政单位,政府采购工作实现全流程电子化。江西省政府采购交易系统包括业务管理系统及交易系统两个子系统,系统实现了业务管理系统和交易系统的对接,从政府采购的预算管理、计划申报与预算审核到实施计划批复、指定采购代理机构,再到采购公告的发出与审核、结果公示与审核、验收单填写与审核等政府采购全流程都将在网上运行。

江西医药购销和医疗服务网上监察系统建成。江西在全国率先建立的江西"阳光医药"网上监察系统,实现了全省覆盖、全程追溯、自动预警、资源共享、重点监察。"阳光医药"网上监察系统,是江西省电子政务和电子监察系统建设的重要组成部分,改变传统行政管理成本高、监管难、取证难、查处难及事后监管的不足,实现事前监管和源头监管。该系统可根据各环节的监察重点,对相关医药服务信息数据进行自动采集,实时分析和判别。

获2012年中国信息化成果评选一等奖。经监察部会同国务院纠风办、中央编办、发展改革委、民政部、财政部、人事部、国资委、法制办等九部委批准,中国信息协会主办2012年中国信息化成果评选。江西申报的《江西省电子政务共享数据统一交换平台及网上审批和电子监察系统》获2012年中国信息化成果评选一等奖。

【启动数字城市建设】 2月21日和22日,"数字萍乡"和"数字新余"地理空间框架建设项目分别在当地通过专家组的验收,加上2011年通过验收的"数字宜春",全省数字城市达到3个,居全国前列。"数字萍乡"地理空间框架建设项目,为城市建设、智能化交通、网格化管理、城市安全应急响应等创造了良好基础条件,对于提高政府决策水平、促进城市可持续发展具有重要意义。"数字新余"地理空间框架建设项目,建设了基础地理信息数据库、地理信息公共平台、政府门户网站公众电子地图系统、城市管理信息系统、房产管理信息系统、城镇地籍管理系统、基础数据、政务服务数据、公众服务数据,构成具有新余特色的地理信息综合应用平台。

【打造"智慧旅游工程"】 2月14日,省旅游局与阿里巴巴集团结成战略合作伙伴关系,双方共同打造江西"智慧旅游工程",开通江西智慧旅游网。该网是集江西旅游产品展示、营销推广、旅游产品预订、在线交易、线下服务等于一体的全功能旅游电子商务平台,用户可借助电脑、手机、无线终端等设备随时体验,通过"智游搜""百宝囊"等方式实现智能导航、智能导游、智能导览、智能导购,还能根据用户行为及习惯进行分析,自动提供个性化的旅行方案。

【全省人防通信实现互联互通】 8月31日,投资2000多万元的省市人防信息化指挥系统升级改造工程基本完工,标志着江西省人防信息化进入全国先进行列。全省人防指挥系统基本形成了地空一体、四级互联、军地互通、全时值守的信息化格局,实现了省、设区市、县(市、区)、街办四级网上"面对面"指挥,有效避免了"孤岛"和"烟囱"现象,大大缩短了指挥流程,提高了行动效率,只要在省人防指挥中心按下按钮,全省各市、县、街办的人防预警和警报就可同时拉响。

【江西电子口岸检港联网系统正式运行】 10月29日,江西电子口岸检港联网系统在九江水运口岸城西港正式运行,随后向全省各口岸作业区推广使用。该系统依托江西电子口岸平台,实现水运口岸检验检疫、船代、货代、港口信息的交换和共享,通过出入境集装箱及货物的电子舱单信息和检验检疫报检、放行信息的自动对比、核查,实现了口岸检验检疫移箱查验指令、放行指令的电子化,使得各代理企业能够随时在网上申报,为企业节省了人力、物力和时间成本。

【南昌市和新余市入选"2012(第三届)中国城市信息化50强"】 5月,中国计算机用户协会和亚太地区城市信息化合作办公室共同发布了"2012(第三届)中国城市信息化50强",南昌市和新余市入选。南昌市还入选"2012中国城市信息化卓越成就10佳城市"。

【江西首发加载金融功能社保卡】 8月2日,江西加载金融功能社会保障卡举行首发仪式。该卡不仅能让参保人员领取养老金,也能作为银行卡使用,具备存取款、刷卡消费和金融理财功能。省委常委、常务副省长凌成兴,省政府顾问、党组成员熊盛文出席首发仪式,并为参保人员代表发放社保卡。

【省直机关数字图书馆开通】 4月23日,由省直机关工委、省文化厅主办,全省各级公共图书馆联动,江西省图书馆、江西省图书馆学会承办的江西省第二届"读好书"活动启动暨省直机关数字图书馆开通仪式在江西省图书馆举行。省直机关数字图书馆是为省直机关搭建的网络学习平台,把省级图书馆丰富的数字资源通过政务外网传输到省直机关,提供无时空限制、便捷有效的文献资源保障。设置有好书推荐、在线阅读、期刊导读、学术视频、网上资源等5个主要栏目,可提供包括超星图书、博看期刊、中国知识资源总库(CNKI)在内的多个资源库内容,共计2.17亿条数据。

【南昌64家农贸市场试点肉菜追溯系统】 2012年,南昌市肉类蔬菜流通追溯体系项目已确定179个试点企业,涉及农贸市场、超市、专卖店等,系统平台主体架构也已基本完成。肉菜流通追溯体系主要以发展现代流通方式为基础,运用信息技术手段,实现肉菜商品流通的索证索票、购销台账的电子化,从而形成来源可追溯、去向可查证、责任可追究的质量安全追溯链条。

(省工信委编辑室)

电子信息制造业

【概　况】 2012年,江西省电子信息制造业围绕半导体照明产业、手机产业、数字视听产业三个龙头,以基地

(园区)为载体,重点扶持战略性新兴产业和优势特色产业发展。全年完成工业增加值157.19亿元,增长32.98%;完成主营业务收入690.68亿元,增长27.9%;完成出口交货值186.56亿元,增长30.41%;实现利税总额55.41亿元,增长10.82%。

半导体照明(LED)产业特色产业链向上游核心生产设备和下游产品应用双向延伸,手机等通信产品产业规模迈上新台阶,数字视听产业走向价值链中高端,骨干企业支撑作用越来越突出,特色园区、基地和重点项目建设取得新成绩,承接沿海发达地区的产业转移获得丰硕成果。

LED产业呈现出逆势增长的良好态势。面对内外需增长乏力、LED产业主要产品价格下降、综合成本上升的不利局面,在江西省大力推动战略性新兴产业发展的良好环境下,LED产业呈现出逆势增长的良好态势,已经形成了LED芯片年产能380亿粒、LED器件封装能力超过200亿只、LED背光源达到5000万块、LED显示屏达到40万平方米、LED小型灯具(包括各种节能灯、装饰灯)1500万套和LED路灯及隧道灯20万盏的生产能力。全年全省LED产业累计完成工业增加值34.12亿元,增长38.1%;实现主营业务收入116.77亿元,增长49.4%;实现利税9.66亿元,增长24.8%。

手机产业抓住全球智能手机换代的契机谋发展,产业规模迈上新台阶,智能手机终端制造增长强劲。全年全省手机及通信产业完成工业增加值54亿元,增长20%;实现主营业务收入230亿元,增长27.78%;实现利税13.74亿元,增长5.1%。全年生产手机4439.36万部,增长37.13%,列全国同行业第五位、中部地区第一。

数字视听产品向高清化、数字化方向发展。全年全省规模以上企业完成工业增加值54亿元,增长20%;实现主营业务收入230亿元,增长27.78%;实现利税15.04亿元,增长18.6%。全年生产液晶电视132.86万台,增长29.59%;车载视听产品生产61.73万部,增长11.11%。

吉泰工业走廊电子信息产业基地规模工业保持了健康平稳增长态势。纳入统计口径的规模以上电子企业125家,全年实现主营业务收入260亿元,增长26.5%;实现利税22.5亿元,增长25%。同时,基地形成了红板电子、合力泰、博硕科技、协迅电子等一批年主营业务收入超10亿元的重点企业。信丰省级电子信息产业基地经过两年多的发展,基地规模不断壮大,产业集聚效益初步显现,全年实现主营业务收入30亿元,增长30.57%,培育了江西高飞数码科技有限公司、江西捷威科技有限公司、信丰可立克科技有限公司、信丰福昌发电子有限公司等一批主营业务过亿元的骨干企业。

【LED核心生产设备MOCVD研制取得成功】 南昌黄绿照明公司依托南昌大学、国家硅基LED工程技术研究中心,经过近一年的努力,于2012年成功研制出37X2"MOCVD设备样机,该设备具有自主创新的气体输运系统,较进口机具有材料生长时间短,原材料消耗少等特点。同时,该公司成功突破了喷头、加热器等关键技术,加工制造工艺也基本成熟,为设备大生产奠定了良好的技术基础。研制组已经完成61X2"MOCVD设备研发工作,正在设备制造加工,争取2013年该设备工艺水平达到国内产业化水准。

【"硅衬底氮化镓基LED材料及大功率芯片技术"项目被评选为2012年第十二届信息产业重大技术发明】 2012年,江西省电子技术研发取得历史性突破,晶能光电(江西)有限公司的"硅衬底氮化镓基LED材料及大功率芯片技术"项目被评选为2012年第十二届信息产业重大技术发明,这是江西省电子企业首次获此殊荣。信息产业重大技术发明评选是由国家工信部组织,在各省、自治区、直辖市及有关单位申报项目基础上,经过初审、预选、评审、公示等阶段,最终评选出当年获选项目。信息产业重大技术发明项目将享受国家电子发展专项资金扶持。

【召开江西省半导体照明(LED)产业合作推进会】 8月28日,由省政府主办,南昌市政府、省工信委共同承办的江西省半导体照明(LED)产业合作推进会在南昌举行。副省长洪礼和出席大会并讲话,南昌市市长陈俊卿致欢迎辞,国家工信部电子信息司副司长彭红兵就中国半导体照明(LED)产业发展作主旨发言,与会代表围绕"科学发展、自主创新、绿色崛起、和谐秀美"这一主题发言。中国半导体照明/LED产业与应用联盟主席、秘书长以及有关省直部门领导人,南昌市、九江市、赣州市、吉安市政府和有关部门领导人,相关科研院所、大专院校负责人和行业专家,国内外半导体照明企业代表、战略投资者以及新闻记者共200余人出席了会议。本次会议共签约项目8个,签约总金额达43亿元。会议还举行了江西省半导体照明(LED)产业联盟成立仪式。

【举办2012年江西省(共青城市)第二届手机产业论坛】 7月27日,由省政府主办,九江市政府、省工信委、省通信管理局共同承办的2012年江西省(共青城市)第二届手机产业论坛在共青城市举行。省委副书记尚勇出席论坛并致辞,副省长洪礼和讲话,国家工信部总经济师周子学作经济形势分析报告,国家工信部电信管理局副局长李学林、中国通信工业协会会长王秉科分别作主旨发言,与会代表围绕"科学发展、开拓创新、整合资源、促进发展"主题作报告。省政协副主席、九江市委书记钟利贵,国家工信部电子信息司副司长张春楠、运行监测协调局副局长高素梅,省委及有关省直部门、九江市委、九江市政府、共青城市委、共青城市政府领导和国内外知名手机制造商、营运商代表共200余人出席了本次论坛。本次论坛共签约手机生产和配套项目11个,签约总金额达60亿元。

【泰豪集团有限公司入选全国电子信息百强企业】 7月31日,2012年(第二十六届)电子信息百强企业发布暨工作座谈会在河北省石家庄市召开。根据国家统计局和工业和信息化部联合统计的2011年电子信息产业年报数据,经江西省工信委初审和推荐,工业和信息化部最终审定,泰豪集团有限公司入选2012年(第二十六届)电子信息百强企业,列第六十六名。

(省工信委编辑室)

电子信息和软件服务业

【概　况】 2012年,江西省软件服务行业充分把握国家出台《关于进一步鼓励软件产业和集成电路产业发展的若干政策》重大机遇,按照省委、省政府推进十大战略性新兴产业超常规发展的战略部署,以壮大产业规模为目标,以扩大软件企业群体为手段,以市场驱动、应用牵引、创新支撑、融合发展为主线,以产业园区和商务楼宇为载体,聚焦重点领域,实施重大项目,聚集创新人才,搭建服务平台,形成了稳固的发展基础。全省软件服务业实现主营业务收入83.7亿元,增长11.2%;实现利润8.3亿元,增长37.8%。其中,软件业务收入达到54.2亿元,增长7.5%;软件业务出口4249万美元,增长71.4%;软件外包服务收入1.86亿元,是2011年的3.79倍。

软件企业增加。2012年,全省新认定软件企业22家,累计认定软件企业224家,全省从事软件开发、销售和服务的软件服务企业达400余家。其中,年主营业务收入超亿元企业19家,超1000万元企业74家,规模以上软件企业116家,有52家企业获得计算机信息系统集成资质,思创公司被认定为国家规划布局内重点软件企业,先锋软件、思创数码连续多年跻身全国软件百强行列。

产业集群形成。南昌高新区金庐软件园、浙大科技园、南大科技园等园区聚集了全省90%以上的软件企业,吸引了微软、IBM、惠普、英华达、中兴通信、用友软件等一大批国内外知名企业入驻,培育了一批从事软件服务业的骨干企业,形成了以服务外包、高端嵌入、应用软件、游戏动漫、信息安全为重点的软件产业带,成为江西软件产业发展的主体经济区。"中国服务外包示范城市"——南昌市发挥了较强的示范效应,引领和带动着一大批软件园区茁壮成长,行业新增企业、业务合同金额和执行金额、从业人员、产业利税等保持年均30%的增速。

创新能力加强。2012年,全省新登记软件产品233件,累计登记软件产品797件,部分软件产品在国内处于领先水平。有三项软件产业重大项目获得国家电子信息产业发展基金、"核高基"专项资金、软件公共服务平台建设专项资金支持。软件产品向平台化方向延伸、软件产业向新一代信息技术方向延伸速度加快,物联网、云计算技术应用进一步加快。龙头企业创新示范效应凸显,国家软件和集成电路促进中心(CSIP)与思创数码合作建立"国家软件公共服务平台——思创智慧交通技术创新中心",与先锋软件合作建立"CSIP-先锋软件企业创新中心",促进了江西省软件企业技术创新。

人才培训体系形成。形成了以高等院校信息工程学院、软件学院及软件职业技术学院为主,民办培训机构和社会团体、企业认证培训等为辅的软件及信息技术服务人才培训体系,全省共有相关教育培训机构37家,其中省级软件学院7所、国家示范性软件职业技术学院1所、信息工程和管理学院20所,拥有3个国家级计算机类特色专业,每年培养软件和信息服务相关专业的大学毕业生约5万人。先锋软件学院在国产软件人才教育与培训、科研与成果转化、产业化应用推广等走在国内前列,先后被评为国家示范性软件职业技术学院、国家软件人才国际培训基地。

【出台《关于进一步鼓励软件服务业和集成电路产业发展的实施意见》】 为贯彻落实国务院《关于进一步鼓励软件服务业和集成电路产业发展的若干政策》,省政府于7月27日出台《关于进一步鼓励软件服务业和集成电路产业发展的实施意见》,在财税、投融资、研发、出口、人才、知识产权、市场开拓等方面给予软件企业政策优惠,为江西省软件服务业加快发展创造了良好的条件和氛围。这是江西省首次出台政策专门扶持软件产业发展。在税收方面,对增值税一般纳税人销售其自行开发生产的软件产品,按17%的法定税率征收增值税,对实际税负超过3%的部分即征即退;对新创办的集成电路设计企业和软件企业,经认定后,自获利年度起享受企业所得税"两免三减半"优惠政策,即第一年至第二年免征企业所得税,第三年至第五年按25%的法定税率减半征收企业所得税;国家规划布局内的重点软件企业和符合相关条件的集成电路设计企业,当年未享受免税优惠的,可减为按10%的税率征收企业所得税。在奖金方面,对符合条件的软件和集成电路项目,除积极争取国家各类专项资金外,省级中小企业发展专项资金、科技专项资金等也将对其重点支持;对符合条件的重大软件和集成电路产业化项目,列入江西省战略性新兴产业投资引导资金扶持范畴。

(省工信委编辑室)

电子政务

【概　况】 2012年,江西省电子政务工作以全面提升政府公共管理和服务水平作为工作的出发点和落脚点,以统一网络平台为支撑,以信息资源开发利用为核心,以深化应用为主线,以信息共享和业务协同为重点,以网络与信息安全为保障,为政府科学决策、提高行政效能、强化社会管理和公共服务作出了贡献。

主要业务信息化覆盖率稳步提升。省级政务部门财政、科技、司法、公安、广电、文化、工商、税务、农业、质监、药监、气象、地震、信访等部门主要业务的信息化覆盖率已达100%;市县两级政务部门主要业务信息化覆盖正在加快实现,其中九江市的覆盖率达100%,萍乡市覆盖率达85%,南昌市覆盖率达80%。

基层政务公开和政务服务试点扎实推进。按照国家统一部署,完成试点县(市、区)相关职能部门的行政权力的清理规范,通过县级电子政务统一平台进行项目确定、流程固化、网络办理,实现权力运行全过程公开和监督。南昌县电子政务网络及应用已延伸到辖区所有社区(村),群众在家门口就能办理60多项政务事项和便民服务项目。

电子政务和电子监察系统建设取得阶段性成效。网上审批系统建成,省直47个部门、11个设区市和103个县(市、区、开发区)依托系统开展审批业务,涵盖了省、市、县2万余项行政审批及公共服务项目。公共资源网上交易系统建成,包括房建及市政工程、交通工程和水利工程招投标,以及政府采购、产权交易、国土资源交易、林权交易、医药招标采购等8个行业交易平台,并全部上线运行。电子监察平台的省级平台建成,平台采取3级授权模式建设,涵盖了行政审批、公共资源交易、阳光医药、财政收支、干部人事、民生及行风、司法执法等7大模块。行政权力公开透明运行系统初步建成,系统的门户网站"政务服务专网"与43个省直部门和13个公共服务单位的网站直连。公众可登录该网站查询办事信息,进行网上办事、状态查询、咨询投诉、服务评价等。

政务信息资源数据中心及共享交换平台初步建成。江西政务信息资源数据中心已建成国家法律法规数据库、宏观经济数据库、省委省政府公文数据库、企业基础信息数据库、政府信息公开数据库及高级人才信息库。共享交换平台已建成,部署到省直45个部门和单位、11个设区市、102个县(市、区、开发区)。省、市两级建立了交换中心,正在国家试点县部署共享交换中心,其他县级建设了前置节点,省、市、县三级政务信息的数据交换通道全面建成。

信息共享领域逐步扩大。国税实现与金融、工商、环保、质监、建设、海关、公安等部门的资源共享,地税在财政、人行、银联等部门的配合下已实现了税款即时划缴、即时入库。司法与公安共享在押、在教和刑释解教人员的信息,与法院、检察院和公安共享法律职业资格人员管理信息,与其他政法部门共享司法鉴定管理数据。工商为电子监察、企业联合征信系统、工程建设领域信息公开、法院、公安、国安、银行等提供了实时的数据共享。检验检疫实现了与海关系统之间的通关数据传输。

社会管理应用继续深化。省级部门继续深化在人口管理和服务、食品药品安全监管、生产安全监管、应急指挥管理、交通综合信息应用服务、社会治安管理等方面的各类应用,南昌、赣州、宜春、新余、鹰潭等市已推出"数字城市"建设规划,随着各类应用系统的投入使用,创新了社会管理方式,进一步改善了政务环境,社会公众得到了更优质高效便捷的服务。

政府网站管理再上台阶。创新和细化全省政府网站绩效评估工作,新增特色栏目、辅助功能和无障碍浏览等评估指标,在互联网上设立公众评议专栏,全省各级政府网站建设和管理水平有了较大提升,一个相互链接、上下联动、覆盖全省、惠及城乡的政府网站服务体系基本形成。江西省政府门户网站在全国26个省级政府透明度评比中居第五位。南昌市政府门户网站在全国省会城市政府网站绩效评估中位列第八位,其余设区市网站在全国地市级政府网站排名中也比较靠前。

在线访谈更常态实效。全省计划开展在线访谈356期,实际开展在线访谈311期。其中,省直部门实际开展105期,比上年增长17%;设区市(含县区)实际开展206期,比上年增长122%。全省在线访谈现场共收到提问17000余个,现场答复逾5000个,在线参与网民突破91万人次。访谈栏目已基本固定在政府网站政民互动版块中,在线访谈工作已经成为全省各地各部门的日常工作。

【电子政务建章立制成效显著】2012年,江西省电子政务建章立制工作成效显著。出台《关于进一步做好省级电子政务和电子监察项目经费管理工作的通知》《江西省"阳光医药"网上监察系统建设实施方案》《江西省财政资金网上监管系统建设实施方案》。绘制《江西省省级电子政务和电子监察项目经费管理流程图》。《江西省电子政务管理办法》立法工作已经全面启动。

(省工信委编辑室)

无线电管理

【概　况】2012年,江西省无线电管理系统围绕经济建设中心工作,按照"三管理、三服务、一重点"的要求,各项工作取得了新的成绩。截至2012年底,全省共拥有各类无线电台站总数达3000余万台部。其中,公众移动电话2950余万部,小灵通用户40余万部,广播电视台233座,数传电台280部,短波电台13部,超短波电台1.99万部,船舶电台45部,蜂窝无线电通信基站6.23万个,PHS基站9225个,卫星地球站36座,微波站383座。南昌市、吉安市无管局获省委办公厅、省政府办公厅授予的"第七届全国城市运动会先进集体"称号。

开展无线电台站核查,台站数据库建设取得新成果。根据国家无线电办公室《关于开展全国无线电台站核查工作的通知》的要求,江西省分五个阶段开展范围最广、标准最高的一次无线电台站核查工作,包括动员培训、宣传自查、检查整改、验收考评和总结验收。为协助此次台站核查,省教育厅、省人防办、南昌铁路公安局等行业主管部门均发文配合。省无线电办公室在《江西日报》《经济晚报》等省级报刊登载《关于开展全省无线电台站核查的公告》及专题报导,各设区市也在当地党政机关主办媒体及门户网站发布公告。全省各级无线电管理机构采取用户自查、监测比对、人机见面、交叉互查等多种手段对入库台站数据进行反复纠错、不断修正,确保台站数据完整、准确、真实。全省无线电台站核查期间,共出动工作人员2630人次,实地核查出未申报手续的无线电台1285台部,行程3.47万千米,检测设备3096台套,排除无线电干扰70余起。通过核查,共登记入库无线电台站10万余台,全省无线电台站总数较上年底增长50%,新入库台站达4万余台部,新增无线电台站达3万余台部。

优化政务环境,增强主动服务意识。对防汛超短波无线电调度系统开展电磁环境测试,对水文信息数传频率和江西省水利卫星综合应用系统进行保护性监测,实地查看全省32个县,600多个行政村安装使用的"山洪灾害无线电广播预警"系统设备使用情况。加强民航部门无线电专用频率的监管。及时排除"村村响"广播干扰民航地空通信案件10余起,收缴非法电台60余台部。加强铁路部门无线电专用频率的监管。共清理非法占用铁路频率的公众移动通信基站608部。解决全省业余无线电爱好者办理电台执照困难的问题,全省业余无线电台数较上年同期增长30%以上。全年各级无线电管理机构共受理行政许可申请125起，指配频率321个，收回频率56个，审批无线电台站1.88万个，撤销无线电台站5370个，核发（含换发）无线电台执照3.52万本。

加强行政执法，打击乱设台站乱占频率的不法行为。严肃查处手机诈骗案件，保障群众财产安全。全年各级无线电管理机构共查处5起利用手机进行诈骗的犯罪案件，抓获犯罪嫌疑人14名，查获作案电脑28台、手机799台、电话卡4100余张，涉案金额300多万元。加大对违规台站和擅自使用频率的查处力度。全省共实施行政执法检查无线电台站13821台部，下达责令限期改正通知书64份，下发行政处罚决定书12份，罚款2.6万元。加强行政执法工作操作性和灵活性的指导。组织编发了《无线电行政执法自学教材》。

加强无线电监测，创建和谐有序的电磁环境。2012年，全省各级无线电管理机构共开展电磁环境监测1001次，监测时长达7.05万小时，监测值班人数达2600余人次，监测频段达170余段，保存监测频谱图3020余份，排查干扰申诉80起，监测发现不明信号来源185个，处理登记的无线电台站173个，检测无线电发射设备1819台部。

继续加快全省无线电技术基础设施建设步伐。2012年，江西省全面启动无线电监测网"五期"工程，工程包括建设无线电监测小型站40个，可搬移监测测向系统11套，频谱分析仪11套，综合测试仪12台，便携式干扰查找仪12台，无线电固定监测站5个和省级应急通信监测指挥系统1套，工程计划于2013年基本完成。

【开展考场无线电安全保障活动】 2012年，全省各级无线电管理机构组织开展硕士研究生入学统一考试，全国高考，国家英语四、六级考试，全国职称外语考试，全国会计专业技术资格考试，全国计算机技术与软件专业技术考试，国家公务员考试，全省公务员录用考试，省直事业单位招聘等重要考试无线电安全保障活动，维护了考试的公平、公正和社会稳定。各级无线电管理部门共保障了各类全国性考试12场，考点767个，考场23949个，出动保障人员2287人次，捕获作弊使用频率141个，技术压制可疑信号143起，查获考试作弊案件97起，涉案人员89人，查获作弊设备320台套，有效地防范和打击了非法利用无线电设备进行考试作弊的行为，较好地维护了考试的秩序和安全。

（省工信委编辑室）

信息安全

【概　况】 2012年，江西省信息安全形势较为严峻复杂，信息安全面临的风险和威胁较大，网络攻击等信息安全事件时有发生。全省信息安全工作以完善信息安全保障体系、提高信息安全保障能力及服务于经济社会发展为目标，加快理顺信息安全管理协调机制，加强信息安全基础设施和人才队伍建设，夯实信息安全工作基础。主要开展了重点领域网络与信息安全检查行动、政府网站安全测评及重要工业控制系统基本情况调查等专项工作，查找安全漏洞和薄弱环节，分析评估安全风险和威胁，并有针对性地进行整改，提高信息安全防护水平和保障能力。检查发现，全省部分领域网络与信息系统在系统设计及代码开发、技术防护、安全管理、信息技术服务外包等方面存在许多隐患和风险，信息安全整体态势不容乐观，信息安全投入有待增加，信息安全技术防护和安全管理水平有待提高。

省信息化工作领导小组成员和职责调整。9月，经省政府同意，对原省信息化工作领导小组成员进行了调整，并将全省网络与信息安全管理与协调职责纳入领导小组工作职责之中。

全省重点领域网络与信息安全检查。按照国务院统一部署和省政府领导批示，2012年省信息化工作领导小组办公室联合省国家安全厅、省保密局、省密码管理局开展全省重点领域网络与信息安全检查行动，组织专业技术机构对部分关系国计民生的重要网络与信息系统进行以技术检测为主的安全抽查，编制被抽查系统的安全抽查报告和全省检查情况通报，指导和督促相关单位进行整改完善。根据各设区市、省直部门自查和抽查情况，进行分析和研判，完成了《关于全省重点领域网络与信息安全检查行动的报告》，并上报国家网络与信息安全协调小组办公室。

工业控制系统信息安全普查。为提高工业控制系统安全防护水平，省信息化工作领导小组办公室在全省组织开展重要工业控制系统基本情况调查工作，对全省工业控制系统硬件厂商及型号、通信协议、组网情况等情况进行排摸和调查，查找薄弱环节，指导相关单位加强工业控制系统安全管理和技术防护，保障工业控制系统安全生产和正常运行。

信息安全基础设施建设。省工信委争取资金加强全省重要网站监测预警平台等信息安全基础设施建设，完善信息安全攻防实验室软硬件设施，全省信息安全技术检测和支撑能力有所提高。

网络信任体系建设。继续推进以身份认证及密码技术、电子认证为基础的网络信任体系建设，推广数字证书在电子政务、电子商务等的应用。截至2012年底，全省有效数字证书持有量17.65万张。

【开展全省政府网站安全测评】 2012年，省工信委继续组织开展全省政府网站绩效评估安全测评工作，调整完善了政府网站安全测评标准和指标体系，并组织专业测评机构对173家政府网站进行以技术检测为重点的安全测评，评估分析政府网站安全防护水平。测评发现，全省各级政府网站安全防护水平较上年有所提升，但部分政府网站还存在中高危漏洞，网站服务外包存在一定安全风险，网站安全管理水平还有待提高。

（省工信委编辑室）

邮　政

【概　况】 2012年，省邮政公司坚持"发展以经营为中心"的理念，突出经营重点，转变发展方式，以"两加一推"（加速发展，加快转变，推动江西邮政更好更快跨越式发展）为主基调，注重发展质量，企业经营呈现出基础夯实、效益提高、后劲增强的良好态势。

2012年,省邮政公司下辖11个市邮政局、84个县(市、区)邮政局。截至年底,全省邮政有从业人员1.6万人,拥有1800多个自办邮政营业点,近2万多个委代办服务网点,全省设邮政书报刊亭898个(含报刊零售门市部),有邮政车辆1066辆,已建成集实物传递、信息传输、货币流通于一体的现代化邮政服务网络,打造了金融类、邮务类、速递物流类三大业务板块,提供邮政储蓄、现代物流、人寿保险、特快专递、信函、包裹、汇兑、集邮、报刊发行等300多种专业服务。全省邮政开通了各级邮路667条,单程总长度达35515千米。其中一级干线火车邮路4条,一级干线自办汽车邮路4条,二级干线自办汽车邮路15条,邮区内自办汽车邮路38条,县内及农村邮路606条,通达全省11个市、85个县(市)及所有的乡镇农村。江西邮政运输网以省会南昌为中心,向全省各二、三级邮区中心局辐射,二、三级中心局向所经转县市局辐射,并连接闽、浙、鄂、湘、皖、粤、沪、豫、赣9省市区域快速邮运网,直达邮路通达20多个省市。

2012年,全省邮政系统总收入实现46.3亿元,增长18.3%。其中,邮政企业实现收入24.25亿元,增长8.03%;邮储银行实现自营收入19.09亿元,增长36.67%;速递物流公司实现自营收入2.96亿元,增长9%。中邮人寿实现保费6.46亿元,比重达到32.08%,提升4.78个百分点。企业各专业中,代理金融实现收入15.29亿元,增长13.27%,规模列全国第十四位;函件广告实现收入2.62亿元,规模列全国第十四位;集邮实现收入2.18亿元,增长14.79%,规模列全国第十六位;报刊发行实现收入1.93亿元,规模列全国第十九位;代理和信息业务实现收入8573万元,增长27.56%,规模列全国第二十四位;分销实现收入3208万元,规模排全国第十四位。

江西邮政共获50多项国家级、省级集体荣誉。省邮政公司机关获首届"全国文明单位"称号,6个单位获"全国精神文明建设工作先进单位"称号,34个单位获"省级文明单位"称号,3个单位获"全国模范职工之家"称号。省邮政公司机关连续4届获"江西省十佳文明机关"称号。创建了12个国家级、50个省级"青年文明号"。省邮政物流公司先后获"中国物流百强企业""全国物流行业先进集体""全国4A级物流企业"等称号。

【邮政"三个服务"融入地方经济发展】 2012年,全省邮政以服务"三农"、服务中小微企业、服务社区为切入点,融入地方经济建设。在服务"三农"方面,推进金融全覆盖工程,借助"农村信息化平台建设项目"推广新便民服务平台。通过开展农产品返城服务,将赣南脐橙、广昌白莲等江西名优特产销往全国各地,得到了当地党委政府的赞扬。在服务中小微企业方面,通过商函、贺卡、邮册等产品,帮助企业宣传产品形象。运用邮乐网平台,汇聚江西国优、省优和地方名产,先后与35个企业签订合作协议,共有276个产品上线销售。在服务社区方面,整合利用社会资源,主动争取政策支持,推进城市社区代投点建设,新增社区投递服务点36个,物业代投点38个。全省以营业厅、便民服务站为载体,发展代收代缴业务,已上线代收通信费、电费、机票、汽车票等业务种类达15种26项。全省新增25个代理金融网点,通过推进金融全覆盖工程,在吉安、萍乡局成功试点的基础上,全省共建成138个全覆盖网点,进一步扩大了邮政金融服务在农村的覆盖面。配合实施空白乡镇邮政局所建设,已交付并投入使用的网点共有52个。争取1000万元的中央预算内资金,用于服务"三农"项目建设。全面启动新便民服务站建设,全省新建点169个,为百姓生活带来了便利。

【《中国江西省—韩国全罗南道建立友好省道关系纪念封》首发仪式在南昌举行】 5月17日,在江西与韩国全罗南道缔结友好省道关系之际,《中国江西省—韩国全罗南道建立友好省道关系纪念封》首发仪式在南昌举行。省长鹿心社和韩国全罗南道知事朴晙莹共同为《中国江西省—韩国全罗南道建立友好省道关系纪念封》揭幕,并互赠友好封。省政府党组成员、秘书长谭晓林主持仪式。省政府办公厅、省外侨办、省农业厅、省商务厅、省林业厅、省工商联主要负责人、省邮政公司总经理等参加活动。友好封中文和韩文对照,画面和邮票结合,主图为世界自然遗产江西三清山和2012年世博会举办地全罗南道丽水白岛,邮票图案分别为江西的三清山和全罗南道的智异山,邮戳图案分别为江西省省花杜鹃花和全罗南道道花山茶花,寓意两省道友谊山高水长,合作交流前程似锦。

【江西邮集在第十五届中华全国邮展上获奖】 7月20~22日,在内蒙古自治区呼和浩特市举办的第十五届中华全国集邮展览上,江西集邮协会选送的6部邮集全部获奖。龚振鑫邮集《华东供给制邮资明信片》获金奖加特别奖,以92分获得全场邮集最高得分;龚益鸣邮集《普14型人民大会堂图普通邮资明信片》、邓君辉邮集《赣州版六和塔图2分单据用纸》、周民邮集《中华邮政宝塔图汇兑印纸》、余柳根邮集《瓷器》获镀金奖;杨秀明邮集《清代九江邮政邮戳》获大银奖。邮展上,江西曾耀辉当选国家级邮展评审员。

【召开全省党报党刊发行工作会议】 9月21日,省委宣传部、省邮政管理局、省邮政公司在南昌召开2013年度全省党报党刊发行工作会议。会议总结2012年度全省党报党刊发行工作,表彰2012年度全省党报党刊发行工作先进单位,对2013年度全省党报党刊发行工作进行部署。省委宣传部副部长罗勇兵、省邮政管理局副局长肖力健、省邮政公司总经理欧阳天高、副总经理张国寿及省纪委、省委办公厅、省政府办公厅、省财政厅、省新闻出版局和有关新闻单位的领导出席会议。

【发行《风景这边独好——江西》邮票珍藏册】 9月27日,由省政府办公厅监制,中国集邮总公司为江西定向发行的《风景这边独好——江西》邮票珍藏册正式面市发行。该专题邮册是展示江西风景的良好载体和对外交流的文化名片,被列为政府部门和省内企业备选的馈赠礼品。该邮册分为精装册和平装册两种形式,11个设区市也计划开发地市分册。

(叶金平)

通　信

【概　况】 2012年，全省电话用户总数达到3217.6万户，较上年新增221.7万户。其中，固定电话用户数达到644.2万户，减少29.7万户；移动电话用户数达到2573.4万户，新增251.4万户，其中3G用户数507万户；互联网宽带用户数达到372万户，新增59万户。电信业务总量278.1亿元，增长10.7%；电信业务收入227.7亿元，增长12.4%。光缆总长度新增4.5万千米，达到45.5万千米。移动电话交换机容量新增134.9万户，达到3945.9万户。移动电话基站数新增9424个，达到5.83万个，其中3G基站数2.67万个，新增1.26万个。互联网宽带接入端口新增83万个，达到645万个。

参与“鄱阳湖生态经济区智慧工程”建设。各通信运营企业在省通信管理局的组织下，对接鄱阳湖生态经济区规划实施方案，承担生态区内信息通信工程建设任务，推进光纤通信网络建设工程、3G移动网络覆盖工程、信息下乡工程、宽带入户工程和网上电子交易平台建设。截至2012年底，鄱阳湖生态经济区内所有行政村全部通光纤，完成了100个乡镇信息下乡“四个一”建设任务，4A级以上景区全面实现3G网络覆盖。

电信基础设施共建共享。省通信管理局组织通信运营企业推进10类重点区域电信基础设施共建共享。实施了向莆铁路、南昌铁路西客站以及30多处新建住宅小区和新建多业主共用商住楼等电信基础设施共建。江西电信、江西移动和江西联通签订了《重点场所通信基础设施建设自律协议》。2012年，全省建基站398个、杆路494线路千米、管道138线路千米、室内分布系统20个；共享基站575个(其中铁塔488个)、杆路1318线路千米、管道46.2线路千米、室内分布系统13个。全年建共享节省建设投资约2.69亿元。

“十八大”网络信息安全和通信保障。全省通信行业围绕党的十八大保障中心任务，加强网络信息安全和通信保障工作的组织领导与协同配合，强化通信保障，狠抓信息安全，规范网络安全，完成工业和信息化部和省委省政府交办的各项保障任务，未发生重大安全事件。

清理整顿端口类短信群发业务。省通信管理局组织通信运营企业开展端口类短信群发业务清理整顿专项行动，进一步规范短信业务发展，净化短信市场环境。清理整顿的范围主要是利用基础电信企业自有端口和行业类应用端口、信息服务经营者自有端口和个人通信号码(含小灵通号码、手机号码和固定号码等)开展经营性群发垃圾短信的行为。各通信运营企业建立垃圾短信拨测和对异常群发短信行为的监测、发现、预警及后续处理机制，并开展垃圾短信自查自纠工作，对违约的信息服务提供者清退，共清退端口类用户账号1000多个。

共建“地震短信发送绿色通道”。为确保震后快速、准确地发布权威信息，满足社会公众对地震的知情权，安定民心和稳定社会秩序，省通信管理局与省地震局联合向省内各通信运营企业和各设区市防震减灾局发出通知，明确了信息发布的内容、短信发送的程序、信息传输与发布的时限以及职责分工，建立“地震短信发送绿色通道”。

【工业和信息化部与江西省政府签署战略合作协议】 12月2日，工业和信息化部与省政府在南昌签署《关于支持推进江西省工业和信息化发展战略合作协议》。根据协议，双方将重点围绕促进战略性新兴产业加快发展、推动传统优势产业转型升级、加大对赣南等原中央苏区产业发展政策扶持、探索工业与生态协调发展新模式、推动工业化和信息化深度融合、推进部省人才交流合作等六大领域深入开展对接合作。

【开展“赣通—2012”应急通信演练】 9月7日，省通信管理局组织通信运营企业在南昌市新建县生米镇举行“赣通－2012”应急通信演练，检验应急通信反应速度，提升“十八大”应急通信保障能力。各通信运营企业共出动交换、传输、激战、线路、电源、卫星、应急指挥车等相关专业122名应急保障人员、25辆应急保障车辆。演练在对固网、移动网和互联网等公网进行演练的同时，新增了工信部应急指挥调度平台专网接入演练以及平台上IP电话系统、视频会议系统、图像接入系统、MCWILL系统、单兵系统等多系统、多业务、实时性、远程性、融合性的演练项目。

【开展纠正电信领域侵害消费者权益问题专项行动】 6～10月，省通信管理局会同省政府纠风办和省发改委组织开展全省纠正电信领域侵害消费者权益问题专项行动，进一步提升电信服务水平，维护电信领域消费者的合法权益。活动期间，整治违规收费、恶意误导消费者等突出问题17件，查处虚假宣传、价格欺诈、强行扣费、恶意吸费等违法违规问题75件，清理资费套餐5420件，处理消费者投诉1153件。

【规范校园电信市场】 为遏制校园电信市场恶性竞争，7～8月，省通信管理局与省教育厅联合印发《关于规范高校校园电信市场营销行为的通知》和《关于2012年秋季开学期间对高校校园电信市场营销行为进行督促检查的通知》，依据各自工作职责对学校和通信企业分别提出了要求，建立了校园电信市场联合巡查、通报以及协商处理突发事件工作机制，并深入省内高校联合开展了监督检查。江西电信、江西移动和江西联通讨论并签署了《江西省通信企业规范校园市场经营行为自律协议》。

【江西省电信用户委员会换届】 3月23日，省电信用户委员会换届大会暨五届一次用户委员工作座谈会在南昌召开。会议通过了第五届省电信用户委员会主任委员、副主任委员人选，并向来自省市直属党政机关、企事业单位和社团组织共21个单位的22名第五届省电信用户委员会委员颁发了聘书和监督证。

(黄卫华)

互联网

【概　况】 2012年，全省固定互联网宽带用户数达到372万户，较上年新增59万户；移动互联网用户达到1624.6万户，新增312.2万户。3G网络规模持续扩大，3G用户数达到507万户，新增257.6万户，促进了移动上网进一步普及。全省互联网宽带接入端口新增83万个，达到645万个。

宽带普及提速工程启动实施。按照工业和信息化部全国统一部署，省通信管理局启动实施省内宽带普及提速工程，并完成年度预定任务。逐步推进宽带光纤化。城市新建住宅小区全部采用了光纤到户，同时对2700多个小区进行“光进铜退”改造，光纤覆盖家庭超过100万户。新增252个行政村通光纤，通光纤行政村总数达到1.62万个；新增1286个自然村通宽带，累计6.6万个20户以上的自然村通了宽带。加快无线宽带网络覆盖，建设城市无线热点。全年新增无线热点AP数2.87万个，总数达到10.1万个，基本实现机场、高速铁路、旅游景区、高校及三星级以上宾馆的热点区域覆盖。提高宽带速率。4M以上固定宽带用户比例达到70.5%，同时开展省级小城镇示范镇8M宽带接入、城市20M宽带接入、工业园区100M宽带接入试点。

整治虚假备案提高网站备案信息准确率专项行动。省通信管理局督促各互联网接入服务企业从落实网站备案核验义务、核实清理虚假备案、清理未备案接入行为和清理违规接入黑名单主体或域名等方面开展工作。专项行动期间，对省内接入2万余个网站备案信息进行核对，共核查9000余条错误备案信息，涉及3000多个网站，累计注销虚假备案网站2000余个。

整治互联网和手机媒体传播淫秽色情及低俗信息专项行动。省通信管理局组织省内各基础电信企业及相关互联网接入服务企业，开展深入整治淫秽色情及低俗信息专项行动，清理网上淫秽色情和低俗信息，依法处理违法违规网站，有效封堵“涉黄”手机网站。共清查近4000台托管服务器、200多万个IP地址、1万多个互联网网站，月均移动梦网拨测量达2300余次，飞信群组252个，关闭违规业务82个，停止违规梦网业务82个，其中短信57个、彩信10个、IVR15个，清理淫秽色情和低俗信息1100余条，删除淫秽色情和低俗信息链接近340个，涉及网页593个，关闭违法违规网站、频道和栏目1000多个。

【举行“抵制网络谣言，共创网络诚信”签字仪式】 4月23日，为响应中国互联网协会抵制网络谣言倡议，省委外宣办、省通信管理局、省互联网协会组织省内基础电信运营企业、互联网接入服务企业、大型网站共30多家单位举行“抵制网络谣言，共创网络诚信”的签字仪式，倡导加强行业自律，净化网络空间，营造健康、文明、和谐、绿色的网络环境。

【开展公共互联网网络安全应急演练】 9月28日，省通信管理局组织基础电信企业开展2012江西省公共互联网网络安全应急演练，检验省内重要网站在遭受大规模拒绝服务攻击的情况下，各通信运营企业的应急响应与处置能力。接到指令后，各企业按照《江西省公共互联网网络安全应急预案》的要求，组织、协调本企业相关技术人员，利用各种网络安全技术手段，及时分析、定位攻击源并进行拦截，在较短的时间内完成了处置任务。

【2012江西省互联网年会】 12月22日，由中国互联网协会指导，江西省互联网协会主办的2012江西省互联网年会在南昌举行。本次年会以“合作开放、共赢未来”为主题。省通信管理局、省委外宣办、省政府新闻办、省互联网信息办公室以及中国互联网协会相关领导出席年会并讲话。省公安厅、省工商局、省人事厅、南昌市网宣办、省内基础电信运营企业代表及互联网站长共400多人参加了年会。

（黄卫华）

园区经济

本栏编辑　詹跃华

综　述

2012年，全省工业园区着力打好工业三年强攻收官之战，以转型升级为抓手，坚持引进和培育相结合，加快引导工业园区实现“四个转变”，进一步提高园区集约集群化、经济生态化、服务社会化水平，确保全省工业园区经济平稳较快发展。

*主要经济指标实现稳步增长。*2012年，全省工业园区主要经济指标保持了两位数的增长，实现主营业务收入16190.4亿元，同比增长16.5%；完成工业增加值3465.6亿元，同比增长14.2%。与2007年相比，五年来主营业务收入翻了两番、工业增加值增长2.8倍。全省主营业务收入过百亿元工业园区数新增13个，达到59个，占全省工业园区总数近2/3，比2007年增加49个。过500亿元工业园区5个，其中南昌高新区突破900亿元，南昌经济技术开发区突破600亿元。鹰潭高新技术产业园区、南昌小蓝经济开发区经国务院批准，分别成功升级为国家级高新技术产业开发区、国家级经济技术开发区，使全省国家级开发区（高新区、出口加工区）总数达到15个。

*园区发展质量稳步提升。*2012年，全省工业园区实现利润突破千亿元，达到1010.3亿元，增长21.1%，其中利润超10亿元园区达到38个。上缴税收622.4亿元，增长24.2%，税金超亿元园区达到82个，占全省园区总数的90%以上，其中超5亿元园区47个，上缴税金占全省财政总收入30.4%，比上年增加0.6个百分点；完成出口交货值1449.8亿元，增长15.9%，占全省出口总额91.8%，比上年增加1.2个百分点。工业园区承载能力得到不断提升。94个工业园区完成基础设施投入444.4亿元，增长17.4%；实现固定资产投资3072.4亿元，增长17.7%；招商实际到位资金2852亿元，增长22.8%；园区实际开发面积达到564.9平方千米，增长7.6%，比上年增加39.9平方千米。

*园区产业集群加速发展。*坚持把壮大产业集群作为园区发展的主攻方向，利用工业园区产业集群发展专项资金，支持18个园区编制产业集群规划，建立并逐步完善产业集群发展考核评价指标体系；采取园区申报、设区市初审、省园区办审核的方式，启动2012年度省级产业集群试点工作，集中扶持30个园区特色产业，完善园区产业特色定位、集群发展和配套服务，引导全省园区加快形成分工合理、优势互补、特色鲜明的产业布局。建设产业集群配套基地。依托工业园区，采取整机加零部件垂直一体化模式，每年选择一批符合条件的小企业创业基地，升级成为小微企业创业园。发展专、精、特、新小微企业集群，提高零部件本地配套率，降低物流成本。

*园区生态绿化建设有效推进。*深入开展生态工业园区创建工作，努力实现由水平开发向立体开发转变，工业园区绿色生态水平明显提高。截至2012年底，全省有90个工业园区完成生态工业园区建设规划编制，82个工业园区列入省级生态工业园区创建试点单位，其中20个园区通过考核验收被批准为省级生态工业园区，2个园区纳入国家生态工业示范园区建设范畴。依托省林科院的技术力量，完成第一批8个工业园区绿化提升试点，完成绿化面积469.85公顷，栽种各种苗木478万株，7个园区绿化覆盖率达到35%以上；启动第二批19个工业园区绿化提升试点，5个苗林一体化建设试点。在丰城市组织召开了全省工业园区绿化提升试点工作会，有力推动全省工业园区绿化建设。

*园区管理体制不断完善。*围绕理顺工业园区管理体制和促进工业园区加快发展，省编办、省中小企业局联合对全省78个设在县（市、区）的省级工业园区机构编制情况进行了专题调研，进一步摸清全省工业园区管理体制情况，努力研究解决全省工业园区激励机制等问题。省政府出台《关于印发江西省重点省级工业园区综合考核认定办法的通知》，同意开展重点省级工业园区的认定工作，优先支持部分重点省级工业园区进行体制机制创新、支持符合条件的地方筹建省级工业园区；省编办制定了《关于规范和加强县（市、区）的省级工业园区机构编制管理的指导意见》，从7个方面理顺省工业园区的机构编制问题。至2012年底，省政府已认定南昌昌东工业园区等首批重点省级工业园区18个，其中10个园区的机构经省编办定级为副处级；2个省级工业园区筹建工作顺利开展，新余渝水区、进贤县被批准筹建“新余袁河经济开发区”“进贤经济开发区”。

*园区服务水平不断提高。*着力服务好工业园区成长型中小企业。与清华大学联合举办的第一期工业园区拟上市企业总裁高级研修班结业，其中22家企业被省政府纳入全省重点拟上市企业后备资源库。在总结第一期

经验的基础上，联合省证监局，优选清华、北大、上海交大、浙大等高校课程和师资，以拟上市企业为重点，以知名专家和优秀企业家为导师，及时启动第二期上市总裁班。进一步加强对工业园区企业的融资服务，省中小企业局、省政府金融办、省银监局、人民银行南昌中心支行等四家单位联合举办第二届“百园千企”政银企对接活动，累计为83个工业园区、3468户企业提供610.7亿元的贷款授信，有效缓解了部分工业园区企业的融资难题。积极缓解园区用工难题，出台了《关于进一步提升工业园区用工保障能力的实施意见》，从子女入学、用工培训、福利待遇、社会保障等着手，探索研究一些具体措施，吸引并留住外出务工人员尤其是技术工人就地就业，从制度上解决招工难、用工难、留工难问题。成功举办全省工业园区主任培训班，不断提升园区管理者的综合素质和管理能力。

（徐星龙）

南昌高新技术产业开发区

【概　况】 地处南昌市城东，辖昌东镇、麻丘镇、艾溪湖管理处，土地面积231平方千米。耕地面积0.76万公顷，有林面积0.14万公顷，森林覆盖率44.56%，城区绿化率47.53%。全区户籍人口22.74万人，其中非农业人口5.35万人，人口自然增长率7.09‰。年生产总值315.94亿元，同比增长14.6%。其中，第一产业增加值3.82亿元，增长3.6%；第二产业增加值263.44亿元，增长14.1%；第三产业增加值48.68亿元，增长18.8%。财政总收入47.32亿元，增幅26.3%，税收占财政总收入95.4%；地方财政收入10.76亿元，增长25.2%；地方财政支出17.94亿元，增长42.3%。园区工业总产值902.36亿元，增长8.41%。规模以上工业增加值225.5亿元，增长15%，占GDP比重为71.38%；外贸出口19.09亿美元，占GDP的比重为38.1%。500万元以上固定资产投资完成299亿元，增长30.2%。实际利用外商投资4.28亿美元，省外投资82.52亿元。万元GDP能耗：规模以上工业能耗消费量17.94万吨标准煤，规模工业万元增加值能耗为0.08吨标准煤，城市污水处理率100%。农村居民人均纯收入8760元，增加880元。全区城镇新增就业人数7449人，城镇就业率94.5%；困难群体“4050”人员就业301人，零就业家庭就业安置率100%；购买公益性岗位314人，新增转移农村劳动力1495人，其中省内转移1117人；省内工业园区定向培训3003人，创业培训330人，其他培训170人；小额贷款个人创业贷款260万元，企业融资担保贷款400万元；建立高校毕业生职业见习基地8个，帮助高校毕业生参加职业见习208人。截至年底，全区企业职工基本养老保险参保覆盖人数为2.03万人，缴费人数1.88万人。全区征收养老保险费1.70亿元（其中含小集体一次性缴款2134万元，改制企业补缴以前年度款2182万元）。1526名企业离退休人员的基本养老金全部按时足额通过银行代发。全年发放养老金2010.36万元。

2012年，签约落户项目32个，签约总金额160.52亿元。其中：超千万美元的外资项目12个，主要有投资2亿美元的红色国际集团兴冠光电LED照明项目、投资7000万美元的台湾佑量公司鑫陇科技IC封装项目、投资5000万美元的荣晶科技二期液晶显示屏模组项目、投资3000万美元的林德气体项目、投资3000万美元的香港富鼎公司鸿皓手机及通讯器材生产项目等；投资超亿元的内资项目14个，包括投资60亿元的绿地未来城项目、投资12亿元的佳海产业园项目、投资10亿元的省电子集团公司新技术产业园及研发中心项目、投资10亿元的科远铜业项目、投资12亿元的中国航天科工总部大厦项目等。

2012年，共有34家企业完成高新技术企业认定和复审，全区拥有高新技术企业80家，占全省的30%。320个项目获科技计划立项，其中国家级项目36个，获资金支持5000余万元；4个项目入选2013年工业领域国家科技支撑计划，占全省的80%；6个项目获江西省科技进步奖；16个团队获省级技术创新团队，占全省的31%；新增专利受理680件、授权专利480件。

【全省首部原创动画《笛卡特警队》登陆央视少儿频道】 1月4日，由南昌高新区企业江西笛卡传媒有限公司创作的中国首部反恐励志题材动画、江西省首部原创动画系列片《笛卡特警队》强势登陆央视少儿频道，成为央视开年巨献。这是江西省第一部在央视少儿频道播出的原创三维动画片。

【科技部创新产业集群座谈会在南昌高新区召开】 9月21日，科技部火炬中心创新型产业集群培育试点单位工作座谈会在南昌高新区召开。科技部有关领导及国家级高新区有关负责人参加座谈会。南昌高新区作为江西省唯一入选科技部首批41家创新型产业集群建设工程试点名单的工业园区，在座谈会上进行经验交流。

【2012第六届寰宇生产力论坛在南昌高新区举行】 10月25日，2012第六届寰宇生产力论坛在南昌高新区举行。省科技厅厅长王海，南昌市政府副市长姚燕平，高新区党工委书记邱向军及专家代表共150多人参加了论坛。论坛上，与会代表围绕“促进两岸科技金融创新发展，引领赣台产业智慧转型升级”的主题进行讨论与交流。

【举行建区20周年庆祝表彰大会】 12月5日，南昌高新区建区20周年庆祝表彰大会举行。省政府副省长谢茹，科技部火炬中心副主任盛延林，省科技厅厅长王海，南昌市政府副市长姚燕平，南昌高新区党工委书记邱向军、管委会主任雷霆等出席大会。会后，观看了南昌高新区建区20周年历程纪录片《光荣与梦想》和庆祝建区20周年文艺晚会。

【第三届仿制药国际论坛在南昌高新区举行】 12月5日，由国家食品药品监督管理局主办、中国医药国际交流中心承办、南昌高新区协办的第三届仿制药国际论坛在南昌高新区举行。论坛以仿制药监管法规、仿制药产业如何国际化和仿制药全球体系及全球标准为主题，邀请了美国、加拿大及欧盟等10多个国家和地区药品主管部门出席会议并作专题演讲。

【正邦集团荣列2012中国企业500强】 2012年，经过中国企业家协会、中国企业联合会的评选，总部位于南昌高新区的正邦集团有限公司荣列2012年度中国企业500强第450名，中国制造业企业500强第240名。正邦集团成立于1996年，是农业产业化国家重点龙头企业，国家农产品加工技术创新机构，拥有博士后科研工作站和江西省唯一国家生猪核心育种场，拥有员工3万多人，子公司和分公司300多家，业务遍布20多个省、市、自治区。

（邹新晖 宋群芳）

新余高新技术产业开发区

【概 况】 全区辖1镇2个办事处，土地面积266平方千米，人口16万人。2012年，完成生产总值172.24亿元，同比增长5.5%。工业增加值113.19亿元，增长3.5%。完成固定资产投资206亿元，增长20.4%。规模以上工业实现主营业务收入481.94亿元；实现利税总额26.79亿元。完成财政总收入17.01亿元。新增城镇就业1.03万人；新增转移农村劳动力2500人，“4050”人员就业360人，零就业家庭就业安置率100%。全区新农合参保人数8.99万人，参合率96.8%。城镇居民参保1.83万人，覆盖率达95%以上，在校统招大学生、低保人员、重度残疾人员参合率均达100%。开工建设廉租房276套，建设面积1.69万平方米；完成棚户区拆迁610户，拆迁面积7万平方米；制订《高新区2012~2015年拆迁安置工作规划》，全年新建续建安置小区18个，建成面积24.39万平方米，安置拆迁户693户。水西中心镇完成市民公园征地、拆迁等前期工作，建成垃圾中转站和桥口、潭隅大桥，启动山下老集镇改造；配套1500万元，完成樟排线一期工程建设；宠江、桐林两个安置小区建成安置房89栋2232套，安置拆迁户837户。培育国家级龙头企业1家，省级龙头企业9家，市级龙头企业17家。农民人均纯收入1.02万元，增长18.06%，被省农业厅评为省级现代农业示范区。全年引进项目40个，其中亿元以上项目28个，10亿元以上项目3个；实际利用内资139.63亿元，增长34.56%；实际利用外资3.55亿美元。“一大四小”工程完成造林1053.33公顷，完成绿化面积7.02万平方米，森林覆盖率46.6%，被省绿化委员会评为全省森林园区。

赛维公司博士后科研工作站成立，中国地质大学新余新能源材料研究院挂牌。全年申请各类专利206件；完成863计划2项、国家火炬计划1项、全省高新产业化重大项目5项。申报国家重点新产品2项，省重点新产品项目23项，中小企业创新基金3项，省级科技项目20项。全区科技型企业达45家，其中高新技术企业11家。赣锋锂业万吨锂盐、海宸光电年产60吨高纯砷半导体材料等9个项目分别列为战略性新兴产业项目和省工业中小企业技术改造项目。

【采取“六六三”管理体制】 2012年，新余市高新区按照“大部制设置、扁平化管理、企业化运作”模式，采取“六六三”（六个大部、六个产业园、三个公司）管理体制，对机构、人员等进行重新优化配置。机关由11个内设机构整合为办公室、党群工作部、经济发展部、社会发展部、城市发展部、财政金融部6个内设机构和机关党委、纪工委、监察分局；事业单位由16个重组为新能源、钢铁、新材料、光电、现代服务业、生物医药食品六大产业园和新能源研究院；成立城投、国资、发投三家公司。

【新余市工业展览馆开馆】 5月28日，新余市工业展览馆开馆，这是江西省首家工业展览馆。工业展览馆位于新余高新区新城大道，于2011年7月开建，设有综合馆、新能源馆、钢铁馆、新材料及其他馆四个展区，展区总面积1860平方米，由高新区负责建设和日常管理。工业展览馆通过高科技多媒体设备和图片、文字配以声、光、电的表现形式，集中展示新余市工业布局，全面系统介绍新余市新能源、钢铁、新材料产业的发展历程及相关重点企业情况，并通过数百种工业产品实物或模型，全面、精致、直观地展示新余市支柱产业发展所取得的成果。该馆是了解新余工业、展示新余工业、解读新余工业的重要窗口，也是对外交流和招商引资的重要平台。

【年产500吨碳酸铯生产项目正式投产】 7月，江西鹏程锂业有限公司年产500吨碳酸铯生产项目正式投产。该项目总投资1.5亿元，于2010年5月开工，项目的建成投产将进一步延伸和完善产业链结构，大大提高在全球市场占有份额。江西鹏程锂业有限公司是中国最大的铯盐产品生产企业，也是中国出口4N电池碳酸锂、电池氟化锂的主要生产厂家。

（杨小明）

景德镇高新技术产业开发区

【概 况】 由建成区和新区两部分组成。新区位于景德镇西城区城郊结合部，辖吕蒙乡，总面积50平方千米。常驻人口1.85万人。入园投产工业企业达200家，其中规模以上企业71家，安置工业从业人员2.68万人。2012年，全区生产总值突破百亿元，达到100.71亿元，增长12.1%。全社会固定资产投资完成78亿元，增长10.6%，工业固定资产投资额占全社会固定资产投资总额85%。实现利税总额17.88亿元，增长26.17%。全区规模以上工业主营业务收入完成277.93亿元，增长14.81%。其中，家电产业主营业务收入56.9亿元，增长6.5%；汽车零部件产业主营业务收入24.23亿元，增长29.64%；医药化工产业主营业务收入67.87亿元，增长14%。规模以上工业增加值57.89亿元，增长22.46%。完成财政总收入9.78亿元，增长37.52%。引进项目22个，签约资金40.33亿元。完成内资进资129.44亿元，增长107.2%。实际利用外资金额1536万美元，外贸出口2.39亿美元。城镇新增就业

3756人，“4050”人员再就业191人，完成扶持个人创业小额贷款和中小企业融资贴息贷款2782万元。突出抓好以基本养老、基本医疗、最低生活保障、失业保险为重点的社会保障体系建设，困难群众大病救助体系逐步完善。全区2300名失地农民参加养老保险；新农合参合率99.8%，共有2080名农民获得住院补偿，补偿总金额352.23万元；全区低保对象151户293人，全年发放低保金48.33万元；大病救助对象23人次，救助金额17.71万元。全年投入近1000万元，新增绿化面积200公顷，提升改造园区绿化水平，园区绿化率达42%。

【梧桐小学举行落成典礼】 1月6日，景德镇市高新区梧桐小学落成典礼举行。市领导邓保生、刘昌林、汪立耕、于秀明，全国政协委员、中国光彩事业促进会副会长、全国工商联常委、香港中国商会创会会长、香港豪德集团董事局主席王再兴等出席典礼。梧桐小学坐落于市高新区，由香港豪德集团捐资170万元建设，占地面积1.33公顷，其中主教学楼豪德楼建筑面积1374平方米，于2011年8月竣工，9月正式开学，在校学生229人。

【直升机旋翼项目开工】 4月6日，直升机旋翼项目暨景德镇市重大项目集中开工仪式在高新区举行。省长鹿心社出席仪式并宣布项目开工，省政府党组成员、秘书长谭晓林等出席仪式。此次集中开工的项目有直升机旋翼等14个，项目投资达24.3亿元。中航工业集团投资10亿元建设的直升机旋翼项目，是景德镇市航空零部件园的重点项目，主要研发与生产直升机复合材料桨叶及复合材料相关产品。该项目的开工建设，标志着景德镇市航空产业迈上一个新台阶，也为满足低空领域放开后民用直升机桨叶市场需求奠定了基础。

【景新光伏电站正式通过验收实行并网发电】 6月15日，位于高新区梧桐大道的景新光伏发电站项目并网发电并正式通过财政部专家组的检查验收。项目为光伏用户侧并网发电示范项目，总装机容量3.5MWp，总投资约9800万元，属国家“金太阳示范工程”项目，申请财政补贴4900万元。是景德镇市和赣东北地区第一个光伏电站项目，建成后每年可发电300多万千瓦小时，年节约标准煤1716吨，将有效促进景德镇市光伏产业和新能源产业的发展，成为全市节能减排、利用新能源和可再生能源的标志性工程。

【高新区参加瓷博会经贸洽谈会取得显著成效】 10月18日，2012年中国景德镇国际陶瓷博览会经贸洽谈会在景德镇市举行。经贸洽谈会上，高新区签约项目12个。其中，华通航空内饰件、联晟航空用铝电解电容器项目等内资项目11个，签约资金达20亿元，占全市内资引资额的24%；外资项目1个，签约资金3500万美元，占全市外资引资额的39%。

【高新区行政管理委托书签字仪式在市政府举行】 12月27日，高新区行政管理委托书签字仪式在市政府举行。市长刘昌林出席并讲话。副市长于秀明主持仪式。市直相关单位负责人参加了会议。会上，市编办、发改委、工信委等11个职能部门负责人分别与高新区各相关部门签订行政管理委托书。

【高新区两企业获科技部引导基金】 12月26～27日，景德镇市景德电机有限公司DSGJ系列高效双速四功率节能三相异步电动机(装置)中试项目、景德镇百特威尔新材料有限公司新型亚纳米高性能氧化铝研磨球的中试项目，分别获国家科技部科技型中小企业创业投资引导基金70万元和50万元。

（罗琴英）

南昌经济技术开发区

【概　况】 全区辖蛟桥镇和白水湖管理处、冠山管理处，面积158平方千米，总人口30万人。2012年，实现GDP217.25亿元，同比增长14.4%。完成工业总产值650亿元，增长22%。实现主营业务收入602.97亿元，增长9.47%。实现利润总额40.48亿元，增长36.06%；上缴税金15.27亿元，增长40.64%。规模以上工业增加值143.52亿元，增长15.2%。新增规模以上工业企业15户。完成固定资产投资328.96亿元，增长28.3%，其中工业投资274.35亿元，增长28%。财政总收入31.91亿元，增长18.1%；一般预算性收入8.57亿元，增长28.1%。实际利用外资4.39亿美元，增长17.4%；实际利用内资90.03亿元，增长18.5%；完成出口总额7.75亿美元，增长9.4%。城镇新增就业人数7782人，新增转移农村劳动力1214人，省内工业园区定向培训4042人，创业培训420人，发放小额担保贷款1059万元，安置“4050”人员390人。企业职工养老保险参保人数8532人，被征地农民养老保险参保人数2067人，城乡居民养老保险参保人数2.58万人，失业保险参保人数7128人，工伤保险参保人数7862人。发放城乡低保资金590万元、城乡医疗救助资金92.58万元。全区新型农村合作医疗得到进一步巩固，参合农民4.08万人，参合率96.77%。城镇居民医保参保人数7769人，城镇职工医保参保人数1.79万人。

【六大主导产业集聚初步形成】 2012年，汽车机电、新材料、家电、电子信息、生物医药化工、食品饮料六大主导产业继续保持平稳较快增长，累计完成工业产值579.98亿元，增长22.25%，占工业总产值的89.05%，产业集聚初步形成。其中，以硬质合金、江钨金世纪为主的新材料产业完成工业产值154.6亿元，增长12.82%；以百路佳、江铃陆风、格特拉克等为主的汽车机电产业完成工业产值145.66亿元，增长20.94%；以奥克斯、海立电器为主的家电产业完成工业产值83.29亿元，增长17.28%；以立健药业、西林可、诚志股份为主的生物医药化工完成工业产值83.38亿元，增长18.22%；以润田、康师傅、国雄、正大为主的食品饮料完成工业产值61.83亿元，增长32.23%；随着欧菲光的扩产扩能步伐不断加快，电子信息产业产值首次突破50亿元大关，达50.05亿元，增长80.69%。

【南昌(国家)小微企业产业发展示范园挂牌成立】 11月1日,南昌(国家)小微企业产业发展示范园在南昌经开区挂牌成立。这是南昌市在全国率先采取"市里主导、区县联合"的新模式打造的全国首家小微企业产业发展示范园区,将有力推动全市实体经济特别是小微企业发展,为南昌打造成为带动全省发展的核心增长极提供有力支撑,为全国小微企业集聚发展提供示范。

【优势互补搭建对接合作平台】 2012年,南昌经开区与上海张江高新区签署战略合作框架协议。该协议的签署,将构建起中部地区与沿海发达地区沟通合作的平台,是南昌市抓牢招商引资"生命线"工程的重要举措。根据协议,双方将本着友好合作、平等互利、优势互补、共同发展的原则,着重围绕培育科技创新能力、促进科技创新成果转化、开展技术成果交易和培育战略性新兴产业等方面开展战略合作。

【校企合作搭建就业服务平台】 8月31日,南昌市人力资源和社会保障局在经开区南昌欧菲光科技有限公司组织举办2012年南昌市"服务园区、引导就业、成就人才"校企对接签约仪式暨高校毕业生就业服务专项活动。活动以"服务园区、引导就业、成就人才"为主题,主要为高校毕业生、园区企业、技工院校做好服务。活动为获得全省技工院校实习基地资质的南昌欧菲光科技有限公司等14家园区企业授牌,并现场指导与江西旅游商贸职业学院等14家技工院校签订实习基地共建协议。

(张　华)

南昌小蓝经济技术开发区

【概　况】 2002年3月成立,2006年3月成为省级开发区,2012年7月升级为国家级经济技术开发区。是江西省汽车零部件产业基地、江西省食品产业基地、江西省生物医药产业基地、江西省首批生态工业园区。开发区落户企业589家,投产企业418家,规模以上企业141家。全年签约项目29个,合同金额70.14亿元。签约项目包括上市公司——福建闽发铝业投资20亿元的高新材料深加工综合体项目、世界500强——五十铃投资17亿元的发动机生产项目、投资4亿元的人之初集团乳制品乳饮品生产项目等亿元以上项目10个。全年完成工业总产值505.3亿元,增长23.7%;主营业务收入468.6亿元,增长16.8%;税收24.8亿元,增长18.9%;规上工业增加值103.3亿元,增长22.6%。解决就业6.11万人。

全年基础设施投资2.92亿元,完成路面硬化4.2千米、排水管道8.5千米,移沙造地75万立方米,燃气管道13.8千米,弱电管网5.6千米,电力线路14.5千米及柏林变电站扩容工程、小蓝大道污水泵站建设;启动小蓝大道污水总管建设,完成污水处理厂二期项目主体工程,完成6条路段26万平方米的绿化提升工作和15.4千米道路亮化工作。

【举办2012年小蓝开发区企业专场招聘会活动】 5月19日,小蓝经开区在南昌航空大学举办2012年小蓝开发区企业专场招聘会活动。招聘会由小蓝经开区、南昌航空大学联合举办,为开发区企业和高素质求职者之间搭建互动平台。参加招聘会企业有南昌宝迪有限公司、江铃李尔、三鑫医疗、伟世通汽车空调、南昌啤酒等20余家企业,涉及食品饮料,机械数控,医疗器械,汽车整、零部件等行业,共提供包括管理、行政、技术等岗位在内的就业岗位300余个。招聘会期间,共有800余人次进场洽谈,其中进行求职登记500多人,现场达成就业意向230人,现场录用37人。

【八家企业品牌入选中国500最具价值品牌】 6月28日,世界品牌实验室(WorldBrandLab)发布了2012年(第九届)《中国500最具价值品牌》排行榜,在小蓝经开区投资的八家企业品牌入选,分别是宝钢第18名、中粮第25名、人民电器第132名、三一第173名、特步第180名、江铃第185名、徐福记第234名、达利集团第471名。与上年相比,入选品牌的最低价值已从10.15亿元上升到11.86亿元。《中国500最具价值品牌》排行榜是以财务分析、消费者行为分析和品牌强度分析为评选标准,由全球顶尖品牌研究机构——世界品牌实验室发布,在业界拥有较高的权威性和影响力。

【闽发铝业新型材料项目落户小蓝经开区】 7月5日,闽发铝业股份有限公司与南昌县政府在小蓝经开区签订框架协议。市委常委周关,市政府副秘书长、市委农工部部长、市农办主任樊三宝,县委书记、开发区党工委第一书记郭毅,县委常委、开发区党工委书记徐海波,县政府副县长、开发区党工委副书记刘光荣及闽发铝业股份有限公司副董事长、总经理黄长远,副董事长、副总经理黄印电,副总经理、董事会秘书傅孙明,董事黄松林等领导和客商参加签约仪式。闽发铝业股份有限公司创建于1993年3月,是一家上市企业。是专业生产建筑和工业铝型材,以及从事各种铝型材精加工的工业企业,已列入国家火炬计划重点高新技术企业。公司将在小蓝经济开发区投资建设新材料深加工生产基地、宜家家居生产基地、上下游产业链中小企业生产及关联产业项目,项目投产后安排就业5000人,可实现销售收入10亿元。

【举行2012南昌(江铃·小蓝)汽车产业推介会】 9月24日,由市政府主办,县政府和江铃集团承办的2012南昌(江铃·小蓝)汽车产业推介会在南昌举行,市委常委周关,市政府副秘书长吴长金,市台办主任刘闯,县委副书记、县长陈匡辉,县委常委、开发区党工委书记徐海波,县委常委、开发区党工委副书记涂莉华,副县长、开发区党工委副书记刘光荣以及江铃汽车集团公司总经理邱天高,江铃股份有限公司总裁陈远清等出席会议。周关作重要讲话,陈匡辉致辞。徐海波作了开发区汽车产业、汽车城规划推介,邱天高作了江铃集团整车发展规划合作项目推介,涂莉华主持推介会。推介会上,举行项目签约仪式,共签约项目6个,签约金额5.3亿元。

【承办南昌县(东莞)投资环境说明会】 10月27日,由小蓝经开区承办的2012年南昌县(东莞)投资环境说明会在广东东莞举行。市委常委周关,县委副书记、县长陈匡辉,县人大常委会主任胡小明,县政协主席邓炳根,县委常委、开发区党工委副书记涂莉华,副县长、开发区党工委副书记刘光荣等出席。会上,周关作重要讲话,陈匡辉致辞,涂莉华作投资环境说明推介,江铃集团规划发展部部长周智青和东莞商会的部分客商进行发言,刘光荣主持会议。省政府驻广州办事处主任刘友龙、市外经贸委副主任赵俊参加此次活动。东莞江西商会、佛山江西商会、东莞鞋机商会、东莞电子商会等商会组织以及各界企业家100多人参会。投资说明会上,还举行了现场签约仪式,签约项目12个,合同总投资约28亿元。

(别杨阳)

九江经济技术开发区

【概 况】 2012年,开发区完成工业主营业务收入481.1亿元,比上年净增110亿元。财政总收入20.02亿元。外贸出口8.13亿美元,增长43.9%。完成固定资产投资140.5亿元,增长29.1%。全年签约项目67个,签约资金189亿元,其中1~5亿元项目21个,5~10亿元项目7个,10亿元以上项目8个。实际利用内资53亿元,增长23.3%。实际利用外资1.54亿美元,增长18.5%,其中现汇5210万美元。综合实力在全省重点工业园区排位前移一位,名列第六。恒盛科技孵化中心成功晋级国家级科技企业孵化器,科技工业园成为省现代服务业集聚区和省民营科技园。新开工保障性住房1.29万套,完工7375套55.77万平方米,完成投资13.1亿元。发放小额担保贷款1565万元,带动下岗失业人员再就业532人。收缴基本养老保险基金6700余万元,滚存结余首破亿元大关。率先在全市实现城乡低保一体化,为1692户低保家庭发放低保金1065万元,月人均增资240元。新农合、城镇职工、城镇居民医疗费用补助2053.1万元,受益8.34万人次。城镇居民人均可支配收入2.03万元,农民人均纯收入8390元。

园区基础设施日臻完善。城西港区实施公建项目20个,完成投资5.13亿元,一期14.92平方千米开发基本完成,达到“九通一平”,正在开发建设二期。投资1500万元,建成安置小区D区道路及石牛路南端工程;投入4.4亿元,完成44万平方米公租房和安置房建设;投资4500万元,建成官湖污水处理厂。完成房屋征收1786户26万平方米,征收土地113.33公顷。汽车工业园东岸110千伏变电站建成投运,成为全省变电站标准化建设示范点。电子配套产业园配餐中心、超市、银行等30多家配套服务机构入驻。省级恒盛科技孵化器一期入驻融美科技、中国网库等科技孵化项目46个,二期新建9栋3.85万平方米,为入驻孵化企业提供更大承载平台。

城市面貌发生巨大变化。全年组织实施续建、新建、启动城建项目47个,总投资95亿元,完成投资47亿元。其中,道路工程11个,总里程11.95千米,投资超过4.3亿元。九瑞大道路面改造工程、八里湖北大道东段道路改造工程、43号路新建工程、老九瑞路西段改造工程、八里湖北岸大坝路面改造工程、花园路、37号路等7个项目全面完工,完成总里程8.73千米。护池河整治工程、九瑞大道和长江大道临街建筑立面改造工程、新建道路亮化及长江大道、九瑞大道夜景工程、长江大道绿化提升改造工程、护池河景观绿化工程、五丰村安置小区活动中心等城市新区的配套工程全面完工,欧洲风情一条街、污水提升泵站、前进新村四期工程等项目顺利推进,新增绿化面积36万平方米。累计完成公租房4761套23.8万平方米,棚户区改造拆迁2614户31.97万平方米,完成房屋征收1435户31万平方米。

【四大工业产业集聚发展格局初步形成】 2012年,坚持以产业为核心,以项目为抓手,“新能源、新材料、电子电器、汽车及零配件”四大工业产业集聚发展格局初步形成,四大主导产业产值占全区总量超过70%。一是以旭阳雷迪为龙头的新能源产业。聚集了旭阳光电、上海超日、润扬切割液、华融坩埚等20多个产业链条项目,总投资超过250亿元,基本形成从硅料到应用系统垂直的产业体系。二是以巨石玻纤为龙头的新材料产业。聚集了德福电解铜箔、盛祥电子布、明阳线路板等一批项目,形成玻纤—电解铜箔—覆铜板—印制电路板产业链条。三是以铨讯数码相机、志高空调为龙头的电子电器产业。聚集了尚诺电子、瀚森科技、恒通温控等项目,形成电子元器件、液晶电视、视听产品等相关联的产业链条,已成为江西省电子电器产业出口基地。四是以昌河汽车为龙头的汽车及零部件产业。聚集了K系列发动机、欣兴汽配、汇瑞机械、江隆消声器等一批项目,正加速形成集整车制造、关键零部件生产、汽车服务贸易业为一体的汽车产业链条。

【创建国家级生态园区】 2012年,出口加工区2万吨污水处理厂改扩建工程投入运行,污水提升泵站已动工兴建;与省天然气公司协调,实现园区整体供气,成为全省首个使用天然气的园区;大力推进园区生态建设,先后累计投入8000多万元,用于生态规划、植被绿化、管网建设、污水处理,绿化植被覆盖率超过40%,完成出口加工区锦绣大道、天池路、九园路、汇源路、三宝路等5条道路改造升级,成功创建首批省级生态工业园区,正创建国家级生态园区。城西港区完成绿化升级改造18.8万平方米,完成总长约7.7千米的河道整治,开工建设日处理2万吨官湖污水厂,一期硬化、绿化和亮化全部到位。电子配套产业园完成绿化3.2万平方米,整个汽车工业园区绿化超过10万平方米,园区生态环境良好。大力发展绿色产业、循环经济,严把项目入园关,坚决禁止高污染、高能耗、高排放企业入园,重点引进科技含量高、投资规模大、产业链条长、能够有条件实现物质和能源转换的项目,采取激励导向机制,鼓励企业发展清洁能源。

【开展建区20周年系列庆祝活动】 9月19日,九江开发区开展建区20周年系列庆祝活动,完成了32万字的《开发区20年》及《奋进》画册的编印;完成3D影院建设和3D展示片、区歌的制作；开展了摄影、书画大赛活动；在省市主流媒体专题宣传20年的发展成就。整个活动隆重热烈、喜庆祥和、简朴高效，得到了省市领导和社会各界的高度评价。

（龚晓军　余博文）

赣州经济技术开发区

【概　况】地处赣州中心城区，辖5镇（街道办），面积219平方千米，人口28万人。2012年，全区实现生产总值136.6亿元，增长28%。财政总收入22亿元，增长38.34%。工业主营业务收入443.7亿元，增长28.82%。规模以上工业主营业务收入424.43亿元，增长29.26%。实现工业增加值102亿元，增长20%，占GDP的75.6%。规模以上工业利税总额38亿元，增长20%。规模以上企业101户，其中新增13户。完成固定资产投资151.5亿元，增长34.1%。全年工业用电量5.3亿千瓦小时，增长22%。全年引进项目60个，签约资金281.09亿元，增长73.51%，其中主导产业及配套项目52个，占签约总数86.7%。引进项目中亿元以上33个，5亿元以上12个，10亿元以上7个，分别增长26.9%、100%、133.3%。全区实现外贸进出口总额增长34.6%，其中出口增长37.2%。在全省46家百亿元园区的排名大步跨前，工业增加值、利税总额、工业主营业务收入在全省百亿元工业园中居6～8位。综合实力在全国国家级经济技术开发区排名跃升12位。民生支出力度进一步加大，保障性住房建设加快推进，建成安居公寓5198套、公租房2350套。城镇新增就业3000多人，新增转移农村劳动力3000余人。

【项目建设快速推进】2012年，全区新开工项目97个，其中工业项目45个，基础设施和民生工程项目52个；新投产工业项目35个。重点工程项目顺利推进，42个市重点工程项目中，列入市考核的21个，在建17个，全年累计完成投资55.6亿元，全面完成市下达的年度计划任务。澳克泰工具涂层刀片项目正式投产，赣州综合物流园项目已进入主体施工，中烟赣州卷烟厂、万宝至微型马达、国星科技产业园项目厂房加紧建设，东磁稀土永磁材料、齐云山油茶项目进入试生产，大田精密项目厂房全部封顶。全面完成老机场板块、综合物流园、西出入口等市重点工程项目的征地拆迁工作，全年征地、拆迁分别是上年的3.3倍和4倍，拆迁面积是历史最高年份的1.76倍。

【增强农村发展活力】2012年，进一步壮大生猪禽类、蔬菜瓜果、苗木花卉等农业主导产业，完善了潭东龙井等5个百亩连片蔬菜基地建设。完善农村水利基础设施，新建、改造农村公路，推进农村危旧土坯房改造，完成1475户改造任务，解决5000人安全饮水问题。大力推进造林绿化“一大四小”工程，完成25个统筹城乡发展建设点建设，全面落实各项惠农政策，农民人均纯收入达5500元，增长12.2%。

（钟德福　刘地长）

井冈山经济技术开发区

【概　况】2012年，开发区坚持以科学发展观为指导，围绕“昂起发展龙头、决战千亿园区”目标，争创主导产业聚集度、战略性新兴产业培植度和体制科技创新度三个领先，强化大投入大建设、大招商招大商、大项目大产业、大服务大配套、大保障大民生五项措施，园区经济实现平稳较快发展，社会保持和谐稳定，在全省工业园区综合排名前移一位。开发区实现主营业务收入400亿元；引进内资52.5亿元；财政总收入6.01亿元；固定资产投资54.7亿元，增长32%；规模工业总产值280亿元，增长30%；工业增加值64亿元，增长20.5%；税收13.65亿元，增长30%；外贸出口3.8亿美元，增长15%。

【全省战略性新兴产业推进工作现场会在井冈山经开区召开】6月18日，全省战略性新兴产业推进工作现场会在井冈山经开区召开。省委副书记、省长鹿心社出席并作重要讲话，省委副书记、省纪委书记尚勇出席会议，副省长洪礼和主持会议。省政府党组成员、秘书长谭晓林，市领导王萍、胡世忠、刘义硚、李云、刘连根等和省直有关单位及各设区市主要负责人，吉安市各县（市、区）及部分工业园区和企业主要负责人等千余人参加现场会。与会人员实地参观了井冈山经开区的优特利科技有限公司、振宇达科技（吉安）有限公司、盛大国际（吉安）显示技术有限公司3家企业和吉泰走廊战略性新兴产业重点产品展，并对井冈山经开区加快发展战略性新兴产业给予肯定。

【瑞鹏飞项目试投产】12月，瑞鹏飞项目试投产。瑞鹏飞精密科技有限公司由深圳瑞鹏飞集团投资3亿元创办，主要生产五金塑胶模具、五金塑胶制品，应用于汽车零部件产品、OA办公自动化设备、电子电气消费等，可实现年产值3亿元，年创税1500万元。公司集大型复杂精密模具设计开发到产品加工为一体，终端客户及其一级供应商有KONICAMINOLTA 三星SDI、日本东芝、松下、佳能、日立、爱普生、兄弟、广州本田、东风日产、德国奔驰、大众、宝马等，并与之建立长期合作关系。项目于2011年11月开工建设，年产大型模具1000套。

【井冈山出口加工区通过预验收】12月28日，以省出口加工区建设推进领导小组办公室主任、省商务厅副厅长刘翠兰为组长的联合预验收小组到井冈山经开区，对区内井冈山出口加工区进行预验收。预验收联合小组实地察看了出口加工区相关建设，并召开预验收工作会议。市政府副市长王大胜与南昌海关副关长钟海澄共同签署“井冈山出口加工区预验收会议纪要”，标志着井冈山出口加工区通过预验收。

（胡学兰）

上饶经济技术开发区

【概　况】辖区总面积176平方千米，规划控制面积100平方千米。总人口11万人。2012年，开发区围绕

“决战2012,实现主营业务收入500亿,确保三年翻番达千亿”的奋斗目标,大力弘扬“三创精神”,全面实施“六大战略”,先后开展解放思想大讨论、依法征迁、四大重点工作百日大会战、破解难题合力攻坚等活动,全力化解经济下行压力,经济社会发展呈现稳中有进的良好态势。全区实现工业主营业务收入500亿元,增长25%。全社会固定资产投资115亿元,增长43.7%。税金总额20亿元,增长61%。区本级财政收入7.8亿元,增长73.3%。主营业务收入保持全省开发区第五位,税金总额跻身全省第四位。全年引进投资亿元以上项目23个,投资总额63.5亿元,其中投资5亿元以上项目3个。

【举行春季企业用工大型招聘会】 1月29日,上饶经济技术开发区举行2012年春季企业用工大型招聘会。开发区利用广大外出务工人员返乡过节的最佳时机,举办企业用工招聘会,提供用人单位与广大劳动者双向选择的对接平台。招聘会为期2天,有50余家企业前来设摊,提供岗位6000余个。

【上饶客车9款新品进入国家目录】 3月14日,由博能上饶客车公司自主研制开发的9款新产品列入国家工信部第234批次公告目录,为上饶客车新产品走向市场开启了准入通道。博能上饶客车公司抓住校车市场面临“井喷”的良机和新能源车潜在的发展市场,着力调整产品和市场结构,增强新产品的研发功能,加快新产品的开发速度,相继研制开发出一批适销对路的校车、新能源车等新产品。此次列入国家工信部公告目录的新产品包括5款校车、2款考斯特客车和2款新能源客车。

【上饶经开区“牵手”上海张江高新区】 5月27日,上饶经济技术开发区与上海张江高新技术产业开发区战略性合作框架协议在上饶签约。上海张江高新区是首批国家级高新产业区之一,有着良好的产业基础。“十一五”期间,张江高新区经济总量年均增长30%,2011年又被国务院确定为全国三家自主创新示范区之一。合作框架协议的签约,有利于开发区加快转变经济发展方式,推动产业转型升级,全面提升科学发展水平。

【三个重大项目集中开工】 12月31日,上饶经济技术开发区举行重点项目集中开工仪式。集中开工建设三个重大项目:凤凰西大道延伸段二期项目,总长1.83千米,宽60米,沥青路面,双向六车道,工程建设总投资8700万元;开发区800亩工业用地建设项目地块平整土石方工程,总挖方量104万立方米,总填方115万立方米,总造价2737万元,建设工期六个月;远泉大道延伸段,全长1.77千米,宽40米,其中机动车道为16米,工程总投资6963万元,建设工期为12个月。

（桂裕辰）

萍乡经济技术开发区

【概　况】 位于萍乡市中部的城区东北郊。区域面积57.6平方千米,总人口12万人。2012年完成工业主营业务收入508.9亿元,增长23.8%。工业企业利润总额35.9亿元,增长20.4%。全年完成地区生产总值100.4亿元,增长13.9%。财政总收入15.15亿元,增长24.7%。规模以上工业增加值69.11亿元,增长16.58%。固定资产投资91.57亿元(不含高铁建设投入),增长31.5%。招商引资实际进资40.3亿元,增长27%。实际利用外资3700万美元,增长30%。出口创汇3.3亿美元,增长83%。社会零售品销售总额17.7亿元,增长17.7%。城市人均可支配收入2.27万元,增长16.7%;农民人均收入1.09万元,增长16.1%。

全年引进5000万元以上项目27个,其中亿元项目12个;新开工重大工业项目18个,在建工业项目37个。全年新开拓工业平台80公顷,非金属材料、生物医药食品产业基地和万新国家新材料产业化示范基地已初具规模,成为区工业经济发展的主阵地。开展了创建“国家级中小企业信用体系试验区”活动,促进各商业银行与企业牵手合作,区内企业向各金融机构贷款28.37亿元,增长48.46%,增幅列全省工业园区首位。

在全市率先实现城乡最低生活保障全覆盖、城乡困难群众大病医疗救助全覆盖、城乡义务教育免学杂费和贫困生资助政策全覆盖、城乡居民合作医疗全覆盖。启动40项民生项目建设,总投资达29亿元。完成950套保障性住房建设,建设了党建综合服务中心,提升了区党建水平。建设了23个新农村建设点,培育了10个一村一品示范点。

【召开重点项目建设推进会】 11月2日,市委副秘书长、开发区党委书记李锦林在经贸大厦三楼会议室主持召开全区重点项目建设推进会,区领导彭济庆、黄薄双、汤萍方、胡志纯、刘树韬等出席会议。区属各单位、驻区机构负责人,各管理处书记、处长,区重点项目建设督导组成员参加会议。会议通报了2012年以来开发区确定的重点项目建设进展情况,研究并解决在推进重点项目建设中存在的困难与问题。

【召开网上审批和电子监察工作及公共资源交易工作年终考核工作会议】 12月10日,开发区召开网上审批和电子监察工作及公共资源交易工作年终考核工作会议。区党委委员、纪委书记刘树韬出席会议。区属相关单位、驻区机构主要负责人与具体办事人员参加会议。会议由区直属机关工作委员会书记、监察(审计)局副书记、副局长肖晓峰主持。会上,区公共政务管理局局长陈立科详解了省、市对区网上审批和电子监察工作及公共资源交易工作年终考核有关要求“五个一”。一是行政许可、非行政许可事项全部统一进入系统办理;二是网上审批资料和纸质台账同步,要求统一;三是事项的受理、审批、办结在时间间接上必须合理;四是所有事项必须在行政服务中心设立的综合服务窗口统一进行录入后由窗口单位进行受理;五是办件量与实际办件量一致。

（赵　科）

南昌出口加工区

【概　况】　位于南昌高新技术产业开发区内，规划总面积1平方千米，其中一期（A区）0.31平方千米，二期（B区）0.69平方千米。2012年，加工区实现进出口总值8.1亿美元，增长33.3%。实际出口4.8亿美元，增长30%，其中生产型企业实际出口2.77亿美元，增长78%。引进外资项目2个，完成合同外资7500万美元。获2012年度省市开放型工作先进奖。加工区按照"整体规划、滚动开发"的建设理念，采取引入工业地产商与自建相结合的开发模式，筑巢引凤，不断拓展园区承载力。年内，引进江西广甸投资集团公司对园区16.8公顷土地进行综合开发，项目总建筑面积35万平方米，包括标准厂房、保税仓库、验货场栈和综合大楼等。首期3栋标准厂房及1栋保税仓库，共5万平方米。

【南昌出口加工区企业首获原产地关税优惠】　2012年，南昌出口加工区企业富港电子（南昌）有限公司首次获得原产地证明书减免关税40余万元。该公司是南昌出口加工区2011年引进的一家规模较大的企业，主要生产线装项目及微软Xbox游戏机配件。

（曹释尹）

赣州出口加工区

【概　况】　位于赣州经济技术开发区潭东镇，规划面积2.93平方千米，首期开发建设0.93平方千米。2012年实现进出境货物总值2.14亿美元，增长463%，其中出境1.85亿美元，增长547%，在全国63家出口加工区中排名第36位，前移11位。加工区建有监管大楼7721平方米、监管仓库2822.04平方米、查验场6168.1平方米、检疫楼712平方米、围网3620米、双向6个通道永久性卡口1个；铺设道路6.51千米，绿化带12条5.01千米，绿化面积1.23万平方米。供水、供电、通信、雨水、污水管网等设施完备。区内建成标准厂房6幢10万平方米，区外配套建设员工宿舍10栋约10万平方米。建有超市、网吧、餐馆、临时市场、银行网点、通讯网点、临时公交站、篮球场等生活娱乐配套设施。

2012年，实施大项目带动战略，强化产业链招商，大力引进以产品出口为主、科技含量高和有利于产业结构调整、辐射带动力强的高新技术加工企业，出台《赣州出口加工区优惠政策》，组建专门招商小分队，引进落户企业10家，其中加工贸易企业4家、保税物流企业6家。

【实行新通关模式服务企业】　2012年，出口加工区本着"企业为本、服务至上、效率优先、满意为旨"的宗旨，立足服务过程的全覆盖、全跟踪和全满意，帮企业解困、助企业发展，为企业提供优质、高效服务。实行"一次申报、一次审单、一次检查，24小时通关服务"的新通关模式，为区内企业提供简单快捷的通关服务。

（钟德福　刘地长）

九江出口加工区

【概　况】　位于庐山西麓、鹤问湖畔，距九江市区9千米，规划面积4.5平方千米，其中区外建成3.5平方千米，区内建成0.99平方千米。2012年，园区完成工业主营业务收入220亿元，增长46.7%。实现利税15.5亿元，增长10.7%。完成财税2.63亿元，增长58.5%。实现外贸进出口总额11.06亿美元，其中外贸出口6.59亿美元。出口创汇7.48亿美元，出口指标增长24%。出口创汇在中部地区8个出口加工区中排名第一，在全国53个出口加工区排名第13位。

园区实现内资进资18亿元，外资进资5900万美元。新引进项目9个，其中有投资12亿元的多维科技项目、投资1亿元的尚品科技项目、投资1亿元的利巴罗表面处理项目等；新开工项目14个，新投产项目11个，其中高功率LED及纳米碳管项目、70万台平板电脑主板项目、汇源利乐、东展彩印、三联电镀、方威金属表面处理等6个项目实现当年引进、当年开工、当年投产，旭阳雷迪屋顶光伏发电、科盛电子、辉华五金等8个项目实现当年开工、当年投产。园区累计落户项目69个，基本形成以旭阳雷迪、赛翡蓝宝石为龙头的新能源，以巨石玻纤、盛祥电子布为龙头的新材料，以铨讯电子、瀚森科技为龙头的电子电器等三大主导产业。

园区完成5条道路7.2千米建设，铺设道路沥青砼面层13.41万平方米；人行道铺装2.3万平方米，路缘石2.2万米，绿化面积7万平方米，路灯线路改造总长7.2千米，交叉路口智能交通指挥3处，公交候车亭12座。园区建成标准厂房25万平方米，建成生活配套设施15万平方米，建成南北2个小区妥善安置征迁农民近千户；12月开工建设建筑面积约3.6万平方米的九园路公租房一期工程；总面积达50万平方米的金丰御园、申佳苑、亿宁商住小区基本建成并部分销售，将成为可容纳3510户家庭的园林式居民小区；10月开工建设总投资4500万元、建筑面积达1.8万平方米的园区配套学校。

【创建绿色生态工业园区】　2012年，出口加工区高标准开展绿化亮化、管网改造、循环经济、物业管理和环境设施建设等各项创建活动。对规划范围内4.5平方千米主次干道、支道、河流、厂区等全面绿化升级，园区绿化植被覆盖率达42%以上。新扩建日处理污水能力2万吨的污水处理厂，改进了处理工艺并正式运营，排放标准达到国家一级标准。同时，新建了关内污水提升泵站，解决了关内企业污水排放难题。

【实行24小时全天候跟踪服务企业】　2012年，出口加工区深入企业排忧解难，实行24小时全天候跟踪服务，对项目建设生产过程中出现的各种纠纷及时果断化解。园区联系了中国银行、工商银行、农业银行、建设银行等10余家金融单位，开展银企对接活动，17家企业融资13亿元；实行用工帮扶，与区人力资源部联手，在县（市）区先后召开133场招聘会，为企业招工6784余人，并为企业免费技能培训2335人，协调解决园区企业各类劳动纠纷调解98起；对入园企业实施细节化服务，园区牵头负责的项目手续，管理局安排专人跟踪服务，项目跟踪服务人接到项目单位需求报告后，半小时内必须赶到现场处理。24小时保姆式服务为企业快速发展起到助推作用。

【投资12亿元多维科技项目落户园区】 7月20日，总投资12亿元的多维科技项目落户园区。该项目租赁出口加工区关内标准厂房5800平方米，新建约8条通讯终端产品组装生产线，月产智能手机约10万台以上。

【盛祥电子布项目正式投产】 7月19日，由江西盛祥新型玻纤材料有限公司投资2.3亿元兴建的无碱电子布项目正式投产。项目主要建设年产6720万米无碱电子布生产线，于2011年8月8日破土动工，项目达产达标后，年销售收入4.65亿元。项目的开工建设有效填补了该区玻纤新材料产业链条中的一个关键环节，对促进新材料产业集聚发展具有重要意义。

【万利通(九江)电镀集控园区系统启动运行】 9月8日，万利通(九江)电镀集控园区系统正式启动运行。万利通(九江)电镀集控园区位于九江市出口加工区区外三宝路段，总占地面积10.53公顷，总投资1.6亿元。主要经营电镀污水处理及电镀加工生产企业配套技术服务。是由省环保厅审核、批准，九江市政府全力扶持的唯一一家集中开展规范的电镀集控中心。方威电镀、辉华五金等6家企业入驻园区。

【九园路公租房一期项目开工建设】 12月9日，总投资约2.6亿元的九园路公租房一期项目正式开工建设。该项目规划用地5.66万平方米，总建筑面积13万平方米，共建26栋2742套住房，其中多层19栋，小高层7栋。主要满足出口加工区企业员工的住房需求。

(周文杰)

·资 料·

全省工业园区(开发区)一览

南昌市

1 南昌高新技术产业开发区
2 南昌出口加工区
3 南昌经济技术开发区
4 南昌小蓝经济技术开发区
5 江西新建长堎工业园区
6 江西安义工业园区
7 南昌昌南工业园区
8 南昌昌东工业园区
9 南昌英雄经济开发区

九江市

10 九江出口加工区
11 九江经济技术开发区
12 江西共青城经济开发区
13 江西瑞昌工业园区
14 江西九江沙城工业园区
15 江西武宁工业园区
16 江西修水工业园区
17 江西永修云山经济开发区(江西永修星火经济开发区)
18 江西德安工业园区
19 江西星子工业园区
20 江西湖口金砂湾工业园区
21 江西都昌工业园区
22 江西彭泽工业园区

景德镇市

23 景德镇高新技术产业开发区
24 江西乐平工业园区
25 江西景德镇陶瓷工业园区

萍乡市

26 萍乡经济技术开发区
27 江西莲花工业园区
28 江西芦溪工业园区

新余市

29 新余高新技术产业开发区
30 江西分宜工业园区

鹰潭市

31 鹰潭高新技术产业开发区
32 江西贵溪工业园区
33 江西余江工业园区

赣州市

34 赣州经济技术开发区(赣州出口加工区)
35 江西赣州沙河工业园区
36 江西赣县经济开发区
37 江西南康工业园区
38 江西信丰工业园区
39 江西大余工业园区
40 江西上犹工业园区
41 江西安远工业园区
42 江西龙南经济技术开发区
43 江西定南工业园区
44 江西宁都工业园区
45 江西全南工业园区
46 江西于都工业园区
47 江西兴国工业园区
48 江西会昌工业园区
49 江西瑞金工业园区

宜春市

50 江西宜春经济开发区(江西袁州医药工业园)
51 江西樟树工业园区
52 江西丰城工业园区
53 江西靖安工业园区
54 江西高安工业园区
55 江西奉新工业园区
56 江西上高工业园区
57 江西宜丰工业园区
58 江西万载工业园区

上饶市

59 上饶经济技术开发区
60 江西广丰工业园区
61 江西玉山工业园区
62 江西横峰工业园区
63 江西铅山工业园区
64 江西弋阳工业园区
65 江西婺源工业园区
66 江西万年工业园区
67 江西鄱阳工业园区
68 江西余干工业园区
69 江西德兴大茅山经济开发区

吉安市

70 井冈山经济技术开发区(井冈山出口加工区)
71 江西吉安河东经济开发区
72 江西吉州工业园区
73 江西吉安工业园区
74 江西吉水工业园区
75 江西永丰工业园区
76 江西新干工业园区
77 江西安福工业园区
78 江西峡江工业园区
79 江西泰和工业园区
80 江西遂川工业园区
81 江西永新工业园区
82 江西万安工业园区

抚州市

83 江西抚州金巢经济开发区
84 江西抚北工业园区
85 江西崇仁工业园区
86 江西金溪工业园区
87 江西南城工业园区
88 江西南丰工业园区
89 江西广昌工业园区
90 江西东乡经济开发区
91 江西宜黄工业园区
92 江西黎川工业园区

注：对外园区数为94家(包括江西永修星火经济开发区、江西袁州医药工业园)。

旅游业

本栏编辑　邓玉兰

综　述

2012年,全省旅游行业在服务大局中找准定位,在促进跨越发展中找准着力点,进一步加大宣传推广力度,开拓客源市场。加快旅游基础设施建设,完善旅游产业体系。加强旅游市场监管,营造良好的旅游环境,全省旅游业保持了提力加速、大步跨越的赶超态势。全年,全省旅游接待人数达2.05亿人次,同比增长28.22%;旅游总收入1402.59亿元,增长26.82%。其中:接待国内旅游人数2.03亿人次,增长28.33%;国内旅游收入1371.97亿元,增长27.13%。入境旅游者156.18万人次,增长14.98%;旅游外汇收入4.85亿美元,增长16.80%。江西省委书记苏荣专门批示:"在经济下行压力较大的情况下,全省的旅游业已成为新的强劲的增长点"。省长鹿心社认为全省旅游发展形势很好,增长很快。江西旅游潜力巨大,还有很多工作要做,要在认真总结的基础上完善提高。

*开展干部作风专项整治等活动。*全省旅游行业认真开展践行社会主义核心价值体系活动,促进旅游行风建设。积极组织开展干部作风专项整治、综合治理、精神文明等创建活动和机关党建工作,不断改进机关作风和精神面貌。省旅游局获第十三届省级文明单位、第九届省直文明单位、全省"加强诚信建设、提升窗口形象"主题实践活动先进单位、全省综合安全先进单位、全省公共机构节能先进单位、全省优秀政府网站三等奖等荣誉。

*旅游教育培训力度进一步加大。*先后举办投融资专题培训班、红色旅游资源开发与现代旅游资源管理专题培训班、旅游行业微博应用培训班,并指导开办旅行社、旅游饭店管理人员等各类岗位职务培训班,加大旅游从业人员教育培训力度。7月24～29日,在浙江大学举办江西省旅游行业投融资高级研修班,重点围绕旅游产业变革及旅游产业投融资等内容进行学习研讨。各设区市旅游局负责人、重点县(市、区)旅游局局长,重点旅游景区负责人70余人参加培训。8月21日,全省旅游信息工作会议暨旅游行业微博应用研讨班在南昌召开,邀请全国旅游信息化方面的专家,就微博、新媒体应用、3G移动互联网应用等方面进行授课,目的是为了促进信息技术,特别是微博、3G移动互联网等在全省旅游行业应用,以应用促发展,构建起全省旅游信息员体系,提升信息员素质,建立起信息分享机制,推进全省旅游行业的政务公开、旅游信息资源共享和旅游网络营销的有效开展,共计160多人参加。11月20日,省人力资源和社会保障厅、省旅游局共同举办的红色旅游资源开发与现代旅游资源管理高级研修班在南昌正式开班。来自全国各省(市)旅游、建设、文物部门的高级专业技术人员和管理人员60余人参加此次研修班。省旅游局先后与江西师范大学、江西科技师范大学合作开办金牌讲解班。5月31日,江西省金牌讲解班合作培养签约暨"江西省金牌讲解培养基地"揭牌仪式在江西师范大学举行。副省长朱虹出席仪式并揭牌。"江西省金牌讲解班"招生工作正式启动,招生对象为江西师范大学本科二年级在读学生,选拔形式主要采用面试,学制两年,第一年注重专业素养培养,第二年进行岗位实习。毕业生签订协议连续工作五年,从事高端政务、商务旅游接待工作。10月10日,"江西省金牌讲解班"合作培养签约暨"江西省旅游人才协同创新培养培训基地"揭牌仪式在江西科技师范大学枫林校区举行。副省长朱虹出席仪式并揭牌。省旅游局局长王晓峰和江西科技师范大学校长郭杰中签署合作协议。

【省直文化旅游部门调研座谈会在南昌召开】　12月10日,省委、省政府召开省直文化旅游部门调研座谈会。省委书记苏荣主持会议并讲话。他强调,加快现代服务业,特别是文化旅游业发展,是江西省经济发展、社会发育到一定阶段后的必然趋势,是江西省积极调整经济结构、加快转变经济发展方式的必然选择,是江西省生态文明建设的必由之路,是实现建设富裕和谐秀美江西目标的必然要求。全省上下要进一步统一思想、形成合力,千方百计地推动文化旅游产业超常规发展,使之成为支撑江西绿色崛起的主导产业。省长鹿心社出席座谈会并讲话。他强调,要着力抓统筹、抓人才、抓服务、抓精品,发挥比较优势,体现江西特色,培育龙头企业,促进文化旅游产业的快速发展,使江西逐步从文化旅游资源大省向文化旅游名省、强省转变,加快把文化旅游产业发展成为支撑江西崛起的主导力量。省委常委、省委秘书长赵智勇,省委常委、省委宣传部部长姚亚平,副省长朱虹,省政协副主席肖光明参加调研座谈会。省文化厅、省新闻出版局、省广电局、省旅游局、省文联、省广播电视台等部门负责人参加座谈会并发言。

（万　晶）

红色旅游

【举办2012中国红博会】 7月1日晚，由江西省政府、国家旅游局联合主办，萍乡市人民政府、江西省旅游局联合承办的2012中国红色旅游博览会开幕式暨文艺晚会在萍乡市举行。省委副书记、省纪委书记尚勇宣布2012中国红色旅游博览会开幕。省政府副省长朱虹，国家旅游局党组成员、纪检组长刘金平等领导致辞。省领导刘晓庄，全国红办常务副主任张坚钟，中央党史研究室宣传教育局局长陈夕，中央文献研究室第二编研部副巡视员、研究员王双梅，中央文献研究室办公厅巡视员贾淑琴，中国现代史学会红色文化研究专业委员会会长邹俊等国家有关部委的负责人及李讷、毛小青、王太和等嘉宾出席开幕式。省政府副秘书长蔡玉峰主持开幕式。北京、延安、遵义、会理、古田、瑞金、井冈山、南昌、萍乡等红色旅游城市代表和全国旅游界、新闻界代表及特邀嘉宾等共5000余人参加开幕式。博览会期间，相继举办"红色漫游·星火燎原"全国红色动漫网络传递、"红色旅游发展与红色文化弘扬"学术论坛、"红色安源"红色电影展播、"红色印象·诗画萍乡"革命老区红色文化大型摄影图片展、"一品天下红"中国红色旅游城市美食品游长廊、"毛主席去安源"巨型瓷像恢复落成典礼和经贸项目洽谈签约等12项主体活动。

【举办2012·中国井冈山红色培训高端峰会】 10月27日，由江西省政府、国家旅游局主办的2012·中国井冈山红色培训高端峰会在井冈山梨坪国际会议中心举行。省委副书记尚勇宣布2012·中国井冈山红色培训高端峰会开幕。副省长朱虹，全国红色旅游工作协调小组办公室副主任胡呈军，吉安市委书记王萍等分别致辞。

【国家旅游局支持赣南等原中央苏区旅游产业发展】 12月，国家旅游局印发《关于支持赣南等原中央苏区旅游产业发展的实施意见》，在规划指导、项目支持、品牌打造、精品建设、资金投入等10个方面出台具体的扶持意见，帮助赣南等原中央苏区打造全国著名的红色旅游目的地，促进红色旅游大发展。国家旅游局积极支持赣州创建国家旅游扶贫试验区，积极推动旅游开发和扶贫开发有机结合，创新融合机制，在政策项目上予以倾斜，鼓励先行先试，加大支持力度。

（万　晶）

景区建设

【概　况】 2012年，省旅游局定期召开全省旅游项目建设和招商引资调度会，统筹协调全省旅游重大项目建设，开发建设了一大批重点旅游项目，景区面貌有较大改观。省级统筹安排1.1亿元专项资金用于旅游公路建设，共建成一级公路20千米、二级公路82.2千米、三级公路22.3千米、四级公路4.2千米，争取将11条公路列入了交通运输部"十二五"红色旅游公路专项建设规划。南昌市明确旅游发展专项资金重点用于推进南矶湿地保护区、滕王阁风景区、湾里区狮子峰、象湖景区等项目建设。赣州市新建在建和续建重点旅游项目58个，总投资372亿元，其中亿元以上项目41个、总投资361亿元。上饶市共竣工项目60个，总投资150亿元；开工项目72个，总投资240亿元。九江市招商引资调度项目39个，总投资188.8亿元，实际进资24.3亿元。宜春市在建内资旅游项目53个，累计实际引资60.61亿元（其中，在建温泉旅游项目11个，累计进资18.1亿元）。吉安市重点推进井冈山梨坪国际会议中心、武功山金顶景区、遂川汤湖温泉开发等重点项目建设。鹰潭市出台《关于加快文化休闲娱乐等服务业发展的意见》，启动龙虎山南部片区开发。

【加强旅游规划编制指导】 印发《江西省旅游产业发展"十二五"规划》和《鄱阳湖生态旅游区规划》，编制《江西省红色旅游发展规划》《江西省水利旅游发展规划》等专项规划。印发《关于加快发展山水旅游的若干意见》，指导编制《国家旅游扶贫试验区总体方案》和《吉安国家旅游扶贫试验区规划》，推动赣南等原中央苏区旅游业振兴发展。指导编制《婺源国家乡村旅游度假实验区规划》。省旅游局会同省林业厅启动江西省森林旅游示范区评选工作，会同省农业厅指导创建全国休闲农业与乡村旅游示范县、示范点工作，与省水利厅签订水利旅游合作框架协议。

【创建高等级旅游景区】 2012年，龙虎山景区、婺源江湾景区成功创建国家5A级旅游景区。建立5A创建后备机制，武功山、明月山、瑞金等景区已启动创建工作。严格按规范程序，推进A级旅游景区创建工作。同时，敦促景区加强管理，改进服务，树立形象，提升品质。

【加快山水旅游发展】 10月，全省山水旅游工作会议在南昌召开，会议提出要大力推进江西省山水旅游更好更快发展。到2015年，全省要建成10个国内一流的山水旅游精品景区、20个区域性的山水旅游特色景区、30个高水平的温泉旅游度假景区。要新增5个国家5A级旅游景区、5个国家级风景名胜区、5个国家森林公园、16个国家湿地公园，全省山水旅游年接待人数1.8亿人次、旅游综合收入1500亿元，产业规模、质量、效益达到国内领先水平。11月，省政府办公厅印发了《关于加快发展山水旅游的若干意见》。

【推进赣西区域旅游发展】 10月，省政府召开赣西区域旅游产业发展协调会。会议要求，宜春、萍乡、新余市及安福县要充分发挥资源优势，加强资源整合与交流合作，抓紧编制赣西旅游发展规划，加快打造大武功山龙头景区力度。要精心开发差异化旅游产品，科学编排精品旅游线路。要加快建设赣西游客集散服务中心，完善区域快速旅游交通网络。要统一赣西旅游宣传策划，实行旅游通票制度。要加强旅游商品开发，设立赣西旅游商品研发创意基地。要建立旅游信息共享平台，完善赣西旅游合作机制，齐心协力，将赣西区域建设成全国知名的"休闲度假胜地、运动养生极地、禅宗文化圣地”，形成西接湘鄂、南连井冈、北依南昌的三省交会、四方通达的区域旅游中心，成为江西省旅游产业发展新的增长极。

【加强旅游区域合作】 2月10日，赣鄂湘三省签署《长江中游城市集群旅游合作发展协议》，在规划编制、资源整合、市场开拓、标准对接等六大领域加强旅游合作。同时，三省还成立旅游合作轮值主席会议工作制度，定期通报各自旅游业发展情况和相关信息。4月18日，在武汉举行“中三角”旅游发展会商会议。4月，湖南省委书记周强、省长徐守盛率领湖南省党政代表团在江西省考察，江西、湖南两省领导表示要进一步细化合作，联手打造红色和绿色旅游精品。6月，江西省省长鹿心社率团赴香港开展旅游推介及招商活动，双方签订《赣港旅游客源互送与旅游品质保障合作框架协议》，旋即又和广东省省长朱小丹出席赣粤两省座谈会，洽谈合作开发利用旅游资源等事宜。

（万　晶）

市场促销

【召开2012江西(海口)旅游合作恳谈会】 2月21～23日，第十五届海峡两岸旅行业联谊会在海南举办，由江西83名旅游业者组成的代表团赴海口展开“江西风景独好”旅游推介首场活动。省旅游局承办的“2012江西(海口)旅游合作恳谈会”是全国唯一一个被列入大会正式议程的省级活动，邀请台湾中华两岸旅行协会副理事长黄瑞荣、台湾山富国旅董事长陈国森等两岸旅游业界代表和从事赣琼旅游业务的海南多家旅行社负责人参加会议。来自全省11个设区市的旅游局负责人竞相介绍特色产品和各自的优惠政策。台湾旅游业者对江西省此次大规模的推介活动印象深刻，对江西旅游市场更充满信心。

【开播“江西风景独好”新版旅游广告】 从1月1日起在央视一套和新闻频道并机直播的《朝闻天下》栏目加密播出《江西风景独好》旅游形象广告片，单次时间由15秒延长至30秒，每天播出5次，并加上配音，全年累计播出1089次，入选央视2012年十大营销品牌案例。全国22个重点客源城市CCTV移动传媒、快客移动电视配合投放。

【举办“搏动江西·风景独好”大型旅游宣传推广活动】 3月，与新浪、腾讯、搜狐联手力邀海内外100多名精英博主组成江西旅游“博士”团，用微博推介江西山水。活动持续的3个月里，累计发送10万余条(篇)原创精彩微博(博客)，传播量(次)覆盖达10多亿人次，在网络上形成了“江西风景独好”的热议话题与宣传旋风，荣登三月“中国品牌大事记”榜首。同时，还启动“博动江西·风景独好”微博明信片网络发行。中办《每日汇报》刊发《江西首创微博营销旅游宣传模式取得良好效果》一文，给予了充分肯定。

【举办“龙行凤舞赣鄱情，百机百列江西游”大型旅游营销活动】 4月，启动“龙行凤舞赣鄱情·百机百列江西游”大型旅游营销活动，以旅游包机和旅游专列为抓手，整合全省5200万奖励资金，举办61项促销活动，创下了江西旅游单项活动资金扶持之最，进一步放大了“江西风景独好“品牌效应，掀起到赣旅游热潮。

【举办“江西风景独好”(台北)旅游推广周活动】 5月，省旅游局组织江西省史上规模最大的境外宣传促销团赴台湾参加2012台北两岸观光博览会，吸引众多台湾媒体关注。并在台北圆山饭店举行江西(台北)旅游推介会，邀请300多家台湾旅游业者出席，共商赣台旅游合作大计。同时，在台北巴士车身投放200多幅“江西风景独好”旅游广告，为期3个月。

【举办“江西风景独好”(香港)旅游推广周活动】 6月，以江西(香港)招商活动周为平台，举办2012江西(香港)旅游推介会。同时，在港投放600多块地铁灯箱、100多个巴士候车亭灯箱广告和200多面双层巴士车体广告，“江西风景独好”扮靓香港街头。亚洲电视(ATV)、《大公报》《星岛日报》等媒体大篇幅推介江西旅游资源。

【举办“江西风景独好”(北京)旅游推广周活动】 7月，在北京王府井举行“江西风景独好”大型旅游推广周活动，同时在北京CBD600块公交站台灯箱、王府井600平米大型户外墙和首都国际机场大型灯箱等媒介投放为期3个月的“江西风景独好”旅游形象宣传广告。投放力度、持续时间和覆盖密度均创下江西省在单个旅游目的地城市之最。

【江西旅游标识正式发布】 7月20日，江西旅游标识——“风景江西·精彩之旅”正式在北京发布。江西旅游标志由艺术变形的“江”和“西”两个字构成并进行艺术创意加工，以简洁、大气、灵动的手法，构成了红色圣火、秀丽山水、和谐生态的独特形象，给人以强烈的视觉冲击和无限的遐想空间。

【举办“江西风景独好”(台北)旅游风光展】 8月，以省政府“赣鄱文化台湾行”活动为契机，在台北举行“江西风景独好”(台北)风光展。省长鹿心社出席开幕式并代表省政府为活动揭幕。江西省政府与台湾山富旅行社、雄狮旅行社等10家企业建立“特约合作”关系，赠送出1000张“江西旅游景区门票套票”。

【开通韩国仁川至南昌旅游包机】 整合全省各设区市和旅游景区力量，联合韩国哈拿多乐旅行社和韩亚航空公司开通韩国仁川直飞南昌的旅游包机，全年执飞46个航班，上座率达90%以上，开了江西省境外旅游包机常态化先河。

【出版《江西风景独好旅游文化丛书》】 10月，由副省长朱虹任主编的《江西风景独好旅游文化丛书》和《走遍江西100县》等旅游书籍出版。旅游文化丛书分《经典山水》《红色摇篮》《鄱湖风韵》《美丽城镇》《佛道祖庭》《历史名贤》《民俗风情》《风物特产》《诗文集粹》《精品线路》10卷，从不同侧面系统展示江西旅游资源与旅游文化全貌，填补了江西省旅游丛书空白。

【举办“江西风景独好”(上海)旅游推广周活动】 11月,“江西风景独好”(上海)旅游推广周及江西旅游图片展开展仪式在上海东方明珠广场隆重举行。活动深入上海主要地铁站、第一八佰伴等大型商场分设多个展销平台,与市民面对面宣传,同时推出的“江西旅游护照”派发活动吸引广大市民热情参与。

【积极拓展新媒体渠道】 启动“江西智慧旅游”工程。与淘宝网合作推出江西旅游旗舰店,开发基于3G应用的“江西风景独好”手机客户端。与阿里巴巴集团建立战略合作关系,共同打造江西智慧旅游网。与新浪、腾讯、搜狐签订“江西风景独好”旅游品牌微博推广战略合作协议。

(万　晶)

行业管理

【概　况】 全省深入开展“讲诚信、促发展”主题活动,大力弘扬诚信精神,营造“规范经营、理性消费”和“诚信光荣、失信可耻”的旅游经营环境和旅游消费环境,规范旅游市场秩序、提升旅游服务质量。在全省试行《江西省旅行社服务质量监督管理办法》《江西省导游人员服务质量监督管理办法》,提高旅行社和导游人员服务水平。南昌铁路国际旅行社有限责任公司和江西光大国际旅行社有限公司被评为全国“百强”旅行社。3月13日,省旅游局会同省工商行政管理局、省公安厅以及南昌市旅游局等有关单位组成的清理旅游饭店假冒星级专项整治活动联合执法队在南昌地区联合检查执法。按照全省统一部署,经过2个月的准备,代号为“春风行动”的全省清理旅游饭店假冒星级专项整治活动正式启动。加强旅游质监执法工作,净化旅游市场环境。实施严格的退出机制,32家旅游饭店被取消星级称号(其中7家为三星级宾馆),10家饭店被责令限期整改。吊销3家、注销19家经营管理不善、服务质量欠佳的旅行社经营资格。

积极开展游客满意度调查,聘请第三方独立调查、评估、发布,客观评价各地旅游服务质量。

建立健全省级旅游协会机构,成立饭店、车船、教育、旅行社、景区等5个专业委员会,加强行业自律和分类指导。

【加强导游管理】 2012江西省导游大赛由省旅游局、省人力资源和社会保障厅、共青团江西省委和省妇女联合会联合主办,以“比技能、赛服务、展风采”为主题,通过对参赛导游的形象、讲解、才艺等5个方面进行现场评比,遴选出素质高、业务精、才艺佳的金牌导游。全省共有64名选手从两万多名导游人员中脱颖而出,争夺决赛的各项大奖。总决赛暨颁奖典礼于8月30日举行。经过激烈角逐,最终评选出一等奖4名、二等奖6名、三等奖10名,并推荐参加全国导游大赛。另分别评出最佳风采奖、最佳中文讲解奖、最佳英文讲解奖、最佳素质奖、最佳才艺奖等5个单项奖。同时,推荐10名选手参加全国红色旅游导游员电视网络大赛。吉安市导游彦琨泳在“第四届全国红色旅游导游员电视网络大赛”中获三等奖。组织全省13个中央苏区县导游参加在福建三明市举办的“中央苏区红色旅游导游大赛总决赛”,瑞金市汪黎获亚军,瑞金市汪黎、黎川县倪诗蓓、兴国县何莹3名选手获得“十佳红色旅游导游之星”称号。2012年,江西省获评全国优秀导游员7名、全国模范导游员1名,派遣的援藏英语导游获第十批“全国优秀援藏导游员”称号。

【开展鄱阳县定点旅游扶贫工作】 积极发挥旅游扶贫的优势,认真开展鄱阳县定点扶贫工作,直接投入鄱阳县旅游宣传广告资金1150万元。争取国家旅游发展基金150万元,用于鄱阳湖国家湿地公园生态旅游码头建设。协调省交通运输厅,争取到400万元用于鄱阳县乡村公路建设。协调华能集团支持鄱阳县团林乡旅游用电改造。组织开展“神游鄱阳湖,扶贫献爱心”活动,有8批次1900余名高校学子和万名游客参与活动。帮助鄱阳县编制旅游扶贫示范村建设规划,规划建设一批鄱阳湖美食体验示范村、文化体验示范村、休闲度假示范村。

【推进贫困地区红色旅游扶贫工作】 深入贯彻落实《国务院支持赣南等原中央苏区振兴发展的若干意见》,力促国家旅游局出台实施意见,并编制《吉安国家旅游扶贫试验区规划》,拟订赣州、吉安《国家旅游扶贫试验区方案》。省旅游局还认真做好兴国县旅游扶贫和对口支援峡江水利枢纽工程移民新村建设工作。

(万　晶)

风景名胜区

【概　况】 全省有庐山、井冈山、三清山、龙虎山、仙女湖、三百山、梅岭—滕王阁、龟峰、云居山—柘林湖、高岭—瑶里、武功山、灵山、神龙源、大茅山等14处国家级风景名胜区和22处省级风景名胜区。风景名胜区总面积5257平方千米,占全省国土总面积的3.2%。庐山、三清山、龙虎山和龟峰等风景名胜区被联合国教科文组织世界遗产委员会列入《世界遗产名录》。全省共设立风景名胜区管理机构39个,风景名胜区从业人员4.80万人。2012年,新增神龙源、大茅山2处国家级风景名胜区,启动龙南小武当、上栗杨岐山等省级风景名胜区申报国家级风景名胜区工作。

【风景名胜区总体规划报批工作成绩显著】 2012年,省政府批复聂都、小武当、陡水湖、灵岩洞、汉仙岩、白水仙—泉江、秦山、洞山等省级风景名胜区总体规划,为风景名胜区总体规划批复数量最多年份。启动麻姑山风景名胜区总体规划修编工作。

【进一步规范省级风景名胜区管理】 5月,省住建厅下发《关于明确设区市风景名胜区主管部门工作范围的通知》,对设区市风景名胜区主管部门的工作职责进一步明确并提出要求,充分调动设区市主管部门的积极性。按照规范省级非行政许可审批要求,结合风景名胜区实际,制定省级风景名胜区详细规划审批流程,完善规划审查报批程序。

【推进品牌提升工作】 2012年,经国

务院批准，万年神农源、德兴大茅山等2处省风景名胜区晋升为国家级风景名胜区，全省国家级风景名胜区升至14处，数量位列全国第三。上栗县杨岐山、龙南县小武当申报国家级风景名胜区工作进展顺利。龙南县小武当申报国家级风景名胜区材料由省政府上报国务院，杨岐山风景名胜区申报国家级风景名胜区已征求省直部门意见，正在稳步推进。

【6处景区申报设立省级风景名胜区】 年内，省旅游局对广丰县铜钹山、横峰县葛源（闽浙赣革命根据地旧址群）、横峰县岑山、乐安县流坑古村、南丰县潭湖、石城县通天寨等6处申报省级风景名胜区的景区进行实地考察论证，并上报省政府待批。

（李小龙）

·资 料·

江西省省级风景名胜区基本情况

序号	风景名胜区	所在地	面积(平方千米)	批准设立时间
1	通天岩风景名胜区	赣州市	5.6	1995年
2	翠微峰风景名胜区	赣州市宁都县	16.1	1995年
3	罗汉岩风景名胜区	赣州市瑞金市	22	1995年
4	汉仙岩风景名胜区	赣州市会昌县	40.4	1995年
5	梅关—丫山风景名胜区	赣州市大余县	58.9	1995年
6	小武当风景名胜区	赣州市龙南县	13.5	1995年
7	陡水湖风景名胜区	赣州市上犹县	28.6	1995年
8	聂都风景名胜区	赣州市崇义县	109.9	1995年
9	青原山风景名胜区	吉安市青原区	19.4	1995年
10	玉笥山风景名胜区	吉安市峡江县	47.5	1995年
11	白水仙—泉江风景名胜区	吉安市遂川县	30.66	1995年
12	麻姑山风景名胜区	抚州市南城县	36	1995年
13	杨岐山风景名胜区	萍乡市上栗县	30.94	1995年
14	玉壶山风景名胜区	萍乡市莲花县	51.24	1995年
15	洪岩风景名胜区	景德镇市乐平市	100	1995年
16	秦山风景名胜区	九江市瑞昌市	102.95	1995年
17	南崖—清水岩风景名胜区	九江市修水县	50	1995年
18	灵岩洞风景名胜区	上饶市婺源县	38	1995年
19	百丈山—萝卜潭风景名胜区	宜春市奉新县	155	1999年
20	华林寨—上游湖风景名胜区	宜春市高安市	178	2006年
21	洞山风景名胜区	宜春市宜丰县	80.21	2006年
22	象湖风景名胜区	南昌市	6.65	2007年

国内贸易

本栏编辑　邓玉兰

综　　述

2012年，全省商务部门着力完善商贸流通体系，深入实施促进消费政策，大力加强市场体系建设，积极开拓省产品市场，切实保障市场供应，进一步加大市场监管力度，国内贸易工作取得实效，为促进全省经济社会平稳较快发展作出了重要贡献。

加强商贸流通政策服务体系建设。出台《关于加快推进全省商贸服务业发展的实施意见》，研究提出《关于加快全省流通业发展的实施意见（征求意见稿）》，下发《江西省药品流通行业管理统计考评办法》，着手编制《江西省国内贸易“十二五”规划》。认真落实商贸流通行业统计工作，完成全省22个行业765家典型企业数据试报送，受到商务部通报表扬。

积极推进商贸流通体系建设。全省11个设区市、10个县级市及71%的县（区）基本完成城市商业网点规划。选定10个县（市、区）开展全省城镇新区商业建设试点。有序发展大型商业网点，启动城区菜市场升级改造工程。建设“万村千乡”农家店468个、物流配送中心11个、乡镇商贸中心24个，在全国率先完成5000家农家店信息化改造、率先建立联合采购平台和统一配送体系。扎实推进农产品现代流通、西果东送、农家店信息化改造、家政服务体系建设、再生资源回收体系建设、肉菜流通追溯体系建设、中小商贸流通企业服务体系建设、“三绿工程”示范项目等10项全国试点工作。首批认定15条“江西省特色商业街”。

扎实开展促消费活动。精心组织“江西商品全国行”活动，分别在广东、吉林、北京等地举办江西省名优特产品展销会，积极推动省产品省外销售平台建设。认真组织首届全国消费促进月和金秋购物消费月活动，直接参与企业1.26万家、销售104亿元。成功举办第五届中国绿色食品博览会。大力开展赣菜宣传推广活动，组织20多家餐饮企业参加第三届澳门餐饮博览会。广泛开展美食之街、美食之乡和“我最喜欢的20道赣菜”评选活动，扩大了赣菜在海内外的影响和知名度。扎实推进家电下乡，全省累计销售家电下乡产品350.8万台（件）、销售金额102.2亿元。

不断提高市场应急保供能力。全省市场监测样本企业总数达791家，在各市县开通了商务预报平台，江西省市场运行监测工作综合排名居全国前五位。加强市场应急机制建设，江西省活猪、冻肉和食糖储备规模进一步扩大，全省建设应急投放网点353个，初步形成条块结合、协调有序、运转有效的投放网络。

进一步规范市场秩序。生猪屠宰管理工作扎实推进，现场审核生猪定点屠宰企业695家，取缔关闭不合格屠宰企业69家。协调省有关部门开展打击私屠滥宰联合行动，查处生猪屠宰违规违法案件915起，取缔私屠滥宰窝点307个。深入推进市场监管公共服务体系建设，初步形成全省商务行政执法体系。打击侵犯知识产权和制售假冒伪劣商品工作、清理整顿大型零售企业向供应商违规收费专项活动取得阶段性成果，成品油市场、酒类流通和报废企业领域专项整治稳步推进。药品流通行业管理、商务领域信用体系建设取得新成效。

（省商务厅编辑室）

市场秩序建设

【生猪定点屠宰审核清理取得实效】　截至年底，各设区市、县（市、区）对应纳入审核清理的695家生猪定点屠宰企业进行了现场审核，共取消关闭不合标准要求屠宰企业69家，取消关闭率约10%，598家屠宰企业审核通过予以换证。102户企业进行整改，整改投入资金约1.5亿元。与省公安厅等部门建立健全了线索转递机制，部门间无缝对接，形成打击合力。全年全省商务、公安、工商等部门打击私屠滥宰联合行动共出动执法人员14万余人次，检查相关生产经营主体8万余个次，查处生猪屠宰违法违规案件915件，取缔私屠滥宰窝点307个，处罚违法违规人员979人次，判处有期徒刑1人，移送司法机关案件26起，查获非法屠宰肉品69吨，有力地保障了生猪定点屠宰供应主渠道畅通。至年底，全省定点屠宰量比专项行动前增加比例约10%，全省各设区市城区销售的猪肉基本实现来自定点屠宰企业。

【建立健全肉品安全责任机制】　年内，在南昌国鸿屠宰场、九江博莱集团食品有限公司、抚州市嘉禾肉类加工联合有限公司屠宰厂等地举办商务领域食品安全宣传周暨生猪定点屠宰企业开放日活动。推进建立健全肉品安全责任机制，全省各级商务主管部门与屠宰企业、屠宰企业与畜禽养殖户、经营者签订肉品安全责任书600多份，明确经营者的责任和义务。“放心肉”工程取得新进展。拨付100万元用于支持赣州全南益民食品公司等10家原中央苏区部分县级屠宰厂进行标准化改造升级。完成南昌肉菜追溯体系建设项目监理单位和建设的招标。

【开展打击侵犯知识产权和制售假冒伪劣商品工作】 2012年，成立工作机构，制定领导小组工作规则和办公室工作制度。召开2次成员单位联络员会议，1次全省领导小组办公室主任会议，1次“两法衔接”专题会议，积极推进重点任务的部署和落实。部署重大节假日和农村市场专项整治工作。设立打击侵权假冒工作网站，打造宣传教育、交流的平台。

【开展规范清理整顿大型零售企业向供应商违规收费工作】 根据商务部等5部委部署，省商务厅联合有关部门迅速成立工作机构，制定工作方案，重点围绕规范促销服务费、禁止违规收费、落实明码标价3项内容，扎实稳步推进清理整顿工作，并自我加压扩大清理整顿范围，将整顿范围进一步扩大到年销售额2亿元的大型零售企业。在清理整顿工作中，省商务厅联合省发改委等部门开展两轮联合检查和督查工作，并通过网络、报纸、电视、广播等媒介进行大力宣传，8月21日，省商务厅领导上线“政风行风热线”宣讲有关政策，回答听众及网友咨询。针对各地检查中发现的问题，成员单位联合下发整改通知、约谈零售商、开展“回头看”、建立问题台账实行问题销账制等。加大整改力度，大部分企业进行了整改。截至年底，年销售额20亿元以下，2亿元以上的大型零售企业总部在江西省的有18家，列入清理整顿的门店有113家，共查出违规金额1499.12万元，退还供应商28.3万元，减轻供应商负担2600余万元。

【加强药品流通行业管理】 2012年，积极参与医改工作，确保基本药物供应及时。继续实施“放心药”下乡工程，保障农村山区用药。出台扶持农村连锁药店发展政策，列支50万元专项经费用于引导药品流通企业向农村发展，共扶持药品零售连锁企业6家，发展农村连锁药店65家。建立药品流通行业的统计制度，组织11家药品流通企业开展统计数据的直报工作和对典型企业的统计报表工作。

【推进市场监管公共服务体系建设试点工作】 制定《江西省流通领域市场监管公共服务体系建设项目试点管理办法》。通过召开现场会、下基层督查、争取政府支持等，大力推动市场监管公共服务体系建设试点工作。年内，全省7个县列入商务部试点单位，10个县列入省级试点单位。截至年底，列入全国试点的设区市、县（市、区）数量达到36个，列入全省试点的县（市、区）46个。部、省级试点82个，设区市试点覆盖面达到90%，县（市、区）试点覆盖面达72%。

【初步形成全省商务行政执法体系】 建立执法体系，夯实执法基础。全省商务综合执法人数795人，加强执法培训，提高执法能力。通过召开现场会、举办培训班、积极参与案件评查等形式，提高行政执法规范化意识。乐安县、宁都县商务综合行政执法大队在省法制办组织的案件评审中获全省2012年优秀行政执法案卷评比一等奖和二等奖。建立规章制度，规范执法行为。部分设区市建立健全联合交叉执法制度、执法工作通报制度、商务执法案卷评查制度、处罚纠错制度和工作评先制度等等。突出执法重点，拓展执法领域。各地突出抓好“放心肉”和“放心酒”，积极稳妥向成品油市场、单用途预付卡、典当行业、再生资源回收等领域拓展执法。截至年底，全省出动执法检查人员8.81万次，接受投诉案件1852起，处理违法违规案件1533起，其中查处屠宰领域案件941起，移送公安机关8起，判刑1起。加强执法宣传，扩大社会影响。各地采取多种形式和途径宣传商务法律法规和“12312”商务举报投诉服务体系，及时曝光典型案件，威慑违法犯罪分子。9月26日，中央电视台“食品安全在行动”对兴国县整治私屠滥宰行为进行宣传报道，扩大商务执法在社会的影响面。各地还开展了屠宰开放日活动。畅通举报渠道，调动社会参与。推进省级“12312”举报投诉系统、屠宰监管技术系统建设，形成“二合一建设”模式，省级12312商务举报投诉服务中心开通使用，屠宰监管平台完成招标，开始建设。10个设区市已建“12312”商务举报投诉服务中心，72个县（市、区）已经建立县级“12312”商务举报投诉服务联系点。

【缓解中小商贸企业贷款难的问题】 2012年，省商务厅争取商务部的融资担保补助资金909万元，用于补助为中小商贸企业提供担保的担保机构和所担保的中小商贸企业。其中31家担保机构享受727.2万元的补助，为1004户中小商贸企业解决担保贷款29.9亿元，推动中小商贸企业实现销售额89.7亿元，有效地缓解了江西省中小商贸企业贷款难的问题。

【“诚信经营”示范创建活动取得新成效】 继续组织开展“诚信经营”示范创建活动和配合省委宣传部开展“百城万店无假货”活动，截至年底，全省评选出南昌市青云谱区解放西路南面商业街、新余市洪客隆商业街等示范街10条，评选出江西登士达汽车用品有限公司、南昌新汇通车件车饰行等示范店69家。

【进一步完善商务领域信用信息管理平台】 制定下发《江西省商务领域信用信息管理暂行办法》，进一步完善商务领域信用信息管理平台，截至年底共征集录入企业信息6983条，其中企业基本信息6827条，企业资质信息156条。

（付　蓉　黄　军）

市场体系建设

【“万村千乡市场工程”基本实现全覆盖】 2012年，全省争取中央财政资金6344万元，建设468个农家店、11个物流配送中心、24个乡镇商贸中心和5000个信息化农家店，全省累计建设合格农家店2.2万个，配送中心128个，农家店覆盖全省所有的县（市、区）、97%的乡镇、85%的行政村。

【农家店信息化改造全国领先】 联合省农信社、省移动公司率先在全国完成5000家农家店信息化改造任务。积极引入江西银联参与,实现农家店所有银行卡刷卡和助农取款功能。同时,鼓励各地创新模式,指导鹰潭市将农家店信息化改造与市政府的“数字鹰潭”工程相结合,拓展信息化服务功能,实现手机话费、水电费缴纳,火车票、旅游门票预定,彩票销售、预约挂号就诊等多项电子商务服务。

【召开首届“万村千乡市场工程”联合采购洽谈会】 为进一步做大做强江西万联投资发展公司,11月26日,省商务厅在南昌举办首届江西省“万村千乡市场工程”商品联合采购洽谈会,全省100多家“万村千乡市场工程”承办企业负责人及来自广东、福建、浙江等10多个省市的67家供应厂商代表出席洽谈会。万联公司与上游140家供应厂商和下游37家市县级承办企业签订了合作协议,联合采购商品涉及百货、食品、生鲜三大类近2万个单品,2012年联合采购金额突破1亿元。

【开展农产品现代流通综合试点和“西果东送”试点】 年内,赣州、吉安、新余3市开展农产品现代流通综合试点,同时在赣州开展“西果东送”流通试点,争取中央财政扶持资金8000万元。支持赣州南北蔬菜水产特产市场等4个农产品批发市场,中橙果业、安远信立等21个农产品加工销售企业和12个农贸市场开展市场升级改造,建设农产品产地集配中心,完善冷链系统,建立农产品产销链条,在全国主要销区建设销售专区,带动社会投资13亿元。

【开展农超对接、农批对接等产销链条建设】 2012年上半年,组织45家农特产品企业赴上海参加全国农特优产品大联展活动,有17家企业通过农超对接进入上海农工商超市。11月组织第五届“绿博会”农超对接会,80多家超市和农民专业合作社就柑橘脐橙、麻鸡等农产品签订合作协议,签约金额达6亿元。11月24日,省商务厅在赣州市举办2012赣南脐橙产销对接洽谈会。赣州市52家赣南脐橙流通企业、农民专业合作社和来自北京、天津等10余个省市的30家大型连锁超市、批发市场洽谈对接,签署赣南脐橙采购协议12.7万吨,采购金额4.2亿元。家乐福还将赣南脐橙纳入其“蔬果茂”国际采购体系,并与安远县安圣达果业签订3000吨赣南脐橙购销协议,销往中东、东南亚等市场。

【开展蔬菜直销店建设试点】 设立专项扶持资金,在南昌、宜春等地开展试点,支持较大规模的农产品流通企业、农民专业合作社建设标准便民蔬菜直销店。南昌、宜春、萍乡等地建设标准便民蔬菜直销店30余个,大部分直销店蔬菜价格比农贸市场零售价低10%~15%,销售的蔬菜都经过检验检测,有效缓解试点城市社区居民买菜难和买菜贵的问题,保障消费安全。

【加快推进城乡市场建设】 稳步推进城市商业网点规划。全省11个设区市10个完成商业网点规划制定或修编,11个县级市除1个外,均完成商业网点规划,70个县城有50个已经编制商业网点规划或落实工作经费,部分县城已经获批施行。积极推进城镇新区商业建设试点。确定全省城镇新区商业建设试点实施方案和建设标准,并根据各地上报的综合情况,确定在南昌市进贤县等10个县(区)开展城镇新区商业建设试点工作。同时,积极争取财政支持,安排100万元专项经费,启动城区菜市场升级改造工作。率先在南昌市选择市民呼吁强烈、改造难度较大的新公园路和湖坊两个集贸市场进行升级改造。

【加强汽车流通行业监督管理】 开展报废汽车专项整治工作。会同省工信委、省公安厅等6部门成立省报废汽车专项整治工作协调小组,印发专项整治工作方案,组织各地集中开展专项整治工作。积极完善相关管理制度措施,建立长效监管机制,全省报废汽车回收拆解市场秩序明显改善。督促各设区市商务主管部门抓紧开展二手车行业发展规划工作。九江、宜春、上饶、吉安等设区市已制定二手车行业发展规划,并报市政府批准实施,有效遏制了二手车交易市场无序设立、恶性竞争等不良现象。认真开展报废汽车回收拆解企业升级改造示范工程试点工作,督促江西省报废车辆回收有限公司和南昌市车辆报废回收有限公司两家试点企业开展升级改造项目建设。充分发挥行业协会作用。江西省汽车流通行业协会成立后,先后举办2012年购车节、2012年江西汽车展、汽车商业地产浙江行、汽车装饰专家讲座等一系列活动,获得业内一致好评,并协助省商务厅开展汽车销售企业信息统计等工作,为江西省汽车流通行业健康发展发挥了重要作用。

【加强家电下乡市场销售监管】 2012年,全省累计销售家电下乡产品350.8万台,实现销售额102.2亿元,销量下降5.8%、销售额增长1%。自家电下乡政策实施以来,全省累计销售家电下乡产品1149.7万台,实现销售额301.6亿元。为确保家电下乡政策平稳有序,省商务厅联合省财政厅开展为期2个月的家电下乡专项整治,对南昌市电动车下乡产品网点开展全面清查,积极协调各地商务、纪检、公安等有关部门开展联合整治,有效地保障了家电下乡政策的平稳实施。

(付 蓉 王胤兴)

商贸服务管理

【加强商贸流通统计工作】 制定下发《江西省商贸流通业统计工作实施方案》和《江西省商贸流通业统计资金管理办法》,为做好统计工作奠定了坚实基础。成立工作小组,抽调人员具体承担有关工作。组织2期全省商贸流通统计业务培训班,对全省17个行业、502家企业和商务主管部门统计人员共计400余人进行业务培训,培训覆盖率达95%。建立健全工作机制,坚持“每天一调度、三天一汇总”,12月20日前全部完成22个行业765家典型企业数据试报任务,报送率达100%。江西省数据报送工作在全国名列前茅,在全国商贸流通业统计工作阶段总结电视电话会议上受到商务部通报表扬,并作典型发言。

【推进再生资源回收体系建设】 组

织上饶市申报2012年全国再生资源回收体系建设试点城市，吉安市再生资源集散市场、萍乡市再生资源集散市场以及抚州宜黄工业园为再生资源回收体系建设项目，争取国家财政资金4950万元，在全国排名前列。会同省财政厅对余江再生资源集散市场、贵溪再生资源集散市场、丰城再生金属集散市场以及新余再生资源集散市场进行验收，拨付建设资金3775万元。制定《江西省绿色回收进机关活动实施方案》和《江西省绿色回收进机关的活动指南》，举办绿色回收进机关活动，初步建立机关废旧物品回收体系，并利用电视、报纸、网络以及展板对活动进行宣传。积极开展流通领域节能环保"百城千店"示范工程活动，江西省九江联盛商业股份有限公司等10家企业被商务部评为全国第一批流通领域节能环保"百城千店"示范工程企业。

【首次开展中小商贸流通企业服务体系建设试点】 南昌市和新余市被列为全国20个中小商贸流通企业公共服务平台建设试点城市之一，其中南昌市争取扶持资金750万元。建立试点工作"周汇报、月总结"制度，实时了解试点工作进展情况。南昌、新余均完成公共服务平台的选址并开始建设，新余市已落实中小商贸流通企业公共服务中心机构编制，基本完成中小商贸流通企业公共服务平台建设。商务部对新余试点工作给予了充分肯定，在《中小商贸流通企业公共服务平台建设工作简报》第1期刊登了新余市的具体做法及经验。

【重点培育特色商业街】 对全省特色商业街培育情况进行调研，赴吉安、新余等地进行实地查看，全面摸清全省特色商业街的发展现状，形成专题调研报告报商务部。制定《认定和培育"江西省特色商业街"工作方案》和《"江西省特色商业街"评分细则》，明确特色商业街的认定原则、申报条件、申报流程、评分标准等。严格组织实施，经特色商业街管委会自愿申报，各设区市商务部门初审、省级专家评审、面向社会网上公示等程序，在各地申报的35条特色商业街基础上，最终认定15条为首批"江西省特色商业街"，其中综合型7条：南昌市胜利路步行街、九江市大中路步行街、九江市都昌县东街步行街商业区、赣州市文清路商业街、宜春市鼓楼商业步行街、上饶市抗建步行街、吉安市文山商业步行街；专业型8条：南昌市791艺术街、南昌市赣江新天地商业街、庐山牯岭商业街、新余市暨阳商业街、余江县江西省雕刻创业示范街、上饶市婺源县朱子步行街、吉安市青原区庐陵风情美食街、井冈山市天街商业旅游文化广场。

【开展全省商贸物流课题调研】 会同有关单位编制《江西省商贸物流中长期发展规划(2013~2020)》。与省交通物流协会合作开展"江西省社会物流费用调查分析与对策"课题调研，摸清全省物流费用现状，分析物流成本偏高的具体原因，提出政策建议，为省政府出台降低全省物流成本提供决策依据。重点推进商贸物流园区建设，对全省商贸物流园区发展情况进行调研，全面掌握了全省商贸物流园区现状，为下一步确定一批省级重点商贸物流园区，推进商贸物流园区加快发展做好准备。

【开展家政服务体系建设】 帮助指导南昌市、赣州市开展家政服务体系建设，严格按照商务部有关工作要求制定验收标准。争取商务部政策支持，将九江市、吉安市列为江西省2012年家政服务体系建设试点城市。开展家政服务人员培训，组织省内13家机构、企业共培训家政服务人员1万余人，为丰富家政市场提供了人才支撑。

【大力开展赣菜推广活动】 充分借助媒体优势，开展赣菜宣传片的摄制工作。利用网络、手机短信平台、公交显示屏等宣传工具，在全国范围内开展征集赣菜宣传口号和我最喜爱的20道赣菜的评选活动，征集到近万条赣菜宣传口号，评选出四星望月、民间瓦罐煨汤、莲花血鸭、余干辣椒炒肉、藜蒿炒腊肉、赣南小炒鱼、南昌啤酒烧鸭、余干豆腐、庐山红烧石鸡、临川牛杂、萍乡小炒肉、粉蒸肉、葵花莲子、景德镇瓷土煨鸡、上汤腐竹、井冈山烟笋炒肉丝、三杯仔鸡、鄱湖鱼头、金牌卤猪手、天师板粟烧鸡20道老百姓最喜爱的赣菜，在全国范围内掀起一轮赣菜热高潮。在全省范围内组织开展美食之街、美食之乡的评选工作，为挖掘丰富的赣菜资源，打造餐饮企业聚集平台奠定了良好的基础。组织企业赴澳门参加餐博会，9月组织独一处、余干特色餐饮公司、林恩茶业等20多家餐饮企业参加商务部举办的第三届中国餐饮业博览会。

(付　蓉　黄乃忠)

市场运行调节

【完善市场监测运行体系】 2012年，全省建成生活必需品、重点流通企业等8个市场监测系统，样本企业总数达到783家，涵盖全省11个设区市和100%的县(市、区)，其中重点流通样本企业395家、生活必需品样本企业153家、生产资料样本企业76家、应急商品数据库企业34家、酒类流通样本企业59家、茧丝绸样本企业16家、百县农村市场监测单位11家、信息泵监测企业39家，主要内贸企业均已纳入监测样本企业，共涉及22个行业、7种业态。建立定期发布市场运行信息合作平台，在全国率先开通所有县(市、区)商务预报平台。全省发布市场运行信息3.4万余条，其中原创信息1.6万余条，网站点击率达到78万次，建立每周生活必需品价格分析和每月消费品、生产资料市场分析报告制度。2012年，江西省市场运行监测工作在全国年度排名第六，并在全国市场运行调控和消费促进工作现场会上作典型经验介绍，受到商务部通报表扬。

【保障消费品市场平稳运行】 加强重要节日、汛期市场保供工作，督促指导全省各地采取措施做好节假日等特殊时期的市场供应和安全工作，切实保障全省生活必需品市场供应平稳有序，杜绝了商贸领域重特大安全事故的发生，确保全省消费品市场供应不断档、不脱销。加强应急能力建设。向商务部争取到中央储备肉活猪储备8100吨、冻肉储备1200吨、食糖储备2.71吨，争取中央应急体系调运补贴资金407万元。向商务部择优推荐1家生猪养殖企业和3个基地场申报中央储备肉活猪代储企业和基地场的资质,推荐4家规模较大的肉类加工企业申报中央储备肉冻肉代储企业资质。督促各地积极落实地方储备任务,截至年底,南昌、九江、景德镇、新余、鹰潭等8个设区市落实3695吨活猪储备,增长195.6%。加强中央储备商品管理。对生猪、食糖等重要商品储备的规划布局、规范管理、强化监管、创新思路和储备公检等工作提出要求,指导各地商务主管部门和承储企业切实加强中央储备商品管理,保障储备商品安全。指导督促各设区市建立健全应急商品投放网络。选择353个大型连锁经营企业、城区集贸市场、"万村千乡市场工程"承办企业作为应急商品投放网点,初步建立起条块结合、协调有序、运转有效的投放网络。江西省在全国应急商品储备工作会议作经验介绍,应急储备工作受到商务部表扬。

【组织企业参加2012"全国消费促进月"活动】 4月2日至5月4日,组织全省企业参加2012"全国消费促进月"活动,副省长胡幼桃出席启动仪式。《江西日报》、江西电视台等10多家新闻媒体进行宣传报道。全省直接参与活动的企业达6631家,共举办100场次专题活动,活动期间参与企业销售总额达62.48亿元。

【举办金秋购物消费月活动】 9月28日至10月28日,省商务厅连续第四年在全省举办金秋购物消费月活动。活动月期间,省、市、县组织举办专题活动60余场次,参与活动的企业超过6000家,参与企业总销售额达41.2亿元,增长20%,企业让利金额3.2亿元。

【开拓省产商品市场】 开展江西商品全国行活动。省商务厅先后组织388家省内名优特企业2000多个产品赴广东、吉林、北京举办江西地方特色产品展销会,现场销售产品2576.73万元,签订产品销售合同27.1亿元。通过举办展销会广泛宣传和展示江西绿色生态品牌,使一大批江西地方产品进入省内外大型超市和卖场,为开拓市场、扩大消费、促进地方经济发展发挥了重要作用。支持省产品省外销售平台建设,指导北京回故里商贸有限公司建设181平台,并在北京举行江西农副产品进京配送服务平台开通仪式暨项目推介会。

【加强酒类流通管理】 落实酒类流通备案登记和酒类流通随附单制度。截至年底,全省备案登记的酒类生产企业53家,批发企业8039家,零售企业8.06万家。组织企业参加第二届贵州国际酒类博览会。按照国家统一部署,在全省开展酒类流通专项整治行动和清理整顿利用互联网销售滥用"特供""专供"等标识酒类商品活动,确保了全省酒类食品消费安全。对酒类流通管理和执法人员进行执法业务知识的培训。

【组织开展全省成品油市场专项整治活动】 2012年,省商务厅组织开展全省成品油市场专项整治活动,对全省成品油市场,特别是农村加油站、水上加油站进行专项整治,并组织四个督查组对各地开展整治情况进行检查。此次专项整治活动全省累计开展执法250次,出动执法人员2773人次,共检查成品油加油站(船)2315个,查处非法仓储点6个,查处非法流动加油车20辆,查出无证、证照不全、存在安全隐患等问题411个,整改368个,有效地规范了全省成品油市场经营秩序,全省成品油市场环境明显改善。组织开展鄱阳湖重点区域水上成品油专项整治活动,联合有关执法部门查处鄱阳湖区域非法经营及违规经营成品油事件13起。全省规划确认加油站155座,新办成品油零售经营批准证书80座、变更227座。

【加强茧丝绸行业管理】 下达2012年全省桑蚕丝生产指导性计划和指导性收购价格,加强桑蚕生产指导协调,稳定蚕桑生产规模。组织企业参加2012年中国国际丝绸博览会,并首次以"江西丝绸"特装形式参展,获得组委会颁发的优秀组织奖。争取中央财政资金236万元支持江西省蚕桑资源综合利用开发、丝绸生产节能减排和设备升级、技术改造。

【实施"三绿工程"建设】 争取商务部、财政部将江西省列为2012年全国"三绿工程"(提倡绿色消费、培育绿色市场、开辟绿色通道)示范项目试点省份,争取项目建设资金1010万元。确定南昌大众超市管理有限公司等5家企业为江西省2012年"三绿工程"示范项目承办单位。

(付蓉 黎勤)

粮油贸易

【概况】 2012年,全省粮食部门广大干部职工秉承"为耕者谋利、为食者造福、为企业增效"的服务理念,围绕年初确定的"发展粮食产业、完善宏观调控、强化依法行政"三项中心任务,积极应对国内外复杂经济形势,攻坚克难,开拓进取,较好地完成了全年各项工作任务。全省国有粮食企业改革继续推进,粮食收购量持续增加,全省全年累计收购粮食107.04亿千克,同比增加3.74亿千克,其中早稻收购42.52亿千克,增加2.32亿千克,收购量居全国第一。保供稳价能力得到增强,粮食产业取得突破性进展,依法管粮稳步推进。

【完成国有粮食企业改革任务】 按照省委、省政府7个系统改革工作部署,在前期推进国有粮食企业改革基础上,认真做好改革扫尾工作。基本完成全省粮食部门剩余1.8万职工的身份置换工作,没有发生大的群体性上访事件。改革重心转移到着力研究推进全省粮食资源整合,指导企业推进体制机制创新,激发企业活力,增强发展后劲。全省粮食行业统算盈利9164万元,实现自2006年以来连续7年盈利。改革工作得到省委、省政府的充分肯定,荣获全省7个系统国有企业改革工作先进单位。

【精心谋划产业发展】 完成《省政府关于加快现代粮食流通产业发展的意见》代拟稿起草工作,确定以建设"五大体系"为目标的现代粮食流通产业发展规划,即:着力构建现代粮油加工体系、粮食仓储物流体系、粮食宏观调控体系、粮食市场体系、粮食流通监督保障体系等粮食流通产业"五大体系",力争到2020年实现粮食加工转化率达80%,粮油加工业总产值突破2000亿元,标准化仓容2000万吨等目标。年内,全省粮油工业总产值852亿元,销售收入863亿元,均较上年增加110亿元。

【争取更多产业发展支持】 省财政从中央超级产粮大省奖励资金中安排7200万元,用于粮食流通产业发展,对69家符合条件的粮油加工、粮油仓储和粮油应急保障企业给予资金扶持。这是省政府首次给予粮食产业发展专项扶持资金。争取到中央和地方财政支持仓库维修专项资金0.49亿元。省储备粮公司永修直属粮库、南昌成品粮应急低温储备仓、南昌国家粮食交易中心等粮油仓储、物流、加工的13个重点项目,总投资额达7.22亿元,其中中央预算内投资0.6亿元。农户科学储粮专项建设继续推进,全省累计完成14万套农户科学储粮仓的生产、发放工作。

【启动粮食最低收购价执行预案】 宣传落实国家粮食最低收购价政策,加强对粮食收购市场形势分析,提出"立足多收、理性收购"的思路,督促指导企业严格执行"五要五不准"收购守则,即要敞开收购、随到随收,不准折腾农民;要依质论价、优质优价,不准坑害农民;要公平定等、准确计量,不准克扣农民;要现款结算、不打白条,不准算计农民;要优质服务、排忧解难,不准怠慢农民。特别是中晚稻收购期间,针对全省部分县(市、区)中晚稻市场收购价格接近或低于国家最低收购价的情况,全省分两批在丰城市、余干县等17个县(市、区)启动最低收购价执行预案,并将预案执行时间延期至2013年1月31日,阻止了收购价格下行态势,解决了农民"卖粮难"问题。

【加强储备粮管理】 全省粮食实物储备11.75亿千克,其中市县级储备粮实物规模比国家建议计划数增加0.5亿千克。省级储备粮保管费用提高到0.1元/千克,省级储备粮(油)轮换网上竞价交易卖方手续费由财政承担。全面完成省级储备粮轮换任务,轮出销售全部通过网上竞价交易,轮换资金全部回笼,基本没有出现亏损。江西省政策性粮食销售一律经过网上竞价交易的做法得到国家粮食局的肯定,在全国粮食流通工作会议上进行了交流。

【深化粮食产销合作】 扩大与福建、黑龙江等省的合作,组织企业参加粮食贸易洽谈会。其中第八届七省粮食产销协作福建洽谈会,江西省近百家各类涉粮企业共200余人参加洽谈会,与福建省粮食企业共签订粮食购销项目78项,购销合同数量约93.1万吨,比上年增加近13万吨。组织各种不同类型所有制的企业和单位参加外省举办的大型粮油产品及设备技术展览会和粮食交易合作洽谈会,大力宣传赣产粮油品牌,积极拓展赣产粮油产品的市场份额。全省销售粮食285亿千克,增加34.5亿千克。

【完善粮食法制建设】 省政府颁布202号令修正《江西省粮食收购资格许可管理办法》,取消年收购量50吨以下不办证的规定,将所有从事粮食收购活动的经营者纳入行政许可管理,明确粮食收购资格许可证有效期为3年,有效期满需要延续的,应重新申请。新办法从2013年1月1日起正式开始实施。完善自由裁量权参照执行标准,对《粮油仓储管理办法》规定的行政处罚条款进行了细化,在原有标准的基础上,制定《江西省粮食行政管理部门行政处罚自由裁量权参照执行标准(补充)》。

【推进粮食管理部门行政执法体系建设】 至年底,全省98%的县级粮食行政管理部门成立监督检查机构,60%的县级粮食行政管理部门成立执法大队。积极推动依法行政,加强队伍建设,积极开展粮食流通监督检查示范单位创建活动,高安市、德兴市、上高县粮食局荣获全国示范单位。全省开展各类行政执法检查3830次,责令改正、警告、罚款共1076例,无一例行政复议、行政诉讼案件。

【开展粮油专项检查整治活动】 开展粮食库存检查和国家临时存储菜籽油库存检查,首次组织开展油菜籽收购专项检查,对省内从事油菜籽收购活动的各类粮油经营、加工及转化企业进行专项检查,未发现违法违规问题。组织开展早稻收购专项检查,对省内从事早稻收购活动的各类粮食经营、加工及转化用粮企业进行专项检查,对有关问题依法依规进行处理,维护了收购市场秩序。组织全省统一开展粮食经营者建立粮食经营台账和执行粮食流通统计制度情况的检查,全省检查粮食经营企业2173户,对检查中发现的问题依法进行处理,并督促相关企业进行了整改。组织开展政策性粮食销售出库专项整治活动,全省粮食行政管理部门和政策性粮食承储企业对2011年以来的政策性粮食销售出库开展专项整治活动,规范政策性粮食出库行为。

【加强粮油质量监管】 重点加强省级储备粮、军供粮油、救灾粮等政策性粮食质量的监测、抽查,组织开展全省粮食质量安全专项整治。结合全省粮油仓储企业规范化管理活动,认真贯彻落实粮油仓储管理规范和技术规程。加强粮油质量监测,规范使用储粮药剂,推广绿色、环保的科学保粮技术,保证粮食储存安全和质量安全。全面加强粮食质量管理制度建设和粮食质量检验体系建设,积极推进粮油质量标准化工作,认真开展粮食质量安全调查、监测,粮食质量调查和品质测报工作逐步规范,促进了粮食质量安全水平的提高,提升了粮食质量安全保障能力。

(成钦虎)

供销合作

【概　况】 2012年,省供销合作社牢牢把握"稳中求进"的工作总基调,坚持"12345"的工作思路,即坚持一个宗旨:为农服务;突出两个重点:做大做强社有企业和加强基层社建设;推进三个转变:网络建设实现由县区单打独斗向系统联动发展转变,产业经营实现由传统单一向现代多元转变,产权结构实现由单一社有向系统内外多元合作转变;实施四大战略:项目带动战略,靠大联强战略,体系建设战略和人才强社战略;实现“五上”目标:为农服务上水平,社有企业上规模,网络建设上项目,基层建设上形象,综合实力上台阶。以“提升进位、赶超发展,打造全新供销合作社”为工作主线,统筹做好各项工作,经济运行和社会发展呈现稳步较快发展势头。省供销合作社在全国供销合作社行业综合业绩考核中,再次获一等奖。

全年全省供销合作社行业主要经济指标呈现跨越式发展:一是经营总量实现新突破。全行业商品购销总额首次突破1000亿元大关,达到1074.3亿元,同比增长37.6%;设区市供销合作社本级购销总额超20亿元的5个,比上年增加2个;县级供销合作社购销总额超5亿元的34个,比上年增加17个。商品销售总额突破500亿元大关,达到562.69亿元,增长40.56%。二是利税总额实现大提升。全行业实现利润总额2.9亿元,增长47.2%;基层供销合作社实现利润总额3535万元,增长85.66%。设区市供销合作社利润超500万元的6个,增加1个。县级供销合作社利润超200万元的23个,增加10个;超1000万元的有4个,比上年增加2个,其中渝水区供销合作社利润突破2000万元。三是资产权益实现稳增长。全行业资产总额达94.6亿元,增长9.5%;年末所有者权益达29.7亿元,增长28.6%。

【进一步推进农村现代流通服务体系建设】 一是农资现代经营服务网络日益完善。截至年底,全行业已发展农资连锁企业89家,占全省农资市场份额的75%。全年销售各类化肥601.7万吨,增长12.4%,为江西省粮食生产“九连丰”作出重要贡献。二是再生资源回收利用网络不断优化。以村有供销合作社回收人员、乡镇有回收机构、县城有再生资源回收公司和再生资源集散市场为模式,大力推进县、乡(镇)、村三位一体的城乡再生资源回收利用网络建设。截至年底,发展再生资源回收经营企业113家,交易市场76个,再生资源加工企业23家,收购网点4261个。全年再生资源收购额64.97亿元,销售额68.41亿元。三是农副产品现代购销网络加快形成。大力发展冷链物流,增强农产品专业批发市场功能,提升流通效率。截至年底,发展农业产业化龙头企业244家,其中省级龙头企业48家,带动农户44.3万户。改造兴建各类农副产品交易市场87个,建立商品基地301个,实现农副产品市场交易额121.1亿元,增长8.9%,其中年交易额超10亿元的3家。四是日用消费品现代经营网络迅速发展。截至年底,全行业已发展日用消费品连锁经营企业67个,配送中心53个,日用消费品销售总额180.15亿元,增长41.7%。

【加快供销合作社项目建设】 2012年,进入省供销合作社项目库的项目380个,上报进入中华全国供销合作总社项目库的项目133个,预算总投资额75.8亿元。已建成项目30个,在建项目108个。其中亿元以上项目16个,新增7个;列入省政府重大重点工程项目3个,新增2个,分别是江西省万载天禧商贸物流中心建设项目和江西省鄱阳湖棉花交易市场改造升级项目。完成固定资产投资27.8亿元,增长32.4%。在建项目数、完成固定资产投资分别占全国供销合作社行业3.5%、9.3%。通过项目建设,全年争取中央、省各类专项资金1.2亿元,市、县配套资金4414.9万元,撬动社会资金投入16.5亿元。

【扩大联合合作领域】 全行业在建和拟建的合作项目214个,预算总投资89.3亿元。其中,行业内合作项目68个,行业外合作项目146个。省供销合作社与中合国青投资发展有限公司合作,注册成立江西省供销资产投资开发有限公司,计划用8年时间,投资370亿元,在全省打造50个地标性商业流通综合体和30个现代农产品交易市场,已筹划启动萍乡、瑞昌、都昌、丰城等4个流通综合体项目,预算总投资近20亿元。省供销烟花爆竹公司与万载县供销合作社合作建设4.7亿元万载天禧物流中心项目、省棉麻公司与彭泽县供销合作社合作建设4.2亿元鄱阳湖棉花交易市场项目,均进入项目建设实质性阶段。通过联合合作,企业实力不断壮大,截至年底,发展全资、控股、参股企业634家,新增35家,全国供销合作社行业百强企业2家。注册资本1000万元以上的企业54家,新增17家。实现销售额超亿元的企业95家,新增21家。

【创新为农服务方式】 全行业创办庄稼医院1497家,比上年增加114家。开展测土配方施肥总面积达35.33万公顷,直接减少农民用肥成本近3亿元。赣州市沃原农资公司提供测土配方施肥的农作物面积6万公顷,安义县农资公司在全县96个经营网点推出“易货贸易”营销方式,深受农民好评。发展农村经纪人近5万人,开展技能培训177期、培训1.70万余人(次),3212人获得技能证书。积极拓展新的服务领域,省供销合作社与工商银行江西省分行签署战略合作协议,利用供销合作社基层组织,布设助农取款服务终端和自助银行,使农民在家门口就享受到快捷的金融服务,社会反响良好,上栗、浮梁、玉山等县143个基层网点开展此项业务。利用供销合作社基层网络优势,较好弥补了农村金融基础设施薄弱而引起的功能缺位,供销合作社办了一件农民受益、银行发展、政府满意的实事。

【进一步增强带动农户作用】 全行业农民专业合作社建立生产基地804个,总面积17.07万公顷,带动农户44.3万户,接近全省农民专业合作社带动农户总数的30%。已有285个农民专业合作社注册商标,合作社产品已有659个通过有机、绿色和无公害认证,63个合作社产品纳入全国总社“千社千品”工程,7个列入全国百佳标准化品牌。196个合作社产品进入批发市场,173个合作社产品进入超市门店,19个合作社列入全国总社示范社。农民合作社实现销售总额145.8亿元,增长27.4%,通过“农超对接、农社对接”等形式,助农增收38.4亿元。

(姜芝艳)

对外贸易　经济合作

本栏编辑　邓玉兰

综　　述

2012年，全省商务部门采取超常规举措扩规模、转方式、调结构、促发展，全省对外经济贸易实现快速发展，为促进全省经济社会平稳较快发展作出了重要贡献。

*以超常规举措拓市场优服务，外贸出口实现较快发展。*一是全力帮助企业开拓国际市场。连续4年组织千家企业开拓国际市场。组织1100余家企业参加广交会等70余个国内外知名展会，鼓励企业加入第三方电子商务平台，加大企业特别是小微企业投保出口信用保险的政策支持力度，有力支持了企业发展。全年全省出口超过1亿美元的国家和地区达到47个，比上年增加8个。对新兴市场国家出口136.5亿美元，占全省出口总值的54.4%，较2011年提高9.1个百分点。二是积极促进出口产业结构优化。进一步完善《江西省外贸转型升级产业出口基地培育工作实施意见》，指导和推进市、县加快实现产业优势与出口优势的相互促进。其中鹰潭眼镜产业被商务部认定为第二批国家外贸转型升级示范基地、上饶市信州区被认定为江西省第六个“国家科技兴贸创新基地（光机电）”。2012年全省机电产品出口93.6亿美元，增长14.87%。劳动密集型产品成为拉动出口增长的主要动力。三是进一步壮大出口主体。积极争取商务部支持，将办理对外贸易经营者备案登记权限下放至符合条件的70个县级商务主管部门。有针对性地加强对新获外贸经营权企业的外贸业务培训，坚定企业扩大出口的信心。2012年，新办理对外贸易经营备案企业1373家，创历史新高。全省有出口实绩的企业2460家，增加207家。其中新增出口企业641家，实现出口100亿美元，占全省的39.8%。截至年底，全省共有进出口经营权企业8605家。四是有效增强促进外贸发展整体合力。积极协调省直有关部门落实中央关于外贸稳增长的政策。“百人服务团”采取省市联动的形式，集中开展服务活动3次，近300人次深入全省1000多家企业帮助解决实际问题。特别是在下半年外贸出口出现明显下滑的情况下，省政府成立促工业生产保外贸增长领导小组，开展集中办公，建立协调调度机制，坚持每日一汇总、五日一告知，实行挂图作战，推动全省外贸出口超额完成冲刺10%的增长目标，全年实现增长14.8%。

*突出招大引强，招商引资质量和水平进一步提升。*一是广泛开展“招大引强年”活动。省市县三级联动，瞄准国内外500强企业、跨国公司和行业龙头企业主动对接，强化服务。全省新引进1000万美元以上重大外资项目165个，增长32%；引进省外亿元以上项目706个，增长16.3%。新引进世界500强投资项目7个，国内500强投资项目58个。截至年底，全省共引进世界500强51家、国内500强107家。二是深入推动产业招商。全省百人招商团调整成立22支产业小分队赴外招商，成功签约重大项目100个，签约金额379.74亿元。战略性新兴产业招商成效显著，全省新批外资项目中战略新兴产业项目占46.3%，实际利用外资占45.8%。引进省外亿元以上项目中战略性新兴产业项目占42.4%，实际进资占46.5%。服务业招商引资快速增长，全省新引进服务业外资项目增长32.6%，实际进资增长45.1%。引进省外亿元以上服务业项目增长75%，占全省引进省外亿元以上项目的14.9%，提高5个百分点。三是引资渠道不断拓展。引进战略投资者取得新突破，华润集团5.6亿美元并购洪客隆，江钨集团投资8000万欧元联手德国世泰科集团、吉安永丰珏石矿业引进凯雷基金投资5500万美元，萍钢与方大特钢实行战略重组。成功推进从玉农业、万国矿业等4家企业上市，融资超2亿美元。企业增资扩股活跃。全省共有337家外资企业增资扩股，增资金额25.9亿美元，占全省实现利用外资总量的37.95%。四是精心组织重大招商活动。香港招商引资活动周签约重大项目90个，总投资91.79亿美元；赣台经贸研讨会签约重大项目76个，总投资27.68亿美元。充分利用中部博览会、厦门投洽会、泛珠会等重大活动开展项目推介洽谈，成功引进一批投资项目。

*积极推进抓对接，企业“走出去”步伐明显加快。*一是扎实开展“大宣传、大调研、大培训”活动。编印《对外投资政策汇编》《对外投资国别产业指引》，采取集中宣讲、一对一上门宣讲等形式给企业送政策增信心。加强媒体宣传力度，营造“走出去”浓厚氛围。通过召开座谈会、上门走访、发放问卷等多种方式进行大调研，有针对性地开展帮扶。积极组织业务知识培训班，培训各类外经人才500余人次。二是加强“走出去”对接工作。组织召开赣企与央企“走出去”项目

对接会,组织有"走出去"意向的企业参加亚欧博览会、"9·8"厦门投洽会和东盟博览会及江西外派劳务与内地输澳经营公司业务对接会等20多场活动。利用"发展中国家商务官员研修基地"平台组织企业与发展中国家官员进行对接。与香港投资推广署和中联办联合举办"立足香港,迈向国际"研讨会。组织召开江西—埃塞俄比亚投资合作座谈会和江西—柬埔寨西哈努克港经济特区投资业务对接会。组织20多家企业赴非洲、中欧、日韩等国家市场考察,取得较好成效。全省共核准外经企业数量373家,其中境外投资企业267家、承包工程企业72家。江西国际、中鼎国际连续9年和5年入选全球最大225家国际承包商,江西中煤首次跻身全球国际工程承包商225强,入选企业数量居全国第三、中部首位。三是扎实推进多元化市场开拓。对外承包工程首次打入巴布亚新几内亚和蒙古等新兴市场。农业、新能源产业及制造业海外并购首次实现对外投资。全省新获援外成套项目8个、培训项目11个,为50多个发展中国家培训各类官员400多名,江西省成为唯一承担2个援非农业技术示范中心项目援建的省份。江西国际1.86亿元援建加纳海岸角体育场项目创江西省企业援外单个项目金额之最。外派劳务企稳回升,全年外派劳务6081人,增长72.9%。

*拓展通道降低口岸物流成本,口岸通关效率进一步提升。*一是航空口岸加快发展。新开通南昌至乌鲁木齐、天津等7条航线,南昌昌北机场航线达43条。加密南昌至深圳、厦门等航线航班,全年运送旅客突破600万人次。开通南昌至首尔、曼谷包机,成功引进台湾中华航空大飞机执飞南昌至台北航线,2012年南昌航空口岸出入境人员达12.3万人次,增长86.6%,其中南昌至台北航班出入境人员7.8万人次、增长142.8%。二是水运口岸建设提速。九江港扩大开放获国务院批准,九江至上海洋山港直达货运班轮正式开通,全程运行时间压缩至57小时,较原接驳运输节省时间2~3天,有效提高了江西省出口欧美货物运输效率,降低了货运成本。烟花爆竹水运出口通道顺利打通,使江西省烟花爆竹出口比绕道周边省份节约2~3天时间,每个集装箱运输成本1500元,对扩大江西省烟花爆竹出口具有重要意义。三是铁海联运"五定班列"进一步巩固和发展。上饶至宁波铁海联运"五定班列"实行客车化管理,并沿沪昆线开行了阶梯式班列,服务范围扩大至江西省沪昆沿线城市及周边区域。赣州至厦门"五定班列"加速推进,全年铁海联运共发送进出口货物分别增长54.9%和49.8%。四是电子口岸快速发展。加工贸易联网系统平稳运行,九江港检港联网和南昌国际集装箱码头关港联网正式上线运行,实现了相关业务办理网络化、无纸化,使口岸查验与现场作业衔接更加紧密,提高了通关效率。五是口岸基础设施项目建设稳步推进。赣州综合保税区正式上报国务院审批,南昌综合保税区申报前期工作全面启动。上栗公路口岸作业区完成建设和验收,鹰潭固体废料宁波口岸转关进口通道正式开通。出台《江西省口岸作业区建设管理规范(暂行)》,制订《江西电子口岸发展指导意见(2013~2015)》。

*加强交流合作和对口支援,区域经济合作实现新发展。*一是深入开展区域合作与交流活动。组织有关市县和企业参加"西洽会""渝洽会""亚欧博览会"等十余项大型知名经贸活动;加强与浙江、广东、福建、安徽等省的双边、多边省际交流与合作。二是全力做好对口支援工作。启动政府援疆项目26个,到位援疆资金6亿元,完成阿克陶县一中等15个项目;引进产业援疆项目22个,总投资135亿元;扩大经贸援疆,组织江铜、江煤、中鼎等江西省优秀企业与新疆克州开展对接合作;落实人才援疆,轮训县乡村三级干部5150人次。认真做好对口支援重庆武隆县工作和援助四川小金县灾后重建后续工作,拟制对口支援规划,帮助开展招商引资,促成一批赣商落户投资。三是积极做好西部大开发工作。狠抓赣州市执行西部大开发政策的落实,推动全省41个比照县市加快发展。四是认真做好商(协)会、驻赣办事处工作。发展江西异地商会10家、在外江西商会70余家、行业协会4家,报备驻赣办事机构46家,多次促成商会以商招商。五是精心做好扶贫工作。深入信丰县、吉水县、万年县、安远县四个扶贫点调研,悉心解决实际难题,全力帮助加快发展。

(省商务厅编辑室)

商品进出口贸易

【概　况】 2012年,全省累计实现进出口总值334.1亿美元,增长6.2%,其中,出口251.1亿美元,增长14.8%;进口82.99亿美元,下降13.5%。出口总值占全国比重提高0.08个百分点,高出全国平均水平6.9个百分点,出口总值在全国和中部地区排名居第十五位和第三位。

对外贸易的主体情况:全省民营企业进出口184.68亿美元,增长16.7%,其中出口172.51亿美元,增长20.2%,出口占全省比重达68.7%,上升3.1个百分点。国有企业进出口16.43亿美元,其中出口13.96亿美元,进口2.47亿美元,三项指标均出现负增长。外资企业进出口132.98亿美元,下降2.3%,其中出口64.63亿美元,增长8.2%;进口68.35亿美元,下降10.4%。

对外贸易的方式情况:全省一般贸易进出口221.44亿美元,增长6.4%。其中出口173.5亿美元,占全省出口总值的69.1%,上升7个百分点,增长27.7%,高出全省平均水平12.9个百分点。加工贸易进出口78.54亿美元,增长22.9%,其中出口46.28亿美元,增长4.3%;进口32.26亿美元,增长65.14%,增幅比上年同期高出33.12个百分点。其他贸易进出口34.11亿美元,其中出口31.33亿美元,进口2.78亿美元,三项指标均大幅负增长。

对外贸易的商品情况:全省机电产品累计出口93.6亿美元,增长14.87%,高于全省平均出口增幅0.08个百分点,其中汽车及其零附件出口保持快速增长,累计出口5.68亿美元,增长36.07%。船舶出口呈现负增长,累计出口3.69亿美元,下降25.61%。劳动密集型产品中家具及其零件和灯具照明装置成倍增长,其中家具出口15.1亿美元,增长1.1倍。灯具照明装置出口6.79亿美元,增长1.58倍。鞋类和玩具出口超高速增长，增幅分别达90.44%和99.5%。铜及铜材出口1.98亿美元，增长2.95倍。光伏产品出口7.62亿美元，下降62.63%。

对外贸易的市场情况：2012年，江西省与全世界214个国家和地区发生贸易往来，增加5个。其中出口总值超过1亿美元的国家和地区达到47个，增加8个。对传统市场出口略有下降，新兴市场开拓成效明显，其中对欧、美、日、中国香港等四大传统市场累计出口114.56亿美元，占全省出口总值的45.6%，下降9.1个百分点。对非洲、拉丁美洲、东盟等新兴市场累计出口136.54亿美元，占全省出口总值的54.4%，提高9.1个百分点。江西省与周边市场国家贸易形势良好，其中对东盟出口34.3亿美元，增长50.37%。对印度出口7.17亿美元，增长50.31%。对俄罗斯出口2.61亿美元，增长58.8%。

【参加华交会】 第22届中国华东进出口商品交易会于3月1～5日在上海举行。江西交易团组织122家企业参展，设展位200个，累计成交2.38亿美元，较上届增长9.2%。

【参加广交会】 第111届中国进出口商品交易会（简称广交会）于4月15日至5月5日分三期在广州举办。江西省组织308家企业参展，共有展位539个。江西省共成交6.34亿美元，比上届下降3.99%。第112届广交会于10月15日至11月4日分三期在广州举办。江西交易团共组织301家企业参展，设展位546个。江西交易团共成交5.99亿美元，较上届下降5.59%。

【外贸平台建设取得新突破】 井冈山出口加工区建设顺利推进，12月28日，江西省商务厅牵头组织南昌海关、江西出入境检验检疫局等11个相关部门对井冈山出口加工区进行预验收，为通过国家验收打下基础。鹰潭眼镜被商务部认定为第二批国家外贸转型升级示范基地，上饶市信州区被认定为国家科技兴贸创新基地。

【进一步下放对外贸易经营者备案登记权限】 争取商务部支持，将对外贸易经营者备案登记权限下放至70个县级商务主管部门，方便企业就近办理。全年全省新办理进出口经营权企业1373家，累计办理进出口经营权企业8605家，有出口实绩企业2460家，比上年增加207家，进一步壮大了外贸出口主体。

【组织企业参加境内外展会】 全年共组织83家企业参加除华交会、广交会以外的境内外展会25个，其中组织76家企业参加21个境外专业展会，组织7家企业参加4个国内国际性展会。

【强化外贸调度机制】 实行每月一调度和每月一通报制度，四季度实行每日一调度和出口进度告知函，有力督促了各地出口任务的完成。同时对重点企业和重点商品实行跟踪监测服务，密切关注贸易摩擦动向，及时向企业通报涉案情况，发布预警信息，增强了工作的预见性和主动性。“百人服务团”采取省市联动的形式，集中开展服务活动3次，近300人次深入全省1000多家企业帮助解决实际问题。

（付　蓉　刘聃琮）

·资　料·

2012年江西省主要出口市场情况

国别（地区）	出口金额（亿美元）	占出口总额比重（%）
欧盟	40.14	15.98
美国	36.82	14.66
东盟	34.29	13.66
香港	26.94	10.73
日本	9.85	3.92
韩国	7.37	2.93
印度	7.17	2.86
阿拉伯联合酋长国	5.28	2.10
南非	4.43	1.76
沙特阿拉伯	4.36	1.73
合　计	176.65	70.33

服务贸易

【概　况】 2012年,全省服务贸易进出口总额19.4亿美元,比上年的11.6亿美元增长61.3%。其中,出口额11.7亿美元,增长140.8%;进口额7.7亿美元,增长7.1%。江西省服务贸易的主要行业涵盖旅游、运输、咨询、保险服务、建筑服务以及其他商业服务,贸易伙伴主要来自美国、中国香港、日本。全省技术进出口总额7051.36万美元,下降64.72%。签订引进技术和进口设备合同项目132个,减少9个,合同金额6328.47万美元,下降67.35%。签订技术出口合同项目59个,合同金额722.89万美元,增长20.58%。2012年,英华达南昌科技有限公司、捷德中国信息科技有限公司两家公司共获得商务部技术出口贴息9万元。

【促进服务外包发展】 2012年,全省新增服务外包企业176家,下降20.36%。新增从业人数1.78万人,下降47.63%,其中新增受训人数4603人,下降22.14%。服务外包接包执行金额7.59亿美元(含在岸),下降48.33%。新增服务外包企业认证78个。为加快江西省服务外包产业发展,2012年江西省商务厅联合江西财经大学制定《江西省服务外包发展规划》。年内,共培训服务外包人才4792名,为服务外包产业发展提供强有力的人才支撑。继2011年开展省级服务外包示范园区认定工作以来,2012年再次认定浙大科技园、699文化创意产业园等5个省级服务外包示范园区,全省省级服务外包发展平台达10家,形成以南昌国家级服务外包示范城市为龙头,10个省级服务外包示范园区为支撑的“1+10”战略格局。完成2012年国家服务外包业务发展资金申报。经审核,江西省获得国家支持服务外包人才发展资金共计2055.75万元。其中南昌市获得“中国服务外包示范城市”公共服务平台资金500万元,22家服务外包企业获得培训资金632.07万元,9家服务外包培训机构获得培训资金162.45万元,17家服务外包企业获得24个国际认证项目获得支持资金761.23万元。

【推动文化出口企业做大做强】 2012年,组织15家企业申报国家文化出口重点企业,其中凤凰光学、华文光电、华奥印务等13家企业被国家商务部、中宣部、文化部等部委评为“2011~2012年度国家文化出口重点企业”。同时,积极帮助企业争取商务部等国家部委资金支持,年内,江西省新闻出版集团、凯天动漫等4家文化出口企业共获得国家政策支持资金344万元。加强对省内文化产品出口企业的服务和指导,有力地推动了文化产品出口,全年全省核心文化产品出口4.54亿美元,增长133.2%(根据商务部2012年新修订的核心文化产品目录统计),居全国前十位。

【帮助服务贸易企业拓市场、创品牌】 5月,组织思创、金太阳、金格科技等10多家服务贸易重点企业参加第一届中国国际服务贸易交易会,参展企业充分借助“京交会”平台,积极对接项目和客商,现场签约金额226.48万美元的成果。6月,组织福雷斯、泰豪、鄱湖云等11家企业参加第十届中国国际软件和信息交易会,参展企业进一步宣传推介了江西服务贸易重点企业和产品,与郑州纬地信息技术、国都兴业(北京)公司等一批企业达成合作意向。9月,组织腾王科技、萍乡凯天、福雷斯等企业参加东京电玩展,通过与世界著名游戏企业同台竞技,提升了江西省企业在海外的影响力,为企业开拓海外市场奠定了良好基础。全年全省服务贸易出口总额19.4亿美元,增长61.3%。

【建立服务贸易和服务外包重点企业监测运行机制】 组织先锋软件、南昌金格科技等100多家服务贸易企业在商务部服务贸易统计直报系统中定期上报相关数据。按照商务部要求,又将文化贸易纳入服务贸易统计直报系统,及时增加腾王科技、福雷斯等20余家文化贸易重点企业在系统中上报数据,进一步夯实服务贸易和服务外包统计数据基础。

(付　蓉　廖旭芳)

利用外资

【概　况】 2012年,全省累计新批外商投资企业789家,下降2.83%。实际利用外资68.24亿美元,增长12.63%,其中现汇进资21.34亿美元。利用外资总额列全国第十三位。全省共设立登记142家外商投资企业分公司、2家外商投资合伙企业。主要特点体现在:一是区域发展明显加速。年内,省商务厅开展“进位赶超”大竞赛活动。各地利用外资发展形成你追我赶,相互促进的局面。共有5个设区市和44个县(市、区)实现利用外资“进位赶超”。通过开展竞赛活动,涌现出瑞昌市、南昌县等一批利用外资发展快、大项目多的重点设区市和县(市、区)。二是“招大引强”效果显著。全省共引进投资总额1000万美元以上项目281个,减少1%,5000万美元以上项目42个,增长20%,1亿美元以上项目12个,增长33%。引进世界500强投资背景项目7个,增长133%。引进区域性总部和功能性机构3个。全省实际进资1000万美元以上企业有120家,增长3.45%,实际进资25.78亿美元,增长6.17%,占全省实际利用外资的37.77%。重大项目进资主要分布在南昌市、九江市、赣州市、新余市等地。三是招商引资的质量和水平不断提升。全年世界500强投资背景企业进驻江西累计达到51家,共投资62个项目。成功推进外资企业境外上市融资,万国矿业、从玉农业等4家企业在境内外上市,融资金额超过5亿港元。引进跨国公司区域总部和研发中心3家。四是鄱阳湖生态经济区利用外资发展迅猛。鄱阳湖生态经济区新批外商投资企业535家,占全省67.81%。新增合同外资63.93亿美元,占全省78.33%。实际利用外资50.93亿美元,占全省74.63%。新批项目数、新增合同外资和实际利用外资分别增长27.99%、16.11%和44.11%。现汇进资发展突飞猛进,区内现汇进资17.88亿美元,占全省83.79%,增长32.26%。五是战略性新兴产业利用外资发展稳步推进。全省战略性新兴

·资 料·

2012年江西省利用外资分行业比重情况

行 业	新批企业数		合同外资金额		实际使用外资额	
	企业数（个）	比重（%）	金 额（万美元）	比重（%）	金额（万美元）	比重（%）
全省合计	789	100	816170	100	682431	100
第一产业	**84**	**10.65**	**68845**	**8.44**	**50221**	**7.36**
农、林、牧、渔业	84	10.65	68845	8.44	50221	7.36
第二产业	**532**	**67.43**	**532118**	**65.19**	**448268**	**65.68**
工业	523	66.29	520900	63.82	440401	64.53
采矿业	1	0.13	3614	0.44	9415	1.38
制造业	517	65.53	514715	63.06	427482	62.64
电力、燃气及水的生产和供应业	5	0.63	2571	0.32	3504	0.51
建筑业	9	1.14	11218	1.37	7867	1.15
第三产业	**173**	**21.92**	**215697**	**26.37**	**183942**	**26.96**
交通运输、仓储和邮政业	7	0.89	7433	0.91	2790	0.41
信息传输 、计算机服务和软件业	45	5.7	61463	7.53	34415	5.04
批发和零售业	22	2.79	13146	1.61	45821	6.71
住宿和餐饮业	8	1.01	5234	0.64	5496	0.81
金融业			785	0.1	4406	0.65
房地产业	10	1.27	24147	2.96	20744	3.04
租赁和商务服务业	51	6.46	57282	7.02	43653	6.4
科学研究、技术服务和地质勘察业	16	2.03	29667	3.63	16668	2.44
水利、环境和公共设施管理业	12	1.52	14420	1.77	6993	1.02
居民服务和其他服务业	1	0.13	696	0.09	1942	0.28
教 育					93	0.01
卫生、社会保障和社会福利业	1	0.13	1424	0.17		
文化、体育和娱乐业					921	0.13

产业新批外资项目365个，新增合同外资和实际利用外资均实现连续增长，分别达到40.71亿美元和31.2亿美元，分别占全省总数的49.89%、45.78%。六是服务业加速布局江西。全省服务业利用外资大幅增长，新批服务业项目179个，实际利用外资18.46亿美元，增长45.12%，其中现汇进资8.81亿美元，占全省利用外资比重的41.30%，提高18个百分点。七是利用外资渠道呈现多元化。全省新批并购项目15个，投资总额4.5亿美元，注册资本1.58亿美元。共有1532家企业增资，增加注册资本26.77亿美金。同时大力宣传和鼓励境外投资者以跨境人民币进行投资，全省有10家企业以跨境人民币进资，进资额6354万美元。

【召开全省开放型经济工作会议】 2月8日，全省开放型经济工作会议在南昌召开。会议对2011年全省开放型经济工作进行了总结和表彰，并对2012年工作进行部署。省委书记苏荣对开放型经济工作作出重要批示，省长鹿心社出席会议并作重要讲话，省委常委、常务副省长凌成兴，省人大常委会副主任朱秉发出席，副省长洪礼和讲话，省政协副主席陈清华、省政府秘书长谭晓林等出席。谭晓林宣读《关于表彰2011年度全省开放型经济先进单位的通报》。省商务厅、省工信委、省国资委、省发改委、省财政厅、南昌海关、江西出入境检验检疫局等省直有关部门负责人，全省各设区主要领导及分管领导、各县市区分管领导及开放型经济口，部分省属国有企业、开发区、工业园区、金融机构及外贸、外经、口岸服务企业的有关负责人共计500多人参加会议。

【开展招大引强年活动】 2012年，省商务厅在全省开展"招大引强年"活动，坚持每月对各设区市开展活动情况进行调度检查，在全省掀起新一轮招商引资热潮。各设区市主要领导全年率队外出招商共175批次，举办专题招商活动93场次。全省全年共引进投资总额1000万美元以上外资项目281个，其中1亿美元以上12个。省外10亿元以上内资项目113个，其中50亿元以上4个。引进日本三菱、德国西门子等世界500强企业背景投资项目7个，使全省世界500强投资企业总数累计达51家。引进中国国电、重庆长安等国内500强企业背景投资项目58个，使全省国内500强投资企业总数达107家。全年实际进资1000万（现汇）美元以上的项目42个，进资总额11.8亿美元。投资总额1000万美元以上开工项目55个。省外5亿元以上开工项目374个，进资总额261.41亿元。

【调度推进重大项目建设】 2012年，省商务厅着力建立完善各类机制，推进项目进展。一是建立实行一名领导、一名联络员、一份推进计划的"三个一"跟踪督查机制，每月对香港活动周、赣台会等重大活动签约项目进行跟踪调度，并先后赴九江、鹰潭、新余、萍乡、宜春等设区市进行项目核查。香港活动周90个签约项目中有40个重大项目注册，注册率为44.4%。23个重大项目进资，进资率25.6%，进资额合计约3亿美元。17个重大项目开工建设，开工率为18.9%。3个重大项目已投产，投产率为3.3%。赣台会76个签约项目中有36个重大项目注册，注册率47.36%。18个重大项目进资，进资率23.68%，进资额8036万美元。13个重大项目开工，开工率17.11%。1个重大项目投产，投产率1.32%。二是加大重大项目推进服务力度。全年先后2次协调召开全省扩大开放推进重大项目建设调度会，协调推进67个重大项目立项、用地、用电、环保等方面的问题，其中涉及省级预留新增计划用地指标837.52公顷，有力推进了一大批重大项目加快建设。三是进一步完善重大项目信息库，按月对各设区市在谈、签约、开工、投产项目进行调度，督促各地加快项目推进。四是用好激励机制促进项目进资，充分发挥重大外资项目进资奖励的激励作用，组织拟奖励项目的核查认定，对2011年74个重大项目兑现奖励资金636万元，有效促进了重大项目进展。

【开展百人招商团活动】 按照更加突出区域发展布局、更加突出已跟踪在谈重大项目、更加突出支持国家级开发区和重点县（市）、更加突出战略性新兴产业和传统产业升级转型"四个突出"的要求，对百人招商团进行充实和调整，成立22支招商小分队。通过完善《双重管理制度》《重大项目管理制度》《财务管理制度》《信息管理制度》4个制度，进一步规范了管理，强化了小分队的战斗力。5月启动以来，22支招商小分队共外出拜访客商1238批次，在北京、上海、广东等20多个省市和日本、韩国、德国、波兰及港澳台等10多个国家及地区开展招商活动，对接洽谈项目818个，共签约重大项目110个，签约金额407.14亿元。其中74个项目进资，进资24.05亿元，44个项目开工，23个项目投产。

【推进国家级开发区平台建设】 成功推进小蓝经济开发区等升级为国家级经济技术开发区。截至年底，全省国家级经济技术开发区达7家。指导和帮助瑞金、龙南、共青城3个省级开发区申报国家级经济技术开发区。对国家级开发区开放型经济运行情况每月一调度，每季一通报。

【开展重大招商引资活动】 6月6～11日，省政府在香港举办"2012江西（香港）招商引资活动周"，这是江西省连续11年在香港举行大型招商引资活动。省长鹿心社、副省长洪礼和省直有关部门和各设区市负责人等参加活动。开幕式上举行了重大项目签约仪式，共签约重大项目90个，签约总额91.8亿美元，比上年增长6.6%。活动期间，全省共举办100余场专题招商活动，其中省政府举办了鄱阳湖生态经济区建设暨九江沿江开放开发推介会等8场专题推介会。9月23～27日，国台办与江西省政府共同举办2012赣台（南昌）经贸合作研讨会，省委书记苏荣，省长鹿心社，省政协主席黄跃金，省委常委、省委秘书长赵智勇，省委常委、南昌市委书记王文涛，省人大常委会副主任陈达恒，副省长洪礼和参加。这是江西省自2003年以来连续举办的第十届研讨会，近400名台湾知名人士和企业家与会。开幕仪式上进行了江西省十大战略性新兴产业、旅游业、精致农业和南昌市专场推介，还举行了重点项目签约仪式。现场签约76个项目，签约金额达27.68亿美元，增长8.3%。9月25～27日，首届华侨华人赣鄱投资创业洽谈会在南昌举行。省委书记苏荣，省长鹿心社，省政协主席黄跃金等领导出席，40多个国家和地区的400名侨商、企业代表参会，共签约项目40个，合同金额78.77亿美元。此外，2012年，省商务厅协调组织省领导赴俄罗斯、德国开展经贸活动，走访会见一批外国政要和重点客商。在德国举办中国江西投资说明会，在德国工商企业界掀起了一股关注江西热潮，进一步挖掘欧美地区招商潜力。

（付　蓉　王春雷）

国际经济合作

【概　况】 2012年，全省获得对外承包工程资格企业72家，对外承包工程实现营业额18.4亿美元，增长16%，总额在全国排名第十四位。全年外派劳务6081人，增长72.9%。年末在外1.38万人，增长2.08%。全省对外直接投资3.65亿美元，增长30%，总量在全国排名第二十位。对外投资领域不断突破，农业、新能源产业及制造业海外并购首次实现对外投资。对外投资结构不断优化，由国企为主向国企和民企并重发展，投资目的国由发展中国家为主向发展中国家与发达国家并重发展。

2012年新获援外成套（含监理）项目8个，增加3个，培训项目11个，共为50多个发展中国家培训各类官员400多名。江西国际公司承建援加纳海岸角体育场项目，金额达1.86亿元，再次刷新江西省企业援外工程单个项目金额之最。江西赣粮实业有限公司获批承担援建赤道几内亚示范农场项目。

做大做强初见成效。截至年底，全省共有外经企业数量超过350家，达373家。其中全省累计核准境外投资企业(机构)267家，承包工程企业72家、对外劳务合作企业15家、援外成套资质企业16家、援外培训实施单位3家。江西省龙头企业江西国际、中鼎国际连续9年和5年入选全球最大225家国际承包商，江西中煤公司首次跻身全球国际工程承包商225强。江西省入选全球225家最大国际工程承包商的企业数量位居全国第三，中部地区第一。

【对外投资领域扩大】 江西青龙集团投资澳大利亚设立新地中海有限公司，实现江西省对外大规模投资农业领域的突破。新余力德在美国投资设立祥云风能公司，实现江西省对外投资新能源领域的突破。华意压缩机股份有限公司在西班牙投资并购乌苏图廿一有限责任公司，实现江西省制造业企业在海外开展并购业务的突破。

【确定9家援外培训实训基地】 2012年上半年通过各设区市商务主管部门推荐、有关单位自荐，省商务厅审定确定9家援外培训实训基地，并于7月10日在南昌举行全省对外援助培训实训基地授牌仪式。

【为企业"走出去"搭建平台】 加强与央企对接。5月，在南昌举办全省规格最高、规模最大、参会人数最多的对外承包工程盛会——赣企—央企"走出去"项目对接会，全省40多家对外承包工程企业与16家中央对外承包工程企业进行了对接。加强与国内企业对接。通过组织企业参加国内展会，搭建平台，推动企业积极寻找商机。组织60多家有"走出去"意向的企业参加中国—亚欧博览会、"9·8"厦门投洽会和中国—东盟博览会及江西外派劳务与内地输澳经营公司业务对接会等20多场活动，还利用"发展中国家商务官员研修基地"平台，组织多场对接会，近40家企业与50多个发展中国家官员进行了对接，取得较好效果。加强与有关驻外机构、外国政要(高层)的接触。组织10多家企业赴赤几、加纳、肯尼亚、日韩进行推介对接，通过拜会驻外经商处和外国有关政要，召开现场座谈会、赴项目工地督导等进一步密切与大使馆经商处以及企业合作伙伴的联系，为企业巩固老市场、开辟新市场提供了有力支持。

【建立对外劳务合作服务平台】 11月，省商务厅在南昌建立全省第一家对外劳务合作服务平台。该平台是集服务、促进、保障、规范和管理为一体的政府公共服务机构。其主要职能是为劳务人员和外派企业免费提供对接服务，监督外派企业和劳务人员依法签署合同，为劳务人员提供政策咨询、就业指导，加强对劳务人员的宣传教育，掌握境外劳务人员动态，为劳务人员提供纠纷调解和司法援助等各项服务。

(付　蓉　杨　光)

省际招商引资

【概　况】 2012年，全省利用省外资金紧紧抓住沿海产业转移加速重要机遇，以鄱阳湖生态经济区建设为龙头，突出战略性新兴产业招商，千方百计招大引强，着力提升产业承接规模和水平，全省实际利用省外5000万元以上项目资金3189.36亿元，增长23.66%，完成年度目标的106.31%。主要体现在：一是招大引强成效好。全年全省引进省外亿元以上项目706个，增长16.31%，亿元以上项目全部已经开工建设。其中5～10亿元项目153个，10亿元以上项目113个，50亿元以上项目4个。引进国内500强投资省外亿元以上项目58个，新引进21家国内500强企业到赣落户，累计总数达到107家。二是战略性新兴产业招商扎实推进。2012年引进的亿元项目中，全省新引进十大战略性新兴产业项目303个，占全部亿元项目资金的42.63%；实际进资867.28亿元，占全部亿元项目进资的46.74%。三是服务业招商项目明显增多。生产性服务业和旅游产业引进省外亿元以上项目105个，增加45个，占全省引进省外亿元以上项目14.87%，提高4.99个百分点。引进项目较明显的有旅游产业项目35个、金融保险项目15个、商贸物流项目20个。四是承接沿海产业转移步伐加快。全省实际利用省外5000万元以上项目资金中，来自长珠闽等沿海地区项目1137个，增长4.31%，占全省的78.04%，来自长珠闽等沿海地区项目进资2358.95亿元，增长23.34%，占全省的73.96%。五是项目向重点区域集群集聚明显。项目工业园区积聚，全省引进的省外投资5000万元以上项目入园率55.80%。亿元项目入园率达58.36%。全省11个国家级开发区引进省外5000万元以上项目187个，占全省的12.83%，实际进资543.96亿元，占全省的17.06%。鄱阳湖生态经济区等重点区域产业承接力度加大，区内引进省外5000万元以上项目626个，占全省的42.96%。实际进资1658.46亿元，占全省的52.00%。重点打造的南昌核心增长极、赣南苏区振兴、九江沿江开放开发等区域，利用省外资金发展势头强劲，如九江市利用省外资金实际进资390.09亿元，增长27.02%，居全省第一位，引进省外亿元项目90个，居全省第一位。其中沿江开发四大板块7县区累计引进省外投资5000万元以上项目84个，实际进资211.80亿元，增长28.17%，占全省总数的6.64%。

【引进国内500强企业到赣投资项目58个】 2012年，全省引进国内500强企业到赣投资项目58个，增加16个。新引进国内500强企业到赣落户21家，累计总数突破100家，达107家，国内500强企业到赣落户踊跃。国内500强企业到赣投资项目规模大，投资规模最大为51亿元，比上年提高11.8亿元，平均单个投资规模6.82亿元，比上年提高0.35亿元。现代服务业项目成为国内500强企业到赣投资新亮点，包括金融保险、商贸物流、旅游等11个现代服务业项目，金融保险领域，引进交通银行、民生银行在上饶设立分行。商贸物流领域，引进天虹商场、中农物流、人人乐集团、宁波港鹰潭物流中心等投资项目。旅游领域，引进中粮集团星子凯莱温泉、中航集团赣州格兰云天酒店等投

5月11日，赣企—央企“走出去”项目对接会在南昌举行。

省商务厅供稿

资项目，项目产业结构得到逐步优化。

【引进央企合作项目34个】　2012年，全省引进央企合作项目34个，增加9个，增幅36%，央企合同项目总投资达356.37亿元，增长122.27%；新引进到赣投资央企2家，累计总数达到67家。部分央企看好江西，在赣投资持续加大，如中国电力投资集团在赣投资项目达4个，重庆长安在赣投资项目2个，中航直升机在赣投资项目2个。一批央企投资的重大项目落户江西，促进了项目质量提升，中国节能环保集团公司在南昌市投资100亿元的中节能（江西）公司节能环保科技产品生产及工程建设项目，大唐国际发电股份有限公司在永修县总投资10亿元的大唐国际永修9.6万千瓦风电项目等。

【引进沿海大型民企到赣投资有新成效】　2012年，全省引进中国民营企业500强企业到赣投资亿元以上项目16个，新引进民企500强企业10家，累计总数达到54家。一批沿海大型民企重大项目落户江西，增强了江西省产业活力。广东省宜华木业有限公司在遂川县总投资30亿元的遂川宜华木业公司年生产高档出口家具800万套项目，浙江龙达集团在湖口县总投资10亿元的龙达（江西）粘胶短纤生产公司新上年产22万吨粘胶短纤生产线项目等。

【一批重大项目落户江西】　2012年，全省招大引强重点调度的省外5亿元以上项目中，累计签约267个，履约注册220个，开工374个，形成签约一批，注册一批，开工一批滚动发展的良好态势和浓厚氛围，大唐集团在宜春市投资70亿元的煤电一体化项目、吉林瀚星集团在高安市投资60亿元的通用航空部件生产及物流基地项目等一批重大项目成功签约。中通金城（北京）通信网络有限公司在九江市投资100亿元的共青城云计算产业园项目、深圳东北城商贸有限公司在赣州市投资100亿元的综合物流园项目等一批重大项目如期注册进资。大唐国际在抚州市投资72亿元的年发电2×100万千瓦项目、中石化在九江投资67亿元的中石化九江分公司油品质量升级改造项目等一批重大项目成功开工建设，全省利用省外资金招大引强氛围浓、后劲足。

【赴广东开展产业对接活动】　10月，省政府在广东深圳、广州等成功开展系列产业对接活动，省商务厅联合吉安、上饶、九江、萍乡、宜春等设区市，连续召开5场专题招商活动。副省长洪礼和出席吉安、上饶推介会并讲话。通过召开推介会、走访重点客商的方式，共达成重大签约项目97个，签约金额471.35亿元，在珠三角地区掀起了一轮江西赴粤招商新高潮。

【举行2012江西（樟树）投资推介会】　10月15日，2012江西（樟树）投资推介会暨医药化工产业项目签约仪式在樟树市举行。海内外医药、化工产业界客商，项目签约代表等共260余人参加。会上签约合作项目32个，签约资金48.8亿元，其中医药化工、产业项目有26个，总投资额43.9亿元，占全部签约资金的89.96%。

（付　蓉　甘爱平）

区域经济合作

【概　况】　2012年，省商务厅推动和强化与浙江、广东、福建、安徽、湖北、吉林、陕西等省市的双边省际交流与合作。积极组织省内上百家省内名优特产企业参加在全国各地举办的各种经贸活动，成交金额2亿多元，推销了江西名优产品，包括“第十六届中国东西部合作与投资贸易洽谈会”“中国（重庆）国际投资暨全球采购会”“2012中国·青海绿色经济投资贸易洽谈会”“第18届中国兰州投资贸易洽谈会”“第20届广州博览会”“首届中国亚欧博览会”“2012东北亚博览会”“2012宁洽会暨第二次中阿论坛”“十八届中国西部博览会”“闽浙赣皖四省九方区域经济协作区”“闽粤赣十三市区域合作组织等区域合作会议”，促进地区、省区交流，企业经贸合作。2012年首次与省民族宗教局组织江西省10多家清真食品与用品企业，参加第六届中国（青海）国际清真食品及用品展览会，推动江西省清真食品与用品企业与外界的交流合作。

【做好对口援疆工作】　截至年底，全省已启动援疆项目26个，到位援疆资金6亿元，分别完成江西省5年援疆规划和国家核定5年应安排援疆资金的60%和64.7%，其中江西二大道、阿克陶县第一中学等15个项目完工或基本完工。帮助阿克陶县完成包括村级规划在内的所有城乡规划。在产业援疆方面，引进入疆项目22个，总投资135亿元，实际到位资金34.5亿元。成功促成中国银行克州支行与克州人民政府、省援疆前方指挥部签订60亿元授信意向。以江西新余钢铁公司为投资主体组建的克州赣鑫钢铁项目施工已全面展开。在人才援疆方面，县、乡、村三级干部轮训工作基本完成，组织干部人才培训5150人次、大学生培训1000余人次，并积极提供支教、支医服务，努力改善当地教育医疗水平。在经贸援疆方面，组织5家企业作为克州代表团成员参加在新疆喀什市举办的第八届中国新疆喀什·中亚南亚商品交易会，加强与克州的经贸交流。同时，利用“亚欧博览会”平台，组织全省10多家企业参加商品展览，宣传江西形象及江西省援疆项目与成果，并组织江铜、江煤、中煤、中鼎等江西省优秀企业与新疆克州企业进行项目对接，拓展双方的经贸合作。

【对口援助四川小金县灾后重建】 积极帮助小金县开展招商引资，助推产业发展。2012年第十五届中国西部国际投资暨进口消费品交易会期间，在江西形象展区开辟专门区域，为小金县提供宣传展示平台，并组织重庆江西商会与小金县举行项目对接洽谈会，推动赣商积极赴小金考察投资。在南昌举办“小金县致富能人专题培训班”，加强技能培训，为小金县培养致富带头人。

【对口支援三峡库区武隆】 根据国务院常务会议通过的《三峡后续工作规划》，围绕武隆实际，江西省草拟《江西省对口支援三峡库区武隆县2013～2020年规划》。加强经济协作，推动江西客商与武隆县政府成功签约，投资1.5亿元在武隆建设江西工业园医疗器械项目。依托重庆市江西商会，带动北京、上海、江苏、辽宁等地江西企业家到武隆投资考察，达成一批合作意向，“武隆旅游商品交易中心”等项目正在积极推进。在赣商联合会换届期间，邀请武隆县领导率领招商小组开展专题招商，并组织赴鹰潭、上饶等地实地考察项目，推动赣商投资。

【做好比照实施西部大开发工作】 6月28日，国务院出台《关于支持赣南等原中央苏区振兴发展的若干意见》明确规定赣州市执行西部大开发政策，在财税、投资、金融、产业、国土资源、生态补偿、人才、对口支援等方面享受一系列政策优惠。“意见”出台后，江西省迅速行动，在抓好落实赣州市执行西部大开发政策的同时，进一步加大对赣州政策支持力度，对赣州重大产业、重大基础设施项目纳入省重大项目绿色通道，并优先安排新增建设用地指标。设立省级振兴发展赣南等原中央苏区专项资金，逐年加大支持力度，落实原中央苏区各类建设项目省级配套，提高赣州市公路、铁路、民航、水利等项目投资补助标准或资本金比例，保障配套资金足额到位。优先支持赣州开展承接产业示范基地、特色产业基地建设，不断提升产业发展水平。根据《国务院办公厅关于中部六省比照实施振兴东北地区等老工业基地和西部大开发有关政策范围的通知》，江西共有乐平市、莲花县、修水县等41个县市比照实施西部大开发有关政策。对41个县市加大政策支持力度，在重大项目建设中，做到优先布局、优先申报、优先审批。在安排基本建设、生态建设、扶贫开发等专项资金时，予以重点倾斜。全省41个比照实施西部大开发县市基础设施条件进一步改善，优势特色产业保持较快增长，民生工作扎实推进，经济社会实现又好又快发展。

【加强商会建设】 2012年，省商务厅批准设立江西省供货企业协会、江西省企业发展促进会、江西省零售服务产业协会、江西省电子商会及江西省赣萍商会、江西省安徽商会宜春分会等10多家商（协）会，服务、指导宁夏江西商会、山西江西商会、吉林江西商会、山东江西商会、福建江西商会、珠海市江西商会、温州市江西商会近30家商会成立、换届或庆典活动。至年底，江西省有江西异地商会10家、在外江西商会70余家，行业协会4家。省商务厅加大商会的以商招商工作，多次召开江西异地商会秘书长会议，宣传布置招商引资工作。先后组织江西异地商会走近万年，江西广东商会走近信丰、安远，赣商联合会走近广昌，江西泉州商会走近上饶等招商引资活动，推动全省招商引资工作的开展。同时，积极组织商会企业参加全省组织的各项商品推介活动，为江西产品走出去牵线搭桥。

【参加第八届泛珠三角区域合作与发展论坛暨经贸洽谈会】 11月29日至12月3日，第八届泛珠三角区域合作与发展论坛暨经贸洽谈会在海南召开。省长鹿心社率团出席论坛并以“推进绿色发展、深化合作共赢”为主题发表演讲，副省长洪礼和、省政府秘书长谭晓林、副秘书长王水平、省商务厅厅长伍再谦、副厅长陶莉萍以及省直有关单位负责人等参加洽谈会。全省组织由12个分团共406人组成的经贸代表团参会参展，其中参展企业44家，参展客商130余人。会上，江西省共签约投资合作成果项目104个，投资总额313.77亿元。签约项目中，江西省与广东、福建合作项目达82.69%，引资额占签约总额的91.21%，充分体现了泛珠区域合作特色。项目投资规模和质量水平大幅提高，战略性新兴产业及重大产业项目占签约总额79.81%，项目平均投资额逾3亿元。

【参加第七届中国中部投资贸易博览会】 5月18～28日，第七届中国中部投资贸易博览会在湖南长沙举办。江西省组织省政府代表团和省经贸代表团参会，省长鹿心社，省委常委、南昌市委书记王文涛，副省长洪礼和，省政府秘书长谭晓林等出席开幕典礼和中部博览会高峰论坛。省商务厅厅长伍再谦、副厅长陶莉萍以及省直有关部门、设区市领导参加大会。为充分利用好中博会这一开放合作的重要平台，江西省围绕鄱阳湖生态经济区建设及九江沿江开放开发重大产业，精心筛选839个招商项目参会招商，总投资额8989.9亿元，项目数量和投资额较上届中博会分别增长20%和10.4%。项目囊括了以重大基础设施、光电产业、汽车制造及零配件产业、电子信息产业为主的16个重大产业及有关生态工程，重大基础设施招商项目体量最为庞大，90个项目总投资达到2576.91亿元。

（付　蓉　杨　旭）

就业与再就业

本栏编辑　邓玉兰

综　述

2012年，面对错综复杂的国内外经济环境和严峻的就业形势，全省各级人力资源和社会保障部门开拓创新，就业工作取得扎实成效。

就业目标任务全面完成。全省城镇新增就业53.3万人，完成年计划的118.4%，同比增长1.2%，创历史新高。失业人员实现再就业24.1万人，完成126.6%，增长1.35%。就业困难人员就业6.6万人，完成167.2%，下降5.1%。城镇登记失业率控制在3.5%以内，低于全国平均水平0.6个百分点。失业保险征缴9.57亿，完成165.07%，增长22.28%。省内工业园区定向培训36.24万人，完成121%；创业培训7.05，完成118%，增长8.8%。

就业培训管理机制进一步完善。在各设区市、县（市、区）全面推广"一个系统、四个程序、六项制度"的工作机制，实现对培训机构、参训人员实行实名制网络动态管理，有效提高了就业培训工作的透明度、公信力，夯实了就业培训管理的基础。陆续出台《关于进一步加强就业专项资金管理有关问题的通知》和《江西省职业培训政府补贴管理暂行办法的通知》，扩大就业培训政策的覆盖范围，提高补贴标准，进一步提高就业培训政策的普惠性和资金使用的有效性。通过举办IYB师资培训班，有效缓解了江西省IYB培训讲师资源稀缺的矛盾，提高了创业培训师资层次，提升了创业培训教学质量。年内，全省共开展IYB创业培训30期，培训学员744人，进一步丰富了SIYB创业培训课程体系。

重点群体就业保持稳定。新增转移农村劳动力56.18万人，完成112.36%，增长2.11%。其中省内新增37.7万人，完成114.%，增长3.86%，省内新增转移就业规模和增速均超过省外就业。积极开展就业援助系列活动，大力开发公益性岗位，帮助就业困难人员和零就业家庭实现就业，6.6万名就业困难人员走上工作岗位，零就业家庭安置率达100%，继续保持动态清零。特别是针对新余赛维公司发展困境，会同省财政厅在就业、社保、技能培训等方面帮助企业舒缓困难，得到省政府领导肯定。积极发展家庭服务业促进就业，将家庭服务业列入省服务业发展专项规划，向国家发展家庭服务业促进就业联席会议申报23家家庭服务业企业成为全国千户百强家庭服务企业，南昌、赣州两个设区市成为全国家庭服务业工作重点联席城市。其中赣州燕兴物业连续两年成为全国百强家庭服务企业。联合发改、财政、商务、妇联等部门，打造"红杜鹃"等一批家庭服务业品牌。

创业促就业成效突出。全省80%的市、县（区）设立了小额担保贷款绿色通道，新增发放小额担保贷款92.02亿元，增长47%，完成年计划任务的328.64%。其中，扶持个人创业71.09亿元，占当期发放贷款总量的77.25%；扶持劳动密集型小企业20.93亿元，占当期发放贷款总量的22.75%。通过小额担保贷款直接扶持个人创业10.73万人次，带动就业37.79万人次，增长34.4%。截至年底，全省累计发放小额担保贷款327.02亿元，累计设立小额贷款担保基金13.72亿元，累计争取中央贴息资金21.2亿元，累计扶持个人创业47.53万人次，带动就业151.54万人次，累计回收到期贷款224.6亿元，期末累计逾期贷款余额为4889.7万元，还款率为99.78%，为全国最高。4月27日，省委中心组围绕"实施更加积极的就业政策"举行集体学习时，省委书记苏荣对小额担保贷款工作给予了高度评价："小额担保贷款发放总量居然占了全国的五分之一，很了不起，在江西省这样的数字不多。"7月17日，国务院召开全国就业创业工作表彰大会，省小额贷款担保中心万建农获"全国就业先进工作者"称号，并接受温家宝总理颁奖。

基础设施建设水平大幅提升。争取人社部出台《关于支持赣南等原中央苏区人力资源和社会保障事业改革发展的指导意见》，拟定24条具体支持措施，在县（市、区）级人力资源和社会保障平台建设、国家级综合性职业技能实训基地建设等8个方面提供项目支持，在系统干部培训、公务员特色培训等5个方面提供智力支持。全年全省劳动就业和社会保障平台建设项目14个，两年翻一番，项目总投资9992万元，两年增长1.18倍。尤其是项目的中央补助资金达3531万元，力度空前。建立公共服务机构3426个，全省135个街道、1397个乡镇全部建立人力资源和社会保障事务站所，并纳入全省便民服务网络。连续3年购买并稳定5万个城乡基层公共服务公益性岗位。新增14个县级基层公共服务平台建设国家试点项目，总数达到31个，总规模13.6万平方米，累计投资2.26亿元。已建设5.05万平方米，完成投资0.7亿元，其中，8

个县(市、区)、36个乡镇基础建设已完工,芦溪、永新2县已验收竣工。积极会同省财政厅开展中央财政补助地方人力资源市场信息网络系统建设专项资金项目的申报工作,年内成功争取到2个市本级人力资源市场信息网络系统建设项目,获得中央补助资金300万元。11月22日,在修水县召开"一网五点"建设现场会,推进就业工作信息化和标准化建设,全年更新农村劳动力数据118万人,568户企业、21.4万人纳入工业园区企业用工监测,503户企业、30.56万人纳入失业动态监测,各期数据整体质量一直位居全国前列,多次得到人社部通报表扬。

失业保险工作稳步推进。通过"扩大覆盖、强化征缴、规范支出、改善服务"等方式,取得工商、税务、交通运管、房管、建设等相关部门支持和配合,并借助就业部门的政策优势,积极推动非公企业员工参加失业保险,有效遏止了因国有企业改制出现的参保人数减少的趋势,非公有制企业参保较上年同期增长7.5%。针对事业单位参保率高但缴费率低的现象,将定点医院、药店等纳入失业保险参保范畴、并将事业单位的扩面征缴纳入市政府的目标管理考核,提高了征缴率,基金征缴增长25%。建立失业保险与物价上涨联动机制,为领取失业金人员提供更多生活保障。使用"江西就业信息系统"的"失业保险模块",补录2005年以来所有失业保险参保、征缴、发放业务数据,完善了江西省失业保险的基础。积极推动失业保险市级统筹,11个设区市全面完成市级统筹。

就业工作影响力大幅提升。7月17日,国务院召开全国就业创业工作表彰大会,江西省32个就业创业工作先进集体和个人受到表彰、3个全国创业先进城市(南昌、宜春、萍乡)受到通报表扬。10月22日,省政府召开全省表彰大会,省长鹿心社出席大会并讲话,常务副省长凌成兴主持会议,副省长胡幼桃宣读《表彰决定》,对359个先进集体和个人进行了表彰,对3个全省创业先进城市(赣州、上饶、抚州)进行通报表扬。

(李晓仔)

公共就业服务

【全国部分省份就业形势座谈会在南昌召开】 8月17日,人社部在南昌市组织召开部分省份就业形势座谈会,人社部副部长信长星主持会议,部分省、市人社厅(局)分管局长参加会议。会议认真分析各地企业生产经营和用工状况、农村劳动力外出务工和返乡情况、经济下行压力加大对就业形势的影响,并对江西省加强就业基础工作和前瞻性研究、多渠道研判就业形势的做法给予了充分肯定。

【开展充分就业示范社区建设工作】

2012年,新余市分宜县分宜镇天工社区、萍乡市安源区东大街东外社区、宜春市丰城市剑光街道金马社区、吉安市吉州区古南街道太平桥社区被人力资源和社会保障部认定为第二批国家级充分就业示范社区,为加强全省基层就业、提高就业服务管理水平、推动基层基础建设起到引领示范作用。

【加强对创业工作的指导和宣传】

不断完善五大体系建设,开展就业创业先进评选表彰和"十佳创业典型"评选活动,稳步推进创业型城市创建工作,南昌、宜春、萍乡3个创建国家级创业型城市及赣州、上饶、抚州3个创建省级创业型城市分别获全国创业先进城市及全省创业先进城市称号,得到国务院和省政府通报表扬。将江西省12个创业典型创业故事进行拍摄录制,联合央视七套《致富经》栏目开展创业典型评选,"创业中国——江西篇"在《致富经》栏目连续播出,社会反响良好。

【实现失业保险市级统筹】 采取按季调度通报、专题会议研究、督促调研及约谈等举措,督促指导各地推进失业保险市级统筹工作。全省11个设区市全部出台统筹方案并开始组织实施,完成省政府2012年民生工程失业保险市级统筹工作任务,改变了失业保险市级统筹处于全国的落后局面。

【合理规范就业资金使用管理】 制定下发《关于进一步加强就业专项资金管理有关问题的通知》,明确规定就业专项资金的筹集、管理、使用等一系列问题。出台《就业绩效评价试点工作方案》,选择5个市、县(区)进行绩效试点,探索就业专项资金绩效评价经验路子。推行资金分配改革,将资金分配与各地就业工作目标任务挂钩、与各地就业工作成效挂钩、与各地结余情况挂钩。积极争取中央财政资金支持,中央转移支付资金增加1.44亿元,增长9.7%,占全国总增量的20.6%。

【开展春风行动和就业援助月活动】

元旦、春节期间,为帮助各类就业困难人员实现就业,联合省妇联、省总工会下发春风行动活动通知,成立工作领导小组,邀请20余家媒体举办新闻发布会,组织启动仪式,召开2012年春节江西省返乡人才劳动力大型网络招聘会,收集8000余家用人单位的用工信息,是同期的3.6倍,累计提供就业岗位9万余个,是同期的3倍,获得人社部的表彰。5月,联合省教育厅、总工会、工商联组织实施以"民企就业大有可为"为主题的大型民营企业招聘活动。活动期间5285家民营企业提供1.86万个就业岗位,帮助5144人与用人单位达成就业意向。与赣州、吉安、抚州等市共同承办2012促进赣南等原中央苏区振兴就业招聘大会暨江西高校毕业生就业服务月活动。提供就业岗位1.5万余个,8500余人入场求职,达成意向率17%。

【完善小额担保贷款政策】 年内,省人社厅与省财政厅、中国人民银行南昌中心支行联合下发《关于完善小额担保贷款政策进一步推动创业促进就业的通知》,统一和提高贷款最高限额,扩大贷款扶持范围,降低反担保门槛,并从稳定创业和就业的角度出发,转变传统扶持方式,对已享受过小额担保贷款扶持政策的创业者进行再扶持,对江西省创业带动就业工作将产生巨大的推动作用。在萍乡召开全省小额担保贷款绿色通道建设现场推进会,规范和明确小额担保贷款绿色通道建设标准。全省80%的市、县(区)设立小额担保贷款绿色通道,平均办公面积为60平方米,平均工作人员为

6人，进一步夯实了工作基础，提升了工作效率和服务水平。

【开展清理整顿人力资源市场秩序专项行动】 2月21日至3月31日，在全省范围内组织开展清理整顿人力资源市场秩序专项行动。全省共出动1628人次参加专项行动，检查单位1790户次，查处违反就业管理规定的行政违法案件152件，吊销营业执照2件，发出整改指令书195件，责令退赔求职者中介服务费、押金或其他费用3.6万元，厅劳动监察局被人社部、公安部、工商总局评为全国清理整顿人力资源市场秩序专项行动取得突出成绩单位。

【加大人力资源市场管理力度】 配套出台关于加强市场管理、加强审批年检、建立诚信体系、开展诚信教育、建立常态监管机制等5个规章制度。规范年检制度，明确年检的标准、内容，通过年检全省取消97家机构的从业资格，占机构总数的18%。在全省人力资源服务机构中开展诚信活动，制定诚信服务公约，签订诚信服务承诺书，建立诚信服务档案。举办全省人力资源管理人员业务培训班和从业人员业务和政策法规培训班，举办从业人员培训班27期，培训4705人。下发《关于建立江西省人力资源市场管理联席会议制度的通知》，建立部门联动、协调配合、齐抓共管的长效监管机制。全年全省各级各类人力资源机构(市场)为12.27万家用人单位登记招聘人才，提供有效岗位数量235.91万个，进入市场登记求职人员数量242.41万人，平均成交率29.87%，平均求职人倍率0.97，约72万求职人员通过市场实现流动和就业。

(李晓仔)

大学生就业

【实施大学生就业创业启航工程】 为进一步整合资源，形成江西省促进大学生就业品牌，共同做好大学生就业服务工作，下发《关于组织实施江西省大学生就业创业启航工程的通知》，全省各级人社部门通过实施宣传引领计划、岗位对接计划、能力提升计划、专项服务计划和信息平台计划等5项计划，有效地促进了大学生就业创业。人力资源和社会保障部充分肯定江西省大学生就业创业启航工程，入选2012年全国地方五大创新事件。

【选拔招募高校毕业生到农村基层支教支医支农扶贫】 继续实施“三支一扶”计划，组织全省4.52万人参加“三支一扶”招募统一考试，招募选拔2066名高校毕业生到农村基层支教支农支医和扶贫，并组织全员的岗前培训。妥善安置2010年招募的2671名服务期满并考核合格的大学生。

【组织大学生就业创业报告团进校园宣讲】 会同省委宣传部、省教育厅、团省委相关处室，共同组织开展2012年大学生就业创业报告团宣讲活动。5月15日，省委常委、省委宣传部部长姚亚平接见报告团成员。5月15～24日，报告团12位成员分2个小组前往全省8个设区市12所高校举行12场宣讲，上万名大学生现场聆听报告。5月24日，报告团成员与江西师大有创业愿望的在校大学生进行座谈。人民网、江西电视台以及《江西日报》等数十家国内知名、省内主流新闻媒体进行跟踪报道，取得良好的社会效果。江西电视台《社会传真》栏目全面介绍了报告团成员就业创业经验。

【开展高校毕业生就业服务月活动】 省人力资源和社会保障厅启动全省离校未就业高校毕业生实名制登记工作，重点以2012届以及往届有就业意愿的离校未就业高校毕业生和各类基层项目服务期满高校毕业生为对象，以登记管理到位、跟踪服务到位、政策落实到位为目标，通过“一网四点”对未就业高校毕业生进行实名登记造册，掌握未就业高校毕业生情况和动向，为开展就业服务提供基础。通过政策宣传让广大高校毕业生掌握国家和省内促进高校毕业生就业政策，营造良好社会关注氛围。通过专场招聘促进高校毕业生与就业岗位实现对接。通过困难帮扶帮助就业困难、家庭困难以及零就业家庭三类未就业高校毕业生实现就业，取得良好社会效果。全年全省共举办各类招聘会195场次，发放政策宣传品55.5万份，提供岗位信息11.8万个，签订就业意向1.91万人，参加见习3695人，参加培训1.43万人，2149名困难高校毕业生通过就业援助实现就业，高校毕业生就业率为94.2%，增加1.9个百分点。

【开展高校毕业生网络招聘周活动】 为进一步拓宽江西省高校毕业生就业渠道，各地通过统一标识、数据采集、网站互联、开通服务等措施，收集一批适合高校毕业生就业的招聘岗位和专场招聘会信息，实现省、市两级公共就业人才服务网络与全国招聘信息公共服务网、中国就业网、中国国家人才网互联互通，方便高校毕业生查询信息的同时，搭建了用人单位与高校毕业生的对接平台。人力资源和社会保障部对江西省做法高度肯定，给予“两高两多”的评价，即“综合排名较高、参加活动公共就业和人才交流服务机构比例较高、发布适合毕业生岗位数量较多、举办配套高校毕业生专场招聘会较多”，省劳动就业服务管理局被人社部评为活动表现突出单位，江西人力资源网、江西就业信息网等省内14家网站被评为活动表现突出网站。

【为高校毕业生提供就业见习服务】 指导各地通过组织专项援助、创新服务机制、搭建网上对接服务平台等方式，重心下移，服务前移，为离校未就业高校毕业生提供优质见习服务。年内，江西省共有1.32万名离校未就业高校毕业生参加就业见习。按照人社部的要求，江西省对中国银行股份有限公司赣州市分行、萍钢实业股份有限公司、仁和(集团)发展有限公司3家首批国家级见习示范单位进行考核评估，经人社部复核，3家首批国家级见习示范单位全部合格。

(李晓仔)

社 会 保 障

本栏编辑 邓玉兰

综 述

2012年，在国内经济下行压力加大的情况下，全省各级人力资源和社会保障部门把握稳中求进、创新发展的工作要求，围绕服务民生，抓好各项工作落实，确保了民生工程社会保险各项目标任务的完成。

社会保险提前实现制度全覆盖。覆盖全省城乡居民的基本养老保险制度全面建立，全省100个县（市、区）提前8年实现制度全覆盖，国务院和省政府专门对此进行表彰，在社会保险领域还是第一次。职工养老保险省级统筹进一步巩固和完善，规范工业园区企业社会保险缴费政策，完善个体工商户、灵活就业人员养老保险参保缴费政策，减轻了社会低收入人员的缴费负担。制定并落实军人退役养老保险关系转移接续政策，出台未参保国有林场及其职工参加基本养老保险办法和宗教教职人员社会保障问题实施办法。基本医疗、工伤保险市级统筹全面实施。11个设区市全面建立政策统一、管理规范、市级统筹、公开招标、委托承办的大病医疗保险制度，参保率达到85%以上，走在全国前列。省直机关事业单位公费医疗与城镇职工医疗保险平稳衔接，参保人数7.4万人，基本医疗保险制度建设进一步巩固，医疗保险在新医改中的保障、引导、监控作用充分体现，得到省政府高度评价。

社会保险参保人数和基金征缴不断增长。城镇职工基本养老保险、基本医疗保险、工伤和生育保险参保人数2761万人次，四项社会保险基金征缴385亿元，分别增加190万人和107亿元，参保人数和基金征缴增长实现“双破百”。城镇职工基本养老保险基金征缴取得重大突破，达283亿元，增长41.5个百分点，创历史新高。全省有70个县（市、区）基金征缴收入超亿元，增加19个县。城乡居民社会养老保险参保人数1737.6万人，累计个人账户收入45.41亿元。城镇大小集体企业职工及退休人员、手工业联社大集体企业退休人员、返城未安置就业知青等未参保群体参加养老保险42万人，补缴养老保险费72.1亿元。加大社会保险实地稽核和养老保险清欠工作力度，追回少缴养老保险费1598万元、医疗保险费195万元，养老保险清理欠费金额15.29亿元，实现清欠大于新欠。四项社会保险基金结余474.63亿元，增加82.95亿元，增长21.2%，基金累计结余增幅为近年来最高，职工养老保险基金累计结余可支付月数达13.59个月，为历年最高，基金保障能力进一步增强。社会保险关系转移接续工作顺畅进行，全省转移社会保险关系5.46万人，转移社会保险基金5.65亿元。大力支持配合非工7个系统改革和深化文化体制改革，妥善解决农垦企业等7.08万未参保职工养老保险问题。完善被征地农民养老保险办法，将5个市、县被征地农民基本养老保险纳入省级统筹，解决了困扰地方发展的历史遗留问题。

社会保险待遇水平明显提高。完成第八年连续调整企业离退休人员基本养老金工作，月人均增加190元，增资幅度为历次调整最高，调整后月人均养老金1514元。调整城镇大集体企业、手工业联社未参保退休人员及返城未安置就业知青养老生活补助标准，月人均增加20元，调整后月人均285元。企业职工非因工及因病死亡遗属生活困难补助标准调整为320元，月增加80元。提高企业职工丧葬费标准，由3200元调整为5000元。落实企业立功获奖人员提高退休待遇和国有企业职教幼教退休教师待遇政策，提高企业退休参战退役士兵等人员生活补助标准。

社会保险经办服务更加便民快捷。率先在全国破解异地离退休人员领取养老金收取手续费难题，11个设区市实现养老金直发，全省养老金直发率达到82.6%，得到人社部领导的专门批示和人社部社保中心的充分肯定。异地就医结算范围进一步扩大，11个设区市已完成异地就医联网和基本医疗保险3个目录数据库的统一，抚州、吉安、景德镇、九江、赣州5个设区市实现在南昌和南昌到广州异地就医即时结算，惠及全省近700万参保人员。开展全省社会保险数据质量提升行动，累计免费邮寄社会保险个人权益记录230万份，个人权益记录邮寄工作走在全国前列。

民生工程任务超额完成。省政府民生工程涉及人社领域23件实事全部完成，26项考核指标顺利完成，其中25项超额完成。副省长胡幼桃说，省人社厅讲大局、讲政治，在落实民生工程方面作出重大贡献，在7个系统国企改革和农垦系统改革方面作出重大贡献，在解决困难群体的社会基本保障问题作出了重大贡献。

（李晓仔）

养老保险

【大幅提高企业退休人员基本养老金水平】 经省政府同意，省人力资源和社会保障厅、省财政厅下发《关于江西省2012年调整企业退休人员基本养老金的通知》，召开全省企业退休人员基本养老金调整工作视频会，从2012年1月1日起，对2011年12月31日前已按规定办理退休手续的企业退休人员增加基本养老金。2012年调待继续坚持普遍调整和适当倾斜相结合，体现公平与退休人员的缴费年限等因素，对具有高级职称的企业退休科技人员、高龄人员等群体再适当提高调整水平，对基本养老金偏低的企业退休军转干部予以倾斜。这次调整，增长幅度为14.4%，高于全国10%的增幅，城镇企业退休人员月人均基本养老金提高到1514元。全省参加此次养老金调整的退休人数为169万人，月人均增加190元，提高和改善了企业退休人员生活水平。

【完成城镇小集体职工等参加养老保险工作任务】 深入贯彻赣府厅发[2011]37号及赣府厅发[2011]38号文件精神，结合江西实际，着眼实现广覆盖、低水平、可选择的特点，认真实施这一重点民生工程，全省共有38万城镇小集体企业职工、五七工、家属工等参加养老保险，其中，已超过退休年龄人员参保30万人，共补缴养老保险费70多亿元，成功解决历史遗留问题，实现江西省城镇企业职工基本养老保险制度的全覆盖，使未参保城镇小集体企业退休人员等基本生活有了保障和改善，得到了社会各界的广泛好评，促进了社会和谐稳定。

【支持配合国有林场改革】 根据省委、省政府关于国有林场改革工作要求，会同省财政厅、省林业厅下发《关于未参保国有林场及其职工参加基本养老保险有关问题的通知》，规定未参加基本养老保险的国有林场及其正式职工以林场为单位，按照属地管理原则，在当地政府领导下，根据自身经济状况且在协商一致的基础上，可选择按城镇企业职工基本养老保险办法参保，也可选择按农垦办法参保。

【参与深化文化体制改革】 认真研究和提出文化体制改革涉及养老保险有关政策，指导有关市县贯彻落实省文化厅省直国有文艺院团等转企改制职工参加基本养老保险政策。

【提高未参保城镇大集体企业退休人员等养老生活补助标准】 先后下发《关于调整未参保城镇大集体企业退休人员等养老生活补助标准的通知》《关于调整原省属农垦企业退休科级及科以下干部、部分建场初期老工人和退休工人技师生活补助标准的通知》《关于调整企业离休人员死亡一次性抚恤金待遇的通知》《关于做好提高企业退休的参战退役士兵等人员生活补助标准实施工作的通知》，明确从2012年1月1日起，未参保城镇大集体企业退休人员、手工业联社大集体企业未参保退休人员及返城未安置就业知青等人员享受养老生活补助标准由每人每月265元调整为285元，所需资金由省、设区市、县财政按比例负担。此外，提高了企业立功获奖人员退休待遇，落实国有企业职教幼教退休教师待遇政策，基本完成全省国有企业职教幼教退休教师身份认定、生活待遇补差资金的审核工作。调整企业职工非因工及因病死亡遗属生活困难补助标准及丧葬费标准，将企业职工非因工及因病死亡遗属生活困难补助标准由每人每月240元调整为320元，丧葬费标准由3200元调整为5000元。

【调整个体工商户和灵活就业人员养老保险缴费基数】 下发《关于无雇工的个体工商户和灵活就业人员养老保险缴费基数有关问题的通知》，对参加江西省职工基本养老保险的无雇工的个体工商户、未在用人单位参加职工基本养老保险的非全日制从业人员以及其他灵活就业人员（以下简称"个体工商户、灵活就业人员"）缴纳基本养老保险费基数进行调整，明确从2013年1月1日起，参加职工基本养老保险的个体工商户、灵活就业人员，其缴纳基本养老保险费的缴费基数，可按全省上年度在岗职工平均工资的40%、60%、80%、100%、200%、300%6个档次，由本人根据经济承受能力自行选择。为保持政策的平稳过渡，2011年设区市在岗职工平均工资高于2011年全省在岗职工平均工资的设区市，其2013年最低档缴费基数也可按全省上年度在岗职工平均工资60%确定，以后逐步过渡到全省上年度在岗职工平均工资的40%确定。

【实现城乡居民社会养老保险全覆盖】 从2009年开始启动新型农村社会养老保险试点，2011年建立城镇居民社会养老保险制度，到2012年7月1日，全省100个县（市、区）全面实现城乡居民社会养老保险全覆盖，比预期2020年实现全覆盖提前了8年。截至年底，全省城乡居民养老保险参保人数达到1737.6万人，领取待遇人数395万人。省长鹿心社说，"城乡居民社会养老保险工作扎实推进，为经济社会发展作出了重要贡献"。

【城乡居民社会养老保险工作获国务院表彰】 10月12日，全国新型农村和城镇居民社会养老保险工作总结表彰大会在北京人民大会堂召开。南昌县农村社会养老保险事业管理局、新建县农村合作信用联社等12个单位，龙南县农村社会养老保险局刘金华、高安市黄沙岗镇政府张路遥等16人获评全国新型农村和城镇居民社会养老保险先进单位和先进个人。

【不断完善被征地农民社会保障工作】 为进一步巩固失地农民基本保障专项治理成果，省人力资源和社会保障厅充分发挥省被征地农民社会保障工作联席会议职能，督促地方政府尽快将应拨付的被征地农民参保配套补助资金拨付到位，并按规定从土地出让收入中足额预留被征地农民社会保障资金并纳入被征地农民社会保障资金财政专户，实行专户管理、规范使用。认真审核和实地考察申报的6个建设项目、10多个县（市、区）的被征地农民社会保障方案，并督促各地落实好被征地农民社会保障措施，在保障被征地农民合法权益的同时，为省内的重点工程项目和地方的经济建设提供了及时高效的服务。通过重点督办，限期整改，顺利完成省政府下达的

35.5万被征地农民养老保险的民生工程指标。

【退休人员养老金直发工作取得突破】 江西省养老金直发工作,率先在全国破解异地离退休人员领取养老金收取手续费难题,被人社部社保中心评为“2011年度特别创新先进单位”。人社部副部长胡晓义专门就江西省养老金直发工作作出批示:“很好。此次去江西调研,该省反映已协调银行机构通过网络服务免除了异地支付手续费,这一经验应快速推广。”2012年,退休人员养老金直发工作经验在全省范围内进行推广,全省11个设区市逐步实现养老金直发,直发率达到82.6%。

【发行加载金融功能社保卡】 2011年11月,省政府部署启动金保工程二期建设工作,提出省内“部门职能不变、上下左右兼容、政府补助进卡、全省乡镇通用”和“整体设计、留下空间、人社先行、逐步到位”的社保卡建设的总体要求。在有关部门、单位和金融机构的大力支持下,8月2日,省人力资源和社会保障厅选择第一批城乡居民社会养老保险试点的新建县举行加载金融功能社保卡的首发仪式,标志着江西省人社工作迈上信息化管理的新台阶。常务副省长凌成兴视察时用6句话给予了充分肯定:工作思路新、投资规模大、科技含量高、工作进展快、部门配合好、人保服务优。年内完成800万张制卡发卡任务。

(李晓仔)

医疗工伤生育保险

【省直公费医疗与职工医保平稳衔接】 为进一步健全完善江西省职工基本医疗保险制度,理顺工作体制关系,按照省委、省政府的统一部署,3月份启动省直机关事业单位公费医疗改革。为确保改革平稳顺利进行,成立由省政府主要领导牵头、多部门参与的公费医疗改革领导小组,制订下发《关于省直机关事业单位公费医疗与城镇职工基本医疗保险衔接的实施意见》《实施细则》和《结算办法》及工作制度。7月1日起,正式取消省直公费医疗,与城镇职工基本医疗保险制度衔接并轨,实行省直机关事业单位职工医疗保险。截至年底,共有7.4万省直机关事业单位职工参加医疗保险。常务副省长凌成兴视察时用“三好一平稳”给予了充分肯定:宣传动员好、联网发卡好、部门配合好、实现了新老体制平稳衔接。

【提高医疗保险筹资标准和待遇水平】 通过二次补偿、降低起付线、提高报销比例等有效措施的实施,城镇职工、居民医疗保险统筹基金使用率分别为97.71%、88.99%,达到或超过新医改目标。城镇居民医保筹资水平成年人每人每年提高到360元、未成年人每人每年提高到290元,其中财政补助240元,成年个人缴费120元,未成年个人缴费50元。同时,全省职工基本医疗保险最高支付限额提高至8~10万元(省本级2012年达到10万元,各设区市分两年到位)。城镇职工、居民医疗保险政策范围内住院报销比例分别达到82.82%、73.74%,较上年分别增长3.3%、5.3%。调高1~6级因工致残人员伤残津贴、因工死亡职工亲属抚恤金及生活护理费标准。

【建立全省统一的大病医疗保险制度】 按照《江西省城镇居民大病医疗保险暂行办法》和《江西省城镇职工大病医疗保险暂行办法》要求,在全省范围内推进建立大病医疗保险制度,统一全省大病医疗保险政策。全省11个设区市已全面建立以政府主导、政策统一、管理规范、市级统筹、委托承办、公开招标、服务一体为特色的大病医疗保险制度,基本解决了大病保障问题。居民大病医保最高支付限额平均达到12万元,职工大病医保最高支付限额平均达到20万元(其中省本级30万元),政策范围内报销比例平均达到90%以上,较好解决了参保群众重特大疾病医疗费用负担。此外,积极实施重特大疾病救治,普遍建立基本医疗保险二次补偿制度和门诊特殊慢性病制度,全省统一将12种需长期门诊治疗的特殊慢性病门诊医药费用纳入统筹基金支付范围。

【加强医疗保险定点监管】 联合下发《关于进一步做好医疗保险定点零售药店服务管理工作的通知》,召开全省医保定点药店管理工作研讨会和省级医保定点药店现场交流会,进一步规范全省医疗保险定点零售药店服务行为和服务标准,健全定点零售药店准入动态管理机制和日常管理措施。同时,按规定增补省级医疗保险定点零售药店,整理更新全省医疗保险定点零售药店名单并在网上公布,配合监察、卫生等部门建立全省统一的“阳光医药”网上监察系统,实现对药品和医用耗材的招标、采购、配送、使用以及医疗机构检查治疗情况全过程实时监控。

【做好关破改困难企业职工医保工作】 按照《关于做好2012年度已关闭破产改制及困难企业职工参加城镇职工基本医疗保险有关事项的通知》要求,继续做好全省国有和大集体已关闭、破产、改制企业退休人员和连续停产停业一年以上的困难企业职工参加医疗保险的政策落实工作。全省共补助1.25万家,148.19万人关破改困难企业职工纳入医疗保障,全年各级财政共投入补助资金23.78亿元(其中省财政9.05亿元)。

【开展医疗保险落实年活动】 为贯彻落实中央和省委、省政府深化医改工作部署,加快健全全民医保体系,全面提升医疗保障质量,从2012年7月开始到2013年6月,省人力资源和社会保障厅组织开展全省医疗保险政策、标准、管理、服务落实年活动。通过全面检查、督促、考核全省各地医疗保险工作落实情况,查找工作不足,完善工作措施,整改存在问题,促进医疗保险政策标准落实和医改各项工作落实。同时,进一步落实医疗保险政策业务培训制度,积极开展全省医疗保险系统业务培训,提高全省医疗保险队伍素质和业务水平。

【部分市县启动事业单位人员参加工伤保险】 南昌、九江、吉安、抚州市、鹰潭市分别下发《关于推进机关事业单位社会团体参加工伤保险工作的通知》,一些市县财政每年预留部分资金作为事业单位职工参加工伤保险的资金，出台政策举措明确未参加社会保险的机关企事业单位不准评先评优、不准购车建楼、暂缓办理政府采购，暂停办理人员上编、事业单位登记和人员聘用、转正、定级、工资晋级、职称评定、调动、退休等手续，财政部门实行财政代扣代缴等内容。高安县召开全县工伤保险工作推进会议，全县事业单位、国有企业工伤保险参保率达100%。在总结高安、樟树两市机关事业单位参加工伤保险经验的基础上，宜春市实施了《宜春市事业单位、民间非营利组织工作人员参加工伤保险实施办法》，为全省事业单位职工参加工伤保险探索了路子。

【加强老工伤人员统筹管理工作】 按照《江西省国有企业老工伤人员等纳入工伤保险统筹管理工作方案》要求，先后到吉安、抚州、上饶、萍乡等市县就老工伤人员统筹管理情况进行检查督促，确保老工伤人员及时纳入，按时领取相关待遇。11月底，全省确认国有企业老工伤人员10.62万名，省级补助资金8亿多元。赣州对省属单位纳入市本级的老工伤人员，在接纳之前做好政策宣传解释，并深入到核工业部二六四大队等省属企业召开老工伤人员座谈会，从组织学习老工伤文件、解释享受的待遇范围等重点内容、待遇兑现申报的程序及所需的材料等方面进行宣讲，并现场解答，使接纳工作进行得快速平稳。

【规范工伤认定及劳动能力鉴定程序】 为提高伤残鉴定专家的业务水平，采取以老带新的形式，对省直医疗机构30多名专家进行业务培训，并先后5次组织医疗专家深入铁路、煤矿等企业开展劳动能力鉴定工作。完善工伤认定和劳动能力协调机制，规范工伤认定、劳动能力鉴定、行政复议和行政诉讼的法律文书，加强与法制办、法院、法律顾问的经常性沟通和联系，建立定期座谈机制，对工伤认定的法律文书以及法律程序等问题进行沟通，达成共识。引入经办机构参与工伤认定与劳动能力鉴定工作，对简化工伤认定工作程序，提高工伤认定工作效率，减少行政部门工作量，促进劳动能力鉴定工作透明化，以及经办机构与行政机构对工伤职工情况反馈互动，保障工伤职工、参保企业的合法权益起到推动作用。截至年底，全省工伤认定1.50万件，劳动能力鉴定申请人数为1.24万人，没有发生任何差错，得到企业及伤残职工的好评。

（李晓仔）

社会保险基金管理

【加强基金监督制度建设】 为进一步完善全省社会保险基金、就业专项资金监管制度，使各项社会保险基金、就业专项资金管理和使用更规范、制度更健全，省人力资源和社会保障厅依托《社会保险法》，制定下发《江西省社会保险基金举报奖励办法》，积极调动社会力量参与社会保险基金监督管理，注重从源头上防范各类社会保险基金、就业专项资金的管理风险，从制度、机制和政策上保证全省基金监督工作的正常开展。

【加强基金非现场监督】 为进一步提升基金监督手段，对社会保险基金管理运行情况进行全面实时监控，提高基金监管质量和效率，省人力资源和社会保障厅制定《江西省社会保险基金监管软件联网应用方案》，加大全省社保基金监管软件的联网应用工作的推进力度。省本级、南昌市、宜春市人力资源和社会保障局纳入了社会保险基金监管软件联网运行先行试点单位，对89名获得人社部核准的基金监督证书人员组织岗前培训，与社会保险基金监管软件开发单位中软公司签订安装协议书，年底对其他设区市全面启动联网应用，为实现全省社会保险基金非现场监督工作打下了坚实的基础。

【加强基金管理和使用情况监督检查】 省人社厅坚持把开展全省工伤保险基金管理和使用情况检查作为年内工作重点，加强对各项社保基金、就业资金的日常监管和现场监督，加强对经办薄弱环节的督促检查力度。8月起，省人力资源和社会保障厅依托《江西省工伤保险检查工作方案》《江西省就业资金检查工作方案》，在各设区市、县（区）人社局开展自查自纠的基础上，组织各设区市开展交叉检查及验收，11月底对全省工伤保险基金检查和就业资金的检查情况进行全面总结，并建立要情报告制度，及时将检查结果和有关要情报告给人社部基金监督司，同时组织动员全省人社部门结合审计署检查意见，针对审计所发现的违纪违规问题，开展“回头看”行动，督促各地加强整改，推进各类问题基金整改到位。

【查处重复领取养老金重复缴纳社保费问题】 5月，为了核查重复领取养老金重复缴纳社保费人员信息，省人力资源和社会保障厅及时转发人社部下发的《关于重复领取养老金重复缴纳社保费疑点信息进行核查的函》，要求各设区市及时核查疑点信息并上报核查情况。各设区市人力资源和社会保障局按照要求，指导经办机构对疑点信息进行认真核查，对江西省跨省和省内重复领取和跨省重复缴费的疑点信息一一进行细致核对，对需要进行处理的及时进行了处理。发现152人次重复领取的问题，纠正停发105人次，停发基金32.43万元，收回基金47.47万元。

【不断规范企业年金市场】 在积极推进企业年金工作的同时，对原有企业年金移交和新办企业年金的企业年金合同进行备案，严格组织各基金管理机构遵守行业自律公约，促进企业年金工作良性发展。2012年全省发放企业年金计划登记号3个，建立企业年金企业数3个，参加企业年金方案人数1.3万人，企业年金基金规模达7500万元。截至年底，全省累计发放企业年金计划登记号183个，建立企业年金企业数481个，参加企业年金方案人数29万人，企业年金基金规模28亿元。

（李晓仔）

交通运输

本栏编辑　邓玉兰

公　　路

【概　况】 2012年，江西交通运输部门围绕规划抓落实，破解难题强保障，稳中求进促发展，实现"一个重大突破、两个历史新高、六个明显成效"。

"一个重大突破。"高速公路通车里程实现4000千米的重大突破。建成奉新至铜鼓、浮梁至桃墅岭、德兴至上饶、吉安至莲花、抚州至吉安、赣州至崇义、龙南至杨村等7个项目，新增高速公路通车里程618千米，占全国新增里程的5.6%，全省高速公路通车里程达到4260千米。续建九江新长江大桥、井冈山（厦坪）至睦村2个项目，开工建设九江绕城、宜春至万载、寻乌至全南、昌樟高速改扩建工程、昌九高速通远段高速扩建工程等5个项目。通车里程由上年的全国第十位跃升至全国第八位。高速公路密度由"十一五"末的1.85千米/百平方千米提高到2.55千米/百平方千米。国家高速公路网项目建设中江西境内"三纵四横"主骨架全面建成贯通。新增5个通往安徽、湖南、广东的高速通道，结束了9个县没有高速公路的历史，全省通高速公路的县达到98个。

"两个历史新高。"交通基础设施建设年度投资超过350亿元，创历史新高。全年中央补助资金57.22亿元，省高速投资集团年度融资超过300亿元，创造了国内和同行业企业融资的多项纪录。全年完成交通建设投资352亿元，其中公路建设完成338亿元。交通重点工程占全省重点工程投资比例达17.6%。农村公路硬化里程累计超过10万千米，创历史新高。全省农村公路硬化总里程达到10.3万千米。以建设农村客运网络化体系、县乡道升级改造、新农村道路建设为重点，年内完成建设改造6300千米。农村公路成为农民群众最欢迎、最满意、最受益的"民生工程"和社会主义新农村建设的标志性工程。

"六个明显成效。"公路、水路、运输协调发展取得明显成效，民生服务保障取得明显成效，安全监管和应急能力建设取得明显成效，行业管理强化取得明显成效，科技教育、节能减排和信息化工作取得明显成效，行业文明和自身建设取得明显成效。

道路运输基础设施建设有序推进。全年站场建设累计完成投资4.8亿元，同比增长145%。严格站场项目建设管理，开展项目季度督查工作。以省政府名义在宜春召开全省推进农村公路建管养运一体化发展现场会，明确创新加快项目建设的措施方法，推动了农村公路综合服务站的项目建设，2012年57个试点项目，已开工73个。大力推进综合运输一体化平台建设，开展客运、货运、旅游集散等枢纽站场项目前期工作，有效推动了项目建设，全年开展南昌综合客运枢纽、吉安河西物流园区、井冈山旅游客运站等15个项目的前期工作，其中6个项目已通过发改部门审批立项。宜春客运总站、抚州客运综合枢纽站、南昌综合客运枢纽、宜春汽车客运东站、井冈山经济开发区综合物流园区、赣州综合物流园区等项目开工建设。完成遂川等6个罗霄山脉连片扶贫县级站前期工作，其中3个项目批准立项。

道路运输生产指标实现稳步增长。到年底，全省营运汽车拥有量达到32.2万辆，其中营运客车1.9万辆、49.2万座位，增长2.2%、5.8%；营运载货汽车30.3万辆、182.2万吨位，增长11.8%、26.8%，吨位数增长快于车辆数增长，充分说明江西省货运车辆朝着大吨位、大型化方向发展。全省公路运输累计完成客运量7.8亿人次、旅客周转量371.9亿人千米、货运量11.4亿吨、货物周转2559.8亿吨千米，分别增长7.07%、9.09%、15.6%、23.85%，四大指标在综合运输体系中所占比重分别为92%、38.1%、90.5%、74.7%，显示公路运输在综合运输体系中继续保持主导地位。全省城市公共汽电车9849辆（10899标台），完成城市公交客运量14.8亿人次，分别增长7.7%（8.9%）、4%；出租汽车16219辆，完成出租汽车客运量6.5亿人次，均增长5.5%。道路运输从业人员75.4万人，增长9.7%，其中持证上岗人员66.6万人，增长12.0%，为社会提供新的就业岗位6.7万个。

道路运输服务保障能力持续提升。圆满完成春运、"十一"黄金周等重点时段旅客运输，保障了煤、粮、油、矿等重点物资运输。景德镇市城市客运管理体制得到理顺，其管理职能已移交至市交通运输局，实现全省设区市层面城市客运管理体制的全部统一、统筹城乡客运发展。城乡道路客运一体化进一步扩大，行政村班车通达率为91.4%。推进甩挂运输试点，萍乡市达金物流有限公司、江西三志物流有限公司和江西昌荣物流有限公司列入国家第二批公路甩挂运输试点项目。开展全省维修企业服务规范达标创建工作，全省共106户企业达标。

全省建立健全了燃油消耗季度报表制度,每个设区市各选择一户客、货运企业作为能耗重点联系企业。组织全国机动车检测维修职称考试。大力发展运输辅助业,全年完成维修业务量333.8万辆次,培训机动车驾驶员62.5万人次,较好地满足了人民群众多层次的运输服务需求。

【祁浮高速公路建成通车】 8月28日,开工于2010年8月9日的祁门至浮梁高速公路工程建成通车。祁门至浮梁高速公路属江西省地方加密高速公路,是规划的江西省高速公路网的重要组成部分,是《国家高速公路网规划》"7918"方案中杭州至瑞丽高速公路的加密线。

该项目东起自赣皖交界处良禾口,与安徽省境内的黄山至祁门高速公路相连,向西经潘溪、西湖、中亭,横穿浮梁县西湖乡中部,终于赣皖交界处桃墅店,与济南至广州高速公路相交,路线全长15.66千米,总投资6.32亿元。项目按双向四车道高速公路标准设计建设,路基宽24.5米,行车速度80千米/小时,全线桥梁13座、互通式立交2处(其中枢纽式互通1处)。

【景德镇至鹰潭高速公路项目通过交通运输部竣工验收】 9月12～13日,交通运输部对景德镇至鹰潭高速公路项目进行竣工验收。交通运输部公路局局长李华以及来自全国各省的专家参加此次竣工验收。竣工验收委员会听取工程建设、设计、施工、监理、接养单位、质量监督单位等工作情况的汇报,查阅工程建设有关文件和资料,对项目全线进行现场检查,认为景德镇至鹰潭公路路线平纵组合合理,线形顺适,排水系统完善,交通工程及沿线设施齐全。经过4年多的通车试运营,公路各项功能完善,运转正常,项目符合竣工验收条件,同意该项目通过竣工验收并评定项目综合等级为优良。

景德镇至鹰潭高速公路是济南至广州国家高速公路在江西境内的北段,是江西省规划的"三纵四横"公路主骨架的组成部分,公路全长202.63千米,北与安徽境内济广线安庆至景德镇高速公路相接,途经景德镇、上饶和鹰潭3个设区市的7个县(市、区),南与鹰瑞高速公路相接。工程于2005年11月22日开工建设,2007年11月28日建成通车试运营。

【抚吉高速公路建成通车】 12月31日,省重点工程抚吉高速公路建成通车。抚州至吉安高速公路项目是江西省高速公路网规划中重要的地方加密高速公路,也是该省对接海西经济区的跨省主通道之一,全长179.19千米,工程总投资91.5亿元。其中抚州市境内全长98千米,投资55亿元。设计速度100千米/小时,为双向四车道,路基宽26米。抚吉高速公路项目连接抚州和吉安两个设区市,起点位于抚州高新技术产业园区的崇岗镇长岗街,与已建成的福银高速公路相连,终点为吉安市吉州区长塘镇,途经抚州高新技术产业园区、临川区、崇仁县、宜黄县、乐安县和吉安市的永丰县、吉水县、吉州区等8个县(区)21个乡镇,终点接樟树至吉安高速公路,由此打通了福银与赣粤两条高速公路的横向连线。

抚吉高速通车,结束了崇仁、宜黄、乐安3县无高速公路的历史。至此,抚州市所有县(区)全部通高速,初步形成抚州高速公路网,可使抚州至吉安的车程由以往的4小时缩短至2小时,也为抚州与吉安形成1小时经济圈提供了一条快速通道。

【抚州市提前三年实现县县通高速公路目标】 至12月31日,抚州境内高速公路达4条计488千米,黎温高速公路,即云南昆明至上海国道主干线江西黎园至温家圳段,穿经抚州东乡境内34千米。京福高速公路,即北京至福州国道主干线江西温家圳至沙塘隘段,全长177.36千米,经抚州市临川区、南城县、黎川县,计158千米。鹰瑞高速公路,即济南至广州高速公路江西鹰潭至瑞金段,全长308.78千米,其中抚州境内198千米,总投资85亿元,途经金溪、资溪、南城、南丰和广昌5个县的21个乡镇,是抚州市至今交通基础设施建设投资最大、线路最长的一条高速公路。抚吉高速公路,即抚州至吉安高速公路,全长179.19千米,工程总投资91.5亿元,其中抚州市境内里程约98千米,投资55亿元,经抚州高新技术产业园区、临川区、崇仁县、宜黄县、乐安县,终点接樟树至吉安高速公路。至此,抚州11个县区全部通高速公路,提前三年实现省委、省政府"十二五"末县县通高速公路的目标。

(凌景坡)

铁　路

【概　况】 2012年,南昌铁路局管辖赣闽两省境内以及鄂湘两省部分铁路。具体线路分界站(点):京九线北端(蔡山站)K1277+000处与武汉铁路局分界,京九线南端(定南站)K2008+200处与广州铁路集团公司分界;沪昆线东端(新塘边站)K502+200处与上海铁路局分界,沪昆线西端(株洲站)K1102+000处与广州铁路集团公司分界;皖赣线(倒湖站)K342+500处与上海铁路局分界;武九线(西河村站)K185+809处与武汉铁路局分界;合九线(孔垄站)K278+871处与上海铁路局分界;漳龙线(琥市站)K143+037处与广州铁路集团公司分界;铜九线(香隅站)K164+000处与上海铁路局分界;杭深线(苍南站)K664+589处与上海铁路局分界。年末,南昌铁路局营业里程5166.3千米(江西2697.2千米)。其中,国家铁路营业里程3810千米(江西2543.1千米),合资铁路营业里程1356.3千米(江西154.0千米)。线路总延展里程1.02万千米,比上年增加373千米,增长3.8%。复线里程2230.5千米,复线率为43.2%。电气化里程3413.1千米,电气化率66.1%,增长1.5%。国家铁路正线无缝线路里程4328.6千米,比上年增加123.5千米,无缝化率74.9%。时速120千米及以上线路营业里程2545.4千米,时速160千米及以上线路营业里程1186.0千米,时速200千米及以上线路营业里程1104.1千米,时速250千米线路营业里程570.2千米。

全年完成17个基建大中型项目投资计划482.44亿元(含合资项目),完成计划率100%。铁路沿线绿化里程2841千米,比上年增加224千米。

2012年,南昌铁路局实际运输收入176.24亿元,比上年增收4.74亿元,增长2.8%,完成年度预算94.2%,较预算欠收10.88亿元。其中旅客票价96.39亿元,增收6.18亿元,增长6.9%;货物运费50亿元,减收1.05亿元,下降2.1%;其他收入17.06亿元,增收6792.7万元,增长4.1%;建设基金12.79亿元,减收1.07亿元,下降7.7%。

年内,铁路发送旅客1.17亿人,增加771.4万人,增长7%。其中管内旅客发送7454.6万人,增加670.2万人,增长9.9%;直通旅客发送4277.1万人,增加102.8万人,增长2.5%;中转人数2.4万人,减少1.6万人,下降40.1%。

年内,铁路发送货物9310.5万吨,减少395.5万吨,下降4.1%。其中管内货物发送6151.1万吨,增加72.4万吨,增长1.2%;直通货物发送3159.4万吨,减少467.9万吨,下降12.9%。重点物资运输有增有减。煤炭完成2330万吨,减少583.6万吨,下降20.0%;粮食完成64.0万吨,减少54.7万吨,下降46.1%;化肥完成179.6万吨,减少10.5万吨,下降5.5%;石油完成294.0万吨,增加13.3万吨,增长4.8%;钢铁完成1077.8万吨,减少17.7万吨,下降1.6%;金矿完成2349.4万吨,增加436.2万吨,增长22.8%。

【发展实力增强】 2012年,南昌铁路局增加动车组11组,配属达到65组。机车配属1215台,增加和谐型大功率电力机车92台,电力牵引比重占71%;客车配属2895辆,增加空调客车407辆,空调客车比重占80.1%。铺设无缝线路541.9千米。车辆5T和GSM-R无线网络、CTC调度集中、CTCS-2列控系统等先进设备设施覆盖面扩大。全年下达科研开发经费506万元,科研攻关项目54项。举办各类脱产培训班618期,培训干部1.31万人次、职工1.69万人次。晋升工人技师446人、高级技师60人,南昌铁路局技师、高级技师分别达到4090人和299人。

【服务质量提升】 年内,开展"服务旅客创先争优"和"货运服务质量年"活动,完善客货服务标准,增强干部职工服务意识,落实便民利民措施。加大投入,改善服务设施,提高站车保洁质量,保证旅客货主基本服务需求。增开动车组15对,提升3对旅客列车等级。在完善电话订票、互联网售票系统的基础上,购置58台自动换票机并推出地级以上城市订送票服务,将车票代售点延伸到181个乡镇。规划建设84个VIP候车服务区,方便旅客购票和出行。实施货运组织改革,推进货运网上受理,严格按"实货制"安排装车,为货主提供方便快捷的运输服务。加强客服中心建设,客服座席由15个增至32个,人工电话接通率81%,在服务社会、展示形象中赢得旅客货主的认可。

【多元化经营发展】 2012年末,南昌铁路局非运输企业(法人企业)48家,全年完成营业收入162.92亿元,增加52.05亿元,增长47.0%。多元化经营平均从业人数9208人,减少2348人,下降20.3%。劳动生产率为176.94万元/人,增长83.8%。

【综合能耗降低】 2012年,南昌铁路局单位运输工作量综合能耗4.32吨标煤/百万换算吨千米,比铁道部指标计划降低0.7%。能源消耗73.99万吨标准煤,减少2.53万吨标准煤,下降3.3%。其中,煤炭消耗1.42万吨,减少423.47吨,下降2.9%;柴油消耗28.25万吨,减少3.99万吨,下降12.4%;电力消耗25.39亿千瓦小时,增加2.70亿千瓦时,上升11.9%;汽油消耗2250.39吨,减少7.37吨,下降0.3%。新鲜水消耗2078.80万吨,减少80.58万吨,下降3.7%。

【污染物排放量下降】 年内,南昌铁路局化学需氧量排放量77.39吨,比铁道部计划减少0.61吨,降低0.8%,比上年减少2.49吨,降低3.1%。二氧化硫排放量135吨,比铁道部计划减少4吨,降低2.9%。

【衡茶吉铁路鹅岭隧道贯通】 4月26日,全长10.45千米的衡茶吉铁路鹅岭隧道贯通。鹅岭隧道位于井冈山下的鹅岭乡,横穿罗霄山脉,是江西境内最长的铁路隧道,也是衡茶吉铁路第一长隧道。隧道为单线行车,设计时速160千米,预留时速200千米。

鹅岭隧道途经8条断层破碎带、3个褶皱带,岩体节理裂隙发育,被列为极高风险隧道。2009年5月开工,衡茶吉铁路建设指挥部加强隧道现场管理和过程控制,采用地质雷达、红外探水、超前地质钻孔等科技设备,确保工程的质量和进度,实现工程人身安全零死亡。

衡茶吉铁路是国家中长期铁路网规划的重要组成部分,西起京广线衡阳站、东接吉井线井冈山站,正线全长211千米(江西境内49千米)。建成

4月26日鹅岭隧道贯通仪式。 赖 华摄

通车后，井冈山至衡阳只需1个半小时。

【鹰厦铁路线实现无缝化】 鹰厦铁路修建于特殊年代，线路等级低，维修作业难，多个区段为国内最小的250米半径曲线。鹰厦线无缝化改造始于2005年7月，至2012年11月23日，全线彻底告别轨缝。持续半个世纪的轮轨撞击声在鹰厦线永久消失。承担施工任务的单位是南昌铁路局鹰潭工务机械段。

（刘 仁）

民 航

【概 况】 截至2012年，江西省机场集团公司已建成南昌与京、沪、穗之间的穿梭航班，构建通达国内44个城市的航线网络，开通南昌直达曼谷、首尔、香港、台北的国际地区航线，架起了江西对接长珠闽、连通港澳台的空中交通走廊。省机场集团公司先后获得江西省发展提升年工作先进单位、“十一五”安全生产先进单位、江西省人工影响天气先进单位、江西省社会治安综合治理先进单位、江西最具影响力企业、南昌市开放型经济行政服务奖等荣誉称号。

全年省机场集团公司完成旅客吞吐量752.03万人次，起降7.24万架次，货邮吞吐量4.53万吨。其中南昌昌北国际机场完成旅客吞吐量601.82万人次，赣州机场分公司完成旅客吞吐量60.17万人次，吉安机场分公司完成旅客吞吐量40.16万人次，景德镇机场分公司完成旅客吞吐量42.55万人次，九江机场分公司完成旅客吞吐量7.33万人次。

安全形势保持平稳。2012年，江西省机场集团公司加强各项安全管理制度建设，开展安全教育和专项整治，应急处置能力稳步提升。10月9日，南昌机场成功处置CA1578航班非法干扰事件，保障了十八大期间运行安全。年内，全集团5个运营机场未发生责任征范围内事故、事故征候及其他严重不安全事件，实现第九个安全年。

【服务质量稳中有升】 2012年，江西省机场集团公司面向社会发布以“热情”为核心价值的品牌理念和LOGO。机场运行品质及客户满意度稳中有升，南昌机场ACI全年旅客整体满意度测评为4.71分，其中二季度达到4.73分，在全球500万～1500万量级机场排名第二。

【运输生产快速发展】 2012年，南昌昌北国际机场运输生产总量从全国31位上升至29位。新开柳州、鄂尔多斯、乌鲁木齐、银川、西宁5个空白点城市航班，共通航44个城市。开通曼谷—南昌旅游包机和南昌—首尔定期旅游航班。首次在正班南昌—台北航线上实现A330宽体客机运营。年内，厦航南昌分公司投入运力为1440架次，东航江西分公司为8951架次。年内，省旅游局与省机场集团公司签订《航空旅游战略合作协议》。省市政府也积极推动江西省航空运输发展，明确提出2013年航空发展资金配套比例和支持方向（省、市按1:2配套）。各支线机场所在地政府支持力度持续加大，各地政府累计投入1.9亿元助力江西航空市场开拓。

【稳步推进基本建设】 2012年，省机场集团公司基本建设稳步推进。南昌昌北国际机场二期扩建工程项目进入决算收尾阶段，宜春明月山机场工程飞行区工程于10月23日顺利通过竣工验收，12月26日，航站区非民航专业工程通过竣工验收。全年省机场集团公司固定资产投资计划5.17亿元（其中争取到政府及民航补贴资金1574万元），实施完成4.04亿元。

【宜春机场分公司正式运行】 根据省机场集团公司与宜春市政府签订的《宜春明月山机场管理体制协议》，11月14日，宜春机场分公司正式成立。宜春明月山机场位于江西省宜春市袁州区湖田镇，属国家和江西省“十一五”建设规划的重点项目，该项目于2011年11月17日破土动工，建成航站楼面积为7164平方米，飞行区等级按4C标准设计，跑道长度为2400米，垂直联络道长度为210米，站坪面积2.3万平方米，3个C类机位，其中，两个近机位，一个自滑机位，工程总投资为5.93亿元。

【上饶三清山机场奠基】 7月8日，上饶三清山机场在上饶县尊桥乡举行奠基仪式。三清山机场是江西省“十二五”期间重大基础设施项目之一，是江西省第七个民用机场。一期投资6.62亿元，按4C级标准新建2400米跑道，6000平方米的航站楼，以及空管、供电、供水、供油等配套设施。

（谢 丽）

水 路

【概 况】 2012年，全省完成全社会水路货物运输量7915.6万吨，货物周转量201.66亿吨千米，同比分别增长6.6%和2.8%，旅客运输量254.8万人次，旅客周转量3169万人千米。内河完成货物运量7426.2万吨，货物周转量133亿吨千米。其中进入长江干流的货物运量1191.7万吨，货物周转量56.35亿吨千米；沿海完成货物运量489.4万吨，货物周转量68.66亿吨千米，分别增长1.8%和下降1.2%。

至年底，全省内河拥有各类运输船舶4188艘，增加26艘；船舶净载重量总计225.29万吨位，增加16.66万吨位；载客量总计1.10万客位，减少647客位；船舶总功率70.88千瓦，减少1.04万千瓦。沿海运输船舶51艘，与上年持平。总载重量为22.20万吨位，增加5851吨位，功率为6.28万千瓦，减少262千瓦。全省水运经营业户根据市场的变化和需求，依据航道条件的改善，着力更新改造老旧的运输船舶，大力进行经营结构和船舶运力结构的调整，更新改造和新增船舶向大型化、标准化方向发展，2012年全省货物运输船舶平均吨位达到585吨。旅客运输的格局还是长途旅客运输呈萎缩趋势，短途的特别是库区内和旅游景点的旅客运输量保持上年同期水平，客运船舶向安全化和标准化方向发展。

2012年，全省拥有港口59个，港区73个，港口管理部门66个，港口经营人1071户，船厂19户。其中生产性码头泊位1721个，泊位总长度6.34万米；非生产用泊位75个，泊位总长3765米。最大靠泊能力5000吨级，拥有千吨级以上泊位116个。

年内,全省港口完成货物吞吐量2.53亿吨,其中出口1.71亿万吨,进口8191.4万吨,分别增长7.3%、5.6%、10.9%;旅客吞吐量为467.4万人次,下降1.7%,其中出港233.3万人次,进港234.1人次,分别增长1.4%、-4.7%。集装箱吞吐量为22.6万标准箱、256.1万吨,分别增长10.8%、7.7%。

全年完成基本建设投资9.52亿元。其中,建筑工程4.24亿元,设备购置3.28亿万元,其他费用2亿元。施工项目17个,其中年内新开工2个,建成项目1个。新建客运码头泊位4个,泊位岸线长度160米,新增旅客通过能力10万人/年。

重点港口建设项目方面,总投资24.38亿元的石虎塘航电枢纽工程2012年完成投资8.06亿元。截至年底,累计完成总投资19.10亿元。其中,建筑安装工程投资10.92亿元,设备投资4.46亿元,其他投资3.72亿元。赣江(南昌—湖口)航道整治(改善二级航道)工程计划总投资1.83亿元,整个工程正紧张进行,完成建安工程费1.05亿元,预计2013年12月底可全部完工。南昌龙头岗综合码头一期工程于11月2日召开开工建设动员会,12月27日省委常委、常务副省长凌成兴下达开工令,南昌龙头岗综合码头一期工程正式开工。万年港综合码头工程水工部分及道路堆场及大型土石方工程已基本完工,正在进行机械设备购置招标工作,已完成投资4650万元,占总投资的59%。

中小港站建设有序进行,完成永丰县龙蟠客运码头工程、吉安县敖城货运码头工程、弋阳龟峰旅游客运码头工程的竣工验收工作。上饶龙潭湖旅游客运码头工程的浮码头设备正在进行招标工作,中小港站建设的工程质量合格率继续保持100%,未发生工程质量和安全事故。

【石虎塘航电枢纽工程首台发电机组并网成功】 2月29日,赣江石虎塘航电枢纽工程首台发电机组首次并网成功。继船闸通航后,首台发电机组成功并网标志着该项目正式产生发电效益。石虎塘航电枢纽是一座以航运为主,兼顾发电等水资源综合利用的建设项目。项目包括:渠化赣江III级航道38千米,建成千吨级船闸1座,设计单向年通过能力880万吨。装机容量120兆瓦发电厂1座,年平均发电量5.27亿千瓦小时。

【赣江东河航道整治工程交工验收】 3月30日,赣江东河(南昌—瓢山)航道整治工程交工验收会在南昌召开。省局基建处、南昌分局、上饶分局、路港局及航道局负责人及省交通运输厅、省交通工程质监站相关人员,工程设计单位、施工单位和监理单位的相关人员参加会议。与会人员察看工程现场,听取工程参建各方的情况汇报,经认真研究,一致认为工程达到设计要求,符合交工验收条件。省交通工程质监站对工程的质量检验评定为合格。

赣江东河(南昌—瓢山)航道整治工程上起南昌八一大桥,下至鄱阳湖瓢山江佳尾,在此与信江航道工程的湖区航道相连,全长87千米。整个工程由疏浚工程、筑坝工程、护岸工程、航标工程及配套设施工程、环保工程组成。工程于2007年11月28日正式启动,2010年年末竣工。

【海螺水泥专用码头工程通过竣工验收】 4月11日,南昌市港航管理处主持召开江西赣江海螺水泥专用码头工程竣工验收会。参加会议的有省港航管理局、省质监站、省安监局、南昌市地方海事局、市环保局、新建县消防大队等相关部门的负责人。会上,竣工验收小组听取该码头建设、设计、施工、监理单位的工作报告,审核竣工验收的各项资料,并现场查看工程实体质量。通过现场查看和资料审核,验收小组认为码头各项手续基本完善,设计先进合理,工程质量优良,符合港口工程竣工验收的有关规定,同意该工程通过竣工验收。

江西赣江海螺水泥专用码头位于赣江西支左岸龙头岗港区内,使用岸线380米,建设1000吨级货运泊位4个,设计年通过能力450万吨,工程概算6234.39万元。

【中石油湖口油库码头项目通过竣工验收】 由九江市政府组织有关部门、单位和专家组成的中国石油江西九江湖口油库码头竣工验收委员会于7月中旬对该工程进行竣工验收。竣工验收委员会成员深入工程现场进行踏勘,并听取工程建设、设计、施工、监理等单位关于该工程的情况汇报以及质量监督部门的工作报告、建设单位的试运行情况报告,审查工程竣工验收资料。验收委员会认为竣工验收资料齐全,设备安全运行,各项工程质量符合设计要求,经使用单位试运行,满足使用要求,具备竣工验收条件,建设项目工程质量评定为合格,同意该项目通过竣工验收,标志着该码头正式投入使用。

中石油湖口油库码头工程于2010年9月开工,2011年2月完工,同年5月进入试运行。工程建设3000吨级成品油泊位1个,设计年成品油吞吐量91万吨,设计年通过能力102万吨。

【南昌港集装箱吞吐量再创历史新高】 2012年,在国家转变经济增长方式,经济增速趋缓的形势下,南昌港年内集装箱年吞吐量和月吞吐量分别再次刷新历史记录,集装箱年吞吐量达到6.61万标箱,增长7%。其中重箱4.72标箱,增长3%;空箱1.89万标箱,增长19%。二、三季度受宏观经济增速下滑影响,集装箱运输船舶进出港减少,导致港口吞吐量下降。在此不利局面下,通过狠抓管理、加强服务、挖掘潜力,在三季度末的九月份单月完成集装箱吞吐量6680标箱,创月度新高,四季度赣江、鄱阳湖出现丰水位,集装箱年吞吐量保持了稳步上升的态势,再度创下历史新高。

(凌景坡)

金　融

本栏编辑　邓玉兰

综　述

2012年,江西省金融业把支持实体经济放在更加突出的位置,认真贯彻稳健货币政策,积极推进融资渠道多元化,社会融资总量较快增长,融资结构持续优化。全省银行业运行质量稳步提升,证券期货市场发展基础有效夯实,保险业服务经济社会能力不断增强,金融市场健康发展,金融基础设施安全高效运行,为区域经济发展创造了良好的金融环境。年末,江西省银行业(以中国银行业监督管理委员会江西监管局统计口径,不含人民银行机构数)有机构6345个,同比增长0.86%;从业人员8.83万人,增长3.66%。其中,政策性银行2家,机构96个,从业人员2225人;国有商业银行5家,机构1878个,从业人员39892人;全国性股份制商业银行7家,机构175个,从业人员3023人;邮政储蓄银行1家,机构1449个,从业人员12444人;城市商业银行5家,机构264个,从业人员6328人;农村法人金融机构114家,机构2576个,从业人员23844人;财务公司2家,从业人员108人;信托投资公司2家,从业人员381人;金融资产管理公司4家,从业人员187人;外资金融机构2家,机构3个,从业人员85人。

全省存款保持平稳增长。年末,全省金融机构本外币各项存款余额1.68万亿元,比年初增加2517.36亿元,多增104.61亿元,增长17.6%,增速在全国排名第十五、中部6省排名第四。2012年各项存款结构呈现出新的变化特点:一是单位存款增长下滑,定期存款增加最多。12月末,江西省金融机构本外币单位存款余额为7464.55亿元,比年初增加995.72亿元,少增228.14亿元。其中单位活期存款比年初增加367.93亿元,定期存款比年初增加582.02亿元。二是个人存款增势明显,储蓄存款大幅增加。年末,江西省金融机构本外币个人存款余额为8570.74亿元,比年初增加1393.17亿元,多增358.54亿元。其中储蓄存款比年初增加1349.65亿元,保证金存款比年初增加4.07亿元,结构性存款比年初增加39.45亿元。三是财政性存款增长放缓。12月末,江西省金融机构本外币财政存款余额为579.4亿元,比年初增加79.4亿元,少增58.77亿元。四是其他存款明显多增。年末,江西省金融机构本外币其他存款余额为186.6亿,比年初增加53.6亿元,多增36.38亿元。五是县域新增存款比重上升,全省县域存款增量占全部新增存款比重为48.6%,提升2.7个百分点。

全省贷款余额增速加快。年末,全省金融机构本外币各项贷款余额1.11万亿元,比年初增加1778.70亿元,多增286.72亿元,增长19.12%。全省贷款增量占全国贷款增量的1.95%,上升0.08个百分点。贷款增速在中部6省排名第一、全国排名第七,比上年末前进5位,全省年度贷款增速历史上首次跻身全国前十。2012年贷款的主要特点为:一是信贷投放灵活有序。前三季度,针对经济增速放缓的突出矛盾,全省金融机构加大信贷投放,四季度在经济形势好转背景下信贷增长回归常态,各季度全省贷款增量比例为28:28:27:17。二是贷款结构继续改善。年末,江西省金融机构本外币短期贷款余额4646.27亿元,比年初增加984.26亿元,多增105亿元;中长期贷款投放6178.4亿元,比年初增加700.66亿元,少增17.5亿元,新增短期贷款和中长期贷款占新增贷款比重由上年的53.7%∶48.3%调整为54.7%∶39.9%;票据融资余额242.35亿元,增量在8月份达到顶峰167.3亿元后持续下降,年末增量为90.9亿元,比年初增长60.02%。

民生领域信贷支持进一步加大。2012年,江西省金融机构加大对就业、居住、消费、教育等民生领域的信贷投入。全省下岗失业人员小额担保贷款余额78.41亿元,增长58.39%,高于全部贷款平均增速39.27个百分点。全省保障性住房开发贷款余额131.08亿元,增长79.39%,远高于贷款增速平均水平。全省个人消费贷款余额1945.90亿元,增长19.99%,高于全部贷款平均增速0.87个百分点。全省助学贷款余额13.40亿元,增长37.70%,高于全部贷款平均增速18.58个百分点。

金融风险抵补能力增强。一是资产质量基本稳定。年末,全省银行业金融机构资产总额2.15万亿元,增长20.32%。不良贷款余额276.57亿元,较年初增加51.89亿元,不良贷款率2.50%,较年初上升0.08个百分点。二是风险抵补能力增强。中小法人银行机构贷款损失准备金余额153.30亿元,较年初增加46.01亿元。其中全省城市商业银行、农村商业银行、农村合作银行、农村信用社和村镇银行贷款拨备率分别为3.75%、4.29%、8.0%、1.65%、7.08%,分别上升 0.79、1.30、2.88、0.23 和 0.98 个百分点。三是盈利能力不断提升。2012 年,全省银行业金融机构实现利润 347.80 亿元,增加 76.99 亿元,增长 27.11%。年末全省贷存比达到 65.8%,提高 0.85 个百分点,金融资源运用更加充分。

(颜 凌 葛正灿)

银行业监管

【概 况】 2012 年,江西银监局积极应对复杂经济金融形势,突出重点,稳中求进,牢牢守住不发生系统性和区域性金融风险底线,切实增强风险监管的前瞻性、主动性和科学性,着力提升银行业可持续发展能力和服务实体经济发展水平,各项工作取得了新的成绩。全省银行业机构规模、效益稳步增长,整体实力迈上新的台阶。2012 年末,全省银行业机构网点达 6349 个,比年初增加 58 个;银行业机构资产总额 2.15 万亿元,增长 20.30%。全省中小法人银行机构风险拨备水平稳步提升。银行业监管有效性及银行业机构内生动力建设不断增强,对各类风险的防控持续加强,全省银行业继续保持稳定。

【改善经济发展薄弱环节金融服务】 积极引领银行业机构进一步优化信贷结构,加大对社会薄弱环节的支持。出台《关于促进辖内银行业金融机构进一步改进小微企业金融服务的指导意见》,促使差异化监管政策“落地”,推进小企业贷款经营机制及专营机构建设,创新金融产品和服务。实施农村金融服务“三大工程”,完善支农服务机制,累计批设 43 家村镇银行,提高了农村金融机构覆盖面。2012 年全省银行业小微企业贷款和涉农贷款增幅分别高于各项贷款增速 9.97 和 6.04 个百分点,实现了“两个不低于”目标。

【加强重点领域风险防控】 建立健全平台贷款风险防控工作制度、机制和程序,对全省 21 户平台贷款开展现场检查,督促银行采取多种方式有效缓释了风险,平台贷款未发生重大违约风险。严密监控经济下行期光伏、钢铁等行业及重点企业经营变化和风险暴露,制定“一户一策”的风险处置计划,有效避免了企业资金链断裂引发系统性区域性金融风险。完善房地产贷款监测统计制度,督促银行加强房地产贷款风险管理,指导信托机构严控新增房地产信托项目和到期兑付风险,2012 年末房地产贷款不良率 0.25%,比年初下降 0.08 个百分点。深入开展“案防建设提升年”活动,督促银行业不断健全内控制度,加强合规文化建设,强化执行力,构建案防长效机制,全年未发生大型恶性案件。开展防范打击非法集资集中宣教活动,配合有关部门查处非法集资案件,从严要求银行机构强化员工教育管理和责任追究,有效防范民间借贷、非法集资等外部风险向银行业转移,维护经济金融和社会稳定。

【加快银行体系建设】 引导股份制银行和城商行延伸服务触角,推进农村合作机构产权制度改革,积极培育村镇银行等新型农村机构,全省银行体系建设取得新成效。华夏银行南昌分行顺利开业,招商、浦发、民生等股份制银行设立县域机构 4 家,城商行筹建 23 家支行,14 家设在县域,批准 7 家农村商业银行开业,全省农村商业银行数量达 11 家;批准 6 家村镇银行开业,全省村镇银行数量达 25 家,覆盖了 41 个县(市、区)。

【加快银行业改革进程】 积极推动辖内法人机构做好实施新《资本管理办法》准备工作,完成法人机构新监管标准达标计划和资本补充规划等工作,增强了审慎经营和科学发展的内生动力。对 21 家机构 476 亿元贷款分类情况实施专项检查,督促银行业机构做实贷款分类,确保问题全部整改到位。组织农合机构开展隐性不良贷款排查,夯实经营基础。推动各类银行业机构深化体制机制改革,加快发展方式转变。推动法人机构科学制定发展战略,优化股权结构,改进公司治理,厘清职责边界,健全制衡机制,强化内部管控。推动农合机构股份制改革。推动邮储银行加快二类支行改革进度,落实风险防控责任,切实增强支农和服务小微企业功能。

【整治银行业不规范经营行为】 以整治银行业不规范经营活动为契机,加强和改进银行业服务。开展声势浩大的金融服务宣教活动,多层次、多角度传导银监会关于规范银行经营行为的政策,得到了社会各界对整治银行业服务活动的关注、理解和支持。通过自查与抽查相结合、明查与暗访相结合、内查与外查相结合,及时查处有关不规范经营问题,并严格要求整改落实到位。通过整治,辖内各银行业金融机构共取消收费项目 711 项,调低收费标准 125 项,修订完善相关制度 233 项。

(邬为敏)

金融服务

【概 况】 2012 年,面对错综复杂的经济金融形势,中国人民银行南昌中心支行坚持把“稳增长、调结构、防风险、强服务、严内控、促和谐”结合起来,全力支持地方经济发展,积极推动经济结构调整,引导金融机构服务实体经济,维护区域金融稳定,认真贯彻执行稳健的货币政策,不断提升金融服务水平,调控全省货币信贷合理投放。一是以支持实体经济作为“稳增长”的支点,出台《关于支持江西实体经济发展的信贷指导意见》等指导性文件,围绕鄱阳湖生态经济区建设、赣南等原中央苏区振兴、打造南昌核心增长极、推进九江沿江开放开发等战略部署,加大对重大项目、重点行业和企业的金融支持力度。2012 年,鄱阳湖生态经济区内 38 个县(市、区)存贷款余额分别增长 17.2% 和 15.5%,绿色信贷余额为 512.2 亿元,增长 38.3%。赣南苏区人民币各项存款余额 2490 亿元,比年初增长 22.3%,高于同期全省 5.1 个百分点;人民币各项贷款余额 1239 亿元,比年初增长 25.1%,高于同期全省 6.0 个百分点。二是以支持“三农”、中小微企业、战略性新兴产业、旅游、文化、物流和服务外包产业作为“调结构”的方向,实施绿色信贷“一票否决”制度。2012 年,全省中小企业贷款余额 4460.36 亿元,占全部贷款的 40.26%,提高 1.64 个百分点。全省涉农贷款余额

4187.45 亿元，占全部贷款比重37.8%，提高2个百分点。全省县域人民币贷款余额3829.54亿元，占全部贷款比重35.10%，提高1.08个百分点。县域贷款余额贷存比51.90%，上升1.17个百分点，实现“中小企业贷款、涉农贷款和县域贷款占全部贷款比重均稳定在三分之一以上”目标。三是深入推动小额担保贷款工作，扩大小额担保的政策覆盖范围，全省小额担保贷款余额及发放量始终处于全国领先位置。2012年，全省小额担保贷款余额107.08亿元，增加35.97亿元，增长50.58%。发放额97.07亿元，增长55.31%，直接扶持创业个人10.73万人次，带动就业37.79万人次，增长34.4%。四是以引导法人金融机构合理投放贷款为“严调控”的核心，在认真测算全年合意贷款的基础上，切实加强信贷调控考核力度，制定《地方法人金融机构信贷调控正向激励考核办法》，适时适度进行预调微调，对信贷投向严重偏离信贷调控要求的法人金融机构进行通报批评。引导法人金融机构努力盘活信贷存量，积极调整信贷结构，把握好信贷投放节奏和力度。

【推动企业直接融资】 积极开展金融产品创新等作为破解“融资难”的手段，与银行间市场交易商协会、省政府金融办共同签署《借助银行间市场助推江西省经济发展合作备忘录》，成为中部6省中第一家成功签署的省份。成功发行中小企业集合票据1.7亿元，运用债务融资工具破解中小企业融资难题取得实质性突破。截至2012年末，全省累计发行债务融资127.3亿元，增长44.7%。

【跨境人民币业务迅速发展】 2012年，跨境人民币业务迅速发展，业务品种不断丰富。累计办理跨境人民币结算金额196亿元，增长528%。已开办跨境人民币结算业务的企业308家，增加257家，增幅504%。已累计与境外67个国家和地区发生了跨境人民币结算业务，增加59个，增幅738%。

【进一步完善支付清算体系建设】 组织辖内法人机构完成第二代支付系统上线两轮联调测试，进一步引导金融机构扩大银行卡助农取款服务覆盖面，积极做好农村地区手机支付试点前期准备。加大对辖内非金融机构支付服务业务监管，支持符合条件的法人支付机构申领支付业务许可证。全面部署省级预算单位账户专项清理工作，省级预算单位账户数量得到有效控制。深化警银合作，持续打击信用卡恶意透支。积极开展金融IC卡推广应用工作，新余市的“一卡通”试点工程成为人民银行系统金融IC卡推广应用成功案例。大力推广加载金融功能的社会保障卡，截至年末，累计发行356万张，居全国前列。积极推进全省银行业金融机构信息系统安全等级保护工作。

【强化国库监督与服务】 积极推进POS刷卡与国库信息处理系统(TIPS)“一体化”缴税，继续提高TIPS业务量占比，全省通过TIPS实现电子缴税数额占征收总额比重明显上升，国税、地税在纳税大厅开通POS机刷卡缴税1395台。制定《江西省国债收款单集中兑付活动实施方案》，全年全省各级国库共办理收款单兑付达820笔。全面实施“乡财县代管”乡镇财政资金国库集中支付制度改革，与省财政厅联合制定《乡镇财政资金国库集中支付委托代理协议(样本)》等制度、办法，明确相关管理要求以及业务操作规定。配合财政部门对各乡镇财政、预算单位银行账户进行规范管理，乡镇财政专户较2011年改革前减少近2700个。组织开展对商业银行(信用社)代理资格认定工作，签订委托代理协议，并对部分代理行开展执法检查，规范了代理行业务管理。

【推进辖内征信管理工作】 扎实推进机构信用代码推广应用工作，全省机构信用代码证存量、增量发放率均达到100%。全省各银行业金融机构在反洗钱业务领域应用累计查询4.87万笔，人民银行系统在办理贷款卡、企业信用报告查询等征信业务中进行查验查询2万余次。积极开展中小企业和农村信用体系试验区建设，完善中小企业信用信息辅助系统，逐步实现了信息在金融机构和相关部门的共享。全面总结萍乡中小企业信用体系试验区建设工作经验，联合省中小企业局、省政府金融办和江西银监局，报经省政府办公厅同意，转发《关于在全省工业园创建中小企业信用示范区的实施意见》，以政策支持，融资服务为动力，开展中小企业信用示范区创建活动。探索建立全省集中统一的农户信用档案数据库。截至9月底，全省建立中小企业信用档案5.35万户，取得授信意向的中小企业达9632户，其中获得银行贷款的达6572户，融资余额达1097.9亿元。建立农户信用档案458万户，评定信用农户325万户，386万农户获得贷款，授信余额913亿元。深化贷款卡核发行政许可事项电子化推广进程，截至10月底，全省共核发贷款卡8748张，年审2.39万户。以“我的信用我做主”为主题，组织全省开展第五次“信用记录关爱日”宣传活动，取得良好的社会宣传效应。

(颜 凌 葛正灿)

外汇管理

【概 况】 2012年，国家外汇管理局江西省分局积极转变外汇管理理念和方式，防范跨境资金双向流动冲击，顺利实施外汇重点领域各项改革，有力支持了江西省开放性经济平稳较快发展。全年，江西省对外贸易进出口总额334.1亿美元，增长6.2%。实现进口总额83亿美元，出口总额251.1亿美元。出口增长14.8%，高出全国平均水平6.9个百分点，居全国第十五位。累计新批外商投资企业789家，实际利用外资68.2亿美元，增长12.6%。江西省跨境收支总额283.51亿美元，增长4.8%。银行结售汇总额213.69亿美元，下降3.4%。

【服务支持实体经济发展】 有效实施贸易投资便利化改革。在全国率先实行货物贸易外汇管理改革“一站式”窗口便民服务，实施直接投资外汇管理便利化改革，取消35项行政审批，简化合并14项行政审核，基本形成“登记为主、银行联动、重在监测”的新模式，大大降低了企业办事成本。作为全国八个试点省之一开展中资企业外保内贷业务试点，核定3家企业外保内贷额度1亿美元，进一步拓宽企业融资渠道。实行短期外债指标预分配制度，支持江西省法人银行和企业融资需求。试点建立“一平台三支撑”县域外汇服务模式，11项外汇管理业务授权县支行办理，满足县域开放型经济发展的外汇服务需求。支持银行扩大结售汇网点，全省可办理外汇业务的金融机构网点达到1272家。实行“一案一议”的办法，先后帮助江西铜业等多家重点企业解决出口退汇、差额核销、逾期未核销及境外期货交易等特殊需求难题，帮扶企业破解发展难题。

【维护外汇市场秩序】 加强货物贸易外汇监测核查，全年开展非现场核查1500多家次，对154家企业开展现场核查，及时防堵风险隐患。加强资本金结汇监管，将监管范围从结汇与支付环节延伸至交易行为及相应的实际经营活动，及时发现涉嫌违规办理资本金结汇或违规操作，并依照规定及时移交查处。高效高质完成对2221家外商投资企业及境外投资企业年检，确保会计师事务所代申报率达100%，高出全国14个百分点。加大重点领域、重大违规案件查处力度，全年共查处各类违法违规案件99起，起到较好的震慑作用。加大专项检查力度，开展专项检查24次，检查金融机构、企业和个人360个次，有力维护了辖内外汇市场秩序，为地方开放性经济发展创造了良好环境。

【创新外汇管理模式】 一是创新对金融机构从业人员实施有效管理的手段。实行银行外汇从业人员测试合格证管理，研发推广《外汇指定银行资信管理系统》，在全国率先形成机构管理、人员管理、在线测试“三位一体”银行资信管理模式。创新保险经营机构管理模式，出台保险外汇从业人员资信管理办法，促进保险外汇业务规范发展。二是全面推进主体监管新模式。制定投资类主体分类监管操作指引，完善投资类33种非现场监测指标。试点“两整合、两集中”主体监管模式，既做到业务办理“一站式”服务，又实现真正按主体分类监管。三是探索境外商品期货套期保值外汇管理的规范与简化。围绕“便利化，风险可控原则”思路，重新设计该业务的管理方式、业务流程和统计监测等内容，取消备用金和账户核准管理，加强年度风险敞口、外汇登记、变更及注销登记信息采集等管理，形成“以额度加登记管理为主，以跨境收支统计与监测为辅”的风险可控管理方法，有力地提升了非现场监管效率。四是完善外债外汇管理工作。制定中资企业外保内贷业务操作规程、内控制度及统计监测方法，在全省正式实施。创新辖内银行机构短期外债管理方式，根据辖内法人银行机构的实际需求，制定辖内银行短期外债和对外担保预分配制度，切实提高外债指标的使用效率，保证了辖内银行融资业务的顺利开展。

【加强外汇政策宣传】 进一步增强新出台政策宣传力度。组织召开江西省货物贸易外汇管理制度改革新闻通气会，17家媒体参与报道。深入400多家企业现场宣讲直投新政策，提高了政策传导效率。进一步增强诚信兴商宣传广度。组织开展各类诚信兴商宣传活动13次，制作、张贴宣传画及宣传展板2565张，发放宣传单册6540份。组织政府、银行、涉汇企业近800余人参加“合规经营外汇、诚信发展经济”诚信兴商主体宣传活动，既有效传递了诚信理念，又广泛宣传了外汇管理政策。

（何建军　葛正灿）

保险业监管

【概　况】 2012年，面对错综复杂的宏观经济金融形势，江西保监局认真贯彻落实保监会“抓服务、严监管、防风险、促发展”的工作方针，围绕大局谋发展，贴近市场抓创新，回报社会强服务，突出特色塑形象，着力加强竞争能力建设，不断提升保险服务水平，努力防范化解保险风险，切实保护被保险人利益，各项工作取得较好成效。

坚持监管为民，切实维护保险消费者利益。积极引导行业重点发展满足人民群众需求的保障型险种。产险方面，围绕江西“绿色崛起”发展战略，不断拓展保险业服务“三农”、安全生产、环境保护、社会治安等方面的新领域。寿险方面，积极促进风险保障型和长期储蓄型业务发展。切实解决群众关心、反映的突出问题。在治理车险理赔难中，建立一整套理赔标准体系，推进理赔透明化管理，强化理赔人员机制约束，开展现场测评和未决赔案清理活动。在治理寿险销售误导中，着眼产品源头管理，建立人身险产品第三方评点机制。着眼规范销售行为，开展专项检查、强化营销人员管控。着眼健全长效机制，开展标杆网点建设、服务标兵评选和服务标准建立的“三标”活动。不断提升监管工作的公信力。进一步完善消费者权益保护机制，落地12378热线，推动成立保险消费者事务工作委员会，推行信访投诉快查快处，高质量完成157件信访投诉的调查处理。成立保险合同纠纷第三方调解中心，选聘30位社会监督员主动接受监督，定期召开新闻发布会，提升行业透明度。

坚持防范风险，切实维护辖内保险市场稳定。突出重点防范风险。开展全行业的矛盾纠纷排查、退保风险排查和案件风险排查，建立风险应急处理机制，向指标异动公司及时下发质询书和监管函，妥善处置因股权激励引发的信访投诉，与省公安厅建立保险案件协作机制，出台舆情应对与处置工作制度，确保行业没有出现大的风险。大力规范市场。在产险领域，以整治车险领域恶性竞争为突破口，大力推广监管推动、行业自律、大公司带头的“九江经验”，划定四条监管红线，开展巡查督导。在寿险领域，抓住销售误导这个重点，组织开展全面自查和重点检查。对中介市场进行清理整顿，将290家管理混乱、扰乱市场秩序的专兼业代理机构清退出市场。年内，共检查保险机构60家次，处罚机构20家次，罚款171万元，警告3家次，处罚个人13人次，罚款38万，警告11人次，吊销许可证2家次，撤销任职资格3人次。夯实非现场监管基础。加快监管信息化建设，拓展车险信息平台功能，增设费用监控模块，研究推进大病保险信息化建设。构建区域性风险监测指标体系框架，修订政策性报表格式，健全完善各项市场分析制度，进一步加强分析、研判和风险预警能力。强化分类监管，完善监管联络员制度，不断提高监管针对性和有效性。

培育保险市场，坚持分类指导，鼓励市场主体差异化发展，推动大公司积极开拓新领域，中小公司整合服务网络和资源，专业性公司形成差异化竞争优势。积极引进有特色有作为的市场主体，激发市场活力。大力实施中介市场转型发展战略。从以车商为代表的车险兼业代理机构入手，充分引进行业内外尤其是行业外的优势资源，推动设立保险销售服务公司，延长保险产业链，形成江西特色的保险市场发展格局。同时，通过中介市场转型发展，倒逼保险公司转变发展方式。积极落实创新驱动战略。通过调研、座谈、重点课题研究等多种方式，鼓励支持保险机构大胆开展创新，开发具有地方特色的产品和服务。同时要求监管工作也要加强创新。研究建立创新激励和保护机制，积极鼓励和支持行业开展以服务为导向的创新。创新行协工作机制，对设区市行协会长实行民主选举、公开竞争，全面推进行协秘书处职业化改革，推动行协更好地发挥职能作用。

坚持围绕大局，不断提高服务经济社会发展的能力。积极参与现代金融体系建设。大力发展出口信用保险，年内支持江西省出口26.2亿美元，支付赔款1.1亿美元，融资金额近40亿元，为江西出口贸易的逆势上扬作出积极贡献。加强协调服务，促进保险资金对接江西重大建设项目，全力支持鄱阳湖生态经济区建设和赣南等原中央苏区振兴发展。协助政府引进保险公司后援中心，加快金融商务区和金融产业服务园区建设。积极参与社会保障体系建设。将城乡居民大病保险作为重中之重稳步推进，在城镇职工、居民大病保险实现全覆盖的基础上，为农村居民大病保险试点工作做好前期准备。支持公司加快发展商业健康和养老保险，认真调研江西省建设具有商业保险特色的养老社区的可行性。全省健康险累计增长32.5%。稳步发展医保经办业务，受托管理医疗保障资金2.9亿元，参保340万人次。继续拓展企业年金业务，签约委托管理资产10.3亿元，投资管理资产10.1亿元。积极参与农业保障体系建设。全年实现农业保险保费6.23亿元，支付赔款3.26亿元。其中森林保险的保费规模、承保面积、保险覆盖率三项指标居全国首位。农房保险在6个地市启动试点，水稻保险承保面积突破173.33万公顷。承保能繁母猪138万头，实现应保尽保，“三农”保险保障体系进一步健全。在扩大覆盖面的同时，进一步强化理赔管理，督促公司提高理赔服务水平。积极参与防灾减灾体系建设。积极发挥保险业的风险管理优势，组织保险业投入暴雨、台风等灾害事故的防灾减灾和灾后重建工作，减少人民群众生命财产损失。探索运用保险业防灾防损功能，为贫困农户修缮加固破旧房屋，勇担行业社会责任。积极参与社会管理体系建设。率先在全省范围推行特种设备责任保险，在南昌启动医疗责任保险，力推科技保险试点工作，积极参与道路交通事故快处快赔服务中心建设运行，切实减轻政府的社会管理压力。责任保险继续稳步发展，实现保费收入3.52亿元，同比增长13.8%。

【产险公司保费收入首次突破百亿元大关】 截至年底，全省共有14家财产保险公司省级保险公司及1家政策性保险公司。产险公司保费收入首次突破百亿元大关，达101.6亿元，增长14.8%，规模居全国第二十二位。赔款58.3亿元，增长36.8%。财产保险公司保费收入占全省总保费收入的37.4%。一是机车险增势强劲。机车险保费80.2亿元，增长17.4%，增速居全国第十位。汽车承保数量274.6万辆，增长21%。其中商业车险发展迅速，实现保费57亿元，增长19.5%，占机车险比重达71%，增加1.2个百分点。二是非车险发展趋缓。非车险实现保费21.4亿元，增长5.8%，增速居全国第三十五位。责任保险、农业保险、保证保险等险种保持两位数增长，农业保险保费收入6.2亿元，增长26.9%。农房保险在6个设区市启动试点。责任保险保费收入3.5亿元，增长13.8%。三是经营效益总体较好。累计实现利润4.6亿元。其中承保利润4.2亿元，承保利润率4.9%，比全国高2.1个百分点。

【人寿保险结构有所优化】 截至年底，全省共有19家人身险公司省级保险公司。寿险公司实现保费收入170.1亿元，增长3.9%，规模居全国第二十位，提高7.4个百分点，增速居中部6省第一位，居全国第二十五位，比上年前进10位。业务发展呈现3个优化。一是产品结构有所优化。在市场发展整体放缓的情况下，传统保障型业务发展有所提速。意外险、健康险快速发展，分别实现保费6.5和12.5亿元，分别增长17.7%和30.1%，在中部6省中均排名第一，高出全国2.1和5.4个百分点。普通寿险实现保费15.4亿元，增速提高1.5个百分点。二是缴费结构有所优化。新单期缴业务保费收入23.2亿元，新单期缴率27.2%，提高1.8个百分点。10年期及以上业务保费收入13.8亿元，占比高于全国平均水平0.8个百分点。续期保费拉动显著，累计实现保费收入84.8亿元，增长24.8%，高于总保费增速20.9个百分点，业务增长方式基本实现由新单推动向新单续期联合拉动的转变。三是渠道结构有所优化。个人代理渠道贡献度明显提升，累计实现保费收入83.8亿元，增长17.4%。个人代理渠道占比为49.2%，提高5.6个百分点。银邮代理渠道实现保费收入70.7亿元，降幅较去年减少2.5个百分点。

（郭迪春）

证券期货

【概　况】 2012年，江西共有46家上市公司，其中境内上市公司33家，境外上市公司13家。抚州的博雅生物和南昌的煌上煌2家公司完成境内首发上市，融资额为14.05亿元。从玉农业、万国国际矿业、中国白银集团3家省内企业在境外市场成功挂牌上市，融资额合计4.87亿港币。年内上市公司实现交易所融资80亿元，同比增长30%。境内上市公司股本总额212.35亿股，较上年末增长8.9%，总市值2287.44亿元，与上年末基本持平。年内，全省至少有8家拟上市企业引进投资机构入股，总融资额为

14.27 亿元。

2012 年,江西辖区证券营业部共 126 家,开户数 234.25 万户,托管客户资产 1521.46 亿元,全年证券交易金额 1.41 万亿元。辖区共有 93 家营业部开展融资融券业务,信用资金账户数 6306 户,信用证券账户数 1.20 万户。

年内,江西期货市场共成交 2158.97 万手,2.47 万亿元,增长 36.8% 和 20.65%。截至年底,江西期货市场客户总数 2.62 万户、客户权益 15 亿元,增长 20.63% 和 53%。

【推动企业上市工作】 2012 年,江西证监局监管端口前移,先后到省内 9 个设区市的 80 多家企业开展现场调研工作,切实做好改制上市前的各方面规范工作。其中,三赴赣州、吉安的县市调研,考察赣南等原中央苏区拟上市企业的现状。同时组织成立相关机构,专职从事辖区上市资源发掘和培育工作。建立与地方政府共同促进资本市场发展的长效合作机制,先后与鹰潭、吉安和宜春市政府签署《推动资本市场规范发展合作备忘录》。在南昌联合举办江西省企业上市培训暨合作交流会,200 多家拟上市企业、30 多家保荐券商、50 多家投资机构、20 多家会计、律师事务所参会。年内制定完善《江西证监局企业上市辅导监管工作指引》《辅导验收监管工作规程》等一系列内部工作程序和制度,提高了辅导审核、现场验收等监管工作程序化、规范化、制度化水平。

2012 年,新增辅导备案企业 6 家,其中南昌 3 家,赣州、宜春、景德镇各 1 家。完成辅导验收 2 家,向证监会申报发行材料 2 家,南昌和上饶各 1 家。至年底,在江西证监局辅导备案企业 21 家,包括在证监会审核企业 5 家。

【推动上市公司并购重组和再融资】 强化上市公司并购重组再融资和股权激励监管。同时积极推动上市公司并购重组和再融资,全年 8 家公司实施并购重组再融资,募集资金总额 61.43 亿元。4 家公司的再融资方案获证监会审核通过,并准备年后实施。

【全面开展辖区主板上市公司内部控制体系规范工作】 2012 年辖区主板上市公司开始实施内控体系建设,江西证监局做好动员部署,要求各公司切实做到思想认识、人员组织、贯彻实施、监管措施四个到位。同时结合 2011 年内控试点经验,密切关注内控建设进展情况,调研内控实施过程中存在的问题,加强调度指导,有效推进了各公司的内控体系建设。

【大力推进资本市场内幕交易防控和打击工作】 进一步完善监管协作,推动成立江西省打击和防控资本市场内幕交易工作协调小组,建立健全江西省依法打击和防控资本市场内幕交易工作会商机制和执法合作机制。通过举办培训班,邀请专家讲解内幕交易案例、举办投资者见面会、编写发放宣传手册、举办内幕交易警示展、发放调查问卷等多种方式开展宣传教育。同时在督促全省 11 个省辖市、省直部门及辖区上市公司和控股股东积极开展自查基础上,联合省打击和防控协调小组其他成员对南昌市国资委、赣能股份和正邦科技 2 家上市公司及其控股股东进行专项检查。

【强化上市公司现场监管】 根据公司基本情况并结合监管实际,年内对辖区 16 家公司开展全面检查、年报检查或其他专项检查,对检查中发现的问题,分别对 5 家公司发出责令改正决定书,有效提高了上市公司的规范运作水平。

【强化中介机构监管】 年内,江西证监局对涉及辖区上市公司的 14 个中介机构项目进行检查。针对存在问题向相关会计师事务所下发监管关注函和责令改正决定书,对存在问题的保荐机构进行谈话提醒。通过强化中介机构执业现场检查,加大对中介机构违规的处罚力度,有效推动中介机构归位尽责。

【推动证券机构创新发展与合规经营】 督促国盛、中航两家公司加强风险控制与合规管理,特别是加强对新业务的风险监测、预警。完成辖区首次证券营业部分类评价,制定并下发《江西辖区证券营业部合规专员管理办法(试行)》。以证券服务标准化为切入口,制定并下发 3 项服务标准化指引,切实打造"服务提升年"。

【促进期货市场服务实体经济】 江西证监局完善监管手段,创新监管方式,加强期货经营机构监管,加大打击违法违规期货经营活动力度,增强市场防控风险能力,确保期货市场平稳运行。深化服务职能,发挥专业优势,加强引导协调,优化期货网点布局,完善服务实体经济网络。深入开展投资者教育和市场宣传,保护投资者合法权益。江西期货市场实现持续快速健康发展,市场规模创历史新高,市场功能进一步发挥,服务实体经济水平不断提高。

【加强辖区多层次资本市场建设】 努力做好前期协调和各项准备工作,支持南昌、新余、鹰潭、景德镇等国家级高新技术产业开发区纳入新三板企业股份挂牌交易范围。积极争取江西省纳入中小企业私募债试点省份,年底江西省已取得试点资格。加快推进江西省区域性股权交易市场建设,年底江西作为全国第二批省市通过了清理整顿各类交易场所部际联席会议的检查验收,具备了规范建立区域性股权交易市场的前提条件。

【严厉打击违法违规行为】 完成立案案件"期货盗码交易案"的调查取证工作,完成非正式调查案件 1 件。坚决打击非法证券期货活动,先后对新余市沣琳顿投资顾问有限公司等 10 家机构是否具有经营期货业务资质出具书面意见,并派出工作组赴赣州协助赣州市公安机关对赣南脐橙电子交易市场有关情况进行调查。全力配合省政府对省内各类交易场所的清理整顿工作。

(黄歆璐)

财政税收

本栏编辑　邓玉兰

财政管理

【概　况】　2012年，全省财政部门把握稳中求进的总基调，应对和克服国际经济低迷、国内需求不足等不利影响，财政运行总体平稳。实施财政激励机制，激发各地加快发展的内在动力和活力。坚持依法治税、应收尽收，确保收入及时、足额入库，持续稳定增长。严格控制非税收入不正常过快增长，确保财政收入真实可靠。财政收入三年翻番。全年财政总收入2046.1亿元，增长24.4%；公共财政预算收入完成1372亿元，增长30.2%，增幅超出全国地方平均水平14个百分点；总量排全国第二十位，比上年提升1位；占全国的比重为2.2%，同比提升0.2个百分点。县级财政比重提升。县级财政收入1564.1亿元，占全省财政总收入的76.4%，提高0.9个百分点。总量超10亿元的县（市、区）56个，增加16个；超20亿元的17个，增加3个；超30亿元的8个，增加3个，其中南昌县超60亿元。有5个设区市财政总收入超200亿元，新增4个，其中南昌市超400亿元。中央支持力度加大。财政部全年共700余人次到江西省视察、指导和调研。全年江西省共争取中央财政各类补助资金1670亿元，争取外国政府和国际金融组织贷款约8000万美元，争取财政部代理发行地方政府债券资金91亿元，增加21亿元。争取中央税收政策支持，争取将稀土废弃物纳入资源综合利用税收政策范围，享受增值税退税优惠政策。

开展作风集中整治、创先争优等活动，完善服务机制，创新服务方式，取得“三个满意”效果：一是坚持定点联系制度，努力让社会各界满意。省财政厅开展“下基层、访民情”活动，厅领导带队深入各地进行调研，上门走访当地党委、人大、政府、政协，与人大代表、政协委员进行座谈沟通，倾听城乡困难群众对财政的呼声和要求，积极提出有针对性的思路建议。深入38个重点扶贫县进行调研，推动解决当地扶贫问题，帮助农民脱贫致富，得到社会各界的一致好评。二是精心办理建议提案，努力让人大代表、政协委员满意。把办理建议提案的过程作为了解民意、转变作风、改进工作的有效途径，推动建议提案实现规范化、制度化、程序化办理。省财政厅承办建议提案落实率和代表委员满意率连续10年达到100%，被授予建议提案办理工作先进单位。特别是向每一位人大代表和政协委员都寄送感谢信、征求意见函和《2011江西财政印记》，获得人大代表、政协委员充分肯定和高度评价。三是切实优化工作作风，努力让人民群众满意。开展“学雷锋、树新风”活动和“财政精神”大讨论，推进省财政厅对口帮扶活动，组织“慈善一日捐”等，财政为民服务作风进一步优化。全体财政干部切实履行“八项服务承诺”，对群众来信来访来电做到“件件有落实、事事有回音”。在2012年“万名群众评机关”活动中，省财政厅被评为“群众最满意的十个单位”之一。在由省直工委组织的省直机关“十佳文明机关”评选中，在由省政府组织开展的部门绩效目标考核中，均获第一名。并在综合治理、节能减排、党建等方面也获佳绩。

【支持发展成效显著】　把握扩大内需这一战略基点和发展实体经济这一坚实基础，发挥财政职能作用，促进全省经济平稳较快发展。在4个方面取得实效：一是支持转变发展方式取得实效。省财政整合资金4亿元，并进一步撬动社会资金投入，支持十大战略性新兴产业发展。全省投入67.1亿元支持污染防治、能源节约利用、可再生能源等，统筹整合12.8亿元支持现代农业生产发展项目，投入27亿元支持科技进步和自主创新，推进新型工业化和城镇化，促进产业转型升级。大力推进鄱阳湖生态经济区建设，支持赣南等原中央苏区振兴发展，推动南昌打造核心增长极和九江沿江开放开发。二是支持实体经济发展取得实效。认真落实支持中小企业发展的各项扶持措施，实施结构性减税政策，清理取消20项涉企收费项目，切实减轻企业负担。省财政共下达支持中小企业发展资金5.6亿元。通过国有资本经营预算安排5亿元支持省属国有企业技术创新和结构调整。加大贷款担保力度，通过省信用担保公司为全省企业提供流动资金贷款担保70亿元，帮助企业缓解资金紧张困难。三是支持扩大内需拉动消费取得实效。管好用好地方政府债券资金，支持保障性住房等重大项目建设。省本级统筹资金40亿元，加大水利建设投入。认真落实财政补贴政策，发放各类种粮补贴58.5亿元，兑付家电、摩托车下乡补贴11.5亿元。支持江西省商贸流通体系建设，推进现代物流业、金融业、旅游业和服务业加快发展。四是资产资本运作取得实效。整合7个部门担保资源，并增资4.4亿元组建注册总资本20亿元（首期到位10亿元）

的省融资担保公司并顺利开业，融资150亿元支持保障性安居工程建设，拟为省级党政机关搬迁置换融资90亿元。筹建鄱阳湖银行和恒邦财产保险公司，设立江西恒邦股权投资基金，拟募集5亿元资金扶持江西省优质企业上市。

【有效保障公共财政各项支出】 2012年，全省公共财政预算支出3019.2亿元，增长19.1%，各项支出得到有效保障。尤其是各级财政坚持"尽力而为、量力而行，统筹兼顾、突出重点"的原则，进一步加大民生投入，精心实施好民生工程和公共财政政策，着力办好涉及群众的各项实事、好事。一是健全社会保障体系。城乡低保、农村五保户等困难群众生活财政补助标准大幅提高，企业退休职工养老金进一步增加，城乡居民养老保险实现全覆盖。二是加大教育投入。全省教育总支出(含中央专款)达到662.1亿元，占全省生产总值的比重稳定在4%以上，地方财政教育支出占财政支出的比重达到16.8%，完成中央和全省教育规划纲要提出的目标任务。三是推进医药卫生体制改革。全省乡镇卫生院和政府举办的社区卫生服务机构全部推行基本药物制度，县级公立医院综合改革试点扎实推进，新农合、城镇居民医保财政补助标准进一步提高，全省150万困难企业职工纳入城镇职工医保范围。四是积极落实强农惠农富农政策。全省农林水事务支出384.8亿元，增长33.6%。农田水利建设、农业综合开发和财政综合扶贫大力实施。病险水库除险加固和中小河流治理稳步推进，农业保险保费补贴范围扩大，村级公益事业建设"一事一议"财政奖补政策进一步完善，统筹财政资金26亿元支持8000个村点新农村建设。五是扎实推进保障性住房建设。省财政下达各类保障性住房资金115.3亿元，重点支持棚户区改造、廉租住房和公共租赁住房建设，深入推进农村危房改造。六是支持文化事业发展。加快构建公共文化服务体系，落实好各项财税扶持政策，稳步推进文化体制改革。

【稳步推进财政改革】 部门预算、政府采购、公务卡、"一卡通"等管理制度改革进一步深化，国有资本经营预算和社会保险基金预算编制逐步推进，政府预算编制体系进一步完善。同时，在推进科学化、精细化管理方面取得重大突破。一是国库集中支付改革实现纵向到底。从2012年1月1日起，国库集中支付改革在江西省所有乡镇全部铺开，从而在全国率先实现省、市、县、乡四级纵向一体化国库集中支付改革。二是财政资金立体监管体系有效建立。着力建设"账户资金运行管理""国库动态监控"和"财政资金监管"三大系统，并与省纪委电子监察系统对接，构建财政对单位、上级对下级、外部对内部的"三位一体"监管体系，对资金拨付所有环节流量、流向和流速实行完整监控，做到财政资金网上运行、网上监管，属全国首创。三是财政账户清理整顿工作全面推进。在巩固全省财政专户清理成果的基础上，年内在省、市、县、乡全面开展预算单位银行账户清理工作，共撤并账户11964个，撤户率达25%。四是财政监督力度不断加大。着力加强民生等重点专项资金监督检查，深入推进会计信息质量检查，有力维护财经秩序。加强财政内部监督，健全和完善内控制度。进一步巩固"小金库"专项治理工作成果，推进常态化管理。开展大额专项资金绩效考评，加强考评结果的运用。扎实开展投资评审工作，全省共审减送审项目金额42.1亿元，切实提高财政资金使用效益。推进预决算信息公开，研究"三公经费"公开工作，接受群众和社会各界监督，打造"阳光财政"。

(伍晓峰)

国家税收

【概　况】 2012年，江西国税部门扎实开展"管理提升年"活动，各项工作取得新进展。全省组织国税收入833.7亿元，其中省财政口径730.8亿元，同比增长15.4%。全年依法减免税收164.4亿元，增长13.4%，办理出口退税101.1亿元，增长29.4%。全系统108个单位被评为"省级文明单位"，省国税局机关被评为"省直机关创先争优十佳单位"，蝉联六届"省直十佳文明机关"，连续两年被评为"机关作风最满意的十佳单位"，连续获得"省直机关党的工作特别优秀奖"。在国家税务总局组织的全国税务系统纳税人满意度第三方调查中，江西国税位居全国国税第一。

服务地方经济发展。紧扣江西重大战略部署，在国家规定允许的范围内，出台130条支持赣南等原中央苏区振兴发展、南昌打造核心增长极、九江沿江开放开发、吉泰走廊打造重要增长带的税收措施。落实小型微利企业税收优惠、提高个体工商户起征点等结构性减税政策。按照省委、省政府工作思路，积极参与争取"赣州市执行西部大开发政策"等税收扶持政策，进一步提升了国税在服务发展中的地位和作用。

整顿和规范税收秩序。持续推进再生资源税收专项整治，强化督促检查，实施破案会战，持续保持对再生资源涉税违法犯罪行为的高压打击态势，查外重大涉税案件18起，查实虚开增值税专用发票金额24.5亿元，公安、检察等部门对30名犯罪嫌疑人采取强制措施。再生资源税收占国税收入比重由2010年的23.6%降到2012年的6.3%，实现了理性回归，化解了财税风险，增强了发展后劲。

开展税务文化创建活动。建成"赣鄱兴税录——江西国税文化展厅"和"江西国税廉政文化展厅"。举办全省国税系统第二届美术书法摄影大赛，收到美术、书法、摄影参赛作品700多件。开展全省国税系统"我身边的好税官"推荐活动，在《江西日报》和省国税局内、外网对11名"好税官"进行宣传。深入开展"科学发展、进位赶超、绿色崛起"主题教育活动，省国税局被省委宣传部评为全省主题教育活动先进单位。省税务干部学校建设成为"全国税务系统党风廉政建设教育基地"。

2012年，江西国税收入呈现4个主要特点：一是税收收入保持增长。在税源增长乏力的情况下，税收收入总额小幅增长1.6%，其中总局计划口径增长4.6%。二是企业所得税快速增长。入库173.88亿元，增收41.27亿元，增长31.1%，增收贡献率为119.8%，增幅居全国国税第一，高于全国平均增幅19个百分点。三是工业税收发展快于商业税收。工业环节入库税收额543.65亿元,增收53.19亿元,增长10.8%。商业环节受再生资源回收业税收下降90.7%影响,入库税收158.99亿元,减收76.77亿元,下降32.6%。四是县级单位税收发展向好。136个县级征收单位中93个单位税收收入同比增收,增收面68.4%,其中增幅在20%以上的单位40个,税收总额超10亿元的单位12个。税收比上年增收逾亿元的23个单位。

【统筹推进依法行政】 召开全省国税系统依法行政工作会议,深入研究和分析江西省国税系统依法行政工作形势,确立依法行政考核在税收考核中的基础地位,印发设区市国税局开展依法行政考核意见及考核指标体系,对基层执法单位实行全面考核。下发《关于开展省以下税收规范性文件清理工作的通知》,组织各市县(区)国税系统对税收规范性文件集中进行清理。全省市、县两级国税局共清理税收规范性文件1549份,其中全文保留260份,部分失效废止31份,全文失效或废止1258份。认真组织优秀执法案卷评选推荐活动,全省国税系统共有12宗案卷被省政府法制办评为优秀案卷,获奖件数连续3年居全省第一,省国税局获"全省2012年优秀行政执法案卷评选活动优秀组织单位"。省国税局连续6年被评为"全省依法行政工作先进单位"。

【实施税源专业化管理试点】 在萍乡、新余、宜春3个设区市局开展税源专业化管理试点工作。以"规模+行业"为主要划分依据、兼顾特定业务,对税源进行科学分类,实行分类分级管理。按照税收风险管理要求,加快省、市局税源管理实体化步伐,统一开展税源风险分析识别,按户归集风险信息,统一下达应对任务。整合设区市局城区所在地税收管理资源,按照征收、管理和稽查职能设置机构,并按照专业化管理运行机制的要求赋予相应的职责。对现有人力资源进行优化配置,压缩机关行政管理人员,充实征管一线人员,逐步建立"集中征收、分级入库、分类管理、集约稽查"的税源专业化管理新格局。

【加强再生资源行业税收管理】 推行"江西省再生铜加工业税收管理信息系统",制定《江西省再生铜加工业税收管理办法》,完善再生铜加工业税收管理岗责体系,基本形成"三位一体"的再生资源税收管理体系。该管理体系的实施,达到了对再生资源企业的材料采购、产品生产和销售等业务流程及企业税务登记、发票领用、纳税申报、日常管理的全过程监控,强化了再生资源企业数据信息的采集、分析、比对和运用,明确了部门职责和工作任务,实现"以耗控产、以产控销、以销控票、日常监控、信息管税"的目标。

【夯实税收征管基础工作】 抓好税收数据和征管质量考核,征管状况居全国前列。推进税源监控分析平台建设,分级分类实施税收风险应对,搭建36个重点行业纳税评估模型。落实国务院《废弃电器电子产品处理基金征收使用管理办法》,确保2012年7月1日基金征收工作顺利进行。发布《江西省国税局代开普通发票管理办法》,与省地税局联合下发《普通发票协查管理办法》,全面贯彻落实免收小型微型企业发票工本费。扎实推进打击发票违法犯罪活动,共查处违法受票企业2989户,查获各类假发票、非法代开发票145.53万份,查补收入1.32亿元。委托发起协查发票0.72万份、金额23亿元。受托收到协查发票1.37万份、金额16亿元,受托协查按期回复率始终保持100%。办理公安部经侦局、总局稽查局联合督办的8起协查案件,协查发票1.12万份、金额15亿元。

【优化纳税服务】 以纳税人需求为导向,开展"纳税人大走访"活动,走访逾4.3万户。以提高办税效率为重点,开展星级办税服务厅创建和"纳税服务标兵"评选活动,试点"免填单"服务,拓展网上办税功能。完善落实纳税信用等级制度,评定587户纳税信用A级企业。创新纳税辅导方式,全省开设纳税人学校53个,培训纳税人1.5万人次。大力开展税收宣传,提升《江西税务》办刊质量。加强12366纳税服务热线的建设和管理,被省委评为"全省创先争优为民服务十佳品牌"。

(项　青)

地方税收

【概　况】 2012年,江西省地税局围绕"收好税、服好务、执好法、带好队"的工作总要求,突出依法治税、征管创新、纳税服务、作风建设、队伍建设"五个重点",累计组织入库各项收入972.2亿元,同比增收194.2亿元,增长25.0%;其中地方税收915亿元,增收185.2亿元,增长25.4%,增幅列全国地税第二位,高于全国平均增幅11.7个百分点。

年内,江西地税部门进一步深化收入形势分析,强化重点税源监控,严征细管,挖潜增收,组织收入实现"一个新跨越,两个新提升"。"一个新跨越":即收入总量实现新跨越,地税收入连续跨越800亿、900亿两个台阶,达到915亿元。"两个新提升":一是地税收入占江西省财政收入的比重有新提升,达到44.71%,比上年提高0.36个百分点,成为财政收入增长的重要支撑;二是地税收入占江西省地区生产总值的比重有新提升,达到7.07%,比上年提高0.83个百分点。区域经济竞相发展,带动了地方税收增长,其中南昌打造核心增长极,税收增长25.4%;九江实施沿江开放开发,税收增长36.1%;赣州推进赣南苏区振兴发展,税收增长29.2%。县域税收增长强劲,81个县(市)税收增长32%。主体税收增减互现,地方小税种增长较快,征收营业税363.5亿元,增长33.2%;企业所得税126.3亿元,增长19.5%;个人所得税53.6亿元,下降22.5%。在经济增长和规范征管的双重作用下,耕地占用税增长51.3%,资源税增长59.3%,土地增值税增长40.0%,房产税增长39.8%,城镇土地使用税增长37.7%,增幅均超过30%。二产税收增势强劲,第二、第三产业税收分别增长43.9%和16.1%。

充分发挥地税职能作用,全力服务区域发展战略和重大项目建设,第一时间出台支持南昌打造核心增长极、九江沿江开放开发、赣南苏区振兴发展等一系列税收优惠政策与服务举措，全年累计依法减免地方各税43.3亿元，省地税局主动作为、服务发展的做法被省政府办公厅以“赣府办通报”的形式予以肯定。

坚持依法治税，强化税收管理，加大信息管税力度，大力推进征管改革，研究制定《关于进一步深化税收征管改革的意见》，并报请省政府批转下发。对11个设区市局全面开展税收执法检查，出台依法行政考核实施意见和创建依法行政示范单位实施办法，加大对建筑营业税和耕契“两税”监控力度，建立基本纳税评估模型85个，应对税收风险的能力不断提高。积极推进“两业”（建筑业、房地产业）系统、个税系统、税控机具、税收电子地图、存量房评估系统等项目的开发或应用，有力促进了税收征管质效的提升。

完善纳税服务机制，构建“大服务”格局。建成并顺利开通12366服务热线，完成门户网站的全面改版，江西省地税局网站在全国税务系统网站评估中排名第六位。积极探索建立纳税人需求收集、分析、响应、评价机制，提高了纳税服务需求管理水平。在全国税务系统率先开展“A级纳税信用企业井冈行”系列活动，在全国纳税人满意度调查中，连续3次获第二名。

推进创先争优工作，开展作风整治活动，以作风促政风，以政风带行风，以行风树形象，涌现出一大批先进集体和先进个人，省地税局作为省直机关唯一代表在全省创先争优总结大会上作典型发言。年内，江西省地税部门4个单位被授予“全国文明单位”称号，21个单位被授予“全省巾帼文明岗”，28个单位被授予“全省青年文明号”，1个单位被省委表彰为“全省创先争优先进基层党组织”，2个单位被评为全省“群众满意窗口”。省地税局获“省直第六届十佳文明机关”，连续5年获“全省依法行政先进单位”称号。在“万名群众评机关”活动中，再次被评为群众最满意的10个省直单位之一。

【出台一系列税收优惠政策与服务举措】 深入调查研究，认真落实省委、省政府重大经济战略部署，相继配套依法出台一系列税收优惠政策与服务举措。年内，对鄱阳湖生态经济区的纳税户实施减免税28.1亿元，对赣南等原中央苏区的纳税户实施减免税8.4亿元，对94个工业园区的纳税户实施减免税1.2亿元。支持企业节能环保及技术创新实施减免税6.4亿元，促进就业、创业地方税收优惠1.5亿元，支持成长型、就业型工业困难企业地方税收优惠1.6亿元，为区域经济和行业、产业发展提供了实质性支持。

【推进依法治税】 制定出台《全面推进依法行政工作的实施意见》，确定23条具体举措强化依法行政。推行会前学法制度，增强了地税部门领导干部的法律意识。完善税收执法过错责任追究制度，对547人次税收执法过错行为实施行政处理。加强对税收管理员的管理和监督，建立个体工商户核定征收标准的公示制度。建立地税收入质量考核指标体系，及时掌握和监督收入计划执行情况，促进地税收入增长与经济发展相协调。大力规范税费征管，统一采用税收方式征缴、统一实行国库集中收缴、统一使用税收票证。强化税务稽查，开展税收专项检查和区域税收专项整治，查处一批有影响的大案要案，查补及自查税款11.3亿元，查处违法发票10.5万份。

【强化信息管税】 以税源管理为抓手，认真开展税源专项普查，推广应用税源监控系统和纳税评估软件，推行专业化管理，做好重点税源和大企业税收管理工作，将年纳营业税100万元以上、企业所得税500万元以上的企业纳入省地税局监控范围。以信息化为依托，开发应用“两业”管理信息系统、电子绩效考核系统，启动数据综合利用平台、第三方信息交换应用平台和税收电子地图项目，进一步完善征管业务软件和网上办税平台。以深化税收征管改革为重点，启动征管改革试点，扎实开展征管信息数据专项清理，为深化征管改革打下了坚实基础。

【深化征管改革】 为了适应税收管理面临的新形势，研究制定《关于进一步深化税收征管改革的意见》并报省政府批转下发，明确征管改革的目标任务要求，推进征管标准化建设，开展地税机构、职责调整和人力资源配置问题调研，确定1+3（省局直属局和3个设区市局）的征管改革试点单位，扎实开展征管数据清理工作，制定168条数据标准，核实清理数据422万条。

【不断提升纳税人满意度】 建成并顺利开通12366纳税服务热线，实现纳税人咨询的统一受理和有序处理。规范星级办税服务厅评比工作，组织评定百名年度纳税服务标兵。开展国地税共建办税服务厅试点，拓展国地税联合服务纳税人的范围。优化网上办税平台，拓展网上办税功能，网报签约户同比增长36%，网报税额同比增长76%。组织第21个税收宣传月活动，参与人数达72万多人次，举办纳税人培训班300多期，培训企业财务人员1.8万余人次。进一步扩大纳税信用评定对象的范围，组织评定A级纳税信用企业893户，促进纳税人满意度和遵从度不断提升，江西地税纳税服务工作得到国家税务总局的通报表扬。

【开展A级纳税信用企业井冈行活动】 进一步扩大纳税信用评定对象的范围，组织评定A级纳税信用企业893户，并邀请其中50户代表举办首届A级纳税信用企业井冈行活动。活动期间，税企代表发表共同起草的《诚信征纳联合倡仪书》，举办税企座谈会，通过交流和沟通，了解纳税服务需求，共谋诚信发展大计，促进了征纳和谐。作为全国首创的A级纳税信用企业井冈行活动，得到国家税务总局的肯定。

（邓远峰）

经济管理与监督

本栏编辑　邓玉兰

综合管理与宏观调控

【概　况】　2012年，面对严峻复杂的国内外经济发展环境，全省上下围绕建设富裕和谐秀美江西的奋斗目标，把握稳中求进的工作总基调，统筹做好稳增长、调结构、抓改革、优生态、惠民生、促和谐各项工作，特别是针对经济下行压力加大的严峻形势，采取有力措施，积极沉着应对，经济社会发展呈现稳中有进的良好势头。全年生产总值增长11%，财政总收入增长24.4%，其中公共财政预算收入增长30.2%，规模以上工业增加值增长14.7%，500万元以上固定资产投资增长30.1%，社会消费品零售总额增长15.9%，外贸出口增长14.8%，实际利用外商直接投资增长12.6%，城镇居民人均可支配收入增长13.5%，农民人均纯收入增长13.6%，居民消费价格总水平上涨2.7%。主要经济指标完成省十一届人大五次会议确定的计划目标。

【积极争取国家支持】　密切跟踪国家宏观政策，主动对接，在争取中央资金、项目、政策支持等方面取得重大突破。全年争取国家中央预算内投资193.3亿元，再创历史新高。争取国家核准九江城投、省高速公路投资集团、江西和济投资有限公司等15家企业发行债券，债券融资规模达到204亿元，比上年增加128亿元，增长168%。同时，国家批复（核准）江西省级党政机关搬迁置换、蒙西至华中地区煤运通道、南昌市轨道交通2号线一期工程、安源电厂“上大压小”和贵溪电厂“上大压小”第二个单台等8个项目。争取到黄金埠电厂二期500千伏、鹰潭至抚州至罗坊500千伏、梦山至妥源500千伏等9个电网工程获准开始前期工作。鹰潭工业园区列入全国第一批园区循环化改造试点，江铜列入全国资源综合利用“双百”工程试点，新增13个市县列入国家低碳城市、生态文明等试点示范。

【谋划推动重大战略】　围绕中央苏区振兴上升为国家战略，开展一系列工作。经过深入调研、反复衔接，成功争取国家出台《关于支持赣南等原中央苏区振兴发展的若干意见》，并在执行西部大开发政策、中央财政专项、国家机关对口支援、重大项目等方面赢得国家最大支持。从中央领导作出批示到国务院“意见”正式出台不到半年时间，“意见”出台速度之快，政策含金量之高在全国同类文件中十分罕见。同时，围绕抓好“意见”的贯彻落实，江西省迅速出台46条贯彻意见和《赣闽粤原中央苏区振兴发展规划（建议稿）》，苏区振兴工作全面启动。扎实推进鄱阳湖生态经济区建设，出台《鄱阳湖生态经济区先导示范区建设指导意见》，列入规划的405个重大项目完成投资达到40%左右，推进鄱阳湖综合整治行动、重点工业企业污染源治理等工作，实施“森林城乡、绿色通道”建设工程，推进农村垃圾无害化处理、“五河一湖”生态环境综合治理、长江暨鄱阳湖流域水资源保护等生态工程，城镇污水处理设施实现市县全覆盖，主要河流监测断面水质达标率81.2%，比上年提高0.6个百分点。同时，谋划推进支持南昌打造核心增长极、推进九江沿江开放开发、打造吉泰走廊重要增长带等区域发展战略，全省“龙头昂起、两翼齐飞、苏区振兴、绿色崛起”的区域发展格局初步形成。

【全力推进项目建设】　坚定不移实施重大项目带动战略，全年实施重点工程236项，完成投资增长12.3%，达1368.9亿元，再创历史新高。开工建设昌樟和昌九改扩建、寻乌至全南、宜春至万载、九江绕城等高速公路、省级党政机关搬迁置换、华能安源电厂等项目；建成赣州至崇义、奉新至铜鼓等7条高速公路、京九铁路电气化改造提速、贵溪电厂和九江电厂“上大压小”各1台机组等项目；峡江水利枢纽顺利实现大江截流，山口岩水利枢纽下闸蓄水，杭长、合福、衡茶吉、向莆、赣龙铁路等项目顺利推进，全省高速公路通车里程突破4000千米，达4260千米，铁路在建里程1207千米，统调电力装机达到1533万千瓦，江西省基础设施保障水平进一步提高。

【优化产业结构】　着力培育战略性新兴产业，通过搭建平台、培育基地、项目扶持等措施，积极促进战略性新兴产业加快发展，全年战略性新兴产业增加值增长15%，比规模以上工业增速高0.3个百分点。争取到江钨控股技术中心上升为国家级企业技术中心，真菌源生物农药等5家工程研究中心（工程实验室）上升为国家地方联合创新平台。加快改造提升传统产业，重点推进钢铁、有色、陶瓷、水泥等高耗能行业的节能技术改造，着力提升主要耗能设备的能源利用效率，储备节能技改项目100余项，形成年节能能力50多万吨标准煤。把服务业发展放在更加重要的位置，召开全省加快推进服务业发展工作会，出台一系列服务业发展扶持政策，重点扶持旅游、文化创意、物流产业基地、城市综合体、大型批发市场等五大服务业新兴业态，重点支持一批现代服务业集聚区、龙头企业和重大项目建设，全省服务业呈现出发展提速、比重提高、水平提升的良好态势，服务业占GDP的比重提高1个百分点。通过实施节能惠民工程、节能评估审查、农村重点污染区域专项治理、重金属污染治理等措施，全面完成年度节能减排任务，万元生产总值综合能耗下降5.9%，化学需氧量、氨氮、二氧化硫、氮氧化物排放均超额完成年度目标，11个设区市环境空气质量全部达到国家Ⅱ级（达标）以上，生态环境质量明显改善。

【不断深化改革开放】 扎实推进重点领域改革，7个非工口系统国有企业改革全面完成，11户省出资监管企业完成股权多元化改革。医药卫生体制改革取得新进展，实现国家基本药物制度行政村全覆盖，全面实施尿毒症免费血透救治，启动县级公立医院综合改革试点、贫困家庭重性精神病免费救治等工作。大力推进文化体制改革，全面完成全省国有文艺院团、非时政类报刊转企改制、全省广电“一张网”整合等文化体制改革任务。国有林场改革试点稳步推进。居民生活用电阶梯电价改革顺利实施。开放型经济保持逆势增长。通过帮助开拓市场、优化出口结构、强化出口服务等措施，对外贸易实现稳定增长，全年外贸出口251.1亿美元，增长14.8%。

【开展招大引强年活动】 成功举办赣鄱文化台湾行、首届华人华侨赣鄱投资创业洽谈会等一系列重大招商活动，全年实际利用外资68.2亿美元，增长12.6%。利用省外5000万元以上项目资金3189.4亿元，增长23.7%。省部（央企）合作取得新成效，江西省与国开行、中国电信、大唐集团、中国机械集团等十余家单位签署战略合作协议，累计61家。

【切实抓好民生改善】 全面完成民生工程70件实事。就业形势保持稳定，城镇新增就业53万人，城镇登记失业率控制在3.5%以内。养老、医保、低保等社会保障水平不断提高，实现城乡居民社会养老保险制度全覆盖，省直机关事业单位公费医疗与城镇职工医保顺利实现衔接。保障性安居工程建设成效显著，全年开工30.38万套，竣工30.9万套，超额完成国家下达任务。物价保持基本稳定，居民消费价格涨幅2.7%，比计划目标低1.3个百分点。罗霄山片区区域发展与扶贫攻坚规划获得国家批准，扶贫攻坚力度明显加大，建立健全“四个一”组合式扶贫机制，3400个贫困村的整村推进扶贫工作取得明显成效。教育、医疗、文化等社会事业建设力度加大，全年新增中小学校舍面积62万平方米、卫生业务用房面积76万平方米、公共文化设施用房面积16万平方米。

（蔡昌辉）

重点工程建设

【概　况】 2012年，省重点工程建设围绕建设和谐秀美江西这一奋斗目标，以加快转变经济发展方式为主线，着力提升服务水平，大力推进项目实施。全年在交通、能源、水利、工业和社会公益事业等领域共安排省重点工程236项。其中，计划建成投产项目53项，续建项目66项，计划新开工项目99项，预备项目18项。总投资6300.39亿元，年计划投资1360.16亿元，全年实际完成投资1368.86亿元，占年计划的102.5%，同比增长12.3%，超计划完成全年任务。全年新增装机容量130万千瓦，全省统调装机容量达1546万千瓦。

省重点工程办公室始终坚持以服务项目为宗旨，切实履行职责，坚持依法行政，坚持务实高效，坚持廉洁自律。重点工程办公室主要领导带队参加“政风行风热线”直播节目，现场解答群众关心的社会热点问题，自觉接受社会各界和群众的监督。

推进交通项目建设。高速公路建设：建成奉新至铜鼓、良禾口至桃墅店、德兴至上饶、吉安至莲花、抚州至吉安、赣州至崇义、龙南至杨村等7个项目，新增高速公路通车里程618千米，占全国新增里程的5.6%，全省高速公路通车里程达到4260千米，通车里程由2011年的全国第十位跃升至全国第八位，国家高速公路网江西境内全面建成贯通，新增5个通往安徽、湖南、广东的高速公路出省通道，结束了9个县没有高速公路的历史，全省通高速公路的县达到98个，形成南昌到各设区市4小时、到周边省会城市6小时的公路快速通道。铁路建设：2012年，全省铁路运营总里程达2835千米，加快推进向莆、衡茶吉、赣韶、杭南长、合福、赣龙扩能等项目建设，在建铁路里程1207千米。

推进能源项目建设。国电九江发电厂“上大压小”扩建项目第一台60万千瓦级机组、贵溪电厂“上大压小”扩建项目第二台60万千瓦级机组及外送工程建成投产，全年新增装机容量130万千瓦，全省统调装机容量达1546万千瓦。赣南500千伏输变电工程建成，新增50万伏输电线路249.2千米，变电容量150万千伏安，至年底，50万伏线路达3194.7千米，变电总容量1750万千伏安。大力推进节能、环保、低碳能源项目，共实施风电、水电、抽水蓄能、分布式能源等10项电力项目，其中中电投大岭扩建风电场已建成，装机容量2.1万千瓦，江西洪屏抽水蓄能电站是全省第一座抽水蓄能电站，电站建成后将进一步增强江西电网调峰调频能力，显著提高江西电网安全稳定水平和供电可靠性。

推进社会公益和农林水利项目建设。全年共实施社会公益和农林水利项目39项。南昌轨道交通1号线一期工程已全面开工建设，预计在2015年投入使用。南昌大学第一附属医院急诊创伤抢救中心及科研辅助综合大楼、江西中医学院附属医院医疗综合大楼已基本建成。峡江水利枢纽项目船闸于9月1日具备临时通航条件，预计在2015年8月建成。

【全力协调和推进项目建设】 省重点工程办公室积极主动深入项目现场做好服务工作，加强与项目主管部门、地方各级党委政府和有关职能部门的沟通联系，本着以人为本、和谐征迁、富民安置的理念，积极协调项目建设在征地拆迁、通讯电力杆线迁改、交叉跨越、施工临时用电、施工治安环境等方面遇到的问题，努力营造良好的建设环境，推动项目顺利实施。年内，省重点工程办公室共召开各类协调推进会议50余次，印发有关纪要和文件近30份。重点解决了杭长客专上饶灵溪35千伏变电站迁改，合福铁路上饶县四十八镇岩溶地区房屋征收补偿，昌九城际铁路九江市杭州路立交工程设置方案调整，九江绕城高速公路星子县白鹿镇石材加工企业搬迁安置，万载至宜春高速公路万载县、袁州区城市规划区内房屋征收补偿，金溪至抚州高速公路上跨向莆铁路，瑞金至寻乌高速公路会昌县坑口桥复建，贵溪电厂外送线路及大唐抚州电厂铁路专用线建设等问题，确保项目的顺利推进。

【完善项目建设招标投标工作】 省重点工程办公室会同项目主管部门，按照法律法规，严格履行监管职能，坚持“公开、公平、公正”原则，强化业务指导、强化程序监督、强化环节监管、强化投诉处理、强化廉洁自律，切实维护招标投标市场秩序，确保项目招标工作规范有序。年内由省重点工程办公室会同项目主管部门监管的招标项目标的金额约280亿元，中标金额约271亿元，节省投资约7%。为进一步加强省重点建设项目招标投标活动的管理和指导，由省重点工程办公室负责起草的《江西省重点建设项目招标投标管理办法》于11月20日以省政府第201号令颁布，2013年1月1日起正式实施。使重点工程建设从勘探设计、监理、施工、货物采购等一系列招标投标活动有法可依，有章可循。

【加强重点工程安全生产工作】 2012年，就加强重点工程安全生产工作印发了5个文件，认真贯彻落实国家和省关于安全生产工作的一系列重要部署和要求。省重点工程办公室领导多次深入施工现场，检查督促项目安全生产工作。各重点工程项目单位牢固树立科学发展、安全发展的理念，坚持“安全第一、预防为主、综合治理”的方针，严格落实安全生产责任制，深入开展“安全生产年”“安全生产月”各项活动，扎实推进“打非”专项行动，狠抓安全生产隐患排查治理，有效防范和遏制了重特大事故的发生，保持了安全生产总体平稳的良好态势，确保了汛期施工安全，重大节日和重大活动期间施工安全。

【加强项目信息调度】 通过省重点工程月报表、深入项目现场、网络信息平台等多种方式，全面加强重点工程信息调度，做到全面调度和专项调度、日常调度和重点调度相结合，及时、准确、全面反映全省重点工程建设进展，为领导决策提供详实数据和资料。为加强重点工程管理提供科学依据，年内共编印10期《重点建设信息》。

【支持省属建材企业发展】 省重点工程办公室本着有助于省重点工程项目降低成本，保证工程质量，有助于省属建材企业不断提升产品等级、扩大市场销售的原则，积极组织省重点工程建设单位与省属建材企业进行对接，签署战略合作协议，大力支持省属建材企业做强做大。2012年，省重点工程采购省产建材的比例大幅度提升。全年省重点工程累计使用水泥742.4万吨，其中省产水泥688.6万吨，占总用量92.8%；钢材179.2万吨，其中省产钢材103.2万吨，占总用量57.6%；特别是使用江西省新华钢绞线用量占该总量的95%以上。

（省重点工程办公室）

国有资产管理

【概　况】 2012年，省国资委把握稳中求进的总基调，大力实施“一个龙头、两翼发展”的总体战略，依法加强监管，深入推进改革，全面提升管理，国有经济运行态势平稳。全省出资监管企业资产总额为7164亿元，同比增长23%。净资产为3151.4亿元，增长22.9%。累计实现营业收入3683.7亿元，增长17.4%。累计实现利润147.4亿元，下降21.2%。累计完成增加值477.8亿元，下降1.2%。省国资委出资监管企业拥有资产总额2419.5亿元，增长12.2%。累计实现营业收入2886.4亿元，增长17.3%。累计实现利润总额64.4亿元，下降36.2%。累计完成增加值320.3亿元，下降9.0%。年内企业效益下降的主要原因是大宗产品如阴极铜、钢铁、煤炭、钨、稀土等价格大幅下降，直接导致企业减利甚至亏损。在大多数企业利润普遍下滑的情况下，省投资集团公司、省建工集团公司、江西国际经济技术合作公司、江西国际信托股份有限公司、省招标咨询集团等企业，通过加强管理，开拓市场，企业利润不减反增，实现逆势上扬。全省国有经济依然对全省经济发挥着主导带动作用，省属国有大型企业在全省工业支柱产业、千亿产业中发挥着龙头带动作用，为全省经济稳定发展发挥了重要作用。

进一步优化调整省管企业领导班子。重点调整直升机产业投资管理有限公司的法人治理结构和党委会，组建改制后的省招标咨询集团有限公司领导班子，组建与调整引进战略合作者以后的省建工集团公司及省建工集团有限责任公司领导班子，调整凤凰光学集团公司董事会职数及成员。根据考核情况调整完善省盐业集团公司领导班子，完成省投资集团公司党委和纪委换届人选批复。为加强企业法律风险防范与控制，新选拔任用凤凰光学集团、建工集团、国经公司等3家企业的法务总监。考虑到煤炭集团主业整体上市后，根据省煤炭集团组织架构，完成江西煤业集团有限责任公司党委、纪委调整和安源煤业集团股份有限公司、中煤科技有限公司主要领导成员配备。全年共为省管企业民主推荐和实地考察拟任职人选21人，考察谈话700余人次，办理企业领导人员（含董事会、监事会、经理层、党委会等成员职务）提拔、交流、调整、正式任职、免职退休、备案管理等近50人次。

【深化企业改革改组】 完成全省非工口7个系统1782户国有企业改革，共安置在职职工36.34万人，占职工总数的99.96%。对省属国有企业进行优化重组，积极推进凤凰光学集团、省盐业集团、国经公司、中江集团等4户企业的股权多元化改革。基本完成昌九生化股权转让、企业改制及化解风险等工作，两个方案经职代会通过。

【优化国有经济布局】 加快沿海、沿江和境外布局,协调配置资源。江铜集团按照靠近市场、靠近原料和沿江沿海布局生产力的原则,进一步优化铜和相关产业的全国性产业区域布局,基本形成鄱阳湖生态经济区、环渤海、长三角、珠三角、西南五大产业基地。省煤炭集团在稳住省内年产1000万吨煤炭基础上,积极在云贵地区和印尼、马来西亚等地布局,力争在西南和国外分别再造一个江西煤炭集团。江钨控股集团在立足省内资源的基础上,着力整合开发建设青海玉树、广西南宁、河北丰宁、福建上杭、云南怒江等钨、钼、铜、稀土等资源项目,形成西北、西南、东南的省外"三角型"战略资源基地布局。江西国际公司先后在博茨瓦纳、赞比亚等国家获得矿权44个,矿区面积2万余平方千米,累计获得国家和省里的扶持资金8257万元,探矿取得重大进展。中鼎国际在江西率先获得国家援外成套项目A级实施企业资格,连续5年入选全球最大国际承包商225强,位列第190位。搭建战略性新兴产业发展的新平台。由省政府授权省国资委监管的江西直升机产业投资管理有限公司于9月25日正式揭牌成立。

【加快推进重大项目建设】 2012年,全省出资监管企业完成固定资产投资额136亿元。江铜集团20万吨铅锌冶炼工程、德兴60万吨硫铁矿项目一期,新钢8#高炉原地恢复性检修工程、中冶环保钢铁渣"零排放"项目二期工程,煤炭集团中鼎朋古鲁二井及电厂项目等一批项目相继建成投产。江铜集团武铜云池口尾矿库工程,江钨控股集团数控涂层刀片项目、纳米合金晶片项目,新钢良矿太平山矿区深部开采项目,煤炭集团丰矿新高焦化工程,投资集团九江长江大桥等一批重大项目进展顺利。江钨控股集团3万吨钨综合冶炼等项目正积极推进。

【提高国资监管的针对性和有效性】 充分发挥财务总监和法务总监"两监"队伍的重要作用。向所有监管企业委派财务总监,全面启动风险预警工作,突出抓好企业预算执行、内控制度建设、财务信息化建设、重大事项管控和风险防范,有效防控了企业风险。向11家出资监管企业派驻法务总监,全面加强企业法务人才队伍建设,积极帮助企业做好法律纠纷调处工作,先后帮助企业调解重大法律纠纷近20起,避免经济损失近10亿元。加强监事会监督检查。初步建立监事会制度框架体系,加强充实监事会队伍,7个监事会及其办事处全面建立。两年内监事会出具年度监督检查报告27份,专项报告和情况报告39份,揭示企业问题和风险382个,提出建议386条,形成"报告、处理、落实、反馈"全过程监督。加强对出资监管企业内部审计工作的指导,对任期届满的4户出资监管企业的董事会进行任期经济责任审计。深化考核分配制度改革,突出核心竞争力考核、强化对标考核、完善中长期考核,充分发挥业绩考核的引导性和约束性,积极引导企业领导和员工齐心共克时艰。试行国有资本经营预算。加强与省直有关部门沟通协调,拟定国有资本预算收支管理的总体方案。组织出资监管企业财务部门,结合各自盈亏和经营情况,对2011~2012年国有资本收益总额进行初步测算,协助财政部门完成2010年度资本收益的收取和支出安排建议。

(蔡正孙)

安全生产监管

【概　况】 2012年,全省扎实推进"安全生产年"活动,实现新世纪以来事故起数、死亡人数连续12年"双下降",连续7年杜绝特别重大事故。全省发生生产安全事故7117起,死亡1691人,同比少1102起、少105人,分别下降13.41%和5.85%,死亡人数首次降到1700人以内,事故总死亡人数为控制指标的92.0%。全力保持党的十八大、全国全省"两会"等重要时段安全平稳,全省安全生产继续保持总体稳定、持续好转的发展态势。

【推动安全责任落实】 省级层面开展6次综合督查或督导调研,督办10起较大事故,发出15份重大安全隐患整改督办函,多次约谈事故单位和属地政府负责人,核查3起重大事故责任追究落实情况,注销139家停产、转产危险化学品企业安全生产许可证、28家未取得矿山工程施工承包资质的外包采掘施工安全生产许可证。同时,依法严肃查处各类事故,工矿商贸领域发生的148起事故结案128起,追究107家责任单位、300名责任人的责任。

【营造安全发展氛围】 精心组织"安全生产月"活动,220多万名群众参加活动,成功举办江西省安全生产十年成就摄影展,推进创建安全工业园区、安全社区、安全文化建设示范企业、安全校园、安全乡镇、安全发展示范城市活动,联合举办全省重点骨干企业负责人安全生产专题研修。全面推进安全培训工作,累计培训103万人次。成功推出《生命守护神》MV,是"生命之歌"第二届全国安全歌曲大赛推出的第一部音乐电视。争取中央补助、地方配套4100多万元,全面推进中核南昌安全生产培训演练基地建设。

【提升安全保障能力】 全省新建、改建、扩建符合危险工艺的60家生产企业自动联锁装置安装率达100%,原涉及危险工艺改造的72家企业改造完成率达100%。非煤矿山露天采石场中深孔爆破推广率达84.53%、地下矿山机械通风实现率100%,99家企业开展"六加一"系统建设。积极推动42个县安全监管执法装备配备。启动江西省工业安全工程技术研究中心建设,承办第十六届全国安科院(所)长联席会议。强化安全中介机构监管,发挥技术支撑作用。江西省编写的《钨矿山地下开采安全规范》国家标准,被全国有色金属标准化技术委员会授予技术标准优秀奖三等奖。成功处置大广高速"9·16"隧道塌方事故,16名被困工人全部获救。

【强化安全监管执法】 开展"打非治违"专项行动,累计查处安全生产领域非法违法、违规违章行为47.36万起,责令停产、停业、停止建设进行整顿的单位2262家,暂扣或吊销有关许可证、职业资格证1146个,关闭345家,行政拘留336人,移送司法机关追究刑事责任39人。

【深化安全专项整治】 突出重点行业领域，持续排查治理隐患，深入推进专项整治，排查工矿、交通运输行业领域企业7.18万家次，一般隐患14.57万项，整改14.11万项、整改率达96.84%；重大隐患356项，整改297项、整改率达83.43%。深化创建“平安农机”示范县活动，江西省3个县获2012年全国“平安农机”示范县称号。

【提高本质安全水平】 实行非煤矿山企业安全生产责任保险费率激励机制，促进安全生产与保险业良性互动。严格执行新建化工项目进园入区政策，新建项目全部进园入区。深入开展安全生产标准化创建活动，非煤矿山、危险化学品、工贸三大行业企业达到一级5家、二级279家。全面实施非煤矿山“万名班组长安全培训”工程，累计培训2万余人。编写的《金属非金属矿山班组长安全管理读本》系列教材，被全国安全生产教育培训教材编审委员会作为指定教材。成立江西省安全生产标准化技术委员会。

【保障职工健康权益】 省级层面理顺职业卫生监管体制，成立江西省职业危害检测检验中心。5个设区市调整职业卫生监管职能，8个设区市安监局单设相应机构。开展《职业病防治法》宣贯活动，发放宣传材料3000余套。开展全省职业卫生先进企业创建活动和重点行业职业病危害专项治理，抓好工作场所职业病危害项目申报，截至年底，全省网上申报且完成备案企业7931家。

（陈 博）

煤矿安全监察

【概 况】 2012年，江西煤矿安全监察局以“打非治违”为重点，深入开展“安全生产年”活动，围绕煤矿安全监察中心工作，团结协作、狠抓落实，全省煤矿安全形势稳定好转，安全生产实现新的超越。

安全形势历史最好。全省煤矿共发生事故13起，死亡33人，同比少6起，少死亡21人，分别下降20%、36.2%，比控制考核指标少19人、低36.5%，为历史最好水平。赣中分局、赣东北分局辖区煤矿事故死亡人数控制在10人以下，吉安、九江、新余、萍乡等设区市以及丰城矿务局、乐平矿务局等单位没有死亡事故。

执法力度再创新高。组织开展瓦斯防治、防治水、职业危害、建设项目、安全生产许可证、煤矿设备、易地交叉等专项监察，共监察矿井1039矿次，责令停产整顿矿井30处，实施行政处罚罚款2613.81万元，向地方政府下达加强和改善煤矿安全监管建议书16份。特别是查处了4起瞒报漏报事故，并实施了大额罚款，影响很大。

监察方式不断创新。赣西南分局针对“打非治违”采取全天候突击监察，以联合执法的方式妥善处理超层越界、资源纠纷、矿井贯通等复杂问题，成效显著。赣中分局在改进和完善“五集中监察”的基础上，分专业组开展监察，提高了工作效率，同时加强督导调研，增强监察针对性。赣东北分局完善监察模式和监察程序，坚持监察工作闭合，取得较好成效。省局、分局均加大了对市、县政府和省煤炭集团公司、矿务局管理层的监督监察力度，切实提高了监察效果。

各项事业协调发展。江西煤矿安全监察局机关积极开展文明单位创建活动，连续第3年获“省直机关文明单位”称号，各事业单位主要指标均完成年初下达任务，取得新进展。

【开展为期一个月的煤矿安全专项督查】 党的十八大召开期间，配合国家安全生产监督管理总局在赣督查的同时，组织6个督查组分赴全省各产煤市、县、乡镇和省属煤矿企业，开展为期一个月的煤矿安全专项督查。明确了措施，要求督查做到深入细致，做到督查全覆盖，矿长警示教育全覆盖，省局对设区市煤矿安全监管工作监督检查全覆盖，并要与监察业务相结合。对安全生产没有把握的矿井、采掘工作面，要坚决实行停产整改；对“四类矿井”和违反煤矿瓦斯防治工作“十条禁令”的煤矿必须坚决停产整顿。针对煤矿安全生产工作实际，进一步落实企业主体责任和政府部门监管责任，加强督促检查，认真排查治理重大隐患。与当地煤矿安全监管部门共同制定有针对性实施计划。督查期间，各督查组认真听取各地有关部门和煤矿企业的安全生产情况汇报，梳篦式地对每个煤矿进行检查，特别是对没有停产检修的省煤炭集团公司所属煤矿进行重点检查，责令9个安全生产没有把握的工作面停止生产，对存在的安全生产违法行为行政罚款35万元。确保了会议期间全省煤矿生产安全稳定，未发生一起事故。

【进一步提高监察执法水平】 一是出台江西煤矿安全监察规范。在认真编制、严格落实执法计划的基础上，严格落实“十项要求”，出台《江西煤矿安全监察执法工作规范》，推进规范执法。以业务座谈会等形式，分析探讨煤矿安全生产面临的新形势、出现的新问题，加强对煤矿决策层、管理层、技术层的监察和执法力度。二是加强对监管工作监督检查。分级对各产煤设区市及县（市、区）煤矿安全监管工作开展监督检查，对6个产煤设区市提出关闭12对矿井的要求，进一步推动了地方政府属地管理责任和部门监管职责的落实。三是强化安全生产许可证管理。对270处矿井进行了安全生产许可证延期。四是进一步规范煤矿猝死事故处理。严谨事故调查处理，全年共对13起事故立案调查，按期结案11起。开展煤矿事故警示教育，较好地强化煤矿企业依法办矿意识和主体责任落实。

【煤矿专项整治见成效】 深化“打非治违”专项行动。以资源整合矿井、预核准矿井为重点，突出近期因非法违规行为被处罚处理过的企业，加大巡查处置力度，严格落实“四个一律”，严厉打击煤矿拒不执行安全监察指令的行为，强化对迟报、漏报、谎报、瞒报事故的查处力度，查实4起瞒报漏报事故，处理不按规定报告事故、迟报事故各1起，立案调查非伤害事故1起。特别是针对煤矿超深开采严重的地区，由省局领导带队进行协调沟通，督促加快整改。深化瓦斯治理。本着正视实际困难、积极推进治理的原则，向省政府提出4条加强煤矿瓦斯防治工作的意见，以防突专项监察、易地监察、分片宣贯法规政策等形式，督促煤矿企业牢固树立“瓦斯超限就是事故”的理念，严格督促企业执行“十条禁令”，省属国有煤矿瓦斯超限次数大幅下降，降幅达79.5%。年内全省完成瓦斯抽采量1.25亿立方米，同比增长3.96%，利用量4665万立方米，综合利用于民用、发电、陶瓷等领域。深化水害治理。牢牢盯住水害重点矿区，开展防治水专项治理和专项监察，并部署安排“回头看”，全年全省煤矿未发生水害事故。深化职业危害防治。以法规宣讲、专题培训、专项监察与示范矿井建设相结合，煤矿职业危害防治工作得到地方监管部门和煤矿企业的高度重视，管理水平和防治意识有较大提高，为推动全省煤矿职业危害防治工作上台阶打下了基础。深化隐患排查治理。针对地方乡镇煤矿重大隐患实行挂牌管理，督促省煤炭集团公司建立完善集团、矿务局、矿三级安全隐患排查、治理、问责、挂牌督办、报告制度，形成煤矿安全监察、监管、企业安全管理相结合的隐患排查治理长效机制。深化企业安全管理创新。省局组织编印《煤矿安全管理与创新》，总结提炼了煤矿安全方面创新安全管理的经验做法，反响较好。

【落实科技兴安战略】 督促煤矿企业按时完成“六大系统”建设任务，以煤矿提升系统安全改造为重点，国家明令禁止的设备基本淘汰到位，同时强力推进煤矿实现运送上下井人员机械化，推进掘进装载机械化和大巷运输机械化，小煤矿主要巷道基本消灭木支护，提高了全省煤矿技术装备水平。

【强化应急管理】 参与事故救援28起，抢救生还遇险人员32人，抢救遇难人员23人。编制完成江西省煤矿事故应急预案和省局部门应急预案计划，做细应急预案备案工作，抓实应急演练，兼职救护队质量标准化建设取得新突破，应急管理和救护队建设获上级表扬。积极拓宽抢险排水业务，打破地域界限，承接省外排水业务。

【狠抓检测检验】 坚持为企业提供科学、公正、严肃的检测技术服务，共检测矿井320处，检测产品4000余台（套），出具报告4000余份。特别是积极创新检测报告运用形式，服务企业安全技术研究、安全监察执法、事故调查取证，取得实效。

【加强安全培训】 年内出台《培训机构资质认定标准和评定办法》《培训机构评估检查办法》和《培训机构资质认定延期变更工作程序》等管理办法。煤矿安全培训机构初步形成布局较合理、功能较完备的煤矿安全培训支撑体系。年内，围绕办学条件、师资队伍、教材选配和教学管理这4项工作重点，加大资金投入，改善培训条件，提高培训效果。按照“以监察促培训，以培训保安全”的工作思路，不断加大监察执法力度。人事培训处在异地交叉检查派出骨干力量，进行三项岗位人员持证上岗监察，监察矿井35处，制作执法文书70份，罚款35.5万元，一大批培训方面的隐患得到督促整改，对未监察矿井起到警示作用。全年共完成三项岗位人员培复训16878人次。

（周　华）

价格管理

【概　况】 2012年，面对复杂严峻的国内外经济环境，全省各级价格主管部门围绕建设富裕和谐秀美江西的奋斗目标，把握“稳中求进”的工作总基调，认真抓好价格调控监管，扎实推进价格改革，建立健全稳价安民的长效机制，保持了价格总水平基本稳定，为促进全省经济平稳较快发展作出了积极贡献。2012年，全省居民消费价格总指数同比上涨2.7%，顺利完成4%左右的全年价格调控指标。

【采取六项措施调控价格】 一是价格监测预警得力，价格分析建议到位。严密监测重要商品市场价格动态，每周有两次密集数据报送分析，及时搜集市场情况，做好价格预测预警，成功应对市场价格异常波动。每月向全省通报居民消费价格指数涨幅情况，督促各地严加调控，并有月度价格分析材料，提出调控建议，及时应对市场变化。每季度召开价格形势分析会，研究布置重点工作，取得良好成效。二是粮价政策落实得力，有力促进生产和供应。2012年再次落实籼稻谷最低收购价政策，启动17个县中晚籼稻最低收购价，并延长收购期限，促进了生产和供应，为稳定物价打下良好的物质基础。三是生猪市场调控得力，缓解了食品类价格涨幅。根据生猪市场变化，及时启动预案，发布生猪价格预警信息，合理引导生猪生产。四是通胀预期管理得力，宣传工作得力，社会舆论环境趋好。各级价格主管部门，主动出击，联络新闻宣传部门，约见记者，召开新闻通报会，广泛参与广播电台、电视台、网络物价专题栏目同步直播，作价格宣传、答疑释惑，排解民忧，正确引导社会舆论。五是专项治理工作得力，物流等流通领域成本费用有所减轻。由省发改委牵头，会同纠风、商务、交通、公安、工商等多部门开展物流、商场、银行、电信、交通等6个领域收费专项治理，有效规范了收费行为，降低了流通成本。仅降低电信资费一项，全省减少收费约10亿元。六是把握政府定价政策得力，抑制价格不合理上涨。年内，各级价格主管部门统筹安排，精心操作，完善配套政策，准确把握政府定价出台时机，防止价格上涨引发连锁反应。

【重点管理“菜篮子”“药罐子”“书袋子”价格】 强力支持蔬菜生产基地建设，积极推进农产品平价商店建设，稳住“菜篮子”价格。全省市、县价格部门，累计运用4000多万元价格调节基金，扶持蔬菜、生猪生产基地建设，增加市场供应。南昌、吉安、赣州、宜春、新余等市共扶持建设近100家农产品平价商店，其中南昌有41家，降低了蔬菜交易价格，惠及市民，广受好评。此外，全省农产品绿色通道免费品种进行了扩增，年减免蔬菜运输费用6.57亿元。强制度、降药价，有效减轻“药罐子”负担。完善了药品定价评审制度，规范新版医疗服务项目价格。增补295个基本药物与173个非基本药物纳入政府定价监管范围。降低168个消化、免疫、抗肿瘤类药品价格，累计降价金额3亿元。降低26所县级公立医院大型医用设备检查价格。严格管住幼儿教育和义务教育收费，防止“书袋子”价格上涨。积极推进规范幼儿园收费行为。推进公办高校学费学分制收费在南昌大学的试点工作。严格管理中小学教辅材料价格,减轻了家长额外负担。

【有序进行资源性产品价格改革】 主要是通过完善一个规则、出台两个新价、实施三个政策,促进经济发展方式转变和生态文明建设。完善一个规则:完善小水电上网电价管理,强化了改革导向,规范审批程序,实现公开、公正、科学有序定价。出台两个新价:一是实施居民生活用电试行阶梯电价科学定价。召开听证会,充分吸取各方面的意见,制定方案,最后平稳实施。首次引入权威第三方参与,即委托统计部门作数据校验调查,共同拟定意见,并代表听证会参与论述。政策的出台和实施受到各方认可和好评。二是实施工业园区污水处理费征缴政策,加强污染物排放治理,促进资源节约和环境保护。实施三个政策:一是对电解铝、铁合金等8个高耗能行业实施差别电价政策;二是对可再生能源实施鼓励的电力价格政策;三是逐步推动县级电网实施峰谷电价政策。

【进一步加大价格监督检查力度】 价格公共服务工作深入展开,有力地维护了市场价格秩序。开展住房、教育、电煤、成品油、运输等8个行业专项检查。出台《规范商品零售经营者价格行为指南》,建立企业价格诚信档案,推动商贸领域市场价格监管。依法查处价格违法件数2233件,退还用户1615.28万元,没收违法金额4388.27万元。推行商业银行收费、大型农贸市场和大型商场的明码标价工作。全省367家农贸市场收费全部实行明码标价。运用移动手机短信发送平台、电视、网络等媒体,累计向社区和农民发布价格信息40余万条。进一步推动价格诚信建设。受理举报案件5903件,办结率99.6%。

【夯实价格基础工作】 一是价格监测预警制度进一步落实,价格认证工作进一步加强。认真贯彻落实《江西省价格监测规定》即192号省长令,做到了价格监测工作报纸上有文章、网络上有点击。健全监测预警体系,抓好倾向性、苗头性等情况的搜集报告。受理刑事、民事、行政案件4.8万余件,完成27件涉案财物鉴定和48件涉纪财物认定,累计完成价格认定项目4386件。推进了价格认证机构建设。二是稳步推进成本调查和监审。完成早晚籼稻、生猪等8项成本调查,实施居民阶梯电价、高等教育收费、景区门票定价等3个重大项目成本监审,核减不合理成本2.91亿元。完成10个药品品种成本调查。三是价格理论研究和《价格月刊》办刊质量有新的提高。完成14个重大课题研究,多篇研究成果被全文转载引用。《价格月刊》被评为全国中文核心期刊,新增为中国人民大学复印报刊资料重要转载来源期刊。办刊质量和发行数量均大幅提升。四是分三批选送20位市(县)物价局长参加全国基层物价局长培训班,提高基层物价局长水平。

【创新市县基层价格工作】 各级价格主管部门围绕中心,稳中求进,开拓创新,做了大量卓有成效的工作。南昌市创新价格服务民生工作,设立41家农副产品平价商店,每天有10个以上蔬菜品种销价低于市场均价15%,并保证供应,让利于民,深受老百姓称赞,引起社会良好反响。吉安、新余建设平价商店也取得较好突破。九江、赣州、上饶深入开展"晒价格、惠民生"价格信息服务,拓展思路,转变方式,赢得市民好口碑。抚州、景德镇、萍乡、鹰潭扎实开展物流、商业领域乱收费治理工作,事先精心调研、事中严密监督、事后考核验收,有效降低了交易成本。

(谢治邦)

劳动管理

【概　况】 2012年,全省各级人力资源和社会保障部门积极会同有关部门,加强协调,健全制度,推进工作,切实维护劳动者和企业的合法权益,全省劳动关系总体和谐稳定。

加大农民工权益保障力度。积极落实省政府关于解决农民工就业培训、权益保障、公共服务等问题的一系列要求,协调推动维护农民工权益行动计划。与省司法厅、省普法办联合开展"关爱农民工、法律援助在行动"的活动。在全省范围内组织开展农民工工资支付情况专项检查活动,共检查用人单位1.20万户,涉及劳动者72.07万人,其中农民工64.22万人。存在拖欠工资情况的用人单位2860户,涉及农民工6.69万人,拖欠农民工工资9206.3万元,执法部门依法责令用人单位支付农民工工资及赔偿金9180.6万元。将《江西省农民工权益保障条例》列入省政府立法计划。2012年完成省政府法制办的立法前期调研,列入人大立法项目库。

加大劳动关系调整力度。以省委、省政府名义出台《关于构建和谐劳动关系的意见》,作为全省构建和谐劳动关系工作的重要指导性文件,这项工作走在全国前列。进一步完善协调劳动关系三方机制和协调劳动关系联席会议制度。组织开展农民工签订劳动合同"春暖行动",稳步提高劳动合同签订率,江西省劳动合同签订率达93.8%。

加大劳动保障监察执法力度。完善举报投诉、劳动保障监察行政司法联动衔接、群体性突发事件应急处理等工作制度,积极推进劳动保障监察网络化管理。在开展年检、日常巡查的基础上,组织开展清理整顿人力资源市场秩序、劳动用工与社会保险、农民工工资支付等专项执法检查,补签劳动合同18.41万份,督促用人单位补缴社会保险费3.23亿元,为7.67万人劳动者追回工资1.94亿元。省委副书记尚勇对省人社厅妥善及时处理向莆铁路(抚州段)工程拖欠农民工工资问题给予了充分肯定。

加大推进争议调解仲裁工作。基本完成仲裁机构实体化建设,全省109个拟建市县(区)仲裁院全部组建完成,组建率为100%。基层劳动人事争议预防调解工作取得新进展,全省大中型企业劳动争议调解委员会组建率约80%,乡镇、街道劳动争议调解中心组建率65%,全省专兼职调解员达到6000余人。各级调解仲裁机构依法履行职责,切实加强劳动人事争议处理效能建设,着力提升服务能力和水平,全年依法受理劳动人事争议案件1.09万件,按期结案率100%,调解率77.3%。

【调整最低工资标准】 下发省政府办公厅《关于调整最低工资标准及其适用区域的通知》，新的最低工资标准增幅为21.5%，于2012年1月1日起施行，以同口径相比，全国排名在中上游。此外，经省政府同意发布《江西省2012年企业工资指导线》，确定年度货币平均工资增长基准线为13%，上线为18%，下线为6%，并对垄断行业工资增长从严控制，增强了企业工资指导线的刚性调控力度。同时，大幅提高高温津贴标准，从事室外作业和高温作业的劳动者每人每月由原来的120元调整到240元；室内非高温作业的劳动者每人每月由原来的80元调整到160元，并由原来发放3个月扩大到4个月。

【出台《关于构建和谐劳动关系的意见》】 3月2日，《中共江西省委江西省人民政府关于构建和谐劳动关系的意见》出台，这是江西省劳动关系工作最高规格的一个重要文件，走在全国前列。成立了以江西省委副书记为组长的江西省构建和谐劳动关系领导小组，建立和谐劳动关系评审复核机制，通过评审复核，评出了75个企业为省级和谐劳动关系企业，7个工业园区为和谐工业园区，在万载县开展县域构建和谐劳动关系试点工作。

【成立广东省江西务工人员服务协会】 5月23日，在赣粤两省的合力推动下，正式挂牌成立广东省江西务工人员服务协会，成为在当地第一批成立协会的省份。此外，充分发挥省人社厅驻外劳务管理机构作用，掌握赣籍农民工在外发展状况，有针对性开展就业跟踪管理、医保异地报销、调解维权、新生代农民工党团组织生活等服务。

【开展用人单位遵守劳动用工和社会保险法律法规情况专项检查】 5月15日至6月30日，在全省范围内开展用人单位遵守劳动用工和社会保险法律法规情况专项检查。全省共出动执法人员1518人次，检查各类用人单位7823户，涉及劳动者76.25万人，查处违反最低工资规定及拖欠工资案件396件，未依法参加社会保险案件412件，未依法缴纳社会保险费案件1836件，违反工时、休息休假规定案件184件，责令补签劳动合同9.28万人，责令支付工资及补偿赔偿1054.3万元，督促社会保险登记423户，督促缴纳社会保险费2610.25万元。

【加强调解组织体系建设】 5月初，为进一步推动调解组织建设，召开全省推进企业（乡镇、街道）劳动争议预防调解组织建设现场会，对劳动争议预防调解组织建设工作进行总结、部署，提出“统一名称、统一组成人员、统一受案范围、统一管理模式”的“四统一”劳动争议调解组织建设要求，积极推动在原国有企业工会系统建立的企业人民调解组织增挂企业劳动争议调解中心，依托行业协会、商会在民营企业建立劳动争议调解组织或选聘专（兼）职调解员，在用人单位比较密集的工业园区建立园区劳动争议调解组织，逐步构建了包括企业调解、乡镇街道等基层调解以及事业单位调解等在内的劳动人事争议调解网络，为有效预防疏导和柔性处理劳动人事争议，促进社会稳定发挥了重要作用。

【开展“春暖行动”】 联合工会、企联、工商联，组织开展农民工签订劳动合同“春暖行动”，把劳动合同管理作为加强企业劳动用工管理源头来抓，加强对用人单位订立和履行劳动合同的指导与监督，稳步推进劳动合同书面报告工作。全省劳动合同签订率为94.07%，其中农民工劳动合同签订率为90%。

（李晓仔）

工商行政管理

【概　况】 2012年，省工商行政管理机关坚持以效能建设和作风整治为主线，全面推进绩效管理，优质高效服务经济社会发展。年内，省工商局获得全省集中整治影响发展环境的干部作风突出问题活动先进单位、全省开放型经济先进单位、依法行政先进单位。

服务市场主体做大做强。全省工商部门坚持将培育、壮大市场主体特别是个私经济作为工作的重中之重，营造公平公正的市场准入环境。截至年底，全省共有各类市场主体158.69万户，比上年增长10.3%。其中，内资企业29.48万户，注册资本（金）10096.83亿元；外商投资企业7334户，注册资本（金）349.04亿美元；个体工商户126.58万户，资金数额729.87亿元；农民专业合作社1.9万户。截至年底，全省私营企业22.59万户，注册资本总额6029.8亿元，新开业私营企业注册资本达1038.82亿元，首次突破1000亿元。拓宽企业融资渠道，与省农信社联社沟通，为小微企业发展搭建融资平台，共授信100亿元。做好个体工商户升级转型，积极指导具有一定规模的1500余户个体工商户转型为企业。服务重大产业项目建设。将全省128项重大产业项目逐项分解，实施“五项举措”，有效地支持了重点项目建设。年内，全省新设立注册资本1亿元以上的大型内资企业158户，注册资本合计达338.4亿元，为大中型建设项目法人企业办理登记服务953户（次）。服务区域经济发展。在2011年争取国家工商总局出台支持鄱阳湖生态经济区建设的政策措施后，2012年又争取国家工商总局出台《关于支持赣南等原中央苏区振兴发展的意见》，为全省两个国家战略的实施创造了有利条件。全年，共为企业办理股权出质1147件、出质股权102.89亿元，担保股权127.36亿元。全省共编发各类市场主体登记信息分析报告600余期。

服务民生保障。切实落实群众创业就业各项优惠政策，促进市场主体不断壮大，新发展的个体工商户和私营企业共增加89万余个就业岗位。全面推行企业网上年检，企业年检率84.44%。建立查处取缔无证无照经营工作长效机制，积极维护人力资源市场秩序，集中整治校园周边环境，认真做好流动人口服务管理，创建省级“青少年维权岗”，配合开展禁毒防艾工作，从源头上预防和化解了众多社会矛盾。

服务新农村建设。进一步落实红盾护农各项措施，严查假劣农资坑农害农行为，确保农村经济健康发展。组织开展“春季打假百日行动”等活动，共查处非法经营农资案件1159件，案值915.23万元。强化对农村消费的教育引导，在网站媒体曝光18件农资典型案例。全面开展“文明集市”“文明市场”创建工作。建立健全农村消费维权网络，在全省行政村建立维权站及各类联系点共有7064个。

积极实施《江西省合同格式条款监督办法》《合同违法行为监督处理办法》。查处利用合同格式条款侵害消费者合法权益案件199件，受理合同格式条款备案2811份，查办合同案件167件。认定全省“守重”AAA企业303家。办理动产抵押登记1973份，登记抵押金额182.79亿元，受理拍卖备案799份，现场监拍271次，检查涉农合同1.08万份，调解涉农合同纠纷548件，涉及合同金额728.4万元。

加强网络交易市场监管。巡查网络商品交易及有关服务企业5.98万次，建立网络“数据库”户籍1.11万户，发送《经营性网站备案告知书》300余份，删除违法商品信息3135条，关闭违法网站9家，责令整改网站47家。受理网络消费投诉3800起，处理率95%。

加强队伍建设。扎实推进作风整治活动和反腐倡廉。对各市、县局局长和省局副处以上干部共180余人开展集体廉政谈话教育，对新提任的干部进行任前廉政谈话，开展领导干部履行“一岗双责”情况的述职述廉活动。将绩效考核工作与岗位风险防控有机结合，积极推进网上行政审批和电子监察系统的应用，强化对行政权力运行的监督。严肃查办各类与民争利、严重侵害群众利益的违纪案件，查处违纪案件5件。加强“三重一大”等重大敏感事项决策和执行情况的监督，完成全系统2006～2011年度基建项目建设及资金使用情况的检查和预算单位银行账户的清理，推行会计集中核算，加强系统内部审计。全省工商系统663个基层分局2647名基层执法人员参加了为期4个月“双述”活动，满意率达99.64%。以整治“慵、懒、散”“假、浮、蛮”“私、奢、贪”为重点内容，对执法监察和效能督查发现的113个问题进行跟踪督办整改。进一步巩固和深化创先争优活动成果，继续开展创先争优活动，坚持开展“学雷锋志愿服务日”活动。强化培训考核。全年，省工商局共举办干部教育各类培训班30期，培训2500余人次。全系统778人次参加5期国家工商总局网络培训班，参训率、结业率均为100%。全面推进运用信息技术开展公务员绩效考核工作，除南昌之外，其他10个设区市局的绩效考核管理系统正式上线运行。南昌绩效考核项目获得管理科学奖。2012年，省工商局获“省直机关第九届文明单位”称号。

【维护消费者合法权益】 大力推进“四个平台”规范化建设，制定并下发《12315消费者申诉举报工作规范（试行）》。2012年，全省12315消费申诉调解成功率达到88.87%。进一步加强12315申诉系统快速通道建设，建立快速通道企业104户。全省11441个“一会两站”受理申诉投诉11394件，为消费者挽回经济损失1076.6万元。全面推进12315“五进”工作，已建维权服务站1892个。全系统共受理消费者咨询、申诉、举报7.71万件，办结率达99.7%；调解成功率89%，比上年同期提高12%。加强流通环节商品监管，查处销售假冒伪劣和不合格商品案件2912件，案值1776万元。加大商品质量监测力度，监测商品4166组，查处案件692件，案值508.8万元。建立健全长效监管机制，突出消费热点、焦点、重点，开展商品市场专项执法检查。加强“家电下乡”监管工作，查处违法案件52件。充分发挥行业协会作用，推动服务业行业规范建设。针对消费者的重点投诉，省工商局先后对省移动、省电信等通讯公司进行行政约谈。

【商标战略上升为政府行为】 推进商标战略工作由部门行为上升为政府行为，形成政府主导、企业主体、工商主力、部门协作、示范引领、社会积极参与的工作格局，商标注册、运用、保护、管理水平得到了明显提升。截至年底，全省有效注册商标76682件，全省共有中国驰名商标66件，江西省著名商标1311件，地理标志36件。年内，全省新注册商标13699件，同比减少0.13%；新获认定中国驰名商标25件，增长1.3倍；新认定江西省著名商标325件，增长21.3%。加强长效机制建设，严厉打击商标侵权假冒行为，共整治重点区域2792处，查处案件1211件，捣毁制假售假窝点42个，有效保护了商标权人的合法权益。

【加强流通环节食品监管】 进一步加强监管制度建设、食品市场消费安全保障、经营者自律等方面的工作。制定舆情处置实施意见，妥善应对处置“塑化剂”“问题明胶”“人造猪耳朵”等食品安全重大问题和突发事件。深入开展专项整治，查处案件1368件，强化日常规范管理，抽检食品质量9104批次。

【规范行政执法行为】 在全省工商部门深入推广“说理式”行政执法文书，完善行政处罚案件网上管理系统。清理规范非行政审批事项，精简比例达40%，大幅压缩非行政许可办理时限。制定《规范投诉申诉举报工作指导意见》《行政处罚裁量权执行标准》等文件，进一步规范行政执法行为。在省工商局确定宜春试点基础上，各设区市局全面建立“法治工商建设考核指标体系”，此项工作走在全国前列。行政指导工作纵深发展，推动了监管执法由“管理型”向“服务型”的转变，全系统下达行政指导书1.22万件。不断探索行政调解，大力推动行政调解与司法确认相衔接试点工作，提高工商部门化解纠纷能力。全系统建立行政调解机构1270个，设立行政调解员2592人，受理行政调解2.81万件，结案率98%。

【查处一批传销大案】 加大对打击传销规范直销的宣传力度，不断创新宣传形式，巩固宣传效果。坚持惩防并举，综合治理，集中力量查处一批涉及地域广、参与人员多、危害程度深、社会影响大的传销大案，维护了社会稳定。年内，共办结传销案件22件，移送公安机关22人，取缔窝点348个，发布警示提示6711次，教育、遣散参与传销人员3190人，解救被骗人员477人。积极配合政府及有关部门开展“3·21”案件处置工作。

【开展反不正当竞争执法】 突出重点领域，开展治理行动，查处不正当竞争案件628件，案值1327.76万元。加强治理商业贿赂长效机制建设，查处案件58件，案值154.84万元。为江西仁和等多家省内驰名、著名商标企业开展“打假保牌”行动。

【**整顿和规范广告市场秩序**】 以实施广告战略为主线，争取地方党委和政府的重视，调动社会各界参与，提升广告服务发展水平。深入整顿和规范广告市场秩序，着力提高广告监管执法效能。积极发挥广告联席会议成员单位作用，对违规发布广告的媒体，采取行政约谈、行政告诫、责令整改等措施，使虚假违法广告得到了有效遏制。年内，全省各级工商机关共查处广告违法案件947起，增长7%。罚款金额488.55万元，增长31%。其中查处虚假广告295件，增长6%。

【**举行2012年江西(南昌)3·15国际消费者权益日宣传咨询服务活动**】 3月15日，2012年江西(南昌)3·15国际消费者权益日宣传咨询服务活动在南昌八一广场举行。省人大常委会副主任朱秉发、省政府副省长胡幼桃、省政协副主席郑小燕等领导出席开幕仪式。活动由省、市委宣传部，省、市工商局，省、市消协，省打击侵犯知识产权和制售假冒伪劣商品工作领导小组办公室共同主办。省市工商、质监、卫生、药监、物价以及消协等20余家单位组织开展法律法规宣传，发放宣传资料，为消费者解疑答惑，提供咨询服务。推出消费维权成果大型展板100余块，展示各部门、社会各界的维权成果，向消费者介绍消费知识和消费信息。活动现场共发放各类宣传资料1.6万余份。受理消费者咨询995人次，消费者协会受理投诉102件，主要涉及电动车、服装、食品、药品、商品房等方面。其他职能部门共受理投诉70件。

(吕雪金)

质量技术监督

【**概　况**】 2012年，省质监部门坚持“维护经济秩序，服务经济发展”质监工作第一要义，全力以赴抓质量、保安全、促发展、强质监，取得比较好的工作成效。

质量工作基础不断夯实。新批准发布江西省地方标准55项，新成立江西省安全生产、气象、林业、计量器具等4个标准化技术委员会，总数达到18个。指导和帮助10余家企业开展“标准化良好行为企业”创建活动。新建社会公用计量标准20个，其中5项填补江西省空白。组织开展诚信计量示范单位创建活动，引导诚信经营企业承诺自觉遵守诚信计量行为规范，1737家单位进行了自我承诺。新增强制性产品认证证书数131张、自愿性管理体系认证证书599张、食品农产品认证证书99张，江西省的认证证书总数达到1.04万张。全省实验室资质认定有效证书新增57张，总数达929张，获证实验室涵盖建筑、环保、卫生、农业、交通、药检等多个行业。

执法打假工作力度加大。以“质监利剑行动”为重点，进一步加大打击侵犯知识产权和假冒伪劣产品力度，全年共出动执法人员6.43万人次，查办案件9311起，其中立案查办违法案件7113起，查获违法产品标值1.4亿元。发挥办案能手评选活动的激励作用，江西省质监部门1人获全国办案能手称号、4人获省级办案能手称号。实施稽查建议书制度，就突出的非法生产、产品质量问题通报当地政府，以引起当地政府的高度重视。开展对CCC产品认证目录内玩具产品监督检查工作，组织对电线电缆、轮胎、装饰装修等部分重点强制性认证产品质量安全集中整治，进一步规范了认证市场秩序，保障了强制性产品质量安全。

产品质量水平稳步提升。针对不同层次的企业实行分类、分级并进行差别化管理，对江西省1239家获证工业企业开展企业产品质量分类工作。对承担监督检查和发证检验任务的23家质检机构实施分类监管。开展特种设备风险评价分类监管试点工作。加强产品质量监督，督促生产企业落实主体责任，实施电线电缆等10类重点产品质量提升活动。2012年省级产品质量监督检查抽样合格率为91.4%，提高4.9个百分点。江西省制造业质量竞争力指数为81.74，排名保持在全国第十六位。

服务经济发展成效明显。围绕赣南等原中央苏区振兴发展，制定出台《江西省质量技术监督局关于全力支持赣南等原中央苏区振兴发展的实施意见》，提出16条具体支持举措。围绕鄱阳湖生态经济区建设，为江西省十大战略性新兴产业的发展提供技术支撑，推动农业标准化，研制和发布23项省农业地方标准，对第七批国家级和第五批省级农业标准化示范区建设进行督促指导。推动服务业发展，全力协调服务业标准化纳入《江西省人民政府关于加快推进全省服务业发展的若干意见》，在交通运输、旅游等服务行业开展标准制修订工作，获批国家级服务业试点项目2个，批准发布地方标准6项。开展地理标志保护产品申报工作，“丰城富硒大米”“李渡酒”2个产品已通过专家审查，至年底，全省有31个地理标志保护产品。

节能减排工作取得成效。制定《江西省质监局“十二五”节能减排工作任务》并认真抓好落实。加快节能减排地方标准研制步伐，已出台13项节能减排地方标准，有9项标准正在研制。组织开展能源计量监督检查，对年耗能标煤5000吨以上的重点耗能企业进行监督检查，并建立能源计量档案，有效促进了节能减排。组织对3家企业的6个系列产品进行江西省工业节能产品评审认定，江西省获得认证的“江西省节能产品”数量达到22个。推进特种设备节能监管工作，对企业使用锅炉按10%以上比例开展定期能效测试，完成600台在用工业锅炉能效测试任务。

加强特种设备安全监察。开展特种设备安全使用管理标准化创建工作，全省开展创建的单位共计4211家，已完成创建2833家。建立标杆工业园区36个、标杆使用单位604家，编制通用性标准模块118个。深化特种设备安全监察检验机构内部规范化建设，完善基层质检局“一图二档三台账”工作模式，开展验收和检查。深化特种设备“打非治违”和专项整治，全省累计下达安全监察指令书2823份，排查出各类安全隐患5817个，封停隐患设备460台，拆除隐患设备15台，杜绝了特种设备较大以上事故。

加强法制建设。完成《江西省商品条码管理办法》的立法工作，经江西省政府第74次常务会议通过，于2013年3月1日正式实施。做好行政复议调解工作，全年妥善处理行政复议案件64件，其中省局54件。加强“两法衔接”工作，严格按照标准界定涉嫌犯罪案件，移送公安机关14件。开展依法行政示范单位创建活动，接受国家总局对全省质监系统行政执法案卷评查，结果为优秀，江西赣州市局法治督查工作获全国质监系统“十大法治创新奖”。

2012年，省质量技术监督局被评为江西省集中整治影响发展环境的干部作风突出问题活动先进单位，被评为第六届省直机关“十佳文明机关”和第九届省直机关文明单位。

【宣传贯彻《质量发展纲要(2011～2020)年》】 2月6日，国务院颁布《质量发展纲要(2011～2020年)》，江西省质监系统积极做好“纲要”的宣传贯彻落实工作。6月，江西省出台《江西省质量发展纲要(2011～2020年)》，7月，出台《贯彻实施江西省质量发展纲要2012年行动计划》，为贯彻落实“纲要”奠定了坚实基础。组织宣贯培训班10期，培训2000余人次，联合省委组织部举办江西省领导干部质量发展战略专题研修班，江西省设区市、县(市、区)分管质监工作的领导干部110余人参加培训，加深了各级领导干部对《质量发展纲要(2011～2020年)》的理解。

【推进质量兴省工作】 推进质量兴市、兴县、兴园，江西省11个设区市、97个县(市、区)均开展质量兴市(县)工作，在全省范围做到全覆盖，有90个工业园区开展了质量兴园工作。12月，组成7个考核组，对江西省11个设区市政府质量兴市工作进行全面考核，推动了质量兴市、兴县、兴园工作的开展。抓住中国质量奖出台的契机，向江西省政府申请设立井冈质量奖，《江西省井冈质量奖管理办法》(征求意见稿)正在征求省直有关部门意见，全省10个设区市、56个县(市、区)设立了政府质量奖，其中8个设区市已经开展质量奖评选。

【启动名牌带动工程】 坚持科学公正、公开公平原则，从170个申报产品中，认定91个“2012年江西名牌产品”，扩大江西名牌的影响力。推进“全国知名品牌创建示范区”建设，督促指导南康市、庐山风景名胜区做好获批后的筹建工作，指导南昌小蓝、赣州两个经济技术开发区申报“全国知名品牌创建示范区”。组织开展全国品牌价值评价工作，向国家质检总局推荐江西铜业股份有限公司等4家企业参与评价。

【开展质量风险排查整治】 根据国家质检总局的部署，在全系统认真开展质量安全风险排查整治和道德领域突出问题教育治理两个专项行动，按照三查三整两建的要求，梳理出食品、特种设备、工业产品、队伍建设4个方面的35项排查整治重点，共排查出风险点216个，消除质量安全隐患1867个，制定并落实防范整治措施1172项，对质量安全风险做到早发现、早预警、早研判、早处置，防止了系统性、区域性和行业性质量安全问题的发生。

【加强食品生产安全监管】 将全省4000多家食品生产企业按区域划分，实行“网格化”区域监管，明确要求对所有获证企业实施不少于两次的现场监督检查，督促食品生产加工企业落实质量安全主体责任。开展乳制品、食用油、肉制品等10余项专项整治、专项监督检查，开展严厉打击食品非法添加和滥用食品添加剂专项治理行动，集中排查和严厉整治部分带有行业共性的隐患和“潜规则”问题。严厉打击食品安全违法生产，全年监督检查食品企业1.33万家次，发现问题企业1640家，发现违法问题2671个，依法处理企业1197家，吊销食品生产许可证企业2家。

【加快检验检测平台建设】 努力提升产业支撑能力，省重点建设工程——江西省检测基地进入施工阶段，抚州塔架国检中心获得国家认监委授权，鹰潭铜和九江羽绒等国检中心的筹建工作进展顺利，国家建筑卫生陶瓷分中心(高安)获总局批准筹建，国家家具产品质检分中心(南康)申报工作顺利完成，钨与稀土国检中心检测能力覆盖钨与稀土、铜铝等支柱产业产品的性能检验，关键检验项目的能力和水平达到国内领先水平。

(曾　亮　王宏年)

国土资源管理

【概　况】 2012年，全省国土资源管理部门认真贯彻落实省部决策部署，围绕服务鄱阳湖生态经济区建设这个中心，坚持依法依规、节约集约和精细化管理，服务发展、管好资源、带好队伍，为全省经济社会发展提供了有力的国土资源保障。组织落实国务院及国土资源部出台的支持赣南等原中央苏区发展和老区扶贫的各项政策。

年内，新增建设用地稳中有升，城乡建设用地增减挂钩、低丘缓坡、工矿废弃地复垦利用等三大试点推进有力。年度省级政府耕地保护责任目标考核在全国排位继续靠前，大力推进农村土地整治示范工程和高标准基本农田建设，实现耕地占补平衡。出台相关政策，进一步提高供地率和利用率。严格审查，控制规模，清理闲置用地，加大批后监管。国家级整装勘查区增至5个，全省地质找矿投入资金同比增长71.4%。坚持群测群防和专家指导相结合，工程治理与地灾移民搬迁相结合，保护人民生命财产安全。关口前移，强化督查，消除违法，卫片检查在国家层面实现零约谈、零问责。高效建成并正式启用全省国土资源统一网上交易系统，全年网上交易3107宗，成交总价款669.98亿元。切实维护被征地农民合法权益，保障性安居工程用地应保尽保，认真开展集体土地所有权确权登记发证工作。扎实开展机关作风整治活动，建立廉政建设长效机制，增强服务大局意识，努力以一流的工作，创一流的业绩。

截至年底，全省国有土地使用权登记发证201.99万本，集体土地使用权登记发证471.72万本。

2012年，全省共办理农用地转用和土地征收1166件，总面积2.15万公顷，新增建设用地面积1.88万公顷。经省政府批准1161件，总面积1.9万公顷。已获国务院批准重点项目5件，总面积2400公顷。全年报国土资源部备案率100%，办结率100%。

全年共完成二级市场转让矿业权58宗，成交价款1.96亿元，其中公开转让18宗,成交价款1.63亿元;协议转让40宗,成交价款3355万元。

全年,全省地质勘查共投入资金11.74亿元,减少1.18%。其中,中央财政1.79亿元,占总量的15.28%,增加20.10%;地方财政2.36亿元,占总量的20.09%,减少30.08%;社会资金7.59亿元,占总量的64.63%,增加8.19%。

全年矿产勘查共投入资金10.51亿元,其中,中央财政8563.7万元,占总量8.15%,增长202.71%;地方财政2.13亿元,占总量20.28%,下降15.16%;社会资金7.52亿元,占总量71.47%,增长7.46%。

全省共实施矿产勘查项目654项,完成钻探工作量65.25万米,减少27.86%,完成坑探工作量5.05万米,增长24.72%,完成槽探工作量34.81万立方米,增长1.4%,完成浅井工作量2498米,减少13.53%。

江西探明的矿产资源保有储量在全国居前十位的有49种,全年全省累计征收入库矿产资源补偿费3.18亿元,增长4%,创历史新高。

截至年底,江西省共有地质勘查资质单位71家,其中中央直属地勘单位2家,属地化管理地勘单位49家,科研院所(校)2家,矿业公司5家,其他单位13家。共有各类地质勘查资质296个,按等级分:甲级资质90个,乙级资质146个、丙级60个。

全年全省共办理探矿权新立37宗,延续34宗,变更663宗,保留24宗,转让56宗,注销104宗。截至年底,全省有效探矿权总数为1828宗。

全省工业企业与矿产资源息息相关的产业有13个。已建成煤炭、黑色金属、有色金属、建材、化工、盐业六大矿业体系。全省有江铜、新钢、萍钢、九江石化、洪钢等5个矿业加工企业年销售收入超百亿元。

全省采掘量2.59亿吨,矿业总产值282.79亿元,利润总额32.49亿元。

截至年底,全省矿山总数为5893个,其中大型矿山26个,中型148个,小型3269个,小矿2450个。

2012年,全省发生各类地质灾害636处,造成3人死亡(系人为工程引发),直接经济损失3034.52万元。地质灾害的数量、规模、危害程度总体上低于常年水平。地质灾害发生时间主要集中于5月,其次为6月和3月,主要分布于赣南、赣西及赣北地区。

2012年度安排各类地质环境项目82个,组织验收34个已完工地质环境项目,年内中央财政安排资金3.26亿元、省财政安排资金3990万元。

·资 料·

2012年主要矿产品产量增减变化情况

矿产名称	单位(矿石量)	2011年	2012年	增减变化
煤	万吨	2323.52	2606	↑
铁	万吨	1559	1493.77	↓
铜	万吨	5003.86	5595.2	↑
铅锌	万吨	47.15	35.13	↓
钨	万吨	827.76	831.2	↑
锡	万吨	73.59	77.83	↑
金	万吨	191.94	248	↑
银	万吨	52.07	73	↑

【出台《江西省国土资源监督检查条例》】 11月30日,《江西省国土资源监督检查条例》经江西省第十一届人大常委会第三十四次会议审议通过,2013年1月1日起正式实施。《江西省国土资源监督检查条例》共分为6章35条,是一部系统规范江西省国土资源执法监察工作的程序性法规,在原有土地执法监察的基础上,新增矿产资源执法监察的有关内容,从监督检查职权、案件管辖、案件查处、法律责任等方面对土地和矿产执法监察工作作了全面系统的规定,为江西省国土资源执法监察提供了法律依据。该"条例"的颁发实施,对加强国土资源监督检查工作,有效防止和坚决打击各种违法活动,促进国土资源管理法制化建设具有重要作用。

【编制国土资源规划】 省政府正式发布耕地保护和建设用地保障、紧缺与优势矿产资源及地质灾害防治等3个"十二五"专项规划,正式发布《鄱阳湖生态经济区土地利用规划》《鄱阳湖生态经济区矿产资源开发利用规划》。编制省级土地整治规划,顺利通过国土资源部审查。完成乡级土地利用总体规划修编及数据库建设,已全部上报国土资源部。会同九江市政府编制《九江沿江开发土地利用规划》。

【保障发展用地】 实行三个三分之一新增建设用地计划下达方式和省重大产业项目用地"点供"两项改革措施。争取国家下达江西省新增建设用地计划1.43万公顷、国土资源部核销江西省保障性安居工程建设所需新增建设用地计划540公顷以及灾后重建新增建设用地计划1973.33公顷。争取使用国家新增建设用地计划1533.33公顷,争取国家下达城乡建设用地增减挂钩周转指标2533.33公顷、低丘缓坡试点规模2000公顷、工矿废弃地复垦利用试点规模666.67公顷。全年统筹安排新增建设用地计划2.35万公顷，确保了425个省重大项目7346.67公顷的用地需求，做到了全省保障性安居工程用地应保尽保，保障了赣南等原中央苏区土坯房改造用地所需新增建设用地计划313.33公顷。

争取国家下达增减挂周转指标2533.33公顷，低丘缓坡试点规模2000公顷，工矿废弃地试点规模666.67公顷。

625个省以上重大重点项目通过用地预（初）审，申请面积1.65万公顷，通过面积1.09万公顷，核减面积5586.67公顷，核减率33.82%。

【创建国土资源节约集约模范县（市）】 2012年，向国土资源部推荐的65个首届国土资源节约集约达标县（市、区）通过公示，上高、德兴、崇义等3个首届国土资源节约集约模范县（市）通过了复核，鹰潭、安义、泰和、安福、分宜、奉新等申报第二届全国国土资源节约集约模范县（市）的1市5县通过国土资源部集中评审和实地考核。

【加速推进农村集体土地确权登记发证工作】 开展农村集体土地所有权、集体建设用地和宅基地使用权确权登记发证。全省农村集体土地所有权确权登记发证工作实现对包括林地在内所有地类的全覆盖。属村小组农民集体所有的，确权登记发证给村小组农民集体。农村集体建设用地和宅基地使用权按照数字化、信息化的要求，对所有城镇、农村居民点进行测量，并登记发证。为规范开展农村集体土地确权登记发证工作，确保成果质量，江西省制定《江西省农村地籍调查技术规定》和《江西省农村地籍调查成果检查验收办法》。

截至年底，全省100个县（市、区）都完成农村集体土地所有权地籍调查，共完成调查面积15.43万平方千米，宗地数共计92.42万宗，全省全面进入登记和质量检查验收阶段。全省集体建设用地和宅基地使用权应调查面积预计7855.87平方千米，已完成地籍调查面积3064.76平方千米。

【编制宗地统一代码】 根据国土资源部的统一部署，年内江西省下发《江西省宗地统一代码编制工作实施方案》，启动宗地统一代码编制工作。宗地统一代码共19位，分为5层，分别表示县级行政区划、地籍区、地籍子区、土地权属类型、宗地号。实行宗地统一代码后每宗地分别都有一个“身份证”，以提高土地管理的准确性、科学性。

【全面查清全省各类土地利用现状】 江西省第二次全国土地调查自2007年7月正式启动。截至2012年底，全省94个（含市本级）县级城镇地籍成果已通过省级验收。全面查清全省各类土地利用现状，初步建立江西省县级土地利用现状数据库及管理系统，县级城镇地籍管理数据库及管理系统。

【加强耕地保护】 一是落实耕地保护目标责任制。8月顺利通过国家对江西省2011年度省级政府耕地保护责任目标考核，在全国考核结果评比中，继续保持全国先进行列，为连续3年获得全国先进的唯一省份。二是开展耕地占补平衡工作。2012年全省验收新增耕地1.06万公顷，建设占用耕地8720公顷，实现占补有余。加大跨设区市异地耕地占补平衡指标调剂力度。全年全省跨设区市调出指标1286.67公顷，统筹使用省级调剂库指标353.33公顷，保障了大批省重点建设项目耕地占补平衡。三是推进农村土地整治示范建设。全省农村土地整治示范建设共立项282个，总建设规模16.43万公顷，超额完成15.33万公顷目标任务，其中，已验收项目45个，已完工待验收项目80个，在建项目157个，已完成工程量76%。年内争取中央资金13.46亿元，有力地保障了示范建设工程的实施。四是开展永久基本农田划定工作。完成上高县永久基本农田划定试点工作，探索建立一套科学、有效的永久基本农田划定技术体系和保护方法。五是推进高标准基本农田建设。2012年江西省启动“十二五”高标准基本农田建设，编制完成江西省高标准基本农田建设总体方案，规划全省2012～2015年高标准基本农田建设91.8万公顷。完成全省35个基本农田示范县建设总体方案（2013～2015年）的编制。与水利、农业、农发办等部门协调，年内共同完成22万公顷高标准基本农田建设，超额完成国家任务。

【土地市场运行总体平稳】 2012年，通过严控总量、盘活存量、调整结构等各种措施，确保了各类建设的用地需求，土地市场运行总体平稳，全年土地供应总面积2.33万公顷，同比下降17.20%。贯彻落实国家房地产市场调控政策，认真落实保障性安居工程用地。国家下达江西省全年保障性安居工程任务23.13万套，测算需663.89公顷土地，全年已供应864.87公顷，超额完成国家下达保障性安居工程任务。

【加强建设用地监管】 严格建设项目用地预审，加强出让公告审核力度，开展建设用地批后监管上图，深入研究分析批而未用土地成因，实施建设用地区位调整。数据分析显示，仅通过严格项目预审环节，就核减指标5586.67公顷。通过对40公顷以上项目用地进行现场踏勘，节约用地指标1166.67公顷。通过对69个批次建设用地区位调整，盘活建设用地806.67公顷。开展全省闲置土地清理排查，共清查闲置土地1126宗，面积5333.33公顷，追缴欠缴的土地出让金79.53亿元。

【保护被征地群众合法权益】 严格执行全省征地统一年产值标准和区片综合地价。落实征地补偿安置标准不放松，征地补偿安置标准不达标的，申报建设用地不予批准。严格被征地农民社保落实情况审查。在建设用地报批审查时，必须提交市社保部门同意的被征地农民社保落实情况审查表。开展征地拆迁督查。8～9月在全省范围内开展征拆迁专项检查，保障了被征地拆迁农民的合法权益。为规范征地制度、改进工作作风，对征地工作全方位进行了考察和调研，为省政府重新规范征地程序、有关部门制定被征地农民社会保障及征地补偿费分配督促办法提供决策依据。

【国土资源统一网上交易系统启动运行】 1月1日,全省土地使用权和矿业权网上交易系统正式启动运行,国土资源交易实现从有形市场向数字化网络市场的转变。全年共进行土地使用权和矿业权网上交易3107宗,成交总价款669.98亿元。

【开展地质找矿突破行动】 4月26日,省长鹿心社到省四大地勘单位进行专题调研,召开全省地质找矿座谈会,下达江西省找矿突破动员令。5月24日,省政府在南昌召开全省找矿突破推进工作会议。省委书记苏荣、国土资源部部长徐绍史专门作出重要批示,副省长姚木根、国土资源部副部长汪民分别作重要讲话,进一步部署和推进全省找矿突破工作。9月14日,国土资源部发布《关于设立第二批找矿突破战略行动整装勘查区的公告》,江西省乐安—崇仁相山地区铀矿整装勘查区和武宁—修水大湖塘钨矿整装勘查区列入其中。

【安排省地勘基金项目66个】 省国土资源厅周密部署安排66个省地勘基金项目(其中续作项目29个、新开项目37个),投入资金1.98亿元,在煤、铁、铜、钨、地热水等方面取得找矿新进展,提交铁矿资源量(332+333)4254万吨,可供开发利用大型建设规模地热水3处,提交可进一步勘查的煤矿产地6处,铜矿产地5处,钨矿产地2处,金矿产地4处,稀土矿产地3处。浮梁县朱溪铜矿外围地区、吉安县金溪铁矿、奉新县九仙地热等项目取得重大成果。

【加强地质灾害防治】 全省各地共排查出新地质灾害隐患点4620处,累计设立群测群防点2.07万个,制作发放防灾避险明白卡8.19万份。年内,省国土厅先后组织派出17个督查组,分赴全省各地开展地质灾害防治工作和隐患排查工作重点督查。发布全省地质灾害气象预报27次,市、县地质灾害气象预报2660次,组织群众临时避让167人次。其中有14处地质灾害危险点在人员转移后,房屋被滑坡、泥石流摧毁,100人成功避灾。

省政府组织开展全省地质灾害避灾移民搬迁工作,2011~2012年实施搬迁受地质灾害威胁群众10万人。省国土资源厅组织开展地质灾害避灾移民搬迁专业核查和专项督查,并对各地避灾搬迁对象落实、集中安置新址调查评价、安置用地保障情况等进行全面检查。

2012年度中央财政、省财政新安排资金1.06亿元,对63个重要地质灾害隐患立项治理。袁州区飞剑潭乡璜源村西头滑坡治理等13个地质灾害治理工程全面竣工。

地质灾害应急能力得到明显提高。宜春、抚州、鹰潭、萍乡、景德镇5个设区市及广丰、奉新、丰城、芦溪等13个县(区)地质灾害应急中心先后获批组建。全省全年开展地质灾害应急演练27次,1.65万人次参演。

【加强地质公园建设】 三清山成功获得世界地质公园称号,成为江西省继庐山、龙虎山之后的第三家世界地质公园。配合联合国教科文组织世界地质公园执行局组织开展龙虎山和庐山世界地质公园的第一次中评估和第二次中评估。授予上犹五指峰省级地质公园建设资格。

【完善省级"一张图"】 对全省各类已建的土地、矿产资源、地质环境等国土资源数据库进行收集并整合入库,已整合入库的数据有全省1:5万地形图数据、1:5万高程数据、1:5地质图空间数据、1:1万县级土地利用数据、全省乡镇土地利用规划数据、省级矿产资源规划数据、省级地质勘查规划数据、全省矿产资源储量数据、全省地质灾害调查与区划数据等共18类国土资源数据。"一张图"已应用于全省国土资源系统的建设项目用地审批、土地登记发证、土地整治规划、矿业权发证、国土资源执法监察、地质灾害预警分析等业务管理工作。

【开展土地矿产卫片执法检查工作】 按照国土资源部《关于开展2011年度土地矿产卫片执法检查工作的通知》要求,全面部署开展2011年度土地矿产卫片执法检查工作。9月下旬,4个验收组赴全省11个设区市逐一开展并完成验收工作,江西省违法用地占用耕地比例从整改前的5.24%下降为整改后的1.68%。11月初,经国土资源部和国家土地督察南京局实地检查,江西省顺利通过部级卫片执法检查验收,实现"零约谈""零问责"的工作目标。

【查处一批国土资源违法违规案件】 2012年,全省通过土地矿产卫片执法检查、国土资源动态巡查、群众信访举报、媒体披露等渠道,全面掌握案件线索,各级执法监察队伍上下联动,主动作为,按照"属地管理,分级负责"的原则,严格规范查处一批国土资源违法违规行为。土地方面,全省共立案查处土地违法违规案件545起,涉

6月15日,省国土资源厅、九江市地质灾害应急指挥部在修水县马坳镇游家槎村联合举行地质灾害Ⅲ级应急演练。

省国土资源厅供稿

及土地面积 1549.15 公顷(耕地 521.92 公顷),罚没款 9451.3 万元。分别下降 43%、41.8%(33.7%)和 30.8%。其中省本级直接立案查处案件 43 起,涉及土地面积 1114.33 公顷(耕地 386.18 公顷),罚没款 7517.65 万元。矿产方面,全省共立案查处矿产违法违规案件 147 起,罚没款 698.76 万元。分别下降 6.7% 和 14.67%。其中省本级立案查处 5 起,罚没款 278 万元。全省各级共对 164 人追究党纪、政纪处分,刑事处罚 1 人。其中省本级党、政纪处分 42 人。

【开展土地和矿产巡查】 土地巡查方面,省执法监察总队直接发现新发生的土地违法违规行为 168 宗、总面积 1461.98 公顷和耕地面积 476.02 公顷,分别下降 23.6%、23.9% 和 9.4%。矿产巡查方面,共抽查 324 个矿业权(其中采矿权 315 个,探矿权 9 个),重点抽查保护性开采的特定矿种、江西省优势矿种以及重点矿区,抽查部分市级发证矿山。通过随机抽查和现场测量核实,共发现违法违规行为 71 起,巡查发现的矿产违法行为占所抽查的矿业权比例为 22.6%,与上年相比略有上升。

【国土资源信访明显下降】 2012 年,省国土资源厅受理群众来信来访 1302 件,其中来信 769 件,来访 533 批次 1836 人次;集体访 90 批次 903 人次。信访总量下降了 9.9%;来访批次和人次分别下降 14.99% 和 22.15%;集体访批次和人次分别下降了 36.6% 和 30.14%;赴部访批次和人次分别下降 19.78% 和 21.37%。全省国土资源信访工作实现反馈、办结、停访息诉"三率"提升,信访、来访、集体访"三量"明显下降。未发生影响重大恶劣的群体性事件、极端个人上访事件。

【加强国土资源档案管理】 2012 年,全省累计接收各类成果地质资料 217 份,已验收并出具汇交凭证 148 份,登账、入库、录入目录数据库地质资料 337 份。已转送 77 份 A 类地质报告到全国地质资料馆。全年共接待借阅人员 569 人次,利用份次 1881 次,利用件次 1.75 万次。地质资料二库建设立项获省国土资源厅批准,选址已确定,正在建设中。

【开展一系列专项活动】 开展干部作风突出问题集中整治、"三提一增""四级联创齐争、打造满意窗口""项目提升年"等一系列具有国土资源特色的创新活动,行风排位不断攀升,效能建设水平大幅提高。4 月 22 日,省国土厅开展以"珍惜地球资源 转变发展方式——推进找矿突破,保障科学发展"为主题的纪念第 43 个"世界地球日"活动。6 月 25 日,省国土厅开展以"建设高标准基本农田 保障国家粮食安全"为主题的第 22 个"全国土地日"活动。

【举行对外援助项目技术培训】 8 月 27 日至 9 月 8 日,莱索托王国土地利用总体规划技术援助项目江西培训班在南昌举行,由江西省国土资源勘测规划院具体承办,来自莱索托王国地方政府与酋长事务部的官员及专业技术人员共 28 人参加为期 12 天的培训。该项目是国土资源部第一个土地类对外成套技术援助项目,也是江西省国土资源厅首次承担土地类对外援助项目技术培训工作。

(许建平 肖彦明 游振波)

食品药品监管

【概 况】 2012 年,江西省食品药品监督管理局稳步推进全国食品药品安全示范区创建工作,加快食品药品监管机构改革,强化国家基本药物制度责任落实,深化食品药品市场专项整治,不断提升监管的科学化、规范化和现代化水平,切实保障了公众饮食用药安全。

至年底,全省共有餐饮服务单位 5.73 万家,从业人员 25.98 万人。其中特大型餐馆 56 家,大型餐馆 1334 家,中型餐馆 5278 家,小型餐饮 2.46 家,快餐店 2317 家,小吃店 1.22 万家,饮品店 2385 家,甜品站 181 家,集体用餐配送单位 8 家,中央厨房 6 家,学校食堂(含托幼机构)7120 家,企事业单位食堂 1838 家。全省共有保健食品生产企业 85 家,经国家批准的保健食品品种 629 个,年产值 30 亿元。化妆品生产企业 33 家,获国家批准证书的特殊用途化妆品 49 个,已备案的国产非特殊用途化妆品 150 个,年产值 1 亿元。截至年底,全省共有药品生产企业 190 家,医疗机构制剂室 24 家。药品批发企业 267 家,药品零售连锁企业 72 家,药品零售企业 9227 家。全年全省生物和新医药工业产值 782.61 亿元,同比增长 20.76%。全省医疗器械生产企业 321 家,全年生产总值 70 亿元,医疗器械经营企业 3933 家。

餐饮服务环节食品监管。2012 年,省食品药品监督管理局将餐饮服务食品安全监督量化分级管理工作作为餐饮环节监管的主抓手,在全国率先制定评分细则,建立奖惩机制。全年完成 1.42 万家餐饮服务单位监督量化分级工作,评定优秀等级 873 家、良好等级 4249 家,一般等级 8356 家。配合有关部门认真实施农村义务教育餐饮改善计划,制定江西省农村义务教育学生营养改善计划供餐准入办法,2012 年春季开始供餐试点,涵盖 4 个设区市、17 个县(市)3795 所农村义务教育学校、93.03 万名学生。餐饮服务环节专项整治成效明显,全年出动执法人员 23.5 万人次、车辆 3 万余辆次,大力整治学校及周边、旅游景区、社区小餐饮食品安全,监督检查餐饮服务单位 22.4 万户次,立案查处案件 1778 起,责令停业 179 户次,吊销许可证 35 张,罚没款 620.92 万元,移送司法机关 3 起,移交相关部门 2 起,没收问题食品 6606.4 千克。

保健食品、化妆品监管。2012 年,省食品药品监督管理局全面推进保健食品生产企业质量受权人试点工作,并将保健食品 GMP 认证和卫生许可合二为一,探索开展保健食品生产许可制度,联合有关部门全面开展保健食品经营者备案工作。深入开展保健食品化妆品专项整治,出动执法人员 1.9 万人次,检查保健食品生产企业 311 家次、化妆品生产企业 37 家次,保健食品经营企业 6.5 万余家次,化妆品经营企业 4229 余家次,罚没金额 400 余万元,查实并取缔地下保健食品"两黑"窝点 6 户,拘押涉案嫌疑人 12 名。

基本药物质量监管。2012 年,全

省食品药品监督管理系统进一步强化责任，狠抓国家基本药物制度落实，层层签订《加强基本药物质量监管2012年度主要工作任务责任书》。实施全品种抽验，全年共抽验10058批次，合格率98.53%，较同期提高0.9个百分点。督促落实核注核销，全年全省药品经营企业核注9亿条、核销8亿条，药品生产企业核注6.3亿条、核销5.4亿条。配合有关部门对162家2012年度基层医疗卫生机构基本药物配送企业资质进行了审核。

药品监管。2012年，省食品药品监督管理局进一步完善药品注册审批机制，提高药品注册标准，清理药品、医疗机构制剂批准文号717个。全省以实施新修订药品质量管理规范（GMP）为抓手，监督药品生产企业提高生产质量管理水平。将158家药品GMP强制认证企业进行初步分类排队，积极引导，鼓励资产重组、优化要素配置。年内通过国家食品药品监管局新修订药品GMP认证的无菌药品生产企业2家，通过省食品药品监督管理局新修订药品GMP认证的非无菌药品生产企业15家。严格落实药品流通管理规范，组织对通过GSP认证的药品经营企业进行飞行检查，对发现的问题从严从重处理，全年撤销GSP证书4家、收回GSP证书4家，责令整改18家。注销药品法人批发企业2家、体外诊断试剂批发企业3家、零售连锁企业2家，零售药店71家。同时，进一步完善多部门联合打假和整治工作机制，保持高压态势，全年全省累计立案查处食品药品违法案件5182件，累计罚没款3200万元。向公安部门移送涉刑案件37起，批捕64人。

医疗器械监管。加大《医疗器械生产质量管理规范》实施力度，强化医疗器械生产经营的日常监管，充分发挥技术支撑的作用，不断提高检测、审评、现场检查的工作质量和效率，提高企业的质量管理水平。组织开展为期8个月的医疗器械专项检查，检查医疗器械生产企业189家，经营企业2258家，使用单位2039家。排查出主要问题23个、提出整改措施25条，责令改正的企业358家，立案查处96家，注销生产许可证35家、经营许可证111家，注销4家企业的18个二类无菌医疗器械注册证。

食品药品抽验。2012年全省共抽检食品、餐饮具26个品种4047批次，平均合格率为93.38%，比上年上升5.93个百分点。全省共完成江西省计划抽验各类药品共计1.76万批次，经检验合格1.64万批次，总体合格率为93.06%。完成江西省新增基本药物品种抽验1112批次，合格1075批次，合格率为96.67%。全省医疗器械监督抽验800批次，合格率84%，提高13个百分点。

【开展全国食品药品安全示范区创建工作】 2012年，江西省政府继续将全国食品药品安全示范区创建工作列入民生工程，下达省级补助资金3000万元。6月，对第一批试点单位进行了考核验收，通过现场检查与民意调查相结合，打分数、排位置、兑奖惩，有力地推动了试点创建工作。同时，遴选了九江、宜春、鹰潭3个设区市和25个县（市、区）作为第二批创建单位。2012年9月，省政府在萍乡市召开全国食品药品安全示范区创建工作现场会，总结推广食品药品安全示范区建设试点工作经验。

【省政府发布实施“十二五”食品药品安全规划】 6月，江西省政府办公厅印发《江西省食品药品安全“十二五”规划》，规划提出，到“十二五”期末，全省要创建全国食品药品安全示范区，严格药品、医疗器械全程监管，提升药品安全监测预警水平，加强食品药品安全监管基础建设，加强餐饮服务食品、保健食品、化妆品安全监管，对10个重点领域的工作进行了全面规划。同时，全省食品药品安全监管工作列入全省国民经济和社会发展规划、全省应急管理专项规划、赣南苏区振兴规划。

【快速推进食品药品监管体制改革】 2012年，全省11个设区市已经全部改革到位，93个县（市、区）改革到位，承接了餐饮服务食品和保健食品、化妆品监管职能。完成改革的单位，均根据实际情况，按“编随事走，人随编走”原则组建独立的执行机构和执法队伍，全省新增执法编制1082个。

【开展“食品药品安全赣鄱行”活动】 2012年，省人大常委会以“关注群众健康，保障药品安全”为主题，开展“食品药品安全赣鄱行”活动，省人大常委会副主任陈达恒、朱秉发，副省长谢茹出席相关活动。省食品药品监督管理局围绕省人大常委会的部署要求，积极制订活动方案，确定工作重点，组织一系列多元化、立体化宣传教育活动，推进了《中华人民共和国药品管理法》实施，提升了依法行政的能力和水平，促进了全省医药产业健康发展。

【启动新版《江西中药材标准》编纂工作】 省食品药品监督管理局不断适应中药材监管形势需要，着手编纂新版《江西中药材标准》，已完成收载品种遴选工作，确定中药材品种202个，拟定编纂总体框架、技术指南。将江西省中药材标准研究工作列入省科技重大项目。

【举行安全用药月宣传活动】 9月1日，省、市、县食品药品监督管理局同步举行安全用药月宣传启动仪式。省食品药品监督管理局制定科普行动计划实施方案，创作并发行安全用药漫画、科普宣传挂图、政策传递折页等宣传资料5万多份，发出公益广告、情景短剧光盘1100张。各地开展现场咨询活动200余场，开设“食品药品安全知识大讲堂”300余堂次，设置公益广告宣传牌（栏）2000余块，播放公益广告、情景短剧7000余次。

【铬超标药用胶囊事件】 4月15日，媒体披露了铬超标药用胶囊事件，省食品药品监督管理局立即启动重大药品安全突发事件应急预案，并报请省政府成立应对铬超标药用胶囊问题工作领导小组。省委、省政府高度重视，省委书记苏荣、省长鹿心社等省领导多次作出重要批示。省食品药品监督管理局在第一时间采取措施，迅速开展全省范围的紧急查控工作，实行查处工作进展每日报告和24小时值班制度。各地食品药品监管部门全力开展药品市场清理、问题企业排查、涉案企业查处、社会舆论引导等工作。督促胶囊和胶囊剂药品生产企业对上市的胶囊和胶囊剂药品实行100%批检,对71家胶囊剂生产企业实施100%覆盖监督检查,对7家、11批次的铬超标胶囊剂药品的涉案企业进行立案查处。高效妥善处理了铬超标药用胶囊事件,得到省委、省政府领导的充分肯定。

【协调处理江西泽众与江西康洋企业并购纠纷案】 鹰潭市中级人民法院就于新江、江西泽众制药股份有限公司申请执行江西康洋药业有限公司收购合同纠纷一案3次向省食品药品监督管理局送达《协助执行通知书》。省食品药品监督管理局多次召开协调会和办公会进行专题研究,与双方当事人和法院进行协调沟通,按照国家法律法规和规章要求办理行政许可事项,促使双方民事纠纷的解决。

【抚州5·17特大倒卖假冒商标标识案】 2011年8月至2012年5月,抚州市食品药品监督管理局在公安部和江西省食品药品监督管理局、省公安厅挂牌督办下,联合当地公安部门成功破获一起特大假药商标标识案。在全国22个省份、近60个市、县(区),抓获犯罪嫌疑人30人,捣毁制售假药、非法行医窝点40余个,缴获10余种假冒"进口药品"的包装盒、说明书及商标标识5.5万套,同时查获大量非法治疗性病诊所的"小广告"以及价值百余万元的各类假药成品、半成品。这是全国第一次涉及性病领域的假药案,被公安部列为全国十大集群战役。

【万安县4·24特大跨省制售假药案】 4~8月,万安县食品药品监督管理局与县公安局合作,在国家和省级食品药品监管部门、公安部门挂牌督办下,侦破方世春、黎梁、黄胜华等人特大跨省制售假药案。该案生产销售假药销售网点涉及全国26个省(市、自治区)、300余人,全国范围内制假黑窝点2个、销售黑窝点15个、外包装印刷窝点1个,查缴用于制假的电脑3台、车辆3台、生产设备12台、流水线3套,没收假药成品100余种2万余盒、假冒药品标签说明书等外包装20余万盒(套),货值金额超过1000万元,批捕犯罪嫌疑人35名。同年10月,黄胜华、黎梁、方世春等人分别被判处有期徒刑3~5年。

(邱国强)

统计管理

【概　况】 2012年是国际国内环境复杂多变、经济增长趋缓、统计生产方式发生重大变革的一年。年内,全省各级统计部门面对复杂的经济环境和工作压力,围绕各级党委政府的中心工作,深入推进四大工程建设,不断提高统计工作服务能力、统计工作宣传能力、统计数据采集能力、统计调查保障能力和统计队伍执行能力,各项工作取得较好的成绩。

不断强化干部队伍建设。按照作风整治活动要求,梳理了领导作风存在的突出问题,深刻剖析了原因,制定了切实可行的整改措施,形成团结高效、勇于进取的良好局面。加大干部教育培训力度,组织干部职工参加国家统计局、省委组织部举办的各类培训、学习锻炼。全省有589人参加统计职称考试,2000余人参加统计继续教育培训,2867人参加从业资格考试。举行全省统计系统先进典型巡回宣讲会,开展丰富多彩的文体活动,不断创新和加强机关统计文化建设。积极推进党风廉政建设。精心组织十八大精神学习宣传,深入开展基层组织建设年活动,推进党支部规范化建设。落实党风廉政建设责任制,加强对统计四大工程建设和弄虚作假行为的监督检查,完善具有统计特色的防腐倡廉惩防体系。

【推进四大工程建设】 一是实现企业一套表改革顺利并轨。通过加强业务培训,强化制度和机制,顺利实现企业一套表由双轨向单轨运行的转变。省统计局集中培训各类统计人员近1500人,市、县两级全面开展技术和业务培训。建立服务热线和值班制度,实行日通报制和多方催报制,确保了一套表报送进度。组织开展联网直报数据质量检查,对数据异常地区领导约谈,代填代报行为通报,完善企业数据质量审核验收,提高了数据质量。二是取得名录库建设新成绩。加强名录库动态维护和认定工作,提高了国家审核通过率,平均通过率达到90%。三是初步完成统计网络扩建工程建设。扩建网络工程使全省统计信息网络满足了国家统计局规定的带宽网速要求,在硬件、速度、安全性和稳定性等方面都有质的飞跃。

【加大对宏观经济运行监测预警和分析研判力度】 一季度得出"经济下行压力较大,二季度经济将进一步放缓,但回调幅度缩小"的结论,三季度后提出"加大稳增长力度,尽快遏制经济下行压力"的建议,为省委、省政府科学决策发挥了独特作用,得到省委书记苏荣的高度评价。同时还加强了工业园区建设、战略性新兴产业发展、保障性住房建设、节能降耗目标任务完成情况的跟踪监测工作,建立两纲监测数据,完成全省全面小康监测报告和地区经济监测等工作。

【加大区域经济发展的跟踪力度】 分析鄱阳湖生态经济区建设规划实施两年来的发展情况,出台打造南昌核心增长极20条助推实施意见,参与中央苏区振兴规划的编制。完善2012年市县考核考评指标体系,开展干部作风、法院干警、村干部群众满意度调查,会同省综治办研究开发江西省社会治安评估预警系统,联合省委农工部、省社科院开展经济社会发展综合实力"百强乡镇"评价工作。

【提高统计数据采集能力】 一是服务业统计改革取得新突破。报请省政府印发《关于进一步加强服务业统计工作的若干意见》,细化省级有关部门在服务业统计工作中的职能,全面清查营业收入100万元以上的服务业企业,确定省级重点调查企业范围2000多家。二是文化产业统计制度继续完善,规范文化产业单位名录信息、指标设置,重新修改制定文化产业调查报表制度。开展文化产业单位名录库的管理维护。三是投入产出调查准备工作有序开展。组建投入产出办公室,制定工作计划和方案,从政府和部门两个层面制定下发投入产出调查工作文件,开展调查试点。四是召开第三次全国经济普查筹备工作会议,报请下发《关于做好第三次全国经济普查工作的通知》,编制省级经费预算，各项工作正在积极有序向前推进。

【提高统计调查的保障能力】 稳步推进基层基础建设。以推行企业一套表改革为契机，强化统计人员的业务培训，强化对企业统计人员从业资格具备、网络和计算机硬件配备、统计台账建立的督导督查工作。深入企业实地调查，积极探索一套表工作模式下的数据监管办法，初步建立网报中各环节的数据监管办法。统计调查法制保障能力明显提升。借助培训会和广播电台宣传统计法律法规，编写《统计法律事务告知书》及《致企业一封信》发放到1.2万多家一套表企业。加强执法骨干培训，加大对统计违法案件的查处力度，2012年全省执法检查单位数4002个，立案案件数278个，结案数255个，警告63个，罚款16.93万元，通报批评158个，强制执行案件1个。

【加强统计宣传】 进一步规范统计新闻宣传管理。建立新闻宣传联络员制度，严格执行统计新闻宣传归口管理。建立统一规范的信息发布流程，制定重大统计新闻舆论事件应急预案。进一步拓展统计成果宣传的广度。坚持每月发布全省经济运行情况新闻通稿，不定期针对经济热点发布新闻稿件，多次发布统计数据解读文章、接受新闻媒体专访。在省"两会"首场新闻发布会上解读GDP和投资双过万亿；做客大江网直播室和省政府网站在线访谈分析研判经济形势。组织撰写一系列反映党的十六大以来经济社会发展成果的统计分析，汇总编辑了《科学发展 绿色崛起》画册，印发到江西省十八大代表团每位代表和新闻媒体记者。进一步丰富统计宣传形式。出版发行统计科普知识书籍《您身边的统计知识》、研究咨询专著《数之策》；各地利用标语、街道横幅、民间腰鼓队、大型户外广告、手机短信、知识竞赛、文艺演出、政务微博等宣传方式，加强对统计四大工程建设的宣传，提高社会公众对企业一套表改革的知晓率和对统计工作的支持度。

（胡国平）

审计监督

【概 况】 2012年，全省各级审计机关围绕经济社会发展大局，依法履行审计监督职责，着力提高审计工作的质量和水平，充分发挥审计保障经济社会健康运行的"免疫系统"功能，为促进全省经济社会平稳健康发展提供了有力的审计支持。年内，江西省审计机关完成审计项目9375个，查出主要问题金额15.11亿元，其中已上缴财政4.67亿元，已减少财政拨款或补贴8.77亿元，已归还原渠道资金9.52亿元，已调账处理金额21.45亿元。移送司法、纪检监察机关等相关部门处理事项110件，提交审计报告、专项审计调查报告和审计信息1.36万篇。

全省审计机关坚持把建设一支高素质、专业化的审计队伍作为根本性任务来抓，通过采取竞争上岗、轮岗交流、强化业务培训等形式，努力提高干部综合素质。首次组织19名全省审计专业领军人才赴澳大利亚培训。开展以"责任、忠诚、清廉、依法、独立、奉献"为重点的审计文化建设，精神文明创建成效显著。全省有17个单位被评为省第十三届文明单位。江西省审计厅再次荣膺省直机关第六届十佳文明机关，并蝉联江西省文明单位。

【财政审计】 全省各级审计机关把财政政策实施、预算执行与决算草案审计融为一体，不断深化转移支付资金和地方财政收支审计，积极推进预算管理的科学化、法治化和财政体制改革不断深化。全年共完成审计及审计调查单位1282个。各级审计机关"两个报告"均得到了当地政府的肯定和人大常委会的好评。省审计厅组织对14个省级部门及84个二、三级单位预算执行情况进行审计，针对审计中发现的预算编制、政策执行、资金管理和行政绩效等方面存在的问题，提出了针对性建议。

【金融审计】 6~9月，省审计厅统一组织省、设区市审计机关对江西省农村信用社联合社和55个市、县农村商业银行、农村合作银行、农村信用合作联社等法人单位2011年度资产负债损益情况进行审计，揭示了资产质量分类管理、存贷等业务操作、会计核算、风险控制等方面存在的问题，提出了完善管理体制、强化服务职能、加强制度建设、维护资产安全的建议。

【资源环保审计】 省本级组织对全省国家立项的19个中小河流防洪治理项目的资金使用管理和项目实施情况、全省矿产资源管理资金使用情况进行审计，揭示了薄弱环节及风险隐患，及时提出妥善处置的建议，促进了产业结构转型升级和可持续发展。

【重点投资项目审计】 全省各级审计机关把交通建设投资、投资额度较大的市政建设和重大民生建设项目作为审计重点。全年共完成审计及审计调查单位4157个。省本级组织对武宁至吉安高速公路、赣州至大余高速公路等重大投资项目进行竣工决算审计，对吉安至莲花高速公路等重点工程建设项目及对口支援新疆援建资金和项目进行了跟踪审计，对7条高速公路尾工工程进行专项审计，查处了违规支付费用、超付工程款造成公路建设资金损失，部分项目业主未严格执行招投标制度，部分施工单位违规分包转包等问题，规范了管理、优化了设计、提高了建设资金使用效益。

【重点国有企业审计】 全省审计机关继续围绕"摸家底，揭隐患，促发展"的总体思路，有重点地选择部分国有企业进行审计。全年共完成审计及审计调查单位167个。根据审计署授权，省本级组织对中盐江西盐化有限公司、中国储备棉管理总公司九江直属库2011年度财务收支情况进行审计，审计情况得到审计署的充分肯定。组织对省投资集团公司2011年度财务收支情况进行审计，针对发现的问题及时提出堵塞漏洞和避免损失的建议。

【民生等重点专项资金审计】 全省各级审计机关围绕各级政府确定的民生重点工作及人民群众关注的热点、难点问题展开审计。全年共完成审计及审计调查单位407个。省本级重点对全省中小学布局调查、保障性住房建设、农村文化建设、现代农业省级产业化、大中型水库移民后期扶持资金等专项资金项目进行审计监督，为党委政府进一步完善民生政策提供了决策依据。

【利用外资建设项目审计】 全省审计机关共完成审计及审计调查单位6个。省本级组织对省政府利用世行贷援款实施的石虎塘航电枢纽工程及日元贷款植树造林等项目进行审计，揭示了存在问题，审计情况引起省委、省政府领导的高度重视。

【探索创新社会保障资金审计】 根据审计署部署和要求，2月下旬至5月中旬，省审计厅组织全省1960名审计人员对除南昌市本级外的10个设区市本级和97个县(市、区)及庐山管理局管理的18项社保资金进行全面审计，摸清"十一五"以来江西省社会保障制度建设和运行情况，以及社会保障资金收入、支出、结余规模和管理情况，反映了社会保障管理中存在的突出问题，提出健全制度和规范管理相应的审计建议。审计实施中，探索创新的社会保障资金审计"三字诀""三方比对"等8篇材料被审计署采用，并作为经验交流材料下发全国审计机关学习借鉴。全省审计机关8个单位、5名个人和1个项目受到审计署表彰。

【开展任期经济责任审计】 全省审计机关共对2134名党政主要领导干部和国有企业领导人员开展任期经济责任审计。针对查出的问题，提出了针对性建议，为加强干部管理监督和考察任用提供了重要参考。省审计厅与省委组织部联合制发《江西省2012~2016年市厅级领导干部经济责任审计工作规划》，明确今后5年市厅级领导干部经济责任审计的对象、审计重点和评价内容，实现了经济责任审计的常态化运行。省审计厅首次对高校校长、设区市检察院检察长、中级法院院长开展审计。

【推进审计信息化建设】 下发《进一步推进审计信息化的指导意见》，配套出台《江西省设区市审计局信息化工作考核暂行办法》，完成厅机关审计管理系统(OA)版本升级，全面铺开各设区市审计局审计管理系统改选升级工作，省审计厅机关全面实行全流程无纸化办公。加大AO的应用普及和深化应用力度，建成全省地税联网审计平台并投入运行。选派32名全省审计业务干部参加审计署举办的计算机审计中级培训，并与江西财经大学联合举办一期计算机审计中级培训班。全省共征集AO应用实例105篇、计算机审计方法88篇。

【出台《江西省审计条例》】 《江西省审计条例》于2012年9月27日经江西省第十一届人大常委会第三十三次会议审议通过，自2013年1月1日起在全省施行。这是江西省审计机关成立近30年来第一部地方性审计法规。条例结合江西审计工作实际，围绕审计法及其实施条例的原则规定作了细化、扩展和延伸，进一步突出绩效审计、政府投资审计和社会公众资金审计，进一步健全审计成果利用及审计整改机制，为形成江西特色的审计监督制度体系构建了法规框架。

【召开省内部审计师协会第二次会员代表大会】 1月18日，省内部审计师协会第二次会员代表大会在江西饭店召开。省审计厅党组书记、厅长王殿军，中国内部审计协会副秘书长鹿云飞出席并讲话。全省各部门、企事业单位的有关领导和内审机构负责人共100名代表参加会议。大会对协会10年来的主要工作进行了回顾和总结，选举产生了新一届理事会和领导机构，部署协会今后的工作，并表彰全省内部审计先进单位和先进工作者。

（周　波）

口岸管理

【概　况】 2012年，江西省口岸共完成进出口货运量238.07万吨，国际集装箱15.94万重标箱，同比分别增长18.66%和11.73%。入境货运量58.88万吨，国际集装箱3.92万重标箱，分别下降2.06%和6.5%，出境货运量179.19万吨，国际集装箱12.02万重标箱，分别增长27.52%和19.32%。南昌航空口岸出入境人员12.25万人次，增长85.61%，出入境飞机906架次，增长48.28%。年内，经口岸各相关部门积极争取，省政府设立2500万元航空发展资金，并要求南昌市按照1∶2比例给予配套。

稳步推进一批重点项目。赣州综合保税区申报完成前期工作，并经省政府上报国务院。南昌综合保税区申报前期工作启动，完成可研论证及相关调研。鹰潭固体废料宁波口岸转关进口通道正式开通。赣州至厦门五定班列的开通工作正在积极推进。

口岸文明共建取得成效。举办南昌航空口岸"五四青年节"联谊活动，组织各联检单位和机场集团，以及东航、华航进行联谊与交流。申报海关及边防共13个基层单位及相关班组获得省级青年文明称号。对驻昌航空公司及南昌航空口岸联检单位开展了表彰活动。

【九江港扩大开放获国务院批复】 11月，《国务院关于同意江西九江港口岸扩大开放的批复》正式下达，同意九江港口岸扩大开放城西港区。江西省长江沿岸区域口岸开放进一步扩大，对推动九江乃至江西省开放型经济发展，促进鄱阳湖生态经济区发展及九江沿江开放开发都具有积极意义。

【国际航线稳步拓展开行大飞机】 5月，成功引进韩亚航空开通南昌至首尔航班，年内共飞行92个航次，运送旅客1.38万人次。10月，成功引进泰国东方航空开通南昌至曼谷临时旅游包机，年内共飞行18个航次，运送旅客2368人次。6月，国航波音474执飞美国西雅图至南昌货运包机，成为南昌机场起降最大的飞机。

【国内航线大幅加密】 1月，开通南昌至乌鲁木齐航线，直接服务江西省援疆工作的开展。此后陆续开通南昌至天津、兰州、西宁、银川、桂林、鄂尔多斯等地航线，使南昌昌北机场航线达到44条。加密了南昌至深圳、昆明、重庆、西安、厦门等地航线，全年运送旅客突破600万人次。

【开通九江港至上海洋山港直达货运班轮】 1月，正式开通九江城西港至上海洋山港货运直达快线货运班轮，全程运行时间压缩至57小时，较原接驳运输节省时间2~3天，有效提高了全省出口欧美货物运输效率，降低了货运成本。

【开通九江烟花爆竹水运出口通道】 12月，九江港口岸烟花爆竹水运出口通道正式开通，江西省烟花爆竹出口降低了运输成本，减少了运输时间，比绕道周边省份节约2~3天时间，每个集装箱节约运输成本1500元，对扩大江西省烟花爆竹出口，支持传统产业发展具有积极意义。

【不断规范口岸作业区建设】 6月，制定出台《江西省口岸作业区建设管理规范(暂行)》，并完成上栗公路口岸作业区的建设和验收，批复定南公路口岸作业区建设，促使全省口岸作业区的现代化综合服务功能不断提高。

【上饶至宁波铁海联运客车化运营】 5月，上饶至宁波五定班列正式开通，实行客车化管理，并沿沪昆线开行了阶梯式五定班列，服务范围扩大至江西省沪昆沿线城市及周边区域。全年该班列共运送集装箱9001箱，平均在途时间18.3小时，相比原来2~3天的时间，时效性大大提高，且集装箱铁路运费下浮30%。

【开通鹰潭固体废料宁波港转关进口通道】 2012年，鹰潭铜拆解园区固体废料转关进口共2385重标箱，增加179.9%。6月，鹰潭固体废料宁波口岸转关进口通道正式开通，为园区新增一个废料转关进口通道，比原经九江港通道缩短10~15天，按平均货值50万元/柜，可为企业节约每柜1500~2250元左右的财务成本。

【加速推广运用电子口岸】 加工贸易联网系统平稳运行，九江港检港联网和南昌国际集装箱码头关港联网正式上线运行，实现相关业务办理网络化、无纸化，使口岸查验与现场作业衔接更加紧密，提高了通关效率。制订《江西电子口岸发展指导意见(2013~2015)》。

【进一步深化口岸通关区域合作】 引进厦门港投资建设吉安陆路口岸作业区，引进福州港参与高安铁路口岸作业区建设，投资金额上亿元。与厦门港合作推进开行赣州至厦门五定班列。与广东省政府相关部门协调畅通江西省柑橘产品出口的“绿色通道”。组织相关单位先后赴贵州、河南、内蒙古、辽宁考察学习，进一步了解兄弟省市在口岸及口岸作业区的功能区划、机构布局、电子口岸建设等方面的情况，为江西省口岸建设提供了良好的借鉴。

(邹志清　付　蓉)

·资　料·

2012年度江西省口岸进出口货运情况

单位:万吨　重标箱

运输方式	进口	增幅(%)	出口	增幅(%)	进出口	增幅(%)
进出口货重	58.88	-2.06	179.19	27.52	238.07	18.66
水　运	46.27	-7.59	134.92	16.39	181.19	9.16
铁海联运	11.02	18.15	37.01	70.73	48.03	54.91
公　路	1.47	143.35	7.22	150.29	8.69	149.10
空　运	0.12	3.72	0.04	12.93	0.16	5.99
进出口集装箱	39236	-6.50	120156	19.32	159392	11.73
水　运	31363	-11.7	90563	10.82	121926	3.99
铁海联运	6706	17.20	20870	64.45	27576	49.76
公　路	1167	61.41	8723	38.79	9890	41.12

海关

【概 况】 2012年,南昌海关深入落实省署合作备忘录,以促进江西经济社会发展为己任,按照建设"四好"内陆强关的工作思路,坚持理念先行,切实改进监管和服务,较好地完成了各项工作任务,促进了江西开放型经济平稳较快发展。省委书记苏荣在视察南昌海关时称赞该关"全省开放型经济发展取得今天的成绩,海关的作用突出、贡献很大"。省长鹿心社两次听取南昌海关工作汇报,批示"感谢南昌海关对促进我省外贸稳定增长的支持"。副省长洪礼和多次听取南昌海关工作汇报、作出批示,高度评价海关工作。

积极应对税收严峻形势,进一步完善综合治税机制,着力提高税收征管质量。贯彻"由企及物"理念,加强风险管理,强化实际监管。认真抓好监管场所规范达标建设,开展"蓝海""清水"专项查控行动,切实加强有效监管。加强对转关运输、"属地申报、口岸验放"货物、稀土等重点矿产品出口的实际监管。进一步加大对稀土等重点敏感商品走私和行业性走私的打击力度,对固体废物、加工贸易渠道走私进行专项打击。查获"508"稀土走私大案,获得海关总署副署长王松鹤批示。积极搭建反走私综合治理平台,与省高院、省国税、江西出入境检验检疫局、江西银监局、人行南昌中心支行等单位初步建立起情报信息共享、案件线索移交、联络协调、联合行动和执法协作机制,加强与全省11个设区市打私办的联系配合,推进设区市反走私综合治理工作目标考评工作。2012年,南昌关区税收入库58.43亿元,尽管税收总量同比有所下降,但各项执法指标继续保持较高水平并处于绿色区间。监管进出口总值115.7亿美元,下降9.95%,监管进出口货运总量创历史新高,达1769万吨,增长24.14%。刑事立案3起,案值2.96亿元,涉税1934万元。行政立案181起,案值3.3亿元,涉税2799万元,均创历年之最。违规案件175起,增长47%,案值3.26亿元,增长340%。

开展干部作风集中整治活动成效显著,省直工委3次组织对南昌海关整治活动工作进行检查考核,均给予了较高评价。发挥12360服务热线作用,归口受理、统一回复社会各界提出的服务需求,构建便捷高效的政务公开和办事服务平台,海关12360服务效应明显。全面推行"一窗式办理"、"一站式服务",方便企业办理业务。全面推行落实政风行风建设特邀监督员制度,建立外聘特邀监督员联络制度,主动接收监督,积极采纳监督员的意见建议,不断改进政风行风建设。2012年,南昌海关机关获评省直机关第六届十佳文明机关,吉安海关获评全国海关系统先进集体。关区6个集体和个人受到省部级以上表彰奖励。

【促进江西开放型经济平稳较快发展】 加强对署省合作备忘录的推动落实和成效评估,署省合作内容顺利完成。认真落实海关总署《关于改进海关监管和服务的若干意见》《关于促进外贸稳定增长的若干措施》,制定出台并实施《南昌海关促进江西外贸稳定增长18项措施》。配合国家部委联合调研组对赣南等原中央苏区发展振兴调研,主动参与打造南昌核心增长极,加快推进九江沿江开放开发等意见的论证。加强对3个出口加工区和南昌保税物流中心运营建设的指导,做好重点项目入区的跟踪服务工作。加强对井冈山出口加工区建设指导,顺利对其实施预验收。发挥海关特殊监管区域政策优势,引导加工贸易向产业链高端延伸、向海关特殊监管区域集中。进一步促进内销便利化,允许符合条件的加工贸易企业集中办理内销征税手续。围绕国家和江西发展大局、社会关注热点、海关管理重点科学选题,完善进出口预警监测体系,积极提供快捷准确的统计数据服务和决策参考。南昌海关支持服务措施的落实,有力促进了江西开放型经济发展。年内共向省领导和有关部门报送统计分析类文章46篇,被省领导批示30次。

【广泛开展"点对点、一对一"学雷锋志愿服务活动】 认真贯彻落实海关总署党组"在做好服务上加倍努力""在减负增效上深入研究"以及江西省委、省政府"切实帮助企业降低商务成本,最大限度地减轻企业负担"的有关决策部署,着力提升服务理念,创新服务方式,自9月份以来在全省广泛开展"点对点,一对一"服务活动。面向江西11个设区市遴选确定106个重点服务对象。采取一市一课、一企一策、一事一议的方式,由南昌海关领导带队赴全省11个设区市巡回举办11场开放型经济政策巡回宣讲会,上门现场办公、结对帮扶,主动帮助企业政策解难、手续解繁、减负增效。活动赢得省委书记苏荣高度评价和省长鹿心社、副省长洪礼和批示肯定,共收到地方政府部门和进出口企业送来锦旗、感谢信83面(封)。并被评为省直、中央驻赣单位"百件惠民实事"。

【推进口岸大通关提质增速】 完善物流监控体系建设,推动高安陶瓷铁路口岸作业区建设和九江港开通外贸直航,有效对接物流信息与通关作业。全面推行进出口分类通关改革,进一步推广"属地申报、口岸验放""赣粤港(澳)"快速转关、海铁联运和深圳梅林口岸陆路属地申报通关模式,与湛江海关签订区域通关协议,使江西省企业选择区域通关模式通关的口岸海关增为24个。主动服务上饶—宁波"五定班列"运行,"五定班列"海铁联运通关渠道进一步畅通。上栗烟花爆竹、高安陶瓷铁路口岸作业区建设和九江港开通外贸直航稳步推进,在南丰蜜橘出口产业园设立全省首个产业园区集中验放点。2012年,南昌海关进口转关率为83.10%,提高11.54个百分点。

(朱翌华)

出入境检验检疫

【概 况】 2012年,江西检验检疫局共检验检疫出入境货物17万批85.6亿美元,同比批次增长8.5%、货值下降2.1%;查验出入境人员12.1万人次,增长84.5%;健康体检1.12万人次,增长2.3%;艾滋病监测1.11万人次,增长2.9%;预防接种1.12万人次，增长35.9%；集装箱检疫9.3万标箱，增长51.3%；飞机检疫911架次，增长49.3%。出入境检验检疫不合格1437批9063万美元，其中出口商品批次、货值不合格率下降0.25%和0.13%，进口商品批次、货值不合格率上升0.83%和0.67%；集装箱检出问题标箱523标箱，不合格检出率增长473%；入境截获外来有害生物248批458种次，增加115批234种次，分别增长86.5%和104%，其中截获植物检疫性有害生物增长10倍，约为近五年之和的2倍，且多种有害生物在江西口岸为首次截获。体检检出病例1758人次，检出率为15.7%，其中检出艾滋病例5例；完成检测样品29958个157534项次，检出阳性样品3917个，分别增长52.85%、43.62%和-0.61%。

【严把进出口商品质量安全关】 全年检出进出境不合格货物1437批，从罗马尼亚进口铜精矿品级严重不符，从韩国、中国台湾进口的多晶硅片、光伏电池电极浆料品质不符等，查出不合格商品116批300万美元，处理出口退运通报核查63批，查处一起进口铜精矿商业欺诈案例，为企业挽回经济损失93.39万美元。

【帮促出口食品农产品质量提升】 持续推进食品农产品种养殖场标准化建设，帮助全省75家果园、55家水果加工厂获得注册登记，其中22家水果出口企业、12家供港猪场通过GAP认证，通过率为全国行业最高。大力推动质量安全示范区建设，建立南丰柑橘、信丰脐橙、定南供港活猪、安远脐橙和瑞金出口食品农产品等5个质量安全示范区。其中南丰柑橘质量安全示范区顺利通过考核成为江西首家国家级出口食品农产品质量安全示范区。

【加强口岸检疫】 截获外来有害生物248批458种次，分别增长86.5%和104%，其中截获植物检疫性有害生物同比增长10倍，约为近五年之和的2倍，且多种有害生物在江西口岸为首次截获。检出从坦桑尼亚进口钽铌矿品级严重不符并伴有放射性辐射，从卢旺达、尼日利亚等国家进口的钽铌矿放射性超标。成功处置在入境集装箱内截获不明白色粉末突发事件。三季度全国口岸入境核与辐射有害因子监测情况，江西位居"货物监测类别"全国第二。

【开创集装箱集中审单检疫监管新模式】 以集装箱检疫为抓手，在内陆省份率先开展集装箱集中审单试点工作。依托中国检验检疫电子口岸平台，建立"集装箱—货物—企业"新的监管模式，实现进出境集装箱全申报全检疫。自6月份启动以来，7月、8月、9月、11月4个月检疫突破1万标箱，全年检疫集装箱增长51.3%，超过货物货值增速53个百分点，不合格检出率增长473%。

【推动集装箱检验检疫监管区建设】 以"政府主导，企业经营，部门监管"模式，在江西省主要出口产品主产区探索建设集装箱检验检疫监管区。截至年底，中部地区首家集装箱监管区在江西南丰揭牌运行，江西上栗烟花爆竹物流中心基本建成，万载烟花物流中心正式开工，赣州综合保税区、信丰、龙南、瑞金脐橙产业园集装箱监管区等4个平台已列入当地政府建设规划。

【开展"两个专项行动"】 扎实开展"质量安全风险排查整治和道德领域突出问题专项教育治理活动"，共排查603项工作393家敏感企业，排查出各类风险567项（次），其中业务工作风险252项（次），产品风险154项（次），企业风险59项（次），廉政风险102项（次）。制修订综合管理规定35个，单项作业指导书174个。检出不合格商品1437批，均合理处置并建立相应档案。共处罚5家企业，涉案金额13.1万元，吊销25家存在严重不符合项的出口食品原料种植场备案资格。

【密切与口岸检验检疫机构协作】 与深圳检验检疫局签署《关于促进江西水果出口的合作备忘录》，与珠海检验检疫局签署《促进江西优质农产品供应澳门合作备忘录》，与广东、深圳检验检疫局签署《支持赣南等原中央苏区振兴发展合作备忘录》，共同构筑江西优质农产品出口绿色通道，可为南丰蜜橘、赣南脐橙节约出口商务成本1600多万元，促进当年南丰蜜橘出口订单增长5成以上，带动农民增收2.24亿元。

【创新促外贸稳增长工作举措】 出台《江西检验检疫促进对外贸易发展十项服务新举措》和《江西检验检疫局促进外贸稳定增长工作措施》，其中省政府将《江西检验检疫局促进外贸稳定增长工作措施》全文印发全省各级政府和有关部门领导参阅。全年减免检验检疫收费1830万元，惠及全省2590多家进出口企业。帮助鹰潭铜拆解园开通"宁波—鹰潭"海铁联运通道，为进口企业缩短10天左右的货物入境周期，每个货柜节约1800元运输成本和3000元左右的综合商务成本。帮扶江铃出口轻型货车获得出口免验资格，促进出口增长70%以上，减免检验检疫及相关费用130多万元。

【加强技术保障能力建设】 首次成功申报国家自然科学基金项目1项，申报检科院青年科技基金项目3项，新增卫生检疫专业领域科研立项2项，获批2012年度总局立项9项。江西出入境检验检疫局自主立项12项，完成科研制标项目23项，获质检总局"科技兴检"三等奖2项，国家专利4项。实验室能力验证数量和满意率均创历年新高，首次获批组织CNCA、CNAS能力验证各1项，顺利通过"三合一"实验室评审，获得全国食品检测机构的合法资质。新增检测能力项目超过200多项，检测项目覆盖率达到98.22%。

（张　黔）

城乡建设

本栏编辑　邓玉兰

综　述

2012年，全省住房和城乡建设部门按照“龙头昂起、两翼齐飞、苏区振兴、绿色崛起”区域发展格局，深入推进鄱阳湖生态经济区建设，大力支持赣南等原中央苏区振兴发展，全力支持南昌发展打造核心增长极和推进九江沿江开放开发三大战略的实施。

城镇化保持较快发展。年内狠抓省政府关于进一步推进城镇化发展的实施意见和全省工业化城镇化流动现场会精神的落实。强化规划引领作用，启动赣州、九江都市区规划编制工作，全面完成22个设市城市总体规划编制工作。在新余召开全省推进城镇化加强城市管理工作“千人会议”，加强城市科学化管理。大规模培训全省村镇规划建设管理人员，加强村镇规划建设管理。城镇化步伐明显加快，2012年全省城镇化率达到47.51%，较上年提高1.81个百分点。全省50~100万人的大城市8个，比上年增加5个；20~50万人口的中等城市12个；全省92个市县建成区面积1996平方千米，增加120平方千米，新增城镇人口80万。

保障性安居工程建设成效显著。加大保障性安居工程建设力度，实行保障性住房建设目标责任管理，形成了较为健全的工作机制。江西省在全国率先推行“三房合一，租售并举”，实行廉租住房、经济适用住房、公共租赁住房统筹建设，并轨运行。加强工程质量安全监管，确保公平分配。强化督促检查，确保任务落实。2012年全省完成保障性住房建设投资350亿元，开工建设30.38万套，基本建成30.9万套，超额完成国家下达的保障性住房建设任务。全省已累计投资1200亿元，解决95万余户城镇低收入家庭住房困难。争取农村危房改造中央补助资金13.1亿元，完成农村困难家庭危房（土坯房）改造17.5万户，累计30.3万户农村困难群众的住房条件得到明显改善。

城乡人居环境继续改善。按照省第十三次党代会提出的建设富裕和谐秀美江西的要求，坚持以项目为抓手，各地进一步加强城乡基础设施建设。全省共实施5000万元以上城建重点项目1160个，总投资3592.7亿元，一大批基础型、功能型、生态型城镇设施相继建成，城市综合承载力不断提高，功能不断完善，人居环境不断改善。新增九江、上饶两市为国家级园林城市，11个设区市有9个进入国家级园林城市行列。新增修水县为国家级园林县城，总数达到3个。樟树、分宜、德安、遂川、万载、资溪等6个县（市）进入江西省园林城市行列，总数达到45个。28个省级示范镇发展加快，实力明显增强，示范作用初步显现。修水县山口镇等17个镇村列为省级历史文化名镇名村，总数达到84个。12个国家级历史文化名镇名村进入国家“十二五”文化和自然遗产保护设施建设规划项目储备库。33个村落入选首批国家级传统村落名单。

建筑产业实现加速发展。省政府首次召开全省建筑产业发展大会，出台《关于加快建筑产业发展的若干意见》，提出“三个翻番、三个突破”的发展目标，明确支持建筑业发展的主要政策措施。进一步优化建筑业发展环境，鼓励支持骨干建筑企业做大做强，促进建筑业重点市县加快发展。进一步加强建筑质量安全监管，全省建筑领域安全生产形势运行平稳。截至年底，全省各类建筑企业3937家，其中一级以上资质企业216家，新增8家。全年建筑业总产值2729.89亿元，增长30.3%。建筑业对外拓展能力进一步提高，省外完成建筑业总产值869.17亿元，增长50.0%。全省对外承包工程实现营业额18.4亿美元，增长16%。产业化程度进一步提高，全省216家一级以上资质建筑业企业完成总产值1456.01亿元，增长29.1%，占全省建筑业总产值的53.3%。全省2项工程通过国家鲁班奖评审，14项工程获得全国建筑工程装饰奖。南昌县城乡规划建设局、广丰县建设局获得“全省建筑产业发展突出贡献奖”。全省建筑业税收额占全省地方税收总额的1/4，建筑业成为江西省吸纳农村劳动力转移的第二大产业。

房地产市场运行总体平稳。全省认真贯彻落实中央关于房地产市场的调控政策，抑制房地产投机性消费，加强房地产市场监管和企业动态监督检查。加强房地产市场监测分析，建立全省房地产市场情况分析联席会议制度和月报制度。加快房地产市场信息系统建设，全面建成新建商品房网上备案系统，进一步规范了市场秩序，促进了全省房地产市场平稳健康发展。2012年，全省房地产开发投资稳中有升，完成投资969.62亿元，同比增长11.8%。商品房竣工面积1747万平方米，销售面积2397万平方米。编制《江西省城镇住房发展规划（2011~2015）》。引进全国大型知名房地产开发企业到赣投资，共签约项目32

个，项目总投资1190亿元，18个项目签订了土地出让合同，11个项目开工建设。

建筑节能和城镇减排稳步推进。全省党政机关办公建筑和大型公共建筑能耗公示、监测和节约型校园建设工作顺利推进。实施一批国家太阳能光电建筑、可再生能源建筑、高校节能综合改造、公共建筑节能改造等示范项目，争取国家专项补助资金1.52亿元。积极开展一、二星级绿色建筑标识评定工作，全省绿色建筑项目达到11个，面积近200万平方米。在建筑科技应用领域新增和推广23项建筑节能和太阳能新技术、新产品。全年全省投资21.9亿元，建成排水管网约1260千米，城镇污水处理厂负荷率71.21%。全省城镇生活垃圾无害化处理量335.2万吨，处理率58.3%，新增200个集镇实施垃圾无害化处理。

住房公积金归集管理得到加强。全省住房公积金运行总体平稳，全年归集住房公积金146.08亿元，增长25.29%。提取公积金53.92亿元，增长41.66%；发放个人住房公积金贷款75.85亿元，增长30.30%，共支持3.13万余户职工家庭利用住房公积金贷款购买住房，公积金贷款逾期率为0.21‰，贷款质量进一步提高。截至年底，全省累计归集住房公积金679.09亿元，归集余额464.62亿元，累计为35.02万余户职工家庭发放个人住房贷款434.92亿元，贷款余额240.19亿元，为广大职工群众改善住房条件发挥了积极作用。

（省住房和城乡建设厅编辑室）

城市规划与建设

【概　况】 2012年，全省11个设区市均成立城市规划委员会，由市委书记或市长担任主任，具体研究解决城市规划发展和建设的重大问题。各地普遍实行城市规划专家技术审查制度，对事关城市规划、建设和发展的重大问题，注意广泛听取专家和社会各界的意见，科学决策、民主决策的意识进一步加强。南昌、景德镇、鹰潭、萍乡、上饶、新余、抚州、井冈山、贵溪、乐平、德兴、瑞昌等12个市设立一级规划局，赣州、宜春、吉安、九江、丰城、樟树、高安、瑞金、南康等9个市设立一级规划建设局，九江市设立二级规划局，吉安市设立规划管理处，宜春市设立规划管理办，寻乌、修水、武宁等19个县设立规划局，南昌、新建、进贤等13个县设立规划建设局，全省规划管理人员超过千人。全省有南昌、景德镇、赣州市3个国家历史文化名城，吉安、井冈山、瑞金、九江市4个省级历史文化名城。

全力推进全省城镇化工作。加强督查，推进考核，重点考核11个设区市中心城区，对各设区市推荐省政府表彰的1个先进县（市）进行核查。完善对各设区市加速推进城镇化发展的情况考核评价指标。强化政策研究，经省政府第64次常务会议审议并原则通过，6月4日，省政府正式印发《关于进一步推进城镇化发展的实施意见》。加大宣传力度，组织召开新闻发布会，通报全省城镇化推进工作情况。9月和11月，省十一届人大常委会分别召开会议，听取和审议全省加速城镇化发展情况的报告。11月，副省长朱虹出席全省推进城镇化加强城市管理工作会议并作重要讲话。

稳步推进全省城镇体系规划编制工作，都市区规划编制工作取得突破。组织省内专家完善《江西省城镇体系规划》（初稿）。8月，该规划成果通过住房和城乡建设部的技术审查，拟正式上报省政府审议。经省政府第64次常务会议审议确定全省“一群两带三区”的城镇体系规划空间布局结构方案。多个省级层面的区域规划启动编制。召开《赣州都市核心区总体规划纲要》论证会，审议并原则通过该规划纲要。组织对九江都市区规划纲要进行技术指导和帮扶，加快规划编制进程。组织开展《南昌大都市区规划》编制工作。至此，江西省三大都市区规划编制工作全面启动。

健全城乡规划管理制度体系。制定出台《关于进一步规范城市和镇总体规划修改工作的通知》《关于建立省级派驻城乡规划督察员制度的意见（送审稿）》《江西省城市规划行政审批规程（修订版）》《关于加强市县规划展示馆建设和管理工作的通知》，启动《江西省城市规划管理技术导则（修订版）》修订工作。进一步规范江西省城乡总体规划的修改工作程序和内容，加强对总体规划修编的技术指导和管理，维护总体规划的严肃性和法定性，保障江西省城镇化快速健康发展。

【加强城市和县城总体规划审查和报批工作】 2月，原则通过《丰城市城市总体规划（2010～2030）》和《乐平市城市总体规划（2009～2030）》。5月，原则通过《高安市城市总体规划（2010～2030）》。全省22个设市城市全面完成城市总体规划编制工作（仅新设立的共青城市城市总体规划还在编制中）。景德镇市、瑞金市、瑞昌市等城市开展新一轮总体规划的修编工作。积极做好城市总体规划的论证审查工作。完成景德镇市、莲花县等10个县市城市总体规划实施评估报告和共青城市、井冈山市、乐安县、万载县等12个市县城市总体规划纲要论证，组织专家完成井冈山市、永新县等11个市县城市总体规划成果评审。对报请省政府审议的丰城市、乐平市、高安市等3个城市总体规划提出审查意见。

【做好重大建设项目规划选址工作】 2012年，共完成江西成品油管道二期工程、九江绕城高速公路工程等60个重大建设项目《建设项目选址意见书》的核发工作，其中涉及道路工程22个、水利工程3个、旅游项目3个、石油天然气管道工程3个、电力工程17个以及码头、货运、交通枢纽和棚户区改造工程等。认真组织选址论证，为项目规划选址提供科学依据。共组织召开西气东输三线江西段建设项目、九江县杭瑞高速狮子互通连接线一级公路等31次建设项目规划选址专家论证会。按照建设项目的不同情况一次性提供所需要的材料清单，做到所有建设项目规划选址许可及时办理、按时办结。

【开展全省城乡规划工作巡查】 省住建厅组织对九江市、萍乡市、宜春市、新余市、赣州市、吉安市、上饶市等7个设区市中心城区进行城乡规划工作巡查。通过听汇报、查资料、看现场、座谈讨论交流等形式，重点检查各地城市规划展示馆，建设工地的规划公示牌、公示栏,同时查阅建设项目的规划许可和批后监管资料以及相关规划管理制度和许可文书,交流各地城乡规划编制、管理的经验和做法,有效提升了全省城乡规划管理水平。

【开展优秀近现代建筑评定和保护工作】 为切实加强对优秀近现代建筑的保护,促进全省城市建设与城市历史文化遗产保护协调发展,省住建厅会同省文化厅在全省组织开展评定和保护优秀近现代建筑工作。各地按照要求进行初审与评选,批准全省各地156处建筑为优秀近现代建筑。

【推进排水管网建设】 完成全省县(市)"十二五"污水管网建设项目调整和排水专项规划及批复汇总工作,完成对各县(市)2011年度建设任务情况的汇总摸底和审核工作。下达2012年度分配全省城镇污水处理设施配套管网"集中支持"和"整体推进"的专项资金2.39亿元。完成县(市)沿江、沿河、沿湖排污口的污水归集并网任务,基本完成城区内排污渠清污分流的任务,完成县(市)污水管网建设规划年度建设任务。在靖安县召开省县(市)排水管网建设工作现场推进会,组织开展污水处理设施建设运行情况督查,编印全省污水处理文件汇编。

【推进全省城市绿化和人居环境建设】 九江市、上饶市被住房和城乡建设部命名为国家园林城市,修水县被命名为国家园林县城。省政府命名樟树市、分宜县、遂川县、资溪县、德安县、万载县为省级园林城市(县城)。全省有9个设区市被命名国家园林城市,45个城市(县城)为省级园林城市(其中设市城市16个,县城29个)。完成对抚州市、鹰潭市和新干县申报国家园林城市(县城)的帮扶、指导和初审工作。深入开展省级生态园林城市创建。组织开展2012年江西人居环境奖评选活动,召开江西人居环境奖评选启动新闻发布会。参与举办2012江西省井冈山杯杜鹃花与花卉盆景展览、江西省第三届花卉园艺博览交易会。组织开展林荫路、文明公园、园林小区、园林化单位、园林绿化优质工程评选活动,共评选出10个文明公园、19个园林小区、40家园林化单位、8条林荫路和32个园林优质工程项目。

【提升全省城市管理水平】 在新余召开全省推进城镇化加强城市管理工作会议。组织开展城管队伍作风整治活动,印发《江西省城管执法队伍开展"治理庸蛮散,提效转作风"活动实施方案》。积极推进数字化城管工作,确定德兴市等5个县(市)为第一批试点县(市),并在杭州举办数字化城管系统建设的培训班。南昌、新余、景德镇等3市完成数字城管平台建设,上饶市、赣州市数字城管正在实施。开展城市管理工作调研和全省11个设区市的城市管理工作暗访,下发《关于全省设区市中心城区城市建设和管理暗访情况的通报》,并把存在的问题制作成光碟下发到各设区市政府,要求限期整改。

【加强市政公用基础设施建设与监管】 确定全省城建重点项目计划共1160项,总投资3592.7亿元,下发《关于下达2012年全省城建重点项目计划的通知》和《关于加强城建重点项目调度与管理工作的通知》。对各地列入2012年全省重点城建项目计划5亿元以上的市政公用、社会事业和建筑节能等3个方面19个项目进行重点调度,下发《关于2012年城建重点项目建设进度调度情况的通报》。做好垃圾处理和保障环卫工人权益工作。完成环卫定额修编工作。指导各地加强垃圾收集和管理,召开全省垃圾处理工作座谈会,参观学习新建县望城新区垃圾收集管理经验。下发《江西省燃气经营许可证管理办法》,保障燃气行业安全运行。加强对供水企业的运营监管。下发《关于加强城市排涝有关工作的通知》,及时部署城市排涝工作。

(熊 伟 何师诞)

村镇规划与建设

【概 况】 2012年,全省乡镇域总面积15.95万平方千米,建成区面积15.63万公顷,村庄用地面积47.83万公顷。有建制镇683个,乡594个,农场27个(不含城关镇和纳入城市统计范围的乡镇),行政村16765个,自然村163546个。全省村镇总人口3733.46万人,其中小城镇镇区人口746.58万人,村庄人口2986.78万人。全省已建立镇(乡)级村镇规划建设管理机构1197个,配备工作人员4961人,其中专职人员2586人。2012年,全省村镇建设总投资435.9亿元,农村建房23.56万户,村镇住宅竣工建筑面积4017.9万平方米,人均住宅建筑面积38.57平方米。村镇公用设施逐步完善,共有604个建制镇、458个集镇、21个农场建有集中供水设施,日供水208.64万吨,覆盖用水人口486.63万人,普及率达65.18%。建制镇绿化覆盖率达9.44%,乡绿化覆盖率达9.55%。乡镇镇区共有公共厕所1.10万座,环卫车辆2282辆。

村镇规划建设管理更加深入。完成《江西省村镇规划建设管理情况专题调研报告》《关于切实加强农民自建住宅工程质量安全工作的意见(代拟稿)》《关于加强村镇规划编制与实施管理的意见(代拟稿)》等。下发《关于开展全省村镇规划编制调查工作的通知》和《关于切实加强村镇规划编制工作的通知》,全面了解全省集镇、村庄规划编制情况,提出规划修编的具体意见。召开全省城乡规划工作会议,部署新一轮村镇规划修编工作,确定后两年村镇规划编制目标和任务。重点指导省级示范镇规划编制,28个省级示范镇总体规划和重点地段控制性详细规划全部编制完成。举办全省村镇规划建设管理干部培训班,培训干部近600人。截至年底,全省共有1196个乡镇编制了总体规划,1.45万个行政村编制了村庄建设规划,乡镇总体规划和行政村建设规划覆盖率分别达91.7%和53.35%。

示范镇三年建设成效明显。组织28个示范镇全面完成总体规划、控制性详细规划和3年建设项目计划的编制工作,做到高起点规划、高标准建设。省财政安排2800万元示范镇基础设施建设补助资金,省国土资源厅切块下达示范镇新增建设用地计划指标373.33公顷。先后召开全省示范镇建设工作座谈会议、全省示范镇建设现场会,部署示范镇建设工作,总结交流示范镇建设经验。年内28个示范镇共完成国内生产总值413.5亿元,实现财政收入34.6亿元。示范镇承载能力明显增强,2010~2012年,28个示范镇实现固定资产投资680.2亿元,镇建成区面积扩大50.7平方千米,镇区人口增加20.4万人,小城镇建设的示范效应逐步显现。

特色村镇保护创建工作成效突出。印发《关于加强全省历史文化名镇名村保护规划编制工作的通知》,调度有关县(市、区)加快完成省级历史文化名镇名村保护规划编制和审批工作,并对保护规划编制进度滞后的镇(村)进行现场督导。年内,省政府公布修水县山口镇等17个镇(村)为第四批省级历史文化名镇名村。贵溪市上清镇、婺源县江湾镇汪口村等12个国家级历史文化名镇名村进入国家"十二五"文化和自然遗产保护设施建设规划项目储备库。全省国家级历史文化名镇名村总数达21个,省级历史文化名镇名村84个,处于全国领先水平。全年全省8个全国特色景观旅游名镇名村累计接待游客1200多万人次,实现旅游收入约20亿元,带动相关旅游从业人员1.31万人,住宿服务企业425个,餐饮服务企业424个,乡村旅游成为名副其实的富民产业。省住建厅编撰并出版"江西风景独好·旅游文化系列丛书"《美丽城镇》的"名镇、名村"。会同省文化厅、省财政厅组织实施全省传统村落调查、审核、申报工作,全省576个申报村落中有437个被推荐为传统村落,有33个村落入选第一批中国传统村落名录。

【加大农村危房改造力度】 2012年,国家安排江西省17.5万户农村危房改造任务和13.13亿元中央补助资金,省县两级财政共配套补助资金8.75亿元,超过去3年任务和资金总和。制定下发《农村危险房屋鉴定技术要点》《关于确定农村危房改造补助对象的若干规定》。组织协调省直有关部门开展省级督查工作,并组织各地开展农村危房改造质量安全检查工作。加大技术指导力度,编印《江西省和谐秀美乡村特色农民设计图集》及挂图,免费发放到全省各乡镇。重点支持赣南等原中央苏区完成10.68万户农村危旧土坯房改造任务。印发《赣南等原中央苏区农村危旧土坯房改造"十二五"规划》,规划到2016年支持赣南等原中央苏区完成106万户农村危旧土坯房改造任务。制定《关于农村重点污染和采煤塌陷区危房改造的实施方案》,全部完成贵溪等8个县(市、区)562户农村危房改造任务。

【进一步加大基础设施及环保投入】 省财政安排5000万元乡镇垃圾处理设施建设补助资金,下拨至200多个乡镇,加大工作推进力度。组织各地开展第二批中央财政集中支持重点流域重点镇污水处理设施配套管网建设项目库的申报工作,继首批27个建制镇列入项目库后,又有25个建制镇列入项目库,"十二五"期间共52个重点镇涉及790千米污水管网建设项目有望获得中央财政集中支持,可争取补助资金3.16亿元。向100多个乡镇下拨500万元自来水改造经费,帮助完成供水设施建设。积极指导各地深入开展"五整治、三建设"活动,加大村镇人居环境治理力度,村镇基础设施和公共服务设施逐步完善。

(蔡正杰)

建筑业与房地产业

【概　况】 截至年底,全省各类建筑业企业3937家,比上年增加508家,共完成建筑业总产值2729.89亿元,增长30.3%,增速位居全国第一,建筑业总产值全国排名进一步前移。全年全社会建筑业增加值1112.9亿元,占全省生产总值的8.6%,按建筑业总产值计算的劳动生产率27.40万元/人,增长8.7%。企业在省外完成的建筑业总产值869.17亿元,增长50.0%。全省房屋建筑施工面积达1.91亿平方米,增长23.2%,高于全国平均增长速度3.5个百分点。其中房屋竣工面积9880.07万平方米,增长26.5%,房屋建筑面积竣工率达51.7%,高于全国平均竣工率30.8%。全年全省商品房新开工面积3261.03万平方米,下降6.5%。商品房施工面积9465.63万平方米,增长11.9%。全年全省房地产业地方税收162.5亿元(不含耕地占用税和契税),增长19.5%,增幅回落15.1个百分点,占全省地税收入21.7%。契税收入95.04亿元,增长21.8%。

【扶持建筑行业加快发展】 省政府首次出台支持建筑产业加快发展系列政策措施,确定发展目标,形成了促进全省建筑产业加快振兴和发展的良好氛围。开展评优工作,授予南昌县城乡规划建设局、广丰县建设局"全省建筑产业发展突出贡献奖"。开展江西省先进建筑业企业和优秀建造师评选工作,共98家建筑业企业被评为全省先进建筑业企业,192名建造师为全省优秀建造师。配合省政协开展"做大做强江西省建筑产业"专题调研,6月,先后到省建工集团公司、南昌县、吉安市、安义县,浙江省东阳市、丽水市、温州市,福建省福州市进行实地调研,完成《关于江西省建筑产业发展的调研报告》。

【支持企业创新】 为加强江西省工程建设工法管理,修订《江西省工程建设工法管理办法》,规范省级工法评审专家的管理,成立江西省工程建设工法评审会,细化省级工法评审的程序和原则。2012年,经专家组初审和省工程建设工法评审委员评审,共78项工法通过评审并已公告。开展2012年度建筑业省级新技术应用示范工程申报工作,确定20项工程为江西省创建省级建筑业新技术应用示范工程项目。共推荐3项工程参加国家建筑工程最高奖——鲁班奖的评选,其中南昌师范高等专科学校新校园主教学楼和中国井冈山干部学院添建项目等2项工程获奖。

【加强建筑市场监管】 组织开展全省建筑市场监督执法检查,全省各级建设行政主管部门对2011年以来新开工、投资500万元以上的政府投资和使用国有资金的在建房屋建筑和市政工程进行全面自查,并对保障性安居工作逐一检查,全省共抽查653个在建工程,下发整改通知书216份。开展全省建筑业企业资质动态核查,核查对象为2010年底前取得建筑业企业资质证书的企业,共检查1086家建筑业企业,核查结论为合格的709

家，基本合格的91家，问题比较突出的212家，拟撤回资质的74家。继续加强清理建设领域拖欠工程款和农民工工资工作，维护企业和农民工的合法权益。全年共受理拖欠工程款和农民工工资案件129件，接待民工280余人次，已解决拖欠工程款1550万元，解决拖欠农民工工资140余万元。

【引进全国大型知名房地产开发企业到赣投资】 举办江西省城市建设项目招商推介会、江西省城市建设招商项目签约仪式。签约项目32个，总投资1190亿元，涉及城市基础设施、城市综合体建设、小城镇建设、房地产开发等领域。其中18个项目签订土地出让合同，11个项目开工建设。

【出台《江西省物业管理条例》】 5月25日，《江西省物业管理条例》经江西省第十一届人民代表大会常务委员会第三十一次会议通过，于2012年10月1日实施。为了规范物业管理活动，维护业主和物业服务企业的合法权益，改善人民群众的生活和工作环境，根据《中华人民共和国物权法》和国务院《物业管理条例》等法律、行政法规的规定，结合江西省实际，制定该条例。

【加强商品房预售资金监管】 年内，省住建厅下发《关于进一步加强商品房预售资金监管的通知》，要求各地建立和完善预售资金监管制度，健全商品房预售方案审核制度，加大对违规使用预售资金的房地产企业查处的力度，并实行商品房预售资金监管"一票否决"，对申报全省和全国房地产交易与权属登记规范化管理先进单位的市县，凡未建立商品房预售资金监管制度、未实行商品房预售资金监管的，实行"一票否决"制。

【多个项目获部、省示范工程】 南昌市恒茂国际都会、赣州市天际华庭、丰城市金马丰邑中央小区被住房和城乡建设部评为"全国物业管理示范住宅小区"，宜春市市政大楼、赣州市历史文化与城市建设博物馆被住房和城乡建设部评为"全国物业管理示范大厦"，九江市房屋产权交易管理处被住房和城乡建设部授予"2011年度全国房地产交易与规范化管理先进单位"称号。南昌市保集半岛住宅小区项目通过住建部验收，成为江西省首个国家康居示范工程。

【超额完成城市棚户区改造任务】 2012年，国家下达城市棚户区改造任务3.85万户，江西省确定改造任务4.60万户，实际开工改造4.91万户，实际开工率128%。国有工矿棚户区改造国家下达任务4366户，实际开工5579户，完成国家下达任务开工率128%。

（胡 娟 任红丽）

勘察设计与建设科技

【概 况】 2012年，全省工程勘察设计单位共396家。其中甲级企业79家。从业人员2.92万人。技术人员2.04万人，注册执业人员3752人，其中，注册建筑师693人（一级251人，二级442人），注册结构工程师597人（一级392人，二级205人），注册土木工程师（岩土）140人，其他注册工程师2322人。2012年全省勘察设计营业收入总额158.14亿元，增长17.6%。其中工程勘察收入10.27亿元，增长28.92%。完成工程设计收入30.01亿元，增长9.98%，营业税金及附加5.28亿元，增长25.41%。

加大勘察设计行业的质量和市场监管力度。提高勘察设计质量监管，组织专家对各设区市进行房屋建筑工程勘察设计质量检查，积极做好施工图设计文件审查备案工作，全年共完成55个单位工程的施工图设计文件审查备案工作。严把施工图设计审查质量关，对不符合规范要求的设计文件及时提出整改意见，并督促其整改后予以备案。进一步规范江西省勘察设计市场，注重提升勘察设计市场监管服务意识和管理水平，年度内对外省进赣勘察设计单位的市场经营活动进行全面检查。

加大工程建设标准的编制和推广力度，做好标准定额工作。组织工程建设地方标准及设计的编制、审定和推广。下达两批江西省建筑标准设计编制项目计划，批准建筑标准设计专用图集5套，发布江西省工程建设地方标准5件，并向住房和城乡建设部备案。发布江西省主编的国家标准一件，另有两个已立项。组织5次对江西省申报国家建设工程"鲁班奖"的项目设计评优工作。组织开展对江西省创建无障碍建设先进县市区的推选工作，并抽查了相关县市区。

加大建设科技创新和项目推广力度。依据《推广应用新技术管理实施细则（试行）》，积极组织技术成熟、可靠的建筑节能新产品、新技术在全省推广应用，取得明显的节能效果，推广28项节能新技术、新产品，内容涵盖防水材料、墙体材料、节能环保材料等方面。发行4期《建设科技》杂志，为建设企业搭建了科技交流平台。

【推进太阳能光电建筑应用】 年内，全省共组织申报国家太阳能光电建筑一体化示范项目10项，获批5项，总装机容量达11兆瓦。组织申报国家可再生能源建筑应用示范城市（县），鹰潭市获批为示范城市，江西师范大学和江西科技学院获批为国家节约型示范校园，并获得相应财政补助和省级推广补助资金。国家资金补助为江西省可再生能源建筑的应用提供了强力支持，促进了江西省建筑节能技术实现多层次、全方位的发展。

【加快绿色建筑发展】 根据《关于加快推动中国绿色建筑发展的实施意见》，组织各设区市主管部门编制绿色建筑发展规划和管理办法，参加国家级绿色建筑标识评价学习培训，加强技术指导和调查统计。组织完成九江满庭春摩玛和新余万商红商贸物流中心（一期）等项目的绿色建筑设计评价标识专家评审，取得较好的示范效果。南昌万达广场、万科润园、万科金域蓝湾、萍乡市人民医院、南昌高新区绿地·新都会、南昌绿地香颂、格特拉克（江西）传动系统有限公司总部办公楼和南昌满庭春摩玛项目获得绿色建筑设计标识，全省绿色建筑项目达到11个，面积近200万平方米，位居中部第二名。

（黄 兴 余海浪）

水　利

本栏编辑　邓玉兰

综　述

2012年,全省水利投资突破200亿元,再创历史新高。其中,争取中央水利投资105.44亿,同比增长40%;落实省级水利资金40.35亿元,是"十一五"年均的3.4倍;市县落实水利资金60多亿元。水利融资取得明显成效,省水利投资集团成功发行10亿元企业债券,获准注册20亿元中期票据融资。累计取得银行授信52亿元,完成融资42.45亿元。

重点水利工程建设扎实推进。《鄱阳湖水利枢纽项目建议书》完成行业审查,并已报国家发改委。国家发改委发文征求10个部(院)与长江中下游5省(市)意见,并委托中咨公司召开4个专题的评估会。鄱阳湖模型试验研究基地、江西水土保持科研创新基地主体工程基本完工,鄱阳湖水文水生态监测研究基地进展顺利。峡江水利枢纽工程于8月29日顺利实现大江截流。浯溪口水利枢纽加快推进,伦潭、山口岩两大水利枢纽建设接近尾声。鄱阳湖区二期防洪工程第五个单项防洪封闭圈基本形成,五河及鄱阳湖区重点圩堤应急防渗处理工程完成竣工验收,重点县城防洪工程和水利血防工程加紧实施。

*水土保持生态建设取得成效。*完成12万公顷年度水土流失治理任务。兴国县顺利通过国家水土保持生态文明县专家评审,成为全国第三个、南方第一个国家级水土保持生态文明县。至年底全省水保项目县31个,坡耕地试点工程4个,农发项目县增加9个。农村水电增效扩容改造项目电站上网电价每千瓦小时提高0.02元。

*水资源管理水平提高。*推进"三条红线"指标细化工作,分解到各设区市及部分大用水户。完成全省重要江河湖泊水功能区纳污能力核定工作。严格水资源论证管理,规范取水许可管理。制定节水型社会建设"十二五"规划,萍乡市节水型社会建设通过水利部验收,被授予"全国节水示范市"荣誉称号。加大水资源执法力度,编制乐平市共产主义水库饮用水源地保护规划。筹备成立江西省生态文明研究与促进会。

*水利规划工作取得新进展。*完成全省238条江河流域综合规划修编工作,编制完成全省水中长期供求规划工作大纲,开展全省灌溉发展总体规划,开展全省中小河流治理重点县综合整治试点工作,《江西省水利发展"十二五"规划》经省政府同意正式印发。编制完成《江西省五河治理防洪工程可行性研究报告》,编制完成赣南等原中央苏区振兴水利发展实施方案。

*水利科技不断强化。*2个水利部公益性行业科研专项经费项目、2个水利部科技推广计划项目和1个水利部"948"项目通过水利部验收,其中4个项目综合评价为A、1个项目综合评价为B。2个项目分获江西省科技进步二、三等奖,1个项目获中国水土保持学会科学技术二等奖。先后与河海大学、武汉大学签订合作协议。江西省水土保持科学研究所正式更名为江西省水土保持科学研究院,江西省水利科学研究院建立院士工作站。高标准完成水利普查阶段性成果。省水利数据中心项目建设、鄱阳湖区防汛通信预警系统建设、水利地理信息系统建设、中小河流水文监测系统建设、山洪灾害预警系统建设进展顺利。

(蔡艳萍)

水利工程建设与管理

【概　况】　2012年,江西省加快推进病险水库除险加固、中小河流治理等水利工程建设,进一步规范水利工程管理,强化河道湖泊管理和水利建设市场监管。

水利工程管理规范化建设有新举措。出台《关于建立全省小型堤防安全管理员制度的意见》,明确小型堤防工程安全员配备数量、聘用程序、工作职责和经费保障措施等。省水利厅制定《江西省小型堤防工程安全管理员管理办法》,进一步规范安全员管理。制定水利工程维修养护经费使用管理实施细则、验收管理办法、考核奖励办法等,规范和加强对水利工程维修养护资金使用管理。水利工程管理考核推进工程管理上新台阶,南昌市昌北防洪排涝管理处通过水利部水利工程管理考核验收,上饶市大坳水库管理局通过水利部水利工程管理考核复核。宜春市飞剑潭水库工程管理局、吉安螺滩水电管理局通过省一级水利工程管理单位考核验收。

河道湖泊管理得到进一步加强。全年共受理涉河建设项目57项,办理完结48项,受理河道管理范围内建设项目的咨询业务70余项。对贵溪市城南金邸华府等房地产开发项目占用河道滩地等涉河建设项目违法行为进行了查处。组织开展鄱阳湖水域违法违规填湖专项整治行动。开展鄱阳湖沿岸部分地区违规建设情况调查，与水利部、长江委和省国土资源厅等联合对南昌、九江、上饶3市5县（区）沿鄱阳湖23个建设项目调查，发现违规项目13个。

水利建设市场得到有效管理。制定《江西省水利工程公共资源网上交易体系建设工作方案》，建成水利工程电子招标投标网上交易系统，完成35个项目（标段）的网上电子招标投标工作，成交金额1.5亿元。制定《关于进一步加强和完善水利工程建设管理及廉政建设的若干意见》《江西省工程建设项目网上招标投标管理办法》等，推进水利工程廉政建设。开发建设全省联网的水利工程项目管理人员指纹及影像考勤管理系统，完成入赣水利施工企业信息录入，对434家施工企业、2737名水利工程建造师采集指纹和影像。制定《江西省水利工程建设中挂靠借用资质违规出借资质问题专项清理工作实施方案》，对40多家违法违规企业依法给予行政处罚。

（刘　波）

【实施水土保持工程建设】 2012年，国家水土保持重点建设工程在江西省16个项目区117条小流域实施，计划完成综合治理水土流失面积1147平方千米，总投资4.06亿元；国家农业综合开发水土保持项目在江西省18个项目区86条小流域实施，计划治理水土流失面积147.5平方千米，总投资4433.8万元。开展坡耕地水土流失综合治理试点工程、崩岗重点治理工程、小流域综合治理工程、生态清洁型小流域建设工程、生态修复工程等。其中，坡耕地水土流失综合治理试点工程在高安市、进贤县、余江县、湖口县实施，计划坡改梯面积2773公顷。临川等9个县（区）2009～2011年国家农业综合开发水土保持项目通过国家验收。

（刘茂福）

【病险水库除险加固工程】 列入中央规划的26座大中型病险水库除险加固工程全面实施，25座已下达投资计划，21座已开工建设；列入中央规划的666座小（1）型病险水库除险加固工程建设全面完成，完成投资25.45亿元，其中665座竣工验收，1座主体工程投入使用，列入中央规划的6605座小（2）型病险水库除险加固工程1104座完工，新开工建设1736座。

【中小河流治理】 42个试点项目全部完工并验收，财政部、水利部联合对中小河流治理试点项目开展绩效评价，江西省被评为“优秀地区”。2011～2012年实施的72个项目全部开工建设，有30个项目基本完工。2013～2015年实施的282个项目，已完成审查审批143个，已开工建设32个。

（刘　波）

【连续3年获全国小农水重点县绩效考评优秀】 2012年，江西省实施82个重点县建设项目（含省级重点县4个），总投资25.67亿元，项目完成后可新增和恢复灌溉面积6万公顷，改善灌溉面积12万公顷。完成第一批20个重点县3年全面验收江西省小农水建设工作。江西省累计获得98个小农水重点县名额，基本实现重点县全省覆盖。江西省连续3年获全国小农水重点县绩效考评优秀。

【4个县（市）获“全国农村饮水安全工程示范县”称号】 江西省在全国率先启动县级农村自来水规划编制。经省政府同意，1月，省发改委、省水利厅、省委农工部、省财政厅、省住建厅、省卫生厅6部门联合组织开展全省农村自来水规划编制，全省将划分为698个供水分区，建设“千吨万人”以上规模工程830多处，覆盖全省近91%的农村居民。年内，国家分三批下达江西省农村饮水安全工程总投资17.45亿元，用于建设392处集中供水工程，解决304万农村居民和49.5万农村学校师生的饮水问题。江西省还争取省级专项资金5827万元，解决乐平、贵溪两市污染区的15万农村人口饮水安全问题。年内，德兴、德安、广昌、铜鼓4个县（市）被国家发改委、水利部授予“全国农村饮水安全工程示范县”称号。

【开展农村水环境整治试点】 2012年，按照省委、省政府《关于加快江西省水利改革发展的实施意见》，江西省加快开展农村水环境整治试点工作，并在新余市渝水区，南昌市安义县、南昌县，景德镇浮梁县开展试点。同时，启动果业污染治理试点。在寻乌县九曲湾水库库区将武汉大学茆智院士农业面源污染防治三道防线理论搬用到山上，治理果业污染，确保水库向县城6万人安全供水。

【加强农田水利建设】 2012年，全省各部门农田水利建设共完成投资214.48亿元，农民投劳2.1亿个工日，出动机械台班1100万台班，完成土石方3.67亿方，修复水毁工程1.45万处，新修防渗渠道3.41万千米，新修加固堤防1305千米，沟渠清淤4.4万千米。新增旱涝保收面积6.67万公顷，新增灌溉面积6670公顷，恢复和改善灌溉面积17.33万公顷。

（饶奇磊）

【加快鄱阳湖区二期防洪工程建设】 启动鄱阳湖区二期防洪工程4个单项整体验收准备工作，基本完成以县为单位的财务决算审计工作。加快鄱阳湖区二期防洪工程第五个单项及封闭圈建设，完成标段验收45个。基本完成防洪封闭圈2010年度9个标段的建设任务，完成投资1.35亿元。完成防洪封闭圈2012年度项目招标等前期工作，部分项目已开工。推进鄱阳湖区二期防洪工程第六个单项建设，完成标段验收21个。基本完成2010年度以前项目的扫尾，完成投资3.4亿元。2011年度项目总体完成70%，完成投资1.4亿元。完成2012年度项目前期工作。

【五河及鄱阳湖区重点圩堤应急防渗处理工程竣工验收】 12月16日，五河及鄱阳湖区重点圩堤应急防渗处理工程顺利通过竣工验收。工程涉及8个设区市、1个省直单位、22个县（市、区），涵盖47座重点圩堤，保护人口500多万人，保护耕地面积33.33万公顷，堤线总长1960千米。工程于2010年12月2日开工，2011年8月底主体项目基本完成，2012年1月完成各标段验收，2012年12月完成整体项目竣工验收。

（袁晓峰）

【编制水利经济、水利旅游发展规划】 4月，省水利厅成立江西省水利经济发展领导小组及其办公室，水经办与厅机关后勤服务中心合署办公，并增设一个副处级领导职数和三个专职工作人员编制，落实配套资金1000万元。编制《江西省水利经济发展规划》《江西省水利旅游发展规划》和《江西省水利风景区发展规划》，与省旅游局签订水利旅游合作框架协议。12月，省水利厅召开全省水利风景区建设与管理暨水利经济工作会议，全面动员部署水利风景区建设与管理和水利经济工作。

（王志华）

防汛抗旱

【概　况】 2012年，全省平均降雨量2165毫米，比多年均值偏多32%，列有记录以来第一位。汛情主要有五大特点：汛情早、降雨过程多、超警戒站次多、台风影响大、险情灾情重。全省先后出现40次明显降雨过程，其中强降雨过程10次，乐平市东岗站12小时、24小时降雨量达473毫米和642毫米，暴雨频率达200年一遇，均为江西省有记录以来最大值。强降雨导致赣、抚、信、饶、修五河部分河段及其支流117站次发生超警戒洪水。其中，昌江、乐安河全线超警戒水位，渡峰坑站、虎山站水位流量列历史同期第一位。受暴雨洪水影响，全省先后有10座水库、9座圩堤出险。全省受灾人口732.77万人，因洪涝灾害直接经济损失108亿元。

面对严峻的防汛形势，省委书记苏荣、省长鹿心社、省委副书记尚勇和副省长姚木根等多次对防汛工作作出指示和部署，各地党委政府严格按照省委、省政府的要求，切实抓好防汛抗洪，或坐镇指挥，或深入一线，确保了防汛工作的顺利开展。实现省委、省政府“一个中心，三个重点，五个确保”的防汛工作总目标，全省未垮一坝、未溃一堤，最大限度减少了人员伤亡和洪涝灾害损失。

【全省发生历史罕见早汛】 3月初，江西省出现持续大到暴雨，导致发生罕见早汛，局部地区发生山体滑坡、房屋倒塌，低洼处受淹等灾情。此次暴雨洪水主要有三个显著特点：一是降雨之多历史罕见。1～3月上旬，全省平均降雨量391毫米，比历年同期多75%。其中鹰潭市476毫米，赣州市411毫米，抚州市467毫米。特别是3月上旬，全省平均降雨量161毫米。3月4日这一天，全省60多个县市出现暴雨，暴雨范围为有完整气象记录以来同期最广。二是汛情发生之早历史罕见。受持续降雨影响，3月5日开始，赣江上中游赣州至峡江段，赣江支流同江、袁河和信江贵溪站出现超警戒洪水。比发生历史罕见早汛的1998年还早几天。三是洪水影响范围之广历史罕见。全省主要江河水位普遍涨幅达4～6米。其中赣江赣州、吉安站洪峰水位分别超警戒水位0.86米、0.12米；峡江站洪峰流量10600秒立米，排有实测记录以来同期第三位。

面对罕见旱汛，省防总及时召开会商会，依据气象、水文预报预测，于3月5日8时启动防汛应急值班，超前部署防汛工作。各级防汛责任人按防汛应急值班要求，迅速到岗到位，组织巡查防守，及时转移受威胁群众。旱汛期间，全省紧急转移群众8900余人，无一人伤亡。

【取得峡江水利枢纽二期围堰抗洪抢险胜利】 受赣江上游持续降雨影响，从3月7日开始，赣江峡江站水位急剧上升，如不进行调度，峡江站洪峰流量将超过12000秒立米。但在建工程峡江水利枢纽二期围堰设计防洪标准为流量8620秒立米（10年一遇），形势十分危急。面对严峻形势，江西省成立峡江水利枢纽二期围堰抗洪抢险指挥部，省防总紧急调度万安水库削减洪峰流量1760秒立米，同时赣州、吉安两市按省防总要求调度大中型水库减少下泄流量。经科学调度，使通过峡江水利枢纽9000秒立米以上流量的时间缩短了16小时。与此同时，峡江水利枢纽工程建设指挥部、武警水电二总队、吉安市和峡江等县迅速集结2300多军民投入抗洪抢险，并调运大量防汛物资加固加高围堰，夺取了峡江水利枢纽二期围堰保卫战的重大胜利。

（郑文龙）

水资源管理

【概　况】 2012年，全省地表水资源量2155.79亿立方米，比多年均值多39.5%，地下水资源量462.28亿立方米（其中与地表水资源量不重复计算量18.57亿立方米），比多年均值多21.7%。水资源总量2174.36亿立方米，比多年均值多38.9%。2012年总供水量与总用水量持平，为242.54亿立方米，比上年减少20.32亿立方米。人均综合用水量为539立方米，万元GDP（当年价）用水量187立方米，万元工业增加值用水量100立方米，农田灌溉亩均用水量525立方米，农业灌溉水有效利用系数0.471，林果灌溉亩均用水量181立方米，鱼塘补水亩均用水量232立方米。城镇居民人均生活用水量每日164升，城镇人均公共用水量每日67升，农村居民人均生活用水量每日94升。

江西省主要河流评价河长6378千米，河流水质全年Ⅰ类水占2.2%，Ⅱ类水占65.7%，Ⅲ类水占22%，劣于Ⅲ类水占10.1%。鄱阳湖全年水质优于Ⅲ类水面积占评价面积的70.6%，劣于Ⅲ类水面积占评价面积29.4%。全省评价柘林水库、万安水库和江口水库，3座水库全年水质均优于或符合Ⅲ类水。省界水体18个断面，有17个断面全年均优于或符合Ⅲ类水，寻乌水斗晏断面全年优于Ⅲ类水的占50%。设区市界水体水质监测断面16个，15个断面全年均优于或符合Ⅲ类水，乐安河镇桥断面水质总体偏差。11个设区市27个主要供水水源地水质均合格。2012年全省废污水排放量38.39亿吨，其中城镇居民生活废水排放量9.37亿吨，占总排放量的24.4%；第二产业废水排放量26.46亿吨，占总排放量的69%；第三产业废水排放量2.55亿吨，占总排放量的6.6%。

【建立最严格水资源管理制度框架】 7月，省政府出台《关于实行最严格水资源管理制度的实施意见》，正式确定2015年江西省用水总量控制制度、用水效率控制和水功能区限制纳污"三条红线"具体指标。江西省以水权制度为基础，以水资源管理"三条红线""四项制度"（用水总量控制制度、用水效率控制制度、水功能区限制纳污制度、水资源管理责任和考核制度。）为核心的最严格水资源管理制度基本框架初步建立。

【严格水资源管理和保护】 2012年，全省完成水资源论证报告（表）的审批265个，比上年增加120个。完成全省地下水超采区调查评价、全省重要江河湖泊水功能区纳污能力核定工作，提出分阶段限制排污总量控制意见。组织编制《江西省城市饮用水水源地安全保障规划》，南昌、九江、萍乡、景德镇、赣州等市编制达标建设实施方案和年度实施计划。宜春、新余市开展水库水质保护工作，有效遏制了水库无序承包养殖、随意投放化肥（饲料）现象。

【加强水资源管理能力建设】 都昌、万年、渝水区完成水务管理体制改革，成立水务局。新余市经编委审批设立专门的节水办，定编3人。九江市节水办正式挂牌，抚州市设立单独的水资源科，萍乡市、新干县和吉安市青原区先后设立水资源管理中心。省管取水户在线监控系统二期工程建成并运行。按照水利部的统一要求，完成国家水资源监控能力建设3年（2012～2014年）任务实施方案的编报、国家水资源监控能力建设项目（2012年）实施方案和技术设计报告。《全省水资源管理系统建设一期工程实施方案（可行性研究报告）》编制工作基本完成。

（何　力）

水政监察

【概　况】 修订《江西省实施〈中华人民共和国水土保持法〉办法》《江西省河道采砂管理办法》。提请省政府审议《江西省农田水利条例》和《江西省水能资源开发利用管理办法》。开展《江西省河道堤防修建维护费征收使用管理办法》《江西省水资源保护条例》《江西省洪水影响评价管理条例》《江西省节约用水条例》《江西省用水总量控制管理办法》《占用水域、水土保持生态补偿机制》等法规、规章的立法调研工作。

加强水行政执法。部署开展深化水资源专项执法检查活动，督促抓好长江委鄱阳湖综合执法检查通报的整改。组织开展非行政许可审批项目下放委托衔接工作和行政执法案卷评比，全省12份水事案卷获奖，比上年增加7个。完成2012年水政监察基础设施建设计划，为4个支队、19个大队配备执法车和取证设备。推进省总队南昌执法基地建设前期工作。

【加强河道采砂管理】 制定并印发《加强鄱阳湖采砂管理保护"一湖清水"专项整治方案》，部署开展"三减三严"整治行动。制定《长江采砂规范管理年工作实施方案》，更换新版采运管理单，修订砂石采运管理单管理办法，实施湖区采砂船GPS监控系统建设。制定《江西省处置过剩采砂船舶奖励补助办法》，并出台指导意见，有效开展过剩采砂船切割淘汰工作。制定《鄱阳湖采砂社会稳定风险评估程序规定》和《鄱阳湖重点区域采砂及围湖作堰矛盾纠纷集中整治方案》，增设赣江三洲头运砂检查点。及时调处鄱阳湖都昌、鄱阳采砂权属争议，指导南昌市开展赣江采砂专项整治活动和非法采砂人员刑事责任追究工作，受理督办涉砂信访24件，办理反馈22件。

（纪　超）

地方电力

【概　况】 江西水能理论蕴藏量684.56万千瓦小时，100千瓦小时以上技术可开发量633万千瓦小时，已开发水电装机415.85万千瓦小时，占可开发水能资源的65.7%。2012年，江西省地方电力完成投资5.56亿元，新增装机容量15.15万千瓦小时，年末装机容量达290.54万千瓦小时，年发电量94.28亿千瓦小时，全省地方电力系统（水电站）拥有固定资产151亿元。

【启动农村水电增效扩容改造工作】 与省财政厅联合成立江西省农村水电增效扩容改造领导小组，联合下发《关于切实做好江西省农村水电增效扩容改造工作的指导意见》，编制完成《江西省农村水电增效扩容改造实施方案》，并上报水利部、财政部，拟改造项目545个，改造后装机容量59.83万千瓦小时，增加电能48.2%，总投资17.81亿元。

【扩大小水电代燃料工程建设规模】 2012年，电气化建设省级配套资金实现零的突破，共安排740万元省级财政资金用于电气化建设。小水电代燃料工程建设规模继续扩大，安排760万元省级财政资金用于小水电代燃料项目建设，实现省级配套资金全覆盖，共实施项目14个，装机3.2万千瓦小时，建成后可解决2.2万户农民生活代燃料问题，年可减少薪柴用量11.2万吨，保护森林面积1.8万公顷，减少有害气体及污染物排放24.2万吨。

【加强小水电建设管理】 在全国率先出台《江西省农村水电站安全监督管理办法》，并下发《关于进一步加强农村水电项目建设管理工作的通知》，进一步明确和规范农村水电站建管程序。出台《关于加强农村水电站最小生态流量监督管理的意见》，开展农村水电站生态流量现场调研踏勘，选定农村水电开发相对丰富的赣州、上饶两市的两条河流作为监测试点。组织编制完成瑞金市留金坝水电站下游梅江河、上饶县金鸡口水电站下游花厅水两条河流《生态流量监测实施方案》。

（李佐云）

自然观测

本栏编辑　邓玉兰

气　象

【概　况】 2012年,全省平均降水量达到2174.9毫米,列有气象记录以来历史第一。汛期降水呈现4个特点:连续3天以上的暴雨过程多,大暴雨多,短时雨强大,降水时间分布比较均匀。全省气象部门全力做好气象服务工作,年内,共向省领导及有关部门报送决策服务材料288期,向公众发送预警短信2.15亿人次,通过“绿色通道”全网发送短信3580万人次,通过广播电视滚动插播信息约6400条次。气象服务得到省领导充分肯定,省委书记苏荣就广电、通信部门加强气象信息传播作出专门指示,省长鹿心社、副省长姚木根等省领导多次批示肯定气象工作。

牵头完成东南区域6省1市人工影响天气规划编制工作。组织赣粤闽跨省(区域)飞机人工增雨作业。全年开展飞机作业25架次,地面作业966次,协助扑灭林火5起,直接经济效益11.1亿元。参加江西省应对气候变化“十二五”规划的编制,开展核电、风电气候论证和调查服务,完成江西太阳能资源评估报告。

气象灾害防御正式列入政府考核。省政府首次将气象灾害防御工作纳入政府绩效考核项目,内容涵盖气象灾害防御组织体系建设、气象灾害防御能力建设、气象社会管理与防雷安全管理、人工影响天气工作、事业经费与配套经费等。

加快重大气象工程项目建设。两个重点气象项目列入省“十二五”规划,可研报告已正式批复,实现“入纲要,进规划,立项目”。省级气象科技园区规划通过中国气象局和地方政府审批,科技中心大楼进入最后装修阶段,6个设区市局新建气象防灾减灾大楼投入使用。根据地方政府承诺安排山洪项目建设,市县政府专题会议部署,列入政府考核进行督办。建成山洪自动雨量站152个,更新乡镇气象站116个,85个台站全部建成县级数据处理中心。省政府以会议纪要形式,确定对28个台站实施探测环境改善。省发改委批复总体规划,分年度分批次实施。正在推进14个气象台站建设。参与共建交通气象监测预警系统。省气象局编制可研报告,开发交通气象服务系统,建立信息公众普发机制、重点用户信息直通机制。

出台《江西省雷电灾害防御办法》,修订《江西省突发气象灾害预警信息发布与传播管理办法》和《江西省人工影响天气管理办法》,3项地方气象标准获得立项。认真履行气象社会管理职能,办理行政许可5352件和各类行政审批1449件,开展执法检查1860余次,立案查处违法案件85起。各设区市局设置独立法制机构和执法支队,进一步完善气象行政执法体系。南昌市局、赣州市局、上饶市局和省雷电中心等四个单位防雷综合治理试点工作进展顺利。

现代气象业务服务系统试点初见成效。在南昌、九江、上饶及省局直属业务单位开展试点,省局正式批复了各单位的试点方案。各试点单位结合实际,突出重点,在中小河流和山洪地质灾害气象风险预警、农村气象灾害防御、南方水稻气象、省市县三级集约化预报业务流程调整、现代气候业务体系、南昌大城市精细化预报服务、省人影工程技术研究中心建设等方面取得了阶段性成果。打造县级气象业务服务综合性支撑平台。正式启动45个县局现代气象业务服务系统建设。开发省级公共气象服务业务系统,建立省级公共气象服务业务平台。

开展暴雨诱发的中小河流洪水和山洪地质灾害气象风险预警服务试验业务,完成1045条中小河流和山洪沟、2万个地质灾害隐患点地理信息收集整理,以及1045条中小河流和山洪沟分时段致灾临界面雨量阈值的确定,普查方案作为样本在全国气象部门推广应用。在南昌开展大城市精细化气象要素预报业务,初步开展大城市特色气象服务。科学调整气候业务分工和布局,设置省级气候业务岗位,建设省级气候业务平台,完善业务规范与流程,制定会商规定,逐步形成了省级现代气候业务体系。

完成国家地面观测调整任务,累计建成区域站2042个,覆盖所有乡镇和部分重点防御流域。9个基层台站列入国家艰苦台站序列。完成国家新一代通信系统业务运行,研发了自动气象站便携式综合检定仪,探索了区域自动气象站社会化保障模式。

深化省气科所改革,以重大科研项目提升科技创新能力,以项目为纽带加强创新团队建设,以南方水稻工程技术中心建设强化科研基础条件。争取省部级科研课题16项,各类科研经费672.5万元,增长18.4%。获省科技进步奖二等奖1项、三等奖1项,省农科教奖二等奖2项、三等奖2项、优秀奖1项。与兄弟单位合作项目20项,十多项科研成果在业务中应用。

农村气象防灾减灾取得新进展。23个县编制气象灾害风险区划图,40个市县实施气象灾害防御规划。自建乡村电子显示屏1101块、大喇叭3323套,建立以县为主体、乡镇为重点,延伸到村、服务到田的"直通式"基层气象服务网络体系,信息服务站乡镇覆盖率达到100%,优化2.1万信息员队伍。37个县建立气象灾害应急准备认证制度,对359个乡镇、学校、农民合作组织开展认证。发放气象灾害防御工作手册2万份、气象防灾减灾指南20万份。

建成4个农业气象服务示范区、52个土壤水分观测站、73个农田小气候观测站。提供农业气象产品2477期,与农业部门联合制作产品1231期,开展田间地头现场服务256次。开展农业气象试验站业务服务试点,县气象局与农技推广站联合发布农用天气预报试点。气象为农服务信息覆盖90%以上的农民合作组织、85%以上的农户,气象服务满意率明显提升。为农服务融入式发展再出新举措。与省农业厅签署合作协议,建立联合共建基础设施、联合调查、联合会商、联合制作产品、联合发布信息、联合全程服务的"六联合"机制。23个专项实施县与108个涉农、涉灾单位及农民专业合作组织签订合作协议,积极开展农村综合信息服务,初步实现队伍共建、渠道共用、信息共享。

【不断完善气象灾害防御组织体系建设】 以政府为主导、以部门合作为支撑、以气象部门为主体的气象灾害防御组织体系不断完善。省级气象灾害防御规划得到批复,省、市、县政府都出台加强气象灾害防御的专门文件,所有市县都成立气象防灾减灾领导小组。实现县乡政府有分管领导、乡乡有气象协理员、村村有气象信息员的工作格局。与民政、国土等25个部门开展气象灾害防御联动会商,与国防科工办、农业等部门签署合作协议,与广电、通讯等部门建立的气象预警信息发布绿色通道更加顺畅。

【开展县级气象机构综合改革】 各试点单位结合本单位实际,制定方案,取得阶段性成效。调整基层气象机构工作职责、机构、岗位,初步改变政事不分、事企不分的状况,优化了职能。通过试运行,初步理顺县气象局内设管理机构和事业法人机构的职责任务及事权关系。建立观测、预报、预警和服务综合业务,扩大了信息覆盖面。

【加强科普宣传工作】 与省科协联合出台加强气象防灾减灾科普工作的意见。开展百名气象专家下农村、列车气象科普、志愿者中国行等活动。较短时间内建成38个校园气象站。强化气象新闻宣传,省级以上媒体发稿1300余篇,省委、省政府信息刊物采用信息52条。

(邓晓明)

水　文

【概　况】 2012年,江西省共发生40次明显降雨过程,长时间连续阴雨天气,降雨过程多、强度大,局地暴雨强度超历史记录,汛前讯后降雨异常偏多,主汛期降雨略偏多。全省年平均降雨量2165毫米,比多年平均1638毫米偏多32%,排有记录以来第一位。8月9~10日乐平市东岗站最大24小时降雨量高达642毫米,为江西省有水文记录以来最大值。1~3月全省平均降雨量464毫米,比多年平均349毫米偏多33%,4~9月全省平均降雨量1336毫米,比多年平均1109毫米偏多21%,10~12月全省平均降雨364毫米,比多年均值偏多2.1倍。

2012年,江西省各江河多为中小洪水,局部洪水量级超记录。3月,赣南、赣北同期出现早汛,赣江上中游、信江中游出现超警戒线洪水,万安、廖坊、江口等水库先后开闸泄洪。汛期赣、抚、信、饶、修五大河流及支流和鄱阳湖均出现超警戒线洪水。袁河苑坑水文站6月10日17时实测洪峰水位90.70米,比建站以来最高水位高0.66米。昌江支流东河深度水文站8月10日20时30分实测洪峰水位49.43米,比1998年最高水位高0.09米,为有记录以来第一位。鄱阳湖2012年受五河和长江中上游来水共同影响水位偏高,星子站年平均水位13.76米,比多年均值13.43米高0.33米。

鄱阳湖水文生态监测研究基地建设批复总投资1.54亿元,工期5年,2015年全部建成。一期实施项目主要包括蛇山岛水量水质水生态自动监测站、水文气象观测场、水气通量塔、工作码头,棠荫岛过颈坝综合码头及水文监测建设工程、学术交流中心及专家公寓楼,蛇山及星子生态监测站等。项目总投资8799万元,计划2013年底全面建成。江西省第一座水量水质水生态自动监测站蛇山站已建成并投入运行,发挥效益;蛇山岛景观一期工程、水文气象观测场土建工程基本完成;棠荫岛学术交流中心、专家公寓10月26日开工。

【加快江西省中小河流水文监测系统建设】 江西省列入国家规划内的中小河流水文监测系统建设项目182处水文站(新建124处,改建58处)、169处水位站(新建162处,改建7处)、866处雨量站、9处水文信息中心站、1处省级应急机动监测能力、222条河流预警预报软件系统、13个水文巡测基地建设。项目计划总投资约5.97亿元,分3年完成。2011年度建设项目已全部开工建设。866处雨量站、中心站建设任务已完成;改建水文站有49处开工建设,其中主体工程完工13处;169处水位站有158处开工建设,其中主体工程完工143处,信息入网126处。已完成投资1.02亿元。

【召开全省水文工作会议】 4月6日,全省水文工作会议在南昌召开。副省长姚木根、水利部水文局局长邓坚、省水利厅厅长孙晓山等领导莅会指导并发表讲话,部水文局、省直有关部门、全省水利系统各单位负责人参加会议。这是有史以来江西召开的最高规格的水文工作会议。会议总结"十一五"以来江西水文发展成就,分析江西水文当前的形势任务,在新水文精神指引下,以科学发展观为指导,全面提高"十二五"时期水文支撑保障能力

【出台《省水利厅关于加强水文工作的决定》】 12月27日,省水利厅印发了《关于加强水文工作的决定》,从基础设施、建设管理、投入机制、行业管理、科技创新、深化改革、领导挂点、

干部交流、队伍建设、水文宣传等10个方面提出加强水文的具体措施，动员全省水利系统支持水文工作，破解水文发展难题，助推水文跨越发展，全面提升江西水文支撑保障能力。

【成立江西省水文水资源研究院】 12月27日，省编办批复省水文局内设江西省水文水资源研究院，主要从事水文水资源调查评价、水资源规划论证、制定江西省水文技术规范、水文科学研究等技术工作。江西省水文水资源研究院的成立，对于有效统筹整合水文科技力量，提供了新平台。

【为峡江截流提供技术支撑】 按照省水利厅部署，水文部门投入技术力量近百人、开展峡江水利枢纽三期截流工程水文监测预报，为组织调度截流提供大量可靠的水文信息。水文服务是峡江水利枢纽三期截流工程的重要服务保障措施。

【推进鄱阳湖水质水量动态监测】 5月，组织300余名水文技术骨干在五河上中游重要水文站、8个入鄱阳湖控制站及湖体同步实施流量和水质监测，收集鄱阳湖及江河同步监测的宝贵成果。

（陈福春）

地震工作

【概　况】 2012年江西省境内共发生ML1.0级以上地震80次，其中ML1.0～1.9级地震53次，ML2.0～2.9级地震26次，ML3.0级以上地震1次，即4月28日寻乌ML3.7级地震。地震活动特点如下：一是地震活动水平总体较上年度减弱，未发生ML4.0级以上地震。从空间分布来看，地震仍然主要分布在赣北瑞昌—九江地区、赣中萍乡—广丰一带和赣南寻乌—安远地区。二是赣南小震频次较上年度有所降低，但地震活动强度有所增强。4月28日寻乌ML3.7级地震打破了赣南地区ML3级地震长达80个月的平静。2012年，江西省赣北部分市县被列为年度全国地震重点危险区。

【加强《2012年江西省震情监视跟踪工作方案》监督检查】 省政府办公厅转发《2012年江西省震情监视跟踪工作方案》。文件提出26项任务，包括震情跟踪、震害防御、应急准备和监督与检查，并逐一分解落实到省发改委、省财政厅、省住建厅等13家省直部门及相关市县政府。及时为相关市县安装远程视频会商系统，为开展震情跟踪监视和应急指挥提供了技术支撑。加强消防、武警两支省级地震救援队伍规范管理，组织第二批专业装备政府采购，提高救援保障能力。

江西省地震局与地震重点危险区和重点监视防御区所在的11个县（市）防震减灾主管部门负责人签订《2012年度震情监视跟踪工作责任书》，分解落实《2012年江西省震情监视跟踪工作方案》。加强对前兆异常的落实工作和地震监测数据的分析，建立赣皖苏鄂四省震情联防工作机制，提高地震会商的频率和质量。

【开展与中国地震局地壳应力研究所合作】 与中国地震局地壳应力研究所签订《科技交流与合作框架协议》，在地震速报、前兆观测、预测预警技术研究方面进行全面合作，设立专项科研课题，结对携手攻关。启动实施地震前兆观测技术中试实验研究项目。

【推进地震监测预报目标管理】 以监测预报目标管理为重点，连续6年坚持开展监测预报目标考核，向各业务单位下达2012年度监测预报工作绩效目标，细化工作方案，明确工作责任，规范台网运行管理。台站运行率和台网运行率连年保持在98%以上，观测资料质量得到明显提高，地震速报、年度会商报告、地震信息网络和九江台气汞观测等多次在全国评比中保持前列。

【提升全社会综合防御能力】 全省各地陆续依法将抗震设防要求纳入基建审批程序。实施直流输电项目赣江大跨越等一批重大工程行政许可。积极拓展地震科技服务领域，开展鄱阳湖生态经济区、苏区振兴规划等重大工程地震安全服务。进一步规范市县行政许可，九江市、鹰潭市和星子县、瑞金市等12个市县出台本级政府加强防震减灾工作和抗震设防要求管理规范文件。积极服务惠民工程建设。与省教育、住建部门一起共同推进全省校安工程、农村危房改造工程建设。地震安全农居工程有序推进，全省建成示范点720个。

【加强防震减灾宣传教育】 省地震局与省委宣传部联合印发《关于进一步做好防震减灾宣传工作的意见》。与省教育厅连续4年联合开展“防震减灾科普宣传教育活动周”活动，组织开展全省中小学校地震紧急避险与自救互救综合演练等系列活动，利用家校互通平台、网络等渠道，促进学校防震减灾科普教育与家庭、社会教育有效结合。截至年底，全省已建成地震安全示范社区56处，各级防震减灾宣传教育示范学校138所，省级科普教育基地7个，国家级科普教育基地3个。

【不断增强地震应急救援能力】 建立地震信息速报和快速发布绿色通道。省地震局与省广电局和通信管理部门联合建立地震信息发布绿色通道，确保地震发生后，第一时间通过广电媒体和手机短信向公众发布。在广东河源4.8级地震波及寻乌3.0级地震事件应对中，把握宣传主动权，维护了社会稳定。修订《江西省地震局应急预案》。强化第一时间响应、应急信息发布等关键环节，调整机构设置和人员分工，提高了预案的针对性和可操作性。健全地震应急区域联动机制。成功组织华东地震应急联动协作区综合应急演练，华东五省一市应急办、地震部门人员参加。演练科目贴近实战，中国地震局副局长赵和平亲临指导，对演练的实战性、针对性和整体性给予充分肯定。参加首次赣鄂湘地震应急联动演练，拓展了联动格局。

【推进防震减灾重点项目建设】 完成江西省防震减灾应急指挥中心暨台网加密与扩建项目主体工程。扎实推进中国地震背景场探测项目和国家地震社会服务工程江西建设任务。

推进“十二五”重点项目立项实施。2012年1月，江西省防震保安服务工程获批立项。2月，工程项目可行性研究报告通过专家评审。

积极推动局省合作共建。12月6日，省政府与中国地震局签订合作共同推进江西省防震减灾综合能力建设合作项目，省长鹿心社和中国地震局局长陈建民出席签订仪式。这是实施国家和江西省防震减灾规划，促进江西防震减灾与经济社会协调发展的重要举措。

（省地震局办公室）

测 绘

【概 况】 2012年，省测绘地理信息局在全国测绘系统年度考评中，排名第四，较上年前进三名，各项工作不断取得新成绩、新进展。数字城市建设走在全国前列。全省11个设区市已经全部开始数字城市建设工作，其中5个列为国家试点城市，3个市的数字城市建设项目通过国家验收，宜春市被授予"全国数字城市建设示范市"。县级市数字井冈山试点建设正全力推进，将作为江西特色亮点工程来打造，婺源县的数字城市地理空间框架建设工作已经启动。吉安县、吉水县、泰和县等县（市、区）正在积极申报县级数字城市建设。

地理国情监测成效初显。完成鄱阳湖生态经济区核心区的地理国情监测，对鄱阳湖生态经济区基础地理测量，全面掌握其基本地理信息数据、专题信息数据，建成鄱阳湖基础地理信息管理系统。开展南昌市地表沉降观测、全省基本地理国情普查、县（市、区）城区面积变化监测等9个地理国情监测项目。对百姓关心的地表沉降、地质灾害隐患等热点予以动态监测，及时发布监测报告，在防灾救灾、社会服务等方面发挥了重要作用。

地理信息产业发展趋势前所未有。省政府工作报告提出要加快发展地理信息高技术服务。《江西省促进地理信息产业发展规划（2013～2020年）》已通过评审。省测绘地理信息创新基地正进行室内装修，地理信息产业园正在选址。2012年全省地理信息产业服务总值7.8亿元，较上年增长1.4亿元。全省从事地理信息工作的企业和人数不断增加，企业的实力与竞争力明显增强。

主动服务省领导决策。连夜赶制省政府对口援疆建设急需图件，省领导称赞省测绘局是一支特别能战斗的队伍。制作反映江西省"南昌核心增长极、九江沿江产业带、昌九工业走廊"等专题要素的江西省地图，在省长赴香港招商引资过程中发挥了重要作用。制作"鄱阳湖重点区域综合治理信息平台"，省委副书记、省综治委主任尚勇，省委常委周萌在听取工作汇报后，给予充分肯定和高度评价。

基础测绘扎实推进。全年共落实基础测绘项目经费1839万元，保证了省级测绘项目的有效实施和年度计划的顺利完成。安排2909万元用于获取0.2米分辨率航空影像，并利用无人机对全省81个县（市、区）进行城市建成区低空摄影，获取高分辨率影像，制作1:2000正射影像地图。全年提供地形图1.05万张，4D产品7042幅，各类测绘基准成果8992点，航摄成果资料2.54万片。服务全省农村集体土地确权登记发证调查，更新4.97万平方千米的影像数据和1:1万建库数据639幅，完成778幅1:1万数据库改造整合工作。

测绘统一监管明显加强。拟订《江西省地理信息公共服务管理办法》《江西省测绘地理信息质量管理办法》待省政府批准印发实施。与省人大环资委联合开展《江西省测绘管理条例》执法调研。在宜春市举行测绘法宣传日江西主场活动。对参加年度注册的382家测绘资质单位在江西省测绘地理信息局网站上进行公告，其中53家列为缓期注册处理，全年完成41家单位的测绘资质审批。组织开展互联网地图、地图市场、测绘成果质量、测绘成果保密专项检查等，查处多起违法违规案件，省测绘局获全国测绘成果保密检查先进集体。

市县级机构建设取得重大进展。全省11个设区市机构全部到位，南昌市配备了副县级的测绘管理办公室主任。县级机构建设取得重大进展，黎川、大余、星子、万安等县已成立副科级测绘地理信息局。

经济实力大幅提升。局属各单位积极拓展服务面，走出"一业为主，多种经营"的发展新路。矿业开发勘查形势喜人，勘探出日流量3050吨、温度76摄氏度的地热及一批有前景的矿产地。完成覆盖全省的农村集体土地所有权调查工作底图生产，承接全省多个县（市）的"三权发证"业务，全年实现货币经济总量2.01亿元，增长127%，完成生产服务总值1.08亿元，增长46%，多项经济指标为历史之最。

【加大经费投入七大重点项目建设】 6月，省政府批准实施《加强省级地理信息公共服务能力建设实施方案》，安排专项资金1.56亿元，支持省级地理信息公共服务能力建设，内容包括省测绘地理信息创新基地建设、鄱阳湖生态经济区地理信息公共服务平台建设、省级地理信息公共服务平台建设、大地基准完善及维护、测绘高新技术装备建设、地理信息存储和异地备份系统建设、"数字城市"地理空间框架建设等七大重点项目。

【省政府办公厅发布《江西省地理信息服务体系建设"十二五"规划》】 2012年7月17日，省政府办公厅发布《江西省地理信息服务体系建设"十二五"规划》，该规划是全省"十二五"规划体系中的11个重大单项规划之一，明确"十二五"期间江西省投入7.62亿元用于全省地理信息服务体系重点项目建设，包括推进现代测绘基准体系建设、完善地理信息装备和标准体系、丰富基础地理信息数据资源、提升地理信息公共服务水平、开展地理省情监测工作、促进地理信息产业繁荣六大主要任务和地理信息创新基地建设工程、大地基准完善及维护工程、基础地理信息数据更新及分发服务工程、省级地理信息公共服务平台建设工程、数字城市示范工程、地理信息存储和异地备份系统建设工程、地理省情监测示范工程七大重点工程。

【举行大型系列活动】 9月26日，省测绘地理信息局举行主题为"五彩缤纷献厚礼，金秋时节谱华章"的大型系列活动，活动内容包括省地理信息公共服务平台建设实施动员大会、鄱阳湖生态经济区地理国情监测成果展示、服务赣南等原中央苏区振兴地理信息成果赠送、"天地图·江西"应用服务合作开发和高新测绘技术装备交接等5项。副省长姚木根、国家测绘地理信息局副局长王春峰共同启动江西省地理信息公共服务平台，并作重要讲话。

（邹益申）

地质勘查

【概　况】 2012年，全省从事地质勘查的国有单位主要有省地质矿产勘查开发局（简称省地矿局）、省核工业地质局、省煤田地质局、江西有色地质勘查局等单位。全年开展的矿产勘查项目583个，投入金额总计11.14亿元，投入的主要实物工作量：钻探68.65万米，坑探4.16万米，槽探36.25万立方米，浅井2109.1米，1:25万地质填图2425平方千米，1:5万地质填图7076平方千米，1:5万水文地质调查2310平方千米，1/万及1/2千地质填图573.1平方千米，1/1万地化剖面675.56平方千米。

【探明一批矿床】 全省在钨、铜、铁、锌、金、银、锡、锂、铀、稀土、煤炭、萤石、地热等矿产勘查方面取得重要成果，新增一批矿产资源储量。省地矿局新发现矿产地8处，探明中型以上可供开发的矿产地7处。武宁县大湖塘苗尾矿段，见矿厚度最大达524.70米，WO_3平均品位为0.154%。浮梁县朱溪外围铜多金属矿，有见视厚达226.5米、308米、449米的白钨矿体。赣中铁矿整装勘查区预计可新增铁矿石资源量2.77亿吨。于都县牛形坝有望新增资源储量金46吨，银1160吨，铅锌68万吨。省核工业地质局共获得铀333+334以上资源量XXX吨，新发现大型钨矿和铌钽矿各1个。与赞比亚、印度、加纳等9个国家合作矿权勘探协议。省煤田地质局实施的萍乡白源北、安福枫田等一批项目可望成为亿吨级新煤田。在页岩气开发方面，与省投公司联合中标修武区块探矿权。江西有色地勘局承担分宜县下桐岭矿区Ⅱ号岩体钨矿补充详查，累计查明（332+333）WO_3金属量72387吨，MO金属量7993吨。东乡余坊矿区控制铅锌矿体长300米，延深350米，最大见矿视厚度18米。崇仁大华矿区坑道揭露出厚大白钨矿体。

【拓展地质工作服务领域】 在大力发展矿产地质和能源地质的基础上，进一步拓展工程地质、灾害地质、环境地质、旅游地质、城市地质、农业地质等地质工作服务领域，为更好地建设富裕和谐秀美江西提供了全方位、多领域的地质服务和技术支撑。省地矿局实施全省矿产资源潜力评价、地质环境调查等10余个国家、省级重点项目，提交29个服务鄱阳湖生态经济区科研项目，22个原中央苏区及连片特困区地质矿产、水工环调查评价成果。完成南昌市浅层地温能资源及开发利用潜力评价，提出南昌市浅层地温能开发利用适宜性区划方案。完成鄱阳湖北区—九江地区1:25万地下水污染野外调查6000平方千米，开展1:5万区域矿山地质环境调查1000平方千米。推进了武功山、上犹五指峰、铜鼓地质公园申报、地质遗迹景观恢复等项目的实施，开展南昌、新余、赣州、萍乡等17处地热的勘查与开发研究。省核工业地质局发挥地质技术优势，组织技术力量，主动服务地方经济社会发展，在地灾评估、地灾防治、公路勘测、工程咨询、测绘制图、储量核算、矿山技术服务等方面不断拓宽服务领域，取得较好的社会经济利益。省煤田地质局着力做好社会地质和延伸产业，为建设和谐秀美江西作出应有贡献。完成煤矿扩界项目、煤层气评价、矿山年度矿界测量核查、工业平台灾害地质评估及压覆矿评估、农村土地“三权发证”等社会地质项目，编制省内多个煤矿的储量地质报告、核实报告、动态检测报告等地质报告。省有色地勘局在矿山环境恢复治理方案、工程地质勘查、地质灾害勘查、评估、治理、地下水调查等方面共承担项目31项。完成景德镇市、上饶市地灾隐患点调查任务。

【创新地勘科技工作】 地勘科技创新工作坚持以创新驱动发展为导向，以提高自主创新能力为目标，以协同创新为基本模式，推动地质科技发展，把资源优势加快转化为发展优势。省地矿局建成2个院士工作站。承担国家专项《深部探测技术与实验研究专项》《钦杭成矿带东乡—德兴地区以及冷水坑地区铜多金属成矿规律》等。《江西省鄱阳湖及周边经济区1:25万多目标区域地球化学调查》获国土资源部科技成果二等奖，《鄱阳湖生态经济区农业地质资源环境调查评价及成果应用示范》获江西省科技进步三等奖。“南岭于都—赣县矿集区钻探验证及成矿理论综合研究”，验证孔孔深2006.12米，刷新了江西省运用岩芯钻探全孔取芯工艺施工记录。省核工业地质局以协同创新为突破口推动地质科技发展，加大与东华理工大学合作力度，签署共建相山产学研基地协议，培养科技人才，促进铀矿找矿突破。组建合作快鸟航测公司，引进先进的无人机 inpho 数据后处理平台和 eCognition 遥感影像智能分析软件，利用无人机低空遥感作业，及时准确地勘测，编制数据报告。加强新技术、新方法的引进与应用于生产实践，开展的《大功率激电方法在寻找深部隐伏金矿体上的应用研究》项目结合金矿勘查实际，总结出一套激电方法在寻找深部隐伏金矿应用体系，并将该成果用于指导矿区金矿普查。省煤田地质局在科技项目方面，牵头实施的“省页岩气富集规律及地质选区关键技术研究”省级重大科研项目，获2012年江西省重大科技专项。压注水泥浆配合袋装干拌混合料的水下基础加固防护技术，获2012年国家知识产权局发明专利。连续板替代拱式拱上建筑的双曲拱桥改造方法等7项技术，获国家知识产权局“实用新型专利证书”。省有色地勘局建成1个院士工作站。实施的科技项目共33项，新立项项目4项，审查验收2项。其中由有色一队实施的《地质岩芯钻孔定向钻探技术的探索和实施》项目，有效解决钻探生产中出现的严重偏斜问题。

（省地矿局编辑室）

环境保护

本栏编辑　詹跃华

综　述

2012年，全省环保部门、林业部门以改善生态和改善民生为核心任务，全面启动森林城市创建工程、通道绿化精品工程、山上质量提升和景区花海工程、森林保护与健康工程、矿区园区裸露地覆盖工程和千亿绿色产业工程六大林业生态工程，着力推进城乡一体化进程，切实加强林业资源保护，大力繁荣林业生态文化，持续改善环境质量，全省地表水监测断面水质达标率80.7%，"五河"及东江源头保护区内监测断面水质保持在Ⅱ类水质，城市集中饮用水源地水质达标率100%，所有设区市城市空气质量全部达到二级标准。

*造林绿化"一大四小"工程建设全面完成。*2012年，省委、省人大、省政府、省政协领导先后31次对全省造林绿化等林业工作进行视察指导。省政府召开全省冬季造林电视电话会议，通报2011年造林绿化情况，动员部署2012年度造林绿化工作。省绿化委员会将年度造林绿化"一大四小"工程建设任务分解到116个县(市、区)和单位；各地将造林任务落实到乡(镇、场)、村、组，落实到山头地块和造林主体。2月16日，省政府在吉安召开全省造林绿化"一大四小"工程建设现场会。5月14日，省政府召开全省造林绿化"一大四小"工程建设年度总结表彰大会。省林业厅抽调125名干部，分成11片，由厅领导带队，组成35个督导组，分别在108个县(市、区、管委会)驻片督导工程建设。按照造林项目类型和时间节点，省级层面组织检查5次、落实国家核查5次；年末，再次组织技术人员，对全省"一大四小"工程建设情况和营造林项目进行年度核查。全省投入造林绿化资金110亿元，完成造林面积19.91万公顷，占造林任务的127.1%。全省巩固提升省级以上通道绿化达标里程1337千米，其中高速公路597千米，国道337千米，省道(含旅游公路)403千米。

*森林资源保护取得新成效。*一批新的林业政策法规出台。1月16日，省政府印发《关于开展鄱阳湖综合整治坚决保护"一湖清水"的意见》。3月29日，省十一届人大常委会第三十次会议审议通过《江西省湿地保护条例》，于5月1日起实施。9月27日，省十一届人大常委会第三十三次会议审议通过《江西省森林防火条例(修正案)》，于10月1日起实施。11月7日，省政府出台《关于松材线虫病严重的县(市、区)实施重点管理的通知》。生态公益林管理进一步加强。省林业厅出台《江西省生态公益林检查验收办法》《全省生态公益林补偿资金使用管理情况检查方案》，省林业厅、省财政厅、人保财险江西省分公司联合印发《江西省生态公益林保险理赔流程和赔付资金使用管理规定》。全省第一次开展生态公益林省、市、县三级检查验收工作，全面检查考核公益林区划界定、实施方案编制、管护责任落实和补偿资金发放管理等方面的情况，并对公益林管理各项指标进行综合评分。全省实施公益林补偿面积340万公顷，占全省林地面积的32%，其中国家重点公益林面积215.82万公顷，省级公益林面积124.18万公顷。森林保险取得新进展。全省森林保险面积873.3万公顷，有林地参保率达95.1%，基本实现全省覆盖。林地保护管理力度不断加大。占用征收林地管理坚持"有保有限""集约节约用地"的原则，采用省、市、县三级管理模式和"定额申报卡"管理制度，严格审核把关，加大林地执法力度。全年完成审核(批)占用征收林地项目1203起，面积7421.29公顷，征收植被恢复费4.4亿元，植被恢复费征收标准达5.96元/平方米，同比提高2%。林业"三防"(防森林火灾、防森林病虫害、防盗伐滥伐)体系进一步加强。《江西省森林防火条例(修订案)》颁布实施，各级政府及相关主体森林防火的职责、义务和能力建设已实现制度化和法制化，专职指挥制度载入《森林防火条例》。省森林防火总指挥部办公室获全国省级森林防火机构综合考评第一名，南昌市政府森林防火指挥部、吉安市林业局、九江市政府森林防火指挥部办公室、德兴市政府森林防火指挥部、省森林公安局刑事侦察处被授予"2010～2012年度全国森林防火工作先进单位"称号。基本完成全省松材线虫病疫情发生区疫木除治任务，实现全省通道绿化有虫不成灾。全省森林公安机关先后七次组织开展林业严打专项整治行动，构筑和谐稳定的林区治安环境。

*自然保护区、森林公园、湿地公园建设不断加强。*齐云山、阳际峰2处省级自然保护区经国务院批准晋升为国家级自然保护区；庐山、赣江源2处省级自然保护区申报国家级自然保护区待批；上饶五府山、宁都大龙山、安福铁丝岭和宜黄中华秋沙鸭4处县级

自然保护区晋升省级自然保护区通过省级评审。新建县级自然保护区22处(撤销及合并3处),面积5.29万公顷。新增鄱阳莲花山国家森林公园;新增修水县山谷、贵溪市双圳、寻乌县东江源仙人寨和宜丰县螺峰尖4处省级森林公园。江西明月山国家森林公园获"全国最具影响力森林公园"称号。新增赣州章江、万年珠溪、上犹南湖、会昌湘江、南城醉仙湖5处国家湿地公园,面积1.21万公顷。江西省湿地资源调查成果通过国家林业局组织的专家鉴定。赣县大湖江国家湿地公园和兴国潋江国家湿地公园被正式接收为长江湿地保护网络新成员,使全省长江湿地保护网络成员增至13家。

野生动植物保护进一步加强。11月28日,省十一届人大常委会第三十四次会议审议通过《江西省实施〈中华人民共和国野生动物保护法〉办法(修正案)》。9月26日,省政府召开鄱阳湖区越冬候鸟保护工作会议。全年争取野生动植物保护和自然保护区建设经费2912万元。建立县级以上(含县级)野生动植物保护管理机构65处。11个设区市成立野保协会,发展会员4万余人。组织开展环鄱阳湖区越冬水鸟种群数量同步调查,共记录水鸟37.5万只。省林业厅联合省内大专院校、科研院所开展鄱阳湖区陆生野生动物资源调查,完成夏季外业调查及报告撰写工作。全面启动第二次全国重点保护野生植物资源调查和野生植物极小种群物种保护前期准备工作,植物资源调查方案和实施细则已上报国家林业局审批。江西被列为全国3个陆生野生动物疫源疫病主动预警试点省份之一,12处国家级野生动物疫源疫病监测站基础设施建设全部启动。新增疫源疫病监测点50处。全省33个省级野生动物疫源疫病监测站380处监测点,对全省重点野生鸟类越冬地、迁徙停歇地和野生动物集中分布区进行监测,结果显示江西境内未发生野生动物疫情。全省正式启用雁鸭类野生动物管理标识,逐步规范雁鸭类野生动物及其产品的管理。全年办理野生动植物行政许可350起,其中野生动物行政许可140起(审核16起、审批124起),野生植物行政许可210起(审核5起、审批205起)。新增野生动植物繁育经营企业137家,总数达1090家。

林业生态文化不断繁荣。成功举办江西省第三届花卉园艺博览交易会、2012鄱阳湖国际湿地旅游文化节暨湿地帐篷观鸟季、《赣风》大型公益晚会和首届中国(九江)鄱阳湖国际名湖友好交流大会。配合中央电视台在鄱阳湖开展白鹤迁徙系列直播报道。省林业厅生态文化展厅、廉政文化展厅被省直属机关工委党校、省社会主义学院、江西师范大学分别作为现场教学实践基地、党外干部省情教育基地和教学实践基地。参展第二届中国(上海)竹制品博览会、第九届中国林产品交易会、首届中国森林食品交易博览会暨第三届中国(铁岭)榛子节、第五届中国义乌国际森林产品博览会,获多个奖项。在井冈山国家级自然保护区等12家单位设立"生态文化三面翻科普宣传牌",进一步提升林业生态文化宣传科普水平。宜丰县天宝古村等5个村入选"全国生态文化村",入选数量居全国之首。宜丰县、铜鼓县被中国野生植物保护协会授予"中国南方红豆杉之乡"。资溪县被中国竹产业协会命名为"中国特色竹子之乡"。

服务产业转型措施有力。全力推进规划环评,全省工业园区规划环评完成率92.6%,加快省重点项目审批速度,全年审批重点项目32个,总投资300多亿元。修订了《江西省建设项目环境影响评价文件分级审批规定》,最大限度下放了环评审批权限。同时严格环境准入,严把项目审批关。下发《关于加强高污染建设项目环评管理的通知》等系列规范性文件,上收五河及东江源头保护区内的建设项目,以及高污染建设项目环评审批权限,提高了环境准入门槛。全年否决"两高一资"项目200余个。加快推进生态工业园创建,同时加强生态经济中环保技术支持。编制了《生态工业园环境报告书编制导则》(试行),积极引导工业园依据循环经济理念,实施绿色可持续发展。南昌高新区和南昌经济技术开发区已获国家环保部、商务部、科技部批复同意开展国家生态工业示范园区建设,赣州开发区进入申报程序。在创建省级生态工业园上,全省有20个工业园区被省政府命名,43个工业园区正在开展创建试点。积极开展清洁生产审核,实施强制性清洁生产计划,推动循环经济发展。2012年有74家重点企业通过省环保厅会同省发改委、省工信委的清洁生产审核评估工作。以清洁生产为抓手,推进绿色矿山建设,全年完成12家矿山企业清洁生产审核评估工作。积极开展排污权有偿使用与排污交易情况调研,会同有关部门举办了"第四届生态东江源论坛",赣州市政府批准设立了赣州环境能源交易所有限公司。继续实施重点区域生态环境保护奖励制度,并加大了五河及东江源头生态环境保护奖励力度,争取省财政源头保护区奖励资金1.75亿元,增幅达30%。组织了"五河"及东江源水质断面的监测,根据监测结果分配奖励资金,提高了各级政府及相关部门开展生态保护的积极性。

环境监管明显加强。加强环境立法工作,推动《鄱阳湖生态经济区环境保护条例》在5月1日正式颁布实施,《江西省机动车排气污染防治条例》(草案)已经拟定,正在加快推进。加强环境监管能力建设,全省环境监测执法业务用房建设基本完成。111个市、县(区)环境监测执法用房开工建设率达到97.3%,位居全国第一。环保机构队伍进一步壮大,截至2012年,有4个市级、47个县(区)级环境监察监测机构完成升格,比2009年累计新增行政事业编制1054个。省环保厅成立了信访处,南昌市成立了机动车排气污染防治监督管理中心,宜春市成立辐射环境监督站。环境监管手段得到加强,2012年为市县环保部门配备环境执法车辆108辆、环境监管仪器设备320多台套,启动实施36个水质自动监测站、60个空气自动监测站的新(扩)建,全省主要河流省控以上监测断面(点位)增加到165个,完善了自动监控天网工程。环境执法得到加强,2012年组织开展打击违法排污保障群众身体健康、重金属污染整治、机动车污染整治、畜禽养殖业污染整治、保护鄱阳湖"一湖清水"等五大环保专项行动,全省出动执法人员5.3万人次,检查企业1.9万家,查处违法企业171家,停产整治74家,取缔关停18家。环境执法工作位列全国第六。组织开展核技术利用安全综合检查专项行动,排查了1800多家单位。加强危险废物和危险化学品管理,保障了全省生态环境安全。环境应急能力进一步加强,更新充实环境应急专家库,制定实施专家库管理办法,加强全省环境应急预案体系建设,全省各级环保部门制定环境应急预案117个,企业环境应急预案466个。

(省环保厅 省林业厅)

生态环境建设

【概况】 2012年,全省投入造林绿化资金110亿元,完成造林面积19.91万公顷,占省下达造林任务的127.1%。完成退耕还林工程造林1.97万公顷,长江防护林工程造林1.13万公顷,珠江防护林工程造林0.20万公顷。完成营造速生丰产用材林和生物质油料林共5.39万公顷,其中欧投贷款江西生物质能源林示范项目、亚行贷款江西林业发展项目、日本政府贷款江西造林项目等外国政府(国际金融组织)贷款项目造林2.52万公顷,速丰林专项造林1.67万公顷,血防造林1.2万公顷。利用外国政府(国际金融组织)贷款1.01亿元,同比增长24.9%。日本政府贷款江西造林项目如期顺利关账。通道绿化以打造高速公路"三纵三横"精品工程为重点,全省巩固提升省级以上达标里程1337千米。

全民义务植树深入开展。1月29日,省委书记苏荣、代省长鹿心社、省委副书记张裔炯、省政协主席傅克诚等省四套班子领导同省市机关干部、驻赣官兵、省先进模范代表和当地群众一起,参加在南昌市瑶湖郊野森林公园开展的以"弘扬生态文明,喜迎十八大"为主题的新春万人植树团拜活动。全省有118万多人次参加新春植树活动,植树939万余株。年内,全省参加义务植树总人数达2135.6万人次,植树1.52亿株。全省绿地认养、绿色养老蔚然成风。彭泽县151家县直单位在双峰尖森林公园南麓组织开展以"植绿固碳,从我做起"绿化新城认种认养活动,规定各单位在完成栽植任务基础上,2012~2014年连续抚育管护三年,每年5~6月和8~9月各抚育一次。九江713社区退休(养)职工党总支与八里湖新区管委会在全国第34个义务植树节签订《绿地认养协议书》,主动认养位于社区附近的长虹西大道7078平方米绿地,确保绿地长势茂盛,环境干净整洁。永新县创建生态文明与绿色养老相结合的运作机制,建立"绿色养老"基地30多个,创建"绿色养老"高产油茶533.33公顷、杉树林990公顷、毛竹林321.33公顷。

森林城市创建扎实推进。省绿化委员会出台《江西省省级森林城市考核验收办法》,组织专家对上饶、峡江、新干、樟树等10个市(县)省级森林城市创建总体规划进行评审。各地坚持多栽树、栽大树、栽好树的原则,做到乔灌花相搭配,常绿树与落叶树相结合。新余市成功创建全省第一个"国家森林城市"后,各地创建工作迅速升温,南昌、吉安、抚州和宜春4个设区市积极申报创建国家森林城市,丰城、峡江等10多个县(市、区)申报创建省级森林城市,贵溪等20多个县(市、区)谋划创建省级森林城市。将工业园区绿化列为创建森林城市的重要内容,首批选择南昌县小蓝经济技术开发区等8个不同类型工业园区,开展首批绿化提升试点工作。各工业园区由单纯造林绿化向生态景观建设转变,累计投入2.1亿元,完成绿化面积469.59公顷。其中,7个工业园区的绿化覆盖率达到35%以上,成为工业园区绿化提升的示范样板。8月,九江市星子工业园区等19个园区列为全省第二批绿化提升试点工业园区,实现园区绿化覆盖率达35%以上。

通道绿化得到巩固提升。全省通道绿化以打造高速公路"三纵三横"精品工程为重点,坚持高起点规划、高标准实施,按照"树有高度、林有厚度、四季有景"的要求,突出层次感、立体感,做到不断档、不断带、不断线。全省巩固提升国省以上通道绿化里程5696千米,其中高速公路提升1524千米(含"三纵三横"1228千米)、新造194千米(含"三纵三横"45千米),国道提升1284千米、新造117千米,省道提升2279千米、新造65千米,旅游公路提升217千米、新造16千米。上饶市着力打造精品绿色通道,重点推进济广、杭瑞、沪昆等国家"二纵一横"高速公路上饶段及上德、上武、德昌高速公路的景观林带建设,实现绿化美化。万年县投入1亿元,把30.6千米德昌高速全部种植景观大苗;东环路全长3千米全部高标准绿化,以150米为一个单位,形成入口景观带、杨树林景观带、水杉林景观带、杜英林景观带、桂花林景观带5个特色线性景观序列。

【启动六大林业生态工程建设】 2012年始,围绕富裕和谐秀美江西建设,重点实施六大林业生态工程。森林城市创建工程。大力建设森林公园和湿地公园,积极开展国家级和省级森林城市创建活动,力争到2015年,省级森林城市达到30~50个,国家级森林城市达到5~6个。通道绿化精品工程。按照"树有高度、林有厚度、四季有景"的要求,集中力量对全省"三纵三横"高速公路进行绿化提升,对通道两侧可视范围内的山体进行林相改造,力争到2015年,全省主要通道绿化率达到90%以上。山上质量提升和景区花海工程。大力实施长(珠)防林、退耕还林、森林抚育试点、造林补贴试点等重点林业工程,不断改善林分结构,提高森林质量;同时通过添花添彩,提升省级以上风景名胜区的绿化水平。全省森林覆盖率稳定在64%以上。森林保护与健康工程。加强对天然阔叶林、生态公益林及古树名木的保护,鼓励封山育林,严厉打击乱砍滥伐林木、乱捕滥猎野生动物、违法征占用林地(湿地)等违法犯罪活动,不断提高森林火灾和林业有害生物的防控防治能力。矿区园区裸露地覆盖工程。对重要公路沿线和城市周边可视范围内的矿山,实施复垦覆绿;工业园区内的树木成林成景,不见裸露地。千亿绿色产业工程。积极推进生态经济产业化,产业经济生态化,重点抓好油茶、毛竹、苗木花卉、林下经济等产业发展,力争到2015年,全省新增林业产值1000亿元,总量突破2000亿元。

【召开全省造林绿化"一大四小"工程建设年度总结表彰大会】 5月14日,省委、省政府在南昌召开全省造林绿化"一大四小"工程建设年度总结表彰大会,省委书记苏荣就推进造林绿化“一大四小”工程建设作出重要批示，省长鹿心社出席会议并讲话。省委副书记、省纪委书记尚勇，省人大常委会副主任朱秉发，副省长姚木根，省政协副主席刘礼祖，省政府秘书长谭晓林等出席会议。会议总结了全省造林绿化“一大四小”工程建设实施三年来取得的成就，部署下一阶段工作。会上，通报了2010～2011年度全省造林绿化“一大四小”工程建设核查和评比情况，表彰了2010～2011年度造林绿化“一大四小”工程建设先进单位和个人，吉安市、贵溪市、上犹县、袁州区、万年县作典型发言。省直有关单位相关领导，省林业厅领导，各设区市政府主要领导和分管领导，各县(市、区)党委或政府主要领导，各市、县(区)林业局、公路局、交通局主要负责人参加会议。

【召开全省“森林城乡、绿色通道”建设动员大会】 12月3日，省委、省政府在南昌召开全省“森林城乡、绿色通道”建设动员大会，对全省实施“森林城乡、绿色通道”建设工作进行动员部署。省委副书记尚勇出席会议并讲话，副省长姚木根主持会议，省政协副主席刘晓庄等出席会议。省政府办公厅、省林业厅等14个省直单位相关领导，各市、县(区)党委或政府分管领导、林业局长，各设区市经济开发区管委会分管领导、农林(社发)局长，井冈山、庐山、三清山、龙虎山、仙女湖风景名胜区管委会分管领导、林业局长，省林业厅副处级以上干部等参加会议。会议指出，实施“森林城乡、绿色通道”建设，是贯彻党的十八大精神，加快江西科学发展、绿色崛起和生态文明建设的一项重大战略部署，是造林绿化“一大四小”工程建设的延续和提升。会议要求，全省各级党委、政府要切实加强对“森林城乡、绿色通道”建设的组织领导，将其纳入经济社会发展总体布局；省林业厅要发挥综合协调作用，全力抓好规划设计、苗木选择、技术指导等工作；相关部门要加强沟通协调、积极参与，加大宣传力度，形成工作合力。会议还就成立“森林城乡、绿色通道”建设领导小组、总体规划、考核奖惩、工作推进等问题作了说明。

【绘出国内首张电网涉鸟风险图】
科研人员通过对4514次鸟巢巡视记录、184次输电线路涉鸟故障的海拔高度、生态环境等特征分析，2012年，绘制完成《江西电网涉鸟故障风险分布图》，包括江西鸟巢故障易发区和大型鸟类泄粪故障易发区的地理分布图，其绘制方法在国内尚属首次。有关部门将在不同的位置，安排不同的防鸟装置，做到既不让鸟儿受伤害，又确保电网安全运行。

【井冈山成为“世界生物圈保护区”】
8月，井冈山国家级自然保护区被联合国科教文组织接纳为世界生物圈保护区网络成员，成为江西唯一的世界生物圈保护区。井冈山保护区于1981年建立，2000年经国务院批准为国家级自然保护区，总面积2.15万公顷。保护区植被起源古老、类型多样，生物资源十分丰富，素有“第三纪型森林”“天然动植物园”和“亚热带绿色明珠”之称，区内有全球同纬度保存最完整的中亚热带天然常绿阔叶林，是研究中国乃至全球中亚热带生物资源的重要基地。

【命名全省第一批“森林十创”先进单位】 5月3日，省绿化委员会研究决定，命名南昌市青山湖区扬子洲镇等50个乡镇为江西省“森林乡镇”，武宁县罗坪镇长水村等100个村为江西省“森林村庄”，景德镇市高新技术产业开发区等20个园区为江西省“森林园区”，新余市暨阳社区等20个社区为江西省“森林社区”，赣州市章贡区迎宾大道等20个街道为江西省“森林街道”，宜春市林科所等50个单位为江西省“森林单位”，吉安市吉州区桃源盛景等20个小区为江西省“森林小区”，上饶师范学院等20个学校为江西省“森林校园”，抚州市乐安县人武部等20个营区为江西省“森林营区”，南昌县澄碧湖省级湿地公园等22个公园为江西省“先进森林公园(湿地公园)”，予以通报表彰，颁发奖牌。

(省林业厅)

生态环境保护

【概　况】 2012年，省环保厅、林业厅积极采取有效措施，强化生态环境保护，完成各项工作任务。至年底，全省建立林业自然保护区220处，总面积119.43万公顷，占全省国土面积的7.15%。建立森林公园161处，总面积49.10万公顷，占全省国土面积的2.94%。建立湿地公园51处，总面积12.41万公顷，占全省国土面积的0.75%。自然保护区、湿地公园、森林公园基本涵盖全省赣、抚、信、饶、修五大河流及东江一、二级支流主源区，有效保护了全省森林生态系统和湿地生态系统。全省340万公顷生态公益林补贴、灾害保险实行财政统保。组织开展全省古树名木普查，各地对古树名木普查建档、挂牌保护；安排古树名木保护专项资金200万元；全年受理古树名木投诉件5件，处理率100%。

林政资源保护管理力度加大。7月10日，省林业厅印发《关于开展林政资源管理重点整治行动工作方案》，首次采取“一约谈四暂停”(约谈县市区政府主要领导，暂停安排林业项目、暂停征占用林地审批、暂停林木采伐审批、暂停木材加工项目审批)措施，对林政资源管理混乱的县(市、区)实施重点整治，限期整改。组织对崇仁等10个县(市)的林政资源管理“三项工作”开展综合检查。对南城等10个县林政资源管理存在的问题，向所在县(市)政府下发整改通知书，限期整改；并约谈与外省毗邻的德兴市等6个县(市)林业局长，责成加强林政资源管理，确保边界区域森林资源安全。全省7个设区市召开大会，部署开展整治行动，整治覆盖面达80%以上。列入重点整治的鄱阳、乐平、乐安3个县(市)，全部由政府主要领导担任整治领导小组组长，整治效果明显，抓获犯罪嫌疑人70余人，处理失职渎职干部20余人。省级林地保护利用规划和林地“一张图”建设顺利通过国家林业局审查验收；县级林地保护利用规划正在推进，对进度慢的永丰、莲花等21个县(市、区)采取召开推进会、暂停木材采伐和征占用林地审批、省林业厅领导约谈政府分管领导和林业局长等措施，以确保进度和质量。全省严格采伐计划管理，全年下达木材生产计划728.5万立方米，占年度采伐限额的36.5%，有效控制森林资源消耗。崇义等8个县(市)启动森林可持续经营管理试点工作。

森林防火工作成效突出。2012年，全省森林防火工作重心下移，立足基层，积极防范，全省森林火灾大幅度减少。全省发生森林火灾43起，过火面积1065.36公顷，受害森林面积338.66公顷，同比分别下降69.7%、70.4%、74.9%，没有发生重特大森林火灾和人员伤亡事故。全省实行森林防火专职指挥制度，5个设区市防火办升格为副处级，88个县级防火办定为科级单位。成立江西省森林消防总队，基层建立专业森林消防队109支、队员4100人，组建半专业扑火队1471支、队员4.4万人，达标率71.7%。开展航空护林和人工增雨作业安全有效，航空护林飞行141小时，人工增雨4亿吨。10～11月，全省开展森林防火宣传月活动，出动宣传车4.24万车次，电视新闻、专栏游走标语3.89万次(条)，广播宣传2516小时，发送手机短信1.3亿条，圩集宣传(知识竞赛)、电影、文艺专场演出约1.3万场，印发各类宣传资料、书写宣传标语6732万张(条、册)，竖立宣传牌6.31万块，投入经费4000万元。全省组织开展森林防火"春季平安行动"。省林业厅、省公安厅联合发布《关于禁止在森林防火区野外用火的通告》，省林业厅下发《关于规范野外特殊用火管理的紧急通知》。江西12个森林防火项目获国家林业局批准立项，投资总额1.91亿元，同比增长2.8倍。省级森林防火经费保持稳定，省财政安排1.5亿元；市、县安排1.5亿元。

林业有害生物防控有效推进。召开全省通道绿化杨树病虫害防治现场会，出台《松材线虫病防控重点县管理办法》。利用国家建设项目在全省建成90个森防检疫标准站、36个国家级测报点、67个省级测报点、80个检疫检查站、1个生物制剂厂、56个实验室和一批药剂药械库，装备各类喷药器械550多台，配备防治检疫专用车95辆，改善了森林病虫害监测、检疫、防治体系基础设施条件。全省99个县(市、区)成立林业有害生物应急防控队，初步建立监测预警、检疫御灾和防治减灾体系，防治能力大幅提升。全省松材线虫病疫情发生区实施除治性采伐松木74万余株，除治松林面积0.83万公顷，安全利用及烧毁疫木5.02万立方米，松材线虫病高发态势得到有效遏制。开展"绿盾2012"林业植物检疫执法检查行动，查处案件236起。全省林业有害生物发生面积30.53万公顷，同比下降16.7%。全面启动12处国家级野生动物疫源疫病监测站基础设施建设，新增疫源疫病监测点50处，全省未发生一起野生动物疫情。

森林资源严打整治持续深入。全省森林公安机关持续深入开展矿山非法侵占林地、鄱阳湖候鸟保护、森林火灾案件侦破大会战、"打击野生动物及其制品网络犯罪"、保护古树名木、"一打击两整治"和"濒危物种及其制品非法贸易清理"等一系列严打行动，查处各类森林案件2.33万起，其中刑事案件3325起，处理违法犯罪人员2.53万人，收缴木材3.31万立方米，挽回直接经济损失7959万余元。全国公安机关网上专项督察"清网行动"成绩突出，省森林公安局受到公安部通报表扬。全省木材检查站查验运输木材车辆9.97万辆次，检查木材流量258.74万立方米；查处违法运输木材案件6508起，涉及违法木材3.31万立方米，为国家挽回直接经济损失1888.75万元。

【开展非法猎杀、出售、收购野生动物违法犯罪"百日严打"专项行动】 11月27日，中央电视台《新闻直播间》播报资溪县存在非法猎捕、销售、经营猕猴、大雁等重点保护野生动物的现象，引起各级领导和有关部门的高度重视。省委书记苏荣，省长鹿心社，省委常委、省委政法委书记舒晓琴，副省长姚木根先后作出重要指示，国家林业局于当天派出督导组赴江西督查。省林业厅紧急部署对涉案的资溪县高阜林场、两家非法经营餐馆、两家非法野生动物收购点及县农贸市场进行查处。28日，召开"全省坚决禁止非法猎捕野生动物专项工作电视电话会议"，部署在全省范围内开展"百日严打"专项行动，严厉打击非法猎杀、出售、收购野生动物的违法犯罪行为，将保护野生动物列入社会管理综合治理目标管理考核，实行"一票否决"。省林业厅、公安厅、农业厅等七家单位联合下发《关于坚决禁止非法猎捕野生动物行为的紧急通知》，全省迅速开展专项整治行动，各地立即停止野生动物经营利用许可的申请，并对野生动物经营利用许可证进行全面收缴和重新审查，新证核发前停止各类野生动物经营利用行为。省林业厅派出暗访组对11个设区市42个县(市、景区)的483处野生动植物繁育和经营利用场所开展专项整治行动情况的暗访督查。"百日严打"专项行动取得阶段性成果，全省查处破坏野生动植物案件630余起，收缴野生动物1.28万只，野生植物0.95万株；资溪县涉案的3名犯罪嫌疑人被依法刑事拘留，县林业局局长吴开发、党委委员周发泉，高阜林场党委书记方慧东、常务副场长彭志华4名相关责任领导被免职。国家林业局督导组在现场督导、实地查看、听取汇报后表示，江西领导高度重视，事件处置"主动、迅速、果断、有效"，将负面影响降至最低，取得初步成效。

【"白鹤三号"在鄱阳湖成功放飞】 3月，从鄱阳湖飞回繁殖地的一只国家一级保护动物白鹤，在沈阳獾子洞被盗猎分子设置的套夹所伤，幸被沈阳鸟类研究专家和爱鸟志愿者及时发现救助，并进行截趾手术，经过长达8个月的调理、训练和野化后逐渐恢复，取名"白鹤三号"。11月18日，海南航空公司公益支持，将"白鹤三号"免费空运至鄱阳湖。为确保放飞成功，鄱阳湖国家级自然保护区管理局专门为"白鹤三号"量身定做了野外铁笼，备以充足的花生等食物。专业人员对其进行体检，并安装彩色和金属环志(彩色环编号为369、金属环编号为Q02－1608)，以及国内自主研发的中国移动网络GPS定位系统。20日，"白鹤三号"在鄱阳湖国家级自然保护区首次放飞，1小时后便加入野外鹤群并开始觅食，2小时后与鹤群一起转移到距放飞地2千米的位置，实现了合群、觅食、飞翔"三级跳"。但因体力不支，次日掉在鄱阳湖草洲上被狗追逐，当地农民发现后当即实施救护并迅速将其送回保护区。23日，保护区工作人员在对其再次进行身体状况检查、重新安装GPS跟踪器和人工补充食物后，在鄱阳湖大湖池再次放飞。经过GPS跟踪器和望远镜的连日不间断监测，“白鹤三号”始终与野外白鹤群在一起，生活状态完全正常，从而宣告“白鹤三号”在鄱阳湖放飞成功。此次放飞，是首次在中国南方地区成功放飞救治的白鹤、首次采用航空运输方式长距离运送珍稀候鸟、首次在白鹤身上安装国产寻踪器，引起社会广泛关注。中央电视台对“白鹤三号”的空运及放飞全过程进行了现场直播，新华社、江西日报、江西卫视、新浪网、中国绿色时报等多家新闻媒体对全过程进行跟踪报道。

【开展“绿盾2012”林业植物检疫执法检查行动】 3～12月，遵照国家林业局的总体部署，江西在全国率先启动“绿盾2012”林业植物检疫执法检查行动。成立行动领导小组，制定行动实施方案，召开电视电话会议进行部署。省林业厅整合全省80个森林植物检疫检查站与木材检查站的力量，对涉木产品出入关口堵源截流，严密防控省外疫木非法流入，盯死看牢省内涉木企业、苗木基地非法调运木材和苗木。各级林业部门派出470余个督导组，共1500余人次，形成森防系统省对市、市对县(市、区)分片负责包干的督导机制。全省组织统一行动1510次，与相关部门和区域联合执法478次，出动执法人员9900人，检查涉木企业5600家、苗木花卉基地627个，查处案件236起(举报案件占25%)，涉及竹木2960多立方米、木质包装箱和线缆盘519个、种苗花卉6.3万余株。

【开展打击破坏古树名木专项整治行动】 2011年冬季至2012年春季，全省森林公安机关开展严厉打击非法采伐、运输、出售古树名木违法犯罪的专项整治行动。行动中，各级森林公安机关以286个警务区为平台，建立群防群治网络，并依托“金盾网”构建“江西省森林公安基层综合信息应用网络”，采集重点保护野生植物图片、山地、权属、监管人等各类基础信息200余万条，实行全省区域内资源信息共享。采取省市挂牌督办、查办案件责任追究、重复信访举报问责制等行之有效的办案机制，切实做到发现一起、侦破一起、查办一起，始终保持对破坏古树名木违法犯罪行为的严厉打击高压态势，取得显著成效。全省查处重特大案件258起，侦破犯罪团伙23个，执行逮捕217人，移送起诉186人，判刑120余人，收缴国家重点保护野生植物2000余株。

(省林业厅)

【提升自然保护区建设和管理水平】

2012年，创建国家级自然保护区，阳际峰、齐云山自然保护区晋升为国家级自然保护区，全省国家级自然保护区达11处；庐山、赣江源省级自然保护区申报晋升国家级自然保护区通过评审；完成对铜钹山、婺源森林鸟类2处省级自然保护区晋升国家级自然保护区的实地预审和技术评估。省环保厅下发了《关于开展省级自然保护区管理评估工作的通知》，组织省林业厅、省农业厅等单位和专家，对全省2010年后批建的16处省级自然保护区开展管理评估工作，全面掌握新批建自然保护区的管理现状和存在问题；发布了宁都凌云山等6处省级自然保护区的面积范围及功能分区。组织召开江西省第四届省级自然保护区评审委员会第三次会议，会议通过了婺源县森林鸟类、广丰县铜钹山等2处自然保护区申报晋升国家级自然保护区，鄱阳湖银鱼产卵场等7处自然保护区申报晋升省级自然保护区。协同省政协人资环委，对全省自然保护区贯彻省政府《关于加强自然保护区建设和管理工作的意见》情况进行专题调研，并向省委、省政府提交了调研报告，省政府主要领导作了重要批示。

【大力推进生态系列创建】 2012年，下发《关于开展2012年生态示范创建工作的通知》，明确创建重点区域。印发《江西省生态示范创建申报材料编制指南》，转发《国家生态建设示范区管理规程》等文件，进一步规范生态示范创建工作。根据2011年省级生态乡镇“回头看”抽查情况，指导有关设区市督促各乡镇按照要求进行整改，被抽查的乡镇都对问题进行了整改。省环保厅和省发改委、省住建厅、省林业厅命名南昌县等5个县(区)为第二批省级生态县(区)；环保部命名太平乡、梅林镇等49个乡镇为国家级生态乡镇；省环保厅命名南台乡、乐化镇等110个乡镇为省级生态乡镇，命名招贤村等144个村为省级生态村。

【扎实做好农村环境保护工作】

2012年，围绕促进生态农业，维护农村稳定，改善农村环境的目标，扎实做好农村环境保护工作。一是建立“十二五”农村环境综合整治项目库。根据环保部和财政部的统一部署，会同相关部门完成了“十二五”农村环境综合整治项目库建设等工作。二是积极争取农村环保项目资金。分别争取了中央、省级农村环保专项资金2500万元、4725万元，用于137个村镇的环境综合整治，重点解决农村饮用水安全、农村面源污染、农村土壤污染等问题，并对项目的建设情况进行监督指导，确保项目建设成效。三是加强项目的监管和评估工作。组织各设区市环保局对2011年度农村环境综合整治“以奖促治”项目的建设情况进行监督和指导。下发了《关于开展2010年度中央农村环保“以奖促治”项目环境成效评估的通知》，并指导各设区市做好评估工作，进一步掌握农村环境综合整治的工作成效。

【加强“五河一湖”及东江源保护区生态保护】 2012年，安排1.70亿元，用于奖励“五河”及东江源头生态环境保护工作。按照《江西省“五河”及东江源头保护区生态环境保护奖励资金管理办法》，对2012年奖励资金进行了分配，并全部拨付给源头保护区所在县(市、区)。印发了《关于开展“五河”及东江源头保护区生态环境专项检查的通知》，要求各有关县(市)进行自查，检查源区是否存在违规的开发和建设活动等。各地按照要求进行检查，并对发现的问题进行了整改。

(省环保厅)

·资　料·

江西省国家级和省级湿地公园

单位:公顷

序号	名　称	所在地	总面积	批建时间	管理机构
一	国家级				
1	孔目江国家湿地公园	新余市	1503.9	2007 年 11 月 15 日	孔目江国家湿地公园管委会
2	东鄱阳湖国家湿地公园	鄱阳县	36285	2008 年 11 月 19 日	东鄱阳湖国家湿地公园管委会
3	修河国家湿地公园	永修县	11041	2008 年 11 月 19 日	永修县林业局
4	东江源国家湿地公园	安远县	2675.7	2008 年 11 月 19 日	安远县林业局
5	丰城药湖国家湿地公园	丰城市	2560	2009 年 12 月 23 日	丰城市林业局
6	南丰傩湖国家湿地公园	南丰县	1727	2009 年 12 月 23 日	南丰县林业局
7	武宁庐山西海国家湿地公园	武宁县	24713.9	2011 年 3 月 25 日	武宁县林业局
8	修水修河源国家湿地公园	修水县	4342.40	2011 年 3 月 25 日	修水县林业局
9	赣县大湖江国家湿地公园	赣　县	6655.00	2011 年 3 月 25 日	赣县林业局
10	兴国潋江国家湿地公园	兴国县	3577.00	2011 年 3 月 25 日	兴国县林业局
11	赣州章江国家湿地公园	赣州市	1054.80	2012 年 12 月 31 日	赣州市林业局
12	万年珠溪国家湿地公园	万年县	1025.10	2012 年 12 月 31 日	万年县林业局
13	上犹南湖国家湿地公园	上犹县	671.17	2012 年 12 月 31 日	上犹县林业局
14	会昌湘江国家湿地公园	会昌县	1264.70	2012 年 12 月 31 日	会昌县林业局
15	南城洪门湖国家湿地公园	南城县	8089.31	2012 年 12 月 31 日	南城县林业局
二	省　级				
1	浮梁三贤湖省级湿地公园	浮梁县	41.36	2010 年 9 月 28 日	浮梁县林业局
2	芦溪山口岩省级湿地公园	芦溪县	695.17	2010 年 9 月 28 日	芦溪县林业局
3	莲花莲江省级湿地公园	莲花县	87.90	2010 年 9 月 28 日	莲花县林业局
4	余江白塔河省级湿地公园	余江县	621.00	2010 年 9 月 28 日	余江县林业局
5	全南桃江省级湿地公园	全南县	388.32	2010 年 9 月 28 日	全南县林业局
6	瑞金绵江省级湿地公园	瑞金县	1802.89	2010 年 9 月 28 日	瑞金市林业局
7	宁都梅江省级湿地公园	宁都县	998.00	2010 年 9 月 28 日	宁都县林业局
8	于都长征源省级湿地公园	于都县	1150.66	2010 年 9 月 28 日	于都县林业局
9	高安瑞州省级湿地公园	高安市	56.00	2010 年 9 月 28 日	高安市林业局
10	丰城玉龙河省级湿地公园	丰城市	235.70	2010 年 9 月 28 日	丰城市林业局
11	宜丰新昌湖省级湿地公园	宜丰县	35.60	2010 年 9 月 28 日	宜丰县林业局
12	奉新华林省级湿地公园	奉新县	138.00	2010 年 9 月 28 日	奉新县林业局
13	上饶槠溪省级湿地公园	上饶县	393.00	2010 年 9 月 28 日	上饶县林业局
14	德兴泊水河省级湿地公园	德兴市	353.00	2010 年 9 月 28 日	德兴市林业局
15	婺源饶河源省级湿地公园	婺源县	346.60	2010 年 9 月 28 日	婺源县林业局
16	吉安庐陵湖省级湿地公园	吉安市	216.70	2010 年 9 月 28 日	吉安市林业局
17	遂川遂川江省级湿地公园	遂川县	665.93	2010 年 9 月 28 日	遂川县林业局
18	万安云洲省级湿地公园	万安县	42.67	2010 年 9 月 28 日	万安县林业局
19	南丰潭湖省级湿地公园	南丰县	871.10	2010 年 9 月 28 日	南丰县林业局
20	金溪白马湖省级湿地公园	金溪县	629.56	2010 年 9 月 28 日	金溪县林业局
21	宜黄白鹭洲省级湿地公园	宜黄县	126.46	2010 年 9 月 28 日	宜黄县林业局

续表

序号	名　　称	所在地	总面积	批建时间	管理机构
22	乐安龙潭省级湿地公园	乐安县	135.55	2010年9月28日	乐安县林业局
23	南昌澄碧湖省级湿地公园	南昌县	90.39	2011年11月29日	南昌县林业局
24	进贤磨盘洲省级湿地公园	进贤县	49.50	2011年11月29日	进贤县林业局
25	萍乡南岗口省级湿地公园	萍乡市	102.00	2011年11月29日	萍乡市湘东区林业局
26	鹰潭白露河省级湿地公园	鹰潭市	34.58	2011年11月29日	鹰潭市月湖区农林局
27	广丰丰溪省级湿地公园	广丰县	106.70	2011年11月29日	广丰县林业局
28	横峰岑港河省级湿地公园	横峰县	128.50	2011年11月29日	横峰县林业局
29	铅山宋家源省级湿地公园	铅山县	150.70	2011年11月29日	铅山县林业局
30	余干琵琶湖省级湿地公园	余干县	603.80	2011年11月29日	余干县林业局
31	吉水吉水湖省级湿地公园	吉水县	1897.11	2011年11月29日	吉水县林业局
32	抚州廖坊省级湿地公园	抚州市	2639.84	2011年11月29日	抚州市廖坊水库管理局
33	崇仁宝水省级湿地公园	崇仁县	103.30	2011年11月29日	崇仁县林业局
34	南丰琴湖省级湿地公园	南丰县	195.52	2011年11月29日	南丰县林业局
35	南城盱江省级湿地公园	南城县	632.60	2011年11月29日	南城县林业局
36	黎川黎滩河省级湿地公园	黎川县	150.75	2011年11月29日	黎川县林业局

江西省国家级和省级森林公园

序号	名　　称	建园时间	批复面积	经营管理单位
一	国家级			
1	三爪仑国家示范森林公园	1993.3	12133.33	靖安县旅游局
2	庐山山南国家森林公园	1993.5	3346.67	星子县东牯山林场
3	梅岭国家森林公园	1993.5	11173.1	梅岭国家森林公园管理办公室(湾里区林业局)
4	三百山国家森林公园	1993.5	3330	安远县林业局
5	马祖山国家森林公园	1993.5	666.67	庐山区林业局
6	鄱阳湖口国家森林公园	1993.5	1280	湖口县三里林场
7	灵岩洞国家森林公园	1993.5	3000	婺源县灵岩洞国家森林公园管理局
8	明月山国家森林公园	1994.12	7842	宜春市明月山温泉风景名胜区管理局
9	翠微峰国家森林公园	1999.1	7866.67	宁都县翠微峰管理委员会
10	天柱峰国家森林公园	2000.2	20757	铜鼓县国有城郊林场
11	泰和国家森林公园	2000.12	3000	泰和白鹭湖国家森林公园管理处
12	鹅湖山国家森林公园	2000.12	7950	铅山县鹅湖山国家森林公园
13	龟峰国家森林公园	2000.12	7400	上饶市龟峰国家森林公园管理委员会
14	上清国家森林公园	2000.12	11800	龙虎山风景旅游区上清林场
15	梅关国家森林公园	2001.11	5300	大余县林业局
16	永丰国家森林公园	2001.11	7600	永丰国家森林公园管理局
17	阁皂山国家森林公园	2001.11	6860	樟树市林业局

续表

序号	名　　称	建园时间	批复面积	经营管理单位
18	三叠泉国家森林公园	2001.11	1650.97	庐山区海会镇三叠泉风景区管理处
19	武功山国家森林公园	2002.12	21490	安福县武功山国家森林公园管理局
20	铜钹山国家森林公园	2002.12	19500	上饶市铜钹山国家森林公园管理委员会
21	阳岭国家森林公园	2003.12	6889.8	阳岭国家森林公园管理处
22	天花井国家森林公园	2003.12	685	九江市林科所
23	五指峰国家森林公园	2003.12	24533	上犹县五指峰林场
24	柘林湖国家森林公园	2004.12	16450	江西省永修县林业局
25	陡水湖国家森林公园	2004.12	22666.67	赣州市陡水湖国家森林公园管理处(犹江林场)
26	万安国家森林公园	2004.12	16333	万安国家森林公园管理办公室
27	三湾国家森林公园	2004.12	15513.3	永新县三湾国家森林公园管理办公室
28	安源国家森林公园	2004.12	7866	江西省安源国家森林公园管理委员会
29	九连山国家森林公园	2005.12	20063	龙南县九连山林场
30	岩泉国家森林公园	2005.12	4885.39	黎川县岩泉国家森林公园管理处(犹江林场)
31	云碧峰国家森林公园	2005.12	872.5	云碧峰国家森林公园管理委员会
32	景德镇国家森林公园	2005.12	3796.3	景德镇市枫树山林场
33	瑶里国家森林公园	2005.12	4471	江西省瑶里国家森林公园管理局
34	清凉山国家森林公园	2006.12	3397.82	资溪县株溪采育林场
35	峰山国家级森林公园	2006.12	20735.2	赣州市峰山森林公园管理处
36	九岭山国家级森林公园	2006.12	1266.16	武宁县林业局
37	岑山国家级森林公园	2008.1	955	横峰县林业局(2007年申报)
38	五府山国家级森林公园	2008.1	1715	上饶县五府山林场(2007年申报)
39	军峰山国家级森林公园	2008.1	1217.15	南丰县林业局(2007年申报)
40	碧湖潭国家森林公园	2008.12	6800	萍乡市湘东区林业局
41	怀玉山国家森林公园	2008.12	3354	玉山县林业局
42	仰天岗国家森林公园	2009.8	1334	新余市仰天岗管理委员会
43	圣水堂国家森林公园	2009.12	4060.1	国营安义县峤岭林场
44	莲花山国家森林公园	2012.1	6510	鄱阳县莲花山林场
二	省　级			
1	龙泉山省级森林公园	1990.12	353.33	安远县林业局
2	青山省级森林公园	1993.2	3400	瑞昌市青山林场
3	上高县省级森林公园	1993.2	160	上高县九峰林场
4	宜丰县省级森林公园	1993.2	2805.07	宜丰县林业局
5	狮山省级森林公园	1993.2	203.33	奉新县林业局

续表

序号	名　称	建园时间	批复面积	经营管理单位
6	青原山省级森林公园	1993.2	450	吉安市林科所
7	玉笥山省级森林公园	1993.2	900	峡江县玉笥山林场
8	洪源省级森林公园	1993.2	400	乐平市洪源镇人民政府
9	贵溪省级森林公园	1993.2	120	贵溪市林业局
10	水鸡岽省级森林公园	1993.2	7666.67	赣县林业局
11	小武当山省级森林公园	1993.2	533.2	龙南县小武当山风景区管理处
12	罗汉岩省级森林公园	1993.2	500	瑞金市林业局
13	会昌山省级森林公园	1993.2	333.32	会昌县会昌山省级森林公园管理处(会昌山林场)
14	西华山省级森林公园	1993.2	175.33	石城县林业局
15	三清省级森林公园	1993.5	666.67	德兴市林业局
16	象山省级森林公园	1993.5	1674	新建县象山集体林场
17	广昌县省级森林公园	1993.5	2852	广昌县盱江林场
18	百丈峰省级森林公园	1993.5	2133.33	渝水区百丈峰林场
19	均福山省级森林公园	1993.6	1488	兴国县均福山采育林场
20	浮梁省级森林公园	1993.6	53.33	浮梁县银鸽林场
21	梦山省级森林公园	1993.1	2666.67	新建县红岭林场
22	南山省级森林公园	1994.1	536.67	南康市林业局
23	麻姑山省级森林公园	1994.9	4926.67	南城县洪门岭林场
24	玉壶山省级森林公园	1994.9	393.33	莲花县林业局
25	吉安省级森林公园	1994.9	100	吉安县林业局
26	龙宫洞省级森林公园	1995.4	669.27	彭泽县龙宫洞旅游发展有限公司
27	罗田岩省级森林公园	1996.2	900	于都县罗田岩森林公园管理处
28	黄畲山省级森林公园	1996.1	600	寻乌县林业局
29	金盘山省级森林公园	1996.12	2000	信丰县金盘山林场
30	马岗岭省级森林公园	1997.8	26.67	余江县林业工业公司
31	大东山省级森林公园	1997.11	4000	吉水县芦溪岭林场
32	玉华山省级森林公园	2000.11	666.7	泰和县澄江镇人民政府
33	江西省遂川森林公园	2000.6	970	遂川县林业局
34	莲花洞省级森林公园	2001.2	1610	庐山区莲花洞森林公园有限公司
35	郭璞峰省级森林公园	2001.4	733	昌江区林业局
36	义门陈省级森林公园	2005.12	1281.4	德安县林业局
37	远泉省级森林公园	2005.12	1050	远泉集团公司
38	江西省三尖源森林公园	2006.9	12000	都昌县林业局

续表

序号	名　称	建园时间	批复面积	经营管理单位
39	江西省九龙庙森林公园	2006.9	4950	万载县九龙垦殖场
40	江西省东江源桠髻钵山森林公园	2006.9	2980	寻乌县富寨林场
41	江西省六石岩森林公园	2006.9	993.74	广丰县嵩峰乡人民政府
42	江西省白云山森林公园	2006.9	2187.6	吉安市青原区白云山林场
43	江西省太宝峰森林公园	2006.11	2038	新余市仙女湖风景名胜区东坑林场
44	江西省香炉峰森林公园	2006.11	670	进贤县前岭林场
45	江西省屏山森林公园	2006.11	4528.6	于都县林业局
46	江西省兴农沙漠生态森林公园	2006.12	232	南昌县林业局
47	江西省白鸡峰森林公园	2006.12	666.6	余江县高公寨林场
48	江西省大南森林公园	2007.6	637.07	广丰县大南镇人民政府
49	江西省通天寨森林公园	2007.6	2112	石城县林业局
50	江西省大砻下森林公园	2007.6	675	分宜县大砻下林场
51	江西省仙人寨森林公园	2007.8	1041.22	铅山县林业局
52	江西省三尖峰森林公园	2007.8	630.8	萍乡市南坑林场(芦溪县)
53	江西省寒山森林公园	2007.12	1168	莲花县林业局
54	江西省理田源森林公园	2007.12	166.7	婺源县思口镇人民政府
55	江西省翠云峰森林公园	2008.6	173.1	金溪县翠云峰森林公园管理委员会
56	江西省小金山森林公园	2008.8	438.8	萍乡市安源区高坑镇人民政府
57	江西省马形山森林公园	2008.8	800	宜丰县潭山镇店上村民委员会
58	江西省睦州山森林公园	2008.1	1542	上饶市信州区林业局
59	江西省芦泉湖森林公园	2008.11	946	高安市新街镇景贤村民委员会
60	江西省仙隐洞森林公园	2009.12	920	宜丰县芳溪镇人民政府
61	江西省龙口源省级森林公园	2010.7	303	瑞昌市林业局
62	江西省东湖南山省级森林公园	2010.7	322.5	都昌县林业局
63	江西省双峰尖省级森林公园	2010.7	579	彭泽县林业局
64	江西省台山省级森林公园	2010.7	223	湖口县林业局
65	江西省万寿寺省级森林公园	2010.7	473.27	浮梁县万寿山垦殖场
66	江西省四亩里省级森林公园	2010.7	75	浮梁县林业局
67	江西省风龙省级森林公园	2010.7	531.23	安源区青山镇人民政府
68	江西省鸡冠山省级森林公园	2010.7	1120.8	上栗县鸡冠营林林场
69	江西省李畋省级森林公园	2010.7	368.8	上栗县林业局
70	江西省湖仙山省级森林公园	2010.7	182	莲花县林业局
71	江西省园岭省级森林公园	2010.7	2853.77	兴国县园岭森林公园管理局
72	江西省李腊石省级森林公园	2010.7	112.9	石城县林业局
73	江西省梅子山省级森林公园	2010.7	180.51	全南县林业局

续表

序号	名　称	建园时间	批复面积	经营管理单位
74	江西省大山脑省级森林公园	2010.7	337.9	南康市林业局
75	江西省天工开物省级森林公园	2010.7	67	奉新县林业局
76	江西省龙津湖省级森林公园	2010.7	173.3	丰城市总部经济基地办公室
77	江西省东方禅文化省级森林公园	2010.7	68	宜丰县林业局
78	江西省龙泉湖省级森林公园	2010.7	219	万年县林业局
79	江西省李梅岭省级森林公园	2010.7	657	余干县李梅林场
80	江西省黄金山省级森林公园	2010.7	107.85	信州区林业局
81	江西省骆驼山省级森林公园	2010.7	381.28	铅山县林业局
82	江西省珍珠山省级森林公园	2010.7	316.67	婺源县珍珠山林场
83	江西省兴安省级森林公园	2010.7	87.47	横峰县林业局
84	江西省广丰三山省级森林公园	2010.7	116	广丰县林业局
85	江西省清水湾省级森林公园	2010.7	154.67	上饶县罗桥街道办事处
86	江西省冰江省级森林公园	2010.7	71.53	玉山县林业局
87	江西省聚远楼省级森林公园	2010.7	524.6	德兴市林业局
88	江西省东湖省级森林公园	2010.7	247.3	新干县林业局
89	江西省君华省级森林公园	2010.7	222.95	吉州区林业局
90	江西省西龙山省级森林公园	2010.7	539.3	吉安县林业局
91	江西省白凤省级森林公园	2010.7	168.33	泰和县林业局
92	江西省龙江省级森林公园	2010.7	81.6	井冈山市林业局
93	江西省汝水省级森林公园	2010.7	70.67	抚州市林业局
94	江西省乐安省级森林公园	2010.7	67.87	乐安县林业局
95	江西省卓望山省级森林公园	2010.7	732.4	宜黄县林业局
96	江西省泰伯省级森林公园	2010.7	66.73	资溪县林业局
97	江西省龙华山省级森林公园	2012.2	153.33	广丰县桐畈镇人民政府
98	江西省上十岭省级森林公园	2012.2	1710	彭泽县上十岭垦殖场
99	江西省仙峰岩省级森林公园	2012.2	415.12	萍乡市安源区城郊管理委员会
100	江西山谷省级森林公园	2012.3	139.1	修水县林业局
101	江西双圳省级森林公园	2012.3	760	贵溪市林业局
102	江西东江源仙人寨省级森林公园	2012.3	620	寻乌县林业局
103	江西螺峰尖省级森林公园	2012.3	71.1	宜丰县林业局

污染防治

【概　况】 2012年，环境保护以污染防治为重点，通过加强重金属污染综合防治、开展流域及饮用水源环境保护、推动机动车污染防治、规范固体(危险)废物监管、推行清洁生产、强化上市企业环保核查和重点行业环保核查等措施，全面推进全省污染防治工作。

重金属污染防治取得突破。制定了《江西省〈重金属污染综合防治“十二五”规划〉2012年度实施方案》，并上报环保部备案。围绕重点区域、流域及急需解决的突出问题，推进年度重点工程实施，已实施大余县和进贤县“十二五”重金属污染综合防治示范区域项目，另有17个污染源综合治理项目、8个解决历史遗留问题试点项目获中央专项补助资金。省环保厅严格按照环保部要求，积极协调各相关部门加强对上高县历史遗留1.3万吨铬渣的处置监管，对铬渣处置进度实行半月报制度，至12月19日，所有历史遗留铬渣处置完成，达到环保部规定的年底前处置完毕的目标。

饮用水源保护管理得到加强。省

环保厅组织11个设区市对县级以上集中式饮用水源地环境管理开展了自查,检查内容包括水源地环境管理档案的建立和更新、饮用水源地保护区标识设置、水源地日常监测制度执行情况等。组织编制《江西省集中式饮用水水源环境状况评估报告(2011年度)》和《江西省部分县级以上城市集中式地表水饮用水水源环境状况评估报告(2011年度)》。根据环保部对江西省2011年城市(地级)集中式饮用水水源地环境状况评估结果的通报,全省地级以上城市26个集中式饮用水水源全部达标。

机动车排气污染防治取得成效。协调省发改委和省财政厅联合印发《关于机动车排气检测有关收费问题的通知》,为下一步落实国家机动车安全技术检验中单列排气检测的要求打下基础。环检机构委托取得突破性进展,环检机构已达82家,基本做到全省覆盖。同时环保标志核发全面推行,至年底,全省汽车环保标志核发达到60多万个,占可核发量43.7%,超额完成既定工作目标任务。7月启动立法调研,《江西省机动车排气污染防治条例(草案)》已报省政府法制办。

【继续强化固体废物企业监管】 2012年,省环保厅加强危险废物持证经营单位的检查工作,对7家问题突出的企业实施责令限期整改,对1家企业实施暂停经营资质处理。印发了《关于开展污水处理厂污泥申报登记及城镇生活垃圾处理设施调查工作的通知》,在调查基础上加强污泥和生活垃圾处理监管工作。按照环保部固体废物进口新规定和程序的要求,组织了2012年固体废物进口预审工作,建立了进口固体废物加工利用台账制度。编制了《江西省废弃电器电子产品处理发展"十二五"规划》,并通过环保部备案,同意江西省废弃电器电子产品处理企业总数规划为4家。会同省财政厅制定《江西省废弃电器电子产品处理企业拆解处理情况审核工作方案(试行)》。

【开展重点企业清洁生产审核工作】 依照国家相关法律法规,省环保厅将217家企业列为江西省2012年度清洁生产审核重点企业,其中《重金属污染综合防治"十二五"规划》所列在产重点企业全部列入,督促重点企业从源头削减重金属污染物的排放。严格按照《清洁生产审核暂行办法》规定,会同省发改委开展强制性清洁生产审核工作,并不断摸索适合江西省实际的清洁生产工作流程和规范。明确重点行业企业的清洁生产中/高费方案必须是针对企业当前实际,强化源头控制,从设备改造、工艺升级或污染治理设施提标升级等方面着手,督促企业不断查找自身在环境保护、节能降耗、减污增效方面的清洁生产潜力,保护和改善企业周边区域的生活环境和生态环境,实现"节能、降耗、减污、增效"的清洁生产目标。2012年,有74家重点企业通过清洁生产审核评估。

【开展上市公司环保核查工作】 按照《关于印发江西省2012年企业改制上市工作目标的通知》精神,严格执行《关于进一步规范监督管理严格开展上市公司环保核查工作的通知》要求,做好对上市公司或拟上市公司的监管和服务工作。2012年对江西3L医用制品集团股份有限公司等10家企业进行了上市环保核查。按照《关于开展铅蓄电池和再生铅企业环保核查工作的通知》要求,组织开展了省内铅蓄电池和再生铅企业环保核查工作。7月,举办了铅蓄电池和再生铅企业环保核查培训班,指导并帮助企业完善相关工作,及时进行整改。11月,在宜春市江西新威动力能源科技有限公司召开全省铅蓄电池及再生铅行业环境保护核查现场会,共有27家铅蓄电池企业60余名代表参加了会议。至12月底,全省有20家铅蓄电池生产企业向省环保厅提交了环保核查申请。

(省环保厅)

节能减排

【概　况】 2012年,省委、省政府高度重视,把节能减排作为稳增长、调结构、抓改革、优生态、惠民生、促和谐的重要抓手,通过加大工作力度,落实政策措施,全省节能减排工作取得明显成效。万元地区生产总值综合能耗为0.613吨标准煤,同比下降5.92%,"十二五"前两年累计下降8.8%,完成"十二五"节能任务(下降16%)的53%,超过40%的时序进度13个百分点;二氧化硫、化学需氧量、氨氮、氮氧化物排放总量分别同比下降2.80%、2.54%、2.52%和5.75%,四大减排指标首次全面超额完成省政府年初确定的目标任务,其中氮氧化物排放首次实现下降。造林绿化"一大四小"工程完成造林面积19.91万公顷,森林覆盖率达63.1%,主要河流监测断面水质达标率81.2%,城镇地表水集中式饮用水源地水质达标率100%,11个设区城市环境空气质量全部达到国家二级标准。

【抓好重点领域节能】 2012年,全省对工业、交通、建筑、公共机构等重点耗能领域实施节能管理。在工业领域,对列入年度淘汰计划的16个行业91户工业企业的落后生产线实行全部拆除,实际淘汰的落后产能有炼铁154万吨、炼钢50万吨、焦炭110万吨、铁合金2.5万吨、电石2.4万吨、电解铝1万吨、铜冶炼16.3万吨、铅冶炼8.5万吨、水泥264.2万吨、平板玻璃120万重量箱、造纸66万吨、酒精3万吨、味精3万吨、制革25万标张、印染1.27亿米、铅蓄电池145万千伏安。在交通领域,交通运输行业节能减排工作扎实推进,交通运输绿色低碳发展规划不断完善。全省新增高速公路通车里程618千米,完成普通国省干线公路升级改造384千米、县乡道和农村公路改建6250千米、农村公路路面硬化1.3万千米。省会城市南昌从基础设施建设、更新运输装备、优化运输结构、完善智能交通等多方面,开展低碳交通运输体系建设。在建筑领域,出台了《江西省绿色建筑评价标识实施细则(试行)》《江西省绿色建筑评价标准》,绿色建筑推广工作快速推进。南昌万达广场、万科润园等8个项目获绿色建筑设计标识,南昌大学建筑节约型示范校园建设项目通过验收,全省绿色建筑项目达11个,面积近200万平方米,建筑面积居中部地区第二名。同时不断完善建筑节能相关技术标准。在公共机构领域，全面完成人均综合能耗、人均水耗同比分别下降4%，单位建筑面积能耗同比下降3.2%，全省公共机构总能耗不超过100万吨标煤的三大目标。修订了《江西省公共机构节能考核评价办法》，出台《全省公共机构节约能源资源示范单位建设实施方案》和《江西省节约能源资源示范单位验收标准》。在商业和民用领域，全省积极推动商店、酒店、医院、学校实施合同能源管理项目，开展节能改造。全年推广LED灯和三基色荧光灯300万只。开展零售业节能环保示范，九江联盛商业等10家企业被商务部评为全国第一批流通领域节能环保“百城千店”示范工程企业。实施三绿工程示范项目试点，确定南昌大众超市等5家企业为全省2012年三绿工程示范项目试点企业，推广绿色低碳采购、培育绿色市场（饭店），引导绿色低碳消费。

【开展循环经济试点】　2012年，由各设区市发改委、省直有关部门推荐，并经专家认真评审，确定了景德镇市、贵溪市、江西景德镇陶瓷工业园区、江西格林美资源循环有限公司等43个县（市、区）、工业园区和企业为第二批省级循环经济试点单位。同时，继续推进第二批国家城市矿产示范基地新余钢铁再生资源产业基地、国家园区循环化改造示范试点单位鹰潭高新区加快建设，引导新余、鹰潭、丰城等地积极开展城市矿产示范基地创建，引导赣州、南昌、吉安等地园区开展园区循环化改造创建。鹰潭（贵溪）铜产业循环经济基地被评为全国循环经济工作先进单位。

【推进万家企业节能低碳行动】　2012年，由省发改委主办，分赣南、赣西、赣北三个片区对全省万家企业进行了业务培训，累计培训500多人次。培训对节能低碳行动实施方案进行解读，对节能低碳行动相关节能政策措施进行讲解，并对江西省万家企业节能目标考核等工作进行研究部署。

【开展节能技术产业化示范和推广应用】　2012年，做好节能减排科技创新示范企业认定，省科技厅、省发改委、省工信委、省环保厅评审认定了21家节能减排示范企业。继续抓好节能产品惠民工程实施，全面铺开节能家电、节能汽车、高效照明产品、节能工业产品、节能电机等系列节能产品的推广工作，并通过财政补贴方式来推广应用这些产品。江西省昌河铃木节能汽车、东元电机和江特电机、索普信节能灯、晶和照明LED照明产品等入围2012年度国家“节能产品惠民工程”推广目录。全省用户获财政补贴资金6亿多元。

【启动2012年节能宣传周活动】　6月10日，启动2012年节能宣传周活动，宣传主题为“节能低碳、绿色发展”。活动由省节能减排工作领导小组主办，省发改委、省农业厅、省国资委等14个部门承办。节能宣传周开展我为节能减排做贡献活动、校园节能低碳活动、节能科技、节能企业、万家企业节能低碳、公共机构节能、环境保护宣传、绿色建筑节能宣传、交通领域节能宣传、节能减排乡村、商务领域节能、省国资委出资监管企业节能表率、节能减排媒体、节能青少年等活动。

（省发改委）

【建立健全减排长效机制】　2012年，进一步完善省污染减排工作领导小组成员单位日常事项联络制度及定期会商制度，分析形势、沟通情况、协调政策，督促和指导各地开展减排工作。建立重大产业项目环境总量指标协商保障制度，认真执行建设项目总量指标确认制度。制定了《江西省2012年主要污染物总量减排监测体系建设和运行工作计划》，对582家国控重点污染源加强日常及不定期监测。扎实做好污染源在线监控设施运行维护工作，定期审核在线监测数据，并通报有关结果。严密监控在线监控平台，加强督促整改。同时，大力推进全省各级环境监测站标准化建设，分批次进行达标验收。大力推进减排监测体系建设与运行，完善减排统计考核体系。减排工作被纳入省政府季度经济分析会研究内容，减排目标列入省政府对市（县、区）政府的七项考核内容之一，并作为否决性指标。扎实做好重点行业、重点领域全口径统计核算，以及环境统计与减排核算结果的无缝对接。

【完善污染减排政策措施】　2012年，全省各地进一步提高环境准入门槛，将主要污染物总量指标作为建设项目环评审批的前置条件。对低水平重复建设、“两高一资”和产能过剩项目设置“防火墙”，否决不符合环保要求的项目200余个。印发了《江西省燃煤发电机组脱硝设施运行管理及脱硝补贴实施细则》，对脱硝机组按照核定氮氧化物削减量500元/吨的标准进行补贴，且脱硝机组全年发电小时数同比其他机组增加50小时。实施减排“以奖代补”政策。在争取中央资金的基础上，省财政安排专项资金2.05亿元，对城镇污水处理厂运行、工业企业减排工程、规模化畜禽养殖企业粪污治理、农村重点污染区域专项治理等实行“以奖代补”。已下达全省城镇污水处理厂奖励资金8280万元、农村重点污染区域专项治理资金7000万元、减排工程及规模养殖场沼气工程补助资金5262万元。

【加大畜禽养殖业污染减排力度】　2012年，合理划定各县（市、区）畜禽禁养区、限养区、可养区，推进畜禽养殖规模化、集约化经营，优化畜禽养殖布局，控制养殖规模。新（改、扩）建畜禽养殖场严格执行环境影响评价和“三同时”制度，控制新增污染物排放量。全力推进污染治理工程建设，以27个生猪养殖大县为重点，以畜禽清洁生产和标准化示范场建设为抓手，整合畜禽标准化规模养殖场建设等“以奖代补”专项资金1.65亿元，重点支持列入2012年减排计划的318家畜禽养殖场粪污治理改造，提高养殖场排泄物治理和资源化利用水平。强化督查培训指导，开展生猪标准化养殖巡回培训、畜禽养殖标准化示范创建和减排核算细则技术培训，培训人员3730余人次。加强畜禽清洁生产和标准化示范场建设专项督查，加大减排计划项目现场检查和监测力度，推进畜禽养殖业污染减排。

（省环保厅）

忠诚 为民 公正 奉献

江西公安

1、2012年6月25日，中部五省第三届暨赣浙闽粤警务合作联席会议在南昌召开，省委常委、政法委书记、公安厅厅长舒晓琴出席会议并讲话。

2、2012年6月12日，全省公安机关统一销毁非法枪爆物品活动在九江举行。

3、2012年5月15日，江西省正式启用电子普通护照系统，图中为我省首位办理电子普通护照的市民。

2012年，萍乡市公安局成功侦破部督特大网络贩枪案

在公安部、江西省公安厅的统一指挥协调下，经过萍乡市公安局历时一年的艰苦侦查，成功破获了公安部督办的“2011·09·27”特大网络贩枪案。此案共查处涉枪违法犯罪嫌疑人241人（其中主要犯罪嫌疑人18人），缴获枪支203支、气枪铅弹和小口径子弹10217发、各类气枪零部件55252件（根据相关司法解释的规定，可折算为1842支整枪）、模具21个，捣毁了12个制造枪支零部件的工厂和作坊，截断了3条向该团伙销售枪支部件的网络渠道，摧毁了一个集制造、运输、储存、邮寄、网络销售和非法持有于一体的特大网络贩枪组织。

赣州市公安局交警支队

2013年8月24日，省政府党组成员、省公安厅党委书记郑为文在支队直属大队女警中队调研。

2013年2月3日，市委副书记、市长冷新生在交警支队看望慰问。

2013年7月12日省公安厅党委副书记、副厅长罗永银在赣州检查指导工作。

近年来，赣州市公安局交警支队在市公安局党委的坚强领导下，积极融入护航赣南苏区振兴发展大局，在服务赣州经济社会发展中取得明显成效。一是坚持把事故预防摆在首位。以道路交通安全大检查工作为主载体，牢牢抓住六类重点车辆，开展专项整治行动，加大了交通违法行为查处与道路隐患排查治理工作力度，保障了交通安全形势平稳。至2013年8月，全市发生道路交通事故340起，死亡104人，受伤380人，同比分别下降14.57%、31.13%和15.93%。二是深入实施文明交通行动计划，扎实推进平安畅通县区建设。持续深化"五进"宣传活动。积极推进中心城区治堵工作制度化、常态化，公职人员引领作用明显，市民交通意识逐步增强。兴国、全南等地"平安畅通县市"创建工作得到国家检查组充分肯定。三是创新社会管理，执法服务工作更加规范高效。"三访三评"和"三送"工作进一步深化，联系群众更加密切。完善了车辆和驾驶人户籍化管理平台，发挥了较好的服务功能。全面推广事故处理三调联动的"大余经验"和快处快撤机制，并组建了重案处理体系，事故处理工作得到创新。四是加强信息化建设，科技应用不断推广。路面执法配备大批科技装备，智能交通建设正在抓紧进行，中心城区建成了区域性交通信号灯配时系统，实现了部分主干道路信号灯配时智能化。全市建成了78处公路高清能卡口查缉平台。五是创新勤务方式，加强新形势下交通安保工作，圆满完成了8月12至15日的海峡两岸客家高峰论坛和赣台会交通保障任务。六是进一步加强队伍建设，素质形象得到提升。认真开展党的群众路线教育活动、规范执法行为解决突出问题专项教育整顿活动。

市交警支队获得2012年度全省道路交通安全管理工作综合先进和4个单项工作奖；全市涌现出全国工人先锋号直属大队女警中队、全国文明交通示范公路创建活动成绩突出集体瑞金市公安局交警大队、全国优秀县级车管所瑞金市公安局交警大队车管所、全国二级英模钟小平、全国公安机关爱民模范温桂明、"中国好人榜"入围候选人廖莉等一批先进单位和先进个人。

2012年4月10日，中央电视台报道我市公安交警服务群众做好事。

2013年6月30日，支队作风建设教育实践基地揭牌仪式在龙南县渡江镇象塘村举行。

江西省社会保障卡管理服务中心

2012年8月，江西省社会保障卡首发仪式在新建县举行。

人社部党组成员、中纪委驻人社部纪检组长袁彦鹏视察江西省社会保障卡管理服务中心。

社会保障卡是由人力资源和社会保障部统一规划，统一标准设计，统一密钥管理，面向社会发行，应用于人力资源和社会保障各项业务领域的IC卡。此卡是办理人力资源和社会保障业务的电子凭证，是老百姓享受政府公共服务的重要载体，是实现人人享有社会保障的民生卡、民心卡。

江西省社会保障一卡通及金保工程二期项目，是省政府启动的重大惠民工程，于2011年8月经省发改委评审立项，整个项目建设按照人社部“十二五”信息化发展规划要求，结合江西实际，高起点进行规划和设计。江西省人力资源和社会保障厅作为全省社会保障一卡通及金保工程二期项目的建设主体，统一规划和组织实施项目建设和应用。

省人社厅领导在江西省社会保障卡管理服务中心调研

江西省社会保障一卡通项目以金保工程为枢纽，在全国统一标准规范的基础上，按照省内“部门职能不变、上下左右兼容、政府补助进卡、全省乡镇通用”的要求和“整体设计、留下空间、人社先行、逐步到位”的建设思路，实现社会保障卡在人力资源社会保障、财政、民政、卫生、金融等公共服务领域的一卡通用，为社会公众提供方便、快捷、高效的服务；全省统一制作发行4400万张社会保障卡；全面提高全省人力资源社会保障行政能力和公共服务水平。

社会保障卡样卡

在江西省社会保障一卡通项目建设中，通过与公安部门和金融机构的合作，我省社会保障卡具有包括人力资源社会保障、财政、民政、卫生等公共应用及金融应用两大基本功能。人社应用包括：信息记录、信息查询、就医报销、社会保险待遇发放和持卡缴费等基本功能；金融应用包括银行借记卡的所有功能，具有现金存取、转账、消费等金融功能。

2012年8月2日在南昌市新建县举行了江西省加载金融功能社会保障卡首发仪式。全省社会保障卡发放对象首次领卡免费，持卡人可通过各级人社部门社会保障卡服务窗口和12333电话咨询热线办理社会保障卡相关业务。

推进四大服务体系 助力中小企业成长

近年来，在省委、省政府的正确领导下，江西省中小企业局紧紧围绕“与企业共成长”的服务理念，全面推进中小企业成长工程，不断完善“四大服务体系”建设，积极引导工业园区实现“四个转变”，开拓创新，团结拼搏，全省中小企业、非公经济、工业园区始终保持稳中有进的良好势头。2012年，全省中小企业实现增加值7350亿元，上缴税金1180亿元，安置就业人员900万人，分别占全省GDP的56.8%、全省财政总收入的57.7%、提供了80%以上的城镇就业岗位。非公经济实现增加值7246亿元，增长12.0%；上缴税金1164亿元，增长9.2%；全省个私企业总数达到149.2万户，同比增长10.7%。全省工业园区实现主营业务收入1.62万亿元，增长16.5%；上缴税金622亿元，增长24.2%；完成工业增加值3466亿元，增长14.2%；主营业务收入过百亿园区达到59个，同比新增13个，占全省园区总数的67%。

江西创业大学工业园区拟上市企业总裁班开班

以公益性创业大学为载体的培训辅导和组织网络体系日益完善。全省有8个设区市创办了创业大学，共开设常设特色教学班级21个，拥有学员企业2837家，培训学员近2万人次，初步形成覆盖全省的企业管理人才培训网络和“学员转会员”的组织网络。

以小微企业创业园为载体的创业孵化体系逐渐形成。积极整合有关创业扶持政策，集中建设一批小微企业创业园，鼓励创新创业，大力发展“专、精、特、新”小微企业集群。首批认定的6个省级小微企业创业园以及22个创建单位，累计孵化创业企业1029家，安置从业人员3万余人。

新干县小微企业创业园

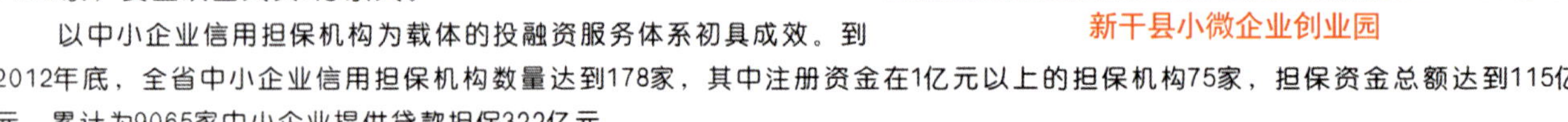

以中小企业信用担保机构为载体的投融资服务体系初具成效。到2012年底，全省中小企业信用担保机构数量达到178家，其中注册资金在1亿元以上的担保机构75家，担保资金总额达到115亿元，累计为9065家中小企业提供贷款担保322亿元。

以省级中小企业公共服务网络平台为载体、覆盖全省的中小企业公共服务体系初具规模。围绕打造“中小企业服务产品供应商”的发展目标，积极推进江西省中小企业公共服务平台网络（网址：www.jx968969.cn）建设，聚集各类服务机构和资源，为全省中小微企业提供全方位服务。

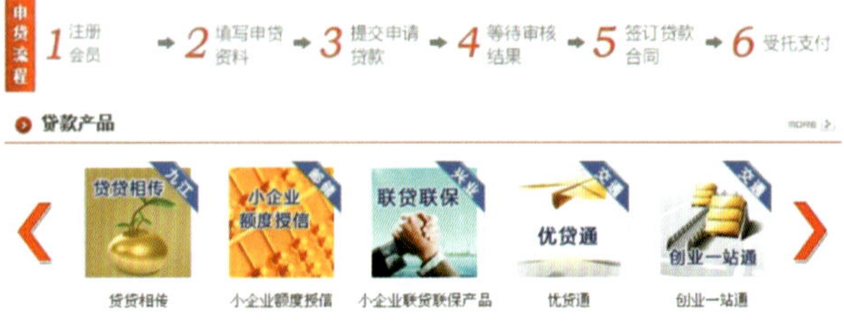

江西省中小企业融资超市：系江西省中小企业服务中心与全球网合作搭建的综合金融服务平台（网址：www.jx968969.cn）。融资平台通过网络信息化以及大规模协作的优势来处理信贷业务，为中小企业提供融资、抵押、质押、担保等融资服务。

江西省工业园区物流信息平台：系江西省中小企业服务中心与万吉物流合作建设的物流公共信息平台（网址：www.jx968969.cn），平台立足于现代企业多元化物品流通需求，以打破传统的货运操作模式为出发点，整合了企业、司机、配货信息的最新资源，实现全国物流信息共享。

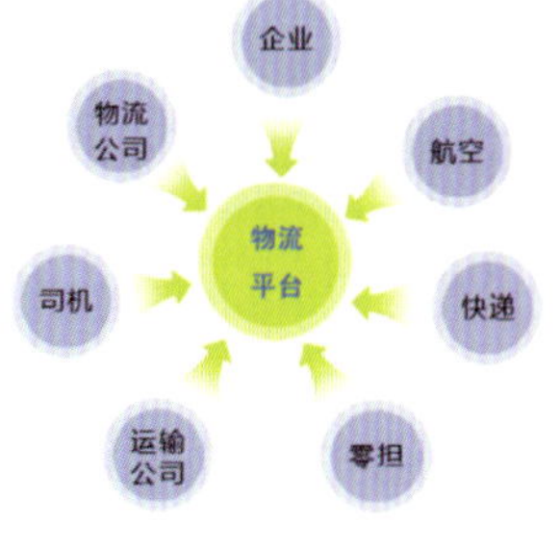

强化金融支持力度 推动江西经济发展

2013年以来，人民银行南昌中心支行继续坚持稳中求进的工作总基调，认真执行好稳健的货币政策，着力调整和优化信贷结构，积极推动融资渠道多元化和跨境人民币业务发展，努力提高金融服务水平，深入推进外汇管理改革，不断提升金融服务实体经济水平，切实为江西迈出“发展升级、小康提速、绿色崛起、实干兴赣”的新步伐增添动力。

人民银行南昌中心支行行长高小琼赴扶贫点婺源县中云镇龙山村调研

截至2013年9月末，江西省金融机构本外币各项存款余额为19253.53亿元，比年初增加2413.15亿元，比年初增长14.33%，同比多增280.80亿元。全省金融机构本外币各项贷款余额为12780.37亿元，比年初增加1650.51亿元，比年初增长14.83%，同比多增164.96亿元。贷款余额占全国贷款余额的比重为1.70%，同比多增0.05个百分点；新增贷款占全国贷款增量的比重为2.15%，同比提高0.11个百分点。贷款增速高出全国平均增速3.40个百分点，贷款增速在全国排名第七，在中部六省排名第一。

一是信贷结构继续优化。人民银行南昌中心支行努力把握好货币信贷调控的方向、力度和节奏，着力引导金融机构优化金融资源配置，综合运用差别准备金动态调整、再贷款、再贴现等货币政策工具，积极引导法人金融机构在贷款存量上挖掘潜力，加快存量贷款的周转率，确保回收后的贷款投放到民生、小微企业、“三农”等重点领域和薄弱环节，满足实体经济的发展需要。截至2013年9月末，全省小微企业、“三农”和民生领域的信贷投入显著加大，涉农贷款、小微企业贷款、助学贷款、保障性住房开发贷款余额同比分别增长22.03%、22.12%、31.58%33.59%，分别高于同期全部贷款平均增速3.55、3.64、13.1和15.11个百分点。

二是直接融资规模明显加大。人民银行南昌中心支行积极加大对债务融资工具宣传力度，增强企业对债务融资工具的认知程度，引导地方政府出台支持政策，支持和鼓励符合条件的企业通过发行企业债券、公司债券、中小企业集合票据等方式融资，扩大中小企业债券融资规模。2013年前三季度，全省企业累计在银行间市场发行债券277.5亿元，同比增长41.37%。

三是区域经济金融支持措施更加完善。2013年，人民银行南昌中心支行出台了《关于支持南昌打造成带动全省发展的核心增长极的信贷指导意见》和《关于金融支持九江沿江开放开发的指导意见》，分别从准确把握金融着力点、切实把握信贷投向、积极拓宽融资渠道、建立健全工作机制、营造良好金融生态环境等方面提出了金融支持的方向与措施。这是人民银行南昌中心支行针对鄱阳湖生态经济区建设、赣南等原中央苏区振兴发展国家发展战略出台信贷指导意见之后，针对区域经济发展再次推出的重要政策指引。

四是跨境人民币业务快速发展。自2011年8月江西省正式启动跨境人民币业务以来，人民银行南昌中心支行与各相关部门密切合作，通过简化业务流程、下放管理权限、前移服务端口、推动业务创新等措施，积极推动全省跨境人民币业务发展，为江西开放型经济发展提供了有力支持。9月末，全省跨境人民币实际收付结算量为185.06亿元，较上年同期增长157.24%；全省开办跨境人民币结算业务的企业为463家，较上年同期增长99.57%。

五是金融服务水平稳步提升。人民银行南昌中心支行继续大力推进全省支付清算体系、社会信用体系和人民币流通环境建设，着力开展金融IC卡应用推广、农村支付服务环境以及假币“零容忍”和金融消费权益保护工作，努力提升全省金融服务水平，打造良好金融生态环境。截至2013年9月末，全省已有16家金融机构发行金融IC卡，累计发卡量1768.1万张；全省已设立银行卡助农取款点10719个，成立金融消费者权益保护（分）中心30个。

江西省金融机构主要负责人座谈会

2013年江西省跨境人民币业务宣传月启动仪式

六是外汇管理改革深入推进。国家外汇管理局江西省分局继续实施贸易外汇管理改革工作，简化了服务贸易外汇管理程序，并转变资本项目管理工作方式，将工作重点由事前审批逐步转向事后监测，有效减轻了银行单证审核压力，降低了涉汇主体经营成本。同时，积极加强对外汇管理改革政策的宣讲和培训，延伸政策知悉广度和深度，方便涉外企业开展业务。

全省残疾人事业迈上新台阶

五年来，在省委、省政府的正确领导和中国残联的指导下，在各级各部门和社会各界的大力支持下，全省残疾人工作以残疾人两个体系建设统揽全局，坚持以人为本、开拓创新、凝聚力量、真抓实干，圆满完成了各项工作任务，推进了我省残疾人事业的又好又快发展。

坚持党委领导、政府负责的残疾人事业发展机制。2009年5月，省委、省政府出台了《关于促进残疾人事业发展的实施意见》，2010年，省政府先后制定下发了《江西省残疾人就业办法》《江西省人民政府办公厅转发省残联等部门关于加快推进残疾人社会保障体系和服务体系建设实施意见的通知》两个重要政策文件。2013年9月，省人大常委会第六次会议审议通过了《江西省残疾人保障条例》。这些政策的发布施行，极大地保障和改善了全省残疾人民生，切实解决了残疾人生存和发展面临的困难，有力地推动了残疾人事业发展。

省残联党组书记、理事长陈卫华在第六次代表大会上。

围绕残疾人生产生活的基本需求，扎实推进残疾人两个体系建设。全省有36.4万残疾人纳入了最低生活保障范围，52.29万残疾人参加新型社会养老保险，政府为10.3万名贫困重度残疾人代缴基本养老保险费。实施残疾人重点康复工程，大力推进实现残疾人“人人享有康复服务”目标，20余万名残疾人得到康复救助。残疾儿童学前教育机构215个，全省在校就读的残疾学生有2.3万人。每年高招上线残疾考生的录取率均达100%。扶持191个农村残疾人种养基地，全省有53.8万名农村残疾人实现就业，有14.8万名城镇残疾人实现稳定就业。为残疾人提供法律服务6000余人次，全省有70个县（市、区）开展了无障碍环境创建工作，有60个县（市、区）开展了家庭无障碍改造工作，受益残疾人家庭4000余户。

省残联领导班子在全体干部职工大会上

大力实施民生工程，广大残疾人得到实实在在的利益。全省共为61.7万名残疾人提供康复服务与救助，建立社区康复站2156个，培训社区康复协调员1.59万名，扶持民办残疾儿童康复机构43个。开展城乡残疾人职业技能培训6万人次，政府每年购买公益性岗位安置残疾人就业3500名。为农村贫困残疾人进行危房改造1.4万户，选聘农家书屋残疾人管理员8500名。

广泛宣传人道主义思想，进一步活跃残疾人文化体育生活。广泛宣传残疾人自强模范和扶残助残先进事迹，扩大了残疾人事业的社会影响。共组织参加国际、国内比赛33次，获金牌198枚、银牌124枚、铜牌107枚，先后两次受到省政府的通令嘉奖。

加强残联自身建设，不断夯实残疾人事业发展基础。全省已有92个县级残联规范化建设达到中国残联标准，已建立乡镇残联1298个、街道残联130个、社区残协2650个、村残协14200个，全省共有乡镇、村（社区）残疾人专职委员18278名，为全省残疾人事业发展提供了坚实的组织保证。

九龙湖管理处

九龙湖管理处依偎赣江、紧临红谷滩红角洲片区，于2008年正式挂牌成立，区域面积26.92平方公里，下辖四个行政村两个管理站（分别是安丰村、富乡村、斗门村、渔业村和源岗管理站、下堡徐家管理站），常住人口约1万人，区域面积26.92平方公里，基本农田8242亩，整个片区为典型的丘陵地貌，呈西高东低态势，在南部区域形成一个天然的湖泊——九龙湖，周边丘陵的绿化植被良好，是"山、江、湖"兼具的城市开发储备用地。

九龙湖管理处党委书记 曾必伟

九龙湖管理处主任 熊世荣

九龙湖管理处是九龙湖新城的核心区域，按照省委、省政府确定的九龙湖新城"515建设目标"，要高标准、高品位规划建设九龙湖片区，力争用5年时间，基本形成面积100平方公里左右、容纳50万人口的新城框架。我处是红谷滩新区的有机组成部分，2012年红谷滩新区配合南昌市通过国际招标完成了九龙湖新城概念性规划，根据规划，九龙湖新城的发展目标是：依托高铁枢纽和省级行政中心，建成以商贸商务、生态科技、文化旅游、都市休闲为主导的绿色生态新城；依托地理中心、轨道交通和滨江景观优势，建成具有多元区域性功能的南昌城市副中心。在九龙湖新城规划编制中，注重对自然环境的保护，着力打造生态城市，做到依山就势，体现滨江、环保、生态等特色，注重对九龙湖湖水、湿地等原生态的保护，注重公共交通、绿色交通、轨道交通，注重水资源保护中水的回收利用，注重清洁能源应用，真正秉持了彰显山水、低碳环保的原则。

重点项目简介

南昌西客站是一座高度现代化的中国铁路客运站，也是新世纪南昌现代化的标志性建筑。南昌西站由中铁建工集团建设，拥有国际领先的设计，其现代化的设计颠覆了以往中国设计的高铁站，南昌西客站作为南昌市"门户站"，为沪昆高铁和向莆线铁路服务，预测近、远期年旅客发送量1600万人和2400万人，它的建成运营，将进一步强化南昌交通枢纽的地位，将极大地带动九龙湖新城开发。

南昌西站效果图

九龙大道是九龙湖新城25平方公里起步区的重要基础设施建设工程。九龙大道也是南昌市九龙湖规划路网中的重要城市主干道，规划起点接九龙湖省级行政中心的市民广场，终于西环铁路的北边，沿线主要控制点为省级行政中心建筑中轴线、向蒲铁路、沪昆铁路、九龙湖湖区、万达文化旅游城、西环铁路。九龙大道一期全长10公里，路面宽度96米，双向12车道，采用一级公路兼城市主干路功能标准，设计速度为每小时60公里。该项目总投资6.59亿元。

绿地南昌博览城，由绿地集团投资建造的绿地南昌博览城项目，位于南昌市红谷滩新区九龙湖区九龙大道以东、赣江大道以西，规划占地约2500余亩，总建筑面积约400万平方米，是集会展会议、行政中心、风情小镇、文化旅游、商务、商业、居住七位一体的城市综合性地标建筑群，项目总投资近100亿元，是南昌九龙湖新城建设的示范引领项目。

西客站站台雨棚效果图

夜景桥梁

江西省峡江水利枢纽工程

江西省峡江水利枢纽工程位于吉安市峡江县境内赣江中游河段，是《全国“十一五”大型水库规划》的重点骨干工程，是江西省重点工程，是鄱阳湖生态经济区建设的先导工程。

工程以防洪、发电、航运为主，兼有灌溉等综合效益，控制流域面积6.29万平方公里，占赣江流域面积的77%。工程建成后，省会城市南昌市的防洪标准可由现在的100年一遇提高到200年一遇，赣江下游赣东大堤防洪标准可由现在的50年一遇提高到100年一遇；每年可增加11.42亿度清洁电能；可渠化枢纽上游77公里航道，改善航运条件；可新增灌溉面积11.69万亩，改善灌溉面积21.26万亩。

首台机组转子吊装现场

峡江水利枢纽工程项目建议书于2008年11月业经国务院批准，工程可行性研究报告于2010年7月由国家发改委批复，工程初步设计报告于2011年10月由水利部批复。

峡江水利枢纽工程主要建设内容包括枢纽主体工程、7个库区防护工程和15片抬田工程。防护区共修建堤防57.8千米，抬田面积3.7万亩，共需移民2.5万人，拆迁房屋128万平方米。工程计划2013年7月第一台机组具备发电条件，2015年8月全面建成，总工期为72个月。

焕然一新的移民新村，图为峡江县朱家新村。

峡江水利枢纽工程于2009年9月6日隆重奠基。一期右岸围堰2010年7月23日合龙；二期左岸围堰2011年7月31日合龙；2012年8月29日，峡江水利枢纽工程实施大江截流。2013年7月，枢纽主体工程先后通过水利部水规总院大坝蓄水安全鉴定及省水利厅组织的下闸蓄水阶段验收，2013年7月底实现下闸蓄水，如期实现省政府提出的首台机组具备发电条件的重大节点目标。2013年9月1日，首台机组成功并网发电。截至2013年9月底，枢纽部分累计完成土石方开挖363.79万方，土石方回填113.7万方，混凝土浇筑107.12万方，钢筋制安4.02万吨。

抬田后的高标准农田

江西省省属国有企业资产经营(控股)有限公司

江西省省属国有企业资产经营（控股）有限公司（简称国控公司）是于2009年2月经江西省人民政府批准设立的国有独资公司。公司经营范围：国有资产及国有股权的管理和运营,资本运营，企业改制重组顾问、投资咨询和财务顾问，资产托管和代理，省国资委授权的其他业务。公司本部职能机构设党委（董事会）办公室、行政办公室、财务部、资产运营部、企业管理部、发展规划部、法律事务部、托管企业管理部等8个部室。截至2012年底，公司拥有全资、控股企业13家，其中上市公司2家，参股企业10家，托管省属集团公司本部5家，托管其它企业63家，托管事业单位3家，公司总资产380亿元，净资产95亿元，年营业收入达到390亿元。

公司与北汽集团签署昌河汽车股权转让协议

公司成立以来，充分发挥国企改革服务平台、国有资产整合经营平台作用，在化解巨额债务成功操作省属国有外贸企业改革，在服务省属国有工业企业集团改革，在加快结构调整，推进国有资产有序进退中均实现了有所作为，在实践中积累了宝贵经验，形成了较为成熟的操作理念、运作模式，培养了一支具有较强专业能力和丰富实践经验的团队。

根据当前江西省委、省政府大力推进新型工业化战略，打造江西经济升级版工作部署，公司明确定位为江西省产业投融资平台，充分发挥国有经济资源整合和要素优化配置、战略性新兴产业发展的引领和支撑、优势资源的储备和调节以及国有企业资金融通的增信和过桥等四大功能，成为全省优势资源储备配置的调节池、全省战略性新兴产业发展的助推器、化解省属企业融资困局的“金钥匙”。为此，公司将充分利用政策优势和市场化的运作手段，立足省属企业，着力全省国有、社会资本，放眼省内外、境内外市场，一是积极参与企业间的整合重组，发挥平台公司盘活资产优势，通过并购、重组等方式，接收、整合各类资产，优化产权配置，提高国有资本运营效率；二是积极参与有发展前景的、高回报的产业投资，按照市场化的原则建立项目评估、项目投入、项目运营及项目推出机制，提高资本盈利能力，增强产业投资本领；三是积极参与省内矿产和土地资源的储备、整合和开发利用，争取政策支持，通过作价出资注入有开发潜力的国有矿产资源和有利用价值的划拨土地，实现政府对战略资源的集中控制和优化配置，同时开放中下游产业，引进战略投资者进行市场化经营；四是积极与金融机构合作，打通产融结合渠道，激活融资功能，通过增信、担保等多种手段，建立快速、便宜的融资通道，整合信用担保资源，构建企业信用担保体系，完善扩大重点企业、重点项目的信用担保业务，优先满足重点产业发展资金需求。

召开2012年企业经营管理工作会议

公司积极推进企业文化建设，经过数年的发酵、沉淀，围绕打造专业团队体现专业素质的专业追求、强化员工对企业负责、企业对社会负责的责任意识、追求规则公开透明企业规范运作的阳光经营理念、营造对外真诚守信对内合作友爱的和谐企业氛围等主要内容，形成了以“专业、责任、阳光”为特征的特色企业文化体系，并将“善良为本、爱岗敬业”的价值理念，“开拓创新、求实奋进”的企业精神，“阳光规范、诚实守信”的行为准则通过具体有形的措施，融入公司发展战略、目标实现之中，融入公司的经营管理活动和全体员工的工作之中，积极引导和推动公司健康、持续发展。

江西省棉花研究所

省棉花研究所党委书记、所长 陈宜

江西省棉花研究所成立于1973年8月，系江西省农业厅直属的全民事业单位，为全省唯一的省级棉花专业科学研究所，法定代表人：陈宜。主要任务是进行棉花育种、栽培、土肥、植保等项目的应用研究及其新成果、新技术的示范推广和棉花原（良）种繁育、加工、销售以及《棉花科学》专业期刊的编辑发行。2007年列入全国公益性行业棉花科研专项单位，成立了国家棉花产业技术体系“鄱阳湖综合试验站”。

所辖区域属湖积平原，土壤为潮土类型，粒状或团粒状结构，较疏松，通透性能好，偏碱性，碱解氮中等，钾素丰富，磷素较缺，四面环水，具有得天独厚的良种繁育条件。

本所于1990年建成棉花“二圃”（株行、株系）生产基地，1991年实现“三圃”配套，1994年被正式列为江西省棉花原种繁育基地，设有棉花品种选育、栽培管理、土壤肥料、植物保护、情报资料等研究专业和科技服务、良种繁育、棉种加工等单位，并配套设有生理生化、土壤分析、棉虫观测、病菌培养、纤维测定、种子检验等试验室。

建所以来，承担国家“863”科技攻关计划、国家农业行业计划专项、国家棉花产业技术体系、国家转基因重大专项、国家科技支撑计划及省科技厅等科研项目（课题）百余项，主要有：长江流域棉花区试、陆地棉新品种选育、省棉花区试、赣棉11号良种繁育与推广、省棉花“矮、密、早”品种鉴定 “猪—沼—棉”高产高效示范工程、新技术改良棉花土壤状况试验研究、优质棉基地县科技服务、超高产棉花肥料合理运筹的研究、棉种产业化、特优质棉花品种攻关、“赣棉11号”高效节本技术集成与示范、赣棉13号展示、陆地棉太空航天育种、棉花专用高效配方肥研制、抗虫棉苗期大田检测方法研究、棉花包裹肥研制、标记抗虫棉强优组合筛选与制种方法、棉花纤维品质区划、棉花栽培试验研究、棉花生态试验研究、抗虫杂交棉新品种选育与产业化示范、省抗虫棉品种比较试验、抗虫棉杂交棉选育与产业化示范、转基因抗虫棉环境安全监测监控、丘陵旱地棉花免深耕优化栽培技术规程、棉花新农药试验、江西省棉花无公害栽培技术标准研究、无土育苗技术创新与集成、棉花简化种植节本增效生产技术研究与应用、高产优质多抗棉花育种技术研究与新品种选育、棉花基地育苗技术创新与示范、棉花新品种创新研究、棉花栽培体系创新的研究、棉花病、虫、草害的研究、棉花预警监测信息采集、棉花品种高产平台创建、棉花品种比较试验、转基因棉花品种选育等。

建所以来先后选育出：赣78-7、赣棉5号、赣棉6号、赣棉8号、赣棉11号、赣棉13号、赣47系、赣棉杂1号、赣杂106、赣杂108、赣杂棉 3号、赣棉杂11等12个棉花新品种。共获33个奖项，其中：“赣棉6号” “赣棉11号”分别荣获省科技进步二等奖，“赣棉杂1号”品种选育、转基因抗虫棉病虫害综合防治技术研究与示范、江西棉花除草剂安全使用技术研究、亩产千斤子棉生产技术集成研究与应用获省科技进步三等奖，“棉花优质高效简化栽培”项目获全国农牧渔业丰收奖三等奖，尤其是，2009年我所设在湖口县武山镇的鄱阳湖综合试验站千斤籽棉试验区，实现百亩连片单产过千斤，创造了我国长江流域棉花高产新记录，为我省棉花的科研事业和生产发展作出了积极贡献。

国家技术专家组检查科研基地

国家技术专家组观摩科研基地

发展中的江西省儿童医院

江西省儿童医院创建于1955年6月1日，是一所集医疗、科研、教学、保健职能为一体的三级甲等儿童医院，医院与江西省儿童医学研究所合署办公。医院座落在南昌市阳明路122号，占地面积35200平方米。编制床位数为1200张，现有职工1576名，在岗专业技术人员占职工总数的90.17%。

2012年，医院医疗业务总量迈上历史新台阶。门急诊量达97.61万人次，比上年增长13.89%；出院人数达6.73万人次，比上年增长13.75%；手术人数达1.62万人次，比上年增长12.67%。病床使用率达130.72%，病床周转次数达64.12次，出院者平均住院日为7.4日。药占比为40.83%，比上年下降1.03个百分点。

省委常委、南昌市委书记王文涛，省人民政府副省长谢茹、胡幼桃等视察我院红谷滩新院建设工地。

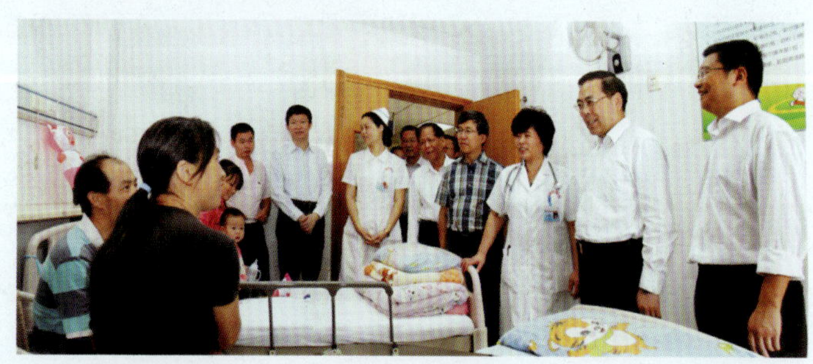
卫生部副部长刘谦在省卫生厅厅长李利、省儿童医院院长张小康陪同下视察儿童“两病”免费救治工作。

医院设有门诊部、急诊中心（重症监护科、急诊科、急诊病房）、神经内科、呼吸内科、肾病内科、骨外科、江西省小儿心脏病治疗中心（心内科、心胸外科、重症监护室、心超室、介入导管室）、普外科、江西省小儿康复中心等42个临床及医技部门。其中急诊中心为首批国家临床重点建设学科，普外科、重症监护科、神经内科、骨科、检验科(遗传)、呼吸内科是省卫生厅确定的江西省医学领先学科，肾病内科、江西省小儿心脏病治疗中心、内分泌科是江西省医学领先专业建设学科，江西省小儿康复治疗中心是省卫生厅批准的儿科防治技术中心。

医院注重临床与科研相结合，实施科教兴院发展战略，近年来有52项科研成果分别达到国际先进、国内领先水平或先进水平；33项科研成果分别获得省、厅级科技成果奖。医院先后被授予“全国卫生系统先进单位”、全国首批“百姓放心示范医院”“全国职工职业道德建设先进单位”“全国医院文化管理先进单位”、省直文明单位、全省儿童白血病、先天性心脏病免费救治工作先进单位等荣誉称号。

江西省儿童医院全貌

2013年6月1日奠基的江西省儿童医院红谷滩新院效果图

于都县人民医院

于都县人民医院是一所集医疗、保健、教学、科研为一体的综合性医院，是卫生部二级甲等医院、于都县120急救中心医院、产科急救中心、城镇职工基本医疗保险定点医院、城镇居民基本医疗保险定点医院、新型农村合作医疗定点医院、工伤和生育保险定点医院、新农合重大疾病定点救治医院。

医院现有职工788人，其中卫生专业技术人员717人，占职工总数的91%。全院设置科室35个，其中职能科室12个，临床科室16个，医技科室7个。编制病床550张，实际开放病床1080张。

医院硬件实力增强。拥有美国GE16层螺旋CT机、美国GE公司彩超、日本B超、美国产腹腔镜、高压氧舱、DR（数字化X射线摄影系统）、瑞士EMS气压弹道碎石机、体外碎石机、日本日机装血透机等大中型先进设备200余台，2013年9月又引进德国西门子MAGNETOM Avanto全新原装进口核磁共振和PHILIPS-HD-11、PHILIPS-IE-33两台高档彩超仪，为病人提供了先进的检查和治疗手段。医院数字化建设步伐加快，全面实现了HIS、LIS、RIS、PACS、OA和电子病历等信息化管理，覆盖医疗、服务、管理、后勤全过程。

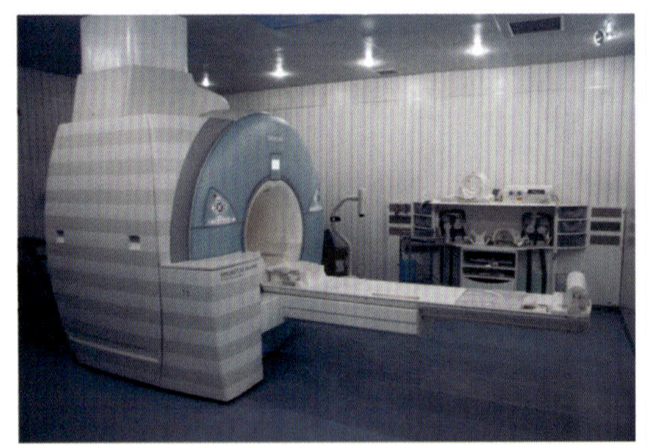

1.5T进口核磁共振

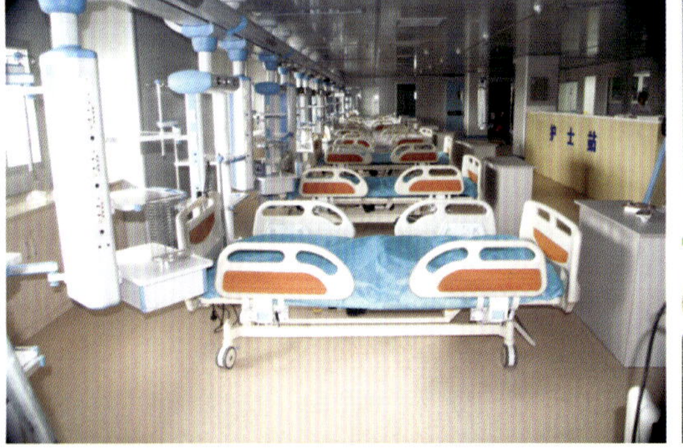

重症监护室

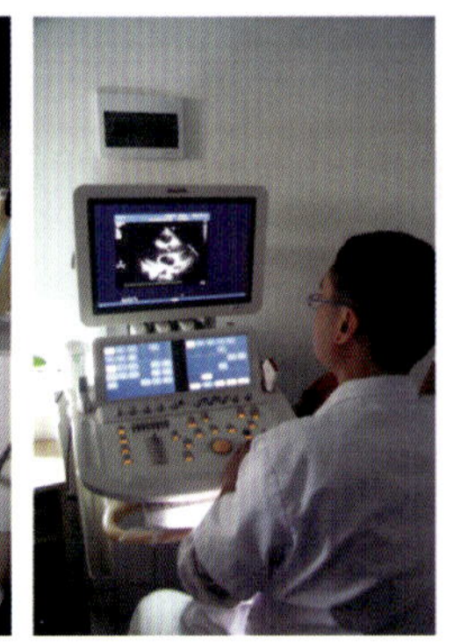

四维彩超

2010年新建的门诊综合大楼与住院大楼合为一体，功能齐全，集门诊、急诊和手术、住院于一体，病人在大楼内可完成包括门诊和住院在内的所有诊治程序。2013年2月正式开科的重症监护病房和新生儿重症监护病房，拥有先进的诊断、监护和治疗设备与技术，为重症患者提供规范的、高质量的生命支持，大大提高了危、重患者抢救成功率，医院整体实力跨上新台阶，成为市内乃至省内具有一定知名度和影响力的县级医院。

近年来，医院各项建设迈出崭新步伐，先后获得市级“五一劳动奖状”“十佳医院”和“卫生科技先进单位”，省级“文明单位”“群众满意医院”，全省民主评议政风行风工作“人民群众满意的医院”、全省卫生系统“行风建设先进单位”和“全省医药卫生系统先进集体”等称号。

灵山风景名胜区

雄霸天下

灵山风景名胜区位于江西省上饶市城北18公里处，其自然环境独特，地质构造复杂，地貌类型多样，这里有世界罕见的环状花岗岩峰林地貌、国内罕见的造型石（倒石）地貌、中国最具特色的高山灵石梯田、江南落差最大的花岗岩瀑布，是一个集观光览胜、运动休闲、度假养生、宗教朝觐为一体的近郊山岳型国家级风景名胜区。

景区内拥有七十二峰、三十六瀑布、一百零八处景点，因整个山脉连绵起伏酷似一尊仰卧的如来法相而被世人赞誉为“灵山大卧佛”。2009年12月，灵山被国务院批准为国家级风景名胜区，总面积为101.5平方公里。

根据景区的资源分布特点和地理区位条件，整个景区划分为石人殿、水晶山、天梯峰及茗洋湖四大景区。拥有大小景点数百个，其中最具特色的有：雄霸天下、乾坤柱、鲲鹏展翅、老子峰和灵山大卧佛等。

灵山自古以来就是道、佛二教的民间圣地之一，道家书列天下第三十三福地。胡昭、葛洪、左慈、松月禅师等均在此结庐修真、收徒传道。始建于西晋太康元年的石人殿，先后供奉胡昭、刘太真、李德胜（李老真君）等灵山真神，至今香火鼎盛。殿内石柱上刻有明代宰相夏言所题“秀水奇山信郡无双福地，佑民护国江南第一名神”和大学士郑以伟所作“北面而朝万古石人心不朽，鞠躬而立千秋鹰武气如生”等楹联。此外，灵山还有众多的古建筑、古遗址及石刻、匾额，最著名的为朱熹手书“忠孝持家远，诗书处世长”匾额和康熙皇帝御笔题“天心禅林”匾额等。

石人殿

灵山山明水秀，地杰人灵。自古以来众多历史名人如王安石、王贞白、韩元吉、辛弃疾、夏言、蒋士铨等人为灵山留下300多篇名篇佳作，其中辛弃疾赞美灵山“叠嶂西驰，万马回旋，众山欲东”“雄深雅健，如对文章太史公”，夏言盛赞灵山“九华五老虚揽结，不及灵山秀色多”。

灵山还保留着独具特色的民风民俗，如石人殿的庙会、石人的板桥灯、清水的唢呐等。

灵山左溪服务区游客接待中心、游步道（栈道）、左溪客运索道、灵山大道、玉龙瀑布服务点、灵山通讯站等项目已开工建设，景区旅游基础设施日臻完善，预计2014年灵山景区将正式向社会公众开放。

灵山睡美人

宜春学院在前进！

“有特色、高水品”：宜春学院的办学目标

朱虹副省长提出“有特色、高水平”的办学目标，是宜春学院矢志不渝的追求。宜春学院共有在校生近两万名，教职工近两千名。经过长期努力，宜春学院的办学已独具特色。

“大爱育人”理念深入人心。宜春学院秉持“大爱育人”教育理念。全校开展“结对帮扶”活动，副处、副高以上人员每人帮扶两名贫困生。已有1020名贫困生得到教师们的帮扶。

教育教学质量不断提高。2012年9月，第一批药学专业硕士研究生开学，实现了赣西地区硕士研究生教育零的突破。在全省高校率先成立服务外包学院；该校临床医学改革试点项目被教育部、卫生部批准为第一批卓越医生教育培养计划试点项目；2006年，该校开始创办留学生教育，被教育部评为“全国留学生管理先进单位”。

就业率稳步提升。就业率居全省同类高校前列，被评为全国高校就业工作先进单位，在全省高校毕业生就业工作评估中为优秀。

合作办学初见成效。先后与俄罗斯格拉祖诺夫音乐学院、韩国金泉大学、西海大学、印度拉夫里科技大学、台湾辅仁大学合作办学；还与省内外多家知名企业合作，为实践教学、实习锻炼提供了立体化平台。

服务社会取得实效。与宜春市各级政府、企业、社区、部队等单位合作，先后为全国农运会、七城会、九运会和宜春各届月亮文化节等重大活动提供人力、物力支持；开办锂电学院、宜春地方文化研究中心，成为服务宜春地方经济社会发展的重要力量。

2006年，宜春学院开始创办留学生教育，目前已有400多名留学生毕业。

2012年宜春学院成立江西省第一所服务外包学院，图为服务外包学院举行揭牌仪式。

2012年7月2日，副省长朱虹在宜春学院检查指导。

宜春学院被教育部批准为第一批卓越医生教育培养计划项目试点高校。2013年9月，该校首届卓越医生教育试点班正式开班。

2012年9月，宜春学院第一批药学专业硕士研究生顺利开学，实现赣西地区研究生教育零的突破。图为该校隆重举行第一届研究生开学典礼。

南昌师范学院

2013年10月26日，南昌师范学院揭牌。

2013年10月26日，江西省旅游应用型人才培训基地揭牌。

南昌师范学院（Nanchang Normal University）创建于1952年,其前身为江西教育学院，是江西省属全日制普通本科师范院校，位于具有深厚历史文化底蕴、素有“物华天宝、人杰地灵”美誉的江西省省会南昌，对江西经济社会发展，特别是基础教育发展有较大影响。学院现有昌北、青山湖两个校区，占地面积613.8亩；校舍建筑面积23万平方米；馆藏纸质图书60.3万册，实习实训场所78个，实验室72个，附属中学为省级重点中学。

学院设有学前教育学院（教育系）、理学院、旅游系、中文系、外文系、数学与计算机科学系、音乐系、美术系、体育系、国际教育学院、社科部11个教学单位和教育培训学院、成人教育学院等2个教学培训机构。有学前教育、汉语言文学、英语、音乐学、生物科学、艺术设计学6个普通本科专业，计算机科学与技术、经济管理等23个普通专科专业，成教本、专科专业35个，形成了以人文学科、理学为主，教育学、管理学、艺术学并进的学科门类格局。现有全日制在校生6000余人。

学院现有专任教师359人，其中具有高级职称的178人，具有博士、硕士学位的193人；国家级、省级教学名师6人，享受国务院、省政府特殊津贴11人，全国、全省优秀教师5人，国家有突出贡献中青年专家1人，赣鄱英才“555工程”领军人才2人，省主要学科跨世纪学术和技术带头人培养人选1人，省高校学科带头人7人，省中青年骨干教师22人，省“新世纪百千万人才”18人，兼任兄弟高校博士生导师2人、硕士生导师11人，形成了一支师德高尚、结构合理、整体实力较强、综合素质较好、教学水平较高、熟悉中小学教师成长规律及基础教育现状的优质师资队伍。

学院紧密围绕人才培养、科学研究、社会服务、文化传承，始终坚持“面向基础教育、服务基础教育”的办学方向，始终坚持“学得好、下得去、用得上”的人才培养目标，秉承“厚德修身、博学育人”的校训，形成了良好的校风、教风、学风。现有通信与信息系统、计算机应用技术2个省级重点学科，电子信息工程技术1个省级特色专业，学前教育和旅游管理专业2个省级高校人才培养模式创新实验区，教育管理学教学团队1个省级教学团队，英语教学法、招贴设计等7门省级精品课程。近五年来，获批省级教改项目64项，获厅级以上教学成果奖26项，学生获得全国大学生各类竞赛奖项33项。累计培养本专科生9万余人，培训全省中小学校长等教育行政干部、培训中小学骨干教师17万余人次，远程培训中小学教师160余万人次，为全省基础教育和经济社会发展作出了应有贡献。

学院注重以项目研究为平台，以完善科研机制为抓手，形成了培养（培训）与研究有机融合、互为促进的科研创新特色。学院设有生物技术研究所、教育管理研究所、中国书画研究所、书院研究所、谱牒文化研究所、低碳经济研究所等研究机构，在鸡基因、基础教育、中国画、书院史、谱牒、文艺理论等研究领域拥有一批结构合理、方向明确、综合实力较强的研究团队。近五年来，主持国家级、省部级课题126项，发表论文1033篇、出版著作及教材93部，获国家专利11项。

学院将以普通本科教育为主体，以义务教育和学前教育师资培养为重点，以教师教育职前培养与职后培训相贯通为特色，立足江西，面向基层，着力建设全省义务教育和学前教育高素质教师培养基地，全省中小学和幼儿教师及教育行政干部示范性培训基地，全省教师教育改革的重点研究基地，把学院建设成为在省内教师教育体系中有优势、有特色、高水平的教学型普通本科师范院校。

学校校前区全景图

赣南师范学院

赣南师范学院创办于1958年6月，时为赣南师范专科学校，1984年为本科师范学院，2003年成为硕士学位授予权单位。办学55年来，已为国家输送各类合格毕业生10万余人。

学校占地面积2100余亩，图书馆藏书220余万册。现有教职工1300余人，其中高级专业技术人员510余人，有博士、硕士学位教师600余人。设有20个教学学院，面向全国29个省（市、区）招生，全日制在校生20000余人。招收有来自俄罗斯、韩国、泰国等9个国家的留学生，举办了塞拉利昂大学孔子学院。

学校学科齐全，涵盖10个学科门类，有4个省级重点一级学科、9个一级学科硕士点、66个二级学科硕士点和教育硕士专业学位授权点。建有包括2个国家级特色专业在内的67个本科专业和2门国家级精品课程。

学校建有国家脐橙工程技术研究中心。图为2013年10月20日，省委书记强卫、省长鹿心社莅临中心视察。

近五年来，学校承担了国家863计划、国家自然科学基金、国家社科基金等国家和省部级科研项目近900项，荣获国家科技进步二等奖等近50项省部级以上科研奖励，建有国家脐橙工程技术研究中心、教育部人文社科重点研究基地“中国共产党革命精神与文化资源研究中心”以及9个省级科研平台，在脐橙、血吸虫、稀土材料、中央苏区史、客家学、教师教育等领域形成了较显著的研究特色。

学校坚持以质取胜，教育质量不断提高。近三年来，在校学生参加省级以上各类竞赛活动荣获国家级一等奖达190余人次。在各类毕业生招考中，考取率和通过率逐年攀升，其中在2013年特岗教师、村官招考中均名列全省高校第一。目前，在赣州市3万余名中学教师中，我校毕业生占到60%左右，为江西尤其是赣南的基础教育及经济社会发展作出了积极贡献。

学校建有全国最大的客家民俗文物专题博物馆。图为国际友人在博物馆参观。

近年来，学校先后荣获全国文明单位、全国法制宣传教育先进单位、全国绿化模范单位、全国全民健身活动先进单位、全国模范职工之家等荣誉称号。

目前，全校上下以深入学习贯彻党的十八大精神为动力，紧紧抓住赣南苏区振兴发展的战略机遇，大力弘扬伟大的苏区精神和赣南师院人特有的“精气神”，深入实施品牌立校、科研兴校、人才强校、科学治校“四大战略”，着力推进内涵发展、特色发展、和谐发展，为在“十二五”期间更名师范大学而不懈努力！

学校建有教育部人文社科重点研究基地“中国共产党革命精神与文化资源研究中心”。图为学校“中央苏区历史博物馆”开馆仪式现场

江西警察学院

江西警察学院是江西省唯一的全日制政法类本科院校，座落在南昌市风景名胜区梅岭南麓，毗邻红色史迹“小平小道”，创办于1951年，历经江西省公安学校、江西政法学院、江西政法干部学校、江西省政法学校、江西省人民警察学校、江西公安专科学校、江西警察学院历史沿革。

江西警察学院与美国纽海文大学
刑事司法学院及李昌钰法庭科学中心院际合作意向协议签约仪式

2011年10月院党委书记余升淮、院长程小白与美国纽海文大学签订合作办学意向协议

学院现有教职工463人，其中专任教师333人，教授60人，副教授88人，硕士、博士共计204人，有国家教学名师1人，全国优秀教师和优秀教育工作者各1人，全国公安系统优秀教师和优秀工作者各1人，公安部教学名师2人，省级中青年学科带头人1人，享受省政府津贴3人，省高校教学名师8人，省中青年骨干教师14人；有4个江西省高校优秀教学团队；其中还有公安部经济犯罪侦查专家、省人大法制委员会立法顾问、省政府立法项目论证专家、江西省百千万人才工程人选以及南昌大学、江西财经大学硕士研究生导师等；还聘请了一批基层公安机关有丰富实战经验的业务骨干作为驻校教官

学院现有全日制在校学生6000余人，占地面积2203.7亩，图书馆藏书66万余册，电子图书20万册，教学仪器设备总价值3312.53万元。

学院公安学类专业齐全，相关学科完备，现开设有侦查学、经济犯罪侦查、治安学、刑事科学技术、法学、信息安全、英语（涉外警务）、安全防范工程、社会体育等9个本科专业，侦查、经济犯罪侦查、治安管理、交通管理、安全防范技术、公共事务管理、法律文秘、社会体育、计算机应用技术、应用英语、人力资源管理等15个专科专业。

2011年公安部和江西省人民政府签署共建江西警察学院协议书，在学院建立全国经济犯罪侦查教育训练基地。同时先后与美国纽海文大学刑事司法学院及李昌钰法庭科学中心签订院际合作协议；与美国西英格兰大学合作办学；与澳大利亚迪肯大学、斯文本科技大学和皇家墨尔本理工大学就“信息技术”和“法学”专业合作办学事宜签订合作备忘录。

学院开始学历教育以来，为省内外公安政法部门输送毕业生3万余名，培训在职民警5万余人（次）。其中，有7名学子在公安工作中被公安部授予一、二级英模荣誉称号，数千名学子荣立一、二、三等功，被誉为江西警官的摇篮，公安人才的基地。

组织学生举行升旗仪式

学生会操

江西省崇仁师范学校

（东华理工大学行知分院）

江西省崇仁师范学校坐落在理学之乡——崇仁县，创办于1977年，至今已有三十六载办学历史。2005年，经省教育厅批准挂靠东华理工大学，成立东华理工大学行知分院，目前是抚州市唯一一所培养小学和幼儿园教师公办普通师范学校。

学校老校区占地面积328亩，校舍建筑面积近6万平方米；新校区占地418余亩，目前正在筹建。教职员工200余人（专任教师160人），其中硕士学位教师41人，省特级教师2人，高级讲师42人。学校现开设学前教育（幼师）、英语教育、现代教育技术、数学教育、初等教育、语文教育6个专业，在校生5000余名。学校具有完善的教学实验条件，拥有现代化的校园网、电视差转台、通风化学实验室、省内一流的计算机实训基地、电子阅览室、琴房、舞蹈房、多媒体语音室等各类设施设备。图书馆藏书 20 万册，报刊杂志 1000 多种。

2012年全省中小学教师队伍建设工作会与会领导和专家莅临我校参观指导

学校实行“两条腿走路”，既招收初中毕业五年学制的大专，又招收高中毕业三年学制的大专。学生中专毕业经考试合格发江西省崇仁师范学校毕业证书和教师资格证书，大专毕业经考试合格发东华理工大学大专毕业证书和教师资格证书。优秀大专毕业生还可参加“专升本”考试，就读省内本科院校，获得本科文凭(第一学历)。

综合楼

近年来，学校各项事业取得了长足发展，先后荣获“全国实践行知思想、推行素质教育先进集体”、江西省师德建设先进集体、省级精神文明单位、省安全文明示范学校、全省学校安全保卫先进单位、抚州市先进集体等荣誉称号。从2011年起，学校启动了在抚州市城区新建校区和升格为抚州市幼儿师范高等专科学校两大工作。

粉笔字展示

舞蹈排练

毛笔字训练

临川一中：和谐校园 开拓创新

临川一中校长　饶祥明

临川一中是江西省首批优秀重点中学，创建于1955年。该校新老校区共占地441 亩。多媒体教室、电子阅览室、微机室、实验室、书画室、琴房、健身房、风雨操场及田径场等一应俱全。640名教职工中已有特级教师8人，高级教师336人，一级教师226人，国家级、省级科研课题负责人及省市学科带头人25人，省骨干教师20人，教学能手、教坛新秀18人，教师中有研究生学历的70多人。教师们爱生如子，诲人不倦，以高尚的师德、良好的形象，为江西教育事业奉献青春和热血，赢得了社会的广泛赞誉，先后有多人获得全国劳模、全国五一劳动奖章、省市优秀教师、教育部先进工作者等荣誉。

临川一中获得国家级荣誉23次、省级荣誉32次。近年来先后被评为“中国百强中学”“中国十大名牌中学”“江西十大人民满意学校”“全国五一劳动奖状”“首届江西十大最具社会责任感教育机构”“全省基础教育课程改革工作先进单位”“中国创新型学校”等。恢复高考以来，临川一中向全国各高等院校输送优秀新生近5万人。特别是2004～2013年，临川一中连创江西高考之最，共有286人录取北大、清华，先后7人是江西省的高考“状元”。

学校以“江西领先，国内一流，世界知名”为办学目标，坚持“三个一切”的办学宗旨，逐步形成“学生为主体，教师为主导，能力为核心，素质为目标”的办学模式。新课改以来，该校更是全面推行素质教育，不断丰富校园文化，注重学生实践能力和创新精神的培养，先后成立了文学、书法、美术、摄影、戏剧、篮球、摔跤、举重、舞蹈、鼓乐等兴趣小组，经常举办各类有益活动，开拓学生视野，锻炼学生才能。在全国青少年书法、绘画、舞蹈、器乐、声乐、体育等项目比赛中，每年都有数十名学生获奖。近年来有60多名艺术特长生分别考入中央美术学院、中国美术学院、中国传媒大学、上海音乐学院等院校。近三年在计算机个人网页制作中有6人获全国一等奖。

近年来，临川一中不断创造新的辉煌，精英俊彦层出不穷，成为光华灿烂的“才子摇篮”。但在成绩面前他们不骄不躁，而是以人为本，团结奋进，立足发展，放眼全球，加强省际乃至国际交流，努力向着更加辉煌的未来破浪远航！

国际教育交流绽放奇葩

临川一中2013届41名录取北大、清华的学生与饶祥明校长合影留念。

临川一中作文获奖学生与指导教师

九江一中本部

千载学府 百年名校

江西省九江第一中学

九江一中校长 万金陵

九江一中享有“千载学府、百年名校”美誉，其前身为宋明理学奠基人周敦颐所创办的濂溪书院，间接历史近千年；正式立校于1902年，直接历史111年。2011年九江一中八里湖校区落成并投入使用，九江一中跨入了“一校两区”时代。

学校现有学生6000多人，教职工近400人，其中特级教师10人。100多年来，学校共培养了近6万名学生，其中有全国人大常委会副委员长许德珩，中国科学院院士、两弹元勋黄祖洽，中国工程院院士朱伯芳，美国艺术科学院院士蒋彝，中共十六届中央委员周遇奇中将，江西省人大常委会副主任胡振鹏和4名省高考状元。1990年以来，九江一中高考成绩一直保持在全省最前列，2012年和2013年高考均喜获大丰收。近年来，高考免试保送生人数位居全省前三，奥赛成绩不断攀升，奥赛省级赛区获奖科目全面开花并勇夺国家金银铜牌。2013年，九江一中首次获得北京大学校长实名直荐权和清华大学“新百年领军计划”校长直荐权。

九江一中的课程改革成效显著并成为省级样本学校。2000年副省长胡振鹏亲临九江一中参加全省首个校本课程开发与研究试验基地揭牌仪式。2010年副省长孙刚对九江一中课改工作作出批示：“九江一中课改思路很好，符合实际，成效显著，值得借鉴。”2012年副省长朱虹莅临九江一中视察，强调要处理好应试教育与素质教育的关系。

在“严实诚勇”的校训和“尊重民主、崇尚科学、善处平庸、追求卓越”治校办学精神指引下，九江一中注重素质教育，积极推进整体改革，进一步提升办学品位，形成了民主、和谐、诚信、进取的校风，敬业、爱生、求实、创新的教风，诚朴、勤奋、自主、上进的学风和勤勉、高效、廉洁、优质的政风，治校办学的整体水平连续迈上新台阶。

团结进取的领导班子

九江一中先后被评为江西省首批重点中学、江西省首批优秀重点中学和九江市唯一的示范性重点高中，是北京大学、清华大学等全国30余所著名重点大学的优质生源基地，先后获得了全国教育系统先进集体、中国十大最具影响力金牌中学、全国“五四红旗团委”、全国中小学德育工作先进集体、全国课程改革实验先进学校、首届江西十大人民满意学校和江西省首批示范性普通中学等称号。

九江一中八里湖校区

奋进中的赣州市第三中学

江西省赣州市第三中学创办于1954年，校园占地面积230亩，现有教职工374人，其中特级教师8人，全国优秀教师3人，省市级学科带头人、骨干教师100余人，有教学班级104个，学生5653余人。 现任校长潘元生，党总支书记何强。学校1979年被确定为江西省首批重点中学，2012年被评为“江西省首批示范普通高中”。学校先后被授予“全国教育系统先进集体”“全国现代教育技术实验学校”“全国学校艺术教育先进单位”“江西省优秀重点中学”“江西省文明单位”“江西人民满意十大品牌中学”“江西省绿化先进单位”等荣誉称号300余项。

校园文化艺术节

2013年，学校坚持“以人为本，全面发展”的办学理念，确定“全市领先、全省一流、国内知名、国际接轨”的总体目标，学校始终坚持以教学质量为中心，以打造“高效课堂”为着眼点，以提升教师素质为重点，以提高课堂教学质量为主线，强化教学过程的精细化管理，用正确的质量观引导学生的协调发展。高考、中考成绩高考600分以上人数比率和一本、二本上线率稳居全市第一；许一临、徐子璇同学分别获中心城区理科、文科第一名，其中理科前十名我校占6人，前五名占4人，文科前十名我校占4人；文、理科共八个学科中有六个学科的平均分居全市第一。中考方面，赣州中心城区700分以上高分人数56人，我校占21人，绝对人数和比率居第一；中心城区前100名，我校占32人，位居第一。学校是全市唯一连续16年夺得全市教育教学质量评估一等奖的学校；学校是全市高中学科奥林匹克竞赛获奖人数最多、层次最高的中学，其中胡辰同学以江西省第一名的成绩在国家数学冬令营竞赛中获得金牌，实现了赣州市在国家学科奥赛中金牌零的突破。

该校女排获得全省八连冠合影

为让学生能更好地主动发展、个性发展，学校采取多元办学、多样培养，推进特色发展。学校积极开展国际合作交流，与加拿大爱德华王子岛省教育厅联办了国际班。开办两年来，成效显著，受到学生、家长和社会的好评。2013年9月，首届国际班学生结束国内学业，顺利转入加拿大学习国外课程。这种办学模式，加强了两国师生交流互访，扩大了教育视野，搭建了良好的国际交流平台。学校承办高中宏志班形成了“六个特别”的优良班风，成为了学校的红旗班、示范班，宏志班已成为全省教育系统“为民服务十佳品牌”。

学校面向全体学生，注重学生综合素质发展，定期举办校园文化艺术节、红五月歌咏比赛等校园文化活动，让学生在各类活动和竞赛中锻炼成长。在2013年第28届全国青少年科技创新大赛中，曾令萱同学的创新项目《“居里点”现象演示装置——新型磁力发动机》荣获全国一等奖，谢云钰、叶文、郭航宇同学的创新项目分获全国二、三等奖。2013年4月，我校陈思雨同学作为全市唯一中学生代表出席共青团江西省第十五次代表大会。学校女排获全省“七连冠”、全国第五名；男篮、男足夺得全省第二名。

知识乃智慧之源泉

用知识充实自己，提升生命的意义

江西省南康中学

校长 卢川平

江西省南康中学创办于1939年9月，历经70多年沧桑，经历了三次搬迁，现位于南康市南水新区。

学校建于2003年5月，开始采用股份合作制办学，后由于合作商资金不足等原因，2004年7月政府收回办学权，学校总投资1.53亿元，占地366亩，建筑面积约7.8万平方米，生均校园面积50.4平米。图书馆藏书近17万册，理化生实验室按照国家一类学校配备，建成了校园千兆网，拥有标准的400米塑胶田径场和室内体育馆，多媒体终端已进入每个教室。

新校设计以山水等自然资源为平台，以科技和生态来协调教育、环境、人文三者间的关系，建立起以环境生态、建筑生态、人文生态为内核，以教育为载体，使人与人之间能和谐共处，能极大满足受教育者求知欲望的“山水学校”。建成后新南康中学将实施以创新精神和实践能力为核心的素质教育模式，使全体学生德、智、体、美、劳得到全面发展，为江西省的教育起到示范作用。

2013年，学校有在校生6100多人，教职工 409人，其中特级教师8人，高级教师 162人，一级教师135人，硕士生导师1人，国家级培训骨干教师8人，硕士生24人，研究生结业26人，江西省学科带头人2名，江西省骨干教师8名。赣州市学科带头人10人，赣州市骨干教师27人，南康市学科带头人14人，南康市骨干教师25人。其中语文、数学、政治、物理、化学、体育、政治等学科被评为赣州市名学科。

南康中学具有丰厚的文化底蕴和优秀的办学传统，办学70多年来，逐步形成了“为了学生的发展”办学理念和“立德、敬业、合作、创新”的核心价值观，继承了“必智、必勇、必忠、必诚”的校训。“严教勤学、团结奋进”的校风、“勤学博学乐学活学会学”的学风、“严谨踏实进取奉献”的教风，南康中学把大雁作为文化品性和文化象征，体现为思想一致、团队合作、互助互励、领头雁效应。

以师生的发展为本，是南康中学的管理模式精华所在。从教育理念的提升到校园的每一个育人环境，从落实各项教育教学常规到教师个人的专业发展，都充分体现以师生为本的发展理念。

高考质量已成为南康中学的核心竞争力，高考一本、二本上线人数已连续多年居赣州市第一。特别是2013年高考取得了辉煌成绩，一本上线440人，二本上线1093人，600分以上44人，邹磊同学以总分673分列全省理科第15名、赣州市理科状元；赣州市理科前5名中，我校有4人；赣州市文科前5名中，我校有2人，多项指标居赣州市第一。

南康中学志愿者

科技文化节

2013年清华北大奖颁奖仪式

学校近几年获得的主要荣誉有：

全国科学教育实验基地，改革开放三十年基础教育影响力形象学校，国家级体育传统项目学校，江西省优秀重点中学，江西省优秀体育传统项目学校，江西省中小学和谐校园，江西人民满意十大品牌中学，全省教育系统先进集体，江西省第九、十、十二、十三届文明单位，江西省十大榜样学校，江西省师德师风示范学校等。

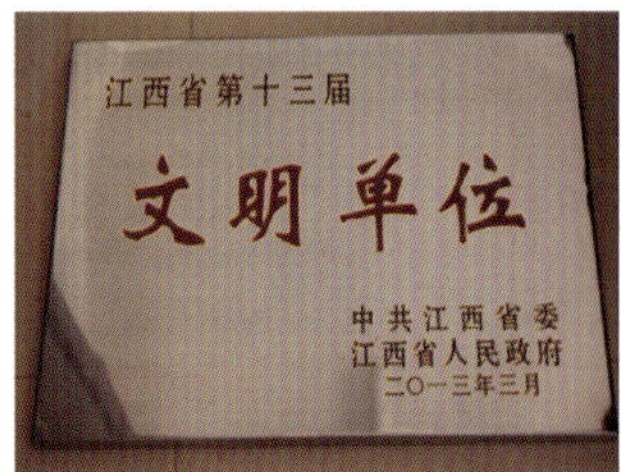

获奖荣誉

江西省新建县第二中学

雷辕生校长与学生交流

江西省新建县第二中学是1980年在原县中的基础上，由老县中校长集中全县优秀教师资源高起点组建而成，是首批省级重点中学。学校地处南昌市政府所在地——红谷滩新区北端，新建县城中心。东临赣江，南望滕王阁，西邻“小平小道”，北依梅岭。校园绿树成荫，环境优雅宜人，是学生全面发展、弘扬个性的成长乐园。

30余年来，新建二中秉承“人人是资源，事事是机遇”和“人人当伯乐，个个是人才”的办学理念，视品德为最高学位，以“做人见人爱的人”为育人目标，积极倡导“以人为本，共创和谐，共同发展，共享美好”的“和善”文化，并以“求圆、求和、善待、君子、伯乐、平等（仰视而不俯视）”六大“和善”文化内涵为核心，从教育与人才培养的基本规律出发，构建了学校教育教学管理的“十大工程”：一句座右铭上梁（每个同学一句格言上梁，每学年一次）；“二会二节”（每学年一个读书节、艺术节、故事会、运动会）；“三化一跟进”（将“九爱十心”融入三大修养，实现教材化、课程化、课堂化，评价跟进）；“四化一上墙”（净化、美化、绿化、文化，学生作品上墙）；“五个一工程”（班徽、班旗、班训、班歌、班刊）；“六大竞赛”（每月一至二个竞赛，双语作文、双语演讲、辩论、唱咏、百科知识、手抄报）；“七大习惯”培养工程（礼貌、学习、守纪、互助、思考、劳动、卫生）；八大教学常规工程（将老师“十心”树师德，“十力”强师能，“十气”修师表的“三师工程”融入在备课、上课、导学、周练、补充练习、面批面改、分类指导、月考与及时纠错，融化在八大常规里）；九大评价机制（对前面的一至八项工程，都应进行过程评价。另有学校值周对年级、学生值日进行评价颁奖）；十大追求（激发引导学生追求“一流好品德、一身好习惯、一副好口才、一手好书法、一项好才艺、一生好体魄、一方好人气、一个好成绩、一股好精神、一种好能力”），逐步形成了自身办学特色，有力地促进了学校和谐持续的发展。

目前，学校有100余个教学班，在校生6900余人，专任教师370余人，其中硕士研究生以上学历者60余人，中学高级教师116人，省级学科带头人1人，南昌市名师2人，省级骨干教师10余人，市级骨干教师14人。

30余年来，学校先后获得“全国教育系统先进集体”“江西省人民群众满意学校”“江西省依法治校示范校”“江西省优秀和谐校园”“江西省学法用法示范单位”，省、市“文明单位”，省、市“德育示范学校”“南昌市名校”“江西省五一劳动奖状”等近160项荣誉称号。学校也为全国高等院校输送了大批人才。近十四年来，学校一本、二本上线人数每年以20%的幅度递增；取得了连续14年的一本、二本大面积丰收；连续12年二本以上上线总人数居全市第一。

艺术节

夺冠的欢呼

社团活动

南昌轨道交通集团

作为承担地铁“工程建设、运营管理、开发置业”三大任务的南昌轨道交通集团，是市政府直属的特大国有独资企业。2012年初与市推进轨道交通建设指挥部办公室合署办公，两块牌子，一套人马，既行使企业职能，又履行政府职责。集团下设地铁项目管理公司、运营公司、地产开发公司、资产经营公司4个全资分子公司及1个股份制公司——南昌轨道交通设计院。

2011年以来，在省委、省政府的亲切关怀下，在市委、市政府的坚强领导下，集团秉承“弘毅拓业，和同共进”的企业精神，牢固树立“做责任、做文化、做企业、做经济”四位一体的经营理念，围绕提升融资能力，做大做强企业的目标，加快资产结构调整，三年来，集团总资产从30亿元增至400亿元，净资产从1.6亿元增至230亿元，增幅超百倍，为五年内将企业打造成为资产超千亿的轨道交通综合服务型集团打下了坚实的基础。

2013年5月10日南昌轨道2号线世行贷款签约

南昌地铁1号线站点施工

千里赣江第一隧盾构掘进安全通过地震断裂带

莲塘一中

一块人本、德治、科学、和谐的热土，她演绎着名校名师的神奇故事；一个善教、勤学、成才、树人的乐园，她绽放着校园奇葩的夺目光彩。

美丽校园

莲塘一中创办于1956年春，1980年9月被评为省重点中学，1995年被评为省优秀重点中学，2003年被评为南昌市首批十大名校。2010年在省普通高中评估中再次被评为优秀等次。2012至2014年，学校连续获得北京大学“中学校长实名推荐制”推荐资格，2014年获清华大学“新百年领军计划优质生源基地”。2013年获得省“五一”劳动奖状和省中小学平安校园示范学校等荣誉称号。学校以学风浓厚、教风严谨、办学有方、人才辈出在社会上享有很高的声誉，是莘莘学子实现梦想的乐园，是教学精英施展才华的沃土。

学校占地270余亩，建有标准教室115个，可供5000余名学生就读。校园内绿树成荫，环境优雅，教育教学设施齐全，是一所现代化园林式学校，能为学生提供一流的教育服务，2010年被省绿化委员会评为全省绿化模范单位，2012年被省教育厅、省林业厅评为江西省绿色学校。

2008年6月，学校被省政府确定为新疆克孜勒苏柯尔克孜州（简称克州）内地高中班办学基地。由于工作成绩突出，2010年学校被评为江西省民族工作先进单位。

学校始终把师资队伍建设放在第一位，大力弘扬优良师德师风，积极引导教师提高职业技能。学校教师因敬业精业、以校为家、爱生如子、默默奉献、业务过硬在社会上赢得广泛赞誉。

师生大课间跑

校运会

教育教学质量永远是学校的生命线。办学目标为精心打造优质高中教育，树立江西省高中教育的典范。学校坚持以生为本，以“面向全体学生，成才先成人”为指导思想，突出德育，要求学生学会做人、学会做事、学会求知、学会合作，努力提高学生人文素养，实现学生素质的全面提升。尤其是近几年学校的教育教学质量稳步攀升，教育教学成果骄人。

历经五十多年的沧桑巨变，经过几代人的不懈奋斗，植根于昌南沃土上的莲塘一中，不负百万父老乡亲的厚望，各方面工作都取得了令人瞩目的骄人成绩。园圃锦绣红映绿，桃李芬芳今胜昔。学校现任领导班子带领全体教职工，秉承优良传统，开拓创新，大胆改革，坚持“以人为本，以德治校，可持续发展”的办学理念，坚持“学校为社会、为家长服务，领导为教职工服务，教师为学生服务”的大服务观，弘扬“爱岗敬业，团结协作，开拓创新，拼争一流”的莲塘一中精神，力争打造让政府放心、让人民满意的教育。莲塘一中积极规划本校的长远发展，当前正着力建设以荷文化为中心的校园文化，“正直、包容、求实、创新”的校训，反映了学校对学生做人、为学、处世的要求，体现了学校半个世纪的深厚文化底蕴，也适应了新时代的教育发展要求。在新一轮课程改革实验中，学校被江西省教育厅确定为新课程改革样本校。

在改革发展大潮中，莲塘一中永远不会停下奋斗与创新的脚步，不会放弃卓越与一流的追求。她将在求真务实中完善自我，在改革创新中提升自我。这颗昌南教育明珠未来定会更加璀璨夺目！

客家千年古村——东龙

文峰塔

玉皇宫

下祠

感恩亭

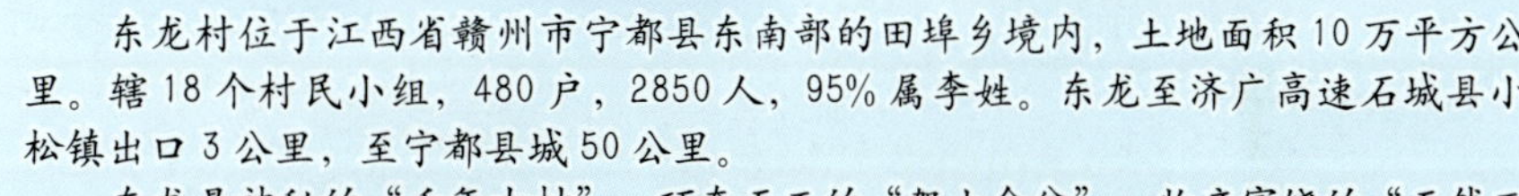

东龙村位于江西省赣州市宁都县东南部的田埠乡境内，土地面积10万平方公里。辖18个村民小组，480户，2850人，95%属李姓。东龙至济广高速石城县小松镇出口3公里，至宁都县城50公里。

东龙是神秘的“千年古村”，巧夺天工的“架上金盆”，物产富饶的“天然工厂”，天人合一的“和谐乡村”，与时俱进的“景观村落”。

东龙始建于北宋乾德五年（公元967年），距今有1000多年的历史。是明末清初文学家“易堂九子”之一的李腾蛟和理学家李大集的家乡。这里人杰地灵，人才辈出，明朝左都御史陈勉（其母李氏东龙人）在东龙启蒙受教，后捐建文峰塔报答东龙。历代出举人5人，6品以上朝庭命官10余人，庠贡生百余人。1977年恢复高考后，该村考取大中专以上学生260余人。2013年7月，学子李罗敏摘取赣州市文科状元桂冠，考取北京大学。由东龙繁衍宁都、石城等地的李氏后裔，在各地任副科以上干部百余人，其中地厅级干部10余人；科技人才百人以上。

东龙风景优美，是一座彰显古建筑艺术的殿堂，更是宗祠建筑艺术的博物馆。有远近闻名的“东龙十景”，其中有五百余年历史的古塔——文峰塔，东里一望——“百间大屋”；还有大小宗祠48座、寨堡4座、石桥4座、石亭5座。明代临川陈际泰称其为“万瓦参差，如大都会”。有的专家冠之为“中国江南第一宗祠村”，也有的学者称之为“中国封建宗族社会繁荣和谐的典范”“中国封建时代宗族社会的缩影”。

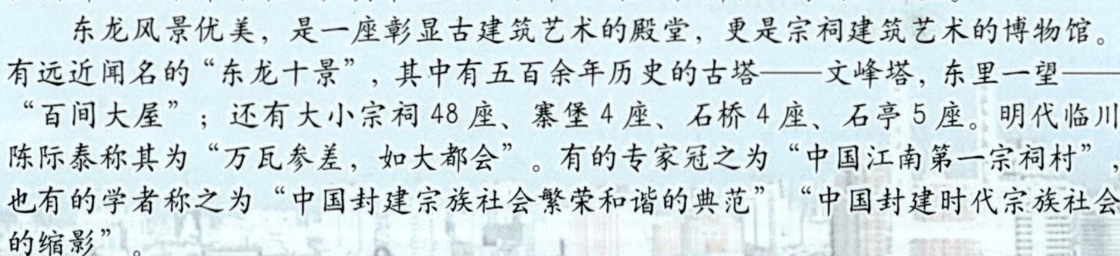

牌楼

深厚的文化底蕴和谐交融形成了东龙村独特的民俗文化景观，主要有闹花灯、搬桥梆灯、唱采茶戏、演傀儡戏、庙会、游神和清明祭祖等，每逢年节，热闹非凡。

近年来，宁都县委、县政府，田埠乡党委、政府特别重视千年古村东龙的保护和开发，已投入资金1000多万元用于基础设施建设和古建筑保护。大力宣传推介东龙，挖掘东龙历史文化和旅游资源。辛勤的努力荣获众多荣誉：2007年，获赣州市首届和谐魅力乡村评选最佳历史文化奖；2009年7月，经江西省政府批准，被列为“第三批省级历史文化名村”；2010年4月，被评为中国民俗优秀建筑——历史文化古村镇示范项目，之后又列为省市乡村旅游示范点；2011年5月，被评为中国景观村落；2012年，被列为赣州市廉政文化示范点；2013年12月，被评为中国美丽乡村。

“群山逶迤聚贵气，千年蛟龙腾空起，干群凝心谋发展，东龙古貌换新颜”，它正以豪迈的气概和博大的胸襟拥抱四海宾朋，展望美好的明天！

东里一望——百间大屋

宁都县政法委

宁都县委书记王四华（左）向省委常委、政法委书记周萌（中）和赣州市委常委、政法委书记马玉福（右）汇报工作

宁都县委常委、政法委书记温生平（右）在乡镇指导政法工作

宁都县政法委副书记、综治办主任张玉生在全县综治工作会议上讲话

宁都县位于江西省东南部，赣州市北部，是个地域和人口大县，人民群众思维活跃，社情民意较为复杂，政法工作任务繁重。近年来，宁都县在省委、市委和省、市政法委的坚强领导和精心指导下，大力开展平安宁都创建活动，深化平安宁都建设，加强和创新社会管理，狠抓社会矛盾化解，依法打击违法犯罪，大力整治社会治安，夯实基层基础，人民群众安全感和满意度不断提升，全县社会大局持续稳定。行业矛盾纠纷调处工作经验做法在全省推广，并被2009年中国社会治安综合治理年鉴收录。2005年来连续七年被评为全省平安县，2008～2011年连续四年被赣州市评为社会治安综合治理和平安赣州建设先进县，2012年被评为2008～2012年度全省社会管理综合治理先进集体。

2008—2012年度全省社会管理综合治理

先进集体

江西省人力资源和社会保障厅
江西省社会管理综合治理委员会办公室
二〇一二年九月

2010年江西省综治办主任会议在宁都召开

宁都县人民法院公开宣判大会

宁都县公安局交通管理大队

县委书纪王四华在县交管大队指导工作

规范化执法比赛

宁都县公安局交通管理大队坐落于县城梅江镇河东路21号。现任大队长詹世聪（县公安局党委副书记、副局长）。大队内设办公室、宣教科、财务科、信息中心、秩序科、车管科、违法处理中心7个内设科室和梅江中队、事故处理、公路巡逻一、二、三中队、对坊中队、固厚中队、石上中队、黄陂中队、洛口中队等11个中队。大队现有民警职工72人，交通协管员160人，担负全县5900多公里国道、省道、县乡村道路的交通安全管理、交通事故处理工作，以及11万多辆机动车、12万多名驾驶人员的日常管理和全县80多万群众的交通安全宣传教育。

近年来，宁都县公安局交通管理大队在县委、县政府和上级公安机关的正确领导下，牢固树立“交警就是服务、百姓利益至上”的理念，紧紧围绕“降事故、保安全、促畅通”的工作目标，团结拼搏、求真务实、艰苦奋斗，大力开展客运交通安全、学生和校车交通安全、城市交通秩序和严重交通违法行为等专项整治活动，严查严处无证驾驶、超员、超速、酒后驾驶等严重违法行为，道路交通秩序不断好转；多形式开展交通安全宣传，普及群众交通安全常识，交通宣传作品连续三年获得公安部交管局奖励；加强科技应用，加大对事故逃逸案件的侦破力度，做到命案必破，为构建和谐宁都，服务全民创业大局，促进经济社会发展营造了良好的道路交通环境。2012年大队荣立集体三等功。

大队长詹世聪现场指挥重大交通事故抢救

深入山区公路执勤

执法宣传

宁都县公安局梅江派出所

宁都县政府副县长、公安局局长程金山在梅江派出所督导工作

宁都县公安局副政委、梅江派出所所长　张伍生

宁都县公安局梅江派出所辖区是县城所在地——梅江镇，辖区面积210平方公里，常住人口7.2万户，16.3万人，流动人口数万人，村委会25个，居委会8个，行政、企事业单位500多家，商业网点千余家。派出所现有警力35人，其中大学学历34人。

梅江派出所支委一班人在县委、县政府和公安局党委的正确领导下，带领全所民警按照“维护党的利益，打击防范并举，合理整合警力，科学管理队伍，建立绩效机制，热情服务群众”的工作理念，创造性地开展公安工作，维护辖区的和谐稳定，为县域经济的发展保驾护航。三年来，梅江派出所共接处警16956起，破获辖区各类刑事案件367起，挽回群众直接经济利益200余万元，查处治安行政案件2618起，抓获处理辖区违法犯罪人员1716人，调处矛盾纠纷6211起，其中征地拆迁、阻扰施工、医疗纠纷、信访缠访和非正常死亡引发的群体性事件160余起，救助伤员336人次，救助群众1905人次。窗口服务接待办事群众15万余人次。梅江派出所连续三年被评为全县公安机关“严打整治、队伍建设、基层基础”先进单位，先后被评为全县优秀基层党支部、全县尊师重教先进单位、全市消防先进派出所、全省青少年维权先进单位，荣立“集体三等功”，被公安部评为“一级派出所”。

“三送”工作干部慰问群众

窗口微笑服务

荣立集体三等功

宁都县新农村建设办公室

宁都县农工部部长郭兴邦陪同省新村办副主任王志在青塘调研

长胜—琴江社区

梅江镇新村点一角

近年来，宁都县委、县政府围绕实现农业大县向农业强县转变，实施“一园八区十板块”现代农业示范区发展规划，加快发展粮食、黄鸡、脐橙、油茶等主导产业和烟叶、茶叶、鱼苗等区域特色产业，“宁都黄鸡”被认定为中国驰名商标，“四大家鱼”良种繁殖场晋升为省级水产良种场。全县产值超亿元的农业产业达到7个，规模以上农业龙头企业达56家，全县农民专业合作社达145家。农村面貌焕然一新，2004年以来，全县累计建设省扶新农村建设点1184个，投入资金2.1亿元，受益农户5.8万户；宁都县多次被评为省市新农村建设工作先进县。2012年开始，充分利用赣南苏区振兴发展契机，大力开展农村危旧土坯房改造，实现开工改造农村危旧土坯房2.87万户，竣工2.1万户；农村危旧土坯房改造工作在中央电视台、江西日报头版头条进行了宣传报道。

大岭园林新村

新农村建设点洋江坝

宁都县农业和粮食局

宁都县农业和粮食局局长　曾晓青

宁都县农业和粮食局组建于2010年8月，全系统共有职工478人，在职职工362人，退休116人，其中具有高级职称34人（含3名研究员）。

近年来，宁都县农业和粮食局紧紧围绕“稳粮保供给、增收惠民生、改革促统筹、强基增后劲”的工作思路，大力调整农业产业结构，加强农产品质量安全监管，积极推进农业产业化、现代化发展，为宁都农村稳定、农业增效、农民增收做出了重要贡献，多项工作被部、省、市、县评为先进，受到表彰。2006～2012年，共获国家农业部和省、市、县各类奖项155个，其中部级奖项6个、省级奖项58个、市级奖项37个、县级奖项54个。

全县农业产业特色明显，形成了优质水稻、宁都黄鸡、双孢蘑菇三大农业主导产业以及水稻制种、生猪、水产、白莲、西瓜、席草、烟叶、蔬菜、蚕桑等十大区域特色产业为主的“3+10”农业产业发展格局。粮食生产面积常年稳定在105万亩左右，总产8亿斤，每年向国家提供商品粮22万吨。2004～2009年，连续六年被评为“全省粮食生产先进县”，2006年、2012年被评为“全国粮食生产先进县”。宁都黄鸡是江西省著名的优良地方肉用鸡种、宝贵的家禽品种资源，列入《江西省畜禽品种志》，2002年获江西省畜禽新品种证书，2005年获国家工商总局注册商标，2008年获国家农业部无公害农产品证书，2009年获江西省著名商标、赣州市知名商标，2010年通过农业部地理标志认证，2012年获中国驰名商标。单一鸡种出笼数量和水产业“四大家鱼”苗种年繁殖数量分别位居全省第一，杂交水稻制种面积和产量全省第二。

埃及、肯尼亚、马里、尼日利亚、赞比亚等非洲国家的农业官员和专家赴宁都县参观考察杂交水稻制种基地，学习先进杂交水稻制种技术

宁都黄鸡

2012年12月宁都黄鸡注册为中国驰名商标

宁都县粮食流通服务中心

县委书记王四华（中）在江西丰泽米业有限公司指导工作

宁都粮食流动服务中心主任
宁都县农业和粮食局党总支书记 张炳生

宁都县粮食流通服务中心成立于2010年7月，其前身是原宁都县粮食局。全系统现有干部职工138人，下辖19个粮管所和江西丰泽米业有限公司、粮食再就业服务中心。该单位在主任张炳生的领导下，团结和带领全系统粮食干部职工解放思想，奋勇争先。一是攻坚克难推动粮企改革，全县粮食系统置换职工身份1591人。二是开拓创新发展粮食产业，采取“公司＋基地＋农民专业合作社＋农户”的订单模式，发展优质稻生产，十年累计推广优质稻200多万亩，促进农民在同等投入的情况下比种常规稻增收4亿元以上；新建标准化、现代化、规模化粮食仓库1亿斤，新建厂房5座，综合大楼1栋，实现了省级储备粮和县城市应急储备粮集中规范管理和粮油工业做大做强，重点培育了江西丰泽米业有限公司和江西惠大实业有限公司等两个农业产业化省级龙头企业，培育了县粮食收储公司为农业产业化市级龙头企业，打造出“翠田”牌大米为江西省放心粮油、中国放心米、江西省著名商标等品牌称号。该单位连续多年被评为全省和全市粮食工作先进单位；2005年被国家粮食局评为全国粮食流通监督检查先进单位；2008年被赣州市委、市政府评为民主评议政风行风工作先进单位；2012年被授予赣州市第七届市级文明单位。

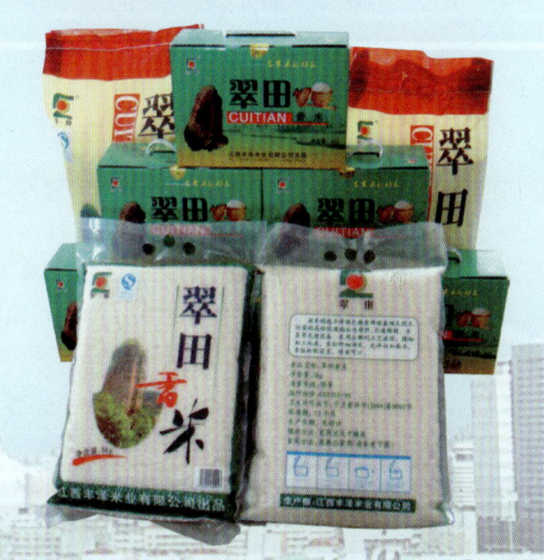

江西省著名商标“翠田牌”优质大米

宁都县优质稻示范基地
推广品种：外引七号
推广面积：6000亩
基地建设地点：黄石镇大岭村
推广单位：江西丰泽米业有限公司

宁都县对坊乡

党委书记温英俊（左二）在加工橙基地指导

对坊乡地处宁都县最南端，总面积142.43平方公里，总人口2.8万人。该乡充分把握赣南苏区振兴发展的历史机遇，认真谋划新建自来水厂、敬老院和东风大道三件大事，大力强化民生建设和产业建设。争取项目资金1200万元新建自来水厂和敬老院；投资110多万元完成了富康新村、对坊村等7个省扶新农村建设点；筹资870万元新建葛藤、营上、胡屋、半迳四所村级完小和中心小学教学大楼；筹资900万元完善交通、水利等基础设施建设；投资200万元兴建干部宿舍、文化活动中心和便民服务中心；争取国家产业扶持资金160万元，种植油茶1.2万亩，脐橙4000多亩。2012年，该乡经济及社会各项事业取得长足发展，获“全县民生工作三等奖”和“零上访先进乡”称号。

乡长黎江洪（中）在油茶基地了解生产情况

乡政府新貌

宁都县供销合作社

宁都县供销社主任　曹晓群

宁都县供销社班子成员研究工作

宁都县供销合作社下辖惠农农资连锁经营有限公司、昌泰烟花爆竹经营有限公司、再生资源连锁经营有限公司和社有资产经营管理公司，固村、洛口两个中心供销社及宁都县农产品经纪人协会。全系统共有经营网点554个，其中乡村农资连锁直营（加盟）店121个、废品回收连锁加盟店123个、烟花爆竹零售加盟店310个，农产品经纪人协会会员355人。

自2009年国务院和省、市人民政府关于加快供销合作社改革发展的系列文件出台以来，宁都县供销社新一届领导班子审时度势，集思广益，结合全县的实际和系统的现状，制定了“创新创业创特色，争先争优争项目”的总体发展思路。几年来，在上级供销社的关心和当地党委政府的支持下，经过全系统干部职工的不懈努力和顽强拼搏，在深化改革中确保了稳定，在开放办社中增强了活力，在创新经营中谋取了发展，在服务三农中显现了作用，取得了“两个效益”共提升、“两个文明”双丰收的可喜成绩，被省人社厅、省供销社联合授予“先进集体”称号，获省供销社“争先创优一等奖”；多次被市供销社授予“综合业绩考评一等奖”“争先创优特等奖”“综合考评先进单位”“项目建设先进单位”“宣传信息工作先进单位”称号；多次被县委、县政府授予“信访工作”“安全生产”“综合治理”“党建工作”“农村清洁工程”“机关效能”“整治创建活动”“平安宁都建设”和“三送”工作等先进单位称号。

宁都县供销社“三送”工作领导向固村镇格口村赠送6.2吨复合肥

宁都县体育局

宁都县体育局局长　上官永东

体操比赛

宁都县体育局在县委、县政府的正确领导下，以“发展人民体育事业，增强人民体质”为己任，以“积极参赛，勇于夺冠”，努力打造“乒乓球”之乡为目标。近年来，体育局一班人，团结协作、勤奋工作，迎难而上，扬长避短，扬优成势，全方位开展形式多样的体育活动，赛事开展异彩纷呈，如火如荼，群众体育空前活跃，竞技体育捷报频传，体育产业发展强劲，场馆建设前景喜人，体育宣传家喻户晓。形成强大的凝聚力和战斗力，各项工作攻坚克难，奋勇争先，取得了骄人的业绩：2011年赣州市第三届运动会硕果累累，获金牌41枚，银牌11枚，铜牌29枚，金牌总数全市第二名。江西省青少年乒乓球锦标赛，刘从越等4名运动员获前4名好成绩；江西省第五届县（市、区）田径运动会，李强获12～13岁男子组跳远第六名；赣州市第九届“英东杯”中学生田径运动会，团体总分列全市第六名；中国第二届“联通杯”乒乓球挑战赛江西赣州赛区比赛，傅乐生获46～60岁单打第三名；在各级各类比赛中有100人次获奖。近年来，体育彩票销售突破1亿元，获公益金超千万元。为省市体校输送人才60多名；为2个乡镇和10个行政村农民健身工程，为固村镇争取第十五批全民健身路径一套，共计项目资金60余万元。

辛勤的汗水赢得上级的肯定和表彰：被国家体育总局评为2011年度“民族传统推广优秀奖”；被省体育局评为“2010年度群众体育先进单位”，2011年度全省体育彩票“销量贡献奖”“市场贡献奖”“销量进步奖”“即开工作优秀奖”；被赣州市体育局评为2010年度“体育工作综合先进单位”“体育宣传先进单位”“体育后备人才输送先进单位”“国民体质监测先进单位”，2011年度“体育工作综合先进单位”“体育宣传先进单位”“群众体育先进单位”“竞技体育先进单位”“体育后备人才输送先进单位”，获赣州市第三届运动会“金牌总数第二名、团体总分第四名”。

11月26日，由国家体育总局主办、宁都县承办的“中国体育彩票”赣南等原中央苏区国民体育监测健康万里行活动“红色印迹”即开彩票宁都推广仪式在县城举行，江西籍奥运冠军杨文军、金紫薇，县委书记王四华等参加启动仪式

宁都县广播电影电视新闻中心

宁都县委宣传部副部长
文广局党总支书记、广电新闻中心主任 郭能

宁都县广播电影电视新闻中心下辖电视台、电台、发射台、八五三台、电影管理站等机构，全系统有干部职工120人。宁都电视台设有新闻综合频道、经济生活频道等自办电视节目；宁都县广播电台有两套广播频率，建设完成了县级广播播控平台；县发射台承担了宁都县本地广播电视节目及中央、省级广播电视节目（即4+2工程）的无线覆盖任务，无线发射机总功率达13.6千瓦，城区数字电视整转基本完成；农村电影放映每年达到4890多场次；圆满完成广播电视“村村通”工程建设任务。近年来，先后播发反映县委、县政府中心工作的广播、电视新闻（专题）节目3766条（期），为全县经济社会发展提供了强大的舆论支持。自采的广播电视新闻在中央台播出36条，江西台133条，赣州台1500多条。大大提升了宁都在外的知名度和影响力。

近年来，广播电影电视新闻中心先后荣获全市“宣传思想工作先进集体”“事业建设先进单位”和全县“推进赣南苏区振兴发展工作先进单位”“零上访先进单位”等称号。2013年11月，被中共中央宣传部、文化部、国家新闻出版广电总局评为“第五届全国服务农民、服务基层文化建设先进集体”。

目前，宁都广播影视系统正大力践行“崇文、怀德、开放、致远”宁都精神，按照“聚合发展正能量、树立广电新形象”的总体要求，进一步凝心聚力，求真务实，以优良的作风奋力开创广播影视工作新局面。

“三送”工作队在农户家了解情况

“三贴近”（贴近实际、贴近生活 、贴近群众）采访活动

广播电视“村村通”优质服务

2013年11月，被中共中央宣传部、文化部、国家新闻出版广电总局评为“第五届全国服务农民、服务基层文化建设先进集体”

宁都县城管局

宁都县城市管理局于2007年1月成立。近年来，该局紧扣全面提升城市品位工作目标，大力开展中心城区治脏、治乱、治堵，强力推进市政基础设施建设，科学创新城市管理机制。如今整个县城呈现出卫生、整洁、有序、畅通、美化、绿化、亮化，街道两旁绿树成荫、主要路段鲜花争艳，人均绿化面积达12.61平方米，各类投光灯、景观灯、照射灯、水口塔景观灯等几十处灯光异彩纷呈，城市道路亮灯率达98%以上，“美景宁都州，不夜宁都城”，夜景令人陶醉。在以黄建生为局长的新班子带领下，管理机制创新科学，服务水平优质高效，干部队伍积极向上，“创一流服务水平，争一流工作业绩”蔚然成风，城市品位的提升，干部职工的优质服务，赢得广大市民称赞和上级的肯定与表彰。2012年，被县评为推进赣南苏区振兴发展工作先进单位，“送政策、送温暖、送服务”工作先进单位，社会管理综合治理工作先进单位；曾多次被市局评为目标考评先进单位。

县城一角的绿化

县城翠微广场的美化

宁都县第三中学

宁都三中校长　宋文来

宁都三中是一所省重点建设中学。学校创办于1998年8月，2006年8月升格为县直属一级事业单位，2011年8月全县进行教学网点优化调整，学校高中部整体剥离至宁师中学，县委、县政府将宁都三中定位为县优质精品初级中学。学校占地面积8.52万平方米，其中校舍建筑面积3.15万平方米；现有82个教学班级，在校学生5300多人。

学校现有教职工252人，其中中学高级教师92人，中学一级教师103人；省优秀班主任1人，省骨干教师6人，市骨干教师15人，市优秀教育工作者5人，市优秀班主任2人，市“十佳”优秀班主任1人，县骨干教师42人。学校教师队伍学历层次高，业务素质过硬，师德高尚，结构合理。

学校地处县城金盆开发区，西面临山，东靠县城三环路，交通便利，环境宜人。学校现有教学楼6栋，含标准教室112间，教学实验楼1栋，图书馆1栋（藏书10万余册）；建有微机室3个，多媒体教室2个，语音室1个，实验室5个（物理2个、化学2个、生物1个），安装了校园宽带网和一线通广播系统，校园“天眼”工程覆盖全校。现代教育初具规模，为学生全面发展创造了坚实的物质基础。

校领导班子成员，左起：陈许生、宁坚、杨元俊、宋文来、谢春生、饶俊、陈平

办校14年来，学校始终本着办人民满意教育为宗旨，秉承“以学校发展为本，为学生未来奠基”的办学理念，真抓实干，开拓进取，各项工作均取得较好成绩。2010年中考上重点线人数180人，2011年265人，2012年188人，成功实现连续11年中考上重点高中人数居全县第一的骄人成绩。由于成绩突出，先后获得“中国西部教育顾问单位”“市人民群众满意学校”“市教学质量先进单位”“县综治工作年终考评先进单位”“县教育工作先进单位”等60多项荣誉。

学校全貌

当代文人张文生

张文生

张文生，男，1966年9月出生（三胞胎，弟张红生，妹张罗秀），1989年1月加入中国共产党。1997年12月江西师范大学中文专业毕业，在职大学学历。中学二级教师。系中华当代文学学会理事，中国文学名家协会理事，中华文学艺术家协会会员，中国散文家协会会员，国际中华诗词协会会员，江西省诗词协会会员，赣州市作家协会会员。

1986年9月参加工作，历任大岭小学教师、黄石中学教师，青塘镇人大秘书、宣传干事、农民技校副校长，宁都县委宣传部报道员，竹笮乡党委宣传委员，田埠乡党委委员、常务副乡长。现任田埠乡党委委员、纪委书记。

1997年3月以来，在《人民日报》《农民日报》《江西日报》《江西青年报》《信息日报》《江南都市报》《妇女之声报》《赣南日报》《赣州晚报》《学习与宣传》《党风廉政月刊》《老区建设》《诗词世界》，中央人民广播电台、江西人民广播电台等市以上报刊电台发表消息、通讯、报告文学、新闻特写、新闻图片、散文、散文诗和诗歌1100余篇（条）。其诗歌入选《中华六十年诗人大典》和《建国六十周年国庆献礼》诗集。连续5年被评为全县优秀报道员，四次获全县宣传思想工作先进个人。2000年和2001年分别获赣州市委宣传部、赣州市广播电视局、《赣南日报》社主办的全市通讯员评比二等奖和三等奖。2003年被评为市优秀党史宣传员。2008年8月，荣获"诗约京华"诗词笔会金奖。2009年和2010年分别荣获宁都县第一届、第二届"翠微之春"文化艺术节诗歌、散文比赛二等奖和三等奖。2009年6月在"天籁杯"第六届中华诗词大赛中被评为"中华诗词精英"奖，被《诗词世界》杂志社、中华当代文学会"天籁杯"中华词大赛组委会联合授予"中国文学六十年杰出诗词艺术家"称号。2009年8月在和谐文化之旅全国诗书画大赛中荣获一等奖。2011年《岳阳颂》荣获首届中华诗词踏春行二等奖。2012年被评为县优秀党务工作者。

宁都赋

○张文生

三国嘉禾建县，回首逵千年，翠微傲骨惊九天，金精美女已成仙，历史寻遍，唐宋科举盛，一县二状元，独领风骚冠赣南。

清初散文凸现，三大家领袖风范，魏禧名扬文坛，著《大铁锥传》，荆轲刺秦王，扬英雄虎胆。

勘舆源，宗师救贫杨依瞻，桃李遍赣南。

阳都与之聪慧贤，威智抗金丧倭胆，保边关，悦龙颜，拜右丞，力辞婉，德品垂范。

几度战乱，中原汉民迁徙到江南，客家祖地荣光闪，麻田光稠义揭杆，御敌保赣南，世代赞。

唐东平侯孙诩，奉旨征战，南蛮定，居宁都，枕万年马家仙山，三十六代出中山，革命先行义无返，倡导三民人心安，封建帝制倾刻翻，独尊国父，代代瞻。

蒋家王朝独裁专，民陷水火如深渊，星星之火成燎原，宁都起义震敌胆，红旗展，反围剿游击战，前头活捉张辉赞，齐声唤。

局势暗，急转战，长征路漫漫，雪山草地多艰险，万名英烈血飞溅，共铸红色江山。

改革利斧陋习斩，联产大包干，百姓吃饱饭，十万黄鸡下广州，百万西瓜俏东莞，醉人三甲酒，飘香小布岩（茶），脐橙冠江南。

高考赛场选能贤，勇夺魁十连冠，学子廖海军，江西文科状元郎，文乡诗国青胜蓝，俊才辈出似泉源，各地商政领头雁，光热照人寰。

天鹅星座新星见，民师段元星，肉眼杆窥早发现，天文奇才，世界齐震憾！

沙斯发奇难，生存大考验，科学出利剑，管秩铁肩担。

千年古村东龙现，百间大屋称奇观，宗祠布山间，中外游人皆赞叹！学子李罗敏，癸巳年喜夺魁，赣州文科状元。

民俗之乡非凡，西厢龙舟搏狂澜，马头、曾坊桥梆动、七彩烟花闹天空，石上喜割鸡，鸣爆放铳，洛口竹篙火龙，酷似繁星耀苍穹，中村傩舞，古步、剑法、说唱，堪称当代音乐歌舞之宗。

奇峰秀、绿如蓝、接天凌云山，泉涌瀑如练，赣江源。

沃野广，田畴袤，鱼米香，站埠忙，昌厦，鹰瑞—石吉—济广，入闽进粤出港，赣南粮仓，四海名扬。

弹指一挥间，桃李烂漫，金盆广厦接蓝天，泛华国际福泽苑，天鼎入云端，京都豪庭气如轩，清华名府跃龙门，天赐龙港聚宝滩，无限风光龙溪湾，风水宝地气不凡，蔚为壮观，鳞次栉比千万间，城建美如画，百姓俱欢颜。

宝塔荧光闪，登峰夜阑珊，莲花千嶂卷，梅琴水潺潺，天上人间。

部委对接快发展，县城经济搞试验，苏区振兴梦璀璨。

四化战略成效见，宁静致远水云间，五个宁都宏图展，都和民安百姓赞。

农民书法艺术家黄才茂

书法艺术家　黄才茂

黄才茂，1953年8月出生，男，汉族，江西省宁都县长胜镇长胜村人，企业家、农民书法艺术家，擅长篆书、榜书，江西省书法家协会会员，香港国际中国书法家协会名誉主席，中国书画学会会员，书法作品多次在省内外参展参赛并获奖。

他自幼酷爱书法，耕作之余钻研书法，书法艺术炉火纯青。其书法作品在伟人颂·纪念毛泽东"论实事求是"发表70周年全国书画大赛获奖，入选《中国当代书画名家妙墨集锦》。2007年8月，"百龙图"参加中国书画函授大学书画家协会、外交部老年书画研究会、中国人民解放军军事科学院老年大学等10家书画家协会联合举办的"纪念中国人民解放军建军八十周年书画联展"，载入《纪念中国人民解放军建军八十周年书画作品集》画册，并荣获一等奖。

他尤其擅长书写"福"字，"五福图""百福图""万福图"书写艺术美妙绝伦。其"百福图"2008年发表于《化州书画院》报，2009年被北京恒润中泰书画院永久收藏。2009年8月，"百福图"参加第四届加拿大中华诗书画大展获创作二等奖，在庆祝建国60周年《请福聚福送福得福》全国书法大典荣获"万福金奖"。

"福"字图　联系电话：13177792919

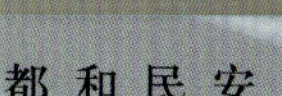

都和民安

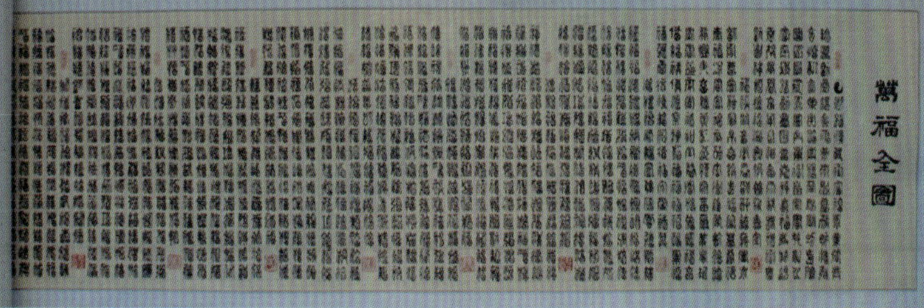

宁静致远

宁都县博物馆

宁都县博物馆馆长　郭跃峰

近年来，宁都县博物馆立足县情，找准定位，各项工作呈现蓬勃发展的喜人局面。现有馆藏珍贵文物900余件，全国重点文物保护单位2处，江西省文物保护单位9处，宁都县文物保护单位76处。

苏区摇篮树品牌。以宁都起义纪念馆为龙头，发挥总参三部爱国主义教育基地、江西省爱国主义教育基地、中国井冈山干部学院现场教学点作用，利用“纪念宁都起义80周年”“中央苏区反‘围剿’战争纪念馆”建设，大力传承苏区文化，弘扬苏区精神，实现年参观人数逐年攀升。

文物保护创佳绩。2013年5月，小布中共苏区中央局旧址列为第七批全国重点文物保护单位。黄石璜村牌坊群和大沽“旸霁红一方面军总部旧址”，入选江西省第三次全国文物普查“百大”新发现。

信息网络开新模。跳出博物馆传统管理模式，实现馆藏珍贵文物从账簿管理到数据库信息化管理的跨越。创建“网上博物馆”，充分利用文物普查成果，制作《追祖寻宝——宁都县第三次全国文物普查》，让全社会认识文物，了解文物，保护文物。

科研领域结硕果。先后有一批高质量的论文在《文物工作》《中国井冈山干部学院学报》《党史文苑》《南方文物》等国家和省级专业杂志上发表及在全国性学术研讨会获奖。

小布中共苏区中央局旧址

黄石璜村“祠堂村牌坊群”

红色文化进营区

纪念宁都起义80周年大会

宁都县公共资源交易中心

宁都县公共资源交易中心主任　赖传珍

宁都县招投标中心于2005年12月16日组建运行，2011年2月18日更名为宁都县公共资源交易中心，内设综合部、业务一部、业务二部，有工作人员9名。中心是集中进行各类招标投标交易活动的有形市场，为工程建设项目招标投标交易提供场所、信息和服务；为政府采购发布信息、办理政府采购事宜；为产权交易发布信息、提供咨询、实施交易；为国有土地使用权招标拍卖挂牌出让交易发布信息、提供咨询、实施交易；承担政府赋予的其他职能。

中心位于县城翠微广场北路（行政服务中心大楼二楼），2007年以来，采取和运用现代科技系统、科技手段，确保招投标工作客观、公平、公正。

2006年1月至2013年12月，中心共受理各类交易项目2154个，成交总额达44.96亿元，为政府或业主节资增效12.02亿元。其中：工程建设项目交易中标金额24.94亿元，比预算节约投资2.66亿元；政府采购中标金额3.83亿元，比预算节约资金0.46亿元；国有集体产权交易成交额2.8亿元，高出起拍价0.95亿元；国有建设用地使用权出让成交金额13.39亿元，高出起拍价7.95亿元。同时，中心在2007年、2008年、2011年、2012年分别被赣州市人民政府和赣州市公共资源交易市场管理委员会评为“先进交易中心”。

国有资产拍卖会现场

宁都县公共资源交易中心办公楼

工程建设项目招标现场

专家评审现场

宁都县田头初级中学

校领导，左起：胡金文（副校长）、黄南丰（校长）、宋明生（副校长）、曾其富（副校长）

田头中学，是宁都县农村初级中学中规模较大的一所学校。学校地处宁都县田头镇边斜村委会南布自然村，占地面积4.1万平方米，其中校舍面积近2万平方米。校园古树参天，环境优美，教学设施齐备，是学生求学的好地方。

学校创办于1973年，现有教学班22个，学生1400余名，教职工70余名，其中高级教师14名，一级教师32名。教师队伍稳定，爱岗敬业，师德高尚，业务精熟。学生思想健康，遵纪守法，勤奋好学。

学校秉承“以德为先，育人为本”的办学宗旨，自觉执行党和国家的教育方针政策，把促进每个学生的健康成长作为学校一切工作的出发点和落脚点；注重教育内涵发展，始终把提高教育质量放在重要位置，促进学生全面发展放在首位。

三年来，学校在上级教育主管部门及当地政府的领导下，坚持正确的办学方针，结合学校自身实际情况，以“办人民满意学校，做人民满意学校”为目标，不断改善办学条件，狠抓学校育人环境建设和教学工作管理，促进了良好班风、校风、教风、学风的形成。如今，学生思想健康，勤奋好学；教师工作认真，为人师表；教学质量稳步上升，成绩喜人。

2012～2013学年度，中考成绩名列农村中学前列，其中九（1）班学生温名聪夺得全县中考状元。学校教学质量综合目标评估考评名列全县前列。

“团结、勤奋、求实、进取”，田头中学正以昂扬的姿态蓬勃发展！

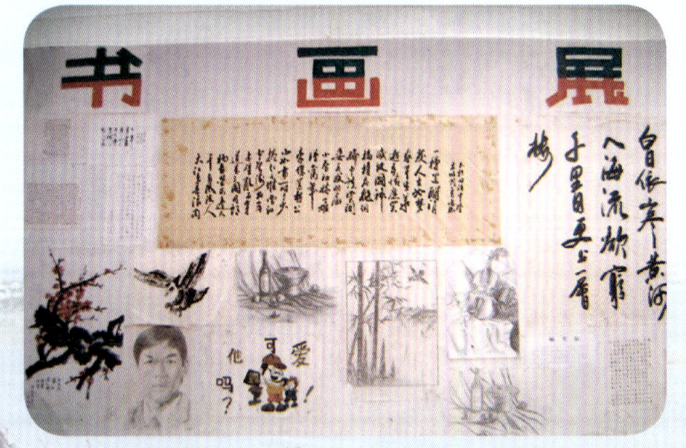

体操比赛

校文宣队

宁都县会同乡南坑村

南坑村党支部书记、村委会主任　陈海生

南坑村地处会同乡东南部，土地面积占会同乡四分之一。有耕地4987亩，山地7.9万亩。辖31个村小组，1246户，3867人，其中有中共党员63名，村干部6名。是国定贫困村。

该村党支部、村委会一班人，贯彻执行党的扶贫政策，创新工作方法，寻找最佳脱贫致富路子，瞄准种养和劳务输出脱贫途径。近年来，该村成立风顺黄鸡专业合作社，发展养鸡专业户46户，每年出栏黄鸡5万多羽，年销售额达1500多万元；发展养殖100头生猪以上的养猪专业户40多户，年出栏200头生猪以上专业户2户，年销售额达880多万元；种植白莲900亩，西瓜1400亩，香芋700亩；有序组织劳务输出，每年输出劳力1500人以上，农民人均纯收入连年攀升。积极向上级争资、向村民筹资改善基础设施建设，近年来，投资450多万元修通村组公路20多公里，投入35万元兴建水陂和农民饮水等工程。

结合苏区振兴农村危旧土坯房改造工程，危改户每户国家补助1.5万元，有10余户低保户或红军烈属等特殊群体每户补助2万元，上级投入新农村建设资金20万元，总投资300多万元的王沙一组、二组113户全部改造竣工。

南坑村2010年被宁都县委评为“先进党支部”，同年始连续三年获“全乡综合目标考评第一名”，近10年为”零上访村”。

南坑村一角

南坑白莲

宁都黄鸡

宁都县梅江镇背村村

背村村党支部书记曾小玲和市“三送”工作队员民情家访

背村村农民运动会拔河比赛

背村地处宁都县城郊，至县城1公里，土地面积8平方公里。辖12个村小组，6个自然村，总人口3381人，其中有中共党员48人。耕地面积1003亩，山林面积2300亩。

背村比邻江西著名旅游景点国家森林公园翠微峰，村内八风台风景可与翠微峰媲美，景内开发了旅游度假村。气势雄伟的“中央苏区反围剿战争纪念馆”建在该村，红色旅游和绿色旅游交相辉映，大大提升了该村的活力和品位，正在修建的昌宁高速公路穿村而过，交通区位优势凸显。

该村主导产业是水稻制种和脐橙种植，农民收入主要来源于县城务工和承揽工程，该村1045户已拥有小轿车200多辆，是宁都县较早跨入小康生活的村。

该村党支部和村委会团结拼搏，勤奋为民，取得骄人业绩。2010年被宁都县委县政府评为新农村建设“先进村”，同年12月被中国计生协会评为“全国计划生育协会先进单位”，2010～2012年连续3年被宁都县委评为“先进基层党组织”。

风景秀丽的西丽湖

村民观看文艺演出

宁都县梅江镇西厢村

西厢村党支部书记　卢三生

西厢村委会主任　沙东生

西厢村地处县城中心西、南两大门，下辖 17 个村民小组，有农业户 910 户，农业人口 2764 人。有中共党员 58 名。

随着城市开发建设，耕地、鱼塘基本征用，村党支部、村委会抓住机遇充分发挥党员干部的作用，依托处在县城的地理优势，谋划村集体利益，为民办好事、办实事，积极引导村民发展二、三产业和闯市场，全村从事摩托车出租、商饮、建筑、运输、物流、加工及外出务工等从业人员达 80%。农民收入逐年提高。

村集体经济稳步增长。2000 年以来，村投入资金建成西厢大厦、登峰大道南门综合大楼、登峰二期西厢村委会综合办公楼、环西南路店面，有西厢大厦酒店、金叶子酒楼、环西路商务宾馆、红日音像店、天天旅社、香格里拉连锁宾馆等企业。村集体固定资产达千万元，每年村集体经济收入突破 40 万元。社区功能配套齐全，2000 年以来新建村民活动中心 3 处（西门、南门、花园村活动中心）。有较为完善的龙舟队和舞龙队。

村班子团结协作，干部群众同心同德，各项工作取得骄人业绩：1997 年参加赣州市"龙舟赛"获第一名，1998 年参加全省首届"龙舟赛"获第一名，1999 年参加华东六省"龙舟赛"获第八名，2000 年参加第四届全国农运会获优胜奖，2001 年起连续十年被县委评为"先进基层党组织"，2005 年被评为"全国计生协会先进单位"，2007～2008 年被评为全市"先进党组织"，2009 年被评为"全县突出科学发展观学习教育活动先进基层单位"，2012 年被县委评为"先进基层党组织"，同年被评为江西省农村党员干部现代远程教育终端接收站点"五星级"单位。

村党支部和村委会干部在研究工作

村龙狮队合影

宁都县梅江防保站

梅江防保站站长　杨发生

梅江防保站是集预防传染病、儿童计划免疫、母婴保健、健康教育和咨询、婴儿喂养指导语健康监测生长发育评估为一体的保健机构。配有先进的监测设备，拥有经验丰富的专业技术人员，可进行疫苗接种，防治常见病、慢性病和传染病，提供产前产后等服务。防保站实行全年无双休日、无节假日工作制，随时为市民提供优质服务。

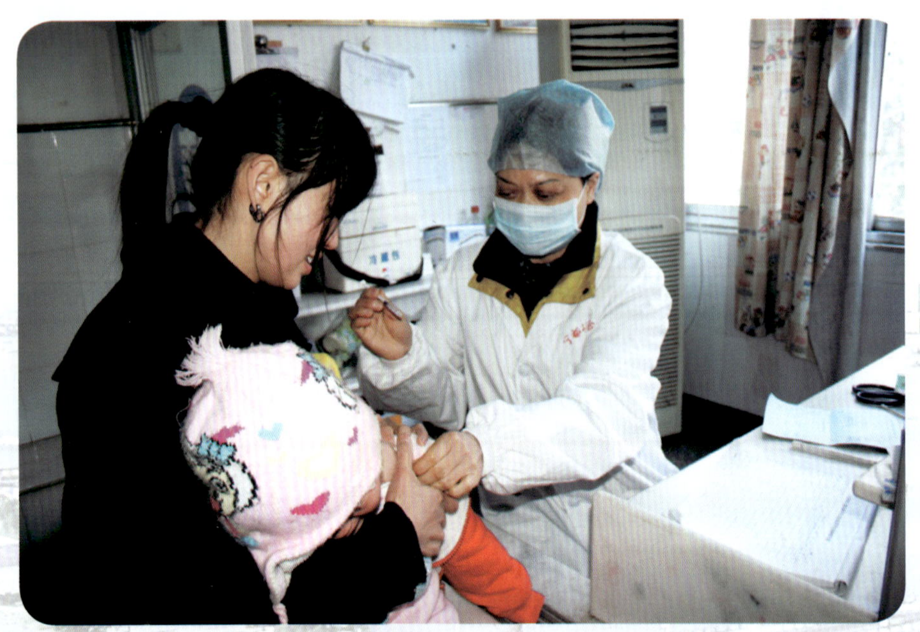

医护人员为婴儿接种疫苗

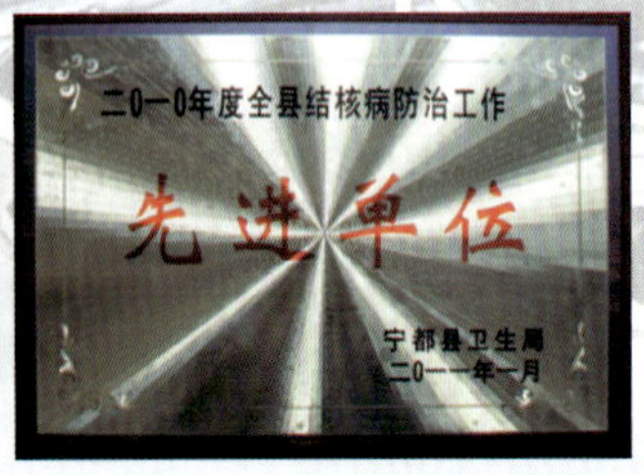

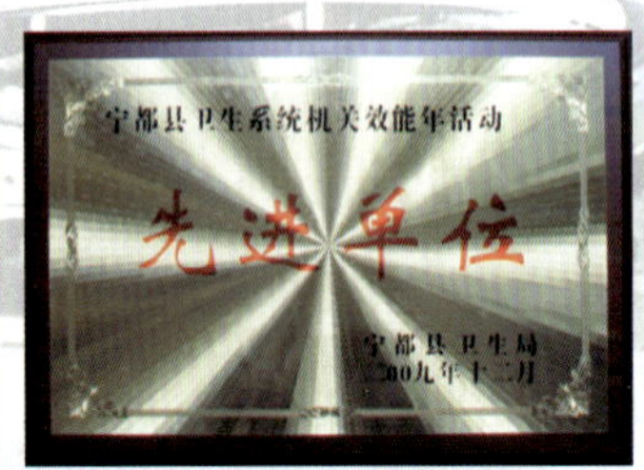

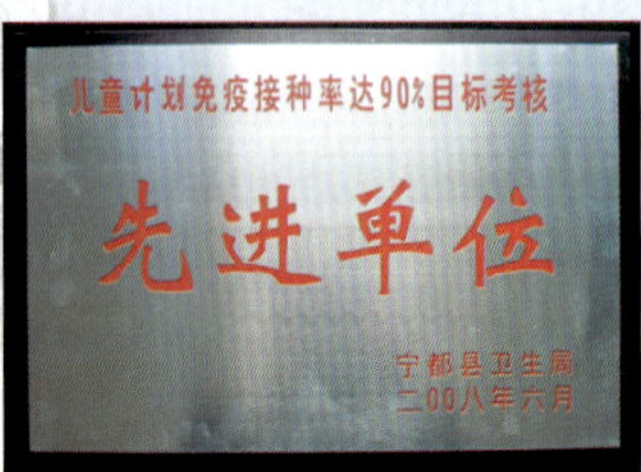

教 育

本栏编辑 詹跃华

综 述

2012年,全省教育系统深入贯彻全教会和教育规划纲要精神,围绕进一步提高"五率"(义务教育巩固率、高中阶段教育普及率、职业教育就业率、高等教育贡献率和人民群众满意率)的阶段性工作要求、提升"五乐"(学生乐学、教师乐教、学校乐办、家长乐意、社会乐助)的战略性工作目标,先后召开全省教育工作会、高校工作座谈会、基础教育工作座谈会、高校创新管理工作会等会议,团结进取,扎实工作,教育投入持续增长,教育结构渐趋合理,教育质量明显提升,教育公平迈出坚实步伐。

【《江西省教育事业发展"十二五"规划》颁布实施】 在充分调研、广泛征求意见,并经八易其稿、审议完善的基础上,经省政府同意,10月25日,省发改委、省教育厅正式印发《江西省教育事业发展"十二五"规划》。《规划》明确到2015年,全省教育整体实力在中部地区排位靠前的具体目标任务,重点是推动财政性教育经费占生产总值4%目标落实并持续增长,推动教育改革试点项目取得实效,推动各级各类教育持续健康发展。《规划》的实施,将为江西省2020年基本实现教育现代化、基本形成学习型社会、进入人力资源强省行列的战略目标打下坚实基础。

【《江西省义务教育条例》正式施行】 2月1日,《江西省义务教育条例》正式施行。为抓好《条例》的学习宣传、贯彻实施,省政府于1月18日召开新闻发布会,省教育厅、省人大法工委、省人大法制委员会组织编写《〈江西省义务教育条例〉释义》,对《条例》的立法背景、立法宗旨和条文具体含义等进行详尽阐述,组织专家赴各地进行专题讲座。《条例》的施行,无论是对全省义务教育改革发展,还是对地方教育法制建设,都具有重大意义和深远影响。

【教育投入实现"4%、16%"两个目标】 2012年,省委、省政府为落实国家的分解目标任务要求,采取了加大教育投入的一系列政策措施,教育投入继续保持大幅增长的良好态势。全年全省教育经费达774.6亿元,比上年631.7亿元增长22.6%。财政性教育经费达647.8亿元,比上年503.7亿元增长28.6%,财政性教育经费支出占当年全省生产总值12948.5亿元的5%。地方财政教育支出占当年全省公共预算支出的16.8%,超过国家下达的任务。实现了"4%、16%"两个教育投入目标。

【全面深化教育体制改革】 2012年,围绕7项19个国家教育体制改革试点和10项省级教育体制改革试点,在区域规划编制、院校布局设置、高校章程建设、教师职称制度改革、异地高考改革、高考分类考试改革、民办教育发展专项资金等方面推出了系列重大政策和举措。年内,省政府与财政部、教育部签订了共建江西财经大学协议;与教育部签订了共建江西师范大学协议。至此,江西省省部共建高校达12所。全省教育改革稳步推进,一批重大改革试点项目正在积累经验,发展活力得到进一步激发。

【各级各类教育保障水平进一步提高】 2012年,落实义务教育小学生均500元/年、初中生均700元/年的生均公用经费标准,并继续对不足100人的农村小学和教学点按100人规模拨付公用经费。提高中专和技校的生均财政拨款标准。通过2008年以来的持续努力,累计提高中专和技校的生均财政拨款900元。提高高等学校的生均财政拨款标准。普通本科院校生均拨款从2009年底的4800元,提高到2012年的1.20万元。同时,大力推进高校债务化解工作,按照中央、省(市)、学校共同分担的原则,近两年安排化债资金112亿元,基本化解了现有公办普通高校债务,防范了高校债务风险。

【济困助学体系实现从幼儿园到研究生的全覆盖】 2012年,全省新启动了一批教育民生工程:启动营养餐改善计划,从2012年起每年安排6.3亿元为全省集中连片特困地区的93万名农村义务教育阶段学生提供每餐3元的营养膳食补助,改善农村学生营养状况;启动学前教育资助,投入2800万元资助全省普惠性幼儿园的家庭经济困难儿童、孤儿和残疾儿童;启动研究生教育资助,江西省由中央财政出资设立研究生国家奖学金,全年安排1297万元奖励表现优异的全日制研究生633人。继续做好各级各类教育资助工作,全省安排56.7亿元,为628万名义务教育阶段中小学生免除学杂费、免费提供教科书,为48.5万名家庭经济困难的寄宿生补助生活费；安排3.34亿元，资助普通高中家庭经济困难学生14.83万名，并为2.24万名考入大学的家庭经济困难学生发放每人5000元的一次性补助；安排6.74亿元，奖励、资助优秀大学生和家庭经济困难大学生20.61万人；积极寻求社会各界对学生的资助，全年社会捐助资金达1054.65万元，共资助5696人。全省的济困助学实现了从学前教育到高等教育各级各类教育的全覆盖。同时，近三年安排2.89亿元，用于奖补解决进城务工人员随迁子女接受义务教育较好的地区和学校；认真做好高校应届毕业生服义务兵役学费补偿代偿工作，全年为全省84所高校2845名毕业生发放补偿、代偿金额4012.09万元；生源地信用助学贷款发放4.76万元，受益学生7.96万人，县域覆盖率达100%。

【高校毕业生就业工作稳中有升】 2012年，围绕促进高校毕业生充分就业、体面就业、公平就业、安全就业的工作思路，全省高校毕业生就业工作机制进一步完善。积极拓宽就业渠道，全年举办13场分区域、分科类、分学历层次的全省性大型招聘会，8000余场中小型校园招聘会和“一对一”招聘会，邀请了3万余家用人单位进校招聘。不断创新招聘方式，通过政府组团招聘方式扩大岗位信息、提高岗位质量，与宁波保税区管委会，以及杭州、绍兴、昆山、赣州等地方政府、企业联合举办人才对接会，达成合作意向。稳步推进项目带动就业，继续实施选聘高校毕业生到村任职计划、三支一扶计划、农村特岗教师计划、西部计划等基层就业项目，以及高校毕业生入伍服义务兵役计划。创业引领就业成效明显，开展了就业创业报告宣讲活动、大学生优秀创业团队大赛。全省普通高校毕业生初次就业率85.96%，比2011年提高0.12个百分点，继续高于全国平均水平。

【签署赣湘鄂三省教育合作协议书】 8月21日，江西、湖南、湖北三省在武汉签署《赣湘鄂三省教育合作协议书》，推进赣湘鄂教育合作联动，服务区域经济社会发展。根据协议，赣湘鄂三省将根据优势互补、分层分类、重点突破原则，在高等教育、职业教育、基础教育等领域开展全方位合作交流。协议鼓励三省高校在人才培养、科技创新、产学研方面，通过联合办学、学术交流、课程互选、学分互认、教师互聘、学生访学、学科共建等多种形式开展校际交流与合作。协议确定建立省际教育联席会议制度，由三省教育厅主要负责人作为召集人，轮流组织召开省际教育联席会议，集体协商、研究解决教育合作重大问题。赣湘鄂三省高校图书馆资源共享合作协议签字仪式同时举行。

（省教育厅）

基础教育

【概　况】 2012年，全省基础教育战线认真学习党的十八大和省第十三次党代会精神，围绕国家和省《中长期教育改革和发展规划纲要》确定的目标，结合实际，改革创新，努力开创全省基础教育工作新局面。全省小学适龄儿童入学率达99.85%，初中阶段适龄人口入学率达99.23%，均比上年稳中有升；高中阶段毛入学率达79.5%，比上年提升2%；幼儿园在园幼儿达152万人，比上年增加6.6万人，提升比例达4.5%；特殊教育在校生为2.15万人，与上年基本保持稳定。

【中小学德育工作有声有色】 组织专门力量编写学科德育指导纲要，强化学科德育功能，切实把社会主义核心价值体系融入教学全过程。征集评选“学科德育精品课程”50件、“育人精彩瞬间”100件。开展以“健康与成长”为主题的“素质教育月”活动。评选表彰了2011～2012年度省级优秀学生25人，省级三好学生和优秀学生干部1572人。加强德育工作队伍建设，举办了首期中小学心理健康教育专题培训班、第二届中小学班主任技能竞赛和中小学德育工作专场报告会，促进队伍素质提升。

【学前教育“入园难”问题初步得到缓解】 加强学前教育组织领导，省政府成立了学前教育工作领导小组，印发了《江西省学前教育工作领导小组各成员单位职责》，进一步明确责任。扎实推进学前教育项目实施，制定了资金管理暂行办法。2012年，争取中央资金8.43亿元，用于全省1138个农村闲置校舍改建幼儿园、2290个农村小学增设附属幼儿园、城市幼儿园建设以及资助家庭经济困难儿童、孤儿和残疾儿童；争取“中西部农村学前教育工程”资金3亿元，用于33个贫困县建设公办乡镇中心幼儿园149个；争取省民生工程资金1亿元，支持农村公办幼儿园和普惠性农村民办幼儿园建设。进一步加强幼儿园管理，省教育厅、省发改委等七部门联合制定了江西省城市幼儿园、乡镇中心幼儿园、农村幼儿园基本办园条件标准。制定《江西省幼儿园保育教育工作十项规定》，在全省幼儿园开展了幼儿“健康、快乐、发展”主题活动，倡导科学保教、规范办园。对32所幼儿园进行了评估，对9个县（市、区）学前教育工作进行了督导评估。

【义务教育均衡发展迈出新步伐】 在多次调研基础上，省政府出台《江西省规范农村义务教育学校布局调整的意见》，进一步规范农村学校布局调整工作，把就近安全入学作为第一位原则。继续开展义务教育均衡发展示范县评选活动，评选湖口县、青云谱区、吉安县为省义务教育均衡发展示范县。组织了20所高校对口支援省内20个国贫县，促进农村地区义务教育的发展。大力推进农村义务教育薄弱学校改造，到2012年，投入近27亿元，为全省6100多所农村中小学校按标准配备教学设备，规划建设校舍改造项目学校570余所；投入18.4亿元，为17个营养改善计划国家试点县和25个享受西部政策县约4100多所学校实施了标准化食堂建设。

【全面启动普通高中特色办学试点工作】 2012年，遴选确定44所普通高中为全省普通高中特色发展试验试点学校，为全省形成多样化、有特色的普通高中发展格局进行有益探索。加强普通高中建设和管理，省教育厅批准12所普通高中为首批示范普通高中，对23所普通高中进行评估和复查。争取国家财政投入7000余万元，启动17个集中连片特困县普通高中建设。

继续开展“我的课改故事”五项评比活动，万名师生积极参与。做好教育部《义务教育语文等学科课程标准（2011年版）》使用，举办全省课标通识培训会。进一步推进中考改革，全省27个县区实施初中毕业考试与高中招生制度改革，全省优质高中招生名额分配到区域内各初中的比例提高至50%。

【治理教育乱收费取得成效】 2012年，抓好治理义务教育阶段择校乱收费工作，下发了《关于贯彻〈治理义务教育阶段择校乱收费的八条措施〉的实施意见》，选取50所重点中小学校进行教育收费动态监测，取得了显著效果。

【加强教辅材料使用管理】 2012年，切实加强教辅材料使用管理，印发《江西省关于进一步加强中小学教辅材料使用管理工作的通知》，建立部门联动、分工合作的工作机制。组织中小学教辅材料评议工作，省教育、发改、新闻出版和纠风部门联合公布了教辅选用目录，供全省中小学生自主自愿选用。中小学全面实行“一科一辅”，社会反响良好。

【出台《江西省关于做好外省籍务工人员随迁子女就地参加高考工作的实施意见》】 11月28日，江西省出台异地高考实施意见，30日召开新闻发布会，正式对外发布。从2014年开始，外省籍务工人员随迁子女在江西省高中阶段具有一年以上学习经历并取得学籍的，可在江西省就地报名参加高考，享受与本省户籍考生相同的招生录取政策。

【特殊教育有了新进展】 2012年，开展特教先进表彰活动，省教育厅、省残联授予40个单位为全省特殊教育工作先进单位、41所学校为全省特殊教育工作先进学校、66人为特殊教育工作先进个人；5名优秀特教教师获全国表彰。用好省政府民生工程6500万元特殊教育专项资金，继续加强特殊教育学校建设。利用中央彩票公益金助学90万元，支持300名贫困残疾儿童接受学前教育。举办全省随班就读学校资源教师培训班，52名教师参加培训。

【改善民族乡中小学办学条件】 2012年，实施民族教育民生工程，安排1000万元资金，改善8个民族乡中小学办学条件。开展了第四轮对口支援民族乡工作，整合各方资源，帮助贵溪市樟坪民族乡学校改善办学条件，促进民族乡社会经济又好又快发展。

【大力推进学校安全教育工作】 2012年，大力推进学校安全教育进教材、进课堂、进头脑，组织修订地方课程教材《人杰地灵诵江西》，相应增加安全教育内容。广泛开展安全教育日主题教育活动、上好“开学安全第一课”，开展安全演练，开展创建“消防安全教育示范学校”活动。加强汛期和暑期学生安全教育与管理。省领导亲自致信各县（市、区）教育局长、中小学校长和学生家长，要求加强暑期管理。省教育厅召开相关会议，专题部署防溺水安全教育工作，开展专项督查，防止溺水事故发生。

（省教育厅）

高等教育

【概　况】 2012年，江西高等教育以提高质量为核心，以实施重大项目为抓手，以改革创新为动力，继续推动高等教育从规模扩张向提升质量转变、从均衡推进向重点突破转变，在提高高校人才培养质量、科学研究水平和社会服务能力上迈出了新步伐，各项工作取得了新进展。全省有普通高等学校、独立学院和成人高等学校98所，其中普通高等学校88所（含独立学院）、成人高等学校10所。各类高等教育在学人数总规模108.56万人。高等教育毛入学率29.5%，同比提高2个百分点。普通高等教育本专科共招生25.04万人；在校生85.11万人，同比增加2.25万人，增长2.72%。全省高校研究生招生8950人（博士生203人，硕士生8747人），同比增加597人，增长7.15%；在校研究生25209人（博士生809人，硕士生24400人），同比增加1385人，增长5.81%。高校现有博士学位授权一级学科19个，博士学位授权二级学科5个；硕士学位授权一级学科200个，硕士学位授权二级学科88个。拥有高水平学科30个，“十二五”重点一级学科70个、重点二级学科35个。南昌大学、江西师范大学、江西农业大学和江西财经大学等4所高校入选国家发改委、教育部“中西部高校基础能力建设工程”；南昌大学入选教育部、财政部“中西部高校综合实力提升工程”。

【扎实推进教育教学改革】 2012年，以抓好教育教学改革作为提升质量的重点，全力实施，全方位推进。一是深入实施“江西省高等教育质量建设计划”。安排经费1亿元，立项建设科技落地计划项目100项、卓越工程师教育培养计划12个、卓越医生教育培养计划8个、卓越法律人才教育培养计划5个。同时，组织申报国家教学质量改革项目取得良好成绩，获国家级质量工程项目15项。二是继续实施“江西高等教育教学质量与教学改革工程”。用好省财政2000万元，遴选建设了100门省级本科和100门省级高职精品资源共享课程、40个本科高校专业综合改革试点，依托江西师范大学建设了江西省高校精品开放课程网络共享平台。三是深化高等教育教学研究。安排300万元专项经费，遴选825项高等学校教学改革研究课题。组织了第十三批高等学校教学成果奖的评审，对120项教学成果进行表彰奖励。四是加大专业设置调整建设力度。启动实施江西省高校专业综合改革试点，投入1000万元专项经费，遴选建设40个改革试点专业。同时，积极优化学科专业结构，年内，全省高校新增69个本科专业，89个专科专业。全省高校本科专业达978个，专科专业2642个，约有40%的专业为江西省十大战略性新兴产业所需，初步形成了反映市场就业需求，适应产业结构调整的专业结构和人才素质结构。

【探索创新人才培养模式】 把创新人才培养模式作为提高人才培养质量和教学质量的关键，校企合作办学、工学结合培养人才改革取得新进展。2012年，全省高校新增校企合作企业

3321家，新增校外实训基地160个，新增校企共同开发课程408门。全省高校校企合作企业总数达5827家、校外实习基地5767个；校企共同开发课程1097门，平均每个专业开发课程24门，有合作企业的专业数占专业设置总数的51.81%。2012年度有近7.2万余名高职生到合作企业顶岗实习，企业录用顶岗实习毕业生比例达54.17%。同时，启动实施江西高校大学生创新创业教育计划，安排1500万元，遴选建设20个大学生创新创业园、500个大学生创新创业项目，有效提高学生的创新能力和实践操作能力。

【省级示范性高职院校建设进展顺利】 2012年，筹措3400万元，重点支持江西环境工程职业学院等5所第二批省级示范性高职院校。确定宜春职业技术学院等6所为第三批省级示范性高职院校。全省5所国家示范（骨干）高职院校建设取得重大进展，在教育部发布的《中央财政支持的高等职业教育专项2012年度项目建设进展情况综述》报告中，江西省示范（骨干）高职综合评价排名位居全国第六。安排5000万元专项经费，遴选20个省级高职技能实训中心予以重点建设。组织开展高职学院人才培养工作水平评估，继续深入推进高职院校数据采集和年度质量报告工作，引进第三方和社会评价，逐步形成以学校为核心、教育行政部门为引导、社会参与的教学质量评价和保障体系。建立专业教师到企业锻炼制度，并从行业企业生产一线引进、聘请专家、技术人员担任兼职教师，兼职教师已占高职专业教师的13.9%。“双师”素质教师有6481名，占专任教师的比例达到54.26%。

【启动江西省普通本科高校大学生创新创业教育计划】 安排财政经费1500万元，遴选建设了20个大学生创新创业园、500个大学生创新创业项目。2012年，全省高校在国家级专业技能赛事上屡获佳绩，共有383人次获奖，其中个人项目一等奖4个，团体一等奖2个，创江西省参赛以来的最好成绩。

（省教育厅）

职业技术教育与成人教育

【概　况】 2012年，全省职业教育与成人教育战线按照“稳定规模、优化结构、加强内涵、提高质量、抓好对接、促进就业”的工作思路，着力转变观念，推进改革创新，各项工作得到了大力发展，职业教育与成人教育继续保持良好的发展势头。全省各类中等职业教育学校551所，招生25.29万人，在校生68.91万人。

【职业教育体制改革持续深化】 2012年，围绕影响全省职业教育发展的关键问题，重点推进了四项改革创新。一是积极推进“现代学徒制”改革试点工作。指导新余市根据教育部要求，完善试点工作方案，着力在制度层面有所突破，同时在其他地市探索现代学徒制试点工作。二是积极推进中高职教育贯通培养改革试点工作。确定在江西现代职业教育集团开展中高职教育贯通培养模式试点，以促进中等职业教育与高等职业教育衔接，构建中高职教育课程、培养模式和学制贯通的“立交桥”，加快培养适应全省经济社会发展需要的高素质技能型人才。三是积极推进职教园区建设。把职教园区建设作为推进校企深度合作的一个有效渠道，采取措施引导，鼓励各地加快建设进程。新余、萍乡、赣州等地的职教园区建设进展顺利。四是积极推进职教集团建设。已经形成行业型、专业型、区域型、综合型等几类职教集团，全省已建成10余家运行良好、机制健全的各类职教集团。

【基础能力建设有序推进】 2012年，重点实施了三大项目：一是继续推进中等职业教育基础能力二期项目建设。协同省发改委制定和完善中等职业教育基础能力二期项目建设规划，年内21所中等职业学校获国家发改委每校1000万元基础能力专项建设资金。二是继续推进职业教育实训基地项目建设。省财政投入1.21亿元，建设60个实训基地。中央财政投入5200万元，建设26个实训基地。三是继续推进中等职业学校精品专业建设。省财政投入2710万元，重点扶持建设50个省级精品专业。

【示范性中职学校建设成效初显】 注重发挥示范引领作用，着力加强示范性中职学校建设。2012年，全省有13所中职学校被教育部、财政部、人社部确立为国家改革发展示范性中职学校，获1.30亿元专项建设资金，使全省国家改革发展示范学校达到31所，有力增强了江西省示范中职学校的基础。组织开展2012年省示范性中职学校评审，对10个县级职教学校（职教中心）进行评估。通过评估，促进各地进一步落实发展职业教育的责任，努力改善县级职业学校的办学条件，推动各地职业学校主动融入当地经济社会发展的大局。

【全省中职学校技能竞赛精彩纷呈】 2012年，出台了获奖选手免试推荐就读省内高职院校的奖励政策，争取相关行业部门的支持、参与，竞赛的吸引力更强，竞赛水平更高。在各校、各地预赛选拔的基础上，共有1669名选手参加了15大类49个单项全省决赛。积极组员参加全国职业院校技能竞赛，中职学校获一等奖1个、二等奖16个、三等奖21个；同时推荐13件学生技能作品参加技能作品展洽会，获一等奖4个、二等奖3个、三等奖3个、优秀奖3个，省教育厅获组织工作成绩突出奖。

【首批双师型教师得到认定】 2012年，以培养“双师型”教师为重点，大力推进中等职业学校师资队伍建设。启动了江西省中等职业学校首批“双师型”教师认定工作，776名教师通过认定。加强了中等职业学校“双师素质”提高培训。省财政投入900万元，资助全省中等职业学校聘请紧缺专业兼职教师。组织江西农业大学等9个省级职教师资培训基地，对1000余名学员开展了“双师型”专业教师素质提高培训。进一步加强职教师资培养培训基地建设，南昌工程学院确定为全国职教师资重点培训基地。

【“文明风采”竞赛活动富有成效】 2012年，各地各校初赛评选提交作品5大类13项1455件，创历年之最。通过以竞赛为载体，将竞赛主题渗透于教育、教学和校园文化建设中，建立起与共青团组织的协调机制，调动班主任和德育课、文化课、专业课教师积极性，形成了富有职教特色的德育整体合力和生动活泼的德育氛围。认真做好教育部、光明日报社全国教书育人楷模先进事迹报告团职业教育分团的宣讲活动组织工作。组织人员参加教育部2012年中职学校德育课“创新杯”说课比赛，获优秀组织奖。

【少数民族内地中职班受到肯定】 全省11所中职学校承担了少数民族内地中职班培养任务，共接受1200余名西藏和新疆中职班学生，占全国总计划的19%，为接受西藏中职班最多的省份。2012年，各承办学校坚持“办好内地中职班是光荣的政治任务”的理念，继续加大投入，不断改进工作，提高管理水平，以德育为先全面提高学生素质，积极为内地中职学生提供良好实习实训场所，在江西省学习的2010级、2011级内地中职学生，都与相关企业、公司签订了意向性就业协议。江西省的办学成效，得到了教育部和西藏自治区、新疆自治区政府的肯定。

【稳步推进职业教育信息化】 2012年，对全省中职学校的信息化现状进行了全面调研。在充分调研的基础上，研究制订了中等职业学校信息化建设标准方案和建设规划。重点建设江西省职业教育信息网，充实网站内容，完善网站功能，提高工作效率和透明度。研究开发江西省职业教育师资培训平台，举办首届全省中职学校信息化教学大赛，推动职业教育教学改革创新，促进信息技术在教育教学中的广泛应用。

（省教育厅）

【加强高技能人才队伍建设】 2012年，会同省委组织部出台《关于做好2012年高技能人才培养工作的通知》，组织1万名“两后生”开展劳动预备制培训、6000名中级工开展青年高技能人才培养计划、5000名高级工开展紧缺技能人才培养计划，依托高技能人才培养示范基地开展高级工培训以及技师和高级技师培训，对50家省级基地和首批国家级基地进行评估自查，新建5个国家级高技能人才培养示范基地和4个国家级技能大师工作室以及10个省级技能大师工作室。全年新增高技能人才12.1万人，高技能人才规模达到75万人，技能人才总量达342万人，技能人才占从业人员总量比例达到38.7%。加强职业鉴定机构管理，全省新增8所省管职业技能鉴定所站，责令13所鉴定站整改，其中撤销8所整改不到位的鉴定机构。

【技工院校教育进一步壮大】 2012年，全省技工院校招生5.66万人，比2011年增长4.2%，扭转了2010、2011年招生人数连续下降的态势。首次开展全省技工院校教师正高职称评定，技工院校教师职称系列实现由初级到正高的全覆盖。安排省级中等职业教育专项资金1700万元，从省就业专项资金中安排3000万元，支持技工院校实训基地建设。新批设立10所技工院校，撤销3所技工学校和6个校外办学点，3所技校列入国家中等职业教育改革发展示范学校建设计划。

【成立江西技师学院上高分校】 9月，江西技师学院与上高县人力资源和社会保障局合作，在省职业技能公共实训中心上高基地设立了江西技师学院上高分校。分校占地面积3.56公顷，建筑面积1.38万平方米。分校的落成有助于学院扩大招生，进而实现“资源共享，优势互补”，形成“良性互动、双发共赢”的态势。

（省人力资源和社会保障厅）

师范教育

【概　况】 2012年，全省有专任教师51.21万人。其中：全省小学专任教师20.55万人，学历合格率99.65%；初中专任教师12.27万人，学历合格率98.77%；普通高中专任教师4.82万人，学历合格率91.91%；职业高中专任教师1.03万人，学历合格率77.16%；普通中专学校专任教师0.55万人，讲师以上人员0.34万人，占专任教师总数的62.41%；高校有专任教师5.02万人。全省完成认定高等学校教师资格2246名、中小学教师资格4.06万名。在全省中小学（幼儿园）开展师德师风示范学校创评活动，通过自评和专家评审相结合的方式，共有62所学校被授予“全省首批中小学师德师风示范学校”称号。组织开展《我的教书育人故事》师德征文活动，评出获奖征文578篇；编制《师魂》画册，以图文并茂的形式展现了教师的良好精神风貌；举办了“园丁之光—全省中小学教师暨教师教育院校学生才艺选拔赛”。

【召开第二十八个教师节座谈会】 9月10日，全省庆祝第28个教师节座谈会在南昌召开。省委书记苏荣，省长鹿心社，省委副书记、省纪委书记尚勇，省政协主席黄跃金，省人大副主任陈达恒等出席座谈会，并为获表彰的教师代表颁奖。苏荣在会上强调，建设富裕和谐秀美江西，迫切需要教育优先发展、科学发展。推进教育优先发展、科学发展，根本途径在于深化改革、锐意创新，关键要建设一支高素质的教师队伍。

【开展“尊师爱生”主题教育活动】 11月26日，全省教育系统启动“开展学习贯彻十八大精神，‘尊师爱生’主题教育活动”，对教师加强师德师风教育，对学生加强尊敬师长、勤奋学习教育，努力解决师德师风、校风学风中存在的突出问题，树立教师和教育的良好形象。为推动活动有效开展，省委教育工委、省教育厅专门下发实施方案，召开主题教育活动视频会。活动从2012年11月开始，至2013年6月底基本结束。共分为广泛动员、宣传发动，学习教育、查找问题，分析问题、反思评议，深入整改、交流成果以及总结表彰五个阶段。

【多渠道补充中小学教师】 2012年，进一步完善中小学教师补充机制，全年补充教师9610多人，包括当年全省统一招聘中小学教师6235人；国家“特岗计划”为21个国贫县及罗霄山脉集中连片贫困地区的瑞金市、南康市、石城县招聘特岗教师3015人，中央财政补助标准提高到每人每年2.4万元；360名江西省生源部属师范大学免费师范生顺利就业；“定向培养农村中小学教师计划”招收三年制幼师定向生487人，五年制小学、幼师定向生3282人，生源质量继续上升，录取分数有些超过当地划定的重点高中线；制订《江西省服务期满特岗教师聘为正式教师考核方案》，对全省首批1600名在岗特岗教师进行了考核，共有1520名特岗教师考核合格被聘为正式教师。

【提高边远地区教师生活待遇】 2012年，积极推进边远艰苦地区农村学校教师周转宿舍建设，从2010年以来共争取中央投入3.69亿元，省财政每年安排5000万元予以支持，市（县）级财政投入4.40亿元，已竣工174套，在建525套，改善教师工作生活条件。同时，省财政安排1.5亿元，对条件艰苦地区教师发放了特殊津补贴。

【采取多种形式培训教师】 2012年，启动新一轮五年周期中小学（幼儿园）教师全员远程培训，参训教师达33.5万人，参训率90%，上网学习28万人，上网率83.6%。对申报示范性县级教师培训机构的8所学校进行了评估，促进县级教师培训机构建设。“中西部农村骨干教师国培计划”和“幼儿教师国家级培训计划”，培训农村义务教育骨干教师5.79万人、农村幼儿骨干教师和园长10182人；“省级培训计划”培训校长543人、教师15171人，培训中职学校“双师型”专业教师1150余人。

【加强高层次教师队伍建设】 2012年，完成第二批“赣鄱英才555工程”人文社科类人选的考察工作，启动了第二批15名“井冈学者”特聘教授招聘工作。继续实施江西省高校中青年教师发展计划，安排2000万元专项经费，重点加强优秀青年教师的培养。江西应用技术职业学院林知秋教授入选2012年“国家高层次人才特殊支持计划”教学名师。加强中小学名师队伍建设，组织全省233名第六批特级教师进行研修提高培训；组织全省第二批中小学学科带头人和骨干教师评选，确定学科带头人537名，骨干教师培养对象949名；对全省首批学科带头人进行考核，确定考核“优秀”等次41人、“合格”等次309人、“不合格”等次3人。

（省教育厅）

民办教育

【概　况】 2012年，全省民办教育坚持巩固提高非义务教育阶段成果，坚持抓内涵建设提高质量，坚持规范和扶持并重，事业继续得到发展。截至年底，全省各级各类民办学校10266所（个），比上年增加897所；在校生183.46万人，比上年增加7.15万人。按教育事业统计口径测算，民办学校数和在校生数分别占全省学校总数和在校生总数的38.78%和17.61%。其中：民办高等学校29所（独立学院13所、民办本科高校4所、民办高职学校12所），比上年增加2所（高职学校）；在校统招生21.05万人（本科12.85万人、专科8.20万人），比上年增加1.07万人（本科增加1.28万人、专科减少0.35万人）。学校数和学生数分别占全省总数的32.95%和24.74%。民办中等职业学校161所，比上年减少16所；在校生11.89万人，比上年减少2.67万人。学校数和学生数分别占全省总数的36.10%和21.65%。民办中小学311所，比上年增加4所；在校生37.08万人，比上年增加2.61万人。学校数和学生数分别占全省总数的2.27%和5.21%。民办幼儿园9765个，比上年增加908个；在园幼儿113.44万人，比上年增加6.14万人。幼儿园数和在园幼儿数分别占全省总数的92.47%和74.57%。全省民办学校教职工12.87万人，比上年增加0.58万人，其中专任教师8.12万人，比上年增加0.28万人，教职工数和专任教师数分别占全省总数的21.92%和16.02%。除幼儿园外，全省民办学校占地面积4793.33公顷，占全省总数的17.75%；校舍建筑面积2052.20万平方米，占全省总数的22.73%；固定资产169.50亿元，占全省总数的20.93%。全省还有23所民办高等教育机构，包括民办高等学校招收的非统招生在内，全省非学历高等教育在校生46754人，比上年增加10861人。

【进一步加大民办教育的扶持力度】 2012年，积极推进国家教改项目“探索公共财政对民办教育的扶持政策”建设，省教育体制改革领导小组办公室将此项目列为督办重点。按照《江西省民办教育专项资金管理办法（试行）》的规定，已将2011年度和2012年度省民办教育发展专项资金1500万元/年全部下达到位，其中1400万元拨付到各级民办学校，100万元用于民办高校教师培训。

【民办高等教育取得新进步】 2012年，省教育厅坚持“计划安排倾斜、增加出省比例、扩大超录比例、一次降分”的办法，使民办高校在生源减少、外省民办高校招生规模扩大的情况下，仍然完成招生计划。经省政府批准和教育部备案，新设立共青职业技术学院和景德镇陶瓷职业技术学院，原江西蓝天学院、江西大宇职业技术学院、江西中山电子职业技术学院则分别更名为江西科技学院、南昌职业学院、江西太阳能科技职业学院。

【实施江西省民办高校教师能力提升计划】 从2012年始，每年在省民办教育发展专项资金中提取教师培训专项，将民办高校教师培训纳入“江西省高等教育质量建设计划”同步实施，培训任务由省高校师资培训中心承担。2012年共培训民办高校教师600人次。年内，组织了民办高校董事长赴陕、豫、京等地学习考察。

【继续加强民办教育规范管理】 2012年，委托专业机构对民办高校进行依法办学年检和财务审计，对不合格学校下达整改通知书；印发《关于做好2012年民办高校招生简章和广告备案工作的通知》，并在招生期间派员定期到校督查，实现了民办高校年度招生“零违规”目标；召开独立学院五年过渡期规范工作推进会；印发《关于民办专修学院规范办学加强管理的通知》，对部分机构进行规范办学抽查;全面完成全省民办高校债务情况清查、核实工作,并报送教育部。

【建立民办高校院长联席会议制度】

2012年,出台实施《江西省民办高校院长联席会议工作规程(试行)》,建立民办高校院长联席会议制度。联席会议为民办高校院长提供学习与交流平台,促进民办高校共同发展。其主要内容包括:民办高校贯彻落实党的路线、方针、政策和上级指示精神的意见及措施;贯彻落实依法办学及其他有关重要事项;贯彻执行校董事会的决议、配合校党委做好思想政治和安全稳定工作情况;民办高校基本管理制度和重要规章制度建设;民办高校发展方向、办学定位、培养目标、发展规划和改革中的重大问题;学科专业建设、课程建设、实验实训基地建设、教学改革、科研创新、师资队伍建设、招生就业、财务管理等问题。

(省教育厅)

交流与合作

【概况】 2012年全省教育系统因公出国(境)访问、学术交流、进修、培训人数442人次;赴台访问、学术交流、进修、培训人数278人次;聘请外教资格院校109所,外籍教师670人;中外合作办学项目91个;受理国外学历认证575人;来华留学生3500余人;港澳台学生94人;国家公派留学面上项目录取30人、国家公派留学地方合作项目录取49人、高校中青年教师及高水平大学教师项目派出31人;孔子学院5个,孔子课堂2个,汉语国际推广中小学基地3个。

【扎实推进国际合作与交流】 2012年,全省派出129批442人次赴美国、澳大利亚、新西兰、法国、加拿大、英国、澳大利亚、香港、澳门等30多个国家和地区访问与学术交流;派出60批278人次赴台湾地区访问和学术交流。同时,派遣3批高校中青年教师研修团,分别赴新西兰、加拿大和美国进行为期四周的学习;组织140余名学生赴美国、新加坡进行短期英语游学。接待国情教育(澳门)协会江西交流团一行23人,以及香港教育局"同行万里高中学生内地交流计划"350名师生在江西省的交流访问。各高校纷纷开展教育国际交流活动,南昌大学承办了发展中国家官员中国文化与经济研修班、发展中国家大学校长研修班;江西财经大学承办了发展中国家官员财经管理与经济发展国际研修班;江西外语外贸职业学院承办了非洲英语国家地方政府负责人(州长、县长)研修班、发展中国家内陆地区经济开发区管理与创新研修班等。

【稳步发展中外合作办学】 2012年,省教育厅批准中外合作办学项目9个。另有南昌航空大学与澳大利亚格利菲斯大学合作举办环境工程专业本科教育、东华理工大学与爱尔兰阿斯隆理工学院合作举办机械工程及自动化专业本科教育、南昌大学与英国伦敦大学玛丽女王韦斯特菲尔德学院合作举办临床医学专业本科教育、华东交通大学与英国安格利亚鲁斯金大学合作举办环境工程专业本科教育等4个中外合作办学项目获教育部批准。全省中外合作办学机构和项目达到91个。

【汉语国际推广成绩喜人】 在继续扶持南昌大学普瓦提埃孔子学院、印度尼西亚哈山努丁大学孔子学院,江西师范大学马达加斯加孔子学院,九江学院柬埔寨王家学院孔子学院基础上,9月27日,赣南师范学院与塞拉利昂共和国塞拉利昂大学合作举办塞拉利昂大学孔子学院在塞拉利昂大学举行了揭牌。全省有孔子学院5个,孔子课堂2个,汉语国际推广中小学基地3个。12月16日,九江学院柬埔寨王家学院孔子学院外方院长和赣南师范学院塞拉利昂大学孔子学院中方院长,在北京召开的第七届全球孔子学院大会上获先进个人。2012年,江西省继续选派了第二批18名汉语教师志愿者和9名留任汉语教师志愿者赴泰国开展汉语教学工作,同时选送了4名赴美国汉语教师和4名赴新加坡汉语教师。

【积极推动公派留学】 2012年,受理国家公费出国留学申请78人,录取30人。全省高校单位公派留学64人。委托省外语培训中心举办了为期4个月的全省高校公派出国留学预备人员外语培训班。组织国家公派留学地方合作项目申请、评审、录取工作,共录取地方合作项目出国留学人员49人。新加坡奖学金项目开展顺利,14人获新加坡高二奖学金项目,18人获新加坡初三奖学金项目;加拿大多伦多大学"绿色通道"项目录取11名学生;美国交流生项目共选拔15名学生赴美交流;AFS年度交流项目录取12名学生。

【稳步推进外聘教师和来华留学工作】 2012年,新招收来华留学学历生530人,在江西省高校学习的来华留学生(学历生和短期生、交流生)共约3500人。主要来自印度、巴基斯坦、美国、日本、韩国、孟加拉、泰国、尼泊尔等100多个国家。在江西省高校学习的港澳台学生94人。聘请外教资格院校109所,其中43所高校、25所中学和外语培训机构聘请长短期外教670人。经省政府批准,蕾切尔·布瑞斯等11名外国文教专家获2012年江西省"庐山友谊奖"。

【加强留学中介监管】 积极与公安、工商部门协商,共同执法,规范自费留学中介市场。2012年,江西教育国际合作中心、江西教育出国留学咨询服务中心积极开展赴英国、法国、澳大利亚、加拿大、新西兰、韩国、新加坡等10多个国家的留学和学生交流项目,成功办理学生自费出国留学170余人。10月,江西金才教育发展有限公司和江西理工留学教育服务有限公司两家自费出国留学中介服务机构资质被教育部批获认定。

(省教育厅)

科学技术

本栏编辑　陈超萍

综　述

2012年，全省科技战线认真贯彻党的十八大和全国、全省科技创新大会精神，紧紧围绕建设富裕和谐秀美江西的奋斗目标，以协同创新为战略抓手，纵深推进科技创新“六个一”工程，提升创新能力，优化创新环境，完善创新体制，推动全省科技工作创新发展，各项工作迈出新的步伐，取得显著成效。

创新工作举措，大力推进科技协同创新。10月24日，省委、省政府召开全省科技创新大会，出台《关于大力推进科技协同创新的决定》，动员部署全省上下大力推进科技协同创新。省委书记苏荣、省长鹿心社、省委副书记尚勇出席会议并作重要讲话。按照省委、省政府部署，会前，省科技厅会同有关部门就全省科技创新情况开展了专题调研，提炼出全省下一步科技创新改革发展的总体思路、目标任务和主要举措，承担了《关于大力推进科技协同创新的决定》组织起草和全省科技创新大会的承办任务。会议最大亮点是，在全国首次以科技协同创新作为省级科技政策文件的主题，得到了中央政治局委员刘延东的高度肯定，批示：江西结合省情将贯彻落实6号文件具体化，增加了操作性，做法值得推广。会后，省科技厅又从思想转变、政策落实等方面出台14条具体措施，由厅领导分赴各地宣讲全省科技创新大会精神，召开了科研院所、高校、科技园区、平台、基地、企业等一系列座谈会，研究制订科技协同创新专项计划实施方案，积极引导各地、各部门、各单位落实全省科技创新大会精神，在全省掀起了大力推进科技协同创新的热潮，促进了科技创新发展。2012年，全省科技进步贡献率由上年的50.1%提高到51.2%；专利申请达到1.25万件，全年增速列全国第八位；登记科技成果659项，完成重点新产品研发719项，完成技术合同成交额39.77亿元，再创历史新高。

突出工作重点，深入实施科技创新“六个一”工程。2012年，全省科技围绕主攻十大战略性新兴产业的中心任务，新培育组建省级科研创新团队9个，新增国家高新区1个（鹰潭）、国家高新技术产业化基地4个（龙南发光材料及稀土应用、新余锂材料及应用、萍乡工业陶瓷、南昌现代服务业）、国家创新型试点企业2家（中国瑞林技术工程有限公司和江西青峰药业有限公司），获批组建国家级工程技术研究中心2家（脐橙和离子型稀土），新建省级重点实验室9个、省级工程技术研究中心13个。省大型科学仪器协作共用网和江西省科技创新公共服务平台（一网九库）进一步加快建设。完成了17家产业战略联盟产业技术路线图的制定，其中，依托中国瑞林技术工程有限公司成立的短流程产业技术联盟经国家科技部批准，成为首家以江西省企业牵头的国家级产业技术创新联盟。确立了战略性新兴产业研发引导86个重点任务，252个项目，743个课题。通过抓好一批重大研发引导项目，突破了一批产业核心关键技术，引领战略性新兴产业快速发展。2012年，全省十大战略性新兴产业实现主营业务收入10345.32亿元，同比增长15.51%；完成工业增加值1932.38亿元，同比增长15.30%，占全省比重39.56%，占全省GDP比重14.92%。

强化支撑引领，统筹兼顾抓好各项科技工作。在科技项目建设上，全年累计组织实施省级各类科技计划项目1650项，下达省级科研经费2.91亿元；争取国家科技计划项目839项，获经费支持14.26亿元。在发展高新技术及产业化上，加快实了16个高新产业重大成果转化项目；南昌高新区生物医药等一批产业集群列入国家创新型产业集群试点；江西师范大学科技园获批为国家大学科技园；九江恒盛科技发展有限责任公司和江西桑海生物高科孵化器发展有限公司获批为国家级科技企业孵化器；全年新认定高新技术企业121家，完成高新技术产业总产值4977.8亿元，同比增长16.9%；全省高新技术产业规模以上工业企业实现增加值达到1163亿元，同比增长14.8%。增加值占规模以上工业企业的比重达到23.8%，占GDP的比重达到8.98%，同比提高0.4个百分点。在科技兴农方面，在全国率先出台《深入贯彻中央1号文件推进农业科技创新创业“十大工程”的实施意见》，制定了现代农林产业协同创新工程规划及管理办法，重点推进种业科技创新工程、农业科技园区示范工程等十大农业科技工程；加快了农业关键技术研究和集成示范，累计获批实施国家农转资金项目20项，国家星火计划重大项目3项，国家科技富民强县项目11项，国家863计划、科技支撑计划9项；国家粮食丰产科技工程第三期进展顺利，争取了两项国家粮丰配套项目，继续开展了双季稻全程机械化生产、两高一低、超级稻高光效群体结构调控以及中低产田高产栽培等关键技术研究；加快了科技园区和示范点建设，在8个地市26个县开展了300个农村信息化示范点和15个省级新农村信息化科技示范村镇建设，新认定26个省级农业科技园区和8个鄱阳湖生态农业示范基地，实现了全省主要农业县区"一县一园区"和特色优势农业产业"一业一园区"全覆盖。在科技支撑鄱阳湖生态经济区建设上，继续组织《鄱阳湖生态经济区科技创新规划》和山江湖工程实施，启动鄱阳湖综合考察，推动中科院千烟洲试验站等一批生态科研平台建设，组织实施了"鄱阳湖生态经济区建设生态环境保护关键技术研究及示范"等一批生态低碳领域国家重大科技项目，推广示范了一批可持续发展经济技术和小流域综合治理模式，编制出版了《2012江西省可持续发展报告》。在推动科技惠民上，继续加大了城市人口健康、公共安全、节能减排、人居环境等领域的科技研发与推广应用，江西省被列为全国首批科技惠民计划12个试点省(市、区)之一。在推进科技入园上，召开了全省第四次科技入园现场经验交流会，下发了《新形势下加强县(市)科技工作的意见》，全省125家生产力促进中心共服务园区企业16665家，为园区企业提供咨询服务3.28万次，技术服务4.07万项，信息服务21.71万条，培训服务16.69万人次。在加强知识产权工作上，协助省政府颁布实施《江西省知识产权战略纲要》，新成立了江西省知识产权维权援助信息服务中心，江西省被国家知识产权局选定为贯彻《企业知识产权管理规范》国家标准首批试点省份。在扩大科技开放合作上，新认定5个省级、1个国家级科技合作基地，成功举办2012江西(香港)战略性新兴产业合作推介会等科技招商活动，加大了技术、人才、成果引进力度。

(王志勇)

基础研究

【概　况】 2012年，省自然科学基金共资助项目439项，经费1200万元；全省有30个单位获国家自然科学基金资助629项，总经费2.88亿元，比2011年分别增长27.8%和28.4%，其中重点项目3项、经费855万元，面上项目37项、经费2803万元，青年基金项目115项、经费2749万元，地区基金项目473项、经费22350.1万元，联合基金1项、经费38万元，获国家973计划前期研究专项课题1项、经费60万元。

2012年，省自然科学基金管理共受理结题项目223项，其中数学与信息学科51项，物理学23项，化学化工与环境学科36项，农学与生物学科56项，医药卫生学科29项，材料与工程学科28项。结题的评价主要从发表论著、课题完成及学术创新、成果应用、是否得到国家项目的后续支持、以及人才培养等方面进行评定，经各学科组专家评议，优秀70项，良好149项，中等4项。这些项目中获省级自然科学奖二等奖4项、三等奖2项，省级科技进步奖二等奖2项、三等奖5项)。申请和批准发明专利71项，其中申请52项，批准19项。共发表论文论著2351篇，其中三大索引SCI、EI、ISTP收录的论文共803篇(SCI:357篇，EI:398篇，ISTP:48篇)，国外学术刊物发表的论文402篇，国内核心期刊发表的论文1126篇，在国际学术会议上发表的论文143篇，在国内学术会议上发表论文175篇，在其他学术刊物发表论文421篇，主编和参编学术专著分别为84册。有107项目获得各类后续项目的支持，其中66个项目获得国家自然科学基金的后续支持、11个项目获国家科技计划支持、30个项目获省部级科技计划支持。

【微纳光学器件制作的基础理论及关键技术研究取得重大突破】 2012年，南昌航空大学高益庆教授带领的科研团队在国家自然科学基金、国防基础科研项目、江西省自然科学基金和中国航空科学基金等多项课题的支持下，突破多项关键技术。一是提出了高分辨力数字光刻的原理，研制了基于数字微镜器件的精密数字曝光系统，攻克了全新的数字实时、移动、旋转、分形和编码等系列数字化制作关键技术，为低成本数字化制作复杂浮雕结构微纳光学器件提供了新技术手段；二是提出一种基于单层多齿光栅结构的高性能光栅偏振分束器，优化设计制作了一种多层多齿光栅结构的偏振无关反射镜和宽带光子晶体慢光波导，探索了光波在微纳器件中的传播特性；三是首次可控制备了周期性的Z字形单晶 SnO_2 纳米带、AlN纳米环和Z字形纳米线，提出一种全新的纳米带沿等价方向交替生长的形成机制，为周期性微纳结构的可控制备提供了一种新思路、新方法，在构建具有特殊功能的微纳光学器件方面具有潜在的应用；四是首次观察到尺寸为5nm的 Y_2O_3:Eu发光的超高猝灭浓度现象，并明确区分了源于同一纳米荧光材料的体态和表面态荧光光谱，从理论和实验上解释和验证了微纳米稀土荧光材料发光的尺寸效应，奠定一种新型微纳荧光探针传感温度与应力的理论与实验基础。该研究共发表论文49篇，被SCI、EI论文他引480次。获得多项发明专利。应用本项目研究的关键技术制作微光学传感器以及各类微光学器件市场前景大，经济效益显著。研究成果获2012年度江西省自然科学一等奖。

【纳米复合界面调控及其在聚合物光伏电池应用取得重要成果】 2012年，南昌大学陈义旺教授领衔的研究团队，在国家自然科学基金项目、教育部新世纪优秀人才与江西省主要学术和技术带头人计划、省自然科学基金等项目的支持下，对新能源及环境友好纳米复合材料设计合成、界面和有序形貌调控及其在聚合物太阳能电池应用等关键科学问题进行了系统研究。利用液晶的驱动活性层纳米复合体系的有序组装，探讨界面特性和微观形貌对纳米复合体系光伏性能的影响；将液晶基元同时设计成发光基团，使得聚合物既具有液晶性，又保持良好的发光性，液晶取向效应能够调控共轭主链的取向行为，并证明液晶基元能量转移至共轭主链增强光学性质；提出将液晶基元诱导取向的概念引入到活性层纳米复合材料的微观结构调控中，利用液晶基元在堆砌排列上的有序性，实现给体和受体材料在纳米尺度上的有序分布，获得稳定有序的互穿网络体相异质结结构，极大地有利于电荷的分离、传输和有效收集,提高了有机薄膜太阳能电池的光电转换效率;充分利用嵌段共聚物自组装和纳米晶原位生长控制活性层纳米复合体系相异质结形貌和有序分布,原位水解制备无机纳米晶/共轭聚合物杂化光伏电池,提高器件效率;利用原位反应和含氟表面直接引发聚合实现纳米复合界面改性。相关研究成果已在国际权威刊物如 Macromolecules(IF:5.167);J. Phys. Chem. C(IF:4.805);J. Polym. Sci., PartA:Polym. Chem(IF:3.919);Polymer(IF:3.829)等上发表学术论文 80 篇,影响因子 3.0 以上论文 16 篇。获得众多国际知名学者高度评价和详细点评,同时被 ACS 每周新闻"Noteworthy-Chemistry"重点点评,受邀为 Macromol. Phys. Chem. 撰写综述。他引共 253 次,单篇最高他引 62 次。指导的研究生获得中国青少年科技论文奖 4 人,全国宝钢特等奖学金 2 人和优秀奖 1 人,江西省优秀博士学位论文 1 人。研究成果获 2012 年度江西省自然科学二等奖。

【中草药中新的萜类成分的发现及其生物活性研究取得重要进展】 2012 年,江西中医学院罗永明教授领导的研究团队,在多项国家自然科学基金、省自然科学基金等项目支持下,对 8 种江西地产中草药的新萜类成分及其生物活性进行了系统研究。从宽叶金粟兰、长尾粗叶木、灯油藤、南鹤虱、骆驼蹄瓣、远志、裂叶铁线莲、走马胎等 8 种中草药中分离鉴定了 144 个萜类成分,其中 52 个是世界上首次发现的新的萜类成分;从宽叶金粟兰中分离得到的 7 个新的含有十九元环的大环内酯或类似结构的倍半萜聚合物,从骆驼蹄瓣中分离得到新的 27 - Nor 型三萜皂苷,它们的化学结构骨架均极为罕见;首次发现来自这八种中草药的宽叶金粟兰素 C、四块瓦素 A、两个 27 - Nor 型的三萜皂苷、驼蹄瓣素、torilolone8 - O - β - D - glucopyranoside、torilolone11 - O - β - D - glucopyranoside、南鹤虱苷、南鹤虱醇、铁线莲皂苷 S 和 α - 常春藤皂苷等萜类成分具有抗肿瘤活性;宽叶金粟兰素 A ~ D、环银线草醇 A、四块瓦酮、党参内酯和粗叶木内酯、骆驼蹄瓣皂苷 O、3 - O - β - D - quinovopyranosyl - pyrocincholate、奎洛维酸 3 - O - β - D - 鸡纳糖苷、车叶草苷和去乙酰车叶酸等萜类成分具有抗炎作用;β - 二氢沉香呋喃型倍半萜类生物碱具有较强的杀灭蚜虫的作用。为这些中草药的资源开发和应用以及创新药物的研发奠定了基础。项目的研究成果在国际和国内权威学术期刊上共发表论文 24 篇。被《NaturalProductReports》、《OrganicLetters》等国内外权威期刊论文他引 88 次。研究成果获 2012 年度江西省自然科学二等奖。

【高强度电纺聚合物纳米纤维的制备和性能研究取得重要成果】 2012 年,江西师范大学侯豪情教授领衔的研究团队,通过国家自然科学基金、省重大科技项目和省自然科学基金等项目的资助,对一种高强度电纺聚合物纳米纤维的制备、性能及形成机理进行了研究,一是发现了用高压静电纺丝技术同样可以制备高强度的聚合物(纳米)纤维,静电纺聚酰亚胺纳米纤维的单丝强度超过了 2GPa,超过了用传统工艺生产的普通聚合物粗纤维强度的水平,从根本上改变了人们认为电纺聚合物纳米纤维强度低的普遍认识;二是研究的高强度聚酰亚胺纳米纤维的学术成果已应用到自支撑聚合物纳米纤维非织造布制备技术中。这种电纺聚酰亚胺纳米纤维非织造布作为新一代的锂电池隔膜应用到高性能锂离子电池的制造产业中,大幅度改善新能源汽车动力锂电池的使用安全性、倍率充放电特性,将会在新能源汽车的产业化过程中起到积极的推动作用;三是提出的"电纺后的热处理导致聚合物分子在纳米纤维中进一步取向"的概念或方法既适用于刚性较大的聚合物分子,也适用于有一定刚性的聚合物分子,对研究其他高强度电纺聚合物纳米纤维有较大的科学价值;四是研究的聚合物纳米纤维机械性能的表征手段解决了超细电纺纳米纤维机械性能测试表征的难题。该研究成果在国际国内杂志上发表相关论文 11 篇,论文最高影响因子 13.9,被他人引用 100 余次。获国家专利 4 项,并在国际上率先实现了自支撑电纺聚合物纳米纤维非织造布的工业化生产,产品用作新一代锂离子电池隔膜、耐高温精细过滤技术等领域。研究成果获 2012 年度江西省自然科学二等奖。

(沈 卫)

科技发展计划

【概 况】 2012 年,省科技厅共安排各类省级科技计划项目(课题)1444 项(不包括未安排经费的新产品计划项目和科技计划指导性项目),科技专项经费 2.45 亿元。安排上年结转项目 98 项,经费 4784 万元。基础计划项目(课题)120 项,经费 1400 万元。基础研究计划(省自然科学基金计划)按 6 个学科进行资助,经费 1200 万元。软科学研究计划项目 114 项,经费 200 万元。主要针对全省科技、经济和社会协调发展的重大问题,在战略性新兴产业发展思路、发展战略、区域创新体系建设、科技政策与法规、科技资源配置、营造创新环境、提升创新能力等方面的开展研究。

十大战略新兴产业科技创新计划项目(课题)983 项,经费 1.36 亿元。重大科技专项 6 项,安排科技专项经费 5000 万元。根据《江西省科学技术发展中长期规划纲要》《江西省"十二五"科技发展规划》和《江西省科技创新"六个一"工程实施意见》确定的战略任务,围绕鄱阳湖生态经济区建设、航空、新能源和新材料的重大共性和关键技术,实施《K 发动机工程化应用及关键技术研究》《江西省页岩气富集规律及地质选区关键技术研究》《特种陶瓷材料关键技术研发》《污水深度处理与资源化技术集成与工程示范》《鄱阳湖流域水生植物资源保育与利用研究》和《夏热冬冷地区绿色建筑关键技术研究与示范》等 6 个重大科技专项,经费安排 5000 万元。

重大科技创新研究项目 26 项,安排经费 2020 万元。一是针对江西省十大战略性新兴产业、鄱阳湖生态环境和民生工程发展的需求,着力解决制约产业发展环境改善和民生需求的关键共性技术难题,协同创新、集成攻关,实现突破;二是针对江西省特色和优势产业的前沿科学问题,开展以应用为导向的基础研究,提升江西省科技持续创新能力和学术地位;三是通过技术和产品创新、延长产业链,提高经济和社会效益,取得具有自主知识产权的科技创新成果。重点在稀贵金属再生资源综合利用、高性能绝性缘材料、面向复杂结构自动焊接装备、赣南早脐橙、绿色生态新型生物有机肥、苏氨酸微量元素添加剂制备关键技术、极端条件下食品体系的关键基础科学、快速判断恶性肿瘤切除完全与否的质谱学方法和应用纳米材料药物进行靶向导入 siRNA 及其实验性治疗等方面开展研究。

科技支撑计划项目 586 项,安排科技专项经费 3038 万元。工业领域主要着力在新材料(黑色金属、有色金属、太阳能光伏、非金属陶瓷、半导体照明)、电子信息(软件外包出口、软件信息服务、嵌入式软件、应用软件、文化创意、智能控制系统、电子产品研发)、化工新材料及精细化工(有机硅、精细化工、太阳能用多晶硅、高附加值化学纤维)、光机电一体化(工业自动化、绿色制造、精密高效加工和成型设备、数字化制造设备、民用直升机和通用飞机、机器人、新型节能环保汽车及新能源汽车、大型特种构件制造装备)、新能源(太阳能综合利用与建筑一体化技术、燃料电池、生物能电池、光伏发电应用技术及太阳能光电产品)等领域开展关键技术攻关,实现突破,以培育江西省十大战略性新兴产业和一批具有自主知识产权的高新技术及产品为重点目标,为全省支柱产业加速发展提供科技支撑。农业领域重点围绕现代种业及高效安全生产、绿色食品及农林产品加工、农林生态安全与生物质利用、农用物资、农业机械装备等技术研究与示范,为保障粮食安全,发展现代农业及绿色食品产业,改善农村民生提供技术支撑。社会发展领域重点针对全省在医疗卫生、公共安全、资源环境、生物和新医药领域的科技需求,开展技术攻关。同时,科技支撑计划重点支持民生科技和实用性强、经济和社会效益显著的技术研究与示范,重点支持解决重点学科领域的关键和共性技术难点问题。

科技转化示范计划 364 项,安排经费 1829 万元,主要是火炬计划、星火计划、重点科技成果转移化计划、技术创新引导工程、制造业信息化工程、节能减排技术示范工程、可持续发展实验区等项目。科技型中小企业技术创新基金项目 79 项,安排经费 1700 万元。

科技条件平台与人才计划安排项目 152 项,经费 2288 万元。科技条件平台建设计划项目 59 项,安排科技专项经费 950 万元;重点实验室主要支持全省十大战略性新兴产业发展的科技创新研发平台,有明确和相对稳定的科研方向,主要研究方向以应用基础研究为主,开展学科前沿、交叉领域的基础研究和应用基础研究,符合国家、江西省经济与科技发展战略目标,从事的研究开发活动属全省优先发展的学术和技术领域,且在国内有一定优势和特色;工程技术研究中心主要是围绕 10 大战略性新兴产业,以应用研究和成果转化为主,着重提高科技成果的成熟性、配套性和工程化水平,符合国家、江西省经济与科技发展战略目标。科技条件平台建设是在相关技术领域具有雄厚的研究开发实力,在省内同行业或同领域中技术领先,在国内有一定影响。

赣鄱英才 555 工程安排经费 338 万元,针对领军人才和高端柔性特聘人才进行资助,共 15 名。

科技合作计划项目的科技专项经费 563 万元。着力推动国内外先进科技成果在江西省转移和产业化,大力开展国内外先进技术引进消化吸收再创新,提升江西产业竞争力,培育具有对开放型国际化的优势科技创新团队。

科技创新体系计划项目 29 项,安排科技专项经费 1330 万元。主要支持鄱阳湖生态经济区示范基地、科研院所基础设施配套、新农村试点示范。

科技入园行动计划安排经费 2100 万元,其中包括民营科技园 100 万元。

其他计划安排经费 3193 万元。主要是,科技"三援"、专利申请与实施专项、"六个一"工程经费、国家重点新产品配套等经费。

结转项目共安排经费 4784 万元。主要安排于科技创新"六个一"工程配套、科技条件平台建设、重大科技创新研究专项、新农村试点示范工程和赣鄱英才 555 工程等。

【大力支持科技创新团队及人才培养计划】 2012 年,省科技厅全年安排科技创新团队及人才培养计划项目 78 项,科技专项经费 1000 万元。优势科技创新团队专项计划主要围绕绿色光源、航空制造、生物和医药等战略性新兴产业对 25 个团队进行资助;省主要学术和技术带头人培养计划主要在机械及光机电一体化、冶金及有色金属深加工、精细化工及新材料、农学、物理学、生物学、材料科学、化学化工与环境科学等领域确定培养对象 13 名。省青年科学家培养对象计划确定培养对象 23 名。

(沈 卫)

科技创新"六个一"工程

【概 况】 2012 年,各成员单位和设区市以全省科技创新大会为新契机,贯彻落实江西省委、省政府关于大力推进科技协同创新的决策部署,围绕省科技创新"六个一"工程目标,扎实推进各项任务,全省战略性新兴产业发展势头强劲,为促进全省产业结构调整优化、加快转变发展方式作出积极贡献。

战略性新兴产业深入推进,产业保持平稳较快增长。产业规模迅速扩张。2012 年全省十大战略性新兴产业全年完成工业增加值 1932.38 亿元,占全省规模以上工业比重 39.56%,占全省 GDP 比重 14.92%,比上年同期提高 1.4 个百分点;实现销售产值 8217.97 亿元,占规模以上工业销售产值的 39.8%,同比增长 10.5%;产品销售率为 99.1%,同比增长 0.4 个百分点,产销衔接较好。金属新材料、绿色食品、生物及新医药、非金属新材料、文化及创意制造五大产业合计完成增加值 1611.42 亿元,占全省规模以上工业的 33%,拉动全省规模以上工业增长 4.1 个百分点,贡献率为 28.2%。运行质量显著改善。2012 年全省十大战略性新兴产业实现主营业务收入突破万亿,达到 10345.32 亿元,同比增长 15.51%。其中,航空制造、半导体照明、绿色食品制造产业表现抢眼,分别同比增长 28.4%、49.4% 和 33.3%;金属新材料产业实现主营业务收入4975.99亿元，占十大新兴产业总量近五成，达48.1%，同比增长12%。十大战略性新兴产业实现利润440.54亿元。其中，半导体照明、航空制造、生物及新医药和绿色食品产业赢利迅速，分别增长95.5%、43.7%、42.7%和35.6%，比全省工业利润增幅高79.1、27.3、26.3和19.2个百分点。产业布局逐步优化。注重发挥资源优势，夯实产业基础，优化产业布局，引导企业集聚，产业聚集度稳步提高。南昌、鹰潭、宜春、上饶、新余5个地区经济总量和运行质量均名列全省前茅。2012年，五地十大战略性新兴产业完成增加值1167.32亿元和主营业务收入6870.79亿元，分别占全省十大战略性新兴产业增加值、主营业务收入总额的60.4%和66.4%。鹰潭、宜春、南昌分别实现利润78.79、74.27、67.95亿元，位居全省前三甲，起到了引领带动作用。

创新型企业加快培育发展，企业规模实力发生新变化。培育认定成效显著。按照江西省创新型企业认定管理办法，完成江西省首批创新型企业认定工作，认定第一批省级创新型企业84家；新增中国瑞林和江西青峰药业2家国家创新型试点企业，省级以上创新型（试点）企业达到204家，其中，国家创新型（试点）企业14家，被省政府授予优秀创新型企业称号的企业25家。崇义章源钨业股份有限公司通过国家认定，成为全省首个国家技术创新示范企业。开展了二个批次的高企认定，新增121家高新技术企业，同比增长47.6%，为培育创新型企业后备力量夯实基础。新认定国家级动漫企业3家。技术水平快速提升。形成了一批在国内居于领先地位的新产品、新技术、新工艺和新专利。洪都集团大飞机C919前机身、中后机身进入试制阶段。新钢集团开发新产品25个，产值61.3亿元，P460NL2、P400NGL4低温移动罐车用钢的成功开发，成为国内首家能生产此类产品的企业。赣州江钨新型合金材料有限公司起草的《电工用火法精炼再生铜线坯》国家行业标准正式实施。江钨控股集团2012年专利申请量、受理量首超100件，授权量比上年增长37.5%。江铜集团共申报专利95项，获授权发明专利61项，《一种钼焙砂处理工艺》荣获第十四届中国专利奖及江西省第二届专利奖。规模扩张步伐加快。江中药业股份有限公司等50家重点调度的创新型企业全年完成主营业务收入、新产品销售收入、利税、研发投入3900.4、861.6、280.9、64.2亿元。江铜、新钢、晶科能源等9户收入过百亿的企业合计实现主营业务收入3067.32亿元，占战略性新兴产业收入总量的29.6%，拉动全省工业收入增长1.3个百分点，贡献率为6.8%。省直单位调度创新型企业完成主营业务收入、新产品销售收入、利税、研发投入2685.1、490.8、213.3、34.9亿元，独占鳌头。萍乡、南昌、新余创新型企业分别实现主营业务收入372.6、244.9、209.5亿元，位于全省地市前列。

重大项目集聚效应凸显，项目带动能力明显增强。投资引导项目实施取得新进展。加大战略性新兴产业投资引导专项资金的实施力度，2012年统筹安排4亿元。经设区市政府申报、专家评审、实地考察、综合平衡，确定了56个投资引导项目给予支持。项目带动能力显著提升。带动全省十大战略性新兴产业完成总投资2668.93亿元，同比增长23.5%，占全省总投资的23.4%，拉动全省投资增长5.8个百分点，贡献率为19.3%。其中，新开工项目3082个，共完成投资1776.02亿元，拉动新兴产业投资增长27.0个百分点，为战略性新兴产业超常规发展蓄足了后劲。新兴产业重大项目建设成效突出。2012年召开战略性新兴产业重大项目协调推进会3次，协调推进重大项目151个。推动各产业投资加速放大。航空制造产业完成投资43.97亿元，同比增长2.18倍，增速远高于其他九大产业，稳居十大产业之首；绿色食品产业完成投资623.77亿元，增长28.0%，投资额比上年增长136.52亿元，对新兴产业增长的贡献率为十大产业中最高。生物及新医药、非金属新材料、金属新材料、新能源汽车及动力电池、文化及创意和光伏分别完成投资214.42、278.61、346.13、172.78、606.57和218.59亿元，分别增长62.6%、40.9%、28.0%、19.6%、17.8%和2.7%。省重大科技专项推进有力。2012年安排重大科技专项资金5000万元，支持“K发动机工程化应用及关键技术研究”“江西省页岩气富集规律及地质选区关键技术研究”“特种陶瓷材料关键技术研究”“污水深度处理与资源化技术集成与工程示范”“鄱阳湖流域水生植物资源保育与利用研究”“夏热冬冷地区绿色建筑关键技术研究与示范”等6个重大科技专项的实施。同时，安排2020万元资金，支持“稀贵金属再生资源综合利用技术研究”等26项省级重大科技创新项目的实施。

切实加强研发平台建设，协同创新优势巩固提升。国家级研发平台稳步发展。全省建有各类国家级研发平台9个。新申报国家脐橙工程技术研究中心和离子型稀土工程技术研究中心，已通过科技部现场可行性论证；新申报国家重点实验室1个，省部共建国家重点实验室培育基地2个。新增国家认定企业技术中心1个，全省总数增至8个。截至2012年底，9个国家级研发平台有在职或聘用的院士14人，高级职称研究人员447人，博士309人；共承担各类科研项目1153项，项目总经费6.86亿元；获得省级以上科技奖励69项，发明专利365项，发表论文2914篇，SCI、EI、ISTP收录752篇；转化科技成果240项，解决关键技术问题251个；服务企业353家，产生效益31.5亿元。省级研发平台加快推进。新组建了9个省级重点实验室和13个省级工程技术研究中心，全省省级重点实验室增至75个，省级工程技术研究中心110个。新认定省级企业技术中心23家，全省省级企业技术中心总数达到145家。省级技术中心企业主营业务收入和产品销售利润占全省规模以上工业比重均超过40%。依托江西江特锂电池材料有限公司组建的江西省锂离子电池材料工程技术研究中心研发的年产1000吨负锂锰基正极材料生产线已建成投产，有效支撑了锂电新能源产业发展。宜春依托创新平台建设，引进和培养科技创新人员1088人，投入科研经费2.13亿元，成功开发新产品152项。高校创新平台协同有力。遴选确定了最后一批8个高水平实验室和工程研究中心，圆满地完成了“311工程”目标任务。启动实施江西省高等学校创新能力提升计划，决定紧紧围绕江西省十大战略性新兴产业创新能力提升，在2012－2015年期间，省财政投入8亿元，在全省高校建立40个省级“2011协同创新中心”，每个中心建设经费2000万元。2012年首批立项建设了江西农业大学牵头的“猪牛羊良种培育及高效扩繁”等10个省级“2011协同创新中心”。这批中心集聚了12位院士和一批长江学者、国家杰青等高层次人才，共有高校、企业、科研院所和政府部门等66个单位加盟。

突出抓好产业特色基地建设，园区规模迈上新台阶。四大高新区引领发展。南昌、新余、景德镇、鹰潭等4个国家级高新技术产业开发区成为全省园区经济的领头羊。南昌高新区完成生产总值316亿元，增长14.6%；园区营业总收入1300亿元，增长16.5%；财政总收入47.3亿元，增长26.3%；固定资产投资299亿元，增长30.2%；规模以上工业增加值225亿元，增长15%，占全市的23.3%；规模以上工业利税总额首次超百亿元，达到110亿元，占全市的28.1%。景德镇高新区和鹰潭高新区分别实现主营业务收入277.9亿元、358.3亿元，同比增长14.8%、16.7%；完成工业增加值60.3、47.2亿元，同比增长22.5%、13.9%。基地经济规模不断放大。2012年新增4个国家级高新技术产业化基地，使江西省国家高新技术产业特色基地达25个，其中国家高新区4个、科技城（创新型城市）4个、高新技术产业化基地14个、火炬计划特色产业基地3个。17个国家级基地（不含高新区、科技城）实力日益壮大，完成工业总产值6142.06亿元，其中主导产业产值2981.74亿元，高新技术产业产值2055.74亿元；实现销售收入5792.72亿元，利润总额288.2亿元，利税586.47亿元；固定资产投入910.5亿元。萍乡国家新材料高新技术产业化基地新材料产业企业总数达786家，形成了4个产业聚集区，全年工业总产值达307.6亿元，实现利税62.4亿元。科技创新资源加速集聚。2012年，全省17个国家级基地企业研发经费投入103.32亿，占年销售收入的比例为1.78%；建有研发机构280个，公共技术服务平台122个；拥有科技人员55096人，承担国家科技项目128个；开发主导产品1349项，国家知名品牌14个，省级知名品牌134个；培育国内500强企业16家，高新技术企业216家，省级创新型企业92家。萍乡国家新材料高新技术产业化基地实施国家和省级各类科技计划124项，获科技扶持资金3253万元；建有各类创新平台21个；20余家规模以上科技型企业建立了企业研发中心或实验室；北京理工大学等4所高校分别在基地核心区设立了研究院；基地与国内80余所高校开展了合作，合作项目230余个；柔性引进院士15名、博士193名。促进了基地“院士经济”和“博士产业”的蓬勃发展。

积极培育科技创新团队，科技人员创新活力显著提升。团队布局日趋科学。2012年新组建了5个知识创新团队，4个技术创新团队。江西省优势科技创新团队增至108个。其中：在省内有关高等院校、科研院所、省属医院等24家单位组建了52个知识创新团队，在大型企业和高新技术企业组建了56个技术创新团队。从产业分布来看，光伏产业4个，新材料产业22个，锂电与电动汽车产业6个，绿色光源产业5个，生物和医药产业25个，航空制造产业7个，先进装备制造产业9个，电子信息产业4个，绿色食品产业16个，文化及创意产业4个，其他领域6个。每个产业均有4个以上科技创新团队作支撑。扶持力度不断加大。开展科技人才团队建设情况专题调研，精心制定调研方案并设计问卷调查表，采取重点调研和面上调查相结合，以召开座谈会、个别访谈、查阅资料、实地察看、问卷调查等方式，基本摸清了全省科技人才团队建设的总体情况、主要做法及存在的问题，为进一步推动团队建设提供了依据。以考核促提升，对创新团队年度目标分任务完成情况进行调度考核，推进团队完善运行机制。继续加大经费支持力度。2010年、2011年分三批安排了1530万元经费，用于75个创新团队建设，2012年省科技厅又安排了500万元支持25个创新团队的建设。省消化疾病诊疗技术创新团队承担了国家重大科技支撑计划项目《构建国际标准化和规范化的临床药物实验平台研究》，获经费1650万元。

大力改革创新体制机制，产业创新动力明显增强。创新产业投融资机制。建立绿色信贷制度，通过金融杠杆引导产业结构升级调整，促进战略性新兴产业加快发展。截至12月底，绿色信贷余额为512.17亿元，比年初增加141.81，增长38.29%；绿色信贷余额在各项贷款余额中的占比达到3.51%，较年初提高了0.29个百分点，绿色信贷增量占各项贷款增量的8.1%。截至12月底，国家开发银行江西分行承诺高新技术产业项目124亿元，发放贷款51亿元，贷款余额101亿元；300户科技中小企业获银行融资45.1亿元；举办“百园千企”政银企对接会，促成金融机构与2198家企业达成合作意向，授信481亿元。省高技术产业投资股份有限公司创新机制，积极打造高新技术孵化培育、投资到退出的一体化产业链。创新科技金融服务模式。国家开发银行江西省分行根据战略性新兴产业特点创新金融产品。通过循环贷款、规划贷款等金融产品，融资支持了洪都航空技术改造，都昌老爷庙风电场，华电电力螺杆膨胀动力机发电，升阳光电太阳能电池生产线，蓝星化工新材料等项目，支持了稀有金属、医疗器械等产业园区基地建设和江钨“走出去”等项目。针对高科技中小企业发展特点创新融资模式。通过“小额贷款公司融资”“租赁公司融资”“百家俱乐部”等融资模式，支持赣州远驰新材料有限公司等企业，截至12月底，承诺中小企业贷款21亿元，发放18亿元，贷款余额28亿元。创新财政科技投入机制。2012年省级财政预算安排科技支出6.5亿元，比上年预算数增长13.2%，占省级财政支出预算2%；省级财政科技支出决算数为8.75亿元，比上年增长36.7%，比省级财政支出增长高出38.8个百分点，加上省级科技预算补助市县支出0.89亿元，省级科技总支出9.64亿元，占省级财政支出的比例超过2%；全省财政科技支出决算数为26.97亿元，比上年增长26.5%。新增安排5000万元，整合其他财政资金，设立战略性新兴产业投资引导资金。安排经费9118万元，大力支持“赣鄱英才555工程”。安排1亿元资金，支持高校建设高水平学科、高水平实验室和高水平工程研究中心等高水平创新平台建设。

【培育建设成效显著】 2012年,全省科技创新团队累计承担国家级项目230项,省部级项目320项,争取经费达4.8亿元;开发新产品420项;获专利授权346项,其中发明专利159项;形成技术或产品标准125项;出版专著35部,在国内外期刊上发表研究论文1195篇,其中被SCI/EI/ISTP三大检索系统收录360篇;有5项成果获国家级科技奖励,59项成果获省部级科技奖励;解决产业技术难题173项,转化科技成果510项,实现产值累计超过101.4亿元;引进院士高层次人才131人,培养博士150人。江铜集团铜冶炼技术创新团队开展铜冶炼炉渣资源综合回收等8项铜冶炼项目研究,成功制备出99.99%的铼粒。数字出版技术创新团队研发出“中文天地”移动阅读书城,市场前景广阔。

【开展招商推介活动】 2012年,省科技厅围绕产业发展的重点领域和关键环节,组织了战略性新兴产业项目与资本对接活动,举办“五场合作推进会”,即稀土、LED、直升机产业合作推进会,有机硅产业基地与央企对接会,锂电产业发展高峰论坛。组织6家科技兴贸创新基地和上百家企业参加青岛国际消费电子展、北京国际汽车零部件博览会、广州绿色创新技术产品展、高交会、文博会、上海中国绿色食品博览会上等6个国内展会和台湾光电展、美国太阳能展、巴西电子展等5个国(境)外展会,宣传江西、展示产品、签约了一批项目。全省新批外商投资企业789家,实际利用外资60.59亿美元。其中战略性新兴产业项目365个,占全省新批外商投资企业总数的46.26%。

【实施优惠政策】 2012年,省国税系统努力落实好科技协同创新优惠政策,全年共减免税额47.41亿元,同比增加16.09亿元,增长51.4%,占全省国税系统全部减免税额比重三分之一。其中免征航空制造业增值税16.33亿元;为光伏企业办理出口退(免)税1.68亿;190户资源综合利用企业退免增值税5.59亿元;43家软件企业退还增值税3310万元。全省地税系统服务科技创新“六个一”工程实施各类减免税6.38亿元。其中高新技术企业减免企业所得税2.91亿元,企业研究开发费加计扣除2.62亿元。全省共安排战略性新兴产业重大项目用地229个,总用地2880公顷,使用新增建设用地计划2786.67公顷,用地总面积占全省重大项目用地的42.21%。

【落实人才政策】 2012年省财政安排1000万元资金支持实施学科带头人、青年科学家培养计划、科技创新团队的建设,新增学科带头人13人,新增青年科学家培养对象33人。大力支持“赣鄱英才555工程”,省财政共安排经费9118万元,支持“创新创业人才引进计划”“高端人才柔性特聘计划”“领军人才培养计划”等顺利实施。加大高校专业设置调整力度,全省高校本科专业共有978个,专科专业共有2642个,约有40%的专业为江西省十大战略性新兴产业所需。全省高校有4人入选教育部“新世纪人才支持计划”。全省创业大学累计培训企业人员2万人次,举办科技中小企业总裁MBA高级研修班,培养了一大批科技经营人才。

(颜 翔)

合作与交流

【概 况】 2012年,围绕鄱阳湖生态经济区建设和科技创新“六个一”工程,省科技厅大力推进科技大开放,取得了一系列重要发展和新的突破,拓宽了科技合作渠道、深化了科技合作水平,大力推动了江西省的科技协同创新发展。

加强创新体系建设出特色。针对江西省科技创新资源不足、科技人才不多、国家重点实验室少等这一系列制约全省科技发展的因素,坚持“争取项目吸引人才、发展基地培育人才、项目支撑基地发展、人才促进科研建设”,形成了一定的特色和优势。争取了一批国家国际科技合作项目。2012年,围绕全省战略性新兴产业,以项目为载体,共落实科技部国家科技合作与交流专项计划8个,国家国际科技合作专项经费达5440万元。在注重科研项目产学研的连续性方面,近年来为江西省航空制造企业和研究机构争取9个国家级国际科技合作项目,争取经费达6289万元。留住了一批高层次归国科技人才。主动与科研院所联系,帮助归国科技人才争取项目。通过国际科技合作项目支持,留住了一批高层次归国科技人才。杨旸、陈祥树、侯豪情、陈焕文、李文等一批海归已逐步成为江西省新一代科技领军人才。

突出创新主体地位出成效。企业直接参与市场竞争,对新技术、新产品最敏感,为此,省科技厅重点支持企业项目,通过这些项目的执行为企业解决一批关键技术问题。支持龙头企业,发挥国有企业引领作用。2012年,恒天动力有限公司、昌河航空工业集团、江西电力科学研究院等单位承担的项目获得科技部的资助,有力地发挥了全省龙头企业的引领带头作用,大力促进全省优势产业的发展。扶持中小企业,挖掘新兴产业发展潜力。新兴产业具有较大的发展空间,通过项目支持充分挖掘科技合作发展潜力,帮助中小企业发展壮大。桑海生物医药孵化器作为一个国家级国际科技合作基地,里面聚集了一批海外归国人才,并与美国和欧洲等国际科研机构和公司的合作,通过资金扶持、政策支持一系列的科技创新性项目挖掘中小企业发展潜力,促进当地经济发展。

助力跨国合作,打破国外技术封锁。企业有国际科技合作渠道才能够有效地打破国外对我国重点领域关键技术的技术封锁。2012年,一批国家重点国际科技合作项目通过验收,这些项目通过合作研发减少了研制时间,降低了研制风险,节约了经费,同时能充分利用国外的技术基础及市场影响力,以最快的速度投放市场,带动相关产业的发展与进步。

拓宽创新合作渠道出亮点。提升国际合作层次、延伸科技合作维度。充分挖掘省内国际合作资源,鼓励省内院校参与政府间国际科技合作项目,使全省的科技合作不再停留在与国外民间合作水平,能够登堂入室参与政府间项目,有效地提升了国际合作层次、延伸了科技合作维度。省山江湖办、南昌大学中德研究院、东华理工大学、江西师范大学先后承担和完成了我国与埃及、芬兰、泰国、俄罗斯、日本等国的双边政府间科技合作项目。继续深化与北美、西欧等地区发达国家科技交流合作的同时,与俄罗斯、乌克兰、乌兹别克、捷克、匈牙利等东欧国家,与印度、泰国、菲律宾、埃及、南非和马里等亚非国家的科技合作得到进一步扩展。

2012 年,省科技厅先后组织各设区市科技局及相关企业参加第九届满洲里中俄蒙科技展暨高新技术产品展览会、中国云南桥头堡建设科技入滇对接会,使江西省企业加深了对外部市场的了解,扩展了合作的渠道、推动江西省企业与云南省以及东南亚、南亚的合作。2012 年共组织 15 批 51 人次赴俄、美、等 25 个国家和地区,开展科技招商,引进技术、人才和项目,达成各类科技交流合作 100 余项,尤其在民用直升机、有色金属、生态环保等领域拓展了合作渠道。

【培育一批国家国际科技合作基地】 2012 年,省科技厅在原有的 10 个省级国际科技合作基地和 6 个国家国际科技合作基地的基础上,新认定 5 个省级国际科技合作基地、新增 1 家国家级科技合作基地。江西桑海生物医药孵化器经过评审被批准认定为新一批的国家级生物医药医疗国际科技合作基地。该基地引进了一批海外留学归国人才创新创业,并在南昌大学培养了一批科研团队,进一步完善了国际科技合作基地布局。

【拓展院地合作空间】 2012 年,江西省科技厅先后与湖北省科技厅、湖南省科技厅签署《长江中游城市集群科技合作框架协议》、与武汉大学签订《关于加强省校科技合作的协议》《庐山植物园与武汉大学合作框架协议书》《江西省计算技术研究所与武汉大学科技合作框架协议》,按照共享、共赢、共发展的原则,充分利用各方优势,推动国家和省级重点实验室、工程技术研究中心等创新平台的人才流动、科技交流及项目合作;整合产业优势资源,共建全国或区域性的产业技术创新战略联盟;推动大型精密仪器设备、科技基础数据、自然科技资源等科研基础条件平台的开放与使用,实现科技资源共享,服务鄱阳湖生态经济区建设。

【举行 2012 江西—香港技术、人才、项目对接会】 6 月 8 日,由江西省科技厅主办,香港创新科技署协办的"2012 江西—香港技术、人才、项目对接会"在香港会议展览中心举行。此次对接活动的主要目的是为江西省战略性新兴产业发展搭建技术项目和人才合作平台,促进江西和香港经济技术交流与合作。来自江西省科技厅、南昌高新区、新余高新区、景德镇高新区、香港创新科技署、香港生产力局、香港科技大学、香港理工大学、香港应用技术研究院、香港科技园等有关单位代表 50 余人参加此次对接活动。

香港应用科技研究院有限公司、香港科学园公司在会上作了技术推荐。江西省南昌、新余、景德镇 3 个国家级高新区分别介绍各自的技术需求。通过推荐和交流,初步达成了一批技术合作意向。主办机构希望能将对接活动办成常态化,使之成为赣港双方技术项目人才合作的重要平台。

(刘文娟)

高校科研及成果转化

【概　况】 2012 年,全省高校深入实施科技创新"六个一"工程,全面推进高校创新平台"311 工程",启动实施江西省高等学校创新能力提升计划(简称"2011 计划"),在搭建创新平台、开展科学研究、培养引进创新人才、转化科技成果等方面取得了一系列新的成绩。高校从事科技活动人员 1.95 万人,其中科学家与工程师 18953 人,占 97.3%。高校获得科技经费 13.69 亿元,同比增加 7300 万元,增长 5.3%。承担各级各类科技课题 8235 项,投入经费 12.13 亿元。出版科技专著 42 部,发表学术论文 1.69 万篇,其中 SCIE 收录 1620 篇、EI 收录 2094 篇、ISTP 收录 656 篇;申请专利 1798 项,其中发明专利 844 项;获专利授权 837 项,其中发明专利 266 项。承担国家级项目 1077 项,其中国家自然科学基金项目 999 项、"973"计划 13 项、"863"计划 30 项、国家科技支撑计划 29 项、科技部重大专项 6 项,共投入经费 44327.3 万元,项目数和经费均比上年有大幅度增长。获省部级以上科学技术奖励 56 项,其中省部级一等奖 6 项、二等奖 17 项,南昌航空大学罗胜联教授荣获 2012 年何梁何利基金"科学与技术创新奖",实现江西省该奖项"零"的突破。全省高校有 9 项国家级项目通过验收;鉴定成果 117 项,其中达到国际水平的 11 项。

【启动实施"2011 计划"】 2012 年,江西省在全国率先启动省级"2011 计划",成立了以省政府副省长朱虹为组长的领导小组,印发了《江西省高等学校创新能力提升计划实施意见》。坚持国家和江西省重大需求目标导向原则,计划 2012～2015 年在全省高校建设 40 个省级"2011 协同创新中心",对每个协同创新中心,省财政将安排 2000 万元建设资金。计划在 2012 至 2015 年期间,省财政投入 8 亿元,在全省高校建立 40 个省级协同创新中心,形成创新要素聚集的战略高地和协同创新的新优势。首批立项建设的江西农业大学"猪牛羊良种培育及高效扩繁"等 10 个省级协同创新中心,已于 9 月 21 日授牌。到年底,10 个协同创新中心有高校、企业、科研院所和政府部门等 66 个单位加盟,汇聚 12 名院士、4 名"长江学者"和 8 名"国家杰青"等一批高层次人才。与此同时,扎实推进"中西部高校基础能力建设工程"项目建设,南昌大学、江西师范大学、江西农业大学和江西财经大学等 4 所高校成功入选"中西部高校基础能力建设工程",获得中央财政 4 亿元、省财政 1.36 亿元的支持。

【完善高校创新平台体系】 2012 年,全省高校创新平台"311 工程"全面完成遴选任务,确定 8 个高水平实验室和高水平工程研究中心。三年来,共遴选确定 10 个高水平实验室和 11 个高水平工程研究中心,省财政共安排专项经费 2.4 亿元。此外还新增 11 个江西省重点实验室和 5 个江西省工程技术研究中心。依托江西理工大学等组建的“国家离子型稀土资源高效开发利用工程技术研究中心”和依托赣南师范学院组建的“国家脐橙工程技术研究中心”通过科技部评审。

【高校创新人才和团队建设成效显著】 2012年，通过实施“井冈学者”计划和“赣鄱英才555工程”等人才计划，引进了一批以“千人计划”学者王野乔为代表的海内外高级人才。东华理工大学陈焕文教授获国家杰出青年科学基金资助，成为江西省第二位获此殊荣的本土人才。2012年，全省高校共有4人入选教育部“新世纪优秀人才支持计划”；9人入选江西省主要学科学术和技术带头人，占全省总数的69.2%；29人入选江西省青年科学家培养对象，占全省总数的87.9%。在2012年公布的江西省第四批优势科技创新团队中，高校囊括了全省5个知识创新团队。

【产学研用结合推动协同创新】 2012年，全省高校承担企、事业委托科技项目2202项，经费4.13亿元。新增“现代农业技术与工程”产学研合作示范（培育）基地，江西省产学研合作示范（培育）基地达到7个。南昌大学与省水利厅签订合作框架协议，南昌航空大学与中航工业沈阳黎明航空发动机（集团）有限责任公司签署战略合作框架协议。

【科技成果转化成绩显著】 2012年，省教育厅继续实施“江西省高等学校科技落地计划”，推进高校科技成果转化和产业化，围绕十大战略性新兴产业遴选确定了100个项目，投入经费4000万元。全省高校签订技术转让合同108项，合同金额3621.5万元。江西师范大学科技园通过科技部、教育部组织的评审，成为江西省第二个国家大学科技园，并被认定为国家技术转移示范机构，截至2012年底，入园企业达到73家，其中12家是依托高校科研成果创办的。

高新技术产业

【概　况】 2012年，全省高新技术产业发展按照中央提出的“稳中求进”的工作总基调，运行整体上由缓中趋稳向企稳回升方向发展，呈现生产向稳、效益改善、利润上扬、区域协调的良好局面。高新技术产业工作主要是以市场为导向，以企业为主体，以人才为根本，以重大项目和重点工程为抓手，以高新园区及特色产业化基地为载体，坚持发展高新技术产业和运用高新技术改造传统产业并举，坚持自主研发和引进技术并举，坚持人才建设与环境建设并举，坚持重点突破与整体推进并举，总量实现进阶。2012年，全省高新技术产业规模以上工业企业实现增加值首次突破1000亿元，达到1163亿元，同比增长14.8%，增加值占规模以上工业企业的比重达到23.8%，占GDP的比重达到8.98%，同比提高0.4个百分点。

规模持续扩张。2012年，高新技术产业内共有规模以上工业企业1432户，比2011年增加145户；产业户均产值3.5亿元，比2011年上升0.2亿元/户；年产值过亿元的企业达到929户，占64.9%；增加96户，占比上升0.2%。

运行缓中企稳。承接2011年下半年的放缓趋势，2012年前8个月产业生产持续小幅回落，8月份增加值月度增速下滑到最低点5.5%。进入9月份以后，随着稳增长政策效应的初步显现，增速逐月回升，9、10、11、12四个月单月增加值同比分别增长8.4%、13.6%、8.4%和10.6%，企稳态势日益明显。全年增加值累计增速保持在10%－20%区间，总体增长平稳。

出口逆势走稳。在外需持续萎缩的大环境下，产业克服动能不足，实现平稳出口。2012年，产业实现出口交货值605.4亿元（约合97.2亿美元），比上年微降0.8个百分点。电子信息领域出口逆势上扬，同比上增42.7%，达246.1亿元；其他领域实现出口交货值与去年持平或出现不同程度的下降。光机电一体化领域实现出口交货值居各领域首位，达260.5亿元，占全省的43.0%，但增幅同比下降10.2%，成为拉低全省出口的主因。

盈利逐季上扬。产业盈亏相抵实现利润总额337.5亿元，比上年增长9.8%；亏损企业累计亏损额4.0亿元，比上年大幅下降55.0%。盈利呈现逐季大幅增长态势，第二、三、四季度实现利润总额分别比上季度环比增长53.3%、20.2%和44.0%。

区域协同推进。2012年，增加值总量突破百亿元的设区市达6个，比上年增加3个。南昌、九江和赣州分列前三甲，实现增加值分别达235.5亿元、132.0亿元和124.7亿元。除新余因光伏产业影响发展受阻，其他设区市增加值均实现同比增长。8个设区市产业增加值占GDP的比重同比上升，3个设区市增加值占GDP的比重超过10%，分别是：萍乡、景德镇和吉安，增加值占GDP的比重分别达15.95%、12.13%和10.16%。

【鄱阳湖生态经济区内产业发展稳步推进】 2012年，鄱阳湖生态经济区内产业发展稳步推进。区内高新技术产业内规模以上工业企业合计完成总产值2760.3亿元，实现增加值638.3亿元，分别占全省的55.5%和54.9%；实现主营业务收入2785.0亿元、利润总额146.2亿元、出口交货值285.9亿元，分别占全省的54.5%、43.3%和47.2%。

（余　彦）

专　利

【概　况】 2012年，江西省知识产权工作坚持创新驱动，坚持协同创新，立足省情，解放思想，改革奋进，在知识产权激励创造、有效运用、依法保护和科学管理各方面取得新的成绩。全省专利申请量达12458件，首次突破一万件大关，专利授权量7974件；《江西省专利促进条例》开展执法调查，知识产权保护与执法专项行动取得显著成果；专利工程师职称序列积极筹建，《江西省专利管理专业技术资格评价办法》已由省知识产权局、省人力资源和社会保障厅联合发文，解决了知识产权工作人员的职称问题；江西省专利代理人培训工作取得重大进展，队伍进一步壮大；国家知识产权局专利局南昌代办处工作服务质量排在全国前列。出台《江西省知识产权战略纲要》,《江西省知识产权战略纲要》制定工作历时两年多,经过前期准备、战略专题研究、纲要文本制定、讨论论证等4个阶段,2012年5月22日经省政府常务会议审议通过,6月13日省政府正式颁布实施《江西省知识产权战略纲要》(以下简称《纲要》)。《纲要》是今后一段时期内全面指导江西省知识产权事业发展的纲领性文件,时间跨度为2011年到2020年,内容涉及专利、商标、版权、植物新品种等各类知识产权,政策措施涵盖了知识产权工作的全部领域,为加快全省知识产权事业全面发展,促进科技创新"六个一"工程和创新江西建设提供了强有力的支撑保障。鄱阳湖生态经济区建设专利推进工程启动。为配合鄱阳湖生态经济区建设和科技创新"六个一"工程的实施,培植区域知识产权优势,省知识产权局积极实施《鄱阳湖生态经济区建设专利推进工程方案》。通过专利创造"681"工程、鄱阳湖生态经济区专利信息平台建设工程、专利产业化推进和专利优势企业培育工程、专利维权工程、专利工作体系强化工程、专利人才培养"521"工程六大子工程的逐步推进,知识产权工作4个方面基础更加夯实。继2011年完成的光伏材料、非金属新材料和金属新材料3大产业专题库之后,2012年,省知识产权局支持7个设区市分担实施十大战略性新兴产业其余7个专题数据库,并支持了11个设区市建设地方性专利管理平台。第二届江西省专利奖评审前期工作已完成。完成全省第二届专利奖的前期申报、专家评选、评委会评审等前期工作,并报省专利奖励委员会审定。10个拟奖专利项目涉及光伏、金属新材料、非金属新材料、生物及新医药、现代农业及绿色食品、节能等战略性新兴产业,都是产业化中的核心专利,改善了全省优势特色领域中的技术瓶颈和难点问题,对形成产业链及延伸有着重要意义。积极推荐全省优秀专利项目参加第十四届中国专利奖评选。江西青峰药业股份有限公司的"穿心莲内酯磺化衍生物及其药物组合物"获得优秀奖。加强调查研究,深入宣传专利法律法规。2012年,省知识产权局充分利用"3.15""4.26""5.15"等契机,加大知识产权宣传,营造保护创新良好社会氛围。4月26日,省知识产权局联合省高级人民法院、省普法办、省律师协会、省专利事务所、南昌市科技局、南昌市知识产权局、南昌市中级人民法院、南昌市工商局、南昌市普法办等单位,在南昌市八一广场开展以"培育知识产权文化,促进社会创新发展"为主题的"4.26"知识产权大型宣传咨询活动。各设区市知识产权局也纷纷开展了形式多样的宣传活动。全省共开展公众宣传、咨询、广播宣传、企业座谈、讲座、知识竞赛等形式的专项行动宣传活动68次,出动人员1200人次,发放宣传材料14万多份,取得良好的社会反响。区域知识产权保护协作大平台构建基本完成。2012年,省知识产权局除了继续根据泛珠九省(区)专利行政执法协作协议开展泛珠区域专利行政执法案件协作交流外,并与全国31个省市签订了全国知识产权系统跨省(自治区、直辖市)专利行政执法协作协议,在立案协作、案件协办、联合执法等方面进一步深入开展协作交流。为了进一步提高执法办案水平,10月,受国家知识产权局委托组织召开了东部地区知识产权系统执法案例与实务研讨交流会,总结了东部地区执法办案的工作情况,相互交流了办案经验,听取了对《专利侵权判定标准及假冒专利行为认定标准(草稿)》的意见和建议,加强了区域执法协作和交流。"5.26"工程建设不断推进。2009年9月国家知识产权局正式批复同意江西省知识产权局进入"5.26工程",省知识产权局根据本省实际情况,认真贯彻落实有关文件精神和本地"5.26"工程实施方案,重点推进专利执法工作的机制建设、条件建设、队伍建设,积极争取政府和有关部门的支持配合,推动提高执法工作水平。2012年省知识产权局组织开展了全省专利行政执法标志统一申领工作,执法标志申领延伸到县一级知识产权局,共向国家局申领执法标志120套。国家知识产权局专利局南昌代办处专利服务质量进一步优化。2012年南昌代办处共受理专利申请1.34万件,其中:电子申请9682件,纸件申请3708件,收取专利费1133.71万元;共计26090笔。开展本地电子化扫描3733件。出具专利实施许可合同备案证明85件,计181项。受理电子申请注册用户333个,出具减缓证明1239件,出具专利登记簿副本60份。加强对非正常专利申请的排查监控,到年底,江西非正常专利申请为零;加强咨询工作服务,累计接待各种形式的咨询服务达1.2万余人次,同时,南昌代办处还在国家局的《代办处通讯》上发表通讯稿共计12篇。

【执法维权"护航"专项行动取得实效】 2012年,全国打击侵犯知识产权和制售假冒伪劣商品工作,省知识产权局迅速贯彻落实国务院和国家知识产权局有关文件精神,印发《2012年江西省知识产权执法维权"护航"专项行动方案》,成立专项行动领导小组。专项行动主要针对流通领域和生产环节集中进行执法检查,对包括食品、药品、电机、家具、日用百货等标注专利标记的各类商品进行抽查登记。"护航"行动开展期间,全省共出动执法人员1500余人次,检查商家300多家,检查商品12万余种,其中标注专利标识的有800多种,查处假冒案件114起,调处侵权纠纷24起。

【全省专利申请量和授权量逐步增长】 2012年,全省专利申请1.25万件,同比增长28.8%,全省专利授权7974件,同比增长43.7%;发明专利申请3023件,同比增长10.1%,发明专利授权890件,同比增长31.1%;实用新型专利申请6132件,同比增长30.4%,实用新型专利授权4735件,同比增长53.3%;外观设计专利申请3303件,同比增长51.6%,外观设计专利授权2349件,同比增长31.7%。此外,职务发明专利申请7066件,同比增长26.9%,职务发明专利授权4308件,同比增长43.6%。

(曹洪伟)

技术市场

【概　况】 2012年,全省技术市场工作围绕经济社会发展和科技工作重点任务,以技术转移和成果转化为主线,全面推进国家技术转移促进行动,不断完善技术转移体制机制,贯彻落实国家税收优惠政策，充分发挥技术市场配置科技资源的作用，技术市场环境不断优化，不断创新管理模式，提升服务能力，完善服务体系，全省技术市场进一步活跃，技术交易取得了跨越式发展并成为江西省科技进步的标志性指标，促进了科技成果转化和产业化，大批科研成果通过技术市场交易进入经济建设主战场，有效发挥了科学技术对经济社会发展的支撑作用。

2012年全省技术合同主要特点。2012年，全省技术市场共登记各类技术合同2184项，成交金额39.77亿元，同比增长15.91%；其中技术交易额33.61亿元，同比增长22.82%；单项技术合同成交金额增长较快，平均成交额1182.14万元。在全国排名为第21位。这些技术合同通过技术市场享受到了国家支持自主创新的税收优惠政策，企业共减免企业营业税7404万元、所得税6367万元，充分调动了企业自主创新的积极性，促进了技术市场的繁荣和发展。技术开发合同依旧为技术交易的主要形式。2012年技术开发合同成交金额在四类合同中继续位居首位，达30.24亿元，其成交额在整个技术合同中所占比重达到76.03%。这表明，随着经济的发展和技术转移的深入开展，科技水平不断提高，研发实力进一步增强，经济和社会对科学技术的需求进一步显现。企业创新主体地位凸显，输出、吸纳技术交易活跃。企业积极参与技术创新活动的全过程，在技术创新活动中的地位和作用逐步显现，逐渐成为技术创新的决策者和研究开发的重要主体，技术输出与吸纳持续增长。企业法人共签订技术输出合同923项，成交金额33.29亿元，占成交总金额的83.70%；签订吸纳技术合同1560项，成交金额23.92亿元，占成交总额的60.15%。全省成交的技术合同。成交的技术合同以促进工业的发展和能源生产及资源合理利用两类合同为主。其中，以促进工业的发展为目的的技术合同共成交363项，成交金额14.61亿元，占技术合同成交总金额的36.74%，位居各类合同之首。能源生产及资源合理利用的技术合同成交金额位居第二位，成交211项，成交额为5.79亿元，占技术合同成交总金额的14.55%。技术市场领域态势。先进制造技术领域排在技术领域首位，成交金额达9.15亿元。随着先进制造技术的迅猛发展，全省产业结构进一步优化，技术水平大幅提升，成为经济发展的支柱产业。新能源与高效节能排在技术领域第二位，成交金额7.33亿元。这一分布状况表明，江西省在这些高新技术领域经过多年持续培育已形成了一定的技术优势。技术合同流向。流向本省的技术合同成交额30.50亿元，占技术合同成交总金额的76.68%。流向本省的合同占大多数，说明技术成果大部分是在省内转化，服务于本省经济发展。

国家技术转移示范机构运行良好。2012年，为积极推动科技部、教育部、中科院共同组织实施的“国家技术转移促进行动”，促进全省技术转移示范工作的开展，积极引导和支持一批有条件的技术转移机构建设成为国家级技术转移示范中心。经全省筛选推荐和国家科技部组织有关专家评审，江西师范大学科技园发展有限公司被国家科技部确定为“第四批国家技术转移示范机构”。江西省共有5家国家级技术转移示范机构，是南昌大学科技园发展有限公司、国家日用及建筑陶瓷工程技术研究中心、江西省科技咨询服务中心、赣州市企业技术创新促进中心、江西师范大学科技园发展有限公司，它们以各具特点的发展模式，全方位、卓有成效地开展技术转移，对促进产学研合作、加速科技成果转化和支持企业技术创新发挥了积极的作用。南昌大学科技园发展有限公司通过不断开拓创新，已成为连接学校与社会、学校与企业的重要桥梁和国家高新区“二次创业”的重要引擎，已成为高新技术企业孵化基地、科技成果转化基地。2012年促进技术转移项目259项，促进技术转移项目成交金额10712万元；组织技术交易活动27次，组织技术转移培训25次，服务企业3600家，解决企业需求205项。国家日用及建筑陶瓷工程技术研究中心主要在日用及建筑陶瓷领域的工程技术、产品制造、中试孵化、研究开发、成果转化等方面，为陶瓷企业提供科技创新服务。2012年促进技术转移项目18项，促进技术转移项目成交金额654万元；服务企业25家，解决企业需求18项。江西省科技咨询服务中心主要依托和发挥科协系统人才荟萃、组织网络健全的优势，积极开展技术转移及技术服务。与100余家省级学会、100余家市(县)科协、80余家企业科协建立了网络服务合作关系。2012年促进技术转移项目232项，促进技术转移项目成交金额2025万元；服务企业194家，解决企业需求232项。赣州市企业技术创新促进中心主要围绕有色金属新材料、节能环保等战略性新兴产业提供技术信息的搜集、筛选、分析及加工、科技成果技术开发及转化、材料分析测试及节能检测、技术咨询及创新创业人才培训、技术信息交易服务及网络宣传、科技企业孵化器等专业化技术转移公共服务。2012年促进技术转移项目12项，促进技术转移项目成交金额2385万元；组织技术交易活动1次，组织技术转移培训1次，服务企业373家，解决企业需求106项。

根据科技部关于“建设和完善中国创新服务网络，实现全国技术转移服务一体化”的要求，积极推动中国创新服务网络(中国创新驿站)的建设。经推荐，江西省科技情报研究所被确定为“中国创新驿站区域站点”，江西企业技术创新服务有限公司、江西省科技咨询服务中心、赣州市企业技术创新服务有限公司为基层站点。现正按照“中国创新驿站”对区域站点的要求，构建江西区域站点，搭建中国创新驿站江西区域站点服务工作平台。

【组团参加第十四届中国国际高新技术成果交易会】 11月16～21日，江西省组团参加在深圳举办的第十四届中国国际高新技术成果交易会(以下简称“高交会”)。这是江西连续第十四次组团参加高交会。本届高交会，江西代表团由省人大副主任胡振鹏、省政府副省长谢茹带队，率省科技厅厅长王海、副厅长吴文峰、赵金城、省发改委副主任熊毅、省工信委副主任王亦斌、省农业厅副厅长马岩波、省国资委副主任李键、省新闻办主任欧阳苏勤、省政府驻深圳办事处主任杨晓琴、南昌高新区管委会副主任伍复康等省筹备领导小组成员单位的负责人以及景德镇市副市长熊浩、新余市副市长史可、鹰潭市副市长幸清、赣州市副市长陈晓春、抚州市副市长刘菊娇、11个设区市、有关厅局、大专院校、科研院所、企业共400余人参会。

本届高交会,江西重点展示战略性新兴产业领域内的高新技术成果与产品、共组织参展项目83个,精选55项制作成展版,组织20家单位的产品实物进行重点展示,展示江西省战略性新兴产业发展的上升态势和高新技术领域的新成果,发布了一批寻求合作项目信息。江西省展团获得高交会组委会颁发的“优秀组织奖”和“优秀展示奖”。

为充分利用这一平台,江西省政府还在高交会期间举办“江西省战略性新兴产业恳谈会”。省人大常委会副主任胡振鹏出席并致词。恳谈会上,对金属新材料、新能源汽车及动力电池等战略性新兴产业的科技成果、招商引资项目、创业投资机构情况、拟投资意向等方面进行推介。

(王　萍)

科学技术普及

【概　况】 2012年,江西省科协深入实施《全民科学素质纲要》,完善社会化科普工作格局。实施国家“科普惠农兴村计划”,获中国科协奖补资金785万元。与省委组织部合作,推进全省农村党员科普致富“十百千”示范工程建设。实施国家“社区科普益民计划”,获中国科协奖补资金360万元。4~5月,全省科协系统省市县三级联动,集中开展为期一个月的“科学,让生活更美好”——全省科协科普进社区活动。组织举办“魅力金秋”科学营、科普大篷车进校园宣传巡展、2012年“炎黄大家园”——江西城乡儿童手拉手友爱同行科普夏令营活动、青少年心理健康知识讲座等活动。争取省财政“省青少年科技活动中心科普场所改造经费和设备购置资金”700万元,为将省青少年科技活动中心(省科技活动中心)打造为特色鲜明、辐射全省的省级青少年科技教育基地创造良好条件。整合开发科普资源,搭建社会化科普工作平台。顺利完成江西科普期刊社转企改制工作。发挥省科普资源中心科普阵地作用,加大应急科普、社会热点科普和数字化科普资源开发力度。组织开展“江西数字科技馆”建设。与省图书馆共同建立江西省科技学术文献中心,初步实现省级学会学术资料资源社会共享。

【实施基层科普行动计划】 2012年,中国科协、财政部决定联合实施“基层科普行动计划”(由“科普惠农兴村计划”和“社区科普益民计划”构成)。全省共有22个农村专业技术协会、14个农村科普示范基地、13位农村科普带头人和18个科普示范社区分获中国科协、财政部“科普惠农兴村计划”“社区科普益民计划”奖补表彰,国家奖补金额达1145千万元,首次突破千万元大关。省科协、省财政厅继续联合实施“科普惠农行动计划”,全省共有10个农村专业技术协会和10个农村科普示范基地先进单位获省科协、省财政“科普惠农行动计划”奖补表彰,奖补资金达320万元。同时推进农村公共科普服务平台建设,以建立科普惠农长效机制为着力点,不断加大科普惠农服务站和“科普活动站、科普宣传栏、科普员”建设力度。注重加强科普惠农服务站的指导和服务,对全省30余个科普惠农服务站建设工作好的县级科协进行了表彰奖励;加强科普惠农项目库建设,强化科普惠农项目实施和资金使用的监管、追踪问效。

【开展科普“四季”活动】 3月31日,省科协联合南昌大学第二附属医院在吉安市青原区河东街道大塘村委开展“医疗卫生下乡村”活动。南昌大学第二附属医院心血管、内分泌等15专科近20名医学专家为大塘村及周边行政村农民群众开展医疗咨询服务活动。活动还组织了科普大篷车进村入户开展疾病预防、食品卫生、科学生活等科普展览、科普宣教活动。

开展“科学,让生活更美好”为主题的全省科协科普进社区活动。4月20日,由省科协、鹰潭市人民政府主办,鹰潭市科协承办的“江西省科协科普进社区活动”正式启动。省科协党组书记龚绍林出席启动仪式并讲话,省科协副主席李雪南主持启动仪式,省科协副巡视员黄群言和鹰潭市委、市人大、市政府、市政协领导出席启动仪式。活动历时一个月,突出“安全、健康、低碳、节能、科学生活”内容,省、市、县科协联动。邀请中国科协科学家巡讲团,组建江西科学家科普报告团,组织全省万名科技工作者、科普志愿者组成千支“科普大使”小分队,深入全省千个城镇社区。活动中,全省共举办128场科普报告会,中国科协科学家巡讲团达48场,举办近百场主题科普展览,开展千余次社区科普讲座、咨询服务,科普文艺演出达27场,参与活动的干部、群众、青少年达16.9万人次。

【开展全国科普日活动】 9月14日,江西各级科协及所属学会在全省范围内广泛深入开展2012年江西省“全国科普日”活动。活动的主题是“关注食品安全,共建和谐家园,享受健康生活”。14日,由省科协、吉安市委、吉安市人民政府主办,吉安市科协、市“食安办”联合承办的2012年江西省“全国科普日”活动启动仪式在吉安市举行。省科协党组书记龚绍林出席讲话并宣布江西“全国科普日”活动启动,省科协副主席李雪南、省科协副巡视员、普及部部长黄群言和吉安市委、市政府、市政协领导出席仪式。来自省、市的两级专家和省科协普及部、吉安市委市政府两办、市全民科学素质工作领导小组、市食品安全工作领导小组、市科协、吉州区政府等有关负责同志及吉安市党政机关工作人员、大中专院校和中小学师生、城区社区居民、县(市、区)科协工作人员等计800余人参加活动。在吉安主会场,主承办方在活动现场设有展览区、体验区、咨询区3个主展区和电子屏科普展示、食品安全科普知识竞猜、科普大篷车进社区3个小展区和“科普进社区”文艺演唱区,紧扣“安全”“和谐”“健康”三大要素,举办一系列富有特色、精彩纷呈的科普活动。活动现场参与群众达几万人,接受公众咨询5000余人次,发放各类科普资料2万余册(份),赠送价值5万余元的药品和相关科普物资。“全国科普日”期间,全省共有3000余名科普工作者、2.5万余科普志愿者、涉及科协系统外40多个部门和单位参加科普日活动,共举办科普报告会300余场、科普知识展览1200余场次、举办培训班800余期、发放科普资料80余万份、播放科普录像500余场、展出科普展板3200余块,印发科普挂图2万余张,参与群众达到150余万人次。

【开发科普资源】 2012年,江西省科普资源中心围绕"节约能源资源,保护生态环境,保障安全健康"主题,精心编辑制作了科普挂图120张,发布《女性健康常识》《夏季防暑降温小手册》《我国近2000项空间技术已移植国民经济》等科普资源200余页,电子资源100余G,被下载600余次。4月,中心联合省科协学会部、省气象学会开发《防雷避险科普常识》科普挂图,于全国防灾减灾日前夕向全省各地科协免费配送;与鹰潭市科协合作编辑制作《公务员及领导干部健康读本》科普小册子,在"江西省科协科普进社区活动"仪式上发放。8月,配合2012年全国科普日活动的科普资源服务工作,中心制作"2012年全国科普日活动食品安全科普资源包"。资源包内容包括:3G科普光盘、《漫画食品安全》科普小手册。在一周内将1.8万份资源包配送到全省各设区市科协、省级学会(协会、研究会)、省级科普教育基地。12月底,省科普资源中心联合省人力资源与社会保障厅农民工服务指导处、省农村劳动力转移就业工作联席会议办公室,编印《农民工维权、春运安全手册》科普彩页,向全省广大农民工免费发放。省科普中心还与各县区科协合作,为300余个社区科普宣传栏更新内容。

【农函大举办各类实用技术培训班】 2012年,全省各级农函大共举办各类实用技术培训班3420班次,累计培训28.8万余人次,其中,农村党员64532人次,妇女50983人次,农技协会员6.68万人次,分别比上年增长38.7%、20%、21.8%。尤其是2012年针对特殊人群知识需求,培训村党组织书记、主任2.19万人次,少数民族群众5347人次。

全年围绕返乡农民创业就业,开展了"农村党员群众创业就业实用技术冬训、春训"752期,累计培训学员51259人次,其中省级示范培训班44期,培训学员4840余人次。围绕远程教育培训拓展,省农函大远程视频网络教学平台建设项目成功申报中央补助地方科技基础条件专项资金项目,并获得建设资金400万元资助,各级农函大通过"现代远程网络教学"培训学员7.2万余人次。围绕帮扶点脱贫致富,开展了省科协、省委组织部、省直机关工委、省财政厅、省教育厅等省直单位帮建点农村实用技术培训工作,培训农民学员3000余人次。围绕当地支柱产业发展,开办50个农业产业化班,开展产业化培训210期,培训学员21000余人次,直接受益人群达5000余人。围绕"基层组织建设年"活动,全省各级农函大共举办农村党组织书记、主任培训班共198期,培训21852余人次,其中省级示范班25期,培训学员2900余人次。此外,接受了农技协管理、特色农产品品牌建设及营销策略与农产品流通等方面知识的集中学习,培训由于切合实际需求而深受学员欢迎。围绕原中央苏区振兴,对180余位来自赣南原中央苏区的农技协领办人开展了"产业兴苏区科技助赣南"的集中培训。

省农函大对水稻、蔬菜、油茶、果树、中草药、蚕桑、烤烟、养猪、养鱼等60余种单行本教材进行了修订,《家政服务》被评为中国农函大2012年度优秀教材。全年省农函大先后荣获"全国妇女创先争优先进集体""江西省三八红旗集体""省直机关创先争优先进基层党组织""省直五一劳动奖章"等荣誉。

【举办第27届江西省青少年科技创新大赛】 4月22日,由省科协、省教育厅、省科技厅、省发改委主办,省青少年科技活动中心、省青少年科技辅导员协会、南昌市教育局、南昌市科学技术协会联合承办的第27届江西省青少年科技创新大赛终评展示活动在南昌市第三中学开幕。省政协副主席郑小燕出席并讲话,省科协副主席彭玲华、省教育厅副厅长程样国、省发改委副主任熊毅等有关领导出席了开幕式。开幕式由程样国主持。主办、承办单位有关领导出席开幕式并现场观摩学生作品。来自全省各地的200余名小选手和科技老师们欢聚一堂,进行科技创新作品的竞赛、展示和交流。

大赛以"体验、创新、成长"为主题,引导和鼓励广大青少年在学习、生活中勤思考、多实践,培养创新思维,提高自主创新能力和自身综合素质。全省有近千所中小学15万余名学生以及科技辅导员参加了各地、市、县举办的初选活动,共收集项目312件参加省级初评。经评审委员会根据"大赛组织实施条例"对项目的"三自"原则和"三性"原则进行评选后,最终确定70项青少年科技创新成果、13项青少年科技实践活动项目、150件科幻画进入终评展示活动。大赛评出部分优秀项目参加在宁夏举行的第27届全国青少年科技创新大赛。

【举办"2012年全国青少年高校科学营"江西营】 7月13日,由中国科协、教育部共同主办的"2012年全国青少年高校科学营"江西营开营仪式在南昌启动。省科协党组书记龚绍林,省青少年科技活动中心、省教育厅基教处等有关负责人和100名营员参加了开营仪式。龚绍林向营员代表授旗并宣布"2012年全国青少年高校科学营(江西营)"正式开营。活动期间,对参加此次高校营的全体营员进行了营前安全培训。全国青少年高校科学营活动,旨在探索利用高校资源优势,组织青少年科普活动,积累经验。促进科普与教育的紧密结合,促进教育科普资源的开发与共享,充分利用和合理开放重点高校丰富的科技教育资源,进一步发挥高校在传播科学知识、科学思想、科学方法和提高青少年科学素质方面的功能,激发青少年对科学的兴趣,引导青少年崇尚科学,鼓励青少年立志从事科学研究事业,培养青少年的科学精神、创新意识和实践能力,为培养科技创新后备人才打下坚实基础。

【举办城乡儿童手拉手友爱同行科普夏令营】 7月14~15日,省青少年科技活动中心(省科技活动中心)与省儿童少年活动中心联合举办2012年"炎黄大家园"——江西城乡儿童手拉手友爱同行科普夏令营活动。14日,在省青少年科技活动中心(江西省科技活动中心)举办了开营仪式,省科协党组书记龚绍林出席开营仪式并为夏令营授旗,省妇联副主席肖晓兰致辞。南昌县冈上乡中心小学贫困及留守儿童，南昌市爱心小使者及志愿者共计80余人参加此次科普夏令营活动。开营仪式现场，向特困学生进行了捐助、爱心小使者给结对小伙伴赠送了爱心礼包、并开展了共绘"保护母亲河，共饮赣江水"长卷等活动。为期2天的夏令营邀请江西师范大学教授倪才英博士为小营员作"我们的母亲河——江西老表的生命线"为主题的科普讲座。小营员们带着自己在赣江边取来的水样到省环境监测中心站，在专家的指导下，自己动手对水样的PH值、电解值、溶氧量等项目进行了检测，并填写检测报告。15号，夏令营同学参观省科技馆。

【举办第六届两岸四地大学生科技文化夏令营】 8月11日，由省科协、中华青年交流协会、澳门中华学生联合总会联合主办，省国际科技交流促进会、省青少年科技活动中心、南昌大学科协、九江市科协等单位协办的第六届两岸四地大学生科技文化夏令营活动正式启动。省政协副主席、省科协主席李华栋出席启动仪式并讲话，启动仪式由省科协副主席彭玲华主持。台湾中华青年交流协会副秘书长郑婷文、澳门中华学生联合总会副理事长蔡立亨、香港中文大学张淑雯同学分别代表台湾、香港和澳门营员作了发言。来自两岸四地的台湾大学、国立台湾艺术大学、香港中文大学、澳门大学、澳门科技大学、澳门理工学院、暨南大学、辅仁大学、圣若瑟大学、南昌大学等10所高校的40余名优秀大学生参加活动。师生们实地参观滕王阁和白鹿洞书院，感受江西的人杰地灵及中国古代理学文化，观摩了景德镇瓷器整套制作工艺，考察庐山博物馆，聆听了庐山植物园专家关于介绍庐山植物园历史及现状、植被种类及分布等的科普报告并考察庐山植物园的特色植物和科普场所等。

（杜春发）

科技成果与奖励

【概　况】 2012年，江西省科技厅主动适应省委、省政府关于支撑引领鄱阳湖生态经济区建设、全面推进科技创新"六个一"工程实施的要求，积极推进转变职能、强化服务、依法行政，着力推进科技评价制度改革，强化科技成果登记制度实施，促进科技成果管理工作的公开、便民、精确、高效，科技成果评价、科技成果登记统计、科技保密等各项工作取得新进展。

科技成果评价（鉴定与验收）。2012年，贯彻落实《中共中央、国务院关于深化科技体制改革加快国家创新体系建设的意见》精神，进一步贯彻落实国家关于"鼓励科技成果通过市场竞争，以及学术上的百家争鸣等多种方式得到评价和认可"的要求，着力推进科技评价制度改革，较大幅度减少了省级科技成果鉴定数量，进一步完善江西省科技成果评价体系，规范了省级科技成果鉴定操作规程，强化了科技成果鉴定实施过程的管理，严格了成果鉴定审批程序，提高省级成果鉴定门槛，在科技成果鉴定管理工作中坚持实事求是、科学民主、客观公正、注重质量、讲求实效的原则，保证了科技成果鉴定工作的严肃性和科学性。依据国家《科学技术成果鉴定办法》《科技成果鉴定规程》，2012年经江西省科技厅组织的省级科技成果鉴定（验收）的项目共计118项。其中，各类科技计划项目87项，计划外项目31项；省科技厅主持鉴定项目113项，委托设区市科技局和有关厅局主持鉴定项目5项。

科技成果登记与统计。2012年，进一步强化科技成果登记制度的实施，坚持对取得成功应用的已获得相关知识产权证书或行业准入证明的应用类科技成果，以及被正面引用的主要论著已在国内外学术刊物上公开发表或者作为学术专著出版的基础理论成果，可以不经过鉴定或验收，直接作为科技成果进行登记。在省科技奖组织申报时进一步强化了科技成果登记为必备条件之一。同时，加大了科技成果登记政策和业务知识的宣传和培训，坚持定期编发了《江西省科技成果公报》和在网上定期发布科技成果信息。在"2012年度全国科技成果登记与统计工作会"上，国家科技奖励工作办公室对江西省科技成果登记与统计工作给予了充分肯定和表扬："江西省科技厅近年来采取多种措施和办法不断加强、完善和规范全省科技成果登记与统计工作。比如，将科技成果登记数纳入区、市科技管理部门年度目标管理考核体系，实行激励机制。加强登记统计工作队伍建设及人员业务知识培训，全省先后组织开展15次较大规模的业务培训，受训人数4000余人。近三年多来科技成果登记数量逐年递增，连续创历史新高。"

成果总量。2012年全年共登记659项，其中，省级单位的成果登记有252项，占38.24%，地市登记407项，占61.76%，而11个地市成果登记的差异显著，最多的有74项，最少的只有12项。其中赣州市74项，占地市总数的18.18%；上饶市63项，占15.48%。

成果来源。2012年度全省登记的科技成果仍以地方财政支持的各类计划项目为主，自选项目成果占比重较大。其中，国家科技计划项目成果73项（基础研究计划17项、国家科技支撑计划15项、高技术研究发展计划2项、科技基础条件平台计划2项、政策引导类计划及专项7项、其他30项），占登记总量的11.08%，部门计划55项，占8.35%，地方计划208项，占31.56%，自选228项，占34.60%。地方计划、自选项目仍是项目的主要来源。

国家科技计划项目成果中企业所占比例最高，为36.99%，其次是大专院校，为30.14%；地方计划项目中企业比例也是最高，占34.62%，其次是医疗机构，占29.33%；在自选项目中，医疗机构是主力军，占48.68%。其次是企业，占39.04%。

成果类别。2012年全省登记的科技成果以应用技术成果为主，其成果数量612项，占全年登记成果总数的92.86%；基础理论41项，占成果总数的6.22%；软科学6项，占全年登记成果总数的0.91%。

成果完成单位情况。2012年全省登记的科技成果中，按第一完成单位属性分，企业是成果的主要完成单位，共236项，占35.81%，其次是医疗机构231项，占35.05%，大专院校87项，占13.20%；独立科研机构48项，占7.28%；其他57项，占8.65%。数据显示，江西省科研成果分布主要在企业、医疗机构和大专院校，在成果第一完成单位中所占比例为本年度登记成果完成单位的84.07%，是江西省技术创新的主力军。

成果完成人员情况。2012年登记的科技成果涉及的完成人员共5552人次。以单位属性看，企业和医疗机构的科技人员是科学技术研究的主体。其中企业科技人员2077人次，占37.41%；医疗机构1593人，占28.69%；大专院校672人，占12.10%；科研机构科技人员579人，占10.43%；其他631人，占11.37%。

从文化程度看，2012年登记数据中博士研究生比例上升。其中博士生603人次，占10.86%，硕士学历1168人次，占21.04%，大本完成人员2923人次，占52.65%，大本以上学历占84.55%，说明江西省的科技工作者的队伍以大本及以上学历为主。

从技术职称构成看，具备中级以上职称的科研人员一直保持较高比例。副高级职称的比例有所增长。正高级职称的研究人员960人次，占17.29%，副高1342人次，占24.17%，中级2231人次，占40.18%。

从年龄结构看，中青年科技人员是江西省科研工作的主要力量。35岁以下的科研人员为1852人次，占总登记人数的33.36%，36～45岁的科研人员有1976人次，占总登记人数的35.59%；46～55岁的科研人员为1454人次，占成果完成人总数的26.19%。

成果的评价方式。2012年江西省登记的成果评价方式仍以鉴定为主，验收和结题为辅，其他评价方式并存的状态。登记成果中鉴定项目551项，占登记成果总数的83.61%；验收项目42项，占6.37%；结题项目29项，占4.40%；评审、评估、行业准入及评价机构项目37项，占5.61%。

专利与标准。2012年江西省登记成果中，已获专利授权数296件，其中独立科研机构19件，占授权总数的6.42%，大专院校18件，占6.08%，企业257件，占86.82%，其他共有2件，占总数的0.68%。

在2012登记的成果中制订标准94件(国际标准5项、国家标准24项、行业标准42项、地方标准8项、企业标准15项)。

成果的经费投入。2012年江西省登记的成果经费累计投入622.99亿元，其中，国家投入6069万元，占投入总额的0.10%；部门与地方投入分别为2.27亿元、16.82亿元，占总额的0.36%和2.70%；基金投入21.91亿元，占总额的3.52%；自有资金投入553.83亿元，占88.90%；银行贷款4.66亿元，占总额的0.75%；其他资金22.89亿元，占3.67%，自有资金投入比例占研究经费的主要部分。

按照成果完成单位属性统计，在全部登记科技成果经费投入中，企业登记成果的累计投入最高，2012年企业登记成果累计投入547.42亿元，占总投入的87.87%；大专院校成果累计投入46.14亿元，占总投入的7.41%，在项目登记量较多的医疗机构，成果累计投入15.90亿元，占总投入的2.55%，相对投入较少。

江西省应用技术成果情况。一是高技术领域。2012年，江西省登记的应用技术成果有485项属高新技术领域，占登记的科技成果总数的73.60%。其中电子信息39项，占所登记的高新技术领域成果总量的8.04%；软件26项，占5.36%；航空航天2项，占0.41%；光机电一体化19项，占3.92%；生物、医药和医疗器械203项，占41.86%；新材料61项，占12.58%；新能源与高效节能26项，占5.36%；环境保护24项，占4.95%；地球、空间与海洋9项，占1.86%；农业75项，占15.46%。生物医药领域在全省高新技术领域中所占比例最高，其次农业和新材料也都占有较大比例。二是成果水平。在2012年全省登记的613项应用技术成果中，达到国际领先水平项目18项，占应用技术成果总数的2.94%；达到国际先进水平的64项，占10.44%；达到国内领先和国内先进水平的成果341项，占55.63%；国内一般水平的成果71项，占11.58%。未评价成果占19.41%。国内先进水平以上的项目占总数的69%以上。三是应用情况。2012年全省登记的成果中，已稳定应用项目538项，占应用技术成果总数的87.77%；小批量应用和试用项目60项，未应用项目15项，未稳定应用的原因主要是资金问题，其次是技术和政策及市场问题。

省重点科技成果转移转化计划。2012年，省重点科技成果转移转化计划管理工作服务于鄱阳湖生态经济区建设和科技创新“六个一”工程实施，培育和发展江西省十大战略性新兴产业，推动技术市场建设，加快科技成果向现实生产力转化进行。2012年省重点科技成果转移转化计划的编制，分2批共安排项目60个，共资助经费266万元，平均支持强度为每项4.44万元，比上年支持力度加大。另外，安排省重点科技成果转移转化计划指导性项目6项。

(郝旭昊)

【自主创新成果颇丰】 2012年，全省自然科学奖13项候选项目，出版专著2部，SCI收录643篇、EI收录528篇。88项科技进步奖和技术发明奖候选项目中，共获得专利214件，其中发明专利88件，比上年增加2件；技术标准20件；软件著作权39件，比上年增加36件。

【战略性新兴产业项目获奖】 2012年，全省获奖项目46项，占总数的45.5%，比上年增长15.5%，分布在光伏、新材料、绿色光源、生物医药、航空制造、先进装备制造、电子信息、绿色食品等8个战略性新兴产业中。其中评为二等奖以上项目16项，占高等级奖候选项目总数的55.2%。

(李年华)

·资 料·

江西省获2012年度国家科学技术奖项目

序号	奖励类别及等级	项目名称	主要完成单位	主要完成人	推荐单位
1	国家科技进步奖二等奖	浮选机大型化关键技术研究及工业化应用	北京矿冶研究总院、**江西铜业集团公司**、中国黄金集团公司	沈政昌、卢世杰、**刘方云**、史帅星、陈东、杨丽君、杨宝东、**洪建华**、夏晓鸥、董千国	中国有色金属工业协会
2	国家科技进步奖二等奖	城市及区域生态过程模拟与安全调控技术体系创建和应用	北京师范大学,北京大学,中科宇图天下科技有限公司,**南昌航空大学**	杨志峰,陈国谦,徐琳瑜,陈彬,张妍,姚新,**陈素华**,苏美蓉,赵彦伟,张力小	教育部
3	国家科技进步奖二等奖	专用项目(保密)	南昌大学第一附属医院,排名第2	**郭光华**,排名第2	中国人民解放军
4	国家科技进步奖二等奖	专用项目(保密)	南昌大学第一附属医院,排名第6	**郭光华**,排名第9	中国人民解放军

注:省外推荐的项目中,字体加黑的单位和人员为江西的。

2012年江西省科学技术奖励项目

1. 自然科学奖(13项)

序号	项目编号	项目名称	主要完成人	推荐单位	等级
1	Z-12-1-01	微纳光学器件制作的基础理论及关键技术研究	高益庆(南昌航空大学),段军红(南昌航空大学),张巍巍(南昌航空大学),吴华明(南昌航空大学)	省教育厅	1
2	Z-12-2-01	空间爆发现象和能量释放研究	邓晓华(南昌大学),凌 意(南昌大学),周 猛(南昌大学),胡 波(南昌大学)	省教育厅	2
3	Z-12-2-02	新型二芳烯分子的设计合成及其性质研究	蒲守智(江西科技师范大学),刘 刚(江西科技师范大学),范丛斌(江西科技师范大学),崔士强(江西科技师范大学)	省教育厅	2
4	Z-12-2-03	纳米复合界面调控及其在聚合物光伏电池应用	陈义旺(南昌大学),谌 烈(南昌大学),周魏华(南昌大学)	省教育厅	2
5	Z-12-2-04	高强度电纺聚合物纳米纤维的制备和性能研究	侯豪情(江西师范大学),陈水亮(江西师范大学),彭信文(江西师范大学),王素琴(江西师范大学)	省教育厅	2
6	Z-12-2-05	纳米气泡及其与蛋白质分子相互作用研究	吴志华(南昌大学),孙洁林(上海交通大学),张雪花(上海交通大学),陈红兵(南昌大学)	省教育厅	2
7	Z-12-2-06	中草药中新的萜类成分的发现及其生物活性研究	罗永明(江西中医学院),冯育林(江西中医学院),李 斌(江西中医学院),杨世林(江西中医学院)	省教育厅	2
8	Z-12-3-01	负电子亲和势光阴极材料及其表征技术研究	邹继军(东华理工大学),常本康(南京理工大学)	省教育厅	3
9	Z-12-3-02	网络控制系统的建模、分析与综合	朱其新(华东交通大学),胡寿松(南京航空航天大学),王玉龙(江苏科技大学)	省教育厅	3
10	Z-12-3-03	超分子纳米结构的设计、调控及其功能化	李亿保(赣南师范学院),李小康(赣南师范学院),曾庆祷(国家纳米科学中心)	赣州市	3
11	Z-12-3-04	单壁碳纳米管和嵌段共聚物等材料的制备与模拟研究	乐长高(东华理工大学),钱 勇(东华理工大学),刘云海(东华理工大学),黄少铭(温州大学)	省教育厅	3

续表

序号	项目编号	项目名称	主要完成人	推荐单位	等级
12	Z-12-3-05	蛋鸡脂肪肝出血综合征发病机制及其防控研究	胡国良(江西农业大学),曹华斌(江西农业大学),郭小权(江西农业大学),张彩英(江西农业大学)	省教育厅	3
13	Z-12-3-06	采用巢式PCR/RFLP技术调查乙肝病毒基因型和Bj/Ba基因亚型的研究	温志立(南昌市第九医院),谭德明(中南大学湘雅医院),张　华(九江市第三医院),成　军(北京地坛医院)	南昌市	3

2. 技术发明奖(8项)

序号	项目编号	项目名称	主要完成人	推荐单位	等级
1	F-12-2-01	双涡流通道防腐耐磨自动排浆高效湿式除尘器	王海宁(江西理工大学),胡　俊(赣州宁君环保科技有限公司),崔源发(江西稀土工程技术研究院有限公司),袁源平(江西铜业股份有限公司永平铜矿),文柏茂(方圆(德安)矿业投资有限公司)	赣州市	2
2	F-12-2-02	绿色环保无氰化钾血细胞分析仪试剂及其生产方法的研究	罗舜菁(南昌大学),邹常春(南昌大学),刘成梅(南昌大学),万　婕(南昌大学),肖智勇(江西特康科技有限公司)	省教育厅	2
3	F-12-3-01	薄壁铜管管端冷作成形封口技术及应用	江训忠(九江财兴卫浴实业有限公司),刘明训(九江财兴卫浴实业有限公司),郝宜熙(九江财兴卫浴实业有限公司),余序勇(九江财兴卫浴实业有限公司),陈和国(九江财兴卫浴实业有限公司)	九江市	3
4	F-12-3-02	一种用G150纱生产薄型玻纤布的工艺	熊志杰(江西长江玻璃纤维有限公司),高凤翔(江西长江玻璃纤维有限公司),谭珍祥(江西长江玻璃纤维有限公司),曹　伟(江西长江玻璃纤维有限公司),李迎祖(江西长江玻璃纤维有限公司)	九江市	3
5	F-12-3-03	封闭式高效磁粉自动成型油压机	龚　斌(赣州虔东稀土集团股份有限公司),邓聚金(赣州虔东稀土集团股份有限公司),蔡志双(赣州虔东稀土集团股份有限公司),章立志(赣州虔东稀土集团股份有限公司),刘善文(赣州虔东稀土集团股份有限公司)	赣州市	3
6	F-12-3-04	DL型高速多级离心泵	郭洪基(江西省万载水泵有限责任公司),赖春根(江西省万载水泵有限责任公司),龙浪霓(江西省万载水泵有限责任公司),郭惠利(江西省万载水泵有限责任公司),王振明(江西省万载水泵有限责任公司)	宜春市	3
7	F-12-3-05	中频永磁发电机技术研究与应用	徐剑萍(泰豪科技股份有限公司),林政安(泰豪科技股份有限公司),陈永清(泰豪科技股份有限公司),吴　敏(泰豪科技股份有限公司),周红薇(泰豪科技股份有限公司)	南昌高新区	3
8	F-12-3-06	苯磺酸左旋氨氯地平片	江　鸿(江西施美制药有限公司),付长华(江西施美制药有限公司),蔡华吉(江西施美制药有限公司),魏　娟(江西施美制药有限公司),王瑞芳(江西施美制药有限公司)	抚州市	3

3. 科学技术进步奖(80 项)

序号	项目编号	项目名称	主要完成单位	主要完成人	推荐单位	等级
1	J-12-1-01	赣南脐橙高效安全生产关键技术研究与推广应用	江西省脐橙工程技术研究中心,华中农业大学,中国农业科学院柑桔研究所,江西农业大学,江西省农业科学院园艺研究所,赣州市果业局,赣州市柑桔科学研究所	钟八莲,彭良志,彭抒昂,陈慈相,赖晓桦,陈金印,黄建民,方贻文,谢金招,古祖亮,淳长品	赣州市	1
2	J-12-1-02	双季超级稻早蘖壮秆强源高产栽培技术研究与应用	江西农业大学,江西省农业科学院	石庆华,潘晓华,曾勇军,李木英,吴建富,朱昌兰,张美良,谭雪明,黄英金,贺浩华,李保同	省教育厅	1
3	J-12-1-03	低损耗高频铝线圈新工艺开发研究与应用	江西德源欣茂铜业有限公司	郑树磷,李宝津,王慧峰,谢周斌,叶小兵	上饶市	1
4	J-12-2-01	江 4A 和超级稻春光 1 号等四个江四优系列短生育期杂交组合的选育	江西省农业科学院水稻研究所	尹建华,邹国兴,彭志勤,杨平,陈春莲,黄永萍,李湘民,吴延寿	省农业科学院	2
5	J-12-2-02	国际珍稀濒危动物——白颈长尾雉就地保护关键技术与应用	江西省林业科学院,江西农业大学	黄晓凤,顾署生,汪玉如,欧阳勋志,宋玉赞,蔡学林,黄建建,余泽平	省林业科学院	2
6	J-12-2-03	鄱阳湖流域水资源适应性调配关键技术及应用	江西省水利科学研究院,河海大学	王慧敏,杨永生,徐立中,李荣昉,许新发,佟金萍,邹虹,李昌彦	省水利厅	2
7	J-12-2-04	新型固态碘化银烟条及播撒装置	江西新余国科科技有限公司,江西新余国泰特种化工有限责任公司	王雪霖,周建中,金卫平,刘文生,朱科平,张东平,高拥军,王利林	省国防科工办	2
8	J-12-2-05	中深部铀资源勘查三维电磁成像技术研究	东华理工大学	刘庆成,张志勇,徐哈宁,邓居智,汤洪志,龚育龄,曾正军,杨亚新	省教育厅	2
9	J-12-2-06	茶饮料专用茶叶精加工新工艺和装备技术的研究与应用	婺源县聚芳永茶业有限公司,深圳市深宝华城科技有限公司,深圳市深宝实业股份有限公司	罗龙新,钱晓军,周伟和,肖培明,林瑞松,柯翠珍,王冬欣,张大春	上饶市	2
10	J-12-2-07	TR 系列高性能钛白粉	江西添光化工有限责任公司	花小蔚,陈　豪,洪满英,陈志坚,张益都,全建华,王振华	抚州市	2
11	J-12-2-08	小直径大径厚比高能效内螺纹铜管制造关键技术与产业化	江西铜业股份有限公司,江西理工大学,南昌大学	杨　斌,龙子平,赖永东,陈一胜,罗　欣,谭敦强,王智祥,杨　峰	省国资委	2
12	J-12-2-09	超高压、特高压输变电线路用高强度直流型钢化玻璃绝缘子 U300BLZ 的研制	三瑞科技(江西)有限公司	童昌文,马文辉,隋井跃,林志春	萍乡市	2
13	J-12-2-10	航空大型复杂复合材料构件数字化工艺设计及整体成型制造技术	昌河飞机工业(集团)有限责任公司	徐德朋,陈正生,汪心文,江　跃,许　漂,肖　斌,李　婺,吴小文	景德镇市	2
14	J-12-2-11	自适应外部环境的电网安全稳定智能防御系统	江西省电力公司,国网电力科学研究院	谭永香,薛禹胜,金学成,徐泰山,吕华忠,王昊昊,蔡　斌,李庆庆	省电力公司	2
15	J-12-2-12	陶瓷产品几何设计关键技术研究及应用	江西省科学院,清华大学,江西省科学院能源研究所,江西长城网络有限公司	古和今,雍俊海,吴寒冰,熊金泉,黄　朝,冯　浩,胡　媛,施侃乐	省科学院	2

续表

序号	项目编号	项目名称	主要完成单位	主要完成人	推荐单位	等级
16	J-12-2-13	大跨径公铁两用桥结构安全监测关键技术与方法	江西省交通科学研究院,九江长江大桥公路桥管理局,宁波杉工结构监测与控制工程中心有限公司,武汉理工大学	江祥林,丁青,户才淦,肖武光,裴庆红,曾国良,张冬兵,易汉斌	省交通运输厅	2
17	J-12-2-14	湿地生态修复、重建技术集成研究与示范	江西省山江湖开发治理委员会办公室,南昌大学,江西师范大学,江西省红壤研究所,南昌工程学院	刘　青,鄢帮有,葛刚,谭晦如,曹　昀,叶　川,刘梅影,黄　齐	南昌市	2
18	J-12-2-15	腹泻儿童沙门菌属临床分离株的耐药特点及其分子流行病学	江西省儿童医院	陈　强,余晓君,周红平,谢建祥,段　荣,柯江维,朱春晖,余方友	省卫生厅	2
19	J-12-2-16	腹腔镜技术在泌尿外科功能保留与重建性手术的应用研究	南昌大学第一附属医院	王共先,傅　斌,曹润福,孙　庭,崔苏萍,冯　亮,刁海波,陈庆科	省卫生厅	2
20	J-12-2-17	抗乙肝病毒新药恩替卡韦原料及其制剂	江西青峰药业有限公司,杭州容立医药科技有限公司	杨小玲,彭桂生,蔡元魁,李志勇,廖少锋,廖祝元,曾发林,黄天江	赣州市	2
21	J-12-3-01	特早熟高产优质辣椒品种辛香二号选育与应用	江西农望高科技有限公司	黄新根,黄小毛,黄永根,欧阳兵,陈忠亮,黄长林	省农业厅	3
22	J-12-2-02	辣椒杂交新组合“萍辣9901”的选育	萍乡市蔬菜科学研究所	李自明,陆建林,王小凤,李湘球,林庆,陈茂恒	萍乡市	3
23	J-12-2-03	籼型杂交早稻金优9059(先农13号)	江西省宜春市农业科学研究所	肖顺南,余永荣,万青山,袁静安,盛根龙,彭少凡	宜春市	3
24	J-12-2-04	红壤区新型肥料研发及沃土技术研究与应用	江西省农业科学院土壤肥料与资源环境研究所	刘秀梅,李祖章,刘光荣,陈先茂,刘益仁,冯兆滨	省农业科学院	3
25	J-12-2-04	长江中下游江西省农田保护性耕作关键技术及集成示范	江西农业大学,中国水稻研究所,江西省农学会,江西省农业技术推广总站	黄国勤,章秀福,王淑彬,欧一智,赵　梅,刘宝林	省教育厅	3
26	J-12-3-06	江西省稻瘟病菌的致病性分化及水稻品种抗瘟性评价技术研究与应用	江西省农业科学院植物保护研究所,江西省植保植检局	李湘民,黄凌洪,兰波,陈前武,张天才,熊运华	省农业科学院	3
27	J-12-3-07	刺鲃健康养殖技术模式研究与应用	赣州市水产研究所	曾庆祥,朱恩华,温儒春,张建铭,张家海,刘德亭	赣州市	3
28	J-12-3-08	鸡免疫调节功能性饲料添加剂配方技术研究与开发	江西省农业科学院畜牧兽医研究所	李思明,韦启鹏,欧阳玲花,周定刚,徐开诚,刘林秀	省农业科学院	3
29	J-12-3-09	木本生物质能源树种选择、繁殖与油脂转化技术研究	江西农业大学,江西丰林投资开发有限公司	刘苑秋,刘光斌,胡冬南,张　露,黄长干,杜天真	省教育厅	3
30	J-12-3-10	油茶实用技术图解丛书	江西省林业科技培训中心	余江帆,钟秋平,王森,吕芳德,黄敦元	省林业厅	3

续表

序号	项目编号	项目名称	主要完成单位	主要完成人	推荐单位	等级
31	J-12-3-11	中小水电站、泵站中的新型SCADA系统及网络化测控应用	南昌工程学院,南京测瑞科技有限公司,河海大学	樊棠怀,徐立中,刘佳丽,吕莉,徐枫,李臣明	省教育厅	3
32	J-12-3-12	赣南水土保持生态建设关键技术系统集成与创新应用	江西省水土保持科学研究所	方少文,杨洁,武艺,郑海金,宋月君,汪邦稳	省水利厅	3
33	J-12-3-13	省市县三级自动站疑误数据快速处理反馈业务系统研究	江西省气象信息中心	李志鹏,张玮,黄少平,李洪康,李芬,邓卫华	省气象局	3
34	J-12-3-14	鄱阳湖生态经济区农业地质资源环境调查评价及成果应用示范	江西省地质调查研究院	尹国胜,衷存堤,邓国辉,毛大发,马逸麟,冯昌和	省地矿局	3
35	J-12-3-15	花岗岩型钽铌矿资源整体利用新技术与产业化	江西理工大学,中国瑞林工程技术有限公司,宜春钽铌矿	黄万抚,毛美心,陈清,肖春莲,丁勇,李新冬	省教育厅	3
36	J-12-3-16	铜冶炼渣回收铜关键技术及产业化	江西铜业股份有限公司,中国瑞林工程技术有限公司,北京矿冶研究总院,江西理工大学	黄明金,雷存友,黄万抚,景宇,徐小龙,黄明琪	省国资委	3
37	J-12-3-17	卡林型金矿石处理关键技术及产业化	中国瑞林工程技术有限公司,江西理工大学,贵州锦丰矿业有限公司	雷存友,黄万抚,杨焱,胡根华,杨超,吴国高	中国瑞林工程技术有限公司	3
38	J-12-3-18	"特"型大曲微生物及其酶系对"特"型酒风格风味的影响	四特酒有限责任公司	廖昶,吴生文,刘建文,刘建新,章肇敏,谢小兰	宜春市	3
39	J-12-3-18	JD4660F四开四色胶印机	江西中景集团有限公司	徐有发,况小春,宁小平,刘剑峰,郭明,欧阳欢民	景德镇市	3
40	J-12-3-20	焦炉烟道废气余热回收利用	景德镇开门子陶瓷化工集团有限公司	蔡景章,盛旺喜,吴小平,黄春生,黎景平,樊金顺	景德镇市	3
41	J-12-3-21	GTG起爆药型工业雷管	江西钢丝厂,北京理工大学,江西新余国泰特种化工有限责任公司	熊家学,金卫平,张同来,张东平,吴周吕,苏春龙	省国防科工办	3
42	J-12-3-22	99.999%高纯银的研究与产业化	江西龙天勇有色金属有限公司	陈万天,宋国生,王晓军,陈北海,陈万龙,杨庆煊	吉安市	3
43	J-12-3-23	优质预应力钢丝及钢绞线用钢开发研究	新余钢铁集团有限公司,北京科技大学,江西理工大学	夏文勇,刘辉杰,罗仁辉,周永明,陈伟庆,付军	省国资委	3
44	J-12-3-24	光学掩膜技术在多晶硅电池制备中的研究和产业化应用	江西瑞晶太阳能科技有限公司	王伟,高华,尹明辉,贾积凯,孙杰	新余市	3
45	J-12-3-25	江铃陆风X8越野车开发及产业化	江铃控股有限公司,江西沃尔福发动机有限公司,南昌大学	万马,曾应龙,吴豫建,刘凯,胡文辉,胡著波	南昌市	3
46	J-12-3-26	MFS40-55系列拖拉机壳体等重要零部件及关键技术研究	华东交通大学,马恒达(中国)拖拉机有限公司	黄志超,黄薇,赖家美,赖冰良,鄢建萍,黄伟成	省教育厅	3
47	J-12-3-27	节能环保型锅炉设计系统的研究与应用	江西江联能源环保股份有限公司,浙江大学	童水光,钟崴,丁杰,邹德春,金林,杨文	南昌市	3

续表

序号	项目编号	项目名称	主要完成单位	主要完成人	推荐单位	等级
48	J-12-3-28	GBT02-3-CN 光电数控伺服反馈式小流量多头泵集成系统	安福唯冠油压机械有限公司,广东技术师范学院	王晓军,李东峰,杨庆煊,刘雨桐,黄春英,童海清	吉安市	3
49	J-12-3-29	330kV 有载调压整流变压器研究及其应用	江西变压器科技股份有限公司	朱清玲,黄　强,孙玉洁,熊绍行,王晓芳,朱世端	南昌市	3
50	J-12-3-30	TC3221E 电容式触摸屏	江西联创电子有限公司	陈建忠,赵　蓓,沈焕,张振宇,徐国亮	南昌高新区	3
51	J-12-3-31	基于光纤传感技术的输电线路无源在线监测系统	江西省电力公司信息通信中心,北京邮电大学	李路明,张治国,蔡志民,杨济海,孙　欣,罗耀明	省电力公司	3
52	J-12-3-32	F-60001 多层挠性印制板	江西鑫力华数码科技有限公司,广东技术师范学院	王　华,王晓军,杨庆煊,刘新华,李真瑞	吉安市	3
53	J-12-3-33	江西电信企业级 GIS 共享服务平台	中国电信股份有限公司江西分公司,武汉中地数码科技有限公司	吴泉顺,万宏谋,王新玉,李继民,徐建军,曾　文	省电信有限公司	3
54	J-12-3-34	无线宽带网覆盖精确配置方法在电信行业的研究与应用	中国电信股份有限公司江西分公司	吴泉顺,左汪勇,宗春鸿,柳立峰,张科峰,黄　宇	省电信有限公司	3
55	J-12-3-35	移动通信环境净化技术研究与综合应用	中国移动通信集团江西有限公司	周　毅,万　懿,刘宏志,许　杨,肖逸民,欧阳峰	中国移动通信集团江西有限公司	3
56	J-12-3-36	基于个性化订单的制造执行系统研究与开发	新余钢铁股份有限公司,湖南视拓科技发展有限公司,江西理工大学	熊小星,王　洪,罗清华,赖朝彬,刘毅斌,戴园生	新余市	3
57	J-12-3-37	科技奖励业务服务平台的研究与推广	华东交通大学	熊李艳,曾　辉,黄卫春,吴林峰,刘觉夫,钟茂生	省教育厅	3
58	J-12-3-38	基于 PKI 体系商用密码电子签章系统	江西金格科技股份有限公司	刘勇军,王江东,刘鹏,姜林海,姜林峰	南昌高新区	3
59	J-12-3-39	基于物联网的塔式起重机运行状态与安全智能监控技术及系统	江西理工大学,赣州德业电子科技有限公司	刘飞飞,唐　宏,肖清,伍自强,徐子超,王骁杰	省教育厅	3
60	J-12-3-40	滑坡防治工程效果的评价方法及评价标准研究	华东交通大学,中国瑞林工程技术有限公司,中国科学院水利部成都山地灾害与环境研究所	郑明新,贺　健,王全才,赵小平,刘棉玲,马国正	省教育厅	3
61	J-12-3-41	高填路堤稳定性及非均匀沉降控制技术	江西省交通厅武宁至吉安高速公路建设项目办公室,长沙理工大学,江西省公路桥梁工程局	俞文生,周志刚,陈文俊,匡希龙,李雪连,罗　文	省交通运输厅	3
62	J-12-3-42	基于清洁生产的钨冶炼废水减排与钨回收	南昌航空大学,崇义章源钨业股份有限公司,赣州华兴钨制品有限公司	魏立安,史蓉蓉,许礼楷,华河林,熊小明,丁　园	省教育厅	3
63	J-12-3-43	内循环好氧生物氧化反应器在炼油厂高浓度污水处理中的研制与应用	萍乡市科环环境工程有限公司,苏州科环环保科技有限公司	陈建军,唐新亮,吴成,张　柯,孙培晟,黄　佩	萍乡市	3
64	J-12-3-44	早期高容量血液滤过治疗多脏器功能不全综合征的研究和临床应用	南昌大学第一附属医院	钱克俭,刘　芬,曾振国,江　榕,聂　成,夏　亮	省卫生厅	3
65	J-12-3-45	弗劳地枸橼酸杆菌碳青霉烯类抗菌药物耐药机制及产 AmpC 酶检测方法应用	南昌大学第二附属医院,温州医学院附属第一医院	胡龙华,余方友,王小中,熊建球,贾坤如,章白苓	省卫生厅	3

续表

序号	项目编号	项目名称	主要完成单位	主要完成人	推荐单位	等级
66	J-12-3-46	基于"PFGE"技术的细菌性传染病追溯系统和预测预警平台构建	江西省疾病预防控制中心	杨梦,袁辉,刘晓青,程慧健,李育强,黄瞿之	省卫生厅	3
67	J-12-3-47	鄱阳湖区居民血吸虫病病情变化趋势的研究	星子县血吸虫病防治站,江西省寄生虫病防治研究所	陶波,胡飞,刘跃民,姜秋林,翟敏玲,林丹丹	九江市	3
68	J-12-3-48	血压测量的优化和推广	南昌大学第二附属医院	苏海,王继伟,徐劲松,洪德志,胡伟通,李菊香	省卫生厅	3
69	J-12-3-49	社区居民慢性病防控干预技术研究与应用	江西省疾病预防控制中心	朱丽萍,毛向群,赵军,吉路,余平,颜玮	省卫生厅	3
70	J-12-3-50	男性糖尿病患者外周血 EPCs 与血糖、血管病变关系以及药物干预观察	江西省人民医院	霍亚南,邓颖,林安华,郭莉,赖丽芳	省卫生厅	3
71	J-12-3-51	DTI 与 fMRI 在脑功能区肿瘤术前评估的应用	南昌大学第一附属医院	李东海,邓国军,陈桂美,徐春华,肖香佐,曾而明	省卫生厅	3
72	J-12-3-52	前列腺癌根治术前盆腔淋巴结微转移检测的研究	中国人民解放军第一八四医院,上海市浦东新区浦南医院,上海交通大学医学院附属瑞金医院卢湾分院,上海市免疫所研究所	夏维木,刘定益,周文龙,张立,马春曦,陈荣剑	鹰潭市	3
73	J-12-3-53	江西省农村地区浅部真菌病现场调查及致病菌研究	江西省皮肤病专科医院	邵丹,耿承芳,李智华,薛玮,王小兵,陈琼霞	南昌市	3
74	J-12-3-54	应用整脊牵引床整脊治疗椎间病	南昌大学第二附属医院	罗军,戴江华,朱美兰,赵爱泉,杨勇明	省卫生厅	3
75	J-12-3-55	Ⅰ期会阴肛门成形并瘘修补术治疗中位先天性无肛并直肠尿道球部瘘	江西省儿童医院	黄金狮,陶强,陈快,朱晓红,戴康临,陶俊峰	省卫生厅	3
76	J-12-3-56	高压氧干预治疗在颅脑创伤中的实验及应用研究	中国人民解放军第九四医院	温剑峰,滕进忠,钱锁开,雷万生,邓磊,杨琦帆	南昌市	3
77	J-12-3-57	小切口结扎式单肺减容替代传统切割式减容治疗重症 COPD 临床应用研究	江西中医学院附属医院,江西省胸科医院	熊汉鹏,刘小雄,谢琰,熊国江,赵文辉,陈光媛	省教育厅	3
78	J-12-3-58	联合 FISH 及 IHC 检测脑膜瘤复发因素的临床研究	南昌大学第一附属医院	王淳良,梅金红,王珊珊,杨玄勇,徐姗,陈任生	省卫生厅	3
79	J-12-3-59	夏天无药材和夏天无注射液指纹图谱研究	江西省食品药品检验所,江西天施康中药股份有限公司	罗跃华,吴安明,熊蔚,徐发红,陈伟康,艾样开	省食品药品监督管理局	3
80	J-12-3-60	瑞巴派特合成新技术	江西同和药业有限责任公司	黄国军,蒋元森,张达,程国侯,叶四明,王小华	宜春市	3

社 会 科 学

本栏编辑 詹跃华

综 述

2012年，省社科界围绕建设富裕和谐秀美江西的奋斗目标，进一步解放思想、锐意进取、开拓创新，使全省的社科工作更好地融入江西经济社会发展大局，推动全省哲学社会科学事业蓬勃发展。

*积极服务决策咨询，应用对策研究取得新成绩。*2012年，全省社科界围绕党委与政府中心工作，通过组织开展课题研究、建言献策、大型调研等多种形式，充分发挥"智囊团"和"思想库"作用。全年省社联形成的一批应用对策研究成果受到省委书记苏荣、省长鹿心社等省领导肯定性批示37篇(次)；省社科院以开展理论工作"走转改"活动为契机，以极大的热情研究江西、服务江西，形成的调研报告获省领导批示34篇(次)，大大提高了"智库"的地位。省委党校、省直有关研究机构在应用对策研究方面成效显著，多项对策研究成果获省委领导批示，省委党校改版后的《领导论坛》为广大教研人员的成果发表提供了更好的平台。南昌大学、江西财大、江西师大、江西农大、华东交大、南昌工程学院、东华理工大学、宜春学院、新余学院等高校社联充分利用自身人才荟萃的优势，搭建各种咨询服务平台，以经济社会发展重大现实问题为主攻方向，积极服务于江西科学发展、绿色崛起的伟大实践，一批咨询报告获省领导肯定性批示并被有关部门采用，产生了良好的经济效益和社会效益。各设区市(企业)社联、省属学会也组织开展了形式多样的决策咨询活动，积极为各级党委和政府提供良好的决策咨询服务。

*着力推进理论创新，社科研究实现新突破。*2012年，江西省共获国家社科基金年度立项109项，其中重点项目3项，首次突破三位数，同比增长18.5%；获资助经费1665万元，增长17.3%；立项数列全国第9位，在全国排名稳定在第一梯队；获国家社科基金重大招标项目3项、重大招标转重点项目1项、后期资助项目3项，入选国家社科基金期刊资助1家。组织开展全省经济社会发展重大研究课题招标活动，面向全省公开招标，对5个中标课题严把质量关，推出了一批具有理论深度、应用价值、指导意义的最新研究成果；完成年度省级社科规划项目申报立项工作，共受理93个单位申报项目1714项，最终确立454个项目立项，加上专项课题，共资助经费500万元，取得了良好的社会效果。各高校社联与科研院所不断创新科研管理，努力加强各项制度建设，进一步推动了社科研究，在课题立项上取得新的突破，使成果质量得到新提高。全省11个设区市社联在积极组织申报国家和省级社科项目的同时，围绕地方经济社会发展和特色文化资源，组织开展市级社科规划课题申报立项工作。11个设区市社联共立项课题近1000项。

*扎实开展科普宣传，社科知识普及取得新成效。*2012年，全省各级社联把普及社科知识、提高公民的道德素质和文化修养作为一项重要的社会责任来担当。全省社联联动开展的第三届社科普及宣传周活动，有近400个单位参与活动，共安排社科普及活动200多场次，发放各类图书、宣传资料数十万份，直接受众达数十万人次。社科知识讲座载体影响不断扩大，省社联举办22期"社科大讲堂"，邀请了中国月球探测工程的首席科学家欧阳自远等省内外知名专家学者开讲，全年现场听众约1万人左右，形成了"讲堂现场——报纸——网站"相呼应、立体传播模式；在该品牌示范带动下，全省各设区市乃至县(市、区)社联也纷纷效仿，"南昌社科大讲堂""赣州市民社科讲堂""浔庐讲坛""鹅湖论坛"等讲座开展得有声有色，受到当地群众的欢迎和好评，一些县(市、区)根据自身需求，因地制宜地开展各具特色的社科知识讲座，泰和县创办的"民嘴讲堂"也取得很好的社会效果，受到省委常委、省委宣传部部长姚亚平的肯定。社科普及宣传基地创建活动蓬勃开展，评选出江西省图书馆、三湾改编纪念馆等15家单位为首批"江西省社科普及宣传基地"。社科普及激励机制不断健全完善，江西省推荐的5位优秀社科普及专家、6位优秀社科普及工作者、5个社科普及基地和5部优秀社科普及读物在全国第十四次社会科学普及工作经验交流会上得到表彰。这些活动的开展有力地推动了全省社会科学走向大众、走进百姓、走入生活。

*大力促进学术交流，学术活动产生新影响。*2012年，全省社科界始终以创新工作理念为目标，举办或开展了一系列层次较高、规模较大、有影响的学术活动。省社联主办，全省23所本科院校、4个省属学会、11个设区市社联、1个企业社联参与承办的"全省社会科学学术活动周"活动，邀请了著名军事专家尹卓、政治学专家徐勇

等省内外知名专家学者讲学,全省范围内共举办了2场主场报告会和52场专场报告会,直接听众多达1.50万余人,社会反响强烈。此外,江西财大共主办20次国际、国内大型学术会议;江西师大举办200多场高水平的学术讲座;南昌工程学院承办1次经济管理方面的国际会议;赣南师院先后邀请60余位国内外专家学者到校讲学,共举办80余场次学术报告等。省金融学会举办"赣南等原中央苏区振兴发展与金融创新"高层论坛,省外语学会举办第九届华东地区外语论坛,省方志敏研究会召开以"学习弘扬方志敏精神,保持共产党员先进性与纯洁性"为主题的年会,省档案学会召开全省档案学术专题研讨会,省民俗与文化遗产学会协办了"中国茶文化与旅游发展高峰论坛",省世界语协会与湖南、湖北两省世界语协会联合主办首届华中世界语论坛,省检察官协会举办"坚持'六个并重'全面贯彻修改后行讼法"论坛,省书院研究会举办"第二届书院传统和未来发展论坛暨传统书院精神的继承和发展论坛"。各级社联结合自身实际,举办了丰富多彩的学术活动。

坚持正确的办刊方向,理论阵地建设实现新发展。2012年,全省社科界坚持正确的办刊方向,始终遵循"研究无禁区,宣传有纪律"的原则,充分发挥社联系统报纸杂志在学术交流的平台作用与社科宣传的重要窗口作用。江西财大的《当代财经》《江西财经大学学报》、省委党校的《求实》、省社科院的《江西社会科学》《企业经济》《农业考古》《鄱阳湖学刊》《江西经济发展蓝皮书》《专报》,江西日报社的《江西日报》理论版,南昌大学、江西师大、华东交大、江西农大等高校的社科《学报》,省社联的《内部论坛》《老区建设》杂志,都发挥着独特的优势与作用,为全省广大社科工作者深入开展理论研究提供了学术交流和成果展示平台。许多设区市社联、省属学会也都能够紧密结合地方特点,认真办好自身学术刊物,不断提高办刊质量和水平。《新赣州智库》《决策参考》《上饶社会科学》《抚州社会科学》《井冈社科》《金融与经济》《价格月刊》《江西林业经济》《立法视野》《江西检察》《江西档案》《康乐寿》《赣联》《铁军纵横》《江西保险》《政府公共关系》《江西老年书画》《江西统一战线》等刊物,大量登载社科理论工作者与会员研究成果,有力地推动了全省哲学社会科学的繁荣发展。

(刘志飞)

学术活动

【中俄学者学术座谈会在南昌召开】 5月13日,由江西省社会科学院与俄罗斯科学学院区域社会经济发展研究所联合主办的"现代化:欠发达地区发展路径创新"中俄学者学术座谈会在南昌召开。俄罗斯科学学院区域社会经济发展研究所副所长康斯坦丁·阿·古琳等一行四人出席座谈会并作专题演讲。湖北省社科院、湖南省社科院以及江西省社科院相关专家学者共40余人出席座谈会,与会人员围绕会议主题,结合本国本地区的经济社会发展实践展开交流与探讨。

【召开理论工作"走转改"汇报会】 6月18日,省社科院召开理论工作"走转改"汇报会。省委常委、省委宣传部部长姚亚平出席并作重要讲话,省委宣传部常务副部长陈东有出席会议。姚亚平强调,理论工作者要进一步提高理论自觉,自觉加强对中国特色社会主义理论体系的研究,用马克思主义指导建设富裕和谐秀美江西的伟大实践;要进一步坚定理论自信,用中国特色、中国风格、中国气派的话语体系、学科体系去研究和指导中国的实践、江西的实践;要进一步在理论工作"走转改"中转变作风,改进学风,夯实理论研究的基础,拓展理论研究的途径。

【召开"喜迎党的十八大胜利召开加强党的先进性与纯洁性建设"理论研讨会】 7月5日,"喜迎党的十八大胜利召开加强党的先进性与纯洁性建设"理论研讨会在南昌召开。研讨会由中国人民大学书报资料中心、江西省社会科学院主办。省委宣传部常务副部长陈东有出席会议并讲话,来自全国各地党建理论界和期刊界的专家学者80余人出席会议。出席研讨会的专家学者分别围绕党的十七大以来党建理论的创新与发展、加强党的先进性与纯洁性建设的意义和路径、先进性与纯洁性的内在联系等问题进行了讨论,丰富了"加强党的先进性和纯洁性建设"这一理论课题的内涵。

【首次在俄罗斯举办学术研讨会】 应俄罗斯社会科学院区域经济研究所的邀请,9月28日,省社科院纪检组长、研究员姜玮率团一行五人,赴俄罗斯洛沃格达参加由双方共同主办,主题为"欠发达地区收入分配问题"的中俄学者研讨会。出席研讨会的中俄双方学者从多层次、多视角进行了学术交流。这是省社科院首次在俄罗斯举办专题学术论坛,也是首次在国外举办学术会议,对于展示江西省社会科学院科研实力,巩固已有国际学术交流平台,拓展学术研究视野,锻炼高水平学术队伍具有重要意义。

【第十三次全国皮书年会在南昌举行】 9月21～22日,由中国社科院主办,社会科学文献出版社、江西省社会科学院共同承办的第十三次全国皮书年会在南昌举行。省委书记苏荣、省长鹿心社等省领导会见了中国社科院常务副院长王伟光、副院长李扬等会议嘉宾。省委常委、常务副省长凌成兴出席开幕式并讲话。此次会议是规模最大、参会人数最多的一次皮书年会。全国社科院系统以及各高校、研究院所的300余名皮书课题组主编、专家、学者和媒体记者出席了会议。与会代表开展了学术报告、主题论坛、圆桌会议等一系列活动,围绕提升皮书学术影响力、增强皮书学术话语权等问题进行了深入研讨。

【2012年华东地区省市社科院院长联席会议在南昌召开】 10月30日,由江西省社会科学院承办的2012年华东六省一市社科院院长联席会议在南昌召开。会议的主题是"打造中国特色、中国风格、中国气派哲学社会科学话语体系与地方社科院工作创新"。省委常委、省委宣传部部长姚亚平,副省长胡幼桃等省领导会见了中国社会科学院副院长高全立等会议嘉宾。华东六省一市的社科院院长,以及江西省社会科学院领导和各部门负责人共

40余人出席会议。

【华东六省一市社会学论坛在南昌举行】 12月10日，由中国社会学学会、江西省社会科学院共同主办的华东六省一市社会学论坛在南昌举行。论坛的主题为“现代化与我们”。华东六省一市各社会科学院社会学所，以及江西省社会学学会的专家学者约30人参加了论坛。与会人员围绕中心议题，分别就中国现代化进程中面临的问题展开了讨论，就现代化与我们共同的未来达成了不少共识。

（陈刚俊）

【欧阳自远院士作客“社科大讲堂”讲述“中国人的探月梦想”】 5月24日，由省社联、省图书馆、江南都市报主办，大江网合办的“社科大讲堂”2012年第十讲在江西日报传媒大厦会议中心报告厅开讲，著名天体化学与地球化学家、中国科学院院士、第三世界科学院院士、国际宇航科学院院士、中国月球探测工程首席科学家、中国月球探测工程领导小组高级顾问欧阳自远，作题为《中国人的探月梦想》的主旨演讲。省社联党组书记、主席祝黄河主持讲座。省社联党组成员、副主席黄万林、吴永明、胡春晓，江西日报社领导王晖、任辛、赵抗援出席讲堂。全省500多名机关干部、部队官兵、大专院校师生、科研院所的专家学者、省属学会会员和部分市民聆听了讲座。

【组织召开“四项评优”专家评审会】 2012年，省委宣传部、省社联、省新闻出版局和江西省出版集团公司联合在全省范围内开展2011～2012年度江西省优秀社科普及专家、江西省优秀社科普及工作者、江西省优秀社会科学知识普及宣传基地、江西省优秀社科普及读物（简称“四项评优”）推选活动。此次推选活动共收到申报材料185项。10月11日，召开“四项评优”活动评审会。评审会专家按照“好中选优、宁缺毋滥，适当注意地域间、行业间的平衡”原则，公平公正，推荐出55名优秀奖项，其中优秀社科普及专家10名，优秀社科普及工作者30名，优秀社会科学知识普及宣传基地5家，优秀社科普及读物10本（套）。

【启动江西省第三届社科普及宣传周活动】 11月23日，由省委宣传部、省社联共同主办的江西省第三届社科普及宣传周活动正式启动。省委常委、省委宣传部部长姚亚平出席。副省长胡幼桃讲话。省社联党组书记、主席祝黄河主持。省（市）社联机关干部、省（市）属学会代表、大（中）学生代表和社区居民代表等1000余人参加了启动仪式。此届社科普及宣传周活动采取省、市、县三级联动、同步启动的方式进行，共安排十八大精神宣讲、展板宣传、现场咨询、知识讲座、媒体访谈和社科普及进机关、进农村、进企业、进学校、进社区、进军（警）营等五大项社科普及活动200多场次。活动周至29日结束。

【召开全省社科界学习贯彻党的十八大精神座谈会】 11月26日，由省委宣传部、省社联主办的全省社科界学习贯彻党的十八大精神座谈会在南昌召开。省委常委、省委宣传部部长姚亚平出席会议并作重要讲话。省委宣传部常务副部长、教授陈东有，省委党校常务副校长、教授陈春明，江西日报社社长、高级记者王晖，省社联党组书记、主席、教授祝黄河，省社科院党组书记、院长、研究员汪玉奇，省委党史研究室副主任、研究员何友良，南昌大学总会计师、教授黄新建，江西师范大学教授周利生，江西财经大学教授孔凡斌等9位专家分别以《在改善民生和创新管理中加强社会建设》《继承传统发挥优势努力推进学习型政党建设》《构建发展现代传播体系不断壮大主流思想舆论》《科学把握中国特色社会主义事业五位一体总布局》《关键是增强全民族文化创造活力》《用党的十八大精神引领赣南等原中央苏区振兴发展》《坚持走新型工业化与城镇化融合发展的道路》《科学发展观是党必须长期坚持的指导思想》《推进生态文明建设加快建设鄱阳湖生态经济区》为题发言。省委宣传部、省社联有关领导和处室负责人，省社科院专家学者，南昌大学、江西师范大学教师代表，部分省属学会会员代表以及省社联干部职工共100余人参加座谈会。

（刘志飞）

高校社科研究

【概　况】 2012年，江西高校社会科学活动人员1.21万人，研究与发展人员1159人，研究与发展全时人数51人，投入人文社会科学研究与发展经费1.22亿元。全省高校承担人文社会科学研究课题数8028项，出版人文社会科学著作409部，发表论文6801篇，其中在国际学术刊物发表170篇，提交有关部门84篇。举办国际学术会议37次，参加会议799人次，提交论文521篇。举办国内学术会议267次，参加会议2880人次，提交论文2004篇。派出人员出国讲学86人次，国外人员受聘来校讲学119人次，派出人员国内讲学463人次（含去港澳台地区讲学人次），国内人员受聘来校讲学709人次（含港澳台地区人次）。出国进行社科考察85人次，国内进行社科考察463人次（含港澳台地区人次），接受国外人员来校考察161人次，接受国内人员来校考察542人次（含港澳台地区人次）。派人出国进修学习138人次，派人国内进修学习1167人次，接受国外人员来校进修学习85人次，接受国内人员来校进修学习764人次。与国际合作研究课题15项，与国内合作研究课题97项。申请国家专利215项，授权147项。举办了4期哲学社会科学教学科研骨干研修班，每期学制一个月，308名高校教师参加了研修，进一步加强了全省高校社科研究队伍建设。2012年，省教育厅社政处，南昌大学、江西财经大学和江西师范大学社科处等4个单位被教育部社科司评为高校社会科学研究管理先进集体，2人获高校哲学社会科学研究管理奖，3名教师获高校哲学社会科学研究管理青年奖。

【《当代财经》理论经济栏目入选第二批教育部高校哲学社会科学名栏建设工程】 2012年，江西财经大学《当代财经》理论经济栏目入选第二批教育部高校哲学社会科学名栏建设工程。全国共有21家高校学报的21个栏目入选第二批名栏工程，《当代财经》是这次入选的21家刊物中唯一一家财经类刊物，也是江西省唯一入选的社科类刊物。

【社科研究项目取得新突破】 2012年，全省高校获国家社科基金项目107项，其中重大招标项目2项、重点项目1项、后期资助项目1项，获项目资助经费1775万元。获教育部人文社会科学研究项目立项98项，资助经费760万元。省高校人文社会科学研究课题费增至600万元。江西省首次设立省高校哲学社会科学研究重大课题攻关项目和重点招标课题。重大课题攻关项目立项9项，重点招标课题立项11项。重大课题攻关项目每项资助经费15万元，重点招标课题每项资助经费10万元。省重点研究基地招标课题立项86项，资助经费70.9万元。

【重点基地建设】 2012年，继续实施高校人文社会科学重点研究基地建设计划，遴选了5个一类重点研究基地和6个二类重点研究基地，一、二类基地分别资助研究基地建设费每年每个30万元和20万元。开展第三次省高校人文社会科学重点研究基地评估，江西财经大学生态文明与现代中国研究中心及赣南师范学院中央苏区研究中心评估为优秀，东华理工大学江西戏剧资源研究中心、九江学院庐山文化研究中心、华东交通大学女性研究中心、江西理工大学环境资源法研究中心及江西师范大学区域创新与创业研究中心评估为合格。省教育厅批准九江学院社会系统学研究中心、江西警察学院公共安全研究中心及江西科技师范大学八一精神研究中心为江西省高校人文社会科学重点研究基地。南昌大学“中国中部经济发展研究中心”更名为“中国中部经济社会发展研究中心”。

（省教育厅）

社科成果与奖励

【109项国家社科基金年度项目立项】 2012年，全省国家社科基金年度立项109项，其中重点项目3项，一般项目49项，青年项目57项。立项数比上年增加17项，增长18.5%；在全国各省（市、区）排第9位，获项目经费1665万元，比上年增长17.3%；立项率15.4%，比上年提高0.5个百分点，高于全国13%的平均水平。立项总数、立项经费、立项率、立项学科、青年项目再创历史新高。立项学科结构和分布比较合理，立项学科共20个，特别是青年项目57项，占总立项的52.3%，高于全国40.3%的比重，一批青年学者崭露头角，脱颖而出，成为承担国家级项目的主体。还有部分学者获多次立项。这些国家社科基金项目的获得和开展，将进一步加强全省优势特色学科建设、培育哲学社会科学人才队伍、提升社会科学研究水平和文化软实力，充分发挥哲学社会科学在建设富裕和谐秀美江西的重要作用。

【完成2012年全省经济社会发展重大招标课题】 7月6日，由省委宣传部和省社联共同设立的2012年江西省经济社会发展重大招标课题，经有关部门领导和专家组成的评审委员会评审，在30个竞标课题组中成功揭标。中标课题组分别是：江西省社会科学院汪玉奇主持的《“十二五”江西文化产业的发展目标、重点领域与政策支持研究》，江西师范大学陈绵水主持的《振兴中央苏区的现实条件、产业布局和财税政策研究》，南昌大学黄细嘉主持的《我省开展旅游扶贫的战略思想与实现途径研究》，江西财经大学卢福财主持的《江西产业转型升级与环境保护良性互动研究》，南昌大学胡永新主持的《加快推动我省文化与科技、市场、旅游深度融合机制研究》。每项中标课题资助经费7万元，全部课题研究于11月30日前完成。12月27日，组织召开2012年全省经济社会发展重大招标课题成果鉴定会。省委常委、省委宣传部部长姚亚平出席会议并作重要讲话。省委宣传部常务副部长陈东有出席会议。鉴定会由省社联党组书记、主席祝黄河主持。有关专家学者、中标课题组组长和主要成员以及课题承担单位科研处人员共30余人参加了会议。会上，重大招标课题评审专家委员会在认真听取各课题组就本课题完成情况和研究成果的汇报后，对课题的创新程度、学术水平、社会价值、实践性和可操作性四个方面进行了评审，全票通过江西师范大学陈绵水主持的《振兴中央苏区的现实条件、产业布局和财税政策研究》成果鉴定等级为优秀，《“十二五”江西文化产业的发展目标、重点领域与政策支持研究》《我省开展旅游扶贫的战略思想与实现途径研究》《江西产业转型升级与环境保护良性互动研究》《加快推动我省文化与科技、市场、旅游深度融合机制研究》成果均鉴定为良好。

【全省获三项国家社会科学基金重大招标项目立项】 国家社会科学基金重大招标项目是中国社会科学领域层次最高、资助力度最大、权威性最强的项目。2012年，通过通讯初评、会议复评、网上公示等规定程序，全国哲学社会科学规划领导小组批准，国家社会科学基金重大招标项目已下达，江西省有三项，分别是刘上洋的《欠发达地区生态与经济协调发展研究——以鄱阳湖生态经济区为例》，资助经费60万元；周建新的《客家文化研究》，资助经费80万元；孔凡斌的《我国大湖流域综合开发新模式与生物多样性保护研究：以鄱阳湖生态经济区建设为例》，资助经费80万元。

【全省社科研究“十二五”（2012年）规划项目评审立项揭晓】 6月，2012年省社科规划项目启动，经过各单位组织申报、广泛动员以及省社科规划办对申报项目进行资格审查，共受理93个单位申报项目1714项，创历史新高。申报学科涵盖了马列·科社、党史·党建、哲学、经济理论、应用经济、法学、社会学、图书情报学、语言学、政治学、文学、艺术学、教育学·心理学、体育学、新闻传播学、历史学、管理学等，涉及政治、经济、社会、文化、生态文明的各个方面。经学科组匿名初评和复审，省社联党组审定，并经省委宣传部同意，江西省社会科学研究“十二五”（2012年）规划项目共立项454项（含国家社科基金奖励项目109项），其中重点项目18项，一般项目347项，青年项目89项，资助经费500万元。

（刘志飞）

文化艺术

本栏编辑　朱　岳

综　述

文化体制改革焕发新活力。全省81家国有文艺院团，保留1家，撤销5家，划转4家，其余71家全部转为企业。全省国有院团3378名职工，提前退休813人，调转1393人，转企1172人。省直5个院团参与改制的481名职工，提前退休195人，调转60人，转企226人。没有出现一起越级、越系统上访。2012年，全省72家国有院团、200家民营院团演出场次1.5万场，服务群众800多万人次，演出票房总收入4.48亿元，同比增长30%以上。省直5个改制院团全年下乡演出821场，增长300%；商业演出1147场，演出收入1178万元，分别比2011年增长272%、208%。改制后留在院团的226名正式职工和180名聘用人员，仅用8个月(剔除改制前后4个月)时间，演出1968场，人均年演出170场，比2011年人均不到50场，工作量增加3.4倍。一线演员月工资最高近万元，比改革前翻了一番多，其他演职员月收入增长30%以上。江西艺术剧院与湖南琴岛公司合作项目，共同投资3500万元，打造天天演的节目，预计年票房收入可达3000万元左右。投资5亿元的江西艺术中心，加盟国内国际4个院线，组织演出102场，演出收入达1200万元，提前2年实现省政府提出的运营目标。江西艺术中心还发挥龙头作用，率领全省90家剧场组建了本省演出院线联盟。

艺术创作生产取得新成绩。赣州的赣南采茶歌舞剧《八子参军》、南昌的歌曲《莲花红、莲花白》获2012年中宣部“五个一工程”奖，《八子参军》入选“2010～2011年度国家舞台艺术精品工程重点资助剧目”；鹰潭畲族山歌戏《七彩畲乡》获第四届全国少数民族文艺会演剧目金奖和戏剧类所设全部单项最高奖；萍乡的《法中有情》《将军回乡》《和字歌》分获全国第五届曲艺大赛二等奖和“中国牡丹奖”银奖；江西省群众艺术馆的歌曲《一湖清水》获第四届“江南文化节”全国歌曲征集评选金奖；江西艺术职业学院的群舞《映山红》获“全国文化艺术院校第十届桃李杯舞蹈大赛”二等奖。抚州采茶戏《牡丹亭·游园惊梦》在中央电视台戏曲频道“春节特别节目”中播出；江西省歌舞剧院有限责任公司和江西艺术职业学院舞蹈团第一次代表江西参加央视春晚；江西省话剧团有限责任公司创作的话剧《我是海鸥》在北京南锣鼓巷国际小剧场艺术节受好评。

文化设施建设迈上新台阶。九江、宜春、吉安、南昌、萍乡、抚州等设区市的一大批大型文化设施开工建设或投入使用；一大批县市区的文化场馆正在建设或更新改造中。根据文化部第三次文化馆评估定级，认定江西省市县上等级馆舍104个，比上次评估增加62个，增幅居全国第二；其中一级文化馆25个，全国排名由二十八位上升至第九位；二级馆40个，全国排名由十七位上升至第二位；江西省市、县级馆上等级率达90%，优良率59%，均居中部第一。全省市县两级文化馆的设施状况，由全国中下水平跃至全国前列。

公共文化服务实现新提升。农村文化“三项活动”持续深入开展，全年送戏下乡1万余场，自办文化活动5000多场，服务基层群众2000多万人次。全省图书馆、博物馆、纪念馆、文化馆(站)、美术馆免费开放，服务群众3000多万人次，增长8.2%。“相约春天”公益大展演举办34场演出，85万群众免费享受精彩纷呈的艺术盛宴。江西省文化厅主办的“情系农民工、放歌红五月”专场演出，江西省博物馆“一月一宝”展览活动，江西省图书馆“读好书”活动，江西省群艺馆“秀美江西”群众美术展，江西画院“瓷画鄱湖”活动，赣州群艺馆开展的“欢乐赣州”，上饶群艺馆开展的“群文讲坛”，九江图书馆开展的“寻庐讲坛”，万安图书馆开展的“金牌读者”，以及景德镇、高安、永新等地开展的特色广场舞等50多个品牌活动，都深受群众欢迎。

文化遗产保护呈现新亮点。2012年，国家文物局下达全省各类文物保护专项经费3.5亿元，增长57%，其中重点文物保护经费接近2011年的5倍。通过不可移动文物普查，江西省拥有不可移动文物3.28万处，在全国排名由21位上升为11位，成为文物大省。2012年，文化部新批江西省国家级非物质文化遗产代表性传承人13名，增长56.5%，景德镇佳洋陶瓷有限公司等3家企业(全国41家)成为国家级非物质文化遗产生产性保护示范基地，数量居全国第一；赣南客家围屋列入“中国世界文化遗产预备名单”；赣南客家文化生态保护区项目得到文化部批准；景德镇御窑陶瓷文化生态保护区项目及文化部支持景德镇陶瓷文化建设八条政策已得到文化部批复；万年仙人洞最古老陶片被美国《考古杂志》评为2012年世界十大考古发现。

文化产业发展实现新跨越。2012年全省文化系统管理的文化产业核心层主营业务收入达185亿元,增幅达33.5%。全省文化系统投资规模千万元以上、已建成或已开工建设的文化产业项目99个,新增15个,超亿元的33个,新增5个;国家级文化产业示范基地达6家,新增2家。全省各类民营文化企业4334家,吸纳就业人员18.6万人,总资产311.7亿元,创造主营业务收入146亿元。全省文化产业外围层主营业务收入达160亿元以上。

文化市场出现新变化。2012年,全省演出场次1.5万场,固定场所演出票房总收入达4.48亿元,增长30%。其中:涉外演出58场,700多名境外、国外演艺人员到赣演出;大型演唱会19场,票房1.9亿元;中心城区演出包括江西艺术中心、宜春大剧院、汤显祖大剧院、吉安大剧院等票房收入5000万元;驻场演出包括南昌新中源、星光大道、萍乡新世界大歌城、新余天工大剧院等票房收入3015万元;旅游、景区演出包括实景《井冈山》、情景《井冈山》《印象上饶》《春江花月夜》《神奇赣都》票房收入1亿元。演出经纪机构不断增加。截至年底,全省注册的演出经纪机构93家,数量众多的演出经纪机构成为全省演出市场繁荣发展的重要力量。

对外文化交流取得新突破。2012年,全省对外及对港澳台文化交流实施完成项目90个,是2011年的1.3倍;文化交流出入境1099人次,比上年增长15%。其中,派出23项,增长77%;引进67项,是2011年的1.6倍。全省文化单位与境外文化机构建立友好合作关系4对,实现零的突破。

(郑志山 胡小庆)

文 学

【概 况】 2012年,全省文学界围绕"出作品、出人才"的目标,进一步发挥联络、协调、服务职能,推动文学繁荣。省作协策划"走向田野"文化散文丛书创作。丛书多方面散文化地阐述江西具有代表意义的文化生成与价值,获得江西省财政厅"文艺创作与繁荣工程"的批准立项。为组织此套丛书的创作出版,省作协多次举办创作座谈会、文学采风活动。旨在弘扬中央苏区精神的《苏区记忆》丛书也在组织创作之中。完成《迎接党的十八大人民日报江西特刊》中的《放歌》版块组稿工作。组织全省作家辛勤创作,写出一系列表达江西人民喜迎党的十八大召开的散文、随笔和诗歌作品。十八大前夕,组织《赣南的果实》等一系列唱响主旋律、歌颂新江西的散文作品发表在《光明日报》等报刊。省作协与江西人民广播电台合作打造"跟着文字去旅行"江西旅游散文节目。与铜钹山国家森林公园管委会再次签订协议,开展第二期合作,重新激活江西省作家协会创作基地的运行,进行创作基地挂牌。

文学创作成果丰硕。长篇小说刘华《红罪》、范晓波《出走》、祝春亭合著的岭南三部曲第三部《大江红船》、温燕霞《半天云》、阿袁《鱼肠剑》、张学龙《龙骨》、褚兢《贪官忏悔录》、程维《双皇》等相继出版。阿袁中短篇小说集《郑袖的梨园》、陈世旭的《一看就是新警察(2)》、樊健军《1994年的寒露风》《走灯》《酒干倘卖无》、陈然《一根刺》、陈蔚文《惊蛰》、阿袁《守身如玉》《米红》等,是中短篇小说中有代表性的文本。陈世旭出版《陈世旭散文选集》和《谁决定你的世界》两本散文集,并在《文艺报》等地开设散文专栏。刘上洋散文《江西老表》在2011中国散文排行榜榜上有名。王晓莉、陈蔚文、范晓波、李晓君、刘伟林、浇洁、夏磊等在《北京文学》《天涯》《散文》等报刊发表了有分量的散文作品。温燕霞、蓝燕飞、陈青峰、周惟、华光耀、肖麦青、杨融等作家出版散文集《客家我家》《暗处的生命》《虚构的出走》《行走赣西:写意萍乡》《赣水童谣》等。夏磊散文《月碎沱江》获首届中国徐霞客游记文学奖。程维、三子、林莉、邓诗鸿、龙泉、杨景荣、吴素贞、王彦山等诗人的诗作在《诗刊》《作品》《诗选刊》《星星》《山花》《钟山》《北京文学》等报刊发表,有的还有诗集出版。江西《21世纪江西诗歌精选》出版,选入116位江西诗人的作品。报告文学和纪实文学创作方面,蒋泽先的《秋杰老师》、温燕霞的《大山作证》、罗旋的《蒋经国早年之谜》相继出版。

【举办第十届江西谷雨诗歌节暨2012年江西谷雨诗会】 4月,第十届江西谷雨诗歌节暨2012年江西谷雨诗会在资溪举行。全省60多位诗人和作家参加活动。诗会举行以"诗歌与青春一起飞"为主题的大型诗歌朗诵会。举办"面向21世纪"江西诗歌论坛,木朵、龚奎林、范剑鸣、林莉、龙安、杨景荣、王彦山等7位青年评论家和诗人作演讲。诗刊社常务副主编商震先生和江西籍京城诗歌评论家谭五昌博士分别作题为"诗歌与生活""诗歌的当下困境与现实突围"的学术讲座。与会诗人还在大觉山风景区开展诗歌采风活动。

南昌、景德镇、吉安、上饶、宜春、鹰潭、赣州等地,在谷雨期间先后举办了谷雨诗会。全省有3000余人参加各地主办的谷雨诗会活动。3月31日,作为谷雨诗歌节主题活动之一,一批江西诗人开展清明祭扫戏剧家汤显祖墓园活动。并在各地市同时举办江西诗人祭扫陶渊明、谢灵运、胡铨、文天祥、黄庭坚、辛弃疾、杨万里等历史文化名人墓园活动。墓园不在江西的历史文化名人,各地诗人也以参观纪念馆、走访名人故里的方式开展对历史文化名人的纪念活动。

【开展"重返红色岁月"采风活动】 5月,由中国作家协会主办、江西省作家协会承办的"重返红色岁月"采风团20余人走进中央苏区赣南,开展为期5天的采风活动。叶辛、关仁山、王松、武歆等20余位作家深入赣州市章贡区、兴国县、于都县、瑞金市、上犹县等地采访采风,参观访问,感受赣州悠久的历史和独特的文化。

(石兰芳)

艺 术

【概 况】 2012年,在中宣部组织的第十二届精神文明建设"五个一工程"评选活动中,江西省文化厅选送的歌曲《莲花红、莲花白》、戏剧《八子参军》获奖,实现江西歌曲项目获奖六连冠。鹰潭的畲族山歌戏《七彩畲乡》获第四届全国少数民族文艺会演剧目金奖和戏剧类所设全部单项最高奖。舞蹈《青花叠翠》获全国舞蹈大赛银奖。江西省话剧团有限责任公司创作的话剧《我是海鸥》在北京南锣鼓巷国际小剧场艺术节受好评。省歌舞剧院和省艺术职业学院舞蹈团挑选57位演员第一次代表江西参加央视春晚，实现了江西人民30年的春晚梦想。

【开展文艺创作繁荣工程项目评选工作】 2012年，江西省文艺创作繁荣工程收到各类项目60余个，经专家评审，确定江西省歌舞剧院柯骥音乐创作作品集《绿色交响》、江西木偶剧团大型卡通人偶剧《白雪公主和七个小矮人》、江西省话剧团小话剧系列剧《错爱》、江西画院江西美术家瓷上绘画作品创作《瓷画鄱湖》、江西省合唱协会合唱作品集《赣风鄱韵》、江西浔欣文化投资有限公司大型音舞诗画剧《春江花月夜》、萍乡市采茶歌舞剧院有限责任公司萍乡采茶戏《我的父老乡亲》、新余市演艺策划有限公司赣腔歌剧《月缺江湖》、鹰潭市艺术团大型现代畲歌剧《七彩畲乡》、崇义县文化馆情景实景秀《茶寮竹歌》等12个项目为扶持项目。

【开展“相约春天”公益大展演活动】 2月10日，由省文化厅主办的2012年“相约春天”公益大展演在南昌拉开帷幕。活动持续1个月，推出18个剧目，34场演出，吸引观众85万人。其中代表江西最高艺术水准之一的大型风情歌舞《赣风》在江西艺术剧院连演15场，在北京、上海等一线城市流行的小剧场话剧也新鲜亮相。此外，大展演还邀请了代表国家级水平的上海芭蕾舞团到南昌演出“镇团之宝”《白毛女》。

（匡　凯）

社会文化

【概　况】 2012年，进一步提升公共文化服务管理水平和服务质量。推进农村文化“三项活动”，进一步活跃农村文化建设。全省各地文化部门利用传统节日，开展农村文艺演出、电影放映、农民自办文化活动，其中送戏下乡1万场、自办活动5000多场，服务全省农民2000多万人次。

实施“两馆一站”免费开放。加强免费开放管理，制订《江西省公共图书馆和文化馆（站）免费开放工作绩效考核要求（试行）》《江西省公共图书馆、文化馆（站）免费开放专项资金管理暂行办法》。省图书馆和省群众艺术馆维修设施，提高服务质量，开展技术培训，购置大量新书（含电子书），开展“读好书活动”和“秀美江西”系列群众性美术展览等服务品牌建设。全省初步形成赣州市群众艺术馆“欢乐赣州”、万安县图书馆“金牌读者”等一批市县公共文化服务品牌。免费开放工作中，各级公共图书馆开辟文化共享工程、公共电子阅览室和数字图书馆等新的公共文化服务业态。全省新增公益性电子阅览室601个，涌现出靖安县图书馆“青少年活动月”等服务品牌。

实施“两馆”维修改造工程。县级图书馆、文化馆设施建设保持中部先进水平。继续推进县级未达标图书馆、文化馆的新建、改建和扩建工程。2012年，完成宜丰县图书馆、莲花县图书馆、赣州市章贡区文化馆等26个县级文化设施维修改造，改造面积6万多平方米。年底新安排33个县级馆维修改造开工，涉及维修改造面积5万多平方米。以地方投入为主的南昌市群众艺术馆、都昌县文化艺术中心等一批市县公共文化设施建设项目投入超10亿元，年底基本完工。编制省图书馆、省群众艺术馆新馆建设计划。

【推进全省公共数字文化建设】 2012年，启动第一批公共电子阅览室设备配置，制定第二批公共电子阅览室设备配置方案。全省新增公益性电子阅览室601个，中央财政下拨资金589万元，省财政配套资金331万元。其中，支持全省乡镇综合文化站332个，每个站2万元，计664万元；支持全省城市社区文化活动中心46个，每个1万元；支持社区文化活动室223个，每个7500元。江西省图书馆和南昌市、赣州市、九江市、萍乡市、景德镇市、抚州市、吉安市等8家图书馆启动数字图书馆推广工程，完成十二五期间省市两级资源建设20%的任务。为加快数字资源自主建设，省图书馆启动《红色印记》《赣南客家民居建筑》2个多媒体资源库建设。为配合国家图书馆征集数字资源工作，省图书馆提交一批元数据及对象数据样本。12月，文化部批准靖安县级支中心等7个共享工程示范点，武宁县甫田乡基层服务站管理员李炳南获“文化共享之星”称号。

【一批公共文化服务品牌初步形成】 2012年，江西省创建国家级公共文化服务体系示范区（赣州）和国家级公共文化服务体系示范项目（南昌市社区文化在线、宜春市一乡一色一村一品），探索和总结公共文化服务体系建设的模式、途径、方式和措施。文化部副部长杨志今一行到江西检查工作，对江西公共文化服务体系建设给予积极评价，肯定赣州市、南昌市、宜春市的示范区（项目）建设中期成果。由省文化厅主办，省群众艺术馆承办喜迎十八大“秀美江西”系列群众性美术展览、“情系农民工”系列演出活动、“全省民间艺术之乡成果汇展”等一系列服务品牌活动。全省初步形成赣州市群众艺术馆“欢乐赣州”、新余市少儿舞蹈培训、抚州市文化志愿服务、安福县特色乡镇文化活动、吉州区文化馆社区文艺、安源区广场文艺等一批公共文化服务品牌。

（戴　玉）

非物质文化遗产

【概　况】 2012年，全省非遗保护工作坚持“保护为主，抢救第一，合理利用，传承发展”的工作方针，全面启动民间优秀传统文化的保护利用工作，成果喜人。实施非遗项目保护工程。坚持保护为主、合理利用原则，开展抢救性保护、整体性保护和生产性保护等多种方式，申报并公布江西新一批国家级非物质文化遗产代表性传承人，实施以全省46项国家级非物质文化遗产项目为重点、覆盖省市县三级非物质文化遗产项目的抢救性保护和整体性保护工作。发挥影响广泛的传统手工艺非物质文化遗产项目优势，扩大就业，提高传承人收入，促进文化产业发展。全省建有国有或民营非物质文化遗产专题展示馆79个、传习所110个，比2011年增长22%，改善当地企业和传承人传承保护非物质文化遗产工作条件，地方传承保护积极性有较大提高，传承人的社会地位和影响不断提高。文化部肯定江西省的生产性保护成果和特色品牌，景德镇佳洋陶瓷有限公司等3家江西企业被文化部列入第一批国家级非物质文化遗产生产性保护示范基地名单，江西成为全国生产性保护示范基地数量最多的省份之一。2012年以景德镇传统手工制瓷工艺，江西各类木雕、石雕为代表的全省非物质文化遗产生产总量约为30亿元，其中景德镇传统手工制瓷产值约为24多亿元。

实施非遗传播工程。全省通过传统节日和"文化遗产日"，开展形式多样的非物质文化遗产展览、演出、讲座、论坛以及咨询服务等活动，组织参加国家级非物质文化遗产博览会等示范性展示宣传活动。参加年初文化部在北京举办的全国生产性保护成果大展，展示景德镇陶瓷等江西文化的特色风采，20万观众观看江西展区。春节前省文化厅在南昌天虹商场举办第二届全省迎春非物质文化遗产进商场公益展示活动，近万名顾客观看。开展第七个"文化遗产日"暨江西省非物质文化遗产进校园系列活动，活动包括全省非物质文化遗产摄影展、"江西师范大学非物质文化遗产研究基地"挂牌等，各市县组织丰富多彩的展览、展演及展示进乡村、进社区、进校园。

【实施非遗数字化保护工程】 2012年，推进非物质文化遗产普查成果和保护成果数字化保护宣传。江西省非遗普查成果数字化建设按市为单位，已完成30万字、3000幅图片的全部编写和赣州市等4个市的资料数字化，为2013年开通网上全省非物质文化遗产数据库奠定基础。对湘东傩面具、万载得胜鼓等13个国家级代表性项目保护工作进行抽查、整改，加强全省对保护规划、保护单位、项目保护方案和预算、经费使用和支持传承人等工作的管理。文化部抽查了景德镇和婺源县的非遗保护工作，给予肯定。

（戴　玉）

地方志工作

【概　况】 第二轮修志工作全面开展。年初，省政府召开第二轮《江西省志》编纂工作动员部署大会，启动第二轮《江西省志》编纂工作。截至年底，全省第二轮市县志书已出版发行82部，居全国前列。上饶市在《上饶地区志》初审会后对志稿进行修改；新余市完成《新余市志》初稿，并召开初审会；《抚州市志》自延长下限之后，年内已完成27卷总纂任务，占全书93%；赣州市加快《赣州市志》编修进度，年内完成80%的分纂稿；九江市基本完成《九江市志》资料收集，已进入分口编纂阶段；景德镇市成立工作督导组，并召开续志编修主编主笔培训班，举办续志试写稿研讨会。吉州区启动《吉州区志》编纂工作；铅山县启动《铅山县志(1986～2011)》编纂工作。

年鉴编辑工作进展顺利。理顺年鉴管理工作，改进编审办法，合理利用人才资源，调动工作积极性，按照《地方志工作条例》《江西省实施〈地方志工作条例〉办法》完善各级综合年鉴编辑任务。《江西年鉴(2012)》在以往基础上，调整栏目设置，增加彩页版面，突出江西地方特色。全省各级地方志工作机构把编辑综合年鉴纳入日常工作中，江西省年鉴工作不断走向常态化。全省共有88个市县开展综合年鉴编辑工作，出版发行82部综合年鉴。在市级年鉴编辑工作中，《南昌年鉴(2012)》编纂出版已完成；《景德镇年鉴(2012)》于10月出版发行，发行量创历年新高；《萍乡年鉴(2012)》《新余年鉴(2012)》《上饶年鉴(2012)》《赣州年鉴(2012)》《抚州年鉴(2012)》已付印；《鹰潭年鉴(2012)》进入编校阶段。年内，瑞昌、星子、庐山、昌江、临川、东乡等地启动年鉴创刊工作。

依法修志取得新成效。全省各级地方志工作机构贯彻《条例》和《办法》，依法开展地方志工作。加大指导督查力度。鹰潭市下发《鹰潭市县(市、区)史志工作目标考评细则》，并对《贵溪市志》《余江年鉴》编纂进行指导；吉安市印发《督查与通报》，对全市地方志工作情况进行督查；信丰县下发《关于规范地方志编纂业务工作的通知》，以规范乡(镇)志和部门志的编纂工作。对志书进行审查验收。新余市对《新余市志》进行初审，泰和县出版《泰和县志(1989～2008)》，袁州区对《袁州区志》进行初审，宜春市对《樟树市志》进行复审，上饶市对《横峰县志(1986～2005)》进行复审，抚州市对《资溪县志(1986～2005)》进行复审。编纂出版一批专志，开展旧志整理工作。出版《章贡区人大30年》《大余县农业志》《上犹县工商行政管理志》《田南镇志》《同田乡志》《高安民政志》《仙下乡志》《崇仁人物》等专志。南昌市对《中国农工民主党南昌市委员会志》《南昌税志》《南昌市交通志》等专志进行指导，并提出编纂意见和建议；九江市年内督促指导部门乡镇志60余部；新余市指导编纂《水北镇志》；赣州市指导编纂《赣州市财政志》《赣州市审计志》等专志；信丰县首次开展乡镇志《安西镇志》编纂工作。在旧志整理方面，吉安市点校《吉安府志》；永新县启动明万历六年(1578)成书刊行的《永新县志》点校工作；瑞金市重印民国版《瑞金县志》；石城县重印清顺治《赣石城县志》；宁都县重印明万历十五年《宁都县志》。

地方志资源开发利用呈现新局面。省地方志办按省政府领导要求编写的《璀璨的江西历史文化》一文被送呈全省副省级以上领导参阅，9月编辑出版第1期《资政专报》，为领导决策提供参考和借鉴；南昌市编纂出版《当代南昌日史(1958～1965)》，全面启动《当代南昌日史(1966～1975)》编纂工作；九江市完成《走进八里湖时代》《人文九江》的编辑工作，及时记录九江八里湖新区建设历程，参与九江城市展示馆"古城九江"布展及讲解词的修改和《政区大典》编纂工作；景德镇市启动《景德镇大事记》编纂工作；鹰潭市对滨江公园文化长廊浮雕内容的设计和北极阁的重建提出修改意见和建议，为城市展览馆布展提供资料；赣州市向社会印发《赣南地情・方志宣传手册》等地情读物；宜春市为中央电视台《寻宝——走进宜春》提供信息资料，并参与节目录制，为宜春市申报国家、省历史文化名城和创建全国森林城市活动提供资料；吉安市编辑《吉安方志文化丛书》，已推出丛书第一部《吉安历代词全编》；资溪县征集和整理传说故事资料，出版《资溪景区传说故事》。

方志馆建设取得新进展。省方志馆为丰富馆藏，通过各种途径寻找江西地情类图书资料书籍和历史书籍，根据馆藏特点进行筛选购置。省方志馆藏书量位居全国地方志系统已建成方志馆首位，全年接待读者和参观访问者达2000人次；上饶市方志馆自2011年底开馆以来，不断强化内部管理，提升服务水平，接待社会各界人士参观、查阅地情资料；景德镇市方志馆进行前期设计装修工程；宜春市在新建的档案馆内划出150平米用于建设方志馆，并拨付专项布展经费；吉安市下发《关于征集省市方志馆收藏资料的函》，向全市各单位和各部门发函征集编辑出版的书籍和综合性资料，为推动市方志馆建设奠定基础；德安县方志馆建成，这是江西省第一家县级方志馆。

信息化建设取得阶段性成果。省方志馆扩充电子阅览室的数据资料，制作省市县三级志书及各类专志1600册，购买中国地方志数据库电子图书7万余册。年内，景德镇、上饶和铅山、信丰等地开通地方志网站。宜春市依托政府网，将《宜春年鉴》、宜春的人文与历史等部分地情资料共享；抚州市将历代抚州人编写的书籍或外地人士撰写介绍抚州的文章收录到网站；鄱阳县在县政府门户网上专门设置志书网页，建立网上查阅平台；吉水县通过史志档案网，为社会各界了解吉水提供全新宣传平台。

【启动第二轮《江西省志》编纂工作】 1月10日，省政府办公厅下发《关于印发第二轮江西省志编纂工作方案的通知》，并于3月9日召开第二轮《江西省志》编纂工作动员部署大会，标志江西省第二轮省志编纂工作全面启动。会议对启动第二轮省志编纂工作有关问题进行说明，并部署工作。副省长朱虹在会上讲话，对第二轮省志编纂工作提出具体要求。会后，省地方志办采取有力措施推进工作进程。截至年底，已有108个单位成立编纂机构，配备人员，着手开展编纂工作；部分单位已列出编纂大纲，并经省地方志办审查完善；部分单位开始进入资料收集工作阶段。

【举办《江西年鉴》撰稿人培训班】 5月8～10日，省地方志办在南昌举办《江西年鉴》撰稿人培训班，《江西年鉴》各撰稿单位共130余人参加培训。会议邀请中国出版协会年鉴研究会会长许家康、常务副会长王守亚为学员进行专题讲座。在培训中，专家从年鉴条目的选择和编写、如何杜绝无价值信息、地方综合年鉴条目的编写、撰写省级综合年鉴市县（区）栏目等专题作了阐述。会议还对41个撰稿先进单位和51名撰稿先进个人进行表彰。

【举办第二轮《江西省志》编纂业务培训班】 6月和9月，省地方志办在南昌分别举办两期省志编纂业务培训班，110余家单位、260余人参加培训。培训期间，专家分别作了题为《方志基础知识与志稿编纂》《续志的篇目设计和资料收集》和《第二轮〈江西省志〉编纂过程中应当注意的问题》的授课，内容涉及地方志的基础知识、省志志稿的编写、志稿的总纂、资料长编的编写、续志篇目设计的基本思路和原则、资料收集工作的方法等有关修志的基本理论与实际操作，并对承编、参编单位提出的在编纂过程中遇到的问题做了详细解答。

【首次组团赴台进行地方志学术文化交流】 11月，省地方志办组织了“江西省地方志系统考察团”首次赴台湾学习考察。考察团深入了解了台湾地方文献的编修、收集、整理及收藏利用情况，并与台湾的修志专业人员和学者就两岸编修地方志的学术问题进行学术交流。考察团对学术交流活动认真总结，形成考察报告，得到副省长朱虹的肯定。

（杨沂柳）

档案工作

【概　况】 服务经济建设成绩斐然。各地认真做好全省重点建设项目档案工作，及时下发落实《中共江西省委办公厅、省政府办公厅关于做好全省重点建设项目档案工作的通知》精神的实施意见，成立领导小组，加强业务指导和跟踪问效服务，并举办一系列重点建设项目档案业务培训班。省档案局印发《关于重点建设项目档案工作指导意见》，全省有3个重点建设项目被评为首批“全国建设项目档案管理示范工程”。企业档案工作规范化管理深入推进，江中集团、赣州供电公司等一批企业实现档案工作规范化管理。省档案馆收集整理了省委、省政府在推进国有工业企业改革和非工业七个系统国有企业改革中形成的档案资料，并编辑《江西省国有企业改革档案资料汇编》8册近4000页，为企业改制后的健康发展服务。萍乡市档案馆收集100个中小企业的精英档案，编辑出版《萍乡中小企业创业精英》画册，激发企业服务城市转型的热情。社会主义新农村建设档案工作稳步推进，南城县建立新农村建设档案工作长效机制，南昌县、渝水区新农村建设档案工作示范县（区）创建工作通过国家验收。全省100%县级社保、医保经办机构业务档案实现规范管理。新余市建立食品安全、留守家庭、走失人员、残疾人、低保家庭、居民健康等专题民生档案20多种，建立民生档案目录数据70余万条。各级档案部门发掘利用档案资源，全年编纂出版档案史料27种1438万字，举办展览46个，接待参观者13万余人次。省档案馆编纂出版《江西风景独好旅游文化丛书・红色摇篮卷》。抚州市举办《抚州记忆——走进抚州历史文化名村、名镇》展览并把档案知识讲座纳入市委党校主体班课程，把档案馆作为中小学生开展档案教育和爱国主义教育社会实践基地，开展馆校联谊日活动。南昌、抚州、萍乡、新余等地在新闻媒体开设档案专栏，公开和解读部分档案背后的故事，引起社会广泛关注。为迎接党的十八大胜利召开,省档案馆举办建馆 50 周年图片展。鹰潭市编纂并出版《中共鹰潭市历次代表大会实录》。吉安、上饶、九江等档案部门举办科学发展成就展。江西各级档案部门做好申报中央苏区县有关档案史料查阅工作,为有关县列入中央苏区作出积极贡献。各级综合档案馆加强查阅场所设施建设,加大档案开放鉴定力度,修改完善档案和政府公开信息等查阅利用制度。全年各级综合档案馆新增开放档案资料 16 万卷(册),收集已公开现行文件 3 万余件。各地开展电话查询、网络查询等方便快捷的档案查阅方式,部分地方开展节假日预约查档服务。

档案法制建设和宣传工作进一步加强。组织近万名档案工作者参加全国飞狐灵通杯档案法制知识有奖竞赛活动,开展纪念省档案馆成立 50 周年及《档案法》颁布 25 周年档案知识竞赛和征文活动。以纪念《档案法》颁布 25 周年和全省第三届社科普及宣传周活动为契机,举办"档案进社区,服务惠民生"为主题的档案法制宣传及社科普及活动。省档案局联合省人大教科文卫委、省检察院对 13 个市县检察院的档案工作进行执法检查并提出书面整改意见;对 2011 年档案执法调研的 8 家省政府驻外办事处的档案工作进行跟踪问效。南昌、九江、景德镇、鹰潭、吉安等档案部门对学校、企业、乡镇开展档案执法调研、督查,并进行跟踪问效。省档案局清理相关文件中设定的非行政许可审批事项,清理出非行政许可审批项目 7 项,其中保留 2 项,取消 5 项。赣州市档案局重新审查了精简保留的 3 项档案行政审批事项和 4 项档案非行政许可审批事项,并列入市行政服务中心管理,纳入全省网上审批系统。新余市档案局出台《规范性文件制定程序规定》,对行政许可、行政处罚、行政强制、行政事业性收费进行了规范。组织 12 家新闻媒体集中采访全省档案工作会议,并对省档案馆建馆 50 周年、新农村建设、重点建设项目、民生等档案工作专题采访,宣传档案工作的文稿达 2500 余篇,创历史新高。2012 年,江西在国家档案局的信息刊用量列全国第五名,省委、省政府"两办"的简报信息刊用量继续保持省直机关排名较前,档案"一报一刊"通联和上稿工作一直排在全国前列。

档案业务工作和规范化管理水平进一步提高。省档案局从完善档案工作规章制度、规范档案工作程序、开展档案立卷归档入手,采取上门指导、年度检查、达标升级的方式,推动机关事业单位档案工作规范化管理向纵深推进。各市县档案局通过建立联系点、抓示范先行等形式,指导机关开展档案工作规范化管理。全省有 1393 家机关企事业单位档案工作规范化管理达省级标准,新增 197 家。以档案馆达标升级活动和目标考评为手段,加强市县档案馆工作监督指导。12 月底,省档案局对 22 个市县档案局(馆)年度工作目标进行考评。全省有 23 家综合馆达国家二级馆以上,新增 5 家。新余市、新干县局(馆)被评为全国档案系统先进集体。以南城县创建全国新农村建设档案工作示范县为样板,以档案规范管理和实现农村档案信息共享为重点,一级抓一级,推动新农村建设档案工作。全省有 221 个乡镇、45 个村(社区)档案工作规范化管理达省级标准。加强民生档案规范化管理工作。省档案局与省人保厅联合召开县级社保、医保经办机构业务档案达标工作推进会;与省水利厅、省能源局、省扶贫与移民开发办联合下发通知,要求加强移民档案管理。各市县档案馆对婚姻、土地、知青、林权、房产、低保、社保、环保等涉及民生的各类档案优先收集、整理、编目、划控和数字化,及时向社会提供利用。

档案资源建设不断加强。全省综合档案馆馆藏档案资料 682 万卷(册)、364 万件,新增 22 万卷(册)、56 万件。各地扎实推进国家档案局第 8、9 号令的贯彻实施。省档案局制定《江西省档案馆收集档案范围及档案移交接收工作规定》,强化档案移交进馆监督指导,接收 20 家省直单位移交的档案 2.2 万卷。南昌、抚州开展贯彻国家档案局第 9 号令先行试点,规范档案移交接收工作。各市县档案局督促指导做好《机关文件材料归档范围和文书档案保管期限表》《档案馆档案接收范围》的制定、审批工作。各级档案馆加强"三重"档案收集。省档案局制定《全省重大活动档案管理办法》,参与重大活动、重点工程拍摄 30 余次,形成照片电子档案 800 余张,拍摄形成录像电子档案 1200 件 4600 分钟,重大活动文字材料 140 件,接收红色旅游专题照片电子档案 1000 余张,编辑制作重大活动精品相册 20 余本;收集一批党和国家领导人来赣视察、第七届全国城市运动会、鄱阳湖生态经济区建设、国企改革等重大活动、重大事件档案;收录、著录中央电视台、江西电视台等媒体重要新闻,形成一大批录像类电子档案资料。省档案局组织代表团赴俄罗斯、荷兰、德国等国家档案馆调查摸底,征集反映江西近现代历史发展进程的珍贵档案。南昌、赣州、抚州、宜春、萍乡、吉安等市档案馆征集红军标语、秋收起义等"红色"档案资料进馆。各级档案馆实施重点档案抢救保护项目。全省综合馆抢救重点档案 19 万余卷(册),新增 3 万余卷(册)。省档案馆基本完成市县级综合馆馆藏的 1.3 万余卷(件)革命历史档案和明清档案集中修复、著录和复制工作。

档案信息化建设稳步推进。电子文件归档管理已见成效。省档案局以免费配发的 31 套立档单位数字档案集成管理系统的规范化应用为抓手,加强对省直机关电子文件的收集、归档、著录工作检查指导。31 个配发系统的单位形成专门档案资料和声像电子档案 1.9 万余件(张)、目录数据 56.7 万余条、全文数据 15 万余画幅。档案数据库建设已成规模。全省综合档案馆录入案卷级目录 317 万余条、新增 36 万余条,文件级目录 2945 万余条、新增 634 万余条,全文数据 1119 万余画幅、新增 254 万余画幅。省档案馆完成第 3 期 1.9 万卷(件)民国档案、全省革命历史和明清档案、国有企业改革档案 524 件 3540 页的数字化,建立全文数据 153 万余画幅、文件级元数据 57 万余条;采集全省综合档案馆馆藏建国后文书档案目录数据 1876 万余条,建成全省综合档案馆馆藏档案目录数据中心。省档案局承担的国家档案局重点标准化项目《照片类电子档案元数据方案》通过专家评审;参与制定的国家行业标准《信息与文献文件管理过程文件元数据》《电子文件归档管理规范》和《电子文件元数据基本集》已发布或报批,《录音电子档案元数据方案》和《录像电子档案元数据方案》档案行业标准化项目的研究工作取得实质性进展;制发《江西省纸质档案数字化管理与技术规范》《江西省声像类电子文件归档管理规范》。档案网站和专网建设与查阅平台应用有新进展。省档案局联合省信息中心依托政务内网规划建设“王”字型档案专网,抚州、上饶、新余等市进行试点并推广。全省档案专网及馆藏档案资料查阅平台建成并启用,已有10个市和40个县馆、21个省直机关可登录查阅平台,共享1250万条非涉密档案目录,实现馆藏档案目录数据集中管理、即传即用、异地备份和跨馆跨地档案检索指引服务。做好网站精品栏目设计改造、内容更新、网上答疑。省档案局网站点击量达344万余人次,新增144万余人次,增量创历史新高,在全省省级政府网站测评中列为第一方阵。

【完成全省革命历史档案集中修复和复制】 6月,省档案馆历时5个月,完成全省革命历史档案的集中修复、复制工作,共建立文件级目录数据1.32万条,扫描10.17万画幅,修裱631卷、1.71万页,档案数字化成果制成光盘208张(一式二份),并对档案实体进行消毒灭菌处理。该项工作的完成,将进一步加强江西革命历史档案和明清档案的保护、管理和开发利用,对全省档案资源共享起到推动作用。

【编纂出版《江西风景独好旅游文化丛书·红色摇篮卷》】 7月,由省政府统一部署、省档案局馆具体承担编纂的《江西风景独好旅游文化丛书·红色摇篮卷》由二十一世纪出版社正式出版。《红色摇篮》卷分中国革命的摇篮井冈山、人民军队的摇篮南昌、人民共和国的摇篮瑞金、中国工人运动的摇篮安源、血染的丰碑赣东北、中央革命根据地的奠基石东固和江西省主要红色旅游景区、景点名单7个部分,共15万字。

【举办建馆50周年图片展】 10月29日,《江西省档案馆建馆50周年图片展》在红谷滩新馆展出。此次展览分为殷切关怀、机构沿革、基础设施、馆藏资源、档案信息化、公共服务、干部队伍、馆藏珍品8个部分,共展出照片201张,珍贵档案62件,图表15张。展览全面、真实展示了半个世纪以来江西省档案馆机构发展历程,讴歌50年来省档案馆取得的成就,体现档案工作者励精图治、开拓进取的精神风貌。

【编辑《江西省国有企业改革档案资料汇编》】 2012年,省档案局馆对国有企业改革档案资料进行收集整理,形成《江西省国企改革档案资料汇编》,分大事记、领导讲话、文件、简报4个类别,共8册,约150万字。每册按文件来源并结合文件形成时间排列。这些档案资料记录中央领导、国务院有关部门对江西国有企业改革工作的重视、关心,江西省委、省政府对国企改革的决策部署,各地有关部门贯彻落实,国有企业广大职工积极参与,圆满完成国企改革任务的全过程。

(童　捷)

图书馆

【概　况】 2012年,全省有公共图书馆112家,其中省级1家,市级11家,县区级100家。完成建设文化信息资源共享工程省级中心1个,市级支中心11个,县(区)级支中心100个,乡镇级基层服务中心1115个,行政村(社区)级基层服务点1.69万个,形成覆盖全省城乡的五级共享工程服务网络。共享工程数字资源建设总量已达108TB,整合制作优秀特色专题资源库207个。

加强基础业务建设。按照图书馆全面免费开放的要求,以及读者对文献信息服务的个性化需求,省图书馆加强读者需求调研和书目信息分析,有针对性采购文献资源。全年采购中文图书3万余种,6万余册,采购码洋198万元;订购台版图书162种,电子音像、视听文献401种,外文、台版报刊84种;接受赠书1325种,1900册。全年中文图书编目加工1.86万种,3.56万册;外文原版图书编目加工313种,314册。签收报刊8.42万份,其中:报纸4.66万份,现刊3.75万册;加工装订过报刊1.34万册,其中:过刊1.01万册,过报3255册。全年举办“社科大讲堂”“赣鄱讲坛”等各类讲座52次,听讲读者8500余人次;举办展览2次,参观读者45万人次。依托新装修的少儿阅览室,提升省图书馆“我爱看电影”“一日图书馆管理员”“兰兰姐姐故事会”等品牌活动服务水平,成功推出“贝贝乐园”活动,少儿阅览室成为少年儿童学习娱乐的乐园。

【开展全省古籍保护普查工作】 2月,省政府下发《关于公布江西省第一批古籍重点保护单位名单和江西省第一批珍贵古籍名录的通知》,首次命名15家“江西省古籍重点保护单位”和340部《江西省珍贵古籍名录》。根据《文化部办公厅关于加快推进全国古籍普查登记工作的通知》和8月召开的全国古籍保护工作会议精神,为加快推进全省古籍普查工作,印发《关于加快推进全省古籍普查工作的通知》,要求各设区市文化部门高度重视古籍普查登记工作,加强组织领导和检查督促,推进本地区古籍普查登记工作顺利开展。做好第四批《国家珍贵古籍名录》与“全国古籍重点保护单位”申报工作。

【开展全省第二届“读好书”活动】 4月~12月,开展以“播撒阅读种子构建公共文化”为主题的江西省第二届“读好书”活动。省图书馆开展“阅读进网络”宣传活动,通过网络新媒体展示和宣传推广江西省图书馆移动图书馆。同时推出“兰兰姐姐故事会”之世界读书日特别活动、手工制作图书活动以及全国文化信息资源共享工程“像雷锋那样”电脑小报设计比赛等一系列少儿活动。省图书馆走进南昌市社会福利院开展送书上门活动,将阅读推广到不同阶层。面向全体少儿读者及家长开展“图书漂流”活动,循环利用书籍,提高书籍使用率,通过一系列活动激发孩子的阅读兴趣,营造和谐的“读好书”氛围。省图书馆开通的省直机关数字图书馆将为省直机关搭建网络平台,把省级图书馆丰富的数字资源通过政务外网传输到省直机关。

在第二届“读好书”活动期间,全省公共图书馆集中开展主题为“我喜欢的书房”摄影大赛、“我的读书故事”征文、“阅读与分享”好书推介、“格言伴我成长”读书格言义写助学、“践行雷锋精神，推动惠民服务”活动、品味茶香·共享书香——私人藏书漂流、“书来书往”图书交换等形式多样的阅读活动，倡导全民读书，形成“读书好、好读书、读好书”的良好社会风尚。江西省图书馆等15个单位获“第二届‘读好书’活动先进单位”称号。

（戴 玉）

博物馆

【概 况】 2012年，大力推进软件、硬件建设，进一步深化博物馆免费开放，不断提升博物馆整体水平。博物馆数量增长迅速。全省登记在册的博物馆有132家，其中文化（文物）系统管理的107家，行业博物馆8家，民办博物馆17家。2012年新设立9家博物馆（包括6家民办博物馆）。九江、宜春、吉安、抚州4个设区市级博物馆和丰城、武宁、修水、宁都、资溪、黎川等10余个县级博物馆兴建或改建新馆。4个地市级博物馆纳入《全国地市级公共文化设施建设规划》，其中九江、宜春市博物馆新馆已陆续开馆。

开展2011年度博物馆免费开放最佳做法推介活动、博物馆建设情况调查和第二批国家一、二、三级博物馆定级评估申报工作；完成2011年度博物馆年检、备案工作；组织全省博物馆系统开展“5·18国际博物馆日”宣传庆祝活动；召开“全国世界遗产地（庐山）保护利用和博物馆建设座谈会”。全省文博系统举办各类陈列展览近400个，免费接待观众超过2000万人次。

全省博物馆围绕陈展质量提升实施“六个一”工程，即：制作一个高品位的陈列展览、培养一批高素质的讲解员、编写一份有分量的陈列讲解词、制作一个高质量的专题宣传片、开展一系列有影响的社会实践教育活动、研发一件有特色的文化产品。重点抓好八大山人纪念馆、庐山抗战博物馆的陈展提升项目。组织专家对10个展陈提升方案进行评审。指导地方争取国家陈展资金2200万元。江西省博物馆优化陈展体系，提升展览品位，2012年完成革命馆《红色摇篮》布展工程，并启动历史馆《江西古代文明》布展工程。同时精心打造原创性展览系列——“每月一宝”。

江西省博物馆先后引进外省9个专题展览，走出省门推出4个展览，并与台北历史博物馆结为姐妹馆，联合举办“水墨清韵——近现代水墨书画大师作品特展”；景德镇陶瓷馆先后在咸阳、台湾、东莞市虎门鸦片战争博物馆举办陶瓷精品展，同时引进“福州平潭碗礁一号”沉船出水瓷器精品展；景德镇御窑博物馆与武汉博物馆、上海博物馆、香港中文大学文物馆、袁崇焕纪念园联合举办“景德镇明代御窑出土瓷器精品展”等。庐山博物馆接受牯岭美国学校协会捐赠牯岭近代图片资料。文物系统30余人先后赴澳大利亚、新西兰、韩国和台湾进行文化（文物）交流考察；6人参加国家文物局举办的两岸文博专业人员研习交流活动。

利用电视、网络等新兴媒体开展宣传活动。瑞金中央革命根据地纪念馆与中央电视台共同制作《人民共和国从这里走来》专题宣传片和5集《国宝档案》。与瑞金电视台合作创办每月一期的《红色传奇》主题电视栏目，扩大爱国主义教育基地的影响力。

在景德镇召开全省博物馆文化产品创意设计营销推进会；组织文博单位参与全国博物馆文化产品创意设计推介活动及相关产品与技术博览会。瑞金中央革命根据地纪念馆创意设计的《红井》动漫片，获中国文物保护基金会、中国博物馆协会联合举办的“第三届中国文化遗产动漫大赛”优秀作品奖。

【举办全省博物馆馆长培训班】 6月12日，由省文化厅、省文物局主办，省博物馆承办的全省博物馆馆长培训班在南昌举办，省委常委、省委宣传部部长姚亚平出席开班仪式并为学员授课，省委宣传部副部长、省文化厅厅长李玉英主持开班仪式。本次培训班为期3天，主要对象为博物馆馆长，邀请省委宣传部和国家文物局领导以及省博物馆、赣州市博物馆专家授课，重点阐述博物馆如何提升陈展和讲解水平，旨在培训高素质博物馆管理人才，有效推进全省博物馆质量提升。全省各设区市文化（文物）局、文物科（所）长以及各博物馆馆长约150余人参加培训。

【举办“水墨清韵——近现代水墨书画大师作品特展”】 2月19日，由江西省博物馆、台北历史博物馆主办的“水墨清韵——近现代水墨书画大师作品特展”在省博物馆开幕，同时举行江西省博物馆与台北历史博物馆缔结姐妹馆签约仪式。吴昌硕、齐白石、黄宾虹、徐悲鸿等10位艺术大师的86幅（组）真迹佳作在南昌展出，展览为期一个月。86幅作品均由台北历史博物馆收集提供，最大程度代表和体现20世纪中国水墨书画的发展脉络。此次展览对于品读20世纪中国书画艺术史，以及推进两岸文化交流、增进两地人民相互了解，具有重要意义。

（王琴红）

文物保护与考古发掘

【概 况】 2012年，加强不可移动文物保护工作，做好文物考古工作，有效保护全省文物。完成文物普查报告编制工作，做好不可移动文物电子地图前期工作、文物保护名录公布前期工作，举办全省第三次全国文物普查信息服务系统软件安装与应用培训班，开展江西古陶瓷文化线路、江西红色文化遗产等专题研究。

做好全省不可移动基层文物保护项目储备。组织相关部门完成2012年度维修方案编制工作，组织专家对省保单位维修方案进行评审，并完成2012年项目的申报、汇总、安排等工作，同时编制下发2013年度全省不可移动基层文物保护项目维修方案编制计划。争取国家文物局对赣南围屋申报工作的重视和支持，做好国家文物局专家组赣南围屋实地考察工作。2012年11月，赣南围屋成功列入世界文化遗产预备名单。

2012年，国家下达江西省的各类文物保护专项经费创下新高。其中，涉台文物保护专项经费300万元、红色旅游专项经费2620万元，大遗址保护专项经费2100万元，全国重点文物保护专项经费1.34亿元（不可移动文物本体保护和考古发掘）。

江西省第七批全国重点文物保护单位推荐名单确认，共有87处。待第七批全国重点文物保护单位公布后，全省国保单位数量将从原来的52处增加到139处。

【新建墎墩墓考古发掘成果丰硕】 2012年，新建墎墩墓取得丰富考古成果，已发掘陪葬真车马坑1座、衬葬墓3座、水井2座、主墓前祠堂（陵庙）和便殿各1座、衬葬墓和陵庙各1座等，发掘面积约3000平方米。出土雕刻精美纹饰鎏金、错银青铜车马器、木质彩绘马车等遗物3000余件。其中，真车马坑为长江以南首次发现，将为最终判断主墓年代提供重要依据。

【万年仙人洞考古成果入选全球十大考古发现】 经国家文物局批准，由江西省文物考古研究所与北京大学、美国哈佛大学组成的联合研究小组，在万年仙人洞重新清理出来的考古地层剖面上采集陶片样本，并采用测定年代最先进的方法——碳十四断代法进行检测，确定仙人洞遗址出土陶器年代可以提早到距今2万年前，是迄今为止世界上发现的最古老的陶片。该研究成果与危地马拉玛雅神庙太阳神面具、德国迄今最古老的罗马遗址、苏格兰发现的3000年前的木乃伊等，一道被美国《考古学》杂志评为2012年全球十大考古发现，也是江西省考古成果首次入选全球十大考古发现。该研究成果引起考古学界对陶器起源的重新关注。

【鄱阳湖水下考古调查工作取得新成果】 8月，省文物考古研究所对鄱阳湖老爷庙水域2011年发现的16个磁异常点中磁场信号最强的2处区域进行复查。通过探测，发现这2处区域存在3艘沉船，并取得3艘沉船的精确位置、体量大小、水深与湖床埋深数据。鄱阳湖老爷庙水域水下文物专项探测工作是中国首次采用海底沉船探测技术对内陆水域水下文物进行的一次探索性探测，为在中国内水内湖地区探测发现水下文物积累了宝贵经验。

【完成赣南等原中央苏区革命旧居旧址保护维修前期工作】 组织赣州市、吉安市、抚州市市县两级有关部门赴国家文物局汇报赣南等原中央苏区革命旧居旧址保护维修思路和举措。完成赣南等原中央苏区革命旧居旧址数量、保存现状和所需资金调查统计工作，组织编制《赣南等原中央苏区革命遗址（旧居旧址）保护规划》及保护维修方案。截至2012年底，赣州市、吉安市、抚州市已经完成编制国保、省保、市县保革命旧居旧址维修方案共720余个。

（刘长桂）

文化交流

【概　况】 2012年，全省文化系统坚持"走出去"与"引进来"相结合，文化交流与文化贸易"两手抓"，推进对外及对港澳台文化交流合作，江西文化的国际影响力进一步扩大。全年引进63个批次境外演艺项目、839人次境外演艺人员，共演出84场次。其中张惠妹、谭咏麟、梁静茹、五月天等歌星在体育馆演出的大型演唱会共19场；朝鲜血海歌舞团演出的《卖花姑娘》、奥地利维也纳施特劳斯管弦乐团、乌克兰维尔斯基国家功勋舞蹈团等国外高水平表演艺术团体演出的高雅艺术，让江西观众大饱眼福。

【江西军乐团参加"香港回归十五周年——军乐汇演"活动】 6月19～25日，江西师范大学女大学生军乐团一行70人参加在香港红磡体育馆举行的"香港回归十五周年——军乐汇演"活动。该活动由康乐及文化事务署统筹、香港特区政府民政事务局主办，来自7个国家的11支队伍参演。江西师大女大学生军乐团作为唯一一支非专业学生乐团，表演《人民军队忠于党》《天生爱自由》《大牧场》3支经典曲目，展现中国大学生风采，并向香港市民和世界各国宣传江西。

【江西友好省区交流合作代表团赴美加联谊】 6月19～28日，江西友好省区交流合作代表团出访加拿大、美国。代表团先后考察加拿大里贾纳艺术剧院、麦肯齐艺术画廊、萨省议会博物馆和图书馆、多伦多大学古建筑，美国纽约百老汇、联合国总部、西点军校枪械博物馆、辛辛那提美国空军战机博物馆、洛杉矶环球影城等文化设施，并与加拿大萨斯喀彻温省和美国肯塔基州政府部门、文化艺术机构，美国纽约全美江西同乡会、洛杉矶南加州江西同乡会座谈，宣传江西经济文化发展情况，推介京剧、赣剧、采茶戏及《赣风》等江西特色文化产品。

【江西省赣剧院参加香港第三届中国戏曲节】 8月1～6日，江西省赣剧院一行50人受邀参加香港第三届中国戏曲节。江西省赣剧院压轴本届戏曲节演出活动，表演《荆钗记》《窦娥冤》经典剧目2个、折子戏4个，举办赣剧非遗讲座2场。江西省赣剧院的演出风格多样，行当齐全，文戏武戏兼备，观赏性强，体现赣剧的鲜明特点。

【"景德镇当代陶瓷艺术展"在台湾举办】 8月20～22日，应台湾台北市文化教育交流发展协会邀请，景德镇市陶瓷馆一行6人在台北莺歌陶瓷博物馆举办了"景德镇当代陶瓷艺术展"。该展是江西省"赣鄱文化台湾行"主要项目之一，展出90件当代陶艺家作品。

【"景德镇十五世纪中期瓷器展览"在香港举办】 8月17日至12月16日，应香港中文大学文物馆邀请，景德镇官窑博物馆与香港中文大学文物馆合作举办"填补空白：景德镇十五世纪中期瓷器展览"，展览以十五世纪"空白期"瓷器藏品作为断代的实物依据，景市参展物品45件（套），其中国家三级文物5件。

【组织"亲情中华"赣鄱文化艺术团慰问演出】 9月20日至10月1日，由中华全国归国华侨联合会、江西省归国华侨联合会、江西省文化厅联合组织"亲情中华"赣鄱文化艺术团一行22人，赴印尼、马来西亚、阿联酋3国举办5场慰问演出和若干场联欢活动，受到当地华侨华人欢迎。

【“台湾少数民族历史文化图片展”在南昌举办】 9月23日至10月19日，台湾原住民研究会与江西省博物馆联合举办“台湾少数民族历史文化图片展”。国台办主任王毅，省委常委、秘书长赵智勇、副省长洪礼和及省文化厅、省台办领导出席展览开幕式并参观展览。展览通过照片、影片、文字等，呈现台湾现存14个族群原住民的社会制度、家庭组织、生命礼俗、信仰祭典、音乐舞蹈、部落建筑、渔猎器具、服饰工艺、饮食文化等，全方位展现台湾少数民族的历史文化和社会习俗。

【“江西新干青铜器保护修复项目成果展”在南昌举办】 10月19日至11月19日，江西省博物馆与美国驻华大使馆、美国驻武汉总领事馆联合举办“国宝重光——美国大使基金江西新干青铜器保护修复项目成果展”。省博物馆2011年向美驻华大使馆成功申报美国大使文化保护基金项目(AFCP)“江西新干青铜器修复”，这是中国2011年度获得该基金资助的唯一项目，也是2011年度全球50个项目之一。该展览旨在与公众分享该项目实施的完整过程，展示该项目所取得的成效。

【组织杂技节目赴马耳他参加总统圣诞慈善义演】 12月26日，省文化厅组织杂技节目《单手倒立》《肩上芭蕾》赴马耳他参加总统圣诞慈善义演。46万马耳他人90%以上观看了电视直播；慈善捐款从演出前的160万欧元飙升至演出后的316万欧元，比2011年义演活动250万欧元捐款总额净增了66万欧元，创造该义演活动捐款总数新纪录。

【江西与台湾三对文化机构签订友好合作协议】 2月19日，江西省博物馆与台北历史博物馆正式结为姊妹馆，签订了友好合作协议书；5月25日，江西省海外文化交流协会与台湾海峡两岸古文物研究发展协会就推进学会间的学术、文化交流与合作达成协议，为加强赣台文化交流提供新平台、新渠道；8月20日，景德镇市陶瓷馆与新北市莺歌陶瓷博物馆结为姊妹馆，签订友好合作协议书。

（徐　卫）

文化市场

【概　况】 2012年，全省演出场次达1.5万场，固定场所演出票房收入达4.48亿元，同比增长30%。其中：涉外演出58场，700多名境外、国外演艺人员到赣演出；大型演唱会19场，票房1.9亿元；中心城区演出包括江西艺术中心、宜春大剧院、汤显祖大剧院、吉安大剧院等票房收入5000万元；驻场演出包括南昌新中源、星光大道、萍乡新世界大歌城、新余天工大剧院等票房收入3015万元；旅游、景区演出包括实景《井冈山》、情景《井冈山》《印象上饶》《春江花月夜》《神奇赣鄱》票房收入1亿元。截至2012年底，全省注册演出经纪机构93家，数量众多的演出经纪机构是全省演出市场繁荣发展的重要力量。

全省各级文化部门开展艺术品备案管理，建立完善艺术品经营单位管理资料库，开展对以景德镇陶瓷艺术品博览会为代表的博览业、以集雅斋为代表的画廊业、以金石轩为代表的艺术品拍卖业、以滕王阁古玩为代表的古玩业等的摸底备案工作。全省已备案艺术品经营单位217家，其中画廊91家、拍卖企业10家、展览企业15家，工艺品其他类型134家。在全国第四次“诚信画廊”评选活动中，集雅斋获“全国诚信画廊”称号。

2012年，新增连锁网吧直营门店39家、加盟门店211家，全省共有连锁网吧352家。单体网吧总数由2010年的5015家下降为4715家。其中拥有网络终端200台以上的有228家，300台以上的有55家，500台以上的有7家。

全省各级文化部门结合文化市场实际，开展7次针对电子游戏、棋牌类网络游戏、网吧、歌舞娱乐和演出的专项整治。全年出动执法人员57.9万余人次，检查文化经营单位32.5万余家次，责令整改6983余家次，警告9425余家次，责令停业551家，吊销文化经营许可证10家。通过专项整治，打击文化市场违规经营行为，规范文化市场经营秩序。截至2012年底，各设区市和大部分县(市、区)组建文化市场综合执法机构，统一行使文化市场行政执法职能。开展以“规范艺术品经营秩序，促进艺术品市场发展”为主题的首届全省艺术品市场法制周活动。

【开展“十佳民营院团”评选表彰活动】 为引导全省文艺表演院团健康发展，2012年，省委宣传部、省文化厅联合开展全省“十佳民营院团”评选表彰活动。经过评选，鄱阳县青年赣剧团、上饶市玉茗花赣剧团、会昌红都春英剧团、宁都赖村卫东文宣队、抚州市群艺旭东戏剧团、赣州市赣江办事处采茶剧院、南昌县凤岗采茶剧团、瑞昌市鸿运黄梅戏剧团、贵溪市罗河青年赣剧团、丰城市北坑农民剧团等10家民营院团获表彰。

【成立首家“演出剧场院线联盟”】 11月初，由江西艺术中心牵头，成立江西省演出剧场联盟，全省17家剧场成为首批会员单位。剧场加入江西省演出剧场联盟，有利于提升演出项目的议价能力，以规模化优势吸引国内外演出商，采取集中采购、统一宣传的方式降低成本，增加演出数量，从而达到降低票价、文化惠民的目的。

（周文纪）

新闻出版　广播电影电视

本栏编辑　朱　岳

报纸期刊

【概　况】　2012年，全省有报纸74种。报纸年总印张数为313.83万千印张，年度总印数7.62亿份，年度定价总金额5.66亿元。全省有期刊164种。期刊年总印张数为22.62万千印张，年度总印数7208万册，年度定价总金额2.94亿元。

报刊变更名称。《江西科技师范学院报》更名为《江西科技师范大学报》，《江西科技师范学院学报》更名为《江西科技师范大学学报》，《第一健身俱乐部》更名为《幸福家庭》，《南昌高专学报》更名为《地方文化研究》，《江西医学院学报》更名为《南昌大学学报》（医学版），《江西图书馆学刊》更名为《图书馆研究》。

加强对公益宣传活动的宣传引导。组织全省报刊开展"全民阅读报刊行"活动，全年刊发"全民阅读报刊行"稿件3082篇，组织各类宣传活动30余次，推动全民阅读活动向深度发展。在新闻出版总署4月开展的"全民阅读报刊行优秀组织机构（栏目、活动）"评选活动中，省新闻出版局被评为"全民阅读报刊行"优秀组织机构；经省新闻出版局审核推荐，江西日报《悦读版》和南昌晚报《读书时间》入选"全民阅读报刊行"优秀栏目。组织全省报刊开展"全民禁毒宣传月"活动，全省38家报刊开辟专刊、专栏、专版，共刊发报道及公益广告等322篇，组织各类宣传活动20余次。

开展报刊年度核验。2月，省新闻出版局部署开展全省报刊年度核验。坚持"在年检上下功夫，在整改上抓落实，在管理上见成效"的工作思路，高效率完成报刊年度核验工作，受到总署表扬。

加强报刊记者站管理。开展2011年度报刊记者站核验，117家中央报刊单位驻赣记者站参加，全年刊发稿件1.64万篇。对4家记者站缓验，2家记者站注销登记。结合记者站年度核验，开展记者站综合评估工作。通报表扬20家在2011年度综合评估中被评为优秀的记者站；批评17家负责人不符合要求的记者站，约请负责人谈话，并限期整改。开展报刊记者站规范提升年活动。要求报刊记者站组织从业人员集中学习法律法规及相关业务，开展自查自纠，完善记者站内部各项管理规定，在把好队伍关、新闻采编关、舆论监督关等方面下功夫。

加强报刊队伍建设。开展打击"新闻敲诈"治理有偿新闻专项行动，依法查处4起非法或违规采编行为，对1家记者站擅自聘用无资质人员涉嫌新闻敲诈行为进行严肃处理，核查并制止1家记者站以新闻报道做有偿宣传，对2家报社的违规问题下发《警示通知书》，受到中央督查组肯定。加强新闻记者证管理，全年注销117个不符合持证条件的新闻记者证。举办1期全省新闻采编人员资格培训班，全省有关报刊社和部分中央报刊社驻赣记者站333人参加培训。

加强报刊出版质量管理。成立综合评估工作小组，制定《江西省晚报都市报出版质量综合评估标准》，采取实地检查和材料审核相结合的方式，对全省11家晚报都市报开展出版质量综合评估工作。

【开展优秀期刊和优秀期刊工作者评选】　2012年，省新闻出版局组织开展江西省第四届优秀期刊奖和优秀期刊栏目奖评选。评出江西省"十佳"优秀期刊12种，江西省优秀期刊58种，优秀期刊栏目26个。在此基础上，向华东地区优秀期刊评审委员会推荐华东地区优秀期刊和优秀期刊工作者。根据华东地区优秀期刊评审委员会终评，江西省推荐的47种期刊和50名期刊出版工作者被评为华东地区优秀期刊和优秀期刊工作者。

【率先完成第二批非时政类报刊出版单位体制改革】　江西省是全国第一个完成第二批非时政类报刊出版单位体制改革的省份。截至5月25日，江西省第二批非时政类报刊出版单位体制改革工作全部完成，全省47家报刊出版单位全部转企改制，共涉及人员656人。改制期间，报刊出版单位思想不乱，人心不散，工作不断，确保报刊出版工作的正确导向，非时政类报刊出版单位体制改革工作做到积极、平稳、有序。《人民日报》、新华社等中央主流媒体集中采访2次，新华社内参专题报道1次，《中国新闻出版报》在6月11日的头版头条报道。

【推进报刊项目建设】　12月28日，省新闻出版局召开全省重点报刊产业项目推进会，对如何开展项目申报进行专题辅导，推进报刊产业项目发展。2012年江西省《井冈山报》报社和《家庭医生报》报社等2家报刊出版单位的产业项目申报入库并获国家财政发展资金支持。新闻出版总署新闻出版业改革发展项目库建设工程自2009年实施以来，全省已有6家报刊出版单位申报的报刊出版产业项目入选总署改革发展项目库,并获总计6000万元的国家财政资金资助。

（刘 宁 阙米秋）

图 书

【概 况】 2012年,出版图书、音像电子出版物8792种,同比增长32.5%。其中,新出图书、音像电子出版物4306种,增加42.8%;重印4486种,重印率51%。

2012年,全省各图书、电子音像出版单位策划迎接党的十八大主题出版重点选题22种,其中图书18种、音像电子4种。江西人民出版社的《中国共产党怎样解决发展问题》《信仰永恒:中国共产党人的故事》和二十一世纪出版社的《价值观的力量》入选中宣部和总署迎接十八大百种重点选题,获社会主义核心价值体系建设“双百”出版工程首批100种重点选题。百花洲文艺出版社的《社会主义核心价值观100例》《中外道德楷模100例》,二十一世纪出版社的《离开雷锋的日子》和《魔法小仙子》入选中宣部、中央文明办、新闻出版总署向全国推介的100种优秀思想道德读物。二十一世纪出版社打造的国内首部美德童话全书《魔法小仙子》(10册)获中宣部第十二届精神文明建设“五个一工程”文艺类图书奖。江西科技出版社的《大山作证》和百花洲文艺出版社的《红药》获江西省第十二届精神文明建设“五个一工程”文艺类图书奖。二十一世纪出版社的《奔跑的女孩》获优秀出版物图书奖,红星电子音像出版社的《红色故事汇》获优秀出版物音像奖,江西教育音像电子出版社的《朗朗中文》获优秀出版物电子奖,江西教育出版社社长傅伟中撰写的论文《出版人的十大必修课》获优秀出版科研论文奖。此外,江西人民出版社的《中国苏区史(上下册)》、江西教育出版社的《中国共产党的基本治国方略——法治与德治的辩证法》、百花洲文艺出版社的《中华文化丛书(13册)》、江西美术出版社的《八大山人书法全集》和江西高校出版社的《糖球儿的虫虫王国历险记(6册)》等6家出版社的6种图书获优秀出版物图书奖提名奖。二十一世纪出版社的《皮皮鲁送你100条命》《王晓明心情童话绘本(4册)》入选总署2012年向全国青少年推荐百种优秀图书。

进一步规范教辅出版行为。2012年,国家新闻出版总署重新审定各出版社的中小学教辅材料出版资质,经总署批复,人民社、教育社、科技社、二十一世纪社、美术社、高校社获全科(政治、语文、历史、地理、英语、数学、物理、化学、生物)教辅出版资质;文艺社获政治、语文、历史、地理、英语、数学6科教辅出版资质。省新闻出版局组织专家对拟进入江西省的50多家出版社的教辅材料,从资质、编校质量和著作权三方面进行严格审查,与教育厅、发改委和纠风办一起确定25家出版社的教辅准入江西市场。

2012年,组织开展春秋两季教辅材料审读和科技图书及文化历史类图书质量检查。全年审读图书123种,总合格率达86.5%。审批增补选题3286个,其中图书增补选题3172个,音像电子增补选题114个;审批一次性内部资料性出版物49项。申请重大选题备案7个。

【开展2012年“喜迎十八大,推动新跨越”全民阅读活动】 2012年全民阅读活动主题是“喜迎十八大,推动新跨越”,重点是抓好“赣版出版物进社区、进农村、进校园、进军营、进企业、进机关、进家庭”活动,开展读书征文、专家讲座、网络荐书和“我最喜爱的赣版出版物”读书评选等一系列活动。11月1日,新闻出版总署在湖南长沙召开“书香家庭活动座谈会”,江西省新闻出版局副局长池红在会上作经验介绍。《中国新闻出版报》10月26日二版头条以《江西:唱响主旋律,播撒书香情》为题,对该活动进行深入报道。

【获评2012年“出版物质量规范年”先进单位】 新闻出版总署把2012年定为出版物规范年。针对一些出版社片面追求出书数量规模扩张,轻视出版物质量的问题。省新闻出版局要求各出版单位完善质量保障体系建设,对已有管理制度规定重新修订和完善,确保管理规范有序。专门组织人员对所属出版单位的图书质量情况和质量保障体系建设、实施情况进行专项检查,围绕“质量宣传、质量服务、质量整治和质量建设”四个方面做好相应工作,专门出台《江西省新闻出版局图书审读管理办法》。承办新闻出版总署质检中心在南昌召开的“2012年图书质量专项检查工作座谈会”。会上,江西省抓图书质量的经验做法得到总署领导的肯定。《中国新闻出版报》以“江西:做足四篇文章管好图书质量”为题进行报道。年底,省新闻出版局被新闻出版总署评为2012年“出版物质量规范年”活动先进单位。

（欧阳志荣 阙米秋）

科技与数字出版

【概 况】 截至2012年底,全省有互联网出版单位11家。数字出版总产值61.49亿元,其中手机出版(包括手机音乐、手机游戏、手机动漫、手机阅读)达23.42亿元,网络游戏达19.00亿元,网络广告达15.29亿元,数字期刊达0.44亿元,电子书达1.04亿元,数字报(网络版)达2.30亿元。

网络出版稳步发展。4月,江西人民出版社有限责任公司获互联网出版许可证。省内7家出版单位近20位编辑参加总署的第一期网络编辑资格培训班,通过率达100%,全部获得网络编辑资格证书。7~10月,新闻出版总署行政受理中心受理百花洲文艺出版社有限责任公司、江西高校出版社有限责任公司申报互联网出版资质。10月,新增一家专业从事数字出版企业即江西新媒体出版有限公司。至此,江西省互联网出版单位增至11家。江西省出版集团数字出版中心数字出版经营收入达110万元,产值275万元,呈上升势头。“中文传媒移动互联出版平台”项目获省科技创新“六个一”工程办公室“省优势科技创新团队建设计划”项目资金20万元。

【举办“江西省数字出版高峰论坛”】 6月28日,“江西省数字出版高峰论坛”在南昌举行。本次论坛由江西省新闻出版局主办，中文天地出版传媒股份有限公司承办，江西大江传媒网络有限责任公司协办。省人大常委会副主任朱秉发、省政协副主席李华栋和省新闻出版局局长黄鹤出席论坛开幕式。省高级人民法院、省发改委、省工信委、省科技厅、省文化厅、省广电局、省通信管理局、江西出版集团、中国联通江西省分公司、中国电信江西分公司、中文天地出版传媒股份有限公司等省直单位的领导和各设区市新闻出版局、江西省各出版单位及江西新闻出版职业技术学院等单位的领导及相关人员共200多人参加论坛。数名国内出版界专家莅临授课，省内各出版单位负责人就如何创新出版理念，开拓工作思路，探索新的盈利模式，与到会专家进行面对面座谈和点对点指导。为推动江西数字出版发展进程，促进数字出版企业间横向交流，做出了积极的努力和有益的尝试。

【启动互联网出版监管系统】 上半年，启动全省互联网出版监控系统。对省内2000多家样本网站进行样本分析，涉及互联网信息服务提供者将自己创作或他人创作作品经过选择和编辑加工，登载在互联网上或者通过互联网发送到用户端，供公众浏览、阅读、使用或下载的在线传播行为的互联网出版网站867家。其中，企业网站614家，占70.9%；商业网站71家，占8.2%；个人网站56家，占6.5%；教育科研机构网站44家，占5.1%；其他非盈利机构网站43家，占5.0%；政府门户网站28家，占3.2%；其他类型10家，占1.1%。

（张　薇　阙米秋）

版　权

【概　况】 2012年，版权知识覆盖面进一步扩大。在"4.26世界知识产权日"宣传周期间，省版权局与省电视台、省广播电台和迪卡传媒公司联合录制版权保护3集系列公益宣传动画片，分别在省电视台、省广播电台连续一周播放，全省各级版权部门在当地电视台进行播放。吉安市版权局探索版权宣传新模式，在《井冈山报》上以整版篇幅用通俗易懂的语言向读者诠释"版权与生活"的话题。上饶市版权局联合公安、文化、工商等相关部门在全市开展以"拒绝盗版，助力创新"为主题的侵权盗版及非法出版物集中销毁和"绿书签行动"系列宣传活动，发放《著作权法》及有关法律、法规知识宣传册1523份，张贴"绿书签行动"宣传海报和"扫黄打非"宣传画167张，并在上饶市师范学校组织学生开展"拒绝盗版、做诚信公民"签名活动。景德镇市版权局联合浮梁县文化广播影视新闻出版局，在浮梁一中校园内组织师生开展"加入绿书签"版权宣传进校园活动，发放由新闻出版总署统一设计制作的"绿书签"900余份，该校近百位师生在"拒绝盗版，助力创新"宣传横幅上签名。抚州市版权局联合司法局、知识产权局、工商局等相关部门，共同举办《著作权法》宣传咨询活动。

遏制各类侵权案件。省版权局联合省公安厅、省通信管理局制定印发《江西省2012年打击网络侵权盗版专项治理"剑网行动"工作方案》，开展"打击网络侵权盗版专项治理剑网行动"。加大对计算机软件领域大案要案查处力度，对全省大型软件市场、主要网站进行动态监管，建立联合执法、联合办案和行政执法与刑事司法协调机制。2012年，全省版权行政执法处罚案件16件，移送司法机关2起，收缴盗版制品37万余件。省版权局、省"扫黄打非"办、上饶市版权局、上饶市公安局成立联合专案组查处上饶"6.24"侵犯著作权案。上饶市信州区人民法院于6月21日宣判，犯罪分子被依法判处有期徒刑并处罚金。

推进软件正版化。建立由省政府统一领导，省使用正版软件工作领导小组办公室牵头，省政府办公厅、省版权局、省财政厅、省工信委、省打击侵犯知识产权和制售假冒伪劣商品工作领导小组办公室分工协作的工作机制。省政府各部门实行主要领导负责制，按照动员部署、自查清理、核查统计、集中采购、培训安装5个阶段推进软件正版化检查整改工作，于5月底前完成省级政府机关软件正版化检查整改任务，共采购通用软件6220套。按照新闻出版总署《关于新闻出版行业企业使用正版软件工作的通知》要求，江西省制定《2012年推进企业使用正版软件工作计划》，将江西省出版集团公司、《江西日报》集团、江西新华发行集团有限公司、江西新华印刷集团有限公司、中文天地出版传媒股份有限公司等5家省内新闻出版重点企业列为2012年全省企业软件正版化工作重点。5家重点企业分别建立规章制度，在企业内部普及软件正版化知识，增强企业职工的软件正版化意识。

版权示范基地建设有新进展。4月，景德镇全国版权保护示范基地通过国家版权局审核，成为全国14个版权保护示范基地之一。开展省级版权保护示范单位申报评选工作，经企业申报、当地版权行政部门审核、实地考察、专家评审等程序，江西金太阳教育研究有限公司、江西笛卡传媒有限公司、萍乡市凯天网络有限责任公司、景德镇陶瓷股份有限公司、景德镇雕塑瓷厂、星子县渊明金星砚工艺厂和星子县金星宝砚斋等7家企业，成为江西省首批版权保护示范单位。

提高版权公共服务水平。省版权局举办全省作品登记培训班，对各设区市版权局相关工作人员进行作品登记工作实务培训，研究在新形势下作品登记工作的意义和作用。2012年，全省作品登记数量为347件，同比增长16%。全省图书版权输出206项，图书版权引进171项，均超出2011年水平，继续保持贸易顺差势头。

【景德镇国际陶瓷艺术创意中心获批全国版权保护示范基地】 2012年，景德镇国际陶瓷艺术创意中心获新闻出版总署、国家版权局批准，成为全国14个版权示范单位、园区（基地）之一。以此为起点，江西省版权保护工作将探索构建陶瓷产业版权保护长效机制，抓住以版权保护"促进创新、推动发展"这一主线，将景德镇打造为具有鲜明江西特色的版权产业基地，使江西的版权保护工作迈上新台阶。

【二十一世纪出版社获"2012版权金奖——推广运用奖"】 2012年江西省二十一世纪出版社获由世界知识产权组织（WIPO）颁发的"2012版权金奖（中国）——推广运用奖"，该奖项是WIPO在中国颁发的版权最高奖项，是世界知识产权组织立足文化创意产业与产业链发展，以维护原创作品权益、传承原创精神为出发点，旨在表彰在版权领域作出卓越贡献的杰出代表。二十一世纪出版社长期以来创造性经营版权资源，在引进开发国际优质的版权资源、培育和挖掘国内本土的知识产权、版权国际输出、保护作者权益方面做了大量卓有成效的工作，并在国内外产生较大经济效益和社会效益。至2012年底，该社已引进出版国外作品1000多种，输出几百种图书版权，并在4月以中国为主宾国的2012年伦敦书展上输出图书版权98种。此次获此奖项的出版社全国仅此一家。

（万　静　阙米秋）

印　刷

【概　况】　截至2012年底，江西省共有印刷企业1743家，其中出版物印刷企业122家，包装装潢印刷品企业518家，其他印刷品印刷企业1088家，专项印刷企业15家。全行业固定从业人员7.09万人。

全省印刷工业总产值222.14亿元，同比增长34.2%，其中出版物印刷34.74亿元，占15.6%；包装装潢印刷142.79亿元，占64.4%；其他印刷品印刷42.95亿元，占19.3%；排版、装订等专项印刷1.63亿元，占0.7%。资产总额214.77亿元，同比增长23.2%，工业增加值61.83亿元，工业总产出193.9亿元，对外加工31.38亿元。全省印刷业销售收入总额214.23亿元、营业税金及附加7.92亿元、利润总额27.86亿元。

2012年，江西省印刷业发展呈以下特点：企业数量进一步增加，与2011年相比，产值超过5千万的企业增加16家，增长34%；规模进一步扩大，63家规模以上企业实现工业总产值114.20亿元，占全省印刷工业总产值的51.4%；包装装潢印刷企业快速增长，在63家规模以上企业中，包装装潢印刷企业43家，占68.8%，实现工业总产值84.40亿元，占规模以上企业工业总产值的73.9%；全省规模以上重点印刷企业多集中于赣中南地区。

【推进绿色印刷认证工作】　2012年，省新闻出版局高度重视绿色印刷认证工作，多次举办绿色印刷知识讲座，邀请有关专家对绿色印刷知识和有关认证申报工作进行讲解。全省有4家出版物印刷企业通过绿色认证，5家出版物印刷企业正在申报中。

（李　琥　阙米秋）

发　行

【概　况】　截至2012年底，全省书报刊、音像电子出版物发行网点3598个，其中图书音像发行网点2451个，报刊发行网点1250个。全省出版物发行单位2348家，其中总发行企业2家，省内连锁经营企业2家，出版物批发企业165家，全省出版物零售企业2177家，外资企业2家。全省年销售收入139.06亿元，从业人员2.67万人。全省参加年度核验工作的发行企业有2346家，通过年度核验的有2169家，缓期登记的有61家（其中，批发企业6家，零售企业55家），注销登记资格的有116家（其中，批发企业5家，零售企业111家）。举办中级出版物发行员职业资格鉴定培训班和发行师职业资格鉴定培训班，全省260余人参加培训。举办出版物批发企业负责人法律法规培训班，近150人参加培训。

【开展出版物发行企业监管专项行动】　2012年，对南昌市52家出版物批发企业及9家零售企业进行集中检查活动，并对检查中发现的问题进行了处理。此次专项检查做到了“三个结合”，即将本次专项行动与教辅材料专项检查相结合，与行政执法报告评价工作相结合，与发行企业年度核验工作相结合。专项行动对发行市场取得有效监督作用。

【组团参加2012年北京图书订货会】

1月8～11日，2012年北京图书订货会举行。省新闻出版局组织中文天地出版传媒股份有限公司、江西省新华发行集团、江西人民出版社、江西教育出版社、江西科学技术出版社、江西美术出版社、二十一世纪出版社、百花洲文艺出版社、红星电子音像出版社、江西高校出版社、中国和平出版社为成员单位的江西出版代表团参加，江西省参展展位达20个，各出版社订货品种共2400种，其中新书品种810种。订货码洋达7043万元，同比增长5%。江西美术出版社在本次美联体举办的会上，被经销商评为“讲诚信、重服务”优秀出版社。

【组团参加第二十二届全国图书交易博览会】　5月27～30日，第二十二届图书交易博览会在宁夏银川举办。由中文天地出版传媒股份有限公司、江西省新华发行集团、江西人民出版社、江西教育出版社、江西科学技术出版社、江西美术出版社、二十一世纪出版社、百花洲文艺出版社、红星电子音像出版社、江西高校出版社、江西省报刊传媒有限责任公司及15家期刊社共150人组成江西出版代表团参加。此次书博会江西省参展展位共22个，参展品种达2922种，其中新版图书879种。代表团还向宁夏农家书屋捐赠图书3035册，码洋5.29亿元。

【组织参加第八届海峡两岸图书交易博览会】　9月12～21日，以“书香两岸，情系中华”为主题的第八届海峡两岸图书交易博览会在台北举行。江西省组团参加，展示会上预定3个展位，遴选1313种图书，销售码洋达3.72万元，实现7项版权输出，通过诚品书屋旗舰店和天龙文创出版事业公司等考察活动，推进印刷合作业务项目，实现“双效”丰收，探索建立赣台出版文化交流工作常态机制。

【制定民营企业走访制度】　2012年，为帮助民营书业企业适应出版产业发展需要，做大做强企业，省新闻出版局针对民营书业企业的特殊性，提出“走基层，送温暖”民营企业走访制度，根据民营企业的经营类别，分类指导，引导帮扶，为民营书业快速发展做好服务。对新设立的民营书业列入重点服务对象，帮助这些企业起好步；对销售额达千万元的企业列入重点跟踪对象，建立重点企业联系制度，在政策、管理资源方面向这些企业倾斜，有针对性上门帮扶。民营书业年经营总额已超过40亿元，成为江西省出版产业的重要生力军。

（何　琼　阙米秋）

出版物市场监管

【概　况】 2012年，全省组织出动执法人员3.92万人次，检查出版物经营单位7.95万家次，取缔无证照游动摊点476个，查缴非法出版物52.04万件，其中违禁出版物6.69万件、淫秽色情出版物8859件、盗版音像制品28.06万件、盗版软件及电子出版物4554件、盗版教材教辅读物4.58万件、非法书报刊11.37万件。

2012年是党的十八大召开的敏感时期，省委、省政府领导高度重视“扫黄打非”工作，先后作出专门批示19条，其中省委书记苏荣作出批示2条，省长鹿心社作出批示2条。各设区市主要领导也加强对“扫黄打非”工作的领导，共作出专门指示、批示20余件，并召开专门会议，研究安排“扫黄打非”工作，特别把查堵工作摆上重要议事日程。

封堵查缴违禁出版物和有害信息。海关部门先后在海关旅检一线查缴违禁有害出版物20个品种30余本。省“扫黄打非”办多次与省新闻出版局组成联合督导检查组，对全省出版物印刷复制企业进行集中清查，全省开展印刷复制检查2209次，检查印刷企业1707家次，涉及的县、区86个。公安部门共删除、过滤、封堵网上有害信息1万余条，关闭违法违规网站1300多个，查封微博、微信传播的有害信息1400余条。

整治互联网和手机媒体。省“扫黄打非”办制定下发《关于深入开展整治互联网和手机媒体传播淫秽色情及低俗信息专项行动的通知》，通过全面清查市场、加强互联网管理、建立健全联合封堵机制等措施，清除淫秽色情和有害信息，构建网上网下全方位打击态势，网络环境得到进一步净化。截至2012年底，全省各地共清理淫秽色情和低俗信息1100余条，其中淫秽色情和低俗图片200余张、涉性用品药品信息70余条、“电视棒”等非法网络共享设备信息10余条，删除淫秽色情和低俗信息链接近340个，涉及网页593个，封堵传播淫秽色情和低俗信息的境外网站19个，关闭违法违规网站、频道和栏目1000多个。各类举报机构共接到群众举报信息300余条，核查确认淫秽色情及低俗网站158个。

遏制各类侵权盗版行为。“4·26”世界知识产权保护周期间，省“扫黄打非”办组织召开江西省“扫黄打非”暨版权保护新闻发布会。并在次日举行的销毁活动中，集中销毁侵权盗版及非法出版物43.3万件，其中盗版及非法音像制品20.7万件，盗版软件及非法电子出版物4万件，盗版及非法书报刊18.7万件。同时，在全省启动以“拒绝盗版、助力创新”为主题的“绿书签行动”系列宣传活动。全省11个设区市共选择65家书店（音像店）、11所中小学校、11家影剧院、36家网吧等文化场所，以及当地有代表性的1～2所中小学张贴“绿书签行动2012”宣传海报，派发绿书签及反盗版宣传资料等，引导社会各界共同参与“扫黄打非”。

查处非法和违规报刊。针对“四假”和新闻敲诈、有偿新闻等问题，5月15日至8月15日在全省开展为期3个月的打击“新闻敲诈”、治理有偿新闻专项行动。核查群众举报涉嫌失实报道10余件。依法查处7起非法或违规采编行为，对4家非法或违规设立的记者站（网站）从事采编工作予以取缔或处罚，对2家报刊违规出版问题进行处理，注销《经济晚报》《井冈山日报》等不符合条件的记者证18个。

【查办大案要案】 2012年，江西省共查处“扫黄打非”案件81起，刑事处罚9人，刑事审结案件1起，判决3人。查办九江“3.07”非法出版物案。3月7日，庐山管理局“扫黄打非”办会同公安部门在庐山景区内查获非法出版物22个品种2万余册，涉案非法图书及音像制品全部依法收缴，并处行政罚款。查办南昌“4.11”销售非法出版物案。4月11日，省、市“扫黄打非”办会同有关部门，破获一起出版物零售书店购销非法出版物案。当场查获该零售书店经营非法出版物45种131册。依据《出版管理条例》有关规定，对当事人处以6万元罚款和吊销《出版物经营许可证》的行政处罚。查办江西九江“7.10”销售非法音像制品案。该案被列为全国“扫黄打非”工作小组挂牌督办的重点案件之后，省委、省政府领导先后作出批示。成立九江“7.10”销售非法音像制品案专案领导小组及专案组。该案在江西省的情况已全部查清，根据《音像制品管理条例》有关规定，作出吊销《出版物经营许可证》，没收非法音像制品和违法所得5000元并处以12.5万元罚款的行政处罚。

（欧阳东来　阙米秋）

广播电影电视

【概　况】 2012年，江西省有广播电台、电视台各11座，广播电视台81座。全年共办公共广播节目105套，播出时间36.12万小时，制作广播节目19.33万小时；共办公共电视节目113套，播出时间64.24万小时，制作电视节目9.33万小时。广播综合人口覆盖率97.23%，电视综合人口覆盖率98.40%。全省电视转播发射台292座，发射功率415.079千瓦。有线广播电视传输网络干线总长9.19万千米，有线广播电视用户539.8万户。全省广播电视从业人员2.02万人。全省广播电视总收入42.36亿元，其中事业单位收入21.01亿元，企业单位收入21.35亿元。全省广播电视实际创收36.35亿元，其中广告收入15.01亿元，收视费收入10.73亿元，付费数字电视收入1.72亿元，其他网络收入2.56亿元，其他收入6.33亿元。省本级经营收入28.8亿元。

广电改革成效突出。按照省委关于全省文化改革发展的总要求和时间表、任务书、路线图，全省广电系统在100天的时间里完成各项改革任务：江西广播电视台挂牌成立，全省92个市县全部实现局台分设、两台合并；全省100个有独立前端的行政区划有线网络整合完毕，全面实现“一省一网”。中宣部副部长、国家广电总局局长蔡赴朝，省委书记苏荣等领导给予肯定。

舆论宣传引导有力。全省广电媒体加大宣传“龙头昂起、两翼齐飞、苏区振兴、绿色崛起”发展战略,启动“喜迎十八大·秀美江西行”等大型采访活动,推出“喜迎十八大特别报道:记者走基层——倾听江西”“我这十年”“我为党旗添光彩”等系列宣传;《中国红歌会》等品牌节目进一步扩大影响,《新闻110·善行天下》等新栏目深受欢迎,特别是江西卫视的《深度观察》《金牌调解》《传奇故事》形成达两个半小时的收视高峰;电影《可爱的中国》、电视剧《红色摇篮》、广播剧《大法官梅汝璈》入选中宣部“五个一工程”奖,电影《今天我出警》入选国家广电总局确定的十八大献礼片,电影《红色恋歌》、纪录片《中国心跳守碓人》获国际大奖。

推进民生工程。推进“村村通”工程建设。2012年,完成1.42万个20户以下自然村(林场)的“村村通”建设任务。宜春市实现广播“村村响”。做好直播卫星“户户通”工作,初步完成全省直播卫星“户户通”用户调查摸底。开展国家紧急广播应用示范工作,集成建立本省紧急广播应用示范系统,南昌、赣州两地初步完成应用示范。加快城市数字影院建设。全省城市影院总数达87家,11个设区市城区实现多厅数字影院全覆盖,36个县(市)有数字影院,并实现乡镇级数字影院零的突破。实施农村电影放映工程,全年公益放映26.75万场。

广电产业加快发展。2012年全省广播影视产业总收入达124亿元。有线网络收入达16.4亿元,增长47.67%。影院票房收入达2.7亿元,增长64%,高出全国平均增幅33个百分点。影视内容产业收入超过6.28亿元,增长60%以上。电视风尚购物收入达4.28亿元,增长78.96%。“中部国际汽车文化节”达成近7000辆汽车销售意向。广告产业收入达14亿元。江西省已有广播影视制造企业56家,年收入68.6亿元。江西广播电视台创收31.3亿元,增长30.16%,占全省广播影视服务业的67.05%,占全省广播影视产业总收入的25.20%。

加强行业管理。实行局台分设、管办分开之后,省局与各级广电行政部门转换职能,由办广电向管广电转变,由管微观向管宏观转变,由主要面向广电系统内向面向全社会转变,履行“规划、指导、监管和服务”的职责。出台广播电视高山台站建设标准、演播厅建设标准、安全播出技术标准、数字影院规划建设标准、广播影视产业统计规范等一系列指导性意见。协调达成以省政府名义与国家广电总局签订战略合作框架协议,争取到“村村通”工程、“户户通”工程的一些扶持政策,并且把高山骨干台升级改造、广播影视产业转型升级、广播影视创作和园区基地建设等项目列入部省合作计划;协调国家广电总局出台《关于贯彻〈国务院关于支持赣南等原中央苏区振兴发展的若干意见〉实施意见》,为赣南等原中央苏区争取到具体政策。组织开展抵制低俗之风、防止过度娱乐化专项行动;加强监听监看工作,将全省广播电视报纳入宣传管理范围;加强对播出机构、频率频道、节目制作经营机构和广告播出的管理,强化互联网站视听节目管理,关闭13家违规开办视听节目服务的网站;加强卫星地面接收设施、无线电、电影放映活动等的监管,严厉打击非法生产、销售、安装、使用卫星地面接收设施,非法设立农村有线网络前端,偷漏瞒报票房等行为;加强全省广播电视设施安全保护指导、协调工作。

加强队伍建设。2869人参加全省广播影视系统知识更新岗位(远程)培训;500多人参加专业技术人员继续教育培训。深化干部人事制度改革,省广电局的1名副局长职位在全省公选,拿出2名正处长职位在局内竞争选拔。加大全省广播影视“名家”工程和“四个一批”工程的人才培养、推荐工作,1人获长江韬奋奖,多人入选省级“名家”和“四个一批”人才库。

【完成全国“两会”报道任务】 全国“两会”期间,省广电局组织江西人民广播电台、江西电视台等局属媒体,及时、准确做好报道工作,完成报道任务。“两会”期间,江西人民广播电台、江西电视台加大向中央“两台”的供稿力度。其中,江西人民广播电台在中央电台《新闻和报纸摘要》《全国新闻联播》播发稿件53条,其中头条4条、提要21条。江西电视台在中央电视台《新闻联播》用稿18条,其中单条2条,提要1条;在央视新闻频道用稿16条。3月13日,省委书记苏荣,省长鹿心社,省委常委、省委秘书长赵智勇,省人大常委会副主任陈达恒,到江西报道全国“两会”新闻媒体驻地,看望江西省参加全国“两会”报道的广播电视新闻工作者。

【江西广播电视台挂牌成立】 6月7日,江西广播电视台挂牌成立。省委常委、省委宣传部部长姚亚平,副省长朱虹出席成立大会并为江西广播电视台揭牌。新成立的江西广播电视台由原江西人民广播电台、原江西电视台及其各频率频道,以及原省广电局所属的16个媒体宣传单位、节目传输单位、经营性单位组建而成,为正厅级事业单位,由省委宣传部代表省委实行领导。江西广播电视台使用原江西电视台台标,继续保留“江西人民广播电台”和“江西电视台”呼号;保留原江西人民广播电台的综合新闻频率、都市广播、文艺音乐频率、信息交通频率、农村频率、民生广播、旅游频率;保留原江西电视台的卫星频道、都市频道、经济生活频道、影视频道、公共频道、少儿频道、红色经典频道、数字付费电视节目风尚购物频道。各套广播节目和电视节目的名称、定位、传输方式、覆盖范围和技术参数不变。合并组建后的江西广播电视台集广播、电视、报纸、电影、出版社、网络等各类传媒形态于一体,实行资产重组,形成统一、高效的管理模式和运行机制。

【2012年“中国红歌会”再度掀起红歌热潮】 “中国红歌会”是江西电视台的品牌活动和大型节目。2012年“中国红歌会”以“永远跟党走”为主题,6月初设立南昌唱区、北京唱区、南京唱区、广州唱区、昆明唱区、天津唱区、成都唱区、武汉唱区、西安唱区、东南亚唱区、网络唱区,吸引海内外数万人报名参赛。9月16日,历时4个月的“2012中国红歌会”落下帷幕,阿普萨萨同鼎总冠军,王芳、王新鹏分获亚军和季军。12月30日,阿普萨萨通过层层筛选,入围央视《直通春晚》前三名,获春晚邀请书,并登上2013年央视蛇年春晚舞台。

(胡小玲)

医疗卫生

本栏编辑　朱　岳

综　述

2012年，全省医疗机构3.95万个(包括村卫生室3.24万个)，总床位数15.76万张，每千人口床位数3.54张。全省卫生技术人员17.98万人，其中执业(助理)医师数6.72万人，每千人口1.49人；注册护士数7.2万人，每千人口1.6人。

新农合制度保障水平明显提高。全省参合农民3293.35万人、参合率达98.1%，人均筹资水平达290元，政策范围内住院费用报销比例提高到75.12%。建立重大疾病保障机制，将20种大病纳入新农合保障范围，其中5种大病实现全免费治疗，其余15种在三级、二级医院住院补偿比例分别提高到70%和75%，卫生部在赣州召开全国农村居民重大疾病医疗保障工作现场推进会，总结推广江西省工作经验。

基层卫生运行新机制逐步巩固。国家基本药物制度在乡镇卫生院、政府办社区卫生服务机构和行政村卫生室全面实施，基层医疗卫生机构人事管理、经费补偿、激励分配、药品采购等机制逐步完善，乡村医生经费补助和养老生活补助政策基本落实。同改革前相比，基层医疗卫生机构门急诊人次和住院人次分别上升26.7%、42.7%，次均门诊费用和次均住院费用分别下降13.6%、11.5%。

公立医院改革试点取得新进展。在13个县启动县级公立医院综合改革试点。4所公立医院取消药品加成改革试点顺利推进，累计让利患者近8000万元。推行十大医疗服务便民惠民措施，群众看病就医感受明显好转。加大第三方医患纠纷调处工作力度，全省累计受理医疗纠纷4198件，调解成功率达91.3%。

公共卫生均等化服务惠及更多群众。建立重大疾病免费项目长效机制，启动贫困家庭重性精神病患者免费救治工作。全省累计完成白内障患者免费手术21.15万例、唇腭裂患者免费手术9126例，收治白血病患儿440例、先天性心脏病患儿5700例，1.03万尿毒症患者正接受免费血透，其中尿毒症免费血透救治被评为2012年全国“十大最具影响力的医改新举措”。落实基本公共卫生服务经费10.46亿元，城乡居民健康档案建档率为68.2%，管理高血压病人232.3万人、糖尿病人64.5万人、精神病人10.9万人。

卫生服务能力建设工程扎实推进。统筹安排10.52亿元支持城乡卫生服务体系建设。新增4个国家级重点临床专科。实施县卫生监督机构能力建设项目，江西省在首届全国卫生监督技能竞赛上获团体决赛二等奖。

疾病预防控制工作取得新成绩。流感、手足口病、艾滋病、结核病等疾病疫情保持平稳，免疫规划预防接种率达95%以上。推进以传染源控制为策略的鄱阳湖血防示范区建设，范围由南岸片扩展至推广区，以机代牛、封洲禁牧的长效管理机制得到落实。5个县(市)卫生应急示范区创建工作通过国家验收，组织开展卫生应急大练兵大比武活动，完成洪涝灾害救灾防病工作。孕产妇死亡率降低至13.93/10万，婴儿死亡率降低至10.1‰。江西省首次获“宋庆龄儿科医学奖”。3个市(县)通过国家卫生城市(县城)复审，农村改厕、病媒生物防制、健康教育等工作进一步加强。

人才科教和中医药事业稳步发展。新增享受政府特殊津贴专家11名，选拔卫生厅有突出贡献中青年专家20名，为乡镇卫生院免费招录培养本专科医科学生741名、招聘执业医师90名。转岗培训全科医生550名，新增住院医师临床培训基地65个。3个县通过全国农村中医药工作先进区县评审验收，10所三级中医医院通过国家新一轮等级评审，12个重点学科和19个中医专科专业列入国家“十二五”重点建设项目。

医疗服务和食品药品监管不断加强。推进“三好一满意”“医疗质量万里行”、抗菌药物临床应用专项整治、民营医院“规范化服务”等活动，医疗技术临床应用管理更加规范，血液安全管理、优质护理服务、临床路径管理等工作得到加强。成立省食品安全委员会办公室，完善食品安全综合协调机制，开展重点环节重点领域食品安全专项整治行动，全年开展食品安全风险监测5.2万批次。推动全国食品药品安全示范区建设，第一批示范区创建达标率达91.67%。加强基本药物质量安全监管，基本药物抽验合格率为98.56%。开展打击无证行医和非法采供血专项整治行动，全省取缔无证行医634户次，处罚案件436起。饮用水卫生、职业卫生、放射卫生等监督执法力度加强。推进农村重点污染区域专项医疗救治工作，调查登记暴露人员1.73万人，完成特异性检测4704人，免费治疗123人。

其他卫生工作统筹协调推进。实施“卫生信息化千人培训计划”，启动省市县三级区域卫生信息平台试点建设。开展干部作风突出问题专项治理和防止领导干部利益冲突活动，推进风险岗位廉能管理，建立"阳光医药"网上监察系统，并将部分高值医用耗材实行全省集中招标采购，卫生政风行风持续改善。

（朱烈滨　马晓平）

医政工作

【概　况】　推进重大卫生民生工程。"光明·微笑"工程及儿童两病免费救治进入常态管理。全省累计完成21.15万例白内障患者、9126例唇腭裂患者、440例白血病患儿及5700例先天性心脏病患儿免费救治。全省免费救治血透患者1.03万例，公布4批220所定点医疗机构和151名从业医务人员。启动全省贫困家庭重性精神病免费救治工作。这是江西省开展的第六种重大疾病免费救治。

强化医疗服务要素监管。印发《江西省医疗机构设置规划（2011～2020年）》，合理配置医疗卫生资源。审查330家医疗机构执业许可情况，其中备案53家，现场核查22家，责令整改3家。印发《江西省医疗机构校验现场审查标准（试行）》，校验省直省管医疗机构20家。完成94家医疗机构48项二、三类医疗技术申报材料初审工作，新核准3所医院心血管疾病介入诊疗技术。认定91名心血管疾病介入诊疗医师、103名美容主诊医师。验收与审核38家医疗机构临床基因扩增检验实验室。组织实施2.7万人医师资格考试。发放医师资格证书7947人份，办理医师执业注册1.95万人及护士执业注册1.59万人。印发《江西省医师多点执业管理办法（试行）》。严格互联网医疗卫生信息服务及广告审查，前置审核互联网医疗保健信息服务22家，受理医疗广告申请63个，核发出证48个。

提升医疗服务能力。新增省人民医院神经内科、省肿瘤医院临床护理及南昌大学第一附属医院呼吸内科、烧伤科4个国家临床重点专科。开展医务人员临床技能大比武活动，开展医生、护士、病历、血液透析、输血科、病理技能训练与竞赛，在卫生部和中华全国总工会举办的首届全国卫生系统护士岗位创新技能决赛中，江西省获"全国卫生系统护士岗位创新技能大赛团体优胜奖""全国女职工岗位创新技能大赛优胜奖"称号。加强93所县医院和72所乡镇卫生院血液透析室建设，提升7个设区市级急救中心院前急救能力建设。创建14家、培育10家省级癌痛规范化治疗示范病房。

改进医疗服务质量。开展"三好一满意""医疗质量万里行"、抗菌药物临床应用专项整治等活动。制定《江西省抗菌药物临床应用分级管理目录（试行）》，确定121个品种127个品规抗菌药物分级管理目录，培训抗菌药物临床使用人员1.5万人次。全省卫生系统志愿服务在册人数约2.1万人，年服务时间达40.8万小时。全省90家医院开展临床路径试点，23个试点专业141个病种入径患者3.51万人，完成路径治疗3.37万人。新增省级腹腔镜（普通外科）、皮肤病专业2个质量控制中心。开展血透室专项检查4批次，抽查80家医疗机构血透室。督查22所医疗机构医院感染管理工作。开展医院消毒供应中心专项评估，合格医院109家。

【建设"阳光医药"网上监察系统】2012年，由省卫生厅牵头，率先在全国建设"阳光医药"网上监察系统，实现对药品招标、采购、配送、使用和回款的全程监察，并在全国药品集中采购工作会议作经验交流。大力推行全省网上药品集中招标采购，实施"双信封"带量采购、"一品二规格三剂型"制度，在确保质量的前提下，最大限度降低采购成本。全省医疗机构网上采购金额327.75亿元，让利130.2亿元，其中基本药物采购金额47.52亿元，让利28.25亿元；基层医疗卫生机构采购金额20.66亿元，让利16.22亿元。

【护理管理工作取得新成绩】　2012年，印发《江西省实施〈中国护理事业发展规划纲要（2011～2015年）〉办法》，实行三级医院对口帮扶县级医院，选择3所三级综合医院对口帮扶6所二级综合医院，推广优质护理服务。启动护理管理人员上岗培训，共举办6期护士长培训班，培训921人。全省248所医院开展优质护理服务，开展病房总数1114个，同比增长21.88%。三级医院中，27所医院100%病房开展优质护理服务，平均病房开展率达88.46%。南昌大学第二附属医院心血管内科三病区和省肿瘤医院腹外二科获全国第一批优质护理示范病房称号。

【血液管理工作再上新台阶】　省卫生厅对全省22家采供血机构进行执业验收，组织完成225名采供血机构从业人员上岗考试。在全省范围实施无偿献血费用"直报"工作，无偿献血相关人用血后直接在医院核报费用。2012年全省无偿献血33.26万人次，献血112.66吨，医疗机构临床用血继续保持全部来自于无偿献血，临床合理用血水平进一步提高。

（张　峰）

农村与妇幼卫生

【概　况】　全省有乡（镇）卫生院1633所，其中，中心卫生院492所，一般卫生院1141所，床位3.53万张，卫生技术人员3.78万人，其中执业医师1万人，执业助理医师4594人，注册护士1.10万人。有村卫生室（所）3.06万所，乡村医生5.36万人。全省有各级妇幼保健机构114所（其中三级妇幼保健院8所、二级妇幼保健机构68所），社区卫生服务机构583个（其中公立社区卫生服务机构318个）。全省住院分娩率达99.6%。

推进新农合制度建设。全省有96个县（市、区）开展新农合工作，参合农民3293.35万人，参合率98.10%。全省新农合基金总额121.94亿元，住院补偿封顶线由5万元提高到不低于6万元，并对县外住院费用实行保底补偿制度。全年累计补偿4079.92万人次，补助资金90.44亿元，实际住院补偿比为57.13%，新农合政策范围内住院费用报销比例为75.12%，统筹基金使用率为92.99%。全省参合农民一次性报账率达95.38%，获得万元以上补偿的参合农民8.98万人。继开展白内障、唇腭裂、儿童先天性心脏病和白血病、贫困尿毒症患者免费血透项目之后，又将贫困重症精神病患者免费救治纳入补偿范围。6月，启动农村居民重大疾病救治工作，将救治病种范围扩大到耐多药肺结核、艾滋病机会性感染、乳腺癌、宫颈癌、肺癌等15类疾病。全省有64个统筹地区开展支付方式改革工作，提高参合农民的受益面和受益水平。

继续开展第二轮卫生服务能力建设工程，农村医疗卫生机构服务能力得到提升。全省有239所乡镇卫生院开展口腔技术服务，有1166所乡镇卫生院建有HIS系统，有464所乡镇卫生院达到"农民满意乡镇卫生院"标准，乡镇卫生院住院病历合格率达92.18%，有1119名乡镇卫生院院长由县级卫生行政部门公开竞聘，乡镇卫生院参合农民住院费用网上直报率达95.96%。实施二级医疗卫生机构对口支援乡镇卫生院项目，组织88所二级医疗机构的388名医务人员对口支援126个乡镇卫生院。2012年，继续实施乡镇卫生院公有周转房试点工作，省财政安排2000万元补助资金，在全省89个乡镇卫生院建设公有周转房1000套。全省农村居民健康档案累计建档2404.36万份，其中电子健康档案2363.48万份，电子建档率67%。村卫生室输液管理率83.38%，村卫生室处方合格率92.09%，有1.24万个行政村实行乡村卫生服务一体化管理。

落实妇幼深化医改任务。全省补助农村孕产妇47.2万名，免费发放叶酸41.7万人，免费宫颈癌检查74万人，免费乳腺癌检查4.2万人。落实妇幼保健关键措施。组织开展降消项目专家驻县蹲点，举办全省助产技术、新生儿复苏技术、婚前保健、孕妇学校等适宜技术培训，落实孕产妇死亡评审工作，推进危重孕产妇评审和新生儿死亡评审试点，降低孕产妇和新生儿死亡风险，母婴安全状况持续改善。落实出生缺陷防治措施。开展免费婚检试点、孕期妇女保健、产前遗传筛查、新生儿疾病筛查。试点县免费婚检率达90%，疾病检出率为20.15%，全省婚检率由2009年的5.12%上升到40.89%。落实妇幼卫生保障措施。开展县级产科急救中心、母婴安全乡卫生院、儿童保健门诊等规范化建设活动。利用中央妇幼卫生服务能力建设专项补助经费，为全省县级妇幼保健机构配置必要的医疗设备和房屋维修改造，提高妇幼保健机构服务能力。

累计建立规范化居民电子健康档案723.1万份，建档率达81%。为居民提供685.5万人次价值1亿元的基本公共卫生服务。落实社区卫生机构和人员编制核定工作，推进人事制度改革，共核定编制4952名，新增编制2492名。公开选拔竞聘中心主任54名，占中心总数的33%，副主任49名。签订职工聘用合同4520人。政府举办的社区卫生服务机构实施国家基本药物制度，药品零差率销售。推进社区卫生服务机构建立全科医生团队制度，实现全科医师团队全覆盖。帮助社区卫生服务机构配置部分必备设备，推广城市基本公共卫生服务适宜技术。

【建立乡村医生多渠道补偿机制】 2012年，制定并建立乡村医生多渠道补偿机制，通过购买服务、发放岗位补助、落实专项补助、实施一般诊疗费等措施，对乡村医生发放补助。建立老年乡村医生养老生活补贴政策，对1.43万名老年乡村医生发放补助1114.23万元，是全国仅有的6个出台乡村医生养老补助政策的省份之一。6月，在全省选择20%的县（市、区）开展乡村医生签约服务试点。通过开展乡村医生与农村居民签约服务，创新农村基层医疗卫生服务模式，强化居民健康管理和促进农村基本公共卫生服务均等化，引导更多居民在农村就诊。

（汪 海 奚 忠 徐海港）

疾病预防控制

【概　况】 2012年，全省报告法定传染病发病20.11万例，死亡280人，报告发病率为447.98/10万，死亡率为0.62/10万。报告甲类传染病发病2例，无死亡病例报告，报告发病率为0.0045/10万。乙类传染病除传染性非典型肺炎、脊髓灰质炎、人感染高致病性禽流感、炭疽、白喉无发病、死亡病例报告外，其他共报告发病9.25万例，死亡264人，报告发病率为206.10/10万，死亡率为0.59/10万，报告发病率、死亡率分别比2011年下降0.93%、15.44%。报告发病数居前5位的病种依次为病毒性肝炎、肺结核、梅毒、细菌性和阿米巴性痢疾、淋病，占乙类传染病报告发病总数的98.17%，报告死亡数居前5位的病种依次为艾滋病、肺结核、病毒性肝炎、狂犬病和流行性出血热，占乙类传染病报告死亡总数的97.73%。丙类传染病中，除斑疹伤寒、黑热病、包虫病、丝虫病无发病、死亡病例报告外，其他共报告发病10.86万例，死亡16人，报告发病率为241.87/10万，死亡率为0.04/10万，报告发病率比2011年上升24.02%，报告死亡率比2011年下降48.85%。报告发病数居前5位的病种依次为手足口病、其他感染性腹泻病、流行性腮腺炎、流行性感冒和风疹，占报告发病总数的99.20%。报告死亡病例中，手足口病病例15人，其他感染性腹泻病1人。与2011年相比，甲乙类传染病中的自然疫源及虫媒传染病、血源及性传播传染病报告发病率分别上升7.05%、4.44%；肠道传染病、呼吸道传染病的报告发病率分别下降11.64%、4.73%。肠道传染病中，霍乱报告发病率上升，伤寒和副伤寒、甲型肝炎、戊型肝炎、未分型肝炎、细菌性和阿米巴性痢疾报告发病率下降；呼吸道传染病中，麻疹报告发病率上升，甲型H1N1流感、猩红热、流行性脑脊髓膜炎、百日咳、肺结核报告发病率下降；自然疫源及虫媒传染病中，布鲁氏菌病、登革热、疟疾、流行性乙型脑炎、流行性出血热、血吸虫病报告发病率上升，狂犬病、钩端螺旋体病报告发病率下降；血源及性传播传染病中，丙型肝炎、梅毒、艾滋病和乙型肝炎报告发病率上升，淋病报告发病率下降。

重大疾病防控工作。全省设立218个艾滋病监测哨点，县（区）覆盖率达100%，哨点监测人数完成率为89.2%。开展重点人群筛查，共对3.41万名新入所被监管人员进行HIV抗体常规检测，检测任务完成率为79.4%。实施自愿咨询检测和医疗机构主动提供艾滋病检测咨询策略。开展重点人群干预，全省开设14个社区美沙酮维持治疗门诊，累计为5120名海洛因成瘾者提供维持治疗服务；针具交换月均覆盖1767名注射吸毒人员，任务完成率达117.8%；月均干预失足妇女达2.87万人，月干预覆盖率达98%；月均干预男男性行为者3599人，月干预覆盖率为94.4%；性病病人HIV抗体检测比例为68.2%。全省对2204例病人提供免费抗病毒治疗，符合抗病毒治疗标准的感染者及病人抗病毒治疗比例为86.7%。全年发现新涂阳肺结核病人1.74万例，新涂阳肺结核病人治愈率达96.87%，超过国家要求的85%的治愈率。全省医疗机构病人转诊率95.98%，总体到位率94.96%。

免疫规划工作。全省报告常规接种1143万剂次，适龄儿童预防接种率保持在90%以上，保持麻疹发病率在1/100万以下，继续保持无脊灰状态，控制疫苗可预防疾病的发生和流行。组织开展"预防接种安全服务年"、创建"群众满意门诊"等活动，做好预防接种门诊数字化改造试点和全省儿童预防接种信息系统维护工作。

急性重点传染病防控。按监测方案要求完成流感、手足口病、霍乱、出血热、登革热等重点传染病的常规监测工作。妥善处置江西科技师范大学枫林校区群体性腹泻疫情、萍乡市某小学流感暴发疫情、抚州东乡县明德中英文学校呼吸道合胞病毒暴发疫情等十余起突发传染病疫情。积极防控手足口病，印发《江西省手足口病防治工作方案(2012年版)》，实行"村级随访、乡镇留观、县级救治、市级重症"的手足口病防治策略，实施科学报病。全年全省共报告手足口病重症病例418例，死亡15例，与2011年同期相比，重症病例数减少31.02%，死亡病例数减少48.28%。

慢性非传染性疾病防控。在南昌市西湖区、新建县和宜春市靖安县开展省级及国家级慢性病综合防控示范区创建。对龙南、玉山、都昌、安义、贵溪、吉安和莲花七个县实施农村妇女乳腺癌检查项目。启动全民健康生活方式行动县(市、区)64个，室外支持性环境建设77个，创建示范社区/单位/食堂/餐厅119个。在九江市武宁县开展食管癌/贲门癌早诊早治项目，完成1675例人员筛查。在赣州市章贡区和龙南县，宜春市上高县、靖安县及上饶市信州区与九江市武宁县开展肿瘤登记报告工作。在南昌市西湖区启动大肠癌早诊早治项目，7月前完成结直肠镜筛查任务数1000例，发现病例数25例，早诊率92.0%，治疗率100%。逐步建立并完善居民慢性病监测系统。在赣州市章贡区、龙南县，宜春市上高县，南昌市东湖区和九江市武宁县开展流动人口慢病监测工作。开展居民死因监测与县及县级以上医疗机构死亡病例网络直报工作，实现全省实时网络监测报告。在武宁县开展全国伤害监测，在南昌市西湖区和新建县开展高血压、糖尿病管理评价。在横丰县、信州区、贵溪市、安义县、浮梁县等地推广以溺水为重点的农村儿童伤害综合性干预工作。开展减盐预防高血压活动，提高居民对科学用盐的认识。

血吸虫病防治。推进鄱阳湖南岸片血防示范区建设，实施鄱阳湖血吸虫病传染源控制策略推广区项目。将示范区建设推广到西岸片6个县(市、区)7个乡镇72个行政村。安排专项资金3000万元，淘汰耕牛4321头，成立7个封洲禁牧管理办公室，完成14个村的基线调查，人群查病8.81万人次，人群化疗3.22万(人次)，完成13个疾病监测点监测任务，查螺1.01亿平方米，灭螺1768.02万平方米，健康教育8.12万人次，家畜查病1.65万头，家畜治疗1.73万头。全省各县(市、区)完成查螺7.61亿平方米，药物灭螺1.18亿平方米，查病140万人次，人群化疗26.32万人次，晚期血吸虫病病人救治5344例。

【颁布《江西省血吸虫病防治条例》】《江西省血吸虫病防治条例》由江西省第十一届人民代表大会常务委员会第三十四次会议于2012年11月30日修订通过，当日颁布，自2013年1月1日起施行。新修订的条例明确规定乡镇人民政府应当安排专人负责封洲禁牧工作。违反条例规定，有关单位和个人在封洲禁牧区放牧的，由乡镇人民政府责令改正，拒不改正的，可处以一定数额罚款。

【启用渔船民定点检测管理信息系统】 为加强渔船民管理工作，省血吸虫病地方病防治领导小组办公室与省卫生信息中心联合开发"渔船民定点检测管理信息系统"，于2012年8月正式上网运行。该信息系统覆盖全省鄱阳湖区域11个县(市、区)的20个渔船民血吸虫病定点检测点，对近5万名渔船民实行动态信息管理，通过该系统可现场查询血吸虫病防治的相关信息，提高血吸虫病防治的时效性和针对性。中央电视台就此专门到现场进行采访和报道。

(万长湖　方继行)

中医工作

【概　况】 2012年，全省中医院门诊量达1118万人次，出院病人64万人次。深化医药卫生体制改革。将13个县级中医医院纳入医改工作方案、医改考核指标体系和卫生服务体系建设，与县级人民医院同步部署推进，与其他卫生工作同督导，争取有利于中医药发展的有关政策，确保中医药工作在医改中不缺位、有特色、见成效。

加强国家临床重点专科建设，组织全省有关医院申报2012年国家临床重点专科，国家中医药管理局审核批准江西省2家医院3个专科为国家临床重点专科，其中江西中医学院附属医院中医外科和洪都中医院骨伤科各获建设资金300万元。加强国家中医药管理局重点专科建设，江西中医学院附属医院等3所医院脾胃科等7个专科列为国家中医药管理局"十二五"重点专科建设项目，江西中医学院附属医院等9所医院的护理学等9个专科列为"十二五"重点专科培育项目。加强国家中医药管理局重点专病转重点专科建设，宜春市中医院毒蛇咬伤专病、萍乡市中医院非胰岛素依赖型糖尿病专病分别转为外科和内分泌科，通过国家中医药管理局重点专科验收。此外，鹰潭市中医院2个重点专病、南昌市中西医结合医院1个重点专科和赣州市中医院1个重点专科通过国家中医药管理局复审验收。

加强农村中医药工作，开展全国

农村中医药工作先进单位创建，余江县、玉山县和黎川县被国家中医药管理局确定为全国农村中医药工作先进单位。加强社区中医药工作，督促南昌市西湖区开展全国社区中医药先进单位创建复核工作。做好基本公共卫生服务中医药服务项目试点，南昌市西湖区、景德镇市珠山区、九江市浔阳区已建立中医健康档案1万余份，并开展中医药健康干预，探索基本公共卫生服务中医药服务项目的有效途径和模式。做好中医药适宜技术推广工作，申报国家中医药管理局基层常见病多发病中医药适宜技术推广能力建设项目。建立中医康复治疗大联盟制度，实施城市中医帮扶农村，技术协作、双向转诊、适宜技术培训等多种形式，提高基层服务能力。

加强中医药人才培养和科研创新。全省12个学科被国家中医药管理局列为“十二五”重点学科建设点。江西中医学院附属医院等5家单位的10位老中医工作室成为名老中医工作室。国家中医药管理局批准全省22位指导老师和44位全国第五批老中医药专家学术经验继承人。热敏灸重点研究室和运用“益气清毒”法治疗恶性肿瘤重点研究室通过国家局专家组验收，其中热敏灸重点研究室的成果获国家局专家组高度评价。组织完成10名全国第二批优秀人才研修项目结业考核，20名人选全国第三批优秀研修人才项目。举办2012年度中医类别全科医师转岗理论培训班和县级中医临床技术骨干培训班，全省11个设区市100名学员参加中医类别全科医师转岗培训，120名学员参加县级中医临床技术骨干培训。完成2012年度厅级中医药科研课题有关工作，5项重点课题、185项普通课题获准开研。

【推进新一轮中医医院评审】 2012年，按照国家中医药管理局《中医医院评审暂行办法》及中医医院评审有关要求，省卫生厅举办三级中医医院分等标准、评审核心指标、评审标准和评审标准实施细则等评审培训班，组建省级三级中医医院评审专家库，组织专家到外省学习经验。江西中医学院附属医院、九江市中医医院、景德镇市中医医院、萍乡市中医院、新余市中医院、鹰潭市中医院、赣州市中医院、宜春市中医院等8所市级以上中医医院被国家中医药管理局评为三级甲等中医医院。都昌县中医院、泰和县中医院2所县级中医医院被评为三级乙等中医医院。通过迎评创建，医院在软硬件建设方面均得到较大提高。

【开展中医养生预防保健试点】 1月，新余市被国家中医药管理局确定为中医养生保健服务机构准入试点地区，按照《中医养生保健服务机构基本标准》，开展对辖区内中医养生保健服务机构的硬件建设、专业人员情况、开展服务项目情况等全面调查摸底，掌握全市中医养生保健机构基本情况；制定《新余市中医养生保健服务机构准入试点工作实施方案》，对试点工作进行部署和分工，建成全市养生保健服务专业技术人员实践培训基地。新建县、上高县、宜丰县和婺源县被国家中医药管理局确定为第二批“治未病”预防保健服务试点地区，开展“治未病”预防保健服务工作，推广应用膏方、针灸、推拿等保健技术。

（郑林华）

爱国卫生运动

【概　况】 2012年，全省完成农村改厕13.90万座，农村无害化厕所普及率达58.92%，农村新增无害化厕所35.03万户。在50个县（市）开展农村饮用水水质监测，在28个县（市）开展农村环境卫生监测，基本掌握全省农村环境卫生健康危害因素水平及动态变化。

授予峡江县“江西省卫生县城”称号，省级卫生县城增至31个。完成对德兴市、湖口县、永修县创建省级卫生城市（县城）工作技术指导、暗访和考核验收。对南昌、九江、兴国、大余、信丰、宜丰、鄱阳、万年、横峰、弋阳、铅山、上饶、玉山、吉安14个省级卫生县城复审并重新命名。指导宜春市、井冈山市和广丰县巩固国家卫生城市（县城）工作，通过国家卫生城市（县城）复审。指导萍乡市和德安、吉安两县创建国家卫生城市（县城）工作。

加强健康教育工作。通过《健康江西》栏目传播健康知识。通过《健康之路》群发短信86条，覆盖全省城乡居民近千万人次，内容包括卫生资讯和动态、健康知识、温馨提醒等。在《江西卫生报》开辟卫生科普健康教育版面，全年刊发卫生科普宣传版面75个，覆盖读者10余万人。10月24日，中国健康促进与教育协会和江西省健康教育协会在九江市举行“中国健康直通车”项目江西行活动启动仪式。启动仪式后，在11个设区市开展“心血管疾病防治”专题培训和卫生科普知识巡展活动，培训基层医务人员约1100人，科普巡展现场为近600名居民做远程心电监测，向居民发放健康知识宣传资料、义诊等惠及人群2万多人。

完成城乡环境卫生整洁行动。经过考核评估，全省城乡环境卫生整洁行动目标基本完成，农村卫生厕所普及率、村镇环境综合整治、城市生活垃圾无害化处理好于预期。南昌市、景德镇市、鹰潭市、新余市城市生活垃圾处理率达100%；新余市城市生活污水处理率达100%；南昌市三年共改造150多家（次）农贸市场，全部农贸市场基本达到管理规范标准；鹰潭市、新余市农村生活垃圾处理率达98%以上，鹰潭市实现全市村、镇环境综合整治全覆盖。

【开展纪念爱国卫生运动60周年活动】 2012年是爱国卫生运动开展60周年，省爱卫会结合工作实际开展一系列纪念活动。江西省健康教育所等5家单位被评为全国爱国卫生先进集体，李日龙等23人被评为全国爱国卫生先进个人；江西电视台经济生活频道《天天健康》栏目等30家单位被评为江西省爱国卫生先进集体，李增明等70人被评为江西省爱国卫生先进个人。制作纪念画册和专题宣传片，回顾爱国卫生运动历史，宣传爱国卫生运动重大意义，反映江西省爱国卫生运动成就，宣扬典型事迹和先进个人。3月31日在奉新县甘坊镇举办全省第二十四个爱国卫生月“走基层、进乡村、送健康”大型爱国卫生科普电视宣教活动，相关专家现场向群众讲授卫生保健和防病知识，发放音像资料、书籍等宣传材料，开展义诊咨询。

（刘　军）

体　　育

本栏编辑　李荣根

综　述

2012年，群众体育工作以品牌活动为平台，贯彻落实国务院《全民健身条例》，推动各级政府依法履行公共服务职责。竞技体育以备战奥运、全运会为目标，加强队伍管理，提高训练质量，促进运动后备力量建设。体育产业转变发展方式，整合资源，拓宽发展领域，继续保持健康、快速发展势头。2012年，15个单位获全国全民健身活动优秀组织奖，28个单位被评为全国全民健身活动先进单位。实现竞技体育连续三届夺得奥运会金牌，创建多所国家级青少年俱乐部，多个单位和个人获全国业余训练先进单位和个人表彰。体育彩票销售工作全国排名连续3年位居第十一位，并3年连续获国家体育总局颁发的“全国体育彩票工作贡献奖”。9个单位被评为省直机关第九届文明单位。赛艇运动员金紫薇当选中共十八大代表。

*狠抓品牌赛事，采取切实措施，贯彻落实《全民健身条例》，推动全民健身活动开展。*全民健身运动会是江西群众性品牌赛事，是贯彻《全民健身条例》的有力抓手，省体育局于3～11月分两个阶段，在全省开展江西省第四届全民健身运动会。此届运动会以“政府主办、部门协同、全社会积极参与”为主线，突出“全民健身快乐健康，秀美江西幸福精彩”主题，全省各地广泛发动，深入动员，9个省直部门参与组织，使全民健身由体育一家办向社会相关部门共同办转变。本次赛事，各行业系统、单项协会举办比赛活动达2000多次，全省参与比赛和展演人数累计达1000万人次以上。在品牌赛事的带动下，“全民健身日”主题活动、“全民健身志愿服务”活动、“龙腾狮跃”闹元宵全省大联动活动、全国百城千村健身气功展示活动及各项群众性体育赛事、活动先后开展。与此同时，在群众性品牌赛事推动下，不断努力完善全民健身事业发展的相关措施。以“三纳入”为突破口，贯彻落实国家颁布实施的《全民健身条例》，以推行《江西省全民健身实施计划(2011～2015年)》为抓手，推动全省全民健身工作跨越式发展。省体育局在推动全省全民健身这一工作中，加强宏观规划与管理，将每年全民健身有关工作任务，分解、落实至每个县(市、区)。全省11个设区市和99个县(市、区)颁布了全民健身实施计划。争取将《江西省全民健身实施计划》的内容、目标列入省委、省政府及有关部门的发展规划中。以评选表彰全民健身工作先进单位为契机，逐步建立完善科学的群众体育评价机制。继续做好基层群众健身公共体育设施建设。全年建设基层群众体育健身场所17个项目，完成扶持资金总额3200万元。继续实施全省建设乡镇体育健身工程、行政村农民体育健身工程、全民健身路径、雪炭工程项目，总投入9486万元。组织全省全民健身工程集中抽查。加大群众体育健身社会体育指导员培训，全省新增各级社会体育指导员7384人。国家级体质测试与运动健身指导，深入群众、走进社区，开展了系列便民、利民活动。

*以伦敦奥运会再夺金牌为目标，加强队伍管理，提高训练质量，加大体育后备人才培养力度。*2012年是奥运会年，江西省籍5名运动员入选中国体育代表团参加第三十届伦敦奥运会，省体育局制定参赛的总体部署，采取措施，加强备战过程中的全方位管理，注重提高训练效益，切实完成各阶段任务，最终完成局党组提出的“奥运见金”目标，实现了江西省体育健儿继雅典奥运会、北京奥运会后，连续3届夺得奥运会金牌的梦想。在青少年训练中，搭建竞赛平台，全年组织国家级、省级多项青少年体育赛事，为促进人才的快速成长创造有利条件。同时，拓宽体育后备人才培养渠道，优化体育后备人才培养的“软件条件”。2012年成功申报国家级青少年体育俱乐部，对全省体育后备人才培养工作，进行了评估检查，以评优表彰为激励机制，促进全省青少年体育训练工作可持续发展。继续在全省实施体育传统项目学校体育师资培训计划，选派多所体校体育教师参加全国体育传统项目学校体育教师集中培训。

*体育产业，深挖潜力，体育彩票销售再创佳绩。*2012年，全省体育彩票工作坚持科学管理，转变发展方式，在3年时间内先后突破20亿元、30亿元大关，本省市场份额连续第八年保持优势，实现历史性跨越，再获国家体育总局颁发的“全国体育彩票工作贡献奖”。

*落实振兴赣南等原中央苏区体育事业发展若干政策措施。*为落实国务院《关于支持赣南等原中央苏区振兴发展的若干意见》和省委、省政府《贯彻落实<国务院关于支持赣南等原中央苏区振兴发展的若干意见>的实施意见》，促进赣南等原中央苏区体育事业发展，省体育局制定以下政策措施。

支持赣南等原中央苏区公共体育

设施建设。国家安排的县、乡、村公共体育设施建设项目向赣南等原中央苏区倾斜。省安排的公共体育设施建设项目和民生工程体育设施建设项目，投入赣南等原中央苏区的比例不低于全省计划的50%，力争赣南等原中央苏区体育设施建设速度适当超前全省平均水平。

支持赣南等原中央苏区竞技体育发展。5年内扶持赣州市增加2所省级体育后备人才基地，吉安和抚州各增加1所省级体育后备人才基地。年度青少年锦标赛参赛运动员编内指标，赣州在2012年的基础上增加20%，吉安、抚州在2012年的基础上增加10%，编内运动员参赛费用由省体育局承担。

加大赣南等原中央苏区体育人才培养力度。选调省体育局直属单位教练员到赣南等原中央苏区技术指导或带队训练，其工资和补助由派出单位承担。支持赣南等原中央苏区创建国家级体育传统项目学校、青少年俱乐部、省级体育传统项目学校，数量高于全省平均数的20%。赣南等原中央苏区地区教练员参加全国和全省体育教练员岗位培训，除差旅费外，其余费用均由省体育局承担。参加全国和全省竞技体育管理干部、教练员培训，名额分别高于全省平均数的20%和50%。

促进赣南等原中央苏区体育产业发展。建立体育产业发展基金，扶持体育产业项目。在争取国家体育总局政策和资金支持的基础上，支持赣州、吉安、抚州体育中心承办全国和国际性体育商业比赛。加快发展赣南苏区体育旅游。以吉安井冈山、武功山，赣州三百山、丫山，抚州大觉山、军峰山等风景区为依托，发展登山、越野、户外拓展、自行车拉力等体育旅游项目，开发国内外大型体育赛事观摩等体育旅游项目，使体育旅游成为赣南苏区旅游产业和体育产业新的增长点。

（陈　萍）

群众体育

【举办江西省第四届全民健身运动会】 3～11月，江西省第四届全民健身运动会分两个阶段进行。运动会以“政府主办、部门协同、全社会积极参与”为主线，突出“全民健身快乐健康，秀美江西幸福精彩”主题，进一步拓展办赛方式，使全民健身活动由体育一家办向社会相关部门共同办转变。全省各地各行业广泛发动，深入动员，11个设区市和100个县（市、区）都举行启动仪式，组织开展多达53项的比赛，超过60%的乡镇和社区都参与活动，各行业系统、单项协会举办比赛活动2000多次，全省参与比赛和展演人数累计达1000万人次以上，把全民健身运动会办成健身的盛会、健康的节日。

【开展全民健身运动】 2012年，在江西省第四届全民健身运动会的带动下，全省各设区市、县（市、区）、体育协会、机关单位、企事业单位和各类学校全面推广第九套广播操，全省举办第九套广播体操培训班203次，培训人员18336人，举办各级广播体操比赛241次，其中省级3次，设区市级70次，县级168次，参赛人数27000余人。开展“全民健身日”主题活动、“全民健身志愿服务”活动、“龙腾狮跃”闹元宵全省大联动活动、全国百城千村健身气功展示活动及各项各类运动会。2012年，全省有15个单位获得“全国全民健身活动优秀组织奖”，28个单位获“全国全民健身活动先进单位”称号。

【贯彻落实《全民健身条例》和《全民健身实施计划》】 2012年，为进一步贯彻落实《全民健身条例》《全民健身实施计划》和全省群众体育工作会议精神，加大力度推动各级政府履行公共服务职能，省体育局采取三项措施。

以“三纳入”（把全民健身事业，特别是公共体育设施建设纳入当地国民经济和社会发展规划，把全民健身经费纳入当地财政预算，把全民健身工作纳入当地《政府工作报告》）为突破口，贯彻落实《全民健身条例》。“三纳入”是贯彻落实《全民健身条例》的关键点和重要举措，也是全省群众体育工作的重要任务，通过专题会议部署、举办专项培训班、每季度督促落实情况、印发简报、评比表彰等手段，推进“三纳入”工作落到实处。至2012年底，省本级和全部设区市及98%的县（市、区）都做到“三纳入”，还有2个县未将全民健身经费纳入当地财政预算。

以推行《江西省全民健身实施计划（2011～2015年）》为抓手，推动全省全民健身工作跨越式发展。各设区市、县（市、区）结合本地实际，出台当地《全民健身实施计划》，省体育局定期在网站上公布各级政府制定颁布《全民健身实施计划》的情况。2012年，全省11各设区市和99个县（市、区）颁布《全民健身实施计划》。根据《江西省全民健身实施计划》提出的目标任务，把每一项具体工作，特别是乡村两级公共体育设施、社会体育指导员、体育组织、健身站点等都分解到每个县（市、区）每一年需要完成的任务中。争取省委、省政府各部门的支持，在编制《中共江西省委、江西省人民政府关于实施和谐秀美乡村建设工程的若干意见》《江西省“十二五”基本公共服务体系专项规划》《江西省城镇体系规划（2012～2030年）》《江西省城乡社区服务体系建设规划（2011～2015年）》以及老年人、残疾人、少数民族专项发展规划等法规文件时，把《江西省全民健身实施计划》的内容、目标结合进去，充分调动各方面力量，统筹结合，借势借力，全面推进全民健身工作发展。

以评选表彰全民健身工作先进单位为契机，逐步建立完善科学的群众体育评价机制。要求设区市从十个方面制定《全民健身条例》和《全民健身实施计划》相关配套法规政策，从体彩公益金用于全民健身工作投入比例、社会体育指导员工作、新增各类全民健身设施、室外健身器材采购、维护管理机制建立、组织开展全民健身活动、开展国民体质监测、开展青少年体育工作、全民健身宣传工作、开展全民健身工作的创新做法和特色等十个方面的工作进行评价，对各项工作总分相加排序在前6名的设区市体育局予以表彰。

【加大公共体育场地设施建设和管理力度】 2012年，全省建设基层群众体育健身场所17个项目，完成扶持资金总额为3200万元。全省有乡镇体育健身工程181个、行政村农民体育健身工程1377个、全民健身路径214条、雪炭工程项目6个。总投入9486万元。其中,国家体彩公益金2875万元,省体彩公益金2900万元,地方配套3711万元。2012年,是对全民健身工程投入最大、工程建设数量最多的一年,为2011年的3倍。为提高全民健身工程建设成效,组织全省全民健身工程集中抽查,共检查18个县的404个村级农民体育健身工程点、77个路径工程点,对检查中发现存在问题较多的13个县进行通报批评,并要求限期整改。

【加大社会体育指导员培训力度】 2012年,为进一步推进社会体育指导员的组织建设,加大培训力度,改革培训模式,把原来每年的两期培训,改为在全省的6个一级社会体育指导员培训基地各举办一期培训班。5~9月,先后举办6期一级社会体育指导员培训班,共培训391人,有381人被授予"一级社会体育指导员"技术等级称号,是历年来培训人数最多的一年。全年全省新增社会体育指导员7384人,约占全省人口总数的万分之1.66。其中,国家级新增43人,一级新增381人,二级新增1463人,三级新增5497人。至2012年底,江西省在指导员管理系统中注册的社会体育指导员总数为15332人,占全省总人口数量的万分之3.44。在全省11个设区市中,增幅较快的是鹰潭市、景德镇市和上饶市,增幅最小的是新余市,其中鹰潭市的社会体育指导员数量已占当地人口总数的万分之7.09,提前三年完成"十二五"期间达到万分之七的目标任务。

【推进南昌市"全民健身示范城市(区)"试点工作】 2011年10月,南昌市被国家体育总局确定为"全民健身示范城市(区)"试点,成为全国20个试点城市之一。2012年,南昌市把该项工作作为全年的中心任务。成立南昌市全民健身示范城市(区)试点工作领导小组,按照《试点工作实施方案》中工作目标、工作思路、保障措施、工作步骤的要求,建立"政府主导,部门协作,共同参与"的组织机制,强化政府公共服务职责,各县区也作出具体安排,切实做到全民健身活动的任务、经费、人员三落实。组织举办安利纽崔莱杯"走进国体分享城运"南昌市首届迎新年万人健步行活动、全市市级领导干部健身活动和"创全国全民健身示范城市健步行"活动。营造争创全国全民健身示范城市的氛围,提高创建工作的知晓率、参与率,6月11日至9月30日,在《南昌日报》《南昌晚报》分别开辟"迎市运,创全国全民健身示范城市"纪实摄影大赛和寻找"南昌健身达人"专栏,分16期共刊登"健身达人"文章34篇和摄影作品110余件。通过全民健身活动,打造"人人享有15分钟体育健身圈",进一步提高全市全民健身公共服务能力,完善全民健身公共服务体系,保障广大群众参加体育健身活动的权益,推进体育与社会各项事业进一步融合。

【参加第十四届残疾人奥运会】 8月29日,第十四届残疾人奥运会在英国伦敦举行。江西省10名残疾人运动员参加中国残奥代表团(其中:副领队1人、教练员1人、运动员6人、盲人引跑员2人)参赛,取得2银、3铜、1个第四名、1个第五名的成绩,实现了江西省残疾人体育在历届残奥会上获得奖牌数量最多和参加人数最多的两个突破。

【参加第七届全国农民运动会取得优异成绩】 9月16~22日,第七届全国农民运动会在河南省南阳市举行。江西省代表团共派出199名农民运动员参加田径、乒乓球、龙舟、舞龙舞狮、风筝、钓鱼、健身秧歌等12个大项、168个小项的角逐,获得15金16银22铜的优异成绩,列全国第六位。

【参加全国第九届大学生运动会】 9月8~18日,全国第九届大学生运动会在天津市举行。江西省组成以副省长朱虹为名誉团长,省委教育工委书记、省教育厅厅长虞国庆为团长,共有251人参加的江西省大学生体育代表团赴天津参加田径、游泳、跆拳道、篮球、排球、足球、毽球、健美操、武术、定向越野等10个大项、116个小项的比赛,夺得3金8银9铜,团体总分列全国第十位,金牌数列全国第十一位,奖牌总数列全国第十二位。江西省大学生体育代表团有38项进入前8名,江西省篮、排、足三大球男、女共6支队伍全部进入决赛,其中南昌大学男子排球队过关斩将,进入决赛,最后夺得银牌,实现江西省三大球成绩历史性的突破。江西省大学生体育代表团获大运会组委会颁发的"体育道德风尚奖",江西师范大学、华东交通大学获全国高校阳光体育"校长杯"奖杯。这次大运会是江西省参加历届大运会人数最多、项目最多、规模最大、成绩最好的一次。

(何 媛)

竞技体育

【概 况】 2012年,竞技体育工作以伦敦奥运会再夺金牌为目标,狠抓训练和管理,加快体育后备人才培养。在奥运会上,江西体育健儿继雅典奥运会、北京奥运会后,连续三届夺得奥运会金牌,实现了局党组提出的"奥运见金"的目标,为国家争了光,为全省体育系统争得了荣誉。

以备战奥运会全运会为目标,狠抓运动队训练和管理。2012年是奥运会年,也是备战全运会至关重要的一年。根据体育局的总体部署,各训练单位进一步明确目标,狠抓落实,责任到人。成立"人盯人"协调工作小组,实行"人盯人"措施,及时为重点队、重点运动员做好服务工作。为强化队伍管理,各训练单位为重点队配备专职管理员,进行全方位管理,管理人员常驻运动队,与运动队一道出操、训练,并负责整理技术录像,及时提供给教练员、运动员训练研究。为达到良好的训练效果,各训练单位始终坚持贯彻"三从一大""两严"的科学训练方针,明确各训练阶段的目标和任务,注重训练质量,加强对训练计划实施的监控,及时对训练效果进行小结、评议。鼓励教练员、运动员进行训练创新,训练质量得到提高。

搭建竞赛平台,锻炼队伍,为促进人才的快速成长创造有利条件。2012年,江西组队参加14个项目全国青少年儿童比赛,参赛人员266人次,共获得第一名50个、第二名36个、第三名41个。举办16项全省青少年锦标赛,参赛人数4293人、达优秀904人,同比均大幅度增加。2012年全省注册运动员6447人。举办第六届县(市、区)田径运动会和6项体育传统项目学校比赛。新增国际级运动健将1人、运动健将23人、一级运动员96人、国家级裁判10人、一级裁判350人。

以提高训竞管理水平为目的,加大业务培训力度。2012年,江西选派了72所传统校共84名体育教师参加全国体育传统项目学校体育教师集中培训,并在全省实施了第四期体育传统项目学校体育师资培训计划,共有78所传统校150余名体育教师参加培训。组织16个项目青少年锦标赛达优、达良评分和信息系统管理员培训班。举办教练员和裁判员业务培训。组织选派14所体校(含基地)专职教练员44人参加总局举办的各级教练员业务培训班,选派22个单位42人次参加总局举办的各类训竞管理人员培训班。

以评估检查为手段,加强后备人才培养网络建设。2012年,青少年体育俱乐部、单项训练基地、国家高水平人才基地、各级体校已逐步成为体育后备人才培养的基本网络架构。为加强后备人才培养网络建设,开展国家级青少年体育俱乐部申报创建工作,17个单位成功创建。国家级高水平体育后备人才基地建设进一步夯实,通过了国家体育总局的检查。开展年度全省体育后备人才培养工作的评估检查工作。评选出4所先进市级体校、13个训竞管理先进科室、30个先进县(市、区)。景德镇市体校、新余市体校获"2012年度全国业余训练先进单位"称号;新钢一小体操跳水基地刘慧、南昌市体校张继伟等3人获"2012年度全国业余训练先进个人"称号。表彰了2012年全省业余训练先进单位18个、先进个人32名。

2012年江西省运动员参加国内外主要赛事取得好成绩。江西运动员参加国际比赛共取得3枚金牌、1枚银牌;参加全国最高水平比赛(全运会项目),共计获得2枚金牌、6枚银牌、4枚铜牌、2个第四、7个第五、2个第六、1个第七、5个第八。参加第30届伦敦奥运会,共计取得1枚金牌、1个第五、2个第七名的成绩,完成了省体育局党组提出"届届奥运见金牌"的目标任务。

【参加第三十届奥运会夺得金牌】 7月27日至8月12日,第三十届奥运会在英国伦敦举行,共设26个比赛大项,302个小项。江西有5名运动员和1名教练员入选中国体育代表团参加伦敦奥运会5个小项的角逐,即吴静钰的49公斤级跆拳道、金紫微的女子赛艇四人双桨、高玉兰的女子赛艇双人单桨、周鹏的1000米四人皮艇、黎淑金的55公斤级的古典跤。比赛中,吴静钰成功卫冕奥运会女子跆拳道49公斤级金牌,金紫薇获得女子赛艇第五名,高玉兰获得女子赛艇双人单桨第七名,黎淑金获得古典跤55公斤级第七名的成绩,完成赛前的预定目标。

(伍小玲)

·资　料·

2012年江西省运动员参加国际比赛成绩一览

姓名	项目	成绩	名次	比赛名称	比赛时间	比赛地点
吴静钰	女子跆拳道49kg级		1	第30届奥运会	8.9	英国伦敦
金紫薇	女子赛艇四人双桨		5	第30届奥运会	8.1	英国伦敦
高玉兰	女子赛艇双人单桨		7	第30届奥运会	8.1	英国伦敦
黎淑金	古典式摔跤55kg级		7	第30届奥运会	8.8	英国伦敦
张冬莲	女子飞碟双向75靶	71中	5	射击世界杯总决赛	9	斯洛文尼亚
周　鹏	男子1000米四人皮艇		5	皮划艇世界杯站赛		波兰
李　荣	女子赛艇双人双桨		5	赛艇世界杯第一站		塞尔维亚
李　荣	女子赛艇双人双桨		6	赛艇世界杯第二站		瑞士卢塞恩
金紫薇	女子赛艇四人双桨		6	赛艇世界杯第一站		塞尔维亚
高玉兰	女子赛艇双人单桨		7	赛艇世界杯第二站		瑞士卢塞恩
金紫薇	女子赛艇四人双桨		7	赛艇世界杯第二站		瑞士卢塞恩
高玉兰 吴　优	女子赛艇双人单桨		8	赛艇世界杯第一站		塞尔维亚
胡丽萍	女子甲组棍术		1	第四届世界青少年武术锦标赛	9.17～25	澳门
		抓84kg	4			
杨　丽	女子举重58kg级	总184kg	5	世界青年女子举重锦标赛	5.11	危地马拉
		挺100kg	6			

续表

姓名	项目	成绩	名次	比赛名称	比赛时间	比赛地点
吴静钰	女子跆拳道53kg级		1	亚洲跆拳道锦标赛	5.9	越南·胡志明市
王　艳	女子散打48kg级		1	亚洲武术锦标赛	5.11	越南·胡志明市
		抓105kg	2			
李　娟	女子举重69kg级	挺134kg	2	亚洲女子举重锦标赛	4.3	韩国平泽
		总239kg	2			

体育产业

【制定健身休闲体育产业发展"十二五"规划】 根据《江西省人民政府关于加快推进全省服务业发展的若干意见》精神,"体育健身休闲"被列入全省服务业发展重点工作。省体育局作为行业主管部门,于8月12日专门编制了该项工作的"十二五"发展专项规划。专项规划共分五个部分:面临的形势与发展趋势,发展江西省健身休闲体育事业存在的主要问题,指导思想、发展思路和发展目标,主要任务,保障措施。

明确了全省休闲体育发展的指导思想、发展思路和发展目标。要求通过五年努力,使全省的健身休闲体育服务业实现跨越式发展,效益显著提高,形成层次清晰、特色鲜明的健身娱乐、时尚休闲为一体的健身休闲体育服务业集群;充分发挥健身休闲体育服务业在体育产业中的核心经济功能,使体育产业与全省的其他服务业协调发展,力争将休闲体育服务业纳入全省服务行业重点发展的经济指标统计范畴;休闲体育服务业经济指标逐年增长,成为全省经济发展稳定的、新的增长点,为进一步发展成支柱性产业奠定基础。到"十二五"末,初步形成与经济社会发展相匹配、与体育产业相融合、与城市现代化和新农村建设相协调、与群众需求相适应,功能明确、布局较合理、配套较完善、具有自身特色的健身休闲体育服务业发展的良好局面。

列出全省城镇居民按喜爱程度排前20位的体育休闲项目是:游乐场活动、乒乓球、武术、羽毛球、越野、瑜伽术、散步、荡秋千、健美操、郊游、太极拳、踢毽子、车驾游、游园、旅行、游泳、网球、气功、交谊舞、野外生存;农民按喜爱程度排前20位的是:棋牌、乒乓球、武术、太极、慢跑、健美操、踢毽子、游乐场活动、保健操、郊游、游园、田径、民间舞、旅行、秧歌腰鼓、划龙舟、五禽戏、野外生存、钓鱼、舞龙舞狮。

确定了全省休闲体育的主要任务和保障措施。加强和完善健身休闲体育业与公共体育服务体系建设。创新健身休闲体育设施的运营模式、管理体制,培育健身休闲体育业"增长极"。开发健身休闲体育资源,加强健身休闲体育标准化和市场监管建设。制定完善《江西省健身休闲体育服务技术标准》,制定《江西省健身休闲体育服务业品牌评价办法》,并依此周期性地开展全省体育服务行业的品牌企业评选,加强体育市场执法,特别要加强对高危项目的监管,创造公正、公开、公平竞争、运行有序的体育服务市场体系。

【体育彩票销售再创新高】 2012年,江西省体育彩票管理中心坚持"工作重心向下,深化改革创新,强化管理,夯实基础"的工作思路,全年销售体育彩票36.08亿元,增加6.85亿元,增长23.5%。在全省占有50.6%市场份额,连续8年在全省保持优势,连续3年全国排名第十一位。

不断创新管理机制。全年省体育彩票管理中心在实施"按岗定薪、竞争上岗、绩效考核"管理模式基础上,推行省中心与分中心双向考核办法、创新奖励办法、周例会工作督办考核制度,并实施PDCA循环管理工作方法。调整了薪酬管理办法,建立健全了市场调研工作机制,提升了策略规划和营销宣传推广能力。

不断树立网点形象。重点对县域网点布局进行了调整优化,提高了县域市场网点质量,盘活了75个乡镇网点。建立了网点综合信息查询管理系统,网点管理更趋规范。完成了1234个网点的店面形象改造,改造率由2011年的23%提高至66%。2012年全省有175个网点被评为全国优秀销售网点。

不断强化品牌宣传。以省市主流媒体为主体,以自办报纸、官网为补充,加强宣传渠道的整合管理,深化媒体合作关系。与省体科所合作,在国民体质监测活动中宣传体育彩票。开通官方微博,新增今视网、江西互联新空等合作媒体,宣传渠道有了较大扩充。与《江南都市报》合作,策划开展"一注体彩,一份关爱"主题公益活动。依托有条件的网点设立"环卫工人休息站",面向环卫工人组织开展夏日送清凉活动。主动与萍乡市文明委对接,合作开展"关注好人"活动。宜春业主胡筱兰主动送还彩民515万元中奖彩票事迹入围"中国好人榜"。全年在各类媒体上刊发宣传稿件1200余篇,主动宣传频次、深度均比往年加强。

不断完善培训管理机制。举办首期体育彩票管理人员职业素质培训班,聘请财政部和总局体彩中心顾问、著名彩票专家孙力授课。建立健全专管员培训管理制度,进一步强化对一线员工的业务培训,基层培训形成常态化。修订星级网点销售员培训教材和考试题库,完善了销售员培训管理体系。全省2012年共组织开展570余场营销培训和业务讲座,培训18000余人次。 (王　伟)

居 民 生 活

本栏编辑　李荣根

居民收入与消费

【农民人均收入增长 13.6%】 2012年，全省农民人均纯收入为7828元，比上年增加936元，增长13.6%，增幅比全国平均水平高0.1个百分点，扣除物价因素后实际增长10.9%，比全国平均水平高0.2个百分点。

农民收入增长的主要特点。①工资性收入大幅增长。全年农民人均工资性收入3531元，比上年增加536元，增长17.9%，对农民增收贡献率为57.3%。其中，农民在本乡地域内从业得到的纯收入人均1376元，增加220元，增长19%；外出从业人均纯收入1935元，增加292元，增长17.8%。②家庭经营收入持续增长。全年农民人均家庭经营纯收入3743元，增加322元，增长9.4%。其中，农民人均从第一产业得到纯收入为3004元，增加251元，增长9.1%。第一产业中的农业纯收入增长12%，林业纯收入增长13.5%，渔业纯收入增长1.4%，牧业纯收入下降8%。家庭经营中的第二产业人均收入274元，增长12%。第三产业收入465元，增长9.7%。③财产、转移性收入正常增长。全年农民人均财产性收入121元，增长8.2%；人均转移性收入增长19%。

农民收入增长的主要原因。①外出务工人员数量增加和工价上涨双推动。2012年中国宏观经济总体上保持了平稳增长，农民务工机会继续增加，工资收入水平进一步提高，尤其是江西省县域经济保持了较快发展态势，县域劳动力就业需求扩大，吸纳了越来越多的农村劳动力或半劳动力在本乡或乡外县内就业。全年全省农村在外从业的劳动力人数达795万人，增长1.9%。各地工资水平普遍提高，江西省农村外出从业劳动力月工资2044元，增长12.2%。农民在本乡内务工工资水平增长20%，普遍达到80～100元/日，有手艺的140元/日。农民务工人数增多因素使全省农民人均增加收入180元，工价上涨因素增加收入332元，全省农民务工增收512元，增长18.3%。②农业丰收和农产品价格整体上涨双推动。2012年全省农业生产气象条件较好，农产品产量稳定增长，奠定了农民增收的基础。农产品价格总体上呈现上涨的态势，除油料、生猪价格下跌外，其他农产品价格均稳定上涨，全省农产品生产价格指数为103.5。农产品产量增加因素为农民增收45元，价格上涨因素增收218元。③贯彻落实惠农政策助推增收。2012年，全省惠农补贴政策继续增多，补贴金额继续增加。除粮食直接补贴、良种补贴、农资补贴（包括生产资料综合补贴）、油菜补贴等传统补贴外，出台的补贴项目还有农村危旧土坯房改造补贴，一些地方陆续兑现高龄补贴、村干部退休等多种补贴。同时，农村养老保险覆盖率也不断提高。全年农民得到的补贴收入人均206元，增长17.1%

【农民人均生活消费首次突破5000元】 2012年江西省农民人均生活消费支出5123元，增加470元，增长10.1%。恩格尔系数（食品消费占全部生活消费支出的比重）为43.5%，下降1.7个百分点。农民生活消费方式继续从量的变化向质的提高转变，除了满足吃、穿、住等基本消费外，在交通通讯、文教娱乐和医疗保健等服务享受型的消费支出进一步提高，消费需求结构不断改善。

食品消费更加讲究营养。全省农民人均食品消费支出2233.1元，增加126.6元，增长6%。在食品消费中，人均主食消费支出575.5元，增长3.9%；蔬菜、肉、禽等副食消费支出增长6.1%。从具体消费的数量上看，人均消费粮食180.8千克，下降2.4%；人均消费肉禽类20.3千克，增长2.2%，奶和奶制品4.1千克，增长4.7%，蛋类和水产品人均消费量分别为4.9千克和6.1千克，分别增长7.7%和5.7%。农民的食品消费结构进一步改善，满足生存的主食消费不断下降，而多营养的副食消费则全面上升。由于主食消费量的下降，因此虽然2012年食品价格总体上涨，但农村居民的食品消费支出所占比重仍然有小幅度的下降。全省农民人均在外饮食221.8元，增长11.9%，在外饮食消费支出已占到整个食品消费支出的11.1%。

居住条件更加舒适。2012年末，全省农民人均住房面积47平方米，增加2平方米，增长4.3%。在住房面积增加的情况下，房屋室内配套设施也在不断更新、完善。全省农户自来水、清洁能源和空调普及率分别达到37.9%、26.4%和10.5%。另外购买家具、机电设备、室内装饰品等支出均呈快速增长态势。全省农民用于居住方面的支出人均1030.2元，增长15.9%，用于装修生活用房的费用支出人均214元，增长35.7%。

交通通讯更加现代化。农民交通

通讯现代化程度明显提高。年末全省农民每百户拥有摩托车69辆,增加2辆,增长3%,消耗燃料支出人均90.8元,增长4.8%。年末每户农户已平均拥有2部移动电话,人均通讯费用支出146元,增长14.2%。全年农民人均交通与通讯费用支出494.5元,增长25.7%。

现代化耐用消费品更加普及。随着收入水平的提高,农民生活耐用消费品完成了从实用型向中高档型的转变。大件耐用消费品拥有量有较大的增加,特别是一些中高档的家电在农村逐渐增加。2012年末,全省农民平均每百户家庭拥有电脑、空调、洗衣机和彩色电视机分别为13台、21台、28台和120台,分别增长25%、22%、27%和3%。

消费领域更加多元化。随着农民消费观念的更新,旅游、文化娱乐、身体保健、美容美发等一些城市化服务性消费呈较快增长势头,需求进一步趋旺,消费领域呈现多元化。2012年,农民人均旅游费用支出13.7元,增长20.4%,购买首饰支出增长12.1%,美容化妆品消费支出增长25%。

低收入农户的生活水平还相对较低。2012年,全省农民收入和消费水平均有不同程度的提高。但仍有一部分低收入农户的生活质量、生活水平还相对较低。按农民人均纯收入五等份分组,2012年20%低收入农户的人均生活消费支出2990元,为全省农民平均水平的38.2%。其中食品支出人均1544元,为全省农民平均水平的69.1%;衣着支出133元,为全省农民平均水平的50%;文教娱乐消费支出180元,为全省农民平均水平的52.4%。年人均消费的肉、水产品、蛋分别为16.3千克、5.4千克、3.2千克,分别为全省农民平均水平的80.3%、88.5%、65.3%。这部分农户的恩格尔系数为48.7%,比全省农户平均水平高5.2个百分点。所拥有的电视机、冰箱、空调等大件耐用消费品也明显低于全省农户平均水平。

(刘顺伯 刘 巍)

【城镇居民收入稳步增长】 2012年,城镇居民人均总收入为21150元,增加2493元,名义增长13.36%。从人均总收入水平看,首次突破2万元大关。城镇居民人均总收入从2006年突破1万元,到2012年突破2万元,用了6年的时间。

城镇居民人均可支配收入与经济实现同步增长。2012年,江西省城镇居民人均可支配收入为19860元,增加2365元,名义增长13.52%,扣除价格因素,实际增长10.64%,与2012年GDP实现同步增长。

城镇居民人均可支配收入增速快于全国平均水平。2012年,全国城镇居民人均可支配收入为24565元,名义增长12.6%,扣除价格因素实际增长9.6%,江西省城镇居民人均可支配收入名义增长和实际增长均快于全国平均水平,其中,名义增长比全国快0.92个百分点,实际增长比全国快1.04个百分点。从全国各省(市、区)城镇居民人均可支配收入名义增长排位看,江西省位居第六。

城镇居民人均可支配收入增速快于上年水平。2012年,城镇居民人均可支配收入增速快于上年水平。2012年,江西省城镇居民人均可支配收入名义增长13.52%,扣除价格因素,实际增长10.64%,比上年名义增长加快了0.51个百分点,实际增速加快了3.14个百分点。

城镇低收入户收入增速快于高收入户。按城镇居民五等收入分组,2012年低收入组城镇居民人均可支配收入为9705元,增加1336元,增长15.96%;高收入组城镇居民人均可支配收入为38166元,增加3809元,增长11.09%。从增速看,城镇低收入组人均收入增速快于高收入组,前者增速比后者快4.87个百分点。

六大因素支撑城镇居民收入较快增长。①经济稳步增长成为打基础、利长远、惠民生的关键。2012年,江西省经济保持了稳定较快增长,是支撑城镇居民收入较快增长的基础性因素。②就业形势继续向好。2012年前三个季度全省新增就业53.3万人,就业人数创历史新高,登记失业率为3.5%。从在岗职工平均工资增长情况看,2012年前三季度增速为15.02%,保持较快增长。③增资政策效应带动居民收入增长。一方面,江西省先后出台了提高公务员工资、事业单位津补贴及义务教育学校教师绩效工资标准的增资政策,部分地区职工工资增发补发在2012年基本到位。另一方面,2011年9月,个人所得税起征点提高至3500元,广大工薪阶层个税有所减少,对工资性收入增长形成“翘尾”影响。此外最低工资标准的提高也在一定程度上起到了“托底”作用。2012年,江西省城镇居民人均工资性收入为13348.06元,增加1693.7元,增长14.53%,对总收入的贡献率为67.92%,贡献率提高了18.34个百分点。工资性收入的大幅提高成为拉动家庭总收入快速增长的主要动力。④社会保障政策效应。2012年,国家连续8年提高离退休金和养老金标准及提高保障线标准,确保了这一群体收入水平的逐年提高。⑤创业扶持、结构性减税政策,带动居民经营净收入稳定增长。江西省为了减轻中小企业的负担,降低企业运行成本,支持小微企业发展,切实帮助企业克服困难,不断加大企业帮扶力度,出台了一系列创业扶持、结构性减税政策等,推动了城镇居民经营净收入稳定增长。⑥物价上涨,生活成本增加,倒逼企业特别是个私企业通过各种途径增加用工人员货币工资。

存在的问题。①虽然江西省城镇居民收入增速较快,但从绝对数看,收入水平明显低于全国平均水平,2012年江西省城镇居民人均可支配收入为19860元,全国平均水平为24565元,江西省比全国平均水平低4705元。从收入绝对数在全国各省(市、区)排位看,江西省仍然位居24位。②从中部六省看,虽然江西省收入增速居首位,但收入绝对数却居末位。2012年,中部六省城镇居民人均可支配收入名义增长由高到低排序为:江西增13.52%、湖北增13.42%、湖南增13.13%、安徽增13%、山西增12.62%、河南增12.35%;中部六省城镇居民人均可支配收入绝对数由高到低排序为:湖南21319元、安徽21024元、湖北20840元、河南20443元、山西20412元、江西19860元。

【城镇居民生活八大类消费全面增长】 2012年,江西省城镇居民人均消费支出为12776元,增加1028元,增长8.75%,扣除价格因素影响,实际增长6%,从消费八大类来看,呈现全面增长态势。其中,衣着、交通和通信类消费均呈两位数增幅,其余六类均有不同程度的增长,增幅最大的为衣着支出,增长16.01%;增幅最小的为教育文化娱乐服务类,增长4.06%。从消费比重来看,食品消费仍是居民消费主体,衣食住行四类消费共占八大类消费支出的七成,成为推动居民消费增长的主要动力。

恩格尔系数连续4年低于40%,居民消费质量进一步提高。2012年,江西省城镇居民人均消费支出12775.65元,增长8.75%。其中,人均食品支出5071.61元,增长8.48%;城镇居民恩格尔系数为39.7%,下降0.1个百分点,已连续四年低于40%。同时,城镇居民越来越注重食品消费质量,2012年江西省城镇居民人均牛、羊肉支出分别增长15.74%、11.57%,蔬菜类支出增长15.6%,水产品类支出增长11.6%。

衣着支出增幅居八大类消费支出首位。2012年,江西省城镇居民人均衣着支出为5071.61元,增加396.45元,增长16.01%;其中人均服装支出为1142元,增长16.68%。

城镇居民每百户汽车拥有量突破10辆。2012年,江西省城镇居民每百户拥有汽车10.76辆,增加1.2辆,增长21.17%。随着汽车拥有量的不断增加,相关的支出也出现了明显的快速增长。江西省城镇居民人均交通支出为1501.34元,增加191.13元,增长14.59%。其中,人均车辆用燃料及零配件支出为231.56元,增长16.06%;交通工具服务支出为105.25元,增长59.3%。

网上购物消费高速增长,增长78.1%。2012年,江西省城镇居民家庭平均每百户拥有家用电脑78.17台,增长5.82%;接入互联网的计算机69.55台,增长4.35%;接入互联网的移动电话25.19部,增长13.01%。人均通过互联网购买商品或服务支出为98.06元,增长78.1%。

服务性消费占消费支出的二成。随着经济发展和居民收入水平不断提高,人们的消费观念已发生了较大转变,花钱买享受、买时尚、买轻松、买健康等服务性消费逐渐成为居民消费的重点。2012年,江西省城镇居民服务性消费支出为2865.02元,增加214.34元,增长8.09%,服务类消费增长最快的前三位分别是居住服务支出,交通工具服务支出、文化娱乐服务支出,分别增长48.65%、59.3%、23.23%。

存在的问题。虽然江西城镇居民收入增速有所加快,并保持两位数增长,但消费增速有所放缓,消费热点不明显,消费增长出现乏力迹象。

(陈志诚)

住　宅

【概　况】 2012年,江西省贯彻落实房地产市场宏观调控政策,推进城市棚户区(危旧住宅区)改造工作,加强房地产市场监管,强化对房地产市场的引导和监测,全省房地产业呈现出持续、稳定、健康发展态势。

加大城市棚户区改造力度。建立目标责任考核机制,省与市、市与县签订目标责任状,完善了调度督导机制,实行"周报告、月调度、季督查、年终考评"的督查制度。通过城市棚户区改造,完善了城市功能,改善了城市棚户区群众的居住条件。

完成保障性安居工程建设目标任务。2012年是实施"十二五"住房保障规划承上启下的重要一年。省委、省政府高度重视保障性安居工程建设,将其列为全省两大民生工程之一。全省开工建设30.38万套,开工率100.7%;基本建成30.9万套,建成率100.1%,提前超额完成国家下达的目标任务,基本完成省目标任务。全省实现城镇人均住房建筑面积10平方米以下低收入家庭应保尽保,保障性住房建设在促进经济发展、保障民生、构建和谐社会方面发挥了积极作用。

建设资金投入进一步加大。全年中央安排江西省保障性安居工程补助资金76.5亿元,增加17.5亿元。省财政安排省级配套补助资金18.1亿元,增加了3.6亿元;安排8000万元奖励资金对任务完成好的市、县予以奖励。

住房保障建设标准更加规范。制定实施《江西省保障性住房建设标准(试行)》,全面规范了保障性住房小区选址、配套、设计、安装、装修、施工等方面技术标准,对提高全省保障性住房建设水平,规范指导保障性住房小区管理。

【启动项目贷款试点工作】 9月4日,住房和城乡建设部、财政部、中国人民银行批准上饶市、九江市作为利用住房公积金贷款支持保障性住房建设试点城市,两地试点项目均为公共租赁房,投资规模13.68亿元,公积金贷款额度7.36亿元,建设规模达55.77万平方米,拓展了保障性住房建设资金的来源。至年底,九江和上饶两地已经与部信息中心联通,开通了贷款运行监管系统,省住房城乡建设厅监管系统也已安装完设备。

【推行保障性住房"三房合一,租售并举"新制度】 1月3日,经省政府同意,省住房和城乡建设厅印发《关于加快经济适用住房、廉租住房、公共租赁住房三房合一的指导意见》,率先在全国推行保障性住房"三房合一,租售并举"新制度,实行廉租住房、经济适用住房、公共租赁住房统筹建设,并轨运行,较好地解决了"统一规划、统一建设、统一分配、统一管理",以及土地、资金、房源等资源合理配置等问题,促进了住房保障可持续发展。

(任红丽　廖琳琳　李　锋)

消费者权益与保护

【概　况】 2012年,全省工商行政管理部门、消费者协会加大消费维权工作力度,强化流通领域商品质量监管,查处侵害消费者权益案件,完善服务体系、创新机制手段,不断提升执法效能和服务水平。全省工商行政管理部门、消费者协会共受理登记消费者咨询、申(投)诉、举报87391件,办结率99.8%,查处侵害消费者合法权益案件2688起,为消费者挽回经济损失1665.96万元。

消费教育和消费引导。省工商局、省消协通过多种形式和途径,面向城乡居民开展消费教育引导。3·15期间,推出维权成果大型展板,向消费者介绍消费知识和消费信息。全年共印发各类宣传材料59.04万份,发布消费提示和警示5006条，开展大型宣传、咨询等活动363次，开展授课、培训活动246次。

消费维权网络体系建设。“一会两站”（“一会”是指消费者权益保护委员会分会，“两站”是指12315联络站和消费者投诉站）建设。全省进一步巩固了农村村镇和城市社区“一会两站”全覆盖的成果，夯实基层消费维权网络，方便消费者就近投诉、就近解决消费纠纷。全省共建立“一会两站”1.14万个，受理申诉投诉1.14万件，为消费者挽回经济损失1076.6万元。12315“五进”工作。全省工商行政管理部门开展12315进商场、进超市、进市场、进企业、进景区工作，制定《江西省工商行政管理机关12315消费者申诉举报工作规范（试行）》，有效搭建经营者与消费者的自行和解平台。全省已建立消费维权服务站1892个，自行和解纠纷8420件，争议金额182.8万元。拓宽信息化投诉渠道。省工商行政管理局探索新型申诉受理处理机制，进一步加强12315申诉系统快速通道建设，全省共建立快速通道企业104户；进一步改进网上民声通道系统和12315短信平台功能，为消费者提供了便捷、快速的短信受理平台和网上申诉、举报、咨询平台。全年12315短信平台共处理短信1877条，转办网上申诉举报咨询370件。

流通领域商品质量监管。加强商品质量监测工作。省工商行政管理局针对社会反映强烈、消费者诉求集中的重点商品以及监管执法中发现的不合格商品，加大商品质量监测力度，共对建材、家电、金银首饰、手机、日用百货等5大类4166组商品进行质量监测，并通过检测查处销售不合格商品案件692件，案值508.8万元。开展“家电下乡”市场专项整治。打击“家电下乡”市场违法行为，维护农村农民消费者的合法利益和农村市场秩序。全省工商行政管理部门共出动执法人员10.12万人次，检查经营主体12.6万户次，查处违法案件52件，为消费者挽回经济损失160.72万元。加强服务领域消费维权。成立江西省工商行政管理局服务领域消费维权工作领导小组。围绕消费者诉求重点和热点，采取个别沟通或集体约谈形式，对经营者进行行政约谈，签订承诺书，促进和谐消费。全省工商行政管理部门先后约谈省移动、省电信等通讯公司，畅通通讯消费申诉处理渠道；推行维权工作联席制度，与邮政快递公司共同签署“网购消费纠纷依法调解备忘录”，有效发挥部门的“准入守门员”“监管裁判员”“维权消防员”的“三大员”作用，维护服务领域市场秩序。

【开展3·15国际消费者权益日活动】 3月15日，省委宣传部、省工商局、省消协和南昌市委宣传部、市工商局、市消协等部门围绕“消费与民生”年主题，共同主办2012年江西（南昌）3·15国际消费者权益日宣传咨询服务活动。活动现场，工商、消协、质监、卫生等部门开展法律法规宣传活动，发放宣传资料，为消费者解疑答惑，提供咨询服务，受理消费投诉；同时推出维权成果大型展板，向消费者介绍消费知识和消费信息。3·15期间共接听消费者电话1292件；选派4名优秀接线员到京参加全国3·15大型晚会现场热线受理工作，得到国家工商总局的肯定。

（省工商局编辑室）

婚　姻

【概　况】 2012年，全省婚姻登记机关依照《婚姻登记条例》《婚姻登记工作暂行规范》等法律规定和程序，严把年龄关、材料关、取证关、审查关、登记关，全年办理结婚登记46.76万对，离婚登记6.6万对，补发结婚证9.12万对，补发离婚证3897对；合格率分别达99.9%和100%。

【率先实施全民免费婚姻登记制度】 2011年12月31日，省民政厅与省财政厅联合下发《关于建立全民免费婚姻登记的实施意见》，决定自2012年1月1日起，对在江西省办理婚姻登记的每对当事人免收9元婚姻证件工本费和2元声明书工本费，所需资金按现行财政体制由同级财政负担。7月6日，省民政厅与省财政厅、省发改委联合下发《关于实行婚姻登记免费制度的通知》，进一步取消了各级婚姻登记部门婚姻登记证书工本费和声明书工本费的收费项目。江西省是全国率先出台免费婚姻登记政策的省份之一，民政部领导给予了高度肯定。

【实行法定节假日婚姻登记制度】 9月28日，省民政厅下发《关于切实做好法定节假日期间婚姻登记工作的通知》，决定自2012年中秋、国庆节开始，凡国家法定节假日，县级婚姻登记机关照常办理婚姻登记，乡镇婚姻登记机关依预约办理婚姻登记，进一步方便了婚姻当事人，形成了制度化的节假日服务机制。

【新建婚姻登记网上预约系统】 2012年，在普遍推行电话预约、现场预约的基础上，省民政厅投入10余万元建成全省婚姻登记预约系统网络，进一步完善了预约登记服务系统，减少了当事人现场等候时间，方便了特需人群办理婚姻登记。

【推进婚姻登记机关标准化建设】 1月20日，省民政厅制定下发《江西省婚姻登记机关等级评定标准（试行）》，参照国家标准，完善了江西省婚姻登记机关标准化建设省级1A和2A标准，与国家3A、4A、5A级标准衔接，构建了婚姻登记机关等级评定标准体系。组织开展创建国家级婚姻登记机关评审工作，8家县级婚姻登记机关获民政部命名，其中4A级1家，3A级7家，宜春市民政局、九江市民政局被民政部评为“2012年全国婚姻登记机关等级评定工作贡献突出单位”。投入100万元，对达到国家标准的婚姻登记机关给予奖励，属全国首创。

【举办首届婚姻颁证员培训班和全省初任婚姻登记员培训班】 4月20日，举办全省首期婚姻颁证员培训班，共有130名婚姻颁证员培训合格，初步建成一支高素质的婚姻颁证员队伍。5月14日，举办全省初任婚姻登记员培训班，400多名初任婚姻登记员和部分3年内未参加省厅业务培训的登记员参加培训，经考核合格取得了登记员资格证。进一步规范婚姻颁证员行为，编印下发《江西省婚姻颁证员工作基本知识》读本。与省婚姻家庭协会联合策划、录制《结婚颁证仪式示范教学片》,免费分发给各县(市、区)婚姻登记处。

(刘学平)

家　庭

【概　况】 2012年,全省“平安家庭”创建活动、“文明家庭”创建活动与化解矛盾纠纷有机结合,与维护稳定促进和谐有机结合,与创新社会管理有机结合,两项活动得到有力推进。

开展“亿万家庭学法律,户户平安促和谐”法律宣传咨询活动。3月5日,省妇联、省妇儿工委办在南昌市开展以“亿万家庭学法律,户户平安促和谐”为主题的“三八”妇女维权周活动。来自法院、司法、妇联、律师事务所、妇儿工委等女法律工作者为过往群众解答了有关婚姻、家庭、劳动保障、计划生育、艾滋病防疫等问题,发放保护妇女儿童权益法律法规、预防求职被拐、妇女维权公益服务热线、预防和制止家庭暴力、平安家庭、婚姻家庭权益等宣传品,展示学习贯彻法律法规、新“两纲”等内容的展版,引导广大群众用法律、政策保护自身合法权益,促进了家庭和谐平安。

组织专项普法宣传活动。6月,下发《关于做好2012年“6·26”国际禁毒日宣传教育工作的通知》,全省妇联系统集中开展禁毒宣传教育活动。省妇联在南昌市开展以“关注青少年,不让合成毒品进我家”为主题的宣传教育活动,向市民宣传《中华人民共和国禁毒法》《戒毒条例》等禁毒法律法规,为民众发放禁毒宣传环保袋、讲解毒品知识,加深居民群众对毒品的认识及识毒、防毒、拒毒意识和能力。11月,下发《关于开展妇女法制宣传教育系列活动的通知》,组织全省妇联系统于11月下旬至12月上旬集中开展“11·25”国际反对针对妇女暴力日、“12·1”世界艾滋病日、“12·4”全国法制宣传日妇女法制宣传教育系列活动。

有序推进“平安家庭”创建活动。年初,印发“平安家庭”创建活动工作要点,年终结合江西省实际制发统一的考核标准,做好打分排名工作,并以书面形式向省综治办汇报,通过考评的形式促进了全省“平安家庭”创建工作深入开展。12月,在上饶召开全省维权维稳暨“平安家庭“创建活动现场推进会。会上,上饶市妇联、铜鼓县人大、九江市妇联、安源区东大街小桥社区、鹰潭市妇联分别作了发言,介绍经验和做法。

开展“五好文明家庭”评选表彰活动。全省有30户家庭获全国“五好文明家庭”称号,31户家庭获省“五好文明家庭标兵户”称号,301户家庭获省“五好文明家庭”称号,17个单位获江西省“五好文明家庭”创建活动先进协调组织称号;有100名个人(家庭)获省“低碳生活创新明星”称号。

(冯　娟　卢　芬)

【召开全省平安家庭创建工作现场推进会】 12月13日,全省妇联系统维权维稳工作会议暨平安家庭创建工作现场推进会在上饶召开。省妇联主席、省“平安家庭”创建活动领导小组组长潘玉兰出席会议并讲话。会议要求,贯彻落实党的十八大精神,参与社会管理创新,主动将创建平安家庭与创新社会管理有机结合,与化解矛盾纠纷有机结合,与维护稳定促进和谐有机结合,在更高起点上深化全省平安家庭创建工作,有力推进平安江西建设。会上,上饶市、宜春市、九江市、萍乡市和鹰潭市的代表作了经验交流。会后,与会人员深入铅山县永平镇西门新村、广丰县北门社区等地参观学习平安家庭创建工作。

【开展“三八”妇女维权周活动】 3月5日,省妇联、省妇儿工委办在南昌市开展以“亿万家庭学法律,户户平安促和谐”为主题的“三八”妇女维权周活动。活动现场,设立背景板、宣传点、咨询台、展板区,前来咨询的群众络绎不绝。来自法院、司法、妇联、律师事务所、妇儿工委等女法律工作者为过往群众解答了有关婚姻、家庭、劳动保障、计划生育、艾滋病防疫等问题。活动现场共发放《保护妇女儿童权益法律法规汇编》《江西省妇女儿童发展纲要》、预防求职被拐、12338妇女维权公益服务热线、预防和制止家庭暴力、平安家庭、婚姻家庭权益知多少等宣传折页、宣传册共计8000余份,展示学习贯彻法律法规、新两纲等内容的展版10余幅。通过此次活动引导广大妇女巧用法律、政策保护自身合法权益,促进了家庭和谐平安。

(冯　娟)

计划生育

【概　况】 2012年,全省人口计生工作抓住稳定低生育水平这一首要任务,实现了提高出生政策符合率,降低人口出生率、人口自然增长率、出生人口性别比“一升三降”的目标,年度人口计划全面完成,主要人口指标继续向好。2012年全省出生政策符合率提高了1.49个百分点;人口出生率控制在13.46‰以内,下降0.02个千分点;人口自然增长率控制在7.32‰以内,下降0.18个千分点;出生人口性别比实现“六连降”,控制在116.73,下降2.52,自2000年以来首次下降到全国平均水平以下。

全面落实计划生育政策。坚持以宣传教育、孕前管理、经常性工作为主。2012年,全省完成计划生育四项手术68.14万例。全省查处党员干部、公职人员违法生育849人,其中副科级以上干部20人,给予党纪处分455人,政纪处分415人,开除公职321人。查处富人违法生育578人,征收社会抚养费10079.47万元,其中征收50万元以上的23人。

治理出生人口性别比偏高问题。2012年,全省共查处“两非”(非医学需要的胎儿性别鉴定和非医学需要的人工终止妊娠行为)案件2492例,其中公立医院101例,开除或解聘医务人员134人,经济处罚1480.9万元,刑拘或判刑89人。江西省治理出生人口性别比工作得到了国家人口计生委的肯定,在全国综合治理出生人口性别比偏高暨重点治理年工作会议上,湖口县作为7个发言单位之一,介绍了查处“两非”工作经验。

建立完善计划生育利益导向机制。优化整合利导项目。对由省财政出资的利导项目进行了优化整合,由8项整合为5项,取消了3项。奖励扶助标准进一步提高。与省财政厅联合行文，明确规定社会抚养费的20%必须用于计划生育利益导向。建立奖励扶助和特别扶助标准动态调整机制，奖励扶助标准提高到每人每月100元，比国家标准高20元。计划生育“绿色养老”实现全覆盖。全省2012年新增8万户，累计已有24万户家庭享受计划生育绿色养老扶助项目，累计补助资金1.2亿元，实现了农村计划生育纯女户家庭绿色养老全覆盖。推进“阳光助学行动”。全省有1.36万名农村就读高中的女孩享受每人每年1000元资助，3425名计划生育家庭子女因享受中考加10分升入高中或重点高中。

实施免费孕前优生健康检查项目。2012年，全省新增免费孕前优生健康检查工作国家试点县55个、省级试点县40个，实现试点工作全覆盖，目标人群参检率达到100%。在国家组织的抽查考评中，江西省被抽查的8个县（区）室间质评优秀良好率达到100%，与其他三个省并列全国第一。全年全省累计投入1.5亿元为41.3万人做了优生健康检查，2.89万人检查后确定为高风险人群。对这部分高风险人群，全部进行一对一优生指导。江西省出生缺陷发生率从2010年以来稳定在全国平均水平以下。

加强流动人口计划生育服务管理。建立“统筹管理、服务均等、信息共享、区域协作、双向考核”的工作机制，推进服务管理的制度化、规范化、信息化。全省流动人口个案信息准确率、平台应用率、协查信息反馈率等指标一直位居全国前列。4月，全国流动人口计划生育工作现场会在南昌召开，江西省在会上介绍工作经验。

开展计划生育优质服务。开展“生殖健康进农家活动”，全省为育龄群众提供上门咨询259.5万人次，妇女病检查537.66万人次。计划生育药具“十进”（药具进党政机关、园区企业、社区、宾馆、超市、药店、景区、学校、车站及婚姻登记处）工程全面实施，全省免费使用药具人数达148.32万人，连续两年突破100万人。推进行政审批制度改革，省人口计生委仅有的两项行政审批事项，全部免费并实现网上审批和电子监察。“阳光计生行动”成效明显，全省所有乡村都建有规范的计划生育政务公开、村务公开栏，省、市、县三级人口计生部门全部开通12356阳光计生服务热线。

全面开展创先争优活动。2012年，省人口计生委获“全省精神文明单位”“全省集中整治影响发展环境的干部作风突出问题活动先进单位”“省直机关第六届十佳文明机关提名奖”“党建工作特别优秀奖”“节能工作优秀单位”等17个先进集体称号，有28人次获得各种先进个人称号。办公室获得“省直青年文明号”称号。

【全国流动人口计划生育工作会议在南昌召开】 4月13日，全国流动人口计划生育工作会议在南昌召开。国家人口计生委党组书记、主任王侠出席会议并讲话，副省长姚木根致辞，国家人口计生委副主任王培安主持会议。江西、广东、湖南、上海、河南、重庆、北京等7个省（市）和江苏省无锡市作经验介绍。与会代表现场考察南昌市基层流动人口计划生育工作。国家人口计生委相关司（厅、局）及直属联系单位主要负责人，部分省（区、市）人口计生委主任，各省（区、市）、计划单列市和新疆建设兵团人口计生委副主任、流动人口处处长出席会议。

【召开全省人口计生工作会议】 5月8日，省委、省政府在南昌召开全省人口计生工作会议。省委副书记、省纪委书记尚勇代表省长鹿心社向各设区市政府下发2012年度人口和计划生育工作任务书，省委常委、常务副省长凌成兴出席会议并宣读省长鹿心社书面讲话，省领导胡振鹏、刘晓庄出席会议，副省长姚木根主持会议并讲话，省政府党组成员、省政府秘书长谭晓林宣读省政府关于对2011年度全省人口和计划生育目标考核获奖单位予以表扬的通报。会上，新余市等8个设区市及新余市渝水区、安福县、德兴市、崇义县、永修县等32个县（市、区）获得2011年度全省人口和计划生育工作目标考核表彰。

【提高独生子女父母奖励费标准】 12月28日，经省政府同意，省人口计生委、省财政厅、省人力资源和社会保障厅联合下发《关于调整独生子女父母奖励费标准的通知》，决定从2013年1月1日起，独生子女父母奖励费标准由每人每月4元调整为每人每月20元。

（胡丽莎）

妇女儿童

【概　况】 妇女儿童健康福利水平大幅提高。2012年，将部分严重威胁妇女儿童身体健康的疾病救治列入民生工程的重要事项，实施了农村妇女住院分娩补助和“两癌”检查（宫颈癌和乳腺癌）、儿童大病救助、“光明·微笑”工程，对所有符合救治条件的白血病和先天性心脏病患儿实施免费救治、尿毒症妇儿患者免费透析救治等一系列政策措施，实施农村义务教育阶段学生营养餐试点，提高了妇女儿童健康福利水平。2012年，妇幼保健经费达到2.36亿元，孕产妇住院分娩率较2011年提高到了99.68%，孕

5月8日，省委、省政府在南昌召开全省人口计生工作会议。

省人口计生委　供稿

产妇死亡率下降到12.53/10万，婴儿死亡率下降到10.09‰。

妇女儿童受教育程度明显提高。小学学龄儿童净入学率达99.85%，初中阶段毛入学率达112.81%，高中阶段毛入学率为79.5%，九年义务教育巩固率达92.7%，平均受教育年限为8.73年，比2010年提高了0.42年。

妇女儿童合法权益得到有效保护。严厉打击拐卖妇女儿童等犯罪行为，打击非法使用童工行为，积极预防和制止家庭暴力，加强预防未成年人犯罪工作，切实保护了妇女儿童的合法权益。实行男女平等就业创业和女职工特殊劳动保护政策，女性就业人数稳步增加。

妇女参与经济建设和社会事务管理日益广泛。扩大妇女对经济社会事务管理的民主参与，重视对女干部的培养选拔，省级党委、政府及地级党委领导班子中女干部配备率均为100%，地级政府，县级党委、政府领导班子中女干部配备率分别为90.91%，91%，93%。

社会保障更加广泛地惠及广大妇女。2012年生育保险的参保人数为89.3万，参加城镇职工基本医疗保险的女性为264.4万，比上一年增加13.1万；参加城镇居民医疗保险的女性为462万，比上一年增加126万。妇女在政治、经济、文化和社会生活各领域地位不断提高，各类权利得到有效实现。全社会尊重妇女、关爱儿童的新观念和新风尚蔚然成风。

【江西妇女儿童十年成就展在国家博物馆展出】 3月6日，由国务院妇儿工委和全国妇联主办的中国妇女儿童十年发展成就展在国家博物馆开幕。中共中央政治局委员、国务委员刘延东，全国人大常委会副委员长、全国妇联主席陈至立，中国关心下一代工作委员会主任顾秀莲等参观了江西展区，并在省妇联发行的首日封上签名留念。江西省赴京展览的内容以“告别贫困、感受温暖”为主题，突出了鄱阳湖生态经济区这一战略，以蓝天、碧水、候鸟为布展背景，全面展示了10年来全省妇女儿童在参与发展、参政议政、教育创新、妇儿健康、维护权益等方面的成就。展馆设计突出了江西特色，以图片展示为主，在展馆入口处放置了景德镇特制的瓷花瓶，并安排了别有风韵的瓷乐表演，浓郁的江西风格得到了参观者的好评。

（石爱忠　盛　敏）

【召开第三次全省妇女儿童工作会议】 4月27日，第三次全省妇女儿童工作会议在南昌召开。会议传达第五次全国妇女儿童工作会议精神，总结过去10年全省妇女儿童事业发展成就，表彰全省实施2001～2010年妇女儿童发展纲要的先进集体和个人，部署2011～2020年全省妇女儿童发展纲要实施工作。省委副书记、省长鹿心社作讲话，副省长、省妇儿工委主任谢茹作工作报告，省政府党组成员、省政府秘书长谭晓林宣读《关于表彰全省实施妇女儿童发展纲要先进集体和先进个人的决定》，省妇儿工委副主任、省妇联主席潘玉兰作总结讲话，省妇儿工委副主任、省发改委副主任熊毅出席会议。省卫生厅、南昌市妇儿工委等10个部门或单位作了大会交流发言。谢茹代表省妇儿工委分别与全省11个设区市妇儿工委负责人签订并颁发了“两纲”实施责任书。

（赵　芳）

【启动新一轮农村妇女“两癌”筛查工作】 8月13日，全省农村妇女“两癌”检查项目工作电视电话会议在南昌召开。副省长谢茹出席并对开展新一轮农村妇女“两癌”筛查工作作出部署。省妇联主席潘玉兰主持会议。省卫生厅厅长李利、省财政厅副厅长辜华荣、省妇联副主席肖晓兰分别介绍了本系统工作开展情况，对进一步推进工作任务落实提出具体实施意见。各设区市政府分管领导，市妇联主席、卫生局长，67个项目县政府分管领导及妇联、卫生部门负责人在54个分会场参加会议。全省全年争取4600多万元资金完成了74万例宫颈癌检查、4.2万例乳腺癌检查任务，救助747名“两癌”贫困妇女，其中中国妇女发展基金会救助347人（每人1万元），省妇女儿童民生项目救助400人（每人5000元）。

（王晶洁）

【发布第三期中国妇女社会地位调查江西省主要数据】 8月31日，省妇联、省统计局发布第三期中国妇女社会地位调查江西省主要数据。按照全国妇联和国家统计局的统一部署，为全面客观反映2000年以来江西省妇女社会地位的状况和变化，为党和政府科学制定促进妇女发展、推动性别平等的规划纲要和政策实施服务，省妇联、省统计局联合组织对全省妇女社会地位进行了调查。调查以2010年12月1日零时为标准时点，对居住在家庭户内的18至64周岁的男女两性人口采用抽样调查的方法进行，主要内容是与妇女社会地位相关的个人和家庭基本情况，包括：健康、教育、经济、社会保障、政治、婚姻家庭、生活方式、法律权益和认知、性别认知与态度9个方面。根据数据分析，21世纪前10年，江西省妇女社会地位在很多方面有了明显提高，主要表现在女性健康保健较好、受教育机会增多、就业创业渠道拓宽、社会保障明显改善、政治参与主动性增强、拥有较多个人和家庭事务的决策权、男女平等观念得到多数人认同。

（石爱忠　盛　敏）

【举办江西省少年儿童“秀美江西”民俗美术、摄影作品展】 11月24～28日，由省妇女联合会和省文化厅联合主办，省教育学会少年儿童校外教育专业委员会、省儿童少年活动中心等共同承办的江西省少年儿童“秀美江西”民俗美术、摄影作品展在江西师范大学美术学院展厅展出。此次展览共收到来自南昌市、景德镇市、九江市、萍乡市、新余市、赣州市的24个学校和校外教育机构选送的儿童画、彩墨画、中国画、剪纸、手工等作品近2000件，由专家从中选出优秀作品600余件参加展出。展览内容分三个板块：“红色飘扬，薪火相传”“绿色崛起，放飞梦想”“古艺传承，生生不息”。少年儿童以天真浪漫的视角，稚拙生动的画笔，诠释了对江西民俗文化的传承和理解。这是江西省首次举办表现江西民俗文化的儿童作品展览。

（刘翠华）

【召开江西省妇女儿童新“两纲”新闻发布会】 12月26日，江西省妇女儿童新“两纲”新闻发布会在南昌市召开。新闻发布会介绍了新纲要的编制背景、主要内容以及创新亮点。《江西省妇女发展纲要(2011~2020年)》《江西省儿童发展纲要(2011~2020年)》经省政府常务会议审议通过正式颁布实施，呈现出与全省有关规划紧密衔接，比国家新“两纲”涵盖范围更宽、项目指标更多、部分指标更高等亮点。其中《江西省妇女发展纲要(2011~2020年)》涉及妇女与健康、教育、经济、参与决策和管理、社会保障、环境和法律七大领域，共有59项主要目标，比国家新“妇纲”增加2项;《江西省儿童发展纲要(2011~2020年)》涉及儿童与健康、教育、福利、社会环境和法律保护五大领域，共有54项主要目标，比国家新“儿纲”增加2项，将为实现妇女儿童事业与经济社会同步协调发展提供重要保障。

（赵　芳）

青　年

【概　况】 2012年，江西14~35周岁青年为1552.15万人，其中14~28周岁为1055.68万人，29~35周岁为496.47万人。从事农、林、渔、牧业人数为1039.94万人，其中国营农林牧渔62.13万人，乡镇438.28万人，行政村539.53万人;采掘业29.64万人;制造业65.34万人;电力、煤气及水的生产和供应业27.41万人;建筑业11.19万人;地质勘探业、水利管理业5.08万人;交通运输、仓储及邮电通讯业27.84万人;批发和零售贸易、餐饮业91.63万人;金融、保险业11.36万人;房地产业26.14万人;社会服务业46.28万人;教育文化艺术和广播影视业418.35万人，其中，大专院校学生85.36万人，中专学生49.23万人，职业高中学生28.33万人，普通高中学生60.25万人，初中学生178.74万人;卫生、体育和社会福利事业39.32万人;科学研究和综合技术服务业3.8万人;国家机关、政党机关和社会团体65.86万人;其他42.07万人。

从事经济行业14~35周岁青年为561.3万人。国有经济中296.23万人，其中国有企业137.42万人，国有事业单位140.28万人，国家机关、政党机关和社会团体18.53万人;集体经济中32.06万人，其中集体企业15.84万人，集体所有制事业单位16.22万人;私营经济中133.06万人，其中私营独资企业14.31万人，私营合资企业54.06万人，私营有限责任公司64.69万人;外商经济4.21万人，其中中外合资、合作经营企业0.96万人，外资企业3.25万人;港澳台经济1.86万人，其中与大陆合资、合作企业0.97万人，港、澳、台独资企业0.89万人;个体经济76.11万人;乡镇企业17.77万人。

乡镇街道14~35周岁在辖区内从业的青年为299.39万人，就业人员152.45万人，其中机关、国有、集体企事业单位正式职工85.94万人，外来务工人员65.11万人;待业人员25.84万人;流动人员中，流入数为19.12万人，流出数68.05万人。

【实施“江西希望之星成长计划”】 1月18日，团省委正式启动“江西希望之星成长计划”，对优秀的青少年典型和优秀典型人物的未成年子女进行扶持。在资金帮扶上，给予一次性奖励和长期的贫困资助。在非资金帮扶上，从服务学习、生活、成长三个方面，通过组织志愿者结对、建立“希望之星”假日培训基地、协助申请社会救助和援助、优先作为党团组织培养对象培养、提供就业创业指导等进行全方面帮扶。7月，组织首批23名“希望之星”赴港澳学习交流，促进他们开阔视野、健康成长。2012年，“江西希望之星成长计划”帮扶青少年25人。

（黄　煜）

老年人

【概　况】 2012年，全省有60岁及以上老年人口558.04万人，占总人口比重12.39%，比上年提高0.52个百分点。65岁及以上老年人口376.08万人，占总人口比重8.35%，提高0.43个百分点，人口老龄化进程继续加快。

开展居家养老服务工作。利用600万省级福利彩票公益金，建设省级城乡居家养老服务示范点39个。截至年底，全省建设居家养老服务中心(站)1122个(城市426个、农村696个)。省老龄办在省民政学校和上饶市养老服务中心，分别举办居家养老服务管理人员和服务人员培训班，有95名培训人员领取了相应的等级证书。上饶市养老服务中心、鄱阳县湖城居家养老服务中心、瑞金市居家养老服务中心、泰和县社会福利院老年公寓、南昌市温馨老年公寓、南昌市青山湖区夕阳红老年公寓和赣州市章贡区杨仙老年公寓被中国老龄事业发展基金会确定为“爱心护理工程”建设基地，南昌市社会福利院老年颐养中心被授予“爱心护理工程”示范基地，吉安市吉州区被全国老龄办列入为老服务信息平台建设试点单位。

加强老年协会规范化建设。省老龄办印发《关于加强基层老年协会建设的意见》，明确了老年协会建设指导思想、基本原则、总体目标，以及协会主要任务和规范化建设标准等，提出到“十二五”期末，全省成立老年人协会数，城镇社区达到95%以上，农村社区(村)达到80%以上。按照“设施完善、制度健全、班子得力、经费落实、作用明显”五条标准，完成了全省第六批133个农村老年协会规范化建设任务。

【办理“70周岁以上老年人免费乘坐市内公交车意外伤害保险”】 2012年，“70周岁以上老年人免费乘坐市内公交车意外伤害保险”被列入了省政府为民办70件实事的民生工程之一。市级保险费用由省财政和设区市财政各负担50%;西部政策延伸县按80%:20%、其他县按60%:40%的比例由省财政与县(市)财政负担。通过政府采购、社会公开招标，中国人寿保险江西分公司为南昌市、宜春市、九江市承保单位;中国平安财产保险江西分公司为赣州市、吉安市、新余市、萍乡市承保单位;中国人民财产保险江西分公司为上饶市、鹰潭市、景德镇市承保单位。

【开展“敬老文明号”创建活动】 3月15日，省老龄委发出《关于“敬老文明号”创建活动的通知》，6月25日，老龄办发出《江西省“敬老文明号”创建活动实施方案》，决定在省、设区市、县（市、区）三级范围内的医疗机构、旅游景点、城市公交等公共服务窗口行业，以及养老机构（含社会团体组织）等服务行业开展“敬老文明号”创建活动，表彰周期为3年。

【开展敬老先进典型评选表彰活动】 10月23日（重阳节），经过层层推荐、社会公开投票、省老龄委批准，在全省表彰李莲群等“江西省十大养老护理员标兵”和凌苏等“江西省十大敬老志愿者标兵”，并在南昌市八一广场召开表彰大会，副省长胡幼桃出席大会并讲话。在全国组织开展的第五届敬老爱老助老主题教育活动中，高安市瑞州街道社区养老服务中心护理员陈三英被评为“中华孝亲敬老楷模”；瑞昌市供电公司退休职工王能桂、东湖区农机公司退休职工冯华获“中华孝亲敬老楷模提名奖”；吉安市老龄办、石城县政府、高安市老龄办、中国人民银行南昌中心支行、武宁县泉口敬老院被评为“全国敬老楷模单位”。全省有115人被评为“全国孝亲敬老之星”。

【开展“敬老月”活动】 8月20日，省老龄办与省委组织部、省委宣传部、省教育厅、省公安厅、省民政厅等13家省直单位联合印发《关于2012年开展“敬老月”活动的通知》，决定10月1日至11月1日，组织全省开展为期一个月的敬老活动。活动期间，全省各地由领导带队走访慰问贫困、高龄老人2.5万余人，发放慰问金、慰问品共计800万余元。省老龄办与南昌市老龄办、江西民生广播联合组织“关爱空巢老人志愿服务”活动；上饶市、赣州市组织当地医院、法律援助中心、心理咨询师协会等机构，开展医疗问诊，药品安全、心理健康和法律维权咨询等服务活动；九江市、吉安市举办“喜迎十八大”老年书、画、摄影展；赣州市、抚州市开展大型敬老文艺演出；宜春市组织开展中心城区万名老年人健身体育展示暨敬老助老活动；新余市开展85周岁以上的健康老人评选活动；鹰潭市举办第六届老年人体育健身运动会。

【开展老龄难点热点问题研究】 2012年，省老龄办组织全省老龄系统，就老龄难点热点问题进行调查研究。江西省撰写的《江西省农村养老和服务状况调查与思考》《江西省居家养老家政服务研究》《赣州市为老志愿服务现状调研》和《人口老龄化对经济社会的影响及统筹城乡老龄事业发展的对策》分别获得全国老龄政策研究二等奖、三等奖和优秀奖，省老龄办获得优秀组织奖。

（曾广水　段玉冰）

殡　葬

【概　况】 2012年，全省殡葬管理工作以“服务民生、提升发展”为主线，实施惠民殡葬政策，推进农村公益性骨灰安放设施建设，全力提升殡葬公共服务能力和水平。截至年底，全省建成火化殡仪馆85个，经营性公墓99个，农村公益性骨灰安放设施5000余个。

实施惠民殡葬政策。2012年，省政府继续将困难群众遗体免费火化纳入2012年民生工程考评指标。全省建立全民遗体免费火化制度的县（市、区）达到61个。省级福利彩票公益金列支600万元，资助建设159处农村公益性骨灰安放设施。争取国家福利彩票公益金165万元，资助景德镇市等7个殡仪馆进行殡葬设施设备环保节能改造，支持上犹县等4个县建设农村公益性骨灰安放设施。

【组织开展2011年度公墓年检活动】 2月20～24日，全省组织10个检查组，对97家经营性公墓2011年度规范管理、墓区建设、经营管理、文明服务、自身建设等五个方面情况进行了年度检查。有75家公墓达到优良标准，年检合格率为94.8%；有5家问题较多公墓被责令限期整改，限期内，4家公墓基本整改到位。

【清明节祭扫安全文明有序】 经省政府同意，3月30日，省民政厅发布《关于清明节安全文明祭扫的通告》，在主要媒体滚动播报和全文刊登，在人员密集街道、广场、社区和所有殡葬服务单位进行张贴，得到社会各界和广大群众的响应。清明小长假期间，全省殡葬服务单位接待祭扫群众214万人次、祭扫车辆14万辆次，群众祭扫活动安全、文明、和谐、有序。抚州市民政局等3个单位、南昌市殡葬管理处瀛上公墓等5个单位和罗铁军等6名个人分别被民政部评为“清明节工作突出单位”“群众祭扫观察点”和“观察员”。

【率先推行殡葬“一条龙”服务模式】 12月19日，省民政厅印发《江西省殡葬“一条龙”服务指导意见》，在全国率先推行殡葬“一条龙”服务模式，将有关联性的殡葬服务内容进行梳理、整合、提升，实施以“一线通”白事服务、“家庭式”守灵服务和“一站式”陪同服务等亲情服务为主要内容的惠民便民服务，保障群众“方便、快捷、文明、节俭”办理丧葬事宜。

【举办全省首届民政行业职业技能竞赛】 11月14～16日，11个设区市每个市分别派出3名遗体接运工和3名公墓管理员参加省民政厅、省人力资源和社会保障厅联合举办的全省首届民政行业职业技能竞赛。刘献兰等6人荣获一等奖，被授予“江西省技术能手”称号；张亮等8人荣获二等奖，被授予“江西省民政行业技术能手”称号。

【开展行风建设和示范单位创建活动】 3月15日至4月15日，全省殡葬系统围绕“讲诚信、促服务、创示范”主题，开展“行风建设月”“为民服务创先争优”“岗位学雷锋”等教育活动。全省殡葬单位开展文明窗口单位和殡葬改革示范单位创建活动，赣州市民政局被民政部确定为第二批全国殡葬改革示范单位。

（罗铁军）

民　　政

本栏编辑　李荣根

社会福利和慈善事业

【概　况】　截至2012年底，全省有各类社会福利机构1774个，其中公办社会福利院113个，乡镇敬老院（光荣院）1521个，民办养老机构140个；养老床位169310张。全省各类福利机构共有职工13028人，平均每个福利机构有7.4人，其中拥有大专及以上学历的1295人，拥有国家职业资格证书的1270人，社会工作专业人才613人。全省孤儿人数有28668人，其中社会福利机构集中供养孤儿6098人，社会散居22570人。

加强儿童福利机构建设。全省有儿童福利机构68个，建筑面积15万平方米，床位6800多张。机构内收养孤残儿童7635人，其中残疾儿童4350人。实施儿童福利机构建设"蓝天计划"，全省有"蓝天计划"项目16个，建筑面积8.5万平方米，床位3121张。

落实孤儿基本生活保障资金。争取中央孤儿基本生活保障补助资金1.19亿元并全部拨付各地，落实孤儿最低养育标准：城乡福利机构抚养孤儿每人每月1000元，城市散居孤儿每人每月570元，农村散居孤儿每人每月400元，散居残疾孤儿再增加100元。

实施社会福利项目。继续实施"孤残儿童手术康复明天计划"和"贫困家庭唇腭裂儿童手术康复计划——重生行动"，为122名残疾孤儿和328名贫困家庭中患有唇腭裂的儿童进行免费矫治康复和手术治疗。实施福利机构脑瘫儿童康复项目，全面筛查300余名残疾儿童，对其中的86名儿童进行了为期3个月的康复。

开展慈善救助活动。省慈善总会募集善款和项目资金1.51亿元，直接受益的弱势群体和困难群众达10余万人。实施高等教育助学和慈善阳光班项目，推荐8名适龄孤儿免费进入高等院校接受教育，其中5名获得每人每月400元生活费补助。各级慈善组织开设慈善阳光班达62个，资助贫困高中生3100人。继续实施"青苗关爱工程""爱心医疗救助"等项目，全省慈善组织救助患白血病、肾衰竭、血友病、脑瘫等疾病的贫困家庭儿童300多名，救助资金达500万元。继续开展"福彩公益行"系列活动，投放公益金300万元，资助困难群众和活动对象800余人。

【推进社会养老服务体系建设】　12月31日，省发改委出台《江西省社会养老服务体系建设十二五规划》，对养老服务设施总量、社区居家养老服务网络和养老服务管理等提出明确的目标要求，提供阶段性的顶层设计，带动全省11个设区市出台本地区社会养老服务体系建设政策文件30多个，其中南昌、赣州出台养老服务机构补贴资金办法，对社会力量兴办养老福利机构、居家养老服务中心（站）给予资助。争取全国社会养老服务体系建设试点项目中央预算内投资1.82亿元，实施项目44个。省本级福彩公益金安排"以奖代补"资金8400万元，资助"三院"（福利院、敬老院、光荣院）建设项目243个。巩固完善政府供养制度，提高城镇"三无"特困群众月人均供养标准50元，达到400元，增长14.3%。推动新余、宜春、赣州、萍乡、吉安、南昌、上饶7个设区市建立了80岁以上高龄老人补贴制度。扩大养老服务示范活动成果，西湖区、丰城市、珠山区等3个区（市）被命名为"第四批全国养老服务示范活动示范单位"，"全省示范单位"已达9个。

（刘生根）

优抚双拥安置工作

【概　况】　2012年，全省民政部门落实各项优抚双拥安置政策，狠抓双拥模范城（县）建设，推进退役士兵免费教育培训，全面落实军队离退休人员政治和生活待遇，较好地完成了各项工作任务。

落实退役士兵安置改革新政策。全省接收复员退伍军人18199人。截至年底，已岗位性安置退役士兵1957人，办理自谋职业4150人，退役士兵自谋职业率达到68%。从2011年冬季退役士兵开始，对在江西省选择自主就业退役士兵实行一次性经济补助，补助标准为每服役一年4500元。全年累计发放自谋职业补助资金9120万元，发放自主就业补助资金近1.86亿元。

全省退役士兵教育培训成效显著。按照省政府、省军区2011年颁布的《退役士兵职业教育和技能培训暂行办法》要求，科学指导、合理制订培训计划。2012年全省有33所承训学校确定为退役士兵职业教育和技能培训机构，共培训退役士兵4288名，同比增加76%，学员的"双证"获取率达到95%以上，就业率90%以上。

完成军休人员接收安置任务。全年接收安置军队离退休干部、退休士官77人;审定军休干部安置去向70多人,审定无军籍退休退职职工安置去向342人。2009年以来接收安置伤残军休干部44人,为计划数(33人)的133%。接收安置伤病残退休士官60人,为计划数(40人)的150%。

规范落实军休人员各项待遇。根据政策及时调整生活待遇的项目和标准,足额下拨军休人员、军休机构、医疗保障、用房建设等各项经费。落实重大节日走访慰问制度。全面完成军休干部房改工作,905名军休干部符合政策参加房改,补助资金达到1.06亿元。

优抚对象保障水平进一步提高。根据民政部、财政部《关于调整部分优抚对象等人员抚恤和生活补助标准的通知》和省民政厅与省财政厅联合下发的《关于调整我省部分优抚对象等人员抚恤和生活补助标准》文件精神,连续第九年调高了江西省部分优抚对象等人员抚恤和生活补助标准,每次调幅达15%以上,抚恤和生活补助资金每季度通过"一卡通"及时发放到对象手中,优抚对象生活水平得到进一步改善。

完成"老烈士子女"身份认定工作。根据民政部、财政部1月20日《关于给部分烈士子女发放定期生活补助的通知》精神,省民政厅组织指导全省各地按照规定条件进行"老烈士子女"的身份认定工作,到12月底,全省认定农村和城镇无工作单位60岁以上老烈士子女59316人。

做好零散烈士纪念设施保护工作。在2011年对零散烈士纪念设施(含散葬烈士墓)普查工作的基础上,组织各地按要求做好零散烈士纪念设施建设规划和项目申报工作。制定《江西省零散烈士纪念设施抢救保护工程总体规划及实施方案》,适时启动了江西省零散烈士纪念设施抢救保护工程。2012年,争取中央财政补助资金7500万元,对全省15000座零散烈士墓(碑、塔、祠)等进行维修保护。

完成残疾军人、带病回乡退伍军人的审核、审批工作。协调省卫生厅成立评残鉴定专家库,确定了省复检定点医院。针对癫痫病人的发病特点,在省荣军医院开展退役军人癫痫残情定级试点工作。协调省职业病医院,组织开展对235名原8023部队退役人员的涉核评残检查工作。

军供站现代化建设不断加强。推进军供重大项目建设,南昌西军供分站建设获得市政府行政划拨项目建设用地0.8公顷,向塘西军供点搬迁重建项目已动工,上饶新军供站建设列入市政府重点工程项目。全省军供站共争取军供建设专项资金247万元,军供站基础设施进一步完善。

组织对驻昌部队的走访慰问活动。省领导带队分别走访了省军区、省武警总队两个军级单位。省民政厅领导和相关厅局领导带队分别走访了驻昌的10个师级、8个团级单位,并向驻昌部队赠送了慰问金。

【承办两次"江西省党政军座谈会"】 春节前和建军节前,在滨江宾馆举行两次省党政军负责人座谈会。省委、省人大、省政府、省政协领导和驻昌部队在职的副军以上领导、师以上单位的军政主官参加了座谈会。省委书记苏荣到会讲话,对驻赣部队官兵进行了慰问,座谈会由省长鹿心社主持,省军区司令员郑水成代表驻赣部队讲话。

【12市县被命名为"全国双拥模范城(县)"】 2月27日,在全国双拥模范城(县)命名暨双拥模范单位和个人表彰大会上,南昌市、景德镇市、吉安市、九江市、赣州市、新余市、上饶市、萍乡市、万载县、金溪县、贵溪市、井冈山市等12个市县被命名为"全国双拥模范城(县)"。资溪县面包行业协会被授予"全国爱国拥军模范单位"称号,井冈山市武装部被授予"全国拥政爱民模范单位"称号,鄱阳县鄱阳镇朱家桥村委会村民张秀桃、萍乡艺婉建材有限公司董事长张婉玲被授予"全国爱国拥军模范"称号。

【开展军休服务管理规范化建设】 9月3日,省民政厅下发《江西省军队离休退休干部安置服务规范》和《江西省军队无军籍退休退职职工安置服务规范》。在全省14个军休所建立符合省二级档案管理要求的档案室,为1714名军休干部分别建立基本档案、健康档案和房改档案,为230名集中管理的无军籍职工建立基本档案。编印《军休服务管理文件汇编》,规范军休人员待遇项目和标准。推广九江市军休一所经验,加大社区军休服务站建设力度。

【组织军休人员开展社会活动】 5月,省民政厅组织军休干部医疗队老区行义诊活动,为贵溪市樟坪畲族乡和志光镇(老区)300多名困难群众、优抚对象和五保户免费诊治看病,送医送药。组织开展庆祝建军85周年军休干部书画摄影征集评比活动,5件作品获得全国二、三等奖和优秀奖。在上饶市举办江西省第五届军休干部"健康杯"运动会,179名军休干部参加了14个项目的比赛。

(张国安　朱显华　董光红)

救灾工作

【概　况】 2012年,江西省先后遭遇低温雨雪、风雹、洪涝、台风等重大自然灾害,特别是4月下旬的风雹灾害、6月下旬的洪涝灾害以及第11号台风"海葵"带来的暴雨洪涝灾害,对灾区群众生产生活造成较为严重影响。全年受灾人口达955.9万人次,因灾死亡41人,紧急转移安置56.5万人,农作物受灾面积692.5千公顷,其中绝收面积73.8千公顷,农房倒塌9788户,严重损坏8914户,一般性损坏22014户,直接经济损失113.3亿元,其中农业损失51.6亿元。面对严重灾情,省民政厅和市、县民政部门履行抗灾救灾职能,落实各项救灾工作措施,全力保障受灾群众基本生活。省委、省政府对抗灾救灾工作给予充分肯定。

抗灾救灾高效有序。全年国家减灾委、民政部对江西省启动国家救灾四级应急响应3次,省减灾委、省民政厅启动省级救灾四级应急响应5次、三级响应3次,市、县民政部门启动应急响应45次。省民政厅及时会同省财政厅下拨中央和省级救灾资金5亿元,省、市、县紧急发放救灾棉被58970床、毛巾被18540条、毛毯16430条、棉衣15600件以及一批草席、手电筒等救灾物资,保障了灾后8小时内受灾群众得到基本生活救助。省委、省政府高度重视倒房重建工作,将8378户因灾倒房重建户纳入农村困难群众危房改造范围予以优先安排、重点支持,有力帮助全省倒房户重建家园、喜迁新居,省民政厅与省住建厅等部门密切联系,狠抓规范管理、工作进度和重建质量,春节前全省受灾群众全部搬入安全舒适的新居。突出抓好冬春救助工作,及时下拨冬春救助资金3.26亿元,实施分类救助、保障重点,确保受灾群众得到全面及时救助。

防灾减灾协同有力。出台《江西省防灾减灾人才发展中长期规划(2010~2020年)》和相应《实施任务分工方案》,标志着江西省综合防灾体系建设取得新的重大进展。牵头组织防灾减灾宣教活动。"5·12"国家防灾减灾日当天,省减灾委与南昌市人民政府在八一广场主办大型防灾减灾文化宣传活动,常务副省长、省减灾委主任凌成兴等领导以及各界群众共2000余人参加活动。推进综合减灾示范社区创建工作。2012年创建52个全国综合减灾示范社区、100个全省综合减灾示范社区。配合推进全省农村危房改造工作,支持赣南等原中央苏区农村土坯房改造,提高了农村民房防灾抗灾能力。

政策创制成效明显。省政府印发新修订的《江西省自然灾害救助应急预案》,建立健全了党委领导、政府负责、社会协同、公众参与、法治保障的工作体系。省民政厅制订《江西省自然灾害灾情核查实施细则》《关于推进受灾群众冬春救助精细化管理工作指导意见》《救灾应急工作规程》等一系列救灾工作制度,会同省财政厅制订《江西省自然灾害生活救助资金考核办法》。在推进政策创制工作中紧紧把握"科学管理"的工作目标,建立省、市、县三级灾情核查机制,建立资金下拨通报与跟踪问效机制,制订了冬春救助的细化标准。

【出台《江西省防灾减灾人才发展中长期规划(2010~2020年)》】 7月16日,省减灾委出台《江西省防灾减灾人才发展中长期规划(2010~2020年)》。该规划内容包括序言、指导思想与基本原则、战略目标与总体要求、发展重点、主要任务与重点工程、保障措施六个部分。江西省防灾减灾人才队伍建设的总体目标是:整体性开发防灾减灾人才资源,扩充队伍总量,优化队伍结构,提高队伍素质,完善队伍管理,形成以防灾减灾专业人才队伍为骨干力量,以各类灾害应急救援队伍为突击力量,以防灾减灾社会工作者和志愿者队伍为辅助力量的防灾减灾人才队伍。全省防灾减灾人才资源总量,2015年达到9.5万人左右,2020年达到15万人左右。每百万人口中拥有的防灾减灾人才资源数量,2020年达到3000人左右;每百万人口中拥有的专业抢险救援(灾)工作人员数量,2020年达到1000人左右。

【启动农村住房保险试点】 8月,根据省政府和民政部的有关要求,省民政厅会同省政府金融办、省财政厅、保监会江西监管局联合下发《江西省政策性农村住房保险试点实施方案》,在全国较早启动了政策性农村住房保险工作。8月30日,省民政厅与人保财险江西分公司签署《共同推进农村住房保险合作协议》,双方在农村住房保险承保、理赔、宣传、培训等方面开展全面合作。成立省政策性农房保险工作联络办公室,制订《政策性农村住房保险倒塌房屋鉴定标准和裁定办法》,下发争议裁定工作文书式样。根据安排,萍乡、赣州、九江、景德镇、南昌、上饶6个设区市启动试点工作。截至2012年底,全省6个试点设区市累计承保农户10.35万户,保费收入104.52万元,保险金额10.35亿元。

(邱　伟)

社会救助

【概　况】 截至2012年底,全省筹集社会救助资金60.4亿元。2012年,全省城市低保保障人数为93万人,平均保障标准为每人每月350元,月人均补助为220元。全省农村低保保障人数为150万人,平均保障标准为每人每月170元,月人均补助为105元。农村五保集中供养标准每人每月220元,分散供养标准每人每月180元。城乡医疗救助全年累计救助78.74万人次,住院救助人均每次2271元,门诊救助人均每次369元,资助232万城乡困难群众参保参合。实施临时救助2.2万户次,户均次救助1472元。精简退职老弱残职工生活补助城乡分别为每人每月265元和225元。

城乡低保规范管理进一步加强。配合国家审计署武汉特派办完成了对江西省2005~2011年城乡低保等社会救助资金的审计工作。结合审计整改,进一步加强了低保规范化管理。转发财政部民政部联合下发的《城乡最低生活保障资金管理办法》,进一步规范低保资金的使用发放程序,完善低保资金的审批、巡查和预算执行通报制度。进一步完善公示、听证、基层干部亲属享受低保备案登记和"三级联审"等制度,加大动态管理力度,及时开展了清理整顿。建立领导负责制和倒查问责制,进一步加大责任追究和监管力度,对违法违纪案件进行严厉查处。

农村敬老院建设管理工作取得新进展。全面开展敬老院事业单位法人登记、敬老院工作人员公开招聘和经费落实工作。全省1472所农村五保供养服务机构实行了事业单位登记,通过公开招聘和择优聘用的方式,招聘事业单位编制内人员近3000名。省财政每年安排2000万元补贴工作人员工资,全省敬老院工作人员平均工资达到1600元/月。启动敬老院改造提升工程,安排福利彩票公益金4900万元,按照"三改、四设、三完善、一提升"的标准,资助175所敬老院实施"改造提升"工程。引进民间力量推进敬老院发展,通过中国福利基金会引进"河仁基金"等私募基金近千万元,帮助江西省10所敬老院实施改造提升,给39所敬老院(福利院)配备多功能服务用车,为敬老院老人出行、购物、看病提供便利。

城乡医疗救助工作取得新的成效。全面开展贫困家庭尿毒症患者免费血透治疗工作,为10151名贫困尿毒症患者提供免费血透治疗。建立农村重点污染区域专项医疗救治制度,使暴露人群受环境污染所致健康影响及其相关疾病得到治疗。建立贫困家庭重性精神病患者免费救治制度,通过开展急性期住院及缓解期维持治疗的免费救治，提高重性精神病患者治疗率，进一步缓解患者家庭经济负担和精神压力。建立农村居民重大疾病救助制度，通过按病种定额付费的方式，由基本医保（新农合）和医疗救助按比例分担治疗费用的办法，探索减轻农村居民重大疾病负担的有效途径，切实解决重大疾病患者因病致贫问题。对农村居民患耐多药肺结核等15类重大疾病，在限定费用的基础上，实行按病种付费救治。

【开展居民家庭经济状况核对工作】 2012年，省民政厅起草并向省政府报送《江西省居民家庭经济状况核对办法》。《江西省居民家庭经济状况核对办法》已列入省政府2013年立法工作计划。南昌市、宜春市、鹰潭市、上饶市和赣州市部分县，成立居民家庭经济状况核对中心，为民政部门内设二级机构。南昌市居民家庭经济状况核对中心编制达到10人，已经开展信息化核对试点工作，取得初步成效。婺源县等50个县（市、区）开展手工核对工作，共受理社会救助申请对象31.1万户、75.8万人。经过经济状况核算，符合条件的社会救助对象有27.2万户、68.6万人，占申请对象的87.46%，认定排除率达到12.54%，促进了社会救助工作的公平公正。

（罗永青）

行政区划和地名管理

【概　况】 2012年，经省政府批准，全省办理行政区划调整事项9件，涉及九江市、鹰潭市、宜春市、吉安市、萍乡市等5个设区市。其中撤乡（街道）设镇8件，设立乡1件。截至2012年底，全省有设区市11个，县（市、区）100个，其中市辖区19个、县70个、县级市11个；乡级行政区划建制单位1540个，其中街道142个、镇802个、乡596个（含民族乡8个）。

规范地名管理工作。总结全省地名公共服务工程实施情况，部署“十二五”地名公共服务体系建设任务，命名了一批“地名公共服务示范单位”。贯彻落实《江西省地名管理办法》，加强了地名命名的审批和管理。全省命名各类地名1237条。在全省开展对不规范地名的清理整顿，共清理不规范地名120余条，民政部推广了江西省的做法。加强了地名标志的设置与管理，共设置城乡地名标牌10000余块，全省有70%的行政村设置了地名标志。

弘扬地名文化。搭建地名文化服务平台，完成了省、市、县三级地名基础数据的汇总上报工作，共汇总各类数据12大类、30余万条，江西省在7月10日召开的全国地名文化建设工作会议上作了经验介绍。组织《中华人民共和国政区大典》（江西分卷）编纂工作，举办全省编纂工作培训班，召开编纂工作推进会议和省级词条评审会议，完成了省、市、县、乡四级词条的编写工作，总编委会先后4次在简报中刊登了江西省的做法。

【全省行政区划变更情况】 九江市：德安县撤销吴山乡，设立吴山镇。以原吴山乡的行政区划为吴山镇的行政区域，镇政府驻原乡政府驻地。

鹰潭市：贵溪市撤销滨江乡、余家乡，设立滨江镇、天禄镇。以原滨江乡、余家乡的行政区域为滨江镇、天禄镇的行政区域，镇政府驻原乡政府驻地。

宜春市：袁州区撤销水江乡、辽市乡，设立水江镇、辽市镇。以原水江乡、辽市乡的行政区域为水江镇、辽市镇的行政区域，镇政府驻原乡政府驻地。上高县撤销新界埠乡，设立新界埠镇。以原新界埠乡的行政区划为新界埠镇的行政区域，镇政府驻原乡政府驻地。

吉安市：新干县撤销溧江乡，设立溧江镇。以原溧江乡的行政区划为溧江镇的行政区域，镇政府驻原乡政府驻地。井冈山市撤销茨坪街道办事处，设立茨坪镇。以原茨坪街道办事处的行政区域为茨坪镇的行政区域，镇政府驻原街道办事处驻地。

萍乡市：上栗县设立杨岐乡，辖杨岐、关上、关下、新坝、南源、保护、金鸡、卯田、黄冲、水井、大坪、清溪、桃文、石源、石岭等15个村及安子全居委会，乡政府驻南源村。国营鸡冠山垦殖场并入杨岐乡。国营鸡冠山垦殖场在鸡冠山境内的林场、职工按属地原则划归鸡冠山乡管理。

【实施《江西省地名管理办法》】 《江西省地名管理办法》于2011年12月21日由省政府颁布，2012年2月1日正式实施。这是江西省根据国务院《地名管理条例》和有关法律、法规，结合江西省实际制定出台的第一部省级地名管理规章，《江西省地名管理办法》共28条，适用于本省行政区域内地名的命名、更名、标准地名的使用、地名标志的设置以及相关管理活动。

（熊崧麟）

基层政权和社区建设

【概　况】 2012年，全省村委会、居委会换届选举工作全面完成，完成率分别为99.87%、99.64%。省政府办公厅出台社区建设相关规划，明确了未来5年江西省社区建设和社区服务体系建设的指导思想和发展目标。加大省级福彩公益金资助力度，进一步推进社区服务基础设施建设，改善社区服务环境。省财政安排补贴社区居委会干部资金3000万元、农村离任“两老“（任村党支部书记累计满10年，男性年满60周岁、女性年满55周岁的离任人员）资金3000万元。开展村务公开民主管理工作，以省政府名义召开了全省村务公开民主管理工作电视电话会议。

城市社区建设取得新突破。贯彻落实省委办公厅、省政府办公厅《关于进一步加强和改进城市社区居民委员会建设工作的意见》精神，指导10个设区市以党委、政府名义出台了具体的实施意见。开展和谐社区建设，指导设区市开展社区标准化建设、网格化管理、居民楼院自治试点。推进社区志愿者注册登记活动，全省登记社区志愿者58万余人。下发《关于落实民生工程要求提高社区干部报酬的通知》，落实省财政安排补贴社区居委会干部工作报酬3000万元，督促各地在提高社区居委会干部报酬方面有了较大进展，截至2012年底，全省设区市城区居委会干部月人均补贴普遍在1200～1500元，县城区1000～1200

元，乡镇800元左右，增幅均在30%以上，其中南昌市社区居委会主任月补贴达1800元。根据国家“十二五”社区服务设施建设项目安排，及时做好项目储备工作，利用国家支持赣南等原中央苏区和罗霄山区的契机，联合省发改委争取项目资金1200万元，用于扶持省内22个社区服务设施建设项目。做好省级福彩公益金资助社区示范点建设工作，下拨资金400万元，资助38个社区示范点项目，社区服务基础设施建设水平进一步提高。

农村社区建设取得新进展。指导上饶县、万载县、九江市庐山区开展创建“全国农村社区建设实验全覆盖示范单位”活动，推动农村社区建设由点向面发展，11月27日，民政部命名表彰上述三县（区）为“全国农村社区建设实验全覆盖示范县（区）”。组织开展“精品农村社区”创建活动，共命名“全省精品农村社区”148个。

开展村务公开民主管理工作。指导万载县、吉安市青原区、萍乡市安源区开展“全国村务公开民主管理示范单位”创建活动，7月，上述3个县（区）被命名为“全国村务公开民主管理示范单位”，其中万载县还在全国村务公开民主管理工作会议上作了典型经验介绍。8月中旬，召开省村务公开民主管理工作领导小组全体成员会议，副省长胡幼桃主持会议，研究贯彻落实全国会议精神的意见。10月下旬，以省政府名义召开全省村务公开民主管理工作电视电话会议，副省长胡幼桃出席会议并讲话。会议提出了当前和以后一个时期江西省推进村务公开民主管理工作的总体安排和具体要求。

【完成第八届村（居）委会选举工作】 2012年，全省有17041个村委会完成了换届选举，完成率为99.87%；2796个社区居委会完成了换届选举，完成率为99.64%。与往届相比，本届新选出的村（居）委会班子结构呈现出“三多三高”的特点：“三多”即大专以上学历多，村委会、居委会成员拥有大专以上学历人数比上届分别增加3.77、8.56个百分点；年纪轻的多，新一届村、居委会班子成员平均年龄分别为42.9岁、39.6岁，年龄比上届有明显下降，年轻成员明显增多；大学生“村官”多，新一届村委会成员中，有404名大学生“村官”当选，其中主任18人、副主任88人、委员298人。“三高”即村委会“自荐直选”和居委会直接选举比例高，其中村委会“自荐直选”数量达866个，平均每个县（市、区）为8.66个，比省里要求的每个县（市、区）3～4个翻了一倍多，居委会直接选举的比例达43.63%，比上届提高了29.73个百分点；村“两委”交叉任职比例高，占44.04%，比上届提高11.54个百分点，其中书记、主任“一肩挑”占24.19%；女性成员比例高，新一届村委会班子中女性成员16368人，占26.27%，比上届提高5.9个百分点。

【出台社区服务体系和社区建设“十二五”规划】 6月，省城乡社区建设工作领导小组出台《江西省城乡社区建设“十二五”规划》。9月10日，贯彻落实国务院办公厅印发的《社区服务体系建设规划（2011～2015年）》精神，结合江西省实际，以省政府办公厅出台《江西省城乡社区服务体系建设规划（2011～2015年）》。两个规划进一步明确了未来5年江西省社区建设和社区服务体系建设的指导思想、基本原则、发展目标、重点工程、政策措施等。

（虞烈东 吴新传）

社会组织管理

【概 况】 截至2012年底，全省各级民政部门共登记各类社会组织13559个。其中，社会团体8509个，民办非企业单位5018个，基金会32个。

登记管理改革深化。在全省推行公益、慈善、福利类社会组织直接登记，全面推行社区社会组织和农村专业经济协会登记和备案并行的准入双轨制，下放非公募基金会和异地商会登记管理权限至各设区市民政部门。南昌市青云谱区以区委、区政府两办名义出台有关文件，明确了除有规定须前置审批外，协会商会、社会福利和公益慈善类社会组织可直接登记，对已登记的这三类，用2～3年时间变更业务主管单位为业务指导单位。

培育发展力度加大。从中央到地方，社会组织扶持项目不断增多，资金总量大幅增长。省民政厅从福彩公益金中安排300万元设立了公益创投项目。吉安市吉州区安排财政资金1000万元，专项用于扶持街道社区社会组织体系建设。着重强化能力培训，指导社会组织加强自身建设，提升营运能力。2012年，全省举办社会组织培训32场，参加会议2760人次。

监督管理不断加强。建立统一、规范、便捷、高效的全省性社会组织网上年检管理系统，解决了以往年检超时、参检率不高等问题。完成了社会科学领域学术类社会团体等130个全省性社会组织的等级评估工作。与省卫生厅、省人保厅联合开展民营医院“规范化服务”建设，对全省337家民营医疗机构进行了考核，引导全省民营医院规范服务行为，提升社会公信力。

党建工作取得突破。省社会组织党工委召开第一次委员会，研究制定工作职责、工作流程、工作规程等，初步建立各项制度，保障了各项工作的有序、高效运行。9个设区市成立了社会组织党工委，鹰潭市实现所属县、区社会组织党工委全覆盖，部分地区设立了党工委专职副书记，党建工作领导体制取得突破。推动建立“兼合式”党组织，开展整改提高活动，党的组织和工作覆盖进一步扩大，党务工作者队伍建设进一步加强，基层组织建设年工作成效明显。

【“三社联动”有效推进】 2012年，在巩固前期试点工作成果基础上，放活政策，做实项目，推广“1+8+X”的社会组织体系建设模式（“1+8+X”：“1”是指成立1个街道社区社会组织培育指导中心；“8”是指根据社区资源特色、城建发展规划等情况，在街道各社区选点布局，重点培育发展建立8个具有居民需求共性的示范型社区社会组织，或者说核心带动型社区社会组织；“X”是指各社区在核心社区社会组织的幅射带动下，培育发展若干个其他具有小区个性特色的社区社会组织），进一步强化以社区为平台、社会组织为载体、社工（志愿者）为骨干的“三社联动”机制。9月，省民政厅召开现场会，进一步推动形成社区、社会组织和专业社工之间资源共享、优势互补、相互促进的良好局面，激发社会内在活力，增强社会自治功能。

（陈美秀）

社会工作

【概　况】 2012年，全省1166人参加社会工作者职业水平考试，291人获得社会工作者职业水平证书，通过率25%，为历年最高。截至年底，全省已有1484人取得社会工作者职业水平证书。省民政厅在全国社会工作服务经验交流会上作介绍经验发言。

政策制度进一步完善。贯彻中组部等18个部门《关于加强社会工作专业人才队伍建设的意见》和中央19部委《社会工作专业人才队伍建设中长期规划(2011～2020年)》。结合江西省实际，草拟了《关于加强社会工作专业人才队伍建设的实施意见》。按照民政部要求，建立社会工作专业人才通报制度，按季度向民政部报告全省社会工作人才队伍建设情况。组织全省社会工作者职业水平证书的再登记工作，完善社会工作者职业水平证书登记制度。开展志愿服务记录制度试点工作，确定万载县、青云谱区、渝水区为全国志愿服务记录制度试点县区，探索开展志愿服务记录制度试点。

社会工作人才首次纳入省突出贡献人才评选。2012年，江西省首次将社会工作人才类纳入全省突出贡献人才评选。省民政厅组织并推荐3名社会工作领域的优秀人才参加评选，扩大了社会工作人才的影响。

参与全国优秀志愿服务项目与志愿者工作案例评选活动。向民政部推荐5个志愿服务项目和6个志愿者工作案例，南昌市南丁格尔志愿服务团获得全国优秀志愿服务项目二等奖。

参与罗霄山片区社会工作专题研修班。组织罗霄山片区43名民政干部参加民政部在长沙民政职业技术学院举办的社会工作专题研修班，进一步提升了民政干部的社会工作水平。

举办两期继续教育培训班。举办了两期社会工作继续教育培训班，围绕社会工作专业人才发展的形势与任务、小组工作方法与技巧、社会工作督导、青少年社会工作、社会工作服务方案的设计、体验式教育等课程，对全省取得社会工作职业水平证书人员免费进行继续教育，191人参加培训。省民政厅获得"中央级福彩公益金社会工作培训优秀组织奖"。

【举办首届优秀社会工作者系列评选活动】 7～10月，省民政厅与省社工协会举办首届"江西省优秀社会工作者"系列评选活动，组织省内社会工作领域专家评审出优秀社会工作者10名、社会工作优秀案例20份，激发了社会工作人才以人为本、助人自助、服务民生、促进和谐的工作热情，提高了社会工作人才的专业水平。

（何　珊）

救助管理

【概　况】 2012年，江西省流浪乞讨人员救助管理工作以"接送流浪孩子回家"专项行动为主线，坚持"政府主导、民政牵头、部门负责、社会参与"的工作机制，在全国率先探索创建了救助管理四级联动工作网络。全年救助流浪乞讨人员100008人次，其中流浪未成年人7392人次，老年人25784人次，救治危重病人、精神病人19568人次，残疾人18543人次。

探索创建四级联动网络建设。4月19日，制定下发《关于建立健全流浪乞讨人员救助管理"四级联动"工作网络的意见》，在全省推行以设区市救助管理站为龙头、县级救助站为基础、街道临时救助点为补充、社区救助咨询引导点为依托的救助管理四级联动工作网络建设，1230个乡镇(街道)设立了临时救助点，3129个社区设立了救助咨询引导点，有效实现了对流浪乞讨人员应救尽救、应救快救。此项工作得到民政部充分肯定并在全国社会事务工作会议上作了典型发言。

举办首届救助管理站站长培训班。5月21～23日，组织全省市、县(市、区)救助管理站主要负责人共116人参加培训，为提升救助管理工作理论水平、业务技能和应对突发事件的处置能力奠定了良好基础，民政部社会事务司副司长李波、王宏丽授课。

县级救助管理机构建设得到加强。定南、遂川、永修、高安、泰和5个县(市)未成年人救助保护中心列入民政部扶持建设项目，每个扶持60万元。安义、彭泽、莲花、全南、南城、万载、广丰、万年、上犹、余江10个县级未成年人救助保护中心列入省级福彩公益金资助项目，每个扶持40万元。

建立特殊时期的应急保障工作机制。11月29日，下发《关于进一步做细做实生活无着人员救助管理工作的紧急通知》，要求各地加大巡查力度，尤其是夜间的巡查救助，做好流浪乞讨人员的街头清查工作。对老年人、未成年人、残疾人、孕妇等实行保护性和帮扶性救助，及时安排接回或护送；对不愿接受救助而露宿街头的个别特殊人员，进行密切关注，并提供衣、被、食品等物品。应对寒冬等恶劣天气和突发情况的救助管理工作长效机制基本建立。

【开展"接送流浪孩子回家"专项行动】 2月，按照民政部的统一部署，省民政厅在全省范围内组织开展以"保护儿童，告别流浪"为主题的"接送流浪孩子回家"专项行动，力争到2012年底基本实现全省街面无流浪未成年人的目标。10月下旬，以江西省流浪乞讨人员救助管理工作联席会议的名义组织了一次专项督查，提前半年实现了国家规定的城市街面基本无流浪未成年人的目标。

（高　宏）

市　县　区

本栏编辑　詹跃华

南昌市

【**概　况**】　位于江西省中部偏北，辖4县5区，土地总面积7402.36平方千米，其中城区面积222平方千米。有林面积11.4万公顷，森林覆盖率21.96%，城市绿化覆盖率43%。全市户籍总人口507.87万人，其中，非农业人口234.28万人。2012年，实现地区生产总值3000.52亿元，同比增长12.5%。三次产业结构调整为4.9：57.9:37.2。财政总收入500.16亿元，增长21.6%；地方财政一般预算收入240.02亿元，增长28.3%；地方财政一般预算支出345.51亿元，增长15.4%。完成规模以上工业增加值967.26亿元，增长14.8%。南昌地区内企业(含中央、省属公司)实现进出口总额82.87亿美元，增长5.2%。其中，出口总额64.65亿美元，增长14.4%；进口总额18.22亿美元，下降18.0%。500万元以上固定资产投资中第一产业完成投资34.99亿元，增长23.5%；第二产业完成投资1153.22亿元，增长32.1%；第三产业完成投资1434.82亿元，增长30.3%。实际利用外资26.40亿美元，增长15.4%。新增具有世界500强投资背景的企业3家，总数达48家。实际引进省外单项投资5000万元以上项目资金420.38亿元，增长22.7%。主要工业产品有饲料829.65万吨、精制食用植物油7.84万吨、软饮料162.78万吨、卷烟599亿支、布7060.60万米。农业产值93.01亿元，增长2.5%；粮食总产量243.65万吨。主要农产品有粮食243.65万吨、棉花0.51万吨、油料12.57万吨、生猪出栏342.76万头、禽蛋16.65万吨。全年空气质量优良天数达330天；空气质量优良率达90.16%。城市生活污水集中处理率93%以上；集中式饮用水源水质达标率100%；区域环境噪声均值控制在53.5分贝以下；交通干线噪声均值控制在66.9分贝以下；工业固废综合利用率94.15%以上。城镇居民人均可支配收入2.36万元，增长13.8%；城镇居民人均消费性支出1.65万元，增长8.0%；农民人均纯收入9730元，增长14.7%；农民人均生活消费支出5209元，增长6.5%。居民储蓄存款1853.57亿元，增长15.6%。城镇新增就业人员8.02万人；安置“4050”等困难群体0.84万人；新增转移农村劳动力4.18万人。发放小额担保贷款6.67亿元，直接扶持个人创业3.73万元。城镇职工参加基本医疗保险人数84.80万人，增长6.7%；参加新型农村合作医疗人数243.88万人，参保率98.21%。参加失业保险人数61.81万人，增长9.1%；城镇参加基本养老保险人数132.24万人；企业养老金社会化发放率100%。享受最低生活保障20.47万人，其中农村11.88万人。建设廉租住房5000套、公租房5021套，国有林区、垦区1113套；完成农村危房改造2992户。

【**完成《南昌市城市管理条例》立法工作**】　2月28日，为彻底解决南昌市城市管理中观念、体制、范围、手段等方面存在的各种“顽疾”，南昌市十四届人大常委会第五次会议审议通过将《南昌市城市管理条例》确定为提请审议的立法项目。随后，市委、市人大、市政府领导多次就立法的原则和相关内容提出意见和建议。市人大常委会各相关专委会、市政府法制办、市城管委的有关负责人多次赴外地进行立法考察和调研，广泛吸取各地先进经验，同时多次邀请专家学者等进行座谈征求意见。8月底，市政府法制办完成《南昌市城市管理条例(草案)》修改任务，并形成正式文本报市人大常委会审议。9月11日，市人大常委会副主任邹书玲率队到东湖区，就《南昌市城市管理条例(草案)》召开征求意见座谈会。东湖区环保部门等10余个单位有关负责人，围绕市容环境卫生、环境保护、道路交通等公共事务和秩序领域的情况，提出针对性意见和建议。10月30日，《南昌市城市管理条例》经南昌市第十四届人民代表大会常务委员会第九次会议通过；11月30日，经江西省第十一届人民代表大会常务委员会第三十四次会议批准。12月26日，市政府在红谷滩会展中心召开贯彻实施《南昌市城市管理条例》的新闻发布会，宣布从2013年3月1日起正式实施。《南昌市城市管理条例》共设七章，六十九条。其内容涉及城市市容卫生环境、城市规划、市政设施、园林绿化、环境保护、道路交通、道路运输等公共事务和秩序的管理，包括管理职责、宣传教育和社会参与、管理规定、公共服务和监督管理、法律责任等5个方面的内容。

【**印发《加强农村村民建房规划建设管理实施意见》**】　9月8日，市委、市政府依据国家有关法律，省市政府有关规划条例、规划管理规定，在全省率先印发《关于加强农村村民建房规划建设管理的实施意见（试行）》，旨在进一步贯彻落实村镇规划建设管理法规、完善农房建设审批手续，防控农村违法建设行为，建设生态秀美和具有一定文化品位、地方民居特色的社会主义新农村，实现城乡统筹发展。《意见》从“加强领导，健全村镇规划建设管理机构；加强管理，规范农村村民建房审批程序；加强执法，完善村镇规划建设监管机制；加强服务，提升村建规划建设管理水平”四个方面，提出30条要求。

【《南昌市城市总体规划（2001～2020年）》获国务院批复】 12月8日，国务院正式批复《南昌市城市总体规划（2001～2020年）》。批复指出，南昌市是江西省省会，长江中游地区重要的中心城市，国家历史文化名城。在《总体规划》确定的1400平方千米城市规划区范围内，实行城乡统一规划管理。到2020年，中心城区城市人口控制在280万人以内，城市建设用地控制在265平方千米以内。批复要求，重视城乡统筹发展；合理控制城市规模；完善城市基础设施体系；建设资源节约型和环境友好型城市；创造良好的人居环境；重视历史文化和风貌特色保护；严格实施《总体规划》。批复强调，《总体规划》是南昌市城市发展、建设和管理的基本依据，城市规划区内的一切建设活动都必须符合《总体规划》的要求。市政府要根据本批复精神，认真组织实施《总体规划》，任何单位和个人不得随意改变。驻南昌市各单位都要遵守有关法规及《总体规划》，支持市政府的工作，共同努力，把南昌市规划好、建设好、管理好。

【首条“市民专用道”竣工投入试运行】 12月10日，南昌市首条“市民专用道”竣工并投入试运行，成为南昌市首条BRT（快速公交系统）公交车专用道。该道始于青山路立交桥北端，终于洪都北大道，全段长1.26千米。公交专用道单幅净宽4米，全段共设置两对路中式公交站台，站台长63米、宽2.5米，站距约520米。该道与南昌市规划中的BRT进行连接，形成洪都大道、解放西路、井冈山大道、八一大道及青山南路等城市主干道“环形状”快速公交线路，对提高市民出行效率具有重要意义。

【获“全国创业先进城市”称号】 7月17日，国务院在北京人民大会堂举行全国就业创业工作表彰大会，南昌市被评为“全国创业先进城市”，南昌市人力资源和社会保障局被评为“全国就业工作先进单位”。这是南昌市自2004年以来就业创业工作受国家表彰级别最高的一次，也是首次同时获两项国家表彰。2004～2011年，市委、市政府坚持把促进就业作为保障和改善民生的头等大事，把就业工作摆在经济社会发展优先位置，积极实施有利于促进就业的产业政策、财税政策、金融政策和社保政策，全面开展国家级创业型城市创建，大力推动以创业带动就业各项措施的实施，努力拓宽就业渠道，就业创业工作取得新进展。2009～2011年，全市新增城镇就业人员26.37万人，创业企业实体就业率39.42%、贡献率36.71%。

【开全国医保跨省联网结算先河】 8月1日，“泛珠三角区域部分省及省会城市社会医疗保险异地就医即时结算合作（南昌—广州）试点”在南昌市正式启动，开了全国医保跨省联网结算的先河。首批开通泛珠异地结算的南昌市定点机构15家，广州市定点医疗机构44家。参保人持本人身份证，社保卡到南昌市医保处二楼大厅即可办理异地就医卡，随到随办。该项目启动后，南昌市、广州市异地就医参保人不需要两地往返就可实现即时结算，从而解决异地就医跑腿报销、垫资负担的问题，并遏制伪造票据、恶意骗报等行为，促进区域内医疗资源共享和医保基金安全，有利于节约医疗资源。

【文艺创作获两项“五个一工程”奖】 9月25日，中宣部第十二届精神文明建设“五个一工程”奖在北京揭晓，由市委宣传部等两部门联合策划制作的歌曲《莲花红莲花白》和市委宣传部等五部门联合制作的广播剧《大法官梅汝璈》分别获中宣部第十二届精神文明建设“五个一工程”广播剧类和歌曲类优秀作品奖。歌曲《莲花红莲花白》房千作词，熊纬、葛平波作曲，二炮文工团曹芙嘉演唱。该曲歌词诗味盎然，音乐语汇朴实，歌手演唱亲切。歌曲问世以来，陆续在中央电视台《影视金曲》、江西广播电视台《每周一歌》等栏目连续播放。广播剧《大法官梅汝璈》高坦编剧，胡培奋导演，王波扮演梅汝璈，吴俊全、修宗迪、齐克建等配音，雅坤解说，焦虎林、邢建华、权盛等音乐创作。该剧以1946～1948年远东国际军事法庭的东京审判为历史背景，重现了以梅汝璈为代表的正义力量维护世界和平、捍卫祖国尊严的历史场景。制作上充分发挥广播的优势，运用各种声音素材及表现手法，令人耳目一新。广播剧在中央人民广播电台、江西人民广播电台等播出后，在听众中引起强烈反响。

【新建县生米镇成建制划归红谷滩新区管辖】 2月12日，新建县生米镇划归红谷滩新区管辖移交接大会在市政府小礼堂举行。标志着红谷滩新区正式管辖生米镇。这对于拓展南昌市城市发展空间，增强红谷滩新区接纳和承接各界驻区能力，发挥红谷滩新区特有的优势具有重要意义。生米镇曾为“历史古镇、农业大镇、商贸重镇”，土地总面积120余平方千米，总人口约4万余人。划归红谷滩新区后，红谷滩新区土地总面积由74平方千米扩至约200平方千米。

主要领导人 市委书记：王文涛。市人大常委会主任：蔡社宝。市长：陈俊卿。市政协主席：卢晓健。

（熊庆滨）

·东湖区·

【简　况】 地处南昌市东北部，辖9个街道办事处，区域面积18.73平方千米。辖区绿地面积468.03公顷，园林绿化覆盖面积468.16公顷，绿化覆盖率29.40%。全区户籍总人口46.13万人，其中非农业人口45.34万人，人口自然增长率5.08‰。2012年，全区地区生产总值391.27亿元，同比增长12%。其中：第二产业增加值21.41亿元，增长7.9%；第三产业增加值348.67亿元，增长11.8%。实现财政总收入43.73亿元，增长

27.4%。其中:地方财政一般预算收入8.63亿元,增长16.1%;地方财政一般预算支出11.53亿元,增长1.4%。实现规模以上工业总产值2.76亿元,下降3.5%;规模以上工业增加值0.83亿元,增长0.1%,占GDP比重0.24%。规模以上工业完成利税总额0.79亿元;规模以上工业实现主营业务收入3.99亿元。固定资产投资100.06亿元,增长28.5%。社会消费品零售总额241亿元,增长14.8%。内资企业(含中央、省市属公司)实现进出口总额3.87亿美元,增长19.4%。全区合同外资4487万美元,实际利用外资1.21亿美元,现汇比例25.98%。实际利用内资20.63亿元,增长18.6%。区属在岗职工平均工资3.14万元,增长14.1%;城镇居民人均可支配收入2.36万元,增长13.8%。新增就业9886人,城镇就业率94.5%;"4050"人员再就业1940人,零就业家庭安置率100%。全年累计发放城乡低保金2103.3万元,物价、医疗救助等补贴645.1万元;投入1316万元做好保障性住房工作,新增廉租住房货币补贴家庭157户,为309户中签家庭办理廉租房入住手续。

【完成南昌轨道交通一号线(东湖段)房屋征迁任务】 2012年,南昌市轨道交通一号线(东湖段)房屋征收工作全面展开,东湖段房屋征收总面积15.2万平方米,征收户数1519户,其中城镇住宅1264户。东湖区围绕"和谐有序"这一中心,坚持"不与民争利、阳光动迁、用群众工作法做动迁工作"三个原则,扎实开展"比服务,看群众满意率;比作风,看动迁执行力;比效率,看动迁推进度;比稳定,看动迁和谐度"的"四比四看"主题活动,带着感情上门入户拉家常、带着热情上门入户讲政策、带着真心上门入户解难事,做到上门入户率、政策宣讲率、群众诉求掌握率、问题解答率四个100%。在3个月内,依法操作,攻坚克难,高速推进辖区内房屋征收与补偿工作,完成了房屋征迁任务,创造了东湖征迁史上线路最长、征迁量最大、征迁资金最多、涉及面最广、难度最大的"五个之最"。

【光明社区被评为全国家庭教育工作示范社区】 12月,光明社区被全国妇联、教育部、中央文明办联合授予"全国家庭教育工作示范社区"称号,成为南昌市唯一获此殊荣的社区。东湖区积极探索妇联工作新思路,在彭家桥街道光明社区实施以自身建设为"内环"、与驻区单位共建为"中环"、与周边村互帮互助为"外环"的"三环式"家庭教育机制,初步实现家庭教育网络化、工作区域化、城乡一体化。同时,积极拓宽家庭教育工作,开展"玩具接力坊""五彩课堂""大学探秘之旅"等一系列感恩活动,令孩子们永怀感恩之心。

【建立全省首家教育综合应用平台】

2012年,东湖区紧跟信息化时代的脚步,充分发挥数字化、信息化对教育系统管理的作用,建立了全省首家教育综合应用平台——"数字东湖"。"数字东湖"平台是一个集电子备课平台系统、数字化办公系统、网站系统、网盘模块等功能于一体的教育平台,方便教师、学生利用网络平台进行教育实践,推进现代教学环境建设。12月4日,南昌市数字化校园示范学校建设评估专家组到百花洲小学、阳明学校、城北学校和东湖区教学仪器站等七个单位开展数字化校园评估、检查工作,认为东湖区数字化校园建设工作具有前瞻性,充分突出了实践应用的共享性,顺应了时代发展的要求。"数字东湖"教育综合平台的打造,将全力服务教育教学,提升办学品位。

【成立东湖区头脑奥林匹克活动创新工作室】 5月15日,东湖区头脑奥林匹克活动创新工作室揭牌仪式在北湖小学举行,世界头脑奥林匹克活动中国区执行主席陈伟新及区属学校分管科技校长、辅导员和小学生代表共130人参加揭牌仪式。仪式上,北湖小学介绍该校头脑奥林匹克活动开展情况,回顾并展望了东湖区头脑奥林匹克活动,为受聘老师颁发东湖区头脑奥林匹克活动顾问聘书。东湖区重视青少年科技工作,北湖小学长期开展头脑奥林匹克活动取得重要成果,东湖区头脑奥林匹克活动创新工作室作为江西省首个头脑奥林匹克活动创新工作室,为推动东湖区乃至全省头脑奥林匹克活动的开展都将产生重要影响。

主要领导人 区委书记:戴晓明。区人大常委会主任:闵建波。区长:贺瑞虎。区政协主席:王　玮。

(陈耀武)

·西湖区·

【简　况】 南昌市的中心城区。辖1镇10个街道办事处,区域面积34.8平方千米。全区绿化面积1120公顷,绿化覆盖率37.1%。全区户籍人口44.45万人,人口自然增长率5.08‰。2012年,完成地区生产总值392.77亿元,增长11.7%。财政总收入52.08亿元,增长17.3%;地方财政收入9.82亿元,增长21%。社会消费品零售总额334.16亿元,增长14%。实际利用外资1.34亿美元,增长14.4%;实际利用内资25.51亿元,增长19%。城镇新增就业人数1.2万人,发放小额贷款3253万元,零就业家庭安置率100%。发放最低生活保障金4233.72万元,覆盖6097户、1.26万名困难群众。发放高龄老人补贴3.42万人次、311.37万元。城镇居民医保参保缴费人数达14万人,城镇居民大病医疗救助累计发放720万元。保障性住房建设总量5868套,建筑面积32.13万平方米。

【获全国养老服务示范单位称号】 5月,西湖区被民政部授予全国养老服务示范单位称号。西湖区建立了老年人基本信息电子档案。在全省率先推出"老年人手机",对70岁以上的低保、空巢、独居、困难老人和优抚对象免费发放,并增加老年人定位导航功能服务。每年投入15万元,发放居家养老服务代金券;发放高龄老人津贴311万元。在区、街两级增设居家养老服务中心,为全额拨款事业单位,增编25名,是全省唯一在区、街两级同时增设养老服务编制的县区;落实民办福利机构补贴制度,首批向符合条件的8家民办福利机构和居家养老服务站下拨补助资金93万元。西湖区社会福利院异地重建工程,获得国家发改委扶持资金1100万元,年底一期主体土建和室外管网工程项目完成竣工验收；西湖区老年(残疾)人康复服务站完工并交付。

【推出社区“三三”安全生产工作法】 2012年，西湖区在实践中探索出社区“三三”安全生产工作法：抓好“三个进入”，即安全科技设施进楼院、安全科技设施进企业、安全科技设施进家庭；推行“三不伤害”，即不伤害自己、不伤害他人、不被他人伤害；做到“三个结合”，即技防与人防相结合、技防与物防相结合、防范与整改相结合。2月，区安监局被省政府评为江西省“十一五”安全生产先进单位。12月6日，在全省安全生产六项创建和三个载体建设现场推进会上作经验介绍。

【举办“西湖区(厦门)经贸合作恳谈会”】 9月7日，由区委、区政府主办的“2012中国·南昌第十一届绳金塔庙会暨西湖区(厦门)经贸合作恳谈会”在厦门市举行。“南昌绳金塔庙会”品牌首次走出江西，迈向全国。会议签订项目18个，涉及商业地产、医疗、服务外包及金融等行业，累计投资总额51.55亿元。

【获全国工会职工法律援助维权服务示范单位称号】 12月，西湖区获全国工会职工法律援助维权服务示范单位称号。区总工会坚持以改善民生为着力点，围绕职工人身权利、财产权利、劳动权利等社会关注的热点问题，充分发挥职工服务中心、劳动争议调解中心、农民工维权中心、法律援助中心“四位一体”法律援助维权“绿色通道”的优势和作用，切实成为全区广大职工群众的“娘家”。

【抚生北路综合改造工程获全国市政金杯示范工程奖】 2012年，西湖区抚生北路综合改造工程获2012年度全国市政金杯示范工程奖。全国市政金杯示范工程奖是全国市政工程建设领域的最高奖项，与“鲁班奖”和“詹天佑奖”并列为全国最具影响力的三大工程质量奖项。抚生北路综合改造工程北起朝阳中路，南至洪城路，全长981米，总投资6000万元，由区城建局组织建设。实施了路面拓宽、排水管网改造、综合管线下地、LED路灯安装、道路绿化等改造，改善了周边居民的出行和居住环境。

【西湖区美沙酮维持治疗工作全国领先】 2012年，西湖区美沙酮维持治疗门诊是全省最大的维持治疗门诊，全年接诊667人，日均维持治疗305人，年维持率达78%。门诊坚持倡导制度化和人性化的管理模式，努力打造“个人—家庭—门诊—社会”四位一体的综合治疗体系，在预防和治疗艾滋病工作中取得显著成绩，连续两年获全国社区维持治疗先进门诊和江西省药品滥用监测先进单位称号，2012年被评为全国社区药物维持治疗工作优秀门诊、全省药物滥用监测工作先进单位。

主要领导人 区委书记：周智安。区人大常委会主任：马 力。区长：梅茂发。区政协主席：涂和平。

（朱 君）

·青云谱区·

【简 况】 位于南昌市区南部，辖1镇5个街道办事处，区域面积43.17平方千米，城区绿化率35.53%。全区常住人口约31.89万人，户籍人口约26.53万人，其中非农业人口24.45万人，人口自然增长率4.43‰。2012年全区实现生产总值232.06亿元，同比增长12.4%。其中，第一产业增加值0.48亿元，减少35.1%；第二产业增加值141.83亿元，增长11.6%；第三产业增加值69.72亿元，增长14.7%。完成财政总收入27.04亿元，增长24.8%，税收占财政总收入比重为94.2%；地方财政一般预算收入6.5亿元，增长21.1%；地方一般预算支出8.16亿元(含上级转移支付和各项补助)，增长7.5%。规模以上工业增加值88.64亿元，增长20%，占GDP比重38.2%；外贸出口4.95亿美元，增长14%，占GDP比重2.13%。全区500万元以上固定资产投资136.05亿元，增长28.6%。实际利用外资9840万美元，增长15.2%；实际利用内资20.26亿元，增长20%。规模以上工业总产值328.5亿元，增长11%。主要工业有汽车及其零部件制造、航空及其零部件制造、印刷业、食品加工业。万元GDP能耗0.27吨标准煤/万元。农业总产值8890万元，下降34.8%。主要农产品有生猪出栏8410头、猪肉768吨、家禽出栏11.25万只、禽肉191吨、禽蛋916吨、水产品1533吨。城镇居民人均可支配收入2.36万元，增长13.8%。农村居民人均纯收入9730元，增长14.7%。全区城镇新增就业人数8187人，城镇就业率94.5%；“4050”困难人员再就业564人，新增转移农村劳动力1167人，发放小额贷款2970万元。全区城镇职工养老保险参保1.25万人，征缴养老保险金1.5亿元，发放养老金8326万元；被征地农民参加养老保险2500人。城镇居民医疗保险参保缴费4.55万人，城镇职工医疗保险参保缴费人数4738人，生育保险参保人数2384人。保障城乡低保对象3093户7031人，发放低保金2474.5万元。廉租房二、三期正在进行各项配套设施建设，四期主体已完工，梅湖青云农民公寓三期主体已完工。投入1300多万元全面普及教育信息化“班班通”工程，投入600余万元全面推进学校标准化建设，教学质量实现稳步提升。

【财政收入进入全省十强】 2012年，青云谱区财政总收入突破27亿元，达到27.04亿元，同比增长24.8%。财政总收入首次进入全省十强，在全省100个县(市、区)中排名第十位，比2011年上升两位。地方财政一般预算收入突破6亿元，达到6.5亿元，增长21.1%，增速城区排名第二位。税收收入突破25亿元，完成25.48万元，占财政总收入94.2%。

【电影《八大山人》开机拍摄】 1月8日，江西省首部反映本土历史人物影片《八大山人》在青云谱区实地开机拍摄，南昌市委常委、市委宣传部部长曾光辉，副市长姚燕平出席仪式并揭幕宣布开机。影片由青云谱区和江西省经典文化传媒有限公司联合拍摄，共投资1200万元，著名演员陆剑民、石维坚、刘玉玺、台湾当红女星王子鱼等加盟演出。影片用主观镜头再现八大山人热爱自然、热爱生活、追求自由的强烈个性。影片于12月在南昌上映,对于宣传八大山人文化,提升青云谱区城市文化品位,唱响地域文化名片起到重要作用。

【民情家访成为全省创先争优为民服务十佳品牌】 6月,青云谱区民情家访工作获“全省创先争优为民服务十佳品牌”称号。2007年以来,全区63个社区、12个村全面开展了“民情家访”活动,共接待群众1.23万人次,受理各类问题4078件,已解决问题3992件,回复率100%,解决率97.9%。民情家访工作得到中央、省、市各级领导肯定,并在《人民日报》《光明日报》《经济日报》和《新华社内参》等媒体报道。

【深圳农产品昌南物流中心二期开建】 7月30日,深圳农产品昌南物流中心二期开工奠基仪式在青云谱区昌南工业园举行。市委常委、市委秘书长凌学仁,副市长张根水、朱志群出席仪式。该项目(含一、二期)规划占地36.67公顷,总投资10亿元,总建筑面积36万平方米。项目建成后,将创新交易模式,大力发展信息化、电子化,重点引进肉类、水产类、干货类、调味品等业态,形成农产品交易、配送、储运、标准化包装、精加工、第三方物流为一体的现代农产品物流中心,将为推动全省农业产业化发展、保障群众生活必需品供应、拉动区域经济快速增长起到重要作用。

【彭友善纪念馆正式开馆】 11月20日,青云谱区彭友善纪念馆正式开馆。该馆位于八大山人梅湖景区内,与八大山人纪念馆相呼应,总建筑面积2599平方米,项目投资约2000多万元,建筑高度约10.2米,地下一层,地上两层,由研究空间、展览空间和公共空间三部分组成,馆藏有江西著名的国画家彭友善人物、山水、花鸟、鱼虫、走兽等代表作200余幅,并同时收藏了彭友善书法、陶艺、油画精品及教案、手稿、习作等纪念文物。

【全省首个计生家庭情感呵护中心揭牌成立】 11月28日,全省首个计生家庭情感呵护中心在青云谱区揭牌成立。该中心位于青云谱区市场东路,投入约500万元,共设置8个功能分区,包括办事大厅、多功能厅、婚育园地、健康园地、心灵驿站、新青云谱人温馨港湾等。该中心将为青云谱区计生家庭提供包括建立健康档案、免费技能培训在内的心理、婚育、生活、健康等一站式的服务,为辖区群众提供“全过程、全方位、全覆盖”和“无性别、无障碍、无限期”人口计生优质服务。这是全省首家采用一站式服务模式的计生家庭服务平台。

主要领导人 区委书记:周 亮。区人大常委会主任:李小逢。区长:黄之猛(任至7月)、胡晓海(12月任)。区政协主席:曾建华。

(王 锋)

·湾里区·

【简 况】 位于南昌市西北部,辖4镇2个街道办事处,总面积238平方千米,其中城区面积23.5平方千米。全区耕地面积3527公顷;森林面积1.71万公顷,森林覆盖率73.67%;城区绿化覆盖面积475公顷,城区绿化率49.5%。全区户籍人口8.11万人,其中非农业人口3.14万人,人口自然增长率7.91‰。2012年,实现地区生产总值34.81亿元,同比增长11.6%。其中:第一产业增加值2.41亿元,增长2.1%;第二产业增加值15.9亿元,增长10.6%;第三产业增加值16.5亿元,增长13.9%。财政总收入首次突破6亿元,增长40.2%;地方财政一般预算收入3.76亿元,增长46.6%。500万元以上固定资产投资21.66亿元,增长38.8%。规模以上工业增加值2.43亿元,增长17.8%。社会消费品零售总额4.59亿元,增长14.5%。农民人均纯收入7285元,增长12.8%。全区新引进招商项目45个,实际利用内资14.55亿元,增长16.9%;实际利用外资2540万美元,增长9%。新农合参保人数4.35万人,参合率98%。全区新增城镇就业人数2903人,就业率94.5%;发放小额担保贷款1524万元,扶持创业304人。保障城乡低保对象1601户、3362人,发放低保金907万元,实现了城乡困难群众医疗救助、基本医疗保险和养老保险全覆盖,城乡低保实现“应保尽保”。建成廉租房216套,226户住户迁入保障性安居房,174户城镇低收入家庭享受住房租金补贴。

【梅岭景区公路沿线环境综合改造工程全面完成】 12月,总投资2.53亿元的梅岭景区旅游公路沿线环境改造工程全面完成。工程于3月正式启动,内容包括对全区近60千米的旅游公路沿线农村环境卫生综合整治、沿线农房“穿衣戴帽”、沿线可视范围内坟墓迁移、2个旅游集镇整体改造、3条道路改造建设、6条水系治理改造、6个重要道路节点建设等十项工程,涉及招贤、梅岭、太平3个镇、42个村庄。完成房屋立面改造1578栋33.78万平方米;新建、改造道路12.9千米,其中新建的一小至团山公路11.3千米,实现从中线直接到达洗药湖;完成强弱电管线下地9600米;沿线绿化面积达到58.07公顷;清理水港6条;迁葬或用树木遮挡坟墓2000余座;整治中拆迁农房540户,拆除废弃屋、临时搭建、猪牛栏舍及其他危房、杂屋等1208间12.35万平方米;清运各类垃圾540吨。

【狮子峰景区获评国家AAAA级景区】 11月,湾里狮子峰景区被国家旅游局评为AAAA级景区。2012年,全区投入资金3000万元,完善狮子峰景区旅游基础设施和经营设施建设,新建了望狮洞服务中心、泮溪服务区改造、停车场、旅游公厕、游步道、亲水栈道、铁索桥、游览亭榭、标示标牌等一大批旅游设施,增建了枪炮游乐场、烧烤场、露营地等娱乐项目。其中,游客接待中心总占地面积1200平方米,包括接待大厅、餐厅、洗浴、更衣、办公、库房、医务室、厕所等;外围有长廊4000平方米,凉亭2座50平方米,休闲广场1500平方米,停车场1.10万平方米,绿化及道路等配套设施。

【创新领导干部考核制度】 2012年,区委、区政府先后出台《关于在重大项目申报和实施中对责任单位及责任领导进行跟踪考察的实施意见》《“四区”项目建设推进工作考核制度》等文件,给予区各职能单位、部门10分,科级干部个人5分,根据掌握的对项目建设推进任务落实不到位、散布不利于项目建设推进言论、不服从指挥部指挥而影响工作正常开展等情况，对责任单位和责任领导分别扣1分或1.5分。总分被扣完的单位，当年年度综合目标考核安排在末位；总分被扣完的个人，情节严重的，将予以免职，其他视情况改任非领导职务。年内，已有1名正科级领导干部受到问责。

【岭秀湖市民公园全面完工】 2012年，区委、区政府结合旧城改造项目，在城区范围规划建设一个集旅游、度假、避暑休闲、会议洽商等活动于一体的休闲旅游胜地——岭秀湖市民公园。该项目位于招贤中路以西，占地面积约15.33公顷，规划建筑面积1.8万平方米，总投资约1.5亿元，于4月开工建设，11月底完工。整个项目的景观配置突出了“春花烂漫、夏荫浓郁、秋色斑斓、冬景苍翠”的特点，对湾里区打响“生态、宜居、休闲”三张名片，增强发展后劲具有重要意义。

主要领导人 区委书记：周　林。区人大常委会主任：李传强。区长：王建平。区政协主席：喻　玫。

（熊　伟）

·青山湖区·

【简　况】 地处南昌市城东，赣江下游，青山湖畔。辖5镇3个街道办事处，区域面积160平方千米，其中城区面积70平方千米，森林覆盖率10.71%。耕地面积2914公顷，水田面积2226公顷。全区常住人口53.5万人（不包括中国人民解放军和居住在市内的港澳台居民以及外籍人员），非农业人口32.13万人，人口自然增长率6.06‰。2012年，实现地区生产总值404.44亿元，同比增长12.6%。其中，第一产业增加值1.77亿元，下降8.2%；第二产业增加值295.8亿元，增长11.9%；第三产业增加值106.87亿元，增长15.1%。财政总收入38.81亿元，增长27.7%，税收占财政总收入29%；一般预算收入9.53亿元，增长22.3%；地方财政支出10.92亿元，增长21.3%。全年完成工业增加值237.15亿元，比上年增长10.0%。其中，规模以上工业增加值95.19亿元，增长3.51%。实现进出口总额8.77亿美元，增长41.9%。实际利用外资3.34亿美元，增长12%。重点污染源的废水排放量446.24万吨，其中化学需氧量排放1063.91吨，氨氮排放50.45吨。城镇在岗职工平均工资2.84万元，增长13.7%；农民人均纯收入9900元，增长13.7%。新增城镇就业7096人，安置“4050”困难群体再就业553人，新增农村劳动力转移1033人。城镇职工基本养老保险参保人数7612人，缴费职工7042人，征缴养老保险费6313万元；参加城镇职工基本医疗保险人数1.28万人。

【实施“三大引擎”促发展】 2012年，为策应省、市的战略部署，青山湖区实施开发建设临江商务区、罗家产城融合示范区和幸福渠流域综合整治“三大引擎”，全力打造核心增长极重要板块。临江商务区主体项目（南昌国奥低碳城）占地面积83.73公顷，总投资304.99亿元，建设总规模330万平方米，致力于打造成为国家级低碳经济示范项目。罗家产城融合示范区区域内的土地利用现状正在进行梳理，建立台账，已经申报并获得46.67公顷新增用地指标。幸福渠流域综合整治，已编制完成片区开发的概念规划和战略规划，明确了幸福渠水系整治项目采取BT方式建设，对项目范围土地、房屋等基础数据进行了摸底造册。

【开展经济发展“三百四大”竞赛活动】 2012年，青山湖区响应省委、省政府提出的“全力支持南昌发展、打造核心增长极”的战略要求，围绕全市60个重大重点项目，在全区范围内开展经济发展“三百四大”竞赛活动，即引进百亿元资金、推进百个重大重点项目、新增百户纳税超百万元企业，推动青山湖区实现“大招商、大投入、大建设、大发展”，掀起新一轮招商引资和项目建设热潮。为确保活动取得预期效果，由青山湖区开放型经济工作领导小组负责活动的组织开展。突出以招商引资为核心，以项目推进为抓手，以做强企业为依托，以财税增收为重点，通过每月督查通报、季度巡查评比、半年检阅小结、全年考核奖惩的方法，大力开展小分队驻点及区领导包片招商，捕捉项目线索，确保新增项目线索100条，新签约项目40个。同时力争新引进内外资金100亿元，新引进并注册项目21个，新开工项目27个，新竣工项目52个，新增税收超百万元企业100家。整个活动实施步骤分为宣传发动、集中实施、强化提升、考核表彰四个阶段，为推动全区开放型经济史上发展的快车道奠定坚实基础。

【探索“五帮助、五服务”流动人口服务管理新模式】 2012年，针对出租房屋多，流动人口集聚度高，社会管理难度大的区情，区委、区政府秉持“以人为本，服务为先”的工作理念，向新青山湖人提供“五帮助、五服务”，即就住帮助、就业帮助、就学帮助、就医帮助、就保帮助，提供办理居住证服务、计划生育服务、法律援助服务、创业经营服务、涉外咨询服务，让外来人口享受到与本地居民同等的公共服务。在活动开展过程中，积极探索“以业管人、以房管人、以证管人、以情管人”的工作模式，总结推行“12345”工作法，实行“二图五色”管理，达到“一本在手，信息都有；二图入心，底数全清；三查互评，责任分明；四网齐编，服务为先；五色归类，管理到位”的工作效果。省委常委、省委政法委书记、公安厅厅长舒晓琴，市委副书记、市委政法委书记郭安先后对这项工作作出重要批示。

【开展“作风大转变、效能大提速、环境大优化”集中整治活动】 2月，青山湖区启动“作风大转变、效能大提速、环境大优化”集中整治活动，在政务信息网上开设“作风大转变、效能大提速、环境大优化”专栏。出台《青山湖区改进干部作风、提升工作效能、优化发展环境的若干规定（试行）》等一批规范性文件，提高全区干部对集中整治活动的认识，普及干部对效能问责情形及程序的知晓。创编《青山湖区效能视窗》，在区电台开办《效能访谈》节目，营造“人人谈作风、人人讲效能、人人为发展”的氛围。在全市率先实施《机关作风效能建设工作考核办法》，全年组织开展7轮次机关作风效能明察暗访，查处违反机关作风效能建设单位25个，下发整改通知书30份，19名干部被问责。启动全区优化经济发展环境联席会议制度，为南钢商厦、华安699等企业协调解决问题21个。开展“服务企业百日专项行动”，着力解决企业呼声强烈、意见集中的问题和矛盾，变“企业上门投诉”为“上门暗访受理”。制定《青山湖区优化发展环境监测点及监督员管理办法》《青山湖区优化发展环境监测点监督员行为规范》，全年受理环境监测信息1.45万条，即时监测信息339条，其中督办35条，表扬11条。同时，推进电子政务监察工作，对全区7.49万件行政审批办证事项进行监察，电子监察系统上级督办件数为零。

主要领导人 区委书记：李小豹。区人大常委会主任：熊庆华。区长：李松殿。区政协主席：王继军。

（叶　婷）

·南昌县·

【简　况】 位于江西省中部，辖9镇7乡，土地总面积1683平方千米，其中平原58.3%，岗地低丘1.1%，水域40.6%。总人口100.87万人，其中农业人口81.63万人，非农业人口19.24万人，人口自然增长率8.6‰。2012年，全县地区生产总值437.6亿元，同比增长13.7%。财政总收入60.5亿元，增长33%；地方一般预算收入35.4亿元，增长36.7%。500万元以上固定资产投资439.8亿元，增长28.9%；工业投资242.5亿元，增长36.5%。社会消费品零售总额63.7亿元，增长17%。城镇在岗职工平均工资3.17万元，增长18%；农民人均纯收入1.00万元，增长16.2%。实际利用外资和现汇进资分别突破4亿和1亿美元；固定资产投资、外贸出口、实际利用外资、现汇进资已超越省内一些设区市规模。451套廉租房主体封顶，1044套公租房加快推进；发放住房配租补贴201万元；改造农村危房460户。

【县公安局DNA实验室正式建成】 10月26日至年底，县公安局投入400余万元，建成全省县级公安机关首家DNA实验室，并投入使用，标志着南昌县公安局刑事技术工作迈向科技化、自动化、网络化、信息化。DNA实验室面积约150平方米，拥有省内首台美国AB公司生产的3500XL基因分析仪、两台9700扩增仪，设有更衣区、案件受理室、初检室、疑难检材提取室、常规检材提取室、试剂配制室、扩增前上样室、案件扩增室、扩增后加样室、DNA测序室、数据分析室、UPS机房十二个区间，采用恒温净化空调系统和双向供电。

【举行传染病聚集性疫情应急处置模拟演练】 9月18日，县疾控中心组织塘南、南新、泾口、幽兰、渡头卫生院应急人员，在塘南中心卫生院举行手足口病聚集性疫情应急处置模拟演练，市疾控中心副主任吴景文以及市疾控中心应急办专家亲临演练现场进行指导。演练以某幼儿园发生一起手足口病聚集性疫情为背景，由幼儿园向卫生院报告发现4例手足口病疑似病例，卫生院接到疫情报告后，立即组织应急专业人员赶赴现场进行规范性调查处理，分流行病学现场调查、标本采样、疫源地消毒、宣传教育等科目进行演练。至年底，共组织乡镇卫生院应急人员开展手足口病、人禽流感、流感疫情应急处置模拟演练3次，卫生应急处置能力得到全面提升。

【黄马乡获全国妇联基层组织建设示范乡称号】 7月，黄马乡获全国妇联基层组织建设示范乡称号。黄马乡党委把妇女工作列入全乡工作的总体规划和目标考核管理，选派优秀青年女干部担任乡、村妇女组织的负责人。妇女组织围绕乡党委“旅游强乡，产业富民”的发展战略，动员和带领全乡妇女结合当地主导产业和特色产业，学习掌握苗木种植、畜禽养殖等实用技术，创办农家乐经济；开展“双学双比”活动，培养巾帼科技致富举头人；组织妇女学习宣传《婚姻法》《妇女权益保护法》等法律法规，增强妇女法制观念；成立“妇女儿童关爱之家”，把妇女组织建成坚强的关爱阵地。

【汇仁集团捐资3900万元助学】 12月1日，汇仁集团践行企业使命，关爱教育发展，在南昌县莲塘一中举行捐资助学活动仪式，现场捐资3900万元，用于支持全县教育事业发展。省政协主席黄跃金，市长陈俊卿出席并讲话。市政协主席卢晓健、副主席熊晓武等出席仪式。汇仁集团捐助资金3900万元，其中1900万元用于兴建一所拥有24个教学班的小学以及拥有12个教学班的幼儿园，2000万元用于引进及激励先进的教育工作者。

【2012南昌县（东莞）投资环境说明会签约28亿元】 10月27日，2012南昌县（东莞）投资环境说明会在广东东莞举行。在投资环境说明会上，举行了现场签约仪式，签约项目12个，合同总投资约28亿元。其中，内资项目11个，签约总额11.2亿元；外资签约项目5个，签约总额2.6亿美元。投资项目涉及汽车及零部件、LED电子、生物医药、食品饮料等领域。

【江西省第二个太阳村落户南昌县蒋巷镇】 7月底，南昌太阳村正式通过审批，落户南昌县蒋巷镇蒋巷村。这是全国第九个太阳村，也是继都昌太阳村之后在江西“落户”的第二个太阳村，无偿代养代教服刑人员未成年子女。

【实现教师住房公积金缴存全覆盖】 2012年，县财政投入资金940万元，为8100名农村中小学教师缴存住房公积金，实现城乡教师住房公积金缴存全覆盖。南昌县农村教师占全县教师总数88.13%，提高农村教师待遇，稳定农村教师队伍，是该县教育系统的重要工作。为所有在编在岗的农村教师缴纳住房公积金，是该县继实施“农村教师医疗保险”“农村边远教师津贴”“农村边远地区教师安居工程”之后的又一举措，对均衡城乡教育发展，加速教育城乡一体化进程有着重要意义。

【全省首家全生态养老社区落户黄马乡】 11月18日，全省首家全生态养老社区——老庆祥阳光社区项目奠基仪式在黄马乡举行，标志着全省在满足老年人多样化需求的道路上向前迈进了重要的一步。项目总投资1.2亿元，占地面积40多公顷，主要分天颐园区、生态园区、休闲园区、养生园区和风情园区五大功能区,是集现代农业、阳光休闲、阳光养老为一体的养生示范基地。项目建成后,将为南昌市及周边地区提供养老床位3000张,社区养老可实现自给自足,老有所乐。

【召开全力推进“六大工程百日会战”动员大会】 9月14日,南昌县在县文化会展中心召开全力推进“六大工程百日会战”动员大会,安排部署“六大工程、百日会战”(六大工程指“五化”整治、城市建设、招商引资、项目推进、环境提升和社会稳定等六项)工作任务,动员全县上下奋战百日,全面完成2012年经济社会发展各项目标任务,进一步加快构建核心增长极的重要战略支点的步伐,为2013年全县经济社会发展打下坚实基础。会上,还印发了《南昌县全力推进“六大工程、百日会战”实施意见》。

主要领导人 县委书记:郭 毅。县人大常委会主任:胡小明。县长:陈匡辉。县政协主席:邓炳根。

(喻德琪)

·新建县·

【简 况】 位于江西省中部偏北,辖11镇7乡,区域面积2337.84平方千米。耕地面积5.27万公顷。总人口68.68万人,其中非农业人口15.9万人,人口自然增长率8.69‰。2012年,实现地区生产总值249.8亿元,同比增长13%。财政总收入20.1亿元,增长33.8%;地方财政一般预算收入15.23亿元,增长34.2%。500万元以上固定资产投资191.5亿元,增长26%。规模以上工业增加值84.6亿元,增长15%。社会消费品零售总额40.83亿元,增长16.5%。实际利用外资1.75亿美元,增长13.6%;实际利用内资38亿元,增长13.5%;进出口总额9300万美元,增长13.1%。农民人均纯收入8603元,增长12%。新增城镇就业7036人,转移农村劳动力9536人,就业培训4941人次,发放再就业小额贷款7716万元,城镇登记失业率控制在3.86%以内。农村五保供养政策全面落实,累计发放城乡低保、医疗救助、救灾、孤儿基本生活保障等资金1.3亿元,救助困难群众5万余人次。城乡居民养老保险实现全覆盖,发放基础养老金4611万元。参加新农合50.95万人,参合率99.38%。发放廉租住房补贴191.85万元,1233套公租房提前封顶,897户农村危房改造工程基本完成。深入开展农村文化“三下乡”活动,送电影4677场,送戏342场。2012年,新建县被评为国家卫生应急示范县、实施中国妇女儿童发展纲要国家级示范县。

【开展打击侵犯知识产权专项行动】 4月26日,新建县深入开展打击侵犯知识产权和制售假冒伪劣商品专项行动,形成保护知识产权的社会氛围。行动以售假多发的小商品市场、商场等为重点区域,以玉器、酒类、服装、皮具等知名品牌为重点商品,做到“发现一起、查处一起”,全力保护知识产权。此次专项行动,共出动执法人员126人次,检查经营主体308户次,下发行政指导文书18份,立案查处侵权案件2起。

【举办2012江西南昌新建(上海)汽车工业及商贸旅游产业推介会】 5月13日,由新建县县委、县政府主办,新建县(上海)商会协办的2012江西南昌新建(上海)汽车工业及商贸旅游产业推介会在上海举行。会议举行了签约仪式,共签约项目9个,涵盖汽车工业、岩棉制品、商贸、教育、农业等多个领域,合同资金达85.7亿元。

【环鄱阳湖区域最大趸船投入使用】 6月29日,环鄱阳湖区域最大趸船——新建县水上综合执法趸船在江西制船厂竣工并投入使用。此次投入使用的趸船长50米、宽13米、高3层,配有天网工程监控、会议室、办公室、档案室、宿舍等设施,功能完备、设施齐全。趸船停靠在赣江昌邑江边水域,县水警、水政、林业、海事、交通运输等部门将在趸船上联合执法,集中办公。趸船的投入使用,将极大地改善新建县河道综合执法管理手段和提升水上应急反应能力。

【廉租房实物配租圆282户低保家庭“住房梦”】 7月12日,新建县廉租房实物配租公开摇号活动在县文化会堂举行,282户低保家庭圆了“住房梦”。此次廉租住房实物配租摇号房源共292套,位于县城长堎大道以西、莱卡小镇小区以北4~8号楼,户型为二室一厅,住宅面积均为49平方米左右,有6个不同种类。全县有295户低保家庭提出申请,其中282户通过审核。由于房源多于申请家庭数量,符合条件的282户低保家庭都获得一套廉租住房,通过公开摇号方式确定住房,满足了低保家庭的需求。

【江西省加载金融功能社会保障卡首次在新建县发放】 8月2日,江西省加载金融功能社会保障卡首发仪式在新建县举行。此次发行的社会保障卡是采用“全省大集中”的建设模式,并与银行开展合作,选用安全性高的IC芯片存储来融合社保和金融功能。社会保障卡记载了个人基本信息、参保缴费信息等,每位参保人的社会保障号与身份证号码相同,且终生不变。2012年社会保障卡主要发放对象为城乡居民养老保险参保人员,目标任务是发行800万张加载金融功能的社会保障卡,到“十二五”末发行4400万张。参保人可通过社会保障卡在城乡居民养老保险经办机构、金融网点领取或支付社会保险金,同时社会保障卡还可以作为银行卡使用,具备银行卡的存款、取款、刷卡消费、金融理财等金融功能。

【南昌龙头岗综合码头正式开工】 11月2日,南昌龙头岗综合码头一期工程建设动员会在新建县樵舍镇举行。南昌龙头岗综合码头一期工程项目地处赣江二级航道、105国道、京九及昌九铁路、福银高速公路交汇处的樵舍镇龙头岗,距南昌市区约30千米,毗邻南昌昌北国际机场。项目总投资6.57亿元,占地面积38.73公顷,泊位岸线408米,新建4个2000吨级泊位,设计年吞吐量420万吨,项目工期两年。项目建成后,利于发挥赣江黄金水道作用,形成集公路、水路、铁路、航空四种运输方式于一体的综合交通物流基地,提升水路运输服务能力。

【成立新建县农工商企业发展促进会】 11月15日,新建县农工商企业发展促进会成立大会在县委党校召开,标志着新建县农工商企业发展促进会正式成立。新建县农工商企业发展促进会由县女企业家商会、南矶商会、家具建材商会、长埈商会发起,经县民政局批准,由县金融办管理。该会以非营利企业互助为宗旨,为解决企业发展中的资金短缺和扩大企业的融资能力,帮助形成企业对抗较大经营风险,创造一个企业"互助、互保、互救"的组合机制。

【成立新建县人民政府行政复议委员会】 12月28日,新建县人民政府行政复议委员会成立揭牌仪式在县行政服务中心举行。新建县作为全省行政复议委员会试点工作四个试点市县之一,率先启动了行政复议委员会试点工作。新设立的行政复议委员会将推行相对集中行政复议权,采用"统一受理、集中审查、分别决定"的方式,将县政府及县属部门的行政复议案件集中交由县政府行政复议委员会统一办理,提高行政复议办案质量和效率,提高社会公信力,更好地发挥行政复议制度化解社会矛盾的作用。

主要领导人 县委书记:胡　敏(任至12月)、樊三宝(12月任)。县人大常委会主任:徐才保。县长:黄耀华。县政协主席:曾志毅。

(李　志　邓瑶君)

·安义县·

【简　况】 位于南昌市西北部,辖6镇3乡1场,总面积665.49平方千米。耕地面积2.59万公顷,森林面积2.36万公顷。全县户籍人口29.01万人,其中非农业人口7.38万人,人口自然增长率8.53‰。2012年,全县实现地区生产总值75.34亿元,同比增长13.5%。全县财政总收入6.78亿元,增加1.55亿元;地方财政收入5.05亿元,增加1.2亿元,增长31.0%。财政支出11.79亿元,增长3.16%;一般预算支出继续向教育、农林水、社会保障和就业等领域倾斜。全社会固定资产投资58.16亿元,增长30.6%;完成工业投资42.8亿元,增长44.8%;工业用电量达3.3亿千瓦小时,增长33.2%。实际利用外资6800万美元,增长13.2%;实际利用内资26.5亿元,增长17.5%。全年组织送戏下乡188场,送电影下乡1558场。地表水环境总体良好,潦河各断面总体达到国家Ⅲ类水质标准,县城饮用水源水质达标率100%。空气质量优良率100%。新增城镇就业2800人,零就业家庭安置率100%,城乡居民养老保险和医疗保险基本实现"两个全覆盖",保障城乡低保户1.10万户,发放低保金3145万元。145个村级医疗点实现了国家基本药物制度。开工建设廉、公租房450套,完成农村危房改造1105户。全县在岗职工年平均工资2.78万元,增长26.45%;农民人均纯收入8811元,增长17.2%。

【从玉菜业集团在香港主板上市】 2月28日,从玉菜业集团在香港主板上市,填补了江西蔬菜实体企业香港成功收购上市的历史空白。从玉菜业于2002年入驻安义县,是一家省级农业产业化龙头企业。江西从玉菜业公司已有基地规划面积666.67公顷,设计年产蔬菜3.5万吨;已建成标准基地203.2公顷,保鲜冷库4300立方米,蔬菜加工厂4000平方米,日产蔬菜20余吨。

【举办南昌(安义)新型建材产业发展论坛】 8月3日,南昌(安义)新型建材产业发展论坛在南昌举办。副市长肖玉文出席论坛开幕式并宣布开幕。县委书记朱东、县长程建兵、县委副书记刘万勇、县人大常委会主任杜勇、县政协主席张芸等出席开幕式。会议邀请了国家有关部委及省市有关部门领导和专家出席,原广东有色金属协会加工学术委员会主任委员王自焘,中国有色金属技术经济研究院教授级高工王伟东,全国铝型材行业前50强企业代表、栋梁新材总经理陆勋等建材行业专家学者作了主题演讲。开幕式上,举行了10家建材项目落户安义签约仪式,项目签约金额达15.5亿元。

【《古村女人》获第26届中国电视金鹰奖】 9月9日,第26届中国电视金鹰奖获奖名单在湖南长沙揭晓,由南昌市委宣传部、安义县委县政府联合拍摄的全省首部现代农村长篇电视连续剧《古村女人》喜获金鹰奖。县委书记朱东,县政协主席、《古村女人》编剧张芸出席颁奖典礼。《古村女人》真实展现了南方农村20世纪70年代末至21世纪初30年的沧桑巨变,诠释了以梁红英为代表的农村女性不怕艰辛、勇于生活的鲜明个性,强烈追求爱情的执著情怀,以及坚韧、勇敢面对困难和挫折的坚强意志。

【召开创建"中国秀美乡村·安义"动员会】 12月26日,全县创建"中国秀美乡村·安义"动员会在县综合大楼召开。副市长朱志群,县委书记朱东,代县长梅梅,县人大常委会主任杜勇,县政协主席张芸及县领导黄小平、熊荣根、夏小兰,市委农工部部长曹吉清,市政府副秘书长罗锦勋及市直农口部门领导出席会议。黄小平在会上解读了《创建"中国秀美乡村·安义"工作方案》,并作了动员部署;有关部门和乡镇负责人在会上作了表态发言。

主要领导人 县委书记:朱　东。县人大常委会主任:杜　勇。县长:程建兵(任至12月)、梅　梅(12月代)。县政协主席张　芸。

(陈伯乔　王　计　袁晓军)

·进贤县·

【简　况】 位于江西省中部,辖9镇12乡。全县总面积1955平方千米,其中城区面积23平方千米。耕地面积7.54万公顷,有林面积4.68万公顷,城区绿化率35.4%。总人口84.12万人,其中市区人口18.55万人,人口自然增长率8.89‰。2012年生产总值233.95亿元,同比增长12.5%。其中,第一产业增加值42.37亿元,增长5%;第二产业增加值129.01亿元,增长12.5%;第三产业增加值62.56亿元,增长17.8%。财政总收入13.11亿元,增长21.6%;人均1558元,税收占财政总收入的比重为78.8%;地方财政收入9.49亿元,增长38.4%;地方财政支出22.98亿元,增长11.8%。工业总产值109.80亿元,增长12.3%。规模以上工业增加值53.50亿元,占GDP比重22.9%。外贸出口8393万美元,占GDP比重2.15%。固定资产投资82.75亿元,获全省固定资产投资先进县。实际利用外资1.04亿美元,增长14.4%;省外投资47.46亿元,增长20%。主要工业产品产值产量:水泥107.04万吨,白酒2.64万千升,医疗器械56.8亿元,烟花16.27亿元,钢架网构33.1亿元。农业总产值42.37亿元,增长5%。粮食总产量52.75万吨,获全国粮食生产先进县。主要农产品产量:稻谷50.88万吨,芝麻0.47万吨,花生2.95万吨,水产品总量11.59万吨,瓜果3.16万吨。万元GDP能耗下降5%,化学需氧量、二氧化硫排放量分别削减1698吨和12.5吨,城市污水处理率76%。在岗职工平均年工资2.99万元,增加7682元。农村居民人均纯收入1万元,增加1232元。城乡居民年末储蓄余额119.26亿元。新增城镇就业7609人,"4050"人员就业461人,城乡居民社会养老参保29.3万人,救助城乡低保对象4.37万人次。城镇居民医疗参保5.23万人,新型农村合作医疗参合59.37万人,参合率99.47%。新建保障性住房4.34万平方米,推进扶贫项目26个。三里乡被评为国家级生态乡镇,李渡镇北田村、前坊镇太平村被评为国家级生态村,李渡、文港、温圳3个镇被评为"全省十佳秀美乡镇"。

【打造特色牧业经济】 2012年,进贤县采取强招商、重科技、优服务、严监管等举措,引进南昌绿荷、英雄乳业等大型龙头企业。其中:南昌绿荷种猪场于4月中旬成功通过全省一级种猪场检查验收,全年可为社会新增供应优质种猪6000余头;江西英雄乳业集团公司建设一个集存栏种奶牛1万余头、牧草种植基地4000公顷以上的现代生态农业科技园,范围涉及南台、下埠等8个乡镇。同时,结合各乡镇基础条件和地理优势,科学规划,合理引导,使全县畜牧业发展形成进阳省道等沿线的生态养猪,衙前、文港等地养牛,衙前、下埠等地养肉鸡,温圳、架桥等地养蛋鸡,沿湖地区养水禽,民和、张公养肉鸽等各具特色的优势产业带和产业板块。

【文港荣膺"中国毛笔之乡"】 5月19日,中国轻工业联合会、中国制笔协会、中国文房四宝协会在北京展览馆举行中国文房四宝特色区域授牌仪式,进贤县文港镇被授予"中国毛笔之乡"称号。文港适应市场需求,对传统工艺进行改良、创新,把毛笔生产从实用型转向工艺型、礼品型,并拓展高端市场。2012年,全镇大小毛笔生产作坊和经营企业共有2100多家,从业人数1.5万人,年产销毛笔6亿支,年产值12.85亿元,出口创汇3000万美元,在外经销人员1.2万人,遍及全国县级城市,占国内外70%的市场份额。

【李渡烟花在伦敦奥运会开幕式上绽放】 7月27日,在2012年伦敦奥运会开幕式上绽放的烟花由李渡烟花集团公司提供,主会场"伦敦碗"场馆内燃放的烟花主要以花束、李渡烛光、动感烟花为主,场馆外以大型礼花弹为主。此次烟花共200多个品种,货值达80万欧元。李渡烟花是国内烟花行业中唯一一家获得出口欧盟CE认证权限的烟花生产企业。

【获"全国生猪调出大县"称号】 8月,进贤县获"全国生猪调出大县"称号,这是继2008年以来连续五年获此荣誉,累计获国家奖励资金2497万元。为发展畜牧业,进贤县出台《关于加快现代畜牧业发展的实施意见》,明确养殖用地、税费减免、信贷支持等优惠扶持政策,调动返乡农民从事畜牧养殖的积极性。2012年,全县规模养殖户2500余户,其中万头以上猪场11个,千头以上猪场180个。

【盛中国在故乡举办新年音乐会】 12月29日,国际小提琴演奏大师盛中国·濑田裕子小提琴、钢琴名曲新年音乐会在进贤县会展中心举办。音乐会上,盛中国小提琴独奏、濑田裕子钢琴独奏及合奏等10余首名曲,让观众感受到艺术的无限魅力。盛中国祖籍进贤县李渡镇,是中国小提琴学会会长,也是最早在国际上为中国争得荣誉的小提琴家之一,被称为"杰出的音乐演奏大师"。

主要领导人 县委书记:王　敏。县人大常委会主任:万晓鸣。县长:万凯。县政协主席:钱和平。

(武中立　王　方)

九江市

【概　况】 位于江西省北部,行政区划:县(市、区)13个,分别为2区(浔阳区、庐山区)、2市(瑞昌市、共青城市)、9县(修水、武宁、永修、德安、九江县、星子、都昌、彭泽、湖口);九江经济技术开发区;风景名胜管理局2个,分别为庐山风景名胜区管理局、庐山西海风景名胜区管委会。全市共有乡(镇)181个,街道办事处13个。总面积1.88万平方千米。城区规划面积118平方千米,建成区面积80平方千米。耕地面积24.35万公顷,有林面积61.92万公顷。林木绿化率54.92%,城区绿化覆盖率57.1%。年末常住人口477.31万人,比上年末增长0.1%,自然增长率7.14‰。其中城镇人口220.85万人,乡村人口256.46万人。主要工业产品产量有:原煤84.22万吨、化学纤维30.45万吨、原油加工量507.64万吨、水泥1169.42万吨、玻璃纤维纱33.29万吨、民用钢质船舶27.0万吨。主要农作物总产量有:稻谷136.91万吨、小麦1.51万吨、棉花10.76万吨、油菜籽18.71万吨。全市实现生产总值1420.1亿元,增长12%。财政总收入达220.86亿元,净增59.06亿元,增长36.5%;地方一般预算收入141.87亿元,增长40.4%;财政总收入占GDP比重提高2.7个百分点,达15.6%。城镇居民人均可支配收入2.03万元,农民人均纯收入7785元,分别增长13.5%、14.9%。

【成功创建国家园林城市】 2月8日,根据《国家园林城市申报与评审办法》等相关文件的要求,国家住建部对2010年所有申报城市、县城和城镇组织严格评审,综合现场考查和评审结果,决定命名九江市等30个城市为国家园林城市,标志着九江市创建国家园林城市工作取得成功。

【获"全国文化体制改革工作先进地区"称号】 2月17~18日,全国文化体制改革工作会议在山西太原召开,会议对全国文化体制改革工作先进地区进行表彰，九江获“全国文化体制改革工作先进地区”称号，九江市委常委、宣传部长潘熙宁代表九江市参加会议并领奖。

【九江探明特大钨矿】 2月20日，江西省地矿局工作会议宣布，省地矿部门在武宁县大湖塘钨矿区发现并探明资源(储)量达106万吨的特大型钨矿床，为世界级特大型矿床规模，有望成为世界最大钨矿，其经济价值可达2000亿元。矿区内同时还发现伴生一个中型铜矿、一个中型银矿。

【获全国“双拥模范城”四连冠】 2月27日，在北京召开的全国双拥模范城(县)命名暨双拥模范单位和个人表彰大会上，九江市再次夺得全国“双拥模范城”称号，这是九江市第四次蝉联这一桂冠。受省政协副主席、市委书记钟利贵和市委副书记、市长殷美根委托，副市长杨健在北京领奖。

【成都—九江—上海(浦东)航线开通】 3月1日，成都—九江—上海(浦东)航线首航。副市长杨健出席首航仪式并致辞。这是九江庐山机场继北京、上海(虹桥)、广州之后的第四条航线。

【住房公积金还贷政策调整】 3月1日，九江市住房公积金管理中心从本日起对住房公积金贷款职工使用公积金还贷政策作出调整：职工正常还贷无不良逾期贷款记录的，满1年后可在贷款对应月将账户全部余额用于一次性冲抵贷款本金，标志着九江市对提取公积金额度进行增加，有效减少市民每月还贷压力。

【九江城区普通住房享受优惠标准调整】 3月10日，根据市政府办公厅《关于调整城区享受优惠政策普通住房标准的通知》文件精神，经市房产、地税等部门研究决定，九江市调整公布城区享受优惠政策普通住房标准，城区享受优惠政策普通住房的价格标准调整为5400元/平方米以下，比原标准提高800元/平方米，新标准从本日开始执行。

【全省首个市级院士工作站在九江建立】 7月16日，九江市在九江经济开发区举行首批院士工作站授牌仪式，这是九江市在全省率先建立的市级院士工作站，标志着九江市引进高端科技人才和高层次智力资源进入新起点。省科协党组书记龚绍林、省科协副主席李雪南，市委副书记冯静，市委常委、组织部长徐森鸣，向旭阳雷迪高科技股份有限公司、同方电子科技有限公司、九江中科鑫星新材料有限公司、九江农业科学研究所4家建立院士工作站的单位授牌。市领导李光荣、廖奇志、朱忠玲出席授牌仪式。中科院院士、中国科学院上海有机化学研究所研究员戴立信，中国工程院院士、华中农业大学教授傅廷栋出席。

【召开首届中国(九江)鄱阳湖国际名湖友好交流大会】 8月26日，首届中国(九江)鄱阳湖国际名湖友好交流大会在共青城市召开。省委副书记、省纪委书记尚勇，省人大常委会副主任胡振鹏，省政协副主席刘礼祖出席开幕式。中国人民对外友好协会副会长李建平，副省长洪礼和，省政协副主席、市委书记钟利贵致辞。市委副书记、市长殷美根主持开幕式。来自5大洲19个国家的近200名中外嘉宾应邀参加。会上，中国鄱阳湖、青海湖、洞庭湖，俄罗斯贝加尔湖、匈牙利巴拉顿湖、日本琵琶湖、柬埔寨洞里萨湖、新西兰陶波湖、新西兰卢托鲁阿湖、肯尼亚纳库鲁湖、芬兰奥卢湖、美国肯塔基湖等12个国际名湖代表共同签署《首届中国(九江)鄱阳湖国际名湖友好交流大会共青城宣言》。开幕式后，举办“湖泊保护与区域发展”共青城论坛。省人大常委会副主任胡振鹏发表演讲，省政协副主席、市委书记钟利贵，市委副书记、市长殷美根，省外侨办主任张学军，市领导冯静、华金国出席，市委常委、共青城市委书记李晓刚作主旨演讲。国际名湖代表和国际环境专家学者先后介绍所在区域湖泊的状况，并围绕湖泊保护与区域发展，城市发展与生态保护，新型工业化、城镇化发展路径，环境保护与低碳产业等主题发表演讲。

【出台生育保险暂行办法】 9月20日，为维护女职工的合法权益，保障其生育期间的基本生活和基本医疗，市政府办公厅出台《九江市职工生育保险暂行办法》，标志九江市职工生育保险实施工作正式开始实施。该办法规定：本市行政区域内的各类企业、机关事业单位、社会团体、民办非企业单位及其职工，必须依照本办法参加生育保险。同时，要求生育保险基金按照“以支定收、收支平衡、略有节余”的原则筹集，缴费标准按照上年度本单位在职职工工资总额的1%的比例，按月缴纳，所缴费用全额由参保单位承担，职工个人不缴费。缴费比例今后将根据当地经济发展和生育保险基金使用情况适时调整。生育保险基金用于支付生育医疗费用和生育津贴两部分。生育医疗费用包括：因生育发生的医疗费用，含从怀孕至分娩住院期间所需的检查费、接生费、手术费、住院费和药费等费用以及生育出院后3个月内因生育引起疾病的医疗费；实施计划生育避孕节育情况检查、实施避孕节育手术以及符合生育政策实施复通手术所需的医疗费用。

【出台工伤保险市级统筹暂行办法】 9月24日，为提高九江市工伤保险统筹层次，增强基金抵御风险的能力，推进工伤保险制度健康协调发展。市政府办公厅出台《九江市工伤保险市级统筹暂行办法》。该办法要求实行工伤保险基金市级统筹，建立保障能力相对较强、制度体系较为完善，工伤预防、工伤补偿、工伤康复有机结合的工伤保险市级统筹制度，提出“六统一”管理要求，即统一参保范围和对象，统一缴费基数和缴费费率，统一工伤认定和劳动能力鉴定，统一工伤保险待遇支付标准，统一基金账户管理和统一经办流程和信息系统，并对工伤保险基金实行预决算管理，增强全市工伤保险基金抗风险能力。此举将有利于增强全市工伤保险基金支撑能力，更好地保障全市44.95万参保对象合法权益。

【“北京—九江—厦门”航线首航】 10月28日，九江庐山机场举行北京—九江—厦门航线首航仪式，市委副书记、市长殷美根出席并讲话。新调整的北京—九江—厦门往返航班每天1班。

【赛城湖大闸蟹获全国大奖】 11月4日，九江县赛城湖水产养殖场出产的“鹤问”大闸蟹，在上海第六届蟹文化节暨全国河蟹大赛上，经大赛评委组专家评定，从全国52家参评单位中脱颖而出，一举夺得第六届全国河蟹大赛最高奖项“最佳口感奖”，并同时荣获“金蟹奖”，这是江西唯一一家单位获此殊荣。

【获评2012“最中国创意名城”】 12月12日，由中国国际广播电台国际在线主办的2012中国城市榜“最中国创意名城”颁奖盛典暨中国创意城市峰会在北京举行，九江和北京、上海、深圳、成都等10个城市一起，获评2012“最中国创意名城”。入围城市代表、创意及文化方面的专家、海外驻华机构代表出席颁奖仪式。“中国城市榜”活动在国务院新闻办公室、文化部、科技部及国家旅游局等部门的指导下已经连续成功举办3届。此次评选活动用26种语种面向全球发布，共收到170多万张选票，其中95%来自境外，国内共35个候选城市参加评选。

【庐山管理局行政服务中心正式下迁】 12月19日，庐山行政服务中心下迁庆典仪式在庐山新城举行，标志着庐山行政服务中心正式启用。新的庐山管理局行政服务中心位于九江市庐山大道中段“庐山新城”内。依据“与旅游直接相关的单位不下迁”的原则，确定庐山管理局以及36个下属二级部门(单位)下迁。为方便服务游客和居民，庐山公安局等直接服务于游客和居民的部门(单位)不下迁。同时，下迁的机关部门(单位)将在山上保留办事人员，原管理局机关大楼将设立为“庐山管理局便民服务中心”。按照规划，庐山管理局行政机关率先下迁，带动部分居住在水源地、别墅内、核心景区里面的居民陆续下迁。

【九江港烟花爆竹出口水运通道正式开通】 12月25日，为服务江西地方经济发展，支持和壮大江西省烟花爆竹传统产业，在省委、省政府、省商务厅、九江市委市政府和各相关职能部门大力推进下，九江港烟花爆竹出口水运通道正式开通。

主要领导人 市委书记：钟利贵。市人大常委会主任：华金国。市长：殷美根。市政协主席：魏宏彬。

（黄开福　刘浔豫　杨　磊）

·庐山区·

【简　况】 位于江西省北部，辖7镇1乡2街道办事处。面积548平方千米，耕地0.34万公顷，总人口22.2万，其中非农业人口10.3万，人口自然增长率6.2‰。2012年实现生产总值196.8亿元，增长12.6%。完成财政总收入15.1亿元，增长36.1%。工业经济提速增效。规模以上工业企业新增11家、累计发展到80家，完成主营业务收入270亿元，增长40.4%。其中：5家企业过10亿元，2家企业过20亿元，中粮粮油过40亿元。工业增加值59.6亿元，增长18.1%。利税总额20亿元，增长54.1%。绿色食品、化纤纺织、玻纤建材、石油化工和机械电子五大主导产业加快集群发展，完成工业主营业务收入260.9亿元，占全区比重达到96.3%。旅游经济稳步发展，共接待游客317.8万人次，实现旅游综合收入21.7亿元，分别增长10.3%、10.4%。特色农业效益彰显。全年引进亿元以上农业加工项目5个，规模以上农业企业发展到24家，其中省级农业龙头企业2家。农民专业合作社发展到81家。

【成为江西首个A类达标电气化县(区)】 3月15日，庐山区新农村电气化县(区)建设通过省新农村电气化建设工作领导小组A类标准验收，成为全省首个达到A类标准的新农村电气化县(区)。2010年开始，该区深入实施“新农村、新电力、新服务”农电发展战略。2011年底，全区户通电率达到100%，人均年用电量达到3154千瓦小时，全区综合电压合格率达到98.8%，居民端电压合格率97.8%，供电可靠率99.8%，全区人均GDP达到了6.8万元。江西从2007年开始实施新农村电气化建设工作。到2012年底，全省已通过的新农村电气化县(区)达14个，庐山区成为江西省首个达到A类标准的新农村电气化县(区)。

【举行首届九江青岛啤酒节】 7月6～14日，由九江市政府主办，庐山区政府协办，青岛啤酒东南营销有限公司承办的首届九江青岛啤酒节在南山公园举行。啤酒节历时9天，7个主题夜，以啤酒、表演、美食为主打，每晚都有精彩节目，为九江市民奉献一场文化盛宴。啤酒节期间累计接待市民超过40万人次，畅饮啤酒55吨。

主要领导人 区委书记：汪泽宇。区人大常委会主任：陈飞林。区长：钟好立。区政协主席：刘　建。

（杨小岛）

·浔阳区·

【简　况】 位于江西省北部，是九江市中心城区。浔阳区现辖域面积为26平方千米，总人口31.7万人，辖湓浦、甘棠、白水湖、金鸡坡、人民路5个街道办事处。2012年，全年完成地区生产总值320亿元；完成固定资产投资52.5亿元；完成财政总收入16.16亿元，完成地方一般预算收入10.66亿元；完成规模以上工业增加值6.5亿元；实现社会消费品零售总额143亿元；实现外贸出口2.2亿美元。城镇人均可支配收入增长13%，农民人均纯收入增长11.3%。

【首演《春江花月夜》音舞诗画剧】 8月10日，大型音舞诗画剧《春江花月夜》在白水明珠会议中心成功首演。大型音舞诗画剧《春江花月夜》，由浔阳区政府与九江著名民营企业信华集团共同组建“九江浔阳信华文化旅游股份有限公司”投资5000万元倾力打造，是浔阳区重点打造的“四大文化品牌”之一。该剧特聘国内一流团队担任制作班底，总导演王冼平，中央电视台著名导演(曾担任中央电视台春节联欢晚会总导演，并创办《旋转舞台》《民歌·中国》等栏目)，特聘请中央电视台著名主持人赵忠祥担任整个剧目的画外音配音。演员阵容庞大，来自北京和本地演员共计100余名。整台音舞诗画剧以一个游子的身份游历九江，围绕着《周瑜点将》《小乔梳妆》《油纸伞情缘》《好汉挑夫》《蓑衣湾风情》《鄱湖候鸟》《爱莲说》《古镇浔阳》《琵琶行》9个故事展开，充分展示古镇浔阳和大美九江的无限魅力。

【创新市容环卫工作方法】 2012年，浔阳区创新市容环卫工作方法：成立环卫督查中队，将质检、环卫督查、大中路管理与执法大队执法实行联动。创建文明小区工作，开展楼道文化活动，在社区楼道内安放便民袋，设立宣传展示，建立组织网络。实施开放式小区多元化管理试点，出现以甘棠街道庐峰社区为代表的自治式管理模式，以湓浦街道梅绽坡社区、江海公司宿舍、右河巷为代表的庭院式管理模式，以人民路街道桃园社区为代表的互助式管理模式，以金鸡坡街道大王庙村袁家湖小区为代表的综合管理模式。成立浔阳区环卫协会，建立环卫基金，加大对环卫工人关心力度，工伤保险由100元提高至200元。

主要领导人 区委书记：戴晓慧。区人大常委会主任：张显旺。区长：左延。区政协主席：文建华。

（扶松华）

·九江县·

【简　况】 位于江西省北部，辖7镇4乡，总面积873.33平方千米，占全市总面积4.64%。县城沙河街，全县实有土地总面积9.17万公顷。总人口33.38万人。2012年，全县实现生产总值70.15亿元，增长12.3%，其中：第一产业10.34亿元，第二产业44.26亿元，第三产业15.55亿元。三产比由上年的15.5∶63.8∶20.7调整14.7∶63.1∶22.2。规模以上工业企业完成增加值31.63亿元，增加14.5%。财政收入10.04亿元，增长40%；地方财政收入7.66亿元，增长59%。农民人均纯收入8431元，增长13.4%；全年实现农业总产值18.92亿元，增长11%；粮食总产6.45万吨、油料总产2.3万吨、生猪存栏9.5万头。水产品总量4.8万吨、水果总产量1.3万吨。社会消费品零售总额17亿元，增长15.3%。固定资产投资72.74亿元，增长36.1%。全年新签约亿元项目18个，合同资金159.2亿元。完成内资实际进资31亿元，增长9.85%；外贸出口创汇1.4亿美元，增长11.1%；实际利用外资5800万美元。新增个体工商户1107户、民营企业158家。民营企业实现销售收入151亿元，增长25%。金融机构新增贷款9.04亿元，增长26.2%。各类信贷担保机构担保融资17.74亿元，增长77.4%。新引进3000万元以上农业项目6个，新增省级农业龙头企业2家、市级农业龙头企业3家，新增农民专业合作社55家。全年共完成报备土地开发项目4个，总规模171.95公顷，总投资1289.6万元，新增耕地164.5公顷，改造中低产田426.7公顷；完成林业项目建设1733.3公顷、造林绿化1466.7公顷，被评为全省“森林十创”先进县。

【广东狮子会心连心、高尔夫服务队到九江县慰问特困党员】 1月5日，广东狮子会心连心、高尔夫服务队到九江县开展向特困党员送温暖、献爱心活动。服务队队员们在事业取得成功的同时，不忘无私奉献、回报社会，把扶贫济困、团结友爱、传递爱心作为社会美德。当天，他们向来自全县基层的50名特困党员每人发放慰问金2000元，共计10万元，并希望特困党员坚定生活信心，在党和政府关心帮助扶持下，战胜困难，自强不息，早日脱贫致富。

【县二小被教育部、国家语言文字工作委员会认定为国家级语言文字规范化示范校】 3月，县二小被教育部、国家语言文字工作委员会认定为第三批国家级语言文字规范化示范校。九江市另有九江学院和九江鹤湖小学分获此认定。开展语言文字规范化示范校创建活动，是全面贯彻《国家通用语言文字法》和《国家中长期教育改革和发展规划纲要（2010～2020年）》，全面推进素质教育的一项重要内容。县二小语言文字机构健全、工作制度完善。长期以来，学校坚持以书法教育和经典诵读教育为突破口，贯彻《国家通用语言文字法》，通过开展演讲、中华经典诵读、规范字书写大赛等多种形式活动，不断提高师生整体语言文字水平，全面推进学校语言文字规范工作进程，从而提升学校文化品位。

【城门中心小学获“全国基层示范家长学校、儿童之家”称号】 8月，城门中心小学被全国妇联、教育部、中央文明委联合授予“全国基层示范家长学校、儿童之家”。该中心小学下辖8所村小，有留守在校学生1000余名。学校倡导“德育为先，注重素质，以爱助学，环境育人”理念，不断规范校园管理，改善育人环境，提高教育质量，努力打造农村示范学校，让留守儿童有个健康温馨的家。2011年5月，该校被省妇联、省文明办、省综治办、省教育厅、省关工委联合授予“江西省关爱留守儿童先进单位”。

【港口街镇中心小学“乡村学校少年宫”举行揭牌仪式】 11月1日，港口街镇中心小学举行“乡村学校少年宫”揭牌仪式。该少年宫由中央专项彩票公益金支持项目资金20万元，用于装修、购买设备，是省第三批建设项目学校，也是县第一所乡村少年宫。少年宫计划开设文体科技、技能培训、经典诵读、社会实践四大类共24个活动小组，学生参与面将达到80%以上。

【九江市总工会、市第一人民医院到九江县联合举办大型义诊活动】 11月29日，九江市总工会、市第一人民医院到九江县联合举办以“快乐成长，健康与爱同行”为主题的大型义诊活动，30多名专家从九江市坐车来到九江县城活动现场，不断为广大市民进行健康宣传、咨询，并义务为需要者检查身体、测量血压，发放免费药品。专家们还分成小组，分别到沙河经济技术开发区中心小学和县敬老院为小朋友及老年人进行身体检查，并耐心提供健康咨询服务。此次义诊活动共接受市民健康咨询400余次，发放赠送药品价值近5000元。

主要领导人 县委书记；徐耀纯。县人大常委会主任：罗会林。县长：陶晔。县政协主席：李照培。

（张树华）

·武宁县·

【简　况】 位于九江市西部，下辖8镇11乡1街道办事处，总面积3506.6

平方千米。县城规划面积25.1平方千米,其中建成区面积11.8平方千米,城区绿化率48.1%。是国家园林县城、国家卫生县城、全国文明县城、全国文化先进县、全国平安县、全国平安畅通县、全国市容环境综合整治优秀县、全国文明小城镇建设示范点、全国计划生育优质服务先进县、全国退耕还林工作先进县、全国集体林权制度改革先进典型县。全县耕地面积1.81万公顷,林地面积26.11万公顷,森林覆盖率72.1%。总人口39.15万人,其中城镇常住人口15.23万人,人口自然增长率7.92‰。2012年实现国内生产总值72.56亿元,增长12.6%。其中,第一产业增加值11.49亿元,增长1.0%;第二产业增加值39.74亿元,增长20.8%;第三产业增加值21.33亿元,增长6.0%。财政总收入10.01亿元,增长32.9%;税收占财政总收入的87.45%;地方财政收入7.38亿元,增长40.5%;地方财政支出16.12亿元,增长22.1%。规模以上工业总产值174.5亿元,增长29.0%;规模以上工业增加值40.9亿元,增长18.9%,占年生产总值的56.4%;外贸出口1.21亿美元,增长20.6%。全社会固定资产投资79.1亿元,增长33.4%。农业总产值19.42亿元,增长6.8%。主要农产品有粮食总产量15.05万吨、棉花2067吨、油料1.38万吨、水产品3.4万吨、肉类2.14万吨。万元GDP能耗0.312吨标煤,降低率2.3%;化学需氧量和二氧化硫排放削减率分别为4.95%、18.1%;城市污水处理率92%。社会消费品零售总额24.73亿元,增长16.4%;农民人均纯收入7996元,增长15.4%;城乡居民储蓄存款51.31亿元,增长17.2%。

【县财政收入首次突破10亿元】 2012年,武宁县以大开发、大项目、大建设推动经济发展和财政增收,突出“总部经济”“工业企业”“乡镇财政”“六大产业”四个重点,培税源抓增量,县财政收入首次突破10亿元。矿业经济全年实现产值5亿元,纳税6000多万元,成为武宁经济发展的强力引擎。乡镇财政全年总量突破4亿元,实现“乡乡过千万”,其中1个乡镇突破亿元,4个乡镇跨上3000万元。

【巾南线二级公路通车】 10月18日,巾南线二级公路等5条公路建成通车仪式在武宁巾口乡入口处举行。省政协副主席、市委书记钟利贵,市委副书记、市长殷美根,市领导王际民、陈和民、朱汉浩和县领导饶思汉、熊波等出席通车仪式。巾南线二级公路于3月8日正式开工建设,总投资1.3亿元,起于永武高速巾口互通,止于瑞昌南义镇,全长15.6千米。其中武宁境内10.9千米,是316国道连接永武高速的重要通道。巾南线二级公路建成通车对促进庐山西海开发,改善武宁出境交通状况具有重大意义。

【电影《山鼓声声》入选第二届北京国际电影节】 4月,武宁县体育局老干部方平担任编剧的电影《山鼓声声》,入选由国家广电总局、北京市人民政府主办的第二届北京国际电影节第十六届“北京放映”作品。方平主创的大型新编历史采茶戏剧本《碎花怨》与当代生活小戏《老葛店》,分别获第八届全国戏剧文化大奖、“大型剧本”和“小型剧本”类征集铜奖。

主要领导人 县委书记:沈　阳。县人大常委会主任:杨叶青。县长:饶思汉。县政协主席:余育民。

(郑元刚　陈修宁　郑双虎)

·修水县·

【简　况】 位于江西省西北部,辖19镇17乡,总面积4504平方千米,居全省之首,属国家扶贫开发工作重点县。耕地面积3.78万公顷,山林面积34.7万公顷,森林覆盖率为72.8%。总人口84.8万,其中非农业人口10.4万人,人口自然增长率为8.88‰。2012年完成地区生产总值96.55亿元,同比增长12.5%。其中:第一产业增加值14.38亿元,增长3.6%;第二产业增加值49.18亿元,增长17.1%;第三产业增加值32.99亿元,增长11.2%;三次产业结构比为14.9:50.9:34.2。完成财政总收入14.01亿元,增长31.9%,其中一般地方预算收入9.63亿元,增长47.5%;财税结构逐步调优,财政总收入占GDP的比重为14.5%,税收占财政总收入的比重为85.1%。规模以上工业总产值160.35亿元,增长57.0%;规模以上工业完成增加值43.6亿元,增长19.9%;实现主营业务收入180.8亿元,增45.0%;实现利税总额31.7亿元,增长47.1%。完成社会固定资产投资86.1亿元,增长39.2%。农业总产值19.7亿元,增长12.7%。粮食总产量23.3万吨,主要农产品中稻谷20.47万吨、小麦3201吨、玉米7287吨、花生3548吨、蔬菜(含菜用瓜)8.29万吨、茶叶3523吨。完成社会消费品零售总额29.5亿元,增长17.1%。全县金融机构存款余额96.9亿元,增长14.0%。农民人均纯收入达4186元,较上年人均增收571元。

【“宁红茶”获国家农产品地理标志登记保护产品认证】 12月,“修水宁红茶”获国家农业部农产品地理标志登记保护产品认证。这是修水县继2002年获得“国家农业部无公害茶叶生产基地县”之后获得的又一部颁“金”字招牌。

“宁红茶”是“宁州工夫红茶”的简称,因修水县古称宁州而得名,其产区包括江西省九江市修水县、武宁县和宜春市铜鼓县,湖南省浏阳市、平江县和湖北省崇阳县、通城县等,其主产区为修水县,产量一般占宁红产区的80%以上。修水县茶叶种植加工自然条件优越、历史悠久、栽培技术优良,形成了修水宁红茶独特的优异品质,其外形紧结秀丽,色泽乌润匀整;汤色红亮清澈,甜香浓郁;滋味浓鲜饱满;叶底浅红发亮,是工夫红茶中的典型代表。2011年下半年起,修水全面挖掘整理修水宁红茶的人文内涵、历史底蕴及典型特征特性、产地环境、区域范围和生产管理等,开始申请“修水宁红茶”农产品地理标志登记保护产品认证,经过农业部和省市专家组多轮评审,最终获得认证。其划定区域和保护范围是修水县现有的36个乡镇及程坊库区,地理坐标为东经113°57′~114°56′,北纬28°47′~29°22′;质量控制技术规范编号:AGI2011-05-00783。

主要领导人 县委书记:黄　斌。县人大常委会主任:胡荣军。县长:孙朝辉。县政协主席:黄　梅。

(李四军)

·永修县·

【简　况】　位于江西北部,辖11个镇4个乡,总面积2035平方千米,耕地面积3.1万公顷,林地总面积7.9万公顷。总人口39.03万人,其中非农业人口11.43万人,人口自然增长率8.8‰。2012年实现地区生产总值91.57亿元,同比增长11.8%。其中,第一产业增加值12.09亿元,增长6.2%;第二产业增加值60.06亿元,增长13.7%;第三产业增加值19.42亿元,增长10%。规模以上工业总产值225.35亿元,增长19.4%。主要工业产品有机制纸8.22万吨。农业总产值21.59亿元,增长10.4%。主要农产品有粮食23.91万吨、棉花0.79万吨、油料作物1.74万吨、水产品4.53万吨。财政总收入12.08亿元,增长33.1%,其中地方财政收入8.76亿元,增长40.6%;支出19.78亿元,增长12.1%。农村居民人均纯收入8737元,增加1337元。城乡居民年末储蓄余额55.06亿元,增长28.3%。

【科学减排促生态文明建设】　永修县健全主要污染物减排体系,做好结构减排、工程减排、管理减排等工作,积极破解污染物减排问题,力促生态文明建设。按照"增产不增污""区域削减"的原则,对建设项目严格执行"环评"和"三同时"制度,坚决拒批高耗能、高排放、高污染的企业和无总量指标的企业,严把环境准入关口,控制好新增污染物排放量。完善减排基础设施建设,引进投资亿元的天然气项目,对星火有机硅厂实现供气,降低燃煤的消耗量和二氧化硫的排放量;投入400万元兴建环境监控中心、投入10万元安装4个"全球眼",加大园区企业排污监测;加快推进星火20万吨有机硅配套污水处理厂工程建设,以解决园区企业污水达标排放难题。建立减排帮扶制度,为企业减排提供"保姆式"服务,悉心监测项目运行数据,建立项目治理台账、对企业减排进行技术指导,提高企业减排效率。同时,构建减排长效机制,精心制定修、潦河流域水污染防治规划,严禁在沿河1000米范围内建污染项目,严格监管危险化学品,定期监测修、潦河水质,保障城乡居民饮水安全。以污水处理厂、各类环境自动监控系统为重点,集中开展整治违法排污企业的环保专项行动,重拳打击污染环境的违法行为,依法查处擅自停用污染治理设施、违反环保法的企业,限期治理污染物不能稳定达标排放的企业,及时关停污染严重、治理无望的企业,确保人民群众的生命健康。2012年,全县关停资源消耗大、污染严重企业7家,完成非电脱硫项目、非电结构项目等重点减排项目8个,减少1657吨二氧化硫排放和化学需氧量(COD)633吨,呵护好永修的青山绿水。

【林权制度配套改革见成效】　永修县自林业要素市场成立以来,通过林权管理服务机构开展林权抵押贷款和林地综合保险,规范林权流转和林业专业合作社建设等后续服务工作,有力促进全县林业资源增量,林区财力增强,林农收入增加,林权配套改革各项工作取得明显成效。县林业综合服务中心和县林业要素市场设有林权登记管理、林权信息发布、森林资源资产评估、林权抵押贷款、林权流转交易、林业法律(科技)服务等林业综合服务窗口,为林农提供便捷高效的服务。2012年,该县续办结林权抵押贷款12起,涉及林地55宗,面积325.73公顷,共办理林权抵押贷款817.8万元。同时在国家、省级公益林林地全保的基础上,对4.16万公顷商品林进行综合保险,保险金额2498万元,有力地保障森林资源的安全。推进森林资源的公开拍卖业务,促进森林资源有序流转。全年成功拍卖林地、林木2宗,涉及林地面积40.6公顷,拍卖金额58.5万元;审核办理流转林地、林木543宗,涉及林地面积673.53公顷,林地、林木交易额1053.7万元,有力地推进全县林地、林木的公开竞买。截至年底,全县已成立林业专业合作组织和民营林场42家,加入农户达6200户,经营面积7866.67公顷,带动农户2万余户。

【建立困难职工帮扶体系】　永修县充分发挥工会组织作为党联系群众的桥梁和纽带作用,精心烹制特困职工"帮扶套餐",实现"帮扶、维权、服务"三位一体,全面提升困难职工的幸福指数。该县成立工会职工服务中心,建立职工办事大厅、劳动争议仲裁庭、法律援助工作站等12个服务平台;开通困难职工诉求"绿色通道",及时对困难职工予以救助,每年投入220多万元,对困难职工给予医疗、住房、文化、就业等方面的帮扶。至2012年底,全县共救助困难职工群众1.06万人次,发放救助金690万元。打造职工维权中心,成立维权服务队伍,聘请律师为特困职工和农民工群体免费提供法律咨询和法律援助,建立维权报告、通报等制度,畅通职工申诉渠道,构建部门联动机制,解决职工合理诉求。打造多种形式的职工文化活动,融资40余万元在三溪桥镇、泽晖纸业等乡镇和企业建立职工书屋示范点;投入百万余元改造县工人文化宫,开辟健身房、多功能厅等八大场所;成立摄影、广场舞、歌曲戏剧等7大俱乐部,并为俱乐部提供配套设施及经费保障;举办职工红歌赛、职工广场舞大赛、广场健身运动会等活动,丰富职工的业余文化生活。

【打造文化旅游休闲基地】　永修县充分挖掘各种资源,引进重大战略投资者开发建设旅游项目,全力打造南昌、九江等周边区域性文化旅游休闲基地,旅游产业发展实现"开门红"。2012年一季度,全县旅游人数累计达37.17万人次,同比增长37.72%;旅游总收入累计达2.66亿元,增长38.37%。

加大旅游宣传策划力度,极大地提升旅游资源开发"知名度",一大批重大旅游项目纷纷抢驻该县。南京华天建设集团在投资48亿元建设庐山西海欢乐休闲世界项目后,又决定在该县江上乡再投资8亿元建设庐山西海农林生态科技园项目。为彰显"生态观光、度假休闲旅游胜地"魅力,该县加快休闲山庄、农家乐、星级宾馆等基础配套设施建设。规划建设好修河两岸农家乐旅游服务区,承接柘林湖景区和西海温泉游客辐射,形成独具永修地方特色的农家乐精品服务区。打造两大生态旅游产业园,以龙源峡、桃花园、龟山湖为核心进行升级改造,逐步形成生态观光、休闲养生的云山恒丰旅游产业园;以鄱阳湖湿地候鸟、吴城古镇文化、沙山、草洲等自然人文景观,打造古镇文化探考、湿地候鸟观赏游为主的吴城古镇旅游产业园。

该县坚持突出自然景观的天然属性和人文景观的文化属性相结合,全力挖掘五大特色文化,形成文化旅游特色品牌。适时启动吴城古镇文化恢复项目,挖掘古镇民俗、民风、民歌、小吃、排工号子、会馆文化、名人诗文等,再现古镇当年商业重镇的人文风情和水运码头的繁华。挖掘"样式雷""磨刀李"等人文资源,建设文化主题故居和文化广场,再现清朝建筑文化和李唐文化魅力。依托云居山真如禅寺开展禅文化活动,不断发展壮大宗教游。打造红色旅游景点,将云山农垦史和云山农校史有机结合起来,在云山建立历史纪念馆和伟人故居,吸引更多游客参观。

主要领导人　县委书记:邹绍辉。县人大常委会主任:张礼铨。县长:严盛平。县政协主席:欧阳洁。

(陈汉铭)

·德安县·

【简　况】　位于赣北,总面积863平方千米,其中城区面积20平方千米。下辖4镇9乡。耕地面积0.9万公顷、有林面积3.44万公顷、森林覆盖率40.82%、城区绿化率43.29%。总人口16.97万人,其中农业人口11.24万人,人口自然增长率7.5‰。年生产总值61.8亿元,同比增长13.8%。其中,第一产业增加0.38亿元,增长5.6%;第二产业增加9.24亿元,增长14.1%;第三产业增加2.66亿元,增长16.0%。财政总收入8.66亿元,增长29.1%,人均5132元,税收收入占财政总收入比重达到85.8%;地方财政收入6.33亿元,增长36.6%,地方财政支出7.1亿元,增长43.1%。工业总产值190.14亿元,增长41.0%,规模以上工业增加值43.9亿元,占GDP比重71.01%,外贸出口占GDP的比重13.32%。固定资产投资达65.43亿元,增长38.2%。实际利用外商投资7142万美元,增长21.1%,省外投资33.12亿元,增长15.4%。县主要工业产品及产量为轮胎81.6万条、纱13.89万吨、水泥59.2万吨、服装1640.5万件、企业用电量28229万千瓦小时;农业总产值8.29亿元,增长9.97%。粮食总产量4.77万吨。县主要农产品名称及产量为油料总产量6591吨、棉花总产量1.18万吨、生猪出栏7.44万头、家禽出笼255.2万只、水果产量5914吨。万元GDP能耗0.59吨标煤,城市污水处理率70.53%。农村居民人均纯收入8771元,增长16.1%。城乡居民年末储蓄余额36.14亿元,增长25.8%。

【综合实力稳步提升】　2012年,德安县规模以上工业企业完成主营业务收入201.8亿元,胜利实现决战工业200亿的目标。新增规模以上工业企业10家,总数达83家,其中49家销售收入过亿元,4家纳税过千万元。五大工业主导产业完成主营业务收入175亿元,占整个规模以上企业收入的86%以上;税收占财政总收入的比重达85.8%。项目数量再创新高。93个重大项目集中开工、竣工、投产,总投资170亿元;新开工固投5000万元以上工业项目25个,其中宏泰钢构、红叶制伞等亿元以上项目15个;固投5000万元以上工业项目竣工22个,其中德鑫纺织、有德五金等亿元项目11个。

主要领导人　县委书记:叶心林。人大常委会主任:王金华。县长:骆效农。县政协主席:高茂木。

(郭任初)

·星子县·

【简　况】　位于赣北,辖7镇3乡,总面积894平方千米,县城区面积8.7平方千米。耕地面积1.11万公顷,森林覆盖率为34%。总人口26.7万人。2012年,实现生产总值49亿元,增长12.3%。完成固定资产投资49.1亿元,增长33%;三次产业结构比重由上年的11.9:48:40.1调整为9.7:40.2:50.1;工业主营业务收入达102.7亿元,增长41.7%。主要工业产品有万吨船舶、汽车配件、花岗石制品、青石制品等。农村经济总收入15.47亿元,增长15.9%。主要农产品有稻谷、棉花、油料、肉类、家禽、水产品。财政总收入达7.03亿元,增长40.1%,地方财政收入5.4亿元,增长51.3%,支出10.66亿元,增长10.9%。农民人均纯收入7555元,增长16.5%。城乡居民年末储蓄48.92亿元,增长17.2%。

【财政收入跨6亿新台阶】　2012年,星子县财政总收入由上年的5.02亿元增加到7.03亿元,增长40.1%,增幅列九江市第二。地方财政收入5.4亿元,同比增长51.3%。县财政投入民生工程资金比上年净增3853万元,达7051万元,占新增财力的72%。

【秀美乡村建设成效明显】　2012年,星子县投入近3000万元,对环山公路沿线村庄进行整治建设提升,完成房屋坡顶改造1103栋、屋顶喷漆5.3万平方米,外墙出新37.7万平方米,打造了"五美四和谐"秀美乡村建设示范带。获"全市和谐秀美乡村建设先进县"称号。

【成功申报全国旅游标准化试点县】

星子县成为全国第二批10个旅游标准化试点县之一,创建全国旅游标准化示范县工作已进入中期评估阶段。2012年,星子县不断加大旅游基础设施投入,加快旅游标准化建设步伐。全年共投入200余万元,对城区、景区、主要通道的道路标识牌、旅游标志牌及旅游广告导览图进行统一规划、安装。投入2000余万元,下埋温泉度假区强弱电线路2500米、铺设污水管网2700米。成功举办2012中国·星子(庐山)文化旅游节、陶渊明国际学术研讨会等活动。编制《星子旅游画册》《星子旅游地图》《温泉之星》等资料。《远方的家》《乡约》《茶路》等央视热门栏目走进星子,星子知名度和美誉度不断攀升。全年接待游客突破千万人次。

【工业主营业务收入突破100亿元】

2012年,工业主营业务收入达102.7亿元,增长41.7%,是三年前的4.4倍,完成三年决战工业100亿目标任务。全年共投入4亿元完善工业平台基础设施。成功申报全省第二批绿化提升试点园区。编制了鄱湖高新科技项目区概念性总体规划和一期控制性详细规划。全县主营业务收入突破亿元的企业达22家,其中思麦博、银星公司进入全市工业企业30强。规模以上工业实现增加值26.7亿元、利税15.3亿元，分别增长15.4%和100.9%。

【城乡居民社会养老保险实现全覆盖】 2012年，星子县城乡居民社会养老保险参保率达88.3%，为2.28万位老人发放养老金752.8万元，是全省第四批试点县中首批养老金发放最先完成、阶段性参保率最高的县。全面完成了78项民生工程任务。社保基金征缴总额过亿元，发放养老金8815万元。为640户农村家庭发放危房改造补助800万元，740户困难家庭发放住房租赁补贴130万元。获"全市扶贫移民工作先进县"称号。

主要领导人 县委书记：刘 超。县人大常委会主任：欧阳勤喜。县长：汪红蕾。县政协主席：雷高兴。

（陈 峰 胡华勇）

·都昌县·

【简 况】 位于江西省北部，面积2669.53平方千米。2012年，年末全县总户数26.53万户，总人口82.58万人，比上年增加9298人。人口自然增长率9.35‰。全县地区生产总值完成64.49亿元，比上年增加10.43亿元，首次实现一年增加10亿的目标。财政总收入完成8.12亿元，增长28.8%。地方财政收入完成5.93亿元，增长36.0%。税收入占财政收入的比重为84%。规模以上工业主营业务收入、增加值、利税总额分别达到102.27亿元、23亿元、8.68亿元。全县规模以上工业企业56家，新增7家（按新口径，主营业务收入2000万元以上）。投入园区建设资金4亿元。园区规模以上工业企业47家，完成园区工业主营业务收入90.93万元，增长44.3%。返乡创业园建成标准厂房33栋、12万平方米，租赁入园企业36家。帮扶企业力度继续加大，帮助企业融资3.66亿元、招工3760人、争取扶持和技改资金4020万元；先后安排1.2亿元帮助企业破难题、保生产、稳运行。轻工纺织、农副产品加工、新型能源三大产业主营业务收入突破80亿元，其中服装纺织产业38亿元。全年实际引进内资26.67亿元，增长26.9%，外贸出口完成14941万美元，增长51.7%，实际利用外资6158万美元，增长13%。全年新引进5000万元以上产业项目58个，其中亿元以上项目18个，比上年增加8个。完成农业总产值28.40亿元，增长8.9%，完成农业增加值15.60亿元，增长4.9%。粮食总产量达到4亿千克，增长1.4%。实现粮食九连增的客观实情。生猪出栏22.49万头。新增规模以上农业龙头企业2家、农民专业合作社58家。林业更新不断加快。年末，人工造林面积1149公顷，其中用材林754公顷，经济林178公顷，防护林217公顷。森林绿化率和覆盖率分别为34.8%和32.7%。主要林产品产量中，木材采伐1.745万立方米，油茶籽400吨。水产品总量增加较快，2012年全县水产品总量完成7.69万吨，增长6.75%。

【陈齐炼荣获"全国优秀科技工作者"殊荣】 2012年第五届中国科协"全国优秀科技工作者"评选揭晓，都昌县农业局研究员陈齐炼等14名江西专家获此殊荣。陈齐炼是九江唯一获此殊荣的全国优秀科技工作者。"全国优秀科技工作者"是中国科协面向全国各领域广大科技工作者设立的奖项，每两年评选一次，"全国优秀科技工作者"称号对被授予者只授一次，为终身荣誉。

【国务院三峡办到都昌调研三峡后续规划项目】 10月30日，国务院三峡办规划司司长罗元华、外迁司副司长张伟，到都昌县调研三峡后续规划项目实施情况。市移民和扶贫办主任冯孔茂、县委常委、统战部长李建华陪同调研。调研组深入鄱阳湖都昌水域，实地察看鄱阳湖水文情况，听取都昌县三峡后续规划项目情况汇报。调研组认为，都昌县申报、实施的项目均符合三峡后续工作规划大纲的要求，与移民安稳致富息息相关。项目建成后，对进一步改善都昌县生态环境，保障湖区群众生产生活安全将起到积极作用。按照《三峡后续工作总体规划》，长江中下游城镇供水及农业灌溉影响处理项目(2011～2014)，都昌县共规划项目28个，国家总投资5515.83万元，其中，农业灌溉影响处理项目18个，国家总投资2219.83万元，城镇供水影响处理项目10个，国家总投资3296万元。

【鄱阳湖经济安全与公共安全理论研讨会在都昌召开】 8月21～22日，鄱阳湖生态经济区经济安全与公共安全理论研讨会在都昌县召开。省警察协会主席、中国警察协会理事彭焕恭，省警察学院院长、中国行为法学刑侦行为研究会副会长程小白，省警察协会副主席、秘书长王祖德，市政府副市长、市公安局长陈光明，都昌县委书记周毛春，县领导曹达洲、彭新球及论文作者共70余人参加会议。省警察协会副主席、秘书长王祖德主持研讨会。本次研讨会以研究鄱阳湖生态经济区经济安全与公共安全为主题，共收到论文115篇。

主要领导人 县委书记：周毛春。县人大常委会主任：詹幸春。县长：陈云滚。县政协主席：石和平。

（程 芬）

·湖口县·

【简 况】 位于江西省的最北端，辖5镇7乡2场，122个村民委员会、16个社区（居民）委员会。总面积669.33平方千米，其中城区面积13.60平方千米。耕地面积1.70万公倾，林地面积5819公倾，森林覆盖率29.6%，城区绿地覆盖率48.31%。全县总人口29.81万人，比上年增长1.0%。其中非农业人口7.07万人。全年人口自然增长率7.87‰。2012年，全县经济社会保持了良好发展势头，地区生产总值(GDP)86.02亿元，同比增长9.4%。其中第一产业增加值8.92亿元，增长3.4%；第二产业增加值65.07亿元，增长9.9%；第三产业增加值12.04亿元，增长11.4%。财政总收入16.53亿元，同比增长17.3%。人均财政收入5545元。税收占财政总收入的比重达到83.8%。地方财政收入10.5亿元，增长41.2%；地方财政支出11.66亿元。全年全部工业总产值59.39亿元，比上年增长10.10%。规模以上工业实现增加值38.06亿元，占全地区CDP

的44.25%。外贸出口31128万美元，占CDP的22.84%。全年固定资产投资123亿元，增长10.5%。实际利用外商投资6949万美元，省外投资37.71亿元。主要工业产品钢材376.86万吨；化学纤维10.12万吨；水泥28.91万吨；硫酸34.21万吨。农业总产值14.89亿元，同比增长4.80%。粮食总产量11.10万吨，增长4.00%；棉花0.99万吨；油菜籽2.65万吨；蔬菜瓜果5.46万吨；水产品3.69万吨。环境保护方面，规模以上工业万元产值能耗1.124吨标准煤，二氧化硫(碳)排放总量(万吨)削减率2.84%，城市污水处理率65%。2012年，全县农村居民全年人均纯收入8558元，比上年增加1293元，增长17.8%。城乡居民年末储蓄余额42.78亿元，增加8.59亿元，增长25.10%。

【城乡发展一体化成效突出】 2012年，湖口县获"全省城乡发展一体化先进县"称号。县委、县政府着眼农业各项工作，提高农业发展的地位。强有力推进"6212"工程，新建千亩以上种养基地9个，六大产业规模突破4666.67公顷。招商引进亿元农业项目7个，富民生猪合作社荣获全国示范社，新增绿色、无公害江西名牌农产品7个，并建立起农产品质量安全监督体系，农业耕、种、收综合机械化水平达到85%。全年新农村建设点71个，全部合格建成。完成第二批"小农水"重点县建设任务，除险加固重点小(二)型病险水库13座，实施水毁工程修复和扩堰清淤740处，新增耕地80.4公顷，建设高标准农田800公顷，改造中低产田466.67公顷。

【两区隧道贯通】 湖口项目建设重点工程，连接城区和金砂湾工业园区交通枢纽的两区隧道项目，是老城洋港片区改造的重要组成部分，该工程西起湖口洋港刘家湾，东到同方江新造船厂，隧道全长380米，宽13.5米，双向机动车道设计，总投资3000万元。8月12日开工后，各部门、单位一路绿灯，积极与施工方对接，破解用地、用水、用电、通讯等难题，确保了项目建设全面驶入"快车道"。按照"提速、提质、提效、严管"的要求，实行每日一调度，每周一例会，环环有人抓，节节有人管，责任领导身居一线，随时解决项目推进过程中遇到的困难。监管人员吃住在工地，随地解决施工中的各种问题。为严把工程质量关，工地上材料的进场和每道工序完成后都必须取样送检，实现质量监督全过程、全覆盖。至12月底，主体工程基本完成。

【创卫工作成绩斐然】 12月，湖口县获省级卫生县城称号。该县县委、县政府当年投入大量人力物力。成立创卫领导小组和专业工作班子，累计财政投入7000万元。从宣传教育入手，召开协调会督办会50余次，整改事项190余件，各类专项整治21次，检查评14次，清理城市牛皮癣1万多处，硬化泥土路面3.2万平方米，配置街巷垃圾桶230个，安置小巷路灯1200余盏，城市干道添置不锈钢果皮箱600个，新购洒水车一辆，环保制式垃圾车400辆，并拨款1800万元新建大型生活垃圾压缩站，城市绿化强力推进，绿地率达到43.32%，人均公共绿地面积达到11.5平方米。环卫人员于当年增加228人，清除杂草，垃圾1300余吨，疏通城区各处堵塞下水道40多处，新建公交候车亭39个，拆除影响市容的路口门店40多间，同时对饮用水、公厕、"四害"清除工作进行达标检查，湖口县城不仅面积扩大，人口增加，而且市容靓丽，清新、文明程度大大提高。

主要领导人 县委书记：卢光辉。县人大常委会主任：杨　剑。县长：李小平。县政协主席：杨小林。

（王显道　陈鼎先）

·彭泽县·

【简　况】 位于江西最北端，下辖10镇3乡1区，总面积1542平方千米。耕地面积3.3万公顷，有林面积8.26万公倾，森林覆盖率52%，城区绿化率37.27%。总人口38.4万人，非农业人口6.5万人，人口自然增长率7.8‰。2012年实现国内生产总值54.2亿元。同比增长11.5%。其中，第一产业增加值4.2亿元，增长4.0%；第二产业增加值3.3亿元，增长15.2%；第三产业增加值1.27亿元，增长9.8%。规模以上工业增加值27.9亿元，增长17.1%，占GDP比重为51%；实现工业主营业务收入121.3亿元，增长42.5%；工业固定资产投资62亿元，增长44%，占全县固投比重达81.4%；实际引进内资33亿元，实际利用外资7058万美元，其中现汇进资3308万美元；外贸出口1.54亿美元，增长57%，占GDP的比重为17.6%。社会消费品零售总额17.8亿元，增长15.6%。主要工业产品有彩纱、水泥熟料、食用植物油、非金属矿和化工产品等。主要农产品有棉花皮棉2.78万吨、粮食11.5万吨、油菜籽4.39万吨、水产品4.43万吨和竹制品等。特色食品有彭泽鲫、东升豚、中华绒毛蟹、彭泽银鱼。财政收入9亿元，增长39.6%，高于全市平均水平3.1个百分点；人均2344元，税收占财政总收入的比重为86.2%；地方财政收入6.2亿元，增长43.9%，全县财政支出16亿元，剔除上级追加和上年结转专款7.6亿元，地方财政支出8.4亿元，完成调整预算数7.7亿元的109%，比上年决算数同比增长29.1%。农村居民人均纯收入8700元，增长12%。全社会用电量38319万千万小时，万元GDP能耗下降4%。化学需氧量排放总量控制在5147吨以内，COD削减量为416吨，城市生活污水处理率100%，工业污水排放达标。

【公路建设惠及10万群众】 2012年，彭泽县加大对公路建设的投入，一年来县本级投入公路建设资金近2亿元，完成总长13千米的彭湖沿江大道、总长20千米的定龙公路和两段总长12千米的彭乐公路改造工程，是历年来公路建设投资最多、里程最长的一年，彻底解决了沿线10余万群众出行难的问题。

【创新土地流转机制】 2012年，彭泽县通过打造核心区、建立示范片、培植辐射带的操作方式，有序流转农村土地承包经营权。全县土地流转总面积达到5886.67公顷，占全县发包耕地1.91万公顷的30.8%，比上年增75.5%，涉及农户2万户，占家庭承包经营6.6万农户的30.3%。其中集中连片规模流转786.67公顷,占流转总面积13.4%,比上年增96.7%,流转大户由上年的36户增加到71户增97.2%;短期流转5100公顷,其中转让473.33公顷,涉及农户1522户;转包626.67公顷,涉及农户3053户;互换86.67公顷,涉及农户417户;出租2460公顷,涉及农户7662户;委托代耕1453.33公顷,涉及农户5451户。农户土地流转收益1589.81万元,户均收益791元。

【率先推行"先看病,后付费"诊疗服务和乡村医生签约服务模式】 2012年,彭泽县为解决群众看病就医困难,改变医疗机构的服务模式,以全县公立医疗机构在全省率先推行"先看病、后付费"诊疗服务模式,实现全覆盖。同时,在全市率先推行乡村医生签约服务试点工作,以村卫生所为主体,以家庭为单位,由乡村医生为农民群众提供基本医疗服务、基本公共卫生服务、健康状况评估、转诊等服务,为行动不便的签约对象提供电话咨询、上门访视、家庭护理、康复指导等诊疗服务,提升农村居民的健康保障水平。累计为新农合参合农民报销资金8900多万元。2012年彭泽县农医局荣获全国新农合工作先进集体。

主要领导人 县委书记:孙金森。县人大常委会主任:孙金森。县长:宁小球。县政协主席:方柏生。

(彭泽县史志办公室)

·瑞昌市·

【简　况】 位于江西北端,辖8乡8镇2街道办事处,总面积1423平方千米,其中城区面积25平方千米。耕地面积1.71万公顷,有林面积0.9万公顷,森林覆盖率58.3%,城区绿化率45.2%。总人口45.6307万人,其中市区人口23万人,人口自然增长率8.24‰。年生产总值107.01亿元,增长13.9%。其中,第一产业增加值11.49亿元,增长6.8%;第二产业增加值76.50亿元,增长14.6%;第三产业增加值19.02亿元,增长15.5%。财政总收入16.82亿元,增长32.8%,人均财政收入3708元,税收占财政总收入比重81.7%。地方财政税收12.13亿元,增长42.9%;地方财政支出21.39亿元,增长30.7%。工业总产值70.98亿元,增长14.3%;规模以上工业增加值62.54亿元,占GDP比重58.4%;固定资产投资总额134.27亿元,增长125%;实际利用外商投资1.62亿美元。主要工业产品纱23.98万吨、服装905万件、水泥617万吨、原煤3.72万吨。农业总产值(当年价)17.94亿元,增长13.7%,粮食总产量8.17万吨。主要农产品稻谷6.53万吨、棉花0.51万吨、油菜籽1.92万吨、蔬菜9.97万吨。城镇居民人均可支配收入14129元,增加1295元。农村居民人均纯收入8449元,增长1287元。城乡居民年末储蓄余额58.99亿元,增长24.5%。

【推进沿江大开发】 2012年,瑞昌市抢抓全省深入推进九江沿江开放开发的战略机遇,坚持资金、项目、力量向沿江倾斜,制订沿江开发总体规划,成立沿江开发领导小组,抽调20名县级干部、300名机关干部决战沿江。沿江开发总投入达16亿元,完成征地733.33万公顷、拆迁27万平方米。投资6亿元的7.6平方千米码头工业城二期新区拉开框架,工业城面积拓展至24平方千米,梁公大道南延、理文路南延、环湖路、通湖路、发展二路等"三纵两横"主路网建设稳步推进。工业城一期理文路、滨江大道、滨江东大道、经三路南段、经六路、江州东路和污水处理厂、排洪渠等"六路一厂一渠"建设全面完成,理文物流码头即将投入使用,港口吞吐能力达到800万吨。码头镇整体规划、整体改造、整体提升初见成效,长江大道、工业大道、亚东大道基本完工。通江路、江洲路外立面改造一期完工,15万平方米安置房、6万平方米公租房进展顺利,220千伏输变电工程、码头工业城公用码头即将开工建设。加速推进理文造纸、理文化工、亚泥五六期等一批重大工业项目,理文造纸一期第一条生产线建成投产,理文化工行政办公楼、综合控制楼竣工,氟化工生产线基本建成,亚泥五六期品管综合楼、工务修理厂及变电所至熟料库护坡工程基本完工。海底电缆抓紧推进,西矿铜业、红木产业园等一批重大项目即将开工。

【全省农村信息化建设工作现场会在瑞昌召开】 9月3～4日,全省农村信息化建设工作现场会在瑞昌市召开,副省长姚木根出席会议并作讲话,省委副秘书长、农工部长、省新村办主任刘永思作主题报告,省政府副秘书长谢茂林主持会议。省新村办常务副主任、省清洁办主任王志,省委农工部副部长、省新村办副主任赖金生,九江市委常委、农工部长董金寿,九江市政府副市长赵伟,瑞昌市委书记古小平,市长罗文江,副市长范志斌等参加会议。省农村信息化建设联席会议23家成员单位负责人,各设区市政府分管领导和农工部分管领导,列入2012年试点的县(市、区)政府分管领导和农工部部长参加会议。会议总结2010年以来全省农村信息化建设试点工作,分析当前农村信息化发展形势,研究部署全省"十二五"期间农村信息化建设工作。副省长姚木根等省市领导充分肯定瑞昌市农村信息化建设工作,认为瑞昌在农村信息化建设工作的实践中,探索出农村信息化建设模式,创新了农村信息化建设的经验,为全省各地提供了非常好的样本,值得学习。瑞昌市委书记古小平就瑞昌推进农村信息化建设工作作典型发言。会议期间,与会人员到瑞昌市黄金乡信息服务中心站等地参观考察。

【举行江西理文化工项目开工典礼】 3月23日,投资65亿元的江西理文化工项目举行开工典礼,这是瑞昌市贯彻落实省、九江市党代会精神,全力推进沿江大开发,奋力决战工业600亿的重大成果。九江市委副书记冯静,九江市人大常委会主任华金国,九江市政协主席魏宏彬,九江市政府副市长赵伟,辽宁阜新市政府副市长黄之峰,香港理文集团董事局主席李运强、卫少琦,理文集团执行董事、江苏理文化工有限公司总经理李文恩,瑞昌市委书记古小平,市委副书记、市长罗文江及省直有关部门负责人等出席典礼并为项目奠基培土。香港理文集团在瑞昌投资100亿元建设造纸项目的基础上,追加65亿元投资建设化工项目,打造江西省最大的港资企业。江西理文化工主要生产烧碱、PVC、甲烷氯化物、含氟化工系列产品。该项目投产后,预计用工2000人,年产主要产品约93.2万吨,产值106亿元,实现利税19.6亿元。

【体育(中心)公园开工建设】 3月28日,瑞昌市体育(中心)公园项目开工建设。该项目位于瑞昌市南环路以北,杭瑞高速瑞昌站出口处,是瑞昌市"城市大建设"的重点工程,总投资1.95亿元。项目建设内容包括体育场、体育馆、热身馆以及室外工程,预计2013年10月底竣工投入使用。建成后的体育(中心)公园可承接国家级、省级球类单项赛事,并兼顾举办各类大型文艺演出及会议、展览等,是九江地区规格最高的县一级体育(中心)公园。

主要领导人 市委书记:古小平。市人大常委会主任:徐修武。市长:罗文江。市政协主席:刘明珍。

(瑞昌市地方志办)

·共青城市·

【简　况】 地处庐山南麓、鄱湖之滨,总面积达到179.14平方千米,下辖5个乡镇1街道办事处。总人口近12万。2012年,全市生产总值58.97亿元,增长13%,人均1.3万美元,居全省第一。财政总收入8.15亿元,增长49.6%,总量在全省位次连续三年每年前进10位,人均财政总收入1.12万元,居全省第一;固定资产投资90.1亿元,增长38%,获"全省固定资产投资增长先进县"称号;外贸出口2.89亿美元,增长37.3%。

【举办手机产业论坛】 7月27日,由江西省人民政府主办,九江市人民政府、省工信委、省通信管理局承办的江西省第二届手机产业论坛在共青城市举行。省委副书记、省纪委书记、支持共青城发展领导小组组长尚勇出席论坛并致辞,国家工信部总经济师周子学作经济形势分析报告,副省长洪礼和,省政协副主席、九江市委书记钟利贵分别讲话。九江市委常委、共青城市委书记李晓刚作主旨推介:两年来,共青城市手机产业从无到有、快速壮大。落户共青城市的手机整机及相关配套企业已达到37家,投资总额100亿元。上年生产手机1600多万部,占江西省手机出口总额的90%以上;2012年手机产量可达2600万部,主营业务收入可达60亿元,占全市工业主营业务收入的比重将由2010年的5%增至30%以上。预计到2015年,共青城市手机产量将超过1亿部,主营业务收入突破400亿元,成为中国第四大手机产业集群基地。

在本届论坛中,共青城市共签约恒翔世纪手机产业园、摩西手机整机等手机及配套项目11个,总额达60亿元。

【首届中国(九江)鄱阳湖国际名湖友好交流大会在共青城市召开】 8月26日上午,首届中国(九江)鄱阳湖国际名湖友好交流大会在共青城市正式拉开帷幕。大会由中国人民对外友好协会、江西省外事侨务办公室、九江市人民政府主办,省政府鄱阳湖生态经济区建设办公室、省山江湖治理委员会办公室协办,共青城市政府承办。来自5大洲19个国家的近200名中外嘉宾相聚一堂,共同探索全球湖泊的可持续发展之路。

省委副书记、省纪委书记尚勇,省人大常委会副主任胡振鹏,省政协副主席刘礼祖出席开幕式。中国人民对外友好协会副会长李建平,副省长洪礼和,省政协副主席、九江市委书记钟利贵,全球自然基金会理事长、"世界生命湖泊网"执行主席玛丽安女士分别致辞。李晓刚宣读《首届中国(九江)鄱阳湖国际名湖友好交流大会共青城宣言》。九江市委副书记、市长殷美根主持开幕式。

萨摩亚驻华大使塔普萨拉伊·托欧玛塔,阿塞拜疆驻华大使拉季夫·甘基洛夫,太平洋岛国贸易与投资专员署署长萨姆埃拉·萨武,韩国驻武汉总领馆总领事韩光燮,美国驻武汉总领馆总领事李英杰等出席开幕式。中国鄱阳湖、青海湖和洞庭湖代表,俄罗斯贝加尔湖、匈牙利巴拉顿湖、新西兰陶波湖和卢托鲁阿湖、芬兰奥卢湖、日本琵琶湖、柬埔寨洞里萨湖、肯尼亚纳库鲁湖、美国肯塔基湖9个国外名湖代表,以及8家驻华使领馆官员应邀参加大会。会议签署《缔结友好名湖协议书》和《共青城宣言》,促进国际名湖在环境保护、科学发展、人与自然和谐相处等方面的广泛合作。

8月26日下午,"国际名湖大会纪念石"揭幕暨"名湖汇聚·众水合一"仪式在鄱阳湖模型试验研究基地举行。来自五大洲的中国鄱阳湖、洞庭湖、青海湖,柬埔寨洞里萨湖、芬兰奥卢湖、匈牙利巴拉顿湖、日本琵琶湖、肯尼亚纳库鲁湖、新西兰卢托鲁阿湖、新西兰陶波湖、俄罗斯贝加尔湖、美国肯塔基湖等12个世界名湖代表将他们带来的各名湖之水汇入中国第一大淡水湖——鄱阳湖,实现"众水合一"。九江市委常委、共青城市委书记李晓刚出席并与参会嘉宾一起为"国际名湖大会纪念石"揭幕。市委副书记、市长卢宝云主持活动。出席仪式的领导和嘉宾有:柬埔寨暹粒省副省长文塔烈,澳大利亚维多利亚州联邦众议员约什·弗赖登伯格,全球自然基金会理事长、世界生命湖泊网执行主席玛丽安,萨摩亚驻华大使馆大使塔普萨拉伊·托欧玛塔,阿塞拜疆驻华大使馆拉季夫·甘基洛夫,太平洋岛国贸易与投资专员署署长萨穆埃拉·萨武,韩国驻武汉总领馆韩光燮,美国驻武汉总领馆总领事李英杰,德国环境专家托马斯,英国湖泊专家约翰,俄罗斯驻广州总领馆官员,乌克兰、赞比亚、越南驻华大使馆官员们,以及共青城市相关领导。

随后,首届中国(九江)鄱阳湖国际名湖友好交流大会"湖泊保护与区域发展"共青城论坛开讲。省人大常委会副主任胡振鹏作精彩演讲。九江市委常委、共青城市委书记李晓刚作题为《我们的实践与憧憬:建设生态城市,促进人湖和谐》的主旨演讲。省社联主席祝黄河主持论坛。

柬埔寨暹粒省副省长文塔烈、澳大利亚维多利亚州联邦众议员约什·弗赖登伯格,中国工程院院士、中国水科院水资源所所长王浩,俄罗斯贝加尔湖代表萨亚娜、芬兰奥卢湖代表维赛等与会的国际名湖代表和国际环境专家学者也先后介绍所在区域湖泊的状况,并围绕湖泊保护与区域发展,城市发展与生态保护,新型工业化、城镇化发展路径,环境保护与低碳产业等主题作精彩演讲。

8月26日晚,为热烈庆祝首届中国(九江)鄱阳湖国际名湖友好交流大会圆满举办,举办了焰火音乐晚会——"浪漫鄱阳湖之夜"。

【推进一村一名大学生工程】 为进一步提高农民素质，加快推进农业农村现代化建设，促进农村经济社会发展，2012年2月，共青城市"一村一名大学生工程"全面铺开，采取远程教育学习和成人高等教育函授学习相结合的形式，开设农村经济管理、农村行政管理、乡镇企业管理、畜牧兽医、园艺技术等主要专业，为农村培养"留得住、用得上"的技术和管理人才。3月，江益镇3名、甘露镇3名、金湖乡2名村干部分配到位。

【举办青年干部培训班】 为进一步加强共青城市干部队伍建设，促进青年干部健康成长，5月24日，共青城市青年干部培训班开班，九江市委常委、共青城市委书记李晓刚出席开班仪式并作题为《成就事业的三要素》的专题讲座。市委常委、组织人事部部长况泉水参加开班仪式，来自全市各部门和单位(包括乡镇、街道)的64名青年干部参加培训。当天，市委副书记、市长卢宝云为全市青年干部培训班的学员授课，作题为《共青城市经济社会形势分析》的主题讲座。市委副书记袁有福的授课围绕"青年干部如何学会做人、做事、做官"这个主题展开。

5月25～28日，市委常委、政法委书记张晓林，市委常委黄惠华，市委常委、组织人事部部长况泉水，市委常委、市委办主任卢洪温，市委常委、宣传部部长张浔等分别为青年干部讲授《鄱阳湖生态经济区建设对青年干部提出的法律素质要求》《重视你的沟通协调能力》《有位更要有为》《基层工作经验谈》《领导干部的媒介素养》等课题。5月29日，培训班召开学习体会交流会，为期5天的全市青年干部培训班结束。

【开展纪念建团90周年活动】 5月4日，中国共产主义青年团成立90周年，为纪念这一具有重大历史意义的重要时刻，中国邮政总公司于当日在共青城市举办《中国共产主义青年团成立90周年》纪念邮票首发式。与此同时，由中国邮政总公司和中国邮票博物馆联合举办的《2012年中国集邮"喜迎十八大红色文化年"主题巡展》也于当日在共青城市拉开帷幕。中国邮政文史中心主任蔡文波强调红色城市、红色邮票、红色活动是献给党的十八大的一份真诚的礼赞。中国邮政集团公司邮票发行部副总经理、中国集邮总公司总经理刘燕明指出，江西是中国革命事业的红色摇篮，是红色文化最重要的发祥地之一，此次"红色文化集邮巡展"首站在江西共青城启动具有特殊的意义。

主要领导人 市委书记：李晓刚。市人大常委会主任：黄尽声。市长：卢宝云。市政协主席：汪洪义。

（汪官金）

景德镇市

【概 况】 景德镇市位于江西省东北部，下辖乐平市、浮梁县、珠山区和昌江区，全市土地面积5256平方千米，全市常住人口为161.00万人，其中城镇人口为96.36万人，自然增长率为7.18‰。2012年，全市实现生产总值630亿元，增长11.2%；财政总收入84亿元，增长22%；固定资产投资504亿元，增长32%；出口11.8亿美元；单位能耗下降4%；消费品零售总额189亿元，增长14%；城镇居民人均可支配收入2.17万元，增长14.5%，农民人均纯收入8866元，增长15.5%。

【举行直升机旋翼项目暨全市重大项目集中开工仪式】 4月6日，直升机旋翼项目暨景德镇市重大项目集中开工仪式在景德镇市举行。省长鹿心社出席仪式并宣布项目开工，省政府党组成员、秘书长谭晓林等出席仪式。此次集中开工的项目共有89个，总投资209亿元，其中投资额1亿元以上的项目53个，总投资187亿元。按项目类别分，基础设施、公共服务、民生工程及社会事业项目15个，总投资42亿元；产业项目74个，总投资167亿元。在产业项目中，陶瓷、航空和文化旅游产业项目19个，总投资31亿元；汽车配件、生物化工、机械电子、有机食品和现代农业、新材料、新能源、再生能源、节能环保、商贸流通等项目55个，总投资136亿元。中航工业集团投资10亿元建设的直升机旋翼项目，是景德镇航空零部件园的重点项目，主要研发与生产直升机复合材料桨叶及复合材料相关产品。该项目的开工建设，标志着景市航空产业迈上了一个新台阶，也为满足低空领域放开后民用直升机桨叶市场需求奠定坚实的基础。

【央视《茶叶之路》栏目播出景德镇专题片】 《茶叶之路》是中央电视台科教频道2012年重点立项、重点打造的大型节目。由中、俄、蒙三方联合录制，分为90集行进版和15集纪录片版两个版本。该栏目摄制组7月初抵达景德镇市拍摄景德镇陶瓷制作工艺和浮梁采茶、做茶，以两位体验者的参与和视角讲述茶叶背后的故事，展示历代窑系的发展和茶具变革，再现当年景德镇作为茶叶之路中重要的贸易中转港的热闹和繁荣，彰显中华瓷茶传统文化魅力。并在8月4～7日连续4天播出景德镇电视专题片《浮梁茶味》《茗香一握》《古窑青花》上集，《古窑青花》下集。

【2012中国景德镇国际陶瓷博览会开幕】 10月18日，由商务部、中国轻工业联合会、中国国际贸易促进委员会、江西省政府共同主办的2012中国景德镇国际陶瓷博览会在景德镇市中国陶瓷博物馆广场开幕。全国政协副主席郑万通、江西省委书记苏荣、商务部原副部长沈觉人、中国轻工业联合会副会长陶小年、中国贸促会副会长于平等出席开幕式。参展企业达700余家，参会的海内外各层面采购商、贸易商4200余人。参展企业涵盖中国各主要产瓷区和世界各主要产瓷国的知名陶瓷企业，展出品种涵盖日用和艺术瓷、高技术陶瓷、工业陶瓷、电子陶瓷、建筑卫浴瓷以及陶瓷机械、原料、包装等辅助材料。本届瓷博会共设1759个标准展位。此外，瓷博会期间还举办经贸洽谈会、国际艺术陶瓷拍卖会、陶瓷窑火传递暨陶瓷三圣公祭、首届民族宗教艺术陶瓷设计大赛、大学生创意陶瓷展、福州平潭碗礁一号沉船出水瓷器精品展和珠山御窑厂出土明代成化官窑瓷器精品展等一系列涉及研讨、贸易和文化交流的配套活动。

主要领导人 市委书记邓保生。市人大常委会主任:王力农。市长:刘昌林。市政协主席:梁高潮。

(鲍文芳)

·昌江区·

【简 况】 位于景德镇市西南部,区域面积432平方千米,其中耕地面积3733.33公顷,森林面积1.47万公顷。辖2乡2镇和2个街道,总人口16.89万人,其中农业人口8.3万。全年实现生产总值27.8亿元,增长15%;财政总收入8.67亿元,增长23.5%;地方一般预算收入7.42亿元,增长30.5%;固定资产投资90亿元,增长20%;规模以上工业增加值7.57亿元,增长18.5%;出口7398万美元,增长29.8%;消费品零售总额32.8亿元,增长14.9%;城镇居民年人均可支配收入达19659元,增长15%;农民人均年纯收入达9013元,增长13.6%,人口自然增长率控制在6.22‰。

【成立昌江区防震减灾局】 1月20日,按照省、市有关防震减灾工作要求,经区政府第六次会议研究,成立昌江区防震减灾局。新成立的昌江区防震减灾局,作为全区防震减灾工作的职能部门,将依法履行防震减灾法律、法规、规章赋予的职能,负责监督管理本区行政区域地震监测预报、震害防御和紧急救援等各项工作。

【远航现代物流中心奠基】 5月11日,景德镇市远航现代物流中心举行开工奠基庆典。景德镇市远航物流有限公司是昌江区2011年引进的项目,项目总投资约7000万元,是一个集货运、停车、仓储及汽车修理为一体的现代化物流中心。

【举行象山·昌江两地艺术家交流笔会】 6月14日,昌江区政协与桂林市象山区政协共同主办的“象山·昌江两地艺术家‘喜迎十八大’艺术交流笔会及文化交流合作洽谈会”在景德镇举行,区政协主席程少华主持,区长方霞云参加。40多位艺术家现场创作书画、陶瓷艺术作品,两地文化产业发展、传播公司进行文化交流合作洽谈。

【江西省青少年跆拳道锦标赛在昌江区举行】 8月22~24日,2012“体彩杯”江西省青少年跆拳道锦标赛在昌江区举行,来自全省11个地市的376名运动员参加比赛。赛事按年龄分为男、女甲乙4个组别,采取单败淘汰制,每名运动员只能参加一个级别的比赛。团体总分前六名的代表队依次是:南昌市、吉安市、鹰潭市、景德镇市、上饶市、新余市。

【举行全民健身运动会暨工人运动会启动仪式】 9月19日,昌江区全民健身运动会暨工人运动会启动仪式在区青少年活动中心举行。此次运动会以群众性健身项目、趣味性运动项目为主,共设10个比赛项目。全区9个党(工)委组建的代表队,共有500多名运动员参赛。

【水稻万亩高产核心示范区项目通过验收】 9月28日,景德镇市农业局组织专家对昌江区鲇鱼山镇新柳水稻万亩高产核心示范区进行测产验收,验收小组实地对示范区的整体情况进行考察,并现场在鹊湖村小组抽取1块田进行现场称量测产。测产结果显示,示范区平均单产为700千克/亩,水稻丰收,圆满通过测产验收。

【新206国道至丽阳村公路重修工程竣工】 10月,经过8个多月的紧张施工,投资300余万元长约3.2千米的新206国道至丽阳村公路重修工程竣工。

【《昌江新姿》栏目正式开播】 10月,由昌江区与景德镇市广播电视台合作开办,昌江区委宣传部承办的电视专栏《昌江新姿》正式开播,每两周播出一期。该栏目为昌江区对外宣传的一个重要窗口。

【新产品试制计划项目通过省级鉴定】 11月9日,景德镇市科技局组织江西省药物研究所、江西省药品审评中心、南昌大学等单位专家对富祥药业股份有限公司承担的2012年度省级新产品试制计划项目“舒巴坦匹酯、青霉烷酸亚砜二苯甲酯、阿托伐他汀钙、比阿培南”进行鉴定。鉴定会上,专家们认为该公司开发试制的四项产品技术达到国内同类产品领先水平,一致同意通过省级新产品鉴定。

主要领导人 区委书记:廖云东。区人大常委会主任:彭冬仔。区长:方霞云。区政协主席:程少华。

(熊爱华 洪东亮)

·珠山区·

【简 况】 位于江西东北部,是全省唯一的纯城区,下辖9个街道办事处。全区面积27平方千米,人口28万人。2012年,全区实现生产总值174.82亿元,增长11.2%。其中,第二产业增加值88.47亿元,增长7.4%;第三产业增加值86.35亿元,增长16.0%;财政总收入6.01亿元,增长20.1%,税收占财政总收入65.26%;地方财政收入4.71亿元,增长32.0%;地方财政支出7.96亿元,增长21.4%;工业总产值73.60亿元,增长7.5%;规模以上工业增加值36.18亿元,增长8.59%;固定资产投资40.08亿元,增长35.13%;引进内资54.73亿元,增长114.1%;实际利用外资476万美元;外贸出口完成7162万美元;万元GDP能耗0.6吨标煤;城市污水处理率77.2%;城镇居民人均可支配收入2.16万元,增加2657元。

【开展社区网络化管理试点工作】 2月,珠山区在辖区15个社区开展社区网络化管理和试点工作,按照责任网络化、信息平台化、管理精细化、服务人性化特点和数据管理、无纸办公、居务处理、维稳监控四大功能,以300户左右的标准,把社区划分为若干个网络,将辖区内“人、地、物、情、事、组织”全部纳入网络进行管理,配备“一责五员”,做到“小事不出网络,大事不出社区”。

【举办“珠山之友”陶瓷艺术交流笔会活动】 5月8日,珠山区举办“珠山之友”陶瓷艺术交流笔会活动。副市长张春萍、熊皓出席交流笔会,王锡良、张松茂等10余位中国工艺美术大师及省内外陶瓷名家参加交流笔会。

【在线访谈与民心贴心】 6月12日，珠山区按照“以人为本、服务民生、政民互动、共建和谐”的总体要求，利用政府门户网站平台，开展网上“在线访谈”活动，解答与群众关系密切的社会保险方面问题，提高政府公共服务水平，促进富强文明和谐瓷都建设。

【夺取抗击台风“海葵”胜利】 8月10日，受台风“海葵”影响，持续降大到暴雨，导致全区9个街道72个社区严重内涝，受灾害影响居民达4.5万余户约12.27万余人，造成直接经济损失6.56亿元，在抗击“海葵”台风引起洪涝灾害工作中全区共疏散转移群众7.15万余人，安置4000余人，发放临时救灾物资约合320万元，实现了“无一人死亡、无一人失踪”的目标，夺取抗洪救灾工作的全胜。

【《珠山年鉴》编撰工作正式启动】 10月12日，珠山区召开《珠山年鉴》编撰启动工作动员大会，正式启动《珠山年鉴》编撰工作。《珠山年鉴》是创刊号年鉴，时间界限为2011年1月至2012年12月31日，年鉴设特载、专文、大事记、概况、百科类、附录、索引7个类别，按政治、经济、文化和社会等顺序排列。

主要领导人 区委书记：夏军。区人大常委会主任：李天亮。区长：林卫春。区政协主席：施向阳。

（程小平　李引发）

·浮梁县·

【简　况】 位于江西省东北部，辖9镇9乡。土地总面积2851千米，占景德镇市土地总面积的54.55%.2012年全县总人口30.72万人，乡村人口25.09万人，人口自然增长率7.17‰。全县实现生产总值72亿元，同比增长11.2%。财政总收入9亿元，增长22.4%。公共财政预算收入7.25亿元，增长27.6%。固定资产投资40.6亿元，增长20%。城镇居民人均可支配收入1.74万元，增长15%。农民人均纯收入8700元，增长17.5%。粮食总产17.1万吨，实现“九连丰”。规模以上工业增加值35亿元，增长18%，新增规模以上工业企业5家；主营业务收入148亿元，增长18.1%；利税总额12亿元，增长19.8%。服务业增加值19亿元，增长19.2%。接待游客达460万人次，增长15.7%。旅游总收入达35亿元，增长25.6%。

【信访工作呈现良好局面】 2月22日，浮梁县被授予全省信访工作“三无”先进县荣誉称号，受到省委、省政府表彰。在信访工作中，浮梁县坚持县党政班子常态化接访，2011年全年共有19位县领导183个次参与接访，接待来访群众225批765人次；坚持领导干部包案化解信访突出问题，全年共包案化解135件，其中积案68件；坚持打造“网电信”九合一平台，全年共受理办结233件，较好地解决群众合理诉求；通过狠抓领导干部接访、积案化解、体制机制创新三项重点工作，推动了全县信访工作有序有力开展，呈现出“三降、三无、一好转”的良好局面。

【瑶里镇再获“国家特色景观旅游名镇”称号】 4月12日，住房和城乡建设部、国家旅游局联合在江苏省苏州市召开全国特色景观旅游名镇名村研讨会，并对第一、第二批国家特色景观旅游名镇名村进行授牌。瑶里镇作为216个国家特色景观旅游名镇名村之一，参加该次授牌仪式。

这是高岭瑶里风景名胜区继“国家级文物保护单位”“国家级风景名胜区”“AAAA级旅游景区”“中国历史文化名镇”“全国环境优美镇”“全国文明村镇”“国家级生态村”“国家级生态宜居示范乡镇”“高岭国家矿山公园”“汪胡国家级森林公园”“国家重点文物保护单位”“高岭－瑶里风景名胜区国家自然与文化双遗产”“全国农业旅游示范点”等13块国家级品牌后，又一次获得的殊荣。

高岭瑶里风景名胜区位于景德镇市东北部，地处皖赣两省和祁门、休宁、婺源、浮梁四县交汇处，距景德镇市区52千米，处在黄山、庐山、三清山、西递宏村四大世界遗产中心地带。镇域面积200.48平方千米。该工程景区四季气候宜人，森林茂密，覆盖率达94%以上。

瑶里古镇始建于西汉末年，群峰环抱，如画如屏。数百幢明清古建筑依山傍水、错落有致地分布在瑶河两岸，一律的徽派建筑风格。这里有展示徽派“三雕”艺术的狮冈胜览、程氏宗祠；有展现封建家族礼仪思想的进士第；有再现革命斗争历史的陈毅旧居、抗日动员大会会场、红军游击队驻址；有印证往日繁华景象的明清商业街、徽州古道；有反映瑶里风土人情的灯彩、地戏等等。以瑶里茶为加工原料制作的“得雨活茶”，被冠名为全国唯一的“人民大会堂特供茶”，行销海外。

【第九届景德镇·浮梁茶文化旅游节开幕】 4月28日晚，第九届景德镇·浮梁茶文化旅游开幕式在瑶里镇举行。来自各地的游客、受邀的各界嘉宾、浮梁茶叶展销商、各级新闻媒体记者、当地群众等2000余人出席开幕式。省旅游局副局长李瑞峰应邀出席开幕式。市委副书记黄河、市委常委、宣传部长汪立耕、市人大副主任沈薇、市政协副主席陈长生，市旅游局局长尧宁生，浮梁县委书记林群、县长孙艳峰等出席开幕式。县委书记林群致词，县长孙艳峰主持开幕式，李瑞峰宣布第九届景德镇·浮梁茶文化旅游节开幕。来自新华社、江西日报社、江西卫视等国家及省、市的近30家新闻媒体参与了报道。

为期6天的第九届景德镇·浮梁茶文化旅游节以“茶韵·绿语·民风”为主题，将举办浮梁旅游高峰论坛、青年陶艺家陶艺展示展销、陶瓷拉坯、现场作画、“茶艺瓷韵”文艺晚会、陶片大观摄影采风等活动，把旅游与地方特色文化有机结合起来，充分展示浮梁浓厚的文化底蕴、秀美的自然风光和独特的人文民俗，进一步扩大浮梁作为“中国瓷茶之乡”这一旅游品牌的影响力，推动浮梁旅游发展。

【国家发改委在浮梁召开应对气候变化座谈会】 5月18日，国家发改委应对气候变化“南南合作”重点工作调研座谈会在浮梁召开。国家发改委应对气候变化司巡视员高广生、国家发改委应对气候变化司国际合作处处长黄问航、副调研员冯春玲，中科院南京水利科学院教授王国庆，省发改委、省科院能源研究所、省气候中心的专家，以及来自九江、上饶、景德镇等地县、市、区的发改委负责人等进行座谈。省发改委党组成员、省能源局局长郑沐春主持座谈。副市长卢正大，市政府副秘书长、市发改委主任闫浩，浮梁县委常委、常务副县长花长龙一同参加座谈。通过座谈，大家认识到积极应对全球气候变化是加快经济发展方式、实现可持续发展的内在要求，是抢占未来竞争制高点、提高国际竞争力的必然选择。调整经济结构，推进技术进步，发展低碳能源，加强生态建设等。这些应对气候变化的措施都将有力推动中国经济社会的可持续发展。

【举行史志档案工作会议暨《高岭文化研究》首发式】 5月22日，浮梁举行全县史志档案工作会议暨《高岭文化研究》首发式。县委书记林群、县长孙艳峰致贺信，县委副书记金秋来就进一步做好全县史志档案工作讲话。会上表彰一批先进集体和先进个人。《高岭文化研究》一书的出版，填补了浮梁县，乃至景德镇市高岭文化研究的空白，为从事世界陶瓷历史研究的专家、学者和广大爱好者提供一份较为详尽的史料，为到高岭参观、考察、观光的游客提供了一本极好的通俗读物，同时也极大提升了高岭——瑶里风景区的品位，这是全县广大史志档案工作者共同努力的结果。

【举行《瑶里星火》首发式】 5月23日，《瑶里星火》首发式在瑶里镇举行。陈毅元帅之子陈丹淮少将，邹志诚将军之女邹星星，江西省新四军研究会会长马博维、常务副会长陈坚、副会长唐东平，景德镇市新四军研究会副会长范希贤、伍恒光、施坤顺、鲁宁，浮梁县委书记林群、副书记金秋来、政协主席吴建旺、副县长汪春艳、政协副主席刘秋分、政协副主席王筱松，《瑶里星火》作者景德镇高专副教授江旺龙等出席。仪式由吴建旺主持。

《瑶里星火》是一部反映三年游击战争时期红军游击队在浮梁开展艰苦卓绝斗争，最终星火燎原革命历程的著作。该书以普通的红军官兵的视角，再现了他们在艰难岁月中的坚持与奋斗、苦难与欢乐。陈丹淮对该书的首发表示祝贺，并感谢该书作者、市党史办、省市新四军研究会为革命历史传承、爱国主义教育和共产主义教育作出的努力。

浮梁县委书记林群代表浮梁县委、县政府对各位老领导、老将军的莅临表示欢迎和感谢。仪式上，与会领导向少先队员赠书，《瑶里星火》审稿者和作者还介绍了瑶里改编的历史和本书的构思及写作过程。

【好茶“昌南雨针”红绿茶获殊荣】 5月25日，江西茶业联合会举办“2012江西‘浮瑶仙芝’杯名优茶评比”活动，浮梁县昌南茶叶有限公司选送的“昌南雨针”红绿茶双双夺得金奖。本次评比，全省有近30个产茶县（市、区）选送的61个茶样参评，其中：绿茶46个（含白化茶19个），红茶15个，共评出名优茶绿茶特优金奖1个，金奖17个，银奖2个；名优茶绿茶（白化茶）特优金奖1个，金奖11个，银奖2个；名优茶红茶特优金奖1个，金奖9个，银奖1个。

【古县衙景区入选“欢乐健康江西游十大首选地”】 2012年，在“第四届全国网络媒体江西游”的50家权威网络媒体联合开展的“中国网民评江西旅游——秀美江西十大旅游名片即欢乐健康江西游十大首选地”大型评选活动中，浮梁县古县衙景区以独特的建筑风格和浓厚的历史文化底蕴，经过广大网友推荐，被选为“欢乐健康江西游十大首选地”之一，并于6月8日在南昌市江西日报社举行颁奖仪式。

【浮梁乒乓健儿首获全国桂冠】 从2012年“中国联通杯”中国乒乓球协会会员联赛传来喜讯，浮梁县乒乓球俱乐部代表队吴华、于灵、曹建华、汪跃群获40岁组团体冠军，4位运动员因此获国家业余运动健将称号。同时，于灵、吴华经过6轮角逐，分获单打冠、亚军。这是浮梁县乒乓球运动员首次获全国乒乓球比赛冠军。2012年“中国联通杯”中国乒乓球协会会员联赛第八站比赛于6月15～17日在九江市浔阳区体育健身活动中心举行，全国13个省、市62支代表队、440名乒乓球业余选手报名参加此次比赛。

【检察官林新平入选六月“中国好人”榜】 6月，由中央宣传部、中央文明办主办，中国文明网承办的“我推荐、我评议身边好人”活动中，浮梁县人民检察院检察官林新平被评为“中国好人榜——敬业奉献好人”。林新平，男，汉族，1969年2月生，中共党员，大学文化，一级检察官，任浮梁县人民检察院办公室主任。林新平因工作成绩突出，2月被评为“全省检察机关执法为民标兵”并荣记个人一等功，经景德镇市文明办推荐，江西省文明办审核，被正式推荐为2012年6月份“中国好人榜，敬业奉献好人”候选人。为实现社会的公平正义，多年来，林新平努力践行“立检为公、执法为民”，用一身正气来诠释“忠诚、公正、清廉、文明”的检察职业道德，是名副其实的检察尖兵。他公心执法，维护公平正义，成功提起抗诉案件6件，主办各类案件152件，挽回直接经济损失240余万元。他倾力创新，营造和谐稳定，变上访为下访、变接访为排查，接访群众1460多人次，让群众在检察院“找到廉洁、消除怨气、化解矛盾”，率先在全市检察系统实现涉检赴省进京零上访。他真心为民，彰显职责情怀，努力促进农村发展，帮助帮扶单位港口村制定三年规划，“三清三改”工作成效显著。180户农民喝上放心水，港湾公路改造和港南大桥顺利完工，港口村从贫困村一跃而成为浮北山区新农村建设的示范村。

【举行旅游发展高峰论坛】 7月18日，浮梁县旅游发展高峰论坛在瑶里举行。中国社会科学院旅游研究中心副主任李明德，中国社会科学院地理与资源研究所研究员、中国旅游地理专业委员会委员刘家明，国家景区质量评定委员会5A景区评定专家叶军，江西省城乡规划设计研究院副总工程师周建国，江西师范大学教授田勇，市委宣传部副部长郑鹏，市旅游局局长尧宁生等旅游界领导和专家出席论坛并为浮梁旅游发展“把脉”、“开方”。

本次论坛由县政协主办，景德镇市高岭瑶里风景名胜区管理局、县旅游局和瑶里镇协办。县委书记林群致欢迎词，县长孙艳峰作总结讲话，县政协主席吴建旺主持。与会领导和专家充分肯定了近年来浮梁旅游业发展取得的长足进步，并分别从发展生态旅游、县域旅游的形象突围，如何借助景德镇发展旅游、浮韵古城——文化之旅，昌江河流域旅游开发，拿什么留住“旅游”等方面畅所欲言，对大有可为的浮梁旅游业发表真知灼见，为实现浮梁下步跨越式发展献计献策。

【央视《茶叶之路》走进浮梁】 7月20日，正在中央电视台科教频道热播的《茶叶之路》栏目组一行抵达浮梁，对浮梁茶的历史沿革及地方风土特色进行拍摄，栏目组分两路进行拍摄。一组到浮梁古县衙，对高大雄伟的古城楼和宋代千年红塔，以及五品县衙作了精心拍摄；另一组赶到臧湾乡一农户家中，忠实记录一家普通茶农的生产、生活场景，值得一提的是俄罗斯留学生龙海娇亲身体验了浮梁特色小吃碱水粑的整个制作过程。下午栏目组对瑶里古镇和绕南古窑址进行拍摄，尽情领略浮梁“瓷之源、茶之乡、林之海”的韵味。

“茶叶之路”是一条连接中国、蒙古国和俄罗斯的国际贸易通道，以茶叶为主，长达1万多千米，自明末清初持续到20世纪初，有着200多年漫长的历史。经由中国的福建省、江西省、湖北省、河南省、山西省、河北省、内蒙古自治区，穿过蒙古国、俄罗斯的西伯利亚地区，最终抵达俄罗斯圣彼得堡。摄制组以全景视角全程跟踪行进，沿途拜访茶路遗存，使观众与万里茶路最近距离接近。栏目组此次一路从福建的武夷山到江西的铅山、弋阳，再到景德镇和浮梁县，重现当年浮梁县作为茶叶之路中重要的贸易中转港的热闹和繁荣，彰显中华瓷茶传统文化的魅力。

【入选全国小河流治理省级推荐县】 7月，在江西省水利厅、财政厅联合举办的全省小河流治理重点县综合整治试点公开评选活动中，浮梁县成功入选，成为江西省7个中小河流治理重点县综合整治试点县省级推荐县之一。根据国家水利部、财政部启动《中小河流治理重点县综合整治试点规划》编制工作，在全国选择一批中小河流治理重点县，开展县域内河道整治，通过河道疏浚、岸坡整治、水系沟通、生态修复等措施，集中投入、整乡推进，实现“河畅水清、岸绿景美、功能健全、人水和谐”的综合治理目标。根据上报规划，浮梁县达到该项目整治标准的河流流域面积累计约1360平方米，河道长约407千米，约占县域总面积的50%，县域内的河道状况对浮梁县的人民生产、生活极其重要。预计通过规划项目实施后，县域内河道功能基本得到恢复，水环境得到显著改善，河道行洪能力得到显著提高，达到乡村国家防洪标准。

【成立浮梁县历史文化研究会】 9月24日，浮梁县在浮梁镇文化活动中心召开历史文化研究会成立大会。大会选举产生浮梁县第一届历史文化研究会名誉会长、会长、副会长；秘书长、副秘书长；特聘顾问、特约研究员；常务理事、理事。名誉会长、县委副书记、县长孙艳峰受名誉会长、县委书记林群委托出席会议并讲话；县委副书记、浮梁县历史文化研究会会长金秋来在会上就历史文化研究会提出工作要求；县委常委、宣传部长、浮梁县历史文化研究会副会长陈国胜主持成立大会。县长孙艳峰和特聘顾问、景德镇高专原党委书记、教授范希贤为浮梁县历史文化研究会揭牌。特聘顾问、江西省历史学会副会长兼秘书长、江西师大历史系教授梁洪生到会祝贺并就历史文化研究工作提出建议和发展前景。特约研究员、中国一级作家、原《微型小说》主编郑允钦，厦门海关干部、诗人、作家李战和等分别为浮梁县历史文化研究会成立发表热情洋溢的讲话，并挥毫泼墨歌颂浮梁，表达出对家乡的赞美和热爱。

【吴水前当选全国茶业年度经济人物】 第八届中国茶业经济年会暨中国茶叶流通协会第五届会员代表大会于10月18～20日在福建省福鼎市举行。会议总结2011～2012年全国茶叶产销工作，并对全国重点产茶县、全国茶叶百强企业、全国茶业年度经济人物等进行表彰。浮梁县再度被评为“全国重点产茶县”，并较上年度位序前移了7位，江西省有6个县（市）入选全国100个重点产茶县，浮梁在其中排名第二；浮瑶仙芝茶业有限公司总经理吴水前当选全国茶业年度经济人物。全国茶业年度经济人物，每年度共评10名，吴水前是全省唯一获此殊荣的人选。

【鲍家移民安置点举行建房开工仪式】 11月17日，浯溪口水利枢纽工程蛟潭镇鲍家移民安置新村举行移民建房开工仪式。浮梁县委副书记、县移民安置指挥部总指挥金秋来下达开工令，县人大常委副主任、移民安置指挥部常务副总指挥秦先德致辞，工程建设监理代表及镇村干部群众近千人参加仪式。浯溪口水利枢纽工程是省、市重点工程，涉及移民搬迁1.1万人。2012年选择4个安置点先期示范，鲍家安置点就是其中之一。鲍家移民安置点位于蛟潭镇小城镇建设规划区，距离镇中心600米，总占地面积1.87公顷，计划安置36户，152人。基础设施按照新农村建设标准打造，计划在2013年年底完工。

【浮梁“碱水粑”香飘绿博会】 11月23日，由国家商务部、江西省政府共同举办的“第五届中国绿色食品博览会”在南昌市红谷滩国际会展中心开馆。浮梁县地方名吃“碱水粑”以其碱香浓郁、韧而爽口、绿色健康和烹制方便而受到众多消费者和经营者的青睐。“浮梁碱水粑”是江西省100个赣菜名点“名小吃”之一。浮梁县江西瑶园食品有限公司的“瑶园牌”碱水粑以当地QS认证的基地专供优质大米和无污染山泉水为原料，采用现代技术设备与传统制作方法相结合的生产工艺，18道工序全程监控，保证产品符合质量标准。江西瑶园食品有限公司是全省乃至全国唯一的一家工业化生产“碱水粑”的企业，有2条自动化生产线，年生产能力5000吨。2011年“瑶园碱水粑”被评为第三届中国（衢州）农博会粮交会金奖。

【开展野生动植物保护专项整治行动】 11月29日，浮梁县森林公安局联合县野生动植物保护管理站，对县城农贸市场、饭店、宾馆进行突击性检查，并对食品经营人员进行野生动植物保护宣传。从2012年11月28日至2013年4月30日在全县范围内开展为期5个月的“全县野生动植物保护专项整治行动”，对利用投毒、网捕、枪击、下套等手段,非法猎捕、杀害野生动物;非法收购、出售珍贵、濒危野生动物及其制品非法加工、经营、利用野生动物;利用各类运输车辆非法运输珍贵、濒危野生动物及其制品进行重点打击,切实维护生态安全,有效保护野生动植物资源,促进人与自然和谐相处。

【住房公积金圆居民住房梦】 景德镇住房公积金管理中心浮梁办事处加强住房公积金的运作和管理,严格执行《住房公积金管理条例》,加强内部管理和监督检查,主动关爱弱势群体,服务住房保障,进一步加大对个人购建住房贷款的扶持力度,8年来,累计圆了1700多户城乡居民住房梦。2012年全县新增缴存单位6个,建立公积金制度238个单位,其中有19个省、市企业和非公企业;全县参加人数7860人,归集住房公积金3673万元,同比净增758万元,完成全年任务的122%,累计归集余额为1.37亿元。参加住房公积金人数由少到多,从2006年参加人数500多人,增加到2012年的7860人。2012年共发放贷款106户(支持参保人购建住房13767平方米),发放贷款金额2081万元,完成全年计划任务的83%。累计8年多时间发放贷款金额1.99亿元,1703户,购建房面积26.25万平方米。同时,全年审批办理退休、调离等人员提取住房公积金943万元,同比增长411万元。为廉租房补充资金30万元,取得社会效益和经济效益双丰收。

主要领导人 县委书记:林　群。县人大常委会主任:江　萍。县长:孙艳峰。县政协主席:吴建旺。

(金寿进)

·乐平市·

【简　况】 位于赣东北地区,辖14镇2乡2个街道办事处。市域总面积1973平方千米,全市总人口90万人,其中城区人口20万人。2012年,跻身全省县域经济十大活力县(市)前三甲。全年实现生产总值207.5亿元,同比增长14%;其中:第一产业实现增加值29.29亿元,增长3.8%;第二产业实现增加值124.9亿元,增长17.8%;第三产业实现增加值53.36亿元,增长10.8%。一、二、三产业比为14.11:60.18:25.71。财政总收入26.36亿元,增长29.3%,列全省第十一位,前移2位,其中公共财政收入20.05亿元,增长41.5%,列全省第五位,前移2位;固定资产投资274.85亿元,增长49.3%;社会消费品零售总额达49.36亿元,增长11.1%;城镇居民人均可支配收入16797元;农民人均纯收入8713元,分别增长16%和13%。

【工业经济逆势而上】 2012年,乐平市完成规模以上工业增加值78.5亿元,同比增长20.3%。乐平工业园跻身全省首批18个重点省级工业园区和全省生态工业园区创建试点单位,园区全年完成主营业务收入225.7亿元,增长25.2%;实现税收4.33亿元,增长11%,其中天新药业上缴税收突破2亿元。

【现代农业全面升级】 2012年,乐平市农业开发连续三年夺得全省综合考评第一名,荣获全省农业开发项目建设十佳县(市)称号。德昌高速沿线万亩蔬菜基地众埠核心区基本建成,全国最大、全省唯一的中节能20兆瓦光伏农业科技大棚项目启动实施。蔬菜播种面积达2.11万公顷,全年新增蔬菜播种面积733.33公顷,实现总产值12.38亿元。粮食生产实现"九连增",总产量超过40万吨。

【社会保障日臻完善】 2012年,乐平市民生支出13亿元,增长30%。积极引导农村劳动力转移,全年新增城镇就业7895人。发放养老保险金3.6亿元,社会化发放率达100%;城乡居民最低生活保障标准及补差水平相继提高。新建保障性住房900套,发放廉租住房租赁补贴211万元,惠及1698户家庭。

【遭遇特大暴雨袭击】 8月8日20时~11日20时,受台风"海葵"影响,乐平市遭遇特大暴雨袭击,为有记录以来最大。全市平均降雨量达到239.4毫米,最高降雨量达到722毫米,其中城区平均降雨量达347毫米,降雨量以涌山东岗为最大。截至8月12日,全市20个乡(镇)、街道全部受灾,受灾人口20.8万人,造成直接经济损失4.7亿元。农作物受灾面积1.32万公顷,养殖户因灾死亡牲口2900头、家禽9万多只、蜜蜂1356箱,渔业受灾2658公顷,因灾倒塌房屋155户。此外,还造成水利、道路、桥梁、通讯等设施被毁。

主要领导人 市委书记:吴龙强。市人大常委会主任:吴长寿。市长:俞小平。市政协主席:万玉华。

(彭建光)

萍乡市

【概　况】 位于江西省西部,辖5个县(区),总面积3823.99平方千米。总人口187.40万人,其中城镇人口116.76万人,人口自然增长率为7.05‰。2012年实现生产总值733.06亿元,同比增长11.80%。其中,第一产业增加值53.12亿元,增长4.60%;第二产业增加值445.68亿元,增长12.80%;第三产业增加值234.26亿元,增长11.20%。工业增加值404.75亿,增长13.50%。主要工业产品有原煤856.05万吨、成品钢材507.76万吨、水泥673.01万吨、电风扇95.57万台。农业总产值82.32亿元,增长4.6%。主要农产品有粮食57.52万吨、水产品3.67万吨、肉类14.29万吨。地方一般预算财政收入74.09亿元,增长26.70%。城镇居民人均可支配收入2.13万元,增长14.00%;农村居民人均纯收入9999.5元,增长16.30%。城乡居民年末储蓄余额541.07亿元,增长15.70%。社会消费品零售总额209.72亿元,增长14.80%。

新增规模以上工业企业62户,规模以上工业企业完成主营业务收入1340.63亿元,增长13.9%,实现利税总额222.17亿元,增长25%,工业综合经济效益指数414.04%。私营企业达9059户,主营业务收入1620亿元,增长15.2%,利税总额309亿元,增长16.3%。三次产业比例由2011年的7.4:62.8:29.8调整为7.2:60.8

:32.0。煤炭(煤化工)、冶金、机械、建材、陶瓷五大传统优势产业实现增加值248.49亿元,占全市规模以上工业增加值的73.4%,增长14%。新材料、新能源、生物医药、先进装备制造等战略性新兴产业完成增加值84.02亿元,占全市规模以上工业增加值的23.63%,增长18.5%。完成市本级36户非公国企改革。实际利用外资2.12亿美元,增长18.04%;引进省外5000万元以上项目133个,增长2.03%,实际进资239.16亿元,增长26.01%。外贸进出口总值11.1亿美元,其中出口11亿美元,增长53.86%。

全年引进项目208个,其中亿元以上项目57个,实际到位资金79.29亿元。华能、中材等80余家知名企业落户。"一区五园二十个产业基地"共入驻企业936户,规模以上企业412户,占全市规模以上企业的69%,实现工业增加值265亿元,增长18.1%;完成主营业务收入1060亿元,增长17.6%;完成税收38亿元,增长19.2%。萍乡陶瓷产业基地获批国家工业陶瓷高新技术产业化基地,萍乡经济技术开发区综合考评列全省工业园区第二。全年实施重点项目80个,总投资839.12亿元,完成投资396.8亿元。金葵能源直法拉单晶硅项目一条生产线和安源股份(中煤科技)光伏玻璃生产项目点火试产;萍乡陶瓷产业基地基础设施建设基本完成;华能安源电厂"上大压小"项目动工;上栗县现代花炮自动机械生产研发基地、烟花爆竹仓储基地和花炮销售中心建成;公路"三改二"项目工程稳步推进,全市在建公路143.4千米,完成农村公路路面改造220千米。电网建设投资完成4.52亿元。山口岩水利枢纽工程下闸蓄水。吉莲高速公路基本通车。

全年粮食播种面积8.29万公顷,总产量57.52万吨,粮食生产实现"九连增",粮食单产夺取全省"九连冠"。各类农业产业化组织1768个,各类农民专业合作社994个;省级以上龙头企业销售收入62.75亿元,增长18%,带动19.81万户增收12.34亿元。银河杜仲公司获评国家级农业产业化龙头企业。整合投资1.34亿元建设高标准农田2366.67公顷。水利建设项目总投资规模达12亿元,增长20%;小型农田水利工程建设新增、恢复、改善灌溉面积1.01万公顷,小(二)型水库除险加固工程完成38座、新开工49座。6.1万农村人口和学校师生饮水安全工程完工,节水型社会建设通过国家水利部终期验收。全市469个新农村建设点全部完成村庄规划,共投入1.27亿元,为历年最多。

【棚户区改造工作经验在全国推广】 9月25日,全国资源型城市与独立工矿区可持续发展及棚户区改造工作座谈会在北京召开。会上,萍乡作为全国4个典型资源型城市之一作典型展示并作书面交流发言。会前,时任中共中央政治局常委、国务院副总理李克强参观萍乡展栏,对萍乡城市转型的经验、做法和棚户区改造工作高度评价。2007年,萍乡市被列为全国首批资源枯竭城市后,市委、市政府实施"城市转型"战略,坚持煤矿棚户区改造与国企改革相结合,实现棚户区改造与国企改革"两促进";煤矿棚户区改造与保障性住房相结合,实现城市环境和居民幸福感"两提升";煤矿棚户区改造与城镇化建设相结合,实现城市规模和建设品位"两提高"。5月16日,新华社、《人民日报》、中央电视台、中国新闻社、《江西日报》、江西电视台等中央、省级媒体记者采访团到萍乡市,集中采访报道保障性住房建设和棚户区改造的好经验、好做法。各家媒体记者深入全市保障性安居工程项目安源新村、棚户区改造展示馆、中央下放煤矿棚户区改造项目丹江小区、城南花园小区等地采访报道。

【华能安源电厂"上大压小"项目奠基】 5月6日,华能安源电厂"上大压小"项目奠基仪式在芦溪县工业园举行。该项目是2012年萍乡市重点建设项目,也是中国华能集团公司"十二五"期间在江西省重点投资项目。项目建成后,将成为赣西地区重要的支撑电源,有利于提高江西电网,尤其是萍乡电网的安全稳定运行水平。华能安源电厂"上大压小"项目总规划装机容量为2×600MW+2×1000MW,本期建设2×600MW级国产超超临界燃煤发电机组,同步建设高效静电除尘、脱硝等环保装置。项目建成后,年发电量约66亿千瓦小时,供电煤耗和污染物排放将大幅降低,每年二氧化硫排放总量可削减3879.67吨,烟尘排放总量可削减559.32吨。

【2012年中国红博会在萍乡举行】 7月1日,由江西省人民政府、国家旅游局联合主办的2012中国红色旅游博览会在萍乡市体育中心开幕。中国红色旅游博览会是国内唯一以红色旅游为主题的博览会,本届红博会以"风展红旗如画"为主题,由"红色漫游·星火燎原"动漫网络传递活动、"红色安源"红色电影展播、2012中国红色旅游博览会开幕式暨"风展红旗如画"大型文艺晚会、"红色旅游发展与红色文化弘扬"学术论坛等十大活动组成。

【发行《毛主席去安源》雕塑铜像】 7月1日,《毛主席去安源》雕塑铜像发布会在萍乡博物馆举行。雕塑铜像面向全国限量发行318尊,同时配发的防伪收藏证书上有油画作者刘春华和雕塑作者梁明诚、朱照林签名。2012年4月,经刘春华授权并题名,原广州美院院长、中国美协雕塑艺委会副主任梁明诚与萍乡市雕塑家朱照林,以油画《毛主席去安源》为基础,联手打造雕塑精品。《毛主席去安源》铜像高56.8厘米,铜像基座正面是刘春华"毛主席去安源"题名,背面刻有毛泽东来安源开展革命活动等背景文字介绍;基座左右两边分别是安源煤矿总平巷和张家湾秋收起义军事会议会址浮雕。

【山口岩水利枢纽工程下闸蓄水】 6月21日,山口岩水利枢纽工程下闸蓄水庆典仪式举行。山口岩水利枢纽工程是一座以供水、防洪为主,兼顾发电、灌溉等综合利用的大(Ⅱ)型水利枢纽工程,改写了萍乡无大型水利枢纽工程的历史。工程大坝高99.1米,为江西省第一座碾压混凝土双曲拱坝,水库总库容1.05亿立方米,淹没面积3.8平方千米。该工程建成后,可使下游芦溪县城防洪标准由5年一遇提高到20年一遇,可向萍乡城区年提供优质原水7300万吨,年均发电量可达3000万千瓦小时。

【江志兰获选"感动中国感动网友十大母亲"】 2月,江志兰以第四位得票数胜出,成为搜狐社区2011年度"感动中国感动网友十大母亲"之一。同时,由中央文明办主办、中国文明网承办的"我推荐、我评议身边好人"活动,江志兰入选"中国好人榜"诚实守信类好人。萍乡市湘东区湘东镇五里村樟树组农家妇女江志兰,面对接二连三的家庭变故,选择坚强面对,8年坚守替儿还债。江志兰事迹在央视新闻频道先后以《江西:69岁老人为诚信坚持还债8年》《回家的礼物》为题两次播出。

主要领导人 市委书记:刘和平。市人大常委会主任:黎德廉。市长:陈卫民。市政协主席:晏德文。

(罗晓安)

·安源区·

【简　况】 位于江西省西部、萍乡市中部,辖4镇、6个街道办事处和1个管理委员会(乡级),总面积199平方千米。全区总人口(常住)38.37万人,其中非农业人口28.8万人,人口自然增长率7.23‰。2012年,生产总值208亿元,增长10.6%。其中,第一产业增加值3.7亿元,增长3.5%;第二产业增加值113.19亿元,增长9.7%;第三产业增加值91.45亿元,增长12.2%。财政总收入30.1亿元,增长19.9%;一般预算收入23.9亿元,增长28.1%。安源、高坑、青山、五陂镇被评为全省百强乡镇。全区规模以上工业企业达112家,完成工业增加值57.12亿元,增长10.32%。主营业务收入179.07亿元,增长1.3%;利税总额35.56亿元,增长9%。全社会固定资产投资222.6亿元,增长32.3%。农业总产值5.72亿元,增长3.3%。社会消费品零售总额88.11亿元,增长15.7%。农民人均纯收入1.15万元,增长16.1%。城镇居民可支配收入2.13万元,增长14%。全年融资超过7亿元,到位资金5.5亿元。2012年获"全国村务公开民主管理示范县区""全国农村集体'三资'管理示范县区""全国人口计划生育优质服务先进县区""全省民政工作先进县(区)""全省残疾人无障碍基础设施先进县区""全省社会救助工作先进县区""全省造林绿化'一大四小'工程建设综合先进县区""春节森林防火平安县区""全省信访积案化解先进县区""全省固定资产投资增速先进县区"等称号。

经济转型产业基地全年投入资金8000余万元,新平整土地26.67公顷,完成2.9千米吉林路和重庆路硬化,建成9300平方米企业服务中心及15万平方米标准厂房。金属新材料产业基地全年投入资金5000余万元,完成征地44.67公顷。特种玻璃产业基地获批省级产业基地。三大基地共落户企业56家,其中39家已投产。全年引进项目142个,其中亿元以上项目35个。全年利用省外资金48亿元,完成出口2.03亿美元,利用外资4056.5万美元,其中现汇2028.5万美元。强攻项目和重大项目分别由区委常委会和区政府常务会调度,全年95个重点项目中,新开工项目80个,建成项目43个,其中亿元项目13个,完成工业投资148亿元,同比增长36%。百利纺织、纳优科技等一批重大项目相继投产。承办2012年国际电工委员会TC111 / WG3会议,在澳门举办旅游与经济推介会。

编制安源组团、安源新区、城西片区分区规划和控详规,全区新开工和续建新型城镇化项目47个,共完成投资12.38亿元。投入6000余万元启动安源区城市防洪工程和安源县城防洪工程。以中国红博会在萍乡市举办为契机,加大红色旅游宣传和旅游项目推介力度。全年旅游接待人数达271.88万人次,增长25.23%;实现旅游综合收入22.59亿元,增长30.58%。推进亚洲电影博览园、"经典主题三部曲"电视剧两大项目。

全区新增土地流转面积133.33公顷,新增农民专业合作组织28家,新增省级农业产业化龙头企业2家,全年实现农业产业化销售收入12.07亿元,新建新农村点65个,造林绿化410公顷。全年区本级财政配套投入民生工程资金2502万元,落实新农保、城镇居民社保、困难大学生助学、失地农民免费培训并扶持就业、职工就业暨企业用工平台、困难群体大病救助、残疾人救助等7个惠民工程子项目。获批安源区基础教育园区项目。

【产业集聚效应初显】 2012年,安源区产业集聚效应初步显现。纺织业依托百宏纺织,新上百利织布项目,引进世界先进蒸汽纺纱技术的中泰纺织项目,形成从棉花储运—纺纱—织布—水洗—成衣—贸易的产业链;冶金建材业依托萍钢,新上华鑫亿超细硅微粉项目,项目欧博建材在建;LED电子产业依托睿能科技LED外延片项目,新上华技达芯片封装项目,形成从外延片到芯片封装的产业链;金盾物流公司获批全省首家公用型保税仓库,青山综合物流园推进赣湘国际物流港项目,引进广源国际(萍乡)家居建材城项目。

【科技创新成效明显】 安源区依托科技创新提升产业层次,全年新建成10个工程技术中心,其中金刚石线切割等3个工程技术中心获批市级中心,中天化工填料、科环环境工程获批省级创新型企业,中天化工创新团队获批省级优秀技术创新团队,江西特种玻璃产业基地成功创建高新技术特色产业基地。全年申请专利120项,自主研发新产品18项,实现成果转化16项,获批国家支撑计划1项、国家重点新产品2项、国家中小企业创新基金1项。

主要领导人 区委书记:程结林。区人大常委会主任:肖　锋。区长:吴顺恩。区政协主席:邱晓玲。

(姚灿启　周　菁　曾　媛)

·湘东区·

【简　况】 位于江西西部,全区国土面积858.76平方千米,辖8镇2乡1个街道办事处,总人口40.9万人。已形成陶瓷、冶金、化工、水泥建材等支柱的工业体系,是"中国工业陶瓷之都"。湘东是全国有名的"制种之乡",制种大军有1万多人,制种面积达1万公顷以上,占全国南繁制种面积80%以上。2012年,全区完成生产总值151.1亿元,增长11.6%;完成财政总收入13.4亿元，增长10.9%；全社会固定资产投资完成156.9亿元，增长31.5%；社会消费品零售总额33.2亿元，增长15.6%；城镇居民人均可支配收入达2.13万元，增长14%；农民人均纯收入达1.04万元，增长15.8%。

全年实现规模以上工业增加值82.7亿元，增长16.3%。新增规模以上工业企业11家，工业综合效益指数18.2%，提高1.8个百分点。产业基地被认定为萍乡国家工业陶瓷高新技术产业化基地。2012年，产业基地工业总产值、工业销售收入、主营业务收入均突破100亿元大关。获"全省粮食高产创建先进单位""全省生猪调出大区"和"全省油料生产大区"称号。市级以上农业产业化龙头企业达29家，重点打造麻山幸福大观园、天台山休博园、一统农林科技、深圳龙日花卉苗木等一批龙头企业和基地，年销售收入突破5.2亿元，增长5.8%。农民专业合作组织有127个，新增23个；建成花卉苗木基地9个，4家林产企业获省级林业龙头企业称号。

全年开工和续建项目197个，完成投资105.6亿元。工业企业完成新扩改项目65个，投资41.7亿元；农业项目56个，投资19亿元；三产项目35个，投资16.2亿元；民生工程和基础设施项目17个，投资19.5亿元。全区有14个项目列为2012年省市重大项目。向上争取政策性项目资金实际到位7.12亿元。重金属污染综合治理、资源综合利用"双百"工程等一批重大项目得到落实。组织参加江西(香港)招商活动周、第七届中部投资贸易博览会、第八届泛珠会等经贸活动，实际引进内资42.37亿元，增长22.8%；引进外资3597.9万美元，增长23.5%；出口创汇1.41亿美元，增长67.9%。获"全省外贸出口、招商引资进位赶超先进单位"称号。引进超能高新材料、鑫森新材料、利升科技、润远科技等亿元以上项目4个，引进锐拓科技等高科技企业3个。

编制完成湘东区分区规划、中心城区控制性详规、陶瓷产业基地控制性详规、麻山新区概念性规划。城市建设重点项目是历年建设投入最大、在建项目最多的一年，全年完成投资32亿元。完成造林绿化1786.67公顷，城区绿化率达36.8%。全区污染物减排工作任务大幅超额完成，获"全省工业节能先进单位"称号。新增省级新农村建设示范点16个。

全年用于民生支出3.97亿元，完成83项民生工程任务。城乡居民社会养老保险参保人数近15万人，新农合参合率达100%。产业基地获"全省就业创业工作先进集体"称号，事迹在中央电视台播出。中国陶瓷知识产权信息中心湘东分中心成立。体育工作获全国全民健身活动先进。包装产业基地被列为全省科技与文化相融合示范基地。峡山口街社区卫生服务中心成功创建"全国示范社区卫生服务中心"，区疾控中心获"艾滋病综合防治工作全国先进单位"称号。省"政风行风热线"户外直播节目走进湘东，构建政府与群众互动交流平台。开展"打非治违"专项行动，安全生产保持平稳态势；安全监管工作实现两个全市第一，即25家鞭炮厂第一个全面实现机械化生产，15家非煤矿山第一个推行一矿一策。高危行业安全生产视频监管平台建成，安全监管逐步实现信息化。

【建成高危行业安全生产视频监管平台】 3月，湘东区安全生产视频监控系统全面建成运行，实现每天24小时实时了解高危企业生产情况及重大危险源安全状态，标志着湘东区安全监管信息化取得重大进展。视频监控在全市第一个建立并投入运行。安全生产视频监控平台建立后，提高了安全监管实效性，对企业情况随时掌握和了解，工作效率大大提升，减少事故风险，提升企业安全管理水平。

【打造彩印包装支柱产业】 湘东区政府加强服务引导，积极为彩印包装企业排忧解难，引导企业走规范化、科学化、集约化生产道路；加大宣传推广，利用深圳文博会等平台，加大对彩印包装企业及基地的宣传力度，进一步提升湘东彩印包装产业的对外影响力和知名度。湘东区彩印包装产业基地于2009年3月创立，规划总面积17平方千米，分三期开发，完成一期建设6平方千米，入驻企业38家，安排农民就业1.2万人，被列为全省科技与文化相融合示范基地。全年基地实现工业总产值12.6亿元，工业增加值2.7亿元，创利税1.56亿元。彩印包装产业已初步形成包装、印铁、制盒、制瓶、制罐、彩印为一体的产业链。特别是在老关镇前进村，有全国包装销售营业网点3610个，产品畅销全国各省市，其中茶叶包装占全国市场份额80%以上。包装彩印产业逐步成为湘东区国民经济发展的又一支柱性产业。

主要领导人 区委书记：曹光亮。区人大常委会主任：文发萍。区长：杨劲松。区政协主席：汤其安。

（李　剑　黄圣材）

·莲花县·

【简　况】 位于江西省西部，国土面积1062.06平方千米，辖5镇8乡。耕地面积1.55万公顷，山地面积7.47万公顷，森林面积5.23万公顷，森林覆盖率达67.3%。总人口26万人。2012年，全县实现生产总值39.55亿元，同比增长10%。固定资产投资39.73亿元，增长29.6%。财政总收入5.6亿元，增长20.7%。社会消费品零售总额9.68亿元，增长14.7%。城镇居民可支配收入1.47万元，增长12%；农民人均纯收入4716元，增长28%。

全年完成农业总产值11.28亿元，增长6.9%。全年完成工业总产值79.3亿元，增长13%；规模以上工业主营业务收入72.7亿元，增长14.9%；规模以上工业增加值20.4亿元，增长13.02%；利税总额3.79亿元，增长12.5%；工业经济综合效益指数304.09%，同比提高6.44个百分点。特种冶金材料、电子机械等特色工业发展壮大，打造企业科技平台5家，争取科技项目18项。煤矿扩能改造和煤矿企业重组启动，小江煤田地质勘查进展顺利。

第三产业发展加快。打造荷花博览园和中国莲文化园，举办列宁学校修复竣工暨中国莲文化园规划设计新闻发布会、首届中国莲花·莲文化旅游节和第三届油菜花文化旅游节等活动，农业休闲观光、生态乡村旅游蓬勃发展，旅游业实现质量和效益大提升。2012年，全县金融机构贷款余额18.83亿元，净增5.13亿元；存款余额51.24亿元,净增6.99亿元。

2012年,共向上争取项目资金和补助资金8.72亿元,在争取振兴原中央苏区发展政策上取得突破性进展。实行县级领导帮扶五大支柱产业制度,抓好以会招商、以商引商、产业招商和资源招商。2012年,全县引进项目127个,签约资金78亿元,引进5000万元以上项目资金25亿元,实际利用外资3825.6万美元,外贸出口1.46亿美元。集中开工、签约项目57个,签约、投资总额88亿元。

省级生态工业园新引进入园企业38家,新增规模以上企业4家,完成主营业务收入56.88亿元,工业增加值13.62亿元,利税总额2.86亿元,安置就业1.05万人。编制完成《莲花县区域发展与扶贫攻坚规划(2011~2020年)》,编制规划项目70个,总投资354.9亿元。共对接上级扶贫项目74个,落实省级部门扶贫攻坚项目46个,到位资金2.84亿元;新建移民集中安置点2个,实施移民搬迁750人,全县贫困人口由2011年的6.27万人减少至5.21万人。

全县新增城镇就业2689人,转移农村富余劳动力4192人。发放小额贷款1.13亿元,率先在全市突破亿元大关。新农保参保13万人,参保率95%。新农合参保21.6万人,参合率96%。发放城乡低保资金2195万元。发放"金保工程"社会保障卡10万张。开工建设保障性住房460套,改造农村危房1071户。

【"一乡一业、一村一品"格局初步显现】 2012年,莲花县发展粮食油料、生猪蔬菜、花卉苗木、莲子瓜果、中草药材等特色农业,种植面积扩大到8333.33公顷,"一乡一业、一村一品"格局初步显现。琴亭莲子基地和闪石铁观音茶叶基地分别成为全省最大的莲子示范种植基地和铁观音茶叶基地;升坊镇石江村被誉为"江西桂花第一村";坊楼镇油菜种植面积突破1066.67公顷,湖上乡百合种植面积新增133.33公顷,高洲乡紫珠草种植面积突破80公顷;全县农业产业化经营组织发展到548个,龙头企业108家。荷塘乡特色农产品生产农民专业合作社被省委、省政府评为"全省优秀农民专业合作社";南岭乡秦忆蔬菜获得绿色食品认证;白竺野果酒获得有机食品认证;"老表"牌大米获上海农产品展销会金奖。

【推进集镇建设】 2012年,编制完成《莲花县城市总体规划(2011-2030)》纲要,城市规划面积由12平方千米扩大到17.5平方千米。完成3个乡镇集镇建设规划,启动实施58个集镇基础设施项目,开展集贸市场整治工作,逐步扭转占路为市现象,涌现出路口、良坊、三板桥等面貌崭新、功能齐全的新集镇。实施农村空心房盘活行动,每个乡镇都确定一个空心房盘活行动试点村,结合"增减挂"项目和新农村建设,共拆除废弃建筑物150栋,盘活土地66.67公顷。开展生态家园保护行动,完成造林绿化面积2666.67公顷,创建国家级生态乡1个、省级生态乡镇8个、省级生态村4个、省级生态工业园1个、市级生态村63个。推进73个新农村点和148个农村清洁工程点,打造神泉竹湖村、琴亭莲花村等特色亮点村。

主要领导人 县委书记:夏 兴。县人大常委会主任:严漫泉。县长:刘乡。县政协主席:刘绍华。

(周湘莲)

·上栗县·

【简　况】 位于江西省西部,萍乡市北部,全县总面积725平方千米,其中城区面积10平方千米。耕地面积1.13万公顷,有林面积4.33万公顷,森林覆盖率60.1%,城区绿化率33%。辖6镇3乡,总人口48.86万人,其中非农业人口5.86万人,人口自然增长率11.77‰。地区生产总值达139.46亿元,增长13.8%。其中,第一产业增加值13.32亿元,增长4.0%;第二产业增加值89.2亿元,增长16.5%;第三产业增加值36.94亿元,增长9.9%。财政总收入14.89亿元,增长16.5%。全社会固定资产投资148.06亿元,增长35.5%。城镇居民人均可支配收入达2.13万元,增长12%。农民人均纯收入达9809元,增长16.9%。实现外贸进出口1.08万美元,增长51.96%。实际利用省外资金43.55亿元,增长33.96%;实际利用外资3742.37万美元,增长28.41%。

全年实现农业总产值21.6亿元,增长3.9%。全县种植水稻面积2.32万公顷,总产15.25万吨,被省政府评为"粮食生产先进县"。对现代农业示范区和休闲农业示范县进行规划设计,被省农业厅认定为第二批省级现代农业示范区。打造以凤形山果业基地、豆仙蔬菜基地和石塘养羊基地等为代表的特色农产品基地。获省、市新农村建设综合先进县称号,县财政投入500余万元实施农村清洁工程。被选为全省中小河流治理重点县综合整治7个试点县之一。完成新造林2246.67公顷,投入300余万元实施封山育林。

装备制造产业基地落户项目28个,签约资金56亿元。产业转型基地引进项目30个,签约资金30亿元,投产26家。推动中材萍乡水泥二期的建设投产和印山台水泥二期建设,千万吨水泥产能目标即将实现;全年新开工3000万元以上工业项目117个,完成投资70.75亿元,其中新开工亿元以上工业项目35个,完成投资36.98亿元。全年上报项目121个,争取到位项目93个,成功申报省级重点项目13个,向上争取项目资金5.34亿元,增长37.2%。

完成《上栗县城市总体规划(2007-2020)》修编,将县城区规划控制区面积拓展到47平方千米。完成核心区近200公顷土地征收。获"全省创建文明城市工作先进县城"称号。高起点对接萍乡中心城区。启动萍乡城区上栗组团规划建设,已完成《萍乡城区上栗组团概念性总体规划》编制。全县扶贫项目申报批复19个,共投入项目资金652万元,就业、基本养老保险基金征缴、保障性住房建设、危房改造等78项民生工程指标完成或超额完成全年任务。教育资金支出3.39亿元,上栗中学被列为全省10所校长实名制推荐北大生的普通高中之一。承办全国女子篮球乙级联赛。

【做优做安花炮产业】 2012年,抓好爆竹企业新工艺推广、烟花企业"四合一"和引线企业"三定三化"整治,全县499家爆竹企业570条爆竹生产线实现新工艺生产,155 家烟花企业全部按“一厂一策”“四合一”方案整治到位,79 家引线企业“三定三化”整治快速推进。由县级领导干部带队到各省、市出席烟花爆竹订货会,为企业争取订单。全年烟花爆竹完成总产值168 亿元,增长 19%,其中鞭炮产值达到 110 亿元,占全国销量 75% 以上,夯实全国乃至全球鞭炮生产龙头地位。引进仓储物流、印刷、包装等花炮上下游产业,完善江西烟花爆竹物流中心基础设施,推动花炮世贸中心、国际花炮城等项目建设,发展烟花仓储物流项目和花炮市场建设。将花炮产业作为文化产业进行经营和发展,筹措建设花炮文化馆,规划建立花炮文化综合体、花炮汇演中心。

【高标准建设旅游景区】 2012 年,县本级投入景区建设资金 1.8 亿元,列全省各县区专项用于旅游发展资金投入第一。杨岐普通寺修建完成投资 4000 余万元,并礼请少林寺方丈释永信兼任住持;杨岐山游客中心总投资 9000 万元,主体工程建设过半;投入 2000 万元对孽龙洞进行改造升级;投入 3000 余万元对风景区内公路进行整修。国家级风景区申报工作稳步推进。

【交通建设年成效突显】 上栗县将 2012 年定为“交通建设年”,决心用三年时间完善“四纵六横”道路主骨架,每年安排 5000 万元县财政资金用于路网建设。5 月 3 日,上栗县举行交通建设年启动仪式,省交通运输厅厅长马志武,萍乡市委书记刘和平等出席仪式。省、市、县领导及各乡镇、各部门负责人共 600 多人参加。全年规划、落实、建设县交通重点项目 10 个,里程 177.4 千米,总投入资金 25.8 亿元。县乡道改造和客运网络化连通工程建设全面铺开。争取县、乡公路和客运网络化计划 71.2 千米,农村公路计划 112.2 千米,共建成通车 157.12 千米,开工建设 30.6 千米。通过实施交通建设年活动,全县交通状况大为改观。

【开展科技创新年活动】 2012 年,上栗县开展“科技创新年”活动,提升花炮传统产业、培育战略性新兴产业、抓好现代高科技农业。加大花炮产业新技术、新设备、新工艺的研究和推广力度,强力发展机械制造、医药、电子、新能源、陶瓷等新型产业。县政府与中南大学、北京理工、江西农大等高校签署战略合作协议,聘请 10 名科技权威人士作为县政府科技顾问,向明兴环境工程、华盛机械等 35 家科技型企业指派科技特派员,在金坪烟花等 7 家花炮企业和鑫通机械等 5 家新型企业建立企业研发中心,打造先进装备制造、新材料、花炮工程技术等多个科技服务平台。同时,抓好农业科技创新,强化基层公益性农技推广服务,改善农业科技创新条件。

全县 278 条爆竹生产线安装了新机械;拥有国家发明专利和国家新型专利的华盛花炮生产一体机成功试产,拥有国家发明专利和 4 项实用新型专利的春雷系列花炮自动生产设备通过省级新产品和新成果鉴定;11 个高科技花炮机械设备获批省级重点新产品;鑫通机械公司评为全县第一家国家级高新企业;阿尔法药业等 3 个公司获批国家创新基金项目;美景陶瓷公司的蜂窝陶瓷获批国家重点新产品,并获全省科技进步奖;金泰农业园被评为省级农业科技示范园,并获批省级星火计划;红鲫鱼基地被推荐申报国家富民强县项目;天绿现代农业园和毛家食品获批国家科技人员服务企业行动申报项目。全年被授予国家专利 72 项,申报并获批市级以上项目 32 项,有 5 项医学成果被列入江西省科技成果重点推广计划。通过省级新产品新成果鉴定数是历年总和的 2 倍。

主要领导人 县委书记:严荣华。县人大常委会主任:杨光明。县长:彭文华。县政协主席:兰先湖。

(邓花萍)

·芦溪县·

【简　况】 位于萍乡市东部。全县总面积 960 平方千米,耕地面积 1.13 万公顷,森林覆盖率达 67.4%。总人口 29.8 万人,其中非农业人口 4.76 万人。2012 年,实现地区生产总值 102.84 亿元,同比增长 12.1%;全社会固定资产投资 104.42 亿元,增长 30.14%;社会消费品零售总额 18.68 亿元,增长 14.2%;财政总收入 10.12 亿元,增长 14.7%;农民人均纯收入 1.02 万元,增长 17.24%。

规模以上工业企业发展至 118 家,实现增加值 51.8 亿元,增长 16.25%;主营业务收入 202.63 亿元,增长 19.37%;利税总额 33.1 亿元,增长 21.43%,工业综合经济效益指数 467%。引进项目 75 个,其中亿元以上项目 23 个。全年新开工项目 63 个,其中亿元以上项目 21 个,完成工业投资 82.29 亿元,增长 40.19%。县工业园晋级省级重点工业园区,规划面积 17.5 平方千米,完成固定资产投资 10.03 亿元,完成园区概念性规划和华能特色产业园规划编制,高标准建设园区 1、2 号线,完成天然气管道对接并实现供气,新增入园企业 15 家。宣风生物产业园完成产业规划编制,完成供水、通信、电力管网铺设,新增入园企业 3 家。华能安源电厂 5 月 6 日动工建设。完成华能特色产业园概念性规划编制并启动建设。以方圆实业、江发发动机、一互电器等项目为骨干的先进装备制造产业基地基本成型。打造萍乡市耐磨结构陶瓷工程技术研究中心、萍乡市发动机尾气净化催化剂及载体工程技术研究中心等 10 个科研平台;引进科技创新人才 320 余名,聘请周国泰、姚君瑞等专家为新材料、电瓷产业发展顾问;获批国家、省级科技计划项目 26 个,申请专利 74 项。

全年实现农业总产值 19.98 亿元,增长 11.1%。全年粮食播种面积 1.75 万公顷,总产量 14.5 万吨,获评全省粮食生产先进县。完成“一大四小”造林绿化 1273.33 公顷,连续两年获评全省森林资源保护先进县、农业综合开发先进县、鄱湖杯水利建设先进县。现代农业示范区获批省级现代农业示范区,完成现代农业示范区和银河核心区建设规划编制,启动“一园五基地”建设。实现农业产业化产值 13.94 亿元,增长 8%,带动农民增收 2300 元。建立标准化产业基地 373 个,面积 3 万余公顷。

全年旅游接待人数 308.24 万人次,增长 32%。实现旅游收入 17.57 亿元,增长 24%。完成《芦武旅游圈旅游发展总体规划》编制。芦万武旅游公路建成通车,武功山西海温泉度假中心基本建成;山口岩水库下闸蓄水;明月湖风景区通过国家3A级景区评定,东阳村获评全省4A级乡村旅游点。完成武功山文化产业园规划编制。全县金融机构存款余额41.2亿元,增长0.6%;贷款余额27.6亿元,增长20.3%,其中中小企业贷款12.48亿元。

完成西部生态新城概念性规划和袁河两岸风光带城市设计及景观规划编制。获全省创建文明城市工作先进县第一名。抓好以320国道和芦南公路为轴线的小城镇开发,完成上埠、南坑集镇改造,抓好宣风、银河等中心城镇建设。投入资金4500余万元,抓好65个新农村示范点建设。S231改造升级实现泥沙路面通车,新修和改造农村公路121千米。

完成市定80项民生工程,抓好578套保障性住房建设和133套国有林场危旧房改造,完成农村危旧房改造920户。抓好银河、源南、长丰地质灾害安置点建设,完成山口岩水库移民。新农合参合率达99.93%,为参合农民报销医药费6300余万元。城乡居民社会养老保险参保人数达10.6万人。新增城镇就业4700人,新增转移农村劳动力5862人。城乡低保标准每人每月分别提高到370元、190元。建成上埠教育产业园,完成99所农村学校、幼儿园改造建设。组织开展首届春晚、首届灯彩艺术节、书香芦溪等群众文化活动。被列为全国县级公立医院综合改革试点县和基层医院综合改革试点县,取消药品加成,为群众减负1353万元。充分发挥杨斌圣群众工作室作用,努力化解社会矛盾,连续三年被评为全省信访工作先进县、信访工作"三无"县区。治安好转率列全省第一。

【做大做强电瓷产业】 2012年,芦溪县实施电瓷产业靠大联强、扶优汰劣发展战略。怡源绝缘子、海克拉斯对接中材集团、大连电瓷,组建成立中材江西电瓷电气、大连电瓷芦溪集团;华美电瓷对接香港沪里泊苏公司,引进具有自营出口权的高鑫电瓷,整合新龙电瓷等企业组建成立中南绝缘子公司。坚持走产学研相结合发展道路,金利华强联等企业与湖南大学、上海大学、西安电瓷研究所等科研院校建立战略合作关系。承办全国绝缘子标委会工作会、电力行业绝缘子标准委员会年会,举办芦溪电瓷产业创新发展研讨会。华为电瓷等企业25项产品入选国家电网采购名录。华东电瓷等4家企业获批国家高新技术企业。

【举办首届灯彩艺术节】 2月3日,芦溪县举行"龙腾盛世·活力芦溪"中国芦溪首届灯彩艺术节。此次活动有20支灯彩队伍参加,同时开展1000条灯谜竞猜、100首诗联吟对和书法作品展览等活动,涉及群众演职人员上千人。艺术节由芦溪每年连续举办的春节游园活动演变而来,参加活动的灯彩包含被列为国家级非遗项目古城独角缩龙,省级非遗项目车湘傩舞、上埠牛带茶和年丰舞狮等,到场群众2万人,已成为芦溪县吴楚特色文化品牌之一。

主要领导人 县委书记:欧阳清新。县人大常委会主任:江　跃。县长:姚虎。县政协主席:夏坤勇。

(黎振春)

新余市

【概　况】 位于江西省中部偏西,辖分宜县、渝水区。总面积3178平方千米。耕地保有量8.14万公顷,森林覆盖率达57.8%。年末总人口(常住)为115.10万人,人口自然增长率为7.04‰,其中城镇人口为75.49万人,占总人口比重65.59%。2012年实现生产总值830.32亿元,增长10.3%。其中,第一产业增加值48.22亿元,增长4.5%;第二产业增加值524.71亿元,增长10.1%;第三产业增加值257.39亿元,增长11.9%。三次产业结构为5.8:63.2:31.0。人均生产总值达到7.23万元,是全省平均水平的2.51倍,继续保持全省第一的位置。全年工业增加值467.46亿元,增长10.1%,占生产总值的56.3%。其中规模以上工业增加值291.37亿元,增长10.3%。新能源、钢铁、新材料三大支柱产业增加值212.35亿元,增长4.8%,占规模工业的比重达72.88%。高新技术产业增加值82.15亿元,占规模以上工业增加值的28.2%。粮食生产实现"九连增"。全年粮食种植面积1.01万公顷,增加1193.33公顷;粮食产量58.22万吨,增长9.02%。兑现强农惠农政策补贴资金1.33亿元,争取现代农业等项目资金7782万元。全年财政总收入116.89亿元,增长5.1%;其中地方财政收入83.23亿元,增长19.9%。财政支出125.69亿元,增长22.4%。全年城镇居民人均可支配收入22470元,增长14%,扣除价格因素实际增长11.4%。农民人均纯收入10048元,增长14.01%,扣除价格因素实际增长11.4%。年末金融机构人民币存款余额为591.65亿元,增长13.3%;其中居民储蓄存款余额306.4亿元。

科技研发取得突破。市本级财政安排各类科技资金1969万元,全社会研发经费占生产总值比重达2.6%,"543211"科技创新工程全面完成,"六个一"工程建设获省政府表彰。创新平台建设加强。国家锂材料及应用高新技术产业化基地获批,国家光伏产品检测中心获准筹建,建立新能源、金属新材料省级战略性新兴产业基地。赛维院士工作站和博士后工作站、中国地质大学新余新能源材料研究院、华南理工大学新余工业技术研究院成立,国家新能源产品检测重点实验室落户。获"新能源产业合作育人创新城市"称号。启动"智慧新余"建设,入选中国城市信息化50强。

城乡面貌焕然一新。统筹城乡发展总体实现程度78.27%,城镇化率65.58%。"三城两区"即袁河生态新城、孔目江新城、毓秀山国家生态城、高铁新区、江西省职教园区建设进展顺利,累计完成投资278亿元。建成区绿地率、绿化覆盖率、人均公园绿地面积分别达51.96%、53.37%、18.45平方米。中心镇建设稳步推进。67个基础设施建设项目累计完成投资20亿元。11个中心镇集镇人口达11.37万人,增长9.8%。罗坊、双林两镇通过国家绿色低碳重点小城镇专家组评审考核。建设和谐秀美乡村精品示范点8个。成功创建省级文明城市。

文化产业稳步发展。抱石文化创

意园主体工程完工，天工文化创意产业园列入省级首批服务业集聚区。原创动画连续剧《天工开物—开心岛》获国家优秀动画片奖并在央视上映。接待游客681.2万人次，增长24.1%；实现旅游总收人47.3亿元，增长41.3%。

生态文明成果丰硕。环境保护力度加大。成为全国第一个合同环境服务试点地级市。全面取缔仙女湖网箱养鱼。完成造林7420公顷，被评为“全省造林绿化‘一大四小’工程建设先进市”。仙女湖、孔目江两个主要饮用水源保护区水质稳定在Ⅱ类以上，袁惠渠、袁河水质基本达到Ⅲ类。在全省率先编制生态文明规划，建成国家级生态村1个，省级生态乡镇17个、生态村20个。在全省率先启动机动车“黄绿标”管理。国家节水型城市创建工作启动。重金属污染治理成效显著。种植苗木治理重金属污染土地的经验得到省委、省政府充分肯定，被评为“全省苗木发展先进市”。完成因污染严重而失去生存条件的4个自然村搬迁。矿山地质环境恢复治理规划编制启动。

改善民生事业。全市各级财政民生事业支出75.7亿元，全面或超额完成省政府下达的87项民生指标和市政府确定的10件实事。就业创业成效明显。新增城镇就业2.45万人，新增转移农村劳动力1.65万人。新发放小额贷款3.5亿元，增长90%，扶持和带动1.99万人就业创业。在全省率先实现城乡居民养老保险全覆盖。城镇小集体企业职工参保工作全面完成。新农合年人均筹资标准提高到290元，参保率达98.5%。城乡低保月保障标准分别提高到350元、170元。农村“五保”集中供养、分散供养年标准分别提高到2640元、2160元。新(改)建农村敬老院13所，全省规模最大的民办养老机构银河园养老服务中心投入使用。发放高龄补贴2400余万元、物价补贴243.4万元。率先在全省建立重特大疾病救助制度。开工新建廉租住房1230套、公共租赁住房1620套，发放经济适用住房货币补贴134户、250.3万元，廉租住房租赁补贴5600户。完成棚户区改造24.5万平方米。率先在全省基本完成农村义务教育学校标准化建设。制定《2013～2015年文化改革发展规划纲要》，获“全国文化体制改革工作先进地区”称号。食品安全工作获全省先进，两次代表江西省接受国家检查获充分肯定。

【第六次获“全国双拥模范城”称号】

2月27日，在全国双拥模范城(县)命名表彰大会上，新余市再次被全国双拥工作领导小组、民政部、中国人民解放军总政治部授予“全国双拥模范城”称号，这是新余市连续第六次获此称号。新余市双拥模范工作以实现全面建设和谐小康社会、提高部队战斗力为目标，以维护社会稳定、促进经济发展、做好军事斗争准备为重点，把双拥工作列入重要议事日程，列入党政军政绩考核范围；建立健全双拥组织领导体系，开展双拥和国防教育，不断巩固和发展“同呼吸、共命运、心连心”的新型军政军民关系；全面落实各项双拥优抚安置政策，不断改进、创新拥军优属工作，相继出台关于重点优抚对象医疗费减免优待、解决“三类”优抚对象住房问题和建立重点优抚对象抚恤补助标准自然增长机制等多个配套文件，解决重点优抚对象“生活难、医疗难、住房难”三难问题，全市双拥工作逐步形成“军企共建广泛深入、基层双拥生机勃勃、联片创建各具特色、军政军民关系融洽”的局面。

【打造“中国户外照明之都”】 8月28日，江西新余·“中国户外照明之都”启动暨百家户外照明企业签约仪式在市会展中心举行。会上还举行博士智库新余博士(后)科研创新基地、中国保护消费者基金会打假工作委员会户外照明产品质量检测(新余)实验室、南方现代产业研究院户外照明研究中心等配套机构授牌、揭牌仪式。这些配套机构的成立，为新余市打造“中国户外照明之都”提供科技、人才、产品检测和产业资讯等要素保障。新余作为国家新能源科技示范城市，发展户外照明产业有着独特的优势，有全国节能减排财政政策综合改革示范城市的政策支持，可与现有的钢铁、光伏、新材料产业优势互补、相辅相成。新余市委、市政府作出将新余打造成“中国户外照明之都”的战略部署，制定产业发展规划，出台扶持户外照明产业发展的优惠政策，并在新余国家高新技术产业开发区规划建设户外照明产业园，计划通过10年的努力，将户外照明产业打造成为继钢铁、新能源、新材料三大支柱产业之后的第四大年销售额突破1000亿元的支柱产业。该批总投资80.5亿元的107个项目签约落户。

【新余市国家科技奖实现零的突破】

2月14日，在2011年度国家科学技术奖励大会上，新钢集团科研项目“高品质船板高效化制造关键技术研发与集成创新”获得国家科技进步二等奖，实现新余市复市以来在国家科技奖方面零的突破。该项目属于冶金科学技术，通过装备保障、流程工艺、信息化等关键技术研发，自主开发以先进的板形过程控制技术为核心和高品质薄规格船板制造、正火处理新工艺等多项专利技术，高效TCR控温轧制等多项专有技术，在中厚板轧机制造薄规格板技术上取得重大突破，整体水平达国际先进。在2011年度国家科学技术奖励大会上，新钢集团是江西省企业界唯一获奖的单位，也是全国冶金4家获奖单位之一。

【新余蜜橘实现自主品牌出口】 11月，500吨新余蜜橘通过检验检疫合格，出口俄罗斯。此次是新余蜜橘自2005年取得出口备案基地资格以来首次以“新余蜜橘”自主品牌出口，实现自主品牌出口“零”的突破。蜜橘是新余“十一五”和“十二五”规划发展的农业产业化重点产业，与赣南脐橙、南丰蜜橘并称为江西三大特色柑橘。曾获省科技进步三等奖、国家“绿色食品”标志认证、农业部“全国优质果品”证书、江西省“名牌产品”“中国新余蜜橘出口种植基地”等荣誉。2012年全市蜜橘种植面积超过8000公顷，被列为江西主推柑橘品种和全国特色柑橘品种优势产区，获得“中国蜜橘之乡”称号。

主要领导人 市委书记：李安泽。市人大常委会主任：黄国钧。市长：刘捷。市政协主席：廖兰芳。

(邹澄洪)

·渝水区·

【简　况】 位于江西省中西部。全区面积1110平方千米，辖6镇5乡5办事处。森林覆盖率达46.8%。2012年，辖区总人口67.34万人，其中行政管辖人口43.65万人，人口自然增长率6.84‰。2012年，完成生产总值148亿元，增长8.8%。其中，第一产业增加值23亿元，增长5.7%；第二产业增加值91.5亿元；增长11%；第三产业增加值33.7亿元，增长9.22%。财政总收入26亿元，增长5.7%，其中地方财政收入18亿元，增长15.4%。全社会固定资产投资125.2亿元，增长20%。社会消费品零售总额30.9亿元，增长15%。规模工业增加值50亿元，增长6%。全区粮食播种面积5.29万公顷，增长0.4%。粮食作物总产量33.54万吨，粮食产量实现"九连增"。主要农产品产量有新余蜜橘8万吨、牛猪出栏55万头、肉类总产量5.6万吨、水产品总产量1.8万吨。城镇居民人均可支配收入22470.00元，增长14%。农民人均纯收入10152.00元，增长14%，首次突破万元大关。获国务院授予的"全国'两基'工作先进地区""全国农田水利基本建设先进单位"称号。被评为2012年度"全国粮食生产先进县(区)"，这也是继2003年之后，渝水区第四次获此殊荣。获"全省城乡发展一体化先进县区""江西省第四届文明城市""全省搞活流通扩大消费先进县(区)""全省农村危房改造工作先进单位"等称号。

民生保障日臻完善。全年新增城镇就业人员2800人，转移农村劳动力7200人，发放小额担保贷款3934万元。城乡居民社保参保率达95%，养老金支付率和社会化发放率均达100%。新农合参合率达98.9%。发放城乡最低生活保障金8071万元、城乡医疗救助金2046万元。发放城乡老人高龄补贴1236万元。10个城乡和农村社区居家养老服务点建成。

生态环境日益改善。主要污染物总量减排任务全面完成，袁河(渝水段)水环境综合整治成效显著，严格管理小(一)型以上水库，水质明显好转。农村饮水安全工程顺利实施，解决了9900人饮水安全问题。完成"一大四小"造林绿化面积2666.67公顷。创建省级生态乡镇5个、省级生态村5个。

【构建现代农业服务体系】 2012年来，渝水区把建立完善的服务体系作为发展现代农业的重要保障，初步构建起面向"三农"的政府公益服务、农业产业化服务和农村社会化服务等服务体系，将新技术示范、新品种推广、测土配方施肥、农产品质量监管等纳入服务范畴。无偿为农民开展农田灭鼠、轻简栽培、测土配方施肥和无公害栽培等技术培训，已培训农民近1.4万人次，发放技术资料15万多份，免费检修耕、灌等农机具2100多台(套)。抽派1000余名机关干部深入农村和企业，指导农民调整产业结构，协调企业与农户"联姻"。2012年，已签订优质稻、油茶、无公害蔬菜等产销订单3000余份。渝水区还组织涉农部门成立农机服务队等农村社会化服务组织，为农民提供便利的专业服务。

【困难群众领取春节"红包"】 春节前，渝水区对城乡困难群众发放一次性生活补贴。此次发放生活补贴的范围为全区城乡低保对象、农村五保对象、享受国家抚恤补助的优抚对象以及建国前入党的老党员和未享受离退休待遇的城镇老党员。补贴标准为：农村低保对象和农村五保供养对象每人200元，城市低保对象每人300元，享受国家抚恤补助的优抚对象以及建国前入党的农村老党员和未享受离退休待遇的城镇老党员每人360元。渝水区有4万余名困难群众属于此次补贴范围，补贴资金1042.4万元。渝水区正在认真审核发放范围，规范发放程序，公开补贴标准，做到公正、公平、公开，阳光操作，农村对象补贴全部通过"一卡通"发放，城市对象补助都通过银行实行社会化发放，确保春节前全部发放到群众手中。

渝水区还多方筹措资金做好春节期间其他低收入人员的生活保障工作，对生活确有困难的，通过临时救助或开展"送温暖"活动等方式予以帮扶。开展资助在校贫困大学生活动，发动企业家捐款65万元，动员区直机关事业单位筹措61.5万元，资助大学生476名，最多可获5000元资助款，其余可获1000～3000元。慰问走访残疾人470人，发放慰问金18.3万元。走访慰问困难群众和职工3000余人，发放慰问金282万元。

【获"全国'两基'工作先进地区"称号】 2012年，渝水区获评全国"两基"(基本普及九年义务教育和基本扫除青壮年文盲)工作先进地区，是全省获此殊荣的三个县(区)之一。渝水区按照"深化均衡发展，提升内涵质量"的工作理念，以普及十五年教育为突破口，结合"抓管理、抓质量、创特色"的工作思路，完善设施补短板，聚焦教师促质量，凸显特色兴学校，力求全区义务教育实现有内涵、高质量的发展。

渝水区把投入重点放在教学设施的添置和生活设施的配置上，全区学校"三化"建设(校园建筑精品化、教学设备现代化、生活设施人性化)进一步推进。2012年，全区投入3359万元用于校舍改扩建和教学设备添置，投入6000多万元新建校舍4万多平方米，投入790万元在农村中学新建带塑胶跑道的运动场4个，投入2351万元装备信息技术教学。各中小学拥有计算机室78个，语音室53个，多媒体教室1058个，装备计算机3000余台，全区在职在岗教师每人配有一台笔记本电脑，多媒体投影装备到了全区每个学校的每个教室。

坚持以"立德、强能、成名"为突破口，以"重管理、强培训"为抓手，开展"名校、名校长、名教师"创建活动和城区教师送教下乡，结对帮扶、教学比武和教学观摩等活动，全区农村教师整体素质明显提高。渝水区还在统一城乡教师工资发放标准的同时，按照向地处偏僻、条件艰苦地方倾斜的原则，对全区农村教师实行岗位津贴制度，全区农村教师人均月增资248元。全区仅此一项，每年就新增财政支出近700万元。农村中小学师资力量的保证、稳定和提高带来的明显变化是：全区任何一所学校，都按照课程计划开足了所有课程，开课率百分之百。师资力量的高位均衡，使农村的孩子也能享受优质教育资源。

2012年，渝水区教育部门启动特色学校创建工作，将传统的对学校、教师、学生的评价标准由"一把尺子"转变为"数把尺子",将"千校一面"的传统教育模式转变为"百花齐放"的现代教育新格局。全区涌现了一大批"诗词校园""书画校园""民歌校园""绿色校园"和"文明校园"。体育教育、艺术教育、科技教育异彩纷呈,学生绘画、书法、文艺作品在省市乃至全国比赛中屡获殊荣。

【万宗农村集体土地解决"身份"问题】 2012年,渝水区给11065宗农村集体土地进行了所有权确权登记,每宗土地权属合法、界址清楚、面积准确、没有争议,彻底解决了"身份"问题,并在全省率先通过省确权办抽检验收。根据农村集体土地所有权确权登记情况,建立并完善地籍管理信息系统,实现确权登记发证成果的信息化管理,对土地登记数据实时更新,动态管理。同时,完善信息共享机制,充分发挥该成果在国土资源规划、耕地保护、土地利用、国土执法等各个环节的基础作用,将该数据库与集体建设用地流转、城乡建设用地增减挂钩、农用土地流转、土地征收等各项工作相衔接,推动土地流转利用,保护土地所有权人权益。集体土地所有权确权登记发证工作,进一步明晰农村集体土地的界限,化解因界限不明导致的纠纷,保障了农村集体土地所有权人的权益,为创新农村土地流转方式、深化农村土地使用制度改革提供了依据。

主要领导人 区委书记:邹永清(任至10月)、徐文泊(10月任)。区人大常委会主任:周梅生。区长:文泊、彭水萍(11月代)。区政协主席:平根。

(张小仁)

·分宜县·

【简　况】 位于赣西中部,辖6镇4乡。行政区域面积为1391.76平方千米,森林覆盖率为60.3%。年末实有耕地面积1.67万公顷。总人口32.64万人,非农村人口8.16万人,人口自然增长率为9.38‰。2012年,实现生产总值为149亿元,增长10.5%。其中,第一产业增加值14.9亿元,增长5.3%;第二产业增加值89.4亿元,增长12.1%;第三产业增加值44.7亿元,增长8.2%。全年全部工业增加值79.72亿元,增长12.5%。规模以上工业产品有:原煤131.57万吨、水泥158.46万吨、发电量19.71亿千瓦小时,驱动桥4845台、交流电动机89.83万千瓦。主要农产品有:粮食14.08万吨、苎麻3324吨、水产品产量1.42万吨、水果5691吨。财政总收入26.02亿元,增长5.3%。支出27.2亿元,增长21.6%。城镇居民人均可支配收入20015元,增长14.2%。农民人均纯收入9844元,增长14.1%,城乡居民年末储蓄余额54.78亿元,比年初增加9.09亿元。

改善农村人居环境,把新农村建为名副其实的生态新村。全县1075个建设点上全部实现了人畜完全分离,达到"走平坦路,喝干净水,上卫生厕,用洁净能,住整洁房,居优美村"目标。到2012年,全县累计改路862.3千米,改水24456户,改厕24101户,绿化植树68.5万株。同时,全县推进高速公路沿线村庄整治建设,做到"六个统一",即新建住房统一新房型,旧房统一坡屋顶改造,房屋外墙统一粉刷,统一颜色(蓝瓦、白墙、红檐),旧房危房和乱搭乱建的统一拆除,猪牛栏统一集中建设。

引导农民发展现代农业,打造"一村一品"经济。把优质稻、苎麻夏布、生猪养殖、苗木花卉确定为四大农业主导产业,把具有传统特色的蔬菜、西瓜、板栗、特色水产养殖等产业确定为区域特色产业。同时,根据全市农业产业化发展总体规划,制定了以苗木花卉、新余蜜橘、优质早熟梨、高产油茶、蔬菜、中药材和休闲农业为重点的七大产业规划,为农民人均年增收896元。全县"一乡一业""一村一品"格局逐步形成,成为农民增收致富的主渠道。

开展造林绿化,打造生态分宜。全面开展"森林十创"活动,重点打造分(宜)——湖(泽)、洞(村)——南(村)、湖泽外环路三条县乡绿色通道,建成双林镇、钤山镇两个湿地公园,改造提升县城东庄岗岭森林公园。获"全省造林绿化'一大四小'工程建设综合先进县"称号。2012年完成造林2293.33公顷,分别占省、市计划的126%和106%。全县投入造林绿化资金达到4770万元。开展全民义务植树活动,领导带头参加全民新春和义务植树活动,参加义务植树人数达到2000多人,完成义务植树120万多株。推进林业生态工程建设,完成油茶低改项目533.33公顷,完成退耕还林配套荒山荒地造林633.33公顷,封山育林333.33公顷,完成森林抚育项目800公顷,完成造林补贴项目133.33公顷,完成农业生态示范项目166.66公顷,完成退耕还林后续产业工程350.8公顷,完成欧洲投资银行贷款江西生物质能源林示范基地建设项目(高产油茶)144.13公顷、亚洲银行贷款江西可持续发展项目510公顷。2012年,分宜县被命名为"江西省园林县城"。

【加快保障性安居工程建设】 2012年,分宜县把加快保障性安居工程建设作为推动改善民生、转变发展方式、调整经济结构、稳定住房价格的一项工作来抓,已投资1.1亿元建设经济适用房696套、廉租房1094套和安置房24套,发放廉租住房租赁补贴436万元,保障性安居工程建设有序推进。2012年,又开工新建廉租住房400套、公共租赁住房120套,已完成投资942万元,中心城区廉租住房项目于6月27日正式开工建设。对廉租房小区进行规划设计,在工程建设过程中严格执行三级质量监控制度,定期进行跟踪监督和检查,确保廉租房建设质量达到同期普通商品住房标准。在经济适用房、廉租住房分配过程中,始终坚持公开、公平、公正和阳光操作,严把住房保障对象准入关,让符合条件的城市低收入住房困难家庭享受到了住房保障政策带来的温暖。

【打造一流食用菌生产加工企业】 2012年,江西省唯一一家集食用菌产品研发、菌菇生产、加工、销售和行业管理于一体的产业化基地在新余原野食用菌生态农业股份有限公司建成并投入规模化生产。基地采用"公司+合作社+农户"的产业化经营模式,除悉心栽培全新品质的纯天然无任何化学处理新鲜银耳外,还与操场、凤阳等乡镇农户合作,大面积种植长裙竹荪、双孢蘑菇、球盖菇、猴头菇、黑木耳、纯白金针菇等其他高品质纯天然有机无公害食用菌类。截至2012年底，一期投资1.5亿元，形成年产、加工高档食用菌3万吨，年产值5亿多元，并解决周边3万农户的富余劳力从事食用菌产业，年人均增收500多元。

主要领导人 县委书记：姚灵目。县人大常委会主任：张学武。县长：刘琼。县政协主席：朱运书。

（林禾耿 许丽军）

鹰潭市

【**概 况**】 位于江西省东北部，辖贵溪市、余江县、月湖区、市龙虎山风景名胜区、市信江新区，20镇13乡9个街道办事处。总面积3560平方千米，其中市区建成区面积32平方千米。全市耕地面积9.11万公顷，林地面积20.19万公顷，森林覆盖率57.38%，城区绿地面积1113.4公顷。总人口113.79万人，其中市区21.67万人，人口自然增长率7.22‰，城市化率51.25%。2012年生产总值482亿元，按可比价格计算，增长12.4%，人均生产总值4.24万元，其中第一产业增加值41.46亿元，增长4.5%；第二产业增加值305.92亿元，增长13.9%；第三产业增加值134.79亿元，增长11.7%。2012年，全市实现农林牧渔业总产值65.31亿元，工业总产值285.14亿元。财政总收入79.34亿元，增长11.6%，其中地方财政收入58.3亿元，增长51.5%。县级财政收入占全市财政收入的92.07%。财政收入占生产总值的比重达16.46%，税收占财政收入的比重达70.67%。规模以上工业增加值282.46亿元，增长15.5%。全社会固定资产投资410亿元，增长22%。社会消费品零售总额118.05亿元，增长14.3%。城镇居民人均可支配收入1.99万元，增长13.5%。农民人均纯收入8802.71元，增长15.5%。城乡居民储蓄存款余额228.95亿元，增长19.08%。

【**《七彩畲乡》获第四届全国少数民族文艺会演剧目金奖**】 7月6日，第四届全国少数民族文艺会演闭幕式暨颁奖晚会在北京举行。由鹰潭市创排的大型现代畲歌戏《七彩畲乡》，在全国41台参演剧目中脱颖而出，获最高奖项——剧目金奖，并囊括最佳编剧、最佳导演、最佳舞美、最佳演员、最佳新人等戏剧类所设全部单项最高奖，实现本届会演戏剧类最高奖项满堂红。这是自1980年第一届全国少数民族文艺会演举办以来，江西省首次问鼎剧目金奖，更是第一次实现会演所设最高奖项满堂红。

【**举办首届中国（鹰潭）中华赏石展暨黄蜡石文化博览会**】 9月21日至10月7日，首届中国（鹰潭）中华赏石展暨黄蜡石文化博览会在鹰潭市体育中心举办。博览会有全国各类观赏石展销、黄蜡石雕刻作品评选和赏石文化论坛等活动内容，共设展位500余个，分室外商品展和室内精品展，展品包括全国各地奇石、化石、矿晶、宝玉石及其工艺品等，共有来自北京、上海、浙江、山东、福建、广西、新疆等全国各地近400家石商到鹰参展，鹰潭市当地100余家黄蜡石石商提供的黄蜡石精品和雕刻作品也在展会上亮相。博览会开国内大型黄蜡石文化主题会展先河，为广大奇石和玉石文化爱好者提供了一个交流切磋展示的平台，推动了区域性赏石文化产业和全国黄蜡石文化产业的进一步发展。

【**鹰潭高新区升格为国家高新技术产业开发区**】 9月，国务院同意鹰潭高新技术产业园区定名为鹰潭高新技术产业开发区，实行现行的国家高新技术产业开发区的政策。鹰潭高新技术产业开发区升级为国家高新技术产业开发区，这是江西省继南昌、新余、景德镇之后的第四个国家级高新区。鹰潭高新技术产业开发区将成为促进技术进步和增强自主创新能力的重要载体，成为带动区域经济结构调整和经济发展方式转变的强大引擎，成为高新技术企业“走出去”参与国际竞争的服务平台，成为抢占世界高新技术产业制高点的前沿阵地。

【**龙虎山问鼎国家AAAAA级旅游景区**】 4月27日，国家旅游局在北京举行国家5A级旅游景区颁牌仪式，龙虎山被授予“国家AAAAA级旅游景区”称号。此次颁牌仪式上，全国仅有两家景区获此称号。龙虎山是江西省此次获批的唯一一家国家AAAAA级景区，也是江西省第四家国家AAAAA级景区。这是龙虎山继国家级风景名胜区、国家森林公园、国家地质公园、国家自然与文化双遗产地、世界地质公园、世界自然遗产后获得的第七块“金字招牌”。5月6日，龙虎山国家AAAAA级旅游景区揭牌仪式在龙虎山风景名胜区游客中心广场举行。副省长朱虹、鹰潭市市委书记陈兴超揭牌，省旅游局局长王晓峰、鹰潭市政府市长钟志生致辞，省政府副秘书长蔡玉峰、市人大常委会主任杜德春、市政协主席潘赞海、省旅游局副巡视员曾宜富、市委秘书长胡高堂、市政府秘书长吴炳生出席揭牌仪式，鹰潭市政府副市长徐鹏程主持仪式。

【**“12·24”贵溪校车事故**】 12月24日9时，贵溪市滨江镇洪塘村合盘石童家村小组发生一起面包车侧翻坠入水塘交通事故，导致4名儿童受伤、11名儿童遇难。事故发生后，省委、省政府高度重视，省委书记苏荣、省委副书记尚勇分别作出批示，省委常委、常务副省长凌成兴受省长鹿心社的委托，连夜赶赴贵溪，看望正在医院治疗的受伤儿童，慰问在事故中遇难的儿童亲属，指导事故善后处理工作。鹰潭、贵溪两级党委政府主要领导第一时间赶到现场，迅速组织公安、消防、交警、医护等救援人员以最快速度组织施救。

【**扑救“12·26”火灾**】 12月26日晚，济广高速公路余江县境内余江服务区一辆车牌为豫P6F510的挂式货车发生火灾，并引燃车厢内白酒、橄榄油、洗发水等物品及包装箱。余江县公安消防大队官兵全力扑救火灾，在救火过程中，货车加装的油箱在没有任何征兆的情况下突然发生爆燃，导致6名消防官兵不同程度灼伤。鹰潭市公安消防支队全勤指挥部、龙虎山大队官兵赶到现场增援，于22时30分扑灭了大火。事故发生后，省委、省政府高度重视，省长鹿心社、副省长洪礼和分别作批示，省委常委、省委政法委书记、省公安厅厅长舒晓琴前往医院看望慰问伤员。

主要领导人 市委书记:陈兴超。市人大常委会主任:杜德春。市长:钟志生。市政协主席:潘赞海。

(王新勤)

·月湖区·

【简　况】 位于江西省的东北部,信江中游,辖1镇5街道办事处,总面积107.4平方千米,耕地面积1267公顷,有林面积2200公顷,森林覆盖率21.6%,总人口17.6万人,其中非农业人口14.3万人,人口自然增长率7.24‰。2012年实现地区生产总值74亿元,增长15%其中,第一产业增加值1.8亿元,增长2.0%;第二产业增加值13.5亿元,增长8.0%;第三产业增加值58.7亿元,增长16.5%。财政总收入7.5亿元,增长率30%,地方财政收入完成5.84亿元,增长42%,地方财政支出5.98亿元,增长21%。工业总产值2000万以上工业30.56亿元,增长3.8%。全年实际利用省外资金14亿元,招商引资签订合同项目21个,其中15亿元以上项目2个;引进金融机构2家,总部及楼宇企业64家,新增物流企业26家,新增货运吨位1.2万吨,实现货运收入约33亿元,完成税收1.18亿元,增长66.8%;新办外资项目3个,实际利用外资1100万美元,外贸出口1.42万美元。农业总产值2.52亿元,粮食总产量1.57万吨,主要农产品有稻谷1.57万吨、生猪出栏3.65万头、瓜果2030吨、水产品产量2755吨。农村居民人均纯收入9700元,增长15.4%。城乡居民年末储蓄余额96.91亿元,增长17.07%。城镇新增就业人员6655人;新农保参保3033人,参合率达99.1%。保障城乡低保对象4251户7914人,累计发放低保金2753万元。

【推进基层党建标准化项目建设】 月湖区自2011年11月份以来,围绕打造亮点,提升品位,改造提高的目标要求,对全区6个(镇、街道),51个村(社区)分三批推进党建标准化项目建设。截至2012年底,17个社区居委会完成党建标准化项目建设,共解决社区办公用房面积2000多平方米,其中300平方米以上有12个,办公用房面积达500平方米以上有5个,彻底改善社区的办公条件和服务环境。2012年,月湖区严格按照"六个统一"要求(即统一在场所附近的交通路口设置指示牌,统一悬挂标识、统一墙体色调、统一办公区域主题墙上口号、统一办公室标识和办公桌椅、统一设置上墙资料和版式),实施办公和服务场所建设标准化;根据街道和社区的工作特点及居民需求,政府部门单位审批权及服务项目纳入便民服务中心统一办理,进行"一站式"服务。实现社会服务建设标准化;设立社区网格受理小组150个,网格管理员146名,推行社区干部AB岗工作制,社区工作人员同时承担业务工作和网格职责,实行一岗多责。实行社区错时工作制,合理、灵活错时安排工作时间,将工作时间与居民作息时间进行有机衔接,极大方便居民。实行运行机构标准化;制定社区干部生活补贴增长规划,纳入财政预算,改善干部队伍结构,实行"一社区一名以上"大学生社区干部,对干部实行轮训,提高业务水平和管理服务能力。推行考核评价体系标准化。2012年月湖区通过实施基层党建标准化项目建设,基层资源配置得到进一步优化,基层政权形象进一步提升,基层运行机制进一步理顺,群众办事更加便捷顺畅。

【获"全国阳光计生行动示范单位"称号】 2012年,月湖区被国家人口和计划生育委员会评为"全国阳光计生行动示范单位"。该区高度重视人口和计划生育工作,为了尊重和保障人民群众对人口和计划生育的知情权、参与权、表达权、监督权,切实做好新时期的人口和计划生育工作,实现让政策在阳光下实行,让服务在阳光下升华,让维权在阳光下落实的工作目标。一年来,政府加大"阳光计生行动"投入和宣传,拨13万余元专款与全区6个乡(镇、街办)58个行政村(居)委会,设立人口与计划生育固定的"政务公开宣传栏",进行政策宣传,投入9万元做大型宣传牌。同时增加计生服务设备,规范服务项目,改善服务场所,强化技术服务质量。

加强监督,提高服务质量和办事效率。聘请100余名人大代表、政协委员、育龄夫妇为人口计生政风行风社会义务监督员,自觉接受社会监督,开辟"阳光计生"专页,开通12356"阳光计生服务",设立"计生意见箱";财政拿出5万元作为实名举报奖励经费,公开接受群众监督和群众举报;实行"一评"定优劣,对全区人口计生干部的服务态度定期由社会进行评议,好与劣都作为公务员等级评比的重要依据。开展"阳光计生行动"以来,群众走进人口计生服务站和办事机构可以享受到优质服务,处处可以看到公开办事事项和温馨提示,计划生育家庭得到实惠越来越多,享受到的优质服务越来越好,群众办事越来越方便,对人口计生工作越来越满意。"阳光计生行动"已成全区各级人口计生干部转变作风,提高服务能力的"助推器"。

【获"全国科普日活动优秀组织单位"称号】 2012年,月湖区被中国科协办公厅评为全国科普日活动优秀组织单位。月湖区全年投入30万元,开展科普"进社区、进农村、进校学、进机关"四进活动。开展大型科普咨询10次,举办大型科普文艺演出2场,专题讲座20余场,发放科普资料1300份、张贴宣传挂图100余套,展放科普移动展板20次,建固定科普长廊5个,组织专家送科技下乡10次,举办水场养殖产业化培训班1期,集中授课4次,培训人数400余人次,举办短期培训班6次,培训农民300余人次。在科普日期间,组织7名专家,带上1000余册12种农函大科普图书送到农民家中,科普进校园、进机关6次。通过系列活动的开展,使全社会共同形成人人关注科学,人人参与科普的浓郁氛围。

主要领导人 区委书记:乐文红。区人大常委会主任:卢力新。区长:刘军生。区政协主席:欧阳宝。

(雷荷莲　桂海文)

·余江县·

【简　况】 位于江西省东北部,辖5乡6镇,总面积932.8平方千米,其中城区面积8平方千米。耕地面积2.37万公顷,林地面积3.95万公顷,森林覆盖率46.35%。总人口38.52万人,其中非农业人口8.41万人,人口自然增长率7.63‰。2012年实现生产总值67亿元,增长12.3%。其中,第一产业22.5亿元,增长9.3%;第二产业33.2亿元,增长17.8%;第三产业11.3亿元,增长3.5%。财政总收入12.5亿元,增长17.2%,税收占财政总收入的比重为71.7%;地方财政收入9.9亿元,增长76.1%;地方财政支出19.3亿元,增长20.8%;工业总产值174亿元,增长27.9%;规模以上工业增加值28.03亿元,增长42%;外贸出口1.22亿美元,增长21.7%。固定资产投资56亿元,增长22.8%。主要工业产品有电光源2.38亿只、铜材21.5万吨、眼镜成镜3789万副、铝合金6.7万吨、盐酸1.3万吨、钢材5861吨。农业总产值35.1亿元,增长3.5%,粮食总产量27.7万吨。主要农产品稻谷有26.8万吨、花生8585吨、油菜籽4862吨、芝麻252吨、黄红麻14吨。万元GDP能耗1.059吨标煤,城市污水处理率80%。在岗职工年平均工资22111元,增长15%;农民人均纯收入8483元,增长18.9%。全县共有42575名职工参加了城镇基本养老保险。全县参加失业保险人数13428人,基本医疗保险人数85883人,城镇居民最低生活保障人数7935人,农村居民最低生活保障人数1.27万人,参加农村新型合作医疗人数27.27万人。

【开展创建"秀美乡村"活动】 2012年,余江县广泛开展以"环境美、实力强、管理新、风气好"为目标的"秀美乡村"创建活动。全县共投入资金2800万元,启动了68个新农村建设村点、11个集镇和149个省批农村清洁工程村点的创建工作。共清理淤泥、垃圾1.3万吨,拆除并清理空心房、闲置房、猪牛栏等影响村容户貌建筑物4.76万平方米,浆砌排污排水管网3.4万米,硬化道路276千米,改水、改厕6400余户,建沼气161座。对垃圾处理设施进行维修改造,聘用保洁员,落实了长效管理措施。形成了村镇联动、村落连片、城乡连接的新格局,呈现出生产发展、生态良好、村容整洁、社会和谐的喜人局面。

【实施"三区三线"民居改造工程】 余江县"三区三线"工程自2012年10月启动,涉及9个乡(镇、场、局),40个村委会,103个自然村,共3000余户,跨越的路线长达90千米以上。余江县委、县政府高度重视该项工程,从县到乡形成党政"一把手"负总责,分管领导亲自抓、各相关部门分工负责、层层抓落实的领导体制,先后出台《余江县"三区三线"民居改造提升工作方案》《余江县"三区三线"民居改造提升工作实施方案》等一系列文件,并通过广播、电视、宣传板报、宣传车、参观学习等形式广泛宣传动员。每周县政府把"三区三线"民居改造提升工程工作作为重要调度内容之一。全县抽调25个县直单位与各地结成帮扶、督查对子,解决民居改造提升过程中的实际困难。截至年底,共投入资金6000余万元,改造房屋2463栋。通过实施民居改造提升工程,不但改善了"三区三线"沿线居民的生活环境和生活质量,而且给社会带来更加深层次的变化,促使农民不等不靠,党群、干群关系更加和谐。

主要领导人 县委书记:刘　诚。县人大常委会主任:杨小明。县长:孙鑫(任至10月)、张子建(11任)。县政协主席:谭建新。

(胡明娥)

·贵溪市·

【简　况】 位于江西省东北部,辖18个乡(镇)、3个街道办事处。全市国土面积2480平方千米,其中市区面积27.34平方千米。耕地面积3.8万公顷,有林面积14.63万公顷,森林覆盖率达61.94%,城区绿化率30.73%。全市总人口62.25万人,其中市区人口10.19万人。全市实现生产总值278.52亿元,增长12.4%,比全国平均增速快4.6个百分点。其中第一产业增加值16.39亿元,增长1.6%;第二产业增加值204.34亿元,增长13.0%;第三产业增加值57.79亿元,增长14.1%。财政总收入完成35.59亿元,增长18.2%,财政总收入占地区生产总值的比重达12.78%。地方财政收入24.46亿元,增长53.4%;地方财政支出35.16亿元,增长41.3%。全市规模以上工业总产值1135.45亿元(现行价),增长2.1%。全市规模以上工业增加值196.93亿元(现价计算),增长2.3%,按可比价计算增长12.3%。全市规模以上工业主营业务收入完成1960亿元,增长27.6%。进出口总额35.9亿美元,位居全省县(市、区)第一。农业总产值25.4亿元(可比价),增长5.3%。粮食总产量36万吨,主要农产品有稻谷34.65万吨、蔬菜11.38万吨、水果2.53万吨、油料6500吨、豆类4000吨等。农村居民人均纯收入8659.95元,增长12.3%,增速比全国平均水平快1.6个百分点。城乡居民年末储蓄存款余额84.42亿元,增长19.6%。

【整治贵冶周边环境污染】 贵溪是一座新兴工业城市,企业长期生产排放的"三废"对环境造成污染,部分居民的生产生活受到影响,特别是贵冶周边,群众反映强烈。为此,贵溪市在做好滨江镇受影响最为严重的苏门、庞源、其桥3个村庄搬迁工作的基础上,启动贵冶周边环境治理工作。该工程涉及滨江、河潭、泗沥3个乡镇,5个村委会,27个自然村,41个村小组,2110户,8105人。市委、市政府把贵冶周边环境综合整治工作作为全市最大的民生工程、环保工程、发展工程,决定以新农村建设为突破口,成立以市委书记杨解生为组长、市长程芦山为常务副组长的优化驻市重点企业发展环境领导小组及以市长为总指挥的贵冶周边新农村建设指挥部。

制定贵冶周边村庄新农村建设工作目标,对贵冶周边范围进行全面普查,完成10个自然村新农村建设。继2011年投资3.4亿元对距离贵冶最近、环境影响最大的庞源、其桥、苏门3个村庄整体搬迁后,2012年,又将11个村组列入新农村建设村点,组建6家劳动服务公司,牵线搭桥,帮助贵冶周边近千名群众在园区企业就近就业。制定税收、贷款、市场信息等一系列优惠政策,有针对性为贵冶周边群众提供免费技术培训服务,大力扶持他们自主创业。对高速挂线、江铜快速通道、冶金大道、化工大道、水泉—柏里、贵神线海利化工至印石等贵冶周边沿线路段进行环境整治,对贵冶周边沿线路段可视范围内建筑物进行标准化改造,对沿线环境进行清洁化、秩序化、优美化,对小选矿、小冶炼、收购点进行整治,手续不全的一律取缔、拆除,恢复原貌。至2012年6月15日,贵溪冶炼厂周边环境治理第一阶段工作基本结束,全面完成贵冶周边3个镇21个自然村环境治理,实现“三清六改四普及”、城市自来水安装、入户路硬化率“三个100%”。以贵冶、六国化工、铜拆解加工区为中心,以绿色通道为走廊,实施重金属污染土壤修复工程113.33公顷,建成666.67公顷花卉苗木基地。

贵冶周边环境整治得到省委、省政府充分肯定。6月26日,省委书记苏荣在贵冶周边环境整治现场调研时,用“三个没想到”对该项工作给予充分肯定:“没想到工作速度如此之快,没想到群众满意度如此之高,没想到鹰潭贵溪两级付出如此之大”。

【完成文化体制改革】 从4月中旬开始,贵溪市着手进行文化体制改革。这次改革主要涉及市艺术团改制和文广新局、广播电视台分离两项改革任务,涉及人员多、部门多、程序多,存在触动职工切身利益和单位之间利益调整等复杂情况和困难,至7月初,改革全面顺利完成。原市艺术团转企1人,买断工龄1人,分流7人,解聘7人,撤销市艺术团,组建贵溪市新星文化传媒公司,按现代企业制度完成转企改制,进行企业工商注册登记,注销事业单位法人,市艺术团由事业单位改为企业,职工身份置换。将市广播电台和市有线电视台合并成市广播电视台,升格为市直正科级事业单位,局台分离,原借用局机关的市广播电台和市有线电视台人员,全部回市广播电视台上班。

【首个地下人防通道竣工】 为给“贵溪一中”广大师生及市民穿越320国道提供安全、便捷的交通环境,市委、市政府于2011年11月开工建设320国道地下人防通道,并把它列入贵溪市重点民生工程。该工程于2012年8月正式完工,并顺利投入使用。建成后的人行地下通道走向为南北方向,长90米,宽14米,配套建设消防、照明、通风、排水等设施。工程总投资约1000万元,总建筑面积达到1200平方米。该项工程是贵溪市首个人防地下过街通道工程,也是贵溪人防部门首次动用人防易地建设费建设平战结合工程的一次有益尝试。

【城市管理步入“数字化”】 9月,贵溪城市管理已实现数字化,这是江西省首个采用数字城管指挥系统的县级市。为充分利用这一系统,贵溪市城管局利用数字定位监测系统,确保每个片区都有专人监管,明确管理责任和管理对象;做到及时发现问题、解决问题,实现城市管理由粗放向精细、由被动向主动、由静态向动态、由单一向综合、由传统向现代的转变。同时,数字监督指挥中心还开通“3512319”服务热线,受理涉及城市规划区内违法违章建筑、市容市貌、环境卫生、市政设施等方面的咨询、建议和投诉。

【法院首次成功协助最高院远程视频提审死刑被告人】 10月,贵溪市人民法院协助最高人民法院通过全国法院远程视频系统,对一起故意杀人死刑复核案件进行提审,这是贵溪法院首次协助最高院视频连线远程提审死刑案件被告人。此次远程视频提审的成功,标志着贵溪市法院的信息化系统建设和应用迈上一个新台阶。

主要领导人 市委书记、市人大常委会主任:杨解生。市长:程芦山。市政协主席:祝晓勤。

(裴爱兰)

赣州市

【概　况】 位于江西省南部,赣江上游,辖1区2市15县,总面积3.94万平方千米,其中,中心城区建成区面积(章贡区和赣州开发区)89.02平方千米。耕地面积43.75万公顷,有林面积274.52万公顷,森林覆盖率为76.2%,中心城区建成区绿化覆盖率40.6%,人均公园绿地面积12.02平方米。总人口926.7万人,其中非农业人口189.1万人。人口自然增长率7.34‰,同比下降0.18‰。2012年,实现生产总值1508.43亿元,同比增长11.9%。其中,第一产业252.41亿元,增长4.8%;第二产业696.78亿元,增长13.7%;第三产业559.24亿元,增长13.2%。三次产业结构调整至16.7∶46.2∶37.1。财政总收入230.82亿元,人均2735元,增长28.0%;税收占财政总收入的87%;地方财政收入141.30亿元,增长28.4%;全市财政一般预算支出403.78亿元,增长29.5%。全部工业增加值603.48亿元,增长14%。规模以上工业企业完成增加值566.97亿元,增长14.8%。货物进出口总额32.89亿美元,增长12.53%。其中货物出口28.39亿美元,增长12.56%;货物进口4.50亿美元,增长12.38%。固定资产投资1110.91亿元,增长35.5%。实际利用外商投资10.24亿美元,增长10.32%。主要工业产品有原煤37.28万吨、塑料制品8.66万吨、发电量43.04亿千瓦小时、水泥1229.58万吨、10种有色金属2.69万吨。农林牧渔总产值405.4亿元,增长4.8%。主要农产品有粮食280万吨、蔬菜249.2万吨、水果169.02万吨、肉类65.08万吨、水产品27.5万吨。农村居民人均纯收入5301元,增长13.18%。城市居民人均可支配收入1.87万元,增长16.5%。城镇单位在岗职工平均工资3.29万元,增长18.3%。居民家庭恩格尔系数,城镇为40.0%,农村为45.4%。城乡居民年末储蓄余额1327.76亿元,增长20.66%。

发展脐橙、生猪、蔬菜、油茶、毛竹等工业原料林、花卉六大特色农业。脐橙种植面积11.87万公顷、产量125万吨,完成果园确权登记11.47万公顷。20家企业被纳入国家“西果东送”和农产品现代流通综合试点项目。加快推进农业产业化示范区建设,建成1个国家级、2个省级现代农业示范园区和7个省级科技示范园区。发展壮大农业龙头企业,新增14家销售收入500万元以上龙头企业,新增专业合作社401家。粮食总产量280万吨。

建设国家新型工业化有色金属新材料产业示范基地、赣县稀土和钨新材料、信丰电子信息、会昌氟盐化工等省级战略性新兴产业基地。组建赣州稀土集团公司。建立钨资源高效开发及应用技术工程研究中心、国家钨与稀土产品质量监督检验中心等国家级产业研发平台,组建赣南地调大队院士工作站，新创建省级企业技术中心8个。南康家具产业基地成为国内家具三大产地之一。稀土和钨及其应用产业全年实现主营业务收入640亿元；全市战略性新兴产业完成增加值150亿元，实现主营业务收入680亿元，利税总额55亿元，分别增长20%、20%和38%；16个工业园区完成工业增加值460亿元、实现主营业务收入1900亿元，分别增长15%和14%。

全国首批、全省首家总分行制村镇银行——赣州银座村镇银行实现县域全覆盖。开工建设总投资100亿元的综合商贸物流园区。全市规模以上物流企业达54家。全年接待游客2212万人次，增长25.3%，旅游总收入181亿元，增长33.4%。全市城镇化率41%，提高1.66个百分点。推动中心城市和瑞金、龙南次中心城市，以及宁都、于都、信丰、兴国等卫星城建设，培育发展赣南城市群。完成1703个省新农村建设点的建设工作。

赣韶铁路建设和赣龙铁路扩能改造加快推进，昌吉赣客专、鹰瑞梅铁路、黄金机场改扩建、赣州港水西综合货运码头等项目前期工作进展顺利。大广高速公路龙南至杨村段、赣崇高速公路建成通车，寻(乌)全(南)高速公路、兴国(宁都)至赣县高速公路开工建设，项目建成后将实现县县通高速目标。完善招商引资优惠政策，在北京、香港、厦门等地举办一系列重大招商活动，引进华润、中海等一批世界500强企业。实际利用外资、实际利用省外5000万元以上项目资金同比分别增长10.32%、22.92%。举办第四届中国赣州国际脐橙节。在脐橙节系列招商活动中，共签约项目69个，签约合同资金193.65亿元。获“中国最佳投资城市”称号。

全市各类民生支出227.34亿元，增长34%，占财政总支出比重56.3%。完成10.5万户农村危旧土坯房改造任务。解决99.26万农村人口安全饮水问题。推进公共租赁房、廉租住房、经济适用房“三房合一”并轨建设、租售并举。全市新开工公共租赁住房3.5万套，开工率100%，基本建成4.8万套，基本建成率120%，累计完成投资36.85亿元。抓好罗霄山片区集中连片特困地区扶贫攻坚，统筹推进1119个省级贫困村和300个市级贫困村的扶贫工作。在1419个贫困村组织实施2857个整村推进项目，完成2.6万人搬迁移民任务，统筹建设98个移民集中安置点。建立扶贫开发资金持续增长机制，从2012年起，市本级将连续9年每年整合1亿元资金专项用于扶贫开发。

【赣南苏区振兴发展成为国家战略】 争取赣南苏区振兴发展成为国家战略的工作从2010年11月开始谋划，发端于“送政策、送温暖、送服务”工作，组织干部深入基层调查研究、准确把握基本市情，多渠道反映“两红”人员(在乡退伍红军战士和红军失散人员)和苏区群众特殊困难。举办中央苏区革命传统主题展览、中央革命根据地创建暨中华苏维埃共和国成立80周年系列纪念活动，有效争取中央和社会各界聚焦、支持赣南苏区发展。在此基础上，进一步调查研究，形成《赣南苏区经济社会发展情况调查报告》和一系列专题报告。先后迎接国家发改委前期调研组和42个部委149人组成的国家部委联合调研组深入赣州调研。以市委、市政府名义形成的文稿达180余万字，先后数次集中组织赴京，与53个部委反复汇报对接，参与和加快推进《国务院关于支持赣南等原中央苏区振兴发展的若干意见》(以下简称《若干意见》)的制定工作。其间，5位中央政治局常委先后13次作出重要批示。2012年6月28日，《若干意见》正式颁发，标志着赣南苏区振兴发展已成为国家战略。

为加快推进《若干意见》贯彻落实，赣州市成立领导小组和办公室。紧扣《若干意见》指导思路和目标定位，做好“十二五”规划中期评估，制定42项重大规划和方案，推进194项行动计划、27项试点和示范事项。对《若干意见》提出的政策措施逐项分解任务，制定产业指导目录、资金管理使用办法等配套文件。农村饮水安全、校舍危房改造、中小学校学生宿舍建设、低丘缓坡荒滩等未利用土地开发利用试点、废弃工矿地复垦利用试点等5个专项规划编制完成并组织实施。加强与国家部委的对接汇报和跟进落实。国务院先后以国办函172号文件印发落实《若干意见》部委责任分工方案，以国函199号文件印发部际联席会议制度；教育部、环保部、国家工商总局、科技部、商务部、农业部、文化部、国家开发银行、国家林业局、国家广电总局、民政部等陆续出台贯彻《若干意见》的实施意见。加紧推进项目编报与项目建设。制定未来8年项目投资计划，建立和完善项目库，做好政策研究以及项目策划、可研、包装等工作，筛选416个(类)赣南苏区振兴发展重大项目，上报289个。重点抓好综合保税区、国家级高新技术产业园区、瑞兴于经济振兴试验区、“三南”加工贸易重点承接地、赣南承接产业转移示范区、城乡统筹示范区、全国革命老区扶贫攻坚示范区等重大平台建设。“西果东送”农产品现代流通、物流企业营业税差额纳税、瑞金和上犹生态文明示范工程、低碳城市、低丘缓坡荒滩等未利用土地开发利用和废弃工矿地复垦利用、重金属污染防治等6项试点工作获国家有关部委批准。

【构筑南方重要生态屏障】 2012年，赣州市推进产业发展生态化。在全省率先开展工业领域实施投资项目节能评估和审查工作，完成32个项目的评估和审查。赣州被列为第二批国家低碳城市试点。在由联合国环境规划基金会主办的“绿色中国2012环保成就奖”评选活动中，赣州获“绿色生态城市保护特别贡献奖”。瑞金、上犹列入国家生态文明示范工程试点县(市)。参与国家循环经济“十百千示范行动”，建设国家生态工业示范园区、铜铝有色金属循环经济产业园，推进资源再生利用产业化。14个工业园区列入省级生态园区试点。新增自然保护区3个。开展共伴生矿、尾矿和大宗工业固体废弃物综合利用，发展稀土综合回收利用产业。推动生态建设产业化。支持利用新能源，提高清洁能源与非化石能源比重。全市新增无公害农产品8个、绿色食品1个、江西名牌产品8个。实施生态保护工程，推进造林绿化“一大四小”工程，完成造林面积4.78万公顷，占省计划任务的163.2%。抓好工业园区污水处理，加强章江、贡江、东江源头、中小流域、饮用水源地等治理与保护，治理水土流失。抓好废弃矿山生态环境综合治理，完成废弃稀土矿山复绿1446.67公顷。实施农村清洁工程，加强农业面源污染治理和农村垃圾无害化处理。专项治理废气、烟尘、噪声等损害群众健康的环境问题。全市环境空气质量优良率保持100%，全流域水质达标率100%，生态环境保持全国领先，城市生态环境竞争力进入全国前20强。

【赣南围屋入选《中国世界文化遗产预备名单》】 11月17日，国家文物局公布更新的45项《中国世界文化遗产预备名单》中，赣南围屋成功入选。据全国第三次文物普查显示，赣南保存客家围屋600多座，地处赣粤交界的龙南县最为集中，有376座，多为方形，并于2007年10月被上海大世界基尼斯立项为"拥有客家围屋最多的县"。此次入选《预备名单》的赣南围屋主要包括龙南县的关西围屋群、燕翼围、渔仔潭围和乌石围，全南县的雅溪围屋群，定南县的虎形围和明远第围，安远县的东生围屋群等，这些围屋具有分布集中、建筑形式丰富、遗产价值较高等特点，是"赣南围屋"中的典型代表。

【《八子参军》获全国"五个一工程"奖】 9月24日，由赣州市选送的大型赣南采茶歌舞剧《八子参军》获中宣部第十二届精神文明建设"五个一工程"奖，是继《山歌情》《快乐标兵》之后，赣州市第三部获得"五个一工程"奖的赣南采茶戏。为纪念中央革命根据地创建暨中华苏维埃共和国成立80周年，赣州市委、市政府斥资300万元打造大型赣南采茶歌舞剧《八子参军》。该剧历经一年多的创作和排练，于2011年11月8日正式公演。至2012年底，已在全国各地公演97场，吸引观众近20万人次。

主要领导人 市委书记：史文清。市人大常委会主任：骆炳峰。市长：冷新生。市政协主席：曾新方。

（王之玮）

·章贡区·

【简　况】 位于江西省南部，辖5镇4个街道办事处，总面积375.52平方千米。户籍总人口46.31万人，人口自然增长率5.82‰。2012年，生产总值达193.44亿元，增长11%。区属固定资产投资181.73亿元，增长34.6%。社会消费品零售总额122.83亿元，增长16%。财政总收入20.03亿元，增长44.7%；地方财政收入10.91亿元，增长43.8%；城镇居民人均可支配收入1.87万元，增长16.5%；农民人均纯收入7543元，增长16.9%。投入园区（基地）建设资金5.07亿元。沙河工业园获评全省重点工业园区，水西基地列为省级循环经济试点单位。规模以上物流企业达6家。拥有省级以上企业技术中心11个。授权发明专利技术28项，占赣州市总量65%。投入企业发展扶持资金2.22亿元。出台小微企业发展优惠政策，中小企业服务中心挂牌成立。全区76户规模以上工业企业实现总产值206亿元，主营业务收入185亿元、利税18亿元。在香港、厦门等地开展招商活动，在南昌举办振兴发展投资环境推介会。引进亿元以上项目6个，总投资23.08亿元。5000万元以上项目实际进资30.05亿元，增长29.7%；实际利用外资6982万美元，增长11.1%；现汇进资6409万美元，列赣州市第一、全省前列，增长112.4%。49个重点项目超额完成年度投资计划。

三产对经济增长贡献率达64.5%。成功申报省级服务业综合改革试点区。文清路商业街列为全省首批综合型特色商业街。农商银行成功组建，在全市率先实现经营体制转型。"放心快餐"正式启动。培育大型家政服务企业4家，新开业家政服务样板店10家，城区15分钟便民服务圈基本形成。接待游客423.3万人次，旅游综合收入11.16亿元。五龙客家风情园成为全省首个国家级休闲农业与乡村旅游示范点。

基本完成9个棚户区（危旧房）和城中村综合改造地块房屋征收。新开工建设安置房4600套、46万平方米。改造郁孤台历史文化街区，军门楼、四贤坊及广场主体工程完工，保护修缮44栋古建筑和广东会馆，开展36栋仿古建筑新建工程。投入"百街小巷"整治资金近3000万元，完成106条街巷整治任务。在64个无物业管理小区推行物业管理或居民自治管理。组织大规模市容环境和卫生集中整治21次，3.5万人次参与。

专项资金4757万元，完成农村危旧土坯房改造1614户，建成集中建设点7个。完成23个新农村建设点整治任务。实施造林绿化"一大四小"工程建设813.33公顷，除险加固病险水库7座；解决7462名农村人口饮水安全问题。农村公路养护长效机制基本形成。新增百亩集中连片蔬菜基地3个、省级农业龙头企业2家。纳入国家水土保持重点建设项目县，18个贫困村列入省、市扶持范围。水东镇、水南镇进入全省"百强乡镇"行列。

投入民生支出12.22亿元，占财政支出60.1%。办好81件民生实事。新增发放小额担保贷款4600万元，新增就业1万余人。发放灵活就业人员社保补贴、公益性岗位补贴791万元，增收失业保险费496万元。基本养老保险参保7.6万人，征缴总额4.53亿元。城乡居民养老保险参保17.5万人，基本医疗保险市级统筹全面实行，城镇居民和城镇职工参保分别突破22万人、4万人。新农合筹资水平由每人每年230元提高至290元，参合率达97.7%。发放城乡低保对象低保金5431万元，发放困难群众大病救助资金1172万元，发放高龄老人补贴713万元，发放廉租住房租赁补贴1853万元。免费收治城乡重症精神病和流浪街头精神病人近200人次。5000套公租房开工建设。

教育督导评估位居全省前列。国家基本药物制度试点延伸至村级。通过全国科技进步考核，列为全省首批依靠科技转变经济发展方式示范区。加快社区服务信息呼叫平台建设，构建"感知型社区"，形成"区、街、居"三级社区服务体系。先后获全省固定资产投资增长先进区、全省外贸出口进位赶超先进单位、全省招商引资进位赶超先进单位、全省民政信访工作"三无"区称号。

【启动"放心快餐"】 赣州市中心城区"放心快餐"工程是赣州市政府2012年百件民生实事之一，承办企业为北京成龙华天早餐有限公司在赣州设立的子公司——赣州市华天放心早餐工程有限公司。"放心快餐"工程于10月开始组织实施,12月31日正式运营,首期投资150万元,建成1000平方米的快餐中央厨房,内设仓储、粗加工、净加工、烹饪区、配餐区和物流配送等车间,配备了保鲜冷藏配送车、自助环保售卖车等10余辆。日均生产能力可满足5000人次的需求。已开设华天放心快餐加盟店、直营门店8家,日均总收入8000元,签订供餐协议配餐单位10余家。

【赴香港招商引资】 6月6日,赣州市委、市政府在香港JW万豪酒店召开2012赣州(香港)投资环境推介会。由章贡区委副书记、区长刘建英,区委常委廖小波一行4人组成的招商引资代表团,参加此次会议。8日,省委、省政府在香港会议展览中心召开2012江西(香港)招商引资活动周开幕式暨重大项目签约仪式。会议期间,刘建英代表章贡区与中国海外宏洋集团有限公司副总裁向翃成功签约中海地产项目,投资总额7.8亿美元。

主要领导人 区委书记:曾少华(任至7月)、王林云(11月任)。区人大常委会主任:谢春明。区长:刘建英(任至11月)、赖正文(11月任)。区政协主席:曾伟林。

(谢凯建 马远旗)

·赣 县·

【简 况】 位于江西南部,辖10镇9乡,国土面积2993.09平方千米,耕地2.15万公顷。人口62.51万人,农业人口52.21万人。全年完成生产总值104.92亿元,增长13.4%。三次产业结构比调整为17.8∶56.8∶25.4。财政收入12.8亿元,净增3.6亿元,增长39.2%;地方财政收入7.01亿元,增长25.9%。完成财政支出23.6亿元,增长34.2%。实现社会消费品零售总额19.66亿元,增长14.1%。城镇居民人均可支配收入1.42万元,增长11.8%;农民人均纯收入4071元,增长11.5%。规模以上工业主营业务收入达215.6亿元,增长14.7%。完成固定资产投资84.9亿元,增长35.3%。

成功争取全国低丘缓坡荒滩等未利用地开发利用试点、全市首个国家级现代农业示范区。入选"江西县域经济十大活力县"。成功争创省级服务外包示范园。赣县经济开发区更名为赣州高新技术产业园区,列入国家环保部重点支持创建国家生态工业示范园区,成功获批"重点省级工业园区""省级生态工业园区"和"赣州生物省级战略性新兴产业基地",并被列为"第二批省级循环经济试点园区"。甜菊糖甙产品获2012年江西省名牌产品;"腾远"注册商标被认定为江西省著名商标。全年争取各类资金15.6亿元,增长34%。

县财政筹资1.33亿元,推进首批7000户农村危旧土坯房改造工作。实施7个"千吨万人"农饮工程,解决11万农村人口饮水安全问题。改造农村公路100千米。建成110千伏韩坊输变电工程;完成农网改造83个台区,惠及农户6000户。县财政筹资6022万元,开工扶贫和移民项目693个。新开工各类保障性住房1045套,建成1916套。

重点推进赣州铜铝有色金属循环经济产业基地、储潭高新技术产业园等平台建设,园区建成面积达8.5平方千米。全年完成规模以上工业增加值47.5亿元,增长18%。钨、稀土、铜、铝、生物食品五大主导产业快速发展,实现主营业务收入145亿元,占全县工业总量67%。新增规模以上工业企业10家,总数达63家,销售收入过亿元企业45家,税收超千万元企业12家,其中过亿元企业2家。工业实现税收6.98亿元,增长57%。规模以上工业占GDP的45.2%,提高7.7个百分点,工业经济总量和质量稳居全市前列。

五大新区建设步伐加快,县城建成区面积17.9平方千米,城镇人口27.7万人,城镇化率达43%。新增绿地20.54公顷,绿地率达35.67%。储潭镇和五云镇被列为第三批全国发展改革试点镇;五云镇被列为全国一村一品示范镇;白鹭乡白鹭村列入全国具有重要保护价值传统村落;吉埠镇枧田村被列为全国民主法治示范村;茅店镇列入全省科学发展50强乡镇。

推进十大民生工程和100件民生实事。全年投入民生类资金14.26亿元,增长40%,占财政总支出的60.6%,提高2.6个百分点。全面实施农村义务教育阶段学生营养改善计划,惠及学生7.1万名。新农合参合率达97.1%,被评为全省新农合先进县。举办第四届全民健身运动会暨首届工人运动会。开通无线数字电视传输覆盖网络。发放创业贷款扶持资金8210.5万元。新增城镇就业5615人,城镇登记失业率控制在4%以内。城乡居民社会养老保险实现城乡并轨,参保人数达23.75万人,增长23%。新增"五大保险"参保人数4.88万人,总数达40万人。发放城乡低保、五保供养、优抚、大病医疗救助和高龄长寿补贴8400万元。完成移民搬迁1778人,8个移民集中安置点建设有序推进。完成造林3493.33公顷。治理水土流失面积8620公顷,治理崩岗30处。

【举办樱花节】 4月1~6日,2012年赣县樱花节在客家文化城开幕。海内外游客35万多人参加。县委副书记、县长张景霖宣布开幕。县人大常委会主任刘吉龙,县政协主席黄辉及黄声兰、李雷、陈贵周、黄海印、申云、刘群楷、吴海军等县领导出席开幕式,市旅游局副局长罗沪京讲话,县委常委、宣传部长李雷致辞,县政府副县长杨柳主持开幕式。

赣县从2010年开始已连续2年成功举办樱花节。2012年赣县樱花节是深入推进"发展生态化",建设"生态赣县",做大做强客家生态文化旅游事业的一项重要举措。本次樱花节以"相约樱花、相约浪漫、相约赣县"为主题,为期1周,以"花"为媒做好生态旅游文章,并通过举办樱花诗会、百对新人集体婚礼、寻樱摄影大赛、客家美食展、民俗文化展和招商洽谈会等一系列活动实现以节会友、以节会商。截至4月6日,樱花节共接待海内外游客35万多人。

【举办杨梅节】 6月12日,2012年赣县杨梅节开幕式在吉埠镇千亩杨梅基地举行。县委书记温庆锋宣布2012年赣县杨梅节开幕。县委副书记、县长张景霖致辞。县人大常委会主任刘吉龙、县政协主席黄辉、县委副书记魏国寿参加开幕式。县领导李雷主持开幕仪式。这是赣县连续第三年举办杨梅节。随着赣县与市中心城区"同城化”步伐不断加快以及生态旅游业快速发展，杨梅节已经成为赣县旅游节会的一张“名片”。此次杨梅节从12日开始，持续到6月27日，其间，举行了吃杨梅挑战赛、杨梅园寻宝等系列活动。全县杨梅种植面积达到76.4公顷，年产量达1419吨，其中吉埠大溪杨梅基地种植面积40多公顷，已经成为全市及周边县市居民休闲度假的重要场所。

主要领导人 县委书记：温庆锋。县人大常委会主任：刘吉龙。县长：张景霖。县政协主席：黄 辉。

（朱祥福）

·信丰县·

【简 况】 位于赣州市南部，辖13镇3乡，总面积2878平方千米，耕地面积3.09万公顷，森林覆盖率69.5%。总人口74.98万人，其中非农业人口10.92万人。全年生产总值达112.38亿元，增长11%。其中，第一产业增加值22.89亿元，增长4.9%；第二产业增加值47.95亿元，增长11.3%；第三产业增加值41.54亿元，增长13.4%。财政总收入10.3亿元，增长27.1%；地方财政收入6.7亿元，增长20.8%。全社会固定资产投资96亿元，增长25.5%。社会消费品零售总额36亿元，增长15%；农民人均纯收入6550元，增长13%；城镇居民可支配收入1.68万元，增长10%。规模工业总产值31.75亿元，增长14.73%。主要工业产品有原煤9.5万吨、水泥139.2万吨、水力发电量9910.8万千瓦小时、人造板12.1立方米、饮料酒1.84万千升。农业总产值35.77亿元，增长5%。主要农产品有粮食26.34万吨、烤烟2658吨、脐橙15.78万吨、蔬菜29.12万吨、生猪出栏76.08万头。

优势特色产业趋向规模化、集约化、产业化，被省农业厅批准为省级现代农业示范区。建成规模种养基地162个、“一村一品”专业示范村126个，新增农民专业合作社37家。完成125个新农村建设点和1个市级圩镇整治点建设任务，大塘埠省级示范镇建设成效明显，嘉定镇被评为全省百强镇。

开放型经济强劲发展。全县新批外资项目7个，实际进资8272万美元，增长10%；引进内资项目44个，实际进资26.5亿元，增长8%。签约5000万元以上项目32个，其中亿元以上项目12个。出口总额达2.64亿美元，增长10%。县财政投入园区建设资金达1.45亿元，为历年之最；基础设施更为完善，形成“五纵九横”近50千米路网；电子器件和脐橙产业基地共有26个总投资52.88亿元项目签约落地；园区实现主营业务收入120亿元，增长18%；创税突破3亿元，增长43.2%。电子通讯、矿产品深加工、食品制药、新型建材四大支柱产业总产值达76.2亿元，增长9%，占规模以上工业总量的66%。全县新增规模以上企业8家，主营业务收入超亿元企业31家，纳税超亿元企业实现零的突破。全县规模以上工业增加值完成30.7亿元，增长20%。

第三产业蓬勃发展。推进光明山文化生态旅游度假区宝月禅寺建设。物流业较快发展，货物周转量15.04亿吨千米，增长18.6%。万村千乡市场工程网络覆盖所有乡镇和95%的行政村，全县社会消费品零售总额36亿元，增长15%。

完成造林绿化3420公顷，被省政府评为全省通道绿化提升先进县。治理水土流失13.6平方千米。148个项目通过省市环保审批，包钢新利通过国家环保核查。农业面源污染防治、水污染整治取得初步成效，农村清洁工程全面推进。大塘埠镇被评为国家级生态乡镇，另有5个乡镇被评为省级生态乡镇、11个村被评为省级生态村。

民生投入12.95亿元，增长36.7%。159个重点扶持贫困村整村推进扶贫开发全面启动，落实扶贫项目67个、扶持资金3641万元。完成集中安置点配套设施建设，开展101户447名移民搬迁。新增城镇就业4365人，转移农村劳动力8384人，发放小额贷款1.13亿元，扶持创业962人，带动就业4788人，城镇就业率达97%。新农合参合率达97.12%，城乡居民社会养老保险参保率达85%，发放基础养老金4309万元，新农保工作被评为全省先进；7264户农村危旧土坯房动工改造，春节前将喜入新居。“一卡通”发放惠农资金2.3亿元。9.8万名学生享受“两免一补”政策。在全市率先完成文艺院团改革，文化惠民工程、农村文化“三项”活动稳步推进，连续4年被评为全国全民健身活动先进单位。获市级科技进步奖1项，新增省级重点新产品2个，获批省级信丰脐橙农业科技园，2家企业获国家创新基金项目支持。

县城建成区面积24平方千米，城镇化率48.4%。启动县城第四轮总规修编和城南片区控规调整、物流园区规划等7个专项规划编制，推进橙乡文化新城和城南生态新城建设。投入资金9.15亿元，推进29项城市建设重点项目。投入300多万元，高标准改造提升绿化景观，城市绿地率、绿化覆盖率分别达35.48%和40.58%；通过省级卫生城市复审。

【再获全民健身活动先进单位称号】 2012年，信丰县被国家体育总局授予全民健身活动先进单位，这是该县继2009年之后第四次获此荣誉。信丰县投入巨资，完善体育健身设施，搭建全民健身平台，先后建设南山公园、电力广场、县政广场等多个运动休闲广场，并安装健身器材。在乡村，为村民添置羽毛球、篮球、门球等体育设施，在139个行政村安装体育器材，同时，在部门单位、乡镇、机关分别建立举重、武术、田径、跆拳道等运动基地。县体育局专门从上海引进动作易学、舞步优美、适合多种年龄群体的海派健身秧歌。每年举办县秧歌大赛，县健身秧歌腰鼓队，2010年获得上海国际艺术节铜奖。在2011年全国健身秧歌及腰鼓大赛中，获一项一等奖，两项二等奖。先后组建自行车、跆拳道、太极拳、乒乓球、羽毛球等专业体育协会（组织）。至2012年，全县共有19个体育协会（组织）、会员人数近万人。注重培训农民社会体育指导员，发挥草根教练作用。依靠土生土长的农民教练开展易于村民观看现学的空竹、乾坤圈、健身排舞、柔力球、腰鼓等项目。各乡镇举行农民趣味运动会，自发体育活动开展得有声有色。

【落实赣南苏区振兴发展项目带动产业转型】 紧抓赣南苏区振兴发展历史机遇，实施重大项目带动战略，项目编制对接快速推进。深入贯彻落实《国务院关于支持赣南等原中央苏区振兴发展的若干意见》,把优惠政策转化为振兴发展推动力,编制重大规划、行动计划和试点示范事项186项,编制项目583个、总投资1530.7亿元;进入市重点调度项目273个;与大唐集团、中国煤炭地质总局等央企项目对接取得重大进展。重大项目建设扎实有效。新开工建设重点项目67个,寻全高速、瑞德电子等一批项目快速推进,29个项目完工,完成投资35.8亿元,增长34.9%;在建20项重点工程完成投资19.16亿元。全县新开工项目数、投资规模均创历史新高。全社会固定资产投资达96亿元,增长25%。成功争取中央苏区补助、农村危旧土坯房改造补助、中央彩票公益金支持革命老区扶贫开发创新试点等一批重大政策项目;争取无偿资金12.2亿元,增长43.5%。主要经济指标持续向好。三次产业结构比由20.6:44:35.4调整为20:45:35。

主要领导人 县委书记:廖长荣(任至11月)、张逸(11月任)。县人大常委会主任:邹长东。县长:邱建军。县政协主席:张克喜。

(罗才胜)

·大余县·

【简况】 位于江西省西南边陲,居章江上游,大庾岭北麓。辖11个乡镇,总面积1367.63平方千米。全县总人口30.79万人,其中非农业人口8.85万人,人口自然增长率6.4‰。2012年,全县实现地区生产总值72.16亿元,增长10.6%。其中,第一产业10.37亿元,增长4.8%;第二产业37.31亿元,增长12%;第三产业24.47亿元,增长10.7%。三次产业结构由上年的14.7:52.5:32.8调整为14.4:51.7:33.9。实现财政总收入7.1亿元,增长12%,其中税收收入占财政总收入比重为78.2%,人均财政收入2309元,增长11.5%;地方财政收入4.5亿元,增长19.4%,其中税收收入占地方财政收入比重为65.7%,人均地方财政收入1463元,增长18.9%。财政支出13.3亿元,增长24.7%。社会固定资产投资73.31亿元,增长17.1%。其中500万元以上投资64.19亿元,增长30.7%;工业投资48.04亿元,占全社会总投资65.5%。

扶持龙事达、隆鑫泰等企业为代表的传统钨产业转型升级,发展以悦安超细、众能光电、润泽药业等企业为代表的新材料、电子信息、食品药品等新兴产业,实施工业园区扩区调区,新增开发面积133.33余公顷,省级钨及有色金属深加工基地建设开局良好。全县规模以上工业实现总产值60.62亿元,增长5.79%。在全部地方工业总产值中,钨及有色金属产业43.46亿元,占79.7%,增长7.82%。发展新材料产业1.69亿元,增长26.68%;新能源产业0.24亿元,减少28.54%;旅游产业2.46亿元,减少3.49%。全县35家规模以上企业实现主营业务收入53.81亿元,利润总额2.92亿元。主要工业品产量有精矿1.33万吨、服装71.93万件、水泥14.75万吨、多味花生2101吨。全年引进固定资产投资5000万元以上项目18个,其中龙事达钨精深加工、荧通工贸10万吨氟石等7个项目投资超亿元。实际引进内资16.5亿元,增长13.8%;实际利用外资6679万美元,增长10.4%,其中现汇进资1212万美元,增长38.7%;出口总额1053万美元,增长31.8%。

争取重金属污染治理项目资金8150万元、生态功能区转移支付资金4819万元,争取到省低丘缓坡荒滩等未利用地开发利用试点项目,丫山3万吨成品油仓储基地建设项目获省发改委批准,铁路专用线项目获铁道部支持,与中油中泰集团、国电电力集团签订投资协议,总投资额达8亿元。全年争取各类资金9.24亿元,比上年增加2.97亿元,其中项目资金6.62亿元。实施基础设施、工业、农业、现代服务业项目建设100个,完成投资21亿元。

农业产业实施了黄龙核心示范园区、南安板鸭厂技改扩能等建设,引进温氏集团40万头生猪产业化养殖等项目,花卉苗木、果业、鸭业、生猪、油茶、蔬菜等优势产业稳步发展。全县农作物播种总面积2.61万公顷,减少1.4%。其中水稻、红薯等粮食作物总产量8.83万吨,花生3515吨、油菜籽15吨、甘蔗1007吨、脐橙2.33万吨。全年生猪出栏27.4万头、家禽出笼714.56万只。全县有年产值5000万元以上农业龙头企业5家、亿元以上2家,农民专业合作社79家,新城顺发白鸭养殖专业合作社被国家农业部授予全国农民专业合作社示范社称号。

规划黄龙新区7.6平方千米,2012年开始框架建设。重点实施83项民生工程。建设保障性住房725套,新开工建设廉租住房60套、安置房132套。整治小街小巷36条,硬化道路8860米。首批2302户农村危旧土坯房改造家庭在春节前完成新居建设并达到入住条件。投资2160.35万元推进小农水重点县项目,投资2818.2万元实施浮江河防洪安全工程,全面启动32座小(二)型病险水库除险加固工程。95个行政村、105个卫生室实现基本药物零差率销售,基本药物价格实际平均下降24%。为104名尿毒症、先天性心脏病、白血病患者实施免费救治,减免费用360余万元,新农合参合率达97.4%。投资2603万元实施校安工程,兴建校舍面积2.21万平方米,全县有3.74万名义务教育阶段学生学杂费、教科书免费,3368名家庭经济困难学生得到资助。完成农村改厕、公路改造、沼气建设、电网改造、安全饮水等民生工程,城镇居民养老保险全面实施,城乡低保、农村五保供养、临时救助、大病救助标准全面提高。全县支出民生经费6.81亿元,占财政总支出的51.2%。全年新增城镇就业4184人,新增转移农村劳动力8922人,新城镇巷口社区、京州社区被授予"全国综合减灾示范区",大余县被评为"2008~2012年度全省社会管理综合治理先进县",道路交通事故处理应急联动机制得到省市肯定与推广。全年社会消费品零售总额16.82亿元,增长13.1%。居民消费价格指数为103.2%,下降0.5个百分点。在岗职工年人均工资3.09万元,增长20.1%;城镇居民人均可支配收入1.37万元,增长11.9%;农民年人均纯收入6075元,增长12.9%。人均储蓄存款1.45万元,增长17.8%。人均粮食287千克,减少1.4%。森林覆盖率76.6%,空气质量达国家二级标准,水质达标率100%,通过国家重点生态功能区县域生态环境质量考核。青龙镇被省环保局评为"第五批省级生态乡镇",浮江乡的竹木村、青龙镇的二塘村被评为"第三批省级生态村"。

【顺发白鸭养殖专业合作社获"全国农民专业合作社示范社"称号】 7月,大余县新城顺发白鸭养殖专业合作社被农业部授予"全国农民专业合作社示范社"。顺发白鸭养殖专业合作社于2008年7月,由白鸭养殖大户袁香生联合20余户产销大户经工商登记注册而成立,是全县第一个自愿组合、分工专业、利益共享、风险共担的新型经济组织,共有社员104人。合作社以鸭苗供应,饲料供应,白鸭养殖、防疫、收购与销售为主要经营范围。

合作社借鉴公司管理模式,形成专业化分工管理机制。探索出统一提供鸭苗、统一提供饲料、统一提供技术培训、统一养殖标准、统一收购销售、统一市场品牌"六个统一"的专业合作社运作模式。全社有种鸭3万只,年产鸭苗600万只,填补赣南地区白鸭鸭苗供应市场空白,成为鸭业营销中心。合作社延伸产业链条,实施全市最大的种鸭养殖场、孵化场、肉鸭屠宰加工厂、鸭绒加工厂等项目,试验推广果园旱地养鸭技术。

2009年8月,新城顺发白鸭养殖专业合作社被认定为农业产业化市级龙头企业;2010、2011年被评为"全省优秀农民专业合作社"。理事长袁香生被评为第二届"江西农业经济十大杰出人物"和赣州市"劳动模范"。2012年,合作社向社员和其他养殖户提供鸭苗640万只,在广州、福建、湖南等地建立远程直销网点5个;在周边县市建立固定销售网点9个,收购销售白鸭近700万只,产品远销广东、福建各大超市。全年实现销售收入9630万元,赢利295万元。以新城镇为中心,带动周边乡镇白鸭养殖产业的蓬勃发展。

【县中医院新院开业】 12月12日,县中医院新院落成开业。县中医院新院位于县城梅国北路北侧,323国道旁,占地面积4.52万平方米,由门诊大楼、住院大楼、宿舍楼及山地公园组成,总建筑面积2.66万平方米,绿地面积5524平方米,由江西水龙集团投资1.2亿元兴建。县中医院属整体性搬迁扩建,新院落成后就医服务环境全面改善。门诊大楼为5层框架,面积5741.2平方米;住院大楼为16层框架,面积1.83万平方米。医院内设20多个科室,有医护人员260余人,病床位325张。拥有美国GE磁共振成像系统EXCITEO.35T、美国GE医用诊断X射线系统DR－F、美国OGOQP5实时四维全身应用型彩超、美国全身用X射线计算机体层摄影装置BRIVOCT325等国内外高精尖医疗设备。

主要领导人 县委书记:陈　亮(任至4月)、谭学忠(11月任)。县人大常委会主任:李细妹。县长:谭学忠(任至11月)、曹爱珍(11月代)。县政协主席:吴昌星。

(邓思喜)

·上犹县·

【简　况】 位于江西省西南部,赣州市西部。辖5镇9乡,总面积1543.87平方千米,耕地面积8666.67公顷,森林面积12万公顷,森林覆盖率77%。总人口31.3万人,其中农业人口26.6万人,非农人口4.7万人。实现生产总值38.6亿元,同比增长11.5%。财政总收入5.2亿元,增长36.8%;公共财政收入3.28亿元,增长33.8%。规模以上工业增加值13.3亿元,增长16.5%。固定资产投资28.1亿元,增长35%。社会消费品零售总额9.67亿元,增长15.5%。实际利用外资4556万美元,增长9.9%。外贸出口2.25亿美元,总量居全市第四位。农民人均纯收入4459元,增长13%。金融机构各项存款余额55.12亿元,贷款余额32.18亿元,分别比年初增长21.7%和31.9%。

累计开发储备苏区振兴发展项目256个,概算总投资452亿元。216个项目进入省市项目库,争取上级各类资金11.2亿元,同比增长38%。列入全国低丘缓坡开发利用试点县;新区医院列入外国政府贷款计划;龙大线、赣丰线省道升国道项目纳入交通部罗霄山区交通扶贫规划;元亨复合材料、新能源动力电池、力速数控等工业项目分别进入省重大产业项目绿色通道和省重大项目调度会。投入征拆资金1.9亿元,完成土地征收613.33公顷、房屋拆迁2.8万平方米,分别是上年的2.3倍、2.1倍和2倍。全年实施重点工程项目55个,完成投资21亿元,增长128%。14个重点工程基本竣工,赣崇高速建成通车,结束了上犹没有高速公路的历史。

成功申报省级现代农业示范区。投入2800多万元用于统筹城乡发展,完成105个新农村建设点建设任务;打造丰田、新建、沙塅等一批各具特色的和谐秀美乡村建设示范点。"两茶一苗"主导产业稳步发展。新增省农业产业化龙头企业2家。与中国茶叶研究所建立持续合作机制,上犹绿茶和红茶产品在全国性茶叶评比中荣获1个特等奖和8个金奖。上犹江特有鱼类水产种质资源保护区晋升为国家级保护区。成功申报国家级规模化节水灌溉增效示范县。

在国家重点生态功能区考核中,上犹综合指标列全省第一。陡水湖生态环境保护与治理工程纳入国家良好湖泊生态环境保护规划。南湖国家湿地公园通过国家林业局评审,五指峰省级地质公园成功创建。14个乡镇全部完成生态建设规划,油石乡、陡水镇被命名为省级生态乡(镇);社溪镇被评为省十大秀美乡镇。连续4年被评为全省"春季森林防火平安县";完成水土流失综合治理18.67平方千米,被列为国家水土保持重点建设工程项目县。双溪风打坳风力发电项目一期通过国家能源局核准,国家绿色能源示范县实施方案通过国家三部委联合评审。全年旅游人次突破50万人,增长29.6%;旅游总收入3.1亿元,增长34.8%。

全年民生类支出达10.2亿元,增长47.6%,完成省市131项民生工程任务。扎实推进农村危旧土坯房改造,首批5786户全面启动,春节前可入住新居;成功争取上犹江库区"水上漂"(含"双渡")农户搬迁安置特殊优惠政策,启动7个安置点建设。城镇企业职工养老保险参保人数达1.95万人;新农合、新农保参保率分别达97.18%和85.9%;投入5400万元用于13所农村中小学校建工程,新建、改建校舍面积3.3万平方米;农村义务教育学校学生营养改善计划全面实施。国家基本药物制度实现乡村全覆盖。承办省第七届农民运动会龙舟赛;举办中国上犹第四届观赏石文化博览会,获江西省首个“中国观赏石之乡”称号。被中国美术院定为写生创作基地。被中国科协正式授予“全国科普示范县”称号。

【工业园区建设创历史新高】 上犹县工业园区建设规模、投入力度、建设速度均创历史新高。完成工业投资7.9亿元,实现规模以上工业主营业务收入40亿元、利税5.6亿元。连接工业园南、北两区的金山大桥建成通车。完成南区一期及一期扩区规划,园区实现扩面166.67公顷,接近整个北区规模;北区路网、管网、电力通信设施实现全覆盖,奥沃森、力速数控等10个重大项目先后竣工投产。海盛钨钼、南鹰电源等企业技改升级成效显著,生产经营逆势增长。晨光稀土实现税金超亿元。新增税收超千万元企业6家。产业发展向玻纤及新型复合材料、精密模具及机械制造两大主导产业转变,产业集群效应逐步显现。全年新签约项目16个,签约资金17.12亿元,其中超亿元项目6个。京禾纳米科技园、弗兰德等一大批投资额度大、科技含量高、带动能力强的产业项目相继落户。全年省外5000万元以上项目实际进资9.3亿元,增长54.2%。

【开展“科学规划年”活动】 上犹县开展“科学规划年”活动,投入1300多万元编制南河湖、文峰新区概念性规划和迎宾大道沿线景观设计等14项规划,城市控制性详规覆盖率达87%。按照“一轴三区”空间布局,实施27个城建类重点项目,拉开近5平方千米城市发展新框架,城镇化率达43.8%。投资3000多万元实施“五路一桥”(水南大道、文兴路、文锦路、文韬路、胜利南路及水南大桥)路面改造工程。实施“一江两岸”边坡覆绿和景观亮化工程,新增城区绿地面积6.25万平方米,绿地率达40.2%,城区环境整治成效明显。

主要领导人 县委书记:何舜平(任至3月)、赖晓岚(3月任)。县人大常委会主任:吴增京。县长:邹常军。县政协主席:陈卫国。

(谢东才)

·崇义县·

【简　况】 位于江西省西南边陲,总面积2206.27平方千米,辖6镇10乡。耕地面积0.77万公顷,有林面积16.04万公顷,森林覆盖率为85%;总人口21.09万人,其中农业人口17.39万人,非农业人口3.7万人。实现生产总值52.49亿元,增长11.6%;三次产业比调整为15.0∶59.8∶25.2;财政总收入首次突破7亿元,公共财政收入首次突破4亿元,达到4.36亿元,分别增长23.2%和40.5%;固定资产投资22.93亿元,增长39%,被评为全省固定资产投资增长先进县。

实现农业总产值11.7亿元,增长8.9%。累计支出惠农资金2.39亿元,增长26.5%。刺葡萄、毛竹、脐橙等特色产业规模壮大,新增标准果园266.67公顷,脐橙产量6万吨,列入商务部“西果东送”农产品现代流通综合试点,被评为全省万村千乡市场工程先进县。完成竹林抚育1.58万公顷,新增茶园133.33公顷,被评为全国十大生态产茶县。君子谷野生水果农业科技园被列为省级农业科技园,刺葡萄酒实现批量生产并荣获亚洲葡萄酒质量大赛金奖。启动农村集体土地确权登记工作,确权发证2066.67公顷。实现规模以上工业增加值28.08亿元,增长13.5%;主营业务收入74.6亿元,增长6.8%。累计为20多家企业授信16亿元。章源钨业被认定为全省首家国家级技术创新示范企业,耀升钨业完成股份制改造,崇义林业上市工作稳步推进。新增5家规模以上工业企业。关田、过埠等工业园区初具雏形。实现三产增加值13.2亿元,增长14.9%。存款余额49.47亿元,增长15.8%;贷款余额41.84亿元,增长26.3%。投入1400万元完成阳岭旅游公路改造,阳岭4A级景区顺利通过国家复核,上堡梯田被评为中国最大客家梯田。全年接待游客76.3万人次,实现旅游综合收入2.23亿元,分别增长5.4%和12.4%。社会消费品零售总额9.28亿元,增长13.8%。与中科院城市环境研究所签订建设活性炭循环经济产业园战略性合作协议,泰昇技改项目已入园合作实施。对接厦门、海口等沿海发达地区,举办中国崇义生态旅游文化节暨绿色产业项目推介会、赣南苏区振兴发展投资环境暨脐橙营销(海口)推介会。实际利用外资1155万美元,增长10.5%。

完成城市建设投入6.9亿元,城镇化率提高1.5个百分点。赣崇高速公路正式通车,被评为全省高速公路建设先进县。实现行政村通水泥路,完成通组公路硬化55.1千米。投入1800多万元实施61个小农水项目,完成阳岭、合坪等9个病险水库除险加固。被列为“十二五”全国新农村电气化县,实施农村电网改造升级,新建35千伏变电站1座,新建和改造10千伏及以下输配电线路130.5千米。城镇居民人均可支配收入1.29万元,增长11.3%;农民人均纯收入5255元,增长13.3%。财政总支出11.46亿元,增长25.4%。民生类支出5.75亿元,占财政总支出的50.2%。推进农村危旧土坯房改造暨“水上漂”农户(“双渡”人员)上岸搬迁安置工作,开工建设3437户,完工2970户,完成年度改造任务。新农保参保率达85.3%。保障性住房建成714套,新开工716套。被评为全省扶贫(移民)工作先进县。完成造林绿化2280公顷,被评为全国国土绿化突出贡献单位和全省森林防火工作先进单位。环境空气质量优良率100%。成功实施南酸枣产业化技术集成应用与示范项目。被列为省级教育园区项目县。所有公立基层医疗卫生机构推行国家基本药物制度,95%以上农民享受新农合并建立健康档案。食品药品安全示范区创建被评为全省先进。

【对接赣南苏区振兴发展工作成效突显】 围绕《国务院关于支持赣南等原中央苏区振兴发展的若干意见》和国家部委扶持政策,编制了342个对接项目,总投资493亿元。主动与国家部委和省市厅局沟通对接,成功列入全国重点生态功能县、国家农业综合开发县、国家木材战略储备基地和省财政一般转移支付县,争取中央、省、市各类专项资金及转移支付资金7.97亿元，章源钨业、耀升钨业分别获得国家重大产业振兴补助资金2785万元和3795万元。赣州（崇义）硬质合金工具及硬面材料基地升格为省级战略性新兴产业基地；投资1.3亿元的重金属污染治理项目一期工程和总投资4.5亿元的乐洞风电开发项目获国家发改委核准。

【君子谷刺葡萄酒获亚洲葡萄酒质量大赛金奖】 4月25日，在第五届亚洲葡萄酒质量大赛上，江西君子谷野生水果世界有限公司提供的2009年、2010年两款刺葡萄酒均获大赛金奖。亚洲葡萄酒质量大赛是亚洲地区最高规格的葡萄酒质量大赛，由中国食品工业协会、杨凌农业高新技术产业示范区、西北农林科技大学主办，大赛组委会由国际葡萄与葡萄酒组织（OIV）、亚洲葡萄与葡萄酒科技发展中心组织国内外相关专家组成，共有100多个葡萄酒产品参赛。

君子谷野生水果世界有限公司地处崇义县罗霄山脉的南段深山区，不仅是一个野生水果的种质资源库，也是一家集科研、生产为一体的农业龙头企业。刺葡萄是君子谷野生水果种质资源库的野果品种资源之一，已收集和保护野生刺葡萄植株1100多份。经过长期科学研究，该公司于2005年从众多的野生刺葡萄品种中选培出野生刺葡萄的优良酿酒品系，并建立君子谷野生刺葡萄选优品系的生态种植园，成为野生刺葡萄选优品系的优良酿酒原料基地。刺葡萄属东亚种群，是中国特有的葡萄品种，为中国南方主要野生葡萄品种之一。君子谷野生水果世界以野生刺葡萄选优品系为原料酿造的刺葡萄酒，为世界葡萄酒的品种和文化注入具有显著特色的中国元素。经西北农林科技大学葡萄酒学院的研究团队实验证实：君子谷刺葡萄酒的生物活性物质含量突出，花色苷含量达494毫克/升，为世界其他葡萄酒花色苷含量平均值的4倍。该公司此次向大赛选送的2009年、2010年两款刺葡萄酒，不但具有刺葡萄的显著特征，还蕴含野生果香和花香，是口感柔和的干型葡萄酒。

主要领导人 县委书记：黄志标（任至11月）、许志辉（11月任）。县人大常委会主任：郭　兰。县长：徐　兵。县政协主席：陈金发。

（郭文良）

·安远县·

【简　况】 位于江西省南部，辖8镇10乡，国土面积2375平方千米，其中耕地面积1.07万公顷，森林面积20.05万公顷，覆盖率达84.25%。总人口38.28万人，其中非农业人口6.99万人，农业人口31.30万人。2012年全县实现生产总值39.9亿元，增长10.8%。其中，农业总产值为20.54亿元，第一产业增加值12.45亿元；第二产业增加值9.89亿元；第三产业增加值17.55亿元。2012年三次产业结构为31.2∶24.8∶44.0。全县初步形成以脐橙、生猪、食用菌和西甜瓜为主导的农业产业，以矿产品开发、生物制药、电子电器、食品加工为支柱的工业产业，以三百山生态休闲旅游业为龙头的旅游服务产业。财政总收入4.5亿元，公共财政收入2.77亿元，分别增长36%和36.3%。在岗职工年平均工资2.8万元，增长15.8%。城镇居民人均可支配收入9805元，农民人均纯收入4160元，分别增长11.5%和12.5%。年出栏生猪38.7万头，增长29.4%。年产食用菌8500万袋，增长6.3%。规模以上工业总产值20.12亿元，主营业务收入20.1亿元，增加值5.5亿元，分别增长4.7%、6.5%和13.5%。社会消费品零售总额11亿元，增长13.6%。推动政银企合作，达成36个项目共1.94亿元贷款资金。

启动三百山镇旅游总规、东江源客家风情园等一批旅游专项规划编制工作，三百山景区整体开发列入了省重点建设项目，安远县被列为省旅游扶贫试验区，成为首批全省旅游扶贫试点县。2012年，全县接待游客88万人次，实现旅游收入4.32亿元，分别增长21.4%和23.1%。

安远县围绕《若干意见》，编报400多个项目。累计争取项目资金12.3亿元，增长30.5%，增加2.9亿元。建设规模以上项目51个，其中新上项目33个，完成固定资产投资9.3亿元，增长33.5%。争取建设用地指标106.67公顷，创历年新高。全县土地开发215.07公顷，收储土地266.67公顷。全年实际进资10.5亿元，实际利用外资2005万美元，其中现汇进资540万美元。实现外贸出口1676万美元，增长27%。引进台商创业基地、国兴汽车博览城等10个项目，大唐国际九龙山风力发电项目落户，实现央企在安远投资的历史性突破。

全县民生支出达9.7亿元，占公共财政支出的62%。推进农村危旧土坯房改造，规划20户以上集中建设点47个，改造6244户农村危旧土坯房。新建廉租房、公租房555套。搬迁安置深山区、地质灾害区群众2738人，扶持980户贫困户发展产业。完成集中供水工程3座，解决1.5万人的安全饮水问题。新增城镇就业3189人。在全市率先推行城乡孤儿免费集中就读机制，4.3万多名农村义务教育学生纳入营养改善计划。举办四大洲青年男子篮球挑战赛并获全国优秀赛区称号。赣南采茶戏首次参加全国地方小戏比赛并获三等奖，东生围、永镇桥被列为国家文物保护单位，东生围、磐安围申报世界文化遗产进入国家预备名单，安远县被列为国家客家文化生态保护示范县、江西省采茶戏艺术之乡。

【举办“中国·三百山杯”国际青年男子篮球四大洲挑战赛】 3月16～18日，“中国·三百山杯”国际青年男子篮球四大洲挑战赛在安远县体育馆举行。开幕式的文艺表演中，安远、寻乌、会昌三县剧团首次在安远联袂演出，表演《锣鼓声声迎盛会》《采茶歌舞闹新春》《茶篮花灯献美景》《最美是橙乡》等客家民俗文化节目。参赛队为中国青年队、美国青年队、立陶宛队、澳大利亚队。比赛采用单循环赛制，共计6场比赛。美国队获得冠军。参与此次比赛的教练员、运动员约68人，裁判员、官员、工作人员和记者约40人。《江西日报》、大江网、《江南都市报》《信息日报》《赣南日报》《赣州晚报》、中国赣州网、赣州电视台、赣州人民广播电台等20多家媒体宣传报道。本次挑战赛冠名为“中国·三百山杯”，意在以篮球为媒，宣传推介安远及东江源三百山，并在三百山热泉河大酒店召开新闻发布会。比赛期间，安排4国篮球队员和嘉宾到三百山观光游览，进行温泉体验活动。本次挑战赛是安远县第一次举办高规格的大型国际赛事，是建国以来赣州市举办的最高规格体育盛会；第一次采取市场运作的方式举办大型活动；第一次实现安远电视台对大型活动的现场直播。

【初步形成“南果北烟”农业产业格局】 安远县按照市场需求、资源条件和产业政策，立足以果业、生猪为主导的传统优势产业，发展壮大食用菌、瓜菜、油茶等特色产业，走“一乡一业、一村一品”产业发展之路，形成主导特色齐头并进的产业发展格局。创建标准柑橘园4000公顷，安远县被列为全省唯一省级出口脐橙质量安全示范区。开展果品营销活动，在北京设立“三百山”脐橙专销区，协助国家农业部、省政府在人民大会堂举办赣南苏区振兴发展投资环境暨脐橙营销推介会。成功申报省级现代农业科技示范园和省级现代农业示范区。引导北片乡镇发展烟叶产业，生产烟叶116.5千克。实现产值2526万元、税收885.5万元，烟农人均增收175元，初步形成“南果北烟”农业产业格局。

主要领导人 县委书记：邝光华。县人大常委会主任：邝光华（任至5月）、唐智刚（5月任）。县长：周　建。县政协主席：袁志勇。

（陈建平）

·龙南县·

【简　况】 地处江西省最南端，辖8镇5乡，国土面积1641平方千米，其中城区面积15.12平方千米。耕地面积1.24万公顷，有林面积12.45万公顷，森林覆盖率81.1%。总人口32.10万人，其中城镇人口13.89万人，人口自然增长率7.53‰。2012年，实现国内生产总值90.41亿元，同比增长13.2%。其中，第一产业10.02亿元，增长5%；第二产业50.60亿元，增长14.6%；第三产业29.79亿元，增长13.9%。完成财政总收入11.50亿元，增长26.4%，人均3803元；地方财政收入6.52亿元，增长27.1%；地方财政支出16亿元，增长22%。工业总产值176.92亿元，增长11.07%。规模以上工业增加值42.45亿元，增长18.6%；实现外贸进出口5亿美元，增长11%，其中，出口创汇4.33亿美元，增长14.38%。实现固定资产投资71.23亿元，增长20.73%。实际利用外商投资7871万美元，增长10.04%；引进省内外资金28.92亿元，增长36.61%。农业总产值15.79亿元，增长7.89%。粮食总产量6.43万吨，同比下降5.28%；柑桔类水果总产5.45万吨，增长20.05%；肉类总产量2.47万吨，增长3.32%；家禽出笼392万只，增长5.6%。实现社会消费品零售总额18.93亿元，增长15.7%。城镇居民人均可支配收入1.31万元，增长12.3%；农民人均纯收入5910元，增长13.98%。城乡居民年末储蓄余额48.69亿元，增长12.5%。

全年开发项目150个，实到无偿资金8.16亿元，增长21%；争取到一般财政转移支付县、战略性新兴产业基地、城市生活垃圾填埋场、工矿废弃地复垦试点县等重大项目19个。修编完成《龙南县城市总体规划（2011～2030）》，以推进东湖新区、狮山新区、龙翔片区、工业园区“四大组团”建设为重点，实施48个总投资达21亿元的重大城建项目。成功创建省级文明城市、市级卫生城市。

实现粮食种植面积1.32万公顷、无公害蔬菜面积2020公顷、饲养生猪39.05万头，鲟鱼养殖场55家，新增农业产业化龙头企业省级1家、市级5家。实施农村基础设施项目31个，总投资达3亿元，54个新农村建设点全面成型，118个农村清洁工程示范点全面落实，争取上级扶贫和移民资金3900多万元，在57个贫困村实施整村推进项目86个，实施产业化项目22个，新建移民集中安置点12个，移民搬迁3009人，移民搬迁数连续两年全市第一。新农合参合农民25万多人，全年补偿19.82万人次，补偿金额超6000万元。城乡居民养老保险覆盖14.87万人。全县农村危旧土坯房改造开工4543户，完工3662户。新增公租房671套。新建4个农村饮水集中供水工程，解决农村不安全饮水人口4.6万人。举办第五届客家围屋文化旅游节，全年接待游客135.6万人次，实现旅游综合收入10.43亿元。

【重大项目取得突破】 抓住《国务院关于支持赣南等原中央苏区振兴发展的若干意见》出台的机遇，梳理出148个重点争取项目并取得实质性突破。龙南国家发光材料及稀土应用高新技术产业化基地获科技部认定；赣南围屋成功列入《中国世界文化遗产预备名单》；龙南经济技术开发区经国务院受理并取得相关部委大力支持升格为国家级经济技术开发区；小武当通过国家住建部专家评审升级为国家级风景名胜区；赣州“三南”承接加工贸易转移示范地已完成规划编制并上报省发改委审核。

【加快产业转型】 龙南县编制稀土、铜铝、电子信息、食品药品等优势产业及化工园区规划，引进新能锆业、深商产业园等重大产业项目及配套项目，全年引进外资项目8个，实际利用外资7871万美元；引进内资项目55个，其中5000万元以上项目10个，实际进资28.92亿元，同比增长36.61%。创新安商服务机制，对纳税超千万元、规模以上、拟上规模、成长型等102家企业，实行因企制宜，分类扶持，引导企业挖潜改造、新上项目。龙钇重稀土、雪弗特新材料、勤业工业和宝辉科技等企业先后提出和实施了增资扩产计划。万宝稀土、锴升有色金属先后与市稀土矿业公司完成资产重组，实现靠大联强。新正耀科技、东海精器等一批企业走上创新发展轨道，高新技术产业实现产值27.85亿元，增长17.14%。

主要领导人 县委书记：谢宝河。县人大常委会主任：钟　敏（任至1月）、李德恭（2月任）。县长：张　逸（任至11月）、刘定辉（11月任）。县政协主席：曾明健。

（徐柏胜　赖日金）

·定南县·

【简　况】 位于江西省南部，辖7镇，总面积1321.12平方千米，其中城区面积9.99平方千米，新增0.45平方千米，城镇化率40.08%。耕地面积7146公顷，有林面积10.73公顷，森林覆盖率81.3%。总人口21.29万人,其中非农业人口4.37万人,人口自然增长率7.4‰。2012年生产总值44.62亿元,同比增长11.8%。其中,第一产业7.8亿元,增长4.6%;第二产业19.45亿元,增长12.7%;第三产业17.36亿元,增长13.6%。财政总收入7.2亿元,增长24.1%;人均3382元;税收占财政总收入的91.2%;地方财政收入3.94亿元,增长24.3%。地方财政支出8.65亿元,增长34.8%。规模以上工业总产值59.9亿元;规模以上工业增加值15.76亿元,增长15.18%。外贸出口3381万美元,增长21.55%。实际利用外资4777万美元,增长10.02%。固定资产投资(500万元以上项目)32.74亿元,增长37.9%;社会消费品零售总额8.06亿元,增长13.9%。主要工业产品有中药358吨、钨1002吨、钢材6.74万吨、单一稀土金属2131.1吨、稀土化合物2634.64吨。农业总产值13.81亿元,增长2.96%。粮食总产量5.88万吨。主要农产品有稻谷5.42万吨、脐橙8830吨、茶叶157吨。万元GDP能耗0.859吨,下降0.23%。城镇居民人均可支配收入1.39万元,增长11%;农民人均纯收入4622元,增加536元。城乡居民年末储蓄余额34.33亿元,增长1.63%。建成保障性住房1261套,改造农村危旧土坯房3235户,完成棚户区改造2万平方米。完成避灾移民、生态移民搬迁任务。69个贫困村实现定点扶贫全覆盖,完成整村推进扶贫开发项目107个,投入扶贫资金4205万元。全年投入民生事业发展资金7.22亿元,增长33%,民生支出占财政总支出比重达58%。基本药物制度普及到村卫生室。建立居民健康档案10.8万份。新农合参合率达97.48%。落实尿毒症、白内障、唇腭裂、白血病、先天性心脏病等重大疾病免费救治政策。虎形围、明远第围入选中国世界文化遗产预备名录。“定南客家围屋风水文化习俗”入选市级非遗项目名录。对定南古八景诗词进行了收集整理。启动实施28个社会管理创新项目,诉调对接、自建房形态整合、社区管理、“地网”工程建设、铁路护路联防等工作在全县推广。

鑫盛钨业5000吨仲钨酸铵及1000吨钨粉异地技改扩能项目开工。龙园钨钢3000吨碳化钨粉技改项目投产。大华新材料相关稀土元素分离纯度达到国际行业领先水平。元邦摩擦材料厂高性能制动片被认定为国家重点新产品。齐飞稀土废料回收元素技术获国家专利。全年完成工业固定资产投资13.45亿元,增长30.7%;工业主营业务收入56亿元,增长12.9%,实现利税5.8亿元;规模以上企业新增8家,达30家。全年签约项目45个,签约资金36.4亿元,亿元以上项目11个。银行机构年末各项存款余额56.35亿元,贷款余额34.46亿元。推行林业、水稻、母猪等涉农政策性保险。全年完成保险收入5670万元,增长14.8%。接待游客78万人次。生猪出栏75万头,新开发果园533.3公顷、高山油茶120公顷,改造毛竹林280公顷。有机茶、花卉苗木、水产养殖等特色产业加快发展。木瓜饮品、九鼎饲料等农业产业化项目快速推进。完善龙塘新村等11个城乡统筹示范区功能,完成96个和谐秀美乡村建设点建设。实施高标准农田建设项目。改造农村公路72.2千米。新建和改造10千伏线路56.5千米,完成35千伏枧下变电站建设。镇有线电视数字化整体转换工作完成。

【苏区振兴开启新局】 定南县编报苏区项目226个,落实93个。“三南”加工贸易重点承接地列为全市重要发展平台。定南县获批全省首个精细化工产业基地、全省唯一永磁材料产业基地、全市唯一县级公路口岸作业区、省级现代农业示范区。争取到省级生态工业园试点和废弃工矿地复垦利用试点项目。进入全省38个“四个一”组合式扶贫县扶持范围,获省连续十年共1亿元资金扶持。争取到中小河流治理重点县综合整治项目,总投资3.2亿元,中央资金1.8亿元。全年累计争取资金8.49亿元,增加1.76亿元,增长26.9%。

【明远第围、虎形围入选中国申报世界文化遗产预备名录】 11月17日,世界文化遗产预备名单在北京公布,赣南围屋出现在名单的第23位,定南县“修建明远第围”“车步虎形围”名列其中。赣南客家围屋作为客家文化的重要象征,被国内外专家誉为“东方的古罗马城堡”。定南县委县政府高度重视对客家围屋的修缮、保护和开发利用,成立围屋保护开发领导小组,组织专家收集资料,编撰《定南明远第围资料汇编》,财政每年拨出经费修缮围屋,累计拨款400万元。明远第围年久失修,为还原其真实面目,邀请国内著名古建筑维修方案专家万幼楠制定明远第围维修方案,对明远第围进行全面维修。经过修缮和保护,明远第围终于修新如旧,散发出它本有的夺目光彩。虎形围也因独特的建筑文化艺术、风水文化理念以及历史人文故事,成为研究客家文化形成发展的活化石,每年接待游客在5万人次以上。2010年12月30日,两座围屋被评为“第三次全国文物普查江西省百大新发现”文物项目;2011年11月26日在赣州市政府召开的“赣南客家围屋申报世界文化遗产工作”部署会议上,定南的“修建明远第围”和“车步虎形围”被确定为赣南客家围屋“三群五围”申报世界文化遗产的申报项目;2012年5月26日,此两所围屋通过国家申世遗专家组现场考察,成功入选中国申报世界文化遗产项目名录。

主要领导人 县委书记:陈阳霞。县人大常委会主任:曾小良。县长:蓝应尚。县政协主席:魏明耕。

(赖春梅)

·全南县·

【简 况】 地处江西省最南端,是江西南大门。全县辖6镇3乡,总面积1535平方千米,其中县城建成区面积8.43平方千米。耕地面积0.78万公顷,林地面积10.17万公顷,森林覆盖率82.55%。总人口19.2万人,其中非农业人口5.54万人,人口自然增长率6.76‰。2012年,实现生产总值39.91亿元,同比增长13%。其中,一产6.6亿元,增长5.3%;二产20.66亿元,增长15.2%;三产12.65亿元,增长14.5%;三次产业结构由19.5:48.7:31.8调整为16.5:51.8:31.7。财政总收入5.81亿元,增长35.09%;其中地方财政收入3.0亿元,增长23.52%;人均财政收入3195元,增长

41.7%;税收收入占财政总收入的88.4%。地方财政支出10.58亿元,增长29.34%。全社会固定资产投资完成19.24亿元,增长34.2%。社会消费品零售总额达到9.95亿元,增长15.2%。出口总额完成7645万美元,增长20.58%;实际利用外资4850万美元,增长10.15%;实际利用内资21.51亿元,增长18.84%。城镇居民人均可支配收入达9240元,增长13%;农村居民人均纯收入达4144元,增长13%。城乡居民年末储蓄余额24.86亿元,增长21.54%;银行贷款年末余额19.44亿元,增长22.56%。

规模以上工业企业41家。全年实现规模以上工业增加值16.44亿元,增长14.9%;工业增加值占GDP的48.76%,比2011年提高3.23个百分点。县工业园被批准为省级民营科技园。稀土、氟化工优势产业链条延伸,资源产业竞争力进一步增强,全南氟化新材料产业基地被批准为省级战略性新兴产业基地。全年新批外资项目6个、内资项目8个,其中1000万美元以上项目4个、亿元以上项目3个。

农业生产总值6.22亿元,增长6.4%。粮食种植面积达1.26万公顷,增长6.67%;粮食产量6.96万吨,增长2.47%,实现"九连丰";建成桂花芳香产业基地13个,总面积近3333.33公顷,新增芳香苗木面积666.67公顷;全县蔬菜种植6186.67公顷,增长5.22%,"高山蔬菜"被认定为江西省著名商标;全县果业面积2980公顷,新增面积200.67公顷,水果总产5.19万吨,增长6.6%;饲养生猪34.34万头,增长41.8%。落实国家标准化规模养殖场6个,有2家畜禽养殖场被评为省级标准化畜禽养殖示范场,现代农业科技园被批准为省级农业科技园。拆除危旧土坯房20多万平方米,打造南迳镇大田村,陂头镇瑶山、高车,大吉山镇马安村,龙下乡虎条村等一批农民新居精品示范点。实施97项年度重点项目,完成投资近15亿元。大广高速全南段竣工通车。被评为市级卫生县城。全县城镇化率38.5%,提高2.3个百分点。城市管理工作被评为全省先进。

完成造林1966.67公顷,通道绿化提升12千米,被评为全省林业建设先进县。主要河流断面水质达标率90%以上,饮用水源地水质达标率100%,环境空气质量优良率保持100%。金龙镇、陂头镇、社迳乡、中寨乡被命名为省级生态乡镇。废弃稀土矿山复绿、矿业秩序专项整治工作受到市政府表彰;开展重金属污染防治、农村农业面源污染治理和非法建设污染企业专项整治,依法取缔9家炼铜厂、炼橡胶油厂等污染企业;小流域水土保持重点建设治理面积5500公顷,被评为全省集约节约用地模范县。

2012年,全县用于民生支出达5.83亿元,占财政支出的55.1%。新增城镇就业1800人,城镇就业率达96.8%,被评为省、市就业创业工作先进县。安排城乡义务教育公用经费1161万元;免费向2.25万名义务教育阶段学生提供教科书,减免学生负担近225万元;发放义务教育寄宿生和高考贫困生等补助资金302万元。新型农村合作医疗参合率达98%以上;全年共筹集城乡医疗资金251万元;完善城乡医疗救助制度,累计救助980人次,支出救助资金290万元。全县城乡低保补差标准提高到每人每月220元和105元,全年发放农村低保对象5042人,低保资金797万元;城市低保对象2217人,低保资金682万元;拨付农村救灾救济资金480万元,五保户供养资金197万元,优抚经费470万元。开工建设保障性住房928套,竣工637套;安排公租房、廉租房资金3933万元,落实廉租房补贴资金145万元。整合资金6750万元,支持全县农村土坯房改造。

【市民公园竣工】 12月,全南县市民公园竣工。工程于2011年7月开工建设,占地面积约3万平方米,总投资约1.2亿元。建设工程位于县城老体育场桃江与小慕河交汇处,属县城黄金地段,是县委、县政府践行"把最好的城市空间留给百姓、把最好的视觉资源献给八方来客"理念的民心工程之一。该项目由市民公园、标志性建筑和音乐喷泉3个部分组成,为"一江两岸"增添新景。

【古韵梅园初具规模】 2012年,古韵梅园种植面积达200公顷,初具规模。古韵梅园坐落在南迳镇大田村,由全南厚朴生态有限公司开发,是全南县扶持发展的新兴产业——芳香苗木产业的一部分。梅园于2011年开始种植,规划到2015年种植面积为666.67公顷。梅园采取"公司+基地+农户"的产业化经营模式,以出售大梅树、苗木、梅花花条、梅花鲜花为产业收入。梅园种有杏梅、美人梅、骨红梅、朱砂梅、绿萼梅等名贵品种10余种。南迳古韵梅园是赣南乃至江西省最大的梅园。

主要领导人 县委书记、县人大常委会主任:薛强。县长:胡晓平。县政协主席:黄立忠。

(月永通)

·宁都县·

【简　况】 位于江西省东南部,赣州北部,辖12乡12镇,总面积4053.16平方千米,其中县城面积16.7平方千米。全县城镇化率38.1%。耕地面积4.48万公顷。总人口79.08万人,其中非农业人口13.62万人,人口自然增长率7.6‰。2012年,全县生产总值101.5亿元,同比增长10.4%。其中,第一产业增加值24.54亿元,增长5.6%;第二产业增加值40.29亿元,增长13.4%;第三产业增加值36.64亿元,增长10%;三次产业结构比为24:40:36。全县规模以上工业增加值15.4亿元,利税2.3亿元,分别增长13.7%和47.1%。全社会固定资产投资62.1亿元,增长30%;社会消费品零售总额25.2亿元,增长14%。财政总收入6.7亿元,增长11.5%;地方财政收入5亿元,增长5.5%。城镇居民人均可支配收入1.24万元,增长11%。农民人均纯收入4248元,增长12.8%。金融机构存款额1.30万亿元,比年初增长16.61%;贷款余额57.65亿元,比年初增长23.25%。

全年实际利用外资4005万美元,实际引进内资16.2亿元,实现外贸进口2510.6万美元,同比分别增长10%、15.5%、11%。全县规模以上工业实现主营业务收入57.9亿元,增长18.4%。县工业园区被批准为省级生态工业园区,宁都县被确定为省级锂电新材料产业基地。工业园区纳税6500万元,增长71%。推进规划面积4平方千米的龙溪湾新区建设,县城规划区控制面积扩展到108平方千米。

粮食总产41.1万吨,被评为全国粮食生产先进县;农机总动力达62.6万千瓦,增长12%;建设有机水稻生产基地2个、宁都黄鸡等标准化科技种养示范基地10个、无公害农产品生产基地9个,琴江细鳞斜颌鲴水产种质资源保护区晋升为国家级保护区,"四大家鱼"良种繁殖场晋升为省级水产良种场,宁都被评为全省渔业工作先进县;"宁都黄鸡"被认定为中国驰名商标,"韶琳茶叶"被认定为江西著名商标;全县农民专业合作社新增16家,达到121家,农业龙头企业达103家;实施161个省扶新农村建设点,完成贫困村整村推进扶贫项目365个,移民搬迁2471人,被评为全省扶贫工作先进县;水利"双安"工程加快推进,小型病险水库除险加固工程完工29座、新开工28座,解决13.5万农村人口饮水安全问题;完成造林绿化5133.33公顷,被评为全省综合先进县,大龙山晋升省级自然保护区通过专家评审;被评为全国国土资源节约集约达标县、全省耕地保护工作先进县。

民生支出21.5亿元,占财政总支出的78%。就业再就业工作和城乡居民养老保险工作获全省先进,7.8万城乡居民享受基础养老金待遇,城镇居民医疗保险参保率达93%,新型农村合作医疗参合率达97.2%。新建、改建乡镇敬老院3所,新建保障性住房2984套。8700多户农村危旧土坯房改造建设,并代表全省通过国家住建部的检查验收。筹措1.5亿元资金改善城乡办学条件,创办宁都八中、宁都六小,改建农村中小学校舍4.6万平方米,开工建设214所农村中小学校食堂,农村义务教育学生营养改善计划惠及8.6万名学生。全民健身运动获国家体育总局表彰。被评为全国计划生育优质服务县、2008~2012年度全省社会管理综合治理工作先进县。

【为中央苏区振兴发展的"若干意见"出台作贡献】 率先深入开展县域经济社会发展状况调查研究,形成《怎样支持赣南苏区发展——以宁都为样本》调研报告,作为赣南唯一的县级调研报告呈送中央领导参阅;配合国家发改委前期调研组和国家部委联合调研组开展调研,为争取赣南苏区振兴发展上升为国家战略作出重要贡献。《国务院关于支持赣南等原中央苏区振兴发展的若干意见》出台后,组织编修各类规划、行动计划、试点示范方案120多项,编报苏区振兴发展重大项目234个,有力地促进了争资争项争政策工作。通过宁都的乐宁于高速公路、鹰瑞梅铁路、吉建铁路等直接写入《国务院关于支持赣南等原中央苏区振兴发展的若干意见》,中央苏区反"围剿"战争纪念园及梅江社会福利中心等一批民生项目得到上级支持。全年争取上级各类资金20.3亿元。

【《少共国际师》在宁都首映】 9月21日,由湖北电影制片厂、《中国改革报》江西记者站、南昌手信文化传媒有限责任公司联合摄制的红色青春励志电影故事《少共国际师》,在宁都县城翠微剧院举行首映仪式。老红军吴清昌,中央、江西省、赣州市媒体记者,军事科学院、省委党史研究室、省民政厅、省委教育工委、团省委、省国资委等有关部门的专家和领导,宁都县党政军领导干部及社会各界群众800余人出席首映仪式。《少共国际师》于2011年6月在宁都开机拍摄,并以宁都为主要取景地。该片讲述1933年8月5日在宁都县组建"少共国际师"的故事。少共国际师是一支特殊的红军部队,全部由模范青少年组成,平均年龄不足18岁,共1.1万人。部队在宁都诞生、誓师、阅兵、授旗、出征,在赣南苏区这片红色土地上历经战火洗礼,特别是在第五次反"围剿"和二万五千里长征中为中国革命作出巨大贡献和牺牲。

主要领导人 县委书记:王四华。县人大常委会主任:李志勇。县长:刘勇。县政协主席:赖文政。

(刘红彦)

·于都县·

【简　况】 位于江西省南部,赣州市东部,贡水中游。辖9镇14乡,县域面积2893.09平方千米,其中城区面积23平方千米。耕地面积2.8万公顷,林地面积21.2万公顷,森林覆盖率71.7%,城区绿化率39.5%。总人口104.68万人,其中非农业人口18.64万人,城镇化率达41.5%。人口自然增长率6.69‰,同比下降5%。

实现地区生产总值121.05亿元,增长11.2%。其中,第一产业增加值19.88亿元,增长4.8%;第二产业增加值62.17亿元,增长13%;第三产业增加值39亿元,增长12.1%。三次产业结构由2011年的17.1∶51.5∶31.4优化为16.4∶51.4∶32.2。财政总收入10.31亿元,增幅27.1%;地方财政收入7.26亿元,增长28.4%;地方财政支出3.07亿元,增长38.5%。工业总产值5.55亿元,增长13.1%;规模以上工业增加值4.76亿元,占GDP的3.92%。外贸出口占GDP的0.36%。固定资产投资8.6亿元。主要工业品产量为:铜精矿1279吨、钨精矿5964吨、乳制品9524吨、纸制品2882吨、光缆1869千米。农业总产值30.81亿元,增长7.7%。粮食总产量25.38万吨。主要农产品产量为:稻谷24.24万吨、花生1.08万吨、油菜籽5084吨、芝麻133吨、甘蔗440吨。城镇居民人均可支配收入1.50万元,增长11.05%。农村人均纯收入4430元,增长12.7%。城乡居民年末储蓄余额105.69亿元,比年初增加18.63亿元。万元生产总值能耗控制在0.66吨标准煤以下,下降3%;二氧化硫排放量控制在1.13万吨,下降1.79%;城市污水处理率78%。

开展工业园扩区调区申报,省级新型电子科技产业基地、省级新能源汽车及动力电池配套产业基地申报成功获批。抓好格特拉克年产50万台套汽车变速箱技改扩张、南方万年青日产4800吨新型干法水泥熟料技改等一批重大工业项目建设,推动矿业、机械电子业、现代轻纺业三大支柱产业和战略性新兴产业集聚集群发展。全年规模以上工业增加值47.55亿元,增长13.3%;新增规模以上工业企业9户。全县实际利用外资7104万美元,增长10.1%。实际引进内资21.3亿元,增长24.5%。引进5000万元以上项目18个,其中超10亿元项目3个。实现外贸出口6755万美元,增长31.03%。

开工建设红旗陂灌区等高效节水示范项目,完成新陂、葛坳、银坑、梓山等高标准良田建设。粮食生产实现九年连增。完成"一大四小"造林绿化面积3200公顷和水土流失治理面积76平方千米。创建省级生态乡镇3个、生态村4个。全年投入民生资金24.5亿元。居民消费价格涨幅控制在2.7%以内。完成100项民生工程,1000套廉房摇号分配到户,完成公共租赁住房1908套,城市棚户区改造完成133户,国有林场棚户区改造116户。城镇新增就业人数6000人,就业率达96.2%。城乡居民养老保险参保率达83%,新农合参合率达98.6%。全年新建、改建校舍10.3万平方米,建设乡镇公办幼儿园11所,农村义务教育学生营养餐补助政策惠及学生13.4万人。建设乡镇综合文化站19所、广播电视户户通工程870户。

【苏区振兴开局良好】 为贯彻落实国务院《关于支持赣南等原中央苏区振兴发展的若干意见》(以下简称《若干意见》)及省、市《关于支持赣南等原中央苏区振兴发展的实施意见》,坚持"以城市化引领工业化,以工业化促进城市化"的发展理念,确立"三区引领四化"发展战略。完成30个行业专项规划编制工作,出台《弘扬苏区精神争当赣南苏区振兴发展先行者实施意见》,对工作任务及责任进行科学分解。启动《瑞(金)兴(国)于(都)经济振兴试验区总体发展规划》编制工作。

推进中央、省、市项目的跟踪和落实,推进150个项目顺利开展,带动500万元以上固定资产投资增长24.1%,实现投资84亿元。全年累计滚动策划和包装重大项目123个,成功争资项目45个,争取资金5.9亿元,成功招商12个,项目总投资33.6亿元。全年争取上级各类项目资金23.5亿元,增长33.5%;争取用地指标287.53公顷。单项投资60亿元的抽水蓄能电站站点规划选址得到国家部委肯定;20万吨木薯乙醇项目列入省新能源"十二五"规划;屏山风电场项目获得省级立项批复;工业园扩区调区项目获得省级"路条"同意开展前期工作。全年实施重点项目58个,投资拉动GDP增长贡献率达80%以上。

【多项改革成效显著】 于都县推进政府投融资平台建设,提升国有资产经营公司融资、建设、运营能力,优化重组国有资产经营公司,融资8000万元,有效推进重点项目建设。南昌银行于都支行、赣州银座村镇银行于都支行相继开业,农信社改革有序推进。医药卫生体制改革全面深化,国家基本药物制度全面实施,基层医疗卫生机构综合改革顺利推进,减轻群众用药负担1500万元,基层医疗单位债务化解工作取得阶段性成果。全面推进企业一套表统计制度改革。稳妥推进事业单位分类改革,县采茶剧团成功改制。农村集体土地所有权确权登记发证工作基本完成。

主要领导人 县委书记:蓝　捷。县人大常委会主任:高明旭。县长:唐庆敏(任至11月)、陈阳山(11月代)。县政协主席:曾庆银。

(管宝禄)

·兴国县·

【简　况】 位于江西省中南部,辖25个乡镇,国土面积3214.46平方千米。全县生产总值100.09亿元,增长11.3%。财政总收入9.11亿元,增长19.8%,其中公共财政预算收入5.19亿元,增长24.1%。500万元以上固定资产投资54.83亿元,增长33%。三次产业结构比优化为24.8∶47∶28.2。工业经济加速发展,全县规模以上工业企业实现增加值26亿元,增长16%。

围绕建设"高产油茶重点县,苗木花卉大县和优质绿茶基地",年内引进赣州裕丰、江西海雅等公司投资现代农业产业示范园、生态旅游观光园等。实施油茶低改1333.33公顷,新植2000公顷,启动5733.33公顷脐橙、2466.67公顷甜橙提升改造,推进万亩苗木长廊,万亩现代农业产业示范区建设。被评为"全国脐橙产业标准化建设示范县"。粮食生产实现"九连丰",全年实现农业总产值36.8亿元,增长7.7%。油茶、茶叶等农业主导产业进一步发展壮大。全县社会消费品零售总额22.76亿元,增长12.8%。

完成城市基础设施建设总投资近20亿元,城市建成区面积达23.03平方千米,城镇化率达43.2%,被评为"全省城乡建设先进集体"。完成新农村建设点205个,改造通组公路108千米;完成新建、改造农村电网10千伏线路300千米、低压线路113千米。被评为"国家水土保持生态文明县""全国农田水利基本建设先进县"。100项民生实事顺利实施,全县民生支出21.89亿元,增长49%,占财政总支出72.1%。改造土坯房1.08万户。城镇职工基本医疗保险、城镇居民基本医疗保险和失业保险实现市级统筹,农村合作医疗参合率达97.65%;新建廉租房1034套、公租房1200套,被评为"全省保障性住房建设和房地产管理先进县";城镇居民人均可支配收入1.22万元。农民人均纯收入4476元,分别增长12%、13%。

【对接赣南苏区振兴发展项目】 全力配合国家部委联合调研组完成实地调研,《国务院关于支持赣南等原中央苏区振兴发展的若干意见》明确提出设立"瑞(金)兴(国)于(都)经济振兴试验区(以下简称瑞兴于试验区),鼓励先行先试,加大支持力度",为兴国县超常规、跨越式发展带来重大历史机遇。全县推动实施一批涉及交通、能源、产业、基础设施等方面的重大项目,319国道债务贷改拨、小山变电站取消地方贴息等政策已落实,兴国至赣县高速公路正在放线,昌吉赣客专(途经兴国并设站)项目铁道部已完成预可研评审并于年内开工建设,中央苏区烈士陵园加速推进。在苏区振兴发展利好政策的牵引下,全县完成财政总支出30.35亿元,增长33.6%,其中预算内支出27.62亿元,增长43.3%;争取上级转移支付20.76亿元,增长45.5%。兴国被列入罗霄山脉集中连片扶贫开发攻坚县和省"四个一"组合式扶贫帮扶县,统筹实施全县扶贫开发,着力抓好165个整村推进扶贫重点村和10个中央彩票公益金试点村建设,启动实施茶园扶贫开发示范乡建设。

【招商引资成效显著】 8月7日,兴国县举办兴国(深圳)招商引资推介会。签订64项合同,其中亿元以上项目16个,创下历史新高;12月7日,兴国(呼和浩特)投资环境暨脐橙营销推介会在内蒙古呼和浩特举办。兴国县县长进超市,访企业,赢得客商信任。推介会签订项目8个,签约资金28亿元。通过两次大型招商会,中国建材集团以14.85亿元收购宝华山集团水泥板块,全省唯一省级氟化工产业基地落户兴国。

主要领导人 县委书记:李恭进(任至4月)、何舜平(4月任)。县人大常委会主任:李恭进(任至2月)、陈文俊(2月任)。县长:赖晓军。县政协主席:董世倬。

(陈玉桃)

·会昌县·

【简 况】 位于江西省东南部,辖6镇13乡,总面积2709.91平方千米,其中城区面积10.5平方千米。耕地面积2.18万公顷,林地面积20.5万公顷,森林覆盖率79.47%,城区绿化率42.35%。总人口51.16万人,其中农业人口42.92万人,非农业人口8.24万人。人口自然增长率7.12‰。全年实现国内生产总值60.17亿元,同比增长13.9%。其中,第一产业增加值14.27亿元,增长5.5%;第二产业增加值25.05亿元,增长16.6%;第三产业增加值20.85亿元,增长16.8%。财政总收入7.5亿元,增长20.9%,人均财政收入1674元,税收占财政总收入比重为80.8%。地方财政收入5.36亿元,增长23.9%。财政总支出19.49亿元,增长31.3%。工业总产值78.5亿元,增长16.6%。规模以上工业增加值20.28亿元,增长19.7%。固定资产投资30.5亿元,增长35.6%。万元GDP能耗增长9.2%,二氧化硫排放削减3.5%,城市污水处理率83%。城乡居民人均可支配收入1.50万元,增加2055元。农村人均纯收入4283元,增加488元。城乡居民年末储蓄存款余额69.24亿元,增长28.0%。

规模以上工业企业主营业务收入75.8亿元、利税10.7亿元,分别增长15.4%和19.9%。年内,康力斯年产50万平方米人造微晶地板等7个项目竣工投产,投资20.7亿元的石磊氟化工新型制冷剂等10个重点项目开工建设。启动了燕子窝工业项目"退城进园"工作。主要工业品产量有原盐24.42万吨、水泥236万吨、发电量9575万度、中成药980吨、服装1075万件。

农业发展成绩斐然。全年实现农业总产值21.23亿元,增长9.2%。粮食总产16.14万吨,下降1.5%。种植结构进一步优化,经济作物种植面积1.07万公顷,增长4.8%。年末果园面积1.8万公顷,增长3.9%,其中脐橙面积0.94万公顷。水果产量10.49万吨,增长10.5%。烟叶种植2300公顷,收购501万千克,成为全省烟叶生产第一县。生猪出栏27.2万头,增长11.9%,成为全省生猪调出大县。油茶新植、低改1240公顷,是国家油茶产业建设重点县。新增市级以上农业龙头企业6家,农民合作经济组织44个。新增造林2646.66公顷,治理水土流失面积1806.5公顷。百里湘江"绿色通道"工程开工建设,会昌湘江国家湿地公园获得批准。

第三产业加速扩张。全年实现第三产业总产值51.3亿元,增长16.3%。实现社会消费品零售总额17.47亿元。增长13.9%。旅游业发展迅速,游客量和旅游综合收入分别增长24.9%和36.2%。商贸金融活跃,"万村千乡市场"工程农家店村级覆盖率85%,实现"家电下乡"销售额7478万元。新增物流企业3家,全县年货物吞吐量480万吨,增长21%。金融机构年末各项存款余额70.2亿元,贷款余额38.8亿元,分别增长28.4%和45.1%。

项目建设成效显著。开展"项目推进年"活动,开工重点项目73个,竣工11个,完成投资29.6亿元,增长2.3倍。完成重点工程项目征地933.33公顷,拆迁35.9万平方米,争取建设用地指标490.53公顷,长期使用林地指标264.18公顷。赣龙铁路扩能工程全面开工,会杉线、站洞线、筠清线公路升级改造进展顺利。硬化村组公路92.8千米,新建、改造农网线路31千米,麻州220千伏输变电工程通过核准。完成小(一)型水库除险加固9座,小型农田水利项目100个,灌区续建配套与节水改造32个,新增、恢复和改善灌溉面积3266.67公顷。

城乡建设整体推进。通过县城第四轮总体规划修编,控制性详规基本实现全覆盖。月亮湾新区基础设施项目开工建设,城区生活垃圾处理场工程竣工,城西出入口道路整治改造稳步推进。全县城镇化率37.24%,比上年提高2.5个百分点。开展"两违"整治活动,拆除"两违"建筑160栋,4.52万平方米。通过了创建省级文明城市的评审、考核。农村面貌明显改观,90个新农村建设点基本成型。完成改水4928户,改厕4826户,拆除"空心房"、破旧栏厕23.2万平方米,新建沼气池187口,安装太阳能402台。完成扶贫开发整村推进项目249个,移民搬迁2298人。在1407个村点开展了农村垃圾无害化处理,8000户农村危旧土坯房改造工作全面推进,新增解决5.22万农村人口饮水安全问题。

招商引资成效明显。全年累计签约项目53个,其中亿元项目37个。引进5000万元以上内资项目19.7亿元,增长173.6%。实际利用外资3644万美元,增长10.1%。实现出口总额2872万美元,增长44.4%,会昌县被评为全省招商引资进位赶超先进单位、全省外贸出口进位赶超先进单位。全民创业氛围浓厚,新增私营企业265户,个体工商户2364户。

民生实事全面落实。全年民生工程投入12.1亿元,增长37.3%,占财政支出的61.5%,年初确定的100件民生实事全面落实。年内,新增城镇就业,转移农村劳动力和基本养老保险、失业保险参保人数均超额完成。县农医中心被评为全国新型农村合作医疗先进集体。发放各类救济金1.02亿元,惠及54.5万人次,在全市率先将孤儿纳入医疗救助范围。农村义务教育学生营养改善计划实现全覆盖,惠及学生6.8万人。建成保障性住房964套。

社会事业协调发展。年内,校安工程全面完成,第三小学、新职校投入使用,周田镇"新学校、新社区"工程顺利竣工,高考二本以上全市排名前进3位。县人民医院外科大楼投入使用,村卫生室国家基本药物覆盖率95%,位居全市前列。"科技富民强县"计划项目获科技部批准立项,文化信息资源共享工程实现"村村通",农家书屋实现全覆盖,新建乡镇综合文化站5个,特色文化村23个。实现农民体育健身工程项目33个,少儿体育竞技在省市锦标赛中获奖牌32枚。社会保持和谐稳定,开展"历史遗留问题排查处理年"活动,1.36万人(户)的历史遗留问题和信访积案得到妥善处理,修订完善预案20个,"天网"工程全面完成。成功举行抗震救灾应急演练,县防震减灾局被评为全国县级防震减灾工作先进单位。

【县农医中心获全国新型农村合作医疗先进集体称号】 2012年,县农医中心被评为全国新型农村合作医疗先进集体。会昌县把新农合工作作为为民办实事、办好事的重点工作来抓,结合本地实际制定科学统筹补偿方案,近3年参合率均在99.6%以上,参合农民实际补偿达到并高于同期全省平均水平。建立信息公开制度,新农合基金安全运行机制和定点医疗机构即时结报制度,全县参合人员住院一次性报账率95%以上。首创新农合与城乡医疗救助捆绑运行制度,这一模式得到卫生部、财政部、民政部认可,并在江西全省推行。实施新农合重大疾病住院费用补偿制度,减少参合农民因重大疾病致贫返贫现象。同时,在全市率先实施县级新农合信息平台系统建设,方便参合农民就医和结算,提高工作效率。针对外出务工人员多的情况,率先在县外务工参合农民聚集地广东省潮汕地区设立新农合定点医院和新农合办事处,为本县务工农民提供参合收费、新农合政策咨询、转诊、报账等便民服务。这一模式,在赣州市各县(市)区全面推行。

【百里湘江"绿色通道"工程开工】 12月,百里湘江"绿色通道"工程开工,建设期一年。该工程是百里湘江绿色生态长廊的重要组成部分,沿湘江两岸而建,起于县城步云桥,向南经文武坝镇、麻州镇、站塘乡、中村乡、周田镇、筠门岭镇等6个乡镇,止于筠门岭大桥,路线总长约116千米,工程总投资6.65亿元。该工程包括休闲观光道路、主题公园、驿站、亲水平台、娱乐设施和绿化带等,是以湘江沿线丰富的人文景观资源为依托,以原生态山水休闲观光为特色,集旅游观光、休闲度假、健身康体、民俗展示、农家体验、产业集群为一体的综合性旅游休闲度假项目。

主要领导人 县委书记:傅春荣。县人大常委会主任:傅春荣(任至2月)、郭贤富(2月任)。县长:周逸洪。县政协主席:刘为民。

(曾礼国)

·寻乌县·

【简 况】 位于江西省南部,辖7镇8乡,县域总面积2311.38平方千米,其中城区(建成)面积10平方千米。耕地面积1.19万公顷,有林面积14.43万公顷,森林覆盖率79.5%,城区(建成)绿化率38.11%。城镇化率达44%。全县总人口31.64万人,其中非农业人口5.24万人,人口自然增长率2.07‰。2012年生产总值40.2亿元,同比增长11.4%。其中,第一产业增加值10.97亿元,增长5.0%;第二产业增加值13.13亿元,增长13.7%;第三产业增加值16.1亿元,增长14.2%。财政总收入4.31亿元,增长30.4%;税收收入3.57亿元,税收占财政总收入的82.92%;地方财政收入2.96亿元,增长39.7%;地方财政支出14.23亿元,增长35.2%。规模以上工业总产值24.3亿元,增长13.15%。规模以上工业增加值6.87亿元,占GDP的17.1%。外贸出口743.5万美元,占GDP的1.17%。全社会固定资产投资38亿元,增长31%。全年实际引进外资1435万美元,同比增长10.81%。主要工业产品有水泥71.81万吨、发电量1.18亿千瓦小时。农业总产值28.19亿元,增长5.03%。粮食总产量10.68万吨。主要农产品有柑橘19.46万吨、脐橙29.51万吨、生猪出栏23.99万头、禽蛋4320吨、蔬菜5.07万吨。万元GDP能耗降低10.08%;二氧化硫排放总量512.66吨,削减率0.3%;城市污水处理率100.0%。城镇居民人均可支配收入1.14万元,增长10%。农村人均纯收入4330元,增长14.95%,人均增加563元。城乡居民年末储蓄余额31.24亿元,增长25.22%。全县民生类支出7.6亿元,占财政总支出的53.2%。4161户农村危旧土坯房、378套保障性住房开工建设。发放小额担保贷款9500余万元,扶持和带动3860名下岗失业人员、返乡农民工自谋职业和自主创业。实施农村义务教育阶段学生营养改善计划,县城自来水厂扩容工程建成并投入使用。新型农村合作医疗参保率达97.2%,城乡居民社会养老保险参保人数达15.4万人。

【高标准建设新型城镇】 聘请中国美院专家完成新东新区2.5平方千米的景观设计和城市设计,聘请省规划设计院专家启动县城20平方千米总体规划和近期建设规划编制。依法拆除违法违章建筑376户,面积共3.2万平方米。按照"拉开框架、完善功能、提高品位、打造亮点"的原则,以项目建设为载体,完善城市配套功能,高标准实施一批重点项目、市政设施、休闲公园、路网工程,精心打造"一河两岸"、商住小区等重点区域的园林景观和亮化提升工程。新区路网、城北出口路、新罗南路、青水山下沿河路等路段建设加快推进。年内,城区新设立建设银行、银座村镇银行、小额贷款公司,金融服务水平有新提升。开展"治脏、治乱、治堵"活动,完成城区主干道道路标识、标线和防护栏的设置。按照"统一规划、统一设计、统一建设、分布实施"的要求,启动老城区危旧房改造。提升绿化、美化、亮化水平,实施老城区小街小巷整治、城区亮化工程等项目,重点打造夜色景观、特色街区和公共休闲场所。理顺城市管理体制机制,推行住宅小区物业管理,推进"治脏、治乱、治堵"工作,实现城区道路清扫保洁全覆盖。提高乡(镇)圩镇总规、控制性详规的执行力度,从政策、资金、项目等方面加大对乡(镇)的扶持力度,增强乡(镇)自主发展能力。重点加强南桥、留车、澄江、吉潭、晨光5个圩镇的建设与管理,完成丹溪、龙廷、项山、水源4乡(镇)的圩镇整治,不断增强圩镇的综合承载力和辐射带动力。

【落实赣南苏区振兴发展项目取得新成效】 配合国家部委联合调研组民生保障组来县专题调研。抓好《关于支持赣南等原中央苏区振兴发展的若干意见》的贯彻落实,共梳理出需上级支持的项目10大类225个,总投资381亿元,有149个项目进入市级项目库。其中鹰瑞梅铁路、寻全高速、揭阳－赣州成品油管道等项目以及生态补偿、财税、投资、产业、国土等系列扶持政策均在《若干意见》中予以明确。东江源水生态系统保护与修复、太湖水库及引太湖水入文峰乡、寻乌调查纪念馆改扩建等项目对接取得进展。争取到石排废弃稀土矿山地质环境综合治理示范工程、小农水重点县等项目。全年争取到位资金11.5亿元,增加3亿元,增长35.6%。

【获"全国农业标准化示范县"称号】 继"寻乌蜜橘"获得国家地理标志保护产品和江西省著名商标后,寻乌脐橙标准化生产建设被国家农业部授予"全国农业标准化示范县"称号。寻乌以核心示范区建设为重点,制定和完善赣南脐橙标准化生产体系,全面推广无公害标准化生产技术,扩大绿色果品出口基地建设规模,健全质量安全监管制度。加大品牌培育力度,建设高标准生产园,推动脐橙标准化生产建设,取得显著成效。2012年底,全县建成市级精品果园8个、县级精品果园15个和经江西出入境检验检疫局注册备案的出口基地11个,面积2200公顷。

主要领导人 县委书记:赵多仙。县人大常委会主任:赵多仙(任至3月)、黄志高(3月任)。县长:杨永飞。县政协主席:刘琼招。

(钟玉华)

·石城县·

【简　况】 位于江西省东南部、赣州市东北部,辖5镇5乡,总面积1581.53平方千米,其中城区面积10平方千米。全县城镇化率38%,同比提高1.8个百分点。全县总人口31.94万人,其中城区人口10万人,非农业人口5.27万人,人口自然增长率8.9‰。2012年全县生产总值31.1亿元,同比增长11.5%。其中,一产增加值10.4亿元,增长6.7%;二产增加值9.3亿元,增长15.1%,其中工业实现增加值6.85亿元,增长14.7%;三产增加值11.4亿元,增长13.3%。财政总收入3.9亿元,增长30%,连续三年翻番。其中地方财政收入2.96亿元,增长29.7%。财政总支出13.6亿元,增长48.8%。500万元以上固定资产投资13.43亿元,增长30%。实际利用外资1611万美元,实现外贸进出口860万美元,增长114%。社会消费品零售总额增长13%。城镇居民人均可支配收入9918元,农民人均纯收入3556元,分别增长13.2%和13.5%。石城县被评为"中国宜居宜业典范县"。

举办大型招商推介会4次,外贸出口增幅居全市前列。新开发园区面积21.33公顷。规模以上工业主营业务收入、利税分别增长22.4%、43.4%。制造业完成税收3078万元,占工业总税收的80%。新增规模以上企业5家,荣城鞋业、赣东机械、海崴运动等企业成为龙头企业。提升四大核心景区,先后完成荷花园、莲文化馆等新建项目,推进客家旅游文化街等建设。全年接待游客超100万人次,旅游收入突破3亿元,分别增长46.5%和49.3%,通天寨景区被评为"欢乐健康江西游十大首选地"。推动村镇银行挂牌营业,帮助筹建建设银行,金融机构存贷比达62%,增幅居全市前列,金融业税收突破3000万元,增长60%。物流业税收增长51.7%。稳定粮食、烟、莲产业,新增集中连片百亩以上大棚蔬菜基地47.73公顷、高产油茶林等1.2万公顷。规模以上农业龙头企业达22家,年销售收入超3亿元,带动农户4.2万户。

投入1200余万元,编制县城总规,旅游、工业、物流产业规划等70余项项目规划,修改近50个村庄规划。查处违法建设用地1.1万平方米,拆除违法建筑165宗。实施城市项目19个,总投资18.4亿元。引农进城、进圩镇,城镇人口增至12万人,城镇化率提高1.8%。落实年初确定的100件民生实事,民生支出占总支出的62.8%。财政统筹解决资金1.2亿元,全面完成4778户农村危旧土坯房改造。建成887套廉租房,改造530户城市棚户区。列入全国小农水重点县试点区,建设县城3万吨/日供自来水扩能暨取水口上移工程。新农合参合率达98%。无公害油茶栽培技术示范及产品加工获科技部立项。打响石城灯彩、石城龙砚、王润生毛笔等特色品牌,被授予"中国灯彩艺术之乡"称号。再次被评为"全省三无县(无进京重复非正常上访、无进京集体上访、无来省非常集体上访)"和"全市信访工作先进县"。

【落实苏区振兴发展工作开局良好】 2012年,国务院《关于支持赣南等原中央苏区振兴发展的若干意见》出台后,石城县修改完善《石城县连片特困地区区域发展与扶贫攻坚规划》,确立打造"区域性矿山机械制造基地、闽台产业转移承接地、赣闽粤绿色食品基地、赣闽边际生态休闲旅游目的地、秀美赣江源头"战略定位。研究制定35条实施意见,谋划重大项目385个、总投资476亿元。经争取,在鹰梅铁路取道石城、220千伏输变电工程、工业平台(产业集聚区)、赣江源生态补偿、新能源建设、农业保险、引提水工程等方面享受特殊扶持。争取项目资金10.6亿元、用地指标137.53公顷。全年实施重点项目64个,完成投资13.2亿元,国省道改造、赣江源大道、爱莲山庄(酒店)、保障房、新人民医院等项目相继竣工,振兴大道、防洪堤三期、特色文化展览馆、文化艺术(青少年活动)中心、钽铌矿综合开发、美满生活用品制造等项目顺利实施。

【获评"宜居宜业典范县"】 2012年,石城县被中国民族建筑研究会建筑环境与居住文化专业委员会评为"宜居宜业典范县"。筹资8亿元实施重大城市建设项目21个,市民公园、防洪堤二期梅福段、温坊拦河坝、兴隆大桥等项目投入使用。赣江源大道全线贯通,振兴大道、莲乡大道及东环路一期等城市主干道路快速推进,宝福寺周边改造、湿地公园建设进展顺利。7条城市道路开工建设,在建和建成一级公路超过20千米,完成二级公路19千米,新增城区面积3平方千米。"一江两岸,五纵五横一外环"

的城市框架形成。年内启动农村危旧土坯房改造建设,完成改造任务4770户,农户建房补助资金实行“一卡通”拨付到户。集中改造水、厕、电、通讯、绿化等基础设施建设,同步配套完善文化、教育、卫生、休闲等公共服务设施。建成55个省批村庄点,古井新村、大畲新村分别被评为“全省百佳优美村庄”和“江西省4A级乡村旅游点”。实施生态创建规划,推进生态县、生态乡镇建设,获评“省级生态村”4个。完成7条小流域综合治理,实行商品材零砍伐,整地造林2206.67公顷,森林覆盖率达75%。中心城区环境空气质量优良,赣江源保护区水质、县城集中式饮用水源水质达到Ⅱ类标准,出境断面水水质达Ⅲ类标准。成为全省首个“全国中小城市生态环境建设实验区”。

【举办赣江源·中国石城第二届乡村旅游文化节】 7月21~23日,以“相约魅力莲乡,走进生态石城,探游赣江源头,体验客家文化”为主题的2012年赣江源·中国石城第二届乡村旅游文化节举行。省、市和赣闽粤毗邻县市领导,美国、马来西亚、印尼和中国香港、澳门、台湾地区的各界人士1000余人参加,30多家媒体聚焦报道。在21日举行的投资环境推介暨项目签约仪式上,有12家企业现场签约,签约总资金18.53亿元。在旅游文化节的拉动下,2012年全县接待游客101万人次,增长49.3%,实现旅游综合收入3.1亿元,增长46.5%。石城县被评为“欢乐健康江西游十大首选地”之一。

【被授予“中国灯彩艺术之乡”称号】 7月,石城县被中国民间文艺家协会评为“中国灯彩艺术之乡”。石城灯彩是一种具有悠久历史传统的民间文化艺术形式,种类繁多,具有灯具美、音乐美、舞蹈美和服饰美的特点。1987年,大型灯彩节目《花灯仙子》到中南海及省市展演,载誉而归。1998年石城县被江西省人民政府授予“中国灯彩之乡”称号。2008年,“石城灯会”被列入国家级非物质文化遗产名录。2010年,石城县举办首届灯彩艺术节和农民灯队进城贺新春闹元宵等活动,在演出阵容、规格、效果等方面均创石城文艺演出之最。石城县创作编排的《丰收锣鼓》等3个具有石城特色的大型灯彩节目在北京参加2010年亚洲艺术博览会民俗展演,受到参会领导、专家和外国友人的好评。《龙腾鼓欢》代表江西省参加第八届中国民间艺术节展演获金奖。

主要领导人 县委书记:苏传辉。县人大常委会主任:苏传辉(任至5月)、陈艳明(5月任)。县长:鲍峰庭。县政协主席:黄运群。

(温永发)

·瑞金市·

【简　况】 位于江西省东南部,赣州市东部,辖7镇10乡,总面积2448平方千米,其中城区面积24.2平方千米。耕地面积2.16万公顷,有林地面积17.2万公顷,森林覆盖率为74%。总人口68.3万人,其中非农人口13.44万人。人口自然增长率7.08‰。2012年实现生产总值88.92亿元,同比增长12.5%。其中,第一产业增加值14.83亿元,增长5.4%;第二产业增加值31.55亿元,增长15.9%;第三产业增加值42.54亿元,增长12.4%。工业增加值15.41亿元,增长18.2%。主要工业产品有中成药323万吨、发制品246万条、烤鳗2022吨、水泥242万吨、电力电缆2.53万千米。农业总产值25.75亿元,增长5.4%,主要农产品有粮食19万吨、烤烟4016吨、蔬菜13.28万吨、脐橙6.61万吨、生猪出栏40.25万头。财政收入10.36亿元,增长27.9%;财政支出25.26亿元,增长39.4%。城镇居民人均可支配收入1.48万元,增加1768元;农村人均纯收入5176元,增加600元。城乡居民储蓄78.19亿元,增长18%。

投入2000余万元,启动瑞金市第五轮总体规划及各类建设性详细规划31个。重点项目开工52个,续建17个,竣工46个。完成投资16.94亿元,其中基础设施投资5.94亿元,公建项目投资5.52亿元,保障性住房0.18亿元。新增城市建成区3.2平方千米,新增城镇人口2.48万人,城镇化率达45%。

开展圩镇整治,将全市17个乡镇划分为重点中心示范镇、试点圩镇、巩固提升圩镇、非示范圩镇等4类进行整治。整治115个村庄,拆除空心房、低矮房、破旧房8.08万平方米及违章建筑2800平方米,硬化主干道路28.3千米。基本完成15座重点小㈡型水库除险加固和98座“六小”水利工程建设。实施中小河流治理项目及百吨千人饮水工程15处,扩建110千伏变电站1座,改建35千伏变电站2座,治理水土流失面积7500公顷。筹集资金360万元,争取15个省、赣州市单位定点扶贫。全市实施扶贫项目142个,其中49个扶贫开发重点村申报扶贫项目111个,开展整村推进扶贫工作,沙洲坝镇洁源村整村推进成效明显。

财政民生支出15.6亿元,增长43.5%,占财政总支出的61.8%,131项民生工程指标任务全面完成。改造农村危旧土坯房1.28万户,发放补助资金1.4亿元,城镇新增就业5500人,城镇登记失业率控制在4%以内。25.93万人参加城乡居民养老保险,5.63万名农民领取养老金3715万元。52.5万农民参加新农合,13.64万名城镇职工、居民参加城镇医保,20.3万人次获门诊和住院补偿1.75亿元。实施基本公共卫生服务均等化项目,健康档案电子建档36.98万人次,农村妇女宫颈癌检查2.08万人,白内障免费手术治疗226例,免费救治白血病患儿3人,先天性心脏病患儿40人。建立城乡低保补助标准自然增长机制,高龄老人补贴提标扩面。实施农村义务教育学生营养改善计划,采取企业供餐方式发放补贴1774万元,全市266所农村义务教育阶段学校7.03万名学生受益。落实义务教育阶段各项政策性补助,免费提供教科书8.8万人。义务教育阶段公办中小学补助公用经费和民办学校免学杂费人数9.38万人,补助金额5431.04万元;落实义务教育阶段家庭经济困难寄宿生活补助学生6546人,补助金额790.35万元。完成“两红”人员及其遗属危旧房改造,建成廉租房371套。被评为2008~2012年全省社会管理综合治理先进县(市)、2012年全省应急管理先进县(市)。

【实施瑞金经济振兴规划】 6月28日，国务院出台《关于支持赣南等原中央苏区振兴发展的若干意见》后，瑞金市立即贯彻落实，实施瑞兴于试验区规划、瑞金都市区规划，鹰瑞梅铁路扩能等重点项目，并取得初步成效。至年底，瑞兴于试验区规划编制初步形成以建设瑞金核心区、统筹兴国、于都等县振兴发展为内容的规划，确保9大类、228个建设项目进入赣南苏区振兴项目库。积极推进农村危旧土坯房建设，拆除危旧土坯房1.28万户，总面积105万平方米，占2012年赣州下达任务的143%，完成改建（造）7408户，拨付补助资金1.4亿元。初步确定创国家5A级旅游景区范围为叶坪景区、红井景区、二苏大景区、纪念园景区、罗汉岩景区。按照中心城市建设要求，编制瑞金市区规划，完成招标，确定设计单位，基础资料收集调研等前期工作。瑞金通勤机场完成项目建议书、项目预选机场选址报告、飞行程序设计方案。鹰（潭）瑞（金）梅（州）铁路扩能前期工作和瑞金火车站升级改造正寻求上级支持。瑞金省级经济开发区升格国家级经济技术开发区工作正加紧编制项目申报。瑞金公务员培训基地于6月授牌。瑞金市区域性食品药品检验检测所建设已由国家食品药品监督管理局形成调研报告。瑞金市生态文明工程试点建设得到国家发改委、财政部、林业局批复并出台实施意见及方案。

【旅游业日趋活跃】 2012年，以创建国家5A级旅游景区为目标，推进景区升级改造。投入1.51亿元，实施中华苏维埃纪念园、叶坪景区、红井景区、二苏大景区改（扩）建项目。完成投资7000万元，推进旅游集散中心片区建设。加强旅游宣传促销。江西电视台指南频道畅游江西栏目组，在瑞金拍摄制作6集瑞金系列专题片，并在黄金时段连播3周；中央电视台《我要上春晚》栏目、江西卫视、江西五套《新闻晚高峰》等在瑞金拍摄旅游新闻。中央电视台《赣南六章》旅游风光片及公益广告在瑞金拍摄。在《赣南日报》《赣州晚报》专版推介瑞金旅游，在大江网以“喝红井水看世界巨星”为主题，重点宣传瑞金新景点、新线路的十一专题广告宣传。利用“5.19”中国旅游日推出所有旅游景点免费游活动，参加环渤海旅游联合年会、旅游营销推介会、江西（香港）旅游招商推介会、三明中央苏区红色旅游第四次联席会、第八届海峡旅游博览会、延安红色旅游季活动、旅游博览会、广州旅游推介会，举办“苏区精神永放光芒”大型文艺晚会。全年接待游客328万人次，实现旅游收入11.1亿元，分别增长30.3%和32.5%。

主要领导人 市委书记：钟炳明。市人大常委会主任：阳纯普。市长：赖晓岚（任至4月）、许　锐（11月代）。市政协主席：彭　强。

（杨　溢）

·南康市·

【简　况】 位于江西省南部，辖6镇12乡，行政区域面积1844.96平方千米，其中城区面积29.9平方千米。耕地面积2.60万公顷，有林面积8.91万公顷，森林覆盖率60.82%，城区覆盖绿化率41.74%。总人口82.94万人，其中非农业人口29.12万人，人口自然增长率12‰。2012年生产总值122.9亿元，同比增长12.0%。其中，第一产业增加值20.88亿元，增长4.9%；第二产业增加值63.99亿元，增长15.8%；第三产业增加值38.02亿元，增长9.5%。财政总收入15亿元，增长35.9%，人均2084元，税收占财政总收入83.3%；地方财政收入10.9亿元，增长36.8%；地方财政支出30亿元，增长45.9%。工业总产值286.61亿元，增长36.3%。规模以上工业增加值51.35亿元，占GDP的41.8%。外贸出口7781万美元。500万以上固定资产投资80.41亿元，实际利用外资8338万美元，省外投资23.29亿元。主要工业产品有家具117.5亿元、矿产品110.2亿元、服装13.85亿元、电子16.3亿元、精细化工5.4亿元。农业总产值32.2亿元，增长9.8%。粮食总产量23.64万吨。主要农产品有粮食产量23.64万吨、油料作物产量1.72万吨、蔬果产量20.08万吨、茶叶产量29万吨。万元GDP能耗0.54吨标准煤，二氧化碳排放总量3443吨，削减3.2%，城市污水处理率65.0%。城镇居民人均可支配收入1.59万元，增长14.0%。农村人均纯收入5728元，增长13.0%。金融机构存款余额177亿元，增长21.3%；贷款余额104.9亿元，增长27.7%。

新增规模以上工业企业25家，其中家具企业21家。11家矿产品企业纳税超500万元；华亿亚森家具产业园、节能照明产业园、循环经济产业园等平台建设扎实推进。园区累计完成征地拆迁1000公顷，实际开发420公顷。新增入园企业46家，开工建设24家。被列为全省首批现代服务业集聚区。物流经营户240家、线路615条，基本覆盖全国各地。加速成为供港商品生猪养殖基地，东进农牧公司出栏仔猪5万头，建华集团生猪养殖基地动工兴建。建成高标准农田266.7公顷。列入全省第四批小农水重点县，水利建设投入1.5亿元，增长54.0%。新增校舍6.9万平方米，择优补充新教师496名，城区“入学难”趋于缓解。被授予“全国家庭教育示范县（市）”“全国新型职业农民培育试点县（市）”；市职业中专被评为“国家中等职业教育改革发展示范校”。医保“三张网”覆盖面达99%。被列为省级循环经济试点县（市）。全年专利申报量、授权量位居赣州各县（市）首位。全年民生工程支出22.8亿元，占财政支出76%。新增就业1.1万人，新增转移农村劳动力2.2万人。被评为“全国新型农村和城镇居民养老保险工作先进单位”。新开工建设保障性住房3800套，竣工4475套。累计修建通村组公路129千米，改造农村电网72.8千米，办好事实事6.1万件。全年排查矛盾纠纷4769起，成功调处率达94.5%。安全生产事故起数和死亡人数分别下降14.5%和13.8%。完成“一大四小”造林绿化1680公顷，摘除全省森林防火工作重点管理县（市）帽子。完成水土流失综合治理2467公顷，社溪河流域150平方千米列入全国水土保持重点建设工程。

【启动南康市苏区振兴工作】 2012年，配合完成国家部委联合调研，启动南康市苏区振兴发展各项工作，梳理形成总投资600亿元的176个项目；

市领导带队推动项目对接，成功争取低丘缓坡地综合开发利用试点政策，20个项目列入省级重点项目调度，预审通过用地指标269.9公顷，实际到位194.1公顷，位居全省县(市)第一。全年累计争取项目150个、资金7.2亿元；开工建设重点项目96个，完成投资68.2亿元；引进亿元以上项目4个，实际引进内资23.3亿元，实际利用外资8338万美元。优先解决突出民生问题取得实质进展，农村危旧土坯房改造全面推进，首批4654户改造户搬入新居。

【连片扶贫攻坚示范区初显成效】 2012年，为推进罗霄山脉集中连片扶贫开发，副省长谢茹先后5次亲临南康调研，帮助协调扶贫项目35个，争取资金6520万元。南康市政府加强扶贫对接，落实扶贫产业化资金1100万元，7.8万名农村学生吃上营养餐，27个省定贫困村整村推进卓有成效，103户家庭搬出深山区。坪市小安、大坪上期等村示范点基础设施和村庄环境大为改善。

【创建全国实木家具知名品牌示范区】 为响应国家质检总局开展“全国知名品牌创建示范区”建设的决定，推动南康家具自主品牌建设，1月，南康市启动“南康全国实木家具产业知名品牌示范区”筹建工作。作为全国唯一家具行业知名品牌创建示范区，筹建工作得到省质监局、赣州市委、市政府及赣州市质监局大力支持。从深入实施质量兴市和名牌战略入手，开展质量提升、品牌创建、自主创新等质量振兴活动，形成有利于品牌建设工作的长效机制和良好环境。至年底，南康市家具业获各类管理体系认证企业93家、中国驰名商标3个、江西名牌产品8个、江西省质量信用AAA级企业7家、江西省质量管理先进单位1家、江西省著名商标30个、赣州市知名商标58个。

【新型农村和城镇居民养老保险工作获全国先进】 9月，南康市被评为“全国新型农村和城镇居民养老保险工作先进单位”。南康市成立城乡居民社会养老保险试点工作领导小组。市政府将此项工作列入有关部门和各乡(镇、街道)年度目标考核重要内容。全市所有乡(镇、街道)设有劳动保障事务所。在3个村(社区)开展新农保先行先试工作。被批准为全国试点市(县)后，参保缴费配套资金列入年度财政预算，实行财政配套资金规范化、制度化管理，市(县)本级到位配套资金900多万元。督查组深入乡、村(居、社区)督查指导，由市政府领导对有关乡镇主要负责人进行调度和诫免谈话。重点抓好莲花村代扣代缴、东红村集体补助等示范点建设。在全市所有行政村(居、社区)布放“三农服务点”，并安装支付通设备，为全市8万多名待遇领取人开具免费“金穗惠农卡”，做好待遇领取人资格公示工作。全部实行按月社会化发放，确保不错发、不漏发、不重发，发放率达到100%。

同时，召开全市城乡居民社会养老保险试点工作千人动员大会。在南康电视台开辟“城乡居民养老保险政策解答”专题，开展“政策宣传月”活动。印发《致全市城乡居民的一封信》50万份。在先行试点村举行城乡居民养老保险养老金发放仪式，举办“农保之夜”广场文艺晚会。

实现参保人数38.9万人，参保率达82.1%，收取保费3893.14万元，累计发放养老金人数8.01万人，发放金额7561.07万元，做到了应发尽发，获得国务院表彰。

【获全国家庭教育示范县(市)称号】 2012年8月，全国妇联、教育部、中央文明办联合发出《关于命名全国家庭教育工作示范单位的决定》，表彰100个单位。南康市获“全国家庭教育工作示范县(市、区)”称号。根据《国家中长期教育改革和发展规划纲要(2010－2020年)》和中央8号文件精神，南康市委市政府将家庭教育列为“十二五”教育规划重点内容之一，并作为社会教育主要内容纳入南康市教育强市工程。由南康市妇联牵头，在市关工委、教育局等部门配合下，每年开展送教下乡活动，关工委、妇联、教育等部门共同选定并聘请专家深入城乡社区(村)、学校为家长作专题报告，深入家庭与学生家长一对一交流，为学生家长提供家教指导。南康市教育局成立家长函授学校函授站，城区各中小学为教学点，每年秋季组织新生家长报名参加培训。发放省教科所组织专家编写的家庭教育教材和《家教指导》报，为家长提供家庭教育的理论和实时事迹与案例。南康市家长素质和家庭教育水平有明显提高。

主要领导人 市委书记：谢德强。市人大常委会主任：韩水生。市长：柯岩松。市政协主席：彭秀生。

(倪贵清)

宜春市

【概　况】 位于江西省西北部，辖3市6县1区，总面积1.87万平方千米，其中中心城区建成面积60平方千米。耕地面积47.56万公顷，林地面积106.78万公顷，森林覆盖率56.97%。全市总人口546.46万人。2012年实现国内生产总值1247.6亿元，同比增长11.6%。其中，第一产业增加值202.67亿元，增长4.5%；第二产业增加值702.2亿元，增长13.6%；第三产业增加值342.73亿元，增长11.8%。财政总收入200.36亿元，增幅为34.3%；地方财政收入132.4亿元，增长43.4%。工业的主导地位更为凸显，全年累计完成工业增加值633.39亿元，增长13.9%，占生产总值的比重为50.77%，对宜春经济增长的贡献率达63.5%。规模以上工业增加值508.55亿元，增长15.8%。全年外贸出口总额14.93亿美元，增长48.7%。全年500万元以上固定资产投资1016.86亿元，增长30%。全年实际利用外资4.77亿美元，增长10.7%。农业生产保持稳定发展，粮食总产量414.83万吨，增长5.4%；油料作物总产20.28万吨，下降2.52%；生猪出栏626.9万头，增长10.23%；肉类总产量61.19万吨，增长10.04%。2012年城镇居民人均可支配收入1.89万元，增长15%。农民人均纯收入8052.12元，增长15.3%。城乡居民储蓄存款余额899.53亿元，增长20.16%。新增城镇就业6.5万人，转移农村富余劳动力11.2万人，城镇登记失业率保持稳定，就业工作连续10年列全省第一。

7月被国务院正式授予“全国创业先进城市”。参加城镇基本养老保险人数64.97万人,增长5.57%。实现城乡居民社会养老保险制度全覆盖。参加城镇职工医疗保险人数66.33万人。参加失业保险人数25.4万人。全市建成保障性住房1.24万套,棚户区改造9247套,农村危房改造9100户。完成农村饮水安全工程39处,解决40.5万农村居民饮水安全问题。万元生产总值能耗0.85吨标准煤,下降5.92%。全年二氧化硫排放量下降7.1%,化学需氧量排放量下降0.66%。宜春中心城区和10个县市区环境空气质量均达到国家二级标准,饮用水源得到保护,主要河流断面优质水率达100%。

【经济发展实现“一突破、四跨越、七靠前”】 全市上下齐心协力,扎实苦干,经济社会保持了平稳较快发展,实现“一突破、四跨越、七靠前”:工业园区主营业务收入突破2000亿元;财政总收入、地方财政收入、规模以上工业增加值、固定资产投资分别跨越两百亿、百亿、五百亿、千亿元大关;财政总收入和地方财政收入增速、工业用电总量、中石化成品油销量增幅、外贸出口增幅、新增贷款及增幅均居全省前列。

【引进省外5000万元以上项目个数居全省第一】 全市以“主攻重大项目、推进产业升级”活动为抓手,打响项目建设“夏季大会战”,开展“三千干部进企业、助推决战五百亿”帮扶活动,建立重大项目协调推进机制,适时到县(市、区)和部门召开现场办公会,解决项目用地、资金等难题240多个,促进了一大批项目快签约、快落地、快投产。全年引进省外5000万元以上项目170个,项目个数连续五年居全省第一。其中,引进10亿元以上项目48个;成功包装项目118个,争取省级用地指标2333.33公顷;新开工亿元以上项目195个、10亿元以上项目40个。锂电新能源产业进一步壮大,共签约项目88个,其中进资、动工或投产企业62家,实际进资59.4亿元。

【城建三年大会战圆满收官】 全市按照“三高”要求,突出抓好“四大一重”,城建三年大会战圆满收官。全市在建项目221个,竣工项目416个,累计完成投资466亿元。城镇化率达44.7%,比上年提高2个百分点。环城南路顺利开工,全市城市建成区面积248平方千米,其中中心城区60平方千米。中心城顺利通过国家卫生城市复审,再次荣膺“国家卫生城市”称号;成功入选中国“十佳宜居城市”,并获“最具幸福感城市”称号。宜春市获全省首个“全国国土绿化突出贡献单位”称号;樟树、万载被命名为“省级园林城市”;铜鼓被命名为“省级生态县”;丰城获“全国城市管理进步奖”。

【开展“三进四民”活动】 全市开展以建设“幸福社区”为主题的万名干部“三进四民”(进社区、进楼栋、进家门,访民情、解民忧、保民安、帮民富)活动,为百姓办好事实事。活动期间,宜春市组织7486名市、县机关干部,组成469个工作组,加上街道党员干部共1万余名,为群众办好事实事3295件,落实帮扶资金2168万元,结对帮扶困难党员群众和留守儿童2966户,排查矛盾纠纷1954个,社区群众对此次“办好事实事”测评满意率为97.3%。

【“好人文化”引领宜春道德风尚】 市委、市政府始终坚持“两手抓、两手都要硬”的方针,坚持用社会主义核心价值体系引领社会思潮,持续开展“学英模、树正气、促和谐、谋发展”主题教育活动,努力在全市形成统一指导思想、共同理想信念、强大精神力量和基本道德规范,在当下形成一种“好人文化”。2012年全市荣登中国好人榜30人,居全省第一。全市涌现了见义勇为英勇献身的李超、皮祖强,放弃“金饭碗”当起“孩子王”的小学教师曾祥志、朱文君,因拾金不昧而被广大网友誉为“最美爷爷”的易新文等。“好人文化”正引领宜春道德风尚。

【江西省第三届花卉园艺博览交易会在宜春举行】 10月8~14日,由江西省人民政府主办,宜春市人民政府承办,省农业厅、林业厅和省花协协办的江西省第三届花卉园艺博览交易会在宜春花博园举行。花博会以“秀美江西,绿色崛起”为主题,共安排“花好月圆”才艺选拔赛、“花好月圆”专题文艺晚会、艺术插花比赛、绿色产业推介会、花卉苗木产业发展高峰论坛等12项活动。全省11个设区市和省林业厅分别在花博园建了一个面积为1公顷左右、体现各地人文历史和园林艺术特色的展园,并建有一个8000平方米的展览馆。有268家单位或个人参展,展出210类345种,展品1.21万件,代表了江西花卉园艺产业发展的最高水平。国内外120余个企业界人士参加了绿色产业招商推介会,现场签约项目17个,签约总金额55.4亿元。

【举办第六届月亮文化节】 9月20日,“花好月圆”主题音乐会暨中国宜春·明月山第六届月亮文化节开幕式在市文化艺术中心剧院举行。月亮文化节以“花好月圆·宜工宜家”为主题,共安排旅游推介会、泡泉赏月体验游、浪漫爱情之旅体验游、户外自助游、中央电视台《北纬三十度》《寻宝》栏目走进宜春、中国月亮文化研讨会、集体婚礼、中秋拜月、火龙追月、“宜工之夜”焰火晚会等13项活动。

【获全国粮食生产先进市称号】 12月,宜春市获全国粮食生产先进市称号。宜春市高度重视粮食生产工作,始终将粮食生产工作作为促进农民增收的重要抓手。2012年,全市粮食播种面积达62.05万公顷,总产量突破40亿千克,平均亩产达到430.15千克,取得了面积、总产、单产超历史的好成绩,成为全省首个粮食总产超40亿千克的设区市,也是连续第九年实现丰产丰收。

主要领导人 市委书记:谢亦森。市人大常委会主任:任桃英。市长:蒋斌。市政协主席:李树才。

(宜春市史志办)

·袁州区·

【简 况】 位于宜春市西南部,辖16镇6乡9个街道办事处,区域总面积2532.36平方千米,其中建成区面积60平方千米。耕地面积3.71万公顷,森林覆盖率62.7%,城区绿化率40.7%。总人口109.13万人,其中非农业人口26.53万人,人口自然增长率7.27‰。2012年实现国内生产总值164.56亿元,同比增长12.7%。其中,第一产业增加值24.85亿元,增长3.5%;第二产业增加值65.34亿元,增长14.9%;第三产业增加值74.37亿元,增长14.1%。规模以上工业增加值42.32亿元,占GDP比重25.72%。实际利用外资3880万美元,增长21.7%。外贸出口8736.8万美元,增长77%。主要工业产品:交流电动机176万千瓦,下降24.1%;中成药1.17万吨,增长40.4%;水泥33.86万吨,增长19.6%;锂离子电池1.26亿只,增长18%;锂云母6.85万吨,增长30.6%。农业总产值42.48亿元,增长3.3%。粮食总产量44.99万吨。主要农产品:谷物42.34万吨,增长8.9%;油料1.35万吨,下降5.9%;肉类9.54万吨,增长10%;水产品3.74万吨,增长8.1%。实现财政总收入18.08亿元,增长34.6%;地方性财政收入9.76亿元,增长35.7%;地方财政支出29.18亿元,增长19.5%。固定资产投资161.49亿元。城市污水处理率93.1%。城镇居民人均可支配收入1.89万元,增加2465元;农民人均纯收入7891元,增加1063元。城乡居民年末储蓄余额176.72亿元,增长21.7%。

【推进现代农业示范园建设】 2012年,袁州区大力推进现代农业示范园建设,整合涉农项目资金2000余万元,撬动社会资金1亿元,启动石溪水库东西主干渠道维修改造,完成园区公路4千米硬化、3.5千米路基铺设、33.33公顷高标准农田建设、东升加工厂和66.67公顷自动喷淋系统安装,以及星火公司油茶科研楼主体工程等建设,园区基础设施日益完善。成功引进入园企业23家,已投产18家,年产值达6.5亿元,解决劳动力就业2500余人。新造高产油茶林2786.67公顷,333.33公顷以上连片高产油茶基地达9家;新增苗木花卉基地面积1333.33公顷;新增蔬菜基地266.67公顷,基地面积达1066.67公顷,中心城区蔬菜自给率达60%;新增生猪标准化养殖场6个,全区万头养猪场达22个,出栏生猪124万头。

【医药工业园16个工业项目集中开工】 11月7日,医药工业园举行16个工业项目的集中开工仪式。宜春市委副书记、市长蒋斌宣布项目开工,市委副巡视员杨建国、市人大常委会副主任谢国萍及袁州区四套班子领导等出席开工仪式。此次集中开工的16个项目,合同投资额20.43亿元。其中,投资亿元以上的项目6个。16个项目中,落户医药产业基地的项目有12个,落户彬江特种机电产业基地的项目有4个。该批项目全部达产达标后,可以年新增主营业务收入53.38亿元,新增税收2.05亿元,出口创汇6800余万美元,新增劳动力就业4500余人。

【教育网点布局优化发展】 袁州区坚持优先发展教育,优化网点布局,撤并农村中小学校11所。投资1.2亿元,新建校舍3.7万平方米,特别是在中心城区改(扩)建了一小、六小、八小三所学校。新建的宜春特教学校主体工程已竣工验收,新康府小学已动工,袁州学校正在招投标,有效化解了中心城区"大班额"问题。

【构建中心城区"15分钟就医圈"】 袁州区着力构建中心城区"15分钟就医圈",做好社区服务工作。全区已建立社区卫生服务中心11家,社区卫生服务站14家,其中有8个中心、7个站被省评为三星级社区卫生服务机构;完成规范化居民健康档案78万余份,建档率达76%以上;高血压患者及糖尿病患者管理人数分别达5.3万人和1.43万人;接受一卡通服务11.05万人次,服务总金额1669.6万元。

主要领导人 区委书记:郑声宝。区人大常委会主任:温玉铭。区长:龚法生。区政协主席:兰书华。

(窦忠平)

·奉新县·

【简　况】 位于江西省西北部,辖10镇3乡1个街道办事处,土地总面积1642.81平方千米,其中城区面积12.8平方千米。耕地面积2.63万公顷,有林面积10.21万公顷,森林覆盖率63.7%,城区绿化率44.3%。全县总人口32.45万人,其中非农业人口8.39万人,人口自然增长率6.26‰。2012年,全县国内生产总值85亿元,同比增长13.5%(可比价,下同)。其中,第一产业增加值14.5亿元,增长3.8%;第二产业增加值53.4亿元,增长15.3%;第三产业增加值16.9亿元,增长15.9%。财政总收入12.91亿元,增长42.3%,人均4018元,税收占财政总收入90.5%;地方财政收入9.53亿元,增长57.1%;地方财政支出18.62亿元,增长38.5%。规模以上工业完成工业总产值230.6亿元,增长14.6%;规模以上工业增加值54.8亿元,增长26%。主要工业产品有规模以上纺织棉纱21.15万吨、石墨及碳素制品3.47万吨、人造板1.35万立方米、合成橡胶1.17万吨、玻璃纤维纱5452吨。外贸进出口总额7763万美元,增长28.4%。全社会固定资产投资78.2亿元,增长23.3%;实际利用境外资金5890万美元,省外投资35.6亿元。完成农业总产值22.8亿元,增长7.5%。粮食总产量32.61万吨。主要农产品有粮食总产量32.65万吨、生猪出栏17.91万头、水产品总产量1.53万吨。全年万元GDP能耗降低率为3.16%,化学需氧量和二氧化硫减排任务全面完成;已实施城市污水处理工作。城镇居民人均可支配收入1.79万元,增加2106元;农民人均纯收入8981元,增加1055元。城乡居民年末储蓄余额72.89亿元,增长11.7%。社会消费品零售总额23.1亿元,增长14.2%。城镇新增就业6680人,下岗失业人员和"4050"人员实现再就业1320人,新增转移农村劳动力7174人;发放小额贷款1.44亿元,居全省第五位,被省政府评为"创业就业工作先进单位"。职工养老保险参保人数3.86万人,城镇居民养老保险参保人数2715人,新型农村养老保险参保人数8.7万人,全年发放养老保险金1.53亿元。乡村两级全面实行国家基本药物制度,职工、居民、农村医疗保险参保率分别达98%、95%、95.88%,全年支付医疗保险金3112万元。房地产调控实现预期目标,420户垦区危房改造主体工程已封顶，1750套保障性安居住房建设、农村危房改造进度位居全省前列。全年发放城市和农村低保金3016.69万元，有1.72万名城乡困难群众享受到最低生活保障；发放五保供养金560.12万元，五保户集中供养率达80%，连续两年获“全省社会救助先进县”称号。

【项目引进取得重大突破】 2012年，扎实开展“项目建设夏季大会战”“招大引强百日招商活动”，相继举办了三场产业招商推介会、两次集中签约和三次项目集中开工仪式，项目建设取得重大突破。全年签约项目24个，实际利用省外资金35.6亿元。其中：超30亿元项目1个，超10亿元项目2个，超5亿元项目2个；新开工建设项目23个，新投产项目9个。实现了奉新引进世界500强、中国500强企业历史性突破，获全省开放型经济发展综合先进奖。储备项目鹅婆岭水库列入全省修河流域规划，奉新抽水蓄能电站正在进行选点论证，申田碳素、大华玻纤岩棉两个项目进入省政府重大项目调度会，取得项目用地12.27公顷。

【加快城市建设步伐】 2012年，奉新县加大力度，全面推进城市建设。一是城市规划体系不断完善。《奉新县城总体规划(2010～2030)》通过省住建厅专家评审，加快了城市控制性详细规划编制，城区控规覆盖类达75%。二是加快城市骨架道路和配套基础设施建设。动工建设了天工大道、华林大道、滨河西路、洗沙路、校前大道等城市道路，启动回澜路延伸、济美路、通化大道等城市道路建设，基本完成“西气东输”县城天然气管道铺设，启动城市垃圾处理场、110千伏变电站、自来水管网改造等重大基础设施建设。三是深入开展城区环境卫生整治、广告招贴、市场摊点和交通秩序等专项活动，城市环境卫生有效改善，国家园林城市创建有序推进。

【旅游产业快速发展】 2012年，完成百丈山禅修小镇规划编制，成功打响“禅林竹海、自在奉新”的旅游品牌。仰天峡漂流影响扩大，接待旅游团队210个。干洲潦河奇石街成为全国石友品鉴交流、传递信息的重要平台。华林山景区建设项目持续推进，胡氏文化研究中心即将完工。九仙温泉达成投资30亿元的开发协议，项目建设前期工作进展顺利。九(仙)百(丈)公路列入2012年全省客运网络化工程。加强旅游配套服务，飞宇竹工艺品、潦河奇石被评为“宜春市十佳旅游商品”，朝日国际大酒店被评为“四星级旅游酒店”。全年接待游客9.1万人次。

【获中国竹产业示范县称号】 2012年，奉新县被国家林业局、中国竹产业联合会授予中国竹产业示范县称号。奉新县将竹产业作为实现经济发展方式转型的重要内容，完成毛竹林低改2000公顷，新建毛竹丰产林基地3333.33公顷，增加立竹蓄积量1000万支，拥有毛竹加工企业81家，年生产竹地板420万平方米，竹胶板2.1万立方米，竹家具、竹楼梯6800余套，竹工艺品530万件。

主要领导人 县委书记：辛小敏(任至11月)、张家良(11月任)。县人大常委会主任：严美根。县长：张家良(任至11月)、甘贤武(11月任)。县政协主席：卢　英。

(熊正秋)

·万载县·

【简　况】 位于江西省西北部，辖9镇7乡1个街道办事处，总面积1719.63平方千米，其中城区面积8平方千米。耕地面积3.29万公顷，林地面积11.40万公顷。全县总人口53.11万人，其中非农业人口9.71万人。2012年，全县生产总值(GDP)81.17亿元，同比增长10.7%。其中：第一产业12.07亿元，增长2.7%；第二产业49.14亿元，增长14.2%；第三产业19.96亿元，增长8%。粮食总产量28.1万吨。全社会固定资产投资88.10亿元，社会消费品零售总额22.28亿元，增长14.1%。财政总收入14.21亿元，增长40.79%。财政总支出20.03亿元，增长22.6%。金融机构各项存款余额80.27亿元，增长22.9%；各项贷款余额35.20亿元，增长25%。城乡居民储蓄存款余额58.85亿元，增长25.3%。在岗职工平均工资2.62万元，增长11.7%。农民人均纯收入6376.68元，增长12.4%。社会保障体系不断健全，共发放城乡养老金、低保金等各种保障资金3.6亿元，开工建设保障性住房4167套，已建成2884套，完成农村危旧房改造1241户。环保专项整治行动扎实开展，境内锦江水质达到国家Ⅱ类标准；生态创建成效明显，10个乡镇被评为省级生态乡镇，其中高村镇被评为国家级生态乡镇。

【县农保局获全国新型农村和城镇居民社会养老保险工作先进单位称号】

10月12日，在北京召开的全国新型农村和城镇居民社会养老保险工作总结表彰大会上，万载县农保局被国务院授予全国新型农村和城镇居民社会养老保险工作先进单位称号。万载县农保局采取多项措施，从政策宣传、参保登记到资格认定等各个环节，实行挨家挨户上门“一条龙”服务；为居住在外地、年满60周岁的居民及时登记办理城乡居保参保手续，调动了广大居民参保的积极性。把城乡居保经办人员培训纳入常态化管理，每年至少举办四期培训班，每期两天。通过不断完善内控内审制度，对各项业务、各个环节实行全程监控，严格执行政策，规范操作程序，有效控制了基金管理风险。2012年，全县城乡居民参保人数达21.95万人，参保率94.2%；收取保费1836.95万元；发放养老金3186.2万元，发放率100%。

【33家照明灯饰产业在县工业园区集中开工】 2月27日，万载县33家照明灯饰产业在县工业园区举行集中开工仪式。照明灯饰产业基地在县工业园区规划用地面积1333.33公顷，按照“总体规划、分步实施、滚动发展”的原则，分五期进行开发建设。同时在县城郊区规划133.33公顷商业用地，建设灯具配件市场、灯具成品销售市场和生活服务区；配套建设研发中心、培训中心和电镀集控区，形成与灯饰产业基地相配套的“二市场、两中心、一控区”的格局，实现“产供销”一条龙和“产学研”一体化。

【县综合档案馆开工建设】 10月17

日，县综合档案馆在南部新城举行奠基典礼。万载县综合档案馆，是经国家发改委、国家档案局2010年批准立项，按照《国家档案馆建设标准》县级一类综合档案馆标准建设。项目总投资1500多万元，占地面积9986平方米，建筑面积4700平方米，主楼为五层框架结构。内设档案库房、业务办公用房、档案技术用房、展览陈列用房和培训中心等多种用房。

【央视播出“万载花炮”专题节目】 8月13日，央视第四套正式播出介绍万载国家级非物质文化遗产项目《万载花炮制作技艺》的专题节目——《留住手艺——神奇的万载花炮》。该节目是由中央电视台中文国际频道《中华传统手艺》栏目组记者拍摄，拍摄了万载县手工爆竹制作工艺、礼花制作流程及日景烟花、高中低空礼花燃放效果。同时将万载县的自然、人文环境纳入专题片中，充分展示了万载地域文化特色和别具一格的文化内涵。

【开展烟花爆竹“打非治违”工作】 为切实加强烟花爆竹安全生产管理，严防安全事故的发生，确保人民群众生命财产安全，2012年，县安委会组织安监、公安等部门对全县370家烟花爆竹生产企业进行了5次安全隐患大排查行动，出动检查工作人员660多人次，检查花炮企业1470多家次，排查出各类安全隐患3130多条，下达乡镇安监办隐患督办令60多份。日常安全检查企业2280多家次，下达隐患整改指令书360多份，限期整改违法行为500多起，责令停产整改企业58家，没收非法生产设备4起。

【获全国村务公开民主管理示范单位称号】 3月，在山西省运城市召开的全国村务公开民主管理工作会上，万载县被评为全国村务公开民主管理示范单位，是江西省获此殊荣的3个县(市、区)之一。万载县委、县政府高度重视村务公开民主管理工作，从组织领导、责任落实、保障措施等方面健全村务公开民主管理的工作机制，并以开展农村社会工作人才队伍建设试点工作为契机，将社会工作引入村务公开民主管理工作中，使干群关系得到明显改善，农村基层社会管理服务水平、村级公共事务和公益事业办理水平明显提高。

【被列为第二批国家现代农业示范区】 2012年，万载县被农业部列为第二批国家现代农业示范区。万载县将按照农业部要求，以三兴镇闹坪村省级现代农业示范区为主体，打造一个面积为2000公顷的，集有机农业科技推广、生产示范、旅游观光、采摘品尝为一体的国内一流的现代农业示范区。同时，推进有机农业、绿色农业两个标准化生产基地建设。

主要领导人 县委书记：胡新明。县人大常委会主任：何晓雄(任至9月)、周洪波(10月任)。县长：陈虹。县政协主席：肖德明。

(黄德娥)

·上高县·

【简　况】 位于宜春市中部，辖8镇5乡1个街道办事处，总面积1350平方千米，其中县城城区面积18.5平方千米。耕地总面积约2.5万公顷，森林面积约6.19万公顷，森林覆盖率46%，城区绿化率35%。全县人口36.5万人，其中非农业人口9.7万人，人口自然增长率7.37‰。2012年，全县完成生产总值100.64亿元，增长13.8%。其中，第一产业增加值16.90亿元，增长5.0%；第二产业增加值55.36亿元，增长17.7%；第三产业增加值28.39亿元，增长11.0%。财政总收入15.02亿元，增长38.8%，人均4115.07元，税收占财政总收入85.11%；地方财政收入10.0亿元，增长45.9%；地方财政支出19.17亿元，增长29.8%。全年工业总产值252.1亿元，增长22.5%。规模以上工业增加值62.04亿元，增长21.6%，占GDP61.6%。外贸出口3.15亿美元，居全市第一。全年固定资产投资100.97亿元。实际利用外商投资6339万美元，实际利用省外资金33亿元。全年水泥产量141.5万吨，饮料酒430万升，服装126.1万件。农业总产值实现39.65亿元，增长6.3%。全面实施粮食高产创建推进工程，粮食总产量32.02万吨，实现九年连续增产。油料总产1.64万吨，经济作物总产52.37万吨，生猪出栏112万头，牛存栏2.7万头。万元GDP能耗1.013吨标煤，城市污水处理率85%。城镇居民人均可支配收入1.58万元，增加1663元。农民人均纯收入9522元，增长1313元。城乡居民年末储蓄余额69.93亿元，增长20.5%。鼓励全民创业，发放小额担保贴息贷款1.4亿元，扶持1337人创业。全面建立覆盖城乡的养老保险体系，参加城镇基本养老保险6.8万人，参加城乡居民养老保险16.4万人。城乡医疗救助人数达9590人。实行经济适用住房、廉租住房、公共租赁住房“三房合一”，1408套廉租住房和公共租赁住房加快建设，853户农村危旧房改造全面完成。

【园区公交运营实现全覆盖】 2012年，本着“关注民生、服务经济，为市民提供优质公交服务，为企业提供交通运输保障”的理念，县政府出台《关于上高县工业园区实现公交运营全覆盖、降低企业综合商务成本的实施意见》。县交通运输局在调查论证的基础上，科学规划调整公交线路，合理调度，在高峰时段加密公交班次，形成城区至工业园区、工业园区至乡镇，城区大循环和工业园区内小循环，覆盖整个工业园区的公交运营网络。全年新增公交车40辆，新开通公交线路5条。年底，全县投放园区公交车近200辆，设立198个公交接送点，日运送员工达3万余人次。

【芦洲乡获2012中国(江西)十大秀美乡镇称号】 12月，芦洲乡获中国(江西)十大秀美乡镇称号。芦洲乡围绕“建设和谐秀美新芦洲”的战略目标，通过山场承包、招商引资等办法加大植树造林力度，形成经济林、苗木林、观光林等一批生态林示范基地，同时要求全乡村前屋后开展四旁绿化植树，形成“村在林中、林在村中”的格局。从2006年新农村建设试点开始，全乡已有31个自然村完成新农村建设试点任务，占全乡自然村总数41%。该乡还加大农村文化阵地建设，构建了以乡文化中心为龙头，村级文化活动室为枢纽，文化中心为基础的三级文化网络，丰富了农村文化生活。

【文艺院团体制改革获全国先进】 10月30日,在全国文艺院团体制改革工作表彰大会上,县文工团演艺有限责任公司被文化部授予“全国国有文艺院团体制改革工作先进单位”称号,是全省2家获此殊荣的单位之一。根据《江西省深化国有文艺院团体制改革指导意见》和《宜春市国有文艺院团和非时政类报刊体制改革工作安排》要求,县委常委、县委宣传部部长彭金平召集县编办、县财政局、县人保局等有关单位,研究文艺院团体制改革方案,并及时开展摸底调查,完成初步方案拟制工作。经县委、县政府同意,制定下发《关于上高县文工团体制改革的实施方案》。县文工团体制改革后,遵循市场规则,创新机制,激发活力。县文工团全年参加各类演出226场,观众达27.21万人次,收入82.58万元。

【获全国平安农机示范县称号】 2012年,上高县获全国平安农机示范县称号。上高县按照“安全第一、预防为主、综合治理”的方针,探索农机安全生产和创建“平安农机”的长效机制,扎实推进农机监理规范化建设。停止办理变型拖拉机注册登记上户工作,做好变型拖拉机过渡期年检工作,年检率达100%。夯实农机安全示范村、示范户创建工作,开展平安农机乡镇创建活动。落实农机安全责任和开展重大节日等敏感时期农机安全整治活动,确保了全县农机安全零事故。开展“送农机、送科技、送服务”三下乡活动和“三学三比三包”活动,以活动为载体,举办科技讲座4场,现场演示会1场,参加培训和现场观摩人数达800人次,阳光工程农机培训9期,学员400人次。印发政策宣传技术资料等1.8万份。农机服务先锋队为农机户检修大中拖、联合收割机等165台(套),现场保养插秧机29台次。

主要领导人 县委书记:刘 平。县人大常委会主任:江建辉。县长:漆海云。县政协主席:况国高。

(晏紫春)

·宜丰县·

【简 况】 位于宜春市中部,辖8镇4乡,总面积1935平方千米,其中城区面积8.5平方千米。耕地面积2.8万公顷,林地面积13.6万公顷,森林覆盖率70.12%,城区绿化率35.05%。全县总人口29.15万人,其中非农业人口8.28万人,人口自然增长率7.07‰。2012年实现生产总值77.6亿元,同比增长13%。其中,第一产业增加值16.89亿元,增长15.4%;第二产业增加值39.88亿元,增长13.2%;第三产业增加值20.83亿元,增长10.5%。财政总收入10.05亿元,增长49.1%,人均3465元,税收占财政总收入的比重88.9%;地方财政收入6.25亿元,增长58.2%;财政总支出15.82亿元,增长26.5%。工业总产值113.9亿元,增长13%。规模以上工业增加值23.29亿元,增长16.2%,占GDP比重30%。外贸出口占GDP比重12.66%。全社会500万元以上固定资产投资44.98亿元,增长27%。实际利用外商投资4462万美元;省外投资19.3亿元。规模以上工业主要产品产量:原煤32.31万吨,人造板8.82万立方米,水泥97.49万吨,硅酸盐水泥熟料53.15万吨。农业总产值31.83亿元,增长16%。粮食总产量29.65万吨。主要农产品产量:水产品1.79万吨,肉类2.9万吨,生猪出栏31.9万头,禽蛋产量1.81万吨。万元GDP能耗同比下降4.18%,城市污水处理率75%。在岗职工人均工资2.81万元,增长8.77%。农民人均纯收入8304元,增加1322元。城乡居民年末储蓄余额53.95亿元,增长19.4%。城镇新增就业8459人。发放养老保险1.86亿元,低保资金3536.95万元,医保资金5163万元;参加新农合19.54万人,居民医保4.85万人。建设保障性住房1684套,其中经济适用房300套,廉租房1384套。

【全国林业产业诚信联盟座谈会在宜丰召开】 6月15日,由中国林业产业联合会主办、省林业厅协办、宜丰县政府承办的全国林业产业诚信联盟座谈会在宜丰县召开。国家林业局原总工程师姚昌恬,中国林业产业联合会副会长、森林武警指挥部原政委闫文彬,国家林业局资源司原司长、中国林业产业联合会副会长寇文正,中国林业产业联合会秘书长、中国林产工业协会执行会长王满,国家林业局计财司副司长张艳红出席会议。来自黑龙江、吉林、辽宁、河北、河南、山东、山西、浙江、江苏、湖南、湖北、广东、广西等省林业产业主管部门,全省有关林业工作部门、企业、社会团体负责人参加会议。会议围绕“企业诚信经营、推动中国林业产业诚信体系建设”的主题进行交流,就“中国林业产业诚信联盟”章程及联盟的相关问题进行了讨论。会上,为宜丰县政府颁发了“中国林业产业兴林富民示范县”铜牌。

【获“中国南方红豆杉之乡”称号】 9月,宜丰县被中国野生植物保护协会授予“中国南方红豆杉之乡”称号,成为全国15个“中国野生植物之乡”之一。宜丰县属亚热带温暖湿润气候区,非常适合南方红豆杉生长,是南方红豆杉的重要自然分布区域。全县东起花桥乡大港实验林场、西至国家级官山自然保护区均生长野生红豆杉,分布面积约6万公顷,资源总量约60万株。为了加强对南方红豆杉野生资源保护,县林业、森林公安和检察部门从严打击砍伐、倒卖红豆杉犯罪案件。林业部门建立红豆杉保护制度,加大宣传力度,提高群众保护意识,采取措施鼓励和扶持人工培植南方红豆杉。全县形成了野生植物科学保护与合理开发利用的氛围。

【胡筱兰入选“中国好人榜”】 7月31日,由中央文明办主办、中国文明网承办的“我推荐、我评议身边好人”活动揭晓“中国好人榜”名单,宜丰县体育彩票14805投注站业主胡筱兰榜上有名,入选“诚实守信好人”。胡筱兰是县城销售体育彩票的一名业主,由于诚信经营,在宜丰彩民中有着非常好的口碑,其彩票销售网点在宜丰销量多年稳居第一,连续四年被评为全国体彩优秀销售网点。5月30日,胡筱兰看到终端机上显示本机中奖报表中有一个“超级大乐透”12062期中奖号,总奖金515万元。而这张彩票是一位老客户通过电话委托投注的,当时客户并不知情。胡筱兰惊喜之余,立即打电话向中奖彩民报喜,并于当晚将彩票送到中奖者家中。

【央视《远方的家》栏目组走进宜丰】 5月20～21日，中央电视台中文国际频道《远方的家》栏目组走进宜丰，深入天宝古村、洞山风景区等地取景拍摄，反映宜丰县地方特色、民俗文化，宣传宜丰独特魅力。拍摄过程中，栏目组对宜丰县浓厚的历史文化和良好的生态环境赞叹不已，认为宜丰悠久的禅宗文化和独特的竹文化是宜丰对外宣传的两张名片。央视通过镜头向全国展示、推介宜丰。

【全省首个“红商城”项目建设开工】 9月，宜丰县“红商城”项目奠基开工，这是全省兴建100家“红商城”项目中的首个项目。宜丰“红商城”项目位于县城中心地段，占地面积1.33公顷，建筑面积5万平方米，总投资6亿元，项目涵盖大型商业超市、步行街、中西餐饮、3D电影院、休闲娱乐等，是集衣、食、住、行、购、游、娱于一体的一站式购物体验场所。此项目建成后，将引进国内外1000家知名企业知名品牌进驻，并采取与国内外知名卖场联手合作的方式运营，年销售额10亿元，可安置就业5000人。

【推出“三动”工作法化解矛盾纠纷】 宜丰县推行“三动”工作法，即“十户联保，群众当起‘和事佬’；包案到人，干部主动‘沉下去’；模拟诉调，部门力量‘拧成绳’”，积极化解矛盾纠纷。全县受理各类矛盾纠纷98起，调处成功率达95.9%，其中68.3%调处在村组一级完成，23.4%调处在乡镇一级完成，基本实现了“小事不出村组，大事不出乡镇，矛盾就地解决”的目标。

主要领导人 县委书记：邓 伟。县人大常委会主任：张美荣。县长：张智萍。县政协主席：李和平。

（纪 睿）

·靖安县·

【简 况】 位于江西省西北部，辖5镇6乡，总面积1377.49平方千米，其中城区面积7.89平方千米。耕地面积0.9万公顷，林地面积11.76万公顷，森林覆盖率84.1%，城区绿化率40%。全县总人口14.92万人，其中非农业人口4.16万人，人口自然增长率7.0‰。全年实现生产总值29.48亿元，同比增长11.6%。其中，第一产业增加值5.17亿元，增长4.3%；第二产业增加值15.17亿元，增长13.9%；第三产业增加值9.14亿元，增长12.0%。完成财政总收入5.4亿元，增幅32.2%，人均财政收入3640元，税收收入4.34亿元，占财政总收入80.4%；公共财政预算收入4.16亿元，增长45.3%；公共财政预算支出9.8亿元，增长27.7%。城乡居民年末储蓄余额42.25亿元，增长11.1%。社会消费品零售总额4.52亿元，增长12.2%。实现工业总产值49.67亿元，增长29%。规模以上工业增加值9.87亿元，增长31%，占GDP比重33.5%。全县工业用电1.25亿千瓦小时，增长10.1%。全县工业税金总额1.61亿元，增长45.7%。主要工业产品有铸钢件4.74万吨、铜材1.47万吨、电光源6.02亿只、锂离子电池720.5万只。完成固定资产投资20.17亿元，增长17.6%，连续两年获全省固定资产投资增长先进县。实际引进县外资金20.2亿元，增长22.6%；利用外资1610万美元，增长11%；外贸出口6100万美元，增长17.7%。实现农业总产值10亿元，增长8.03%。粮食总产量9.15万吨。主要农产品有水稻8.3万吨、棉花0.26万吨、柑橘5.24万吨、茶叶254吨、油菜籽0.49万吨。城市污水处理率89%，万元GDP能耗0.603吨标煤。农民人均纯收入7583元，增长991元。新增就业人数2165人，城镇就业率97.5%。发放小额贷款6984万元。城乡居民社会养老保险参保人数6.65万人，新农合参合农民9.96万人，参合率97%。累计发放各类救助资金2905万元。新建保障性住房621套，农村危旧房改造596套，棚户区改造195套。

【创建国家级生态县】 2012年，靖安县把生态优势转化为发展优势，强力推进创建国家级生态县工作。大力发展生态经济，开展生态环境治理，全面优化生态品牌。重点抓好生态农业、生态林业、生态工业、生态旅游、生态环境、自然资源保护、生态人居、生态文化“八大体系建设”和县城环境治理、矿山企业污染治理、农村环境综合整治、饮用水水源地综合治理“四大专项治理”工作。启动城乡一体化垃圾处理工程建设，打造清洁乡村。6月，8座乡镇垃圾压缩转运站开工；12月，县生活垃圾无害化处理场开建。至年底，成功创建9个国家级生态乡镇、8个省级生态村。5月21日，省委、省政府授予靖安2011年度生态环境建设先进县称号。

【第三届环鄱阳湖国际自行车大赛靖安站开赛】 12月3日，由省政府主办，省体育局、宜春市政府、靖安县政府承办的第三届环鄱阳湖国际自行车大赛靖安站开赛。20多个国家的120余名专业运动员参赛。澳大利亚车队选手兰博瑞切·山姆获靖安站冠军，澳大利亚队获团体第一名。靖安县被组委会授予“突出贡献奖”。

【环城南路通车】 12月14日，靖安县环城南路建成通车。该路于2011年10月30日开工，东起清华大道，西至沿河西路，全长4.3千米，路宽35米（其中机动车道20米、人行道9米、绿化带6米），铺设沥青路面，总投资7878万元。项目建成后，对拓宽城市框架、改善城区交通拥堵状况具有重要意义。

【靖安白茶获批国家地理标志保护产品】 6月8日，国家质检总局正式批准靖安白茶为国家地理标志保护产品，这是继靖安椪柑后第二个国家地理标志保护产品。靖安白茶具有外形似凤羽、叶片晶莹透明、叶脉翠绿、口感鲜爽馥郁、甘味生津、汤色清澈明亮等特点。靖安白茶在2011年获全国第九届“中茶杯”金奖，被评为“江西省十大名茶”“江西省名牌农产品”。“靖安白茶”成为江西省著名商标。

【宫颈癌防治工作进入全国领先行列】 2月，中国健康扶贫工程组委会将靖安县宫颈癌防治研究所列为江西唯一的全国农村“妇科病筛查中心”建设点，靖安县宫颈癌防治工作进入全国领先行列。3月10～11日，中央电视台10套科教频道在《健康之路》栏目中三次专题报道靖安宫颈癌防治工作的典型经验。从1974年起，靖安在全国率先成立农村宫颈癌防治工作队,1980年正式成立靖安县宫颈癌防治研究所,承担7个国家和省级科研课题,至2012年已有5个结题,其中3个获奖。

【创意作品入选全国休闲农业创意精品大赛获奖】 5月30日,靖安县草龙灯、泥埚农耕文化教育基地、中部梦幻城三个创意作品成功入选全国休闲农业创意精品大赛。该赛由国家农业部主办,以“创意提升农业休闲改变生活”为主题,涉及产品创意、包装创意、文化创意、园区创意、设计创意五个方面。靖安草龙灯和泥埚农耕文化教育基地入选文化创意,中部梦幻城入选园区创意。其中,草龙灯获文化创意金奖,中部梦幻城规划获设计创意银奖。

【管道天然气正式进入靖安】 12月24日,由中油中泰燃气投资集团有限公司投资的靖安县城管道天然气项目主体管网建成。投资1000余万元,完成第一期工程计划中的六大工程。其中,城区天然气中压管道已铺设14千米,建成日供气1500户的瓶组天然气供气站。县物价局按程序召开管道天然气售价听证会,初装费2000~2400元,每立方米单价居民用气3.2元,工商业5~5.5元。

【武侠世界文化产业园项目落户靖安】 10月20日,投资60亿元的武侠世界文化产业园项目正式签约。该项目目标是创建集武侠影视基地、武侠主题公园、侠文化展示体验聚集区、侠文化主题旅游休闲度假区等复合型主题文化的国家5A级旅游区。项目涉及仁首镇周口、象湖两村,移民800余户3000余人。年底,周口村实物调查已经完成。

【树化玉项目建设开工】 5月,由浙江温州古色树化玉有限公司投资的树化玉项目开工建设。该项目于2月17日正式签约落户靖安,主要从事国际国内树化玉等原料收集、收藏,建设树化玉主题森林公园、游艺中心、星级酒店等,总投资15.5亿元。其中一期投资11亿元,主要包括树化玉展馆、树化玉文化馆、树化玉加工厂建设;二期投资4.5亿元,主要完成配套广场、五星级宾馆建设。

主要领导人 县委书记:张龙飞。县人大常委会主任:黄凌强(任至7月)、陈　霞(9月任)。县长:田　辉。县政协主席:彭　峰。

(蔡会如　赖丰芳)

·铜鼓县·

【简　况】 位于江西省西北部、宜春市西北角,辖6镇3乡4个国有林场,总面积1548平方千米,其中城区面积18.56平方千米。耕地面积5620公顷,森林面积13.1万公顷,森林覆盖率87.4%,城区绿化率46.2%。总人口13.88万人,其中非农业人口3.55万人,人口自然增长率0.66‰。2012年,完成全社会固定资产投资17.89亿元,增长26.97%。完成国内生产总值26.04亿元,增长10.4%。其中,第一产业增加值4.75亿元,增长3.8%;第二产业增加值11.21亿元,增长14.3%;第三产业增加值10.08亿元,增长9.2%。工业总产值23.1亿元,增长17.65%。全县引进内资项目34个,其中超10亿元项目2个,实际进资7.7亿元,增长18.5%;引进外资1100万美元,增长19.6%;出口创汇1350万美元,增长135%。规模以上工业增加值5.57亿元,增长23.2%。主要工业产品有医药、化工、水晶、竹木建材等;农林牧渔总产值8.88亿元,增长3.67%。粮食总产量4.37万吨,主要农产品有茶叶2626吨、药材种植面积89公顷、瓜果种植面积156公顷、生猪出栏6.3万头、山羊出栏4.25万只,家禽出笼66.13万只。财政总收入5.4亿元,增长31.8%,其中地方财政收入4.1亿元,增长42.7%。财政总收入和地方收入均实现“三年翻番”。城镇居民人均可支配收入1.18万元,增长11.5%。农民人均纯收入5267.2元,增长12.4%。金融机构储蓄存款余额27.69亿元,增长12.9%;金融机构贷款余额10.38亿元,增长13.2%。发放个人创业贷款5680万元,直接扶持了536名下岗失业人员、返乡农民工创业,为379名就业困难人员落实就业岗位,“零就业家庭”就业安置率达100%。全年征缴养老、医疗、失业、工伤、生育保险基金6440万元,并实现按时足额支付;累计发放各类救助资金4000余万元。新开工保障性住房725套,棚户区改造95套,完成农村危房改造680套,新建移民安置点18个。城市低保标准提高到每人每月350元,农村低保标准提高到每人每月170元,共有3250人享受城市低保、7352人享受农村低保。参加城镇居民医疗保险人数3.78万人,参合农民达9.5万人,参合率98.6%。参加城镇基本养老保险人数1.40万人,参加新型农村社会养老保险人数5.40万人。

【获“中国长寿之乡”称号】 9月,经中国老年学学会批准,铜鼓县获“中国长寿之乡”称号,成为江西省首个中国长寿之乡。铜鼓县2009~2011年连续3年百岁以上老人分别占当年总人口数的7.2/10万、7.3/10万、9.4/10万,百岁老年人比例呈逐年增长趋势。全县80岁以上老人有2013人,占总人口1.46%,人均预期寿命达74.53岁。根据中国长寿之乡考核评审标准以及地方经济发展、医疗卫生、社会保障、大气质量等情况,正式开展申报“中国长寿之乡”工作。4月,县政府向中国老年学学会申请。8月19~21日,经中国老年学学会7位专家莅临铜鼓实地考察,一致认为铜鼓县符合中国长寿之乡的15项指标,全票通过。

【获“中国南方红豆杉之乡”称号】 12月28日,“中国南方红豆杉之乡·江西铜鼓”授牌仪式在铜鼓县举行,中国野生植物保护协会授予铜鼓县中国南方红豆杉之乡牌匾。铜鼓县南方红豆杉分布面积达3.87万公顷,野生红豆杉80多万株,其中年龄100年以上2479株,500年以上26株,1000年以上8株;胸径80厘米以上的红豆杉26株,其中胸径100厘米以上8株。引进江西荣通农业开发有限公司,投资1400万元,人工种植南方红豆杉100公顷。

【获全国法治县创建先进单位称号】 2012年,铜鼓县获全国法治县创建先进单位称号。铜鼓县于2009年启动“法治铜鼓”创建工作，成立法治县创建工作领导小组，制定出台了创建“法治铜鼓”实施方案。积极探索预防、调处和化解矛盾纠纷的新机制，建立了县、乡(镇)、村三级联动机制。为提高干部法律意识，县委组织部与普法办联合举办“星期六课堂”，对副科级以上领导干部进行一月一次的法制宣讲辅导；组织讲师团成员不定期参加乡镇开展的“周一大课堂”“周二讲坛”等活动。将法治县创建工作与“五五”“六五”普法，“法律六进”等活动相结合，抓好领导干部、公务员、青少年、企业经营管理者、农民等重点对象的普法教育。为拓宽法律宣传阵地建设，组建“三团两队”，即普法讲师团、法律服务团、律师顾问团和法律志愿者队伍、法治文艺宣传队伍，使普法工作从城市拓宽至农村。在全县开展普法“八个一”活动：“一台”即铜鼓电视台开设《身边说法》栏目、“一网”即铜鼓县普法网、“一报”即今日铜鼓报开设专题专栏、“一团”即普法讲师团进村宣讲、“一室”即村级法律图书室、“一队”即法制宣传文艺队、“一屏”即户外电子显示屏、“一书”即普法千字文，切实把普法教育建成“为民所想、为民所学、为民所用”的利民、惠民、安民工程。同时还积极探索和推广以村为单位的“综治、法治、自治”三位一体的创安模式，把法治创建的触角延伸到村组。在全县大力开展民主法治村(社区)、法治示范学校、诚信守法企业等法治创建活动，永宁镇坪田村获全国“民主法治示范村”称号，高桥乡花山村、棋坪镇丰坦村获全省“民主法治示范村”称号。

【奉铜高速公路通车】 10月28日，奉铜高速公路通车仪式在排埠赣湘省界铜鼓西收费站举行。省委书记苏荣、省长鹿心社等省领导参加通车仪式。奉铜高速为江西省高速公路网18条地方加密高速公路之一，是中部地区与东部沿海发达地区的快速通道，奉新至铜鼓高速公路全长约154.36千米，其中新建里程约132.84千米，与武吉高速公路共线约21.52千米。项目路线起点位于奉新县干洲镇源头村附近的省道225(干大线)上，顺接南昌至铜鼓高速公路一期工程南昌至奉新段终点。铜鼓县境内途经带溪乡、大塅镇、三都镇、温泉镇、永宁镇、排埠镇，与湖南省浏阳至大围山高速公路对接，铜鼓境内全长57.17千米，总投资36亿元，由赣粤高速股份有限公司投资修建，于2010年8月开工。

主要领导人 县委书记：胡国瑞。县人大常委会主任：林上旺。县长：鲁旭东。县政协主席：李　鸣。

(王现国　刘书琴)

·丰城市·

【简　况】 位于江西省中部、宜春市东部，辖20镇7乡5个街道办事处，总面积2845平方千米，城镇化率34%。耕地面积8.29万公顷，其中水田7.03万公顷、旱地1.25万公顷。总人口138.3万人，其中非农业人口37.43万人，人口自然增长率7.72‰。2012年，全市实现国内生产总值318亿元，同比增长10.5%。其中，第一产业增加值59.03亿元，增长3.7%；第二产业增加值164.4亿元，增长17.2%；第三产业增加值94.57亿元，增长16.4%。工业总产值459.02亿元，增长35.6%。主要工业产品有原煤752.3万吨、洗煤114.8万吨、钨精矿1329吨、水泥142.78万吨、火力发电量136.2亿千瓦小时。农业总产值72.86亿元，增长3.1%。主要农产品有粮食总产量104.5万吨，增长7.7%；油料作物总产量4.33万吨，增长6.7%；蔬菜瓜果总产量45.27万吨，增长0.8%；生猪饲养量131.52万头，增长1.3%；禽蛋总产量2.61万吨，增长4.4%。财政总收入完成42亿元，增长23.6%，其中地方财政收入29.3亿元，增长23.9%。全年财政一般预算支出50亿元，增长23.5%。城镇居民人均可支配收入2.14万元，增长12%。农村居民人均纯收入9204元，增长17%。年末城乡居民人均储蓄存款余额1.71万元，增长18.5%。开工新建廉租房1538套、公租房3173套，有效解决了困难人群“住房难”问题。农村“五保户”集中供养率上升到92%。职工基本医疗保险参保人数16.42万人，城镇居民医疗保险参保人数14.2万人，参保完成率为100%。新农合参合率99.2%。实现被征地农民、新型农村与城镇居民养老保险“全覆盖”，被征地农民养老保险参保人数7.5万人，新型农村与城镇居民养老保险参保人数49万人。

【七大产业基地成为产业转型升级主战场】 2012年，丰城市注重抓产业转型，主攻传统产业升级和培育壮大新兴产业，建成的七个产业基地成为产业转型的主战场。高新技术产业园区实现主营业务收入370亿元，同比增长16%；实现税收16.5元，同比增长40.3%。资源循环利用产业基地实现主营业务收入16.5亿元，税收8600万元，与上年基本持平。富硒产业基地中南昌大学低碳生态科技示范园、御润坊、圣迪乐等项目稳步推进。总部经济基地功能日臻完备，成为全省首批省级现代服务业集聚区，累计完成投资9.05亿元，累计引进企业245家，实现税收突破3亿元。养生硒谷基地全面启动建设，江西新中美公司投资20亿元，开发建设总面积10平方千米的“中国养生硒谷”。商贸物流城规划建设总面积15平方千米，引进重大商贸物流项目5个，总投资规模超百亿元，其路网绿化等各项基础设施正按计划推进。龙津洲开放开发区规划面积14平方千米，城西堤建设全面启动，安置小区和花卉博览园前期工作正紧锣密鼓地推进。

【重大项目建设积蓄能量促发展】 2012年，丰城市狠抓项目不放松，在组织领导上，成立项目推进领导小组，分产业成立若干推进组，分重大项目成立服务组。在项目建设上，强力推进“十百千”工程，主攻投资10亿元以上重大项目，积极培育销售收入百亿元的主导产业，打造主营业务收入超1000亿元的工业园区。在工作方法上，先后开展了项目建设百日大会战、“十百千”工程升温战、“三个一百”竞赛等战役活动。滚动推进了58个重大项目，总投资599亿元，累计完成投资56亿元。有12个项目列入省政府重大项目调度会，争取用地计划指标268.93公顷，项目个数和用地指标均为全省县市之首。

【加速推进产业平台建设】 2012年，

高新技术产业园区获批为全省18个重点省级工业园区之一，投资6450万元完成综合配套服务大楼、2.4万平方米标准厂房、6栋高管公寓楼主体工程，投资2640万元的污水处理厂投入运行。资源循环利用产业基地完成一期和二期路灯亮化工程，完成天然气管网和自来水管网建设，完成三期规划。“中国生态硒谷”新增基础设施投资517万元，完成8千米路基建设，基本建成供水系统，获“江西省富硒低碳产业园”称号，成功注册“泉硒牌”集体商标，获评1个省级著名商标、4项国家专利。全年水利建设投资5.7亿元，整合资金建设高标准农田4666.67公顷。投资5.9亿元完成造林面积5666.67公顷。投入400万元推进农业技术推广综合服务站建设。全面完成213个新农村建设点和468个农村清洁工程点建设任务。商贸物流园区投资近5亿元的一期路网工程已开工建设19条道路，3个商贸物流项目动工建设。

【获2012中国城市管理进步奖】 9月，国际城市论坛2012年年会在北京举行。论坛揭晓了荣获2012中国城市管理进步奖的八个城市，其中丰城市榜上有名。丰城市针对需要特别关爱的青少年开办“阳光学校”，招收学生129名。着重抓好包括421名社区矫正对象在内的三类特殊人群管理，实现零失控漏管、零肇事肇祸、零失业待岗、零重新违法犯罪的“四零”目标。

【获全国粮食生产先进市称号】 12月21～22日，在北京召开的中央农村工作会议上，丰城市获2012年全国粮食生产先进市称号。丰城市始终把粮食生产作为农业和农村工作的重中之重来抓：(1)贯彻落实中央强农惠农政策。切实抓好粮食直补、良种补贴和农机购置补贴等发放工作，调动了农民种粮的积极性。(2)狠抓面积的落实。全市粮食生产面积稳定在6.67万公顷以上，产量达到10.5亿千克。(3)依靠科技兴粮。大力开展高产标准粮田创建活动，继续实施“多用一斤种，增收百斤粮”示范工程，重点推广超高产栽培技术，并先后组织农技人员现场咨询20余次，印发农资选购、识假辨假等技术宣传资料2000余份，发放《农药科学选购和合理使用》1000余本。(4)不断增加投入。市财政每年拨出4000万元专款资金，加强标准农田基础设施建设，为粮食丰产丰收奠定扎实基础。

主要领导人 市委书记：杨玉平。市人大常委会主任：熊红亮。市长：金三元。市政协主席：熊建清。

（丰城市委史志办）

·樟树市·

【简　况】 位于宜春市中南部，辖10镇4乡5个街道办事处，总面积1290.99平方千米，其中市区面积4.6平方千米。耕地面积6.05万公顷，有林面积2.58万公顷，森林覆盖率30.6%。总人口59.68万人，其中非农业人口15.42万人，人口自然增长率7.37‰。2012年实现国内生产总值234亿元，同比增长15.6%。其中，第一产业增加值26.4亿元，增长3.9%；第二产业增加值139亿元，增长17.3%；第三产业增加值68.6亿元，增长17.9%。三次产业结构为11.3:59.4:29.3。规模以上工业总产值325.76亿元，增长20.6%。主要工业产品有白酒5.14万千升、原盐180.25万吨、中成药8852.3吨、电动葫芦1609台、单双梁起重机1495台、香料1946吨、水泥24.06万吨。外贸出口达1.13亿美元，增长15.3%。农林牧渔业总产值45.6亿元，增长3.9%。主要农产品有粮食57.3万吨、油料5.16万吨、中药材4093吨。财政收入32.01亿元，增长38%；财政支出31.28亿元，增长38%。城镇在岗职工年平均工资2.91万元，增长10.8%；农民人均纯收入9106.94元，增长16.13%。年末金融机构各项存款金额194.29亿元，增长20.0%；各项贷款余额106.84亿元，增长41.0%。樟树市获2012年度中国家具行业优秀产业集群、全国粮食生产先进市、全国计划生育优质服务先进单位、中国十大最具经济活力新兴城市等称号。

【经济发展实现四个历史性突破】 2012年，樟树市牢固树立“稳中快进、难中取胜”的发展总基调，通过因时施策、沉着应对、迎难而上、扶持企业、加大投入、助推项目，续写赶超进位新篇章，经济发展实现四个历史性突破：(1)生产总值突破200亿元，达234亿元，增长15.6%。(2)财政收入突破30亿元，达32.01亿元，增长37.9%。财政收入总量居全省第七位，比上年前移三位。(3)规模以上企业突破100家，达102家，全市纳税超百万元以上的工业企业发展到117家，其中四特酒公司上缴税收8.9亿元，荣登首届江西最具影响力企业榜。仁和集团成为全省唯一获“国家商标战略实施示范企业”。(4)信贷总规模突破100亿元，增量突破30亿元。

【创建省级园林城市】 樟树市以打造城市品牌、树立樟树形象、增强城市竞争力为重要抓手，大力实施城市公共绿地建设和城镇建设三年大会战，全力推进省级园林城市创建。在建设过程中，按照增绿量、上档次、创特色、出亮点的要求，狠抓城市主要出入口、水系、道路、公园、广场、游园等关键节点的打造，采取规划建绿、建景显绿、见缝插绿、拆墙透绿、拆违还绿等措施，全面推进点、线、面、环、块有机结合的绿色体系建设，城市绿地面积明显扩大，绿化管理水平不断提高，园林城市特色日益显现，城市生态环境和整体形象得到改善，城市景观林荫化、临街建设景观化、城市夜景都市化、基础设施标准化、自然环境生态化等特色凸显。2012年，城区绿地面积达7.98平方千米，绿地率37.01%，绿化覆盖率40.41%，人均公园绿地面积达10.82平方米，各项创建指标均已达到省级园林城市标准。6月，被省政府命名为“江西省园林城市”。

【商标发展位居全省县级市第一】 围绕打造“创新性制造业示范区”目标，实施“科技兴市、品牌兴企”战略，不断加大对科技创新、品牌创建和标准体系建设的奖励力度，近三年市财政累计奖励企业各类创新资金4000多万元，有效激发企业创新热情，加速传统产业转型升级。在实施品牌战略过程中，推出“321”商标发展培育模式，即面向企业讲提升、面向农村讲普及、面向社会公众讲维权、落实重金奖赏激励政策和执行政策倾斜激励机制，加快驰名商标创建步伐，实行"一对一"零距离和跟踪指导帮扶举措，为全市实施商标战略目标营造了宽松、健康、良好的发展环境。2012年，全市争取技术改造和科技创新补助资金2770万元，新增省级技术中心1家、省高新技术企业4家。拥有有效注册商标2992件，其中中国驰名商标5个，中国名牌产品3个，省著名商标77件，省名牌产品32个。商标发展位居全省县级市第一，获省科技创新"六个一"工程工作先进市。

【引进和培育农业龙头企业】 坚持以工业化的理念，谋划农业发展，狠抓引进和培育两项关键措施的落实，大力发展农产品加工企业，不断做大育强农业龙头企业。在培育农业龙头企业过程中，本着"扶持龙头企业就是扶持农业，扶持龙头企业就是扶持农民"的理念，制订并实施鼓励农业产业化龙头企业发展政策，下发《关于加快农业产业化龙头企业发展的意见》等文件，出台一系列优惠政策，并明确规定各有关部门在办证、贷款、用地、用电等方面对农业龙头企业进行重点倾斜。在发展方面，重点围绕粮食、生猪、中药材、蔬菜四大主导方向，按照扶优、扶大、扶强的理念，培植与壮大规模大、起点高、带动强的农业龙头企业，打造出仁和集团、四特酒公司、绿环牧业、天齐堂药业、其门堂蔬菜等一大批龙头企业。全市有年销售收入500万元以上的农业龙头企业65家，其中国家级龙头企业2家，省级龙头企业12家。农业龙头企业的数量和规模位居全省前列。

【14个重大项目集中开工或竣工】 11月6日，樟树市在盐化工基地举行喜迎党的"十八大"重大项目集中开工竣工仪式，14个重大项目集中开工或竣工。14个项目投资总额超100亿元，涉及盐化工、医药、旅游、商贸物流等产业。竣工的项目有4个，分别是投资13.84亿元的宏宇能源公司焦化项目、投资7亿元的超白超薄特种玻璃项目、一期投资6亿元的晶昊盐化盐硝联产项目以及投资5亿元的仁和"863"科技园项目；开工的项目有10个，分别是投资31.65亿元的东方死海养生旅游度假区项目、投资20亿元的赣中氯碱循环经济项目、投资10亿元的长先化学科技项目、投资6亿元的天心高品质富硒有机茶项目、投资5.5亿元的厦门万佳集团雷达设备生产项目、投资3.5亿元的五星级宾馆项目、投资2.62亿元的中海油物流项目、投资1.3亿元的欣盛泰实业项目、投资8000万元的大丰饲料扩建项目和投资4000万元的广力药业项目。

【大力发展花卉苗木产业】 立足优势、瞄准市场，在推进造林绿化"一大四小"工程建设中，大力发展花卉苗木产业。出台资金扶持政策，对集中连片一百亩以上并检验合格的绿化苗木、果树苗木和油茶等每亩补助500元。各级各部门创新苗木发展机制，选育和推广优良乡土树种、精品苗木以及珍稀树种，大力引进和发展新颖性、广适性、抗逆性和具有乡土特色的品种，不断提升花卉苗木产品的市场竞争力。同时，通过建立健全花卉、苗木行业协会和各种专业合作经济组织，协调业内生产经营和市场销售，并吸引国内外知名花卉苗木企业落户樟树，鼓励企业按"企业+基地+农户"的经营模式建立花卉苗木基地，实现花卉苗木生产的规模化、集约化、产业化。全市拥有花卉苗木面积1800公顷，年育苗能力达2482万株；规模以上花卉苗木生产企业15家。

【全国中医医院中药饮片管理座谈会在樟树举行】 10月15日，全国中医医院中药饮片管理座谈会在樟树举行。会议由国家中医药管理局组织召开，近200名全国三级以上中医医院院长应邀参会。会上，与会代表围绕中药饮片的生产管理等问题，进行广泛的研讨和交流。吴竣、徐德生、杨新建、熊汉鹏等国内知名专家分别以《中药质量标准研究思路与实践——中国药典(2010年版)》《饮片处方用名与调剂给付规范化的探讨》《正确煎煮中药保障临床疗效》《全面推进医药中药药事管理迈上新台阶》为题，就中药饮片质量现状与发展方向、中药鉴定与药效提高等方面提出一系列真知灼见。大会对于促进中药饮片标准化生产与规范化应用，深化中药饮片产、学、研以及临床应用的有效对接，具有专业性、权威性的指导。同时，大会的举办还为中药饮片生产企业与中医医院搭建起产销对接平台，有力推动药都樟树中医药事业更好更快发展。

【第43届全国药材药品交易会在樟树举行】 10月16～18日，由江西省人民政府、中国中药协会主办，宜春市人民政府、江西省食品药品监督管理局、樟树市人民政府承办的樟树第43届全国药材药品交易会在樟树市举行。此次交易会以"创新·传承·合作·共赢"为主题，以"振兴樟树药业，打造药都品牌，弘扬中医药文化，促进人类健康和谐"为目标，突出体现办会模式的创新和专业水准的提升。参会的全国医药厂商达9600余家，参会代表9.2万余人；参展企业530余家，参展品种1.30万个；交易会签约合作项目32个，总金额48.8亿元。

【获中国家具行业优秀产业集群称号】 年底，樟树市被评为"中国家具行业2012年度优秀产业集群"，另有12家企业获中国家具行业创新企业奖。金属家具产业是樟树市机械产业的一个传统行业，有企业22家，其中销售收入超亿元企业13家；行业拥有总资产10亿元，从业人员9000多人。2012年规模以上金属家具企业完成销售收入31.13亿元，实现工业增加值8.18亿元，利税3.5亿元。行业主要产品有密集架、书架、保险柜、文件柜、金库门、活动书房、课桌(椅)等10大系列200多个品种，产品覆盖全国30个省、市、自治区，部分产品销往东南亚国家和中国港澳地区。

【获全国计划生育优质服务先进市称号】 2012年，樟树市获全国计划生育优质服务先进市称号。樟树市坚持以人为本理念，提升服务功能，为群众提供优质服务。(1)领导高位推动。市委、市政府高度重视计划生育优质服务创建工作，将其纳入重大事项督查范畴，研究制定和完善相关配套措施，把优质服务列入计划生育目标考核重要内容。(2)经费投入驱动。要求各级财政按国家、省下达的经费需求足额预算到人口计生部门，并把中央财政转移支付切块经费全部用于人口计生事业,并加大督查力度,规范管理使用。(3)信息建设带动。充分发挥网络功能,做好人口计生网络建设和管理工作,市站、乡所相关数据实现连通,信息化建设人员、设备配备全面到位,利用人口计生信息管理系统实现对基层主要工作职责落实情况、责任人工作完成情况进行监控,不断推动信息数据质量、孕情监测、长效避孕节育措施等工作的落实。(4)队伍建设促动。配齐配强计生技术服务队伍,加大培训力度,选调优秀大学毕业生充实计生服务队伍。(5)优质服务搅动。对受术对象实行市、乡、村三级术后跟踪服务措施。在服务中,编制三套预案,提出进站安心、住站满意、出站高兴的要求,计生服务部门承担86%以上的手术,无一例手术事故。

主要领导人 市委书记:黄玉剑(任至11月)、刘安安(11月任)。市人大常委会主任:陈国勤。市长:刘安安(任至11月)、胡江萍(11月任)。市政协主席:傅理学。

(陈云芽)

·高安市·

【简　况】 位于江西省西北部,辖18镇2乡2个街道办事处,总面积2439.33平方千米,其中城区面积(不含新区)34.68平方千米。有林面积8.93万公顷,森林覆盖率35.53%。全市总人口84.86万人,其中非农业人口20.19万人,人口自然增长率7.6‰。2012年,全市生产总值151.24亿元,同比增长11.3%。其中,第一产业增加值28.75亿元,增长4.1%;第二产业增加值78.56亿元,增长12.2%;第三产业增加值43.93亿元,增长14.4%。财政总收入21.50亿元,增长38.38%。地方财政收入15.07亿元,增长51.95%。工业总产值326.34亿元,增长15.5%。规模以上工业增加值72.96亿元,增长24.7%。全社会固定资产投资130.10亿元,增长28.3%。实际利用外资5990万美元,实际引进省外5000万元以上工业项目资金34.60亿元,增长23%。外贸出口1.02亿美元,增长46.28%。主要工业产品有建筑陶瓷5.61亿平方米、棉纱6.00万吨、原煤59.90万吨、水泥342万吨、食品添加剂1.26万吨。农业总产值57.21亿元,增长7.06%。粮食总产量72.18万吨。主要农产品有稻谷68.41万吨、大豆1.31万吨、油料5.24万吨、棉花1.20万吨、蔬菜27.17万吨。万元GDP能耗为1.17吨标准煤,城市污水处理率82%。城镇在岗职工年均工资3.06万元,增加3067元,农民人均纯收入8876元,增长16.03%。城乡居民年末储蓄余额135.29亿元,增长23.2%。新增城镇就业人数1.06万人,新增转移农村劳动力1.94万人,城镇就业率97.37%。城镇职工医保、居民医保、新农合参保参合率分别为100%、95%、99.75%。城镇职工养老保险扩面征缴取得新进展,企业退休人员基本养老金连续第八年增长,城乡居民养老保险实现全覆盖。城乡低保对象保障标准分别达到每月350元和170元。建设保障性住房4904套37.36万平方米。

【大观楼等五件商标获评中国驰名商标】 2012年,高安市大观楼、太阳、德美、维宝、TIANWEI五件商标被国家工商总局认定为"中国驰名商标",实现中国驰名商标数量零的突破。全市新认定江西省著名商标14件,居全省各县(市、区)之首,新认定宜春市知名商标15件,名列宜春市各县市第一。全市拥有注册商标1234件,其中中国驰名商标5件、江西省著名商标48件、宜春市知名商标35件。全市拥有农产品商标198件,涉农著名商标11件,涉农知名商标8件,上湖辣椒集体商标1件。

【获"中国书法之乡"称号】 2月26日,高安市被中国书法家协会授予中国书法之乡称号。6月16日,中国文联副主席、中国书协顾问段成桂一行7人到高安举行"中国书法之乡"授牌仪式。高安市有中国书法家协会会员13人,省书协会员68人,书法爱好者万余人。2009年以来,高安市把申创"中国书法之乡"作为文艺大发展、大繁荣重要举措来抓,组织拍摄电视专题片,征集作品、图片、碑刻、名人书法等艺术作品。2009年和2011年两次被中国书法家协会评为"中国书法家进万家"先进集体。2012年有13人次在中国书法家协会举办的展览中入展获奖。

【陶瓷国检中心获批准】 3月15日,国家质检总局下发《关于同意筹建国家陶瓷产品质量监督检验中心(江西)宜春建筑卫生陶瓷产品分中心的批复》,同意在高安设置国家级建筑卫生陶瓷检验检测中心。建筑陶瓷产业在高安有着传统的发展优势,市委、市政府抓住"东陶西移、南陶北上"的发展机遇,积极争取上级支持,发展陶瓷产业。省发改委、省工信委批复在高安八景、新街、独城三镇交界处建设江西省建筑陶瓷产业基地后,为进一步完善产业发展平台,市委、市政府自2008年始向国家质检总局申报国检中心的建设。获批后,市委、市政府成立筹建领导小组,聘请高学历的专业人士,并拨付专款筹建国检中心。

【获全国农田水利建设先进单位称号】 11月,水利部授予高安市全国农田水利建设先进单位称号。高安市政府先后完成《高安市农田灌溉规划》《中低产田改造规划》《高安市水土保持生态环境建设规划意见》等规划,对申报农田水利项目实行统一审批,集中项目、集中资金、集中投入建设农田水利。2011年以来,全市农田水利基本建设完成投资5.47亿元,开工各类水利项目300余个,完成土石方1600多万方,新增灌溉面积1333.33公顷,改善灌溉面积8666.67公顷,加固小(二)型以上病险水库47座,建设高标准园田化1700公顷,实施渠道清淤3604千米,解决农村饮水安全人口3.90万人,群众投资投劳折资6000多万元。

【《高安市城市总体规划(2010~2030)》获省政府批准】 9月,省政府批复同意《高安市城市总体规划(2010~2030)》。规划高安城区面积52平方千米、城市人口50万人。定位高安为全国重要的建陶产业基地、鄱阳湖生态经济区现代物流和现代农业示范基地、南昌都市区生态宜居城市。规划高安市域人口规模、中心城区人口规模、中心城区用地规模;中心城区用地发展的方向为北拓、东延、西控、南优。城市空间规划以锦江为主脉，城南区适度向东拓展，延伸滨水生活岸线，沿江两侧建设绿化带，营造滨水绿化景观，打造具有高安特色的滨水城市的一江两岸结构，与老城区、瑞阳新区、城北新区、新世纪工业园区及祥符组团和汽运产业组团形成“一江两岸、四区两组团”的城市空间结构。

【第七次被评为全国粮食生产先进市】 2012年，全市粮食总产量达72.18万吨，第七次被评为“全国粮食生产先进市”。高安市狠抓粮食生产，通过多形式、多渠道宣传国家发展粮食生产的政策措施，出台各种优惠政策，驱动粮食生产可持续发展；争取上级项目资金支持，搞好各种粮食生产项目工程建设；各项农业补贴资金及时足额发给农户；建立粮食生产风险基金；健全农业技术推广体系，开展农业科技进村入户活动，农技人员下乡进行科技咨询，全年举办培训班100期，参训人员5万人次。抓好关键技术的推广应用，围绕粮食生产节本增效，示范推广水稻直播、免耕抛秧、机械耕插等新技术；大兴水利，提高农业防灾能力，培肥地力，改良土壤结构，增加农机设备，提高农业机械化水平，加强基本农田保护，稳定粮食作物面积。

主要领导人 市委书记：皮德艳（任至10月）、聂智胜（10月任）。市人大常委会主任：黄雪刚。市长：聂智胜（任至11月）、袁和庚（11月任）。市政协主席：熊冬根。

（熊晓原　孙晓东　刘飞英　刘祝琴）

上饶市

【概　况】 位于江西省东北部，地处闽、浙、赣、皖四省九地市要冲。辖1区10县1市（代管），总面积2.28万平方千米，其中市区面积70.9平方千米。耕地面积45.81万公顷，林地面积132.40万公顷。全市户籍人口760.33万人，人口自然增长率7.34‰。全市实现国内生产总值1265.39亿元，同比增长13.0%。其中，第一产业增加值192.83亿元，增长4.5%；第二产业增加值662.54亿元，增长13.7%；第三产业增加值410.02亿元，增长11.3%。全年地方财政总收入200.36亿元，增长32.2%，其中一般预算收入134.16亿元，增长40.4%。全市税收收入占财政总收入比重81.0%。农业总产值305.71亿元，增长4.45%。主要农产品有粮食产量337.92万吨、油料产量18.8万吨、茶叶产量1.19万吨、蔬菜产量134.53万吨、水果产量18.12万吨。全市规模以上工业增加值552.53亿元，年均增长13.2%。全年实际利用外资6.6亿美元，增长10%；引进省外5000万元以上项目资金296亿元，增长19.7%。外贸出口保持平稳增长，完成出口总额25.5亿美元，增长5.6%。主要工业产品有原煤63.0万吨、十种有色金属19.5万吨、水泥1282.7万吨、铜材（铜加工材）33.10万吨、照相机6544台。全市主要河流监测断面水质达标率99.1%，城市环境空气质量全部在二级以上，削减化学需氧量5320吨、二氧化硫1650吨、氮氧化物1100吨、氨氮840吨，单位生产总值能耗下降5.2%，单位工业增加值能耗下降2.1%。农民人均纯收入7011元，增长14.3%。城镇居民人均可支配收入2.02万元，增长14.01%。年末城乡居民储蓄余额1405.51亿元，增加239.91亿元，增长20.58%。全市城镇职工养老保险参保人数73.73万人；城镇居民、城镇职工基本医疗参保缴费人数134.65万人。参加新农合人数555.4万人，参合率98.9%。年末全市从业人员417.36万人，增加12.05万人。单位在岗职工38.15万人，增加8.91万人。全年城镇新增就业人数10.71万人，“零就业”家庭就业安置率达100%，“4050”人员就业人数1.08万人，新增转移农村劳动力16.86万人。全市新开工建设保障性住房2.45万套，截至年底，各类保障性住房竣工2.71万套，完工率达61.9%。其中，廉租房竣工4469套，公租房竣工4910套，各类棚户区改造竣工1.73万套。发放廉租住房租赁补贴2079万元，惠及1.69万户。

【主攻工业决战园区掀起新高潮】 2月20日，在万年县召开全市主攻工业决战园区再动员大会，对全市上下强力推进主攻工业、决战园区进行再动员、再加压、再鼓劲、再部署，全面加快上饶市新型工业化进程。省政府副省长洪礼和、省直有关部门负责人，市四套班子领导、上饶军分区主要领导、市法院、市检察院主要领导和市直有关部门主要负责人共600余人参加大会。2012年全市规模以上工业完成增加值389.75亿元，同比增长14.3%；实现主营业务收入2007.93亿元，同比增长24.8%；实现利税186.75亿元，同比增长21.2%，增幅比全省平均高出5.5个百分点。规模以上企业工业增加值和主营业务收入在全省排名分别前移一位和两位，双双进入全省第六位。

【加快新型城镇化建设步伐】 4月22～23日，召开全市新型城镇化和城市建设再动员千人大会。同时出台《关于进一步加快推进新型城镇化和城市建设的意见》。年内，全市开工城建项目550个，完成投资260亿元，新增建成区面积30平方千米，城镇化率提高2个百分点，达到43.7%。中心城市开工城建项目103个，完成投资118亿元，上饶大桥、茶圣中路、天佑大道一期、三江城市综合体一期安置房、三江导排渠、城南大道等项目建成，老火车站城市综合体、广信大厦、6000套保障性住房和5000套安置房、三清山机场大道、上饶师范迁建、城市饮水工程等项目建设进展加快。万年青建材商城、万达商业广场等大型商业综合体落户中心城市。创建省级生态园林城市、省级文明城市、省级森林城市工作深入开展，中心城市共防共治违法违章建筑取得成效，城市形象进一步提升。筹集新农村建设资金10.9亿元，新建新农村村点1705个、农村清洁工程3746个，农村面貌有了新改善。上饶市“突出三区四线，推动村镇联动”的新农村建设做法得到全省肯定。

【成立中国民生银行上饶江南商贸城城市商业合作社】 6月25日，中国民生银行上饶分行第一家小微金融合作社——中国民生银行上饶江南商贸城城市商业合作社正式成立。上饶市人民政府副市长廖其志、中国民生银行南昌分行副行长李霏以及江南商贸城100余家商户负责人参加了成立仪式。中国民生银行上饶分行一直把江南商贸城作为银行重点开发的市场,截至6月,上饶分行累计向江南商贸城授信4亿元,投放信贷资金8000余万元,奠定了良好的合作基础。合作社的成立是上饶市人民政府、信州区人民政府为解决小微企业融资难,而创新的政府、企业、银行"三家联动"的金融服务新模式,在江西省属首创,具有里程碑意义。

【举行上饶三清山机场建设动员会】 7月8日,上饶三清山机场建设动员会在上饶三清山机场场址举行。省长鹿心社出席动员会并宣布上饶三清山机场项目奠基。省委副书记、省纪委书记尚勇出席,省委常委、常务副省长凌成兴讲话。副省长洪礼和,省政府党组成员、秘书长谭晓林等出席动员会。三清山机场是全国民用机场布局规划的新建设机场项目,是省"十二五"期间重大基础设施项目之一。项目总投资6.62亿元,位于上饶市中心城区南面上饶县尊桥乡后门堂;飞行区按4C标准设计,远期按4D级规划,本期规模是:新建一条2400米×45米的跑道和1条垂直联络滑行道;航站区按满足2020年旅客吞吐量50万人次、货邮吞吐量3000吨的目标设计,航站楼6000平方米,站坪机位5个;配套建设通信、导航、气象、空管、供电、供水、供油、消防救援等配套设施。项目用地149.53公顷,建设工期2年,投资估算约6.18亿元。

【召开全市推进服务业发展动员大会】 8月17日,上饶市召开推进服务业发展动员大会。市委书记董仚生、市长潘东军出席会议并讲话。全市各县(市、区)领导及有关部门负责人共1000余人参加会议。会议期间,与会人员参观了广丰县、信州区和上饶县部分现代服务业企业。会上,下发了《上饶市委上饶市政府关于进一步加强服务业统计工作的若干意见》《服务业政策文件汇编》《服务业重大项目汇编》《商贸流通业政策文件汇编》等一系列材料。

【三清山列入世界地质公园名录】 9月20日,作为中国2012年度唯一的申报单位——三清山国家地质公园,通过联合国教科文组织世界地质公园执行局的审查,被正式列入世界地质公园名录。

自2005年三清山正式启动世界地质公园申报工作以来,上饶市委、市政府高度重视,专门成立上饶市申报世界地质公园工作领导小组,领导协调申报工作。三清山管委会会同国内几所著名大学编制了120万字、6000余张图片的地质科普知识宣传技术材料,为申报工作提供了强有力的科学技术支撑。同时管委会还投入1.6亿元对风景区进行综合整治、完善景区监控系统、新建地质博物馆1个、地质标识牌360块、公园标志牌3处、环山公路边坡绿化1.60万平方米,为成功申报世界地质公园打下坚实基础。6月19~22日,三清山迎来联合国教科文组织世界地质公园网络执行局专家的实地考察评估,并得到高度评价。专家考察报告提交地质公园大会讨论,获全票通过。至此,三清山成为中国第27处世界地质公园,全国第五个拥有世界自然遗产、世界地质公园、国家5A级景区三项世界和国家顶级旅游品牌的景区。

【获伦敦残奥会奖牌】 9月2日,在伦敦残奥会,上饶市广丰县残疾人运动员纪小飞和队友刘馨阳、谢豪以49秒454的成绩,获自行车团体竞速C1-5冠军,并打破世界纪录,这是中国首次在此项目上获金牌。9月4日,在伦敦EXCEL举重馆,上饶市铅山县鹅湖镇残疾人运动员徐艳美以129公斤的成绩,获女子举重82.5公斤以下级铜牌。

【德上高速公路通车】 12月31日,德上高速公路通车。德上高速公路定位为特色旅游高速公路,总体上是由北向南走向,北起德兴市花桥镇小目源,与昌德高速相接,穿越怀玉山,终于信州区沙溪镇白石地村东南侧,与沪昆高速(梨温段)相连,沿线经过德兴市花桥镇、龙头山乡、大茅山垦殖场,玉山县怀玉乡、樟村镇、临湖镇、必姆镇、下塘乡及信州区沙溪镇等9个乡(镇、场)。德上高速公路主线全长61.22千米,途经上饶市德兴、玉山及信州区三个县(市、区),其中德兴市12.43千米、玉山县41.73千米、信州区7.06千米。公路采用双向四车道标准建设,设计速度为80千米/小时,整体式路基宽度为21.5米,分离式路基宽度为11.25米,沥青混凝土路面,连接线按二级公里标准建设。德上高速公路的通车,对于完善全省高速公路网,加强沪、浙、皖、赣经济联系,带动三清山周边旅游资源开发利用,促进区域经济快速发展具有重要意义。

主要领导人 市委书记:董仚生。市人大常委会主任:尧希平。市长:潘东军。市政协主席:程建平。

(刘剑峰)

·信州区·

【简 况】 位于江西省东北部,为上饶市委、市政府驻地。辖3镇1乡5个街道办事处,总面积339平方千米。耕地面积5211公顷。总人口40.9万人,其中非农业人口21.5万人。2012年实现生产总值(现价)157.1亿元,同比增长16.4%。其中,第一产业6.3亿元,增长4.2%;第二产业65亿元,增长5.7%;第三产业85.8亿元,增长15.8%。社会消费品零售总额82亿元,增长20%。全部工业增加值52亿元,增长6.1%;实现规模以上工业增加值17.5亿元,工业主营业务收入91亿元。实际利用省外资金22.25亿元,增长21%;外贸出口2.18亿美元,增长5.8%;实际利用外资5352万美元,增长10.2%。地方财政总收入13.63亿元,同比增长33.9%。其中一般预算收入9.9亿元,增长35.9%。财政总收入占GDP比重为17.86%,比上年提高1.33个百分点,税收收入占财政总收入比重89.43%,高于全省平均比重8.73个百分点。乡镇发展迈出新步伐,所有乡镇、街道办事处财政总收入均超4000万元,其中当年新增北门街道过亿元,过亿元乡镇3个。城镇居民人均可支配收入2.02万元,增长14.01%;农民人均纯收入9530元,增长16.5%。全区城镇新增就业7563人,新增转移农村劳动力7200人,帮助困难人员解决就业920人,工业园区用工培训4100人次。城镇就业率97.4%，零就业家庭就业安置率100%。加快推进保障性安居工程建设，累计建成安置房48万平方米，改造农村危旧房255户。全年参加城镇基本养老保险、城镇基本医疗保险、工伤保险和生育保险人数分别为5.8万人、14.9万人、3.4万人和1.7万人；新农保参保人数7.7万人，新农合实现全覆盖。2012年，获全省新型农村和城镇居民社会养老保险工作先进单位称号。

【打造上饶信息服务业产业园】 信州区在推动信息服务业聚集发展，加快信息服务业聚集区建设上下功夫，把招商引资的互联网企业当作重点帮扶服务对象，全力推进网络经济持续健康发展。为把互联网企业打造成信州区信息产业园支柱产业，信州区出台了《上饶市信州区人民政府关于加快信州区信息服务业聚集发展的若干意见(试行)》，自筹资金完善各项硬件设施，对产业园的互联网企业开展保姆式服务，高起点、高标准规划互联网产业园。产业园位于三江新城，集电子商务、创业基地、孵化基地于一体。建成办公写字楼、食堂、宿舍楼等，建筑面积约1.2万平方米。已入驻的企业有巨网科技、云网科技、商联通科技等12家，实现销售收入5000万元，税收408万元。

【上饶万年青城项目落户信州区】 10月30日，上饶万年青城项目投资合作签约仪式在南昌举行。上饶万年青城由江西省建材集团公司投资兴建，项目选址在上饶市信州区，规划用地74公顷，建筑面积152万平方米，总投资60亿元，首期投资20亿元。项目共规划布局五个功能板块，分别为综合商务配套区、综合建材类交易馆、会展中心区、交易中心区、仓储物流配送区，将开发建设集展示、交易、仓储、电子商务四维一体的商贸物流城，形成规模化、集约化、全业态、多功能的现代化产业商品交易中心和制造业高端集成服务平台。万年青城三年内建成开业，市场年交易额超过百亿元，可创造就业岗位1.5万个以上，年新增税收超3亿元。

【获批国家科技兴贸创新基地】 10月，国家商务部、科技部下发《关于认定第四批国家科技兴贸创新基地的通知》，信州区获批"国家科技兴贸创新基地(光机电)"。信州区依托凤凰光学集团，相继出台了一系列优惠政策，大力培植光学企业，已经形成发展光学制造产业的洼地效应。以凤凰光学为龙头，集聚了光学镜片、镜头，照相机、显微镜、测绘仪器、光学设备、光引擎、望远镜等上下游产业链企业210余家，产业技术工人近2万人，光学行业的上下游产业链已经形成，成为全国光学产品及光学配件的生产及贸易集聚地。信州区光学镜片生产产能达5亿片，占全国光学镜片产量65%，产品供应国际国内众多厂家。

【举办第六届中国·饶城社区文化艺术节】 10月15～19日，第六届中国·饶城社区文化艺术节在信州区举办。艺术节以"颂歌献给党"为主题，以社区群众为主体，共设置十大活动，分别为开幕式大型文艺晚会、"清风颂"廉政文艺晚会、四季交响音乐会、"最炫民族风"群众广场舞比赛、机关干部群众合唱节、社区拔河比赛、十大文明家庭评选、露天电影、社区文艺展演、灯谜制作大赛。直接参演的社区群众近3000人。作为上饶市最知名的社区群众文化形式，中国·饶城社区文化艺术节已连续举办五次，参与群众达10万余人次，观众50万人次，成为信州区发展社区文化的一大品牌。

主要领导人 区委书记：郑晓春。区人大常委会主任：付德峰。区长：蒋丽华。区政协主席：徐中平。

（俞叶珍）

·上饶县·

【简　况】 位于江西省东北部，辖11镇10乡3个街道办事处，总面积2240平方千米。耕地面积2.6万公顷，有林面积9.37万公顷，森林覆盖率73.7%。总人口75.7万人，其中非农业人口10.8万人，人口自然增长率7.52‰。2012年生产总值130.3亿元，增长13.3%。其中：第一产业增加值11.94亿元，增长4.1%；第二产业增加值98.6亿元，增长15.5%；第三产业增加值19.71亿元，增长9.3%。工业总产值411.4亿元，增长21%。规模以上工业企业59家。实际利用外资6920万美元，其中现汇进资2158万美元，增长5.8倍。主要工业产品有原煤7.07万吨、铜5.66万吨、水泥50.1万吨、发电量2亿千瓦小时、白银35.4吨、通迅及电子网络电缆19.12万对千米。农业总产值20.15亿元，增长8.98%。国家、省、市农业龙头企业48家。主要农产品有稻谷15.8万吨、茶叶345吨、园林水果3554吨、生猪15万头。城镇化率41%，网络覆盖率99%，义务教育普及率100%。参加基本养老保险人数7万人，养老基金征缴总额1.37亿元，城镇基本医疗保险参保人数8.4万人。化学需氧量、二氧化硫、氨氮、氮氧化物排放量分别削减489吨、401吨、26.5吨、66吨，城市污水处理率83%。财政总收入14.5亿元，增长30.3%；一般预算收入8.6亿元，增长30%；一般预算支出22.4亿元，增长23.7%。所有乡镇财政收入均过1500万元。全社会固定资产投资130.2亿元，增长30%。社会消费品零售总额36.2亿元，增长8.7%。农民人均纯收入5448元，增加620元。金融机构年末储蓄余额117.3亿元，增长23.2%；贷款余额87.4亿元，增长17.5%。2012年，上饶县获"全国双拥模范城市""全国农村社区建设实验全覆盖示范单位"等称号。

【推进茶亭工业园建设】 2012年，茶亭工业园完成基础设施投入1.2亿元，"五纵三横"路网已经形成，自来水厂实现供水，污水处理厂开工建设，建成区面积达到4.3平方千米，主营业务收入58亿元。新金叶、德源欣茂等5个项目投产见效，和韦地热、东江机电、锦辉标准厂房等10个项目开工建设，其中，新金叶公司当年实现主营业务收入48亿元。

【城南新区建设初具规模】 城南新区东连信州区三江片区，南靠上饶市外环路，西接茶亭工业园，北依信江河与旭日片区隔江相望，总规划面积20平方千米。2012年，完成新区主干道城南大道全长7.69千米、宽36米，总投资2亿元的工程建设;三江导排渠全面完工并投入使用,海纳钢材市场和国际商业城动工建设,江南大道稳步推进,一个环境优美、功能完善、宜居宜业的滨水新区正在形成。

【加快灵山景区建设步伐】 2012年,上饶县加快灵山景区建设步伐,完善相关配套设施,加大宣传推介力度,全力建设旅游强县。灵山风景名胜区投入基础设施建设资金1.3亿元,灵山客运索道、游步道、栈道开工建设,左溪服务区项目顺利实施,灵山大道开工建设,灵山景区进入全面建设阶段。

【推行"15分钟基层维稳圈"】 上饶县深入推进社会管理创新和社会矛盾化解工作,从4月开始,在旭日街道办、罗桥街道办、枫岭头镇、皂头镇、煌固镇、清水乡开展"基层维稳圈"试点工作,创建"以党员为骨干,治安积极分子参与,基层站所融入,乡(镇)村干部带头"的维护社会稳定新模式。维稳圈原则上以自然村(小区)为单位,范围控制在步行大约15分钟路径内。每个维稳圈通过群众选举产生威望高、懂政策、热心公益的圈长、矛盾调解员和信访信息员各一名,妥善化解各类矛盾纠纷,维护社会稳定。

主要领导人 县委书记:张祯祥。县人大常委会主任:徐继生。县长:熊孙魁。县政协主席:肖万松。

(洪　海)

·广丰县·

【简　况】 位于江西省东北部,赣浙闽结合处。辖16镇4乡3个街道办事处,总面积1377.79平方千米。耕地面积1.78万公顷,有林面积6.72万公顷,森林覆盖率61%,城区绿地率48.31%。总人口92.13万人,人口自然增长率7.6‰。实现生产总值206亿元,同比增长12.6%。其中:第一产业增加值18亿元,增加4.6%;第二产业增加值111.64亿元,增加13.9%;第三产业增加值76.36亿元,增加12.8%。实现财政总收入29亿元,同比增长25%;税收占财政总收入的比重达79.8%;地方财政收入20.55亿元,增长35.97%。工业总产值358.95亿元,增长30.73%;规模以上工业增加值60.23亿元,占GDP比重为16.7%。广丰工业园区实现主营业务收入380亿元,增长35.2%,列入重点省级工业园区。主导产业加速集聚,形成了卷烟制造、有色金属、纸业包装三大主导产业和新能源、黑滑石、红木家具三大新兴产业,"斯尔摩"商标获"中国驰名商标"称号,成为继"月兔"品牌之后的第二个"中国驰名商标"。固定资产投资131.1亿元,增长25%。外贸出口1.22亿美元;实际利用外资7027万美元。农业总产值27.52亿元,增长5.7%。粮食总产量23.5万吨。大力发展广丰马家柚,新增种植面积4000公顷,总面积达8533.33公顷,形成百亩以上基地300个,千亩以上基地8个,万亩以上基地1个。城市污水处理率90%。在岗职工平均工资3.27万元,农民人均总收入8558元,城乡居民年末储蓄余额100.3亿元,贷款余额71.1亿元。新增城镇就业人员和转移农村劳动力2.39万人,零就业家庭安置率100%,发放小额贷款1.65亿元。6.99万名60周岁以上城乡居民享受到每月55元的基础养老金。开工建设保障性住房3750套,发放廉租住房补贴1860户,改造农村危旧房1233户,完成扶贫移民搬迁安置1123人。成功举办第四届全民健身运动会,开展了80多项全民健身活动。送戏下乡246场,放映电影3000余场。全年精简非行政许可审批项目36项,录入网上审批系统的各类审批项目达342项,审批事项3.2万件。审结行政复议案件8件,处理争议纠纷56起。完善法律援助体系建设,提供法律援助186起,法律咨询服务1560人。2012年,广丰县获"中国中小城市科学发展百强县""中国最具投资潜力中小城市百强县"和"中国最具区域带动力中小城市百强县"称号。

【出台助保贷款为民服务新举措】 1月20日,为解决特困群体参保难题,经广丰县人民政府研究同意,成立广丰县助保贷款担保结算中心,为辖区内无力缴纳养老保险的企业下岗职工或以个人身份参保无力缴费的人员等特殊困难群体,提供免费、高效、便捷的养老保险费贷款担保结算服务,保障上述参保人员的合法权益。经过一年的运转,已为438人提供助保贷款,贷款总额达645万元。

【"6·22"特大暴雨灾害】 6月22日8:00时至24日8:00时,全县平均降雨量在146毫米以上,局部降雨量达218.2毫米,其中毛村、桐畈等7个乡(镇)降雨量在175毫米以上。23个乡(镇、街道办事处)不同程度受灾,尤其是桐畈、沙田等丰溪河沿岸10多个乡(镇、街道办事处)因受棠岭港上游福建省浦城县水库泄洪、浙江省江山市二十八都洪水及广丰县军潭、七星两座中型水库泄洪影响,形成严重洪涝灾害。"6·22"特大洪水导致全县4.8万人受灾,农作物受灾面积1.08万公顷,倒损房屋1244户,直接经济损失3.2亿元。灾情发生后,县委、县政府高度重视,积极采取措施,扎实做好灾后自救工作,有效地将灾情控制到最小范围。

【十大旅游重点项目集中开工】 8月21日,广丰县举行十大旅游重点项目集中开工暨铜钹山创建4A级景区启动仪式。集中开工的十大重点项目总投资超过20亿元,具有定位高、品质优、前景好的特色。这些项目中,与铜钹山密切相关的项目占5个,主要包括铜钹山游客服务中心、九仙湖景区改造升级、铜钹山大酒店、卧龙生态度假村、高山红豆杉景区开发等项目。这十个重点项目的建设,对于铜钹山国家森林公园创建4A级景区具有推动作用。

【国家卫生县城通过复核】 9月19日,由陕西省爱卫办主任刘保华担任组长的国家爱卫会专家组一行,通过实地察看、现场了解情况、观看广丰县国家卫生县城复评迎检工作电视专题片、听取广丰县国家卫生县城复评迎检工作汇报等形式,对广丰县国家卫生县城进行复核。专家组在反馈复核意见时,对广丰县巩固与发展国家卫生县城创建成果工作给予高度评价,确认广丰县国家卫生县城通过复核。

【"十大实事"全部落实到位】 2012年,县政府承诺的"十大实事"全部落实到位:(1)综合整治县城环境卫生,通过国家卫生县城复检,环境卫生大为改观。(2)丰溪路综合改造基本完工,永丰大道沿街建筑立面改造、景观亮化全面完成,城区面貌焕然一新。(3)实施农村自来水工程,8.7万农民喝上安全水、放心水;完成毛大线8.1千米路面改建,方便沿线乡镇群众出行。(4)完成县中医院整体搬迁,同时县妇幼保健院搬迁改造工程也已全面开工建设。(5)加快推进红木文化产业园和挖掘机大市场建设,搭建全民创业的重要平台。(6)迎宾大道、快速通道(广丰段)分别于9月、12月开工建设,加快融入上饶中心城区步伐。(7)加快建设王贞白公园,增添了群众休闲和锻炼身体的场所。(8)启动教育园区(一期)项目建设,确定广丰中学新校区规划设计初步方案。(9)综合体育馆完成项目选址,进行了初步概算和平面图设计。(10)全线贯通铜钹山大道,打通了县城东西向交通循环线。

【建立被征地农民社会基本养老保险制度】 2012年,县委、县政府高度重视失地农民的生活就业,不断探索适应地方实际的补偿安置途径,建立广丰县被征地农民社会基本养老保险制度,实现失地农民老有所得,老有所养。全县失地农民参保人数达7491人。2007年第一批办理养老保险的失地农民,截至2012年12月,每月可领取980元养老金;2012年办理养老保险的失地农民,截至2012年12月,每月可领取520元。对参保对象满70岁以上的,每月加20元;满80岁以上的,每月加40元。对不参加农民社会基本养老保险的,以个人名义申请并经村(居)民委员会集体同意,给予每年600元的最低生活保障补助,时限为被征地时起15年。

【打造中国木雕之城】 2012年,为积极策应国家大力发展文化产业和省委、省政府将文化产业列入鄱阳湖战略重点发展十大支柱产业的部署,广丰县对文化产业和特色品牌发展进行战略性调整,创造性提出做大做强做优红木文化产业的战略构想,并启动红木文化产业园建设,把广丰县得天独厚的红木资源优势、技术优势、人才优势转化为产业优势和经济优势。广丰县红木文化产业园总规划占地40多万平方米,涵盖了洋口镇1个社区2个自然村,总投资25亿元。产业园确定了"一街、一城、一基地"的产业区布局,由红木文化街、广丰木雕城、红木家具基地三个板块组成。整个项目实施"基地拉动"战略,立足优势产业资源和地域特点,依托洋口中心城镇区位优势,打造全省乃至全国红木家具、木雕工艺品生产交易基地;依托博山寺自然环境优势及铜钹山国家森林公园特色资源优势,打造红木特色文化旅游基地,深度推进红木文化产业与旅游、商贸、物流等融合发展。利用文学、工艺作品,精心策划、定期举办有特色有影响的文化活动,不断扩大广丰红木文化产业竞争力和影响力,打造民间工艺文化品牌,尽快把广丰红木文化产业培育打造成全国的"名片"。红木文化街已落户125家红木雕刻企业,占地12.2公顷、总投资逾5亿元的广丰木雕城和占地6.67公顷、总投资逾2亿元的红木家具制造基地建设已相继开工建设。

主要领导人 县委书记:倪美堂。县人大常委会主任:刘月林。县长:邵小亭。县政协主席:周重明。

(徐积木)

·玉山县·

【简　况】 位于江西省东北部,辖11镇5乡,总面积1728平方千米。耕地面积1.88万公顷,林地面积11.47万公顷,森林覆盖率64.8%,城区绿化率43.7%。总人口62.09万人,其中非农业人口10.34万人,人口自然增长率7.2‰。2012年全县实现生产总值93.6亿元,同比增长12.2%。其中,第一产业增加值12.96亿元,增长6%;第二产业增加值46.58亿元,增长11.9%;第三产业增加值34.07亿元,增长15.1%。财政总收入13.066亿元,增长29.26%,人均2256元,税收占财政总收入的比重为80%;地方财政收入9.23亿元,增长27.76%;地方财政支出21.04亿元,增长26.06%。全部工业增加值41.04亿元,增长11.4%,规模以上工业增加值27.82亿元,增长14.8%,占GDP比重为40.41%;外贸出口1.3亿美元,增长8.7%;实际利用外资5073万美元,增长29.8%;实际利用省外5000万元以上工业项目进资21.94亿元,增长24%。主要工业产品有水泥877万吨,轴承1.1亿套。农业总产值19.6亿元,增长5.35%。主要农产品有粮食20.3万吨,蔬菜4.51万吨,水产品2.89万吨,油料1.25万吨,茶叶330吨。全社会用电7.12亿千瓦小时,增长0.9%,其中工业用电4.90亿千瓦小时,减少5%。全县万元GDP能耗1.248吨标煤,同比下降5.52%;工业固体废弃物综合利用率95.4%。城镇居民人均可支配收入1.69万元,增长13%。农民人均纯收入7806元,增长12.93%。城乡居民储蓄73.5亿元,增长13%。金融机构存款余额105.96亿元,增长16.08%。金融机构贷款余额67.56亿元,增长26.12%。固定资产投资65.89亿元,增长33.1%。社会消费品零售总额34.1亿元,增长18.9%。空气中二氧化硫年均浓度值为0.034毫克/立方米,二氧化氮年均浓度值为0.023毫克/立方米,可吸入颗粒物年均浓度值为0.037毫克/立方米,二氧化碳排放总量(万吨)削减率4.11%。污水处理能力达2万立方米/日,城区污水处理率95.0%,生活垃圾无害化处理率95.0%。全年接待游客478.3万人次,增长67.2%;旅游综合收入37.9亿元,增长44.1%。全县新增城镇就业0.92万人,转移农村劳动力1.18万人,发放再就业小额贷款7600万元。新型农村和城镇居民养老保险试点工作全面铺开,全县6万余名60岁以上老人享受到每人每月55元的基础养老金;城镇基本养老、基本医疗、失业保险参保人数分别为5.58万人、9.71万人、2.01万人。新农合参合率99.2%;低保人均月补差农村提高到105元,城镇提高到220元。资助高考入学家庭经济困难大学生、普通高中和职业学校家庭经济困难学生共5318人,补助义务教育阶段寄宿制学生7628人。全县有线电视由模拟整体向数字化转换,送戏下乡200场,放映电影4000场。新建居民安置房10万平方米,新增廉租房441套2.6万平方米,完成国有垦区危房改造1057户、农村危房改造843户。

【推进民生工程建设】 2012年,投入各类民生保障和建设资金13.6亿元,完成8个方面80项民生指标,解决了"入学、饮水、行路、买菜、就医"等一些难题。实施各类教育项目58个,总面积14.24万平方米。在建3.95万平方米;新建端明小学,对瑾山、逸夫、冰溪、明德、城东5所小学进行扩容改造;新二中建设完成工程量35%;新建和改造城乡7所公立示范幼儿园;全面完成农村中小学D类危房改造。城市引供水工程一期日处理5万吨水厂建成使用,千吨万人饮水工程新增解决农村安全饮水2.7万人,实施有螺渠道硬质化改造累计达45.6千米。完成25条里弄小巷改造;新增公交线路3条,更新公交车31辆,新建候车亭90个。完成国道、省道提升改造20.4千米,新建和改造县乡村道265千米;完成十里山大桥、六都二桥、必姆古山甲桥等5座危桥改造;省道202新仙线完成改造12.8千米,六都段改线1.57千米。新建果蔬批发市场3.6万平方米,迁建畜禽屠宰厂1.5万平方米,改造沿河大市场1.9万平方米。棚户区改造搬迁房屋638户7.8万平方米。新建双明、仙岩2所中心卫生院,在建必姆中心卫生院主体完工。实施国家基本药物制度的行政村卫生室189个。玉山县被评为全国农村中医药工作先进单位。

【推进"项目建设推进年"活动】 2012年,县委、县政府扎实推进"项目建设推进年"活动,实行项目建设挂钩负责制、重大项目定期调度制、开竣工时限承诺制;强化质量管理,实行工程建设质量每日检查、每周报告、每月汇总调度制度,对不合格工程责令返工;狠抓要素保障,全年征用各类项目建设用地243.8公顷,搬迁房屋13.34万平方米;置换用地指标152.8公顷,筹集项目建设资金8.1亿元。全年县本级实施重点项目134个,总投资145亿元,其中已完工53个。各乡镇实施投资5万元以上各类项目331个。同时,配合做好杭(州)长(沙)客专、合(肥)福(州)高铁、德(兴)上(饶)高速、西气东输等国家和省、市重点工程建设。

【做大做强工业园区】 2012年,投入2.2亿元用于园区基础设施建设,新增园区开发面积1平方千米,完成16.3千米高压线路改造、5千米供水管网建设,启动文成110千伏变电站、科技大道北延工程建设,加快推进工业园区服务中心、金山北路、玉景路等项目建设。县工业园区成功跻身全省首批18家重点园区。加大对园区违法用地的清理力度,追缴相关规费1385万元。推进企业落户,8个项目被列入省战略性新兴产业重大调度项目,总数在全省县级园区名列前茅;岩瑞铜业等一批重点企业加快建设;骏马食品、珠江数控刀具等15个项目建成或基本建成;推进一批老企业的扩容改造,新增规模以上工业企业17家。全年引进5000万元以上工业项目26个,其中亿元以上项目17个;出口1.3亿美元,增长8.7%;实际利用外资5073万美元,增长29.8%。

【创建全国旅游名城】 2012年,投资3亿元,实施城区畅通工程,建成博士东大道、府前东路、玉华北路、秀峰中段、怀玉公园西路、博士西大道、三清西大道等7条道路,城市路网实现内联外通,县城拓展4平方千米。完成解放中路棚户区改造,搬迁房屋638户7.8万平方米。新建安置房1172套19.32万平方米,已交付388套6.3万平方米。投资2000万元,完善城市功能,提升改造沿河大市场、沿河小区路网管网。投资6260万元,完成城区雨污分流管网一期改造工程,管网总长23.85千米;天然气干管工程建设基本完工。新建、改造星级公厕6座,启动城市停车场建设。成立城市管理综合执法局,开展县城规划区非法占地、违法建设专项整治,依法拆除违章建筑2.14万平方米。投入670万元,建成垃圾压缩中心,添置各类环卫车18辆;投入4800万元,新增城市绿地面积18万平方米;投资1300万元,新增亮化建筑157幢,县城绿化、亮化和净化水平全面提升。冰溪一河两岸旅游综合体建设全面推进,万柳洲公园即将建成开园。扎实开展"三城同创",成功创建省文明城市、省卫生县城。

【研究开发非转基因维生素A特种水稻】 至2012年底,四股桥乡农技站农技员杨玉梁,先后培育出含维生素A特种水稻光温敏不育系3个、恢复系7个,三系不育系1个、恢复系1个,填补了国际非转基因含维生素A两系、三系杂交水稻空白,每公顷产量由原来的6000千克提高到9450千克,每公顷均比普通杂交稻增收1.2万元。在浙江、海南、江苏、湖北、重庆等13个省市建起39个含维生素A的"紫宝香糯1号"示范基地,推广面积1.8万公顷。攻克了产品深加工中色、香、营养成分保存的三大难关,项目技术获两项国家发明专利。以紫宝香糯为原料,研发出天然紫香年糕、营养米素、"维A米"等紫宝香糯功能食品并投放市场。

【三清山景泰赏石博物馆开馆】 4月28日,江西省首家民办地质类赏石博物馆——三清山景泰赏石博物馆正式开馆。博物馆位于玉山县城西商苑内,占地3800平方米,由周树睦创办。馆藏有玉山、三清山一带各个地质年代的木化石、树化石、海洋生物化石、远古动物化石1.5万余件,其中最早的地质化石有10亿年。馆内奇石总量达1200余吨,展现了三清山奇石的奇特性、艺术性、观赏性,对了解玉山、三清山一带的地质演化过程,揭示人类活动和自然环境的演化历史有着重要意义。

【陈文武作品获第七届中国民间艺术博览会金奖】 8月,在长春举行第七届中国民间艺术博览会优秀作品评选活动,玉山籍民间艺人陈文武石刻《事事如意——笔筒》获得金奖,并遴选为2013年第11届中国民间文艺"山花奖"评选活动的参赛作品,展示"江西民间文化艺术家"的实力。此次评选活动,全国各地共有58大类22万件民间艺术品参赛,经过严格筛选,60件作品获金奖。

【赣浙闽百名摄影家走进玉山大型采风】 12月8~9日,举行"秋醉玉山"——赣浙闽百名摄影家走进玉山大型采风活动。赣浙闽3省边界17个市县130名摄影家参加采风活动,其中,中国摄影家协会会员30名,省摄影家协会会员60名。其间,百名摄影家用镜头聚焦玉山原始古朴的漏底古村落、国家森林公园天梁景区、东坑、西坑农家生活和濒临失传的鸬鹚捕鱼等民俗风情和自然风光。此次采风活动,共收到百名摄影家作品300多幅,经过评委评选,有20幅作品获奖。

主要领导人 县委书记:刘 锋。县人大常委会主任:刘礼火。县长:饶清华。县政协主席:周歧清。

(占裕田)

·铅山县·

【简 况】 位于江西省东北部,辖7镇10乡,总面积2177.66平方千米,其中县城建成区面积12平方千米。有耕地面积1.93万公顷,林地面积14.29万公倾,森林覆盖率73.68%,城区绿化率45.58%。总人口46.54万人,其中非农业人口8.46万人,人口自然增长率7.35‰。2012年,实现生产总值73.26亿元,同比增长11%。其中,第一产业增加值13.61亿元,增长5%;第二产业增加值36.04亿元,增长16.6%;第三产业增加值23.61亿元,增长13.7%。财政总收入13.61亿元,增长32.02%,人均财政总收入3160元;税收占财政总收入比重83.05%;地方财政收入7.50亿元,增长25.09%;地方财政支出16.39亿元,增长15.53%。工业增加值32.21亿元,增长18.1%。规模以上工业增加值24.07亿元,占GDP比重为32.86%;外贸出口1.38亿美元。固定资产投资83.7亿元,增长20.6%。实际利用外商投资3363万美元,省外5000万元以上工业项目实际进资26.07亿元。农业总产值21.84亿元,增长5.11%。粮食总产量16.73万吨。主要农产品有蔬菜18.08万吨,油料0.31万吨,水产品2.39万吨,生猪27.54万头。城镇居民人均可支配收入和农村居民人均纯收入分别达到1.55万元、6975元,比上年分别增加1534元、952元。城乡居民年末储蓄余额59.64亿元,增长20.07%。全县新增城镇就业8317人,新增转移农村劳动力7497人,城镇就业率94.5%,发放小额贷款5275万元。城镇职工养老保险参保4.44万人,新型农村社会养老保险参保9.1万人。医疗保障"三张网"参保人数达41.81万人,基本实现医保全覆盖。免费救治儿童先天性心脏病21例、儿童白血病1例,免费血透救治85名尿毒症患者,对105例白内障患者实施免费手术。避灾移民搬迁321人,改造农村危房740户;182套廉租住房和970套公租住房加快建设,382户住房困难家庭喜迁新居。

【持续改善生态环境】 2012年,以"三区、四线"为重点,建设上武高速公路沿线23千米的精品"绿色走廊",绿化沪昆高速沿线、上分公路永平至鹅湖9.6千米路段,打造90个省定新农村建设村点和198个农村清洁工程点绿化建设,永平镇城南村镇联动和城西村落连片因特色鲜明成为全省新农村建设现场会参观点。造林绿化2093.33公顷,城镇绿化率42.59%,人均绿地面积18.1平方米,治理水土流失面积6.7平方千米。投入1000多万元对县工业园区内6家铜冶炼骨干企业进行烟气脱硫除尘改造,安装在线监控系统,烟气脱硫率达93%以上。12家氰化池炼金小作坊被依法取缔。铅山县获"全省新农村建设工作先进县"称号。太源畲族乡被国家环保部授予"国家级生态乡"称号。

【增强工业园区发展后劲】 2012年,投入1.53亿元,实施2.4千米路面硬化、3.9千米路基拓宽、污水管网改造、1平方千米拓园及绿化、亮化、安置房建设等基础设施和功能配套项目,园区规划面积由8.66平方千米拓展到13.43平方千米;园区建成面积达5.32平方千米。新增落户企业14家,其中投资过亿元9家,入园企业总数达81家,投产48家;主营业务收入突破100亿元,达105.2亿元,增长37%;上交税收5.49亿元,增长10%;新增纳税过100万元工业企业4家,总数达44家,其中过亿元3家;新增年主营业务收入过亿元企业4家,总数达13家。园区获批"省级生态试点工业园区"和"省级循环经济试点单位"。金汇铜业和鼎鑫金属两家企业跻身全省循环经济试点企业。

【加快农业产业化发展】 2012年,全县市级以上龙头企业14家,其中,省级2家,市级12家,年销售收入10.86亿元,带动3.6万农户。农民专业合作经济组织达161家,新增21家。有机食品标识11个,绿色农产品标识6个,无公害农产品标识30个,新增铅山红芽芋、黄岗山玉绿、铅山河红茶3个地理标志保护产品。紫溪乡紫溪村被评为全国"一村一品"示范村。鹅湖香米连续四届获全国"金奖大米"称号,六和云丫、武夷云毫在全国绿茶评比中获金奖,河红贡茶在全国红茶评比中获特优金奖。

【刘万兵作品获"2012年中国工艺美术百花奖"银奖】 4月10日,"2012年中国工艺美术百花奖"评选在莆田工艺美术城揭晓,铅山县翠玉阁刘万兵精心选送的作品《生生不息》获银奖,创造了铅山县工艺美术作品历史最好成绩。刘万兵,江西铅山人,从小喜爱工艺雕刻,师从江西省高级工艺美术师李绍基,擅长人物雕刻,作品曾受到中国工艺美术大师、山东玉雕大王杜运伟指点及评价。

【徐艳美获伦敦残奥会举重铜牌】 9月4日,铅山县鹅湖镇残疾运动员徐艳美获伦敦残奥会女子举重82.5公斤级铜牌。徐艳美1978年生于铅山县鹅湖镇,1999年5月被省残联选中,到省队接受专门训练,先后获全国残疾人举重锦标赛女子60公斤级冠军3次,亚洲残疾人举重锦标赛54公斤级冠军2次,亚洲公开赛冠军2次,第四届世界残疾人举重锦标赛第三名,2008年参加北京残奥会集训。

主要领导人 县委书记:万冬梅。县人大常委会主任:徐建明。县长:张华。县政协主席:金成考。

(郑冬香)

·横峰县·

【简 况】 位于江西省东北部,辖11个乡镇(街道、场、办),总面积655.24平方千米。其中建成区面积10.5平方千米,城区绿化率48.54%。耕地0.91万公顷,林地4.46万公顷,森林覆盖率63%。总人口21.93万人,其中非农业人口3.99万人,城镇化率

43.76%，人口自然增长率7.40‰。2012年，实现生产总值61.1亿元，同比增长12%。其中，第一产业增加值5.6亿元，增长4.3%；第二产业增加值40.4亿元，增长13.4%；第三产业增加值15.1亿元，增长11.3%。财政总收入12.09亿元，增长20.2%；地方财政支出14.9亿元，增长54.4%。规模以上工业总产值163.9亿元，增长5.4%。规模以上工业增加值32.03亿元，占GDP52.4%，增长12.6%。社会消费品零售总额19.9亿元，增长12.7%。全县固定资产投资46.1亿元，增长32.5%；工业固定资产投资38.7亿元，增长51.9%；工业主营业务收入164.1亿元，增长5.6%。税收8.5亿元，增长11.8%。全年引进省外5000万元以上项目17个，其中亿元项目9个，实际进资24.25亿元。实际利用外资3370万美元，增长13.9%；完成外贸出口6816万美元，增长21%。主要工业产品有阳极铜、黄金白银、铝材、原煤、中成药。农业总产值10.7亿元，增长5.7%；农业增加值5.6亿元，增长4.3%。发放农民种粮补贴1450万元，增长20%；粮食总产量7.7万吨，增长2.3%。主要农产品有生猪、葛根、红枫、油茶、葛佬凉茶。万元GDP能耗0.163吨标煤，同比下降4.5%，城市污水处理率80%。城镇居民年人均可支配收入1.38万元，增长10%；农民人均纯收入4902元，增长12.1%。全年接待游客42万人次，增长56.7%；实现旅游综合收入2.8亿元，增长75%。金融机构各项存款余额43.9亿元，增长14.5%；各项贷款余额27.3亿元，增长14.9%。发放养老金1.13亿元，城乡居民社会养老保险实现全覆盖。发放扶持创业小额贷款1.05亿元，新增城镇就业4886人，新增转移农村劳动力5680人。新型农村合作医疗参保15.39万人，参合率98.8%。新开工建设保障性住房1042套，完成农村危房改造971户。实施移民搬迁583人，完成库区移民后期扶持项目38个。校安工程完成投资340万元，新建、维修校舍面积3500平方米。公共医疗保障能力进一步增强，免费救助治疗白内障患者47例，儿童先天性心脏病患者11例，尿毒症患者31例。推进示范镇建设，实现集镇规划全覆盖。全面完成70个新农村点建设任务，白沙岭新农村示范点被誉为“全省最美的城郊新村”。

【获全国第二批阳光计生行动示范单位称号】 6月8日，县人口计生委被国家人口计生委授予全国第二批阳光计生行动示范单位称号。县人口计生委坚持“抓公开、优服务、强管理、促长效”的方针，完善利益导向机制、自治机制、考核机制，深入开展“阳光计生”行动，率先实现了阳光管理、阳光服务、阳光维权，县、乡、村三级“阳光计生”实现全覆盖，进一步提高了群众满意度和行政效能，促进了全县人口和计划生育工作水平整体提升。

【举行江西兴安种业有限公司开业庆典仪式】 9月25日，江西兴安种业有限公司开业庆典仪式在横峰县现代农业科技产业园区举行。省农业厅副厅长张忠平，中国水稻研究所党委副书记姜仁华，市委常委陈晓平，县委书记程文，县委副书记、县长张义科等出席仪式。江西兴安种业有限公司是一家集新品种研发、生产、销售一体化的新型种业公司，是首批获得省农业厅颁发新的《主要农作物种子经营许可证》公司之一，被评为“省级农业龙头企业”，被中国种子协会确定为“AA”级信誉单位，是中国种子协会会员单位。公司拥有自主知识产权和独占生产经营权的各类国审、赣审新品种30余个，其中超级稻新品种3个。

【举行“中国葛之都·横峰葛文化产业园暨万亩葛根种植示范园”开工仪式】 10月11日，“中国葛之都·横峰葛文化产业园暨万亩葛根种植示范园”开工仪式在横峰县葛源镇举行。副省长姚木根出席仪式并宣布项目开工。省政府副秘书长谢茂林、市委常委陈晓平、副市长陈荣高及省、市有关部门负责人，县领导程文、张义科等参加仪式。“中国葛之都·横峰葛文化产业园暨万亩葛根种植示范园”以文化为主题、产业为根本、旅游为载体，致力打造一个集“影视文化拍摄、农业观光体验、休闲养生度假、美食娱乐购物、科研培训创作”等于一体的大型文化特色产业园区。项目总投资10亿元，分两期建设，建成后产值超过100亿元。

【举办首届美食节】 11月23日，横峰县在明月广场举办首届美食节。各地媒体记者、美食者和群众共同聚集，观摩、品尝横峰美食。活动期间，组织展示、展销各地名优特色风味小吃，评选“到横峰不可不尝的10种美食和10种小吃”。其中，四季狗肉、葛洪炼丹、港边鹅等菜肴，葛粉夹子果、冰糖板栗糕、大禾米烧狗肉等小吃分获10种美食和10种小吃前三名。

【低碳生态综合养殖园开发项目落户横峰】 12月5日，总投资2亿元的低碳生态综合养殖园开发项目投资合作签约仪式在横峰县举行。项目由北京得乃美营养科技有限公司投资兴建，是一个集“黑猪养殖、有机肥加工、肉类加工、休闲观光、培训示范”等为一体的低碳生态综合养殖示范园区，投产后年产值1亿元，实现税收300万元。

主要领导人 县委书记：程　文。县人大常委会主任：李秋文。县长：张义科。县政协主席：徐舸金。

（金　鸥）

·弋阳县·

【简　况】 位于江西省东北部，辖9镇5乡1个街道办事处，总面积1592.5平方千米，其中城区面积12.8平方千米。耕地面积2.2万公顷，有林面积9.75万公顷，森林覆盖率56.5%，城区绿化率44%。总人口40.7万人，其中非农业人口9.04万人，人口自然增长率7.5‰。2012年实现国内生产总值63亿元，同比增长10.9%。其中：第一产业增加值11.1亿元，增长6.1%；第二产业增加值30.5亿元，增长14.4%；第三产业增加值21.4亿元，增长10.0%。全县工业增加值26.5亿元，增长15.3%，规模以上工业企业增至49家，完成增加值22.9亿元，增长10.5%，实现税收3.2亿元。主要工业产品有铜金属、铜材、水泥、罐头、中成药、机制纸等。农业总产值19.75亿元，增长3.1%。粮食总产量21.5万吨，主要农产品有水稻、蔬菜、油菜、花生、甘蔗等。财政总收入9.16亿元,增长57.4%;完成一般预算收入6.16亿元,增长90.8%。支出17.82亿元,增长23.0%。财政总收入占GDP比重14.5%,税收收入占财政总收入比重为87.7%。城镇居民人均可支配收入1.51万元,增长11.64%;农民人均纯收入7311元,增长18.2%。城乡居民年末储蓄余额71.19亿元,增长17.2%。完成城镇以上固定资产投资51.37亿元,增长30.7%。实际利用外资3724万美元,省外投资19.5亿元。二氧化硫排放量1780吨,削减率10.7%,城市污水处理率100%。社会消费品零售总额26亿元,增长12.1%。新增城镇就业1.22万人,新增转移农村劳动力1.18万人,发放小额贷款8737万元,城镇就业率95.8%,零就业家庭就业安置率100%。城镇和农村最低生活保障覆盖人群2.14万人,发放资金分别为2105.49万元和1844.57万元,城乡医疗救助2356人。城镇企业职工基本养老保险参保人数4.2万人,累计发放养老金2.34亿元;城镇医疗保险参保人数8.46万人,累计支付医保费5938万元;累计发放城乡居民社会养老保险金1082.4万元。开工建设廉租房144套、公租房650套,完成农村危旧房改造1667户、国有林区危旧房改造193户、垦区危旧房改造446户。实施地质灾害点移民搬迁693人。完成农村自来水工程规划编制,解决安全饮水1.25万人。

【"网络妈妈"刘焕荣获"孺子牛"奖】 3月19日,"网络妈妈"刘焕荣在北京参加第十三次全国民政会议,并获民政部最高荣誉奖——"孺子牛"奖。"孺子牛"奖是国家民政部最高荣誉奖,设立于1986年11月,取名于鲁迅"俯首甘为孺子牛"的名句,旨在弘扬一往无前、不图名利、勇于献身的精神。江西省只有刘焕荣一人获此殊荣。

【国家级原种猪场项目落户弋阳】 4月14日,弋阳县国家级原种猪场项目经华农恒青实业有限公司项目组成员实地考察项目实施地葛溪乡田东村后,由华农骏通(集团)公司董事长李旭荣和弋阳县人民政府县长谢柏清代表双方正式签约。项目由中国农业大学提供核心技术支撑,总投资2亿元,分三期先后建成国家级原种猪场、种猪扩繁场和生物技术研发实验基地。

【龟峰列入"秀美江西十大旅游名片"】 5月22日,在由全国50家网络媒体发起,江西日报社大江网独家承办的"中国网民评江西旅游——秀美江西十大旅游名片暨欢乐健康江西游十大首选地"评选中,龟峰列入"秀美江西十大旅游名片"。各参评景区从4月16日至5月10日,接受全国网民的投票与点评,通过全国网友、媒体、专家点评投票形式,由组委会结合公众评议结果、候选申报材料、媒体代表投票、专家学者评分,进行综合评定,最终产生"欢乐健康江西游十大首选地、秀美江西十大旅游名片"获奖名单。

【首家乡镇农业保险服务站挂牌成立】 5月18日,弋阳县葛溪乡农业保险服务站挂牌成立,这是弋阳县首家乡镇农业保险服务站。服务站以"政府推动、市场运作、农民自愿"为模式,不断提高农业保险的经营效率和服务能力,增强市场参与主体的责任感,推进农业保险的制度创新,为农民群众提供便捷的农业保险咨询、投保、理赔等服务需求。

【三个项目获国家科技创新基金】 8月,由县科技局组织申报的江西弋阳禾竹纤维有限公司"竹纤维人纤浆粕"项目、哈迪建材有限公司"建材膨化保险硅酸钙板中试"项目、弋阳县生产力促进中心"鄱阳湖生态经济区生物食品产业专业技术服务平台"项目,分获国家科技创新基金50万元、65万元、60万元。

【妥善处置液氨运输车挂车侧翻事故】 10月17日9时5分,沪昆高速579千米+500米处,一辆装有22吨液氨的运输车(车头车牌浙HB5448,挂车车牌浙HB108挂),由东乡开往浙江江山,因车头连接挂车的插销断裂,导致挂车失去牵引控制,惯性滑行时撞倒部分高速公路护栏后侧翻在高速公路上。接报警后,县委、县政府立即启动应急预案,组织县安监局、交通运输局、环保局、卫生局、公安局、交警大队、消防大队、气象局、圭峰供电所、高速交警、高速路政、清湖乡等单位人员赶赴现场处置,市消防支队组织市支队和铅山、横峰的消防特勤队员到现场支援应急处理。在查明罐体、阀门、仪表均没有受损,也未发生液氨泄漏后,经与车辆权属单位开化清华物流的专业技术人员共同商定,启用吊车将侧翻挂车吊起扶正,换装新插销,于16时35分将挂车拖走,21时30分安全到达目的地浙江江山化工有限公司。

主要领导人 县委书记:张志坚。县人大常委会主任:刘紫泾。县长:谢柏清。县政协主席:黄伟建。

(杜育和)

·余干县·

【简　况】 位于江西省东北部,信江下游,鄱阳湖东南岸,南昌、景德镇、鹰潭三角区中心。辖8镇12乡7场,总面积2331平方千米,其中县城建成区面积16平方千米。耕地面积7.16万公顷,林地面积5.27万公顷,森林覆盖率20.9%,城区绿化率43.7%。户籍人口105.68万人,其中非农业人口15.4万人。实现生产总值93.92亿元,同比增长11.3%。其中,第一产业31.15亿元,增长4%;第二产业37.34亿元,增长13.7%;第三产业25.43亿元,增长17.6%。财政总收入9.21亿元,增长41.2%,税收占财政总收入83.1%;一般预算收入7.01亿元,增长47.5%;财政总支出26.32亿元,增长13.6%。工业总产值131.79亿元,增长14.5%。规模以上工业增加值17.7亿元,占GDP18.8%。全社会固定资产投资总额81亿元,实际利用外商投资3780万美元,实际利用省外5000万元以上项目资金22.61亿元。主要工业产品有电60.62亿千瓦小时、玻纤纱3484吨、蚕丝553吨、水泥92.96万吨。农业总产值47.2亿元,增长4.8%。粮食总产量7.98亿千克,主要农产品有粮食79.8万吨、油料2.10万吨、蔬菜15.81万吨、家禽出栏857万只、水产品12.62万吨。万元GDP能耗为0.577吨标煤。城镇居民人均可支配收入1.31万元,增长15.1%;农民人均纯收入6499.4元,增长18.28%。城乡居民年末储蓄余额96.87亿元,同比增长26.3%。实施"三房合一"保障性住房建设,开工建设廉租房288套、总面积1.44万平方米。公租房1500套、总面积7.75万平方米。实施城区、园区房屋拆迁改造443栋,推进国有垦区危旧房改造1700套。2012年,余干县被评为全省鄱阳湖越冬候鸟和湿地保护工作先进县。

【加快农业产业化进程】 2012年,快速推进农业产业化进程,大力发展辣椒、芡实、花卉苗木种植和特种水产、生猪、肉鸽养殖等六大特色产业基地,农产品生产基地增加到118个、面积达4万公顷,农业产业化组织580个,其中规模以上农业企业51家。15家市级以上农业龙头企业实现销售收入11亿元,带动5.5万农户户均增收4353元。农民专业合作社216个,"一村一品"专业示范村23个。

【园区经济首次进入"百亿元俱乐部"】 2012年,园区实现扩园1平方千米,建成区面积达6.5平方千米;筹资2.1亿元,实施园区基础设施项目8个。推进总投资22亿元的21家企业建设,园区新增开工企业15家,新增投产企业6家,园区实现主营业务收入103.3亿元,同比增长13.7%,首次进入"百亿元俱乐部"。

【央视七套《乡约》栏目组走进余干】 4月7日,央视七套《乡约》栏目组走进余干县录制大型户外访谈节目,围绕"梦里水乡、候鸟天堂、美食名郡"这一主题,以县委书记郑光泉介绍余干当地特色产业为主线,穿插风俗文化、执政思路、创业智慧、旅游景观、特色物产、牛人牛事,展示余干一方水土的神韵和百姓风采,讲述当家人的智慧人生,展示新农村建设者的风貌。

【《草根英雄》获第七届中国曲艺牡丹奖中堂赛区入围奖】 6月15日,为期四天的第七届中国曲艺牡丹奖全国曲艺大赛(东莞·中堂赛区)正式落下帷幕,由余干县委宣传部、县文联和上饶市文联、上饶市曲艺家协会联袂打造的优秀戏曲节目《草根英雄》获入围奖。《草根英雄》由中国音乐家协会会员、江西省曲艺家协会会员、上饶市曲艺家协会常务理事、余干县音乐协会主席宋铁雄创作,以余干县19名农民工在南昌抬车救人的先进事迹为原型,用艺术手法歌颂了发生在英雄城南昌的草根英雄群体的事迹,得到观众一致好评。

【举办余干县首届美食文化节】 11月28日,余干县首届美食文化节在市民公园开幕。美食文化节以"品余干美食·游鄱湖胜景·展水乡魅力"为主题,以绿色、生态、健康为理念,挖掘余干美食资源,打造余干美食特色和品牌。美食文化节历时一个月,由12项活动组成。除了新闻发布会、开幕式、书画展、美食文化论坛、闭幕颁奖晚会外,重点推出"余干美食之光"成果展示活动,包括"特色小吃"展、"特色菜宴席"展、"特色食材"展、"特色美食制作表演"展、"美食文化表演"展、"万人现场签名"展六大展区;另外还有十大美食形象大使、十大美食烹饪名厨、十大特色美食店、十大美食寿星评比等活动。

主要领导人 县委书记:郑光泉。县人大常委会主任:黄辉珍。县长:胡伟。县政协主席:王晓燕。

(邓建锋 张 恺)

·鄱阳县·

【简 况】 位于江西省东北部,辖14镇15乡,总面积4214.68平方千米。耕地面积8.87万公顷,山林面积15.6万公顷。总人口158.67万人,其中非农业人口22.4万人,人口自然增长率7.94‰。2012年实现生产总值115.2亿元,同比增长16.2%;三次产业结构比为26.2:41.5:32.2。全社会固定资产投资110.4亿元,增长26.8%。财政收入10亿元,增长41.8%。粮食总产量106万吨,增长3.2%。园区主营业务收入102亿元,增长79.8%。主景区接待游客116万人次,增长86.2%。社会消费品零售总额42.6亿元,增长13.6%。金融机构年末各项存款余额174亿元,增长26.7%;各项贷款余额63.4亿元,增长21.9%。在岗职工年平均工资2.53万元,增长19.3%;农民人均纯收入4347元,增长14.3%。城镇新增就业8507人。新农合参合率98%,新农保参保率80%。城乡困难群众保障标准进一步提高,救助面进一步扩大,获全省社会救助工作先进单位称号。推进1646套廉租房建设,启动1700套公租房建设,完成农村危房改造2010户、农垦危房改造3696户。

【获2012中国新能源产业百强县称号】 10月,在北京召开的2012(第四届)中国新能源产业经济发展年会上,鄱阳县荣膺"2012中国新能源产业百强县"称号,这是该县继2011年7月被国家能源局授予全国绿色能源示范县之后,获得的又一能源产业发展国字号金牌。在此次中国新能源产业经济发展成果评估报告中,鄱阳县发展指数0.76,居全国第59位,丰富且开发利用成效好的生物能源、太阳能源、风资源、可再生能源得到与会专家和学者的一致认可。

【"米篮子"牌大米获国家金奖】 3月29~30日,由鄱阳县企业江西盛态粮食实业有限公司生产的"米篮子"牌大米,在第十一届全国粳稻米产业大会上获金奖。江西盛态粮食实业有限公司成立于2009年,已获得无公害产品、绿色食品认证,年生产能力30万吨。其生产的"米篮子""田言米语"等品牌大米在北京、上海、福建、广东等30多个大中城市100多个窗口销售。

【鄱阳金刚石省级特色产业基地获批】 鄱阳打造"金刚石工具之乡"战略取得积极成效。10月,省发改委正式下文批准鄱阳田畈街产业基地为省级金刚石特色产业基地。至年底,基地共有金刚石企业20家,其中8家投产,6家在建,6家签约,年销售收入可达10亿元;初步形成金属粉末、金刚石切削工具、金刚石磨削工具等较完整的产业链。

【鄱阳湖赣剧院开工】 1月19日,鄱阳湖赣剧院建设工程开工庆典在鄱阳湖公园举行。鄱阳湖赣剧院建设工程是县政府重点项目,也是一项包括文化和市场建设的重大城市综合体建设项目。项目地处县城北核心区，东西两依县政府、县委大楼，南揽鄱阳湖公园，北临商业大道。总用地面积3.67万平方米、建筑面积2.10万平方米，工程估算投资逾5.5亿元。项目建成后，将以赣剧院为主体形成鄱阳县新的文化中心，也将以近10万平方米的市场集国内外知名商家，融赏、游、乐、购、吃、玩于一体，形成鄱阳县新的商业中心，覆盖鄱阳及周边县市，全方位激活和提升城市经济。

【2012中华龙舟大赛在鄱阳举行】 5月4～5日，2012中华龙舟大赛在鄱阳湖国家湿地公园举行。大赛由国家体育总局社会体育指导中心、中央电视台体育频道、中国龙舟协会和江西省等单位主办。共有来自中国、马来西亚等国内外16支龙舟队参赛，经过预赛、复赛、半决赛、决赛，最终广东顺德龙舟俱乐部乐从家具龙舟队包揽男子直道竞速200米、500米的冠军，广东佛山星河湾名门世家九江女子龙舟队则包揽女子200米、500米的冠军。中央和全国各地电视、广播、网络等80余家媒体聚集鄱阳，关注赛事，中央电视台体育频道对赛事进行现场直播。

【永福寺塔晋级"国字号"】 5月29日，鄱阳县永福寺塔被列入第七批全国重点文物保护单位，填补了县内没有国家级文物保护单位的空白。永福寺塔坐落在县城土井巷内，始建于北宋仁宗天圣二年(1024)，塔高49米，砖砌九级八面，占地面积80平方米，塔身八面设有拱券门，柱枋上设斗拱，造型古朴典雅，雄伟挺拔，是全国为数不多的保存完好的宋代佛塔之一。

【三人获全国钢琴大赛奖】 8月19日，在由中华音乐艺术家协会和亚洲体育舞蹈联合会主办的"东方之星"青少年艺术人才全国选拔大赛暨"魅力香港"青少年音乐节决赛中，鄱阳县五一中心学校学生曹宏扬和胡梓晨，分别获少年组钢琴赛银奖、铜奖；县文化馆音乐教师戴蓓获"优秀园丁"奖。

【财政收入首次突破10亿元】 2012年，全县完成财政总收入10亿元，其中国税2.02亿元、地税6.39亿元、财政部门1.59亿元，比上年增长41.7%，首次突破10亿元大关，实现历史性跨越。年初，鄱阳县锁定全年财政收入10亿元的目标，贯彻落实省、市财政工作会议精神，围绕全县经济工作总体部署，把做大做强财政收入"蛋糕"作为第一要务，多措并举，强化税收征管，向项目要税源，强力推进物流、总部经济招商，向产业发展要税收。

主要领导人 县委书记：张之良。县人大常委会主任：陈子锋。县长：张新华。县政协主席：张信行。

（薛　文）

·万年县·

【简　况】 位于江西省东北部、鄱阳湖东南岸，辖6镇6乡，土地总面积1140.76平方千米。耕地面积2.16万公顷，林地面积7万公顷，森林覆盖率64.1%，城区绿化率48.4%。总人口41.32万人，其中非农业人口7.76万人，人口自然增长率7.52‰。2012年生产总值80亿元，同比增长12%。其中，第一产业增加值11.2亿元，增长5.1%；第二产业增加值46.9亿元，增长14%；第三产业增加值21.9亿元，增长12%。财政总收入10.03亿元，增长43.2%。规模以上工业增加值34亿元，占GDP比重42.5%。500万元以上项目固定资产投资完成64亿元，增长36.2%，超预期8.54个百分点；园区主营业务收入达到140亿元，增长35.79%，超预期9.7个百分点。全年引进省外5000万元以上项目28个，实际进资26.11亿元，增长23%；实际利用外资4424万美元，其中现汇进资641.25万美元，增长158%。农业总产值31.5亿元，增加14.5%。粮食总产量25.1万吨。主要农产品及产量：万年贡米，主营业务收入突破10亿元；生猪出栏80万头；珍珠产量35吨。农民人均总收入7095元，增长21%。新增城镇就业6616人，转移农村劳动力6211人；发放小额担保贷款6318万元，扶持带动就业5800人次。城乡居民社会养老、城镇职工养老、基本医疗、失业保险参保人数分别为16.6万人、3.59万人、7.06万人和1.9万人。新农合参保人数32.6万人，参合率99.2%。提高社会救助标准，加大扶贫移民开发力度，完成农村危房改造1046户，解决农村安全饮水3.27万人。

【获"中国优质淡水珍珠之乡"称号】 9月23日，中国水产流通与加工协会在北京人民大会堂举行授牌仪式，万年县被授予"中国优质淡水珍珠之乡"称号。万年县地处鄱阳湖东南岸，水域资源丰富，水质良好，建有国家级三角帆蚌种质资源保护区和池蝶蚌良种繁育基地，先后承担实施了"国家公益性行业科研专项——珍珠养殖技术研究与示范""全国高产优质高效农业(淡水珍珠)标准化示范区建设"等多项国家级及省级科技项目，并研究生产出异形珠、再生珠、纽扣珠、琵琶珠、佛像珠及空心珠等淡水珍珠新产品。其淡水珍珠产业技术水平始终处于全国淡水珍珠产业的领先地位。全县珍珠养殖面积2520公顷，年产淡水珍珠122吨。

【举办第四届稻作文化旅游节暨建县500周年庆典活动】 11月26～28日，万年县举办第四届稻作文化旅游节暨建县500周年庆典活动。其间，举行世界稻米精品暨地方土特产博览会、以"稻乡万年"为主题的《同一首歌》大型文艺演出、"弘扬万年稻作文化·建设中国贡米之乡"赏灯游园活动、经贸洽谈暨项目推介会、"美食万年"烹饪大赛等活动。

【举行"沧海论坛——稻米产业绿色安全可持续发展"学术研讨会】 11月26日，"沧海论坛——稻米产业绿色安全可持续发展"学术研讨会在万年县举行。江西省政协主席黄跃金，全国政协常委、湖南省政协副主席、中国工程院院士袁隆平，福建省农科院名誉院长、中国科学院院士谢华安，江西省农科院名誉院长、中国工程院院士颜龙安，中国工程院院士、沈阳农大教授陈温福，中国科协国际联络部部长张建生等领导及专家出席。论坛上，袁隆平作题为《发展杂交水稻保障粮食安全》的报告，谢华安院士作题为《超级杂交稻再生高产的实践与展望》的报告。与会专家和学者以稻米产业绿色安全可持续发展为主题进行探讨和交流,提出许多科学建议,内容涉及水稻育种、水稻栽培、绿色有机加工与政策等方面。

【袁隆平院士受聘为万年贡米产业发展首席顾问】 11月26日,为加快推进万年县贡米产业发展,万年县委、县政府特聘全国政协常委、湖南省政协副主席、中国工程院院士袁隆平为万年贡米产业发展首席顾问。袁隆平是中国杂交水稻育种专家,杂交水稻之父,受聘为万年贡米产业发展首席顾问,对于指导万年贡米产业的提升与发展,加快万年贡米产业化进程具有重要的意义。

【首位医务人员赴突尼斯执行援外医疗任务】 12月3日,县中医院外科副主任医师刘芳平启程赴突尼斯执行为期2年的援外医疗任务,成为万年县有史以来,首位赴外执行援外医疗的医务人员。刘芳平,1968年2月出生,1988年8月参加工作,毕业于江西医学院上饶分院,本科学历,2009年5月取得外科副主任医师职称,擅长普外科、泌尿外科、腹部外科微创手术。刘芳平通过个人自荐、单位同意、省市考核,并在省卫生厅接受了法语及综合素质培训,成为赴突尼斯医疗队队员并担任上饶医疗队队长。

主要领导人 县委书记:郑高清。县人大常委会主任:侯如文。县长:张爱平。县政协主席:徐明华。

(朱国爱)

·婺源县·

【简况】 位于江西省东北部,辖10镇6乡1个街道办事处,总面积2947.51平方千米,其中城区面积11.52平方千米。新增城市道路面积8.9万平方米,新增城市绿化面积9.5万平方米,城镇化率提高到41.42%。耕地面积1.96万公顷,林地面积25.24万公顷,森林覆盖率82.64%。总人口36.46万人,其中非农业人口5.93万人,人口自然增长率7.47‰。完成生产总值65.23亿元,同比增长10.9%。其中,第一产业9.78亿元,增长5.9%;第二产业24.65亿元,增长9.8%;第三产业30.79亿元,增长13.5%。财政总收入突破9亿元大关,达到9.01亿元,增长76.26%,其中一般预算收入6.74亿元,增长98.29%。地方财政支出15.26亿元,增长28.95%。完成工业增加值19.59亿元,增长8.18%。规模以上主要工业产品有精制茶1.66万吨、人造板4.9万块、中成药611吨、内墙砖278万平方米。农林牧渔业总产值14.1亿元,增长9.64%。主要农产品有粮食10.6万吨、油料6907吨、茶叶1.01万吨、水果1121吨、生猪存栏9.55万头、生猪出栏14.51万头、猪肉产量1.18万吨、肉类总产量1.44万吨。新引进省外5000万元以上项目实际进资21.9亿元,增长15.9%,其中亿元以上项目实际进资13.08亿元,增长42.2%;实际利用外资3218万美元,增长7.7%;完成外贸出口总额9200万美元,增长18.6%。完成固定资产投资57.5亿元,增长33.2%;实现社会消费品零售总额31.2亿元,增长20%。农民人均纯收入6951元,增长14%。城乡居民储蓄存款余额55.9亿元,增长18.22%。新增城镇就业8410人,转移农村劳动力9130人,安置困难人员再就业250人,城镇登记失业率保持在3.5%以内;发放小额担保贷款再创历史新高,达1.3亿元,扶持带动就业8488人次;参加失业保险1.9万人,城镇基本养老保险5.06万人,城乡居民社会养老保险18.96万人,享受被征地农民养老保险4480人;发放城乡低保资金3100万元,有效解决了1.89万名城乡困难群众的基本生活问题;城镇居民基本医疗保险参保人数达5.4万人,新型农村合作医疗参保农民达29.5万人。完成农村困难群众危房改造320户,新建廉租房500套、公租房100套,林垦区危旧房改造1142套。为1147名残疾人提供康复救助与服务。婺源县获全国旅游标准化示范县、全国重点产茶县、全国茶叶产业发展示范县、国家有机产品认证示范区、全国新型农村和城镇居民社会养老保险工作先进单位、全国民政信访工作先进单位、全国法治县创建工作先进单位、国家和省级卫生应急综合示范县称号。

【江湾景区创建国家AAAAA级旅游区】 2012年新春伊始,全面启动创建工作,成立了以县委书记为组长、县长为第一副组长、县委副书记为常务副组长的创建工作领导小组。2月29日,县委、县政府召开创建工作动员大会。4月18日,召开创建实施方案汇报会。28日,在江湾召开现场促进会。5月3日,县委常委办公会议进一步明确了创建工作原则、指挥体系和经费问题后,组建了以县委常委、江湾镇党委书记任指挥长的现场指挥部,下设综合协调、督查指导、征地拆迁、环境整治、投资建设五个办公室,分别由四套班子分管领导领衔挂帅,从有关乡镇、县直单位抽调人员集中办公,完善了创建工作实施方案,并对照《旅游景区服务质量与环境质量评分细则》的标准和要求,将各项工作责任细化分解到33个县直单位、企业和江湾镇、村两级组织,实行工作任务、工作责任、工作时限倒排和"每天一调度,每周一督查"的工作机制,发扬"5+2""白+黑""晴+雨"的拼搏精神,形成了"政府主导、企业主体、部门联动"的创建氛围,确保了各项创建工作有序开展。10月1日开始,景区全面按照AAAAA标准进行运营。10月20日,景区资源禀赋通过国家旅游局评审。在经过两个多月的正常运行后,于2013年1月16日荣膺国家AAAAA级旅游景区。

【抵御"8·10"台风"海葵"袭击】 8月8~11日,县内遭受强降雨。9~10日,全县平均降雨量179.5毫米,降雨集中在西南区域珍珠山乡、镇头镇、许村镇、赋春镇、中云镇5个乡镇。10~11日,全县平均降雨量达265.3毫米,其中大鄣山乡高达629毫米,突破历史记录。此次受灾人数14.22万人;农作物受灾面积达4814公顷,其中绝收面积1138公顷、毁坏耕地419公顷;损坏水利设施108处;交通主干道多处受损,坍塌136万立方米,冲毁路基34.4万立方米,冲毁水泥路面19.1万平方米、沥青油路面11.4万平方米,全毁涵洞861道,冲毁桥梁6座,大鄣山灵岩洞等多个景区的道路损毁;房屋倒损933户,其中倒塌406间;紧急转移安置13759人,经济损失逾4亿元。汛情发生后,县委、县政府第一时间启动了防汛Ⅲ级响应,县、乡、村三级联动,县四套班子领导亲临一线指挥，各防汛责任人、水库（山塘）安全管理员全部到岗到位。及时发布预警信息396条，短信通知216条，电话预警90次。妥善做好受灾群众安置工作，未造成人员伤亡，最大限度地保障了群众生命财产安全。

【开展农村面源污染“十项整治”活动】 从7月1日开始，利用100天时间，实施了“百日大会战”，全面开展农村垃圾综合处理、控制化肥养鱼及打击非法电炸毒鱼、城乡规模化畜禽养殖的污染防治、规范河道采砂管理、沿河沿溪建设项目污水处理、农村餐饮宾招服务业污水处理、农村工业企业（包括各种个体加工业、小作坊）污染整顿、镇村所在地企事业单位和农村居民污水处理、矿山环境治理整顿、绘画写生油彩（颜料）清洗污水处理等十项内容的农村面源污染集中整治活动。建立健全长效机制，农村污染治理设施进一步完善，星江河水质进一步提升，农村环境进一步优化。

主要领导人 县委书记：周遐光。县人大常委会主任：汪培欣。县长：费长辉。县政协主席：汪春萍。

（方华军）

·德兴市·

【简　况】 位于江西省东北部，辖5镇6乡3个街道办事处，总面积2101平方千米，其中城区面积10.6平方千米。耕地面积1450公顷，林地面积16.34万公顷，森林覆盖率76.2%。总人口32.87万人，其中非农业人口12.63万人，人口自然增长率7.57‰。2012年，完成生产总值122.11亿元，同比增长12.50%。其中：第一产业8.86亿元，增长7.10%；第二产业74.25亿元，增长13.70%；第三产业39.00亿元，增长11.50%。财政总收入25亿元，增长22.73%，其中一般预算收入17.4亿元，增长31.82%，财政收入占GDP比重20.47%。社会消费品零售总额33.67亿元，增长30.10%。外贸出口总额9175.74万美元，增长12.39%。规模以上工业主营业务收入80.19亿元，增长25.20%；规模以上工业增加值18.99亿元，增长15.30%。主要工业产品有铜金属含量6119.0吨，铅金属含量1843.0吨，锌金属含量2959.0吨，精制食用植物油4897.4吨，食品添加剂1.82万吨。实际利用外资2000万美元，增长64%；实际利用内资20.93亿元。农业总产值4.62亿元，增长4.81%。主要农产品有粮食总产量10.11万吨，增长8%；肉类总产1.1万吨，增长5.13%；油料总产6487吨，增长9.28%；水产品总产0.9万吨，增长7.68%。旅游景区接待境内外游客105万人次，增长65%；旅游综合收入13亿元。化学需氧量削减643.12吨，氨氮削减80.98吨，二氧化硫削减173.4吨，氮氧化物减排15吨。农民人均纯收入8366.82元，增长15.01%；市属在岗职工年平均工资3.37万元，增长16.03%。金融机构各项存款余额90.49亿元，增长7.53%；各项贷款余额46.73亿元，增长14.17%。投入新农村建设资金4100万元，新建村点86个，农村垃圾收集率95%，垃圾无害化处理率90%。城镇化率52.58%，提高1.51个百分点。新增转移农村劳动力1.09万人，新增城镇就业8215人，城镇登记失业率控制在3.8%以内，零就业家庭安置率100%。城镇职工基本养老保险和城乡居民社会养老保险参保人数16.9万人，城镇职工基本医疗保险和城镇居民基本医疗保险参保人数12.68万人；发放城乡低保金3558.77万元、五保金193.35万元；发放医疗救助、临时救助、救灾资金1483万元，被评为全省社会救助先进县（市）。新开工建设廉租住房180套、公共租赁住房870套、城市棚户区改造396套，已基本建成960套；完成危旧房改造1519户；发放廉租住房租赁补贴939万元。

【村级医疗服务实现全覆盖】 2012年，德兴市把村级医疗卫生服务作为一项重要的民生工程来抓，通过完善村级医疗服务基础设施，加强村级医疗队伍建设，提升医疗服务水平，推动村级卫生所一体化建设，有效改善了农村基本医疗服务水平，为农民提供安全、便利、健康的医疗服务。先后投资3亿元在全市82个行政村启动村级卫生所标准化建设。按照“相对集中，辐射周边，合理布局，交通便利”的要求，对全市所有改建、新建的卫生所实行统一规划、统一设计，并综合考虑服务人口、服务范围、地理交通等因素科学合理布局，确保每个卫生所辐射人口在1000人以上，覆盖3千米以内。为确保村级卫生所建得好、建得快，投入1000万元，每建一所村卫生室财政补助10万元，并安排专项资金对工程进度快、验收质量好的村级卫生所实行最高4万元的奖励。同时为提高医疗卫生队伍专业化水平，创新人才政策和保障机制，采取建立全科医生制度、定岗定编，设立特岗医生、签约医生等形式，进一步壮大基层医疗队伍。

【大茅山风景名胜区升格为国家级风景名胜区】 11月，大茅山风景名胜区列入国务院发布的第八批国家风景名胜区名单。大茅山风景名胜区，地处三清山、龙虎山、婺源、景德镇围合的地理中心，景区规划面积143平方千米，于2006年10月经省政府批准列为省级风景名胜区。大茅山风景名胜区分为大茅山、梧风洞、四角坪、双溪湖四个景区，有84处构景资源，其中特级景点7处，一级景点20处，二级景点29处，三级景点20处，四级景点8处。大茅山与三清山东西并峙，是怀玉山脉又一高峰，主峰海拔1392米，巍峨挺拔，云缠雾绕，古有“千峰倚空碧，万嶂碍于云”之赞。梧风洞景区是大茅山风景名胜区核心景区，总面积55平方千米，为典型的深山“两坡夹一川”地理地貌特征。

【改造农贸市场】 2012年，为了给广大市民创造一个整洁、舒心、有序的“菜篮子”环境，市委、市政府投入600余万元改造农贸市场。改造后的农贸市场，经营面积9000平方米，布局科学合理，设有各类大小摊位238个（不含自产自销区）。所有摊位由条状式改造成岛式，实行公开租赁。设置了活禽单独封闭式宰杀间、全封闭式卤菜房、水产区、肉类区、豆制品干货、蔬菜区，实现了划行为市。市场配置LED显示屏，安装了29组摄像头，形成监控网络。同时将原蔬菜批发大棚改建为框架式两层交易场所，二楼为市民自产自销区，比交易场所用地增加了1000余平方米。

【创卫工作通过省专家组考核验收】 12月17日，省爱卫办调研员李增明率专家组到德兴市验收创卫工作。专家组对照省级卫生城市评审标准，采取查阅资料，现场考核等形式，分成6个小组，围绕宏观指导、爱卫组织管理城中单位和社区卫生、健康教育、市容环境卫生、城市环境保护、食品安全卫生、传染病防治与病媒生物防治等主要内容，对市创卫工作进行细致而严格的现场察看和考核鉴定。18日，召开“德兴市创建省级卫生城市工作汇报暨考核验收意见反馈会”德兴市创卫工作通过省专家组的考核验收。

主要领导人 市委书记：何金铭。市人大常委会主任：张跃平。市长：谢冠森。市政协主席：孙冬久。

（齐梅祥）

吉安市

【概　况】 位于江西省中西部。辖2区10县1市，总面积2.53万平方千米，其中城区面积220.15平方千米。有林面积147.99万公顷，森林覆盖率67.71%，城区绿地率39.82%。总人口505.51万人，其中非农业人口113.46万人，人口自然增长率7.35‰。年生产总值1006.26亿元，同比增长11.3%。其中第一产业增加值180.73亿元，增长4.7%；第二产业增加值520.44亿元，增长15.0%；第三产业增加值305.08亿元，增长9.2%。财政总收入143.25亿元，增长21.1%，人均2955元，税收占财政总收入的比重为74.60%；地方财政收入103.50亿元，增长34.7%；地方财政支出246.26亿元，增长25.2%。工业总产值1823.46亿元，增长15.5%。规模以上工业增加值418.89亿元。外贸出口25.73亿美元。固定资产投资975.90亿元，其中利用外商投资5.65亿美元、市外投资309.11亿元。主要工业产品有水泥669.49万吨、原煤176.70万吨、发电量111.03亿千瓦小时。农业总产值304.33亿元，增长4.7%。主要农产品有粮食400.30万吨、棉花319吨、肉类48.25万吨、油料17.17万吨、水果34.10万吨。服务业增加值301亿元，增长10.2%。旅游人数2105万次，增长15%。井冈山机场旅客吞吐量40.2万人次，增长33.2%。城镇居民人均可支配收入2.01万元，增长13.8%。农民人均纯收入7102.86元，增长12.6%。城乡居民年末储蓄存款825.96亿元，增长21.0%。

全市规模工业实现主营业务收入2001亿元，增长27%。新增产值超亿元企业37户，累计469户。龙天勇公司在香港主板市场上市，实现吉安市企业独立上市零的突破。全市战略性新兴产业实现主营业务收入885亿元，增长24%。工业园区实现主营业务收入1830亿元、利税217亿元，分别增长28%和12%。井冈山经济技术开发区实现主营业务收入400亿元，增长44.7%。全市百亿园区达10家。吉泰走廊规模工业实现增加值220亿元、主营业务收入1180亿元，分别占全市规模工业的54.7%和62.1%。

全市实施重点城建项目231个，完成投资150亿元。新增城镇建成面积27.2平方千米，城镇化率达41.6%。县城建设完成投资70亿元，新增城区面积16平方千米。小城镇重点推进31个示范镇建设；美丽乡村重点推进995个村点建设。在中心城区推进“四城同创”、城乡洁净工程、无物业小区改造等；在县市城区实施美化亮化、园林绿化、老城区改造提升和城区管护工程；在农村加强对农民违章建房的整治，对主要干道沿线村庄进行庐陵建筑风格改造提升，有效改善城乡面貌。

全市各级财政用于民生支出175亿元，同比增加29亿元。发放创业贷款8.4亿元，新增城镇就业9.3万人。实现城乡居民社会养老保险全覆盖，提高城乡居民最低生活保障水平。开工建设保障性住房1.55万套，建成9116套，完成棚户区改造2250户，农村危房改造1.64万户。争取上级救灾资金5000万元。解决38.8万农村居民和6万名农村师生安全饮水问题。完成移民扶贫搬迁1.4万人。推进峡江水利枢纽6680户移民新居建设。推进12个社会管理重点项目建设和社区网格化管理，公众安全感指数高于全省平均水平。全市获国家和省级科技项目67项，开发省重点新产品55项，永新县成为首批科技惠民计划试点县。市特教学校和7所思源学校投入使用，新建和改造农村义务教育学校332所。11个国有文艺院团全部完成转企改制，市文化艺术中心大剧院成功托管，全市“三馆一站”全部免费开放。

【神华国华江西吉安发电项目在昌签约】 10月9日，神华国华江西吉安发电项目合作意向协议签字仪式在南昌举行。省委常委、常务副省长凌成兴，神华集团董事长张喜武，神华集团副总经理、中国神华能源公司总裁凌文，神华集团副总经理王品刚，市委书记王萍，市委常委、副市长余阳春等见证合作意向协议签字。市委副书记、市长胡世忠，神华国华电力公司总经理王树民致辞并在协议上签字。神华国华江西吉安发电项目，拟在吉水、新干县境内选厂址，规划装机容量4×100万千瓦超超临界燃煤发电机组，总投资约160亿元。项目分两期建设，一期工程建设2×100万千瓦超超临界燃煤发电机组。全部建成后年发电量约200亿千瓦小时，创造税收近10亿元。

【峡江水利枢纽工程实现大江截流】 8月29日，江西峡江水利枢纽工程大江截流仪式举行。省委书记苏荣出席仪式，省委副书记、省长鹿心社，水利部副部长李国英讲话，省水利厅党委书记、厅长孙晓山，吉安市委书记王萍发言。仪式由省委常委、常务副省长凌成兴主持。省领导尚勇、赵智勇、陶正明、姚木根、汤建人，省高级人民法院院长张忠厚，长江水利委员会副主任魏山忠，省直单位主要负责人，长江水利枢纽工程领导小组成员单位主要负责人，吉安市领导胡世忠、吴敏、刘宗华、郭庆亮、肖玉兰，库区5个（县、区）党委政府主要负责人以及业主、设计、监理、施工等单位，中央驻赣新闻媒体，省市新闻媒体共600余人见证大江截流。

峡江水利枢纽工程位于赣江中游峡江县巴邱镇上游峡谷河段，距巴邱镇约6千米，距离南昌市约150千米，是鄱阳湖生态经济区建设的重点水利工程之一，也是江西省投资最大的水利工程。该工程是以防洪、发电、航运为主，兼有灌溉等综合效益的水利枢纽工程，控制流域面积6.29万平方千米，占赣江流域面积的77%。水库正常蓄水位46米，防洪高水位49米，总库容11.87亿立方米；电站安装9台水轮发电机组，装机容量36万千瓦；船闸设计1000吨级。工程静态总投资93.39亿元，总投资99.22亿元，总工期为6年。

峡江水利枢纽工程的兴建，可将南昌市防洪标准由100年一遇提高到200年一遇，赣江下游赣东大堤保护区防洪标准由50年一遇提高到100年一遇。每年可增加11.42亿千瓦小时清洁电能；可渠化枢纽上游77千米航道，改善航运条件；可新增灌溉面积7793.33公顷，改善灌溉面积1.42万公顷。

【吉泰走廊上升国家级战略】 6月，《国务院关于支持赣南等原中央苏区振兴发展的若干意见》明确提出，“支持吉泰走廊开放开发，建设工业化、城镇化和农业现代化协调发展示范区，打造重要的经济增长带”，走廊纳入国家支持苏区振兴发展范围；12月，江西省政府出台《关于支持吉泰走廊打造重要增长带的若干意见》，明确将走廊列入“龙头昂起、两翼齐飞、苏区振兴、绿色崛起”区域发展格局。

吉泰走廊地处吉安市中部，其核心区以105国道为轴线，北起吉水县，南到泰和县，东以吉安县永和镇为分界点，西至赣粤高速公路，南北长约70千米，东西宽约20千米。核心区依次贯通吉水县、青原区、吉州区、国家级井冈山经济技术开发区、吉安县、泰和县等“三县三区”。内有1个机场、1条水运航道、数条铁路、2条国道、4条高速，6个工业园区次分布，间距不超过10千米。吉泰走廊是吉安市委、市政府着眼非均衡发展、加速推进城乡一体化、增强集聚发展能力的重大战略构想。力求在3.6%的国土面积上集聚70%的经济总量。工作重点落实在推进走廊区域产业发展、城镇布局、基础设施、公共服务、生态建设、环境保护和社会保障“七个一体化”进程上。2012年聚集全市56.7%的规模工业经济总量和70%的战略性新兴产业，规模工业实现增加值206.9亿元，上缴税收14亿元，分别占全市规模工业的55.4%和59.2%。

主要领导人 市委书记：王　萍。市人大常委会主任：吴　敏。市长：胡世忠。市政协主席：刘宗华。

（张　莉）

·吉州区·

【简　况】 位于吉安市中心城区，辖5个乡镇6个街道办事处，总面积425平方千米，其中建成区面积35平方千米。耕地面积1.1万公顷。总人口34万人，其中非农业人口21万人。2012年实现生产总值90亿元，增长13%。其中，第一产业增加值8.5亿元，增长3.8%；第二产业增加值34.5亿元，增长18.7%；第三产业增加值47亿元，增长10.9%。财政总收入8.8亿元，增长21.3%。三产比例为9.4∶38.3∶52.3。固定资产投资84.1亿元，增长30.3%。社会消费品零售总额35.3亿元，增长14.2%。城镇居民人均可支配收入2.01万元，增长13.8%。农民人均纯收入8848元，增长12.4%。实现规模工业增加值22.85亿元、主营业务收入132.8亿元、利税总额16.8亿元，分别增长18%、41.2%和78.8%。

全年工业园区完成征地近333.33公顷，面积扩展至666.67公顷。吉州工业园主营业务收入突破百亿元。引进重大项目16个，其中10亿元以上5个，园区共启动工业项目34个。全年引进内资20亿元，增长50%；实际利用外资4115万美元，增长7.1%；现汇进资1235万美元，增长76%。

粮食生产实现连续9年增长。区农业科技园一期“六大功能区”初具规模、二期引进台商投资建设台湾特色农业园，被省科技厅批准为省级农业科技示范园。井冈蜜柚、绿色蔬菜、花卉苗木三基地分别新增373.33公顷、120公顷和73.33公顷，新增市级农业龙头企业3家、农民专业合作社11家，初步形成“区有示范园区、镇有特色基地、村有致富产业”发展格局。实施466.67公顷高标准农田建设。完成水利基础设施投资4800余万元；完成小农水重点县项目灌区改造51座，受益面积2366.67公顷；完成12座病险水库除险加固。完成造林绿化512.47公顷，获全省造林绿化“一大四小”工程建设综合先进区。全区5个乡镇均成功创建省级生态镇。在全市率先推开农副产品平价商店建设。

争取到列入原中央苏区振兴区范围、西部开发政策延伸区、全国第三批城镇发展改革试点区、省级服务业综合改革试点区、全省文化综合服务示范区以及吉州工业园区被认定为电子信息省级战略性新兴产业基地、城南生产资料市场被认定为首批省级服务业集聚区等七项重大政策。争取到市委、市政府对樟山新区、工业园区和城南生产资料市场建设等大力支持，江西电缆、杰克机床及其配套企业纳入吉州工业园区管理等政策倾斜。城南生产资料市场、农副产品物流中心被列入省重点调度项目；华阳电子、飞信光纤等10个项目被列入省重大产业调度计划，共争取用地指标154.87公顷。全年向上争取各类无偿资金5.4亿元，增长22.2%；融资13.6亿元，其中政府融资4.9亿元，企业融资8.7亿元。

全年民生支出6.96亿元，占财政总支出49.7%。城镇新增就业1.83万人，就业困难对象再就业1030人，新增转移农村劳动力1.26万人，发放再就业小额担保贷款3761万元，城镇失业登记率控制在3.8%以内。发放养老金近3亿元，确保2万余名离退休人员养老金按时足额发放。城镇职工和城镇居民医疗保险实现全覆盖。为2.24万名城乡低保对象发放低保金4921万元；为4723名城乡困难群众发放医疗救助金1450万元；为588名五保老人发放供养金168万元。共发放各类教育补助资金1627万元。实施“10 + X”项目，发挥财政资金杠杆作用，累计撬动社会投资8000余万元，建成居家养老、文化体育、卫生教育等社区便民场所70多个，打造永叔街道全省首家社区网格化综合管理信息平台、古南镇街道留守儿童幸福家园、文山街道平安里社区居家养老服务中心等一批特色工程。

全年教育投入3330余万元，“两堂”建设基本完工，“两化”建设全面推进，“两场”建设逐步启动。吉安中专被列入国家中等职业教育改革发展示范学校建设项目，新村小学、吉安四中、吉安八中被评为全国教育科研先进单位，吉州区获全省教育综合督导评估优秀等次。举办喜迎党的"十八大"暨首届吉州艺术节、第四届全民健身运动会暨第二届工人运动会，获江西省第四届全民健身运动会优秀组织奖。新农合参合率达95.2%，统筹基金使用率达85%，农民一次性报账率达90%。在全市率先开展"家庭医生、中医专家进社区"试点工作，成立全市首家家庭医生工作室。完成食品药品职能及体制调整。继续深化医药卫生体制改革，86所村卫生室实施国家基本药物制度，98个村卫生室实行新农合门诊统筹。

【三社联动服务社会管理创新】 吉州区调动第三方力量——社区社会组织参与社会管理，构建"以社区为平台、以社会组织为载体、以社会志愿者为骨干"的"三社联动"机制，充分发挥社区社会组织作用，为群众提供多形式、全方位、专业化的服务。吉州区在培育社会组织中，探索了具有吉州特色的"1+8+X"的社区社会组织发展模式。"1"是指在每个街道成立1个社区社会组织培育指导中心，负责指导辖区社会组织工作开展；"8"是指根据社区资源特色、城建发展规划等情况，在街道各社区选点布局，重点培育发展服务类、文化类、健身活动类、卫生保健类、创业服务类、居家养老助残类、托幼早教类、治安联创类等8类具有居民需求共性的示范型，或核心带动型社区社会组织；"X"是指各社区在核心社区社会组织的辐射带动下，培育发展若干个具有小区个性特色的社区社会组织。

吉州区采取试点先行、典型示范的形式，先后在文山街道和古南镇街道太平桥社区、永叔街道光明社区试点，其中文山街道按照"一居一中心、一品一特色"的思路，率先建成社区服务中心、家政服务中心、创业服务中心、居家养老中心等八大中心，并重点培育8个具有居民需求共性的核心带动型社区社会组织。文山街道在组建培育"红杜鹃"家政服务中心方面，将原来散落在各社区的家政服务队整合到一起，唱响"红杜鹃"品牌。"红杜鹃"家政服务已融入社区百姓日常生活，2012年举办7期家政服务培训班，免费培训700多人，提供各类家政服务960多次。古南镇街道投资300余万元完善太平桥社区硬件设施，在社区建立居家养老服务中心，为社区老年人提供配餐送餐、聊天慰藉、医疗服务、免费体检、保健康复等全方位日间照料服务，受到群众好评。通过以点促面，示范带动，社区社会组织已在全区各个街道铺开。9月27日，江西省"三社联动"服务社会管理创新现场会在吉州区召开。

【综合改造无物业管理住宅小区及小街小巷】 2012年，为改善吉州中心城区无物业管理住宅小区基础设施薄弱和脏乱差状况，吉州区财政投资1000万元，并调动社会资金投入到市民反映大、问题突出、牵涉面广、急需改造的老住宅区和小街小巷进行综合改造。5月10日，吉州区无物业管理住宅小区综合改造工程开工，至年底，完成市运输局、外贸局、食品公司、皮件厂等67个小区综合改造。开挖路面5.86万平方米，铺设下水道管道8960米，硬化路面2.96万平方米，铺设人行道吸水砖1.73万平方米，新建和清掏雨、污检查井1220座、化粪池132座。新安装路灯263盏，铺设电缆8200米。在小区综合改造中，新增一批"群众乐"大舞台、羽毛球场和石桌石凳等文体娱乐设施，进一步满足社区群众对文体娱乐生活的需求。

【开展家庭医生、中医专家进社区工作】 11月，在全市率先开展家庭医生、中医进社区工作，试行家庭医生签约服务。签约后，家庭医生工作团队以家庭为单位建立健康档案，开展健康体检，进行评估和干预，实施家庭成员健康管理。为行动不便、年老体弱、长期卧病在床的居民上门提供医疗保健服务，对慢性病患者、残疾人和精神病患者定期随访，协助开展妇幼保健，进行健康咨询和转诊服务。居民对社区卫生服务的信任度提高，更多居民到社区就诊，促进分级诊疗、有序就医格局的形成。此项工作开展以来，为2000余户家庭，5300余人签订服务协议书，建立健康档案3.42万份，为1.23万名60岁以上老年人、8498名35岁以上妇女、866名孕产妇和3751名0～6岁儿童进行健康体检和健康管理，对6935名高血压、2517名糖尿病和130名重型精神病患者进行规范化管理。完成各种中医药适宜技术2400余人次，使用中草药价值7万余元。

【打造美丽乡村"一村一景一产业一文化"】 2012年，吉州区以村镇联动、村落连片和整村推进为布局重点，集中财力打造一批旧村改造型、新村建设型、产业发展型、田园风光型、生态旅游型体现"一村一景一产业一文化"特色的美丽乡村建设点。产业发展方面，围绕绿色蔬菜、规模畜禽、特种水产、高产油茶、井冈蜜柚、花卉苗木等特色产业，因地制宜，发展"一村一品"。兴桥镇钓源高家的井冈蜜柚、黄余村的西瓜、樟山镇大江边的设施蔬菜、长塘镇赵塘村的葡萄、曲濑镇江背村的精品苗木等各具特色。景色打造方面，兴桥镇湖田村绿树环抱，竹林茂密，生态环境良好。按照"修旧如旧"原则，对村内老屋及各巷道进行修缮。依托茂密的次生林和两片竹林等绿色资源优势，加大原生态保护工作力度，对樟树等大树树底周围进行砌砖保护，竹林严禁砍伐，做到不大拆大建，凸显生态韵味。对一些荒地进行平整，栽种井冈蜜柚，呈现"林在村中、村在林里"的原生态特色。村里建立上百平方米的百姓文化广场和1500平方米的竹林休闲中心，成立农民民间艺术团。该村美丽乡村建设成果受到前来参观的省、市领导肯定。文化特色方面，兴桥镇钓源村历史文化悠久，明清古民居鳞次栉比，保存完好率在90%以上。在美丽乡村建设中，结合钓源旅游总体规划，请建设部门选址规划，着力改变庄山村的生产、生活条件和村容村貌，做到在保护中建设，在建设中保护，使古村落、古民居得到保护，古文化得到传承。坚持新农村建设与旅游开发相结合，依托旅游业，为村民搭建致富平台，鼓励村民自办餐饮食宿、休闲娱乐等服务行业。该村先后被评为"江西省历史文化名村""中国历史文化名村"、国家3A级风景区。

主要领导人 区委书记：徐　明。区人大常委会主任：郭　捷。区长：朱谋俊。区政协主席：刘大水。

（刘春生　王世发　王桃兰）

·青原区·

【简　况】 位于江西省中部，辖6镇2个街道办事处，总面积914.62平方千米，其中中心城区建成区面积13.5平方千米。耕地面积1.6万公顷，林地面积6.03万公顷，森林覆盖率60.5%。城区绿化覆盖率达46.7%，亮化率达98%。总人口20.87万人，其中非农业人口3.75万人，自然增长率7.99‰。2012年实现地区生产总值61.49亿元，增长11.1%。其中，第一产业增加值7.16亿元，增长3.8%；第二产业增加值37.52亿元，增长13.6%；第三产业增加值16.81亿元，增长8.6%。财政总收入5.74亿元，增长20.0%。其中地方财政收入4.3亿元，增长51.9%。税收收入4.3亿元，占财政总收入的74.9%。地方财政支出5.99亿元，增长23.5%。工业总产值154.2亿元，增长11.7%。规模以上工业企业完成工业总产值139.8亿元，增长10.8%。实现工业增加值27.9亿元，占地区生产总值的45.5%。社会消费品零售总额14.42亿元，增长16.4%。向上争取各类资金4.69亿元，增长28.5%。全社会固定资产投资43.96亿元。实际引进内资18亿元，同比增长36.7%；利用外资2812万美元，同比增加136.7万美元，实现出口创汇1.43亿美元。全社会固定资产投资37.44亿元，同比减少16.5%。主要工业产品有火电、水泥、机制纸、砖、饲料等。全区规模工业主营业务收入突破100亿元，增长36.8%。实现农林牧渔业总产值11.17亿元，增长7.6%。2012年全区粮食播种面积2.27万公顷，粮食总产量13.29万吨，增长1.8%。主要农产品有早稻6.1万吨、油料0.25万吨、蔬菜7.57万吨、水果2.39万吨、肉类0.87万吨。农村人均纯收入7180.4元，增长13.6%；城镇居民人均可支配收入达2.02万元，增长13.8%。

做大电子信息、节能照明、生物医药、新型材料、酒类食品等五大支柱产业。29家地方规模以上企业完成增加值25亿元、主营业务收入115亿元、利税总额9亿元。开展台湾经贸恳谈会等招商活动，签约落户项目115个，其中工业项目49个，亿元以上项目17个；整治和规范企业25家，办理环评审批项目52个；帮助企业融资2亿多元，招聘各类人才1494人。

举办第二届庐陵文化旅游节，出版《青原山志》。阳明书院主体工程完成。渼陂古村基础设施逐步完善，游步道、生态停车场改扩建、游客服务中心等工程先后完工。投入资金2300多万元，推进富田景区基础设施建设。东固景区革命烈士陵园、畲乡文化园等项目已启动前期工作。

调动资金1.3亿元，建设美丽乡村点62个，拆除危旧房1.36万平方米，硬化通村主干道和入户便道30余千米，绿化面积8000余平方米，惠及群众1.1万余人。新增井冈蜜柚440公顷、花卉苗木202公顷、绿色蔬菜112公顷、油茶202.67公顷、楠木39公顷、畜禽养殖基地8.67公顷，发展农民专业合作社9个。造林绿化733.33公顷。新修农村公路45千米，除险加固小型病险水库12座，整治渠道336千米，新增有效灌溉面积1333.33公顷，建设高标准农田940公顷；铺设管网2.6万米，解决17个行政村1.35万人安全饮水难题。

完成农村危旧房改造900余户，资助贫困学生3155人、资金408万元，落实"两免一补"政策资金1987万元，免费救治儿童"两病"、白内障、唇腭裂等各类病患109例，贫困对象医疗救助封顶线由5万元提高到8万元，城乡低保对象1.04万人，保障标准分别提高到每月370元和170元，发放低保金及各类补贴1985万元，农村五保集中供养和分散供养标准分别提高到2640元和2160元，发放90周岁以上老人高龄生活补贴34.5万元、双拥优抚安置补助资金369万元。新增城镇就业6399人，就业率达97%，实施贫困村基础设施项目65个，完成移民搬迁451人。维修东固平民银行等革命旧居旧址32处，建成街道、社区文化活动中心（室）及农家书屋20个，东固二月二庙会等3个项目申报为省级非物质文化遗产。152个村卫生室实施国家基本药物制度，新农合参合率达98.9%，补偿金额达4689.4万元，天玉流坊村被评为全国计生基层群众自治示范村（居）。青原区被评为全国村务公开民主管理示范单位，区民政局荣获全国民政信访先进集体称号。

【申报中央苏区县】 5月，青原区成立申报苏区县工作领导小组，区委、区政府主要领导担任组长和常务副组长。区档案史志局组织力量实地调查，多次与周边县、市、区党史部门沟通，组织党史人员赴省档案馆、省委党史研究室、省图书馆查阅地方党史资料，编辑《青原区申报中央苏区县材料汇编》20余册。区委、区政府主要领导就申报工作多次走访中央、省级党史部门汇报工作，青原区属中央苏区县的事实得到中央党史部门认定。6月，《国务院关于支持赣南等原中央苏区振兴发展的若干意见》出台，第二十条指出，"支持中央苏区历史博物馆、中央苏区烈士陵园、东固革命烈士陵园等红色文化教育基地建设"。

【推进青原山景区开发】 年初，青原区成立青原山风景名胜区管委会，聘请浙江麟德旅游规划设计有限公司编制《青原山风景名胜区概念性规划及控制性详细规划》，规划把青原山风景区建设成佛禅文化休闲感悟区、理学文化体验区、森林科普游览区、南入口服务区、北入口服务区等五大功能区。区政府投资6.6亿元推进青原山景区项目建设，出资500余万元回收青原山游乐园，整治景区周边环境，编纂出版《青原山志》，编制歌曲《行思礼赞》，并在吉安火车站入口处电子屏幕上循环播放。8月，组建江西青原山旅游发展有限公司，对景区进行融资、建设、经营、营销，开工建设青原山阳明书院维修工程，建成海会塔。11月，开工建设景区两条游步道，完成垃圾中转站、净居寺塔林主体工程建设。

主要领导人 区委书记：程以金。区人大常委会主任：郭清华。区长：肖兵（任至6月）、胡小勇（6月任）。区政协主席：肖　萌。

（刘庆华　王平发）

·吉安县·

【简　况】 位于江西省中部，辖19个(乡)镇，总面积2117平方千米，耕地面积3.69万公顷，完成造林面积2573公顷，有林面积13.3万公顷，森林覆盖率62.2%。总人口48.75万人，其中非农业人口9.97万人，人口自然增长率6.97‰。2012年国内生产总值106亿元，增长13.6%。其中，第一产业增加值21.45亿元，增长5%；第二产业增加值58.78亿元，增长18%；第三产业增加值25.78亿元，增长11.3%。工业总产值(现价)211.4亿元，增长23.08%。规模以上工业企业主营业务收入219.6亿元，增长30%。全社会固定资产投资113.65亿元，增长26.2%。主要工业产品有水泥30.52万吨、啤酒7.69万立方米、娃哈哈饮料11.16万吨、松节油1923.32吨、配混合饲料6.43万吨。农业总产值32.3亿元，增长7.27%。主要农产品：粮食44.21万吨、花生7069吨、水产品1.91万吨、油料5.3万吨、葡萄3万吨。全县财政总收入17.02亿元，增长22.45%；地方财政收入12.27亿元，增长48%；财政支出24.57亿元，增长39.8%。农民人均纯收入4960元，增长23.87%。城镇居民人均可支配收入1.9万元，增长15.6%。城镇居民年末存款余额78.2亿元，增长26.2%。社会消费品零售总额24.8亿元，增长15.5%。

签约新华南、环球新材料、久晟科技、联基电子等重大项目13个。规模以上工业企业77户，新增13户，增加值51.9亿元，增长30%。引进内资24亿元，增长17.6%；利用外资5800万美元，增长10.4%，其中现汇进资2879万美元，外贸出口2.83亿美元。投入4.31亿元加快园区建设，园区实现主营业务收入190.8亿元，增加值41.8亿元，上交税收8.3亿元，分别增长30%、18.3%、38.3%，从业人员达2.8万人，成为首批省级重点工业园区。粮食总播面7.69万公顷，连续九年增产。举办第九届横江葡萄节。出笼肉鸡3500万只，出栏生猪70万头、肉牛12.1万头。新增井冈蜜柚566.33公顷、高产油茶546.67公顷、花卉苗木214公顷、绿色蔬菜200公顷、楠木306.33公顷。盛生农业、上海奕方、华润五丰等大型农业产业化项目落户，新增省、市级龙头企业5家。土地流转新增5600公顷，其中规模以上农业土地流转1333.33公顷。新增农民专业合作社41家。吉州窑遗址保护一期基本完工，天祥景区、横江公塘分别成功创建国家4A级旅游景区、省4A级乡村旅游点。全年接待游客160万人次，实现旅游收入16.3亿元。物流税收达3000万元，增长300%。

全年实施城建重点项目28个，完成投资6.5亿元，城镇化率40.55%，绿地率46.5%。通过省级卫生县城复核。县财政投入1.2亿元，调动社会投资近5亿元。实施“4+3”不平衡发展战略，打造“一城连四镇”和永阳、敖城、桐坪7个庐陵风貌重点示范镇。重点建设100个美丽乡村建设点，大广、泰井高速、105国道主要通道沿线82个自然村美丽乡村建设提升，改造农房立面24.2万平方米、坡屋顶4万平方米。永和、梅塘获“国家级生态乡镇”称号。完成10座小(一)型、22座小(二)型水库除险加固和官田、敖城等4个集中供水主体工程。建设高标准农田1700公顷。新修通村水泥路103.9千米。

提报中央苏区对接项目192个，争取上级项目资金10.7亿元。永和镇、村科学发展示范项目纳入省发改委重点倾斜支持范围。21项重点调度和39项重点帮扶项目进展顺利，完成投资26.7亿元。设立500万元专项基金，永和连心大桥、新华南、德亿电缆、力莱新能源、嘉和诚光电等6个项目列入省重大调度项目，解决用地指标100公顷。举办政银企对接会4次，签约贷款16.24亿元。

投入4.74亿元，完成省、市下达的民生工程任务。发放小额贷款1.08亿元，新增城镇就业1.01万人，农村劳动力转移1.39万人。城镇职工基本养老保险参保4.54万人，城镇居民基本医疗保险参保8.35万人，城乡居民养老保险参保24.6万人，参保率97.3%；参加新农合农民35.3万人，参合率98.3%，一次性报账率98.4%。免费救治尿毒症、先天性心脏病、白血病及白内障患者649人。发放城乡低保金4111万元、医疗救助金1581万元。移民搬迁2107人。建成廉租房、公租房1356套，城市、国有林场棚户区改造564套，农村危房改造1032户；落实农机购置补贴1220万元。省重点新产品立项11项，航盛电子汽车导航产品获“江西名牌产品”称号。敦厚镇被国务院授予“全国两基工作先进单位”称号。发放1173名边远山区教师津贴181万元，125名教师享受职称地方奖励。举办首届中国吉州窑文化研讨会和第二届艺术节。乡镇卫生院全部新建业务用房，村卫生所全面实施国家基本药物制度。举办县首届全民健身运动会，获省第六届县(市、区)田径运动会团体总分一等奖。县司法局获全国人民调解宣传工作先进单位称号。取得“4·30”飓风抗灾救灾和灾后重建胜利，敦厚镇金家社区获“全国减灾应急示范社区”称号。

【打造国家现代农业示范区】 吉安县是农业部批准的首批国家现代农业示范区。2012年，在巩固提升横江葡萄、生猪、肉鸡、肉牛四大传统优势产业基础上，着力发展井冈蜜柚、高产油茶、绿色蔬菜、花卉苗木和楠木四大新兴特色产业。全县横江葡萄种植面积2533.33公顷，直接带动农户3000余户，被列为第六批全国农业标准化示范区，获“中国葡萄之乡”的称号。生猪出栏70万头，存栏45万头。肉鸡产业依托吉安温氏和吉安正邦公司，全县发展合作养鸡户3500余户，年肉鸡出笼达3500万只。全县肉牛饲养量达26万头，肉牛出栏12.1万头。新建梅塘万亩蜜柚基地，全县井冈蜜柚总面积达1333.33公顷；新建澧田盛生万亩高产油茶基地，全县高产油茶面积达6666.67公顷；绿色蔬菜产业新建了凤凰康家、横江横巷等大型蔬菜基地，全县绿色蔬菜面积达8733.33公顷。新建指阳长丰万亩楠木基地，全县花卉苗木面积达3333.33公顷。

【获全国全民健身活动先进县称号】 吉安县贯彻落实《全民健身计划(2011～2015年)》，2012年获“全国全民健身活动先进县”称号。吉安县重视全民健身网络组织建设，全县广泛建立多种类型的体育协会，依托公共体育设施建立指导中心，扶持基层单位建立体育指导站和健身站，对组织者进行定期培训，有国家级和一、二、三级社会体育指导员300余人，全县参加全民健身活动人数在50万人次以上。配合美丽乡村建设，各乡镇行政村兴建篮球场、乒乓球场，乡镇休闲广场安装健身匝道。县庐陵体育中心完成体育场、训练馆、旅游池、篮球场“四大件”建设，面向群众开放。组织江西省第四届全民健身运动会(吉安县赛区)、“横江葡萄节”篮球赛、龙舟赛等活动。

【获全国“阳光计生行动示范县”称号】 2012年，吉安县获国家人口计生委授予的“阳光计生行动示范县”称号。吉安县广泛宣传，营造氛围，印发“阳光计生行动”宣传单2万余份、便民联系卡1万张。全县各乡、村共出宣传栏6000余期。开展各种讲座、群众集会500余场。县、乡、村三级统一制作了计划生育公开栏和宣传栏，把15项县级、21项乡级和16项村级项目规范公示。设立“阳光计生行动”举报箱327只，举报热线电话20个。聘请人大代表、政协委员、“五老”人士220人担任“阳光计生行动”监督员。在全县设立行政和便民中心20个、村级计生理事会300余个。依托“中西部项目”开展计划生育优质服务。2012年度为群众提供“三大”常规检查6755人次，妇科诊治3947人次，B超检查2159人次，骨密度检测1397人次，肺活量检测331人次。

主要领导人 县委书记：陈　敏(任至7月)、刘　洪(7月任)。县人大常委会主任：罗福祥。县长：李克坚。县政协主席：张迪俊。

(旷喜保)

·吉水县·

【简　况】 位于江西省中部，辖15镇3乡，总面积2509.73平方千米，其中县城建成区面积11.2平方千米。耕地面积3.99万公顷，有林面积16.92万公顷，森林覆盖率65.5%，城区绿化率40.3%。总人口52.56万人，其中非农人口13.45万人，人口自然增长率7.64‰。2012年全县生产总值85.07亿元，同比增长12.7%。第一产业增加值18.69亿元，增长7.7%；第二产业增加值39.15亿元，增长12.9%；第三产业增加值27.22亿元，增长15.9%。财政总收入8.73亿元，增长23.6%，人均财政收入1660元，税收占财政总收入的70.94%；地方财政收入6.65亿元，增长43.3%；地方财政支出18.74亿元，增长18.71%。工业总产值156亿元，增长32%，规模以上工业增加值32亿元，占GDP的31.8%。固定资产投资75.8亿元，增长33.2%，实际利用外商投资4000万美元，省外投资5000万以上项目资金19.82亿元。主要工业产品有原煤45.13万吨、水泥60.3万吨、锯材1.6万立方米、松节油900吨、松香4800吨。农业总产值36.12亿元，增长12.59%，粮食总产达62.62万吨。主要农产品有稻谷57.1万吨、瓜果8.64万吨、豆类8003吨。万元GDP能耗0.8吨，二氧化碳排放总量2430万吨，城市污水处理率75.3%。城镇居民人均可支配收入1.61万元，增长12%；农民人均纯收入8519.98元，增长18.9%。年末居民储蓄存款余额69.91亿元，增长24.2%。博物馆、文化馆、图书馆及乡镇综合文化站全部免费开放，组织农村综合文体活动130次，电影放映3975场。启动社区网格化管理工作，健全县、乡、村三级信访网络。

全县完成工业增加值32亿元，同比增长20.3%。完成税收1.8亿元，同比下降55%。全县工业用电1.4亿千瓦小时，增长13%。外贸出口创汇2.16亿美元，增长31.7%；招商引资和外贸出口工作均被评为全省进位赶超先进。园区完成基础设施投入3.5亿元，平整土地200平方米，新征地1733.33公顷，生态湿地公园规划方案通过评审。园区实现主营业务收入134亿元，增长33.1%。引进世界500强企业和上市公司取得突破，其中，景旺电子总投资30亿元，百威啤酒总投资16亿元；五星级宾馆、正邦集团、绿羽鹅业、萧翔农业和汇绿集团等20余个重点项目相继签约落户。以电镀集控区为平台，打造电子电镀产业园，电子电镀产业上缴税收995万元，增长294%。林化香料产业，完成产业园省级安评规划，上缴税收1520万元，增长99%。货运物流业上缴税收1.25亿元，增长106.4%。

乡镇集镇“九个一”建设铺开，5个乡镇集镇改造已见成效。全县城镇化水平46.1%，提高2.2个百分点。打造5个特色小城镇、5个镇村联动点、5个连片村落、5个美丽乡村精品点、5个特色产业基地。抓好赣粤高速、105国道综合示范带和100个村点美丽乡村、220个村点清洁工程建设。主干道5000余栋房屋完成庐陵风格改造。成立18个村镇规划建设管理所，执行农民建房“八项禁止”和“十项规定”，开展主干道沿线两侧100米范围内违规建房整治，拆除违法用地建筑60余宗。拆迁旧房15万平方米，硬化道路150千米。

全年粮食播种面积8.93万公顷，实现连续九年增产；鸭、鹅养殖量分别达1300万只和70万只。重点打造井冈蜜柚、花卉苗木、油茶、蔬菜和楠木五大特色产业，形成万亩以上基地5个，千亩以上基地29个。新增农民专业合作社32家、市级以上龙头企业6家。抚吉高速吉水段、吉新公路竣工通车。土地开发整理补充耕地109.33公顷。完成造林绿化“一大四小”工程建设面积2806.67公顷，占计划任务的156.5%，被评为全省森林防火工作先进县。与省水利厅实施“厅县共建”，总投资2.2亿元的五大类、99个水利项目，均已开工建设。清泉自来水厂正式通水，解决了农村5.1万人的安全饮水问题。920公顷高标准农田建设基本完工。

【推进峡江水利枢纽工程移民搬迁安置】 2012年，先后实施移民“百日攻坚”“百村竣工”和“乔迁安居”三大战役，100个移民安置点全部动工建设，60%以上新房基本封顶，50%的移民点搬迁入住，所有安置点已具备搬迁条件。完成淹没区和防护工程征地2866.67公顷，迁移杆线70余千米。争取44个省直单位对口援建帮扶，落实帮扶资金1.25亿元。库区沿湖主干道基本实现垫层通车。

【城市防洪路堤结合工程房屋征收安置工作卓有成效】 吉水县城市防洪路堤结合工程总投资19亿元，系重点民生项目。该工程需征收国有和集体土地上房屋420栋，面积12.3万平方米。县委、县政府坚持“依法办事、让利于民、公开公正”理念，出台货币补偿、产权调换、异地有土安置三种补偿安置方式，让被征收人有选择余地并主动签约，严格执行峡江水利枢纽补偿安置标准，建设滨江花园、金水湾等高品质安置小区。历时3个月完成房屋征收安置工作，其间没有一户强拆、没有一次阻工、没有一例群体上访，是吉水县房屋征收史上的典型代表。

主要领导人 县委书记：刘兰芳。县人大常委会主任：易教顺。县长：袁守旺。县政协主席：罗定贵。

（康小琴）

·峡江县·

【简　况】 位于江西省中部，辖6镇5乡，总面积1287.43平方千米，其中县城建成面积4.38平方千米。耕地面积2.48万公顷，森林面积8.67万公顷，森林覆盖率64.7%，城区绿化率45.7%。总人口17.8万人，非农业人口4.29万人，人口自然增长率7.34‰。2012年生产总值45.2亿元，同比增长11.6%。其中，第一产业增加值10.3亿元，增长4.6%；第二产业增加值22.8亿元，增长12.1%；第三产业增加值12.1亿元，增长17.7%。财政总收入6.4亿元，增长20.9%，人均3614.5元，税收占财政总收入71.3%；地方财政收入4.97亿元，增长46.4%；地方财政支出11.4亿元，增长26.2%。工业总产值98.2亿元，增长23.3%。规模以上工业增加值19.2亿元，占GDP比重为42.3%；外贸出口1.1亿美元，占GDP比重为15%。固定资产投资完成52亿元，增长37.5%。主要工业产品有铜制品2.7万吨、水泥25万吨、机制纸22.2万吨。农业总产值14.1亿元，增长9.5%。粮食总产量24.4万吨。主要农产品有稻谷23.7万吨、烤烟3558吨、油料1.28万吨、水产品1.5万吨、肉类2万吨。万元GDP能耗0.52吨标煤，城市污水处理率85.6%。农民人均纯收入6611元，增加615元。城乡居民年末储蓄存款余额31.6亿元，增长23.6%。生物医药、金属加工、新型纸业上交税收1.25亿元，占全县工业税收的84%。引进省外5000万元以上项目资金17.6亿元，增长34.4%；实际利用外资2415万美元，增长34.8%；外贸出口1.1亿美元，增长39.4%；获全省招商引资和外贸出口进位赶超先进单位称号。园区基础设施投入4.3亿元，建成标准厂房13.6万平方米，新增进区项目26个。实现烟叶税1453.6万元，新增珍贵楠木220余公顷，发展城郊蔬菜基地面积280公顷，列入全国蔬菜产业重点县、省级现代农业示范区。货运物流业实现税收1.49亿元，增长44%。《峡江县旅游发展总体规划》通过评审，玉笥山、峡江水利枢纽、金坪民族乡、湖洲历史文化名村、蒋沙移民新村纳入全市国家旅游扶贫试验区专项规划。完成征地90.56公顷，新增国有建设用地79.33公顷，获全省耕地保护先进县、全省国土资源节约集约达标县称号。获全国国土绿化突出贡献奖和全省造林绿化“一大四小”工程建设先进县、全省森林防火工作先进县称号。民生工程支出4.72亿元，占财政总支出41.3%，同比增加1.48亿元。新增就业2750人，发放小额贷款7451万元。新型农村和城镇居民社会养老保险制度启动，1.59万名60岁以上老人享受基础养老金。新型农村合作医疗参合率达99%。城乡低保标准分别提高到350元、170元。获全省计划生育优质服务先进县称号。全年获全国奥赛奖项10项，其中一等奖1项，实现历史性突破。1项科技项目通过省级成果鉴定。峡江水利枢纽工程实现大江截流，11个移民新村加紧建设，蒋沙移民新村搬迁入住。562套廉租房、144套公租房有序推进，完成投入1089万元。国有林场棚户区改造一期310套主体工程完工。完成农村危旧房改造1580户。公众安全感指数位列全省第17，获评全省信访“三无”县、全省社会管理综合治理先进县、全省三等管理水平城市。

【搬迁入住蒋沙移民新村】 蒋沙移民新村是峡江水利枢纽工程首批移民新村之一，共安置移民265户983人。新建房屋统一按照“青砖黛瓦马头墙、飞檐翘角坡屋顶”的庐陵风格建造。通过移民搬迁，蒋沙移民家家户户接通有线电视、自来水，水泥路修到家门口，村庄绿化及下水管道、休闲广场等基础设施完善，昔日有名的贫困村成为古典与现代元素相结合的美丽乡村。

【货运物流发展强劲】 2012年，全县物流企业达82家，货车总量达3725辆，总运力达4.9万吨，实现税收1.49亿元，增长44%；物流基础进一步完善，峡江县现代物流园列为省重点项目，获批一期建设用地23.33公顷；二手车交易市场完工，一汽物流园已完成工可评审、地质灾害和压覆矿评估报告评审，公路、铁路物流商务大厦动工建设。

【造林绿化形成峡江通道模式】 2012年完成造林面积2380公顷，投资规模、建设标准、精品亮点居全省前列，形成独具特色的“峡江通道模式”，建成义桥千亩杨梅基地，分界千亩白茶、翠冠梨基地，金坪千亩花卉苗木基地，林木良种场千亩南板蓝根基地等，获评全国国土绿化突出贡献奖、全省造林绿化“一大四小”工程建设综合先进县。

主要领导人 县委书记：宋　铜。县人大常委会主任：钟清滨。县长：涂建忠。县政协主席：王振军。

（孔文峰　彭　涛）

·新干县·

【简　况】 位于江西省中部，辖7镇6乡，区域面积1248平方千米，其中城区面积25.54平方千米。耕地面积3.02万公顷，林地面积7万公顷，森林覆盖率60.05%，城区绿化率40.2%。总人口32.78万人，其中非农业人口6.98万人，人口自然增长率3.1‰，保持“全国计划生育优质服务先进县和全省计划生育工作红旗县”称号，获“全国计划生育示范县”称号。实现生产总值77.51亿元，增长13%。其中，第一产业增加值16.15亿元，增长4%；第二产业增加值40.85亿元，增长15%；第三产业增加值20.51亿元，增长16.1%。财政总收入10.08亿元，增长20.1%，人均

516.6元,税收占财政总收入69.4%;地方财政收入8.11亿元,增长45.8%;地方财政支出18.71亿元,增长28.3%。工业总产值166.96亿元,增长22.6%。规模以上工业增加值29.6亿元,占GDP的38.1%;外贸出口总额2.1亿元,占GDP的2.7%;固定资产投资80.45亿元,增长33.5%。盐卤药业、箱包皮具、机械机电、灯饰照明、建筑板材、粮油食品等主导产业实现总产值163.6亿元,占工业总产值98%,产业集群效益明显。农业总产值24.62亿元,增长7.3%。粮食产量34.5万吨,获"全省粮食生产先进县"称号。主要农产品产量有蔬菜瓜果22.66万吨、油料2.1万吨、生猪84.4万头、柑橘19.85万吨、水产品1.93万吨。万元GDP能耗及二氧化碳排放总量、削减率均达到减排目标,城市污水处理率85%。城镇居民人均可支配收入3.54万元,增加7228元。农村居民人均纯收入8061.7元,增加1072.1元。城乡居民年末储蓄余额62.74亿元,增长24.2%,人均存款达1.9万元,居全市第一。全年民生投入6.2亿元。全年发放再就业小额货款7299万元,新增城镇就业1.3万人,新增转移农村劳动力1.7万人。发放养老金2057万元,惠及城乡居民3.3万人;发放城乡低保金3723万元,惠及1.7万名城乡群众,新农合参合率达99.9%。组织申报、实施科技计划项目29项。启动新农合门诊统筹、尿毒症免费血透,推进基本公共卫生服务均等化。获全省社会管理综合治理先进县和公众安全感测评全省第四、全市第一。

四大主导产业发展势头良好。机电产业园新增入园企业9家,灯饰照明、箱包皮具产业"市场+基地"模式初现雏形。新增规模工业企业18家,规模工业主营业务收入166.2亿元,增长31%;新增江西名牌产品3个,总数达5个,占全市23.8%。完成高标准农田建设4066.67公顷,粮食生产实现九连丰。"基地+农户"模式得到推行,建成界埠胡家脑蔬菜基地、神政桥井冈蜜柚基地等一批示范基地,被列为全国蔬菜生产重点县。新增市级龙头企业4家,省级龙头企业5家,新增农民专业合作社72家,获全省农业经济结构调整先进县称号。扶持汽车货运物流业,加快推进城北物流园建设,商贸流通体系和消费环境得到改善,获全省搞活流通扩大消费先进县称号。城镇化率达46.1%。成功申报国家园林县城。省级森林城市创建纳入全省首批十个创建县。

"一园三镇"列入全省点状重点开发区域,进入全省38个扶贫攻坚县。全年争取上级资金7.6亿元,增长15.2%,其中竞争性项目资金1.7亿元,比2011年净增7000万元。争取建设用地总规模指标366.67公顷,争取到12个重点项目省级预留用地指标170公顷。实施"百日招商大会战"和全民创业。在浙江玉环、广东顺德和台湾分别组织产业招商推介会,举办中国照明行业优秀经销商千强颁奖晚会。全年引进内资23亿元,增长22.9%;实际利用外资4695万美元,增长20.7%,其中现汇进资1686万美元;实现外贸出口2.1亿美元,增长33%。新增民营企业220户,总数达1738户;新增个体工商户1241户,总数达1.2万户。争取到原中央苏区县政策,成为全省唯一拥有西部大开发政策延伸县、鄱阳湖生态经济区建设县、原中央苏区县三张"国"字号名片的县。

【获批"中国箱包皮具产业基地"】 7月,中国轻工业联合会、中国皮革协会联合授予新干县"中国箱包皮具产业基地"称号。新干县依托箱包皮具产业传统优势和在外从业人员较多的优势,吸引广东花都新干籍箱包皮具老板投资3.2亿元,兴建占地13.33公顷的中国·新干箱包皮具城。该城有商铺1100多间营业,可提供箱包皮具成品和原辅材料交易。引进客商投资建设箱包皮具产业基地,东源置业箱包皮具生产基地一期厂房主体工程基本完成,建成面积30万平方米;博派基地厂房和配套基础设施分步推进,完成厂房建设2万平方米。

【成功申报"国家园林县城"】 2012年,新干县落实"拆房还绿、拆墙透绿、见缝插绿"方针,栽植各种风景树木1690棵,新栽植绿化带22个,新栽行道树200多株;投入300多万元对城南工业园区绿化进行提升改造;规划设计21个居民休闲广场,已新建2个;完善青铜文化公园、景观河、市民广场管理,全县3个单位被评为"省级园林化单位",6个单位被评为"市级园林化单位",3个住宅小区被命名为"市级园林小区"。11月,新干县成功向住建部申报"国家园林县城",是全省唯一申报成功的县。

主要领导人 县委书记:刘毓名。县人大常委会主任:侯建国。县长:徐开萍。县政协主席:张梅生。

(朱 静)

·永丰县·

【简 况】 位于江西省中部、吉安市东北部,辖8镇13乡3场。总面积2695平方千米,其中县城建成区面积11.1平方千米。耕地面积4.44万公顷,有林地面积19.98万公顷,森林覆盖率72.03%,城区绿地率40%。总人口45.4万人,其中非农业人口8.72万人,人口自然增长率7.5‰。

2012年,实现国内生产总值91.85亿元,同比增长15.7%。其中,第一产业增加值16.51亿元,增长3.7%;第二产业增加值47.23亿元,增长19.6%;第三产业增加值28.11亿元,增长16.9%。财政总收入9.34亿元,增长22.9%,人均2058元。财政总收入占GDP的10.17%,税收占财政总收入的67.23%。地方财政收入7.15亿元,增长39.2%。财政支出18.39亿元,增长23.5%。工业总产值174.3亿元,增长17.6%。规模以上工业增加值37.7亿元,占GDP的41.1%。规模以上工业企业主要产品有:轻质碳酸钙13.85万吨,增长12.4%;中成药1.07万吨,增长9.2%;水泥5.34万吨,增长10.5%;机制纸5.29万吨,增长8.6%。实际利用省外资金18.32亿元,增长22.1%;实际利用外资3601万美元,增长17.99%;外贸出口额1.84亿美元,增长30.6%,外贸出口占GDP的12.4%。农业总产值33.48亿元,增长4.0%。主要农产品有:粮食34.9万吨,增长1.2%;蔬菜22.78万吨,增长3.3%;肉类2.46万吨,增长6.0%;水产品1.54万吨,增长14.6%。万元GDP能耗0.591吨标煤,规模工业万元增加值能耗0.775

吨标煤,城市污水处理率86.5%。全社会固定资产投资106.6亿元,增长43.6%;全社会消费品零售总额19.78亿元,增长14.6%。城镇在岗职工年均收入3.18万元,增加5296元。农村居民人均纯收入8197元,增加1037元。城乡居民年末储蓄余额58.52亿元,增长22.1%。新增城镇就业1.09万人,新增转移农村劳动力2.0万人。新增文化信息资源共享工程村级基础服务点87个,建成农家书屋39家。为300名白内障患者免费手术,为49名尿毒症患者提供免费血透救治,开展儿童"两病"免费筛查和初诊,并送71名赴省定点医院进行免费治疗。"一大四小"造林绿化3853.33公顷。完成深山、地灾移民4378人。新建1050套保障性住房即将完工。在全省公众安全感测评中,永丰县列下半年全省排位第三。获全国农田水利基本建设先进县、全省水利建设先进县、全省工业崛起年度贡献奖、全省招商引资进位赶超先进单位、全省城乡规划管理工作先进单位、全省社会救助先进县等48项国家、省、市级称号。成功进入中央苏区振兴发展规划,争取到省委扶贫开发帮扶,争取到总投资8373万元的全国第四批小农水重点县、总投资2.67亿元的全省中小河流治理重点县综合整治试点等各类项目53批次,争取无偿资金2.7亿元,增长31.2%。

改善灌溉面积1333.33公顷。粮食生产实现"九连丰",井冈蜜柚、楠木、高产油茶、烟叶、百合、双孢蘑菇和白茶基地种植面积、产量、产值均居全省之首。农业专业合作社数量稳居全省前列。永丰县蔬菜发展总公司被评为江西省"一村一品"优秀示范企业。

龙天勇公司在香港主板上市,填补吉安市本土企业上市空白。引进豫光金铅、凯迪电力、华润万家3个上市企业投资落户永丰。永丰县被命名为江西省碳酸钙新材料产业基地,"广源"商标获得中国驰名商标。全年新增规模工业企业10家,达74家;引进亿元以上项目16个,10亿元以上项目5个;实际到位资金17.5亿元,增长16.7%。

完成城市总体规划修编和6个重点区域的专项规划,城区控规覆盖面积达26.2平方千米。以古县镇、沿陂镇、七都乡小城镇示范镇建设为引导,因地制宜推动全县小城镇建设;沿抚八线、永龙线、永吉线推动3条美丽乡村示范带建设,建成80个美丽乡村点。城区实施绿化亮化提档升级,拆除违章建筑1万平方米。乡镇和村居委按"八不八多"要求逐步进行环境整治,居住环境有新改善,一批彰显赣中民居、庐陵风格的村落街镇、和谐社区正在形成。

民生投入5.3亿元财政资金,较2011年净增1.3亿元,完成39类民生工程。新增城镇就业人数1万人。投入300多万元,在交通安全隐患突出地段设置交通安全防护设施;完成了傅家坝等小街小巷和县城主要出入口改造,规范交通秩序、铺平道路、点亮路灯。编印《永丰欧阳修丛书》,修建县西大门仿古牌楼。城乡居民保险参保率达100%。城乡低保分别提标50元、40元。

【龙天勇公司在香港主板上市】 12月28日,江西龙天勇有色金属有限公司(中国白银集团)上市仪式在香港交易所举行。公司每股净资产为0.21港元,公司股票当日开盘价为1.35港元,以开盘价计算,公司资产增值10亿港元。该公司是江西省吉安市第一家在香港上市的企业,填补了吉安市没有上市企业的空白。

【抚吉高速公路永丰段通车】 12月31日,抚吉高速公路永丰段正式通车。抚州至吉安高速公路全长179.188千米,在永丰县境内长约42千米,项目概算总投资94.55亿元。工程自2011年6月28日开工,2012年12月30日竣工。抚吉高速公路建成通车,结束了永丰县无高速的历史。

【碳酸钙新材料产业成为支柱产业】 永丰县石灰石资源丰富,已探明储量达110亿吨,分布面积40多平方千米,白度在90度以上,工业利用价值极高,与国内同类资源相比,具有含铁量少、吸油值低两大特点。永丰县依托这一优势,发展石头经济产业,已形成较好的产业基础。在吉安市率先实施矿产资源整合,制定《永丰县石灰石资源整合方案》和《永丰县石灰石加工产业发展规划》,推进碳酸钙资源整合和优化配置,促进碳酸钙产业健康有序发展。永丰县委、县政府成立石头经济发展领导小组,配备专业人员和专项经费,把碳酸钙产业项目作为优先引进和培育的对象。永丰县共有以石灰石为主要原料生产碳酸钙系列产品企业44家,其中规模以上企业19家。2012年碳酸钙产业生产加工规模达130万吨,实现销售收入22亿元,成为永丰县的支柱产业。6月20日,江西省工信委正式授予永丰县"江西省碳酸钙新材料产业基地"称号。

主要领导人 县委书记:肖志华。县人大常委会主任:聂建国。县长:朱新堂。县政协主席:陈全根。

(李保生)

·泰和县·

【简　况】 位于江西省中部偏南,辖16镇6乡2场,土地总面积2660.15平方千米,其中城区面积17.65平方千米。耕地面积5.82万公顷,有林面积16.97万公顷,森林覆盖率61.19%,城区绿化率8.04%。全县总人口56.03万人,其中非农业人口10.14万人,人口自然增长率7.67‰。

全年完成生产总值104亿元,同比增长12.5%。其中,第一产业增加值22.15亿元,下降1%;第二产业增加值57.10亿元,增长0.8%;第三产业增加值24.75亿元,增长0.2%;三次产业结构调整为21.3∶54.9∶23.8。财政总收入13.58亿元,占GDP的13%,净增2.48亿元,税收占财政总收入的81%。地方财政收入8.27亿元,净增1.46亿元;地方财政支出20.6亿元,增长19.2%。工业总产值165.73亿元,增长2.9%。规模以上工业增加值42亿元,占GDP的40.21%。完成固定资产投资90.6亿元,增长34%。农业总产值42.2亿元,增长7%。粮食总产量55.2万吨。全年城镇居民人均可支配收入1.7万元,增加1767元。农村居民人均纯收入7700元,增长825元。城乡居民年末储蓄余额89.61亿元,增长20.32%。实现社会消费品零售总额26.5亿元,增长18%。获全省通道绿化提升先进县、全省新型农民和城镇居民养老保险工作先进县、全省信访工作“三无”县、全省应急管理先进县等称号。

新增规模以上工业企业6家，总数69家，实现主营业务收入201亿元，工业增加值42亿元，分别增长18.7%、27.5%。工业经济效益综合指数达337%，同比提高5个百分点。食品、建材、医药化工三大传统产业和电子信息、冶金机械、新能源新材料三大战略性新兴产业加快发展。六大产业产值占全县工业经济总量的87.3%，比2011年提高1.6个百分点。年内飞尚林产化工、新界机电二期、欧亚非等项目投产，合力泰微电子股改完成，泰和被列为全省电子信息产业基地。园区建设全年累计投入2.5亿元，建成标准厂房8.2万平方米。园区实现主营业务收入185亿元、工业增加值36亿元，分别增长35%和10%，成为全省18家、全市2家重点省级工业园之一。

全县争取国家、省重大项目6个，项目资金11.93亿元，增加8300万元。全年签约亿元以上项目27个，签约资金83.5亿元。全县实际利用内资25.76亿元，增长25.9%；实际利用外资5930万美元，增长10%；现汇进资2429万美元，增长63.3%；实现外贸出口2.95亿美元，增长23.9%，获全省开放型经济发展综合先进县称号。赣江石虎塘航电枢纽工程3台机组完成并网发电调试；吉莲高速公路泰和段、西气东输二期工程完工。

县城绿化面积640公顷，城镇化率48.76%，提高2个百分点。获全省第四届文明城市称号。全年实施86个乡镇规范化建设项目。稳步推进4条美丽乡村综合示范带、3个美丽乡村精品点的建设，沿线“青砖黛瓦马头墙、飞檐翘角坡屋顶”的庐陵风格凸显。111个新农村建设点成型，331个清洁工程村点建成。获全省城乡发展一体化先进县称号。

全县粮食播面8.09万公顷，总产55.2万吨，实现“九连丰”，获全国粮食生产先进县称号。全年蔬菜播种1.61万公顷、水产养殖4853.34公顷，主要农产品有蔬菜35.29万吨、薯类3.07万吨、油菜籽8557吨、西瓜2.21万吨。桑果、烟草、油茶、井冈蜜柚、花卉苗木、楠木等特色产业快速发展。全县省市级龙头企业24家，农民专业合作社169家。全年完成7座水库除险加固工程，15座小(二)型水库除险加固工程开工建设，1866.67公顷小农水重点县项目建成。全年完成造林绿化面积2554公顷、通道绿化里程110.6千米。

全年新增个体工商户2800户、私营企业393户。新增“宇凤”“皇脂”等4个省级著名商标。实现交通物流税收6730万元，增长84.6%。《赣江休闲旅游带总体规划》通过专家评审，井冈山机场旅客吞吐量达40.2万人次，被评为全国优秀旅游机场。全县金融机构各项存款余额118.1亿元，增长14.95%；贷款余额44.5亿元，增长6%。

全年民生投入资金16亿元，增长31.3%，占财政总支出的78%。全县新增城镇就业9168人，城镇就业率达96.5%。发放小额就业贷款1.06亿元。社会保险基金征缴总量达2.3亿元，实现社会保险制度全覆盖。新型城乡居民养老保险参保人数达22.1万人，其中新农保参保率达82%，共发放城乡居民养老金3386万元。新型农村合作医疗参合率达98.8%，基金使用率达96.7%。全年争取上级救灾资金985万元，发放各类社会救助资金8600多万元，获全省社会救助先进县称号。建设廉租房、经济适用房1180套，改造棚户区住房60套，完成农村危房改造920户。实施整村推进扶贫项目71个，完成移民扶贫搬迁168人。投资1300万元推进全县城乡网格化管理一期工程、“天网”二期工程和城乡重点交通安全设施建设。

泰和乌鸡生态健康养殖技术示范和产品开发项目通过国家验收，开展国家可持续发展实验区创建活动。投入资金4109万元，实施校建项目56个。全县竞技体育获全省第六届县级田径运动会团体总分二等奖。22个乡镇综合文化站及293家农家书屋建成。《泰和县志(1989~2008)》编纂工作完成。

【赣江石虎塘航电枢纽工程一期通过验收】 10月20日，赣江石虎塘航电枢纽工程一期通过验收。此次验收包括船闸、泄水闸、电站厂房等枢纽主体工程以及万合防护区等5个库区防护区工程共6个标段59个单位工程。该工程以航运为主、兼顾发电等水资源综合利用，于2008年12月开工建设，是江西省“十一五”重点工程项目，总投资24.38亿元，由省交通厅负责项目建设。整个电厂装机容量12万千瓦，共6台机组，是赣江第二大电厂。截至年底，已有3台机组完成并网发电调试。

【被列为全省电子信息产业基地】 2012年，县工业园区有电子信息产业30多家，年产值30多亿元。形成包括液晶显示模块、软性线路板、导电玻璃膜等生产线在内的产业集群配套发展的产业链。合力泰微电子四期建成投产，争取国家产业振兴电子专项资金200万元，组建由86位液晶技术和光电技术专家组成的液晶显示研发中心，共获17项实用型专利，产值、税利大幅增长，成为电子信息产业基地的领军企业。被列为全省电子信息产业基地。

【“民嘴讲堂”获“全国优秀人文社会科学普及基地”称号】 12月28日，在吉安市2009~2011年社会科学优秀成果颁奖大会上，泰和群众性理论宣讲新品牌“民嘴讲堂”获“全国优秀人文社会科学普及基地”称号。2012年，“民嘴讲堂”在中宣部《时事报告》杂志以《民嘴讲堂：身边人讲身边事》为题专栏刊发，被省委宣传部评为“江西省理论宣讲先进集体”，作为“党的政策下乡”典型推荐到中宣部予以表彰，获“江西省优秀社科知识普及宣传基地”称号。“民嘴讲堂”是泰和县为破解理论宣讲面不广、受众不多的实际难题，创造性推出的理论文化宣讲品牌。从机关、学校、退休人员和农民群众当中选拔“民嘴”宣讲员，采取进机关、企业、学校、乡村、军营、社区等方式，用最简单的语言，甚至是方言宣讲群众身边的事、身边的人，达到理论宣讲的最佳效果。内容涵盖群众生产生活的20多个方面。该宣讲活动从2011年11月25日开始，截至2012年底，共宣讲100多场，受众达5万人次。

【泰和乌鸡综合开发项目通过验收】 7月，泰和国家科技富民专项行动计划——“泰和乌鸡生态健康养殖技术示范和产品综合开发项目”通过科技部、财政部验收。项目共投入资金2530万元。与实施前相比，项目累计新增产值4.34亿元，新增利税1.13亿元，乌鸡养殖户人均增加纯收入518元。每年新增出笼泰和乌鸡710万只，加工转化乌鸡新增215万只，乌鸡养殖及加工转化每年可新增产值3.03亿元，新增利税7184万元。

【《泰和县志1989～2008》出版】 10月，《泰和县志1989～2008》由中国方志出版社正式出版发行。志书编纂工作于2009年6月19日启动，2012年8月9日通过专家验收。全书分为自然、经济、政治、文化、社会生活五大部类，24编、107章、471节，300幅图照，144个表格，770页，共158万字。

主要领导人 县委书记：廖晓军。县人大常委会主任：钟用洪。县长：李军。县政协主席：詹学锋。

（刘　捷　邱会财）

·遂川县·

【简　况】 位于江西省西南部，辖11镇12乡2个国有林场，总面积3144.17平方千米。耕地面积2.97万公顷，有林面积24.69万公顷，森林覆盖率78.4%。总人口57.79万人，非农业人口6.61万人，人口自然增长率7.56‰。2012年实现国内生产总值76.24亿元，同比增长12.1%。其中，第一产业增加值13.33亿元，增长4.5%；第二产业增加值37.81亿元，增长13%；第三产业增加值25.10亿元，增长15.4%。工业总产值109.8亿元，增长16.8%。主要工业产品有混合稀土金属46.64千克、人造板11.25万立方米、服装681.4万件、精制茶578.5吨。农业总产值22.14亿元，增长8.7%。主要农产品有粮食（含大豆）25.99万吨、油料产量6471吨、茶叶产量1071吨、水果产量3.76万吨（其中柑橘3.69万吨）、生猪出栏24.26万头。财政总收入8.41亿元，增长22.27%，其中地方财政总收入6.62亿元，增长20.85%；财政支出19.16亿元，增长31.4%。农民人均年纯收入6017.5元，增加473.37元。城乡居民年末储蓄存款余额52.15亿元，增长22.22%。固定资产投资80.02亿元，增长32.2%。消费品零售总额20.2亿元，增长16%。出口总额1.2亿美元，增长40%。全年完成城区基础设施投入8.56亿元。成功创建省级园林城市。

【举行中国·遂川第二届国际狗牯脑茶文化旅游节】 4月1～30日，中国·遂川第二届国际狗牯脑茶文化旅游节在遂川县举行。该届茶文化旅游节开展了开幕式、茶王赛、茶博园奠基、电影《神茶》首映、茶经贸洽谈、茶文化暨茶产业论坛等六大系列活动。4月19日，中国·遂川第二届狗牯脑茶文化旅游节在市民广场开幕。副省长姚木根，省政协副主席李华栋，市委书记王萍，市委副书记、市长胡世忠等省、市领导，以及全国知名茶商、茶学专家、遂川省以上劳模、在外乡友、社会各界代表、各级新闻媒体记者等共800余人应邀参加。第二届狗牯脑茶文化旅游节提升了“狗牯脑”茶的知名度，放大百年品牌效益，向全国乃至全世界推介遂川深厚的“红、古、绿”文化底蕴。

【重新规划产业园区】 遂川县在园区建设方面坚持“生态建园、特色立园、产业兴园”的发展战略，聘请江西省城乡规划设计院对园区重新规划。总面积1913.33公顷，实际开发420公顷，分东、西、北三区。在产业规划上，北区以林产、化工、建材和医药为主；东区以电子信息、绿色食品、机械制造和物流为主；西区以非金属加工为主。在特色产业布局上，北区以林产为主导产业，东区以电子信息为主导产业，西区以硅深加工为主导产业。全年园区完成固定资产投入2.25亿元，增长25%；工业总产值70.23亿元，增长20%；工业增加值2.35亿元，增长19%；主营业务收入69.85亿元，增长20%；税金4.45亿元；新增从业人员1700人。

主要领导人 县委书记：张平亮。县人大常委会主任：洪　刚。县长：肖凌秋。县政协主席：陈道萍。

（张春艳）

·万安县·

【简　况】 位于江西省中南部，辖9镇7乡和1个垦殖场，总面积2051平方千米，其中城区面积9.6平方千米。耕地面积2.42万公顷，有林面积14.42万公顷，森林覆盖率68.8%，城区绿化率36.77%。总人口30.62万人，其中非农业人口5.27万人，人口自然增长率7.41‰。

2012年实现生产总值46.26亿元，同比增长11.4%。其中，第一产业增加值10.4亿元，增长4.7%；第二产业增加值22.02亿元，增长13.2%；第三产业增加值13.85亿元，增长13.9%。财政总收入完成6.43亿元，增长22.6%，占GDP比重为13.9%，税收占财政总收入比重为70.27%；地方财政收入4.82亿元，增长29.4%；地方财政支出14.95亿元，增长32%。工业总产值74.08亿元，增长20.1%。规模以上工业增加值15.2亿元，增长16.8%。外贸出口1.19亿美元，增长48.86%。固定资产投资43.2亿元，实际利用外资0.38亿美元。主要工业产品有水晶2.3亿片、发电16.59亿千瓦小时、啤酒5.4万立方米、水泥4.78万吨。农业总产值16.43亿元，增长10.1%。粮食总产量27.85万吨。主要农产品有生猪22.8万头、水产2.3万吨、西瓜1.2万吨、油菜0.63万吨、花生0.47万吨。农村居民人均纯收入5389元，增长9.61%。

县工业园成为全省最大电子电路板产业承接基地，被列为“省级战略性新兴产业电子信息基地”“省级承接产业转移示范区”。全县正式签约5亿元以上项目2个，合同明确年税收千万元以上项目3个，引进的14个电子电路板项目中有5个年产能突破60万平方米。全县流转土地1666.67公顷，新建农业特色产业基地36个，基地面积达1.39万公顷。万安湖旅游开发项目已和中信集团签订框架协议。成功争取省级农资连锁经营网络建设项目。2012年服务业增加值13.8万元，增长17.2%。

全县实施城建重点项目16个，总投资超过10亿元。实施县城人口倍增计划，出台一系列吸引外来人口进城落户优惠政策。城镇化率提高1.9个百分点。2012年全县用于民生领域的财政支出12.5亿元,增长42.4%。新增城镇就业6278人,新增转移农村劳动力9859人,城镇就业率96.7%。开工建设保障性住房420套,完成农村危房改造1807户。县财政解决农村社区党员活动经费30.7万元,解决村级活动场所建设经费168万元,解决村小组长、党小组长等补贴137.2万元。全县学校D级危房改造率达96%,享受农村义务教育学生营养餐计划2.8万人。实施整村推进扶贫项目243个,完成移民扶贫搬迁1123人,解决农村近3万人安全饮水问题。完成城镇绿化56.67万公顷,造林绿化2200公顷。千里山果业项目列入国家863计划,全年获市科技进步奖2项。每个乡镇场都配备计生服务车和森林防火车。推广"村民说事室""手机联防"等创新做法。公众安全感测评全省第27位,前移69位,成为信访维稳"三无县",连续6年被评为全省平安县。

【杨万线美丽乡村综合示范带建设成效显著】 杨万线是连接万安县至泰和县一条26千米长的省道。全线涉及窑头、百嘉、芙蓉、麻源4个乡镇场、10个行政村、63个自然村,人口达4万余人。2012年2月,万安县创新新农村建设模式,按照"全域规划、整体布局、镇村联动、带状推进"的战略思路,启动杨万线美丽乡村综合示范带建设。杨万线两旁密集种植芙蓉花,补齐杜英树,并在几个重要节点和关键部位增种大规格樟树,各类树种达2.4万株。窑头、百嘉两个圩镇及各村点已栽树苗1.8万株;砖砌菜园围栏40余千米,修建排水沟15千米,硬化村道56千米、入户路90千米,拆除"空心房"及破旧栏舍1000多栋,平整场地4万余平方米,完成黑改彩800栋、改坡顶1200栋,粉刷墙面6万多平方米。统一规划新发展特色产业基地17个,其中,千亩南方名贵特水产繁育推广中心1个,20公顷野生动物繁育基地1个,百亩果品集散市场1个,万亩富硒稻基地1个,200公顷以上高产油茶基地4个,13.33公顷以上苗木基地3个,133.33公顷以上优质果业基地2个,千亩竹荪菇基地1个,千亩烟叶基地1个,万头生猪养殖基地2个。经过一年努力,集生态秀美带、村容整洁带、产业富民带、乡风文明带、党建示范带"五带"于一体的综合示范带已打造成型。杨万线建设得到省、市各级领导肯定,先后共吸引90多批6000多人次到县参观考察。

【举行万安县首届"品鱼节"暨万安湖生态鱼烹饪大赛】 10月25日,万安县首届"品鱼节"暨万安湖生态鱼烹饪大赛举行。市委常委、宣传部部长李庐琦宣布大赛开幕,副市长王大胜出席,省、市媒体代表参加。大赛由36支参赛代表队,108名烹饪大师同台竞技,在规定时间内,做出72道口味绝佳的全鱼宴。评委们从口味、质地、地方特色、营养卫生、造型、色泽、菜名内涵七方面评选出金银铜及组织奖。此次大赛打响万安生态鱼品牌,推动万安特色水产和旅游业进入新的发展阶段。

【开展党的知识"五进"活动】 2012年,万安县委为迎接党的十八大召开,在全县开展党课进校园、进社区、进农村、进企业、进驻外流动党支部等"五进"活动。由县委组织部牵头组织宣传、党校、文史档案等相关部门和有关专家,编写《万安县党的基本知识教育简明读本》一书,发放给全体中学生和部分农村村民、社区居民、企业职工、外出务工人员。要求全县所有普通高中、职业学校成立业余党校,农村中学成立业余团校。在学校、农村、社区、企业、驻外流动党组织等领域建立党的基本知识教育中心或教育阵地。"七一"期间,举办"红歌献给党,喜迎十八大"暨党的知识"五进"活动文艺晚会,共1300多人观看晚会。全县已发放党的基本知识教育读本2.6万册,接受党课教育人数近7万人,有近万名学生青年参观党的基本知识教育中心,平均每人接受党课教育达8次以上;基层干部群众接受各种形式党的知识教育培训达12.6万人次。全县有3000多名在校学生和社会青年向党组织递交入党申请书,有986人被确定为入党积极分子,是2011年同期的3倍。中组部《共产党员手机报》、新华社《国内动态清样》《人民日报》对"五进"活动进行专题报道。11月21日,新华社等15家媒体到县集中采访"五进"活动;省委常委、省委副书记尚勇,省委常委、省委组织部部长莫建成对全县链条式跟踪培养青年学生的做法分别予以批示。市委党建领导小组发文全市推广。

主要领导人 县委书记:李伟平。县人大常委会主任:郭世辉。县长:刘军芳。县政协主席:邱炎生。

(敖淑红)

·安福县·

【简　况】 位于江西省中西部,辖7镇12乡,区域面积2795.81平方千米,其中城区面积11.3平方千米。耕地面积3.03万公顷,林地面积22.07万公顷,森林覆盖率70.5%,城区绿地率39.2%。总人口40.14万人,其中非农业人口8.85万人,人口自然增长率7.34‰。2012年,实现生产总值88.85亿元,同比增长12.4%。其中,第一产业增加值18.07亿元,增长5.0%;第二产业增加值49.54亿元,增长15.1%;第三产业增加值21.24亿元,增长12.2%。财政总收入13.4亿元,增长21.74%,人均3353元;工业税收5.49亿元,占财政总收入41%;地方财政收入9.9亿元,增长26.7%。工业总产值151.12亿元,增长13.27%。规模以上工业增加值35.4亿元,增长17.3%。外贸出口2.02亿美元,增长101.9%。全社会固定资产投资86.7亿元,增长7.2%,其中500万元以上固定资产投资70.8亿元,增长17.5%。实际利用外资4969万美元、内资20.5亿元。主要工业产品有煤91.41万吨、铁精矿283.37万元、水泥熟料104.59万吨、水泥93.08万吨、液压元件24.53万件、供电量4.67亿千瓦小时。农业总产值26.54亿元,增长8.24%。粮食总产量33.5万吨。主要农产品有稻谷32.28万吨、蔬菜9.02万吨、肉类4.02万吨、油料总产2.37万吨、水果8783吨。城镇居民人均可支配收入1.64万元,增长12.8%。农村居民人均纯收入7725元,增加973元。全社会消费品零售总额24.09亿元,增长15.8%。各金融机构年末存款余额64.8亿元,增长15.34%;贷款余额35.2亿元,增长32.4%。

继续实施乡镇规范化和“九个一”工程建设,投入资金近亿元,完成70个新农村建设点及一期7个乡镇集镇建设工作。提前启动2013年41个新农村建设点和二期“六乡镇一场”改造整治。推进154个村点和3个乡镇集镇农村清洁工程。完成土地流转4533.33公顷。新增烤烟种植面积1226.67公顷,达2593.33公顷,被列为全省现代烟草农业示范点。新增花卉苗木666.67公顷、高产油茶733.33公顷、陈山红心杉2000公顷。武功山大鲩养殖基地全省规模最大。新增省级农业龙头企业1家、市级3家,新增农民专业合作社47家。“安福火腿”获中国驰名商标,填补安福县中国驰名商标空白。新开工病险水库除险加固64座。完成瓜畲、洲湖等4个万亩水稻高产示范片创建。启动4个乡镇小农水建设工程和首个高效节水灌溉示范工程。实施6处农村饮水安全工程,解决农村不安全饮水人口4.36万余人。提升武吉高速、吉福、安茅、安莲等主要通道绿化120千米,完成山上山下造林绿化4066.67公顷。

实行招商项目联合会审制度,引进亿元以上项目33个,其中机电项目18个。完成主营业务收入132.9亿元,增长27.9%;完成利税总额28.3亿元,增长22.8%;新增规模以上工业企业14家。县机电产业园分别被省发改委、省工信委授牌“江西安福液压机电产业基地”“江西省机电(液压件)产业基地”。机电、电子、品牌鞋业等新兴产业实现主营业务收入23.35亿元,增长47.8%,占规模工业的比重提高2.3个百分点。签约落户园区项目24个,实现主营收入105.47亿元。液压机电产业园、能源化工园、林产工业园开园,规划建设食品工业园。完成园区基础设施投入2.61亿元,污水处理厂土建工程完工,瓜畲220千伏智能变电站投入使用,被列为全省园区绿化提升和苗林一体化试点单位。

2012年,县财政投入民生支出达6.38亿元,完成八大方面70件民生实事。发放小额创业贷款8930万元,新增转移农村劳动力和城镇就业共3.5万人。在全市率先配套实施失地农民、村干部、农村二女绝育户等三项养老保险制度。城乡居民最低生活保障标准分别提高到350元和170元。开工建设770套廉租房和400套公租房,完成906户农村危房改造。完成31个贫困村整村推进,实施移民搬迁824人。争取省级重点项目用地指标132.33公顷,盘活土地74.2公顷,推行电子显示屏通报制度,加快推进57个重点项目建设,项目总投资达32.7亿元,其中25个列入全市重点项目调度,18个已竣工。争取国家和省级科技项目20个。推进新农合门诊统筹试点工作,271所村卫生室实施国家基本药物制度,覆盖所有行政村。

【武功山旅游开发助推旅游业】2012年,安福县策应全市旅游“三山一江”(井冈山、武功山、青原山、赣江)战略,融入全市国家旅游扶贫试验区专项规划和赣西旅游区域合作。开展《武功山风景名胜区总体规划》以及文家旅游接待中心、金顶景区、杨思慕景区、武功湖景区4个专项规划编制。江西武功山嵘源国际温泉度假村被评为全省服务业龙头企业,在中央电视台《朝闻天下——江西风景独好》栏目中宣传推介武功山。嵘源二期、文家景观道建设、泰山农家乐一条街改造、观音庙恢复重建等工程基本完工,明月山景区开发建设正式启动,严泰公路“三改二”提升工程、“文三”公路安保工程、箕峰游步道等项目建设加快推进。全年旅游总人数达37.92万人次,增长23%,实现旅游总收入4752万元,增长24%。

【全市首座220千伏智能变电站投入运行】9月10日16时20分,全市首座、全省第二座220千伏瓜畲(安福)智能变电站投入运行。变电站于2011年9月开工兴建,动态投资1.64亿元,采用功能高度集成的一体化智能装置,利用光纤通信,实现信息数字化。该变电站按无人值班设计,远程监控和操作设备,采用统一的数据采集系统,保证远程传输信息可靠性。采用微机监控系统,取消常规仪表、控制及中央控制信号屏,就地布置智能终端,大大节省控制电缆数量,系统的安全性、可靠性、准确性有很大提高。该变电站投入运行,改善和加强吉安电网网架,提高吉安电网的供电能力和供电可靠性。

【中央苏区战略对接取得重大进展】2012年,共申报列入苏区重大项目、重大政策109项,有关安福的内容在《赣闽粤原中央苏区振兴发展规划》有较大篇幅体现,现代农业、武功山景区、矿区治理、土坯房改造列入各项专项规划,省发改委对安福县24项重大政策和项目给予研究支持。

主要领导人 县委书记:陈军民。县人大常委会主任:郑莲华。县长:李发芽。县政协主席:高芳林。

(刘武文)

·永新县·

【简　况】位于江西省西部,罗霄山脉中段,辖10镇13乡2个场,总面积2195平方千米,其中县城建成面积8.38平方千米。耕地面积2.9万公顷,有林面积12.7万公顷,绿化率67.76%。全县总人口51.7万人,其中非农业人口9.96万人。全县人口自然增长率6.81‰,计划生育率75.68%,人口出生率12.8‰。2012年国内生产总值63.5亿元,同比增长11.8%。其中,第一产业14.1亿元,增长4.1%;第二产业29.4亿元,增长13.4%;第三产业19.97亿元,增长14.9%。财政总收入6.42亿元,增长23.5%;地方财政总收入4.7亿元,增长35.5%;地方财政支出17.5亿元,增长23.3%。规模工业增加值21.4亿元,增长16.5%。社会消费品零售总额18.9亿元,增长14.5%。全社会固定资产投资66.4亿元,增长33%。工业总产值105.4亿元,增长25.9%。工业产品有:水泥9.7万吨,降低18.7%;轻革1345.65万平方米,增长47.4%;化学药品原药3630吨,降低50.06%。农业总产值24.3亿元,增长7.6%。粮食总产量30.02万吨,增长1.1%。主要农产品有谷物29.4万吨、花生0.3万吨、油菜籽2.23万吨、蔬菜8.4万吨、西瓜1.1万吨。城市污水处理率73.1%。城镇居民人均可支配收入1.28万元,增长12.2%。农村居民人均纯收入6005

元,增长10.8%。城乡居民年末储蓄余额68.7亿元,增长21.2%。全县卫生机构45个,病床1145张。普通中学学校32所,专任教师1973人,在校学生6.92万人。

全县新增规模以上工业企业12家,达44家,主营业务收入106亿元,增长29%;工业利税16.6亿元,增长41.1%。四大支柱产业集聚加速,铜制品产业(含电子信息)实现税收1983.6万元;皮制品产业实现税收3343.1万元,增长138%;药化产业实现税收1674.2万元,增长64%;茧丝绸(含纺织服装)产业实现税收2449万元,增长87%。财政投入园区建设2.85亿元,带动基础设施投入4.1亿元,新增土地储备69.93公顷。

新发展井冈蜜柚483.33公顷、高产油菜333.33公顷、珍贵楠木300公顷、花卉苗木133.33公顷、白茶100公顷,建成澧田井冈密柚、象形高产油茶等连片千亩以上基地7个。肉类总产3.23万吨,产值超6亿元。新增土地流转2600公顷,新培植省级龙头企业1家、专业合作社58个。农机拥有量达5.85万台,被评为全国农机平安县。

15个旅游项目纳入吉安市国家级旅游扶贫开发试验区规划。全县存款余额93.2亿元,增长22.4%;贷款余额20.95亿元,增长22.7%。全年民生支出9.5亿元,占财政支出的67.5%。发放创业贷款7368万元,新增城镇就业1.21万人,转移农村劳动力5.49万人次。新农合参合率提高到97.7%。开工建设廉租房660套、公租房420套和城市棚户区改造40户。解决农村6.5万人安全饮水问题,整村推进扶贫项目208个。吉莲高速公路通车,结束永新县无高速公路的历史。获国家和省级科技项目12项,成为国家首批科技惠民计划试点县。被评为省级依靠科技转变经济发展方式示范县。

【建设滨江路堤景观工程】 滨江路堤是永新县城区"东跨北扩"的基础工程,也是构建"一江两岸"景观的民生工程,总投资1.2亿元。包括防洪工程、禾河西路工程、园林景观工程三个部分,其中防洪堤4.5千米、禾河西路3千米、园林景观12.2万平方米。整个工程按"以人为本,注重生态"的理念设计。防洪堤工程由1.5千米的刚性堤与3千米的景观土堤组成;禾河西路是永新新区南北走向的一条次干道,分别与袍田大道、复兴路、文轩路、吉祥路、站前路等主次干道相连;园林景观工程按照"绿色生态风景、活力魅力水岸"的理念,设计了入口广场、游步栈桥、亲水平台、儿童活动空间等7个景观节点。至2012年底,该工程中的防洪堤和道路工程已完成,园林景观、土方造型景观、绿化等工程已完成90%以上。

【大学生村官邢镭当选十八大代表】 2月24日,邢镭当选为党的十八大代表,并如期参加在北京召开的中国共产党第十八次全国代表大会。27岁的邢镭,毕业于井冈山大学教育信息学院。2009年通过大学生村官选聘考试来到三湾乡三湾村工作。2010年5月任三湾村党支部书记,同年7月被评为永新县优秀共产党员,10月应邀参加江苏省华西村全国村长论坛会,并作为优秀村官代表参加全国村官座谈会,受到中央政治局委员、中组部部长李源潮的接见。三湾村地处偏僻山区,交通不便,信息闭塞,群众生活较为困难。邢镭深入基层,建立畜禽养殖、杨梅、板栗、油茶、井冈蜜柚等5个种养示范基地,成立畜禽养殖、桑蚕、种养、竹制品加工等4个农民专业合作社,直接或间接为群众带来经济收入300多万元。

【欧阳自远院士在永新作专场报告】 5月30日,77岁的欧阳自远到母校——永新县任弼时中学作《中国人的探月梦》专场报告。欧阳自远是中国科学院院士、第三世界科学院院士、国际宇航科学院院士、著名天体化学与地球化学家、中国月球探测工程的首席科学家,被誉为"嫦娥之父"。历时2个小时的专场演讲阐述了嫦娥探月工程对中国航天科技事业发展的重要意义,详细介绍了嫦娥探月工程的发展过程。近4000名师生和群众聆听报告。5月31日,欧阳自远永新专题报告在县文化艺术中心举行。县委书记刘洪致欢迎词。欧阳自远的报告主题为《嫦娥工程——中国人的探月梦》。报告系统剖析解答中国为什么要探月、怎样探月、探月的价值与影响、探月的前景和目标等热点、疑点问题。县四套班子领导,县人武部长、政委,县检察院检察长,各乡镇场、县委各部门、县直各单位等负责人共700余人参加报告会。

主要领导人 县委书记:刘　洪(任至6月)、肖　兵(6月任)。县人大常委会主任:甘立平。县长:孙劲涛。县政协主席:唐龙平。

(彭龙太)

·井冈山市·

【简　况】 位于江西省西南部,地处湘赣两省交界的罗霄山脉中段,辖18个乡镇和1个街道办事处,总面积为1297.5平方千米。耕地面积8420公顷,林地面积10.6万公顷,森林覆盖率86%。总人口16.42万人,其中农业人口12.1万人,人口自然增长率7.91‰。2012年完成国内生产总值44.04亿元,增长12.1%。其中,第一产业增加值4.23亿元,增长4.6%;第二产业增加值16.41亿元,增长6.6%;第三产业增加值23.40亿元,增长17.6%。工业总产值48.59亿元,增长12.9%。主要工业产品有塑料制品1.24万吨、水泥7.25万吨、发电量1.42亿千瓦小时。实现农业总产值7.94亿元,增长9.2%。主要农产品有粮食7.65万吨、油料1976吨、蔬菜4.2万吨、肉类7927吨、茶叶115吨。实现财政总收入6.45亿元,增长25.9%,其中地方财政收入完成5.4亿元,增长42.5%。全年接待游客847.73万人次,实现旅游收入62.76亿元,分别增长26.32%和27.15%。城镇居民可支配收入1.95万元,增长13.7%;农民人均纯收入6162.5元,增长14.1%。城乡居民储蓄存款年末余额54.15亿元,增长16.1%;各项贷款余额28.55亿元,增长37.2%。完成《井冈山市城市总体规划》《井冈山市土地利用总体规划》和《龙市镇总体规划》的修编和评审,启动了"一城带两镇"城乡一体化发展规划、罗浮片区控制性详规编制工作。累计投入5.13亿元,推进城市基础设施和美丽乡村建设,全市城镇化率提高1.7个百分点,达58.8%。实施品牌发展战略,恒华"H牌及图"获中国驰名商标,"景冈红"竹纤维、"江恒"陶瓷、"黄洋界"红米酒商标被评为江西省著名商标,"井冈翠绿"茶、"恒华"日用陶瓷获江西名牌产品称号。被授予"江西省旅游产品产业基地"。

【举办第三届中国井冈山国际杜鹃花节】 第三届中国井冈山国际杜鹃花节于4月15日开幕,活动持续至6月。活动以"井冈山上杜鹃红、中国欢乐健康行"为主题,围绕"红色摇篮、生态井冈、精神家园"品牌目标,以杜鹃花为媒,展示井冈山独特文化和绿色生态魅力。活动内容主要包括"2012第三届中国·井冈山国际杜鹃花节开幕式""江西省'井冈山杯'杜鹃花与花卉盆景精品展""井冈山标志落成剪彩""井冈山国家级杜鹃花博览园奠基""建设杜鹃花长廊""井冈山地方特色产品展""全国旅行商及旅游媒体井冈山踩线、采风活动""纪念井冈山革命根据地创建85周年'全国当代书法名家颂井冈书法作品展'""京剧《杜鹃山》回杜鹃山""井冈杜鹃花摄影图片展""吉安市文化产业(井冈山)招商推介会"等系列活动。

【举办2012·中国井冈山红色培训高端峰会】 2012·中国井冈山红色培训高端峰会于10月25日开幕,为期3天,共有4项活动:观摩井冈山红色培训,了解红色培训开展情况并提出意见建议,亲身感悟井冈山红绿魅力,观看大型实景演出《井冈山》和中国首部音乐电影《井冈恋歌》。本次峰会邀请相关专家、学者就"红色培训创新与红色文化产业发展"开展主旨演讲,探索红色培训发展的新思路、新方向、新途径。

【新一轮扶贫开发初显成效】 2012年,成立由市委、市政府主要领导挂帅的加快推进井冈山新一轮发展工作领导小组。完成罗霄山片区区域发展与扶贫攻坚实施规划(2011~2015年)、2013年原中央苏区和特困片区产业扶贫资金项目、"十二五"贫困村年度项目编报工作。开展产业扶贫,重点打造茶叶、油茶、毛竹、果蔬、特色养殖、花卉苗木等产业示范带,建有各类农业产业基地70个,面积达4533.33公顷,启动井冈山国家农业科技园八角楼园区建设。做好"双到户"(扶贫到户、扶贫项目资金到户)、移民扶贫搬迁、雨露计划培训、水库移民等扶贫工作。省扶贫和移民办领导在井冈山调研时对井冈山扶贫开发工作予以肯定。

主要领导人 市委书记:梅黎明(任至7月)、龙波舟(7月任)。市人大常委会主任:傅建华。市长:龙波舟(任至8月)、陈　敏(8月任)。市政协主席:曾炳龙。

(黄　斌)

抚州市

【概　况】 位于江西东部,辖1区10县,总面积1.88万平方千米。2012年末实有耕地面积26.38万公顷,有林面积128.8万公顷,森林覆盖率和城市绿地率、绿化覆盖率分别为64.5%、33.7%和37.9%。全市常住人口394.88万人,同比增加11.09万人。其中城镇人口160.76万人,占全市常住人口40.71%。全年人口自然增长率7.32‰。2012年实现国内生产总值825.04亿元,增长10.8%。其中,第一产业实现增加值152.00亿元,增长4.6%;第二产业实现增加值435.93亿元,增长13.3%;第三产业实现增加值237.11亿元,增长10.2%。三次产业比由2011年18.4:53.3:28.3调整为18.4:52.8:28.8。全市全部工业增加值362.93亿元,同比增长14.2%;工业占GDP比重为43.99%。其中规模以上工业增加值233.31亿元,增长16.0%,增幅为全省第一。主要工业产品有纱7283.7万千克、布20884万米、机制纸及纸板1.63亿千克、十种有色金属9622.2万千克。全市农林牧渔业总产值281.34亿元,增长11.33%。主要农业产品中粮食总产量28.37亿千克、糖蔗总产量1.90亿千克,油料总产量6090万千克、蔬菜总产量13.44亿千克、水果总产量12.14亿千克。万元GDP能耗0.5363吨标准煤(按2011年可比价),化学需氧总量7059.6万千克,二氧化硫排放总量2063.6万千克。全市12个监测断面水质优良,集中式饮用水水源地水质达标率100%。年内空气质量优、良天占总天数99.7%,轻微污染仅1天。宜黄县被命名为第二批省级生态县,成为全市第二个省级生态县。全市有5个乡镇获国家级生态乡镇命名,13个乡镇,17个村获省级生态乡镇、生态村命名;首批命名200个市级生态村,新创建2所省级绿色学校。全社会固定资产投资782.87亿元,增长31.5%。外贸出口总额10.45亿美元,增长10.3%。城镇化率40.9%,提高2.1个百分点。全年完成全社会固定资产投资782.87亿元,增长31.5%,其中,城镇固定资产投资731.42亿元,增长32.0%。全年实际利用外商直接投资2.68亿美元,增长14.3%。全年完成财政总收入112.30亿元,增长12.2%,其中税收收入90.36亿元,增长18.7%;地方财政收入87.25亿元,增长14.8%。全年地方财政支出201.88亿元,增长13.0%。全市城镇居民人均可支配收入18932元,增长13.8%;城镇居民人均消费性支出为11389元,增长12.2%。农村居民人均纯收入8095元,增长14.8%;农村居民人均生活消费支出4364元,增长10.5%。年末全市金融机构各项贷款余额474.74亿元,比年初增加94.70亿元,同比多增35.80亿元,增长24.9%。各项存款余额937.62亿元,比年初增加150.65亿元,同比多增19.77亿元,增长19.1%。公共财政向困难群众、农村、基层和公共事业倾斜。全市一般预算支出中用于民生方面的支出达到125.31亿元,占一般预算支出的62.1%,比2011年提高2.4个百分点。其中:教育支出41.83亿元,增长32.7%;社会保障和就业支出24.09亿元,增长21.6%;城乡社区事务支出10.41亿元,增长27.4%;医疗卫生支出17.47亿元,增长2.8%;农林水事务支出30.13亿元,增长3.3%;住房保障支出8.08亿元,增长32.3%。投入4亿元完成798个新农村建设点建设任务,惠及农户3.28万户12.6万人。

【经济结构优化产业层次不断提升】 2012年,抚州市工业主导地位逐步加强。工业对经济增长的贡献率达到54%，拉动经济增长5.9个百分点。六大支柱产业完成主营业务收入875.6亿元，增长36.7%，占全市规模以上工业企业主营业务收入比重达到79.6%。农业进一步提质增效。粮食稳定增产，总产达到27.1亿千克，实现“九连丰”。农业产业化经营水平提升，新增省级农业产业化龙头企业15家，销售收入增长16%；新增江西省名牌农产品8个，总数居全省第一；特色农产品逐步走向品牌化、规模化、优质化、产业化。农田水利基本建设力度加大，病险水库除险加固、中小河流治理、小型农田水利、水土保持和农村饮水安全工程稳步推进。服务业快速发展。旅游业较快增长，全年接待国内外游客1000万人次，国内旅游收入76亿元，分别增长14%和18%。金融业综合服务能力明显增强，全市存贷款增幅高于全省平均增幅2个百分点以上，增速居全省第二，新增贷款和工业贷款余额首次双双突破100亿元；成功组建首家地方性股份制商业银行抚州农村商业银行，浦发银行在江西唯一一家村镇银行落户该市；保险业稳定发展，政策性农业保险增长48.26%；完成清收公职人员拖欠贷款工作。经济运行质量更趋优化。二、三次产业比重提高1.3个百分点。税收占财政收入的比重达到80.5%，提高4.5个百分点，提高幅度为历年最大。

【被纳入原中央苏区振兴发展国家战略】 6月28日，《国务院关于支持赣南等原中央苏区振兴发展的若干意见》（以下简称《意见》）正式出台，抚州市南城、黎川、南丰、崇仁、乐安、宜黄、金溪、资溪、广昌等9县成功列入原中央苏区县规划范围。《意见》提出振兴发展目标是到2015年，赣南等原中央苏区在解决突出民生问题和制约发展的薄弱环节方面取得突破性进展；到2020年，赣南等原中央苏区整体实现跨越式发展，与全国同步实现全面建设小康社会目标。《意见》从民生问题、农业发展、基础设施建设、产业发展、生态建设和环境保护、社会事业、开放创新、政策扶持等8个方面对赣南原中央苏区振兴发展做出了明确部署。《意见》支持抚州以赣抚平原商品粮基地为重点，加强粮食生产重大工程建设；积极发展蜜橘、茶叶、白莲、生猪、蔬菜、水产品、家禽等特色农产品；建设国家现代农业示范区；规划建设乐安—宁都—于都、广昌—建宁、金溪—资溪—光泽等高速，研究建设赣东南机场；建设抚州至赣州东（红都）500千伏线路；继续建设廖坊灌区工程；黎川陶瓷产业基地建设；创建现代物流技术应用和共同配送综合试点城市；加强抚河源头保护，将抚河源列为国家生态补偿试点；推动黎川发展油画艺术；建立中央国家机关对口支援抚州特殊困难县机制。重点体现以解决突出的民生问题为切入点，着力改善城乡生产生活条件；以加快交通、能源、水利等基础设施建设为突破口，着力增强发展的支撑能力；以承接产业转移为抓手，着力培育壮大特色优势产业；以发展社会事业为重点，着力提升基本公共服务水平；以保护生态环境为前提，着力促进可持续发展；以改革开放为动力，着力破解体制机制障碍，努力走出一条欠发达地区实现跨越式发展的新路子。至2012年底，抚州到位原中央苏区振兴补助资金1.1亿元。抚河源头被环保部纳入国家生态补偿试点范围，抚州市被国土资源部列为全国低丘缓坡试点市，广昌县享受与赣州市辖县（区）相同税收优惠政策。

【赣东大桥通车】 7月3日，抚州市举行赣东大桥通车典礼，市主要领导出席典礼仪式。该大桥于2009年9月16日开工建设，是城区跨越抚河的第四座大桥，南连市中心城区主干道赣东大道，北接316国道昌抚公路，全长2.57千米，其中主桥长560米，桥宽26.5米，桥型设计意蕴“光照临川之笔”人字型双索面独塔斜拉桥，总投资2.90亿元。该桥的建成，缓解了市城区北部交通拥挤状况，对连通抚河南北两岸，统筹城乡发展，拓展城市空间，提升城市品位，构建宜居城市意义深远。

【江西首个金融支持实体经济省级示范区在金巢启动】 6月4日，创建金融支持实体经济省级示范区启动仪式在抚州金巢经济开发区举行。这是江西省成立的首个金融支持实体经济省级示范区，旨在通过示范区建设，着力解决示范区企业融资难、融资贵等突出问题，进一步落实政府支持金融发展和扶持实体经济的各项优惠政策措施，营造有利于金融支持实体经济的良好环境。金融支持抚州金巢实体经济省级示范区的建设，必将进一步推动金巢经济开发区乃至抚州市经济、金融的快速发展。全市各金融机构向重点支持企业授牌并签订了贷款意向书。

主要领导人 市委书记：龚建华。市人大常委会主任：王晓媛。市长：张和平。市政协主席：谢发明。

（饶国旺）

·临川区·

【简　况】 位于抚州市中北部，是抚州市委、市政府所在地。辖9乡17镇5个街道办事处，总面积约1962.4平方千米，其中城区面积约84平方千米，耕地面积4.8万公顷，有林面积9.8万公顷。中心城区人均公共绿地面积达到6.5平方米，绿地覆盖率达37.97%。总人口111.5万人（除去金巢开发区所管辖的城西街办、钟岭街办、崇岗镇人口），其中城镇人口33.98万，农村人口77.52万人，城镇化率30.47%。2012年全区实现国内生产总值259.5亿元，增长13.3%。社会固定资产投资达到13.4亿元、增长34.3%。社会消费品零售总额达到107.93亿元、增长14.3%。财政总收入达14.53亿元、增长19.3%，同比上年净增2.35亿元，其中地方财政收入完成10.62亿元、增长18.9%，同比上年净增1.69亿元。税收收入完成11.6亿元、增长27.1%，同比上年净增2.48亿元，税收占财政收入的比重为79.9%，比上年增加4.9个百分点。城镇居民人均支配收入1.89万元，增长13.8%。农民人均纯收入达到9692元，增长16.1%。外贸出口额首次突破1亿美元，达到1.25亿美元。三次产业结构由2011年的14.6:57.1:28.3调整为13.6:57.4:29。全区工业税收完成2.45亿元，增长148.84%，高出税收收入水平121.69个百分点。全区工业总产值达到176.68亿元，增长56%，工业增加值占GDP的比重比2011年提高5个百分点。特色支柱产业做大做强，有色金属加工产业实现主营收入109.26亿元，上缴税金3.1亿元，分别占抚北园区总量的76.4%和71.4%。全区粮食播种面积达8.89万公顷，粮食总产达62.64万吨，比2011年增收1.4万吨。全区拥有农业产业化龙头企业47家、新增省级龙头企业3家、市级龙头企业5家，建有各类专业合作社166个。2012年开工建设51个重点项目的基础上，集中财力重点抓好29个城市重点工程建设，进一步拉大城市框架，提升城市品位；全区用于教育、社会保障和就业、农林水、医疗卫生、住房保障等涉及民生方面的支出达20.77亿元，增长20%，占财政总支出的69.7%。旅游产业迅速发展，全年完成旅游接待人数达144万人次，增长30.97%，实现旅游综合收入16.8亿元，增长31.4%。全年物流交通运输税收达到1.9亿元，增长21.2%。

【实施项目建设“百日大会战”】 9～12月，临川区实施项目建设“百日大会战”，从四个方面进行全面攻坚。一是突出重点抓项目。在全面推进2012年开工建设51个重点项目的基础上，突出抓好三个方面17个重点项目的建设。其中，工业项目方面，重点抓好广银铝业、银涛药业、顺泉生物等7个工业项目。城建项目方面，重点抓好抚吉高速挂线、上顿渡大桥重建、城区路网和电网改造等7个城市重点项目和民生项目建设。新农村建设方面，重点抓好展坪乡茶山村韩家、罗针镇新徐村渡头、罗湖镇铁保村田塅、大岗镇庙前村徐家3个新农村建设点。二是强化责任建项目。严格执行项目建设“六个一”工作制度，明确区政府主要领导为项目建设总调度人，区四套班子领导对每个重点建设项目实行挂点帮扶，一天一过问，三天一调度；责任单位和责任人承担项目推进责任，分解量化工作任务，倒排工序，挂图作战，快速推进。三是加强督查促项目。制定“10至12月份重点项目建设进度工作要求”，区委、区政府督查办、抚北工业园区、区工信委等成立联合督查组，对各重点项目按照时间节点和任务要求加强督查。四是加大招商引资力度，进一步创新招商方式，把引进战略投资者作为招商的重点，坚持大招商、招大商、招好商。在项目建设“百日大会战”期间，取消节假日和双休日，实行8时至18时10小时的工作机制，严格按照“项目化、时间表、责任人”的要求，充分发扬“战晴天、抢雨天、争速度”的精神，全力推进重点项目建设。新上项目已建成试产企业有12家，分别是普菲特实业、今日电气、三星工贸、浙丰工贸、康鼎实业、万泰科技、四海纸业、宏瑞陶瓷、奥东科技、金临玻纤、4S销售服务公司、富润德科技。即将建成的企业有11家，分别是顺泉生物、国发能源、鑫丰工贸、自立铜业二期、奥驰汽配、文山竹木业、博泰汽配、宏威工贸、文达通科技、祥瑞科技、宝利环保。园区在建项目累计完成50万余平方米厂房、9万平方米办公楼、7万平方米宿舍楼和6万平方米厂区道路等工程建设。2012年全区新开工的21个工业项目建成投产的有16个，当年建成投产率达到76%。

【乡镇经济大突破】 2011年10月，临川区“三大战役”打响后，乡镇经济实现大跨越，到2012年底，全区乡镇财政收入完成6.26万元。上顿渡镇、罗湖镇、文昌街办财政收入突破5000万元，全区财政收入有湖南、太阳、罗湖、唱凯、罗针、大岗、展坪、温泉、腾桥、嵩湖、孝桥、抚北12个乡镇超过2000万。其他各乡镇财政收入全部突破1000万元，全区乡镇企业完成固定资产投资6.2亿元、增长9.3%，完成总产值241.4亿元、增长17.8%。

【全力推进乡镇发展】 2012年，临川区采取多项措施推进乡镇发展，繁荣农村经济：一是在产业发展上求实效。重点围绕“三大基地”建设，突出抓好中药材、南丰蜜橘、商品蔬菜、西瓜、花卉等优势产业建设。做大做强一批带动力强的农业产业化龙头企业和农村合作经济组织，形成产加销一条龙、加工贸一体化发展格局。其中，中药材基地面积达1.27万公顷、蜜橘5400公顷、蔬菜6000公顷、西瓜8000公顷、花卉2666.67公顷。加快农业产业化进程，大力发展龙头企业，全区48家农业产业化龙头企业实现销售收入26.1亿元，直接带动农户16万户。二是在加强农村基础设施建设上增力度。充分整合各项目资金，共投入资金1.2亿元，对35座小(1)、小(2)型水库及河东堤进行除险加固，使农业生产综合保障力有较大的提高。三是投入资金2560万元，按要求推进160个新农村建设点的建设。同时实抓农村清洁工程，重点抓好343个村点和10个乡镇集镇的垃圾无害化处理。四是全面启动东临公路、福银高速、抚八线等主要交通要道沿线村庄集中整治工作。

主要领导人 区委书记：李智富。区人大常委会主任：吴　勇。区长：方百春。区政协主席：江瑞庆。

（临川区编辑室）

·南城县·

【简　况】 位于江西省东部，面积1698平方千米，其中城区面积15.2平方千米。耕地面积2.2万公倾，有林面积9.34万公顷，森林覆盖率为62.5%，城区绿化率45.6%。辖9镇3乡，县城共有街道办事处13个，总人口32.6万，其中非农业人口15.3万人，人口自然增长率为8.34‰，2012年实现国内生产总值78.6亿元，增长13.6%。其中，第一产业增加值12.16亿元，增长8.57%；第二产业增加值32.54亿元，增长29.54%；第三产业增加值20.77亿元，增长16.95%。第一、二、三产业比例为17.9∶ 49.1∶ 33。2012年财政总收入10.1亿元，增长15.7%，是南城历史上第一次突破十亿元大关。2012年全县税收占财政总收入的43.1%。地方财政收入8.07亿元，增长16%，支出13.8亿元，增长27.42%。2012年工业总产值34.17亿元，增长27.74%。规模以上工业企业实现产值27.64亿元，增长25.07%，占GDP比重41.5%。2012年全社会固定资产投资85.6亿元，增长34.7%；社会消费品零售总额25.3亿元，增长15.2%；实际利用外商投资2146万美元，增长15%；外贸出口创汇9500万美元，增长18%，占GDP比重22.1%。主要工业产品有水泥37.05万吨、砖3.43亿块、饮料酒7.7万吨、服装3119万件(套)。2012年农业总产值22.43亿元,增长10.55%。粮食产量27.93万吨。主要农产品有家禽643.57万羽、生猪41.18万头、肉类2.67万吨、水果5.79万吨、柑橘5.67万吨、水产品产量3.5万吨。2012年万元GDP能耗0.72吨标煤,降低率达5.57%。二氧化碳排放总量0.22万吨,消减率5.3%,城市污水处理率88.3%。2012年城镇居民人均可支配收入25491元,增加3939元。2012年农村居民人均纯收入9075元,增长16.9%。城乡居民年末储蓄余额38.74亿元,增长20.46%。旅游综合收入6.23亿元,增长15.8%。2012年基本建设投资达20.94亿元,增长47.88%,房地产开发投资7.13亿元,增长77.36%。

【新增农产品认证23个】 2012年,南城县把“三品一标”认证工作作为实施农产品质量安全监管、推动特色农产品产业升级和培育地域特色经济的重要抓手,加大资金扶持力度,鼓励农产品生产基地、行业协会和加工企业开展“三品一标”认证工作,增强农产品市场竞争力。截至年底,全县已建成10万亩优质蔬菜、10万亩特色水产、20万亩名优水果等特色农产品板块生产区和禽蛋生产加工基地,“洪门”土鸡蛋、“博君”蜜橘、“十二统”大米、“盱江”清水大闸蟹等被评为江西省名牌农产品,“南城淮山”“麻姑鲜枣”“南城鳙鱼”被评为国家地理标志性产品。全县共有14家企业的23个农产品通过“三品一标”认证,持有了进入高端市场的“通行证”。

【“南城一中”被中央电教馆作典型推介】 9月7日,“南城一中”教育信息化成果被推荐代表江西省参加教育部主办的首届“全国中小学信息技术教学应用展演”活动。同时,该校还被中央电教馆选中作为《中国基础教学信息化10年巡礼》的全国三所典型推介的学校之一。这是近年来,“南城一中”在该县委、县政府的领导下,坚持把教育信息化作为提高学生学习兴趣、拓展学生视野、提升素质教育成果的突破口,以实现学校的可持续发展所结的硕果。该校论文《信息化环境下的中学课程资源的共建共享》,还被汇编进《全国现代教育技术实验学校教改成果丛书》。

【南城工业平台建设凸显“支撑效益”】 2012,南城县始终把招商引资作为扩大投资、建设项目的第一要素、第一抓手。相继在香港、温州、永康、富阳等地开展集中招商活动,签约了一批项目,捕捉了一批有价值的信息。2012年该县新签约项目83个,总投资达138亿元,固定资产投资亿元以上工业项目有30个,5~10亿元工业项目有5个,10亿元以上工业项目有3个。在金山口工业园区,全年落户企业达135家,投产企业111家,在建企业24家,安排就业1.8万余人,初步形成食品加工、机械制造、纺织服装鞋帽、医药化工、建筑建材等五大产业集群,已经成为一座工业新城。2012年,该园区实现工业总产值53.1亿元,同比增长20.3%;上交税金1.5亿元,同比增长28.8%。可是,随着经济的发展,金山口工业园“一面环城,三面环田”这一先天条件的不足,导致其拓展空间受限,工业用地捉襟见肘,已成为南城县工业经济发展的“瓶颈”。河东工业园由上海同济城市规划设计院进行设计规划,规划面积为800公顷,规划了机电、高档轻纺、循环经济、五金建材和食品医药五大产业园和配套的污水处理厂、自来水厂、110千伏变电站,以及与济广高速连接线相接的4.5千米工业大道、横跨盱江的河东工业大桥、园区自来水厂、园区综合大楼、公共租赁房、园区小学和幼儿园等基础设施。截至年底,该县已累计投入2.2亿元用于园区基础设施建设,完成征地406.67公顷,平整土地200多公顷。已有投资30亿元的飞达钢业、投资20亿元的文明达电子、投资10亿元的卓成纺织等13家企业签订了入园合同,并已陆续开工建设。

主要领导人 县委书记:胡领高。县人大常委会主任:陈跃进。县长:王小林。县政协主席:过初良。

(熊春玲 吴云华)

·黎川县·

【简 况】 地处江西省中部偏东,辖8乡6镇,总面积1728.56平方千米,其中城区面积8.6平方千米。耕地面积1.59万公顷,林地面积11.24万公倾,森林覆盖率66.3%,县城绿地覆盖率43%。总人口23.2万人,其中非农人口5.58万人,人口自然增长率7.24‰。2012年实现年生产总值45.03亿元,增长12.1%。其中第一产业增加值8.5亿元,增长5.9%;第二产业增加值24.1亿元,增长15.5%;第三产业增加值12.5亿元,增长11.3%。一、二、三产业比为:18.8:53.4:27.8。财政总收入7.4亿元,增幅为13.9%,税收占财政总收入的比重为86.4%;地方财政收入6亿元,增长15.6%;地方财政支出14.2亿元,增13.7%。工业总产值62.06亿元,增长17.7%。规模以上工业增加值16.2亿元,增长15.9%,占GDP的比重为36%,外贸出口占GDP的比重为1.4%。全年固定资产投资累计完成投资额49.4亿元,增长39.09%。其中城镇固定资产投资48.98亿元,增长39.36%。工业投资占据主要地位,全年完成投资37.45亿元,占全部固定资产投资的76.5%。房地产投资全年完成0.76亿元,下降82.31%。实际利用外资1810万美元,增长12.35%;合同外资1258万美元,增长355.45%。县内主要工业产品有日用瓷、服装、铜材等,年产量分别为38900万件、612万件、1600吨。农业总产值15.7亿元,增长5%。粮食总产量14.69万吨。主要农产品及其产量如下:烟叶产量达6.34万担,实现产值6604万元,食用菌、密橘、水产养殖分别达到2.8亿筒、2333.33公顷、5946.67公顷。肉类总产量为21527吨,同比增长5.69%,其中猪肉产量14207吨同比增长2.47%,生猪存栏98910头,比上年增长0.11%。万元GDP能耗为0.5823吨标煤,同比下降3.5%,城市污水处理率为95%。

【实施“科普惠农兴村计划”卓有成效】 “科普惠农兴村计划”是由中国科协、财政部于2006年开始联合启动实施的。2006年以来,黎川县科协认真实施“科普惠农兴村计划”,对全县农村专业技术协会、科普示范基地、农村科普带头人的情况每年都及时进行跟踪摸底、调查和筛选,建立“科普惠农兴村计划”项目管理库,对有突出贡献的、有较强区域示范作用的、辐射性强的协会、基地、科普带头人有针对性的进行培植。“黎川县木草生态猪养殖科普示范基地”“黎川县正林油茶种植协会”“绿源美国青蛙养殖协会”“雷竹种植示范基地”、刘小林等一批协会、基地和带头人受到国家、省市科协的表彰和资金扶持。

黎川县科协在“科普惠农兴村计划”的实施中,通过“以点带面、榜样示范”的方式,在示范带动农民群众依靠科技增收致富,推广新产品、新技术促进农业产业调整和发展,提高农民科学素质,培养造就社会主义新型农民,创新机制,探索财政支农惠农新途径等方面取得显著成效,2012年被国家财政部、中国科协联合授予“科普惠农兴村全国先进单位”称号。

【县公安局“破案会战”获公安部表彰】 黎川县公安局在“破案会战”中,打破常规和警种界限,确保会战警力投入。构建侦查办案、后勤保障、督察督办协同一体的联动工作模式,总结出了“一案一档案、一案一专班、一案一方案、一案一讲评、一案一宣传、一案一奖励”的“六个一”工作法,通过实践运用,在实战中发挥奇效,强势推进了“破案会战”工作,成功侦破了部督的周小平商业贿赂案件。2012年共受案62起,立案47起,破案46起(破获年前案件6起),抓获犯罪嫌疑人15人,完成破案数100%,打处率达120%,挽回经济损失400余万元。“破案会战”成绩斐然,战果排在全市公安机关前列,被公安部评为“成绩突出集体”荣誉称号。

【厚村获“全国民主法治示范村”称号】 12月,黎川县厚村被司法部、民政部联合评为第五批“全国民主法治示范村”。2012年,黎川县厚村乡厚村被列为抚州市黎川县“民主法治示范村”创建试点单位。一年来,该村积极开展民主法治村的创建活动,进一步建立健全和规范村党建工作责任制、村委会工作制度、村务公开制度、财务公开等制度。定期召开村民会议及村民代表会议,切实落实“一事一议”制度和决策责任追究制度。建成人民调解室、“法制图书阅览室”、60米法制宣传专栏、村务公开栏等“五室四栏”,增加行政透明度。同时立足于乡情,采取群众喜闻乐见的形式认真开展法制宣传,发放法制宣传册1200多份。利用“法制学校”不定期组织村民上法制课,发放法律知识书籍300余本,实现家家有法律书、户户有法律明白人的目标。有针对性地培养一批有文化、群众威信高的村民做普法骨干,带动一批学法、知法、懂法、守法和护法的群众,使全村群众的法律素质和维权意识得到根本性的提高,村民民主法治意识增强,积极参与村务,依法解决各类矛盾,促成治安环境明显好转,基本实现了“依法建制、以制治村、民主管理”目标,全村各项事务均纳入了法制化管理轨道。

【华山场洲湖村被评为第四批省级历史文化名村】 华山场洲湖村位于县城东南面,距离县城30千米,辖11个村民小组,472户2216人。该村内核心保护范围的历史建筑和文物保护单位建筑有船屋古建筑群、黄家祠堂、红军标语墙,彭德怀、萧劲光、毛泽民故居,面积达到1.73万平方米;还拥有形态完整、传统风貌连续的船屋、下陈及繁荣等历史古街三条共1449米;村内还保留有舞龙、编织竹工艺品等传统节日、手工艺;建筑文化和传统风貌保护等级达二级。投入保护维修资金总额达到1000万元。该村有彭德怀、肖劲光、毛泽民故居,红军驿道,红军石桥,红军革命烈士纪念碑等红军旧址、“船屋”古建筑群,双龙争鼎壁画,“龙凤呈祥”图案等古色资源以及天然的暖水温泉,万亩原始生态次阔叶林等绿色资源,是集观光、休闲、娱乐、疗养的绝佳境地。

2006年5月,该村被市委确定为全市第二批爱国主义教育基地,2008年被评为抚州市十大旅游美景之首,2009年获全省首批“江南小镇”称号,2010年被评为国家AAA级旅游景区,2011年被评为省级生态村,2012年被评为省级历史文化名村、国家生态文化村。

【“船屋茶叶茶油专业合作社”获殊荣】 6月,黎川县船屋茶叶茶油专业合作社获“全国农民专业合作社”称号。黎川县船屋茶叶茶油专业合作社于2009年3月成立,位于黎川县华山垦殖场洲湖船屋东华山水风景区,基地面积666.67公顷(其中核心区域面积333.33公顷),实行合作社+基地+农户经营模式,主打产品有白茶、茶油、笋干等,注册资金100万元,注册商标为“洪洲湖”。该社建有标准化厂房2000平方米,有固定职工112人,推行全员股份制经营,组建有精干、高效益的办事机构,施行严格的岗位制、财务制、生产管理制、基建工程管理制、营销责任制、员工培训制、激励机制等规章制度。

该社依靠得天独厚的生态环境和先进的生产加工技术,孕育了品质卓越的“洪洲湖”品牌白茶、茶油和笋干等主打产品。其产品多次在北京、上海、浙江、江西等地的农产品展示展销博览会上获重奖,尤其是2012年10月,在第10届“北京农产品展示展销会”上以“上乘的品质、巧妙的台展设计、周到的服务”又赢得组委会颁发的金奖。在展示展销会上受到时任国务院副总理回良玉、江西省政府省长鹿心社的首肯和赞誉。

主要领导人 县委书记:李来木。县人大常委会主任:黄小明。县长:聂仕雄。县政协主席:徐小明。

(余天禄 过印光 陈金根)

·南丰县·

【简　况】 位于江西省东部,辖7镇5乡,总面积1920平方千米,其中:城区建成面积14平方千米(城区绿化覆盖率42.8%),耕地面积1.83万公顷,有林面积10.23万公顷,森林覆盖率74.2%。总人口30.17万人,其中非农业人口6.23万人,人口自然增长率7.31‰。2012年实现国内生产总值76.63亿元,同比增长12.3%。其中,第一产业增加值23.38亿元,增长5.4%;第二产业增加值26.17亿元,增长21.5%;第三产业增加值20.07亿元,增长9.9%。第一、二、三产业比例为30.5%:34.2%:35.3%。工业总产值46.24亿元,增长26.95%,规模以上工业企业增加值12.85亿元(增长15.9%),占GDP比重16.8%。外贸出口占GDP1.04%。固定资产投资49.78亿元,增长31.8%。实际利用外商投资2602万美元,省外投资30.5亿元。主要工业产品有中成药168吨、水泥5.20万吨、啤酒8.32万千升、纸箱2.55吨。农业总产值46.26亿元,增长20.6%。粮食总产量23.92万吨。主要农产品有南丰蜜橘95.18万吨、稻谷18.91万吨、蔬菜14.24万吨、西瓜5.34万吨、生猪(出栏)13.26万头。全县财政总收入8亿元,增长14.6%,人均2769元,税收占财政总收入的比重76.20%;地方财政收入6.47亿元,增长11.4%;支出14.91亿元,增长18.5%。万元GDP能耗0.5219吨标煤,二氧化硫排放总量1355.38吨、削减率7.6%,氮氧化物排放量143.08吨、消减率4.78%,城市污水处理率82%。农民人均纯收入12367元,增加1660元。城乡居民年末储蓄余额39.31亿元,增长14.6%。

【橘乡农民组织业余剧团欢庆党的十八大召开】 南丰县康都村农民剧团的演员们自8月起,便开始筹划迎接党的十八演出事宜。国庆节期间,康都村农民剧团首场“丰收农民喜迎十八大”的演出在康都会议旧址举行,吸引了本村和邻村近千名村民观看。党的十八大召开前后,康都村农民剧团还组织、指导全县其他农民剧团开展形式多样、内容丰富的活动。莱溪乡上三塘村3名老党员牵头组建的40多名群众参与的“戏班”,编排了《十八大春风暖心窝》《共产党员是带头人》《合作医疗暖万家》等一大批群众喜闻乐见的文艺节目,宣传十八大精神。这些分布于全县各地的农民剧团年关前夕在周边村、周边乡镇巡回演出30多场次。这种说农民话、演农民事的乡土文艺节目深深打动了农民群众的心,激发了广大群众参与学习宣传的积极性,使得十八大精神家喻户晓、深入人心。

【成为全省首个国家级出口水果质量安全示范区】 2012年1月,南丰蜜橘出口产业园经国家农业部组织评审列入国家农业产业化示范基地。为此,该县先后建立1700公顷蜜橘良种示范园,改造老橘园1330公顷。建立了2公顷蜜橘优质采穗基地,年繁育“十月红”优质苗木30万株,良种覆盖率和优果率分别达到75%和85%。各乡镇新增核心示范农户318户,面积577公顷,总示范面积2036公顷。县蜜橘产业局着重抓好南丰蜜橘标准化生产管理,技术培训、科技攻关与示范、出口直通放行监管点的设置及南丰蜜橘质量安全示范要求规范的细化与落实。按照“源头无隐患、投入品无违禁、管理无盲区、出口无障碍”的生产标准,该县建立健全并严格执行示范区建设健障制度、质量安全标准化制度、疫情疫病监测及控制制度、农业化学投入品控制度、农残监控评估及预警应急制度、质量安全追溯制度、示范区企业质量安全诚信制度、应对重大突发事件控制机制等。并抽调30多名中高级科技人员分片指导,分项制定具体实施步骤。通过广播、电视、报纸、手机短信等推广病虫害绿色防控技术,同时,定期组织人员进行培训,开办各类相关培训200多期,培训橘农上万人次。县财政安排专项经费5000万元设立南丰蜜橘产业发展基金,重点对新品种选育、有机肥使用、新技术(生物防治、大枝修剪、节水灌溉、高接换种)推广、橘园基础设施建设等示范项目予以扶持;对南丰蜜橘科研、推广及经营等方面做出突出贡献的单位、个人、企业、合作社予以奖励。同时整合水利、农业开发及退耕还林等方面项目资金2000万元,采购太阳能杀虫灯2600盏、灭虫黄板49万张,捕食螨30万袋等免费发到示范基地使用,有效减少了农药投入,降低了农药残留,提高了果品质监安全水平。通过精品蜜橘示范园与示范户的榜样带动,激发全县橘农精品蜜橘生产意识,促进全县蜜橘品质大幅提升。2012年,全县橘园良种覆盖率、无公害生产技术推广覆盖率均达100%,其中80%的橘园跻身于精品蜜橘生产序列。经测算,示范橘园的有机质含量已由示范工程实施前的1.2提升至1.4;全县南丰蜜橘等内果率提升5个百分点达83%。10月30日,在国家质检总局于广西召开全国出口食品质量安全示范区建设工作座谈会上,南丰县出口南丰蜜橘质量安全示范区被评为国家出口食品质量安全示范区,是全国90家获得此荣誉的示范区之一,成为江西省首个国家级出口水果质量安全示范区。

【县法院被授予“全国模范法院”称号】 2月13日,在北京人民大会堂召开的“全国模范法院”“全国模范法官”表彰大会上,南丰县人民法院被最高人民法院授予“全国模范法院”称号,这是江西省唯一获此殊荣的基层法院。南丰县人民法院按照创建学习型法院要求,坚持每半年全院干警共读一本书,开展读书演讲、读书成果座谈等活动;以提高司法能力为重点、每月召开一次业务研讨会,岗位练兵和学术调研相结合,全面提高免试理论水平和业务能力。坚持以制度建设为手段,实现“用制度管权、用制度管人、用制度管事”的良性循环。制订、完善并严格执行《绩效管理考核办法》,通过每月情况通报实行对干警“无缝”管理,提升队伍战斗力。全面落实“一岗双责”和党风廉政建设责任制,利用正反两方面典型进行警示教育,使干警思想上筑牢反腐防线。积极培育法院精神文化,倡导团结、好学、务实、创新的良好院风;建立“法制文化园”,以公平、正义、廉洁为主题宣扬法文化;丰富干警业余文化,培育积极向上的生活态度,切实提高干警队伍整体素质和综合能力。该院坚持按照“服务大局、司法为民”的要求,树立能动司法理念,延伸法院审判职能,提高审判工作效率,在打击犯罪、维护稳定、服务经济、促进和谐等方面均发挥积极作用。在审判执行工作中,建立涉企案件快速通道,做到快立、快审、快执;依法慎用强制措施,尽可能通过设置担保、活查封等办法,既让债权人放心,又不影响企业正常生产经营。建立健全“大调解”工作机制,开创多元化矛盾纠纷化解局面,形成化解社会矛盾的最大合力,民商事调撤率均在75%左右。2006年2月与福建省建宁县法院共同设立了“闽赣边界法庭便民服务站”,得到江西省高院和福建省高院一致肯定。在落实司法为民中,充分发挥立案“窗口”服务功能,实行“一站式”全程服务;加大司法救助力度,近三年依法为经济确有困难的当事人减、缓、免交诉讼费案件150余件,金额近10万元,提供司法救助12万元。在司法权力运行过程中,注意创新管理机制,强化审判流程管理，积极探索适用简便快捷的办案方式，做到繁简分流，提高审判效率，减少诉讼成本。全面启动庭审评查和裁判文书评查活动，邀请人大代表、政协委员参加，努力提升办案质量和效率。切实推行裁判文书上网和司法鉴定、评估、拍卖等公开摇号选定中介机构制度；加强庭审装备建设，实现对重点案件庭审全程录音录像；强化南丰县人民法院网建设，举办法院公众开放日活动，召开新闻发布会，及时发布审判执行信息和工作动态，确保司法权力运行公开、公平、公正。该院近三年共审（执）结各类案件4231件，结案率达95%以上。

【夺取抗洪抢险阶段性胜利】 7月17日零时至15时，南丰县各地普降暴雨，洽湾、桑田、莱溪、琴城等乡镇出现罕见的特大暴雨，全县平均总降雨量270毫米，洽湾镇6小时降雨316毫米，莱溪乡7小时降雨321.55毫米，全县最大12小时降雨量412毫米，此次强降雨来势猛，集中降雨量大，特别是区域性特大暴雨，给当地造成巨大经济损失。全县13个乡镇（场）13.7万人受灾；农作物受灾面积7600公顷。全县累计直接经济损失3.05亿元，其中农林牧渔业损失2.66亿元，工业交通运输业损失1910万元，水利设施损失2030万元。

面对凶猛的洪灾，南丰县立即启动防汛Ⅱ级应急响应，县委、县政府迅速成立抢险、安置、后勤保障、总调度4个工作组，第一时间组织以400名基干民兵为骨干的县防汛抢险应急分队及各乡镇防汛抢险应急小分队，调运冲锋舟15艘，分赴受灾严重的村、组开展施救，安置转移受灾民众；并紧急动员广大党员干部奔赴抗洪抢险第一线，齐心协力做好抗洪抢险工作，切实将受灾造成的损失降到最低程度。截至17日晚，全县共2.5万余人奋战在一线抗洪抢险，投入运输设备146班次，机械设备132台班，耗用草袋和编织袋1.2万条、桩木10方、砂石料1200方，紧急转移安置群众4000多人。确保了各类重要水利工程安全平稳度汛，灾民基本生活（吃、喝、穿、住、医）得到切实保障，社会秩序稳定。

【全国首家水果出口示范园区在南丰建成】 11月12日，全国首家水果出口示范园区——南丰蜜橘出口物流园建成剪彩仪式在江西泰纳南丰蜜橘有限公司举行。中国果品流通协会常务副会长兼秘书长鲁芳校，江西出入境检验检疫局局长吕志平，南昌海关副关长王味冰及抚州市委副书记、市长张和平和市人大常委会主任王晓媛等领导出席剪彩仪式。副市长韦萍代表市委、市政府在仪式上致辞。

南丰蜜橘出口物流园规划建设用地8公顷，建成场站面积8000平方米，包括闸口、电子称、消毒、电子监控、远程对接、信息网络6大系统均已建设完工，可直接提供南丰蜜橘进出口直通放行通关“一条龙”服务。国家海关、商检直接在农产区设集中验放点在全国尚属首次。

【南丰太极拳爱好者北京比赛取得好成绩】 8月12～14日，2012第二届全球功夫网杯北京国际武术文化交流大会在北京昌平体育馆举行。南丰县选派的8位太极拳爱好者分别参加太极拳、功夫扇、太极剑的集体和个人比赛；在国内外200多支参赛队、4000多名运动员中脱颖而出，共获12枚金牌、5枚银牌、8枚铜版，并荣获集体三等奖。此次比赛中，该县2名少儿（分别为11岁的彭澍和13岁的彭煦阳）在参加少儿组的比赛中双双夺取金牌，创全省同类比赛最好成绩。

【北粳南移种植试验取得成功】 2011年，江西省启动北粳南移试验工作，南丰被列为全省9个试验点之一。对此，2012年南丰县农业主管部门高度重视，抽调农业专家重点攻关，在太和镇建立3.5公顷中、晚粳科技实验示范点，引进甬优8号、12号进行试验栽培，采用三控施肥，氮量水平对此等先进技术，攻克北粳南方生长遇到的许多棘手难题，一举获得成功，受到省农业厅专家充分肯定，被选定面向全省推广。

【全市首个农副产品采收专业合作社挂牌成立】 10月，南丰县林根农副产品采收专业合作社在该县太和镇正式挂牌成立，这是全市首个以农副产品采收为主的专业合作社。

南丰蜜橘年总产突破10亿千克大关，最高用工量达20万以上，不少农户存在请工难现象，影响蜜橘及时采收。针对这一情况，南丰县大胆探索，在全市率先成立以农副产品采收为主的专业作合作社。通过整合劳动资源，统一管理，统一培训，统一调配，做到哪家农户缺劳力，只要一个电话就能立即得到帮助，有效地缓解了用工紧缺之急，又增加了社员收益。采收合作社服务范围除蜜橘外，还包括白莲、烟叶、黄花梨等其他各类农副产品。

主要领导人 县委书记：祝宏根。县人大常委会主任：邓春水。县长：许中伟。县政协主席：李履才。

（李燕青）

·崇仁县·

【简　况】 位于江西省中部偏东，辖8乡7镇，总面积1520.1平方千米，其中城区面积13平方千米。耕地面积2.25万公顷，有林面积84651.7公顷，森林覆盖率为58.49%，城区绿化率为30%。2012年总人口36.53万人，其中非农业人口7.16万人，人口自然增长率7.29‰。2012年国内生产总值75.86亿元，增长10.9%。其中第一产业增加值19.66亿元，增长4.5%；第二产业增加值37.81亿元，增长17.3%；第三产业增加值18.39亿元，增长8.6%。第一、二、三产业比例25.9:49.8:24.3。规模以上工业总产值81.64亿元，增长18.3%；规模以上工业增加值24.83亿元，增长15.9%；外贸出口1.6亿美元，减少20%。固定资产投资76.33亿元，增长32.6%；实际利用外商投资2776万美元。主要工业产品有互感器4.15万台、变压器1245.62万千伏安、服装1190.06万件、铜材14332吨、电动手提式工具43.37万台（均为规模以上工业企业的产量）。农业总产值30.73亿元，增长9.2%。主要农业产品有麻鸡饲养7184.41万只、粮食28.61万吨，棉花1698吨，油料1.94万吨、蔬菜10.95万吨。全县财政收入7.84亿元，增长12%，占GDP值的比重为10.3%，其中税收占财政总收入73.8%；财政支出15.89亿元。农民人均年纯收入9860元,增加1323元。城乡居民年末储蓄余额49.35亿元,增长26.07%;万元GDP能耗0.71吨标煤;二氧化硫排放总量(吨)削减率1.6%;城市污水处理率86%。城镇就业率稳定在94.5%,城镇登记失业率为4.2%;社会保障和就业支出23256万元,增长25.8%;城镇和农村低保标准月人均分别为350元和170元;城镇居民养老保险、城镇居民医疗保险、新型农村养老保险、新型农村合作医疗保险等实现全覆盖;住房保障支出6623万元,增长27.1%;民生工程投入资金66700万元。城市建设投入61470万元;新农村示范点建设完成78个;文化体育与传媒支出1599万元,增长92.4%;医疗卫生支出13672万元,增长6.2%;教育支出31966万元,增长33.7%;科学技术支出600万元,增长17.9%。

【马鞍镇工会被授予"全国百家示范乡镇工会"称号】 2012年,马鞍镇工会被中华全国总工会授予"全国百家示范乡镇工会"称号。马鞍镇加强工会建设,从思路到机制全面创新,形成了"党委领导、政府支持、各方配合、工会运作、职工参与"的工会工作格局,在促进经济发展、保障社会稳定中取得显著成绩。一是组织建设全面加强。现全镇有基层工会15个,会员达9754人,职工入会率98.1%,农民工入会率87.2%;并在深圳、温州等会员较为集中的地方建立分会,形成了"区域覆盖、线条覆盖、块状组建"的工会组织网络。加强党对工会组织的领导,所有组织都配备专职干部;镇党委把工会工作纳入党建目标体系,定期解决重大问题,制订《关于进一步加强新时期工会工作的意见》,建立联席会议制度等;设立"工会专账",建立工会经费保障机制。二是维权工作积极开展。镇制发《农民工维权实施意见》,整合有关职能部门的维权职能构筑维权平台;同时,镇成立维权帮扶中心,村设立维权帮扶工作站,积极开展对女职工和农民工的维权,取得明显成效;镇还构建维权监督机构,组建劳动法律监督员队伍,2010年全镇工会建立劳动争议调解组织11个、劳动法律监督组织11个,成功维权15起。三是对农民工开展技术培训。建立农民工文化技术学校、种植培训和机车、电车培训等3个培训基地,开展"订单"培训、长期培训、"快餐式"培训,2010年、2011年两年共举办短期培训班12期,培训580多人次;与县就业培训中心及县内中专院校联合办班;还选送具有高中以上学历的青年到大专院校和专业培训机构参加专业培训,进行学历教育。

【许坊派出所被评为"全国森林公安机关执法示范单位"】 近三年来,崇仁森林公安局许坊派出所年均办理刑事案件8起、林政案件51起、治安案件28起,信访案件结案率100%,辖区群众满意率95.8%。在获"全国人民满意公安基层单位""团中央青年文明号""全国一级公安派出所"等多项国家级称号基础上,2012年度被国家林业森林公安局授予"全国森林公安机关执法示范单位"。该所紧扣三条主线,创新三项举措,走出一条规范化建设成功之路。一是紧扣队伍建设主线,创新煅造森警利剑举措。首先端正执法思想。开展法治理念教育;选择正反典型案件进行警示教育。其次苦练执法基本功。采取听专业老师讲座和自学相结合的形式,系统学习《刑法》等有关法律法规;开展《办理林业行政处罚案件程序规范》等竞赛活动,经常召开案件研讨会。二是紧扣硬件建设主线,创新建造钢铁堡垒举措。投入28万元对办公楼进行改造升级:划分为办案区、办公区、接待区和生活区。在办案区设讯问室、询问室,并进行同步录音、录像;对讯问室,墙壁软化处理,犯罪嫌疑人享有的权利、义务和民警的执法规范流程等贴在墙上。办公区按标准设置。接待区设立户籍室,各种制度张挂于墙,并设立24小时监控,以监督民警办事。对档案室、办证大厅按标准改建。生活区称心、舒适,确保饮食安全和良好休息环境。同时,充实警用设备,特别是在重点单位及场所安装5个电子眼。三是紧扣制度建设主线,创新打造平安林区举措。建立《规范执法管理规程》,细化《林业行政处罚裁量权实施标准》等制度,从流程、制度到标准,形成了一套切合实际、利于执法、便于操作的执法制度体系。全面推广应用网上办案管理系统,运用电子笔录系统,实行电子化卷宗;利用执法记录仪对每一次出警实行同步监控。着力抓四个规范:规范执法主体。对民警进行执法素质集中培训,通过法律知识考试和技能考核,全部取得基本级执法资格;出台《许坊所骨干民警办案规定》,明确骨干民警办案数量、相应职责等。规范执法流程。组织民警学习《公安机关执法细则》;完善案件流转程序及相关执法标准细则,推行所领导"坐堂制";实行案件主办民警负责制、案件责任终身制及案件回访制;严格案件执法质量考评制度。规范接处警。落实接处警"三项规范",进一步明确值班民警的职责、规范调查取证及现场勘查等。规范执法办案。利用法制员对每案进行严格把关验收;设立信访接待室,开通监督热线,聘请行风监督员21名;通过LED电子屏、警民联系卡片等载体,公开执法依据、进度、结果;在法律许可范围内,推行人性化办案,对嫌犯视难而帮。三年来,未出现错案,未发生违法行为,执法质量考评结果连获优秀。

【缘凤麻鸡合作社被评为全国农民专业合作社示范社】 崇仁县缘凤麻鸡营销专业合作社成立于2008年3月,坐落在崇仁县六家桥乡洪家村,有社员224人,总资产711万元,主要生产经营麻鸡养殖、营销、技术服务和咨询等。合作社成立以来,注重规范操作。一是办理合法手续。在县工商局注册登记,办理营业执照、税务登记证,设立银行专户。二是制定规章制度。制定合作社章程、社员(代表)大会制度、理事会工作制度、监事会工作制度、财务管理制度、盈余分配制度、学习培训制度、社员管理制度、议事决策记录制度、社务公开制度、受托购销合同等。三是严格正规生产。严格按《崇仁麻鸡生产技术规程》进行生产,生产过程中,记录每周期兽药使用、药品采购、免疫接种、疫病监测、销售情况、日常消毒、饲料使用和引种情况等,并建立无公害农产品生产档案;与饲料、兽药生产企业签定质量安全承诺书;加强技术培训。四是取得喜人成绩。获国家无公害农产品证书和江西省无公害农产品产地认定证书,国家商标局受理"世纪缘凤"商标注册申请。2011年饲养麻鸡1000万只,实现销售收入1667万元,社员年收入5.8万元。在2008年、2010年度获“全市优秀农民专业合作社”,2010年、2011年度获“省级示范合作社”等称号基础上,2012年获“全国农民专业合作社示范社”荣誉称号。

主要领导人 县委书记:谢祖鹏。县人大常委会主任:龙雪荣。县长:程新飞。县政协主席:魏友旗。

(杨文才)

·乐安县·

【简 况】 位于江西省中部,辖9镇6乡,总面积2412.59平方千米。有耕地面积2.23万公顷,林地面积18.48万公顷。林木绿化率69.7%。总人口36.5万人,其中乡村人口28.7万人,人口自然增长率为7.33‰。2012年实现生产总值40.13亿元,比2011年可比增长10.5%。其中,第一产业增加值80569万元,增长4.5%;第二产业增加值16.23亿元,增长13.3%;第三产业增加值15.84亿元,增长10.7%。第一、二、三产业比例为20.1∶40.4∶39.5。工业主营业务收入17.39亿元。主要工业产品有蚕丝488吨。农业总产值14.30亿元。主要农产品有粮食27.37万吨、油料1709吨、烟叶4687吨、家禽出笼161.08万只、肉类总产量9673吨。财政收入4.61亿元,支出14.29亿元。农民人均纯收入4175元,增16.67%,比2011年增加596元。城乡居民年末储蓄存款69.85亿元,增长24%。

【成为“三大政策”全覆盖县】 乐安县于2002年,经国务院批准,列为新阶段扶贫开发工作重点县;2011年11月,被批准纳入罗霄山区集中连片贫困地区,成为全国扶贫开发主战场,项目资金安排优先带,是抚州市唯一享受此优惠政策的县,也是江西省17个享受此优惠政策县(市)之一;2012年,被列为中央苏区县,成为三大政策全覆盖县。这些政策优势为乐安县争取上级支持,发展县域经济提供了极大的便利和极好的机遇。

【鳌溪镇芜塘社区被评为“全国综合减灾示范社区”】 2012年,该社区被评为“全国综合减灾示范社区”。一是建立防灾减灾管理工作机制。成立了社区减灾工作领导小组和志愿者队伍,积极开展防灾减灾工作。二是制定了社区应急预案,广泛开展防灾减灾演练。增强了社区居民的公共安全意识,提高了社区群众避灾、自救和互救的能力。三是强化灾情管理及处理。建立了救灾物资应急采购和调拨制度,建立了与民政、公安、武警、消防、卫生等专业救援队伍的联动机制,及时组织救援,疏散受灾群众,尽快将社区群众转移至安全场所,并做好安置工作。

【鳌溪法庭获“全国青年文明号”称号】 2012年,乐安县人民法院鳌溪法庭被最高人民法院、共青团中央命名为法院系统2011~2012年度全国青年文明号,是全省唯一一家入选获评的单位。

乐安县人民法院鳌溪法庭始终坚持“三个至上”指导思想,以“三抓”(抓队伍强素质,抓服务强形象,抓效率重机制)促进干警思想政治素质和业务水平的提升,各项工作呈现出良好势头,为辖区社会稳定和经济发展做出了积极贡献,受到各级党委政府和广大群众的一致好评。该庭先后被团省委评为“青年文明号”、市政法委评为“为民创满意”活动先进单位、市中级人民法院和市司法局评为“指导人民调解先进集体”、市中级人民法院评为“全市优秀法庭”、县政法委评为“全县先进政法基层单位”、县法院评为先进集体。

【商务部批准乐安县商务局为“全国商务综合行政执法县级先进单位”】 3月,乐安县商务局被商务部批准为“全国商务综合行政执法县级先进单位”。11月,该局商务行政执法大队主办的《黄××涉嫌冒用肉品检验印章案》案卷,获“江西省2012年优秀行政处罚案卷一等奖”。为此,市商务局发文进行推广,并在全省商务综合行政执法工作会议上作典型经验介绍。主要采取以下措施:

依法履行职责,推进依法行政。成立了以局主要负责人为组长的商务行政执法责任制工作领导小组。按照“一把手亲自抓、重大问题集体研究、具体问题职能分工各司其责、齐抓共管”的工作原则,形成了严密科学的商务行政执法组织体系,确保了商务法律法规的有效实施,有效地维护了商务流通领域市场秩序。2009年~2012年连续4年在全县的行政执法责任制考核评比中名列前茅,并受到省、市商务主管部门和商务部的表彰。

健全执法制度,规范执法行为。一是建章立制,规范商务行政执法行为。建立和完善了《商务行政执法责任制》等商务行政执法工作制度40余项,有效地促进了商务行政执法规范有序。二是狠抓落实,确保商务执法案件质量。成立了商务行政执法案件审查委员会,定期对所有行政处罚案件从事实、证据、程序、法律适用等各个方面进行检查。积极推行办案“十看”制度,要求办案人员在做出行政处罚时,对照“十看”进行内部审查,实行“立、查、审、罚”交叉分离,确保每起案件做到质量保证24字方针:事实清楚、证据确凿、适用法规、程序合法、处罚适当、手续完备。三是文明执法,切实维护商务执法形象。要求执法人员必须持有效执法证件,亮证执法,做到言语文明、行为规范,执法中善于与执法对象沟通交流,严格按执法程序办事,及时宣传商务法规政策,坚持“教育引导为主,处罚为辅”的原则。

规范文书制作,提升办案质量。一是注重规范统一的商务行政执法文书文本。规范统一了立案、调查取证、告知、决定、执行、结案、其他等七大类30种商务行政执法文书。二是注重商务行政执法文书的规范制作。制定了《乐安县商务行政执法文书制作规范》,保证了商务行政执法文书的规范性和严肃性。三是注重商务行政执法文书制作的考核。采取定期与不定期相结合的方法,每半年进行一次定期考核,采取随机方式进行不定期考核,提升办案质量。

强化队伍素质,提升执法效能。一是加强执法队伍的思想作风建设。每周安排一次2小时的政策理论学习,每年安排为期10天的军训,在日常工作中,实行准军事化管理。二是加强执法队伍的业务素质建设。不定期地邀请县法制办、司法局的宣教人员及经验丰富的商务执法办案人员为全体执法人员培训授课。三是加强执法队伍的内部管理建设。制定完善了《商务行政执法人员岗位职责》等20项内部管理制度。全面提升了商务行政执法效能。四是加强市场管理,规范市场秩序。以生猪屠宰、酒类流通、成品油市场监管等重要流通领域为突破口,全面推进商务综合行政执法,畅通流通领域举报、投诉服务渠道,强化市场监管,维护流通秩序。

【宋水线乐安山砀至丰城蕉坑乐安境内路面改建工程竣工】 省道宋水线乐安山砀至丰城蕉坑公路原系沥青路面,1998年旧路改造后,经过多年行车路面已超龄使用,破损严重,影响道路行车安全。2012年6月7日该改建工程开工建设,全长13.7千米,按二级公路标准改建水泥混凝土路面,路基宽10米,路面宽8.5米,总投资1760元,并于2012年10月28日全面完成。

【抚吉高速公路(乐安段)建成通车】 抚吉高速公路乐安段起自崇仁与乐安两县交界点鳌溪镇咸口村,止于乐安、永丰两县交界点牛田镇傍安村,主线全长29.37千米,经过一年半的建设期,于2012年12月31日9:00时竣工通车。

主要领导人 县委书记:徐建辉。县人大常委会主任:陈绍平。县长:姚飞翔。县政协主席:李以庚。

(王国庆 周竹平)

·宜黄县·

【简 况】 位于抚州中南部,辖8镇4乡,总面积1944.2平方千米,其中耕地面积1.81万公顷,森林面积15.4万公顷,森林覆盖率为75.1%。总人口23.23万人,其中非农业人口4.02万人,人口自然增长率为7.38‰。2012年实现国内生产总值40.83亿元,比2011年增长12.3%。其中,第一产业增加值7.22亿元,增长4.5%;第二产业增加值23.76亿元,增长15.3%;第三产业增加值9.85亿元,增长11.9%。一、二、三产业比例为17.7:58.2:24.1。规模以上工业企业实现产值67.45亿元,增长33.07%。主要工业产品有棉纱0.82万吨、有色金属1.38万吨、机制纸及纸板9.32万吨、塑料制品39.16万吨、人造板6.72万立方米。农业总产值12.26亿元,增长6.88%。主要农产品有稻谷14.33万吨、油料2140吨、烟叶2631吨、蔬菜9.01万吨、水果3188吨。财政总收入5.77亿元,增长18.5%,其中地方财政收入4.80亿元,增长21.4%。财政支出11亿元,增长12.98%。农民人均纯收入7742元,比2011年增加945元。城乡居民年末储蓄余额29.18亿元,增长19.76%。

【宜黄县被纳入原中央苏区振兴发展规划范围】 2012年,宜黄县被列入省级中央苏区扶贫县,纳入国务院支持赣南等原中央苏区振兴发展规划范围。早在2010年,根据上级关于开展原中央苏区县申报核定工作的通知精神,宜黄县就开始着手申报中央苏区县工作。广泛收集相关革命历史文献、革命文物遗迹、实物、图片等资料,对收集来的资料进行深入、细致、全面、翔实的研究论证,于2010年9月全面完成对史料考证补充和历史文献的整理,充分论证宜黄县是中央苏区县之一。

【抚吉高速公路(宜黄段)建成通车】 12月底,抚吉高速公路(宜黄段)建成通车。抚州至吉安高速公路是江西省18条加密高速公路之一,是连接海峡西岸经济区的大通道,路线东接福州至银川国家高速公路,西接樟树至吉安高速公路,全长179.19千米。抚吉高速公路(宜黄段)连接线工程路线长8.91千米,其中支线长1.956千米,为二级公路,兼顾城市主干路功能,路基宽度按功能区设为主线28米、52米,支线21米宽,起于抚吉高速公路宜黄互通收费站出口,途经龙井、里麻庄、四三位、河桥林场,终点位于六里铺,与省道临宁线相交,项目总投资约1.5亿元。该路的建成通车结束了宜黄县无高速公路的历史,大大改善宜黄县区位和交通条件,对宜黄加强与海西经济区的联系、扩大对外经济合作交流具有重要意义。

【中华秋沙鸭保护区晋升省级自然保护区】 9月11日,在南昌召开的江西省省级自然保护区评审委员会会议全票通过宜黄中华秋沙鸭县级保护区晋升为省级自然保护区。评审委员会一致认为,宜黄中华秋沙鸭自然保护区自然资源属性良好,生物多样性丰富,在保护生物多样、水源涵养和维护区域生态环境安全等方面具有重要作用,保护区具有较好的管理能力,保护成效明显。

中华秋沙鸭俗名鳞胁秋沙鸭,是有着世界珍禽之称的国家一级保护动物,是第三纪冰川期后残存物种,距今有1000多万年的历史,其珍贵等同大熊猫、华南虎、滇金丝猴,它的野生数量全球不足1000只。中华秋沙鸭系环境指标动物,对栖息环境特别是水质要求十分苛刻,不能有人为干扰,更不会在被污染的水域活动。

宜黄县河流水面辽阔,水质洁净,鱼虾和水生昆虫丰富,加上人为活动干扰较少,非常适宜秋沙鸭捕食及栖息。2009年起,省林业厅多次深入该县开展对中华秋沙鸭越冬种群专项调查,并在该县桃陂、黄陂、东陂一带水面上发现中华秋沙鸭,连续数年调查发现每年数量都在30只以上。为保护中华秋沙鸭这一珍稀、濒危物种种群在宜黄过冬,该县于2010年建立总面积1873公顷的中华秋沙鸭县级自然保护区。保护区晋升为省级自然保护区,更有助于生物多样性保护,为中华秋沙鸭的繁衍和栖息提供良好环境。

主要领导人 县委书记:江玉兰(任至10月)、许中伟(10月任)。县人大常委会主任:万贻茂。县长:毛宗保。县政协主席:谢光明。

(罗来福)

·金溪县·

【简 况】 金溪县位于江西省东部,辖8镇5乡,总面积1358平方千米,耕地面积2.8万公顷,有林面积6.61万公顷,森林覆盖率57.2%。总人口31.1万人,其中非农业人口4.86万人,人口自然增长率7.16‰。全年实现地区生产总值54.1亿元,比上年增长11.3%。其中,第一产业实现增加值为9.6亿元,增长4.6%;第二产业实现增加值为26.1亿元，增长13.1%；第三产业完成增加值18.4亿元，增长12.5%。一、二、三产业比为17.7:48.3:34.0。全县规模以上工业企业实现产值57亿元，增长17.8%。主要工业产品有纱4025吨、布7847万米、大米加工生产2.52万吨、有色金属1.56万吨、食品添加剂9425吨。农业总产值18.5亿元，增长9.7%。主要农产品有稻谷30.76万吨、水果8.7万吨、茶叶1982吨、肉类总产1.43万吨。地方财政收入5.5亿元，增长24.96%；财政总收入7亿元，增长16.4%；支出12.6亿元，增长18.9%。全县从业人员平均工资2.86万元，增长17.9%；在岗职工年平均工资3万元，增长21.9%；农民人均年纯收入8130元，增加1139元。城乡居民年末储蓄余额38.7亿元，增长22%。

【香料香精产业好戏连台】 2012年，金溪县大力扶植和发展香料香精产业，产业集聚明显加快。4月、9月分别组织香料企业参加在厦门召开的第七届全国香精香料行业大会和在上海举行的2012中国香料香精化妆品工业协会年会，并在会上全面推介了金溪香精香料发展环境。10月底，举办了全国香精香料化妆品企业走进金溪暨江西省林产香料香精行业协会年会，为香料企业开拓市场和招商引资奠定了良好基础。香料产业链向日用化工精深加工延伸，发展后劲不断增强。全国惟一的"国家樟树工程技术研究中心"落户该县，"华夏香都"商标申请正式为国家工商总局批准，金溪香料产业知名度和影响力进一步提升。国税部门同意该县天然香料企业试行增值税农产品进项税额核定扣除办法，为天然香料的生产清除了政策"壁垒"，为全省首例。2012年香料香精产业已形成3大系列、10个类别、100余个品种的生产规模，实现产值15亿元，税收2000万元。金溪香料香精已成为抚州乃至江西一项特色产业。

【获"全国双拥模范县"称号】 金溪县高度重视双拥工作，扎实开展以拥军优属、拥政爱民为主要内容的双拥创建活动，巩固和加强军政军民团结，推动国防和军队现代化建设，全县双拥工作再上新台阶。经全国双拥工作领导小组办公室审定，2月27日，在京举行的全国双拥模范城（县）命名暨双拥模范单位和个人表彰大会上，金溪县被授予全国双拥模范县称号，并填补抚州市没有国家级双拥工作先进单位空白。

【秀谷镇获"全国创先争优先进基层党组织"称号】 近年来，金溪县秀谷镇党委深入贯彻落实科学发展观，以"创五好，争一流"为载体，扎实推进经济强镇，城乡秀镇、文化大镇、党建旺镇建设，为全镇经济社会健康发展提供强大动力和组织保证。2012年7月1日，被中共中央组织部评为"全国创先争优先进基层党组织"，是抚州市唯一获此殊荣的基层组织。

【县农医局获"全国新型农村合作医疗工作先进集体"称号】 12月10日，金溪县新型农村合作医疗管理局被国家卫生部授予"全国新型农村合作医疗工作先进集体"称号。金溪县新型农村合作医疗管理局始终坚持以农民群众的切身利益为重，在确保新农合基金安全的前提下，不断提高新农合保障水平，勇于探索创新，采取得力措施，取得参合水平稳定、受益程度较高、基金监管到位、补偿模式创新、信息建设加快、支付方式改革、便民服务覆盖的良好效果。2012年，全县共有22.29万位农民参合，参合率99.58%。各级财政对每位参合农民补助标准为240元/人，共得到补助5350.22万元。

【建立县内第一个社区青少年活动中心】 5月5日，秀谷镇象山社区青少年活动中心正式投入使用，成为县内第一个社区青少年活动中心。象山社区位于县城新区，辖区内有小学、中学还有幼儿园，青少年较多，为丰富他们的课余生活，县关工委、秀谷镇政府、县图书馆、象山社区及县内企业等单位出资创办象山社区青少年活动中心。中心总面积380平方米，建有乒乓球室、棋牌室、书画练习室、阅览室、电子琴室、综合展示厅，购买了乒乓球桌、棋牌、桌椅、图书、电子琴等活动设施，并制定规范的管理制度。活动中心每个周末和寒暑假免费向青少年开放，定期举办各种比赛活动，让青少年在课余时间里能远离网吧，积极参加有益身心健康的文体活动。

【举办首届竹桥文化发展论坛】 6月19日，中国·金溪首届竹桥文化发展论坛在双塘镇竹桥村（中国历史文化名村）举行。安徽省人大常委会原副主任陆子修、中国村社发展促进会名誉会长余展等100余名嘉宾应邀出席。开幕式上，余展向竹桥村授予"全国村长论坛观察联系点"牌；"田园乡村博览会——竹桥馆"开馆仪式启动，竹桥村正式成为田博会第八个成员。当日下午，举行全国村长论坛走进书乡金溪——乡村文化发展经验交流会。该届论坛以"文化富村，品德先行"为主题，由中国村社发展促进会、省新农村建设办公室及抚州市委、市政府主办，中国村社发展促进会特色村工作委员会及金溪县委、县政府承办。

【保护零散烈士墓】 2012年，金溪县开展纪念设施普查工作，对零散烈士纪念设施进行抢救保护。经过民政部门与各乡镇的共同努力，严格按照规定要求进行普查，共普查有烈士墓18座。8月，县政府对零散烈士墓抢救保护工程进行统一部署、统一规划、统一修缮。10月下旬，将定制好的18座散葬烈士墓碑分别运送到烈士亲属指定的位置，遵照其亲属的意愿全部给予技术安装。全县共投资9万余元对安葬在本县境内的18座散葬烈士墓进行了修缮。

【乡镇卫生院长公开竞聘】 为进一步深化乡镇卫生院人事制度改革，拓宽选人用人渠道，加强领导班子建设，建立良好的竞争激励机制，金溪县7月份启动全县乡镇卫生院院长公开竞聘工作，历时2个月完成。9月12日，选聘院长全部到位，上岗履职。

整个竞聘工作分为宣传动员、组织报名、资格审查、素能测试、组织考察、民主测评、人选确定、任前公示等8个阶段。县卫生局由班子成员带队，分3个片下到全县13个乡镇卫生院宣传院长竞聘工作的目的和意义，并在全县医疗卫生事业单位张贴竞聘工作方案，同时在互联网上进行公布，鼓励符合竞聘资格的人员积极参加竞聘。在竞聘工作中，由市局专家、组织、人事等相关人员组成评委，并聘请纪检监察人员全程参与负责监督，严格履行公示制度，对竞聘人员资格、竞聘入闱人选、拟任院长人选进行网上公示，广泛接受社会监督。在组织考察期间，组织人员下到基层，广泛征求基层职工意见，找近50%医院干部职工谈话，了解入围人选现实表现。竞聘上岗的13名院长中，有8名是原任院长，5名是新任院长。

通过公开竞聘，拓宽用人渠道，营造公平竞争平台，建立良好的竞争机制，转变乡镇卫生院院长终身制，提高院长干好工作、力争上游的主动性和积极性，加强乡镇卫生院班子建设，使乡镇卫生院院长更趋年轻化、知识化、专业化。

【主办省第十四届灯谜锦标赛】 9月27～29日，省民间文艺家协会灯谜专业委员会与金溪县委、县政府联合主办的"清风杯"省第十四届灯谜锦标赛在金溪县象山公园举行，共有4项赛事：电控抢猜团体决赛、"迎中秋、庆国庆，喜迎十八大"群众灯谜大展猜、个人笔猜、命题创作自荐佳谜。团体决赛有南昌、九江、鹰潭、赣州、景德镇、新建、金溪及中航洪都、南昌铁路局、南昌卷烟厂10支灯谜代表队相互角逐，南昌队获得团体冠军。南昌谜友万文获得个人笔猜第一名。锦标赛还评出自荐佳谜奖、命题创作奖和优秀谜文奖若干名。灯谜创作、竞猜、展猜等活动，在金溪一直盛行不衰。每逢节假日或重大活动，金溪都会举办灯谜创作、竞猜、展猜等活动，吸引广大灯谜爱好者踊跃参与。金溪灯谜好手在全国大赛中屡获佳绩，在全省大赛中也名列前茅。

【考古发掘明代古墓】 10月6日，县城锦绣佳苑小区发现一座明代古墓，8日，县文物管理所会同省考古专家对古墓进行抢救发掘。古墓内为长方形土坑砖室，北端辟有一专门壁龛，整齐排列随葬品，同时镶嵌墓志一方。出土有明代龙泉釉瓶、窑碗、青花碗等8件器物。根据出土墓志记载，墓主生于明初洪武年间，卒于宣德年间，葬于景泰五年(1454)。这座明代墓葬是江西近年来发掘的为数不多的明代纪年墓葬，形制结构特殊，出土瓷器较为丰富，为明代"空白期"瓷器研究提供了标尺，弥足珍贵。

【成立金溪面包商会】 10月26日，金溪面包商会成立大会在县行政中心举行。该商会成立，标志着金溪面包经营者由分散创业走向抱团发展、由单打独斗式经营向合力打造"金溪面包"品牌迈出关键一步。大会收到省政协副主席陈清华贺信，原省商务厅巡视员沈运煊，市政协副主席、工商联主席蔡青，金溪县四套班子领导和外省市江西商会负责人、企业界代表300余人出席。金溪从事面包产业人数有3万多人，占全县人口总数的1/10，面包店开到包括港、澳、台在内的全国各地。在全国县级城市中，金溪县从事面包产业人数名列第一。面包产业年产值超过30亿元，并造就一大批创业成功人士。面包产业带动了社会消费，推动了城镇化建设，为金溪县域经济发展做出了积极的贡献。商会成立后，不断拓宽服务领域，丰富服务内容，提高服务质量，增加服务形式，增强桥梁功能和作用，搭建起商会与政府职能部门沟通平台，促进金溪面包企业做大做强；把关心会员作为商会职能，维护会员合法权益，反映会员正确意见和呼声，共同打造金溪面包拳头产品，争创品牌，不断提升金溪面包的影响力。

【创新网络化社会服务管理模式】 2012年，金溪县积极推行网络化社会管理模式，取得良好社会效果，公众安全感指数大幅度提升。该县在推行网络化社会管理中不搞花架子，着力从解决群众实际问题、为民办实事上下功夫。秀谷镇象山社区地中海阳光小区是个较大的居民区，过去无人理睬公共事务。成立理事会后，物业公司办公室成为居民代表每月集中议事场所，居民交流机会多、情感融洽。在推进网络化社会管理中不搞一刀切，而是根据群众需要和网络特点，打造卫生环境整治型、治安维稳型、社区文化等不同品牌特色的网络管理模式。锦绣社区的湖塘小区北面渠道边的垃圾十来年无人管，堆积成山，臭气熏天。通过完善卫生设施，组织理事会人员巡查，劝导居民自觉垃圾定点投放，使该小区卫生环境大有改观。象山社区青云路居民事务理事会，由企业经营者无偿提供130平方米场地，建起夕阳红俱乐部、青少年活动中心，中心配有图书室、电子琴室、棋牌室和书画室等。5月11日晚，夕阳红俱乐部在象山广场承办"庆祝母亲节文艺晚会"，自编自演近20个精彩节目，深受广大群众喜爱和好评。在推进网络化管理中，通过整合流动人口协管员、治安巡防员、城管协管员等力量，组成社区综合服务管理队伍，形成与各社区居民理事会的联动服务机制，使网络化社会管理更加卓有成效。

主要领导人 县委书记：谭小平。县人大常委会主任：肖　奇。县长：彭银贵。县政协主席：黄祖光。

（李山冕　曾　铭）

·资溪县·

【简　况】 位于江西省东部，辖2乡5镇，总面积1251平方千米，其中城区面积15平方千米。耕地面积0.63万公顷，有林面积10.19万公顷，森林覆盖率87.2%，城区绿化覆盖率41.48%，城区人均公园绿地面积15.9平方米。2012年，全县完成造林绿化1600公顷，裸露山体覆绿1.71万平方米，创建省级"森林十创"示范点5个。全县城镇化率为49.1%，创建国家级生态乡镇2个，省级生态乡镇4个，县城被省政府正式命名为"省级园林县城"。全县总人口11.45万人，其中非农业人口2.78万人，人口自然增长率7.39‰。2012年实现国内生产总值22.6亿元，增长10.3%。其中，第一产业增加值3.1亿元，增长3.54%；第二产业增加值11.11亿元，增长10.85%；第三产业增加值8.39亿元，增长12.30%。第一、二、三产业比例为13.71∶49.17∶37.12。规模以上工业增加值3.15亿元，比2011年增长14.7%，占GDP比重13.94%；外贸出口6283万美元，占GDP比重17.79%。固定资产投资26.97亿元，实际利用外资2126万美元。规模以上工业主要产品产值：竹地板年产值2.55亿元，细木工艺板年产值4.57亿元。全县水电装机容量为4.44万千瓦，年自发电量达1.62亿千瓦小时。农业总产值5.58亿元，增长2.8%。主要产品有粮食年产3765.7万千克、生猪年出栏3.56万头；家禽出笼10.7万只、水产品年产678.2万千克、烟叶年产85.8万千克。全年财政总收入5.11亿元，增长16.1%，其中地方财政收入4.29亿元，增长17.80%；一般预算总支出8.99亿元，增长18.2%。万元GDP能耗475千克/标煤，城市污水处理率82.3%。农村居民年均纯收入7728.41元，增加889.15元，增长13%。城乡居民年末储蓄余额22.24亿元，人均19428元，增长17.88%。投入民生资金5.91亿元，占公共预算支出的65.8%，其中教育支出1.85亿元。发放小额担保贷款6569万元，城镇就业率达96.4%。城乡居民社会养老保险制度实现全覆盖，城镇企业退休人员月人均养老金水平达1123.73元。全面实行国家基本药物制度和乡村医疗卫生机构一体化管理，新农合参合率达95.05%。建设廉租房100套，改造农村危房530户、国有林场危房160户。改造316国道挂线6.5千米，省道资询线15.5千米，农村公路22.3千米。解决4200名农村人口安全饮水问题，帮助760名农民搬离“三区”（深山区、水库库区、地质灾害频发区）。旅游接待人数突破150万人次，实现旅游总收入7.1亿元。

【夯实绿色发展后劲】 2012年，资溪县围绕“四个好”（把生态环境守护好、生态旅游发展好、绿色产业培育好、园林城镇建设好）的总体要求，大力夯实绿色发展后劲。确立“纯净资溪”定位，全力推进绿色产业发展。积极发展林下经济，采取政策扶持和奖励措施，推进林业专业合作社全面发展，严格保护4.67万公顷生态公益林，放活经营3.33万公顷毛竹林，科学营造2万公顷木质用材林（速生丰产林），全年完成造林绿化1600公顷，裸露山体覆绿1.71万平方米，创建省级“森林十创”示范点5个，新增有13个有机食品认证，“资溪白茶”被认定为“江西省著名商标”，2个白茶基地被授予“国家级农业标准化示范区”。是年，实现全县生态、经济、社会三大效益同步提升，该县先后被评为首批创建全国农民林业专业合作社示范县、全国森林资源可持续经营管理试点县、2010～2012年度全省森林防火工作先进县和全省春季森林防火平安县。

【举办2012年中国资溪首届大觉山生态旅游节】 6～9月，举办以“纯净资溪、健康之旅”为主题的2012中国资溪首届大觉山生态旅游节，活动内容包括北京新闻发布暨旅游招商推介会、旅游节开幕式、国际漂流大赛、山地自行车越野挑战邀请赛等。

7月2日上午10时，旅游节新闻发布暨旅游招商推介会在北京举行，国家及省市旅游、体育等部门领导和知名旅行社代表、旅游界有关专家等共130余人参加。7月18日上午9时，旅游节在大觉山景区隆重开幕，省人大常委会副主任魏小琴出席并宣布开幕。参赛选手、新闻媒体记者、摄影家、志愿者及社会各界群众1200余人出席开幕式。上午10时，举行大觉山国际自然水域漂流大赛，有国内及美国、英国、澳大利亚、荷兰、新西兰、瑞士、匈牙利、捷克等国外漂流强队共24支队、200余名选手参赛，新西兰队、资溪队分获专业组和业余组冠军。7月22日上午，举行全程32.1千米的山地自行车越野挑战邀请赛，北京、香港、西藏、黑龙江、云南、广东等全国18个省市770余名自行车运动爱好者参赛。旅游节期间，有百余位摄影家和影友参与“九龙湖”杯全国摄影大赛；省内外50余家企业参加旅游产品展销暨特色美食评选，展出资溪面包、白茶、木竹工艺品、土特产、特色菜肴等188种珍品美食，评选出20个资溪特色名菜、6个特色风味小吃、2个资溪名点。CCTV5、凤凰卫视、《经济日报》、人民日报海外版、人民网、新华网、新浪网、《江西日报》等中央、省、市100余家电视、报刊、网络传媒媒体300余名记者参与采访推介会和旅游节活动，发表1000余篇报道，全方位、多角度宣传报道旅游节盛况，极大地提高资溪旅游知名度。

【跻身国家农业综合开发县行列】 11月，经国家农业综合开发办公室批准，资溪县跻身国家农业综合开发县行列，将为全县农村经济发展和农民增收带来更大机遇。资溪依托得天独厚的生态优势，先后制定《资溪生态县建设规划》《资溪县绿色农业区规划和中长期发展规划》，建立农业标准体系和农产品质量安全体系，形成“公司＋基地＋农户”的生产经营模式，以及“县有示范乡、乡有示范村、村有示范户”的层层示范网络。不断加大资金和劳力投入，实施水利、农业、林业改造工程，通过铺设防渗管道、平整土地、培肥地力、建设农田防护林网等多项措施，使农业基础设施得到极大改善，建成大批“田成方、旱能灌、涝能排、渠相通、路相连”的现代农业示范区，农业综合竞争力得到稳步提升。全县共建成千亩以上示范园11个，其中万亩以上4个，发展农业产业化企业49家，带动近3万农民从事生态农业开发。

【创新社会管理提升公众安全感】 2012年，在公众安全感满意度测评中，资溪名列全省第一名，并被评为“2008～2012年度全省社会管理综合治理先进集体”。2010年以来，资溪县创新“大调解、大综管、大防控”社会管理机制，着力解决影响社会和谐稳定的源头性、根本性、基础性问题。全县7个乡镇新建“和谐平安联创中心”大楼，建立县、乡、村三级社会矛盾排查化解网络，开展“法律进农家、服务到村民、矛盾化基层”活动，实行三调联动、六长接访、部门联调、归口调处、首席调解等方式，不断创新社会矛盾化解的有效方法。通过电子信息平台，为社会人员提供就业、经商、住房、社保、医疗等信息，提供法律、法规和政策咨询。印制《流动人口信息采集表》，采集流动人口相关信息，完善流动人口登记管理工作。在社区全面设立社会服务管理站，及时掌握社区重点人员、重点群体动向。投入400余万元用于科技强警，全县视频监控探头达128个，实现道路复杂地段24小时监控。开展安全生产“大排查、大治理”和“黄、赌、毒”现象“大排查、大铲除”，以及道路交通秩序“大排查、大整顿”，成效显著。该县先后被评为全国平安建设先进县、全省控制赴京非正常访先进县和“三无”县等。

【资溪成为江西首个“中国特色竹乡”】 为提高毛竹林培育水平，资溪县广泛举办毛竹林培育技术培训班，开展“丰产高效毛竹示范户”竞赛活动和示范典型，带动经营走应用新科技、科学育竹、高投入高产出之路，提高竹林整体质量。加大科技投入，使丰产高效优质毛竹基地扩充至2万余公顷，新增竹海观光和竹园采摘20多个乡村旅游景点。据2011年资溪县二类资源调查统计，全县竹林面积达3.35万公顷，毛竹总蓄积量8438万根，每公顷平均立竹量2520根，并建成毛竹丰产林1.94万公顷。大力发展林业专业合作社、民营林场、毛竹协会、有机竹笋协会、竹工艺品协会，促使毛竹产业转型升级、提高附加值。通过“公司(合作社、林场)+基地+农户”的形式，实现林地适度规模经营、集约经营，为不同组织成员提供生产、销售、加工、运输、储存等技术和信息，增强市场竞争力。全县有竹类加工企业42家，其中省级龙头企业5家，建立竹业合作社、民营林场和协会组织9家，就业创业竹农近2万人。11月，在江苏宜兴举办的第七届中国竹文化节上，中国竹产业协会、国家林业局、国际竹藤中心授予资溪县“中国特色竹乡”称号，为江西首个获此称号的县。

【开展野生动植物保护专项整治行动】 11月27日，中央电视台报道资溪县非法盗捕、销售、经营野生保护动物情况后，资溪县委、县政府高度重视，迅速部署开展野生动物保护专项整治行动：第一时间召开专题会议进行研究，成立由县政府主要领导任组长的专门工作领导小组。当日下午召开全县进一步加强野生动物保护工作布置会，向社会公布举报电话，组织县、乡、村、组近千名干部进村入户开展保护野生动植物法制宣传，动员群众上山清理和主动上缴“夹子”，以提高群众保护野生动植物意识；紧急开展联合执法，出动工商、林业、农业、质监、食品和药品监管等相关部门执法人员198人次，对全县大小餐馆、宾馆酒店、商店、集贸市场、收购点、工艺礼品店等场所开展拉网式清查。对3家野生动物收购点(户)和2家非法经营餐馆依法进行查封，对3名当事人依法开展讯问调查，对4名涉嫌非法盗捕人员抓捕法办；在全县范围内收缴非法捕猎工具，查封3家五金用品经营店。县委对相关责任人给予免职问责。11月28日，组织上万干部群众参观警示教育宣传图片展，参加不捕杀、不销售、不食用野生动物和不砍伐保护植物签名活动。同时，还举行野生动植物保护基金捐款活动，社会各界积极响应、奉献爱心；建立健全长效监管机制，印发《资溪县野生动植物保护管理办法》和《关于重申公务接待有关纪律规定的通知》，从源头、运输、经营、加工等重点环节，对火车站、汽车站、餐馆和木竹加工企业等重点场所，切实加强日常监管。经过整治，取得明显成效。

【泰伯楼暨资溪中央苏区纪念馆建成对外开放】 为纪念资溪乡贤之首、北宋思想家李觏，以其字号命名的泰伯楼历时三年于12月竣工，31日举行揭牌仪式。该楼为飞檐斗拱仿古建筑，整体呈“山”字形，由博物馆主楼和中央苏区纪念馆、现代书画馆两栋附楼组成。总投资4000万元，馆内展厅面积2000余平方米。建筑仿故宫装修，彩绘图案均为手工绘制，门窗装饰精致，周围栏杆为汉白玉石雕。整体气势雄伟庄重、古朴典雅。正门上方悬书法大家邵华泽题书“泰伯楼”镏金牌匾。分上下二厅，一楼大厅以壁画形式和文字展板，展示李觏家世年谱及其学术成就和历史地位；二楼大厅陈列自汉唐至民国历代资溪出土文物。资溪中央苏区纪念馆为泰伯楼西附楼。馆内展板介绍中央苏区简述、资溪归属中央苏区区域概述、红军标语、革命旧(遗)址和资溪事件综述等内容；展柜内收藏红军时期钱币、红军优待证、借谷证、通行证、铁炮、火铳、红缨枪、手雷、马灯、蓑衣、草鞋、造纸帘床等革命文物。该馆为抚州市首个县级中央苏区纪念馆。泰伯楼暨资溪中央苏区纪念馆建成与对外开放，成为该县又一处爱国爱家乡教育基地和县重点文化旅游景区。

【《天仙配后传》在资溪大觉镇影视基地开拍】 7月18日，大型长篇古装神话电视连续剧《天仙配后传》开机仪式在大觉镇影视基地举行，原《天仙配》总导演吴家骀和七仙女扮演者曹颖、董永扮演者姚刚和郭凯敏、赵文浩等剧组主创人员登台与现场数千名观众见面交流。该剧投资总额6000万元，讲述七仙女被贬下凡间后，一家人以忠贞不渝的爱情和惩恶扬善的义举最终使恶神和奸臣伏法，赢得世人敬重的故事。影片主要拍摄地点位于大觉山景区影视基地。该基地由大觉山景区集团投资5000万元兴建，基地内建有城楼、街道、民宅、殿堂、亭榭、客栈等仿古建筑，为古装影视剧拍摄提供外景实拍和室内景棚，也给游客在大觉山游、食、购、娱增添一新景点。

【新月畲族村第三次获“全国文明村镇”称号】 4月，资溪县乌石镇新月畲族村继2005年和2009年之后，第三次被中央精神文明建设指导委员会授予“全国文明村镇”称号。该村立足本村特色和优势，村干部出资金、传技术，与村民结成致富帮扶对子，以“公司+农户”形式，组建苗木发展有限公司，种植苗木40余公顷，有杜英、丹桂、含笑等100多个品种，销往福建、广东、上海等10多个省市，成为远近闻名的“小康村”和“育苗专业村”，村民人均年收入达1万余元。在发展经济的同时，该村还十分注重文明素质和生态环境建设，以打造生态村为目标，从净化、绿化、美化、亮化出发，实施“改厕、改厨、改圈”三改工程，建立垃圾收运处理的长效机制。建有图书室、老年活动室，100多户被评为省、市、县“十星文明户”和“五好家庭”。该村先后有1人当选为中共全国代表大会代表、1人当选世妇会代表、3人5次当选全国人大代表，6次获得国务院、省政府授予的“全国民族团结进步集体”“民族团结进步模范村”等殊荣。

【江西谷雨诗会在资溪召开】 4月14～15日，第十届江西谷雨诗歌节暨2012江西谷雨诗会在资溪县召开，《诗刊》常务副主编商震、北京师大著名诗评家谭五昌和全省各地60多位诗人、作家参会。与会诗人在大觉山景区开展了诗歌采风活动，举行以“诗歌与青春一起飞”为主题的大型朗诵会，诗人与中小学师生朗诵了各地和当地诗人创作的歌咏春天、赞美生命和资溪纯净生态风光的优秀作品。主办方省文联还举办诗歌讲座,7位省内外资深诗歌作家及研究家作专题发言。

【《资溪景区传说故事》出版】 7月,《资溪景区传说故事》一书由中国戏剧出版社出版。2010年,为挖掘和整理历史与文化的民间文学遗产,集中展示民间口头文学风貌,推进资溪文化旅游,由资溪县政协牵头,县史志办、文联和文化等部门在全县范围内广泛征集景区、景点传说故事,组织文学爱好者深入各乡镇场和景区、景点采风和创作,历时两年余,共征集各类故事千余篇,从中筛选百余篇共计30余万字,全书分十景览胜、地名溯源、人物传说、红色经典、特产风物、诙谐故事等六辑。

主要领导人 县委书记:徐国义。县人大常委会主任:李莉华。县长:彭映梅。县政协主席:万 鸣。

(帅建忠 谢金凤)

·东乡县·

【简 况】 位于抚州市北部,辖9镇4乡,总面积约1270平方千米,其中,城市建成区面积达到20平方千米。耕地面积2.65万公顷,森林面积6.31万公顷,森林覆盖率36.5%。全县人口达到46.86万人,其中,非农人口11.78万人,人口自然增长率7.40‰。2012年,实现国内生产总值97.90亿元,增长13.1%。其中,第一产业增加值16.55亿元,增长4.5%;第二产业增加值60.17亿元,增长16.3%,其中工业增加54.52亿元,增长17.0%;第三产业增加值21.19亿元,增长10.8%。规模以上工业总产值149.24亿元,增长15.4%。规模以上工业增加值33.18亿元,增长17.5%,占GDP的33.89%。农业总产值31.46亿元,增长17.6%。粮食总产量28.23万吨。社会消费品零售总额38.96亿元,同比增长14.4%。城镇以上固定资产投资96.48亿元,增长27.7%。财政收入14.731亿元,增长9.0%,财政支出21.75亿元,增长12.0%。万元GDP能耗0.63吨,下降4.73%。城镇居民人均可支配收入19324.74元,增长14.93%。农民人均纯收入9495.18元,增长14.6%。城乡居民年末储蓄余额63.05亿元,增长27.3%。主要工业产品有大米、化学肥料、瓷质砖、蚕丝及交织机织物、铜材(铜材加工)、蓄电池、化学农药等。

【开展"三年三百"活动】 2012年,东乡县以"三年三百"活动("三年"即"三大战役"突破年、"四大工程"见效年、五百周年建县年;"三百"即活动的三个百日阶段,分别是"百日推进""百日攻坚""百日冲刺")为载体,强力推进各项重点工作。实施超常规举措,组建了由县领导率队的12个招商团队和2个产业招商分队,围绕打造轻工纺织、五金机电、医药化工三大百亿产业引进项目。8月3日,该县在福建长乐市举行重点产业招商推介会,签约项目6个,合同资金27.6亿元;8月17日,东乡(台州)重点产业招商推介会成功签约22个项目,合同资金36.05亿元;9月28日,该县20个工业项目集中开工,总投资额达44.65亿元。强攻工业,招大引强,县里出台"三处罚四奖励"硬举措,让广大党员干部在新一轮发展大潮中比水平、比能力,杜绝做太平官、享乐官、应付官,促使领导干部、财力向强攻工业集中,确保科伦药业、荣成汽配、华琪合成橡胶等工业项目竣工投产和县体育馆、千子湖景观提升等城建项目交付使用。实行挂点领导和责任单位"半天工地工作法",每天至少花半天时间在项目工地,督促指导企业加快进度,科学施工,帮助企业和施工方解决项目建设过程中的困难和问题。县里还派出联合督查组,对重点城建项目及工业项目的主体工程倒排工期,按照时间节点每三天拍一次照,做到动态掌握项目推进情况。

【打造文化强县】 2012年,东乡实施人才强文战略,出台《东乡县中长期人才发展规划纲要》和《东乡县关于引进高层次人才和紧缺人才暂行办法》等文件,引进3名高层次人才。同时制定《东乡县优秀文艺作品奖励办法》,重奖优秀人才和作品。2012年,东乡县在成为中国楹联之乡后,又被命名为中国书法之乡。该县创办一报两刊,即:《今日东乡》内部周报、纯文学季刊《金峰月》和综合性理论刊物《品质东乡》双月刊。总投资10亿元的佛岭国际文化书法公园开发、省级历史文化名村黎圩镇浯溪村景区建设规划、小璜镇君灵湖十里风光开发、红光新田吴伯宗状元府保护等文化项目相继启动。投资1500万元的舒同博物馆扩建成功。启动投资20亿元、规划面积66.67公顷的红亮文化产业园项目,实现文化特色旅游业总收入近5亿元。建立健全创建文化先进县的财政保障机制,安排当年财政收入的1%做为专项经费。全县建成40个农家书屋,配送图书6.4万册,完成了17个乡镇场综合文化站建设,建立农村公共文化服务体系。此外,注重培育历史文化与现代文明相交融的城市文化,高标准编制行政文化区域,将王安石诗文、舒同书法等文化元素融入现代建筑。国内一流的现代化体育馆投入使用。竣工后的图书馆、文化馆、博物馆均达到国家二级以上标准。

【举办首届中国·东乡书法文化节】

12月22日,在东乡县体育馆举办首届中国·东乡书法文化节,中央电视台节目主持人撒贝宁、著名歌手孙楠、陈思思、李玉刚、伍思凯、孙悦等明星登台演唱,现场观众5000多名,晚会穿插了书乡俊秀、建县500周年征文征联比赛、优秀书法作品的颁奖典礼和县树、县花(樟树、茶花)命名仪式。

12月23日上午,在县体育馆举办中国书法之乡授牌仪式和书法节主题大会。抚州市委副书记、市长张和平致辞;中国书协党组成员、副秘书长张陆一授牌,东乡县委书记吴信根接牌;中国书协组联部副主任、中国书法名城(之乡)联谊会秘书长段军宣布命名决定。省、市、县有关领导、嘉宾,各界人士3000多人出席。县委书记吴信根作主题报告。县委副书记、县长许萍乡主持。会上还举行感动东乡十大人物颁奖仪式,公布影响东乡十大历史人物评选结果,王安石、舒同、王震、吴伯宗、艾南英、李克昌、等10位历史名人当选。书法节期间,分别举办书法展、图片展、品质东乡高峰论坛以及书刊赠阅、经贸洽谈等系列活动。

【创建"中国书法之乡"】 12月23日,中国书法家协会正式命名东乡县为"中国书法之乡",并在东乡举行授牌仪式。这是,东乡继2011年跻身"江西省书法之乡"和"中国楹联之乡"后,2012年又获"中国书法之乡"殊荣。

东乡有着深厚的文化底蕴,而书法艺术作为传统文化的重要内容之一,更是深受东乡县人民的喜爱。东乡籍书法大师舒同是中国书法家协会第一任主席,被毛泽东赞为"党内一枝笔、红军书法家"。东乡在1997年成立了中国舒同书法研究会和东乡书法协会,十多年来,全县中小学、街道、社区、乡镇均创立书法社团,达61个,参加全国各类书法艺术比赛获大奖达200多人。从2005年开始,在全县中小学开设了书法教育课,多次举办书法创作评比活动。"舒同诞辰100周年书法展""舒体书法展""和谐平安杯书画展""'树人杯'中小学师生书法比赛""首届嫦娥杯全国书画大赛""朱善平毛泽东诗词舒体书法展"及"江振东篆刻艺术作品展"等,中国书协领导和海外嘉宾都有来参观鉴赏。此外,东乡县老年协会每年还举办2次"老年书画展"。

全县有中国书协会员8人,省市书协会员36人,县书协会员326人。书法艺术领域的东乡籍人才层出不穷,其中有被誉为"军人铁笔"的世界华人艺术家学会副主席揭晓,其书法作品入选《中国书画名家传世大辞典》;有普通教师徐银堂以玻璃雕刻书法的独门绝技,把王羲之、郑板桥、毛泽东等历代名作巧妙地刻在玻璃上,令人叹为观止,获2003年全国工艺书画创作大赛"创新奖",被人民大会堂收藏;有全国硬笔书法家协会会员刘黄河,经过几十年艰苦努力,练就了双手疾书的本领,将中央电视台《想挑战吗》栏目中双手书写唐诗五言绝句90秒缩减为86秒;有东乡县书协主席张黄生,近7年来,他应邀参加全国性各类书法比赛100多次,获全国有影响的金银铜奖60余次;转业军人徐天员痴迷书法,创办华艺书法班,10年如一日免费培训中小学生数千名;江西省书协会员周志林,近5年参加全国性书法展赛60多次,获金银铜奖20多个,率先在全市开通"中国网络书画"网站,为全县书协会员乃至全国网络书法爱好者,打造一个书法交流的平台,创办中国网络书画论坛,吸纳来自全国各地的会员4万多人。还有以舒体字为代表的舒关关、舒安、梁腾渊、朱善平等在全国具有影响力的专业人才20余人,后起舒体之秀,有辛斌义、王文斌等。

【出版《品质东乡》系列丛书】 2012年,《品质东乡》系列丛书出版发行。该书为纪念建县500年而作,历经半年完成,全书近80万字,收集图片800余幅,由《荆公故里》《书法之乡》《赣东门户》《工业走廊》4本分册组成,系统介绍东乡著名人物、灿烂文化、优越区位和发展成果,是一套融政治性、思想性、知识性和艺术性为一体的通俗读物。东乡县委书记吴信根作序,县长许萍乡作跋,由人民日报出版社公开出版发行。

【创作县歌《品质东乡》】 2012年,正值东乡建县500周年之际,为丰富人民群众的文化生活,弘扬东乡500年来的光辉历史和深厚的文化底蕴,县委、县政府向全社会广泛征集县歌创作,著名军旅作家韩静霆作词,著名军旅作曲家羊鸣作曲的《品质东乡》在几十首县歌征集中脱颖而出,并由北京紫晶元宫影视文化传播有限公司邀请歌唱家谭晶录制而成的。县歌歌词由韩敬霆创作初稿,同时召集在县一些老干部、文艺工作者对歌词提出修改意见,多次修改完善创作而成的。修改定稿后的县歌既突出东乡人文历史、地域风光,又朗朗上口、旋律优美。

【"三公"一体化监管开全省先河】 东乡县历时3年探索,成功利用现代网络信息技术开发公务消费电子化监控系统。自2012年1月1日起,全县231个公务消费单位均通过交易电子化实现即时监控、全程留痕,促使公务接待、公务采购、公务用车阳光透明。当年"三公"费用分别下降27%、31%、48%。此举开全省先河,吸引省内外10多家兄弟单位前来取经。

【邀请航天专家到二中授课】 4月27日,中国科学院航天专家张厚英应邀到东乡二中作《嫦娥奔月,神州华彩——中国载人航天工程应用纪实》专题报告,全县200名师生聆听报告,眼界大开,深受鼓舞。

【《揭子兵法》百名将军书法抚州巡回展走进东乡】 9月6日,由抚州市委宣传部、抚州军分区政治部、抚州市文化新闻出版局主办,市博物馆、图书馆和东乡县委宣传部、县人武部、县文体广电局承办的《揭子兵法》百名将军书法抚州巡回展走进东乡,在县行政中心举行最后一站开展仪式。江西省委原常委、省军区原司令员冯金茂少将出席并讲话。抚州市委书记龚建华发来贺词,市委常委、宣传部长袁川宣布开展,市人大副主任陈克、空军大校揭晓,东乡县党政主要领导、社会各界人士200余人出席,共展出百名将军书法、揭晓书法篆刻、东乡县书法家作品142件,活动于9月8日落幕。

【央视聚焦东乡野生稻】 9月15~16日,中央电视台第七频道《科技苑》栏目编导一行5人,深入东乡县岗上积镇野生稻保护基地,现场采访拍摄野生稻生长环境保护等情况。东乡野生稻是该镇农技站长饶开喜1978年发现的,是全球最北端的普通野生稻,属国家二类保护植物,有"植物大熊猫"之誉。其丰富的耐寒、耐瘠、耐旱等抗性基因深得国家育种专家赞赏。到年底,全县有3处野生稻保护区,面积10.51公顷。

【美尔丝瓜络系列布鞋获全国农洽会部优产品奖】 9月6~8日,由农业部主办的2012年全国农产品加工业投资贸易洽谈会在河南省驻马店市召开。东乡县江西美尔丝瓜络有限公司研制的美尔络系列布鞋以其环保、健康、舒适等特点,赢得专家一致认可,获部优产品奖,江西仅两家产品获奖。

【实施尊老爱老工程】 2012年,东乡县财政拨出340多万元,给80岁、90岁、100岁以上老人分别发放600元、1200元、6000元高龄补贴,惠及4500名老人,投入120万元对全县17个乡镇(场)敬老院进行配套设施改建,提高五保老人供养标准。集中供养老人每人每年由1920元提高到2400元,分散供养标准由每人每年1320元提高到1560元。

【打造秀美畲族新村】 小璜镇樟源畲族村是东乡县唯一的少数民族村，全村34户136人。2012年，县里投入100多万元在该村改水、改厕、改路，实施庭院、道路、村旁绿化和垃圾无害化处理，投资10万元兴修水利，投资60万元兴建农民活动中心、休闲广场，帮助该村与邻村签订《民族团结友好协议》，支持畲族村民致富奔小康，被评为“江西省民族地区新农村建设先进单位”。

【美国优质种猪落户南边村】 6月24日，1100头美国优质种猪坐飞机远道入赣，20多人团队全天候呵护，专家称品质历年最好。经过45天严格隔离检疫后，这批种猪落户东乡县孝冈镇南边村，这是国内规模最大的一次进口种猪。美国优质种猪的引进显著提高了全省生猪养殖效率，增强了江西供港商品猪的实力。

【千余只天鹅飞抵润溪河越冬】 12月中旬，千余只天鹅飞抵东乡县杨桥殿镇润溪河鄱阳湖湿地保护区悠闲觅食，是历年来天鹅在此过冬最多的一次。为确保天鹅安全越冬，该县环保、林业、公安、工商等相关部门通力合作，营造生态文明氛围，发放保护野生动物宣传资料2万多份，树立公益宣传牌20块，举办“保护候鸟，我们在行动”万人签名活动，同时加强巡查保护力度，杜绝非法猎捕等犯罪行为。

主要领导人 县委书记：吴信根。县人大常委会主任：陈 文。县长：许萍乡。县政协主席：陈 勤。

（方莉华）

·广昌县·

【简 况】 位于抚州南端，辖5镇6乡，总面积1612平方千米，森林覆盖率64.1%。总人口24.52万人，其中非农业人口5.84万人，人口自然增长率7.38‰。2012年实现国内生产总值33.6亿元，增长11%。其中：第一产业完成7亿元，增长4.43%；第二产业完成16.42亿元，增长12.3%；第三产业完成10.18亿元，增长12.6%。第一、二、三产业比例为20.9∶48.8∶30.3。全县规模以上工业实现增加值8.82亿元，增长14.9%。全社会固定资产投资完成32.95亿元，增长31.6%。主要工业产品有皮革鞋靴171.93万双、纸制品2194.47吨、铜材4.46万吨、布4364.7万米、服装303.28万件。农业总产值13.59亿元，增长39.7%。主要农产品有粮食12.53万吨、白莲646万千克、烟叶3376吨、泽泻946吨、生猪出栏5.13万头、家禽出笼123.62万只。全县财政总收入5.74亿元，其中地方财政收入3.92亿元。社会消费品零售总额8.86亿元，增长13.9%。农民人均纯收入4011.84元，增加383.84元。金融机构年末各项存款余额48.1亿元，比年初增长18.8%；各项贷款余额23.3亿元，比年初增长17.6%；城乡居民年末储蓄存款余额32.9亿元，比年初增加5.5亿元。

（钟立新）

【多措并举保证春耕农资质量】 2012年，广昌县多措并举保证春耕农资质量。一是成立红盾护农工作组和专项执法行动领导小组，下达《2012年红盾护农目标责任书》，明确农资监管责任。二是充分利用电视台、网络等新闻媒体和举办了农资经营培训班等方式，积极宣传《农业生产资料市场监督管理办法》等法律法规，进一步提高农资经营者的法律意识。三是出动执法员120余人次对辖区内所有农资经营户进行了一次“地毯式”检查，检查率达100%，取缔无照经营农资案2起，越超经营农资案件3起。四是组织开展流通环节农资商品质量监测工作，共抽测化肥12个批次；对全县8户种子批发户进行了种子备案和留样备查工作，留样备查22个早品种。五是对97户农资经营主体实行了分类监管，经逐级评定有80户农资经营户评为A类信用等级，17户评为B类信用等级。

【广昌县藕粉抢占全国40%以上的份额】 2012年，广昌县已外销纯藕粉过千吨，较上年同期增长40%，全国市场占有率攀至40%。该县采取了一系列措施：一是出台藕粉产品国家标准，所有的企业严格按照统一的质量标准生产藕粉。二是严厉打击纯藕粉掺杂使假、非法添加有毒有害物质、滥用食品添加剂等行为。三是通过有效整合，全县藕粉食品加工企业由15家整合至4家，藕粉的出厂价每吨增加1500元左右。

【“七个到位”做好防汛工作】 2012年，广昌县“七个到位”做好防汛工作：一是防汛队伍到位。成立了50人的防汛专业抢险队和210人防汛抢险预备队，各乡镇分别成立抢险队伍，各水库均招聘安全管理员。二是防汛预案到位。制定防汛抗旱应急预案和防洪预案，制订地质灾害防治方案，对重点易发地质灾害区落实了县、乡、村级防御责任人和监测人员，明确了群众转移路线；9座在建除险加固水库逐座制订了度汛方案。三是防汛责任到位。全县乡镇场签订了防汛责任书，明确了防汛责任人、技术负责人；每座在建除险加固水库都安排1名水利局领导和1名技术干部蹲点负责，同时，加强汛期巡查次数，实行24小时值班制度。四是经费物资到位。安排了48.52万元防汛资金，储备了麻袋3.5万条、编织袋2万条、毛竹3000根、桩木100立米、块石240立米、砂石料5000立米，并配备了防汛抢险橡皮船3只、冲锋舟4只、机动求生船10艘、救生衣100件等防汛抢险器材。五是防汛值班到位。启动了县、乡两级防汛值班，坚持24小时值班制度和领导带班制，及时掌握有关雨情、水情、工情。各乡（镇、场）确定1名主要领导在岗，防汛值班人员24小时值班。六是监测预警到位。安装了32个自动雨量站点和3个自动水位站点。2012年以来已发布预警信息291条。七是措施到位。全县开展一次拉网式地质灾害隐患排查，发放地质灾害危险区明白卡，设置警示牌，落实责任人和监测人，明确转移路线和临时安置点。

【集体土地所有权确权登记发证工作经验在全省推广】 2012年，广昌县在农村集体土地所有权登记工作中，通过组建“三支队伍”、实行“五个统一”、强化“六项措施”，采取试点引路，先易后难，典型示范，逐步推开的办法，先于2009年开展了“组有村管”模式的农村集体土地所有权确权登记发证工作,全面完成了“组有村管”模式的农村集体土地所有权确权登记发证工作。2011 年,又开展农民集体所有土地确权登记发证到每个具体所有权农民集体试点工作。2012 年,该县已全面完成了集体土地所有权外业调查,进入权属审核、注册登记和数据建库阶段,其中数据库建设已完成。全县集体土地所有权确权登记共计 4652 宗,调处土地权属争议 127 宗,这些过去被称为“黑户”的农村集体土地至此有了“合法身份”,实现了“地定权、人定心”,有效维护了农村社会的和谐与稳定。

【“莲花生态旅游”品牌效益凸显】 2012 年,广昌通过连续举办国际莲花节,莲花生态旅游品牌效应得到迅速扩张,同时,先后投入资金 1300 余万元对享有“中国莲花第一村”美誉的姚西风景区实施改造提升工程,景区基础设施和服务功能得到大力完善,景区人文内涵不断丰富,白莲农业产业优势正逐步转化为旅游资源优势。6~8 月,该县共接待国内外游客 16 万人次,旅游收入达 3250 万元,景区莲农户均增收 1.1 万元,分别同比增长 43%、33%、26%。

【启动“同心·振兴原中央苏区广昌示范区”活动】 7 月 20 日,江西省统一战线“同心·振兴原中央苏区广昌示范区”启动仪式在广昌举行。省政协主席黄跃金应邀出席并讲话。省委常委、统战部长蔡晓明主持并讲话。副省长谢茹,省政协副主席陈清华、李华栋、汤建人、刘晓庄、郑小燕出席。抚州市委书记龚建华致辞。省政协秘书长肖为群,省委统战部常务副部长黄小华、副部长舒国华,民革省委会主委、省交通运输厅厅长马志武,民建省委会主委、省统计局副局长孙菊生,省工商联主席雷元江,台盟江西支部主委、省委台办巡视员何大欣等出席。参加启动仪式的还有省委统战部、各民主党派省委会、台盟江西支部、省工商联、省党外高级知识分子联谊会、赣商联合会以及市有关部门负责人。

启动仪式上,省委统战部常务副部长黄小华宣读《关于开展江西省统一战线“同心·振兴原中央苏区广昌示范区”活动的实施方案》;省各民主党派、工商联、党外高级知识分子联谊会和赣商联合会负责人分别作了发言。

【物流“总部经济”优势逐步凸显】 广昌县针对全县有 5 万多人在全国各地创办 4000 余家物流公司的情况,积极打造注册在广昌、经营在全国、贡献在家乡的物流“总部经济”。一方面,着力扶持发展自开票型纳税人物流企业,在融资、税费征收、证件办理、车辆交易过户等方面给予与客商同等待遇的优惠政策;另一方面,帮助促进物流企业向网络化、信息化、品牌化、规范化发展升级。2012 年,该县物流企业 29 家,实现物流税收 9647 万元。

【入围首批国家餐饮服务食品安全示范县】 近年来,该县始终把食品安全工作放在重要的位置,在全市率先完成餐饮服务食品安全监管职能的交接和机构组建工作;设立餐饮食品安全监督所;完善规章制度,强化企业作为餐饮食品安全“第一责任人”的意识;设立食品安全投诉举报专项经费,公布投诉举报电话。2012 年底,该县餐饮食品监督管理覆盖面达到 100%、量化分级管理率达 100%,餐饮单位量化分级管理 B 级以上单位达 221 家,占餐饮单位总数的 87.3%。多年来未发生一起三级以上餐饮服务食品安全事故,全县餐饮食品安全态势平稳。入围首批 86 个国家餐饮服务食品安全示范县(区、市)候选名单,成为江西省入围示范县的 4 个县(区)之一,也是抚州市唯一入围的县(区)。

主要领导人 县委书记:许爱军。县人大常委会主任:符忠林。县长:欧阳巧文。县政协主席:揭秉华。

(曾子明)

人　物

本栏编辑　李荣根

省直单位厅级干部名录

省委办公厅

杨宪萍　省委副秘书长、省委办公厅主任
欧阳海泉　省委副秘书长(7月任)
翟　明　省委副秘书长(3月任)
宋玉智　省委办公厅副主任
刘志远　省委办公厅副主任(7月任)
熊建社　省委办公厅督查专员(12月任)、省委机要局局长
巫雄军　省委办公厅副巡视员、厅直属机关党委书记
费先志　省委办公厅副巡视员
龚福昌　省委机要局副巡视员
邬裕彬　省委总值班室主任
张　锋　省国家保密局局长
邝先华　省委督查室主任(2月任)
席　宏　省委办公厅法规室主任(12月任)
胡名义　省委办公厅副巡视员(2月退)
唐国良　省委办公厅副巡视员(2月任,9月退)
张　飞　(女)省委办公厅副巡视员(9月退)
王全春　省委办公厅副主任、巡视员(3月任,任至7月)

省人大常委会

魏　民　秘书长
傅世平　副秘书长
杨新民　副秘书长(3月任)
刘小华　(女)副秘书长(3月任)

省人大内司委

胡　波　主任委员
罗筱玉　(女)副主任委员
周山印　副主任委员

省人大财经委

黄素英　(女)主任委员
龚培兴　副主任委员
涂勤华　副主任委员(3月任)
林兴富　(布依族)副主任委员(3月任)
张振球　副主任委员

省人大教科文卫委

严　平　主任委员(1月辞)
程水凤　(女)副主任委员(任至2月)、主任委员(2月任)
林多贤　副主任委员(1月免)
伍世安　副主任委员
尹世洪　副主任委员
李玉英　(女)副主任委员(3月任)
周健儿　副主任委员(3月任)
聂道宏　副主任委员
刘　伟　副巡视员(3月任)

省人大农委

陈毓平　主任委员
雷万春　(畲族)副主任委员
梁彩云　(女)副主任委员(3月任)
严　卫　副主任委员
王贤春　副巡视员(3月任)

省人大环资委

肖远湛　主任委员(1月辞)
汪毓华　(女)主任委员(2月任)
李亚平　副主任委员
许苏卉　(女)副主任委员
肖春云　副主任委员(1月免)
龚三堂　副主任委员(5月免)
屠永发　副主任委员
周容兴　副主任委员(3月任)
柳　铭　副巡视员(3月任)

省人大法制委

沈亚平　主任委员
张友南　副主任委员(1月免)
徐必鸿　副主任委员
李　锐　副主任委员
宋才火　副主任委员(3月任)

省人大常委会办公厅

傅世平　主任
李元生　副主任
李金秋　副巡视员(任至3月)、副主任(3月任)
王光前　副巡视员

省人大常委会法工委

李　锐　主任
夏宏根　副主任
韩　军　副主任
周　雍　副主任

省人大常委会选任联工委

吴会清　主任

刘润余 巡视员
董立新 副主任
公艳萍 (女)副主任(3月任)
袁新唐 副巡视员(12月免)

省人大常委会外侨民宗工委

傅小健 (女)主任
孙学军 副巡视员(任至3月)、副主任(3月任)

省人大常委会预算工委

张振球 主任
王曼萍 (女)副主任
李　雪 副主任

省政府办公厅

谭晓林 省政府党组成员、省政府秘书长、省政府办公厅党组书记
张　勇 省政府副秘书长、省政府办公厅党组副书记、主任(7月任)
肖伕根 省政府副秘书长、省政府办公厅党组成员、省政府发展研究中心主任
晏驹腾 省政府副秘书长、省政府办公厅党组成员
肖　毅 省政府副秘书长、省政府驻北京办事处党组书记、主任
刘金接 省政府副秘书长、省援疆指挥部指挥长
叶　磊 省政府副秘书长、省政府办公厅党组成员
谢茂林 省政府副秘书长、省政府办公厅党组成员
林彬杨 省政府副秘书长、省政府办公厅党组成员
王水平 省政府副秘书长、省政府办公厅党组成员
陈石俊 省政府副秘书长、省政府办公厅党组成员
涂琼理 省政府副秘书长、省政府办公厅党组成员
曾范庚 省政府办公厅党组成员、副主任、省玉泉岛小区综合服务中心主任
胡详圳 省政府办公厅党组成员、纪检组长
喻晓社 省政府办公厅党组成员、副主任
万建生 省政府办公厅党组成员、省政府应急办专职副主任
刘晓艺 (女)省政府办公厅党组成员、副主任
犹　璒 (土家族)省政府办公厅党组成员、副主任
杜章彪 省政府办公厅党组成员、副主任(3月任)
朱小平 省政府办公厅党组成员、省政府机关事务管理局局长(4月任)
万怡平 巡视员
蔡玉峰 巡视员
罗　江 副巡视员
刘福林 省政府金融办主任
罗时跃 副巡视员(7月任)
章小刚 副巡视员(8月任)
吴治云 省政府决策咨询委员会主任
刘礼明 省政府发展研究中心副主任
王志国 省政府发展研究中心副主任(2月任)

省政府驻外办事处

肖　毅 省政府副秘书长、省政府驻北京办事处党组书记、主任
王　猛 省政府驻北京办事处党组成员、副主任
吴文凯 省政府驻北京办事处党组成员、副主任、接待处处长
陈伟钦 省政府驻北京办事处巡视员(3月退)
漆根顺 省政府驻上海办事处党组书记、主任
陈建始 省政府驻上海办事处党组成员、副主任
张雪萍 (女)省政府驻上海办事处党组成员、副主任
蒋进堂 省政府驻上海办事处副巡视员(8月任)
严小平 省政府驻上海办事处巡视员(3月退)
张渭大 省政府驻上海办事处副巡视员(10月退)
黄明霞 (女)省政府驻福建(厦门)办事处党组书记、主任
方才安 省政府驻福建(厦门)办事处副巡视员
温浙兴 省政府驻江苏办事处党组书记、主任
李江毅 省政府驻浙江办事处党组书记、主任
樊雅强 省政府驻天津办事处党组书记、主任(7月任)
杨晓琴 (女)省政府驻深圳办事处党组书记、主任(7月任)
刘友龙 省政府驻广州办事处党组书记、主任(7月任)
郭庆伟 省政府驻广州办事处党组书记、主任(6月退)

省政协

肖为群 省政协党组成员、秘书长、省政协机关党组书记
冷芬俊 副秘书长、人口资源环境委员会主任
杨春燕 (女)副秘书长、办公厅主任
徐良平 副秘书长
龚林儿 副秘书长、人口资源环境委员会副主任(专职)

省政协办公厅

杨春燕 (女)省政协副秘书长、办公厅主任
曾　粮 副主任
王国龙 副主任
徐正英 (女)副巡视员
杨木生 副主任
杜　波 副主任
曾荣君 副巡视员、人口资源环境委员会办公室主任
陈淦彬 副巡视员

省政协提案委员会

杨　斌 主任
揭赣元 副主任
张崇纪 副主任
华有良 副主任
范劲松 副主任
张国轩 副主任
张康平 副主任(专职)

省政协经济科技委员会

李发昌 主任
李贤书 副主任
汪玉奇 副主任
钟际跃 副主任
毛惠忠 副主任
李天鸥 副主任

金细安　副主任
李良泉　副主任(11月免)
王　斌　副主任
余卫华　副主任(专职)

省政协教文卫体委员会

王振东　主任(11月免)
石庆华　副主任
肖任贤　副主任
傅修延　副主任
洪三国　副主任
陈　坚　副主任(专职)

省政协社会和法制委员会

张　莉　(女)主任
程受锭　副主任
谢秀琦　副主任
李　骥　副主任
胡淑珠　(女)副主任
李东山　副主任(专职)

省政协文史和学习委员会

陈国华　主任
沈谦芳　副主任
洪炳华　副主任(7月免)
徐　奔　副主任(7月免)
黄　鹤　副主任
杨述喜　副主任(专职)

省政协港澳台侨和外事委员会

黎细保　主任(12月免)
舒国华　副主任(7月免)
赵传宝　副主任
周　锦　副主任
陈守国　副主任
江开明　副主任
陈金乐　副主任(专职)

省政协人口资源环境委员会

冷芬俊　省政协副秘书长、人口资源环境委员会主任
倪忠民　副主任
刘明寿　副主任
龚林儿　省政协副秘书长、人口资源环境委员会副主任(专职)

省纪委(省监察厅)

陈尚云　省纪委副书记、省纪委常务副书记(7月任)
刘卫平　省纪委副书记、省政府党组成员、省监察厅厅长(9月任)、省预防腐败局局长(12月任)
赵力平　省纪委副书记
陈小平　省纪委副书记
李建发　省纪委常委、秘书长、省纪委机关党委书记(11月任)
李泉新　省纪委常委、监察厅副厅长(9月任)
何建洋　省监察厅副厅长、省政府行政投诉中心主任、省预防腐败局副局长(12月任)
肖德福　省纪委常委
汪　爽　省纪委常委
饶利萍　(女)省纪委常委
王仁辉　省纪委常委、监察厅副厅长(9月任)
裴忠彪　省预防腐败局专职副局长(12月任)
鲍小慧　省纪委正厅级纪检员、监察专员
姚　平　省纪委正厅级纪检员、监察专员
赵锦成　省委第四巡视组组长
涂志柏　省委第二巡视组副组长
陈玉麟　省委第一巡视组副厅级巡视专员
唐舒龙　副秘书长、办公厅主任
庄国良　调研法规室主任
胡彦斌　纠风室主任
王　玮　效能监察室主任、省政府行政投诉中心副主任
曾亦冰　纪检监察一室主任
景有富　纪检监察二室主任
刘永华　纪检监察四室主任
单庆娇　(女)信访室主任
唐高潮　干部室主任
徐小平　省委巡视工作办公室主任
曾崇新　副秘书长、机关后勤中心主任
刘兴英　(女)副厅级纪检员、监察专员

省法院

方晓春　党组副书记、副院长
郭　兵　党组成员、副院长
胡淑珠　副院长
朱　浔　党组成员、副院长
王建新　党组成员、政治部主任
纪红华　党组成员、纪检组组长
夏克勤　党组成员、副院长
肖庚云　审判委员会专职委员
陈　坚　审判委员会专职委员
李丽君　审判委员会专职委员
黄敏孙　执行局局长
陶远鸣　副巡视员
何大新　副巡视员
刘洪芳　副巡视员、办公室主任
熊保水　副巡视员、机关党委专职副书记

省检察院

薛江武　(女)党组副书记、副检察长(任至12月)
段景来　党组副书记、副检察长
李　智　党组成员、副检察长
张国轩　副检察长
罗晓泉　党组成员、副检察长
邱　利　党组成员、反贪局长、检委会委员、检察员
魏运亭　党组成员、纪检组长、检委会委员、检察员
张勇玲　(女)党组成员、政治部主任、检委会委员、检察员
蔡　田　检察委员会专职委员、检委会委员、检察员
江阶虎　检察委员会专职委员、检委会委员、检察员
孙牯昌　检察委员会专职委员、检委会委员、检察员
王漪清　(女)检察员
于　峰　(女)检察员
李茂盛　副巡视员、检查员
邹节新　副巡视员、检查员
黄　杰　反渎职侵权局局长、检委会委员、检查员

省信访局

朱荣辉　省委副秘书长、省信访局局长
谢上海　正厅级信访督查专员
徐贵闽　(女)正厅级信访督查专员
孙解生　副局长
徐　力　副局长
罗　强　副局长

姚学明　副巡视员、接访工作处处长

省委组织部

张宝瑜　常务副部长(12月免)
揭赣元　副部长,省人力资源和社会保障厅厅长、党组书记
冯桃莲　(女)副部长
曾庆红　(女)副部长
刘三秋　(女)副部长兼老干部局局长、省纪委常委
杨伟东　副部长
刘礼育　部务委员
俞银先　部务委员
陈　峰　副巡视员
董赣波　省委第一巡视组副组长
胡伟荣　省委第四巡视组副组长
刘文胜　省委第三巡视组副厅级巡视专员
黄式贤　省援疆工作前方指挥部副总指挥

省委老干部局

刘三秋　(女)省委组织部副部长、省委老干部局局长
肖志文　副局长
唐礼位　副巡视员
龚友民　副巡视员

省关工委

范斌华　副巡视员、常务副秘书长

省委宣传部

李玉英　(女)省委宣传部副部长(7月免)
陈东有　省委宣传部常务副部长
杨六华　省委宣传部副部长
欧阳苏勤　省委外宣办主任、省政府新闻办主任
马玉玲　(女)省委宣传部副部长
张天清　省文明办主任
罗勇兵　省委宣传部副部长
邱尚仁　省委宣传部副巡视员

省委统战部

黄小华　省委统战部常务副部长
舒国华　省委统战部副部长、省工商联党组书记(任至7月)
谢秀琦　省委统战部副部长、省民族宗教事务局局长
刘金炎　省委统战部副部长、省工商联党组书记(7月任)
张　勇　省委统战部副部长、部直属机关党委书记
胡志平　省委统战部副巡视员
杨建平　省委统战部副巡视员(12月任)

省委政法委

宋才火　副书记
刘德意　副书记
梁彩云　(女)副书记、省委维稳办主任
胡　焯　副书记
张传发　省综治办主任
罗俊雄　巡视员
林　强　秘书长
万小根　省委维稳办专职副主任
吴建春　省综治办副主任
袁才华　省委601办专职副主任
张鹤翔　副巡视员

省委农工部

刘永思　省委副秘书长、省委农工部部长(3月任)
桑昌武　副部长(10月退)
陈江林　副部长
刘谟炎　副部长
王　志　省新农村建设领导小组办公室常务副主任
赖金生　副部长
龙宇闻　副部长
刘　伟　副巡视员

省委政研室

钟金根　省委副秘书长、省委政研室主任
陈　强　副主任
何建辉　副主任
黄光明　副巡视员
高建华　副巡视员

省委党史研究室

沈谦芳　主任
王瀚秋　巡视员、机关党委书记
刘　斌　副主任
何友良　副主任

省委台办

阎钢军　主任(任至3月)
欧阳泉华　主任(7月任)
简立明　副主任
黄朋青　副主任
何大欣　巡视员、省台联会长

省直机关工委

陈永华　(女)书记
童水仙　(女)副书记
杨兰根　副书记
邓剑锋　省纪委常委、省直机关工委副书记
王玮琦　省直机关工委委员、省直机关纪工委书记
李跃进　(女)省直机关工委委员、宣传部部长
周运柏　省直机关工委委员
章官生　省直机关工委委员
刘大胜　副巡视员、《风范》主编
李　穗　副巡视员

省委党校

陈春明　常务副校长
许晓明　巡视员(2月任)
曾志刚　副校长
袁小平　副校长
杨　超　副校长
罗志坚　副校长(2月任)
廖清成　副校长、组织人事处处长(7月任)
庄小琴　(女)副巡视员、管理职业学院党委书记

省发改委

许爱民　党组书记、主任
叶柏青　党组成员、副主任、鄱湖办常务副主任
吴晓军　党组副书记、副主任
黄国荣　党组成员、驻委纪检组长
陈一星　党组成员、副主任
莫合塔尔·艾衣提　(维吾尔族)党组成员、副主任、省援疆办副主任
曾文明　党组成员、副主任

熊　毅　副主任
郑沐春　党组成员、省能源局局长
王前虎　党组成员、省重点工程办公室主任
熊燕斌　党组成员，省铁办主任、省铁投总经理
李志刚　党组成员、副主任
杨　毅　副巡视员
金　锋　省信息中心主任
赖南京　省鄱湖办副主任
郭新宇　省援疆办前线副总指挥
刘　兵　省鄱湖办副主任
张福庆　省政府投资项目评审中心主任

省重点工程办公室

王前虎　主任

省财政厅

胡　强　党组书记、厅长
潘昌坤　党组成员、副厅长
毛祖逊　党组成员、副厅长
辜华荣　党组成员、副厅长
李梦胜　党组成员、纪检组长
王　斌　副厅长
管荣升　巡视员
朱　斌　党组成员、副厅长
温治明　党组成员、省行政事业单位资产管理中心主任
傅湘云　副巡视员
夏建刚　副巡视员

省人保厅

揭赣元　党组书记、厅长
刘金炎　党组副书记、副厅长、省社保局局长(任至7月)
张菊萍　巡视员(任至4月)
裴　菲　党组成员、副厅长、省外国专家局局长(任至11月)、巡视员(12月任)
陈克利　党组成员、副厅长
马青林　党组成员、纪检组长
刘滇鸣　党组成员、副厅长
徐国荣　党组成员、副厅长
侯仲华　党组成员、省社保中心主任
杨经琪　副巡视员(任至7月)、省公务员局局长(7月任)、党组成员(9月任)
张小岗　副巡视员(任至6月)

廖云辉　副巡视员
周木生　副巡视员(8月任)

省审计厅

王殿军　厅长
何千成　副厅长
何萍高　副厅长
王卫亚　副厅长
刘　达　副厅长
章丁万　副厅长
邹水成　纪检组长
胡志勇　总审计师
黄正宇　省经济责任审计办公室专职副主任(3月任)
蔡景祥　副巡视员(任至6月)
黎　明　副巡视员(3月任)
何文元　副巡视员(7月任)

省民政厅

徐　毅　党组书记、厅长
钟起茂　巡视员(12月退)
凌学仁　党组成员、副厅长(12月任)
刘英城　党组成员、纪检组长
饶剑明　党组成员、副厅长
汪建中　党组成员、省老龄办专职副主任
刘立松　党组成员、副厅长
汪晓斌　党组成员、副厅长(任至12月)
朱和平　党组成员、副厅长(7月任)
黄宝存　副巡视员

省统计局

王建农　党组书记、局长
孙菊生　副局长、民建江西省主委
彭师怀　巡视员
彭道宾　党组成员、副局长
姚睿钦　党组成员、纪检组长
韩志生　党组成员、副局长
曹青云　总统计师
黄奕祯　副巡视员

国家统计局江西调查总队

邓盛平　总队长
邓祖龙　副总队长
刘文峰　副总队长
章　勤　纪检组长
游会龙　巡视员

胡水泉　巡视员
李广友　副巡视员

省档案局

汪晓勇　局长、省档案馆馆长(7月任)
涂勤华　局长、省档案馆馆长(任至7月)
方维华　(女)副局长、省档案馆副馆长
史火金　副局长、省档案馆副馆长
方华清　副局长、省档案馆副馆长
刘平原　副巡视员

省国税局

张贻奏　局长
汤志水　副局长
邬小婷　(女)副局长
肖光远　副局长
周　瑾　(女)纪检组长
邱大南　副局长
黄中根　总会计师
李德平　总经济师
胥敏锋　总审计师
郭吉生　副巡视员
余光金　副巡视员

省地税局

王　平　党组书记、局长
胡　平　党组成员、副局长
刘理达　党组成员、副局长
王显和　党组成员(2月任)、副局长(3月任)
黄　斌　党组成员、纪检组长(7月任)
赖新生　总经济师
曾光明　巡视员(12月任)
朱文保　副巡视员
李剑涛　副巡视员(3月任)
宋相炎　副巡视员(12月任)

省国资委

陈永华　党委书记
陈德勤　党委副书记、主任
林加奇　党委委员、副主任
董晓健　党委委员、副主任
沙甲先　党委委员、副主任
李　键　党委委员、副主任

王金林　党委委员、纪委书记
张启元　巡视员
张爱国　副巡视员
文翠萍　副巡视员
王成饶　省出资监管企业监事会主席
龚建平　省出资监管企业监事会主席
谢　敏　省出资监管企业监事会主席
郑德才　省出资监管企业监事会主席
钟宇晖　省出资监管企业监事会主席
谢　言　省出资监管企业监事会主席
李中煜　省出资监管企业监事会主席

省工信委

李春燕　（女）党组书记、副主任
谢碧联　主任、党组副书记
吴治云　党组成员
杨人平　党组成员、副主任
吴海平　党组成员、副主任
张小平　党组成员、副主任
万庆胜　党组成员、副主任
殷　勤　党组成员、副主任
章志锋　党组成员、纪检组长
王亦斌　党组成员、副主任
熊远国　巡视员（3月退）
刘正明　巡视员
杨　柳　巡视员
唐国栋　副巡视员
刘大钧　副巡视员
马　勇　副巡视员
马福震　（满族）副厅级纪检员、监察专员（10月退）
刘经源　副巡视员

省中小企业局

吴治云　省政府决策咨询委主任、省工信委党组成员、省中小企业局党组书记、局长
李文美　副巡视员
张　灵　副巡视员（5月任）

省煤炭行业办

朱　毅　党组书记、主任

省轻工行业办

谢光华　党组书记、主任
丁国华　党组成员、副主任、江西陶瓷美术职业技术学院党委书记（7月任）
胡桂香（女）　副巡视员
陈华龙　江西陶瓷美术职业技术学院院长（7月任）

省机械行业办

王俊纲　党组书记、主任、巡视员（12月任）
万　郝　副巡视员
范年福　党组成员、副主任

省交通运输厅

朱　希　党委书记
马志武　厅长
万　明　党委委员、副厅长
许润龙　党委委员、副厅长
邓经国　党委委员、副厅长
成　松　党委委员、纪委书记
胡钊芳　党委委员、总工程师
孙茂刚　巡视员
任东红　（女）省公路管理局局长
王江军　省公路运输管理局党委书记
梁必康　省公路运输管理局局长
王凯林　省交通运输厅副巡视员
于钦民　省港航管理局局长
严　允　省港航管理局党委书记
龙华明　省交通运输厅副巡视员
李素华　（女）省高管局（省高速公路投资集团公司）党委书记
谢来发　省高管局（省高速公路投资集团公司）局长（总经理）
朱隆亮　江西交通职业技术学院院长

省住房城乡建设厅

陈　平　党组书记、厅长
邹明泉　党组成员、巡视员
高　浪　党组成员、副厅长
吴昌平　党组成员、副厅长
薛晓卫　党组成员、纪检组长
章雪儿　总工程师
曾绍平　副巡视员
齐　红　副巡视员
喻家凯　副巡视员

省环境保护厅

邓兴明　党组书记、厅长
陈　荣　党组成员、副厅长
雷元江　副厅长（任至7月）
罗来发　党组成员、副厅长
罗小璋　党组成员、纪检组长（任至4月）、副厅长（4月任）
罗伟华　（女）党组成员、纪检组长（7月任）
石　晶　（女）总工程师
倪忠民　巡视员
谭今来　巡视员

省质量技术监督局

王　詠　党组书记、局长
陈国柱　党组成员、副局长
马　灵　党组成员、纪检组长
蔡　玮　党组成员、副局长
张正新　党组成员、副局长
李　捷　党组成员、副局长
章志键　总工程师
李　岱　巡视员
徐光辉　巡视员
蒋洪南　副巡视员
赵泰初　副巡视员
刘长荣　（女）副巡视员

省安全生产监督局

张桃生　党组书记、局长，省煤矿安全生产监督管理局局长
龙卿吉　党组成员、副局长
朱　毅　党组成员、副局长，省煤矿安全生产监督管理局副局长
程应田　党组成员、副局长
郑乐宪　党组成员、副局长
周树森　党组成员、纪检组长
周　平　总工程师
华人民　巡视员
朱志明　副巡视员
汪少舟　副巡视员

江西煤矿安监局

贺爱民　党组书记、局长
朱怀萍　党组成员、巡视员
李金萍　党组成员、副局长
赵元放　党组成员、纪检组长
郑江萍　党组成员、总工程师
钱陈保　党组成员、副局长

省国防科工办

李贤书　党组书记、主任
杨贵平　党组成员、副主任
刘　星　党组成员、副主任
万广明　党组成员、副主任
方正根　党组成员、纪检组长

肖建国 巡视员
沈　辉 副巡视员

省人防办

梁闽春 主任
王少东 副主任
林显君 副主任
申世坤 巡视员

省烟草专卖局

徐　瓘 局长、总经理、党组书记(任至7月)
魏　平 副局长、党组成员(7月起主持工作)
顾厚武 副总经理、党组成员
徐素珍 (女)副总经理、党组成员
胡义强 副总经理、党组成员
章建华 纪检组长、党组成员
陈建辉 总会计师
郑　京 巡视员
罗建武 副巡视员
辛焕荣 副巡视员
熊也农 副巡视员
郑　伟 江西中烟工业有限责任公司总经理、党组书记

省邮政公司

欧阳天高 党组书记、总经理(3月任)
黄君仲 党组成员、副总经理、纪检组长
张国寿 党组成员、副总经理(5月任)
戴书华 党组成员、副总经理、工会主席(5月任)
涂细保 经理
王武军 经理
史湖滨 经理

省通信管理局

黄建新 党组书记、局长
袁家义 党组成员、纪检组长、巡视员
卢　卫 党组成员、副局长(任至7月)
高　伟 党组成员、省专用通信局局长

南昌铁路局

郭竹学 局长
王秋荣 党委书记
钟生贵 常务副局长
康　维 副局长
陈乃武 副局长
徐利峰 副局长
宗德明 副局长
万　军 党委副书记(4月任)
任广鑫 党委副书记、纪委书记(4月任)
卢文星 工会主席
戴平峰 副局长
任朝阳 副局长
王日辉 副局长
彭　磊 副局长
刘明亮 副局长
陈寿卿 副局长
詹志文 总工程师
郭建波 总会计师

省机场集团

万　林 总经理
周敏生 党委书记
胡正银 副总经理
李运昌 副总经理
欧阳智 财务总监
任厚祥 副总经理
黄肇春 副总经理
罗　辑 党委副书记、纪委书记

省商务厅

伍再谦 党组书记、厅长
刘翠兰 (女)党组成员、副厅长
李青华 (女)党组成员、副厅长
李文尧 党组成员、副厅长
陶莉萍 (女)党组成员、副厅长
杨远林 党组成员、驻厅纪检组长(7月任)
王筱萍 (女)党组成员、省贸促会副会长、巡视员(12月任)
刘文华 党组成员、副厅长
邓必云 副巡视员(4月任)
朱元发 省贸促会副会长
饶贵生 江西外语外贸职业学院党委书记(7月任)
孔　华 江西外语外贸职业学院院长(7月任)

沈运煊 巡视员(3月退)
王中阳 巡视员(3月退)

省供销社

吴伏生 党组书记、主任(7月任)
钟际跃 党组副书记、主任(任至7月)
涂俊伟 党组成员、副主任
欧阳太来 党组成员、副主任
卢　建 党组成员、纪检组长
卢　忠 党组成员、副主任
胡木桂 (女)副巡视员
陈伟儒 副巡视员
胡明星 副巡视员
赵恒伯 江西旅游商贸职业学院党委书记

省工商局

邝小平 局长
王可忠 党组书记
沈庆中 副局长
张　刚 纪检组长、巡视员(12月任)
刘建华 副局长
魏晓奎 副局长
张　新 副局长
吴　伟 副巡视员
刘东庚 副巡视员
袁建军 副巡视员
万世维 副巡视员(7月任)

省旅游局

王晓峰 党组书记、局长
屈乾娜 (女)党组成员、副局长
余晓明 (女)党组成员、副局长
胡　海 党组成员、副局长
李瑞峰 党组成员、副局长
陈　兵 党组成员、纪检组长
曾宜富 副巡视员
韩惠兰 (女)副巡视员
徐信国 副巡视员
熊柏华 副巡视员

省外侨办

张学军 党组书记、主任(7月任)
林兴富 党组书记、主任(任至7月)
王雨森 巡视员
吴健民 巡视员
赵　慧 (女)党组成员、副主任

张知明 (女)党组成员、副主任
李雨强 党组成员、副主任
罗亦斌 党组成员、纪检组长
李一平 党组成员、副主任

南昌海关

王　炜 关长(3月任)
钟海澄 副关长
杨　绮 (女)纪检组长
王　和 缉私局长
张新生 副关长(3月任)
王味冰 副关长(6月任)
于苏建 缉私局政委
张晓文 副巡视员
王云卿 副巡视员
薛金楼 关长(任至2月)
魏　斌 副关长(任至1月)、巡视员(任至6月)
林建平 副关长(任至5月)

江西检验检疫局

吕志平 局长、党组副书记
孙工毅 副局长、书记
易克钦 副局长、党组成员
张国清 副局长、党组成员
陈　宇 纪检组长、党组成员
桂家祥 赣州检验检疫局局长、党组书记

人行南昌中心支行

高小琼 党委书记、行长、国家外汇管理局江西省分局局长
张智富 党委副书记、副行长、国家外汇管理局江西省分局副局长
石　南 助理巡视员(11月退)

江西银监局

曾向阳 (女)党委书记、局长(任至8月)
马忠福 党委书记、局长(8月任)
刘　捷 副巡视员
彭川西 副巡视员

江西证监局

胡伏云 党委书记、局长(4月任)
夏业成 党委书记、纪委书记、局长(任至4月)

江西保监局

蔡基谱 局长、党委书记
陈　静 副局长、纪委书记、副巡视员

省农业厅

甘良淼 党委书记、厅长
张忠平 党委委员、副厅长
马岩波 副厅长
钟力民 党委委员、纪委书记
唐安来 党委委员、副厅长，省农垦事业管理办公室党组书记、主任
程关怀 党委委员、副厅长
万国根 党委委员、副厅长
徐金星 总经济师
彭济民 巡视员
黄峰岩 省畜牧兽医局局长
李道国 副总经济师

省农垦事业管理办

唐安来 省农业厅党委委员、副厅长，省农垦事业管理办公室党组书记、主任

省林业厅

刘礼祖 党组书记、厅长(任至3月)
阎钢军 党组书记、厅长(3月任)
肖　河 党组成员、巡视员(任至9月)
魏运华 党组成员、副厅长(任至12月)、巡视员(12月任)
郭　家 党组成员、副厅长
詹春森 党组成员、副厅长
罗　勤 党组成员、副厅长
邱水文 党组成员、省森林公安局政委
李晓浩 党组成员、纪检组长
毛赣华 副巡视员
胡跃进 总工程师
曹志远 副巡视员(4月任)
刘忠根 副巡视员(7月任)

省水利厅

孙晓山 党委书记、厅长
朱来友 副厅长
杨丕龙 副厅长
李东江 纪委书记
文　林 副厅长
罗小云 副厅长
张文捷 总工程师
曾晓旦 副厅长
廖瑞钊 副厅长
周江红 (女)副巡视员

省政府鄱湖办

许爱民 省发改委主任、省政府鄱湖办主任
叶柏青 省发改委副主任、省政府鄱湖办常务副主任
赖南京 省政府鄱湖办副主任
刘　兵 省政府鄱湖办副主任

省国土资源厅

胡　宪 党组书记、厅长
刘定明 党组副书记、副厅长
刘保华 巡视员
陈祥云 党组成员、副厅长
项尝培 党组成员、副厅长
王敦范 党组成员、纪检组长
高振华 党组成员、省测绘地理信息局局长
李桂春 省国土资源执法检查总队总队长
张圣泽 党组成员、副厅长
侯克常 总规划师(12月任)
匡　猛 省测绘地理信息局党委书记
王新建 副巡视员
罗小明 副巡视员(4月任)
刘铁群 江西应用技术职业学院党委书记(7月任)
高怀世 副巡视员(7月任)

省测绘地理信息局

高振华 省国土资源厅党组成员、省测绘地理信息局局长
匡　猛 党委书记

省扶贫移民办

刘永思 主任(任至3月)
章康华 主任(7月任)
彭林森 巡视员
张志豪 副主任
饶振华 副主任

蔡子津 纪检组长
胡跃明 副巡视员

省粮食局

熊根泉 党组书记、局长
路 线 巡视员
蔡厚勇 党组成员、纪检组长
罗 洪 党组成员、副局长
刘福元 党组成员、副局长

省农业综合开发办

张忠平 党组书记、主任

省气象局

常国刚 党组书记、局长
刘祖仑 党组成员、纪检组长
詹丰兴 党组成员、副局长
吴万友 党组成员、副局长
姚春林 副巡视员
郭友德 副巡视员

省地震局

王建荣 党组书记、局长
郑 栋 党组成员、副局长
王志鹏 党组成员、副局长、纪检组长
柴劲松 党组成员、副局长

省科技厅

王 海 党组书记、厅长
吴文峰 党组副书记、副厅长
左喜明 巡视员
王晓鸿 党组成员、副厅长
罗 莹 党组成员、副厅长
赵金城 党组成员、副厅长
杨逸仙 (女)党组成员、纪检组长
黄烈之 副巡视员
李培生 厅长助理

省委教育工委、省教育厅

虞国庆 省委教育工委书记、省教育厅厅长
史蓉蓉 省委教育工委副书记
彭世东 省委教育工委副书记、省教育厅副厅长
程样国 省委教育工委委员、省教育厅副厅长、江西广播电视大学党委书记
洪三国 省教育厅副厅长
傅鹏鹏 省委教育工委委员、省教育纪工委书记
郭奕珊 省委教育工委委员、省教育厅副厅长
万普海 省委教育工委委员、省教育考试院党委书记
宋雷鸣 省委教育工委委员、省教育厅副厅长
杨慧文 省委教育工委委员、省教育厅总督学
肖 辉 省教育考试院院长
刘润保 副巡视员
汤赛南 副巡视员
吕玉琪 副巡视员

省体育局

刘 鹰 党组副书记、局长
傅桌成 党组书记
李小平 党组成员、副局长
周海涛 党组成员、副局长
林 军 党组成员、副局长
宗玉明 党组成员、纪检组长
杜雅军 副巡视员
谭清元 副巡视员

省卫生厅

李 利 党组书记、厅长
邹国荣 党组成员、副厅长(7月任)
曹 麒 党组成员、副厅长(任至7月)
赖厚明 党组成员、纪检组长
万筱明 (女)副厅长
关晏民 (满族)党组成员、副厅长
程关华 党组成员、副厅长
曾传美 党组成员、副厅长
方 晓 副巡视员
章丽莎 副巡视员

省食品药品监管局

关晏民 (满族)党组书记
孙雅光 (女)巡视员
刘 理 副巡视员
肖一华 党组成员、副局长
田克仁 党组成员、副局长

省人口计生委

李舰海 党组书记、主任
曹 麒 党组成员、副主任(7月任)
邹国荣 党组成员、副主任(任至7月)
李晓琼 (女)党组成员、副主任
叶贤明 党组成员、纪检组长
尹玉光 党组成员、副主任。
丰 华 副巡视员
孙何更 省计划生育协会专职副会长

省文化厅

李玉英 省委宣传部副部长、厅长、党组副书记(任至7月)
郜海镭 厅长 党组副书记(7月任)
舒仁庆 党组书记
汪天行 副厅长、党组副书记(任至7月)
王晓庆 党组成员、副厅长
魏 玮 党组成员、纪检组长
徐琳琳 党组成员、副厅长、省文物局局长
任永新 副巡视员
樊昌生 副巡视员(7月任)

省广播电影电视局

杨六华 省委宣传部副部长、党委书记(3月任)、局长(4月任)
杨玲玲 (女)党委委员、副局长(任至4月)、江西电视台党组书记(任至3月)、台长(任至4月)、江西广播电视台党委书记、台长(4月任)
梁 勇 党委委员、副局长、厅直属机关党委书记
杨 松 党委委员、副局长(任至7月)、江西广播电视台党委副书记、纪委书记(7月任)
王朝新 党委委员、副局长
刘玉东 党委委员、纪委书记(任至7月)、副局长(7月任)
龙和南 党委委员(任至4月)、江西人民广播电台台长(任至5月)、江西广播电视台党委副书记、副台长(5月任)
陈 峰 副巡视员
兰丽华 (女)副巡视员(7月任)

省新闻出版局

黄 鹤 党组书记、局长
池 红 党组副书记、副局长

程利民 巡视员
姜　红 （女）党组成员、纪检组长
刘　平 党组成员、副局长
白文松 党组成员、副局长

省民族宗教事务局

谢秀琦 省委统战部副部长、省民族宗教事务局党组书记、局长
梅仕灿 党组成员、副局长
王希贤 党组书记、副局长（2 月任）
肖争鸣 巡视员
张国培 巡视员
李　红 （女）副巡视员

省地方志办

刘　斌 党组书记、主任（任至 7 月）
梅　宏 党组书记、主任（7 月任）

省社科院

汪玉奇 党组书记、院长
姜　玮 党组成员、纪检组长
毛智勇 党组成员、副院长
万建强 党组成员、副院长
叶　青 党组成员、副院长

省公安厅

章凯旋 党委副书记、副厅长
罗永银 党委副书记、副厅长、省 610 办主任
曹根水 巡视员（8 月任）
梁小康 党委委员、副厅长
涂远征 党委委员、副厅长
李　煌 党委委员、副厅长（8 月任）、纪委书记
王国强 党委委员、副厅长、南昌市政府副市长、市公安局局长
王跃辉 党委委员、政治部主任（3 月任）
陈愿涛 党委委员、副厅长（3 月任）、警卫局局长
肖冬根 副巡视员
刘　刚 副巡视员
陈晓平 副巡视员
廖振文 副巡视员（7 月任）
辜水保 党委委员、政治部主任（2 月退）
邓宸芳 副巡视员（4 月退）

省公安消防总队

房凌春 总队长
王林波 政治委员
邓晓钧 副总队长
宋锦龙 副总队长
宋学泉 副总队长
徐伟保 副政治委员
蔡卫国 参谋长
饶春风 政治部主任
欧阳漾 后勤部部长
马　辛 防火监督部部长

省司法厅

马承祖 厅长、党组书记兼省监狱局第一政委
吴志坚 巡视员（1 月任）
沙闻麟 副厅长、党组成员兼省监狱管理局党委书记
夏太华 巡视员（1 月任）
邓奕强 副厅长、党组成员
肖　良 副厅长、党组成员（8 月任）
刘品韬 政治部主任、党组成员
简明龙 副巡视员
高美华 （女）副巡视员
罗　冈 省监狱管理局局长、党委副书记
阎循店 省监狱管理局政委、党委副书记
罗冬苟 省监狱管理局副局长、党委委员、省监狱企业集团公司党委书记、总经理
于雅丽 （女）省监狱管理局副巡视员、党委委员
马金云 省监狱管理局副巡视员、党委委员
白马京 省劳教局（戒毒管理局）局长、党委书记
于少晗 省劳教局（戒毒管理局）政委、党委副书记

省总工会

郭学勤 （女）党组书记、常务副主席
李　骥 巡视员
柯进水 副主席
王运快 经审委主任（任至 4 月）、副主席（4 月任）
陈文明 副主席
蒋云国 纪检组长
吴海平 副主席
万学华 副巡视员
张　源 经审委主任（8 月任）

团省委

曾　萍 （女）党组副书记、副书记
孙　鑫 党组成员、副书记
廖良生 党组成员、副书记

省妇联

潘玉兰 （女）党组书记、主席
林玉华 （女）党组成员、副主席
黄海燕 （女）党组成员、副主席
肖晓兰 （女）党组成员、副主席
蔡力群 （女）副巡视员
陈　固 副巡视员

省文联

郜海镭 党组书记、副主席（任至 7 月）
汪天行 党组书记、副主席（7 月任）
刘　华 党组成员、主席
余达喜 副主席
鄢平原 党组成员、副主席
曹　杭 党组成员、副主席

省社联

祝黄河 党组书记、主席
黄万林 党组成员、副主席
吴永明 党组成员、副主席
胡春晓 （女）党组成员、副主席
赵小春 副巡视员

省科协

龚绍林 党组书记
李雪南 党组成员、副主席
彭玲华 （女）党组成员、副主席
梁纯平 党组成员、副主席
黄群言 副巡视员（2 月任）

省侨联

周　锦 （女）党组书记、主席
黄荣福 巡视员（12 月免）
陈光宇 党组成员、副主席
王　强 党组成员、副主席

陈世春　副主席

省台联

何大欣　会长、省台办巡视员

省残联

徐效钢　理事长
陈卫华　党组书记(7月任)
宋寅安　副理事长
李芳萍　副理事长
李秋生　党组书记(2月免)
谢德芙　巡视员(3月退)

省红十字会

方　娅　(女)常务副会长
刘安娜　(女)专职副会长
欧阳平　专职副会长

民革江西省委

陈春平　(女)专职副主委
韩树艺　省政府参事
李季仁　副巡视员

民盟江西省委

任江南　专职副主委
凌维平　副巡视员、秘书长

民建江西省委

孙菊生　主委
赵　波　(女)专职副主委(6月任)
徐良平　专职副主委(任至6月)

民进江西省委

梅国平　副主委、江西师范大学校长
姚燕平　(女)副主委、南昌市副市长
卢天锡　副主委、九江市副市长
欧阳剑雄　专职副主委
张国轩　副主委(6月任)、省人民检察院副检察长
陈洪萍　(女)副巡视员(7月任)、秘书长

农工党江西省委

涂　建　专职副主委

九三学社江西省委

栾　波　专职副主委

省工商联

雷元江　主席(7月任)
刘金炎　省委统战部副部长、工商联党组书记(7月任)
黄代放　主席(任至7月)
舒国华　省委统战部副部长、工商联党组书记(任至7月)
于也明　副主席(任至7月)、巡视员(7月任)
谭文英　(女)副主席(7月任)
洪跃平　副主席
刘星平　副主席(7月任)

江西师范大学

陈绵水　党委书记
梅国平　校长
何小平　党委委员、副书记
聂　剑　党委委员、副校长
徐耀耀　党委委员、副校长
赵　明　党委委员、副校长
廖维林　副校长
张艳国　副校长
黄加文　党委委员、副校长
周晓朗　党委委员、纪委书记
涂宗财　党委委员、副校长

江西农业大学

石庆华　党委书记
黄路生　校长、党委副书记
曹国庆　党委副书记
曹钟朗　党委副书记
金志农　党委委员、副校长
徐兰宾　党委委员、纪委书记
上官新晨　副校长
潘晓华　党委委员、副校长
陈金印　党委委员、副校长
廖为明　党委委员、副校长(3月被开除公职)
贺浩华　党委委员、副校长

江西中医学院

刘红宁　党委书记
傅克刚　党委副书记、院长(任至7月)
王金平　党委副书记
陈明人　党委委员、副院长
左铮云　党委委员、副院长
侯中平　党委委员、纪委书记(任至2月)
韩立民　党委委员、副院长(任至7月)
杨世林　副院长
何晓晖　党委委员、副院长(任至10月)
朱卫丰　(女)党委委员、副院长
杨　明　党委委员、副院长
刘　青　党委委员、纪委书记(7月任)

江西教育学院

姚　电　党委书记
毛学东　党委副书记、院长
毛秋云　党委委员、副院长
席芳宽　党委委员、副院长
郭名根　党委委员、纪委书记
赖大仁　党委委员、副院长
徐晓泉　副院长

江西财经大学

廖进球　党委书记
王　乔　校长
胡建华　党委副书记
王金华　党委副书记
肖华茵　副校长
吴照云　副校长
易小明　副校长
卢福财　副校长
蒋金法　副校长
易剑东　副校长
杨建林　纪委书记
王小平　校长助理

华东交通大学

张安哥　党委书记(2月免)
雷晓燕　党委副书记、校长
王爱和　党委副书记
高海生　党委委员、副校长

张玉清 副校长
张　坚 党委委员、副校长
史焕平 党委委员、副校长
刘海文 党委委员、副校长
汪立夏 党委委员、纪委书记
陈梦成 党委委员、副校长

南昌航空大学

傅克刚 党委书记(7月任)
余　欢 党委副书记、校长
黄士安 党委副书记
黎　明 党委委员、副校长
王玉芝 (女)党委委员、纪委书记
罗胜联 副校长
唐星华 党委委员、副校长
何兴道 党委委员、副校长
刘卫东 党委委员、副校长(7月任)

江西广播电视大学

程样国 省委教育工委委员、省教育厅副厅长、江西电大党委书记(兼)
沈建华 党委副书记、校长
刘紫春 党委副书记、纪委书记
钟志贤 副校长
黄平槐 党委委员、副校长
李国敏 党委委员、副校长

江西科技师范大学

李红勇 党委书记
郭杰忠 党委副书记、校长
池泽新 党委委员、副校长
魏新华 党委委员、纪委书记
朱爱莹 (女)党委委员、副校长
李冬妮 (女)副校长
胡业华 党委委员、副校长
蒲守智 党委委员、副校长
朱　笃 党委委员、副校长(7月任)
徐景坤 副校长
李玉保 党委委员、副校长

江西理工大学

熊正明 党委书记
叶仁荪 党委副书记、校长
张建中 党委副书记
肖文群 党委委员、纪委书记
罗嗣海 党委委员、副校长
杨　斌 党委委员、副校长
温和瑞 党委委员、副校长
邱廷省 党委委员、副校长
伍自强 党委委员、副校长

南昌工程学院

李水弟 党委书记
扶名福 党委副书记、院长
张立青 党委副书记
梁　钢 (女)纪委书记
张晨曙 副院长
吴泽俊 副院长
汪胜前 副院长
李　明 副院长
樊后保 副院长
汪荣有 副院长
刘　青 副院长(任至7月)

景德镇陶瓷学院

冯林华 党委书记
周健儿 党委副书记、校长(任至7月)
饶俊南 党委副书记
曹春娥 (女)党委副书记、纪委书记(任至6月)
江伟辉 党委委员、副校长
左和平 副校长
陈雨前 党委委员、副校长
叶观荣 党委委员、纪委书记(7月任)
吴　隽 党委委员、副校长
刘小丽 (女) 党委委员、副校长
吴本荣 党委委员、副校长

东华理工大学

徐跃进 党委委员、副校长(任至7月),校党委书记(7月任)
刘庆成 校长、党委副书记
孙占学 党委委员、副校长
刘晓东 党委委员、副校长
花　明 党委委员、副校长
徐　鸿 党委委员、校纪委书记
汤　彬 副校长
郭福生 党委委员、副校长
陈晓勇 副校长
聂逢君 党委委员、副校长

赣南师范学院

田延光 党委书记
孙弘安 院长、党委副书记
王太钧 党委副书记
曾泽鑫 党委委员、副院长
陈　新 党委委员、副院长
胡龙华 党委委员、副院长
范小林 党委委员、副院长
陈　勃 副院长
陈春生 副院长
邱小云 党委委员、副院长
廖桂兰 (女)党委委员、纪委书记

赣南医学院

黄林邦 党委副书记、校长(任至7月)、党委书记(7月任)
韩立民 校长、党委副书记(7月任)
曾祥运 党委委员、副校长
刘　潜 副校长
王柏群 副校长
刘　民 党委委员、副校长
张裕生 党委委员、纪委书记
陈　亮 党委委员、副校长(3月任)

上饶师范学院

李友鸿 党委书记
柳和生 党委副书记、院长
王胜华 党委副书记
王秀章 党委委员、副院长
詹世友 党委委员、副院长
刘国云 党委委员、副院长
江速英 党委委员、纪委书记
王德荣 党委委员、副院长
赖明谷 党委委员、副院长、党委(院长)办公室主任
周厚丰 党委委员、副院长(7月任)
郑大贵 院长助理、教务处处长

宜春学院

王晓春 党委书记
姚　电 党委副书记、校长(任至7月)
王宜安 党委副书记、副校长
徐迪详 党委委员、副校长(7月退)
龙　进 党委委员、副校长
彭外生 党委委员、纪委书记
朱　笃 党委委员、副校长(任至7月)
梅光泉 副校长
曾晓春 党委委员、副校长
李明斌 党委委员、副校长

蒋 钰　党委委员、副校长
周瑾晟　党委委员、副校长(7月任)

井冈山大学

万继抗　党委书记
张泰城　校长、党委副书记
金桂英　(女)党委副书记、纪委书记
桂国庆　党委委员、副校长
王伴青　副校长
曾建平　党委委员、副校长
肖长春　党委委员、副校长
吕玉华　党委委员、副校长

九江学院

郑 翔　党委书记
甘筱青　党委副书记、校长
石荣国　党委副书记、纪委书记
吴桃娥　(女)党委委员、副校长
欧阳春　党委委员、副校长
纪岗昌　副校长
王万山　党委委员、副校长
陶春元　副校长
杨焱林　党委委员、副校长

新余学院

刘 冬　党委书记
罗玉峰　党委副书记、院长
张 健　党委副书记
宁世春　党委委员、副院长
胡 涌　党委委员、副院长
刘晓燕　(女)党委委员、纪委书记

全国五一劳动奖章获得者

万良华　浙江绍兴人,1963年出生,大专学历,上饶市万家灯火酒楼主管、烹饪大师。他是上饶市百年老字号“丁大兴”的传人。自创业以来,他始终勤勤恳恳、脚踏实地,以强烈的事业心和责任感,无私奉献,默默耕耘。他以精湛的烹饪技术、吃苦耐劳的精神、求真务实的作风,不断创新的思想,在平凡的岗位上做出了不平凡的业绩,得到了众多消费者的认可。作为上饶市饮食业的佼佼者,他获得多项荣誉:2008年,获江西省第五届烹饪技术大赛个人特等奖,他带的队伍获团队“中华金厨奖”、世界稻香烹饪大赛优胜奖;2010年,他获烹饪界个人国家级最高奖——“中华金厨奖”,上饶市仅他一人获此殊荣。2010年,被评为“江西省劳动模范”。2006年,他开始收养孤寡老人,每月按时为孤寡老人提供生活费,并多次资助贫困学子完成学业。

李 红　江西永新人,1971年出生,大专学历,江西长运股份有限公司徐坊客运站“李红服务组”组长,中共党员。在工作中,她以身作则,不计名利,任劳任怨,团结同志,热忱为旅客服务,不断拓展服务范围,使广大旅客享受江西长运“出行便捷,温馨如家”的优质服务。她带领的小组推出“助残服务”,为残疾旅客提供电话订票、优先购票、代理服务、托管服务、接送上车等。她的小组还不断创新延伸服务范围,开通网上订取票、特殊旅客一条龙服务、温馨劝阻吸烟、一杯温水一份真情送水服务、爱心基金捐助急难旅客等服务举措。她以自己的实际行动,感动了旅客,感染了组员。2011年,全体组员在她的带领下,为重点旅客服务5688人次,为旅客排忧解难576人次,拾金不昧275次,代理服务120件,得到旅客留言表扬420次、媒体表扬6次。

陆伟峰　浙江上虞人,1968年出生,博士研究生,南昌工程学院教务处处长、教授,中共党员。他从教20年来,积极开展教学改革与研究,通过经常访谈,了解学生学习动态,改进教学方法,开展“互动式”“讨论式”教学。他经常深入到宿舍、班级了解学生的学习和生活情况,针对学生在专业学习中出现的情绪波动,积极进行疏导,缓解学生的学习压力。他指导学生多人次在全国、全省数学建模竞赛中取得优异成绩。在教学管理工作中,他始终坚持“办学以教师为本、教育以学生为本”的理念,加大教学管理力度。在他的倡导下,学校开办了大土木类教学实验班、高等教学分层分类教学。2008年,他获得江西省高等学校教学成果二等奖(第一完成人)。他主持完成了10多项国家和省部级科技和教育研究课题,作为主要成员参与完成国家和省部级课题20多项,发表论文30多篇。

蔡永清　江西南昌人,1968年出生,大专学历,江西洪都航空工业集团有限责任公司机械加工厂工人,中共预备党员。他自参加工作以来,在磨工岗位上一干就是20余年。他以一颗洪都人的赤诚、坚毅、顽强之心,在岗位上默默奉献,通过自身不断努力,掌握了扎实的磨削加工技术。分厂难度较高的磨工关键零件、重要零件都由他来完成,被同事戏称为“磨工大王”。数年来,他共提出技术革新的合理化建议300余条,创造经济效益近100余万元,工时连续6年排分厂第一。2009～2011年,共完成工时46621小时,开了一个人开3台机器的先河,用3年时间,完成了一般人近10年的工作量。他的工作也得到了公司及分厂领导的一致好评与肯定,尤其是他高超的技术能力,成为许多员工的学习榜样,带动和影响着分厂一大批青年职工,促进了分厂各项任务的圆满完成,在平凡的岗位上做出了不平凡的业绩。

杨 键　四川仁寿人,1966年出生,硕士研究生学历,南昌大学附属口腔医院口腔内科主任、主任医师,中共党员。他曾两次赴日本研修,2011年又前往美国宾夕法尼亚大学学习。回国后,在江西首先开展显微根管治疗及根管镍钛机扩技术,填补了江西在这

两项技术上的空白。除临床工作外，他还致力于临床研究，主持多个省级重点课题，共有20余篇论文发表在国内口腔专业核心期刊上。作为硕士研究生导师，他先后培养了10多名硕士研究生。在他和科室人员的共同努力下，南昌大学附属口腔医院口腔内科通过了省卫生厅重点学科的申请，他本人也入选江西省"百千万"人才工程。在繁忙的工作之余，他尤其注重科室年轻医师的培养，在口腔内科开展了每周一次的外文文献学习，让大家了解国内外的最新临床研究动态，提高了医生的临床治疗水平。

肖四如 江西萍乡人，1954年出生，硕士研究生学历，江西省农村信用社联合社党委书记、理事长、研究员，中共党员。他任江西省农村信用社联合社党委书记、理事长8年来，把多年经济金融理论研究成果成功运用于农村信用社改革实践，将一个严重资不抵债、规模极小、资产质量低下、濒临破产边缘的农村金融机构改造成全省业务规模最大、发展质量高、经营效益好、社会贡献大的正规化现代银行机构，走出了一条具有中国特色的农村金融发展道路，被中国银监会誉为"江西模式"。8年时间，全省农村信用社存款余额由420亿元增至2670亿元，增长5.36倍；贷款余额由300亿元增至1600亿元，增长4.33倍；业务规模由全省第四跃居全省第一，实际不良贷款由70%下降至5%以下；累计实现经营利润100多亿元，消化了近30亿元历年亏损挂账，摘掉了当期亏损和亏损挂账"两顶帽子"，成为服务县域经济的主力银行。

傅晓明 湖南岳阳人，1955年出生，大专学历，南昌立健药业有限公司董事长兼总经理、经济师，中共党员。他

任南昌立健药业有限公司董事长兼总经理9年来，公司生产经营快速发展，各项经济技术指标每年均有大幅增长，实现销售收入从初期的6500万元增至2011年的近2.7亿元，上缴税金从初期的202万元增至2011年的3437万元，9年累计上缴近1.6亿元。在管理企业过程中，一是深化企业改革，建立考核激励机制，充分调动员工积极性和主动性，保障生产经营高效运转。二是狠抓新产品开发，先后投入近3000万元，成功开发10个新产品，其中获江西省优秀新产品一等奖3个、二等奖1个、三等奖2个。三是下大力气，搞活销售，千方百计拓展市场，其中有4个新产品销售量已进入全国前三名。四是关爱员工，大力创建和谐企业，依法与每位员工签订劳动合同，建立员工工资正常增长机制。

黄福康 江西万年人，1963年出生，硕士研究生学历，鹰潭市第一中学校长、中学高级教师，中共党员。他担任校长以来，鹰潭市第一中学被评为2011年"全国第四届和谐校园先进学校"，获"江西省第十二届文明单位""全省教育系统工人先锋号""省五一劳动奖状单位""首届江西人民最尊敬的十大学校"等多项荣誉。学校率先创立了"名师聊天室"。2009年，正式加入AMC（美国数学竞赛）中国俱乐部，成为AMC在江西唯一的成员。2011年，又加入中国数奥协作体。2010年，承办第五十一届国际数奥中国国家集训队集训。2012年，获得北京大学中学校长实名推荐、清华大学"新百年领军"计划两项资格。他始终以人为本，把教师和学生的困难放在心上，特别关心优困生的成长，学校设立"军营爱心助学基金"，还积极争取企业赞助、政府资助，真正做到"不让学生因贫困而失学。"

李玉平 江西丰城人，1960年出生，本科学历，丰城市人大常委会副主任、丰城市总工会主席，中共党员。他担任市总工会主席6年来，围绕"服务企业、服务职工、服务社会"的工作目标，不断创新工作新机制、创优工作新环境、创造工作新特色，创造了全省、全市一流的工作业绩。一是身系企业，深入基层抓组建。全市非公有制企业由5年前的300多家发展到800多家，非公有制企业组建率达92.2%，村级工会组建率100%。二是心系职工，想方设法创和谐。为了构建和谐的劳动关系，他带领市总工会人员多次奔走企业，逐渐形成了"积极引导、逐步规范、全面推进"的创建和谐劳动关系思路。成立了职工维权工作领导小组和劳动争议调解仲裁委员会、维权中心，与市司法部门、劳动和社会保障部门、法院以及劳动争议调解员队伍实现工作对接。

曹义双 江西都昌人，1971年出生，高中学历，江西景德房地产建设集团有限公司工程师，中共党员。他1988年到景德镇打工，学做泥工。经过两年的努力，学有所成，有了独立承包工程的能力。2008年初，根据自身的工作经验，从市场需求中谋发展，投资50万元开办景海中空玻璃店，购入半成品，加工为成品后销售给客户，店员以农民工为主，同时聘用专业技术人员。两年时间内，营业额高达210余万元，上缴税金10万余元。他富裕了没有忘记家乡，没有忘记乡亲，更没有忘记国家，他所承包的工程都尽量让家乡的农民兄弟参与。2001年，他得知家乡要修建社区老年活动中心，专程送去3000元现金和2000元建筑物资。汶川大地震时，他当即捐款1万元，表现出一个农民工的高尚情操。

项炳阳 江西婺源人，1964年出生，

初小学历，婺源县工业园保安，中共党员。他作为一名普通的农民工，多年来热心公益事业，助人为乐，其先进事迹被上海《新民晚报》多次报道，被誉为"来自最美乡村的最美打工人"。他家有老弱病残5口人，全靠他打工的一点工资，但为了帮助面临辍学的孩子，他每月省下100元去资助孩子。多年来，他行走四方，也将爱心播撒到足迹所到之处。他曾悄悄给遭遇天灾的工友家里寄去500元……他所有的捐赠都有一个共同特点：从不署真实姓名，署名都是董存瑞、黄继光、雷锋。汶川大地震时，他几次动了想当志愿者的念头，但想到自己既无资金又无技术，就向老板预支了1000元工资，捐献给了灾区。青海玉树地震时，他几个月没有发工资，死缠硬磨向老板预支了500元工资，捐献给灾区。他在日记中写道："玉树，这次我真的对不起你！"

邱文礼 江西铜鼓人，1972年出生，高中学历，铜鼓县二源化工有限责任公司副总经理，中共党员。他自参加工作以来，爱岗敬业，为企业的创立、改制、成长和发展，倾注了大量的汗水和心血，尤其是改制后的10余年，他主管的生产，产品从1个增加到4个，创造了人均纳税8万元/年的骄人业绩。工作中，他严格要求，精益求精，善于学习先进、总结提高。为提高经济效益，他在生产管理中，大胆倡导技术创新，并身先士卒，带头搞创新项目。2004年，他创造的"母液分离法"，不仅节能降耗，而且提高了母液的利用率，被评为公司当年创新特等奖。2009年，他利用清晰循环袋提取三氧化二锑的方法，一年节约原料近3吨，创造了价值20余万元的经济效益。在他的带领下，二源化工有限责任公司技术创新蔚然成风，各种发明创造项目达140项，累计创造了200多万元的财富。

喻 琳 江西南昌人，1973年出生，大专学历，江铃控股有限公司员工，中共党员。她是生产一线员工的杰出代表，在普通的岗位上做出了不平凡的业绩，成为自尊、自重、自强、自信的榜样。在工作中，她感到要做一名新时代的工人，必须"积极进取，和谐创新"，不断用知识充实自己，才能在当今竞争激烈的环境中立足，才能跟上企业发展的要求。她结合平时工作中积累的丰富经验，大胆对工作过程装配工艺进行优化，取得了很好的效果，其中X8超豪华版车型装配工艺优化提升效率达60%。她还利用单点课程形式对员工进行培训，有效提高了员工一岗多能水平，也为企业培养了一批复合型员工。她在班组大力开展创新创效，以合理化建议平台为依托，为公司降本增效。仅她提出的"关于库存取消车型线束废物利用的建议"，就为公司节约成本上万元。

刘 勇 江西南昌人，1971年出生，本科学历，南昌市城管委城管支队直属二队副大队长，中共党员。他自部队转业从事城市管理工作10余年来，始终兢兢业业，热爱本职工作，业务精通，乐于奉献，敢于吃苦，勇于拼搏，在平凡的岗位上书写对党的无限忠诚、对城管事业的无限热爱。他把创先争优活动融入到日常执法工作全过程，以创业服务为平台，注重丰富载体，立足为民服务，坚持以人为本，和谐执法，本着执法一次，服务一次，教育一次的原则，切实为群众排忧解难。敢于叫响"向我看，跟我上"的口号，以带领激励身边的群众。他强烈的事业心和责任感，赢得了全体干部职工的好评。在他典型事例的带领影响下，大队上下营造了"比学赶帮超"的浓厚氛围。他用实际行动彰显了一名劳动模范的高尚品德，展示了南昌城管的新风采。

徐根保 江西南昌人，1964年出生，本科学历，江西省皮肤病专科医院麻防科科长、副主任医师，中共党员。他23年如一日，奋斗在麻防工作第一线。23年来，他风雨无阻穿梭在麻风村和麻风病人家中。无论什么时候需要，他总是随叫随到。新建县一位麻风联疗病人并发严重的Ⅱ型麻风反应，生命垂危。他接到电话后，摸黑步行了5000多米山路，赶到患者家中，顾不上休息，就蹲在患者床边处理病情，使病人转危为安。为解决治疗中遇到的各种问题，他查阅大量国内外相关资料，钻研传统中医技术，并勇于在实践中运用，取得良好效果。为提高疫源村村民的受检率，每年的7～8月，他都要冒着酷暑，趁着农民集中返乡"双抢"的机会，到田间地头开展各项工作。23年来，他跋山涉水，足迹踏遍全省百余县市的村落，监测治疗病人3000余人次，为病人家属体检6000余人次。

凌君霞 江西彭泽人，1970年出生，高中学历，江西华孚纺织有限公司车间主任，中共党员。她从一名普通的前纺并条挡车工做起，实现了由挡车工到教练员再到车间主任的"三级跳"。她以厂为家，爱岗敬业。当挡车工时，她是车间的"全勤王"；当车间主任时，更是吃住在厂，形成了习惯。2004年，江西华孚纺织有限公司从2万锭向5万锭产能扩张，员工的新老交替，轮班长、专管员优胜劣汰，给车间生产和管理造成了一定的难度。在这种情况下，她在最紧张的几个月内，因劳累过度，几次晕倒在自己的岗位上。同事把她送进医院，她躺在病床上，仍旧是24小时与车间保持联系。多年来，她所带领的车间平均生产计划达成率达103.4%，客户投诉率仅有0.32%，还创造了连续5个月零投诉的好成绩。

卢玉山 江西高安人,1967年出生,硕士研究生学历,九江市第三人民医院主任医师,中共党员。他从医以来,牢记"全心全意为人民健康服务"的宗旨,心系病人、无私奉献,努力学习医学新知识、经济总结探索诊疗新经验。他从事临床医疗21年间,运用掌握的技术,救治了无数危重病人。他注重科研创新,结合工作岗位实际情况,在省内率先引进开展"纤维支气管镜介入灌注治疗空洞型肺结核的临床研究",并取得较好疗效。任主任医师以来,他共开展市级科研课题5项(其中4项为第一完成人,1项为第二完成人)。5项科研成果通过市科技局组织的鉴定,其中1项达省内领先、国内先进水平,填补了省内空白;1项达省内领先水平;1项达省内先进水平。1997年以来,他先后发表《非典期间九江地区发热留观病人348例临床观察》《我市发热门诊在预防控制SARS中作用的研究及意义》等论文16篇。

宁勤征 江西景德镇人,1957年出生,本科学历,景德镇陶瓷研究所党委副书记,高级工艺美术师,中共党员。28年来,他在陶瓷艺术艺术创新上取得的丰硕成果:创新传统青花工艺技术,开创从釉下青花彩绘到胚体釉上青花彩绘新工艺;创新传统刷花设计理念,发明了釉下青花刷花工艺技法,开发出独具时代感的现代釉上、釉下刷花山水、花鸟装饰新品种;发明了各种色彩的高温亚光颜色釉,提高了许多普通高温颜色釉的艺术价值;创造性地发掘和运用高温中华红和皇家黄颜色进行陶瓷绘画装饰,成功地烧造出高温中华红系列作品;创新陶瓷设计理念,开拓了现代系绳瓷造型设计新创意;创新思维,发明陶瓷颜料快速粉碎机及水剂、油剂颜料保温、油料画笔保管技术。他创作设计的作品已有100多件获国内外金、银、铜奖,30余件被国家、省、市博物馆入选收藏。

林兰生 江西萍乡人,1966年出生,高中学历,萍乡市环境卫生管理处工人,中共党员。他17岁就拿起扫帚,在环卫岗位上一干就是29年。29年来,他几乎天天披星戴月上下班,没有双休日、节假日的概念,脏和累是"家常便饭"。无论是当清扫工人,还是当垃圾清运司机,他都刻苦钻研,努力学习,尽快地掌握工作技能。大伙都戏称他为"不倒陀螺"。由于长期做垃圾清运驾驶员,他患上了职业病,身体也累垮了,肠胃很不好,却从未因病痛而影响工作。"非典"期间,他更是勇挑重担,冒着生命危险,负责市内各医院重症区的垃圾清运。2007年,他被调到垃圾场,从事垃圾覆盖工作。面对垃圾场冬天冷风呼啸,天寒地冻,夏天热浪滚滚,尘土飞扬的艰苦环境,他总是迎着散发着臭气的垃圾,及时开着推土机将垃圾压实覆盖,确保了垃圾场的整洁有序。

宋　英 江西贵溪人,1969年出生,高中学历,贵溪华泰铜业有限公司车间主任。她积极向上,在平凡的岗位上做出了不平凡的贡献。她把公司的发展当成自己的事业来对待,刻苦钻研技术,责任感强,热情高,以现代化企业标准要求自己,规范各项技术操作,对提高车间整体安全生产起到了积极的推动作用。她进公司10年,因工作认真负责、积极肯干,先后被评为2008年"贵溪市十佳杰出青年"、2009年"贵溪市优秀工会主席"、2011年"江西省五一劳动奖章获得者"。华泰铜业有限公司是福利企业,30%是残疾员工。为了更好地与员工交流,她向残疾员工学哑语,教育他们身残志不残,帮助他们解决实际困难,使他们能够安心工作和生活。在工作中,她严格要求自己,以高度的热情感染人,以精湛的技术带动人,以高尚的情操教育人,以博大的胸怀团结人,为企业的发展作出了贡献。

张　芃 四川射洪人,1961年出生,本科学历,江西江锂科技有限公司科研组组长,高级工程师,中共党员。作为专家型技术总负责人,他视科技进步为企业的生存根本,长期带领科研团队,扎根基层,不断研发新的工艺技术,并直接服务于生产,取得了很好的经济和社会效益。利用红土镍矿高温常压全湿法酸浸提镍工艺技术为全球首创,获国家专利,获得江西省高新技术重点企业奖。全矿法氢氧化锂生产技术,简化了生产流程,使建设投资和生产成本大幅下降。电池级锂钴氧化物专用碳酸锂技术,获省科技进步一等奖。火法低冰镍以煤代焦冶炼技术工艺,颠覆性改变传统火法工艺。锂云母CMS法制取硫酸锂工艺,有效提高了锂云母资源利用价值。在生产建设中,项目建设严格按环保型、节能型,可持续发展原则进行,其资源综合利用,尾渣、尾水、尾气、余热循环利用形成经济循环链,成果显著。

刘　茜 江西萍乡人,1965年出生,高中学历,江西特种电机股份有限公司高级电工。她参加工作以来,每天提前一小时到厂,清理现场,整理检验数据,填制上一工作日质量报表。20多年来,她总是第一个到厂,最后一个下班。她所在工作区域,无论何时去检查,现场总是严格按照6S管理模式,物品摆放整整齐齐,地面、柜子总是干干净净,把工作场地打扫得比自己家里还洁净。多年来,她无论工作多苦多累,毫无怨言,10余年从未因个人原因请过假。在工作中,她既铁面无私,又乐于助人,特别是对出了问题的员工,她指出他们的问题，在业余时间帮助他们找出差错的原因，分析问题，并主动帮助解决问题，起到了传、帮、带的作用。

杜根发 江西丰城人，1962年出生，本科学历，丰城市皮肤病医院主任医师，中共党员。他是一名多年从事麻风病防治的普通医生，在医院条件十分艰苦，任务相当艰巨，许多年轻人因忍受不了寂寞和偏见相继离开的时候，他抱着“为病人服务”的宗旨，毅然来到麻风村“安营扎寨”，在这个平凡的岗位上一干就是31年。为了寻求科学的治疗方法，他从早到晚穿梭在病人之间。坚持“送药到手，看服到口”的原则，及时观察病情和疗效，大大降低了麻风病人的发病率和畸残率，受到了国内外专家的好评和省内专业机构的推崇。麻风病防治最关键的是早期发现病人，切断传染源。31年来，他与他的同事走访了全市所有乡镇，上门了解全市存活麻风病人的基本情况，并组建了一支市、乡、村三级麻风病防治队伍，做到了麻风病人早发现、早治疗，有效地控制了麻风病的传播和蔓延。

丛 森 吉林长春人，1972年出生，硕士研究生学历，江西华文光电股份有限公司高级工程师。2009年1月，他为了发展中国的蓝光事业，辞去了德国singulus公司待遇优厚的工作，毅然来到江西华文光电股份有限公司这家民营企业，从事蓝光光盘的技术、开发与应用研究工作。3年来，他组建了蓝光技术研究中心，采取国内外引进人才和培养企业技术骨干相结合的方式，打造了一支具有丰富经验的研发团队，取得了丰硕的科研成果。由他主持研发的12项生产设备技术改造项目中，有9项申请专利，获国家知识产权授权，1项发明专利已受理，蓝光BDR母盘经AudioDev公司测试中心的检测报告显示性能完全符合复制要求，达到国际联盟标准，中科院上海科技查新咨询中心检索认定为国际先进水平。这些科研成果的转化应用，取得了显著的经济效益和社会效益，产品远销多个国家和地区，为中国蓝光事业的发展作出了贡献。

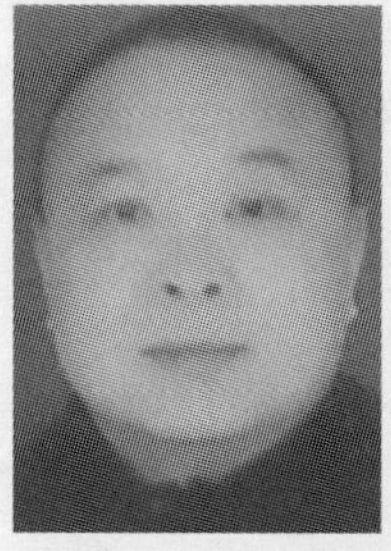

毛继红 江西铅山人，1967年出生，大专学历，江西宏宇园林绿化有限责任公司工程总监、高级园林师，中共党员。他自进公司以来，工作上任劳任怨，生活上吃苦耐劳，业务上刻苦钻研，为公司细心培育苗木13.33公顷，创造经济价值几百万元。在“一大四小”造林绿化工程建设中，他不分昼夜，起早摸黑战斗在田埂地头，指导民工如何种树，讲解技术要领，强调一定要采用科学的技术造林绿化。江西宏宇园林绿化有限责任公司承接了铅山县十几千米，近千亩的“一大四小”通道绿化工程任务，战线长，任务紧，在他的指导、带领下，不仅按时完成了植树任务，还保证了植树成活率达到90%以上，深得省、市、县造林绿化工程办的好评。他有一颗爱心，平时自己省吃俭用，却慷慨资助他人，来公司5年中，每年都要拿出上万元资助贫困学子上大学。

陈远中 浙江台州人，1981年出生，本科学历，江西巨晟实业有限公司技术研发中心主任、工程师。在生产过程中，他带领技术团队攻克了一个个技术难题，同时创新和开发具有核心竞争力的新产品。对减震器阀系结构进行改良创新，使得减震器在装配调试时一致性合格率从原来的92%提升到98%，仅此一项就为企业节约成本160万元。对油封导向器进行创新，采用新型油气混合型油封结构设计。该结构将油路和气路分开循环，达到紧密的密封效果，彻底解决了原来在产品使用过程中漏油的问题。对改装车的减震器进行匹配设计，不仅满足了减震器阻尼特性要求，还可以通过调整抬高或降低车身，使得改装车的操控性和舒适性可以灵活调校，增加了企业的产品种类，提高了在欧美市场的占有率。突破不锈钢滚压封口工艺技术难点，首创了不锈钢外管在减震器上的运用，填补了市场空白。

陈 岚 江西玉山人，1971年出生，大专学历，吉安市吉州区环境卫生管理处清扫大队副大队长，中共党员。她摒弃社会上对环卫工人的偏见，克服家庭和工作上的困难，勤勤恳恳、任劳任怨，在环卫战线一干就是十余年。2002年，她在长岗南路担任清扫班长。该路段一些市民卫生意识差，路面上经常有成堆的垃圾，凭着她不厌其烦劝说和耐心真诚的态度，使得街面上乱倒垃圾的现象逐渐减少。2003年，她担任第五环卫所所长。这是清扫面积最大、清洁工人最多的环卫所。她一方面悉心向前辈取经，一方面坚持深入一线，掌握每个班组每个时段的工作状况，结合现状，强化督查。在内部管理上，坚持严管厚爱，注重人性化管理，解决职工困难，关心群众疾苦。通过她的努力，第五环卫所在每月大队的质量考评中都名列前茅。

温美松 江西石城人，1967年出生，本科学历，赣州市国家税务局车购税征收管理分局局长、经济师，中共党员。他担任分局局长以来，先后提出并主持实施一系列改革新措施。一是强化“信息管税”，大大提高了办税效率。二是加强内部考核，根据各岗位的劳动强度和技术要求，设定不同的考核系数，实行绩效工资制度。三是简化办税程序，给纳税人以最大的方便。他牢记“为国聚财，为民收税”使命，强化服务意识，转变工作作风。在他的带领下，分局车购税征收连年增长，2011年达3.51亿元，人均征税额2500万元，名列江西省同级车购税征收机构第一。同时为市政府代征副食品调节基金3320万元，为地方经济发展作出了贡献。他领导的分局在2009年获"江西省三八红旗集体"称号，2011年又获"全国巾帼文明岗"称号。他本人也多次被评为"优秀公务员""先进党务工作者"。

谢勤英 江西赣县人，1957年出生，本科学历，赣州市妇幼保健院工会副主席、主任医师，民进会员。她在妇产科岗位工作30多年，每年德能勤绩考核都为优秀，先后获得30多项荣誉称号，在群众中享有很高的威望。她被选为中华医学会赣州妇产专业学会委员、围产医学会常务委员，担任市孕产妇死亡评审委副主任，负责全市产科质量培训等。她带领的团队总能将团队协作精神体现得淋漓尽致，她分管的产科被评为"全国巾帼文明示范岗""全国三八红旗集体"。经她手诞生的新生命近4万个，都获得满意效果，人们亲切地称她为"母婴守护神"。她的手机已连续10余年未关机，就像产妇"110"。她潜心科研，在省级以上医学刊物发表论文42篇，主持科研项目26项，填补国内空白5项，达到国内先进水平5项，填补省内空白8项，达到省内领先水平6项。

曹瑞林 内蒙古赤峰人，1962年出生，抚州市第一人民医院主任医师，抚州市急救中心主任，中共党员。她从事临床医学和管理工作20多年来，刻苦钻研，默默奉献，执着追求，从一名普通的内科医生成长为急诊内科主任医师、抚州市急诊专业委员会主任委员、抚州医疗事故争议技术鉴定专家组专家、南昌大学兼职教授。作为全省急诊专业骨干，她及时了解国内外急诊专业现状和发展趋势，并把最新科技成果转化应用于实际工作之中，在本地区率先开展电击除颤、深静脉穿刺、心包穿刺等技术，有效提高危急重症病人抢救成功率，较早推广"十年百项计划科技成果"，降低了心肌梗塞死亡率。在每年的突发公共卫生事件和大型事件中，她始终奋战在救治的第一线，科学调度，精心组织，镇定会诊，保证了每一次救治工作顺利进行，得到了群众的好评。

（省总工会经济技术部）

全国三八红旗手

杨慧芝 1956年12月出生，吉安市青原区新圩镇新圩居委会主任、妇代会主任。曾获"全国优秀调解员""全国模范人民调解员""江西省优秀农村基层妇女干部""江西省优秀人民调节解员""江西省十大法治人物"称号。她在工作中身兼多职，经常深入家庭，及时了解不和谐因素，把矛盾化解在初始阶段，辖区内连续10年无民间纠纷激化引起的自杀、凶杀、械斗、集体上访等事件，无民转刑案件，无越级上访问题。她积极做好安置帮教工作，对辖区刑释解教人员诚心进行帮助，赢得了群众的一致好评，人们亲切地称她为"杨大姐""杨妈妈"。

张秋英 1968年8月出生，萍乡市安源区八一街老站社区党支部书记、主任。曾获"全国志愿者工作先进个人""江西省优秀党务工作者""江西省扶残助残爱心人士""江西省十佳优秀基层妇女干部"等称号。多年来，她走街串巷、默默奉献，带领社区干部齐心协力干事创业，想方设法为居民排忧解难，被大家亲切地称为"小巷总理"。近5年社区共举办创业就业培训12期，培训妇女800多人次，帮助371名下岗失业人员实现再就业。

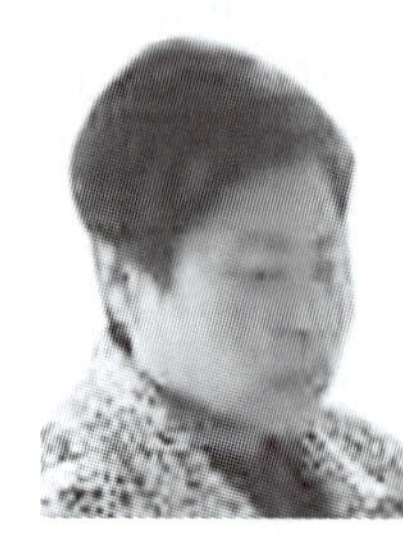

徐和平 1967年7月出生，景德镇市妇联副主席。曾获"省三八红旗手""全国计生婚育新风进万家活动先进工作者""全国妇联维权先进工作者"等称号。她以高度的责任感和强烈的事业心，带领妇联干部齐心协力为妇女儿童服务，使妇女参与经济建设的能力不断提高，生存环境得到改善，各项工作取得突破性进展。她提出建议并组织实施，引导妇联干部创建示范点，把妇联基层组织建设纳入党组织建设、民主政治建设的整体规划，营造"党委领导，政府支持，妇联牵头，多方参与"的良好格局。

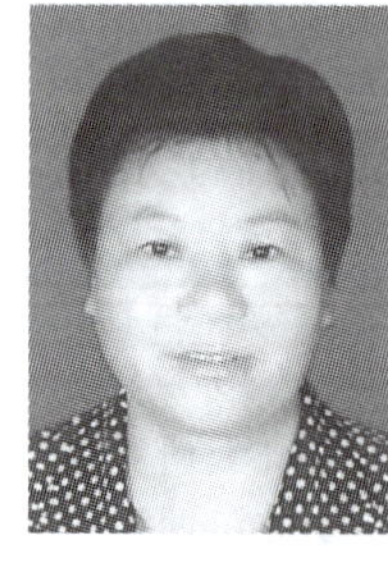

屈艳花 1965年7月出生，九江市湖口县城山镇富源村党支部书记、村主任。曾获"省三八红旗手"称号。她通过多方考察，广泛联系家乡有志之士，开发创办千亩油茶园，开发荒山17.33公顷种植药樟，使荒山披上绿装。她带领干部群众打造2个省级新农村建设点，建造水利设施，修筑村组水泥路，得到群众普遍认可和赞扬。

温燕霞 1963年1月出生，江西人民广播电台台长助理、民生频率总监，享受国务院特殊津贴。曾获"全国广播电影电视系统先进工作者""江西省巾帼建功标兵""江西省五一劳动奖章""江西省精神文

明建设‘五个一工程’组织工作先进个人”“江西省十佳新闻工作者”“全国百佳新闻工作者”“第七届中国广播剧研究会广播剧专家评析最佳编辑奖和终身成就奖”“全国优秀新闻工作者”等称号。她从创作“五个一工程”广播剧，到率领民生频率脱颖而出，到探索广播电视产业的发展，用15年时间完成了对广播电视事业的跨越。她创作了300多万字的文学作品，跻身江西著名作家之列。

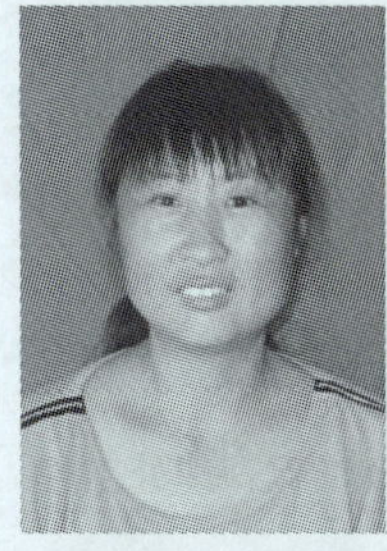

罗细英 1968年4月出生，上饶市铅山县邮政局陈坊乡代办所邮递员。曾获江西省“三八红旗手”“江西省邮政劳动模范”“江西省邮政系统优秀共产党员”“全国邮政系统先进个人”“全国五一劳动奖章获得者”等称号。她独自坚守岗位16年，日复一日地行走在山间邮路上，穿梭于全乡8个行政村，最远的地方需要翻过30多道岭、20多道湾。她走破了40多双运动鞋，骑坏了4辆自行车，投递报刊53万多份、邮件23万多件，从未出现过积压、丢失、延误等差错。

周细梅 1960年8月出生，鹰潭市人民医院护理部主任。曾获“江西省优秀护士”称号。她先后在门急诊、内儿科、大内科工作，不管是做护士还是当护士长，脏活累活总是抢着干，从不计较个人得失；她刻苦钻研业务，在市局及医院组织举行的护理理论、技术竞赛中多次获奖。担任护理部主任以来，她狠抓护理管理质量，建立完善三级质量控制体系，制定质量管理目标，坚持定期检查和随机抽查，发现问题及时纠正反馈，在内、外科两个病区设立“整体护理模式病房”，带领全体护理人员树立以“病人为中心”的理念，变被动服务为主动服务，大大提高护理水平。

余丽琴 1968年8月出生，省农科院水稻研究所研究员。曾获国家科学技术进步一等奖、江西省科学技术进步一等奖。在近20年的科研生涯中，她凭着扎实的专业知识，先后主持完成了国家科技攻关、国家科技支撑计划和省部级以上项目12项，作为骨干参加了国家“863”、国家自然科学基金和省部级以上项目17项。她从江西地方稻种资源中发掘出优异稻种资源26份，创制了一批新种质材料，为全国20多个省的科研和教学单位提供优异稻种资源利用5012份次。作为东乡野生稻原位保护区建设项目的主要负责人，她通过不断完善，使保护区面积由原来的0.13～0.2公顷扩大到8.4公顷，成为国家野生稻保护区的典范。

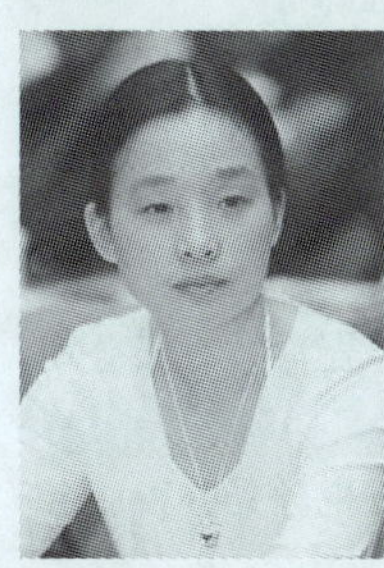

程长仁 1972年12月出生，金鲨国际集团董事局主席。曾获“中国十大杰出赣商”“全国妇联爱心大使”“江西省光彩事业突出贡献奖”“上海江西商会杰出赣商人物”“上海市百名优秀创业女性”“上海市三八红旗手”等称号。她搏击市场经济19年，创立的民营企业金鲨国际集团涉及生物科技、原创动漫、影视传媒、矿产资源、房地产等领域，在商界树立了良好的声誉和口碑，先后被《人民日报》、凤凰卫视、《上海商报》等媒体报道。她不忘回馈社会，成立长仁助学基金会，默默无闻地资助贫困大学生，资助“春蕾”女童累计超过百名，集团和个人扶贫帮困累计达400万元。

石秋杰 1963年8月出生，南昌大学化学系应用化学研究所原所长。曾获“江西省高校中青年学科带头人”“江西省自然科学三等奖”“江西省技术发明三等奖”“第二届江西省道德模范”等称号。博士研究生毕业后，她作为优秀人才引进到南昌大学工作，

在明知自己身患癌症、不能过度劳累的情况下，以坚韧的毅力忘我工作在教学科研第一线。14年间，她每次治疗都妥善安排工作后才去住院，出院后又继续投入工作中，从未耽误教学和科研工作。长期的治疗致使她肺部纤维化，嗓子咳哑了，她就带着扩音器为学生上课，每年都超额完成教学工作量。她认真钻研教学方法，深受学生喜爱，在国内外发表学术论文60余篇，主持并完成多项国家和省级自然科学基金项目，参与了国家863计划项目。在去世前的两个月，她申报国家自然科学基金项目并成功获批。在生命的最后时刻，她依然坚持指导研究生修改毕业论文，去实验室指导学生做实验。

章金媛 1929年1月出生，红十字会南昌志愿护理服务团理事长、南昌市第一医院原护理部主任、省红十字志愿护理服务中心主任。61年来，她献身护理事业，多项研究成果被载入新中国护理发展史册，2003年获得国际护理界最高奖“南丁格尔奖章”。自2000年以来，她不顾年事已高，带领多名退休护士自发组建红十字会南昌志愿护理服务团，将优质护理服务无偿延伸到120多个社区的1000多个困难群众家中。这个服务团已有3500多名志愿者，服务范围延伸到全国19个省区市和港澳台地区，为无数患病群众无偿减轻病痛折磨。

（卢 芬）

江西省五一劳动奖章获得者

张志建 方大特钢科技股份有限公司炼铁厂车间副主任

陈小琨 江铃汽车股份有限公司采购中心工程师
兰学武 泰豪集团有限公司车间主任
黄少珍 南昌市昌北第二小学特高级教师
雷国林 南昌市西湖区民政工业公司工会主席
林秀兰 南昌市公共交通总公司一分公司内勤
雷求文 新建县渡口管理站站长
熊志伟 南昌市疾病预防控制中心副主任
涂宗铳 南昌联盛种养殖有限责任公司经理
王　励 国家南昌市经济技术开发区招商局局长
熊一江 南昌市政公用投资控股有限责任公司董事长
张志静 九江鑫星玻纤材料有限公司车间主任
柯胜锋 九江市东方出租汽车运输有限公司驾驶员
严红英 江西凤竹棉纺有限公司出纳
陈运平 修水县供电有限责任公司经理
韩仕龙 九江学院附属医院主任医师
王水华 九江市中医医院主任医师
夏本法 江西名派光电科技有限公司装配工
王继忠 江西星火有机硅厂厂长助理
淦　垒 江西垒旺实业发展集团有限公司总裁
王贤淼 九江学院中文系副教授
喻木华 景德镇陶瓷艺术研究院副院长
马春枝 景德镇市望龙陶瓷有限公司会计
汪　明 汪明陶艺工作室工艺美术师
高常清 景德镇高等专科学校教师
王　超 景德镇市陶瓷研究所高级工艺美术师
蔡　雪 江西省萍乡市人民检察院公诉处副处长
袁建新 江西萍钢实业股份有限公司投资发展部主任
王建忠 江西宝安新材料科技有限公司总工程师
周新萍 萍乡市第六中学校长
彭和林 萍乡市社会保险事业管理局局长
夏翠英 鹰潭应用工程学校副教授
章淑英 江西长喜房地产开发有限公司财务科长
陈建利 鹰潭兴业电子金属材料有限公司办公室主任
郭裕华 新余钢铁集团有限公司高级政工师
黄明勇 新余市地方税务局直属分局经济师
严仙丽 新余市仙女湖景区管理处售票员
胡永忠 江西省新余市渝水区姚圩中学校长
段　鹏 江西江锂科技有限公司党委书记
昌军生 江西江镍高纯材料有限公司高级工程师
朱党运 铜鼓县供电有限责任公司经理
支月英 奉新县澡下镇白洋教学点负责人
柯国圣 樟树市顺达水泥有限公司副总经理
刘小平 江西星火农林科技发展有限公司总工程师
李幼胜 江西洪屏抽水蓄能有限公司职工董事、高级工程师
谢龙彪 江西安源股份曲江公司巷修一队队长
斯立志 江西神州电器科技有限公司生产部长
王茂兰 上饶市地方税务局办税服务厅主任
李桃仙 上饶市索密特实业有限公司销售员
黄修杰 江西光安标准件有限公司生产经理
何强生 江西兴安种业有限公司研发部主任
毛小东 江西中烟工业有限责任公司广丰卷烟厂厂长
汪金贵 江西省万年县中医院内科主任医师
裘　俊 玉山县富旺铜业有限公司生产主管
王全江 上饶市邮政局局长
范万顺 江西江铃底盘股份有限公司车工
黄　翔 抚州职业技术学院副教授
付秋兰 江西明恒纺织集团有限公司挡车工
万　雷 江西省环球陶瓷有限公司品牌战略策划部经理
陈恩斌 中阳建设集团有限公司泥工班长
徐国平 江西鸿盛香料粉体有限公司车间主任
叶　标 江西自立资源再生有限公司董事长
刘小洪 遂川县新海化工有限公司车间主任
肖长春 江西半边天药业有限公司车间主任
段安南 江西燕京啤酒有限责任公司高级工程师
汤金花 吉安市青原区总工会副主席
吴晓华 永新县农业技术推广中心高级农艺师
伍忠根 吉安市中心人民医院放射科副主任、主治医师
张万安 吉安市公安局副局长、市交警支队支队长
朱小军 赣州市市政工程管理处工程师
卢志敏 赣州市公共交通总公司驾驶员
黄　欣 赣州银行股份有限公司南昌分行行长
廖　莉 江西省赣州市公安局交警支队直属大队科员
谢芳青 江西省赣州中学副校长
徐平华 赣县人民医院外科主任医师
钟文智 信丰县地方税务局局长
雷淑君 赣州华坚国际鞋城有限公司组长
向龙会 中铁大桥局赣龙铁路 GL－2 标工程指挥部副指挥长
曹钟清 江西省地矿局赣西北大队总工程师
吴　越 江西省电力科学研究院院长
刘宝锤 江西省邮电规划设计院有限公司高级工程师
刘德安 中国工商银行江西省分行萍乡分行城北支行综合柜员
龙连香 中国建设银行新余市分行业务部副经理
周家忠 宜春通达路桥建设有限公司养路工
张来清 江西煤业集团公司安源煤矿回采二区工人
闻　艺 江西电视台都市频道记者
连跃华 江西省公安厅交警总队直属一支队一大队大队长
张　洪 大唐国际发电股份有限公司江西分公司总经理
贺学风 江西省援疆前方指挥部科长

孙苏明 南昌铁路局向塘机务段赣州运用车间主任
郭建军 中国移动通信集团江西有限公司业务支撑系统部电子渠道支撑室经理
肖宜安 井冈山大学生命科学学院教授
刘建军 江西中医学院工会副主席
卢 涛 江西艺术职业学院副教授
陈建国 中国农业银行股份有限公司江西省分行营业部总经理
李 农 中信银行股份有限公司南昌分行营业部总经理
王竑弢 中国联通江西省分公司党委书记、总经理
刘小宜 江西建工第一建筑有限责任公司董事长

（省总工会经济技术部）

江西青年五四奖章获得者

万 松 1981年10月生，中共党员，东华理工大学毕业，本科学历，抚州市公安局出入境管理处副处长。经过联合国严格而残酷的甄选考试，万松入选联合国维和警察。新婚伊始，代表中国远赴东帝汶执行维和任务。维和期间，他克服诸多困难甚至冒着生命危险参与了多项急难险重任务，成功破获了跨国贩卖人口等一系列在当地有影响的案件，参与调解、平息各类纠纷和群体性事件，为中国警察在国际上赢得了荣誉。先后获"联合国和平勋章""东帝汶总统团结勋章"以及公安部、省、市授予的荣誉。

马 建 1975年11月生，中共党员，南昌大学毕业，本科学历，南昌市公安消防支队红谷滩大队教导员。他坚持做工作上的带头人、管理上的精明人、生活中的贴心人、名利场的淡泊人，团结和带领全体官兵务实奋进，代表江西省基层消防部门，圆满完成了公安

部消防局等上级组织多项检查考察验收任务，重点工作得到了上级肯定和推广。单位取得的成绩和变化，凝结着他的辛劳和汗水。单位被总队评为"全省先进大队"，个人曾立三等功，获"优秀人民警察"等荣誉。

习文伍 1976年6月生，中共党员，江西经济管理干部学院毕业，本科学历，江西金鸿马现代物流有限公司总经理。他矢志创业，拼搏商海发挥聪明才智；锐意进取，创业不息产业不断壮大；富而思源，甘于奉献，积极回报社会。创办的商贸物流企业，在吉安同行业，产值、规模、社会贡献名列前茅。曾获市"百名农民创业标兵"和市"十大杰出青年"等荣誉。

王建强 1975年8月生，中共党员，华东交通大学毕业，本科学历，高级工程师，江西中川置业有限公司董事长。作为一名置业公司老总，把建设高品质、优环境示范建筑项目作为企业发展目标，把回报社会奉献爱心作为社会价值所在。他专门设立了爱心教育奖励基金会，每年出资不少于20万元；出资支持"江西雷锋基金"创建；支持希望工程、植树造林等公益活动。曾获"市青年五四奖章"，多次获得"爱心企业家""慈善企业家"称号。

邢 镭 1986年7月生，中共党员，井冈山大学毕业，本科学历，吉安市永新县三湾乡三湾村党支部第一书记、团支部书记。他大学毕业后，放弃城市良好的生活条件，投身农村担任大学生村官，开展美丽乡村建设，发展特

色种养殖业，丰富了群众精神和物质文化生活，带领三湾村先后获得"中国幸福村""省级生态村""全省先进基层党组织""全国先进基层党组织"等荣誉；个人曾获全省"创先争优优秀共产党员""十佳大学生村官"等荣誉。

刘 卓 1981年7月生，中共党员，南京航空航天大学毕业，本科学历，中航工业洪都飞机设计研究所总体气动研究部副部长。作为江西省飞机设计部门高端人才，在工作领域，勇于创新，创造了飞机重量分析等方法，构建了国内唯一的教练机质量特性数据库；开发运用先进的教练机训练效能数学评估方法和软件；在专业理论领域，发表多项专业论文，取得多项理论成果。个人获"中航工业十一五预研个人三等功""中航工业科技成果三等奖"等荣誉。

刘云海 1976年6月生，中共党员，武汉大学化学与分子科学学院毕业，博士学位，教授，东华理工大学化学生物与材料科学学院院长。他从事放射性核素吸附分离新型材料研究和开发，主持10多项国家及省级自然科学基金项目、教育部重点科技项目，发表学术论文30余篇，获得多项国家发明专利；研发新型放射性核素吸附材料10余种，为放射性环境污染治理和核燃料资源的充分利用开辟了新领域；研发核燃料水冶新工艺，为企业创造经济效益数千万元。曾获"江西省自然科学奖""江西省教学成果奖"等荣誉。

刘春荞 1973年8月生，民建会员，江西教育学院毕业，本科学历，南昌银

彤国际旅行社有限公司董事长。她领办企业从小到大，已发展成为江西省领先的网络旅游服务公司。作为一名创业女性，企业壮大同时，始终不忘帮助社会青年、大学生开展创业，尽其所能，捐资助学，奉献爱心。先后获"市新锐创业青年""市女企业家商会十大优秀女企业家""江西省优秀厂长(经理)""江西省杰出创业女性""全国创业导师"等荣誉。

肖　强　1975年4月生，无党派人士，清华大学毕业，博士学位，教授，江西科技师范大学有机所所长，江西省有机功能分子重点实验室主任，江西省生物医药分子及检测仪器高水平工程中心负责人。他主持科研项目20余项，发表SCI论文80余篇，累计被引用500余次，授权发明专利2项。与科研机构、企业合作将市场上主流的微生物检测酶底物实现了产业化，其中阪崎杆菌显色培养基检测方法纳入国家标准。曾获"教育部新世纪优秀人才支持计划""江西省青年科学家培养对象"等荣誉，享受南昌市政府特殊津贴。

肖和民　1977年4月生，中共党员，中国人民公安大学毕业，本科学历，九江市浔阳公安分局庐山南路派出所湖滨社区民警。在基层派出所任民警从警4年来，他共处理矛盾纠纷150多起，做好人好事200多件。在当地等多个论坛开通"警官日记"，真实记录立警为民、警民共建情况，以真情真心获得群众对警察的信任和称赞。他创建"警民QQ群"和微博，解决居民困难、化解邻里矛盾，被社区居民誉为"QQ警官"。曾立个人二等功1次、个人三等功2次，被评为"全市十大优秀人民警察"。

肖海军　1980年11月生，民建会员，农学博士，中国农业科学院植物保护学博士后，江西农业大学副教授、硕士研究生导师。他坚持教学科研一线，注重教学质量和教学改革，并将其应用于课程和实践教学。科研中刻苦钻研，勇于探索和创新，主持国家级和省部级科研课题9项，参与多项公益性行业(农业)科研专项子课题，发表学术论文30多篇(SCI论文11篇)。关注农作物病虫害发生动态，努力践行科研服务"三农"。主持项目曾获"全省高等学校科技成果奖一等奖""中国昆虫学会青年科技奖"等荣誉。

何　玲　1981年9月生，中共党员，江西广播电视大学毕业，大专学历，东方航空江西分公司乘务长。作为一名空乘人员，她爱岗敬业，把事业视为生命。她热情有爱心，视旅客为亲人，努力提升服务水平和技巧，为旅客提供优质服务。以"何玲"命名的班组，成为精品航班，其服务水平和职业道德成为同行佼佼者。先后获"全省春运运输工作十大标兵""东航服务明星"等荣誉。

张来清　1975年10月生，中共党员，上海市电视中等专业学校毕业，中专学历，萍矿集团公司安源煤矿回采二区采煤大工兼民兵连长。他工作十年如一日，用汗水和青春书写煤炭工人精彩的青春，连续五年在煤矿创造了劳动工效、出勤工时、工资收入、安全质量四个第一。在井下苦活累活抢着干，险事难事带头上，赢得矿友们的一致认可。先后获"全国煤炭工业百名优秀青年工人""全省优秀共产党员""全省五一劳动奖章"等荣誉。

张晓玲　1973年12月生，中共党员，江西医学院毕业，硕士研究生学历，在读博士，主任医师，教授，江西省妇幼保健院妇科副主任。她从医17载，坚守临床第一线，恪守医德，仁心仁术。她引进妇产科微创技术，组建了全省女性生殖健康重点实验室，并率先在国内提出新的医学模式。主持或参与完成省自然科学基金等项目27项，发表学术论文43篇。曾获"全省'井冈之星'青年科学家""全省新世纪百千万人才工程人选""全省主要学科与技术带头人""首届省直机关青年五四奖章""省科技进步三等奖"等荣誉。

陈　谊　1980年9月生，中共党员，江西省公安专科学校毕业，本科学历，南昌铁路公安局鹰潭公安处景德镇车站派出所二级警员。在铁路从警十年来，处处体现一名青年民警的生力军作用。先后破获各类案件176起，抓获违法嫌疑人260余名，为旅客群众做好人好事680余件，帮助遇困旅客512人。为保护群众生命安全，面对持刀命案歹徒时不顾个人安危与歹徒进行殊死搏斗，身负重伤仍将歹徒制服。个人曾2次受到嘉奖，多次获"南昌市铁路公安局优秀人民警察""优秀团员""治安防控能手"等荣誉。

欧阳敏　1979年4月生，民建会员，景德镇陶瓷学院毕业，本科学历，江西省高级工艺美术师，国家一级技师，景德镇市曙光瓷厂美研室主任。他擅长人物、山水画创作，作品具有"现代陶艺、色釉装饰、画意与工艺完美结合"

的独特风采，为非物质文化遗产项目"景德镇传统粉彩瓷制作技艺"代表性传承人，其艺术素养和专业水准得到了社会各界艺术家肯定。热爱公益事业，为希望工程、地震灾区捐款捐物价值60多万元，义务培训800多人。作品多次获国家级金奖，个人曾获"景德镇市五一劳动奖章获得者""景德镇市优秀高技能人才"等荣誉。

赵 莹 1983年10月生，中共党员，南昌大学毕业，本科学历，助理工程师，江西省电力公司供电服务中心95598运营部经理。她以身作则，带领团队学习、引进现代管理理念并付诸实践，实现企业降本增效。她勇于创新，以亲情服务、阳光服务和增值服务赢得客户好口碑，被誉为"听得见的微笑"。她热心公益事业，曾获"全国五一巾帼标兵""江西省五一劳动奖章""国家电网公司供电十佳服务之星""优秀班组长"等荣誉，所在班组被评为"江西省首届优秀青年雷锋岗"。

施 展 1977年11月生，上海电力学院毕业，本科学历，助理工程师，联想（深圳）电子有限公司南昌分公司市场推广主管，南昌市崛美行动公益发展中心主任。身为民营企业职工，9年来，他立志志愿服务和社会公益，主动组织开展关怀街头流浪者行动和贫困重症儿童救助活动，累计募集民间善款15万余元。发起开展公益理念培训宣讲活动，累计覆盖6000余名大学生。致力于民间传统文化艺术的传承保护，成果显著。曾获"全省青年志愿者优秀个人奖""全国百名优秀志愿者"等荣誉。

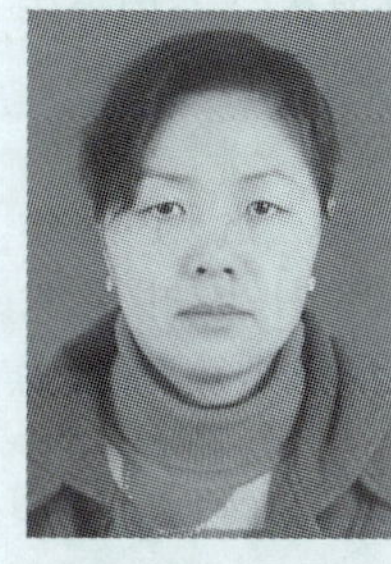

聂丽烽 1971年1月生，江西财会学校毕业，中专学历，中级会计师，丰城市恒衍鹌鹑养殖专业合作社理事长。她组建了养殖协会，带领当地养殖户成立了养殖专业合作社，走出了一条"龙头企业+合作社带农户，科学+创新促发展"的经营模式。她领导的合作社获"省级示范社""全国农民专业合作社示范社"等称号。她个人曾获"第八届全国农村青年致富带头人"全省三八红旗手""全省畜牧养殖先进个人""市十大杰出青年"等荣誉。

钱新宇 1989年7月生，中共党员，中国政法大学毕业，硕士研究生学历，新余市渝水区水北镇钱圩村党支部书记。2011年他放弃机关工作条件，毅然回到家乡担任村党支部书记。他热心公益事业，积极支持农村教育事业。他关注民生，帮助村民改善生产生活条件，获得村民好评。他发展壮大特色农产品水北豆腐，使"水北豆腐"走出江西，走向全国。获"市十大杰出青年"等荣誉。

徐传华 1975年10月生，硕士研究生学历，浙江辉运集团公司董事长兼江西驻浙江团工委副书记。作为饰品行业江西修水县籍在外创业企业家，从最初的小作坊发展到拥有员工800余人、固定资产达数亿元的多元化公司，产品远销全球50多个国家和地区。携同乡返乡投资近6亿元创办辉运国际创业园，服务地方经济发展。经常组织和发起团工委活动，服务江西籍在外务工团员青年。曾获义乌市"十大外来建设者"、浙江省江西商会"十大杰出赣商"等荣誉。

黄 凯 1978年8月生，鹰潭电视大学毕业，大专学历，鹰潭邮政投递局投递员。作为一名普通、平凡而又充满着工作热情的邮政投递员，他凭着对邮政事业的热爱和敬业精神，在平凡的投递员岗位上一干就是10年。累计投递信件（含印刷品）超过25万件，投递里程超过10万千米。作为一名年轻技工，他刻苦钻研业务技能，勇做行业排头兵。曾代表单位参加全省邮政技能大比武，获得过团体、个人前三名的好成绩。他个人曾获"市青年五四奖章"等荣誉。

黄 栋 1978年1月生，江西省宜春学院毕业，大专学历，丰城市剑邑酒厂董事长。他大学毕业后，甘愿"零薪酬"赴沿海学习创业经验。返乡后，他经历曲折坎坷，矢志不渝，坚持创业梦想，在家乡创办网络科技公司和食品企业，先后解决200多名农村劳动力就业，吸呐了40多名大学生，成为青年创业的榜样。曾获"全省首届大学生创业典型""全省就业创业先进个人"等荣誉。

黄继伦 1976年4月生，江苏无锡无线电工业学校毕业，大专学历，赣州市章贡区个体户。他虽然是一个平凡岗位上的平凡人，但一次义举让他成为不平凡的人。1月8日凌晨，黄继伦所住商品楼着火，他发现异常，立即挨层敲门叫醒邻居。此时，火势爆发，扑面大火把他全身严重烧伤。他本可以自己逃出楼外，但却强忍剧痛，毅然返回火场，再次敲门叫醒邻居，直到昏倒在楼梯。由于他的义举，确保了邻居和楼层的安全，但他自己却严重烧伤。曾获"赣州雷锋青年”称号。

淦 垒 1979年9月生，无党派人士，硕士学位，工程师，江西垒旺实业发展集团有限公司总裁。创业时，他放弃优厚待遇公职，选择自主创业。创业前期，他从事置业和旅游业，坚持做一个有良知的企业家、一个同行业的品牌企业。发展壮大后，他积极响应青年创业号召，投资近7亿元在两地创办青年创业基地。先后投入1000万余元捐资助学、支持他人创业就业，成为青年创业的典型。曾获“首届全省十大爱心政协委员”“省五一劳动奖章”“市劳动模范”“市百千万惠农工程先进个人”等荣誉。

程细高 1975年10月生，中共党员，博士研究生学历，副教授，副主任医师，硕士生导师，南昌大学第二附属医院骨科副主任。他关心体贴病人，医德医风好，踏实肯干，业务能力突出。他远赴灾区，参加江西省第一批汶川抗震救灾医疗队，经历了“生与死”的考验与较量。他擅长脊柱各类疑难重症的诊断和手术治疗，主持国家自然科学基金2项，省级课题3项，发表论文30余篇。曾获“省科技进步三等奖”“全省青年科学家‘井冈之星’培养对象”“全国青年岗位能手”等荣誉。

傅 斌 1973年8月生，中共党员，博士研究生学历，南昌大学一附院泌尿外科主任医师，硕士研究生导师，江西省泌尿外科研究所副所长。他在省内率先开展20余种高难度腹腔镜手术，填补了江西省在这一领域的多项空白，使江西省泌尿外科腹腔镜技术水平跻身国内一流水平。主持6项国家级和省级课题，主要参与3项国家重点重大课题，获国家级三等奖1项和省部级一、二等奖3项。曾获“全省百千万人才工程人选”“省高校中青年学科带头人和省青年科学家”等荣誉。

鲁 伟 1982年8月生，中共党员，中国刑警学院毕业，硕士学位，博士在读，江西省司法厅人事警务处副处长。他先后在公检法司、共青团等多条战线工作，敬业奉献，执著奋进。在司法岗位，勇于创新，为推进系统干部人事改革建言献策；在检察岗位，认真履职，协助查办一批大案要案；在公安岗位，不畏艰险，参与经办多起刑事、治安等案件；在共青团岗位，无私奉献，协调高端青年联谊工作。曾获“省直机关十杰百优青年”“公安部嘉奖”“全省优秀团干”“优秀公务员”“优秀党务工作者”“优秀志愿者”等荣誉。

廖 莉 1976年12月生，中共党员，本科学历，赣州市公安局交警支队直属大队民警。她是公安交警岗位的一名突出的业务多面手。作为一名女性警官，不畏生死、勇于挑战自我，以精湛的专业和突出的工作业绩顺利完成了联合国东帝汶维和行动的各项任务，为国家争得了荣誉。曾获“联合国和平勋章”、全国及全省“三八红旗手”“全省特级优秀人民警察”“全省五一劳动奖章”等荣誉。

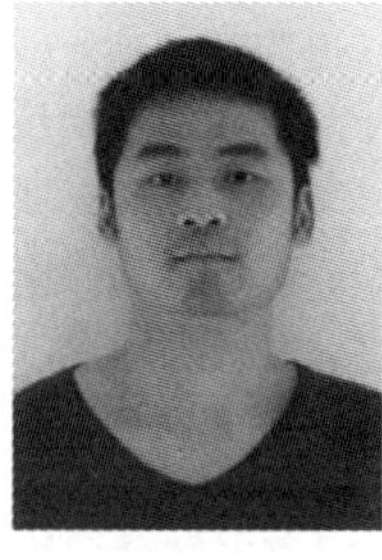

瞿诗涛 1988年8月生，中共党员，东华理工大学在校研究生。在多舛的命运面前没有屈服，他身残志坚，用执着书写篮球场上单腿飞人的传奇。在网络上用自己的勇敢和信念，传递正能量。他心存感恩，努力塑造优秀品质，做一个不平凡的平凡人。获国家奖学金。曾获“中国大学生自强之星”“校园十大感动人物”等荣誉。

（黄 煜）

专　录

本栏编辑　李荣根

江西省人民政府办公厅关于印发江西省旅游产业发展“十二五”规划的通知

2012年2月29日

各市、县(区)人民政府,省政府各部门:

《江西省旅游产业发展“十二五”规划》已经省政府同意,现印发给你们,请认真贯彻落实。

江西省旅游产业发展“十二五”规划

“十二五”时期是我省旅游产业全面转型升级,形成完善的旅游产业体系,顺利实现建设旅游产业大省宏伟战略目标,并为建设旅游强省奠定坚实基础的重要时期。为谋划好这个阶段旅游产业发展战略、发展目标和发展重点,把旅游业培育成为全省国民经济和社会发展的战略性重要支柱产业和人民群众更加满意的现代服务业,带动第三产业快速发展,促进经济社会融合发展,根据省委、省政府关于加快发展旅游产业的要求,特制定本规划纲要。

一、“十一五”发展基本情况

“十一五”期间是我省旅游产业快速发展并取得明显突破的重要阶段。省委、省政府和各级党委、政府对旅游产业高度重视,发展旅游产业的社会氛围浓厚,旅游基础设施和服务设施进一步改善,产业规模持续扩大,产业结构得到优化,产业素质明显提升,产业综合效应日益显现,较好地实现了“十一五”规划目标,为推动江西经济社会发展作出了积极贡献,为建设旅游产业大省奠定了坚实的基础。

(一)旅游经济快速增长,综合效益显著提高。

“十一五”期间,我省成功应对国际金融危机、甲型H1N1流感和冰雪洪涝灾害等来自各方面的严峻挑战和考验,奋力拼搏,排难而进,旅游产业发展一直保持了两位数增长,高于全国平均增长幅度,已成为我国新兴旅游热点地区之一。全省旅游接待总人数由2005年的5095.1万人次增加到2010年的1.08亿人次,年均增长16.25%;旅游总收入由2005年的320亿元人民币增加到2010年的818.32亿元人民币,年均增长20.66%;入境旅游人数由2005年的37.3万人次增加到2010年的114万人次,年均增长25.04%;旅游外汇收入由2005年的1.04亿美元增加到2010年的3.46亿美元,年均增长27.18%;国内旅游人数由2005年的5057.9万人次增加到2010年的1.07亿人次,年均增长16.18%;国内旅游收入由2005年的311.5亿元人民币增加到2010年的794.79亿元人民币,年均增长20.6%。

(二)旅游政策扶持力度加大,产业地位明显提升。

“十一五”期间,我省坚持政府主导型旅游发展战略,各地发展旅游的氛围越来越浓,政府大力推动、各方积极参与、全社会大办旅游的格局基本形成。2006年5月,省委、省政府在南昌成功召开全省旅游发展大会,进一步明确了“十一五”期间把旅游业培育成为全省国民经济重要支柱产业和建设红色旅游强省、旅游经济大省的发展思路和战略目标。2009年6月,省委、省政府又在南昌隆重召开了全省旅游产业大省建设工作会议,并印发了《关于加快旅游产业大省建设的若干意见》和《关于落实全省旅游产业大省建设工作任务分工方案》,明确提出了建设旅游产业大省战略目标。2009年8月,省人大常委会颁布了《江西省旅游条例》。同时,《江西省旅游精品线路建设规划纲要》和《江西省居民旅游休闲三年行动计划》也为旅游产业起到了良好的促进作用。2009年12月,国务院《关于加快发展旅游业的意见》的出台,旅游产业地位进一步提高,全省迅速形成了加快旅游产业发展、建设旅游产业大省的浓厚氛围。

(三)红色旅游强势引领,生态旅游与乡村旅游发展迅猛。

坚持红色旅游引领全省旅游产业发展的战略方针,着力推进红色旅游发展,"红色摇篮、绿色家园"旅游品牌更加响亮,红色旅游接待人数和综合收入年均增长大都在25%以上,接待人数占全省的40%,并引领全国红色旅游持续健康发展。2009年春节期间,胡锦涛总书记亲自视察了井冈山红色旅游情况,并给予了充分肯定和鼓励,李长春等中央领导也对我省红色旅游的发展作出了重要批示。为策应鄱阳湖生态经济区建设,省委、省政府明确提出建设鄱阳湖生态旅游示范区,加快了生态旅游发展步伐,全省上下正在积极探索生态旅游发展新路,各生态旅游景区建设初见成效。同时,率先在全国编制发布了《江西省旅游生态设施规范》和《江西省旅游生态行为规范》地方标准。积极探索"农旅结合、以农促旅、以旅强农"的乡村旅游发展模式,进一步加大了乡村旅游的扶持力度。2009年开展了江西省乡村旅游十万人创(就)业行动;2010年省政府召开了全省乡村旅游工作现场会,制定了《江西省乡村旅游点质量等级的划分与评定》省级标准,有效促进了乡村旅游发展。

(四)品牌创建取得成效,旅游目的地体系初步形成。

"十一五"期间,三清山荣膺世界自然遗产;龙虎山—龟峰荣膺世界自然遗产和世界地质公园;庐山、井冈山成功创建国家首批5A级旅游景区;三清山、龙虎山创建国家5A级旅游景区已经通过国家旅游局材料审核,有望近期通过现场验收;上饶灵山荣膺国家级风景名胜区。截至目前,我省有世界遗产4处,世界地质公园2处,国际重要湿地1处,国家级自然保护区8处,国家级风景名胜区12处,国家自然遗产3处,国家自然与文化双遗产3处,国家级森林公园43处,国家地质公园、矿山公园5处,全国水利风景区14处,国家湿地公园10处,国家A级旅游景区99个,其中5A级2个、4A级40个,全国红色旅游经典景区5处,国家历史文化名城3处,中国优秀旅游城市9处,中国旅游强县1处,国家重点文物保护单位51处,中国历史文化名镇4处、名村17处,全国特色景观旅游名镇(村)6处,全国环境优美乡(镇)28个,国家级生态村9个,全国工农业旅游示范点29个。全省形成了以"四大名山"(秀甲天下庐山、革命摇篮井冈山、峰林奇观三清山、道教祖庭龙虎山)、"四大摇篮"(中国革命摇篮井冈山、人民军队摇篮南昌、共和国摇篮瑞金、中国工人运动摇篮安源)、"四个千年"(千年瓷都景德镇、千年名楼滕王阁、千年书院白鹿洞、千年古刹东林寺)和"一湖"(中国最大的淡水湖鄱阳湖)、"一村"(中国最美的乡村婺源)、"一海"(西海)、"一峰"(龟峰)、"一道"(小平小道)、"一城"(共青城)等为主体,形象鲜明、各具特色的旅游目的地体系。

(五)旅游产业体系日益完善,竞争实力进一步增强。

"十一五"期间,我省旅游产品开始转型升级,逐渐从观光旅游占绝对主体地位转向观光、休闲度假和专项旅游协调发展。旅游市场化程度不断提高,主要旅游景区组建了旅游股份(集团)公司;全省旅行社达690家,其中经营出境旅游业务的22家;旅游星级饭店达389家,其中五星级7家,四星级62家,初步培育了一批有实力、上规模的旅游开发经营企业。旅游宣传促销力度进一步加大,2009年开始在中央电视台投放播出全省旅游整体形象宣传广告片,以红博会、网博会为代表的一系列旅游节庆活动相继举行,《江西旅游》画册顺利编印,旅游接待人次首次过亿而举办的"'亿'游未尽、江西有礼"大型宣传活动等,有效提升了江西知名度。旅游商品产业发展提速,从2008年开始,相继举办了中国(江西)旅游产品交易会和"首届红色旅游纪念品创作设计大赛",评选了"江西省十佳旅游商品"和"江西省名牌旅游商品",为旅游商品产业营造良好发展环境,推进了我省旅游商品研发、生产、销售体系建设。旅游科研创新和人才队伍建设得到进一步增强,全省各地每年都举办了不同类型的从业培训班,提高了从业人员的素质。创建了江西省旅游规划研究院和全省旅游规划(策划)专家库,进一步加强了对江西旅游产业发展问题和对策的研究。

"十一五"期间,全省旅游产业长足发展,但也存在一些问题和不足,主要表现在:宣传推广力度不强,旅游知名度提升较慢;体制机制创新不够,改革开放相对滞后;政府引导投入不足,投融资渠道难以拓宽;旅游产业基础薄弱,要素结构不尽合理;旅游市场化转型较慢,产业链条有待延伸。

二、"十二五"面临的形势与发展战略

(一)旅游产业恰逢重大发展机遇。

1. 经济总体形势向好,我国将进入大众旅游时代。全球经济总体上呈现温和回升的态势,世界旅游业也将逐步恢复并持续发展。"十二五"期间,我国经济仍将保持平稳较快增长,经济社会将进入大众消费阶段,旅游作为大众化消费的重要方面,必将进入大众旅游时代,发展空间更加广阔。

2. 国民经济转型加速,旅游产业优势将更加凸显。"十二五"期间是我国加快经济发展方式转变的攻坚时期,经济增长将主要依靠扩大内需来实现,内需的扩大则主要通过扩大消费需求。旅游消费是最终消费、综合性消费、可持续消费和多层次消费,在扩大内需、促进消费方面具有独特作用和发展空间。国家在扩大内需、调整经济结构、加快服务业发展等方面出台的系列措施,使旅游业在国民经济中的地位凸显,并为旅游业发展创造了良好的环境。

3. 政策支持不断加大,旅游产业发展动力强劲。国务院《关于加快发展旅游业的意见》,要求把旅游业培育成为国民经济的战略性支柱产业和人民群众更加满意的现代服务业,标志着旅游业已正式成为国家战略,为旅游业发展指明了方向。全省旅游产业大省建设工作会精神的深入贯彻

落实,各地切实将旅游产业发展工作提上重要议事日程,加大了支持力度,出台了许多配套政策和举措,旅游产业大省建设如火如荼。

4. 多元新业态并驾齐驱,旅游发展空间广阔。鄱阳湖生态经济区建设上升为国家战略,鄱阳湖生态旅游区也上升为国家旅游发展战略,为全省发展生态旅游提供了空前的机遇。党中央、国务院高度重视红色旅游发展,即将启动红色旅游经典景区二期规划项目建设,我省在新一轮红色旅游热潮中将更有优势乘势而上。乡村休闲备受青睐,我省乡村旅游具备跨越发展的强劲动力。温泉度假成为旅游消费热点,我省温泉旅游开发潜力巨大,有望培育成为又一靓丽品牌。

5. 旅游设施不断完善,发展基础更加稳固。经过"十一五"期间的建设,我省旅游基础设施和服务设施不断完善,旅游接待能力进一步增强,为"十二五"期间旅游产业发展奠定了良好的基础。尤其是高速公路网络更加发达,航线航班、高速铁路、城际铁路、一小时都市圈的建设取得了明显成效,大大拓展了游客出行距离和产业发展空间。

(二)旅游产业发展面临的挑战。

1. 经济社会发展不利因素将不可避免地影响到旅游产业的发展。人民币面临升值压力、国际汇市变化、美债欧债危机以及贸易保护主义抬头,加大了入境旅游发展的难度。国内通货膨胀预期增加,收入分配存在的弊端可能导致社会矛盾复杂化,将在一定程度上影响居民旅游消费意愿。不可预见的自然灾害和突发事件,传统和非传统的安全因素,以及全球气候变化,将增加旅游业发展不确定性。

2. 行业的竞争与产业的融合使旅游产业面临着挑战。旅游作为朝阳产业越来越受到各地的重视,全国各地旅游产品日新月异,高品位旅游目的地不断推陈出新,大型旅游企业品牌优势凸显,旅游宣传营销声势浩大,各省对客源市场的争夺越来越激烈,面对这些激烈的竞争,我省旅游产业不进则退。旅游产业要深度融入经济社会发展大局,要与文化、体育、农业、工业、林业、商业、水利、地质、环保、气象等相关产业和行业的融合发展,形成旅游大产业的格局,其任重而道远。

3. 提升旅游产业自身发展能力面临着挑战。我省旅游产业发展正处于转型升级的关键期,旅游产业供需矛盾突出、发展方式粗放、体制机制滞后、市场秩序不规范、人才不足、科技支撑能力弱等深层次问题仍然存在,并将不同程度影响到我省旅游产业发展。新的形势下,旅游产业能否适应低碳经济、绿色消费、生态文明的要求,能否适应海洋经济、高铁时代旅游消费需求的变革,并走在各行业的前头,带动第三产业全面发展,是对旅游产业发展能力的考验。

(三)"十二五"指导思想。

以邓小平理论和"三个代表"重要思想为指导,深入落实科学发展观,认真贯彻国务院《关于加快发展旅游业的意见》,按照省委、省政府关于"科学发展、进位赶超、绿色崛起"的总体要求和建设旅游产业大省的战略部署,紧密策应鄱阳湖生态经济区国家战略,围绕"红色摇篮·绿色家园·观光度假休闲旅游胜地"总体定位,全力打造"中国红色旅游首选地、国际生态旅游优选地、世界观光度假休闲旅游胜地"三大品牌,坚持景区城市乡村旅游相统筹、红色绿色古色旅游相融合、观光度假休闲旅游相促进、经济社会生态效益相统一的原则,深入发展红色旅游,突出发展生态旅游,大力发展乡村旅游,积极发展文化旅游,加快发展休闲度假旅游,着力推进复合型旅游,强力推广"江西风景独好"主题口号和旅游精品线路,创新旅游产业发展方式,加快完善旅游产业体系,增强旅游产业发展能力,全面推进旅游产业转型升级、进位赶超,为建设富裕和谐秀美江西作出更大贡献。

(四)"十二五"发展目标。

通过五年全面快速协调和可持续发展,全面提升江西旅游产业素质和整体形象,把旅游产业培育成为全省国民经济和社会发展的战略性重要支柱产业和人民群众更加满意的现代服务业,将我省真正建设成为红色旅游强省、生态旅游和乡村旅游名省、旅游产业大省。

到2015年,全省旅游主要发展指标力争实现"两个重大突破",发展速度力争实现"两个明显高于",即全省旅游接待总人数突破2.5亿人次,年均增长18%;旅游总收入突破2100亿元人民币,年均增长21%,高于全省GDP的增长幅度,高于全省现代服务业的发展速度,相当于全省GDP的11.7%,旅游增加值占GDP的5%以上。其中,国内旅游人数2.47亿人次,年均增长18%;国内旅游收入2040亿元人民币,年均增长21%;入境旅游人数260万人次,年均增长18%;旅游外汇收入9亿美元,年均增长20%。旅游直接就业人数80万,间接就业人数400万。

三、"十二五"发展总体布局

(一)空间结构。

根据我省旅游资源分布特点、产品主题特色和区域旅游发展现状与走向,"十二五"期间,我省旅游产业战略布局为"一区带两圈",即全面建设鄱阳湖生态旅游区,积极促进和带动赣中南红色经典旅游圈与赣西绿色精粹旅游圈建设和发展。

1. 构建鄱阳湖生态旅游区。以鄱阳湖生态经济区范围为基本依据,结合赣北环鄱阳湖五彩精华旅游线和主要旅游资源的分布状况,以生态文明与旅游经济协调发展为主线,以生态旅游项目建设为重点,创新发展理念,转变发展方式,抢占发展先机,按照湖体原生态体验旅游圈,滨湖观光休闲度假旅游圈和赣北环湖五彩精华旅游圈的空间结构,构建鄱阳湖生态旅游区。努力把这一区域建设成为中国乃至世界范围的生态旅游示范区、中国旅游业转型期的示范性旅游大区和综合性世界级旅游目的地,并充分发挥其在生态经济和旅游产业发展中的先导、示范和带动作用,为鄱阳湖生态经济区和江西旅游产业大省建设做出重要贡献,为中国乃至世界生态旅游发展探索新的路子。

2. 构建赣中南红色经典旅游圈。以赣中南红色经典旅游线为基础,完善旅游六大要素,强化旅游服务功能,建立旅游产业体系,打造赣中南红色经典旅游圈。重点提升一批成熟的红色旅游产品品质,高标准抓好重点红色旅游景区和线路的开发建设,把南昌人民军队摇篮之旅,井冈山中国革命摇篮之旅、瑞金共和国摇篮之旅和于都长征起点之旅等红色旅游产品打造成国内一流的红色旅游特色线路;加强圈内各类景区和各种旅游产品的组合相融,包装红色摇篮绝特山水游、红色故都客家摇篮游、英雄名城动感之都游等各具特色的旅游产品推向旅游市场。加大赣州千年宋城文化与客家风情和抚州才子之乡文化胜境与南丰橘乡傩乡民俗风情的开发,打造文化旅游新亮点。

3. 构建赣西绿色精粹旅游圈。以赣西绿色精粹旅游线为基础,突出自然生态、月亮文化、禅宗文化、休闲运动和养生度假特色,打造赣西绿色精粹旅游圈。深入挖掘月亮文化、禅宗文化与农耕文化,将明月山温泉风景区建成以月亮文化为特色的全国著名的生态旅游区、休闲度假区和疗养胜地;充分发挥武功山高山草甸生态资源优势,大手笔策划建设一批高品位的休闲运动项目,提升景区知名度和吸引力;深入挖掘仙女文化和爱情文化,全面推进仙女湖旅游产品转型升级,把仙女湖建成国内知名的山水旅游休闲运动度假胜地;加快开发赣西北九岭山脉沿线禅宗文化和山城乡野生态旅游资源,有机融入赣西绿色精粹旅游圈。

(二)功能分区。

1. 鄱阳湖国际湿地生态旅游区。以鄱阳湖水体和湿地为中心,包括沿湖的新建、永修、共青城、星子、湖口、都昌、鄱阳、余干、万年等生态游览区。突出湿地生态特色,重点建设湿地公园、森林公园、自然保护区实验区等景区景点,着力打造湖光览胜、科考科普、候鸟观赏、渔俗体验等旅游产品,建成全国湿地生态旅游示范区和世界著名的湿地生态旅游区。

2. 庐山世界文化景观旅游区。以庐山山体为中心,包括庐山山上游览区、浔阳区、庐山区、九江县、星子(庐山山南)、彭泽等生态游览区。突出文化景观特色,重点建设文化景观、温泉度假、名人故里等景区景点,着力打造避暑度假、山水览胜、文化体验、温泉度假、科普体验等旅游产品,建成世界文化山水度假休闲旅游胜地。

3. 三清山世界峰林景观旅游区。以三清山为中心,包括信州区、上饶县、玉山、德兴、横峰、铅山、广丰等生态游览区。突出自然山水特色,重点建设自然遗产、花岗岩山地、丹霞地貌等景区景点,着力打造峰林览胜、丹霞观光、山地休闲、生态度假等旅游产品,建成世界峰林景观旅游胜地。

4. 龙虎山世界自然遗产与道教文化旅游区。以龙虎山为中心,包括月湖区、贵溪、余江、弋阳等生态游览区。突出丹山碧水和道教文化特色,重点建设丹霞地貌、道教景观等景区景点,着力打造丹霞山水、道教朝觐、崖墓探秘、休闲养生、科普体验等旅游产品,建成世界道教山水养生旅游目的地。

5. 南昌国际都市文化旅游区。以南昌市区一江两岸游览区为中心,包括东湖区、西湖区、青山湖区、青云谱区、湾里区、南昌县、新建、进贤、安义、靖安、奉新、丰城、樟树、高安等生态游览区。突出都市文化和自然山水特色,重点建设现代都市和山江湖城等景区景点,着力打造都市观光、革命教育、文化研修、休闲娱乐、健身运动、综合购物、农业休闲、生态养生等旅游产品,建成全国著名的都市文化旅游区。

6. 景德镇世界陶瓷文化休闲旅游区。以景德镇市区为中心,包括乐平、浮梁、昌江区、珠山区等生态游览区。突出陶瓷文化特色,重点建设世界瓷都、艺术之城、千年名镇、生态家园等景区景点,着力打造陶瓷文化、瓷都风情、瓷艺研修、特色购物、乡村度假、自然观光等旅游产品,建成世界陶瓷文化休闲旅游中心。

7. 抚州华夏梦都文化旅游区。以临川区为中心,包括金溪、资溪、崇仁、东乡等生态游览区。突出梦都文化和才子文化特色,重点建设城市休闲、自然山水等景区景点,着力打造华夏梦都、临川文化、书乡风情、山地休闲等旅游产品,建成中国著名的才子文化旅游区。

8. 新余中国现代工业生态旅游区。以渝水区为中心,包括仙女湖、分宜、新干等生态游览区。突出新兴生态工业城市特色,重点建设钢铁工业、光伏产业、夏布工艺、新能源科技等工业旅游和生态山水景区景点,着力打造工业观摩、商务考察、休闲购物、亲水休闲等旅游产品,建成中国知名的现代工业旅游目的地。

9. 婺源中国乡村休闲度假旅游区。范围涵盖整个婺源文化与生态旅游区。突出古村文化、田园生态特色,重点建设国家级乡村旅游度假区、古村古镇、田园风光等景区景点,着力打造古村观光、文化体验、乡村度假、茶乡风情等旅游产品,建成中国乡村旅游示范区和首选地。

10. 西海国际养生休闲度假旅游区。以西海为中心,包括永修、武宁、修水、靖安等生态游览区。突出一湖千岛特色,重点建设大型湖泊、温泉和山林等景区景点,着力打造亲水运动、养生养颜、山水观光、国际会议、休闲度假、宗教朝觐等旅游产品,建成国际著名的会议中心和养颜养生胜地。

11. 赣东南中国风物风情旅游区。以南丰为中心,包括南城、广昌、黎川、宜黄、乐安等游览区。突出橘都莲乡、傩艺古风特色,重点建设橘乡荷塘、民俗古村、文化山水、革命遗址等景区景点,着力打造橘园采摘、莲乡风情、民俗体验、红色文化等旅游产品,建成中国著名的风物风情旅游胜地。

12. 井冈山中国革命摇篮旅游区。以井冈山为中心,包括遂川、永新、万安、泰和等游览区。突出革命摇篮与高山美景相结合特色,重点建设革命遗迹、自然山水等景区景点,着力打造红色文化体验、山水休闲度假等旅游产品,建成全国最具影响、国际知名的红色旅游目的地。

13. 吉安千年庐陵文化旅游区。以吉安市区为中心,包括吉安县、吉水、峡江、永丰等游览区。突出庐陵文化与宗教文化特色,重点建设名人故里、仙山灵境等景区景点,着力开发文化研修、名人寻踪、福地探秘等旅游产品,建成全国知名的传统文化景观旅游区。

14. 赣州江南宋城客家风情旅游区。以赣州市区为中心,包括赣县、南康、上犹、崇义、大余等旅游区。突出千年宋城、客家摇篮与华夏梅国特色,重点建设客家风情、名胜古迹、森林公园、湖泊休闲等景区景点,着力打造文化休闲、民俗体验、森林养生、亲水度假等旅游产品,建成国际知名的客家文化旅游区。

15. 瑞金红色中华故都旅游区。以瑞金为中心,包括宁都、石城、于都、兴国、会昌等旅游区。突出红色故都、将军县、长征始发地等革命历史文化特色,重点建设革命旧址、丹霞地貌等景区景点,着力打造红色文化体验、丹霞山水休闲等旅游产品，建成国内一流、国际知名的红色旅游目的地。

16. 三百山东江源自然生态旅游区。以三百山为中心，包括安远、寻乌、定南、龙南、全南、信丰等游览区。突出东江源头和自然生态特色，重点建设灵山秀水、瓜乡果都、客家围屋等景区景点，着力打造江水源头探秘、原始森林观光、古建民俗体验等旅游产品，建成珠江流域最具特色的自然生态旅游区。

17. 明月山泉乡月都生态旅游区。以明月山为中心，包括袁州、宜丰、万载、铜鼓、上高游览区。突出月亮文化、禅宗文化与山城乡野特色，重点建设高山明月、禅宗圣地、自然山水、富硒温泉等景区景点，着力打造文化休闲、山水观光、宗教朝觐和养生度假等旅游产品，建成全国著名月亮文化旅游胜地。

18. 武功山中国休闲运动旅游区。以武功山为中心，包括安源、湘东、芦溪、上栗、莲花、安福等游览区。突出高山草甸与革命历史文化特色，重点建设高山胜境、红色经典等景区景点，着力打造山水观光、户外运动、绿色休闲、红色体验等旅游产品，建成全国著名的休闲运动旅游区。

（三）线路布设。

科学布局线路产品，加快打造旅游精品线路体系。建设一条中国（江西）文化山水极品旅游线路，努力使其成为在国内外旅游市场尤其是高端市场上具有很强影响力和吸引力的观光度假休闲复合型龙头旅游产品，对全省旅游产业产生辐射力与带动力。建设赣北环鄱阳湖五彩精华旅游线、赣中南红色经典旅游线、赣西绿色精粹旅游线、鄱阳湖体原生态旅游线等四条黄金旅游线路，努力使其成为在国内外旅游市场上具有较强影响力和吸引力的观光度假休闲复合型拳头旅游产品，对全省旅游发展具有支撑与带动作用。建设南昌人杰地灵之旅等十二条特色旅游线路，努力使其成为在专项和区域旅游市场上具有较强影响力和吸引力的特色旅游产品，对当地旅游和全省专项旅游发展产生促进作用。

1. 一条极品旅游线路

中国（江西）文化山水极品旅游线：南昌——大庐山——景德镇——三清山——龙虎山——井冈山——南昌。

2. 四条黄金旅游线路

（1）赣北环鄱阳湖五彩精华旅游线：南昌——西海——庐山——景德镇——婺源——三清山——龟峰——龙虎山——南昌。

（2）赣中南红色经典旅游线：南昌——吉安——井冈山——赣州·兴国——于都——瑞金——南丰——抚州——南昌。

（3）赣西绿色精粹旅游线：南昌——樟树——新余·仙女湖——宜春·明月山·温汤温泉——萍乡·安源·武功山——铜鼓·宜丰——奉新·靖安·三爪仑——南昌。

（4）鄱阳湖体原生态旅游线：南昌——新建南矶山——永修吴城——共青城——星子——鄱阳湖水利枢纽工程·石钟山·鞋山——都昌老爷庙——鄱阳湖国家湿地公园——万年神农源——余干康山——南昌。

3. 十二条特色旅游线路

（1）南昌人杰地灵之旅：八一广场——八一起义纪念馆——滕王阁——省博物馆——新四军旧址陈列馆——摩天轮游乐场——赣文化长廊——秋水广场——小平小道——梅岭——安义古村群——天香园——八大山人梅湖——象湖公园。

（2）京九名山大观之旅：九江·庐山——西海——南昌——井冈山。

（3）赣北山湖瓷乡神韵之旅：九江·庐山·西海——石钟山·鞋山·龙宫洞——景德镇——婺源。

（4）赣东北峰林丰碑之旅：三清山——广丰铜钹山——上饶·集中营景区·灵山——铅山——横峰葛源——弋阳·龟峰。

（5）赣西南革命摇篮之旅：萍乡——莲花——永新三湾——井冈山砻市——茅坪——茨坪——吉安·东固。

（6）赣东南共和国摇篮之旅：赣州——兴国——宁都——广昌——石城——瑞金——会昌——于都——赣州。

（7）赣南客家摇篮·东江探源之旅：赣州——赣县——信丰——龙南——定南——三百山——赣州。

（8）赣南生态休闲之旅：赣州——大余——崇义——上犹——赣州。

（9）赣西北山水休闲之旅：南昌——西海——武宁——修水——铜鼓。

（10）赣东丹山碧溪之旅：龙虎山·龟峰——资溪大觉山——金溪竹桥古村——抚州。

（11）赣中名人故里之旅：临川——南丰——宜黄——乐安流坑——永丰——吉水——吉安。

（12）江西禅净祖庭之旅：九江能仁寺——庐山东林寺——云居山真如寺——靖安宝峰寺——奉新百丈禅寺——宜丰洞山普利禅寺·黄鹭寺——宜春慈化寺·明月山仰山栖隐禅寺——萍乡杨歧寺——吉安青原山净居寺——宜黄曹山寺——抚州金山寺——南昌佑民寺。

四、“十二五”发展要素配置

（一）旅行社。

支持旅行社做大做强，支持大型旅行社走国际化、集团化、网络化发展之路。加大对外开放力度，积极引进有实力的旅行商和财团投入江西旅行社行业，参与整合重组。优化旅行社的资本结构，逐步形成投资、批发、零售的营销体系。鼓励省内旅行社与国内外大型旅行社开展合作、联合或连锁经营。

“十二五”期间，我省旅行社达到900家，其中出境旅游组团社50家，力争建成本地2~3家全国百强品牌旅行社，培育2~3个旅行社集团。

（二）旅游交通。

进一步完善全省旅游交通体系。实施《江西省2010年~2012年旅游公路建设规划》，重点建设省内旅游公路、省际公路连接线和特色景观旅游公路、自行车观光公路、乡村旅游公路；完善交通干线标识系统及沿线生态停车场、紧急救援、汽车维修、休憩站点等配套设施，强化旅游服务功能；适应高速铁路、高速公路、支线航空等交通方式快速发展和区域交通格局变化的形势，完善主要节点城市与景区、景区与景区之间的旅游客运公交线；规范和提升出租车服务质量，同时帮助和扶持一批租车企业，以满足日益增长的自驾游市场需求；铁路、航空部门在主要旅游城市开设旅游团队专用快速通道。实施鄱阳湖湿地公园、星子中心港、西海、永修吴城、泸溪河、仙女湖、陡水湖等湖泊型旅游景区生态码头体系建设工程，开辟鄱阳湖等大型湖泊，长江、赣江等河流的水上游船。依托现有铁路与城际铁路，增开省内主要旅游城市与邻省的旅游列车。利用现有和即将新建的机场，增开省内主要旅游城市与邻省的支线航班。按照生态环保和人性化服务理念，规划建设适应自驾车、自行车、徒步登山等多种旅游形式，以观光健身体验为特色的旅游公路和登山游步道，提升景区游步道品质。

（三）旅游饭店。

加快旅游城市和景区的高星级酒店建设。科学规划、重点建设一批与景点相配套、相协调的高档次宾馆，改善接待条件，提高服务水平。尤其是庐山、井冈山、三清山、龙虎山、婺源、明月山、武功山、西海、仙女湖、瑞金、大觉山等重点景区应有1家以上五星级旅游饭店，提升景区整体旅游品位。调整我省旅游饭店结构，根据旅游业态发展，大力推进主题酒店、绿色生态饭店、经济型连锁酒店、汽车旅馆和星级农家旅馆建设。

“十二五”期间，我省星级旅游饭店达到700家，其中五星级30家，四星级150家，三星级350家。每个设区市至少有1家以上五星级旅游饭店，重点旅游县有1家以上四星级旅游饭店，其他各县有三星级旅游饭店。

（四）特色餐饮。

发挥我省生态优势，体现农业大省特色，以本地无公害蔬菜和绿色农副产品为主要原料，提供放心餐饮。充分挖掘江西地方菜肴，丰富赣菜体系，打造赣菜烹饪品牌，推广鄱湖鱼宴、庐山“三石”宴、井冈红军伙食菜肴、天师养生宴、客家民俗宴、临川才子宴、禅宗素食宴等赣菜系列。包装推出各地民间风味小吃、名品名点和农家菜系列，丰富餐饮类别。开展江西旅游餐饮名店创建活动，树立品牌意识，重视环境建设和文化氛围营造。强化城市社会餐饮的旅游服务意识，推进主要旅游集散中心城市餐饮夜市建设。引导城市近郊和景区大力发展以餐饮为主的“农家乐”“渔家乐”和“休闲农庄”旅游项目。

各设区市市区和重点旅游县均建设特色饮食街和5~10处大型特色风味餐馆，重点旅游景区有5处以上大中型特色风味餐馆。

（五）旅游购物。

完善旅游购物网络体系，集中展销地方特色旅游商品。推进主要旅游城市旅游购物一条街建设；在庐山、井冈山、三清山、龙虎山、婺源、明月山等主要旅游景区建立中国（江西）旅游商品购物中心；3A级以上旅游景区和旅游中心城镇建成一批具有一定规模的特色旅游商店；其他旅游景区建立和完善旅游商品销售网点。争取国家在南昌试点设立免税店。适应消费新业态，支持开办江西旅游网上购物超市，提供旅游商品网上交易平台。规范购物场所建设和经营行为，提升购物场所规模与档次，在主要景区、景点建立标准化旅游商品专卖店，统一标识，统一装潢，统一价格，形成有序的市场竞争。

（六）节能环保。

进一步提高保护意识，强化法制观念，增强旅游资源保护和责任感和紧迫感，正确处理和把握好旅游资源保护与开发的关系，不断提升旅游资源开发和利用水平。认真贯彻国家旅游局《旅游资源保护暂行办法》，加强旅游与环保、建设、土地、林业、文化、水利等部门密切合作，科学规划，联合执法，合理保护景观、文物、革命旧址遗迹、古建筑、生态系统、珍稀名贵动植物等旅游资源，确保可持续发展。加强景区环境基础设施建设，因地制宜地建设消烟除尘、污水处理和垃圾处置设施，增强污染物处理和达标排放的能力。实施旅游线路上的旅游厕所改扩建工程，重点推进A级旅游景区高星级旅游厕所建设，全面提升乡村旅游景区景点厕所质量。

按照国家旅游局《关于进一步推进旅游行业节能减排工作的指导意见》，实施旅游节能节水减排工程，2015年前能耗减少20%（以2009年水平为基准）。以宾馆饭店、景区景点、低碳旅游城市和绿色环保旅游企业四个领域为突破口，推行利用太阳能、生物能、有机能等新能源新材料；在建筑、供热、空调、照明、电器使用和水资源利用等方面采用新技术，提高节能减排水平。合理确定景区游客容量，严格执行旅游项目环境影响评价制度。推进绿色经营体系建设，开展绿色景区、绿色饭店等创建活动；鼓励旅游者进行绿色消费，倡导低碳旅游方式。

（七）中介服务。

加快建立和培育一批高水平旅游科学研究、规划设计、文化创意、信息服务、投资咨询、广告营销、技术评估、品牌评价、导游服务、人才交流、教育培训、旅游会展、旅游保险等专业性服务机构，强化行业协会自律水平，增强旅游产业创新能力。

五、“十二五”十大重点工程

（一）旅游市场开拓工程。

1. 江西旅游整体形象推广

紧扣“江西风景独好”主题，创新宣传推广机制，构建宣传推广网络体系，加强旅游整体形象推广力度。一是利用各类媒体进行宣传。将江西旅游整体形象列入省内主要媒体的公益广告，省级每年投入不少于3000万元在中央电视台和主要客源市场主流媒体进行江西旅游整体形象广告宣传。与中国国际广播电台建立战略合作关系，以其为平台，向世界广泛宣传江西旅游整体形象。二是境外合作宣传。与境外重点旅行商合作，共同发布江西旅游形象及线路广告。积极邀请境外旅游媒体记者来江西采访。三是进行窗口展示宣传。制作多语种、高品质的江西旅游宣传品，摆放星级宾馆、火车站及机场贵宾厅等公共场所，着力推进各重点旅游城市和旅游景区在主要口岸、高速公路网络、城市出入口和重要公共场所树立旅游公益广告。四是创意推动宣传。通过借势营销，组织策划有震撼力、影响力的旅游节事会展和营销事件，努力增强活动营销效果，扩大江西旅游品牌的影响力。

2. 大力拓展国内旅游市场

（1）科学定位国内客源市场，进行有针对性营销。适应交通快速发展形势，跳出我省传统客源市场地域范围思维定势，进一步稳固以长珠闽为重点的东南旅游市场和以长沙、武汉、郑州、合肥为重点的中部旅游市场，大力开拓以京津冀为重点的华北旅游市场和以其他省会城市与副省级城市为重点的东北、西北、西南旅游市场。根据国民休闲计划，继续推进"江西人游江西"活动，进一步开拓以南昌、九江、上饶、赣州等为代表的省内大中城市休闲度假市场；每年推行赣鄱千里自驾优惠活动月，激活省内城市自驾车旅游市场。推动城乡旅游互动，以乡镇企业员工、农村夕阳红、新婚伴侣、题名学子、学生夏令营等为突破口，大力撬动省内广大农村客源市场。

（2）加强企业间的合作，推进江西旅游一体化营销进程。加强景区、旅行社、旅游饭店、旅游交通、旅游购物等企业间合作，实施旅游目的地一揽子营销行动，直接向市场终端融合渗透。加强与新闻媒体的密切合作，每年开展"江西十大旅游好新闻评选"活动，每年至少组织一次国内主要新闻媒体记者来江西开展采访采风活动。加强与省内大型企业合作，吸引其支持、参与我省旅游产业发展。

（3）加强与相关部门和社会团体间的合作，拓展营销渠道。依托团省委、教委等部门平台，组织学生、青年等参加旅游活动，联谊妇联、总工会、工商联、俱乐部、各类协会组织等社会团体，吸纳特定社会群体参加旅游活动。继续围绕不同主题，邀请人大代表、政协委员以及作家、艺术家等知名专家学者考察江西旅游产业。

（4）加强区域间的合作，合力对外宣传营销。加强省内区域合作，建立赣北环鄱阳湖五彩精华旅游促销联合体、赣中南红色经典旅游促销联合体、赣西绿色精粹旅游促销联合体，省旅游局分别组织三个旅游促销联合体针对主要客源市场开展联合促销活动。大力推动省际区域合作，充分利用泛珠三角地区、中部地区、海西经济区、赣湘闽红色旅游协作区等已有的区域合作平台，建立资源互享、客源互送、线路互推、政策互惠、信息互通、产品互补、先进基层党组织效益互享的旅游合作发展新格局。

3. 积极开拓入境旅游市场

（1）大力拓展客源市场。以江西名山大川观光度假和景德镇陶瓷赏购、道教祖庭佛教圣地朝觐等旅游产品，进一步巩固港澳市场，力争入境旅游人数年均增长25%；利用赣台直航有利条件和江西独特自然风光与历史文化旅游产品，加大对台宣传营销，加强与台湾旅行商的合作，把台湾旅游市场作为我省入境旅游市场新的增长点，力争旅游人数年均增长30%；开通直线航班，增加国际包机业务，以四条黄金旅游线路为重点，大力开拓日本、韩国、东南亚等近程入境客源市场，力争人数年均增长20%以上。包装中国（江西）文化山水极品旅游线，积极拓展美、欧、澳、非等远程入境旅游市场，开辟新兴客源地市场。同时，改善入境游客消费结构，延长逗留时间，提高人均消费水平，力争入境旅游在量上和质上都有所突破。

（2）加强国际交流合作。加强与客源国旅行商的联系，与境外实力强的旅游企业合资开办旅行社。旅游企业选派精英到国外进修，建立企业间的合作伙伴关系。主要旅游城市（景区）与国外建立友好城市（景区），加强双边旅游互动。加强与昌北国际机场、各航空公司及境外包机商的合作，拓宽江西入境旅游的空中通道。

（3）加大对外宣传促销。通过客源国主流媒体和旅游企业、旅游机构等多种渠道宣传推广江西旅游。积极组团参加中国国际旅游交易会及国家旅游局牵头举办的联合促销活动。支持有条件的国际旅行社在海外开设的分支机构，开展旅游宣传促销，编制市场网络，互相输送客源。

4. 规范发展出境旅游市场

加强对出境旅游市场的引导和监管，促进出境旅游市场健康发展。联合各级文明办，营造浓厚舆论氛围，开展对游客旅游行为的引导教育，全面提升出境游客文明素质、文化素质和消费行为素质，树立我省良好旅游形象。同时，将出境旅游作为宣传推广江西旅游的重要渠道，加强组团社对此项任务的布置和宣传。

5. 着力推进旅游营销创新

充分发挥互联网作用，实施网络营销；推行客源地间互设代理机构、开拓双边客源市场；组织引导车友会、驴友、作家协会、摄影协会等社会组织群体为旅游提供服务，进行口碑宣传；承办国内外大型节事活动，大胆创意策划形象大使选拔、招募志愿者等活动，造势营销，吸引游客眼球；加强旅游与影视、新闻、果业、体育、教育等行业合作，借势营销；推行广告互换计划，实施省内景区与旅游城市间互换、省际媒体间广告互换、旅行社间广告互换，从而达到资源互享、客源互送、线路互推的效果。

（二）红色旅游二期建设工程。

1. 完善红色旅游经典景区基础设施。实施《江西省红色旅游经典景区二期建设方案》，在提升井冈山、南昌、萍乡、赣州市—吉安市—抚州市中央苏区政府根据地等一期红色旅游经典景区基础设施的同时，着力推进上饶市、九江市、宜春市、吉安市、景德镇市等二期红色旅游经典景区39个基础设施项目建设。重点建设旅游景区配套的旅游公路、步行道、环境整治、停车场、供电线路、供排水管线、污水处理设施、垃圾处理设施、旅游厕所、消防设施、安防设施、展览（陈列）场馆等。

2. 打造国内一流的红色旅游精品。将井冈山、南昌、瑞金建设成为国内一流、国际著名的红色旅游目的地；将萍乡、上饶建设成为国内著名、国际知名的红色旅游目的地。同时，建设一批精品红色旅游景区，将上饶闽浙（皖）赣根据地旧址群、宜春市湘鄂赣根据地旧址群、上高会战旧址、铜鼓红色旅游景区、新余罗坊会议旧址、吉安东固根据地旧址、赣州南方红军三年游击战旧址、共青城创业史游览区、九江'98抗洪纪念馆等建成省内著名、全国知名的红色旅游景区景点。支持井冈山申报世界自然与文化遗产，支持瑞金创建国家5A级旅游景区和申报国家级风景名胜区。

3. 推进红色旅游对外开放与国际化。进一步推进公共性质的红色旅游资源免费开放，实施非门票经济下红色旅游质量提升计划。在井冈山、瑞金、安源等红色旅游景区实施社区民居对外开放，让红色旅游贴近民众生活。积极推进井冈山红色文化旅游目的地国际化进程。

（三）生态旅游示范工程。

1. 建设一批生态旅游示范目的地。按照生态旅游区的有关标准，全面践行低碳旅游方式，重点建设庐山、井冈山、龙虎山、三清山、西海、鄱阳湖湿地公园、明月山、武功山、婺源、大觉山等10个生态旅游示范景区;大力实施"百千万"乡村旅游计划,树立100个生态旅游示范乡镇(区)、1000个生态旅游示范村;促进文化与旅游结合发展,树立10000个文化(民俗)旅游示范景区(点)。

2. 完善一批生态旅游示范设施。按照生态旅游节能、环保、低碳等要求和相关技术等级标准,建设婺源锦绣画廊乡村休闲健身自行车公路和龙虎山景观公路等2条生态旅游示范公路;采用新材料、新技术,树立鄱阳湿地公园、星子中心港等2个生态旅游示范码头;按照《旅游厕所质量等级的划分与评定》国家标准,强化生态环保内容,树立10个五星级、50个四星级、200个三星级生态旅游示范厕所。普遍采用生态材料,树立20个生态旅游示范停车场;在重点旅游景区、旅游城市和全省各高速公路以及旅游公路沿线建立标准的、通用的环保标识体系。

3. 培育一批旅游服务示范企业。适应旅游新业态,树立南昌、上饶2家旅游集散咨询服务示范中心;挖掘赣菜资源,树立100个生态旅游餐饮示范店;加大旅游商品研发与产销力度,树立50家生态旅游商品生产示范企业和50家旅游购物示范中心;扶持一批有市场前景和技术基础生态旅游设施生产企业;推进绿色经营消费,树立100个生态示范星级饭店。

(四)乡村旅游富民工程。

1. 大力推进乡村旅游目的地建设。进一步加强乡村旅游景区景点的交通、水电、通讯、卫生等基础设施建设,加快游客中心、标识系统,安全救援等公共服务设施建设,完善餐饮、住宿、购物、娱乐等配套设施;深入挖掘原生态古村落、新农村风貌、民间风俗、农事生产、民族村寨的特色,精心创意策划一批具有乡土特色的旅游题材,建设一批符合引领乡村旅游发展潮流的旅游项目,努力打造一批特色鲜明、要素齐备、吸引力强的乡村旅游目的地。重点建设好婺源县、浮梁县、星子县、南昌县、安义县、铜鼓县、靖安县、资溪县、南丰县、龙南县、湘东区、渝水区等省内外知名的乡村旅游目的地。

2. 实施乡村旅游品质提升计划。按照《江西省乡村旅游点质量等级的划分与评定》标准,推进A级乡村旅游点创建工作。制定和完善《江西省乡村旅游服务规范》等系列乡村旅游标准,对乡村旅游开发建设、经营管理等进行规范。加强示范引导,建设一批乡村旅游示范县、乡村旅游示范乡镇、乡村旅游示范村、示范农家旅馆、示范农家餐馆、示范农家茶舍等。积极培育和发展各类乡村旅游行业协会等中介组织,建立和完善行业自我服务和约束管理长效机制。依托高等院校和培训机构,加强对乡村旅游管理人员和从业人员服务技能的培训,着力培养一支高素质的乡村旅游人才队伍。

3. 组织实施乡村旅游创就业计划。紧密围绕社会主义新农村建设和旅游景区配套服务、旅游产业化发展,根据旅游市场需求,积极鼓励和引导农民尤其是返乡农民工、城镇失业人员、高校毕业生等从事乡村旅游创业,带动旅游就业,推动新旅游,培育新业态,建设新村镇,发展新经济,走出一条"农旅结合、以农促旅、以旅强农"的乡村旅游发展新路。

(五)旅游精品打造工程。

1. 旅游精特产品开发

(1)以革命圣地和创业奋斗地为依托的红色旅游产品。充分利用中国革命摇篮井冈山、人民军队摇篮南昌、共和国摇篮瑞金、中国工人运动摇篮安源、血染的丰碑赣东北革命根据地(上饶)、红军长征出发地于都、南方三年游击战征地大余与信丰、湘鄂赣革命根据地万载仙源、小平小道、青少年创业摇篮共青城、抗洪精神诞生地九江、中国军民抗战经典战役纪念地德安万家岭与上高镜山等历史文化资源,开发一批融教育性、知识性、文化性、体验性、娱乐性于一体的红色旅游产品。

(2)以名山为依托的山岳型生态观光休闲度假旅游产品。充分利用庐山、井冈山、三清山、龙虎山、龟峰、武功山、明月山、大觉山、灵山、三百山、梅岭、铜钹山等高品位自然资源,开发观光览胜、文化体验、户外运动、山地休闲、科考科普等不同类型的生态观光休闲度假旅游产品。

(3)以大型湖泊河流为依托的水域型生态休闲度假旅游产品。充分利用鄱阳湖、西海、仙女湖、陡水湖、军山湖、青岚湖、上游湖、醉仙湖等生态湖泊资源,开发湖岛观光、滨湖度假、水上运动、湿地休闲、科考科普、渔业体验等生态休闲度假旅游产品。

(4)以特色温泉为依托的养生度假旅游产品。充分利用星子温泉、西海温泉、宜春温汤、临川温泉、资溪法水温泉、遂川汤湖温泉、石城温泉、新建温泉、龙南温泉、武功山温泉、武宁上汤温泉、安远虎岗温泉、崇仁汤溪温泉、南丰傅坊温泉、德兴瑞岗温泉和樟树盐温泉等资源,开发温泉疗养、休闲度假等养生度假旅游产品。

(5)以瓷都景德镇为依托的陶瓷赏购研修旅游产品。充分利用景德镇精深博大的陶瓷艺术,结合丰城洪州窑、吉安吉州窑深厚的陶瓷文化,开发国瓷鉴赏、陶艺制作、陶瓷选购、瓷艺研修、陶瓷博览等陶瓷赏购研修旅游产品。

(6)以名镇名村为依托的乡村民俗风情旅游产品。充分利用婺源古村落、浮梁瑶里、乐安流坑、吉安渼陂、吉水县燕坊、高安贾家、安义古村群、龙虎山上清、广昌驿前、金溪竹桥、龙南关西、井冈山菖蒲、贵溪樟坪等民族乡、鄱阳白沙洲、进贤文港、进贤西湖李家、新余昌坊、铜鼓大塅、都昌古塘村等特色村镇资源,开发名镇名村观光、民俗风情览赏、农村生活体验、乡村休闲度假等乡村民俗风情旅游产品。

(7)以现代特色种养业为依托的休闲农业旅游产品。充分利用江西现代生态农业示范园、南昌县蒋巷"三国"(国鸿、国海、国旺)生态农业休闲园、井冈山农业科技园、靖安江西有机农业科技示范园、永修凤凰山桃花园、南丰罗俚石蜜橘园、乐平乐港蔬菜基地、永丰无公害蔬菜生产基地以及广昌白莲、安义杨梅、上饶早梨、吉安葡萄、新余蜜橘、遂川金橘、赣南脐橙、宜春猕猴桃、万载有机农业、江西绿茶、生态油茶、万年贡米、军山湖螃蟹、都昌珍珠、泰和乌鸡等现代特色种养业资源,开发产业观光、特色美食、休闲娱乐等不同主题的休闲农业旅游产品。

(8)以森林公园和自然保护区为依托的原生态旅游产品。充分利用靖安三爪仑、崇义阳岭、武宁九岭山等43个国家级森林公园和鄱阳湖、九连山、官山等8个国家级自然保护区资源,开发森林探险、休闲度假、科考科普、珍禽观赏、野生动植物探奇、生态体验等原生态旅游产品。

(9)以道教名山和佛教圣地为依托的宗教文化旅游产品。充分利用鹰潭龙虎山、上饶三清山、樟树阁皂山、南昌西山、峡江玉笥山、南城麻姑山、萍乡武功山、铅山葛仙山等道教名山和庐山东林寺、九江能仁寺、云居山真如寺、青原山净居寺、靖安宝峰寺、奉新百丈寺、宜丰洞山普利禅寺、宜丰黄檗山黄檗寺、宜春仰山栖隐禅寺、宜黄曹山宝积寺、修水黄龙寺、萍乡杨歧山普通寺、临川金山寺、金溪疏山寺、新余圣集寺、南昌佑民寺、庐山东林大佛等佛教圣地资源,开发寻根礼祖、福地探秘、文化考察、修身养性、宗教研修等宗教文化旅游产品。

(10)以名人、名楼、书院和历史文化为依托的赣鄱文化旅游产品。充分利用白鹿洞书院、鹅湖书院、白鹭洲书院等三大千年书院,滕王阁、浔阳楼、琵琶亭、郁孤台、八境台、拟岘台等六大千年名楼,陶渊明、欧阳修、曾巩、王安石、黄庭坚、朱熹、文天祥、汤显祖、宋应星、朱耷等十大历史名人,以及临川文化、庐陵文化、客家文化、老表文化等资源,开发名人故里寻踪、古建筑览赏、文化风情休闲等系列赣鄱文化旅游产品。

(11)以高尔夫球场和体育公园为依托的高端休闲度假旅游产品。充分利用共青城庐山国际高尔夫球会、南昌保利国际高尔夫花园、翠林高尔夫球场、仙女湖国际乡村俱乐部等高尔夫球场和体育公园开展体育健身、高尔夫度假等高端休闲度假旅游产品。

(12)以体育赛事为依托的休闲运动旅游产品。充分利用鄱阳湖、庐山、西海、三清山、武功山、高安上游湖等得天独厚的自然条件,加强旅游与体育的结合,开发自行车大赛、登山比赛、水上运动等休闲运动旅游产品。

2. 重点旅游节事活动

大力发展以赣鄱文化为重点的文化旅游,策划举办具有国际招徕能力、全国标示作用、赣鄱本土特色和地域风土人情的旅游节庆活动。把中国(江西)红色旅游博览会、中国(江西)红色旅游网络博览会、中国鄱阳湖国际生态文化节、中国(江西)生态旅游国际论坛、中国景德镇国际陶瓷博览会、龙虎山国际道教文化旅游节、井冈山国际杜鹃节、庐山世界名山大会、明月山月亮文化节、婺源乡村文化旅游节、中国(仙女湖)七夕情人节、武功山帐篷节、大觉山生态旅游节、西海尚水文化旅游节、赣州生态旅游节、南昌庙会等大型节事活动办成我省重要的节庆品牌。同时,结合国家旅游局每年确定的主题旅游年,开展具有江西特色的旅游节事活动。各地根据发展实际,有选择性地办好地方性特色节事活动,宣传推介本地旅游产品,扩大影响,凝聚人气。

3. 大型旅游文娱节目

以本地文化要素为素材,借助高科技对文化资源进行创造与提升,通过知识产权的运用和知识密集型策划,开发观赏性、参与性、娱乐性、体验性强的现代游娱项目。精心策划以革命摇篮、红色故都、文化山水、世界瓷都、道教祖庭、禅宗圣地、华夏梦都、客家风情、鄱湖渔乡、月亮文化以及赣鄱风物风情等为主题的大型演艺节目,创作推出一批大型情景歌舞剧。南昌应有展示赣鄱文化的大型综合文艺节目。庐山、西海应有适应国际旅游要求的特色文艺节目。井冈山厦坪要完善大型红色实景演出《井冈山》。三清山、龙虎山要推出展示自然绝景和道教文化的特色文艺节目。景德镇要有以陶瓷文化艺术为主题的特色文艺节目。赣州有以客家风情为主题的特色文艺节目。瑞金有以共和国摇篮为主题的特色文艺节目。婺源有反映乡村民俗风情的大型文艺节目。宜春有以月亮文化为主题的文艺节目。萍乡有以工人运动及秋收起义为主题的红色旅游文艺节目。新余有以情山爱水为主题的文艺节目。吉安有以庐陵文化为主题的文艺节目。抚州有以临川文化为主题的文艺节目。各旅游城市和景区应有适应度假休闲游客需求的健康娱乐设施和项目。鼓励社会资本以投资、参股、控股、并购等方式进入旅游演出市场,旅游景区(点)要广泛吸纳文艺演出团体和艺术表演人才以多种方式灵活参与景区经营,不断提高景区(点)的文化内涵。

4. 特色旅游商品

建立以企业为主体、市场为导向、产学研相结合的旅游商品研发和生产体系。按照"一景一品"的要求,着力挖掘非物质文化遗产资源,突出地域特色和历史文化底蕴,要积极开发以陶瓷、金属、木竹、丝绸、棉麻、纸骨、草藤、玻璃、塑料和农副产品等为载体,以历史名人、赣鄱文化、红色经典、民俗风情为主题,以山水、人物、花鸟、虫鱼为题材,以主要旅游景区为品牌的系列旅游商品。重点开发以景德镇瓷器为代表的陶瓷美术工艺品系列、以宜春脱胎漆器为代表的民间工艺品系列、以万载夏布为代表的传统手工业品系列、以江西茶油为代表的绿色有机食品系列、以江西绿茶为代表的土特名产系列等五大特色生态旅游商品系列。形成南昌、九江、景德镇、上饶、赣州、吉安、宜春等7个在全国有影响的旅游商品集散中心和旅游工艺品研发中心;发展和壮大200家具有规模化、系列化、品牌化、规范化的旅游商品生产企业;打造50个具有艺术性、纪念性、实用性、收藏性的旅游商品知名品牌,将旅游商品产业培育成为旅游产业发展新的经济增长点。引进一批旅游设施、旅游用品等制造企业,尤其是进一步扩大防腐木游步道、景区太阳能照明设备、饭店用品系列、景区环保设施以及旅游商品制造等企业的产销规模。

(六)公共服务体系建设工程。

1. 着力建设人性化公共服务设施。完善旅游标识系统和解说系统。各景区按国家标准完善旅游安全、医疗救助的组织机构,并配备相应设施设备。加强景区游客中心建设,强化游客中心的服务功能。改善各景区互联网与有线电视等服务设施。各地各景区邮电、通讯、银行服务项目齐全并开通国际国内业务,且在旅游旺季应适当延长开放和服务时间。推进3A级以上旅游景区数字化管理系统建设,提升景区科技化管理和公共服务水平。

2. 搭建江西旅游集散咨询服务平台。由于交通通达和出游方式的变化,中心城市和景区的旅游集散功能凸显。"十二五"期间,在南昌、九江、景德镇、萍乡、上饶、鹰潭、宜春、新余、吉安、抚州、赣州等中心旅游城市建设一批功能齐全,服务一流的旅游集散咨询中心。省旅游局牵头整合各类旅游资源和旅游设施,采取地方政府和企业共同参股的方式,运用"政府主导、行业支持、企业化运作"的模式,组建股份制的全省旅游集散咨询服务企业实体,经营旅游交通集散、旅游信息咨询、客房与票务预订等多种旅游业务，形成全省统一的旅游集散咨询服务系统。

3. 加快旅游信息化建设。一是加强公共信息服务，提升旅游服务水平。以“江西省旅游数字化综合应用服务平台”项目建设为重点，构建目的地旅游信息服务体系，整合服务资源，探索区域综合信息服务模式，丰富旅游信息服务内容，提高旅游信息的一致性与可信性。二是深化信息技术应用，推动产业持续创新。加强旅游目的地数字文化资源的内容制作，建立旅游数字文化资源库与共享传播平台，应用遥感技术、虚拟显示技术和地理信息技术大力发展线上虚拟旅游；依托网络互动文化、信息科技元素发展线下主题旅游、科技旅游等旅游产品。三是强化网络应用，创新旅游网络宣传营销模式。加强旅游服务机构与大型互联网企业的合作，以旅游目的地营销为重心，开展旅游网络宣传营销，构建三网融合机制下的旅游目的地营销模式，建设目的地旅游数字化宣传营销系统。四是夯实信息基础能力，支撑产业快速发展。以信息手段为基础，建设完善旅游预报监测系统和旅游决策支撑体系，促进信息共享、业务协同和政务公开；完善12301旅游服务热线功能；通过区域性服务管理信息平台，加强游客投诉的及时受理与闭环反馈，强化网络监管旅游服务质量的功能；以信息技术优势，支撑旅游目的地评价机制建设，加强网络舆情监测与分析；建立全省统一的旅游基础信息资源标准规范，为旅游行业信息资源开发以及产品服务创新提供数据基础；以旅游信息资源交换标准为核心，开展旅游信息资源交换与共享平台建设；积极开展旅游基础信息数据库建设，形成可统一管理和服务的旅游基础信息资源目录。

（七）温泉度假旅游开发工程。

1. 构建温泉旅游目的地体系。以“星月同辉、八珠闪耀、十团互动、六片共进”的温泉旅游空间布局为基础，大力推进温泉旅游重点工程建设，打造不同层级和规模的温泉旅游目的地。“十二五”期间，重点建设2个温泉旅游度假示范区、8个温泉旅游度假区、16个温泉旅游特色镇和18个重点温泉旅游度假村，并积极引导其他有条件的地方建设温泉旅游点。

2. 提升温泉旅游产品品质。应本着立足江西本土资源特色，开发精致且富有特色的系列产品，形成康体养生温泉、山水观光温泉、商务会议温泉、文化体验温泉、农家个性小泉、特种时尚温泉等丰富多彩而有市场竞争力的温泉产品体系。大力改善温泉旅游设施，积极开拓温泉旅游市场，努力提升人才队伍素质，组合推出特色温泉旅游线路，全面唱响江西温泉旅游品牌。

3. 培育温泉旅游产业集群。围绕行、泡、疗、健、吃、住、购、娱等温泉旅游要素，大力发展配套产业，形成温泉旅游产业链。培育一批温泉服务旅行社、温泉康体服务、温泉农副产品加工、温泉易耗品的产供、温泉酒店用品产供、温泉旅游纪念品生产以及围绕温泉旅游提供服务的邮电、通讯、咨询、银行、保险、运输等企业，合理发展温泉景观地产，鼓励发展温泉创意产业和温泉乐活休闲产业。

（八）旅游骨干企业培育工程。

1. 推进旅游企业改组改制。贯彻落实国家和省已出台的相关政策措施，借助产业转型和企业改制的机遇，遵循市场经济运行规律，扎实推进旅游企业改组改制。扩大旅游行业对外开放，打破地域界限和行业壁垒，简化手续，鼓励旅游景区、星级饭店、旅行社跨行业、跨地区、跨所有制兼并重组，扶强做大旅行社和高星级旅游饭店。积极引导和支持我省有条件的旅游企业“走出去”，进入省外和国际市场，全面参与国内外分工与合作，提升我省旅游企业整体素质和综合竞争力。

2. 组建综合性旅游集团。充分发挥国家旅游投资主渠道与国有旅游资本市场的龙头作用，采用政府强力主导的方式，组建省级大型旅游综合集团和若干个旅游景区、旅行社、旅游饭店、旅游车队、旅游演艺、旅游商品制造、旅游投资等专业集团，提高旅游企业核心竞争力。重点培育省旅游集团和庐山、井冈山、三清山、龙虎山、婺源、宜春、南昌、瑞金、赣州客家、萍乡等旅游集团。

3. 积极推动旅游企业上市。规范大型旅游企业市场化运作，争取培育2～3家具备条件的旅游企业在中小企业板和创业板辅导上市，提高企业的融资能力和经营管理水平。

（九）旅游服务质量提升工程。

1. 健全旅游服务质量监管体系。完善旅游质量监管机构，建立旅游星级饭店、旅行社、导游人员、购物场所服务质量监督管理体系，并使建立的各项服务质量监督管理体系规范化、制度化，管理常态化。建立健全有效的游客投诉机制。加强新闻媒体监督，利用报刊、电台、电视台等新闻媒体对旅游服务进行监督。建立社会监督机制，聘请部分专家、消费者对A级旅游景区、星级饭店、导游员的服务质量进行监督，实行A级旅游景区和星级饭店退出机制。加强联合执法，打击非法从事旅游经营活动以及欺诈行为，维护游客合法权益。发挥旅游行业协会的作用，提高行业自律水平。

2. 建立旅游标准化体系。在认真贯彻执行国家有关旅游标准的同时，开拓工作新思路，着力制定和完善我省旅游相关标准，形成国家标准、国家行业标准和省级标准三位一体的旅游标准框架，构建政府主导旅游产业发展、生态旅游、乡村旅游、红色旅游、旅游企业、旅游从业人员为基本内容的全省旅游标准化体系。具体包括制定《江西省生态旅游名县标准》《江西省旅游名镇（乡）标准》《江西省生态旅游名村标准》《江西省农家餐馆星级的划分与评定》《江西省旅游信息化数据标准》《江西省旅游商品购物场所星级的划分与评定》《江西省旅游客运服务星级的划分与评定》《江西省A级旅游景区服务规范》《江西省星级旅游饭店服务规范》《江西省导游人员服务规范》《江西省乡村旅游服务规范》等省级标准，完善《江西省农家旅馆星级的划分与评定》和《江西省旅行社星级的划分与评定》等省级标准。同时，突出抓好旅游标准的宣贯、推广工作，全面规范旅游行业的经营管理。

3. 全面组织开展诚信旅游活动。在全省旅游行业倡导诚信守法经营，引导游客明白消费，建立旅游诚信体系框架，实现全省“放心旅游”。建立旅游企业和从业人员公开信誉档案，实现资讯共享，提高旅游行业公开度和透明度。开展全省旅游行业“诚信旅游示范单位”评选活动。

4. 旅游服务满意度测评体系。建立覆盖旅游各要素的游客满意度调查评价体系，制定调查评价的标准和实施办法;依托专业调查机构进行调查评价,定期分级发布以优质服务企业为重点的游客满意度评价报告。通过政府的公信力和媒体的影响力所产生的叠加效应,引导市场的消费选择,推动企业提高服务质量,创建旅游服务品牌。

(十)人才队伍强化工程。

1. 实施人才培训计划。充分发挥旅游行政管理部门、培训中心、旅游院校、旅游行业协会和旅游企业等各方面的积极性,多方联动,形成多层次、宽领域、全覆盖的旅游人才教育培训网络。力争到2015年,累计培训各类旅游从业人员达35万人次。加大旅游行政管理人员的培训力度,重点做好对全省市、县二级旅游局长进行全员轮训,每两年举办一次旅游执法人员岗位培训班,实施旅游高层管理人员外派学习培训计划,继续组织开展机关干部上、下挂职培训锻炼;推进全省导游人员全员轮训,开展导游网上培训,建立全省名师名导人才库,实施"名导进课堂"工程,探索职业化导游团队建设;依托农村劳动力转移培训阳光工程,加强对休闲农业与乡村旅游创就业人员的培训;按照我省旅游人才培训省、设区市、县(市、区)、旅游企业四级组织网络,开展旅游企业管理人才、服务人员岗位培训。

2. 加大人才培养输送力度。根据我省各旅游院校(系)和教育培训机构的职能和优势,统一规划,合理分工,建立优势互补、特色鲜明的旅游人才培养体系。力争五年内为我省培养、输送10万名以上旅游后备人才。大力发展旅游职业教育,完善旅游学科体系,集中力量建设一批旅游重点院校。深化旅游教育教学改革,加强校企互动,建立旅游教学实训基地,推进旅游教育国际化。实施江西旅游从业人员学历提升计划,全面提高旅游一线人才和导游人才的学历层次与专业水平。

3. 完善人才引进与激励机制。建立江西省旅游人才与就业信息库,积极吸引各种人才加入旅游行业,为专业人才的自由流动提供平台。增加人力资本投入,营造用好人才、吸引人才的良好环境,形成优秀人才脱颖而出、人尽其才的用人机制,留住和引进旅游人才。开展行业先进工作者、劳动模范、文明导游员、技术能手、旅游突出贡献等的评选活动,鼓励优秀人才脱颖而出,增强旅游人才的荣誉感和责任感。

4. 建立专家咨询服务机制。以江西省旅游规划研究院为中心,联合省内外高校与科研机构,实施江西旅游重大专项研究计划,加强对江西旅游产业发展问题和对策的专题研究,切实提高旅游研究的创新能力。建立全省旅游规划(策划)、旅游宣传营销、旅游标准化管理三个专家库,为全省旅游重大决策提供智力支持。

六、"十二五"发展保障措施

(一)创新旅游管理体制。

各级政府应当高度重视旅游工作,加强组织领导,切实把旅游工作纳入自身重要的议事日程和年度工作目标考核的重要内容,充分发挥政府在旅游产业发展中的主导作用,把旅游产业作为产业结构调整的重点、经济发展的增长点和国民经济的战略性支柱产业来扶植。强化省旅游工作领导小组的综合协调机制,完善领导小组机构设置,发挥职能作用。各级旅游行政管理部门要强化旅游行业管理职能,加强对旅游产业发展的指导,同时,要加快职能转变,把应当由企业、行业协会和中介组织承担的职能和机构逐步转移出去。各重点旅游景区要按照因地制宜、统一管理、责权一致、精简高效的原则,进一步理顺管理体制。根据旅游相关资源的隶属关系,推动旅游与环境、建设、交通、农业、林业、水利、文化、体育、外事等管理部门合作,推进景区所有权、管理权和经营权相分离,探索旅游资源与产业的一体化管理。

(二)加强旅游法治建设。

认真贯彻实施《旅行社条例》和《江西省旅游条例》,根据形势的变化和旅游产业发展不断完善旅游法规体系。重点完善《江西省A级旅游景区创建和复核管理办法》《江西省星级饭店创建和复核管理办法》《江西省旅行社星级创建和复核管理办法》《江西省导游人员星级评定管理办法》《江西省A级乡村旅游景点创建和复核管理办法》《江西省休闲农业与乡村旅游示范县、示范点认定管理办法》《关于进一步加强和规范旅游规划的指导意见》等景区管理、旅游规划、生态旅游、乡村旅游、旅游市场监管、从业规范方面系列旅游法规制度。完善全省旅游执法体制,开展旅游、工商、税务、环保、卫生、价格、公安等部门的联合执法检查,开展打击非法从事旅游经营活动,整治"零负团费"、虚假广告、强迫或变相强迫消费等欺诈行为,维护游客合法权益,提高依法治旅、依法兴旅的水平。

(三)完善配套政策措施。

优化旅游投融资环境,增加银行等金融机构对旅游产业的贷款投放规模,健全融资担保政策,加大各类信用担保机构对旅游企业和旅游项目的融资担保力度。坚持"让权让利、放开放活、互利共赢"的原则,放宽市场准入条件,创新招商形式,完善招商引资优惠政策,营造良好的投资环境,鼓励社会资本公平参与旅游产业发展,鼓励包括外商投资企业在内的各种所有制企业依法投资旅游产业,广泛吸纳各种社会资本参与旅游开发。支持旅游建设项目用地,对利用存量土地建设的旅游产业项目,依法依规供地;对拟列入省调度的重大旅游产业建设项目,依法按程序进行建设用项目地预审,再按规定程序申请列入,安排省预留新增建设用地计划。加大政府导向性投入,省级财政要根据旅游产业发展需要和财政增长情况逐年增加旅游产业发展专项资金用于旅游基础设施建设,旅游宣传营销等;各市县财政也要逐步增加旅游发展导向性投入。发改、交通、林业、农业等部门在安排建设投资时,应向旅游产业倾斜。新农村建设、扶贫开发、以工代赈等专项资金的安排使用,应与发展旅游产业结合起来。实行税费优惠政策,落实旅游饭店用水用电用气等优惠政策。研究制定旅游度假区审批办法和扶持政策,促进休闲度假旅游快速健康发展。制定绿色消费、绿色经营、绿色开发等奖励措施,对已取得成绩的绿色旅游行为提供合理的奖励和资金补助,确保绿色旅游在经济上能持续发展。

(四)构建科学规划体系。

遵循"科学编制、合理布局、重在策划、落在项目"的编制原则,按照时间和级次构建以《全省旅游产业发展"十二五"规划》《鄱阳湖生态旅游区规划》《环鄱阳湖五彩精华旅游线路建设详规》《赣中南红色经典旅游线路建设详规》和《赣西绿色精粹旅游线路建设详规》等详细规划为主线,温泉度假旅游发展、红色旅游持续发展和乡村旅游发展等专项规划为补充的旅游规划体系,科学指导全省旅游产业发展。加强旅游规划的创新工作,杜绝规划编制照搬照抄和项目低水平重复设计。科学策划一批对全省旅游产业大省建设有重大支撑和影响的旅游项目,整合资金重点扶持和调度一批省级重大旅游项目,扎实推进全省旅游项目库建设和管理工作。加强旅游规划成果的管理,提高规划执行力,增强规划对旅游发展的指导与控制能力。加强对旅游规划市场的监管,实行规划、咨询、后期服务一体化,增强规划设计单位的服务意识和责任感,提升规划的技术含量和操作性。加强旅游规划与国民经济和社会规划的衔接,在编制和调整城市总体规划、土地利用规划、基础设施规划、村镇规划时,应充分考虑旅游产业发展需要。

(五)建立考核评价机制。

省里每年组织对各地旅游产业发展情况进行专项考核,对重点旅游县(市、区)加强旅游产业发展引导,实行差别化考核政策。对综合考核评价优异的市(县、区)给予表彰奖励。省旅游局每年对各设区市旅游局和A级旅游景区进行考核。进一步完善旅游经营企业和旅游从业人员奖励制度。

江西省人民政府办公厅关于保障性安居工程建设和管理的实施意见

2012年2月27日

各市、县(区)人民政府,省政府各部门:

为贯彻落实《国务院办公厅关于保障性安居工程建设和管理的指导意见》(国办发〔2011〕45号)精神,进一步加强和规范保障性安居工程建设与管理,加快解决中低收入家庭住房困难,结合我省实际,提出如下实施意见。

一、大规模实施以公共租赁住房为重点的保障性安居工程建设

1. 加快保障性安居工程建设,对于建立和完善住房供应和保障体系,缓解城镇居民住房困难,维护社会稳定,实现人才和劳动力有序流动,促进工业化、城镇化发展具有十分重要的意义。各级政府、各有关部门要进一步提高认识,开拓创新,结合实际,积极调整保障性住房供应结构,大规模推进以公共租赁住房为重点的保障性安居工程建设,增加住房有效供应。

2. 2011至2015年,全省保障性安居工程建设任务为126.3万套,其中:公共租赁住房(含廉租住房)76.7万套、改造城市棚户区28.1万户、国有工矿棚户区2.9万户、国有林场危旧房3.3万户、国有垦区危房13.9万户、中央下放地方煤矿棚户区1.4万户。到"十二五"期末,全省保障性住房覆盖面达到城镇常住人口家庭20%以上,使人均住房建筑面积13平方米以下的城镇低收入住房困难家庭实现应保尽保,人均住房建筑面积15平方米以下的城镇中等偏下收入家庭住房困难问题得到基本解决,城镇新就业职工住房困难问题得到有效缓解,外来务工人员居住条件得到明显改善,促进实现人人"住有所居"目标。

3. 市县政府要按照"十二五"期间保障性安居工程建设目标任务要求,结合本地区经济和社会发展规划、城市规划、产业及人口布局等情况,认真编制住房保障规划、年度实施计划及用地供应计划。要将目标任务分解到各年度,明确年度建设投资、项目用地、资金来源等指标和措施,并向社会公布。要根据本地年度实施计划安排,在每年12月底前完成下一年度保障性住房项目前期相关工作,并列入年终督查考核的重要内容。

二、全面推行廉租住房、公共租赁住房、经济适用住房"三房合一"的建管模式

4. 统筹建设,并轨运行。从2012年开始,停止新建经济适用住房和限价商品房。新建公共租赁住房和廉租住房实行统一规划、统一建设。其建设计划和资金规模按现有渠道分别上报审批;建设资金统筹安排,打捆使用。廉租住房对象、经济适用住房对象和限价商品房对象统一纳入到公共租赁住房保障范围。已建、在建但尚未列入出售计划的经济适用住房,以及现有廉租住房全部纳入公共租赁住房统一管理。已售经济适用住房仍按原有规定管理。

5. 确保基本需求,扩大覆盖。在实行廉租住房对象应保尽保基础上,将公共租赁住房保障范围覆盖到城镇中等偏下收入住房困难家庭和有稳定工作、具有租金支付能力的居民,以及在城镇稳定就业的外来务工人员。公共租赁住房具体承租标准由市县政府根据当地经济社会发展水平、居民收入、住房状况合理确定,原则上承租人应为无房或无资助住房(有资助住房指直系亲属在当地有两套或两套以上住房且人均住房建筑面积在35平方米以上),或家庭人均住房建筑面积15平方米以下的住房困难家庭。外来务工人员申请公共租赁住房不受户籍条件限制。

6. 政府统一定价,差别租金。公共租赁住房租金实行

政府定价，由市县价格主管部门会同财政、住房保障等有关部门提出，经同级政府批准后确定，并向社会公布。公共租赁住房租金标准控制在同地段、同品质、同类型住房市场租金的60%。廉租住房对象承租公共租赁住房，按廉租住房租金标准交纳租金。廉租住房对象的承租面积控制在50平方米以内。政府投资建设的公共租赁住房租金收入应按照政府非税收入管理的规定纳入同级国库，实行收支两条线管理，专项用于偿还公共租赁住房建设贷款，以及公共租赁住房的维护、管理等支出。

三、积极探索公共租赁住房租售并举工作

7. 按照先租后售、租售并举、自愿购买、有限产权、规范管理的原则，已承租公共租赁住房一定期限的城市中低收入家庭，可自愿申请购买其承租的公共租赁住房有限产权，具体办法由省住房和城乡建设厅会同省财政厅另行制定。购买后仍然符合低保条件的，继续享受低保待遇。

8. 公共租赁住房的出售价格，原则上按住房建安成本确定。具体价格由市县价格主管部门会同住房保障、财政、审计、建设等部门共同测算，经同级政府批准后实施。

9. 承租人购买公共租赁住房有限产权，可以一次性购买全部面积，也可以购买部分面积，已购面积免缴租金。购买的公共租赁住房可以继承、抵押，不得进行出租、转让、赠与等市场交易。如购买人因经济和住房条件变化，超出当地规定的保障标准，或因特殊原因需要转让的，由市县政府按原销售价格加同期银行存款活期利息回购。

10. 市县政府可根据当地实际决定是否实行公共租赁住房租售并举。实行租售并举的市县要根据本地区公共租赁住房房源与中低收入家庭购房需求，加快制定和出台租售并举实施细则。

四、落实建设用地、资金和相关政策措施

11. 公共租赁住房项目采取划拨、出让等方式供应土地。市县政府要按照住房保障规划和年度建设计划，将公共租赁住房建设用地纳入年度土地供应计划并单独列出。储备土地和收回使用权的国有土地，优先安排用于公共租赁住房建设。公共租赁住房建设用地一经确定，未经同级政府和上级国土部门批准，不得更改挪作他用。对因土地不落实而影响公共租赁住房建设项目开工的市县，暂停其所有建设用地报批。

12. 鼓励外来务工人员集中的开发区、产业园区管理机构，按照统筹规划、集约用地的原则，采取集中建设和配建相结合的方式建设公共租赁住房。开发区、产业园区规划的配套用地应主要用于配建公共租赁住房。

13. 按照“谁投资、谁所有、谁受益”的原则，鼓励社会投资机构和房地产企业建设、持有、运营公共租赁住房。市县政府要给予土地供应和优惠政策支持。社会机构投资建设的公共租赁住房，应纳入市县政府公共租赁住房建设计划，发改、规划、国土、住房和城乡建设等部门应当依据建设计划办理相关审批手续。距离城区较远住房困难职工较多的独立工矿区，在符合城乡规划前提下，经市县政府批准，可利用自用土地建设公共租赁住房，其建成后的房屋纳入政府统一分配和管理。

14. 积极争取中央补助资金，加大省级资金支持力度，市县政府财政预算应优先安排保障性安居工程配套资金。省财政对市县新建公共租赁住房适当补助。各地土地出让收益用于保障性住房建设和棚户区改造的比例不低于10%。住房公积金增值收益在提取贷款风险准备金和管理费用后，全部用于公共租赁住房建设。公共预算支出安排仍不足的地区，要提高土地出让收益和地方政府债券资金安排比重。完不成保障性安居工程建设任务的市县，一律不得兴建和购置政府办公用房。

15. 在加强管理，防范风险的基础上，各地银行业金融机构要按照《国务院办公厅关于保障性安居工程建设和管理的指导意见》(国办发〔2011〕45号)和人民银行、银监会《关于认真做好公共租赁住房等保障性安居工程金融服务工作的通知》(银发〔2011〕193号)等有关规定，拓宽融资渠道，通过贷款、银行间债务融资工具承销等多种方式，加大对公共租赁住房建设的资金支持。

16. 各级财政、审计和住房保障部门要加强对公共租赁住房建设资金、售房资金的监督，研究制定资金筹集、使用和管理办法，确保资金专款专用、合理使用、规范运作、良性循环。

17. 对公共租赁住房和棚户区改造安置住房，要切实落实现行建设、经营、买卖等环节税收优惠政策，免收城市基础设施配套费等各种行政事业性收费和政府性基金，经营服务性收费按低限减半收取。

五、不断提高住房规划和建设水平

18. 公共租赁住房项目实行部门会审，并联审批，简化审批程序，提高项目审批效益，最大限度地缩短审批时间。将项目审批程序合并为只审批项目初步设计(实施方案)，不再审批立项和工程可研报告；设区市中心城区项目由省发改委审批，县(市)项目由设区市发改委审批。公共租赁住房建设用地应当尽量安排在城市居民人口聚集区、商品住房用地毗邻区、工商产业聚集周边区、主要交通干道沿线区。集中新建的公共租赁住房小区，要规划建设幼托、学校、社区医疗卫生以及服务性商业用房等配套设施，配建比例一般控制在小区规模的15%以内。配建的商业用房不得出售，可对外出租，其收入缴入国库，实行“收支两条线”管理，用于公共租赁住房建设和管理。

19. 公共租赁住房户型设计要坚持户型小、功能全、质量高、安全可靠的原则，有效满足各项基本居住功能。单套建筑面积以50平方米左右为主，最大面积控制在80平方米以下。最大面积套型住房原则上控制在总量的15%以内。公共租赁住房交付使用前要按照经济、环保、耐用的要求，提供较为完善的装修，具备入住条件。

20. 保障性安居工程建设，要严格履行法定的项目建设程序，规范招投标行为，落实项目法人责任制、合同管理制、工程监理制和建筑材料入场验核制度。项目法人对住房建设质量负永久责任，其他参建单位按照工程质量管理规定负相应责任。实行勘察、设计、施工、监理单位负责人

和项目负责人责任终身制。保障性安居工程质量管理实行百分之百分户验收,百分之百设立工程建设质量标志牌,百分之百落实视频远程监控。

六、加强住房分配和管理

21. 市县政府要建立健全公共租赁住房的申请、准入和退出制度,完善公共租赁住房和保障对象信息档案管理。审核机关调查核实公共租赁住房申请人住房、金融资产、车辆等财产时,有关机构应当依法提供便利。住房和城乡建设、民政、公安、税务、金融等部门及街道、社区要加强协作配合,建立信息共享和交换机制,对公共租赁住房承租人的家庭人口、住房、经济收入变化情况实行动态监测。公共租赁住房承租人通过购买、继承、受赠等方式取得其他住房,不再符合相应的住房保障条件的,应当在规定期限内腾退;逾期不腾退的,按市场价格交纳租金。

22. 完善住房保障申请、审核、公示、轮候、复核制度,坚持"三级审核、三榜公示",阳光操作。加快建立公共租赁住房申请审核网络平台。公共租赁住房申请人应当如实申报家庭住房、收入和财产状况,书面同意审核机关调查核实其家庭住房和资产等情况。切实防范并严厉查处骗租骗购和以权谋私行为。对以虚假资料骗租、骗购公共租赁住房的,一经查实应立即纠正,并取消其5年内再次申请租赁或购买的资格。

23. 公共租赁住房的租赁合同,应当载明租金、租期以及使用要求,租赁合同期限一般为3至5年。租赁合同期满后承租人仍符合规定条件的,可以申请续租。公共租赁住房使用人应根据有关规定和合同约定使用住房,不得擅自改变房屋结构,影响房屋质量安全和使用功能。对违反规定将公共租赁住房出售、转借、出租(转租)、闲置、改变用途且拒不改正的,应当按照有关规定或者合同约定收回。

24. 各级政府、各有关部门要加强住房保障信息化建设,加大资金投入力度,尽快建立省、市、县三级互联互通、信息共享的住房保障信息平台,做到信息传输数字化、自动化,动态管理规范化、智能化,提高工作效能。

七、建立健全责任和监督机制

25. 保障性安居工程建设实行省政府负总责、市县政府抓落实的工作责任制,市县政府主要领导是本地区的第一责任人。各级政府要层层签订责任书。省政府将保障性安居工程建设列入市县政府考核评价体系和推进城镇化工作考核范围。住房和城乡建设部门要做好牵头协调工作,并负责实施、督导公共租赁住房建设、城市棚户区和国有工矿棚户区改造工作;发改部门要抓好项目审批工作,并负责中央下放地方煤矿棚户区改造牵头督导工作;财政部门负责落实与下达建设资金,会同有关部门做好资金监管工作;国土部门负责做好土地供应、土地管理工作;林业、农业部门分别负责国有林场危旧房改造和国有垦区危房改造工作;金融、税务、审计、监察、民政等部门要根据各自职能做好相关工作,主动提供优质高效服务。各有关部门要加强协作,密切配合,对各地保障性安居工程建设与管理存在的问题和困难开展调研,加强指导,统筹解决,形成推进保障性安居工程建设的强大合力。

26. 建立考核问责机制。各级政府、各有关部门要按照"一级抓一级、一级管一级、一级对一级负责"的原则,加强对保障性安居工程建设的监督检查。监察、住房和城乡建设等有关部门要建立约谈和问责机制,对项目资金土地不落实、政策措施不到位、建设进度缓慢的地区,应酌情对其政府负责人实行问责。要严格规范保障性安居工程建设程序,加强资金监管。对在保障性安居工程建设、分配和管理过程中滥用职权、玩忽职守、徇私舞弊、失职渎职的政府及其相关部门工作人员,要依法依纪追究责任;涉嫌犯罪的,移送司法机关处理。

27. 省政府设立保障性安居工程奖励资金,对保障性安居工程建设工作力度大、任务完成好,质量、安全、进度、资金管理达到规定要求的市、县,给予奖励。

28. 市县政府要根据住房保障工作需要,合理设置工作机构,配备人员编制,安排专项工作经费。

统计资料

本栏编辑　詹跃华

国民经济和社会发展主要指标与发展速度

指　标	2011 年	2012 年	2012 年比 2011 年增长(%)
人口(万人)			
年末总人口	4488.44	4503.93	0.3
#男性人口	2313.38	2318.60	0.2
女性人口	2175.06	2185.33	0.5
#城镇人口	2051.22	2139.82	4.3
乡村人口	2437.22	2364.11	-3.0
就业(万人)			
年末社会就业人数	2532.6	2556.0	0.9
#职工人数	311.3	360.9	15.9
年末城镇登记失业人数	24.64	25.72	4.4
地区生产总值(亿元)	11702.82	12948.88	11.0
第一产业	1391.07	1520.23	4.6
第二产业	6390.55	6942.59	13.1
第三产业	3921.20	4486.06	9.5
人均生产总值(元)	26150	28800	10.4
固定资产投资(亿元)			
全社会固定资产投资总额	8737.60	10774.16	26.8
#房地产开发投资	867.03	969.62	11.8
新增固定资产	6269.13	7662.32	22.2
财政(亿元)			
财政总收入	1645.00	2046.15	24.4
公共财政预算收入	1053.43	1371.99	30.2
财政支出	2534.60	3019.22	19.1
能源生产与消费(万吨标准煤)			
能源生产总量	2581.40	2595.89	17.8
能源消费总量	6928.17	7232.92	15.8
价格指数(上年=100)			
居民消费价格指数	105.2	102.7	2.7
商品零售价格指数	104.8	102.1	2.1
工业生产者出厂价格指数	111.3	96.5	-3.5
工业生产者购进价格指数	112.4	98.3	-1.7
固定资产投资价格指数	108.4	101	1.0
人民生活			
城镇非私营单位在岗职工平均工资(元)	34055	39651	16.4
城镇住户人均年可支配收入(元)	17494.87	19860.36	13.5
农村住户人均年纯收入(元)	6891.63	7827.82	13.6
城乡居民储蓄存款年末余额(亿元)	7123.53	8471.86	18.9
城镇住户人均住宅建筑面积(平方米)	39.39	40.10	1.8
农村居民人均住房面积(平方米)	46.82	47.61	1.7

续表 1

指　标	2011 年	2012 年	2012 年比 2011 年增长(%)
城市建设、环境保护			
人工煤气供气量(万立方米)	49641	48497	-2.3
液化石油气供气量(吨)	194329	204258	5.1
道路长度(公里)	6086	6477	6.4
排水管道长度(公里)	8580	9484	10.5
公共车辆(汽、电车)运营数(辆)	9144	9894	8.2
绿化覆盖面积(公顷)	49308	50752	2.9
工业用水重复利用率(%)	76.95	78.35	
一般工业固体废物综合利用量(万吨)	6304.66	6071.25	-3.7
一般工业固体废物综合利用率(%)	55.27	54.46	
农业			
农业总产值(亿元)	2207.27	2399.26	4.6
主要农产品产量			
粮食(万吨)	2052.79	2084.84	1.6
棉花(万吨)	14.29	15.22	6.5
油料折油(万吨)	44.44	46.04	3.6
油料(万吨)	115.0	117.1	1.8
黄红麻(万吨)	0.10	0.08	-18.6
烟叶(万吨)	4.55	5.25	15.4
茶叶(吨)	35039	38662	10.3
蚕茧(吨)	7230	7484	3.5
甘蔗(万吨)	62.85	61.58	-2.0
水果(万吨)	387.65	370.28	-4.5
肉类总产量(万吨)	316.75	333.91	5.4
水产品(万吨)	222.81	237.00	6.4
生猪年末存栏(万头)	1827.51	1911.62	4.6
生猪当年出栏(万头)	2961.54	3130.64	5.7
工业			
主要工业产品产量			
化学纤维(万吨)	31.47	37.89	32.2
布(混合数)(万米)	80754	92650	13.5
机制纸及纸板(万吨)	219.39	161.39	-30.5
卷烟(万箱)	117	120	2.6
原煤产量(万吨)	2443.00	2511.79	1.9
原油加工量(万吨)	431.84	507.64	17.6
发电量(亿千瓦时)	688.25	664.71	-2.1
粗钢(万吨)	2067.41	2140.85	2.7
钢材(万吨)	2247.36	2368.89	2.2
水泥(万吨)	6782.24	7420.94	7.0
汽车(万辆)	34.35	34.36	-7.9
照相机(万架)	1.02	1505.22	78.3
化学肥料(折合 100%)(万吨)	29.46	93.71	4.8
化学农药(原药)(吨)	34210	38866	-1.5
规模以上工业企业主要指标(亿元)			
工业增加值	3910.88	4885.21	14.7
资产总计	9964.06	11474.12	15.2
主营业务收入	18466.82	22267.64	20.6
利税总额	1814.69	2129.76	17.4
建筑业(资级企业)			
建筑业企业人数(万人)	85.02	107.40	26.3
建筑业总产值(亿元)	2096.72	2793.72	33.2

续表2

指　标	2011年	2012年	2012年比2011年增长(%)
施工房屋面积(万平方米)	15514.26	18889.37	21.8
竣工房屋面积(万平方米)	7813.18	10148.83	29.9
交通运输业			
铁路营业里程(公里)	2734	2734	0.0
公路通车里程(公里)	146618	150595	2.7
货物周转量(亿吨公里)	3004.02	3656.23	21.7
铁　路(亿吨公里)	733.77	681.75	-7.1
公　路(亿吨公里)	2066.83	2559.78	23.9
水　运(亿吨公里)	203.27	207.26	2.0
空　运(万吨公里)	1550.34	1743.41	12.5
旅客周转量(亿人公里)	962.56	956.27	-0.7
铁　路(亿人公里)	600.18	584.06	-2.7
公　路(亿人公里)	340.90	371.89	9.1
水　运(亿人公里)	0.30	0.32	6.2
空　运(万人公里)	211766	235824	11.4
邮电通信业			
邮电业务总量(亿元)	251.20	309.74	23.3
函　件(万件)	13168.1	10246.7	-22.2
报刊期发数(万份)	395	346	-12.4
移动电话用户(万户)	2322.1	2638.8	13.6
固定电话用户(万户)	673.9	644.2	-4.4
城市	421.9	405.4	-3.9
农村	252	238.8	-5.2
计算机互联网用户(万户)	313	372	18.8
局用交换机容量(万门)	296	288.9	-2.4
内外贸易和旅游			
社会消费品零售总额(亿元)	3485.06	4027.25	15.6
海关进出口总额(万美元)	3146771	3341383	6.2
出口额	2187496	2511279	14.8
进口额	959275	830104	-13.5
外商直接投资合同金额(万美元)	844545	816170	-3.4
外商直接投资实际使用金额(万美元)	605881	682431	12.6
旅游总收入(亿元)	1105.93	1402.59	26.8
涉外旅游人数(人次)	1358265	1561793	15.0
涉外旅游收汇(万美元)	41500	48473	16.8
金融业(亿元)			
金融机构人民币存款余额	14240.29	16715.91	17.4
金融机构人民币贷款余额	9175.16	10924.55	19.1
教育、文化、卫生			
高等学校在校学生数(人)	843180	876328	3.9
中等专业学校在校学生数(人)	240788	249127	3.5
普通中学在校学生数(万人)	279.26	278.18	-0.4
小学在校学生数(万人)	434.05	434.14	0.0
学龄儿童入学率(%)	99.76	99.85	0.1
报纸出版数量(万份)	74425	76158	2.3
期刊出版数量(万册)	7325	7217	-1.5
图书出版数量(万册)	17201	18196	5.8
卫生机构数(个)	7121	7137	0.2
卫生技术人员(人)	166069	179797	8.3
#医生	62888	67168	6.8
病床数(张)	136512	157660	15.5

国民经济主要比例关系

单位:%

指　标	2011 年	2012 年
地区生产总值		
第一产业	11.9	11.8
第二产业	54.6	53.6
工　业	46.2	45.0
建筑业	8.4	8.6
第三产业	33.5	34.6
#交通运输邮电业	4.3	4.9
批零贸易和住宿餐饮业	9.4	9.6
金融业	3.1	3.2
国内支出总额		
最终消费中		
居民消费	76.2	75.3
政府消费	23.8	24.7
资本形成总额中		
固定资本形成	96.6	96.7
存货增加	3.4	3.3
全省总人口		
城镇人口	45.7	47.5
乡村人口	54.3	52.5
社会就业人员		
第一产业	34.4	32.9
第二产业	30.1	31.0
第三产业	35.5	36.1
农业总产值		
农　业	41.6	41.8
林　业	9.3	9.5
牧　业	33.3	31.4
渔　业	12.3	13.9
服务业	3.5	3.4
规模以上工业增加值		
轻工业	31.7	33.6
重工业	68.3	66.4
全社会固定资产投资		
第一产业	2.6	2.9
第二产业	57.3	55.7
第三产业	40.1	41.4
财政支出		
文教科学卫生事业费	28.9	30.3
#科　学	0.8	0.9
教　育	18.7	20.6

主要指标每人年平均水平

指　标	2011 年	2012 年
地区生产总值(元)	26150	28800
第一产业	3108	3381
第二产业	14279	15441
第三产业	8762	9977
财政总收入(元)	3676	4551
年末居民储蓄存款余额(元)	15917	18842
主要农产品产量(公斤)		
粮　　食	458.69	463.69
棉　　花	3.19	3.39
油料折油	8.32	10.24
甘　　蔗	14.04	13.70
水　　果	86.62	82.35
肉类总产量	70.78	74.27
牛　　奶	2.83	2.82
水 产 品	49.79	52.71
主要工业产品产量		
化学纤维(公斤)	7.03	8.43
布(混合数)(米)	18.04	20.61
机制纸及纸板(公斤)	49.02	35.90
原　　煤(公斤)	545.88	558.65
原油加工量(公斤)	964.93	1129.05
发电量(千瓦小时)	1537.87	1478.38
粗钢(公斤)	461.96	476.15
钢材(公斤)	502.17	526.87
水　　泥(公斤)	1515.47	1650.50
化学肥料(公斤)	6.58	20.84
化学农药(公斤)	0.76	0.86
主要消费品消费量		
农民生活消费量(公斤)		
粮　　食	203.91	190.77
植 物 油	8.22	8.27
猪牛羊肉	13.70	13.90
蛋　　类	4.56	4.71
水 产 品	5.77	5.84
城镇居民购买量(元)		
粮　　食	408.64	438.11
油 脂 类	191.16	200.77
肉禽及其制品类	1107.29	1161.86
蛋　　类	104.28	104.01
水 产 品	260.95	291.21

地区生产总值

本表按当年价格计算　　单位:亿元

年　份	地区生产总　值	第一产业	第二产业	第三产业	人均地区生产总值
2011	11702.82	1391.07	6390.55	3921.20	26150
2012	12948.88	1520.23	6942.59	4486.06	28800

按城乡分的人口数(年末数)

年　份	总人口(人)	按城乡分		以年末总人口为100	
		城镇人口	乡村人口	城镇人口	乡村人口
2011	44884367	20512156	24372211	45.70	54.30
2012	45039321	21398181	23641140	47.51	52.49

劳动力资源

单位:万人

年　份	劳动力资源总　数	社　会就业人数	#职　工人　数	劳动力资源总数占人口数的比重(%)	劳动力资源利　用　率(%)
2011	3480.5	2532.6	311.3	77.5	72.8
2012	3495.5	2556.0	360.9	77.6	73.1

全社会固定资产投资

年　份	全社会固定资产投资		#房地产开发投资	
	绝对数	发展速度	绝对数	发展速度
2011	87375985	122.0	8670285	122.7
2012	107741579	123.3	9696176	111.8

外商直接投资情况

年　份	项目数(个)	合同外资金额(万美元)	实际使用外资(万美元)
2011	812	844545	605881
2012	789	816170	682431

能源生产总量及构成

年份	能源生产总量（万吨标准煤）	占能源生产总量的比重（%）			
		原煤	原油	天然气	水电
2011	2581.4	88.3		0.7	11.0
2012	2595.9	81.1		0.5	18.5

能源消费总量及构成

年份	能源消费总量（万吨标准煤）	占能源消费总量的比重（%）			
		煤炭	石油	天然气	水电
2011	6928.2	74.3	15.4	1.2	4.1
2012	7232.9	70.0	15.7	1.8	6.6

财政收支总额及增长速度

年份	财政收入（万元）	财政支出（万元）	收支差额（万元）	比上年增长（%）	
				财政收入	财政支出
2011	16450001	25345989	-8895988	34.2	31.8
2012	20461475	30192244	-9730769	24.4	19.1

各种价格指数

（上年=100）

年份	商品零售价格指数			居民消费价格指数		
		城市	农村		城市	农村
2011	104.8	104.8	105.0	105.2	105.1	105.6
2012	102.1	101.9	102.5	102.7	102.6	103.0

农、林、牧、渔业总产值和商品产值

本表按当年价格计算　　　　单位：万元

年份	农林牧渔业总产值						农林牧渔业商品产值	农林牧渔业商品率（%）
		农业产值	林业产值	牧业产值	渔业产值	服务业产值		
2011	22072655	9178214	2061050	7343392	2722023	767976	15937301	72.2
2012	23992583	10032063	2289114	7526773	3330579	814054	17491174	72.9

农作物播种面积和产量(2012年)

类别	播种面积(千公顷)	单产(千克/公顷)	总产量(粮食:万吨;其他:吨)	总产量比上年增长(%)
总计	5525.89			
粮食作物	3675.93	5672	2084.8	1.6
谷物	3376.12	5901	1992.3	1.4
稻谷	3328.33	5937	1976.1	1.3
早稻	1389.53	5758	800.2	1.9
中稻及一季晚稻	398.13	6671	265.6	-0.3
二季晚稻	1540.67	5908	910.3	1.3
小麦	11.85	2059	2.4	11.4
玉米	26.97	4079	11.0	4.9
大(米)麦	0.29	1724	0.1	25.0
豆类合计	159.63	1841	29.4	2.6
大豆	97.83	2177	21.3	2.7
杂豆	61.80	1309	8.1	2.1
薯类(按折粮计算)	140.18	4508	63.2	5.6
油料合计	744.16	1573	1170753.0	1.8
#花生	160.71	2788	448133.0	2.4
油菜籽	551.85	1246	687541.0	3.1
芝麻	31.23	1104	34476.0	8.7
棉花	85.01	1790	152203.0	6.5
麻类合计	5.70	1592	9071.0	-8.6
黄红麻	0.17	4757	804.0	-18.6
苎麻	5.53	1495	8267.0	-7.5
甘蔗	13.76	44747	615764.0	-2.0
烟叶合计	23.82	2203	52472.0	15.3
烤烟	22.88	2200	50338.0	13.1
晒烟	0.93	2287	2134.0	111.7
中药材	20.01			
蔬菜类及食用菌	548.43	22120	12131089.0	4.1
瓜果类	74.48	26989	2010118.0	4.2
其他作物	334.59			
#莲子	13.02	1417	18452.0	8.0
青饲料	81.86	11962	979186.0	-0.9

注:本表粮食作物均为农产量抽样调查数。

规模以上工业企业经济指标

指　标	2011 年	2012 年
企业单位数(个)	6251	6773
#亏损企业	294	403
资产总计(万元)	99640588	114741203
流动资产合计(万元)	46148463	54079089
负债总计(万元)	55512183	64032206
所有者权益(万元)	44128405	50708997
主营业务收入(万元)	184668214	222676403
#主营业务税金及附加	1933173	2286178
营业费用(销售)	2738042	3436269
利润总额(万元)	11138553	12851090
利润和税金总额(万元)	18146936	21297573
全部从业人员年平均人数(人)	1922534	2090307
工业总产值(万元)	179058700	208094698
工业增加值(万元)	39108763	48852077
总资产贡献率(%)	21.54	21.42
资本保值增值率(%)	123.17	113.25
资产负债率(%)	55.71	55.81
流动资产周转率(次)	4.53	4.45
成本费用利润率(%)	6.65	6.33
全员劳动生产率(元/人)	231445	247387
产品销售率(%)	98.94	99.25
工业经济效益综合指数(%)	292.21	298.28

工业产品产量

品　名	2012年	2012年比2011年增长(%)
原　　煤（万吨）	2511.79	1.90
洗精煤（万吨）	396.03	19.30
硫铁矿生产量（折含硫35%）（万吨）	212.26	7.70
钨精矿折含量（万吨）	4.65	5.40
原　　盐（万吨）	204.67	21.20
配混合饲料（万吨）	1243.75	20.40
乳制品（万吨）	28.51	-1.40
罐　　头（万吨）	12.73	23.40
软饮料（万吨）	236.65	10.90
白　　酒（万千升）	15.71	8.40
啤　　酒（万千升）	114.94	4.10
精制茶（吨）	55178.00	16.90
卷　　烟（亿支）	599	2.60
纱（万吨）	137.29	35.50
布（万米）	92649.70	13.50
纯棉布	43302.40	-18.50
棉混纺交织布	36764.70	47.10
纯化纤布	12582.70	259.30
印染布（万米）	7899.90	-15.90
服　　装（万件）	11.93	1.80
皮　　鞋（万双）	1.63	28.00
人造板（万立方米）	881.05	13.60
机制纸及纸板（万吨）	161.39	-31.50
家　　具（万件）	1369.97	47.10
原油加工量（万吨）	507.64	17.60
焦　　炭（万吨）	809.57	-6.80
硫　　酸（万吨）	289.81	20.80
烧　　碱（万吨）	44.70	10.90
电石（折300升/千克）（万吨）	5.48	-27.20
合成氨（万吨）	20.65	17.20
化学肥料（折有效成分100%）（万吨）	93.71	4.80
氮　肥	65.11	-0.80
磷　肥	28.61	20.30
化学农药（吨）	38866.20	-1.50
纯　　苯（吨）	39372	30.40
涂　　料（吨）	42710.00	12.10
合成洗涤剂（吨）	5726.00	-22.30
化学药品原药（吨）	41592.50	26.50
中成药（吨）	105700.10	21.70
化学纤维（万吨）	37.89	32.20
粘胶纤维	30.45	30.10
合成纤维	7.44	41.60
轮胎外胎（万条）	385.46	-12.00
塑料制品（吨）	1224194	62.3
水　　泥（万吨）	7420.94	7.00
平板玻璃（万重量箱）	655.09	10.50
日用玻璃制品（万吨）	0.68	7.80
玻璃保温容品（万个）	0.27	7.70

续表

品　名	2012 年	2012 年比 2011 年增长(%)
耐火材料制品（万吨）	17.35	-38.90
生　　铁（万吨）	2027.05	5.10
粗钢（万吨）	2140.85	2.70
钢材（万吨）	2368.89	2.20
#中小型型材	0.11	-53.50
棒　　材	96.13	-5.00
钢　　筋	726.46	13.60
线　　材	601.28	-0.20
厚 钢 板	134.88	-20.30
中　　板	179.54	-2.30
热轧窄钢带	9.34	-34.40
冷轧窄钢带	28.84	-5.50
电工钢板	47.80	68.70
无缝钢管	28.15	-28.30
焊接钢管	5.89	-38.20
十种有色金属（万吨）	145.32	17.10
#精炼铜	116.37	13.70
铁 合 金（万吨）	1.31	-5.00
工业锅炉（蒸发量吨）	1418.00	-7.00
金属切削机床（台）	4812.00	25.70
#数控机床	1270.00	4.60
泵（万台）	10.75	7.70
风　机（万台）	9.62	72.60
气体压缩机（台）	33214007	11.40
轴　承（万套）	7130.00	49.30
矿山设备（吨）	138311.30	35.10
印 刷 机（吨）	1073.30	-58.30
小型拖拉机（万台）	1.48	-13.00
汽　车（万辆）	34.36	-1.00
#载货汽车	14.96	1.60
民用钢质船舶（万总吨）	27.01	7.30
发电设备（万千瓦）	34.51	22.40
交流电动机（万千瓦）	377.40	-17.50
变压器（万千伏安）	2660.49	-14.50
通信及电子网络用电缆（对千米）	963502.80	15.20
冷　　柜（台）	437114	71.70
家用电冰箱（万台）	107.05	-8.10
房间空气调节调器（万台）	307.49	73.90
电风扇（万台）	95.57	33.60
灯　　泡（万只）	0.12	18.40
电话单机（万部）	71.10	11.50
彩色电视机（万台）	132.87	29.60
照 相 机（万台）	1505.22	78.30
发电量总计（亿千瓦小时）	664.71	-2.10
火力发电	609.27	-4.20
水力发电	48.24	28.60

建筑业主要经济指标

指 标	2011年	2012年
企业个数(个)	1428	1632
建筑业合同情况(万元)		
签订的合同额	34449578	47411301
上年结转合同额	12512699	16692284
本年新签合同额	21936879	30719017
承包工程完成情况(万元)		
直接从建设单位承揽工程完成的产值	20711750	27591459
自行完成施工产值	20497706	27288877
分包出去工程的产值	214044	302582
从建设单位以外承揽工程完成的产值	469458	648353
建筑业总产值(万元)	20967164	27937230
#装饰装修产值	971852	1492750
在外省完成的产值	5794648	8691646
建筑工程产值	18546514	24313740
安装工程产值	1383015	2132969
其他产值	1037635	1490521
竣工产值(万元)	11809686	16517116
房屋建筑施工及竣工面积(万平方米)		
房屋建筑施工面积	15514.26	18889.37
#本年新开工面积	9064.83	10857.14
实行投标承包面积	11496.74	13828.16
#本年新开工	7556.60	8468.99
房屋建筑竣工面积	7813.18	10148.83
住宅房屋	4914.99	6157.98

注:建筑业统计范围为具有建筑业资质等级的独立核算建筑业企业。

运输线路长度

单位:公里

指 标	2011年	2012年
铁路营业里程	2734	2734
公路通车里程	146618	150595
等级公路	114449	120332
#高速公路	3603	4229
一级公路	1428	1543
二级公路	9464	9540
三级公路	6867	9497
等外公路	32169	30263
内河通航里程	5716	5716
等级航道	2427	2427
等外航道	3289	3289

全社会运输周转量

单位:万吨公里、万人公里

指标	2011 年	2012 年
货物周转量	30040231	36562311
民航	1550	1743
铁路	7337700	6817500
公路	20668297	25597786
水运	2032684	2072641
内河	1267603	1329992
沿海	694858	686569
远洋	70223	56080
旅客周转量	9625564	9801657
民航	211766	235824
铁路	6001800	5840600
公路	3409013	3718895
水运	2985	3169
内河	2985	3169

社会消费品零售总额

单位:万元

年份	社会消费品零售总额	按行业分				按所在地分		
		批发业	零售业	住宿业	餐饮业	城镇		乡村
2011	34850588	6752635	23783941	473411	3840601	28868099	17644019	5982489
2012	40272499	7763189	27231773	576698	4700839	33522324	20787583	6750175

注:2010 年国家统计制度作了修订,社会消费品零售总额统计分组发生变化。

旅游业发展情况

年份	旅游总收入(亿元)	占全国旅游总收入比重(%)	为全省地区生产总值(%)	为全省地区生产总值中第三产业(%)
2011	1105.93	4.92	9.45	28.20
2012	1402.59	5.42	10.83	31.44

金融机构本外币信贷资金平衡表年末余额(2012 年)

单位:万元

指　标	年末余额	比年初增加	比年初增长(%)
各项存款	168390216	25173551	17.6
单位存款	74645490	9957245	15.4
#活期存款	39523880	3679308	10.3
定期存款	18781890	5820242	44.9
个人存款	85707434	13931667	19.4
#储蓄存款	85029350	13496506	18.9
财政性存款	5794022	793977	15.9
临时性存款	268412	-11363	-4.1
委托存款	108884	-33998	-23.8
其他存款	1865974	536022	40.3
各项贷款	110801481	17787001	19.1
境内贷款	110738751	17809725	19.2
#短期贷款	46462669	9842595	26.9
中长期贷款	61784044	7006576	12.8
票据融资	2423508	908959	60.0
各项垫款	68531	51595	304.6
境外贷款	62730	-22724	-26.6

注:本表统计口径包括中国人民银行、政策性银行、国有独资商业银行、邮政信汇局、其他商业银行、农村合作银行、城市信用社、农村信用社、信托投资公司、财务公司等金融机构。

房地产开发与经营主要指标

指　标	2011 年	2012 年
企业个数(个)	2099	2005
投资额和新增固定资产(万元)		
投资额	8670285	9696176
按工程用途分		
住　宅	6611398	6842114
#别墅、高档公寓	323442	296939
办公楼	203243	621001
商业营业用房	955386	1176446
其　他	900258	1056615
本年新增固定资产	4254697	5832322
土地开发(万平方米)		
本年购置土地面积	1067.80	733.17
资金来源(万元)		
本年资金来源小计	12163508	14772167
国内贷款	1486163	1648995
非银行金融机构贷款	75284	103286
利用外资	64601	7893
自筹资金	4820400	5047928
其他资金来源	5792344	8067351
房屋施工、竣工和销售、出租情况(平方米)		
房屋施工面积	84613832	94656342
#新开工面积	34866674	32610254
房屋竣工面积	19060642	17474817
商品房销售面积	24168530	23971035
商品房销售额(万元)	10024387	11373453
商品房出租面积	205784	288912
商品房待售面积	4728023	6405677

各类全日制学校基本情况(2012 年)

单位:人

类别	学校数(所)	在校学生数	招生数	毕业生数	教职工数	#专任教师
研究生		25209	8950	7086		5788
普通高等学校	88	851119	250392	232048	71620	50205
普通中等专业学校	68	249127	94571	74921	8032	5491
中等技术学校	63	230380	87804	69981	7193	4821
中等师范学校	5	18747	6767	4940	839	670
普通中学	2541	2781791	964125	884761	203003	170957
高(完)中	435	836602	308315	233135	80178	48232
初　中	1567	1945189	655810	651626	122825	122725
职业中学	287	283168	103365	109438	13886	10342
高(完)中	286	282871	103250	109300	13840	10296
初　中	1	297	115	138	46	46
技工学校	105	150271	56419	48893	11987	11467
小　学	11173	4341438	800412	670134	195472	205470
特殊教育学校	80	21510	4094	1751	1074	961
幼儿园	10560	1521149	902810	631009	94067	57338
工读学校	1				4	

卫生机构、床位及人员数

年　份	机构数(个)	#医　院卫生院	床位数(张)	#医　院卫生院	人员数(人)	#卫生技术人员	#医　生
2011	7121	2131	136512	132319	196317	166069	62888
2012	7137	2134	157660	142436	210887	179797	67168

《江西年鉴》鸣谢单位

中石化江西赣州石油分公司

赣州市水务集团

江西兴国新华村镇银行股份有限公司

江西世纪长河新电源有限公司

赣州伟嘉合金有限责任公司

赣州港嘉兴食品有限公司

于都县公安局交通管理大队

宁都县城乡建设规划局

江西富强房地产开发有限公司

赣州应用技术职业学校

宁都县志华制衣有限责任公司

宁都县计生服务站

宁都县竹笮乡布头村委会

宁都县竹笮乡松湖村委会

江西省盐业集团公司

江西省盐业集团公司（以下简称江盐集团）于2005年1月18日经江西省人民政府批准成立，属江西省国资委监管的省政府直属经济组织。江盐集团设董事会、经理层，下属16家全资（控股）公司，参股中盐江西盐化有限公司。江西省盐务局与江盐集团职能分开、合署办公。主要承担两大任务：一是做强做优，实现国有资产保值增值；二是承担全省食盐专营的生产经营任务，确保全省合格碘盐供应。

2012年，在省委、省政府和省国资委的正确领导下，江盐集团深入贯彻落实科学发展观，以“做大规模、做优主业、做强能力”为目标，紧紧围绕科学发展主题，着力转方式、调结构、促转型，着力抓项目、优布局、增后劲，有力促进了企业和谐、健康、快速、稳定发展。截至2012年底，企业实现营业收入11亿元,利润总额9000万元，总资产18.6亿元，净资产9.2亿元，全年各项经济指标均创历史新高。

根据江盐集团发展要求，我们将继续坚持以“做大规模、做优主业、做强能力”为目标，积极实施以盐为主，多元发展战略，用3～5年时间努力把江盐集团打造成制盐、盐化工和现代商贸物流完整产业链三大业务板块，努力实现到2015年末，江盐集团总资产远超“十二五”战略规划20亿元，年销售收入18亿元的奋斗目标，争创国内同行业一流的集约型、规模型、创新型的现代盐业集团。

2012年2月9日，江西省盐业集团公司在昌召开2012年度全省盐业工作会议。省国资委主要领导莅临会议并作重要讲话。

中商财富融资担保有限公司

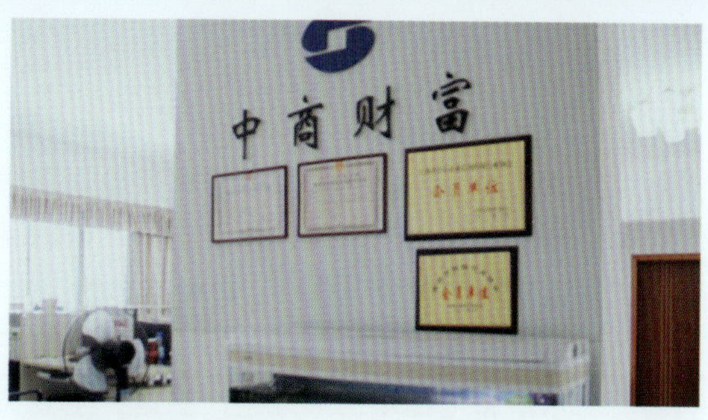

中商财富融资担保有限公司成立于2004年9月，是经国家工商行政管理总局核准，在北京市注册成立的大型专业信用担保公司。注册资本金为5亿元人民币，净资产8亿元人民币。2011年3月，为第一批获得由北京市金融工作局颁发的5年期融资性担保机构经营许可证的担保公司之一，而且是全国少数几家获得了所有担保业务经营许可的专业机构之一。

中商财富融资担保有限公司江西分公司成立于2009年12月，2011年6月获得江西省金融办公室颁发的融资性担保机构经营许可证，为省、市信用担保协会会员，具备独立拓展在赣业务的能力。自成立以来，与江西多家银行建立了良好的银保合作伙伴关系。

公司领导班子

江西瑞奇期货经纪有限公司成立于1993年，主要从事商品期货经纪、金融期货经纪业务，拥有中国金融期货交易所（会员号：0211）、大连商品交易所（会员号：0072）、上海期货交易所（会员号：0089）和郑州商品交易所（会员号：0022）的会员资格。

公司总部位于南昌，公司在上海、九江、赣州、萍乡、上饶、新余、吉安、宜春、抚州、南昌、景德镇等地设有办事处和营业部。

自公司成立以来，始终遵循“公开、公平、公正”的原则，倡导理性投资，以客户资金的保值、增值为目的，规范经营，稳健发展。不仅寻求维持期货行业的标准操守，更时常以超越一般行业标准和诚信，提供专业服务。

瑞奇期货坚持自己的价值追求与产业经济共同成长。进年来，公司更致力于提高自身服务实体经济的能力，致力于以最专业的服务向投资者传递正确的投资和风险管理理念。凭借瑞奇研发团队多年的实战经验和专业技能，必将为企业的风险管理、市场运作、经营决策提供强有力的咨询服务和参谋作用。

源于德国 扎根中国 服务世界

VERST 维尔斯特

维尔斯特电梯

董事长 陈振兴

维尔斯特电梯总部位于香港，由香港金利国际投资（控股）集团有限公司投资控股，采用德国先进技术，生产具有国内先进技术水平的维尔斯特品牌乘客电梯、观光电梯、医用梯、扶梯、货梯等产品。

江西维尔斯特电梯有限公司坐落于英雄城南昌，为维尔斯特电梯中国大陆生产基地，主要负责中国大陆地区的生产与销售。项目占地面积70余亩，公司先后投资1.6亿元，建成建筑面积46000多平方米的花园式厂区。工厂年生产电梯能力达12000余台，每年可创销售收入超过23亿元，工业产品增加值近2亿元，增加地方财政收入2亿元。

自信源于专业，价值源于创新。公司技术力量雄厚，生产安装检测设备先进，公司有先进的等离子切割柔性加工生产线、数控剪板机、数控折弯机、数控多工位压力机、数控车铣加工中心

公司大门

产品推介动员会

王牌电梯鸟瞰图

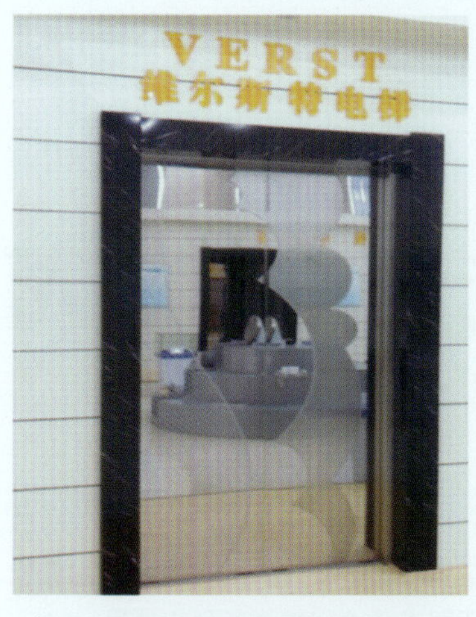

及自动化静电粉末喷涂生产线等高精密加工设备，工厂实行全方位的信息化管理，严格贯彻执行ISO9001质量管理体系标准。我公司已荣获国家特种设备（电梯）制造A级资质证书。

公司开发的KB2000VF全电脑网络控制的变压变频调速电梯，速度为2.0m/s，经国家电梯检测中心检验，整机性能和各项指标符合国家标准要求。整机性能和配置达到目前国内同类产品的先进水平，50次运行无故障，用户反映良好，有良好的市场前景和社会经济效益。该电梯与同类电梯相比，可降低成本15%～20%，每台电梯可节约维护费0.5元。电梯具有远程监控功能，方便维护和管理。与传统ACVV电梯相比，节能40%以上。

目前，我公司与萍乡市华夏三信置业有限公司、众鑫房地产开发有限公司、江西兴业房地产开发有限公司、北京恒源房地产开发有限公司等数十家企业达成两千多台销售意向，并与江西、江苏、福建三个区域签订了代理商协议。

此外，我公司还连续获得了“中国电梯协会会员单位”“安全质量信得过单位”“重合同守信用企业”“明星企业”“光彩之星企业”消协3·15公告“信得过产品企业”，以及国家级“中国名优产品”“国内市场首批服务信誉保证优势示范单位”等荣誉称号。

公司现有各类技术管理技术人员百余人，拥有一批高学历、高素质、年轻化、专业化的经营管理团队，施工人员经验丰富，96%以上具有大学及以上学历。

二十一世纪是科技创新的时代，维尔斯特电梯深刻认识世界新科技革命带来的机遇和挑战，将顺应时代发展潮流，大力实施自行研发、自主创新，加大科研投入，吸收世界先进国家电梯技术，加快产品优化升级，响应国家所倡导的发展“高科技、高效率、低能耗”绿色产品的精神，走出一条具中国电梯行业特色自主创新道路，追求自强自立的民族意识，打造创新卓越的民族电梯品牌。我们将始终以坚定的信念和坚实的脚步，顽强拼搏，坚持奉行“以人为本、追求卓越”的管理哲学，坚持“诚信永远、服务无限”的经营理念，着力实施品牌战略，为社会提供全过程满意服务，与社会各界携手创造辉煌的未来！

江西大圣塑料光纤有限公司公司的产业化生产基地坐落在景色怡人的江西省井冈山，基地总面积达86710平方米，其中用于工业生产的面积达36000平方米。基地周围环境优美、空气清新，青山碧水环保。属江西省重点扶持高新科技项目。

多年以来大圣公司一直以领先的技术、优秀的人才、创新的理念、实干的精神作为企业的文化核心，始终不渝的坚持自主发展民族工业。

公司在生产过程中，狠抓规范管理，严格执行ISO9001:2008质量管理体系标准。公司现拥有完全自主知识产权的通信级塑料光纤生产线，可形成日产100万米衰减低于200db/Km的塑料光纤生产规模。已经成为目前国内唯一产业化生产通信级塑料光纤的企业，产品的性价比在全球同行业中名列前茅。

“产品优质、诚信求实”是大圣公司的企业道德标准。

公司凭借自开创以来所保持的良好信誉度，与国内外广大用户建立了密切、友好的合作关系。特别是公司生产的通讯级塑料光纤已经成功打入了以德国、瑞士为主的欧洲市场，以埃及、印度等为主的亚非市场。

大圣公司现正大力拓展塑料光纤FTTH、驻地网、局域网、工业控制、军事国防、安防监控、消费电子、机载设备、汽车制造业及照明展示等方面的普及应用。在当今节能、减排、环保的国际化大趋势下，大圣公司发挥了自身积极的作用，所生产的产品也同样不断地创新和发展。

大圣光纤，技术领先！

塑料光纤产品介绍

通信用PMMA塑料光纤为“三网融合”共性技术和产品，具有高速率、高宽带、高性能、柔软、抗拉、抗干扰、防雷电、易安装及保密性强等特点，为短距离通信的理想介质，特别适用于语音、图像、数据信息的高速传输网络。可以替代铜五类线，与石英光纤配合可以方便地连接到用户及家庭，实现光纤到户、光纤到桌面，建成全光网络。符合国家产业政策和“光进铜退”低碳、节能、环保的产业发展方向。

目前，该产品已应用在高性能宽带信息网（3Tnet）、校园网、企业管理信息网、工业控制网等领域，直接用户已达300余家，并已出口创汇，用户反映良好。

通信级塑料光纤应用范围

- **用于光纤到户（FTTH）**

配合石英光纤，在宽带网的末端发挥效用，塑料光纤是解决“最后几百米”问题的最佳方案。

- **用于消费电子**

塑料光纤跳线用于音频信号传输，具有高速度、高保真、低损耗的宽频传输性能，并将线路电磁干扰降至为零。

- **用于汽车智能化**

塑料光纤用于导航设备、车内通讯与车载娱乐视听系统，车内电视、DVD播放机、音响、灯具、开关连接线路。

- **用于工业控制和监测系统**

塑料光纤可用于发电厂及变电站强磁场中的控制线路、设备与设备的控制连接、传感器的信息连接、监测目标的变化、网络传递监测图像信息。

- **用于军事通信**

在战地移动网络、军事指挥系统，战车、战机、战舰的装载设备中得到广泛应用，在未来电子对抗战中的作用难以替代。

塑料光纤在数据传输中的特点

- 价格便宜、维护成本低、节省铜资源、节能环保
- 无电磁波辐射、无电噪音音响，抗干扰能力极强
- 重量轻、韧性好、抗振抗裂性强、耐用可靠
- 保密性强、安全可靠
- 耦合性好、导光能力强、衰减为恒量
- 安装简捷，无需专用工具、无需熔焊，可自行任意切割
- 防水、防潮、防磁、防雷电，可满足特定场合的要求

地址：江西省井冈山市新城区笔架山路6号　　邮编：343600
电话：400 6255 188　　传真：0755-61658577
邮箱：marketing@dspof.com
网址：www.dspof.com.cn

江西绿环牧业有限公司

公司总经理　王冬新

会场外留念

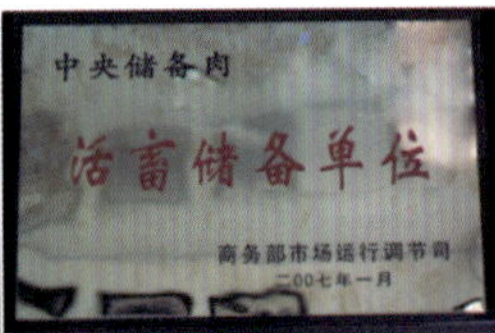

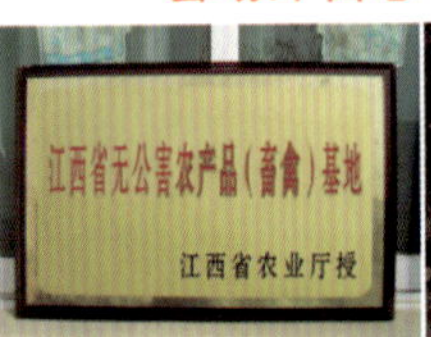

江西绿环牧业有限公司位于古今闻名遐迩的药都——樟树，毗邻105国道、赣粤高速、京九铁路纵穿南北、浙赣铁路横贯东西，交通便利、四通八达、地理位置得天独厚。

绿环牧业正式注册于2003年9月，注册资本5000万元，年销售收入超4亿元，公司是一个集种猪生产、无公害肉猪生产、生猪运销、饲料生产和科研为一体，产、供销一条龙的农业产业化省级龙头企业。是中国畜牧业协会猪业分会理事单位，中国农村社区发展促进工程养猪示范基地，商务部储备肉活畜储备单位，江西省养猪行业协会副理事长单位，江西省动物营养及饲料专业委员会常委单位，江西省首批无公害农产品（生猪）基地。公司绿环商标已获得省著名商标称号。公司下设多家分支机构：绿环种猪场、无公害示范场、西堡猪场、茅家山猪场、樟树市生猪供精站、经楼生猪生态园、绿环种猪生态科技园，其中绿环种猪场为省外来种猪一级扩繁场。为降低养殖成本和拓宽产业链，公司成立了江西绿环饲料科技有限公司、江西绿环生物科技有限公司、畜牧兽医技术服务部和西堡生猪专业合作社。

公司现有员工388人，其中高层管理人员30人，专业技术人员69人。公司占地面积4000余亩，猪场等建筑面积25多万平方米。有外来良种母猪8000头，年出栏商品育肥猪14万余头，其中年可向社会供种猪20000余头，提供种猪精液20余万份。

公司采用全新的养殖模式：建有工厂化场房、采用半漏缝水泡粪生产工艺。拥有先进的生产设施：智能化母猪群养系统、自动喂料系统、水帘风机环控系统、热水循环供暖系统、远程视频监控系统及先进的ERP管理系统，有自己的知识产权和核心技术。各个场站均有齐备的环保处理设施，形成了严格的无害化养殖和良好的生态经济，真正实现了现代化、标准化、智能化、信息化、生态化的生产经营模式。

信誉源于客户，品质源于细化。企业以服务为本，服务以质量为本，质量以人为本，人以精神为本。一流的质量，良好的信誉，优质的服务是“绿环人”的风格。用户第一、质量第一、信誉第一、服务第一是“绿环人”的经营理念，永远为客户提供优质、安全产品是“绿环人”永恒的追求。

宁都县小布垦殖场

县委书记王四华在小布垦殖场调研

县委副书记、县长刘勇，县政协主席赖文政来场实地考察、指导小布岩旅游开发工作

宁都县林业局副局长
国营宁都县小布垦殖场场长　赖朝阳

小布垦殖场成立于1957年12月，地处江西省宁都县小布镇，辖地22.54平方公里，至宁都县城62公里、京九铁路兴国站70公里，昌宁高速公路途经该场岩背脑。

全场现有职工535人，下辖林场、农场、林业化工厂、小布岩茶叶有限公司。经营山林面积3.5万亩，其中毛竹林面积6000亩，茶园面积1000余亩，农田249亩。主要产品有木材、毛竹、木竹加工产品、小布岩茶等。所生产的小布岩茶属创新绿茶，自1982年以来，历次参加国际、国内茶叶专项展评，均以其独特的色、香、味、形赢得茶叶专家一致好评，累计荣获各类奖项30余项。2001年以来连续11年通过中国农科院茶叶研究中心专家实地验收，被认证为中国有机茶，2007年获QS认证，“小布岩”注册商标分获赣州市、江西省著名商标。

小布垦殖场交通便利，山青水秀，瀑布连连，环境优美。辖区内小布岩瀑布高20余米，宽30米，面积约600平方米，与小布镇周边红色旅游区、绿色名胜景点卢穆峰、庙龙山、万亩茶园和清嘉庆18年始建的古色建筑万寿宫等旅游景点浑然一体，独具特色，是一处绝佳旅游度假胜地。

小布垦殖场始终秉承质量第一，信誉至上的经营理念，竭诚欢迎海内外有志之士来场参观，实地考察，洽谈业务，投资办场。

地址：江西省宁都县小布垦殖场

电话：0797—6867003

邮编：342813

电子邮箱：xbkzc@163.com

小布岩瀑布

江西国光商业连锁有限责任公司

JIANGXI GUOGUANG OF COMMERCIAL CHAIN-LIKE CO.,LTD

COMPANY PROFILE 企业简介

作为江西零售著名品牌企业之一，国光商业连锁有限责任公司自1996年凭着严谨的管理体系、创新的经营理念，致力于发展江西零售业品牌，其百货+超市+社区店+商业模式给江西零售业注入新的活力和文化！

十几年来，通过辛勤的耕耘，公司业绩蒸蒸日上，高效、专业的有效运营管理，实现了区域内跨越式发展。目前，国光公司在江西吉安、赣州、宜春等地级县市开设了多项业态组合，满足不同消费者需求，让顾客体验到“顾客在我心，真诚伴你行”的服务理念。多年的用心经营也获得了广大消费者及社会各界的广泛赞誉。顾客满意度、供应商满意度、员工敬业度、企业的凝聚力始终保持在优良水平。2008年，公司被商务部、农业部确定为全国“农超对接”9个试点单位其中之一。

▲ 国光安福城市综合体鸟瞰图

2009年～2013年分别荣获吉安“十佳领军企业”“中国最佳民营企业”、吉安市“诚信单位”“江西省服务行业龙头企业之一”“江西省流通企业三十强”等荣誉。

目前，公司在安福中心广场黄金地段正紧锣密鼓的筹建集超市、百货、餐饮、娱乐、休闲等为一体的大型综合商业大厦，已被安福县政府列为城市发展的重点扶持项目。商业地产的开发，喻示着公司将迈入多元化业态经营的发展格局。

思而悟，悟而行，行必高远！国光将始终坚持“做江西省最优秀的零售商”的企业目标，坚持“尊重个人、服务顾客、追求卓越”价值观，立足江西，面向全国，将企业做大做强！

果喜实业集团有限公司

1993年，3028号小行星命名为“张果喜星”

果喜实业集团有限公司是一家多元化经营、集约化发展的民营企业集团。其前身是余江工艺雕刻厂，历经40年的艰苦创业，企业已经由一个仅有21名工人的作坊式小工厂发展为涉及工艺美术品、玉矿资源开发与经营、金融保险、酒店旅游、化工合成材料、高档保健酒、高科技电机、房地产经营与开发等行业领域的综合型企业集团，成为江西省百强重点企业和地方经济的支柱企业。

多年来，公司坚持“厂富不忘社会忧”的宗旨，累计捐款3000余万元，支援地方和社会兴办教育文化、医疗卫生、市政建设、社会福利等公益事业以及抗灾救灾，并先后举办了“雕刻技工学校”“残疾人雕刻技术培训班”，共培养雕刻技术人才2万余名，为社会作出了积极贡献。

由于公司发展迅猛，经济效益和社会效益显著，引起了国内外及社会各界的广泛关注，美国、英国、日本、俄罗斯、加拿大、香港等国内外众多媒体相继对果喜集团的发展情况进行了大量报道。1988年，外交部组织68个国家的驻华使节和夫人到公司参观访问，他们对公司发展成就给予了高度赞誉。企业多年来获得各级政府和组织的嘉奖，连续27年被评为江西省优秀企业，并获得全国光彩之星、国家星火示范企业、全国诚信纳税企业、中国优秀民营科技企业、江西省突出贡献企业、江西省企业管理杰出贡献企业、江西省出口企业利税大户、江西省先进私营企业、江西省特级诚信企业、江西省守合同重信用AAA企 业、江西省党建红旗单位等荣誉称号。

自1984年以来,董事长张果喜荣获国家级、省级荣誉200多项，其中有四度省（部）级劳动模范、两度全国劳动模范、连续27年江西省优秀企业家、首届全国百名优秀青年厂长（经理）、全国“五·一”劳动奖章、首届中国经营大师、首届全国十大杰出青年、第二届全国优秀企业家、首届中国改革风云人物、首批国家级有突出贡献中青年专家、中国创业企业家、中国优秀民营科技企业家、全国关爱员工优秀民营企业家、全国优秀中国特色社会主义事业建设者、中国企业改革纪念章、中国十大杰出赣商、中国改革开放30年经济人物、中国民营科技发展杰出贡献优秀企业家等殊荣，他的事迹多次被收入世界名人录。1993年6月，国际编号“3028”号的小行星被命名为“张果喜星”，张果喜成为中国企业家摘“星”第一人。

张果喜还担任了中国企业联合会副会长、中国企业家协会副会长、中国民营科技促进会副会长、江西赣商联合总会名誉会长、江西省工商联副主席、江西企业联合会副会长、江西企业家协会副会长、江西省工艺美术协会副理事长、江西省个私协会副会长等职务，并先后当选为第七届、第八届全国人大代表，第九届、第十届、第十一届全国政

1988年，68个国家驻华使节和夫人来公司参观访问

美国哥伦比亚广播电视公司CBS采访公司董事长张果喜

总部：江西省余江县白塔西路1号
电话：0701—5881081　传真：0701—5881081
E-mail:gxjt@ guoxigroup.com.cn　http://www.guoxigroup.com.cn

江西风驰新能源有限公司

江西风驰新能源有限公司2010年成立，注册资金2280万元，是江西省唯一一家专业从事平板太阳能集热器的研发、生产与销售为一体的大型高科技企业。2012年，江西风驰新能源有限公司收购了专业研发、生产、销售空气能热水器深圳市风驰热泵技术有限公司。自此，风驰新能源公司形成了独具特色的“太空”产业链，专业研发生产销售空气能热泵热水器与平板太阳能集热器，打造光热行业的新标杆。

风驰产业园位于江西省新余市高新经济开发区泉州大道，占地面积83亩，总建筑面积45000平方米，总投资2亿元，风驰现拥有一支百余人的新锐精英团队。公司引进国外一流的生产设备和先进的生产工艺、投巨资首创行业标准化环境模拟实验室；通过ISO9001质量管理体系和ISO14000环境管理体系、国家强制性产品认证（3C认证）、欧盟CE认证、荣获了“中国著名品牌”“2012年度中国空气能热水器十大竞争力品牌”“国家高新技术企业”“央视网黄金展位合作伙伴”“2011年度‘诚信承诺’先进单位”“2011年度突出贡献奖”“2011年度劳动保障诚信等级A级单位”“江西省建设科技成果推广项目证书”等众多荣誉及多项国家专利。目前设有北京、安徽、福建、深圳等多个省级办事处，在国内外建有完备的市场营销网络体系。旗下的风驰品牌目前拥有十大空气能热水器系列产品：家用水循环、家用氟循环、商用侧出风循环、商用顶出风循环、直热+循环、高温直热、三合一、超低温、泳池、加强版商用机，产品种类达50余种。巨邦品牌拥有五大太阳能产品系列：普通一体式、新型阳台壁挂式太阳能、保温工程水箱和新型分体式太阳能、平板太阳能热水工程，年产50万平米平板太阳能集热器和2万吨保温水箱。

公司展厅

公司展厅

风驰产品广泛运用于家庭、酒店、医院、工厂、学校、泳池、水产养殖等领域。在公司发展壮大的过程中，风驰始终秉承“诚信、高效、敬业、团结”的企业精神，坚持“产品质量即是公司形象，产品革新即是公司创新，产品服务即是公司承诺”的经营理念，立足高起点、高规模、高标准的发展规划，把“质量、信誉、服务”放在第一位，与时俱进，求真务实，精心打造一流的空气能与平板太阳能高新科技企业，为广大消费者提供一流的产品和一流的服务。风驰计划2015年上市，届时，风驰将成为国内大型的平板太阳能集热器与空气能热泵热水器的研发生产企业。现在，风驰正迈开坚实的步伐，朝着标准化、规模化、科技化的可持续发展道路前进！

公司地址：江西省新余市高新区泉州大道以西
销售热线：0790-7119398　传真：0790-7119388　网址：www.jxfcrs.com

江西格林美

格林美公司于2001年12月由许开华教授创立，总部位于深圳，深交所A股上市，股票代码是002340，是中国开采城市矿山资源、再生资源行业和电子废弃物回收利用行业的第一支股票，在册员工3500余人，在全国建有六个循环产业园，总占地6000多亩。2003年，格林美在国内率先提出“开采城市矿山”的思想，以“资源有限、循环无限”为产业理念，成为中国循环经济与低碳制造的的实践者和先行者。格林美公司先后被授予国家循环经济试点企业、国家循环经济教育示范基地、国家“城市矿产”示范基地。

省委书记强卫考察格林美

由于格林美在循环经济产业方面取得的成绩，引来了各方的关注。2013年7月22日上午，中共中央总书记、国家主席、中央军委主席习近平在湖北省委书记李鸿忠、省长王国生陪同下，视察格林美武汉分公司。习总书记称赞道“变废为宝、循环利用是朝阳产业。垃圾是放错位置的资源，把垃圾资源化，化腐朽为神奇，即是科学，也是艺术，格林美是我见过的循环经济企业中 做得最好的企业，你们要再接再厉”。

省长鹿心社考察格林美

江西省是全国建设生态文明最有条件的地方，因此格林美早在2010年就开始在江西投资建设循环产业园，迄今为止在江西省的总投资已经超过6亿元，在江西投资建设了两个世界先进的废物处理基地——报废家电和废塑料处理基地、报废汽车和废钢铁处理基地。报废家电和废塑料处理基地位于丰城市资源循环利用产业基地，总占地面积300亩，该基地年处理各类电子废物达到5万吨，是国家指定的首批废弃电器电子产品基金补贴享受企业，是环保部定点的“进口废五金电器、废电线电缆和废电机定点加工利用单位”。2012年，格林美又启动了在江西省的第二个基地的建设——报废汽车和废钢铁处理基地。该基地总投资额2.68亿元，占地700亩，位于丰城市高新产业园区，主要以报废汽车和废钢铁循环利用为主营业务，建成后将达到年处理5万吨报废汽车，25万吨废钢铁的规模，成为江西省乃至中国最大的报废汽车处理中心。经过三年多的投资、建设、经营，现在格林美在江西的基地已经是国家级高新技术企业、江西省首批节能减排科技创新型企业、江西省循环经济试点企业、宜春市创新型企业。在格林美投资循环经济热情的带动下，江西省市各级领导纷纷来格林美调研循环产业的发展密码。江西省省委书记强卫、省长鹿心社、副省长谢茹、副省长孙刚等领导都先后莅临格林美指导工作。

2013年8月26日，省委书记强卫在考察格林美报废汽车基地时当场指示，“政府要大力扶持支持这个产业的发展，要扩大回收体系建设，提高全社会的环保意识，从小学生开始普及，让小学生从小就明白了垃圾分类、循环处理。以绿色循环安全为品牌，提高生态文明、生态产业，希望这家企业能够做成全省的循经济教育基地”。

格林美报废汽车处理基地

江西先材纳米纤维科技有限公司

江西先材纳米纤维科技有限公司成立于2009年6月5日，位于江西省南昌国家高新技术产业开发区，注册资本9000万元，其中：深圳市惠程电气股份有限公司（股票代码：002168）持有股权比例为 52.80%，长春高琦聚酰亚胺材料有限公司持有股权比例为15.00 %，江西师范大学持有股权比例为1.25 %，江西师大科技园发展有限公司持有股权比例为6.25 %，候豪情及其他自然人共持有股权比例为24.70 %。深圳市惠程电气股份有限公司通过其控股子公司长春高琦聚酰亚胺材料有限公司共持有股权比例为67.80%，为江西先材纳米纤维科技有限公司的控股股东。

公司主要从事聚合物纳米纤维和碳纳米纤维及其纳米纤维电池隔膜、绝缘膜、过滤膜、纳米纤维布的研发、生产、销售及服务。

江西蓝海物流科技有限公司

江西蓝海物流科技有限公司（AAAA物流企业)注册资金10000万元。为中国物流与采购联合会理事单位、中国交通运输协会装备委员会理事单位、江西省交通运输与物流协会副会长单位。主要经营范围：普通货运、国内贸易、广告、物流媒体、物流技术咨询，货物装卸、搬运服务，货物仓储、供应链服务等。

公司下属江西新华物流有限公司（AAA物流企业）和江西蓝海供应链管理有限公司两个子公司。公司现有员工285人，管理人员占15%左右，大专以上学历占80%以上。2012年荣获中国交通运输协会颁发的“2012年全国先进物流先进企业”，2013年被中国物流与采购联合会授予“AAA”级物流信用企业称号。

公司位于江西省南昌市新建县长堎工业园区的出版产业基地内。物流中心区占地面积165亩，已建成6万多平方米仓库以及综合楼、信息楼，配套市政工程完善，园林景观美化。公司耗资1亿元引进自动分拣设备、整场自动传送设备，电子标签储位管理，自主研究开发《出版物商流、物流网络智能化管理系统》（获江西省科技进步三等奖），具备了年处理码洋40亿码洋、30万流转品种的出版物的综合处理能力，成为一个现代化的出版物流配送中心，跃居全国出版物流行业前列。

2009年，国务院出台《物流业调整与振兴计划》，提倡大力发展现代物流业。乘国家政策的东风，近年来，公司以出版物流为基础，积极拓展第三方物流，得到了快速的发展，形成了城市配送、城际配送、供应链服务、专线配送等多业态、跨区域的发展布局。2010年，公司承接并运营江西省物流公共信息平台项目，着力打造省内物流产业发展的公共平台。公司通过江西省物流公共信息平台、现代出版物流港以及全国新华书店“一网通”物流协作网等重点工程项目的建设与运营，打造实体物流与在线物流融合互动的产业发展平台。走在了全国同行的前列。2012年公司实现销售收入5.9亿元，实现利润3500多万元。

公司发展的过程，见证了国家物流产业振兴发展的过程，离不开上级政府的关心支持，更离不开行业主管部门的热情帮助。2012年，公司拟投入6.7亿元重点打造现代出版物流港项目，逐步构建全省乃至全国无盲点的网络和服务，全力打造现代化的物流企业集团。乘国家产业振兴之船，必将扬帆出海、乘风破浪！

地址：南昌市新建县长堎工业园新华路（320国道旁）
联系电话：82298589

LANXE 朗贤 | 为城市创造价值!

江西朗贤置业有限公司

江西朗贤置业有限公司——城市生活配套运营商，是以房地产开发经营为主，国内外贸易、物业管理、园林绿化工程、花卉苗木培植、旅游资源开发一体的房地产全产业链专业公司。

江西朗贤置业有限公司——致力于为城市创造价值，公司自2005年7月成立以来，秉承为社会大众提供建筑质量优良，户型结构合理，居住小区舒适的建筑产品的开发理念，积极投身中国房地产开发的建设大潮之中，于2007年被评为“中国地产文化创新夺标企业”。

8年朗贤，深耕南昌，致力于创造美好城市生活。目前公司在南昌已完成了全面战略布局，开发项目主要集中于城市核心及新兴潜力区域。其中已建在建项目4个，分别为学府雅苑、朗贤·外滩铭座、朗贤·加州溪谷、朗贤·溪谷93墅；规划项目4个（朗贤·青山湖天空之城、朗贤·奥特莱斯小镇、朗贤·梅岭辋川、朗贤·心怡MOHO广场），储备项目2个。

朗贤·外滩铭座

在江西，凭借着雄厚实力，勇于创新，卓越品质，朗贤置业树立了良好的社会形象和企业知名度，成功开发的时尚精品楼盘受到市场及业主的一致好评，其中，“学府雅苑”荣膺“2004年度全国首创教育园林社区”，“外滩铭座”被评为“2007年中国最佳创新稀缺性楼盘”。在建项目“朗贤·加州溪谷”在2011年8月海南博鳌房地产论坛上，勇夺“2011中国房地产十大最佳人居环境典范楼盘”大奖。

2013~2014年，江西朗贤置业有限公司确定了“固本修道，履方致远”的品牌发展理念，一方面加强土地储备，提升可持续开发能力；另一方面加快开发步伐，实现快速滚动开发，确保3年内成为江西市场领先的房地产开发企业，并跻身于国内综合性房地产知名品牌企业行列。

朗贤·梅岭辋川

朗贤·溪谷93墅

朗贤·青山湖天空之城

朗贤·奥特莱斯小镇

东方巴黎家居广场

东方巴黎家居广场由新余市东方巴黎置业有限公司于2004年投资建设，项目占地面积102亩，总建筑面积15万平方米，总投资5亿元，是赣西地区家居建材一站式体验购物，体积最大，集国内外500余著名品牌的中高端家居建材专业零售商场。她以其宏伟壮丽的时尚外观，科学合理的商业规划，舒适高雅的购物空间，自然人性化的动态流线，高附加值的产品组合，营造出一股股浓厚的商业气息，缔造出新型商业模式，即能让您领略到世界前沿的居家文化，又能让您全方位的体验一站式购物的乐趣。

东方巴黎家居广场以打造赣西家居建材CBD商务圈，江西本土化连锁商场，以提高人民生活质量，提升人民生活品味，引领家居文化，营造温馨和谐的家庭空间为己任，齐心协力不断探索创新，学习引进先进理念实行专业化、人性化管理。以企业信誉为宗旨，以星级服务为核心，以高品质、多样化产品为保障，实行统一管理，完善质量、价格、服务体系，先后推出出现质量问题商场先行赔付，同城比价差价200%返还，绿色环保等服务举措，确保消费者无忧购物。

东方巴黎家居广场还以对社会责任的态度，积极投身提升新余的城市形象，加快新余的经济发展，努力引进外地客商，扩大社会就业，建设赣西区域中心城市贡献应尽的力量。东方巴黎家居广场开业以来，得到社会的高度认同和消费者的一致好评，已经成为省内行业标杆，国内行业著名品牌，先后荣获市内先进企业，优秀信誉单位，江西省最具影响力商场，2012年全国优秀商场等荣誉。东方巴黎人将以今天的成绩为起点，不懈奋斗，齐心协力，努力创新，加快发展，打造本省首个家居建材领域的流通连锁品牌。

江西省昆仑贵金属投资管理有限公司

江西省昆仑贵金属投资管理有限公司是一家专业从事白银、铂金等贵金属的电子商务平台，现已位列全国前十，是目前国内同行业注册资本最大，资金实力最雄厚的现货买卖提供商，同时也是中部领先，江西第一的白银、铂金等贵金属的电子商务订货平台。公司注册资本金4千万元，实缴资本4千万元，为国内同行业之最。公司成立于2011年9月，总部位于南昌市解放西路49号明珠广场D栋，办公面积1200多平方米，公司现有员工186人，公司辖设总经办、财务部、风险控制部、交易部、技术研发部、市场部、客服部、企划部、人力资源部等10个部门，公司结构完善，制定了详细的议事规则、完备的管理制度及风险管控制度。

公司采用具有中国特色的分散式柜台交易模式，分散式柜台交易是借鉴国际先进经验，结合我国国情创新改进、设计的场外交易模式。更为重要的是，这套模式丰富了市场的避险功能和投资渠道，引导游离于监管之外的场外交易及地下交易等行为进入公司平台交易，阳光化、规范化，接受监管，使隐藏的风险变得透明，降低金融风险、增加国家税收，形成公开、透明的市场，是对我国贵金属市场体系的补充，对我国金融市场体系的完善；有利于规范和引导场外贵金属交易市场发展，逐步把握我国在国际贵金属市场上的话语权和定价权。

公司与中国建设银行结成战略合作伙伴关系，采用“E商贸通”资金监管模式，从而真正实现了客户保证金由银行作为第三方进行监管，完全规避了可能出现的因企业的道德风险所带来的客户资金不安全隐患。

公司成立以来，在各级政府的关怀支持下，经过全体员工的共同努力，业务发展迅猛，目前在全国范围内代理商已超过900家。预期全年交易金额120亿元，预计年上交税收超千万元。望未来，公司将继续在各级政府及主管部门的领导及监管下，进一步建立健全各项规章制度，严格遵守信息披露、公平交易和风险管理等各项规定，建立与风险承受能力、投资知识和经验相适应的投资者管理制度，提高投资者风险意识和辨别能力，切实保护投资者合法权益，确保实现为江西经济建设发展发挥聚集资金、聚集资源、聚集人才的集散功能作用。

在总经理曾东及副总经理盛红彪的带领下，日益壮大的昆仑还拥有自己的子属公司：江西省仓储物流中心、江西亿达置业有限公司、新余市昆仑矿业有限公司、新余市翔蓉带钢有限公司。

昆仑贵金属正跨向引导全国贵金属行业发展的大路上，在各级政府大力支持下更加快速的发展，由一家全国性电子商务贵金属订货回购企业，打造成全国性贵金属交易中心。

昆仑贵金属凭借雄厚的综合实力、深厚的行业背景，以“立足现货、服务现货、提升现货”为服务宗旨，牢记自己的社会责任，致力成为国家最安全、稳定、便捷的贵金属电子商务平台，争做中国贵金属行业的脊梁，引领中国贵金属行业健康发展。面对我国日益增长的投资需求，公司将始终坚持以客户为核心，为客户创造价值，追求卓越进步，与广大客户共享辉煌的未来。携手昆仑，共创辉煌！

企业概况 COMPANY PROFILE

中恒建设集团有限公司（以下简称“公司”）始创于1980年，是一家集建筑施工、建筑科研、建材贸易、劳务输出、地产、金融、投资等为一体的企业集团。公司注册和实收资本3.08亿元，拥有各类专业技术职称人员700余人，一、二级建造师300余人，业务遍布全国28个省（市）自治区，并向海外拓展。2012年新签合同额超80亿元，完成产值50亿元。

质量是企业的生命。荣获中国建设工程最高奖“鲁班奖”1项，荣获全国建筑工程装饰奖2项、浙江省“钱江杯”1项、四川省“天府杯”2项、江西省“杜鹃花杯”19项，全国、各省市优良工程奖400余项。

科技是企业的核心。主编国家建设行业标准《组合锤法地基处理技术规程》，获国家专利27项，国家级工法5项，江西省科技进步奖2项，南昌市科技进步奖3项，并按照力争未来五年上市的目标，组建了独立法人的股份制有限公司——江西中恒岩土工程技术有限公司。

文化是企业的灵魂。公司秉承“包容、担当、创新、奉献”的核心价值观，以太极拳为主导，提出“太极中恒”的文化理念，将太极“立身中正，刚柔并济，和谐圆融，强身健体”的文化内涵融入企业。

责任彰显企业担当。近年来，公司在七城会、架桥修路、慈善捐助等方面累计投入1000多万元，并成立中恒520爱心基金会。特别是2008年汶川地震，中恒临危受命，在聂吉利董事长的带领下，第一时间奔赴灾区，三年援建，创下“江西·小金速度”。公司被国家部委授予“全国抗震救灾先进集体”“汶川地震灾后恢复重建先进集体”。

中恒建设集团有限公司董事长：聂吉利

2013年中恒重点大事年表 IN 2013 THE CONSTANT FOCUS OF CHRONOLOGY

01月01日 住建部正式批准国家行业标准《组合锤法地基处理技术规程》发布实施。

06月06日 江西省人民政府召开推进江西建筑产业发展座谈会，副省长曾庆红对中恒“百亿、百强、百年”的中恒梦予以充分肯定。

06月15日 中恒荣获南昌市委、市人民政府颁发的推进核心增长极“税收突出贡献奖”。

07月04日 中恒青山湖廉租房项目顺利通过住建部国检。

07月08日 中恒承建华东地区最大单体建筑——九江国际皮草商贸城正式开工，单体总建筑面积65万㎡。

07月26日 省住建厅陈平厅长、时任青山湖区区委书记李小豹一行赴中恒青山湖廉租房视察。

08月22日 中恒《组合锤法地基处理技术规程》、《长螺旋钻孔压灌桩混凝土施工工法》科研成果发布会，中国工程院王梦恕院士莅临现场，并对该成果突出的经济效益和节能环保的社会效益予以高度评价。

09月17日 中恒捐助20万元支持南昌市“振兴杯”农民工技能选拔赛。

11月05日 省人民政府党组成员、副省长李炳军一行赴中恒建设集团调研。

12月02日 中恒携手江西红土情基金会承办“公益中国·平安江西”交通事故家庭救助计划。

11月5日，李炳军副省长（右一）一行赴中恒建设集团调研

7月26日，省住建厅陈平厅长（右二）一行赴中恒项目工地视察

王梦恕院士（左二）、省住建厅吴昌平副厅长（右二）、省商务厅李文尧副厅长（右一）、省住建厅副巡视员喻家凯（左一）出席中恒科研成果新闻发布会

华东地区最大单体建筑——九江国际皮草商贸城（效果图）

洪宇建设集团公司

洪宇建设集团公司始创于1953年，现有房屋建筑工程施工总承包壹级、市政公用工程施工总承包壹级、机电安装工程施工总承包壹级、地基与基础工程专业承包壹级、建筑装修装饰工程专业承包壹级、消防设施施工专业承包壹级、园林古建筑工程专业承包壹级和钢结构工程专业承包壹级、公路工程施工总承包贰级、园林绿化专业承包叁级资质。是首家在江西省建筑行业通过质量、环境和职业健康安全三个管理体系认证的企业。

公司董事长 傅锋锐

公司现有各级、各类建造师160余人，有高、中、初级各类专业工程技术及经济、会计职称人员500余人，是一家技术、人才密集的国有大型施工企业。公司下设18个管理部门、24个分（子）公司，公司备有各类大、中型施工设备1868台（套），企业注册资本金3.18亿元，年施工（生产）能力达50亿元。

公司连续多年荣获“全国优秀施工企业”“江西省先进施工企业”“江西省守合同重信用AAA企业”江西省“保护消费者权益”先进单位、“全国房屋工程质量优胜单位”、中国工程建设社会信用“AAA”企业、中国建设银行江西省分行“AA+”级信用企业、江西省建设厅授予的首批“质量信得过企业”。曾被住建部授予国家建筑安全奖，江西省建设厅、南昌市人民政府授予安全达标优胜单位。南昌市建筑企业综合实力三十强企业，江西省建筑企业综合实力五十强企业，南昌市诚信“AAA”施工企业，南昌地区建筑业用户满意十佳企业，南昌市纳税贡献奖企业、江西省用户满意企业、全国用户满意企业。

六十载砥砺奋进，一甲子春华秋实。从1953年的一个基建小组起家，通过一代代洪宇人的辛勤劳作，勇往无前，企业从小到大自弱而强，由单一至多元，立足赣鄱，辐射全国，开拓海外，不断创新，不断进取。在企业形象、生产能力、经营规模、人才队伍以及文化建设等方面不断重塑和再造，企业综合竞争实力大幅提升。

放眼未来，希望和困难同在，机遇和挑战并存。充满生机活力的洪宇建设集团公司将一如既往地弘扬“诚信、守约、优质、高效”的企业精神，坚持“追求卓越、实现双赢”的经营理念，恪守“质量第一、用户至上”的质量意识，实现“为社会建造满意工程”的庄严承诺！

上饶鄱阳楼　南昌市象湖公园　广西梧州市西江四桥

江西省第五建设集团

江西省第五建设集团有限公司成立于1997年，系国家房屋建筑工程施工总承包壹级、市政公用工程施工总承包壹级、装饰装修工程壹级、地基与基础工程壹级、土石方工程壹级、玻璃幕墙工程壹级、钢结构工程贰级、机电安装工程贰级、园林绿化工程贰级专业承包为一体的施工企业，并于2012年1月16日荣获“中华人民共和国对外承包工程证书”。

公司现有注册资金1.6亿元，年合同产值近百亿元，经过多年的努力，取得了辉煌的业绩。承建的代表工程如：江西北大科技园一期“创业大厦”、丰城国贸广场、江西省电力公司超高压生产办公大楼、希尔顿国际时尚广场、婺源县“一江两岸”市政园林绿化工程、安徽淮南新城国际、东华理工学院研究生公寓楼、安徽滁州市会峰路、红湾公路、江西三九药业等工程。共创“全国用户满意工程奖”“全国AAA级安全文明标准化诚信工地”、江西省质量安全“双优”工程奖、江西省优质工程“杜鹃花奖”“省优工程奖”“国家优质工程奖”等省、市级质量优良安全生产文明施工样板工地奖共100余项。

企业先后被南昌市城乡建设委员会评为“建设行业施工企业（总承包）先进单位”、江西省住房和城乡建设厅评为“江西省先进建筑业企业”“全省建筑施工安全管理先进企业”称号；历年来被中国施工企业管理协会评为“全国优秀施工企业”、国家工商总局评为“AAA守合同重信用单位”，江西省工商局评为“AAA守合同重信用单位”、中国质量协会评为“全国用户满意企业”、南昌银行评为“AAA级守信用单位”等多项荣誉。

企业发展的同时，不忘回报社会。对社会公益事业、社区建设，履行应有的社会责任。积极参与九江地震、四川汶川大地震、助残、慈善总会、民生面对面、献爱心等各项大型公益活动，先后捐款捐物、扶贫济困累计捐款达500万余元。2013年赞助南昌县麻丘镇道路、塘南镇政府、湾里区工商联等建设近百万元，为城市化建设和发展作出了应有的贡献。并主持参与南昌拥军协会工作，鼓励我市各界人士和组织进行拥军优属活动，推进社会主义精神文明建设，促进社会和谐发展和全面进步。走访慰问武警军官、中国人民解放军、边防、海岛、艰苦地区的驻军官兵，帮难助困，力所能及的扶助苦难群众和受灾地区。被南昌拥军协会授予“拥军先进集体”、江西省残联授予“爱心永恒、启明行动”大型公益活动“突出贡献单位”、南昌市残疾人联合会授予“国际残疾人日助残爱心单位”、南昌市人大常委会授予“四川汶川大地震捐助爱心单位”等。

历经十余年风雨洗礼和励精图治，面对复杂的市场环境和严峻挑战，我公司在董事会的正确领导下，在改制、创新、发展的过程中，以全新的理念，创建了全新的体制，构建了适应市场的新格局，已发展成为资产总额超亿元的大型施工企业。各地分公司、项目部全体成员齐心协力、通力合作，狠抓机遇，大力拓展外埠市场，取得了良好的发展势头，并凭借现代化信息管理，先进的技术和人才优势，众志成城、运筹帷幄、坚定发展信念，创新经营理念，推进管理创新，在经济和社会效益上取得丰硕成果。

希尔顿国际时尚广场

新力帝泊湾

建设中的紫京广场

江西昌厦建设工程集团公司

国家一级建筑施工企业江西昌厦建设工程集团公司，成立于1979年，施工经历31年，现有注册资金5426万元，下属江西昌厦房地产开发公司、昌南质量检测有限公司、江西昌厦东汽车广场有限公司、南昌市登洋大酒店、向塘开发区砖瓦一厂、砖瓦二厂、彩板门窗厂7个企业，工业与民用建筑施工分公司9个，水电安装、装璜、市政工程分公司3个及建筑材料分公司共20个下属企业。近几年内分别在北京、上海、广州、温州、厦门等地相继成立分公司。职能管理机构7科2室，公司现有职工3065人，有各类技术人员314人，其中：工程技术人员288人（高级工程师13人、工程师81人、初级技术职称194人）、经济、会统技术职称26人（高级经济师1人、高级会计师1人、中级职称14人、初级职称10人），有资质的项目经理40人，（其中：一级项目经理12人、二级项目经理3人）。

公司抓住了有利机遇，狠抓工程质量，施工现场标准化管理，通过了ISO9002国际质量认证，自1998年以来，工程一次性验收合格率100%，工程优良率87%，共创省、市、县优良工程93项、安全合格率100%，创省、市文明施工安全达标样板工程34项，年施工产值超2亿元，自1998年连续评为江西省先进施工企业及江西省工程建设质量管理先进企业。南昌市委、市政府授予本企业最佳效益奖杯，本公司总经理陈裕民荣获江西省及南昌市“五一”劳动奖章和劳动模范。2002年2月农业部授予“全国优秀企业家”称号。

安义融兴村镇银行

安义融兴村镇银行是经中国银行业监督管理委员会批准，由哈尔滨银行出资发起设立的以“支持地方、服务市民、服务中小企业、服务三农”为宗旨的一家新型银行业金融机构。于2011年6月23日开业，现已设立董事会和高级管理层，其中：董事会由3人组成，设董事长1人，董事2人；经营管理层设行长1人，副行长2人；内设营业部、运营管理部、业务拓展部、综合保障部和风险管理部五个部门。各项存款余额21000万元；各项贷款余额23000万元，其中“三农”和小微企业贷款为22000万元，占整个贷款额98%；不良贷款为零，上缴各项税金200余万元。

安义融兴村镇银行以“立足地方、服务市民、服务三农、支持小企业”作为市场定位，充分发挥“机制灵活、服务高效、办事快捷、周到细致”的服务优势，为当地农户、个体工商户、中小企业及个人提供各类存款、贷款、结算等服务。在经营中积极履行社会责任，积极参与各项公益活动：筹集物资看望孤寡老人、开展“送金融服务下乡”“关爱留守儿童”“民情家访”等活动，为促进当地经济发展作出积极贡献。

安义融兴村镇银行2011年6月23日开业庆典

行长刘明臣到安义县工业园区企业走访调查

安义融兴村镇银行召开案件防控工作会议

安义融兴村镇银行“关爱留守儿童”热心公益活动

江西亚东水泥有限公司

江西亚东水泥有限公司（以下简称本公司）是由台湾远东集团旗下的亚洲水泥股份有限公司转投资江西省并与江西省投资集团公司共同成立的合资企业，也是目前江西省最大的中外合资企业之一，总投资额约7.4亿美元。2008年5月20日，本公司所隶属之亚洲水泥（中国）控股公司成功于香港主板上市。

绿色厂房

公司第一期建厂工程在1997年动土，2000年7月第一号窑成功点火投产，2003年9月第二号窑竣工投产，2006年3月余热发电系统投入运转，2007年7月第三号窑竣工投产，第四号窑也已于2010年5月投入生产。此外，正在新建二条日产熟料6000吨之新型干法水泥生产线，预计2013年底前后分别投产，届时熟料年产能合计可达1100万吨，若以各型水泥计则可达1400万吨。

公司所生产的洋房牌水泥产品荣获国家产品质量认证、江西省名牌产品及江西省重点保护产品等荣誉，可满足各种不同客户的需要。公司先后通过ISO 9001、ISO 14001及GB/T 28001体系认证，2006年底亦获国家发改委评定为60家国家重点支持大型水泥企业之一。公司还先后荣获江西省质量管理先进企业、江西省环境保护模范企业、江西省能源节约工作先进单位、江西省清洁生产示范企业、中国人民银行景气调查定点企业、首届全国矿产资源综合开发利用先进矿山企业等称号。

厂区夜景

公司秉持远东集团“诚、勤、朴、慎、创新”的企业精神，传承台湾经验，致力在大陆建造高环保、高品质、高效率、低成本之“三高一低”的大型现代化模范水泥厂，为企业永续发展奠定良好基础，也树立了工业发展和环境保护并行不悖的范例。

展望未来，公司当以积极创新的思维，配合落实国家各项规划及有关水泥建材业的政策，为江西省与邻近省份提供最优质的产品和服务。

中央控制室

窑内煅烧

短式旋窑

地址：江西省瑞昌市码头镇亚东大道6号（332207）
电话：0792-4888999　　传真：0792-4886998
网址：http://www.yadongco.com.cn

宁都县山凤凰禽业有限公司
宁都县波涛生态农庄

宁都县山凤凰禽业有限公司董事长 涂波涛
宁都县波涛生态农庄

宁都山凤凰禽业有限责任公司成立于2003年，地处客家祖地、文乡诗国、苏区摇篮、赣南粮仓、赣江源头，森林覆盖率达71%，为首批国家生态示范县之一的宁都县。主要从事宁都黄鸡的选育开发、推广利用，同时引进产蛋性能极佳的地方品种白耳黄鸡、绿壳蛋鸡。拥有江西省最大的孵化车间，月可孵化鸡苗100多万羽。生态示范养殖基地占地3900亩。目前已形成育种扩繁、商品鸡苗、商品肉鸡、初生蛋、土鸡蛋生产销售于一体的农业产业化省级龙头企业。

公司董事长涂波涛是江西省劳动模范、赣州市劳动模范，是宁都县人大代表。

“宁都黄鸡”商标系江西省著名商标、中国驰名商标。

宁都县波涛生态农庄成立于1998年，位于宁都到会同公路旁，至昌厦公路3公里，占地300亩。农庄经营：休闲垂钓；原生态原粮放养土鸡、土鸡蛋、阉鸡；种植脐橙不用化肥、农药、除草剂，人工除草、鸡粪沼液施肥、生物农药、物理灭虫；种植丹桂、金桂、银桂、四季桂、香樟、银杏、红豆杉、罗汉松、白玉兰、红运玉兰和乐昌含笑等名贵苗木。

面向全国招商筹建农家乐、拓展训练基地。

网址：www. 宁都黄鸡·中国

电话：400-808-3688　手机：13507072825

宁都黄鸡

江西省宁都县工业园区

宁都工业园成立于2001年，2003年开始建设，2006年批准为省级工业园。先后建设水东工业园和新中胜产业基地，规划面积为1.2万亩，其中水东工业园3000亩，新中胜产业基地9000亩。近两年来，宁都工业园按照县委、县政府“主攻项目、决战两区、壮大总量、集聚发展”战略部署，紧紧抓住国务院支持赣南等原中央苏区振兴发展机遇，加强工作调度，落实工作责任，大力推动项目建设，取得较好成效。2012年，园区入驻企业82家，其中已投产62家，在建20家，还有20多家企业已签订意向投资协议，等待落地；园区实现主营业务收入50.6亿元，同比增长20.25%；工业增加值11.9亿元，同比增长15.25%；利税总额1.9亿元，同比增长49.8%；园区2012年用电量1.85亿千瓦小时，同比增长20.3%。工业生产从业人员1.08万人。近两年主要经济指标增长幅度在赣州市排名处于前列。

宁都工业园立足低成本启动、快速扩张和长远发展，高起点规划，高标准建设。将打造成国际产业梯度转移的首选平台，成为基础设施一流，生态环境优美，产业特色鲜明，竞争力较强的现代化、国际化、创新型和生态型工业园区，一个融汇循环经济理念和可持续发展的绿色工业园区正在崛起。

江西绿缘环保袋有限公司

总经理　黄小尖

江西绿缘环保袋有限公司位于江西省赣州市宁都县水东工业园。本公司已通IS9001—2000质量体系认证。公司现有员工130多名，全自动无纺布制袋机生产流水线3条，电脑平车80台，可日产各种环保袋30万个。

公司具有时尚的设计风格，先进的技术设备，精细的制作工艺，高效的生产能力，可提供无纺布生产、切割、制袋一条龙服务。公司以质量求生存，以服务求发展，以一流的原材料供应、一流的物流配套、一流的产品质量保证在同等质量下价格最低、服务更好、质量更优，目前产品已源源不断销往全国各地。公司真诚希望尽早与您双赢合作，共同发展，共创双赢。

双赢热线：13970137637

宁都县海莲寺

海莲寺位于宁都县城环西路长庚门，始建于元朝元贞二年（公元1296年），距今已有700多年的历史。

海莲寺殿堂林立，肃穆庄严，街环水抱，景色怡人。素有“九曲桥下碧波涌、七宝池中夏莲香”之美称。历来为外宾观访、信众拜谒和情侣往来之地，是宁都县重点佛教场所，中国佛教百大名寺之一。

海莲寺秉承爱国爱教、庄严国土、利乐有情的传统，注重伦理道法，扶危济国，兴办慈善事业，反对邪教。至2013年，助残捐款10万元，自然灾害捐款15万元，收养孤儿6人。2003年7月被赣州市民政局评为“五好”宗教场所。

海莲寺主持释常妙四处筹集善款，新建会同法藏寺，拟建梅江万寿寺，扩大以善为本、普度众生的佛法成果。目前，工程正在进行中，期待善男信女与佛结缘。

主持　释常妙

结缘电话：13576656055

江西宁都万寿寺鸟瞰图

萬壽寺簡介

寧都“萬壽寺”，座落在寧都縣城三環北路後山。她的前身是“福崗寺”，始建于西晉年間，距目前已有一千七百多年的歷史。寺内占地面積七千多平方米，現建有三寶殿、真君殿、靈官殿、戲臺及觀景廳。是我縣佛教及當地民衆業餘文化活動的場所。同時該寺是市、縣“非遺”項目，也是劉坑烏燈香牌爲紀念青源祖師的發祥地

歷史悠久，興衰有時，景色宜人的“萬壽寺”古木鬱鬱葱葱，各種花卉四季怒放，翠微勝景，近在咫尺，既是紅色旅游勝地，又是一片人間佛教净土。蓮花、武華兩峰相對，日月增輝。最近幾年來，本寺在關于國家宗教政策的指引以及縣委統戰部和民宗局大力支持和各級部門關懷，得到了衆多諸山長老、大德高僧、十方信徒和社會各界人士的鼎力相助。

千年古刹，欣逢盛世，爲把握好這一難得的歷史機遇，爲振興佛教在新世紀發展的需要，爲不負祖師重托，我們有信心和决心，努力拼搏，力爭用七到十年時間，將本寺建爲具有現代化特色融佛教道場爲一體的旅游、文藝活動新景點。預計建設項目總造價爲三億餘元左右，因此計劃分批規劃建設項目多達四十一項。